谨以此书献给

为浙江高速公路发展事业作出贡献的决策者、建设者、管理者

Record of Expressway Construction in
— Zhejiang —

图1　G1513 温州至丽水高速公路

浙江
高速公路建设实录

图2 G50杭瑞高速公路杭州昌化昱岭关路段

图3
杭甬高速公路拓宽工程（G92杭州湾地区环线）

图4 G50沪渝高速公路浙江段

图5 沪杭高速公路拓宽工程（G60沪昆高速公路）

图6 五里枢纽（G3京台高速公路+G60沪昆高速公路）

图7 吴岙枢纽（G15 沈海高速公路 +G15W 常台高速公路）

图8 李家巷枢纽（G25 长深高速公路 +G50 沪渝高速公路）

浙江
高速公路建设实录

图9 浣东枢纽（S26 诸永高速公路 +S24 绍诸高速公路）

浙江
高速公路建设实录

图10 杭州湾跨海大桥（G15 沈海高速公路、G92 杭州湾地区环线）

图11 金塘大桥（G9211 甬舟高速公路）

图12 象山港大桥（G15W3 宁波至东莞高速公路）

图13 西堠门大桥（G9211 甬舟高速公路）

图14 嘉绍大桥（G15W 常台高速公路）

图15　甬台温高速公路灵江大桥（G15 沈海高速公路）

图16　金竹牌大桥（G4012 溧宁高速公路）

图17 苍岭隧道（S28 台金高速公路）

图18 黄衢高速公路山区段（G3 京台高速公路）

图19 钱江隧道（S9 钱江通道）

"十三五"国家重点图书出版规划项目
中国高速公路建设实录

Record of Expressway Construction in
Zhejiang

浙江
高速公路
建设实录

浙江省交通运输厅

人民交通出版社股份有限公司
China Communications Press Co.,Ltd.

内 容 提 要

本书是《中国高速公路建设实录系列丛书》之浙江卷,全书共七章,分别为:经济社会与综合运输发展、高速公路建设成就、高速公路建设管理地方法规、高速公路科技成果、高速公路运营情况、高速公路文化建设、高速公路建设项目。结尾附有浙江省高速公路建设实录专访、浙江省高速公路发展大事记。

本书全面系统总结了浙江省高速公路建设发展成就,详细记述了高速公路建设过程中的管理经验、科技创新、文化传承以及项目建设实情,具有很强的史料价值,可供交通运输建设行业相关人员阅读、学习与查询参考。

图书在版编目(CIP)数据

浙江高速公路建设实录 / 浙江省交通运输厅组织编写. —北京:人民交通出版社股份有限公司,2018.8
ISBN 978-7-114-14173-7

Ⅰ.①浙… Ⅱ.①浙… Ⅲ.①高速公路—道路建设—浙江 Ⅳ.①U412.36

中国版本图书馆 CIP 数据核字(2017)第 240466 号

"十三五"国家重点图书出版规划项目
中国高速公路建设实录

书　　名:	浙江高速公路建设实录
著 作 者:	浙江省交通运输厅
责任编辑:	刘永超　黎小东　等
责任校对:	孙国靖
责任印制:	张　凯
出版发行:	人民交通出版社股份有限公司
地　　址:	(100011)北京市朝阳区安定门外外馆斜街 3 号
网　　址:	http://www.ccpress.com.cn
销售电话:	(010)59757973
总 经 销:	人民交通出版社股份有限公司发行部
经　　销:	各地新华书店
印　　刷:	北京雅昌艺术印刷有限公司
开　　本:	787×1092　1/16
印　　张:	53.25
字　　数:	1047 千
版　　次:	2018 年 8 月　第 1 版
印　　次:	2018 年 8 月　第 1 次印刷
书　　号:	ISBN 978-7-114-14173-7
定　　价:	380.00 元

(有印刷、装订质量问题的图书,由本公司负责调换)

《浙江高速公路建设实录》
编审委员会

主 任 委 员：郭剑彪

副主任委员：陈利幸　李良福

委　　　员：赵　雁　王寅中　任　忠　李志胜　洪秀敏
　　　　　　胡嘉临　李雪平　范建军　张世方　董庆华
　　　　　　顾国强　房石磊　张德胜　邱建中　范家明
　　　　　　余本年　黄继满　叶旭勇　钱立高　戴　英
　　　　　　陈允法　楼晓寅　寿　华　方文理　邵　宏
　　　　　　吴德兴

顾　　　问：邵尧定　郭学焕　杨雨洒　张治中　蔡体楞
　　　　　　黄廷兰　闻欣然　王德宝　王振民　卞钧霈
　　　　　　吴非熊　胡继祥　胡　侠　汪银华　翟三扣

《浙江高速公路建设实录》
编撰工作组

金德均	蔡红兵	韩　斌	刘吉奇	施轶峰
史方华	毛　斌	茅兆祥	李伟平	汪煜浩
何佳玮	朱越峰	朱　楠	黄　洋	楼齐峰
董雨函	项柳福	江晓美	叶　震	吕伟东
杨天夫	陈立昇	朱文荣	丁　明	周　晓
彭文川	陈伟华	洪　刚	李新宇	王统琳
程　义	林　豪	张　帆	徐　岸	刘　蛟
施建国	李迎迎	李　乐	杜　璇	沈　翔
戴美伟	王晓怡	方　圆	邵艺超	刘歆余
郑梦雨	张书婧	何亚男	丁　剑	程亚杰
宣　超				

著名经济学家约瑟夫·斯蒂格利茨说过"一辆汽车可以用来解释所有经济学的几乎全部内容"。交通作为经济发展的"生命线",对人类的经济、社会、文化带来了巨大改变与深远影响。百年之前,尚未有汽车专用道路,汽车只能行驶在泥泞的阡陌乡间。短短百年,四通八达的道路纵贯九州,让世界惊叹的中国速度不仅仅是中国的经济发展速度,还有中国的交通发展速度。

新中国成立之初,浙江交通在一片"千疮百孔、支离破碎"的基础上恢复初建。当时全省公路只有1244公里,全天候公路935公里,基本濒于瘫痪。通过依靠地方和群众,公路交通事业得到较快发展。但十年"文革"期间交通基础设施建设几乎徘徊不前。改革开放以来,浙江交通坚持解放思想、创业创新,实现了历史性跨越。建成宁波舟山港世界第一大港,货物吞吐量自2009年以来连续八年居世界首位;组织实施公路"三八双千工程",2002年实现全省"4小时公路交通圈";率先在全国全面实施乡村康庄工程,农村公路实现村村通;杭州萧山国际机场成为全国第四大航空口岸;建成全国首条现代人工开挖运河——杭甬运河,实现千年京杭运河通江达海;国家交通运输物流公共信息平台成为当前国际上唯一具有规模的"物流信息根服务器"。交通建设尤其是在高速公路建设方面成效显著,完成了从无到有的华丽转身,特别是2005年7月习近平总书记在浙江任职期间指示"高速公路建设意义重大,要合理安排、科学筹划、能快则快"之后,浙江的高速公路发展进入跨越式发展,实现了"条条大路通世界"。

浙江省位于我国东部沿海,其地形地貌素有"七山一水二分田"之称,是改革开放拉开了浙江高速公路建设大干快上、起步腾飞的序幕。广大建设者们以坚韧不拔的毅力、披荆斩棘的精神,努力克服浙江山岭众多、地形地质复杂、台风等自然灾害频发给高速公路建设带来的极大挑战，攻克了跨海跨江和深山峡谷等长大桥梁、特长隧道的技术难题以及在深厚软基、岩溶、滑坡体等复杂地质条件下建设的一个个难关。自1991年建成"沪杭甬高速公路钱江二桥段7公里"以来，经过20多年的快速发展，浙江省高速公路通车里程达4062公里，高速公路网密度居全国前列，相继建成了时为世界最长的跨海大桥——杭州湾跨海大桥、世界规模最大的岛陆联络工程——舟山跨海大桥（其中的西堠门大桥主桥为世界最大跨度的钢箱梁悬索桥）、世界主桥最长最宽的多塔斜拉桥——嘉绍大桥、世界直径最大的盾构隧道——钱江通道等一批世界级工程，并获得了被誉为桥梁界"诺贝尔奖"的古斯塔夫奖、菲迪克奖、国际道路成就工程奖等多个国际大奖，涌现出一大批先进模范人物、先进集体。高速路网规模不断扩大，交通运输结构不断优化，产业化发展态势基本形成，实现了从"瓶颈制约"向"总体适应"的跨越。与此同时，高速公路建设、管理、养护、运营机制不断成熟完善，建立了现代交通投融资模式创新市场化的建设机制，在全国率先开展了创建高速公路星级服务区，通过"美丽公路"建设打造浙江高速公路优质服务品牌，有力推动了路与自然、人文、历史的和谐协调，促进了全省经济社会的稳定发展。可以说，浙江高速公路建设走过了不平凡的历程，已是当代中国公路建设史的重要一部分，是一笔值得记录总结的宝贵财富。

盛世修志是中华民族的优良传统。经过多年努力，《浙江高速公路建设实录》终于正式出版了，它是较为系统介绍浙江省高速公路建设的专业图书。全书由七章及附录组成，以图文并茂的形式记录了浙江省的自然条件和经济社会发展条件、高速公路建设的发展历程、法律法规与规章的制定、高速公路科技成果、高速公路运营管理、人文建设、各建设项目的具体介绍及附录部分的人物专访、大事记等内容。纵观全书，最大的特点是用事实说话，以事例为证，数据翔实。编者在书中收录了浙江省所有高速公路建设项目，在项目的技术工程、科技创新、运营管理等方面作了全面的探讨，角度独特，内容全面，即便是对非专业读者也不无裨益。

浙江省交通运输厅厅长 郭剑彪

2017年10月18日

目录
Contents

第一章　经济社会与综合运输发展 ⋯⋯⋯⋯⋯⋯⋯⋯⋯⋯⋯⋯⋯⋯⋯⋯⋯⋯⋯ 1
　第一节　浙江自然地理特点 ⋯⋯⋯⋯⋯⋯⋯⋯⋯⋯⋯⋯⋯⋯⋯⋯⋯⋯⋯⋯⋯⋯ 1
　第二节　浙江社会经济发展 ⋯⋯⋯⋯⋯⋯⋯⋯⋯⋯⋯⋯⋯⋯⋯⋯⋯⋯⋯⋯⋯⋯ 4
　第三节　综合交通运输发展 ⋯⋯⋯⋯⋯⋯⋯⋯⋯⋯⋯⋯⋯⋯⋯⋯⋯⋯⋯⋯⋯⋯ 9
　第四节　公路建设及公路运输发展 ⋯⋯⋯⋯⋯⋯⋯⋯⋯⋯⋯⋯⋯⋯⋯⋯⋯⋯⋯ 20
　第五节　浙江美丽公路建设 ⋯⋯⋯⋯⋯⋯⋯⋯⋯⋯⋯⋯⋯⋯⋯⋯⋯⋯⋯⋯⋯⋯ 30

第二章　高速公路建设成就 ⋯⋯⋯⋯⋯⋯⋯⋯⋯⋯⋯⋯⋯⋯⋯⋯⋯⋯⋯⋯⋯⋯ 36
　第一节　浙江省高速公路规划 ⋯⋯⋯⋯⋯⋯⋯⋯⋯⋯⋯⋯⋯⋯⋯⋯⋯⋯⋯⋯⋯ 36
　第二节　浙江高速公路发展历程 ⋯⋯⋯⋯⋯⋯⋯⋯⋯⋯⋯⋯⋯⋯⋯⋯⋯⋯⋯⋯ 42
　第三节　浙江省高速公路建设特点与标志项目 ⋯⋯⋯⋯⋯⋯⋯⋯⋯⋯⋯⋯⋯⋯ 44
　第四节　浙江省高速公路软基处理成果 ⋯⋯⋯⋯⋯⋯⋯⋯⋯⋯⋯⋯⋯⋯⋯⋯⋯ 50
　第五节　浙江省高速公路跨海大桥建设 ⋯⋯⋯⋯⋯⋯⋯⋯⋯⋯⋯⋯⋯⋯⋯⋯⋯ 54
　第六节　浙江省高速公路典型隧道建设 ⋯⋯⋯⋯⋯⋯⋯⋯⋯⋯⋯⋯⋯⋯⋯⋯⋯ 60
　第七节　浙江省高速公路桥梁与隧道建设 ⋯⋯⋯⋯⋯⋯⋯⋯⋯⋯⋯⋯⋯⋯⋯⋯ 66
　第八节　浙江省高速公路投融资体制 ⋯⋯⋯⋯⋯⋯⋯⋯⋯⋯⋯⋯⋯⋯⋯⋯⋯⋯ 74
　第九节　高速公路建设经验与问题 ⋯⋯⋯⋯⋯⋯⋯⋯⋯⋯⋯⋯⋯⋯⋯⋯⋯⋯⋯ 78
　第十节　高速公路与社会经济发展 ⋯⋯⋯⋯⋯⋯⋯⋯⋯⋯⋯⋯⋯⋯⋯⋯⋯⋯⋯ 83

第三章　高速公路建设管理地方法规 ⋯⋯⋯⋯⋯⋯⋯⋯⋯⋯⋯⋯⋯⋯⋯⋯⋯⋯ 87
　第一节　浙江省高速公路法规概述 ⋯⋯⋯⋯⋯⋯⋯⋯⋯⋯⋯⋯⋯⋯⋯⋯⋯⋯⋯ 87
　第二节　高速公路市场管理法规 ⋯⋯⋯⋯⋯⋯⋯⋯⋯⋯⋯⋯⋯⋯⋯⋯⋯⋯⋯⋯ 90
　第三节　高速公路项目管理法规 ⋯⋯⋯⋯⋯⋯⋯⋯⋯⋯⋯⋯⋯⋯⋯⋯⋯⋯⋯⋯ 110

第四章　高速公路科技成果 ⋯⋯⋯⋯⋯⋯⋯⋯⋯⋯⋯⋯⋯⋯⋯⋯⋯⋯⋯⋯⋯⋯ 124
　第一节　路基、路面方面的科技成果 ⋯⋯⋯⋯⋯⋯⋯⋯⋯⋯⋯⋯⋯⋯⋯⋯⋯⋯ 124
　第二节　桥梁、隧道方面的科技成果 ⋯⋯⋯⋯⋯⋯⋯⋯⋯⋯⋯⋯⋯⋯⋯⋯⋯⋯ 142

第三节　高速公路管理方面的科技成果 …………………………………… 185
 第四节　其他方面的科技成果 …………………………………………… 190

第五章　高速公路运营情况 ……………………………………………………… 195
 第一节　高速公路运营管理 ……………………………………………… 195
 第二节　高速公路收费管理与技术 ……………………………………… 200
 第三节　服务区管理 ……………………………………………………… 204

第六章　高速公路文化建设 ……………………………………………………… 209
 第一节　公路建设与精神文明 …………………………………………… 209
 第二节　浙江省高速文化特色 …………………………………………… 220

第七章　高速公路建设项目 ……………………………………………………… 228
 第一节　G3（北京至台北高速公路）浙江段［浙皖省界（西坑口）至浙闽省界
　　　　　（廿八都）］ …………………………………………………… 228
 第二节　G15（沈阳至海口高速公路）浙江段［沪浙省界（金丝娘桥）至浙闽省界
　　　　　（苍南分水关）］ ……………………………………………… 245
 第三节　G15W 浙江段［浙苏省界（吴江大溪港）至三门吴岙］ ……… 300
 第四节　G1512（宁波至金华）（鄞州古林至金东傅村） ………………… 324
 第五节　G1513（温州至丽水）（丽水南枢纽至温州南枢纽） …………… 335
 第六节　G25（长春至深圳）浙江段［浙苏省界（父子岭）至浙闽省界（新窑）］ …… 350
 第七节　G50（上海至重庆高速公路）浙江段［浙苏省界（南浔）至浙皖省界
　　　　　（界牌）］ …………………………………………………… 399
 第八节　G56（杭州至瑞丽高速公路）浙江段［杭州绕城留下枢纽至浙皖省界
　　　　　（昱岭关）］ …………………………………………………… 422
 第九节　G60（上海至昆明高速公路）浙江段［沪浙省界（枫泾）至浙赣省界
　　　　　（常山窑上）］ ………………………………………………… 432
 第十节　G92 杭州湾地区环线 …………………………………………… 454
 第十一节　G9211（宁波至舟山高速公路）（蛟川枢纽至定海双桥段） …… 474
 第十二节　G1501 宁波绕城高速公路 …………………………………… 490
 第十三节　G2501 杭州绕城高速公路 …………………………………… 502
 第十四节　G15W3（宁波至东莞高速公路）浙江段［宁波绕城云龙枢纽
　　　　　　至浙闽省界（马站）］ ……………………………………… 513
 第十五节　G92N（杭州至宁波高速公路）［杭州绕城（下沙枢纽）至穿山疏港
　　　　　　柴桥枢纽］ ………………………………………………… 523
 第十六节　G60N（杭州至长沙高速公路）［杭新景杨村桥枢纽至浙皖省界
　　　　　　（白沙关）］ ………………………………………………… 528

第十七节	G4012（溧阳至宁德高速公路）浙江段［浙皖省界（塔岭）至浙闽省界（友谊桥）］	558
第十八节	S1 北仑支线（姜山北至北仑大碶）	593
第十九节	S2 杭州支线（杭州绕城沈士枢纽至红垦枢纽）	597
第二十节	S4 机场高速公路（钱江三桥至萧山机场）	606
第二十一节	S5 宁波支线（杭甬高桥枢纽至宁波东枢纽段）	611
第二十二节	S9 钱江通道［浙苏省界（乌镇）至杭甬齐贤枢纽段］	617
第二十三节	S10 温州绕城高速公路（仰义枢纽至北白象枢纽）	626
第二十四节	S11 乍嘉苏高速公路（嘉兴枢纽至乍浦枢纽）	635
第二十五节	S12 申嘉湖高速公路［沪浙省界（姚庄）至湖州枢纽］	643
第二十六节	S13 练杭高速公路（练市枢纽至崇贤枢纽段）	658
第二十七节	S14 杭长高速公路［三墩枢纽至浙苏省界（悬脚岭）段］	673
第二十八节	S16 杭浦高速公路（杭州绕城东枢纽至杭州北枢纽段）	686
第二十九节	S20 穿山疏港高速公路（穿山港区至宁波绕城好思房枢纽段）	692
第三十节	S24 绍诸高速公路（上虞道墟至诸暨牌头段）	701
第三十一节	S26 诸永高速公路（直埠枢纽至瓯海段）	710
第三十二节	S28 台金高速公路（椒江枢纽至永康石柱段）	738
第三十三节	S30 之江大桥（杭州绕城杭州南枢纽至滨江浦沿段）	758
第三十四节	S27 东永高速公路（诸永马宅枢纽至金丽温永康枢纽段）	766
第三十五节	S36［龙泉枢纽至浙闽省界（花桥）段、义乌苏溪至义乌廿三里段］	771

附录一 浙江高速公路建设实录专访 778

第一篇 第一步，一大步——浙江第一条高速公路杭甬高速诞生记 778

第二篇 决战"4小时公路交通圈"——这是最难的时代，也是最好的时代 782

第三篇 科技兴交添双翼 天道酬勤梦成真——浙江交通"科技兴交"风雨实录 788

第四篇 质监二十年 交通三大步——浙江交通质监系统"长成记" 791

第五篇 时代的呼唤——浙江省高速公路发展回眸见证 795

第六篇 唱响一曲衢通四省的赞歌——浙西高速公路发展历程 799

附录二 浙江高速公路发展大事记 806

第一章
经济社会与综合运输发展

第一节 浙江自然地理特点

一、地形特征

浙江省地处中国东南沿海长江三角洲南翼,东临东海,南接福建,西与安徽、江西相连,北与上海、江苏接壤。浙江省东西和南北的直线距离均为450km左右,土地面积10.18万km^2,为全国的1.10%,是中国陆地面积较小的省份之一。

浙江山地和丘陵占70.4%,平原和盆地占23.2%,河流和湖泊占6.4%,耕地面积仅208.17万hm^2,故有"七山一水二分田"之说。浙江地形以丘陵、山脉、盆地为主,自西南向东北呈阶梯状倾斜,西南以山地为主,中部以丘陵为主,东北部是低平的冲积平原。浙北地区水网密集的冲积平原,浙东地区的沿海丘陵,浙南地区的山区,舟山市的海岛地貌,可谓山河湖海无所不有。西南多为海拔千米以上的群山盘结,其中位于龙泉境内的黄茅尖,海拔1929m,为浙江省最高峰。全省四大平原为杭嘉湖平原(杭州、嘉兴、湖州)、宁绍平原(宁波、绍兴)、金丽衢平原(金华、丽水、衢州)、温台平原(温州、台州)。

二、地质概况

浙江地质复杂,自中元古界至第四系发育齐全,尤以中生代火山岩系发育为特色。以江山—绍兴断裂为界,浙西北区属江南地层区,浙东南区属华南地层区,这两个地层区分属扬子准地台和华南褶皱系范畴,因而在岩性、岩相、岩石组合及变质程度等方面存在明显差异。江南地层区内的元古界,呈NEE向或NE向分布,出露范围较小;华南地层区元古界基底变质岩系,可划分为八都、陈蔡两个岩群。

浙江省坐落于两大构造单元之上,浙西北处于扬子准地台之东南缘,以褶皱、断裂发育为特征;浙东南则属华南褶皱系,断裂及中生代盆地构造发育。全省区域性断裂可分为NE、NNE、EW、NW向4组,按形成时代可分为元古宙、古生代及中生代三期。其中,浙西北区以NE向断裂为主;浙东南区以NE-NNE向断裂为主。

三、气候多样

浙江属亚热带季风气候,季风显著,四季分明,年气温适中,光照较多,雨量丰沛,空气湿润,雨热季节变化同步,气候资源配置多样,气象灾害繁多。年平均气温15～18℃,1月、7月分别为全年气温最低和最高的月份,极端最高气温44.1℃,极端最低气温-17.4℃。5月、6月为集中降雨期,全省年平均雨量在980～2000mm,年平均日照时数1710～2100h。春季,浙江气候特点为阴冷多雨,沿海和近海时常出现大风,气温分布特点为由内陆地区向沿海及海岛地区递减,降水量分布为由西南地区向东北沿海地区逐步递减;夏季,随着夏季风环流系统建立,浙江境内盛行东南风,西北太平洋上的副热带高压活动对浙江天气有重要影响;秋季,夏季风逐步减弱,并向冬季风过渡,气旋活动频繁,气温冷暖变化较大,中部和南部的沿海山区降水量较多,东北部地区降水量略偏少;冬季,浙江天气受制于北方冷气团的影响,天气过程种类相对较少,冬季气候特点是晴冷少雨、空气干燥,气温分布特点为由南向北递减、由东向西递减。

四、自然资源

水资源:浙江境内有西湖、东钱湖等容积100万 m^3 以上湖泊30余个。自北向南有苕溪、京杭运河(浙江段)、钱塘江、甬江、灵江、瓯江、飞云江和鳌江等八大水系,上述八条主要河流除苕溪、京杭运河外,其余均独流入海。浙江降水充沛,年均降水量为1600mm左右,是中国降水较丰富的地区之一。浙江省多年平均水资源总量为937亿 m^3,但由于人口密度高,人均水资源占有量只有 $2008m^3$,最少的舟山等海岛人均水资源占有量仅为 $600m^3$。由于水资源地区分布不均,加上随着经济社会的快速发展和水污染的加剧,水资源供需矛盾日益突出。

海洋资源:浙江省海洋资源十分丰富,浙江海域面积26万 km^2,有沿海岛屿3000余个,是中国岛屿最多的省份,其中面积 $495.4km^2$ 的舟山岛(舟山群岛主岛)为中国第四大岛。浙江海岸线总长6400余公里,居中国首位,其中大陆海岸线2200km,居中国第5位。岸长水深,可建万吨级以上泊位的深水岸线290.4km,占中国的1/3以上,10万吨级以上泊位的深水岸线105.8km。东海大陆架盆地有着良好的石油和天然气开发前景,港口、渔业、旅游、油气、滩涂五大主要资源得天独厚,组合优势显著。

土地资源:浙江土壤以黄壤和红壤为主,占浙江省面积70%以上,多分布在丘陵山地,平原和河谷多为水稻土,沿海有盐土和脱盐土分布。根据浙江省第二次土地调查结果,至2009年12月31日(标准时点),全省耕地2980.03万亩,占18.83%;林地8530.94万亩,占53.91%;水域及水利设施用地1289.53万亩,占8.15%。数据显示,全省2009年末耕地面积比1996年第一次调查时净减少207.98万亩,人均耕地从1996年第一次调查时的0.72亩下降到0.56亩,约相当于全国人均耕地的1/3。全省耕地数量少、耕地质量不高、后备资源不足的基本省情没有改变,耕地保护形势仍然十分严峻,必须毫不动摇地坚持最严格的耕地保护制度。

矿产资源:浙江已发现固体矿产113种,已探明储量的有67种(油气未列入)。叶腊石、明矾石探明资源储量居全国之冠,分别占全国的53%、52%。可以满足省内需求的矿产有叶腊石、硅藻土、水泥灰岩、熔剂灰岩、萤石、硅灰石、膨润土、明矾石、沸石、电石灰岩和建筑石料等矿产。主要依托国内供应的有煤炭、天然气、磷、硫、铅、锌、稀土等矿产;主要依赖国外供应的有石油、铁、钾盐、铜、铝等矿产。

五、自然灾害

由于浙江位于中、低纬度的沿海过渡地带,加之地形起伏较大,同时受西风带和东风带天气系统的双重影响,各种气象灾害频繁发生,是我国受洪涝、台风、暴雨、地质灾害等影响较严重地区之一。

暴雨与洪灾:浙江梅汛期每年都有暴雨与洪灾,洪涝灾害是浙江最严重的自然灾害,它所造成的损失占浙江各类灾害损失的40%左右。浙江洪涝灾害可以划分为梅雨型暴雨洪水、台风型暴雨洪水和过渡型洪水。梅雨型暴雨洪水,一般出现由5~6月的梅雨暴雨形成的单峰,钱塘江中上游地区,特别是它的支流新安江、兰江、衢江流域是浙江雨涝灾害发生最频繁的地区;台风型暴雨洪水,可出现由5~6月的梅雨暴雨和8~9月的台风暴雨形成的双峰,但后峰大于前峰,主要分布在浙东沿海地区;过渡型洪水,主要分布在浙北、浙中和浙东南地区,因受梅雨与台风双重影响,重点防范时段为5~6月,8~9月也出现由梅雨暴雨和台风暴雨形成的双峰,但后峰小于前峰。

台风与风暴潮:每年夏、秋季节,浙江省经常遭受台风侵袭,台风灾害以其突发性强、危害程度大、影响范围广和灾害链长而成为浙江省的主要自然灾害之一。又由于浙江海岸线曲折多变,海湾众多且多数港湾口宽顶窄,是地形集能作用很大的强潮海湾,常诱发特大风暴潮,因此浙江还是风暴潮灾害的"重灾区"。台风影响浙江时段集中在5~11月,尤以7~9月最为频繁,主要影响区域是浙江东部沿海地区;风暴潮灾害具有明显的季节性,主要出现在农历的六~八月,灾害地域多集中于杭州湾两岸的杭嘉湖平原和宁绍平原、浙东的宁波、舟山一带及象山港沿海以及浙中南的台州湾两岸温黄平原。

地质灾害:浙江地质灾害主要有崩塌、滑坡、泥石流、地面塌陷和地面沉降等。从时间分布上来看,浙江突发性的地质灾害,如泥石流,与暴雨的地域分布具有相似性;从空间上看,崩塌、滑坡、泥石流灾害主要分布于浙西、浙南丘陵山区,规模以中小型(土方量小于20万m^3)为主。泥石流主要出现在浙西南的丽水、金华、衢州以及温州和杭州的山地、丘陵地带。浙江滑坡占全省地质灾害的80%以上,全省各地均有发生,比较集中分布的有丽水、温州、台州、金华等地。

地面沉降：地面沉降是浙江平原区最主要的地质灾害，以嘉兴、宁波两地的地面沉降最为严重。杭嘉湖平原的地面沉降状况表现为以嘉兴城区为沉降中心，嘉兴王江泾、桐乡崇福、屠甸、乌镇、濮院、海宁长安、平湖城关、海盐武原等地下水集中开采的城镇为次一级漏斗中心的地面沉降漏斗；宁波地区地面沉降尚未得到基本控制；温黄平原地区地面沉降迹象明显；温瑞平原永强地区地下水开采量持续增加，地下水位急剧下降，地面沉降发展迅速。

对公路建设的影响：浙江诸多自然灾害中，以台风、暴雨、山区冰冻、地面沉降以及滑坡与泥石流等突发地质灾害最为严重，同时多灾害类型在空间上和时间上构成的灾害链，如梅汛期遭遇台风、冬季寒潮遭遇雨雪、路面冰冻等情况，常常加重了浙江公路建设的困难和灾害损失。以地面沉降为例来说，浙江省平原和沿海地区软土分布广泛，软土具有含水率高、孔隙比大、高压缩性、弱渗透性、固结缓慢、承载力低等特性，软土地基过大和不均匀沉降均会严重影响路面的平整度，制约路面通行能力、行车安全度和舒适度，路基、路堤也可能会随着软基一起产生滑移，引起公路路面的整体破坏。

第二节　浙江社会经济发展

区域经济发展是自然、经济和社会等诸多资源条件综合作用的结果。从社会经济发展赖以依托的基础性资源与要素禀赋来看，浙江自然资源相对贫乏，特别是基础工业资源匮乏，但地处沿海，港口资源得天独厚，社会资源相对丰裕，尤其是人力资源素质较高。经过改革开放三十多年的快速发展，浙江经济已经走过了以量的扩张为主要特征的工业化初期阶段，总体上完成了向工业化中期的过渡，经济总量和综合实力已进入全国前列，由一个农业省份发展成为工业省份，由一个资源小省发展成为经济大省，形成了颇具特色的区域经济格局、富有活力的多元化所有制结构和市场化运行机制，逐步建设完善了交通通信网络和城市基础设施。目前，浙江经济社会正处于从工业化中期向工业化后期迈进的一个新的经济发展阶段，为全面建成高水平小康社会和提前基本实现现代化打下了坚实的基础。

一、全国经济增长速度较快省份之一

1990年浙江省生产总值904.7亿元，2016年为46485亿元，1990—2016年期间的年均增长率高达12.4%。同期，人均生产总值由1990年的2122元/人增长到2016年83538元/人，年均增长11.2%；城镇居民人均可支配收入由1990年的1932元增长到2016年

38529元,年均增长9.2%;1990年全社会固定资产投资总额为187亿元,2016年达到29571亿元,年均增长16.3%。

浙江省历年生产总值如图1-2-1所示,城镇居民人均可支配收入如图1-2-2所示。

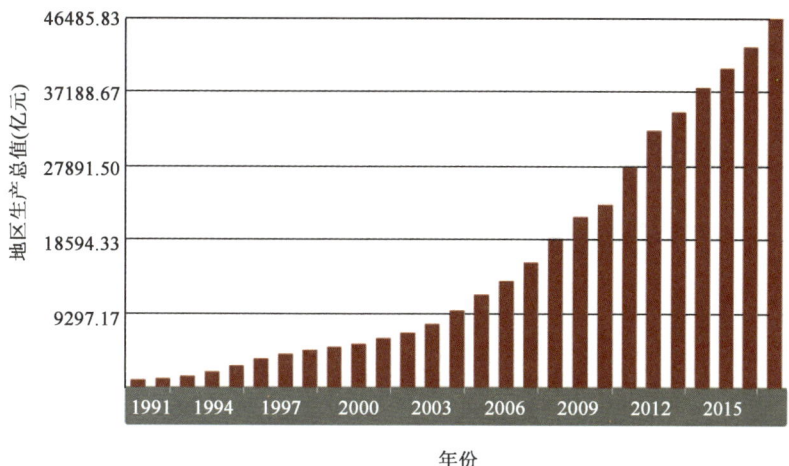

图1-2-1　浙江省历年生产总值

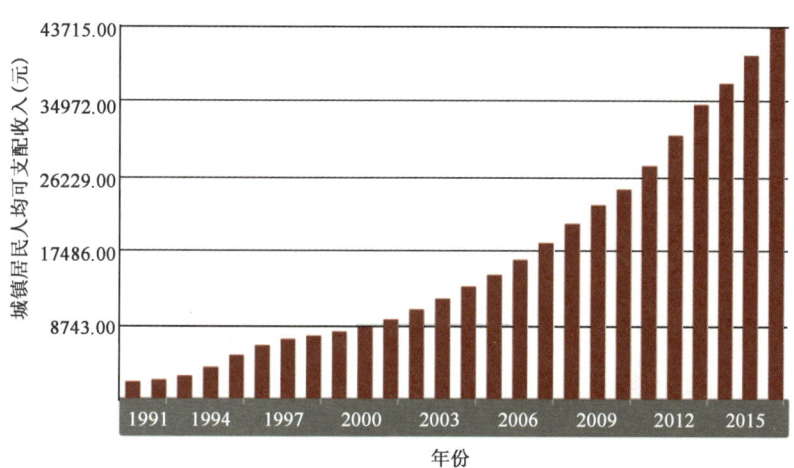

图1-2-2　浙江省城镇居民人均可支配收入

1990年浙江省生产总值904.7亿元中,第一产业增加值225亿元,第二产业增加值408.2亿元,第三产业增加值271.5亿元,三产比例约为24.9∶45.1∶30.0;2016年浙江省生产总值46485亿元中,第一产业增加值1966亿元,第二产业增加值20518亿元,第三产业增加值24001亿元,三产比例约为4.2∶44.2∶51.6,第三产业比重首次超过50%,三产比例结构更为优化。

浙江省历年三产总值如图1-2-3所示。

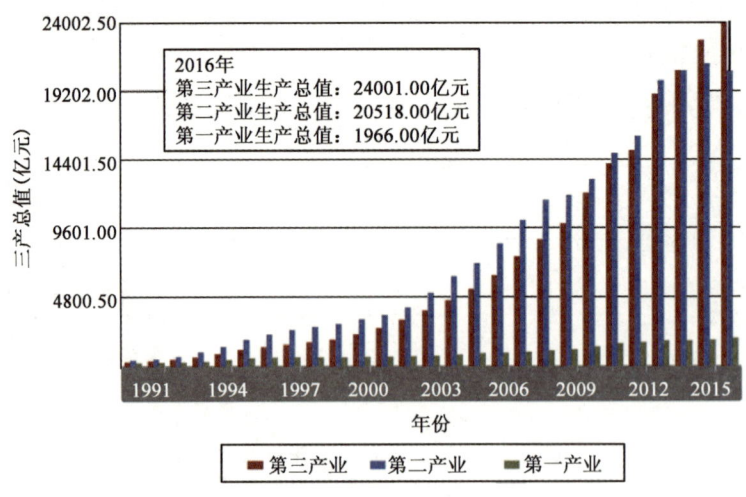

图 1-2-3 浙江省历年三产总值

二、经济指标全国领先

改革开放以来,浙江在发展社会主义市场经济的过程中走出了一条具有浙江特色、符合浙江实际的发展路子。全省经济发展迅速,主要经济指标在全国保持领先地位。改革开放初期的 1978 年,浙江省生产总值在全国各省份中仅排位 12 名,1990 年提高到第 6 位,2016 年则排名第 4 位,仅次于广东、江苏和山东(图 1-2-4);1978 年浙江省人均生产总值在全国各省份中位居第 16 位,1990 年就提高到第 6 位,低于京津沪三个直辖市和辽宁、广东,2016 年则排名第 5 位(仅次于京津沪和江苏),而城镇居民可支配收入则仅次于京沪,位列全国第 3 位(图 1-2-5)。

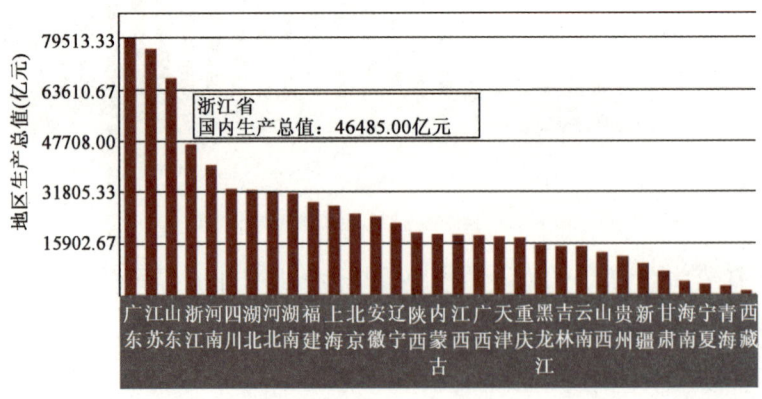

注：香港、澳门、台湾地区数据暂缺。

图 1-2-4 2016 年全国各省(自治区、直辖市)生产总值排名

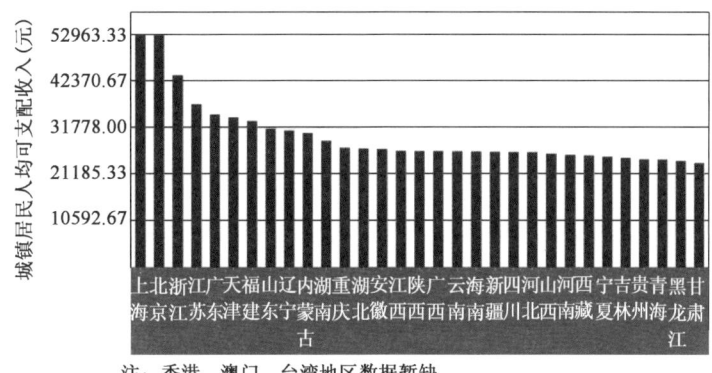

图 1-2-5　2016 年全国各省(自治区、直辖市)城镇居民可支配收入排名

三、浙江特色经济发展模式

改革开放以来,浙江基于原有的资源禀赋格局,突破了"自求平衡、自成体系"的封闭式内向循环的传统发展方式,扬长避短,克服自然资源短缺的制约,凭借相对丰富的人力资源和有利的区位条件,在改革开放大潮中逐步形成了具有浙江特色的发展模式。

(1)以加工贸易为特征的区域增长方式。浙江积极拓展国内外两个市场,充分利用国内外两种资源,形成了以资源转换为途径、以市场需求为导向、以加工增值为目的的加工贸易型区域发展方式。随着经济总量的增加和国内外市场容量的扩大,浙江销往外国市场和外省市场的产品比重逐年增加,目前约有 70% 的产品销往省外市场(其中出口 20% 左右,外省市场 50% 左右)。在形成加工贸易型区域发展方式中,异军突起的乡镇个体私营企业与蓬勃发展的专业市场是驱动并支撑这一发展方式的两只强有力轮子。20 世纪 80 年代,乡镇企业在农村改革的推动下迅速崛起,带动了农村工业化勃兴,成为浙江在全国实现经济赶超的一大支点;90 年代以来,浙江在实施乡镇企业大发展和大提高方针的同时,大力发展个体私营经济,孕育出经济快速增长的新动力源。以市场需求为导向的企业主体格局的形成又伴生出与之相适应的交易方式。浙江专业市场蓬勃兴起并不断发展和延伸,数量多、规模大、综合能力强、辐射范围广,商品交易范围基本覆盖生活与生产资料的所有领域,形成了以消费品市场为中心、专业市场为特色、生产资料市场为后续、其他要素市场相配套的商品交易网络。

(2)以区块经济为特征的区域产业分工。改革开放初期,由于工业发展程度比较低,各地市工业化起步相似,基本上是以机械、纺织、食品、化工、建材为支柱,产业结构雷同性一度较强,产业层次不高,专业化协作水平低,区域分工不甚合理。20 世纪 90 年代以来,随着需求层次的提高和竞争的加剧,浙江加快了产业细分和主导行业培育步伐,初步形成了具有一定特色的区域产业分工格局。浙江与全国其他各地比较,市场占有份额较大、区域分工程度较高、经济效益较好、具有相对优势的产业有纺织服装、皮革塑料、化学纤维、文体用品、食品饮料、机械仪表和医药制造等制造业。进入21世纪以后，浙江省产业结构继续优化，产业集群发展迅速，已成为我国产业集群较集中的地区之一。其中，杭州形成了文化创意、旅游休闲、金融服务、电子商务、信息软件、先进装备制造、物联网、生物医药、节能环保、新能源等"十大产业"；宁波利用得天独厚的港口开发条件，形成了以石化、电力、钢铁、造纸、汽车、修造船为重点的临港型工业和以电子信息、新材料、生物医药为重点的高新技术产业；温州依托民营经济的快速发展，形成了以机械、塑料、皮革、仪表、电子零部件等为主的产业群。浙江各地充分发挥各种经济成分竞相发展所创造的活力，利用专业市场强有力的集散功能，积极探索市场优势和产业优势的有机结合，形成产业和市场互为依托、联动发展的格局，使区域特色产业迅速崛起。由区域特色产业所支撑的区块优势经济，成为浙江经济发展的一大显著特征。

（3）进入21世纪以来特别是"十二五"时期，浙江省电子商务保持了快速发展的良好态势，产业规模不断扩大，发展水平持续提高，行业应用深入普及，跨境电商试点成效显现，电子商务与农业、制造业及服务业等领域的融合加快，催生了一批新兴业态。电子商务对浙江经济的发展贡献日益提高，提升了流通效率，扩大了消费需求，促进了消费方式转变和消费升级，是"大众创业、万众创新"的重要阵地，成为促进浙江省经济转型升级和提升发展的新引擎。在发展规模上，浙江省网络零售额相当于全国网络零售总额的1/5，活跃电商主体数约占全国的1/4，电商园区数约占全国园区总数的1/5，均居全国前列；从产业基础上看，以阿里巴巴为代表的浙江省第三方电子商务平台发展水平位居全国前列，还拥有3000家左右各类专业的电子商务服务商，在仓储物流、配送快递、软件开发、代运营、网络推广、数据分析、支付融资、信用认证、咨询培训等领域为中小企业提供专业化的电商服务；从发展速度上看，浙江电子商务仍处于快速发展阶段，网络零售额同比增长高于全国18个百分点，电商业态创新加快，在全国同行中发挥着引领作用；从电商发展环境看，浙江电子商务支撑服务体系逐步完善，物流配送能力持续提升，浙江快递业务量居全国第二，业务收入居全国第三，杭州成为全国首批电子商务与物流协同发展试点城市，电子商务与物流快递协同发展稳步推进，建成社区智能投递终端12000余个，有效解决了配送"最后一公里"问题，并在全国率先成立了电商大数据研究基地，利用大数据开展统计监测和管理，是全国唯一分县（市、区）统计的省份。经过"十二五"时期的跨越式发展，电子商务已成为浙江践行"干在实处、走在前列"的标志性成果，也是继民营经济和专业市场之后浙江的又一张"金名片"。

（4）以交通运输为主轴线的"三区三带"区域经济布局。因受区位条件和自然资源禀赋的影响，浙江经济布局相对集中于沿海及平原地区，在经济发展上地区差异较大，经济发展水平和产业密集程度由浙东北向浙西南、由沿海向内地呈明显的梯度落差。20世纪

80年代中期，主要依据区域地理位置、行政区划以及区内产业联系，全省划分为四个经济区，即以杭州为中心的浙北区，以宁波为中心的浙东区，以温州为中心的浙南区，以及以金华、衢州为中心的浙西区。90年代以来，随着经济体制改革的深化和对外开放层次的提高，以及交通大动脉的构建，生产要素加速向有利区位集聚，浙江区域经济布局及产业分布开始从"四区"向"三区三带"转化和集聚。所谓"三区"是指全省形成三个经济区，即在原来浙东、浙北基础上形成的杭州湾两岸地区，温州台州沿海地区崛起后形成的温台沿海地区，以及浙西南地区。所谓"三带"是指带动三区发展的产业主轴线，即以沪杭线与杭甬线为依托而形成的经济发展层次较高的环杭州湾产业带；以温州为中心，以温台交通干线为轴线的温台沿海产业带；以浙赣和金丽温交通沿线为轴线的金衢丽产业带。进入21世纪以后，以中心城市和沿海港口为依托，以交通运输为主轴线的"三区三带"的区域经济布局已基本形成，综合运输网络和综合交通枢纽在浙江区域经济布局和产业带发展中起着主轴线支撑和引导的重大战略作用。

第三节 综合交通运输发展

交通运输是国民经济和社会发展的基础，其功能在于引导生产力布局和产业集聚、升级，强化国土均衡开发，促进工业化、城镇化、区域和城乡统筹发展，提升国际竞争力，同时也在维持经济安全和社会稳定，保障抢险救灾和国家安全方面发挥十分重要的作用。

综合交通网涵盖铁路、公路、水路、民航和管道等五种交通运输方式，各种运输方式统筹协调发展，实现相互衔接和功能互补，是共同形成综合交通运输体系的基础。改革开放以后至20世纪末，浙江省委、省政府把加快交通基础设施建设作为发展重点，出台了一系列发展交通的政策，增加对交通建设的投入，综合交通网基础设施建设取得较大发展，使长期存在的"瓶颈"制约开始得到明显的缓解。历经改革开放以后二十多年的赶超发展，在跨入21世纪后，浙江综合交通运输与浙江经济社会发展需求的差距进一步缩小，交通紧张状况得到全面缓解，特别是"十二五"时期，浙江交通在浙江省委、省政府和交通运输部的正确领导下，努力推进现代交通"五大建设"，着力调整交通运输结构，全面提升运输服务保障能力，干线骨架初具规模，网络结构日益完善，运输能力持续提升，服务水平有效提高，已基本形成铁路、公路、水路、航空、管道等多种运输方式共同发展的综合交通运输体系。

一、改革开放初期（1979—1990年）

经过新中国成立到改革开放初期的发展，浙江初步构成了以宁波、温州为港口枢纽，杭州、金华为内陆枢纽的综合交通运输网络雏形。宁波、温州两个沿海港口枢纽南北对峙,一个据甬江之口,一个扼瓯江咽喉,水深港阔,是浙江对外开放的两大门户。以宁波港和温州港为中心,沿海众多港口组成了大中小泊位兼备、分工协作的港口群。近海运输抵南至北,是浙江跨省区运输的海上主动脉;远洋航线扇形展开,海上运输网又沟通了以东西向八大水系为主干的浙北、浙东、浙南三个内河水运网,江海直达,形成水运优势。杭州和金华两个内陆交通枢纽,分别与宁波、温州两个港口枢纽相对应。杭州是全省最大的运输枢纽,铁路、公路均以杭州为中心向外辐射,还辟有通往北京、上海、广州等10多条空中航线,杭州还是浙北水运网的中心。纵贯省境南北的沪杭、浙赣铁路连接杭州、金华两个内陆运输枢纽,成为浙江跨省区运输的路上主动脉。

改革开放伊始的1979年至1990年,这一时期浙江省综合交通发展以公路运输方面为主。1979年,全省公路里程2.06万km,铁路营业里程800km,内河航道里程1.12万km,至1990年全省公路里程发展到3.01万km,铁路营业里程仍然维持800km,内河航道略减至1.06万km(图1-3-1)。1979年,全省全社会旅客运输量23767万人(其中,铁路2058万人、公路15543万人、水路6166万人),旅客周转量69.22亿人公里(其中,铁路34.77亿人公里、公路33.26亿人公里、水路1.19亿人公里);全社会货物运输量9202万t(其中,铁路1461万t、公路2998万t、水路4743万t),货物周转量181.29亿吨公里(其中,铁路121.5亿吨公里、公路7.62亿吨公里、水路52.17亿吨公里)。发展至1990年,全省全社会旅客运输量60315万人(其中,铁路3018万人、公路51083万人、水路6214万人,见图1-3-2),旅客周转量257.29亿人公里(其中,铁路75.94亿人公里、公路166.87亿人公里、水路14.48亿人公里,见图1-3-3);全社会货物运输量33474万t(其中,铁路1691万t、公路22879万t、水路8904万t,见图1-3-4),货物周转量400.65亿吨公里(其中,铁路144.43亿吨公里、公路100.75亿吨公里、水路155.47亿吨公里,见图1-3-5)。

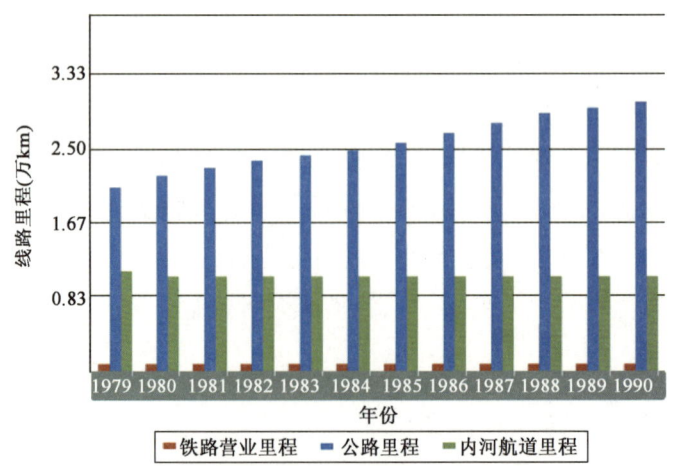

图1-3-1 浙江省各种运输方式线路里程(1979—1990年)

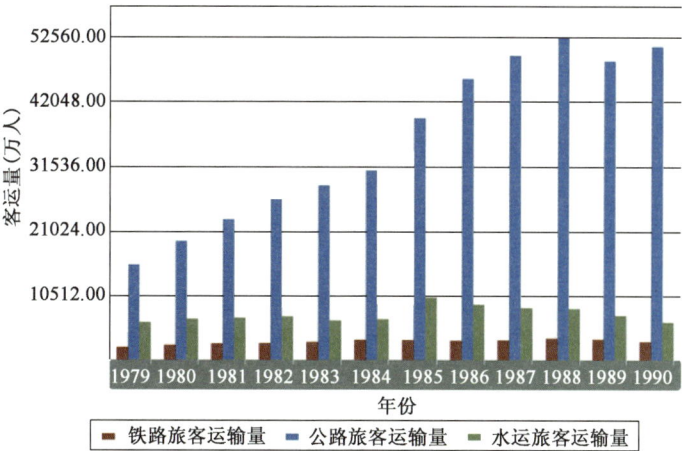

图 1-3-2　浙江省各种运输方式客运量（1979—1990 年）

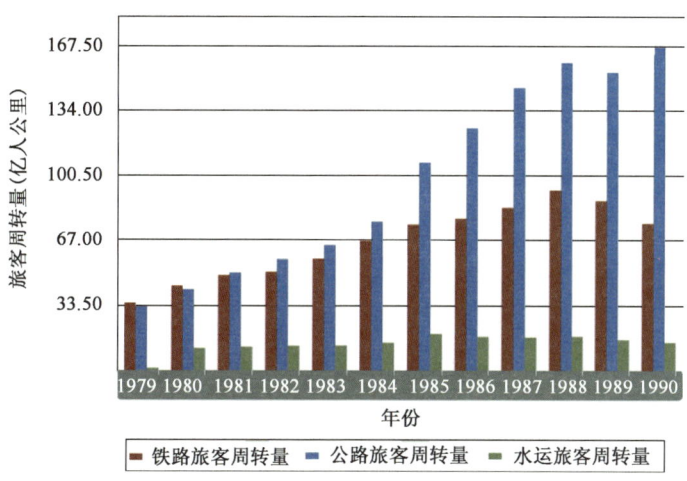

图 1-3-3　浙江省各种运输方式旅客周转量（1979—1990 年）

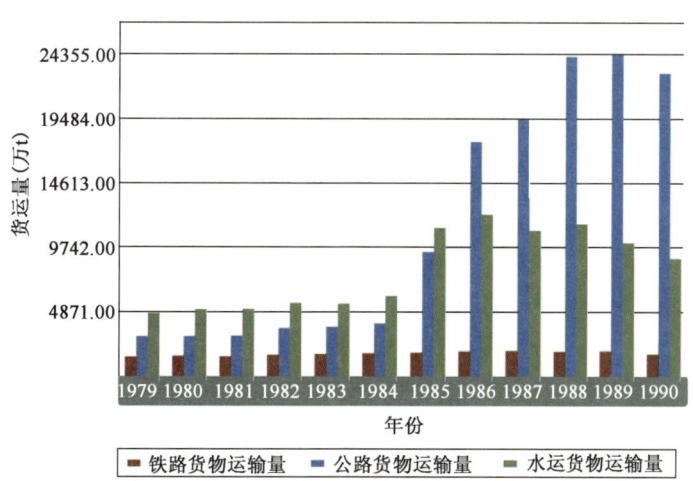

图 1-3-4　浙江省各种运输方式货运量（1979—1990 年）

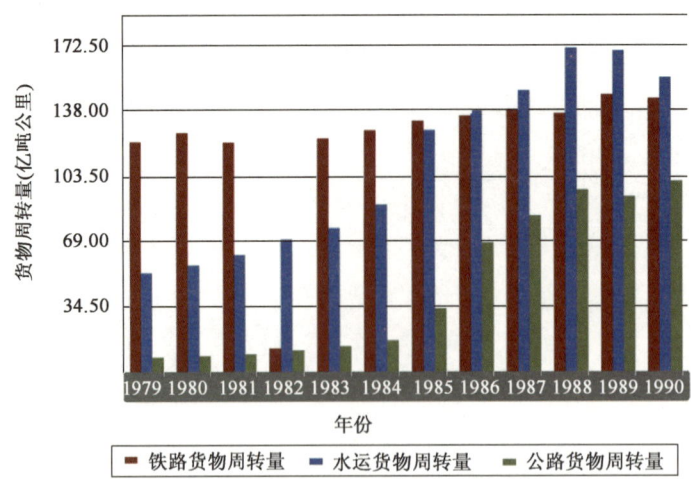

图 1-3-5　浙江省各种运输方式货物周转量(1979—1990 年)

二、"八五"时期(1991—1995 年)

浙江省交通经过改革开放十余年来的较快发展,到"八五"时期,一个包括铁路、公路、水路、民航及管道的各种运输方式的综合运输网正在逐步形成。

至 1995 年末,省境内铁路有浙赣线、沪杭线、萧甬线和宣杭线,总长 921.3km,呈"X"形布局。公路通车里程 34547km,由 6 条国道、66 条省道组成的干线公路网,与分布全省各地的县乡公路一起,形成以杭州为中心的内接外连、四通八达的公路网。内河有钱塘江等八大水系,河道纵横,内河航道总里程 10600km,主要干线航道有京杭运河、长湖申线与杭申线等 10 条。沿海港口 58 个,主要港口有宁波、舟山、温州、乍浦、海门等,1995 年货物吞吐量 9488 万 t,各类泊位 600 多个,其中万吨级以上深水泊位 36 个。民航事业发展较快,有杭州、宁波、温州、黄岩、衢州、义乌等 6 个民用机场,辐射航线 115 条。

1995 年,全省全社会旅客运输量 10.88 亿人(其中,铁路 3566 万人、公路 10.13 亿人、水路 3968 万人)和旅客周转量 483.07 亿人公里(其中,铁路 109.8 亿人公里、公路 360.1 亿人公里、水路 13.17 亿人公里),货物运输量 5.83 亿 t(其中,铁路 1914 万 t、公路 4.5 亿 t、水路 1.13 亿 t)和货物周转量 754.35 亿吨公里(其中,铁路 186.75 亿吨公里、公路 245.2 亿吨公里、水路 322.4 亿吨公里)。

三、"九五"时期(1995—2000 年)

"九五"期间,国家和浙江省委、省政府把加快交通基础设施建设作为发展重点,出台了一系列发展交通的政策,增加了对交通建设的投入,推进了交通运输的改革和发展。综合交通网建设取得较大发展,大通道运输能力显著增强,长期存在的"瓶颈"制约开始得到明显的缓解。

综合交通骨架网络初具雏形。"九五"期间,以铁路、公路、机场与水运为重点的基础设施建设,极大地改善了浙江省交通运输设施条件。截至2000年年底,铁路总营业里程1193.2km,比1995年增加271.9km,其中复线铁路589km、合资铁路404km;公路通车里程41970km,比1995年增加7422km,其中高速公路627km、一级公路999km,分别比1995年增加533km、889km。内河航道1094条,通航里程10406km,其中四级航道397km、五级航道532km,比1995年分别增加235km、135km。全省有内河港口91个,泊位5351个;沿海港口整合为31个,泊位864个,其中万吨级以上泊位49个、10万吨级以上超大型泊位4个,最大靠泊能力为27万吨级。民航机场(含军民合用)7个,民用航空有航线292条,通达全国45个大中城市。第一条全长158km、年输运量为300万t的宁波至萧山成品油输油管道于2000年底正式投入使用。城市公共交通有了较大的发展,至2000年底,全省有公交线路近700条,城市道路铺装面积9049.5万m^2,人均铺装道路面积14.71m^2,运营线路网长度4774km,分别比1995年增加1630.5万m^2、1.8m^2和236.9km。

重大交通建设项目成绩显著。"九五"期完成交通投资680亿元,是"八五"期间的3.9倍,其中重大项目完成投资255亿元。沪杭甬高速公路、上三高速公路、金温铁路、萧甬复线、铁路杭州站、杭州萧山机场、舟山朱家尖机场、京杭运河浙江段及杭申线浙江段航道改造等一大批重大项目相继建成投入使用。

综合运输能力不断增强。为适应客货流量持续增长、流向不断变化的新形势,各种运输方式加强了运输组织,调整了运力。铁路运输以提速为中心,大力发展长途直通客运和城际客运;公路运输以快速、提高服务质量为中心,推动了运输装备的更新改造,基本满足了社会对运输业的需求。2000年,全省完成全社会客运量124457万人(其中,铁路4523万人、公路116996万人、水路2938万人)、旅客周转量609.8亿人公里(其中,铁路151.4亿人公里、公路449.5亿人公里、水路8.9亿人公里),完成全社会货运量75253万t(其中,铁路2353万t、公路5.5亿t、水路1.79亿t)、货物周转量1199.8亿吨公里(其中,铁路187亿吨公里、公路280亿吨公里、水路732.6亿吨公里)。主要港口货物吞吐量17451万t,集装箱吞吐量101.7万标准箱,分别比1995年增长83.93%和430%。城市公共交通完成年公交客运量167846万人次,比1995年增长112.51%。

此外,"九五"期间,公路、水运管理体制与企业经营机制改革取得一定进展,基本实行"政企分开"。运输市场竞争机制正在建立,初步形成了多形式、多层次、多种经济成分的运输市场格局,运输质量和服务水平不断提高。交通基础设施建设主体、投资渠道与投资方式多元化格局正逐步形成。

四、"十五"时期(2001—2005年)

跨入21世纪,浙江综合交通运输在历经改革开放以后二十多年的赶超发展后,与浙江经济社会发展需求的差距进一步缩小，交通紧张状况得到全面缓解。浙江交通坚持发展是硬道理，注重以规划引领发展、以改革促进发展，开始由"走（运）得了"向"走（运）得好"方向发展。

交通设施规模持续扩大。"十五"时期全省交通建设总投资1900亿元，是"九五"实际投资的2.8倍，交通基础条件日趋完善，交通网络覆盖面和通达度显著提高。铁路营业里程达到1212km，其中新增铁路和复线里程160km，铁路复线率达到60%。乡道以上公路通车里程48600km，其中二级以上公路占总里程的23.4%，高速公路由"九五"末的627km增加到1866km。沿海主要港口万吨级以上深水泊位由"九五"末的49个增加到81个，内河四级以上航道通达里程达到555km。7个干支线机场开通国内航线248条、国际航线（含地区航线）17条。建成舟山至南京炼油厂浙江境内原油输送管道373km，建成宁波至杭州等4条成品油管道共225.5km，建成杭州至湖州省级天然气输气管线88km。

运输通道布局继续优化。"十五"期间，6条高速公路、30条车道实现了与周边省市对接，连接沪苏两地的高速公路通道能力得到了提升，对接长三角和连接周边省份的综合交通能力明显增强。甬台温、杭金衢与金丽温等高速公路全线建成，沿海快速铁路、杭州湾跨海大桥、杭新景高速公路等开工建设，环杭州湾、温台沿海、金衢丽三大产业带运输大通道基本形成。

运输保障能力明显提高。到2005年，全省全社会旅客运输量为161115万人（其中，铁路6383万人、公路152222万人、水路2510万人）、旅客周转量848.5亿人公里（其中，铁路222.9亿人公里、公路617.9亿人公里、水路7.7亿人公里）；全社会货物运输量12.69亿t（其中，铁路3687万t、公路8.14亿t、水路4.18亿t）、货物周转量3417亿吨公里（其中，铁路282.9亿吨公里、公路372.7亿吨公里、水路2761.4亿吨公里）。"十五"期间，全省客运量、旅客周转量和货运量、货物周转量年均分别递增5.3%、6.9%和10.7%、21.6%，其中，铁路运输分别递增6.2%、8.5%和8.7%、8.6%，公路运输分别递增5.4%、6.6%和8.2%、5.9%。港口货物吞吐量、集装箱吞吐量分别由2000年的1.8亿t、102万标准箱增加到2005年的4.4亿t、555万标准箱。2005年机场旅客吞吐量达到1409万人次，其中杭州萧山国际机场809万人次，在全国的排名由2000年的第38位上升到第8位。

多种运输方式改革与协调发展得到推进。"十五"期间，以规划、建设、品牌和管理"四统一"为目标，宁波—舟山港一体化工作取得重要进展，港口资源整合取得重大突破。民航管理体制改革扎实推进，顺利实现"政企分开"和机场属地管理。高速公路、内河航道、港口建设的市场化运作力度加大，建设步伐加快。铁道部和浙江省的铁路建设协调工作机制开始形成，以合资方式为主的铁路建设进一步推进。

五、"十一五"时期（2006—2010年）

"十一五"时期是浙江交通运输投资规模大、发展速度快、能力增加多的五年。浙江紧紧抓住国家交通大发展机遇,现代交通"三大建设"成绩显著,交通网络互联互通水平进一步提升,运输能力较大幅度增长,服务质量明显改善,有力地支撑了全省经济和社会发展。

交通基础设施规模进一步扩大。"十一五"全省交通基础设施建设投资3962亿元,约占全省固定资产投资的8%,是"十五"时期的2.1倍,交通基础设施网络覆盖面和通达度显著提高。到2010年,铁路营业里程达到1760km,其中设计速度200km/h以上铁路750km。公路总里程达到11万km,其中高速公路3383km。沿海主要港口万吨级以上深水泊位159个,内河四级以上高等级航道里程1317km。7个干支线机场国内外通航城市达82个。输油气管道1478km。

运输保障能力明显增强。沿海港口新增货物吞吐能力4亿t、集装箱吞吐能力723万标准箱,2010年分别达到7.6亿t和1091万标准箱。内河港口新增吞能力7600万t,达到3.55亿t。2010年,全省完成全社会客运量22.7亿人(其中,铁路8083万人、公路21.57亿人、水路3155万人),旅客周转量1251亿人公里(其中,铁路362.7亿人公里、公路882亿人公里、水路6亿人公里),货运量17.1亿t(其中,铁路4386万t、公路10.3亿t、水路6.3亿t)、货物周转量7117.1亿吨公里(其中,铁路342.2亿吨公里、公路1298.7亿吨公里、水路5476.2亿吨公里),分别是2005年的1.4倍、1.5倍、1.4倍和2.1倍。2010年全省机场完成旅客吞吐量2871万人次、货邮吞吐量40万t,其中杭州萧山国际机场达1707万人次和28万t,分别居全国机场第9位和第8位。

运输通道和枢纽布局进一步优化。初步形成与国家"五纵五横"综合运输通道相衔接,以高标准铁路和高速公路为骨干,贯通省内11个地市的"两纵三横双枢纽多节点"的综合交通运输网络主骨架。铁路建设跨越式发展,沪杭高铁、甬台温福客运专线和衢常铁路等建成运营,浙赣、沪杭、萧甬铁路复线电气化改造顺利完成。申苏浙皖、杭浦、杭徽、龙(游)丽、丽龙(泉)等一批高速公路建成通车,进一步优化了铁路和公路出省通道布局,接轨长三角和连接周边省市的综合交通运输能力明显增强。杭州、宁波铁路枢纽等重大工程全面开工建设,温州、金华等区域性综合交通枢纽布局进一步优化完善,有力地推进了交通发展方式的转变,优化调整了运输结构。

运输服务水平进一步提升。"十一五"期间,钱塘江铁路新桥、北仑四期集装箱码头、岙山30万吨原油码头、舟山六横煤炭中转基地和杭甬运河航道改造等一批重大项目的建成,以及内部梅山保税港区的封关运营,有效提升了交通运输的服务供给能力和运输方式的选择性。沿海铁路、杭州湾跨海大桥与舟山大陆连岛工程等城际快速交通网络的建成,促进了杭州、宁波、温州三大都市圈快速交通网的逐步形成,城际运输的便利性和时效性明显提升。

交通体制改革进一步深化。铁道部与浙江省合资建设铁路的协调工作机制进一步完善,合资方式为主的铁路建设模式取得了积极成效。民航管理体制改革有序推进,7个民航机场顺利实现"政企分开"和机场属地管理。港口建设多元化体制与市场化运作的力度不断加大，港航强省建设稳步推进，港航发展体系不断完善，全省港口联盟初步建立，沿海四大港口开通了对台航线，进一步拓展了港口腹地范围。成品油价格和税费改革有序推进，平稳取消了政府还贷二级公路收费。

六、"十二五"时期（2011—2015年）

"十二五"时期，浙江交通在浙江省委、省政府和交通运输部的正确领导下，努力推进现代交通"五大建设"，着力调整交通运输结构，全面提升运输服务保障能力，积极构建多种运输方式协同发展的综合交通运输体系，各领域取得显著成绩，较好适应了浙江省经济社会发展和人民群众出行的需要，有力支撑和带动了全省经济社会转型发展。

有效投资持续增长。"十二五"时期，全省交通建设预计完成投资5965亿元，是"十一五"时期的1.4倍。其中，铁路1657亿元（含城市轨道交通800亿元），公路3377亿元，水运699亿元，民用机场125亿元，管道107亿元。

综合交通基础设施初具规模。到2015年底，综合交通线网总规模（铁路、公路、航道、管道）13.2万km，比"十一五"末增加0.9万km。铁路营业里程达2500km，其中设计速度200km/h以上的客运专线1180km；公路总里程11.8万km，其中高速公路里程3917km，高速公路面积密度居全国第二；内河航道里程9769km，其中高等级航道1451km；油气管道里程2982km；沿海港口总吞吐能力达10亿t，集装箱吞吐能力1800万标准箱，内河港口吞吐能力3.69亿t；省内7个民用机场设计旅客吞吐能力达4600万人次。全省共有公路等级客运站625个，其中一级客运站37个。

综合运输通道和枢纽布局基本形成。对接国家"一带一路"倡议，依托宁波—舟山港、杭州萧山国际机场、义乌国际陆港、国家交通物流信息平台，积极打造国际门户，构筑国际运输大通道；以高速铁路、高速公路和高等级航道等为骨干，服务浙江省产业布局和新型城镇化发展，对接国家"五纵五横"综合运输通道，形成浙江省"两纵两横"综合运输通道；初步构建了由杭州、宁波两个国家级综合交通枢纽，温州、金华两个区域性综合交通枢纽，以及嘉兴、绍兴、衢州等一批重要交通节点共同组成的综合交通枢纽布局。

"现代交通五大建设"成绩显著：

（1）大港口建设——以大型化、专业化公用泊位和公共航道建设为重点，积极推进宁波—舟山港一体化建设，进一步优化"一主两辅"沿海港口发展格局，新增吞吐能力3亿t，建成条帚门、蛇移门和乐清湾进港航道等沿海重大公共航道，有效缓解了航道通行能力紧张的状况。

（2）大路网建设——铁路持续快速发展，建成宁杭、杭甬和杭长等速度为350km/h的高铁路线及金温铁路扩能改造工程，除舟山外，其他设区市全部通达铁路。城市轨道交通取得零的突破,到"十二五"末,杭州、宁波城市轨道交通运营里程达 125km。公路网建设稳步推进,建成了嘉绍通道、钱江通道、龙庆、绍诸等高速公路,新增高速公路里程 500 余公里,新改建普通国省道约 2000km,新改建县乡公路 2000km。建成甬绍金衢等成品油管线,新增成品油管道 550km,初步形成全省天然气"大环网"格局。

(3)大航空建设——完成了萧山国际机场二期、温州机场飞行区扩建和义乌机场国际航站楼等重大工程建设,全省新增航站楼面积 18 万 m^2,新增旅客吞吐能力 2000 万人次,基本满足航空旅客出行需求。大力推进全国通用航空综合试点省建设。

(4)大水运建设——以"北提升""西振兴"为重点,内河水运复兴取得突破。建成了长湖申线改扩建、湖嘉申线嘉兴段一期等项目,新改建高等级航道 150km;建成嘉兴内河多用途码头、安吉川达物流码头等内河港口泊位 300 个,新增吞吐能力 0.65 亿 t。

(5)大物流建设——积极推进了多层次的物流基地建设,其中部省共建物流园区 5 个,重点扶持部级货运枢纽(物流园区)14 个,省级重点交通物流基地 12 个。持续开展甩挂运输试点,其中部级甩挂运输试点项目 8 个,省级甩挂运输试点项目 19 个,开通试点线路 26 条,覆盖浙、沪、皖、赣等四个省份。

综合运输生产能力显著增强,全社会运输量保持稳定增长态势。2015 年,全省综合运输完成客运量 11.33 亿人、旅客周转量 1063 亿人公里(注:2013 年起客运统计口径调整,部分城乡客运班线公交化改造后不再纳入客运量统计),货运量 20.1 亿 t、货物周转量 9869 亿吨公里。沿海港口完成货物吞吐量 11 亿 t、集装箱吞吐量 2257 万标准箱,其中宁波—舟山港完成货物吞吐量 9.3 亿 t,连续七年位居世界第一,集装箱吞吐量 2200 万标准箱,位居世界第五。民航完成旅客吞吐量 4500 万人次,位居全国第五。

1990—2015 年,浙江省各种运输方式线路里程、客运量、客运周转量、货运量、货运周转量分别如图 1-3-6 ~ 图 1-3-10 所示。

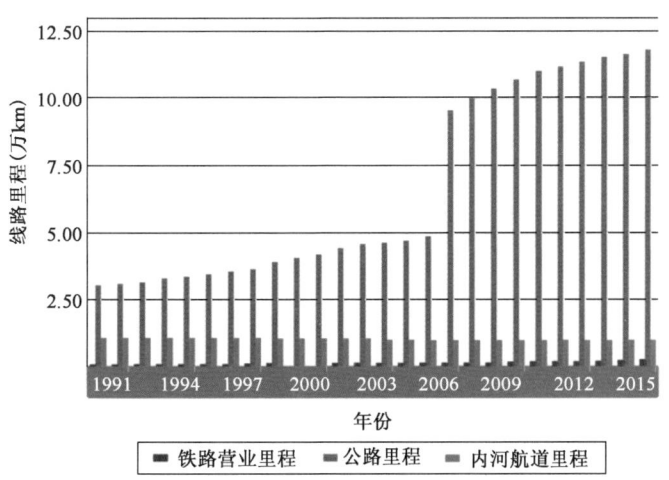

图 1-3-6　浙江省各种运输方式线路里程(1990—2015 年)

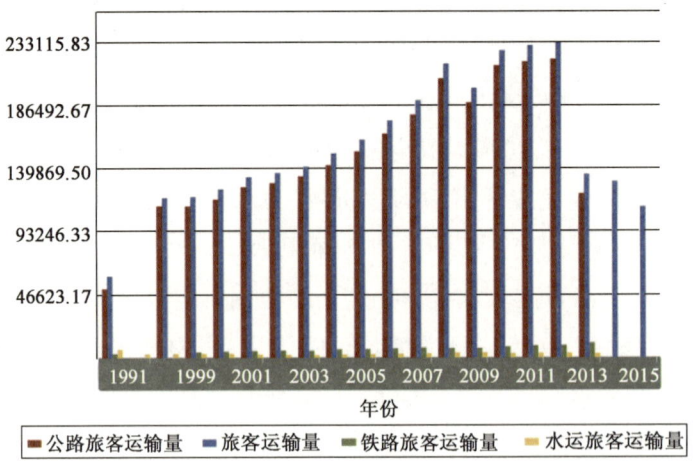

图 1-3-7　浙江省各种运输方式客运量(1990—2015 年)

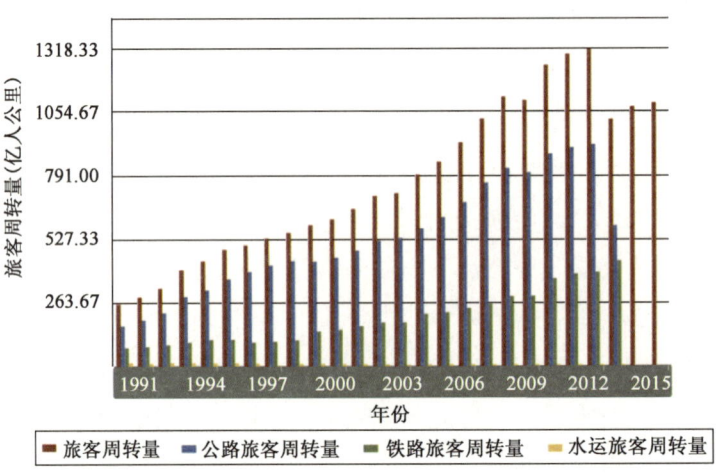

图 1-3-8　浙江省各种运输方式旅客周转量(1990—2015 年)

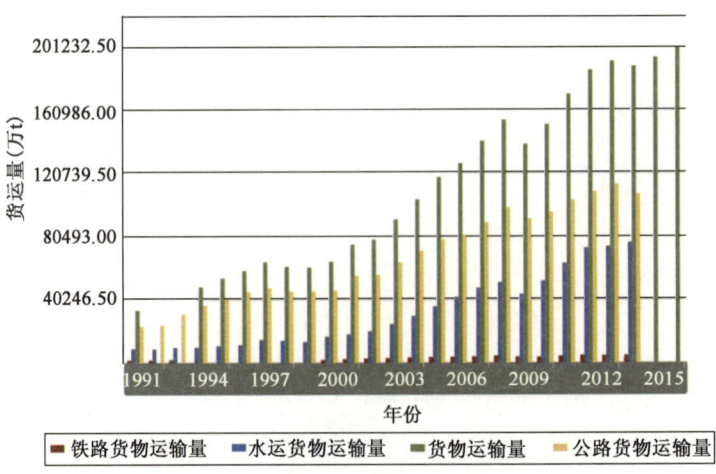

图 1-3-9　浙江省各种运输方式货运量(1990—2015 年)

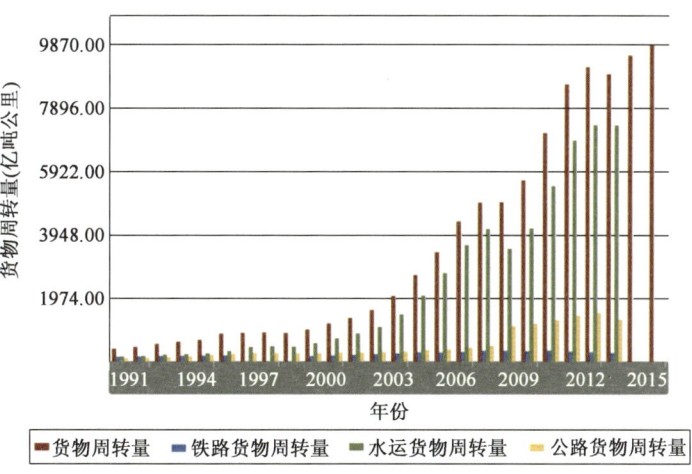

图 1-3-10 浙江省各种运输方式货物周转量(1990—2015 年)

七、"十三五"开局之年(2016 年)

2016 年是"十三五"开局之年。浙江交通在浙江省委、省政府和交通运输部的领导下,以"八八战略"为总纲,围绕"两美"建设和"四个交通"发展目标,以供给侧结构性改革为主线,全面推进"5411"综合交通发展战略,着力补齐交通短板,交通建设高潮迭起,实现了"十三五"开门红,有力支撑引领全省经济社会发展大局。

2016 年,浙江综合交通投资建设一马当先、势如破竹。围绕服务三大国家战略和浙江省重大平台建设,以"十百千"重大项目为带动,掀起综合交通建设高潮,全省综合交通建设投资达 1800 亿元,其中公路水路机场达 1278 亿元,完成年度计划 146%,同比增长 28%,居华东首位。各级财政保障交通投资的力度进一步加强,财政性资金占总投资近50%。全面建成钱塘江中上游航运复兴"瓶颈"——富春江船闸、浙赣重要经济通道——杭新景高速公路(衢州段)及龙浦高速公路、萧山机场高速公路改建工程等重大项目。开工建设长江经济带和"一带一路"倡议支撑项目——宁波舟山港主通道,浙江省陆域"县县通高速"关键工程——龙丽温高速公路文泰段,构建全省 1 小时交通圈的重要项目——杭绍台铁路,以及杭绍台高速公路、临金高速公路(国高网段)、杭州至临安、富阳城际铁路,京杭运河浙江段三级航道整治工程湖州、嘉兴段和杭州"四改三"段等重大项目。加快推进杭州绕城高速公路西复线、千黄高速公路、杭温高铁、湖苏沪铁路等重大项目前期工作。

2016 年,铁路、公路和水运完成货物周转量 9789 亿吨公里,比上年下降 0.8%;旅客周转量 1075 亿人公里,下降 1.6%。港口完成货物吞吐量 14.1 亿 t,增长 2.0%,其中,沿海港口完成 11.4 亿 t,增长 3.9%;内河港口完成 2.7 亿 t,下降 5.5%。7 个民航机场共完成旅客运输量 2628 万人次,吞吐量 5050 万人次。

第四节 公路建设及公路运输发展

公路具有机动灵活、"门到门"运输的优势,起着运输大动脉和微血管的双重功效,服务范围最广,是其他运输方式最基本的集疏运手段,也是实现各种运输方式合理分工、密切协作的根本保证,在构建综合交通运输体系、促进各种运输方式协调发展中发挥极为重要的作用。浙江公路交通从新中国成立初期的"烂摊子家底"起步,依靠党的领导和全省人民群众的艰苦奋斗,边实践、边探索、边总结,改革开放之前的三十年,既有不断发展,也有曲折徘徊。改革开放以后,尤其是跨入21世纪以来,在改革发展的大背景下,浙江公路呈现出持续快速发展的态势,成就卓著辉煌,为全省经济社会快速持续发展起到了重要的支撑、保障和服务作用。

一、改革开放初期(1979—1990年)

新中国成立以后至改革开放前,浙江公路交通建设资金缺乏,长时期处于计划经济体制下,发展比较缓慢。这一时期,通车里程从新中国成立初期的2200km,发展到1966年的1万km,1970年实现县县通公路,1979年达到2.06万km。同期,道路运输运量稳步增长,但运力严重不足,1979年全省完成道路客运量和旅客周转量15543万人、33.26亿人公里,货运量和货物周转量2998万t、100.75亿吨公里。由于公路技术等级低、运输车辆技术状况差,公路运输事故频发,"乘车难、运货难"的问题十分突出。

改革开放给我国带来了社会经济的发展新契机,浙江公路交通事业也迎来了大发展的春天,在实践中开始探索具有浙江特色的交通发展之路,交通事业的面貌发生了深刻变化,公路运输市场空前活跃,公路管理体制改革迈出了新的步伐,公路交通基础设施建设快速发展。改革开放初期的十余年间(1979—1990年),全省共建成公路9621km,平均每年新增近1000km。至1990年底,浙江公路总里程突破3万km(图1-4-1),达到30095km,密度为29.6km/100km^2,为全国平均水平的2倍以上。基本完成了杭甬温等城市进出口道路的改造,改善了道路车辆拥挤状况。

这一时期,浙江交通改革公路客运市场,大力发展省(市)际直达旅客运输,公路客运实现了较快发展。1979年,浙江公路运输市场开始放宽搞活,客运车辆大量增加,形成了国营、集体与个体多家经营的竞争格局,运营路线从本地区至跨地区、跨省经营。至1990年全省已通运营班车1454条,班线里程达45575km。同期,浙江公路货物运输在量的增长和质的提高方面均取得一定的成就。浙江省汽运公司面对日趋激烈的竞争,大力发展货车双班运输和拖挂运输,还开始办理货物集装箱运输。至1990年,全省营业性客车14267辆,372869个客位,完成公路客运量51083万人(图1-4-2)、公路旅客周转量166.87亿人公里

(图1-4-3);全省有营业性货车62775辆、274092吨位,完成公路货运量22879万t(图1-4-4)、公路货物周转量100.75亿吨公里(图1-4-5)。

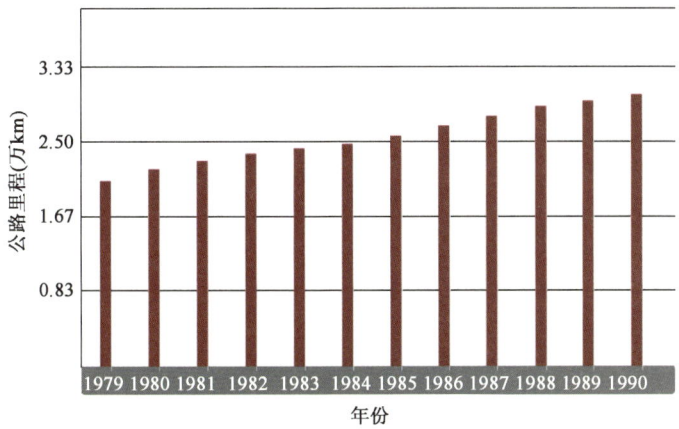

图1-4-1 浙江省公路里程(1979—1990年)

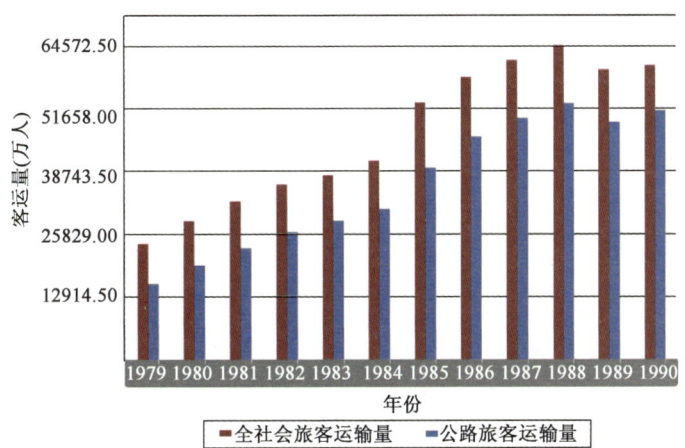

图1-4-2 浙江省全社会客运量和公路客运量(1979—1990年)

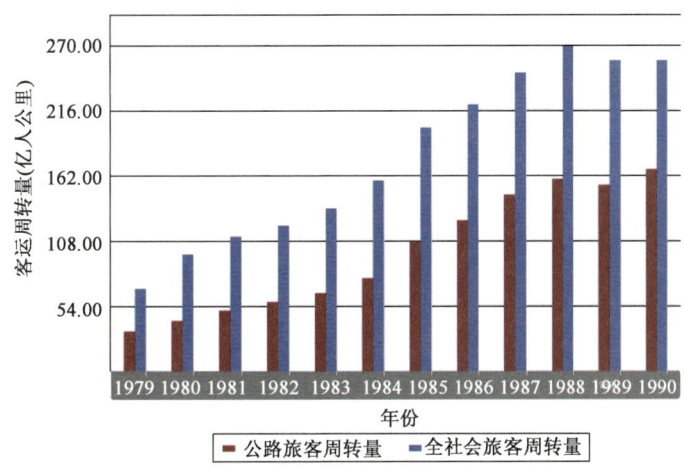

图1-4-3 浙江省全社会旅客周转量和公路旅客周转量(1979—1990年)

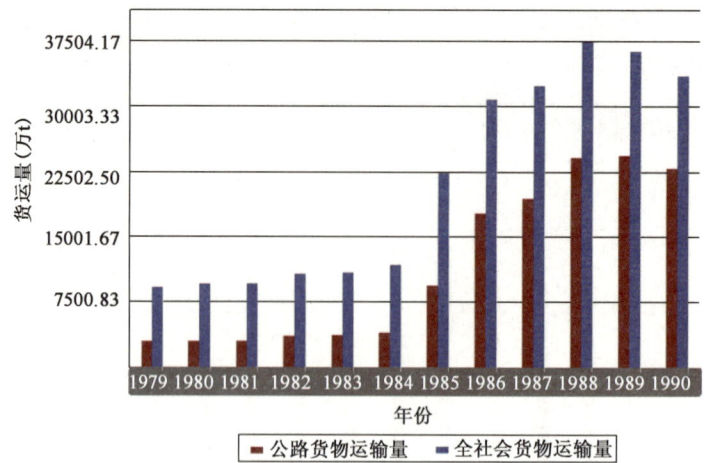

图 1-4-4　浙江省全社会货运量和公路货运量(1979—1990 年)

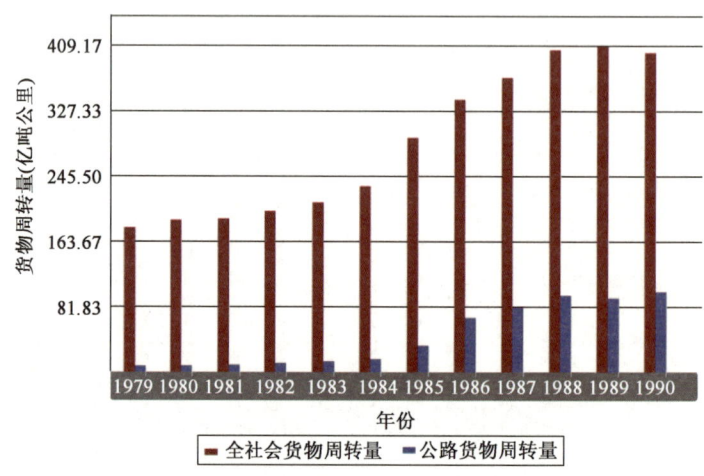

图 1-4-5　浙江省全社会货物周转量和公路货物周转量(1979—1990 年)

但随着这一时期浙江率先进行市场化改革和经济社会发展进程的逐步加快,交通行业作为先行行业,各方面期望较高,供需矛盾非常突出。浙江公路交通无论在基础设施、运力结构,还是在运营管理等方面,财力、物力及人力缺口较大,长期困扰的"乘车难"问题依然存在,公路交通运输发展整体严重滞后于国民经济发展的需要。

二、"八五"时期(1991—1995 年)

进入 20 世纪 90 年代后,浙江交通通过改革交通建设投资体制,充分调动和发挥各级各部门的积极性,有计划、有重点地加快干线公路、新建高等级公路建设,着重对全省公路"卡脖子"路段进行各类改建、扩建、新建工作,重点突破,打破瓶颈制约。经过五年的不懈努力,公路交通建设事业成就显著,公路"卡脖子"路段有所减少,公路路况明显改善,公路交通紧张状况初步缓解。

为破解交通瓶颈,1992年浙江省政府发布了28号文件,即《关于加快交通基础设施建设的通知》,明确提出"贷款建设、收费还贷"的"四自"方针,即"自行贷款、自行建设、自行收费、自行还贷",一种适应当时交通发展需求、因势利导的全新建设体制和投资体制应运而生。"四自"政策的实施,吸引了大量境外资本、民营资本和社会其他各类经济组织的资本投入,有效解决了公路建设资金严重紧缺的问题,形成了国家投资、地方自筹、社会各方集资和利用外资的多元化、多渠道的投资格局,使浙江公路建设步入了一个新的发展时期。到"八五"期末,"四自"政策实施3年,浙江省政府批准67项公路"四自"工程,累计完成37项,有效解决了浙江省当时的交通拥堵状况。

"八五"期间具有突破意义的是,1991年建成浙江省"高速公路第一路"沪杭甬高速公路钱江二桥段7km,实现了浙江高速公路零的突破,此后浙江省高速公路建设捷报频传,1995年底又实现了余杭翁梅至上虞段高速公路建成通车的目标任务。

至1995年,全省境内形成了由6条国道、66条省道组成的干线公路网,与分布在全省各地的县乡公路一起,形成了以杭州为中心的内接外连、四通八达的浙江公路网。"八五"期间,全省新增公路里程4375km,公路总里程达到34546km,其中高速公路94km,一级汽车专用公路110km,二级公路2610km,三级公路4254km,四级公路21515km,等外公路5963km;全省共铺装高级、次高级路面13186km,占公路总里程的38.2%。"八五"期间,除实现了高速公路零的突破,浙江交通还加快了重要国省道改造和县乡公路建设,新建县乡道路3731km,其中沟通断头路1170km,公路通乡率达到98.54%,比"七五"末增加4.94个百分点,8个贫困县实现了乡乡通汽车的目标。

进入20世纪90年代,运输市场的日趋开放也带来了一系列问题。为规范公路运输市场,1993年《浙江省道路运输管理办法》及11项配套规定出台,依法治理整顿运输市场,进行狠抓道路客运承包、挂靠经营车辆及维修行业的专项整治。此后,公路客运秩序明显好转,服务质量有所提高,通过深化公路货物运输企业改革,加强宏观调控和行业管理,公路货物运输行为渐趋规范。这一时期,公路客运大力拓展省内、省际客运,发展高速客运,更新客运车辆装备,安全、舒适的客车大量投入运营,而农用客车在运力紧张年代为缓解"乘车难"尤其是农村客运起到一定作用后开始逐步退出农村客运市场。公路货运则着力拓展省内、省际集装箱运输,发展联运业务,改造更新运输工具,一批装运液体或固体货物的专用货车、半挂货车投入运营,公路货运的运力和运量快速增长。至1995年,全省拥有营业性客车12149辆,是1990年的2.6倍;完成公路客运量10.14亿人、旅客周转量360.1亿人公里,是1990年的2.0倍和2.2倍;全省拥有民用货车20.3万辆、营业性货车8472辆,分别是1990年的1.3倍和1.5倍,完成公路货运量4.5亿t,货物周转量245.2亿吨公里,是1990年的4.7倍和4.9倍。

三、"九五"时期(1996—2000 年)

"九五"时期是浙江省公路交通发展承前启后的重要时期,浙江交通在历经改革开放以后的二十年的赶超发展,逐步缩小与浙江经济社会发展需求的差距,交通紧张状况逐步得到缓解。浙江交通坚持发展是硬道理,注重以规划引领发展,提出在 2000 年前的"九五"期间,以基本缓解目前交通运输紧张状况为主要目标,规划建设一个与全省生产力布局和客货流密度相适应,连接浙江省重要城市、经济中心、交通枢纽以及对外口岸的"两纵、两横、五连"干线公路网。其中,结合全国国道主干线系统布局"五纵七横"中通过浙江省境内的一纵一横,构成浙江省"力"字形的高速公路主骨架,并分层次发展省市干线和县乡公路,使公路交通运输开始向"走(运)得好"的方向发展。

根据浙江省"九五"国民经济与社会发展总体目标任务,提出了浙江交通发展"九五"计划,按照"抓重点、通干线、先缓解、后适应"的工作方针,浙江交通组织实施了公路"三八双千工程",积极加快公路交通基础设施建设。1998 年 1 月,浙江省政府向全省人民承诺本届政府任期内(1998—2002 年)建成 1000km 高速公路,形成杭州到各市(地)的"4 小时公路交通圈"。"九五"期间,浙江公路交通建设投资完成 562 亿元,比"八五"期增长 3 倍,而高速公路建设的投资额逐年增加,在全国排名前列,1996 年为 22 亿元,1997 年为 24 亿元,1998 年为 48.5 亿元(居全国第 6 位),1999 年为 63.5 亿元(居全国第 4 位),2000 年为 80 亿元(居全国第 3 位)。

到 2000 年底,全省公路总里程达到 41970km,其中,高速公路 627km,一级公路 999km,二级公路 4212km,三级公路 5951km,四级公路 25917km,二级以上公路占公路总里程的 13.95%,高级、次高级路面占总里程的 56.56%,县乡公路里程有较大增长,2000 年达到 33604km(其中县道 19696km)。

"九五"期间,浙江公路运输企业进一步提高服务质量,大力发展高速客运。1996 年,嘉兴、杭州、绍兴、宁波等骨干公路运输企业组建浙江新干线快速客运有限公司,经营沪杭甬高速公路沿线旅客运输。1998 年,温州、金华等 4 家快客公司成立,经营杭州至衢州、金华至温州等 5 条快客专线。个体联户汽车运输继续得到较快发展,旅客运输以中小型客车、经营中短途农村山区支线为主。同一时期,浙江公路货运企业调整运输结构,进一步转换经营机制,理顺产权关系,特别是大中型公有制骨干企业,改组、联合、盘活存量资产,实行规模经营,大力发展快速货运,拓展了市场覆盖面。1998 年,杭州、宁波、温州、金华四地的公路运输骨干企业组建了通联快运有限公司,跨地区经营快速货物运输。

至 2000 年底,全省拥有营业性客车 25.95 万辆、210.55 万客位,完成公路客运量 116996 万人、公路旅客周转量 449.5 亿人公里,分别是 1995 年的 1.15 倍和 1.25 倍;全省拥有营运货车 27.83 万辆、66.91 万吨位,完成公路货运量 5.5 亿 t、货物周转量 280 亿吨公里,分别是1995年的1.22倍和1.14倍。

四、"十五"时期(2001—2005年)

"十五"期间,浙江交通认真贯彻党和国家一系列方针政策,切实落实省委、省政府提出的实施"八八战略"重要部署和"建设大交通,促进大发展"的重要决策,围绕"两个率先"奋斗目标(浙江省交通行业在全国交通系统中率先实现现代化,在全省各行业中率先基本实现现代化),谋划了新思路,实施了新举措,全面实施交通"六大工程",其中包括"高速网络工程",开创了交通发展的新局面,公路交通不适应经济社会发展的状况得到显著缓解,总体趋向基本适应。

"十五"期公路交通投资规模全面增长,建设计划投资760亿元,实际执行情况完成1618亿元,完成投资是计划投资的2.1倍,投资总额创历史新高。路网整体水平显著提高,"十五"公路交通建设以高速公路和农村公路为重点,实施"高速网络工程""干线畅通工程"和"乡村康庄工程"。2002年12月28日,时任浙江省委书记、代省长习近平隆重宣布浙江胜利实现"4小时公路交通圈"。高速网络工程在此基础上,进一步完善了省内网络,贯通了与江苏、福建、江西、安徽等邻省的连接,新开工建设了杭州湾跨海大桥、舟山大陆连岛工程以及杭浦、申嘉湖杭、诸永等一批高速公路项目,高速公路网络骨架基本形成;干线畅通工程在提高公路等级的基础上,通过采取强化路面、标化设施、绿化公路及提高路网容量等措施,浙江省县道以上公路基本达到路面硬化;乡村康庄工程是浙江省"十五"期交通发展的一个崭新亮点,三年共建设通乡通村公路43000km,提高了路网的通达深度,有力推进了广大农村经济社会的发展。

到2005年底,全省乡道以上公路总里程达48600km,公路密度为47.7km/100km^2。其中,高速公路1866km,一级公路2956km,二级公路6569km。二级以上公路占公路总里程达23.4%,比"九五"末增长9.5个百分点,等级公路通村率达到83%,硬化路面通村率达到76%。

"十五"期间公路运输保障能力增强,主导地位进一步显现。2005年,全省完成公路客运量、旅客周转量、货运量、货物周转量15.2亿人、617.9亿人公里、8.1亿t、372.7亿吨公里,分别比2000年增长了30.1%、37.5%、48.1%、33.1%,"十五"五年的年均增幅分别为5.4%、6.6%、8.2%、5.9%。公路客运量、公路旅客周转量、公路货运量占综合运输的比重分别达95%、73%、67%,公路运输在综合运输体系中的优势得到充分发挥。公路运输装备明显改善,运力结构更趋合理,到2005年底,全省民用汽车保有量达200万辆,五年净增130万辆,是"九五"末的2.8倍,全省营运客车达7.4万辆,营运货车达24.1万辆,分别比"九五"末增长了27%、44%。舒适、安全、环保的高级客车比重逐步增加,班线高级客车占其总数的比重达20%,专用、厢式、重型货车得到快速发展,分别比2000年底增长了29%、36%和24%。公路运输网络内联外扩,市场环境不断改善,客运营运班线通达除西藏外的所有省份,快客班线覆盖长三角地区和省内所有县市,农村客运班车通达率达84.2%,货运发送全国各地的直达快速线路2000余条,覆盖长三角主要地区的快速线路330余条。

五、"十一五"时期(2006—2010年)

"十一五"期间,浙江交通坚持以科学发展观为指导,深入实施"八八战略"和"两创"总战略,根据交通运输部做好"三个服务"的要求,紧紧围绕"推进三大建设,打造畅通浙江"目标,谋划新思路,实施新举措,开创了交通运输发展的新局面。交通运输各项工作取得显著成效,交通基础设施建设突飞猛进,交通运输服务水平显著提升,交通运输安全保障体系日益完善,基本适应了浙江省经济社会发展的需要。

2006年始,浙江省通过"五八工程"着力提高高速公路沥青路面质量。2007年浙江交通提出加快推进现代交通"三大建设"(大港口、大路网、大物流),在浙江省委、省政府的关怀支持下及浙江省交通厅的直接领导下,经过全系统上下的共同努力,"三大建设"各项工作取得了令人瞩目的成绩。其中,"大路网建设"以国家高速公路、出省通道和联网路建设为重点,持续快速发展高速公路,全省高速公路骨架网基本形成,完成国家高速公路网和地方高速公路网的命名、编号与标志标牌更换,有重点地改建和完善了国省道及区域干线公路网络,圆满完成通村公路"双百"任务,进一步提高了农村公路通达深度和通畅程度。"十一五"期间,建成申苏浙皖、杭徽、杭新景(杭州至建德段及龙游支线)、杭浦、申嘉湖(杭)、龙丽、丽龙、宁波绕城高速公路西段、大碶疏港、诸永和舟山跨海大桥等高速公路,省际高速公路接口数由"十五"末的5个增加到"十一五"末的13个。建成104国道永嘉段、320国道富阳段、58省道泰顺段、78省道苍南段、淳安至开化公路等项目。特别是杭州湾跨海大桥和舟山西堠门大桥两座世界级大桥的建成,推动了我国跨海大桥建造技术的进步。

"十一五"全省交通建设共完成投资3043亿元,位居全国首位,约占全省全社会固定资产投资的6%,其中公路完成投资2477亿元,是"十五"期投资的1.7倍。"十一五"时期,新增高速公路1517km、一级公路1338km、二级公路2532km;改造建设通村公路路基路面3.3万km,农村联网公路8800km。到2010年底,全省公路总里程达到110177km(村道里程纳入公路总里程统计),按行政等级划分,国道4171km(其中国家高速公路2446km),省道6031km,县道27234km,乡道18435km,专用公路715km,村道53592km;按技术等级划分,高速公路3383km,一级公路4293km,二级公路9101km,三级公路7721km,四级公路81353km,等外公路4326km。全省公路网密度达到108.2km/100km^2,二级以上公路占公路总里程15.2%,公路通行政村率和通行政村公路硬化率均达到99.5%。

"十一五"公路运输承担了浙江省大部分的客货运输任务,2010年完成公路旅客运输量21.57亿人、旅客周转量882.03亿人公里,货物运输量10.34亿t、货物周转量1298.7亿吨公里,分别比2005年增长了41.9%、42.7%和27.7%、248%,"十一五"五年的年均增幅分别为7.3%、7.4%和5.0%、28.4%。到2010年底,全省民用汽车保有量突破540万辆,五年净增335万辆,是"十五"末的2.6倍。全省营运车辆达到55万辆,其中营运客车8万辆、132万客位,营运货车47万辆、170万吨位,分别比"十五"末增长了8%、28%、95%和93%。舒适、安全、环保的高级客车比重持续增加,班线客车中高级客车比重达到61.2%;重型、厢式货车得到快速发展,营运货车的重型化率超过11%,箱式化率超过22%。

六、"十二五"时期(2011—2015年)

"十二五"期间,浙江公路交通深入实施"八八战略",围绕浙江省委、省政府"两富""两美"总战略,深入推进现代交通"五大建设",积极开展美丽公路创建,全面提升服务保障能力,全省公路交通平稳运行,使浙江公路交通较好地适应了经济社会发展。

公路基础设施建设稳步推进,投资规模再创新高。"十二五"公路建设共完成投资3377亿元,其中高速公路完成950亿元,普通国省道完成1500亿元,农村公路完成80亿元,养护工程470亿元,全面完成了"十二五"规划目标。"十二五"期间,路网规模显著提高,路网结构不断优化,公路运输通道基本建成,高速公路基本成网,普通国道经过调整后已覆盖全省所有县级节点,农村公路在全国率先实现"双百"目标(等级公路通村率、通村公路硬化率均达到100%),已经形成以高速公路为骨架、普通国省道为干线、农村公路为补充的公路网络。公路网技术水平得到显著提升,普通国道二级以上比例达到82%,普通省道二级以上比例达到73.6%,农村公路等级化率达到97.5%。重大项目进展顺利,继杭州湾跨海大桥、舟山跨海大桥建成后,"十二五"期间又建成了嘉绍通道、钱江通道(水底隧道)等世界级桥隧工程。五年共新建成510km高速公路,拓宽建设杭金衢高速公路并开工建设甬台温复线高速公路等19个高速公路项目。普通国省道网络不断优化,"十二五"期间完成了普通国道网络布局的调整,确定了浙江省总长5000km、15条的普通国道,并研究提出了由总长10000km、45条普通省道组成的全省普通省道网布局方案。G104、G205等国道改建项目取得丰硕成果,S310等美丽公路示范工程成为创建美丽公路的标杆,此外农村联网公路建设也取得了阶段性成果。

"十二五"期的五年,浙江省新增高速公路通车里程534km,新改建普通国省道3300km左右(建成2000km),新改建县乡公路2000km,建成农村联网公路7000km。截至2015年年底,浙江省公路总里程为118015km,按行政等级划分,国道4356km,省道6382km,县道29413km,乡道19293km,专用道669km,村道57902km;按技术等级划分,高速公路 3917km，一级公路 6018km，二级公路 10041km，三级公路 8026km，四级公路 59570km，准四级公路 27995km，等外路 2447km。全省二级以上公路里程达到 1.97 万 km，占公路总里程的 16.93%，有铺装路面、简易铺装路面（高级、次高级路面）占公路总里程的 98.37%。全省公路密度为 115.93km/100km^2，乡镇公路通达通畅率均为 100%。行政村公路通达率为 99.72%、通畅率为 99.71%。

2015 年，全省公路运输完成客运量 10.5 亿人次、旅客周转量 530 亿人公里，货运量 12.7 亿 t、货物周转量 1500 亿吨公里。"十二五"期间公路运输装备专业化、大型化趋势明显，运力规模保持增长，全省拥有营运客车 3.2 万辆、103 万客位，营运货车 44 万辆、273 万吨位，平均吨位比"十一五"末提高了 5%；与 2010 年相比（营运货车 47 万辆，170 万吨位），在营运货车数量略有减少的情况下，总吨位却有较大幅度的增加（提高到 2015 年的 273 万吨位，增加了 60.6%），因而大大降低了单位运输成本，减少了单位周转量的温室气体排放。

浙江省公路里程及其在全国排名分别如图 1-4-6、图 1-4-7 所示。

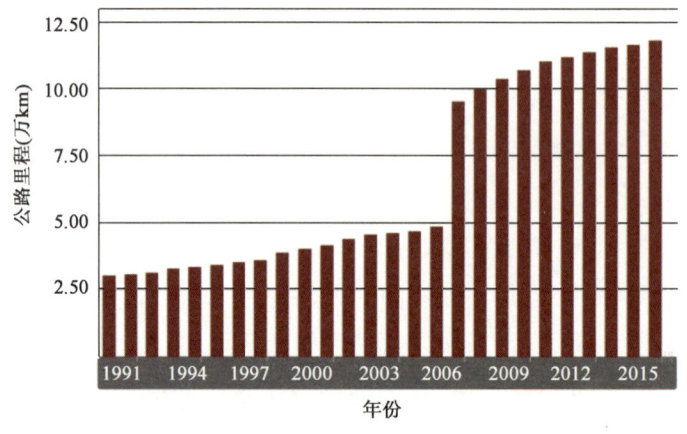

图 1-4-6　浙江省公路里程（1990—2015 年）

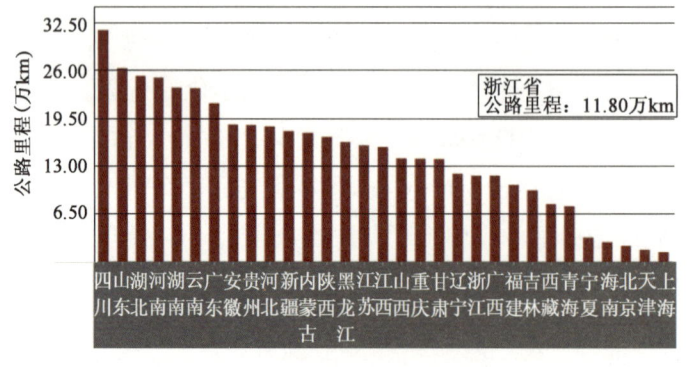

图 1-4-7　浙江省公路里程在全国排名（2015 年）

浙江省全社会客运、货运周转量分别如图1-4-8、图1-4-9所示。

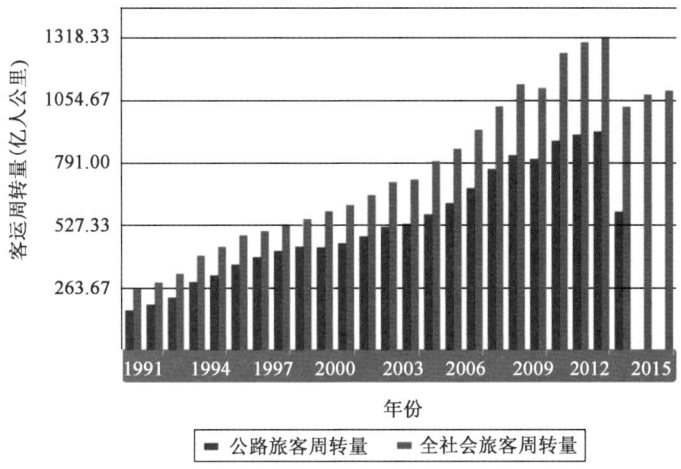

图1-4-8　浙江省全社会客运周转量和公路客运周转量（1990—2015年）

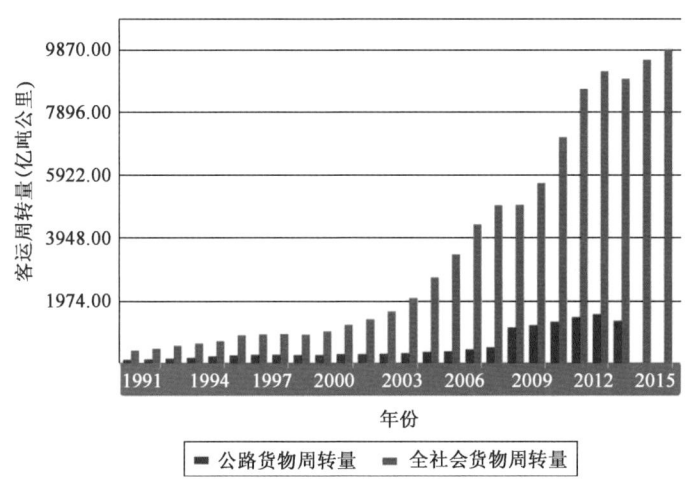

图1-4-9　浙江省全社会货运周转量和公路货运周转量（1990—2015年）

七、"十三五"开局之年（2016年）

"十三五"开局之年的2016年，浙江公路建设漂亮开局。公路投资再创新高，首次破千亿元，2016全年完成公路投资1000亿元，首破千亿元大关，居华东地区首位，投资额为年度计划的147%，较上年增加235亿元，同比增长31%，公路在综合交通投资中所占比重超过80%。一大批重大项目取得实质性突破，杭新景高速公路（衢州段）及龙浦高速公路建成通车，杭绍台高速公路、临金高速公路（国高网段），浙江省陆域"县县通高速"关键工程——龙丽温高速公路文泰段等重大项目开工建设，使得2016年成为浙江省公路历史上新开工项目最多的一年，同时加快推进杭州绕城高速公路西复线、千黄高速公路等重大项目前期工作。美丽公路建设成效明显,成为浙江交通"金名片",获得交通运输部、浙江省委省政府和外省同行的好评,对于浙江百姓而言,选择公路交通出行已经不仅仅局限于满足通行的基本需求,更是一种体验和享受。在 G20 杭州峰会保障、恶劣天气保畅等急难险重任务中,浙江公路系统有担当、有作为,体现出过硬的公路队伍素质。

道路运输服务质量显著提高,人民群众获得感不断增强。围绕供给侧结构性改革,提升道路运输服务水平,给群众带来更安全、更便捷、更经济、更舒适的出行体验。持续改善基础设施,全年建成 3487 个港湾式停靠站、6 个物流园区、6 个县级以上客运站和 18 个农村客运站,全力推动 4 个综合客运枢纽和 47 个重点客货运站场项目建设。稳步推进公交发展,公交"两创"和城市"治堵"工作取得新进展。全年新增公交车辆 1384 辆,新(改)建公交站点 1666 个,新增公交运营里程 2179km,设区市公交分担率和群众满意度持续提升。统筹推进城乡客运,全年新开通客车建制村 200 个,通达率达到 96.1%,全省 5A 级市达到 7 个,城乡客运一体化发展水平进一步提升。

2016 年全省公路总里程达到 11.9 万 km,其中高速公路 4062km。完成公路旅客运输量 8.3 亿人次、旅客周转量 465.12 亿人公里,同比分别下降 10% 和 14.6%;全省完成公路货物运输量 13.4 亿 t、货物周转量 1626.78 亿吨公里,同比分别增长 9.3% 和 7.5%。

第五节　浙江美丽公路建设

浙江地处中国东南沿海地区,是我国经济发达但人多地少的典型省份。改革开放以来,为满足经济快速发展的需要,浙江省兴建了大量的公路交通基础设施,投资力度逐年增加,公路建设对土地资源的依赖越来越大,环境保护的要求也越来越高,绿色发展、可持续发展对于浙江尤为重要。2005 年,时任浙江省委书记习近平提出了"绿水青山就是金山银山"的科学论断。践行绿色发展、建设美丽浙江,是浙江省委、省政府贯彻"绿水青山就是金山银山"和"山水林田湖是一个生命共同体"发展理念的集中体现,而美丽公路建设恰恰是美丽浙江建设的有机组成部分,也是在公路建设中保护生态、合理利用土地资源、保持路与自然和谐、实现可持续发展的重要目标。

一、践行绿色公路发展历程

20 世纪 90 年代,浙江省加快公路交通基础设施建设步伐,但由于建设速度加快、工期不足、建设理念陈旧等原因,一些项目存在线形不畅、景观不美、环境不雅、舒适不足等问题。针对这些问题,公路养护部门以养护 104 国道等主要国省道干线公路为重点,全省开展了公路标准化、美化工程(GBM),努力维护公路基础设施的完好率,明显改善了路况路貌。对于新、改建公路工程,特别是高等级公路,设计部门更是把路线的功能设计、景观设计密切结合起来,本着"因地制宜、因路制宜"的原则,坚持人工造景与自然景观相结合,使之在竣工验收投入使用时,即达到标准化、美化的目标。至2000年底,全省公路已绿化里程达17140km,是1990年已绿化里程6305km的近3倍。

进入21世纪,浙江交通迈入科学发展新阶段。"十五"期间,浙江省交通行业认真贯彻落实省委、省政府实施的"八八战略""建设大交通、促进大发展"和建设"绿色浙江"的重大决策部署,全面实施"交通六大工程",其中的"绿色通道工程"把绿化工作作为交通基础设施建设的重要组成部分,在交通基础设施新建、改建和养护等各方面,全面加强绿化和环境意识,做到"建设一条公路,保护一线水土,营造绿色长廊",努力营造"畅、洁、绿、美"的交通环境。2003—2007年的五年,全省公路绿色通道工程累计完成投资11亿元,建成绿色通道15170km。

2008—2012年,浙江省公路事业发展战略和目标是"建设大路网,打造五型公路(品质型、平安型、生态型、服务型、阳光型公路)",其核心理念就是以人为本,全面协调可持续发展。浙江为"建设大路网,打造五型路"制订了50多个五年期的评价指标。至2012年底,浙江省公路部门制订"建设大路网,打造五型路"的五年发展战略和目标,绝大多数已基本完成甚至提前完成,其中打造"生态路",坚持人工造景与自然景观相结合,合理布局公路两侧行道树,显露公路沿线的自然景观,展示多样化的自然风光,提升了公路综合服务水平,树立起"舒美、贴心、惠民"的全国典范。

"十二五"期间,浙江省还大力推进"两型公路"(资源节约型、环境友好型公路)建设和"绿色循环低碳公路"建设(公路养护路面材料循环利用、高速公路ETC、服务区节能减排、公路绿化等)。在总结多年生态公路、绿色公路建设经验的前提下,浙江省交通运输厅分别于2013年发布了《浙江省高速公路施工标准化管理实施细则》、2015年发布《公路建设生态设计指南》等指导性文件。浙江生态公路、绿色公路创建成绩不俗,台(州)金(华)高速公路获得"2014年度公路交通优秀设计一等奖",嘉绍跨江公路通道接线工程、黄(山)衢(州)高速公路(浙江段)、绍诸高速公路分别获得2015年、2014年、2013年浙江省建设工程钱江杯优秀勘察设计一等奖。

2015年,浙江省正式启动"绿色交通省"创建工作,主要任务是深入贯彻习近平总书记关于生态文明建设的重要讲话精神,围绕省委"两富""两美"现代化浙江建设和交通运输部"四个交通"发展要求,加快推进绿色交通发展。浙江省委、省政府高度重视绿色交通发展,省政府成立了由省发改、经信、财政、环保等11个部门组成的"绿色交通省"创建工作领导小组,下发了《浙江省加快推进绿色交通发展指导意见》,为推进"绿色交通省"创建工作奠定了坚实基础。浙江省交通运输厅党组更是早在2013年底,就将创建"绿色交通省"工作列入重要议事日程,之后通过全系统一年多时间的共同努力,2015年浙江省获得了交通运输部竞争性评审第一名的好成绩,被正式列为"绿色交通省"创建单位。浙江省交通运输系统以强烈的使命感、责任感、紧迫感,狠抓落实、锐意进取、扎实工作,争取以优异的成绩完成"绿色交通省"创建工作,为全国交通运输系统"四个交通"发展提供先行示范。

二、美丽公路建设和万里美丽经济交通走廊创建

"美丽公路"是由公路网络、交通工具、自然环境、人文感受组成的复合型公路交通系统,是"生态公路""绿色公路"的进一步升华。其基本内涵是通过系统地研究、规划、管理公路建设与自然环境相关的诸多要素,使公路不仅具有输送人流、物流、信息流,支撑和引导社会经济发展的作用,而且具备美化周围自然环境、丰富人文内涵、提升出行幸福感的功能,其基本特征体现于通达、便捷、绿色、低碳、安全、美观、幸福与文明。

按照浙江"两美(建设美丽浙江、创建美好生活)"建设要求和交通运输部提出的"四个交通"部署,为推进转型发展、创建美丽公路,浙江省交通运输厅2015年7月正式印发了《浙江省创建美丽公路"五个一万"工程实施意见》,即改建完善国省道1万km、提升农村公路等级1万km、完成农村公路维修1万km、实施农村公路安保工程1万km以上、建设港湾式停靠站1万个。《实施意见》要求围绕美丽公路"五个一万"工程,同步开展"设施美、窗口美、行风美、人物美"建设,形成美丽公路建设的长效机制。

2017年,浙江省综合交通改革与发展领导小组办公室制订了《万里美丽经济交通走廊创建方案》,要求全面落实"十三五"浙江综合交通"5411"发展战略,落实"创新、协调、绿色、开放、共享"发展理念,以深化供给侧结构性改革为主线,坚定不移地持续深入打好经济转型升级系列组合拳,加快构建万里美丽经济交通走廊。依托广覆盖、深通达的交通基础设施网络,紧密契合区域生态旅游、特色产业、乡镇经济、历史文化等发展需求,创新"美丽交通+"的交通与经济融合发展模式,串联起"山海林田湖、城镇乡村景"美丽经济要素,打通绿水青山转化为金山银山的畅途,培育浙江经济增长新空间,助推产业经济,深化转型升级。

三、美丽公路建设成就

为贯彻落实浙江省委、省政府"建设美丽浙江,创造美好生活"的"两美浙江"战略部署,浙江省公路主管部门确立了"因地制宜、崇尚自然、突出特色、科学合理、集约节约、生态环保"的美丽公路创建理念,并圈定杭州桐庐县、淳安县、建德市,宁波象山县、奉化市,温州泰顺县、嘉兴海宁市等20个美丽公路建设示范县,坚持典型引路,发挥示范作用,以点带面,带动全省美丽公路创建。

千岛湖淳杨公路(图1-5-1)改建工程摒弃了以往库区公路建设中"边挖边填"的做

法,沿线设计了 11 座桥梁和 2 座隧道,因地制宜,尽量做到使原公路山体不受破坏,从而最大限度保护了公路沿线生态环境和自然风景。奉化弥勒大道西圃岭路段,地形起伏很大,为了实现公路和自然地貌的和谐统一,当地公路部门为公路"量身定制"了设计方案,隧道口处设计了与原有地貌自然协调的倒削竹式,使顶部与原来的山体连成一片,整个隧道仿如"天生",这一崇尚自然的设计赢得了各方赞许。

图 1-5-1　千岛湖淳杨公路

仙居推广了公路建设、养护新模式,新技术与时俱进,科学合理地推动了公路事业发展。2015 年 10 月,当地公路部门对省道临石线 14.70km 长的路面进行预防性养护施工,首次采用纤维碎石封层新工艺进行施工,提升了路面防滑和防渗水性能。突出特色,集约节约。浦江公路部门通过乔、灌、花、草相结合,进行高、中、低立体绿化的格局改造,绿化到边到角,并将景观与公路融为一体,自然衔接;在泰顺,公路部门借势借力当地的"美丽乡村"建设,坚持公路建设与生态环保并举,坚持公路发展与附近村镇的村容村貌整治联动,把创建美丽公路从行业工作上升到政府工作,形成了美丽公路创建全民参与的火热局面。

建成的美丽公路如图 1-5-2、图 1-5-3 所示。

图 1-5-2　与生态完美融合的美丽公路温州 331 省道

a) 黄衢南高速公路

b) 205国道

c) 104国道

图1-5-3　黄衢南高速公路及205国道等美丽公路

公路不仅要美,还要和经济社会发展相适应。面对经济发展新常态,浙江提出5个"美丽公路+"模式:"美丽公路+特色经济"促进产业转型升级,以交通运输为纽带,建成一批特色小镇,还将美丽公路建设与科创基地、创新示范区等相结合,以支撑产业集聚化、高端化、特色化、智能化发展;"美丽公路+乡村旅游"助力百姓致富增收,一条条风景如画的"四好农村路"串联起风景小镇等众多景点,盘活沿线的农家乐、民宿经济;"美丽公路+历史人文"弘扬特色文化,把文化名人遗址、历史文化村落、非物质文化遗产等融入了公路发展,铸就了文化之路;"美丽公路+体育健身"树立公路旅游品牌,美丽公路和骑行相结合,让公路旅游成为一种健身时尚;"美丽公路+休闲健康"打造公路服务"升级版",依托便利的交通条件,因地制宜,在公路沿线建起公园、游步道,为老百姓提供休闲之地。

进入2017年后,美丽公路建设更加深入人心,"美丽交通+"的交通与经济融合发展模式得到进一步的创新发展,形成了全路网、全系统、全过程、全社会创建万里美丽经济交通走廊的局面。创建万里美丽经济交通走廊,要将"修一条路(航道)、造一片景、富一方百姓"的理念贯穿于交通规划、设计、建设、运营、管理全过程,高标准创建"畅、安、舒、美、绿"的自然风景走廊、科创产业走廊、生态富民走廊、历史人文走廊,形成15000km的美丽经济交通走廊,串起美丽乡村、连通美丽景区、联动美丽产业、促进美丽经济、带动美好生活,形成浙江样板和浙江经验。

第二章
高速公路建设成就

第一节　浙江省高速公路规划

一、高速公路规划起步

高速公路是一个国家现代化和交通运输现代化的重要标志之一，是国家的重要资源和国力的象征。我国的高速公路发展起步于20世纪80年代，1988年10月上海至嘉定高速公路建成通车，实现了我国大陆高速公路建设零的突破。浙江省的高速公路发展经历了90年代初中期的起步建设阶段和1998年至今的快速发展阶段。

改革开放初期，随着国民经济的迅速增长，公路客货运输量急剧增加。运输工具种类繁多引起车辆行驶纵向干扰，公路沿线穿越众多城镇造成行车横向干扰，众多的公路平交道口导致交通事故严重和通过能力降低，浙江干线公路交通紧张状况日益严重。发达国家的经验表明，建设高速公路是排除横向纵向行车干扰、提高道路通行能力的有效途径。在我国高速公路建设的发展初期，对于高速公路是否适合中国国情一直存在着不同的认识和争论。与20世纪80年代各地各界关注高速公路建设的情形相似，浙江省高速公路建设也经历了"建与不建"的认识统一过程。1989年交通部在沈阳召开高等级公路建设经验交流现场会，第一次明确了中国必须发展高速公路，为我国发展高速公路奠定了基础，也拉开了浙江高速公路建设的序幕。1991年，浙江省建成钱塘江二桥高速公路7km，实现了浙江高速公路零的突破。同年9月，浙江省首条高速公路杭甬高速公路开工建设。

二、《浙江省公路水运交通建设规划（1996—2010年）》（1994版）

浙江坚持以邓小平建设有中国特色的社会主义理论为指导，全面贯彻党的基本路线和方针，落实党的十四届五中、六中全会精神，紧紧围绕《浙江省国民经济和社会发展"九五"计划和2010年远景目标纲要》，结合全国公路水路"三主一支持"的长远发展战略，重点规划建设2200km的"两纵两横五连"高速公路和汽车专用公路主骨架。"两纵"为甬台温高速公路，沪杭和杭金衢高速公路；"两横"为杭宁高速公路和杭甬高速公路，金丽温一级汽车专用公路；"五连"为杭新线、上三线、乍嘉王线、甬金线、椒缙线五条汽车专用公路。2010年后,在继续提高"两纵两横五连"通行能力的基础上,进一步完善公路网络,将椒缙线向丽水、龙泉庆元方向延伸,以促进浙江西南山区经济发展。

三、《浙江省公路水路交通建设规划纲要(2001—2015年)》(1996年修编)

1996年,在浙江省委、省政府领导的关心和重视下,根据浙江省八届人大四次会议通过的《浙江省国民经济和社会发展"九五"计划和2010年远景目标纲要》和当时交通运输面临的新情况,对1994年编制的《浙江省公路水运交通建设规划(1996—2010年)》进行了修编,进一步充实了规划内容,科学地绘制了1996年至2010年浙江省公路水运交通基础设施建设的主要框架,体现了以交通运输大通道为轴线及分两个层次展开建设的基本思路,浙江交通确定了"力"字形高速公路为主干的"两纵、两横、五连"公路网总体布局,提出了"三八双千工程"目标,即用3年时间拓宽1000km干线公路,用8年时间建成1000km高速公路,形成从杭州向各市辐射的高速路网。1996年12月,全长145km的杭甬高速公路建成通车。1998年,为应对亚洲金融危机,国家实施了扩大内需的积极财政政策,大力加强基础设施建设,高速公路迎来了千载难逢的历史性发展机遇。同年召开的浙江省第十次党代会提出了"建设大交通,促进大发展"的发展战略。浙江交通行业按照国家的统一部署,加大了公路基础设施的建设力度,高速公路建设进入了快速发展时期。1998年底,沪杭高速公路建成通车,为浙江接轨上海、推进全省经济发展提供了新的起飞跑道。至1998年底,全省建成高速公路344km。

四、《浙江省公路水路交通建设规划纲要(2001—2015年)》(2000年调整)

2000年,根据浙江省委、省政府关于"建设大交通,促进大发展"的重要决策,浙江省交通厅对交通建设规划进行了调整,对原规划"两纵、两横、五连"的公路主骨架网布局进行了进一步的完善提高,提出了浙江要建设"两纵、两横、十连、一绕、两通道"公路主骨架网。2000年底,全长142km的上三高速公路全线建成通车,直接缩短了杭州至温州的空间距离。至2000年底,全省已累计建成高速公路627km。

五、《浙江省公路水路交通建设规划纲要(2003—2010年)》

2003年,在浙江省交通实现"4小时公路交通圈"的基础上,为促进全面建设小康社会,提前基本实现现代化,接轨大上海融入长三角,浙江省编制了《浙江省公路水路交通建设规划纲要(2003—2010年)》(以下简称《03规划》,该规划远期展望至2020年,见图2-1-1),对全省公路水路交通建设发展起了重要指导和推动作用。

《03规划》在全面回顾改革开放以来,特别是1993—2002年近十年交通事业发展历程,并正确分析了交通紧张状况。在《03规划》的指导下交通紧张状况得到缓解,并逐步走向基本适应。而历史成就是在社会生产力和人民生活水平相对不足的情况下实现的，交通基础设施依然薄弱，数量不足，各种运输方式没有得到充分发挥，交通基础设施尚不能全面适应社会经济发展需要，交通事业的发展还任重道远。

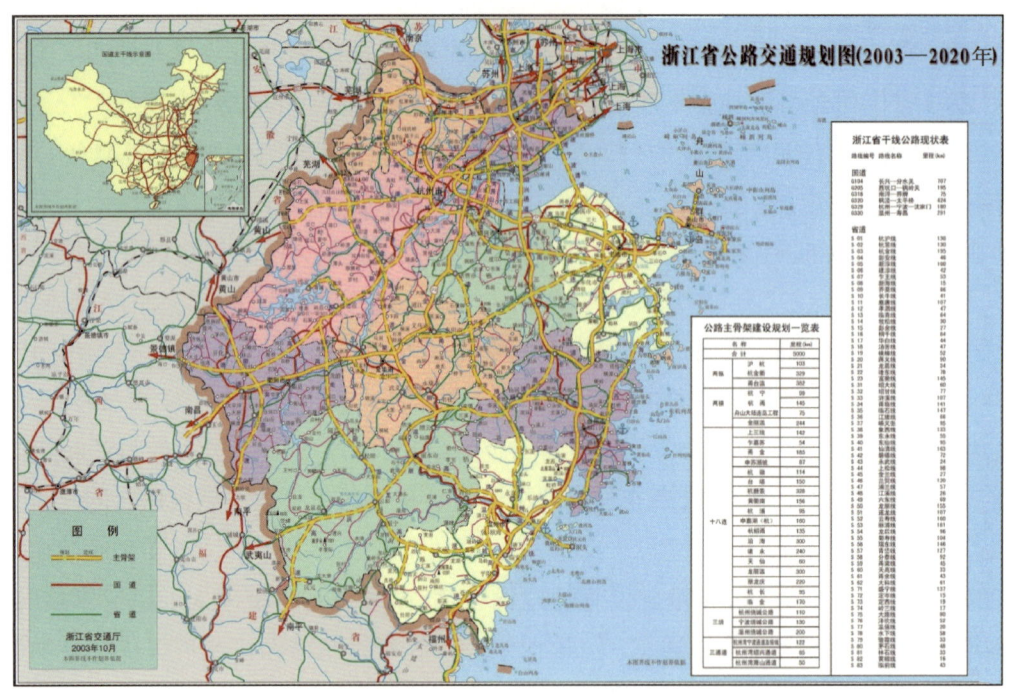

图 2-1-1　浙江省高速公路网规划图(2003—2020 年)

《03 规划》规划了浙江省"两纵两横十八连三绕三通道"的高速公路网布局,总里程为 5000km。"两纵"为甬台温高速公路、沪杭和杭金衢高速公路;"两横"为杭宁和杭甬高速公路、金丽温高速公路;"十八连"为上三、乍嘉苏、甬金、申苏浙皖、杭徽、台缙、杭新景、黄衢南、杭浦、杭绍甬、沿海、申嘉湖(杭)、诸永、天仙、丽龙庆、龙丽温、杭长和临金高速公路;"三绕"为杭州、宁波、温州绕城高速公路;"三通道"为杭州湾宁波通道、绍兴通道和萧山通道。

规划到 2010 年,全省高速公路里程达到 3400km,完成沪杭、杭甬、杭宁等高速公路的全线拓宽改造,提高高速公路的通行能力和服务水平。到 2010 年末,全省公路总里程达 94600km,二级以上公路里程占全省等级公路总里程的比例达到 30%。"两纵两横十八连三绕三通道"高速公路网初步形成网络规模。围绕浙江省委、省政府的战略部署和工作目标,《03 规划》提出了在本届省政府任期(2003—2007 年)实施交通"六大工程"。其中高速网络工程:本届省政府确保建成 1000km 高速公路,力争 1200km,到 2007 年底全省高速公路里程达 2300km,力争达到 2500km。

《03 规划》在全面分析新世纪新形势、新任务、经济社会新需求的基础上,明确了经济要发展,交通要先行。为适应浙江省经济持续、快速、健康发展,交通必须保持快速发展的态势;实现全面建设小康社会的奋斗目标,交通必须实现新的跨越式发展;创建生态省、打造绿色浙江,必须营造绿色交通,促进交通可持续发展。这些对交通发展阶段的准确定位、对形势需求的正确判断、对交通发展的理念认识,为规划编制和发展指引了正确方向。

六、浙江省高速公路"十一五""十二五"规划

"十一五"期间,浙江省大力实施"高速网络工程",加快构筑浙江省高速公路主骨架,规划到 2010 年,高速公路总里程超过 3500km,力争达到 3700km。根据《浙江省公路水路民用机场交通运输发展"十二五"规划》,"十二五"期间,全省高速公路按照"畅通省际、完善体系、优化网络、提升能力"的方针,加快建设浙江省连接长三角和海西经济区等周边省市的高速公路,完善港口、机场的高速集疏运通道,优化省内联网高速公路布局,对不适应交通需求发展的现有高速公路通道或路线进行扩容改造,提升路网整体能力。"十二五"规划目标是新开工高速公路 1000km,力争建成高速公路 1000km,确保建成 800km,"十二五"期间,续建宁波绕城高速公路东段等 12 个项目,新建杭州萧山机场路改建工程等 16 个"十二五"完工项目,新建杭绍甬高速公路(杭甬复线)宁波段一期等 7 个"十二五"跨"十三五"项目,规划还包括了龙丽温高速公路(含泰顺支线)等 14 个预备项目,"十二五"规划高速公路投资 1330 亿元。到 2015 年,全省高速公路通车总里程力争达到 4200km,高速公路远景规划布局累计里程 5783km(图 2-1-2)。

图 2-1-2 浙江省高速公路网"十二五"规划图

七、浙江省国家高速公路规划

2004年国务院批复的国家高速公路网规划,浙江省共规划有"两纵三横一地区环线两城市环线"的国家高速公路网,分别为G3京台高速公路、G15沈海高速公路(含并行线G15W常台高速公路、联络线G1512甬金高速公路、联络线G1513丽温高速公路)、G25长深高速公路、G50沪渝高速公路、G56杭瑞高速公路、G60沪昆高速公路、G92杭州湾地区环线(含联络线G9211甬舟高速公路)、G1501宁波绕城高速公路、G2501杭州绕城高速公路,总里程共计2714km。

2013年国务院批准的《国家公路网规划(2013—2030年)》对上轮国家高速公路网进行了加密,浙江省增加了5条国家高速公路,分别为G15W2沈海高速公路并行线常熟—嘉善(杭州湾跨海大桥北接线二期)、G15W3沈海高速公路并行线宁波—东莞(甬台温复线)、G92N杭州湾地区环线并行线杭州—宁波(杭绍甬)、G4012上海—西安高速公路联络线溧阳—宁德[千黄、千岛湖支线、龙游支线、龙丽、龙丽温(云和—文成)、泰顺支线]、G60N沪昆高速公路并行线杭州—长沙[杭新景(桐庐—省界)],新增加里程共计1024km,国家高速公路网总规划里程共计3780km,约占全省规划高速公路总里程的65%,国家高速公路覆盖除安吉、磐安、仙居、岱山、嵊泗、洞头外的所有县级节点,县级节点覆盖率达到91.2%。

浙江省国家高速公路、省级高速公路分别见表2-1-1、表2-1-2。

国家高速公路　　　　　　　　　　表2-1-1

序号	编号	路线名称	里程(km)	主要控制点
1	G3	京台高速公路(黄衢南)	159	黄山、衢州、南平
2	G15	沈海高速公路(杭州湾跨海大桥、甬台温)	451	上海、宁波、台州、温州、宁德
	G15W	常台高速公路(嘉苏高速公路、嘉绍大桥、上三)	239	常熟、苏州、嘉兴、绍兴、台州
	G15W2	常熟—嘉善高速公路(杭州湾跨海大桥北接线二期)	28	昆山、嘉善
	G15W3	宁波—东莞高速公路(沿海高速公路)	353	宁波、象山、台州、玉环、温州、福鼎
	G1512	宁波—金华(甬金)	186	宁波、嵊州、金华
	G1513	温州—丽水	120	温州、丽水
3	G25	长深高速公路(杭宁、杭州绕城公路西线、杭新景、临金、金丽、丽龙庆)	521	宜兴、湖州、杭州、金华、丽水、南平
4	G4012	溧阳—宁德高速公路(千黄、龙丽、云景、泰顺)	370	歙县、建德、龙游、云和、泰顺、福安
5	G50	沪渝高速公路(申苏浙皖)	88	上海、湖州、宣城
6	G56	杭瑞高速公路(杭徽)	122	杭州、临安、黄山
7	G60	沪昆高速公路(沪杭、杭金衢)	364	上海、杭州、金华、衢州、上饶
	G60N	杭州—长沙高速公路(杭新景)	170	杭州、开化、德兴

续上表

序号	编号	路线名称	里程（km）	主要控制点
8	G92	杭州湾地区环线（杭浦、杭甬、杭州湾跨海大桥）	232	上海、杭州、宁波
	G92N	杭州—宁波（杭绍甬）	165	杭州、慈溪、宁波
	G9211	宁波—舟山（甬舟）	46	宁波、舟山
9	G1501	宁波绕城公路	88	
10	G2501	杭州绕城公路	123	

浙江省级高速公路　　　　　　　　　　　　　　表 2-1-2

序号	编号	路线名称	里程（km）	主要控制点
1	S1	北仑支线	37	甬台温宁波市区段、北仑疏港
2	S2	杭州支线	40	沪杭甬杭州市区段
3	S4	杭州萧山机场高速公路	20	钱江三桥、萧山机场
4	S5	宁波支线	20	杭甬宁波市区段
5	S8	余慈连接线	23	
6	S9	苏绍高速公路（钱江通道及南北接、北延线）	79	苏浙界—沪杭骑塘枢纽—杭浦盐官西枢纽—杭甬齐贤枢纽
7	S10	温州绕城公路	99	北线41km，西南线58km
8	S11	嘉乍高速公路	26	嘉兴、乍浦
9	S12	申嘉湖高速公路	192	上海、嘉兴、湖州、安城、省界唐舍关
10	S13	练杭高速公路	50	杭州、练市镇
11	S14	杭长宜高速公路	123	杭州、长兴、宜兴
12	S16	杭州北支线	14	杭州绕城东枢纽至大井枢纽
13	S20	穿山疏港高速公路	33	宁波绕城东段、穿山港区
14	S21	六横公路大桥	31	
15	S22	象山湾疏港	75	
16	S23	石浦疏港	61	
17	S24	绍诸高速公路	83	绍兴、诸暨
18	S26	诸永高速公路	233	诸暨、磐安、永嘉
19	S27	东永高速公路	45	东阳马宅、永康新店乡枢纽
20	S28	台金高速公路	187	台州、临海、仙居、永康
21	S30	之江大桥	5	杭新景杭州南枢纽、之江大桥
22	S34	文成—瑞安高速公路	48	文成、瑞安
23	S36	龙浦高速公路	23	龙泉、浦城
24		杭州绕城西复线	151	新安镇、德清、临安、富阳、直埠枢纽
25		临金高速公路省高段	90	千秋关、临安、桐庐
26		杭绍台高速公路	166	
27		义乌疏港高速公路	26	
28		金塘疏港	15	

八、浙江省高速公路"十三五"规划

根据《浙江省综合交通运输发展"十三五"规划》,实施高速公路"双十双千"工程,即建成10个高速公路项目,新开工10个高速公路项目,建成里程约1000km(含拓宽里程),完成投资约1700亿元,重点建设沿海、杭绍甬、龙丽温、舟山国际绿色石化园区疏港公路、舟山本岛—岱山段等高速公路项目,规划调增杭金衢至杭绍台高速公路联络线、义东永高速公路、金丽温高速公路东延、上三高速公路东延,开展龙丽温高速公路至甬台温高速公路复线联络线与杭州绕城公路西复线湖州段东延规划前期研究工作。到2020年,全省公路总里程达到12.3万km,高速公路总里程达到4800km。

浙江省高速公路"十三五"规划图如图2-1-3所示。

图2-1-3 浙江省高速公路"十三五"规划图

第二节 浙江高速公路发展历程

近年来,随着浙江省综合经济实力的全面提升,全省的公路、铁路、航空、水路交通建设均发生着质的飞跃,尤其是高速公路的建设成绩令人瞩目。高速公路的快速发展,大大提高了浙江省公路网的整体技术水平,优化了交通运输结构,对缓解交通运输的"瓶颈"制约发挥了重要作用,有力促进了全省的经济发展和社会进步。

第二章
高速公路建设成就

回顾浙江高速公路发展之路,主要经历了以下三个阶段:

一、起步阶段("九五""十五")

1991年浙江建成"高速公路第一路"——沪杭甬高速公路钱江二桥段7km,实现了高速公路零的突破,浙江高速公路发展的序幕自此拉开。1995年余杭翁梅至上虞段高速公路建成通车,总通车里程达94km。2002年,杭金衢一期、甬台温乐清段、甬台温南白象—飞云江互通段、杭宁二期、金华—丽水二期、乍嘉苏浙江段、杭州绕城北段二期、杭州绕城东段等高速公路共计533.3km建成通车,使高速公路通车总里程达到1307.7km。浙江形成"4小时公路交通圈",省会杭州至陆上各地级市都有高速公路相连。经过"九五""十五"的十年努力,至2005年,高速公路总里程达到1866km,从全国第九位跃居到全国第六位,通达全省、贯通省外的高速公路主骨架基本形成,累计完成投资1100亿元,平均造价为5900万元/km。

浙江省"九五""十五"期间高速公路通车里程及增长率见表2-2-1。

浙江省"九五""十五"期间高速公路通车里程及增长率(起步阶段) 表2-2-1

年 份	通车里程(km)	年 份	通车里程(km)
1991	7	2000	645
1995	94	2001	774
1996	158	2002	1308
1997	168	2003	1438
1998	344	2004	1475
1999	392	2005	1866
年增长率			
"九五"			46.99%
"十五"			23.67%

二、高潮阶段("十一五""十二五")

以国家高速公路、出省通道和联网路建设为重点,推进高速公路实现跨越式发展,相继建成杭州湾跨海大桥、舟山跨海大桥、嘉绍大桥等世界级跨海大桥,以及杭浦、申嘉湖杭、诸永、宁波绕城、龙庆、钱江通道等高速公路,到"十二五"末,高速公路里程达3917km,面积密度居全国各省区第二。至"十二五"末,比"十五"末新增通车里程2027km,新增省际接口9个,累计完成投资2200亿元,平均造价为1.1亿元/km。这表明浙江公路建设实现了由低等级混合交通公路向高等级公路的跨越,高速公路主骨架网得到进一步完善,畅通省际通道基本贯通,特别是杭州湾跨海大桥和舟山西堠门大桥两座世界级大桥的建成,推动了我国跨海大桥建造技术的进步。

浙江省"十一五""十二五"期间高速公路通车里程及增长率见表2-2-2。

浙江省"十一五""十二五"期间高速公路通车里程及增长率（高潮阶段） 表2-2-2

年 份	通车里程（km）	年 份	通车里程（km）
2006	2383	2011	3500
2007	2651	2012	3618
2008	3073	2013	3787
2009	3298	2014	3817
2010	3383	2015	3917
年增长率			
"十一五"			12.64%
"十二五"			2.85%

三、攻坚阶段（"十三五"及今后一段时期）

高速公路建设即将进入"十三五"攻坚阶段，到2015年底，全省高速公路在建项目845km（其中拓宽171km），总投资1614亿元。待建项目约1344km（其中拓宽262km），总投资2677亿元，其中约1057km项目（其中拓宽98km）已开展前期工作，总投资2235亿元；未实质性开展前期工作，处于前期研究阶段，约287km（其中拓宽164km），总投资442亿元。在建项目平均造价约1.9亿元/km，待建项目平均造价约2亿元/km。"十三五"期间，加快推进千黄、杭新景、龙丽温与杭金衢高速公路衢州段拓宽工程建设，到"十三五"末，实现高速公路县（市）全覆盖。高速公路里程达4725km，高速公路密度达到4.64km/100km^2（到2016年底高速公路里程已达4062km）。

随着高速公路建设投资力度的增加，路网规模的不断扩大，以及产业化发展态势的基本形成，未来高速公路建设发展与社会经济、环境之间的适应性问题将更加突出，具体反映在高速公路建设政策环境、投资及经营管理体制（如收费还贷与特许经营关系等）、资金筹措方式以及可持续发展等方面。例如，高速公路多元化投资主体及融资模式的政策环境问题，投资模式的改革对管理体制和经营机制的影响，收费标准与道路用户经济承受力的矛盾，以及对收费经营型高速公路公司的政策法规完善及规范化管理等问题。这些都是影响高速公路可持续发展的难题，下一阶段需要进一步研究制定相应的高速公路建设政策规制，改革完善包括以高速公路为主的收费公路相关政策法规、管理体制和经营模式。

第三节　浙江省高速公路建设特点与标志项目

1991年，浙江重点建成了"高速公路第一路"——沪杭甬高速公路钱江二桥段7km后，高速公路建设取得突破性进展，捷报频传。2002年杭金衢与金丽高速公路的建成通车,浙江"4小时公路交通圈"胜利建成,也标志着浙江"三八双千工程"的提前实现。

在此基础上,坚持"接轨上海、拓展沿海、推进腹地、贯通省外""加密、成网、贯通"和高起点、高标准、高质量的发展方向,进一步完善了省内网络,强化了与上海、江苏、福建、江西、安徽等相邻省份的连接,新开工建设了杭浦、申嘉湖杭、诸永等一批高速公路项目。2005年,全省第一个高速公路大环网建成,标志着浙江高速公路网络骨架基本形成。至2016年底,高速公路里程达4062km。现阶段高速公路网络的联网运行,成为推动和保障浙江经济社会快速发展的大动脉、大通道。

一、高速公路建设特点

随着浙江省经济快速增长,交通设施建设实现了历史性的跨越,尤其是近十年来浙江省高速公路的建设更是进入快速增长和攻坚克难时期,其主要呈现以下五个特点:

(1)推进速度快。10年新增通车里程超2000km,比2005年高速公路里程(1866km)翻一番有余,建设速度领跑全国。从2006年起,高速公路里程面积密度超过山东,居全国各省份第二。

(2)技术含量高。建成括苍山隧道,苍岭隧道华东第一、第二长隧道和钱江隧道这一世界上最大直径盾构隧道;以杭州湾跨海大桥、舟山跨海大桥、嘉绍大桥为代表的世界级跨海桥梁创下多项世界第一,其中"大吨位70m预应力混凝土箱梁整体预制和强潮海域海上运输架设技术研究""跨海特大跨径钢箱梁悬索桥关键技术研究及工程示范"与"超长高强悬索桥主缆索股制造技术研究"等多项技术达到国际领先水平,标志着浙江省高速公路建设、管理、科技水平跨入国家乃至国际先进行列。

(3)运作体制新。10年来,浙江省高速公路建设采取多种投资模式并存的投资建设体制,既有以省为主投资,又有市县自筹建设,并利用民间资本,同时还大力争取中央资金,近十年合计争取到中央资金83.5亿元,建成杭州湾跨海大桥等一批项目。各种模式充分发挥作用,解决了当时建设资金短缺与管理力量不足等问题。省级层面成立了高速公路建设协调小组,协调小组办公室设在省交通运输厅,负责项目推进落实。其中,浙江省交通运输厅主要负责项目前期推动、中期建设监督管理和技术把关、后期质量鉴定和路况监督等行业管理工作;项目属地政府主要负责土地征迁和建设协调等具体工作。对于重大项目建设,浙江省交通运输厅委派建设管理和技术专家到现场一线工作,组建的诸永建设指挥部完成了大部分的项目建设工作;浙江省交通运输厅委派了技术专家参加龙丽温高速公路、舟山跨海大桥与嘉善大桥等项目建设。

(4)发展贡献大。近十年高速公路建设完成投资2200亿元,其投入产出乘数效应约6600亿元,对推动经济增长作用明显;高速公路建设,特别是两龙、龙庆及黄衢南等高速公路建设推动了城乡协调发展,带动增加城镇居民收入和缩小城乡差距;甬台温、杭甬、甬金等疏港公路承担了世界第一大港宁波—舟山港99%的陆路集装箱运输量,对推进浙江省海洋经济快速发展、产业转型升级贡献巨大。

(5)综合效益好。近几年来全省高速公路交通量年平均增长率约为12.5%,2014年达34819辆/d,居全国各省份第二,每公里收费651万元,是全国平均值(329万元/km)的2倍多,也是全国高速公路盈利的四个省份(浙江、广东、上海、安徽)之一。高速公路直接和间接效益总体良好,有力推进了浙江省经济、社会的快速发展。

二、高速公路标志性项目

(一)沪杭甬高速公路

沪杭甬高速公路是浙江开建的第一条高速公路,实现了浙江省高速公路零的突破,素有"浙江第一路"之称,途经嘉兴、杭州、绍兴、宁波四个市,全长248km。它不仅是浙江接轨大上海的"黄金通道",还是宁波—舟山港、绍兴中国轻纺城货物集疏运输的"主渠道"。沿线还分布着海宁、萧山、慈溪等浙江2/3的全国社会经济综合百强县(区)。1989年11月,国家计委批准建设杭甬高速公路,起点杭州彭埠,终点宁波大朱家,是浙江省第一条利用世界银行贷款建设的高速公路。同年4月,钱江二桥设计会审,主线7.6km,作为杭甬高速公路的一段。1990年1月,浙江省沪杭甬高速公路建设指挥部成立。1991年建成杭甬高速公路钱江二桥段7km高速公路,结束了浙江省无高速公路的历史(图2-3-1)。1996年,杭甬高速公路145km全线建成通车。1997年,沪杭甬高速公路H股成功上市,募集可用资金36亿元。1998年底,沪杭高速公路102km建成,沪杭甬高速公路全线通车。

图2-3-1 沪杭甬高速公路建成初期的钱江二桥与高速公路、铁路

沪杭甬高速公路八车道拓宽工程是浙江省政府确定的基础设施工程之一,也是国内第一条在不中断交通、不对车辆进行分流的情况下,按照"边运营边施工"方式实施拓宽改造的高速公路,为浙江乃至全国高速公路的改扩建积累了代表性经验。沪杭甬高速公

路拓宽工程分三期实施:一期工程为杭甬红垦至沽渚段,全长 44km,已于 2003 年底建成通车;二期工程为沪杭枫泾至大井段,全长 95.61km,已于 2005 年底建成通车;三期工程为杭甬沽渚至宁波段全长 80.82km,于 2007 年 12 月 6 日建成通车,提前一年完成了浙江省政府拓宽工程全线通车的目标。车道增加后,通行能力大大提高,设计车流量可从日均 5 万辆提高到 10 万辆,同时还增设了长安服务区、桐乡互通、宁波绕城互通、余姚肖东枢纽。在一期拓宽工程中,增设港湾式停车带,利用已征六车道土地建了八车道高速公路,节省土地 600 多亩;在二、三期拓宽工程中,长山河大桥和姚江大桥在不影响通航与通车的情况下实施灵活的"拆三建三"方案,为全国高速公路施工中树立了典范。

扩宽后的沪杭甬高速公路如图 2-3-2 所示。

图 2-3-2 拓宽后的沪杭甬高速公路

(二)杭州湾跨海大桥

杭州湾位于我国改革开放最具活力、经济最发达的长江三角洲地区。建设杭州湾跨海大桥,缩短了宁波至上海间的陆路距离 120km,形成以上海为中心的江、浙、沪 2 小时交通圈,有利于主动接轨上海,扩大开放,推动长江三角洲地区合作与交流;有利于完善长江三角洲区域公路网布局及国道主干线,缓解沪、杭、甬高速公路流量的压力;有利于改变宁波市交通末端的状况,从而变成交通枢纽,实施环杭州湾区域发展战略;有利于促进江浙沪旅游发展的需要。

杭州湾跨海大桥是一座横跨杭州湾海域的跨海大桥,它北起浙江嘉兴海盐郑家埭,南至宁波慈溪水路湾,全长 36km,是当时世界上最长的跨海大桥。杭州湾跨海大桥按双向六车道高速公路技术设计,设计速度 100km/h,设计使用年限 100 年。于 2008 年 5 月 1 日正式通车(图 2-3-3)。总投资约 140 亿元,来自民间的资本占了总资本的 1/2。大桥是中国自行设计、自行管理、自行投资、自行建造的,工程创 6 项世界或国内之最,用钢量相当于 7 个"鸟巢",可以抵抗 12 级以上台风。大桥设南、北两个航道,其中,北航道桥为主跨

448m 的钻石形双塔双索面钢箱梁斜拉桥,通航标准为 3.5 万吨级轮船;南航道桥为主跨 318m 的 A 形单塔双索面钢箱梁斜拉桥,通航标准为 3000 吨级轮船。

图 2-3-3　杭州湾跨海大桥贯通仪式

杭州湾跨海大桥在设计中首次引入了景观设计的概念。借助西湖苏堤的美学理念,兼顾杭州湾复杂的水文环境特点,"长桥卧波"最终被确定为杭州湾大桥的最终桥型。大桥在海面上有 4 个转折点,从空中鸟瞰,平面上呈"S"形蜿蜒跨越杭州湾,线形优美,生动活泼。从立面上看,在南北航道的通航孔桥处各呈一拱形,使大桥具有起伏跌宕的立面形状。此外,杭州湾跨海大桥所独有的海中平台堪称国内首创,该平台既是海中交通服务的救援平台,也是一个绝佳的旅游观光台,同时还是我国第一座"数字化大桥"。它拥有一整套大桥设计、建设及养护的科学评价体系。整座大桥设置中央监视系统,平均每公里就有 1 对监视器,可对大桥进行科学合理的维护管理,同时大桥的"健康状况"也在适时掌握之中。这也使得跨越杭州湾天堑的这条"东方巨龙"更加迷人(图 2-3-4)。杭州湾大桥项目获得 2011 年"鲁班奖"和"詹天佑奖"。

图 2-3-4　杭州湾跨海大桥雄姿

(三)西堠门大桥

西堠门大桥是连接舟山本岛与宁波的舟山连岛工程五座跨海大桥中技术要求最高的

特大型跨海桥梁,主桥为两跨连续半漂浮钢箱梁悬索桥,主跨长 1650m,位居目前悬索桥世界第二、国内第一,其中钢箱梁全长位居世界第一。设计通航等级 3 万吨、使用年限 100 年。该桥具有技术难度大、科技创新多、抗风性能好等亮点。西堠门大桥是浙江省重点工程和"五大百亿"工程之一,工程完工后使舟山交通纳入长江三角洲的高速公路网络,有利于舟山港口资源的开发,有力推动了宁波—舟山港口一体化进程,在环杭州湾地区、长三角地区经济发展中发挥重要作用。

西堠门大桥位于受台风影响频繁的海域,桥位处水文、地质、气候条件复杂,当时我国尚无在台风区宽阔海面建造特大跨径钢箱梁悬索桥的实践先例。全体大桥建设者坚持理念创新、管理创新和科技创新,实施精细化管理,攻坚克难,奋力拼搏,攻下了一个又一个难关(图 2-3-5)。2007 年 9 月中旬的"韦帕"和 10 月初的"罗莎"两次台风侵袭舟山时,西堠门大桥桥上实测最大风力达到 13 级,正处于架梁期的大桥成功地经受住了台风的考验。

西堠门大桥的新型分体式钢箱梁关键技术研究成果达到国际领先水平,获 2008 年度中国公路学会科学技术一等奖。在第 27 届美国国际桥梁大会上,西堠门大桥以其在工程结构、美学价值(图 2-3-6)、环境和谐等方面的杰出成绩而获得"古斯塔夫·林登少奖"。2015 年菲迪克(FIDIC,也称国际咨询工程师联合会)工程项目评奖结果揭晓,舟山大陆连岛工程西堠门大桥获得杰出项目奖。

图 2-3-5　西堠门大桥直升机牵引悬索桥先导索过海施工现场

图 2-3-6　璀璨美丽的西堠门大桥

(四)括苍山隧道

括苍山隧道连接了台州与温州,是诸永高速公路控制性工程。其长度位居全国第四,是华东地区高速公路第一长大隧道,隧道共分相向 2 条,双洞全长 15800m,单洞最长 7930m,最大埋深约 690m。括苍山隧道由温州段和台州段组成,直接贯通温州永嘉县和台州仙居县,采取高速公路标准建设,有"浙江第一隧道"和"华东第一长隧道"之称。括苍山隧道工程于 2005 年 5 月 1 日开始正式启动,采取温州和台州两边同时开挖的方式进行,并于2007年10月12日全线贯通。括苍山隧道以"公路隧道火灾排烟与排烟道顶隔板结构耐火性实验研究"获得省部级科学技术一等奖。

（五）钱江隧道

钱江隧道是高速公路项目钱江通道及接线工程的关键控制性工程,位于著名的观潮胜地——海宁盐官上游约2.5km处,南连杭州萧山、北接嘉兴海宁,采用15.43m超大直径盾构穿越著名的钱塘江,是当今世界上最大的越江隧道工程之一,也是钱塘江流域第一条大型的越江隧道和浙江省第一座采用盾构施工的公路隧道。它的建成通车,对加强钱塘江南北两岸各重要城市的相互联系和经济往来具有十分重要的意义。

钱江隧道全长4.45km,设计速度80km/h,为上下行分离的双管隧道,每管隧道内布置单向三车道。隧道主体结构分为江中盾构段、两岸工作井、两岸明挖暗埋段和两岸敞开段,设置了隧道管理站、风塔以及管理站连接道路等附属工程。

隧道江中段采用盾构法施工,盾构段隧道左、右洞均长约3200m,结构外径15m,内径为13.7m,盾构段隧道横断面分三层,最顶层为排烟道,中间层为行车道,最下层为逃生救援通道及电缆廊道。

钱江隧道采用BOT模式建设,于2008年6月28日先行启动试验井工程,于2013年12月交工验收,于2014年4月16日正式通车营运。项目获2016年菲迪克工程项目杰出项目奖。

第四节　浙江省高速公路软基处理成果

浙江省位于我国东部沿海,总体上东部为沿海,西部为丘陵地带,山区占70%,境内河流水系众多,有"七山一水二分田"之说。浙江省复杂的地质地形条件下,软基是浙江省高速公路建设中不可避免的特殊地质,高速公路建设软基处理成为浙江省一大特色,成就颇为突出。

一、浙江省高速公路软基分布情况

浙江省地处中国东南沿海长江三角洲南翼,陆域面积10.18万km^2,浙北、浙东平原区广泛分布软土层,浙江省内已建成通车的沪杭高速公路浙江段、杭甬高速公路、杭宁高速公路、乍嘉苏高速公路浙江段、杭金衢高速公路、申苏浙皖高速公路浙江段、杭浦高速公路及台金高速公路等全线均60%以上穿越软土路段,同时软基深厚且软弱,为全国范围内软土地基上高速公路的典型代表。

根据浙江省20年来的公路勘察设计资料,可将软土分布区域初步划分为杭(州)嘉

(兴)湖(州)平原软土分布区、萧(山)绍(兴)姚(余姚)平原软土分布区、宁(波)奉(化)平原软土分布区、温(岭)黄(岩)平原软土分布区、温(州)瑞(安)平(阳)平原软土分布区、三门湾及岛屿软土分布区、中低山丘陵及浙中盆地区(表2-4-1、图2-4-1)。

浙江省软土分区表　　　　表2-4-1

区	亚 区
浙北、浙东平原区（Ⅰ）	杭(州)嘉(兴)湖(州)平原软土分布区（I_1）
	萧(山)绍(兴)姚(余姚)平原软土分布区（I_2）
	宁(波)奉(化)平原软土分布区（I_3）
	温(岭)黄(岩)平原软土分布区（I_4）
	温(州)瑞(安)平(阳)平原软土分布区（I_5）
	三门湾及岛屿软土分布区（I_6）
中低山丘陵及浙中盆地区（Ⅱ）	

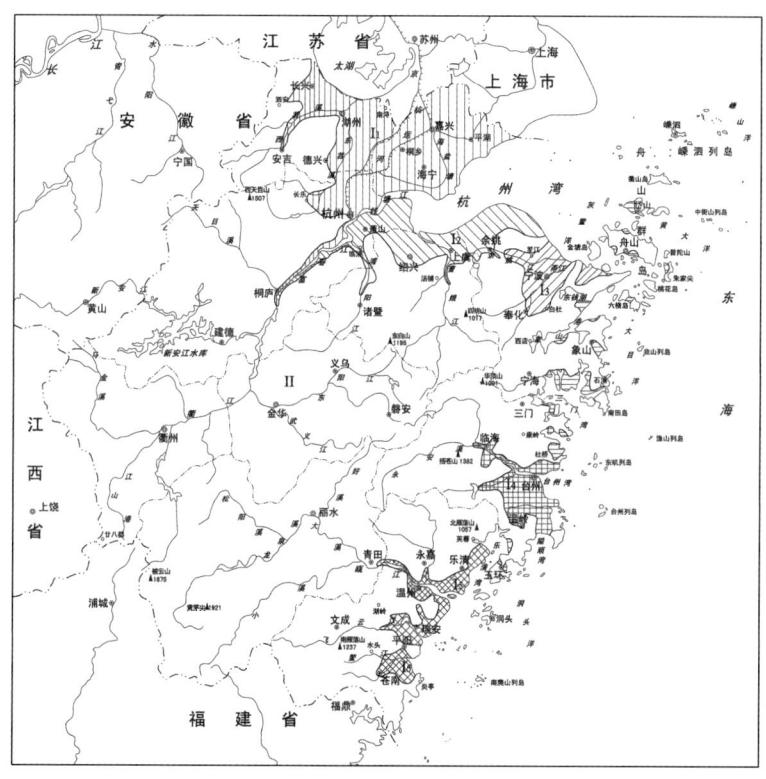

图例

- I_1 杭(州)嘉(兴)湖(州)平原软土分布区
- I_2 萧(山)绍(兴)(余)姚平原软土分布区
- I_3 宁(波)奉(化)平原软土分布区
- I_4 温(岭)黄(岩)平原软土分布区
- I_5 温(州)瑞(安)平(阳)平原软土分布区
- 三门湾及岛屿区软土分布区
- Ⅱ 三门山丘陵区及浙中盆地软土分布区

图2-4-1　浙江省软土分布图

二、浙江省高速公路软基处理方法统计

浙江省高速公路软基处理成果见表2-4-2。

浙江省高速公路软基处理成果　　　　　　　　　　　　　　　　表2-4-2

工程名称	工程概况	软基处理概况
杭甬高速公路	浙江公路网主骨架"两横"中的重要一段，总长达94km的路段为软基路段，软土深度达10～50m，物理力学性质极差	浙江省首次在高速公路工程中进行排水固结法(袋装砂井和塑料排水板)处理深厚软土地基的试验。同时工程中首次采用EPS进行望童跨线桥桥头路基滑坍处理
沪杭高速公路浙江段	浙江公路网主骨架"两横"的重要路段，路线穿越软基路段，结构物密集，软土物理力学性质极差	浙江省首次进行水泥搅拌桩加固沪杭高速公路(嘉兴段)桥头软土地基试验研究，共应用82万延米，同时首次采用预抛高方案控制工后沉降
乍嘉苏高速公路浙江段	浙江公路网主骨架中的"一连"，路线穿越软基路段，软土物理力学性质极差	软土地基处理采用塑料排水板、水泥搅拌桩、粉喷桩和超载预压等多种方式处理。软土地基处理28km，塑料排水板应用612万延米
杭宁高速公路	长江三角洲规划的宁波至南京高速公路的组成部分，路线穿越软基路段，软土物理力学性质极差	首次采用土工格栅处理软基，取得很好效果，共应用9.3万m^2，并首次在高速公路工程中运用"真空预压加固软土地基的试验研究"和全国首创在高速公路软土上进行"现浇混凝土薄壁筒桩加固桥头软基试验研究""素混凝土桩加固软土地基试验研究"
杭金衢高速公路	杭州至金华、衢州公路是全国12条国道主干线上海至昆明公路的一段，也是浙江公路网主骨架"两横"中的重要组成部分	采用真空联合堆压技术代替超载预压处理深厚软基的桥头路段；针对挖方路段路基以下有不同深度溶洞的地质特点，采用了强夯法的处理方案，是浙江省第一条成功穿越岩溶地区的高速公路
申苏浙皖高速公路浙江段	浙江公路网主骨架"十八连"之一，路线全长88km，路线所经区域为杭嘉湖平原区，软土为泻湖相沉积的淤泥和淤泥质土。沿线结构物纵多，路堤填土较高	软土地基处理设计采用塑料排水板、水泥搅拌桩、预应力管桩和超载预压等多种方式处理，其中预应力管桩应用总桩长约27万延米，并在国内外高速公路建设中首次采用"Y"形沉管灌注桩处理桥头软基路基
台金高速公路(东段)	路线全长60km。约有13km为软土路段，软土深度10～20m，大部分为淤泥	桥头路段和高填方路段采用预应力管桩，总桩长约42万延米
沪杭甬高速公路拓宽工程	浙江省第一个高速公路拓宽项目，也是全国深厚软基路段拼宽的第一条八车道高速公路	为解决在深厚软基条件下新老路基的差异沉降，采用了多种软土地基处理方式，首次在高速公路中应用预应力混凝土管桩、薄壁筒桩等新技术。其中，预应力管桩35万延米，薄壁筒桩1.3万延米
杭浦高速公路	浙江公路网主骨架"十八连"之一，路线全长112km。所经区域为杭嘉湖平原地区，大部分为淤泥及淤泥质亚黏土软土路段	在桥头路段采用预应力管桩，处理路段约12284m，总桩长约195万延米
诸永高速公路	浙江公路网主骨架"十八连"之一，路线全长225km。所经区域大部分为淤泥质亚黏土软土路段	为保证路基的稳定，在桥头、高路堤段采用预应力管桩，处理路段约2800m，总桩长约33.6万延米
嘉绍跨江公路通道南岸接线	为《浙江省公路水路交通建设规划纲要(2003—2010年)》"两纵、两横、十八连、三绕、三通道"中的第二条通道	软土地基处理设计采用塑料排水板、预应力管桩和超载预压等多种方式处理。其中，塑料排水板应用163万延米，预应力管桩应用22万延米。针对软土埋藏较深，上覆粉砂层较厚的特点，设计采用泡沫混凝土和上部引孔打设塑料排水板的方式进行软基处理，共引孔11万延米，泡沫混凝土应用9万m^3

三、浙江省高速公路软基处理技术成就

浙江省软基深厚且软弱,为全国范围内软土地基上高速公路的典型代表。浙江省在高速公路软基处理实践中,对软土分布、分类及工程特性进行统计分析,通过现场调查已通车高速公路的桥头跳车、路面加铺、路面平整度、不均匀沉降引起的路面裂缝等情况及向业主及养护单位了解和收集资料并分析总结,形成软基处理成功经验。

基于现行相关公路工程技术规范,在广泛调研浙江省已建和在建公路的基础上,针对浙江省软土特性,全面总结和借鉴了近二十年来浙江省公路建设的实践经验和大量的研究成果,吸纳了成熟的新技术、新工艺、新材料等应用技术,于2009年由浙江省交通厅发布了《浙江省公路软土路堤设计要点》,此后结合工程实践应用的经验和总结,进一步提升优化,于2013年底颁布地方标准《公路软土地基路堤设计规范》(DB 33/T 904—2013)。

浙江省主要的软基处理技术特点如下:

(1)总结了不同软基处理方法的适用性。从最初的排水固结法(塑板+堆载预压及真空预压)、土工合成材料加筋,到典型的水泥搅拌桩复合地基,再发展出可由不同混凝土桩型+加筋垫层组合的桩承式加筋路堤,以及EPS、泡沫混合轻质土、泡沫混凝土轻质路堤等软基处理方式,可解决不同软土地质条件与特性下,公路路基填筑施工时的沉降与稳定问题,并能有效控制工后沉降。

(2)软基处理方案全寿命周期效益比选分析。根据调查,软基路段的后期维护费用较大,因此软基路段宜尽量采用低路堤方案,当受洪水位等因素控制,设计填高较大(如≥6m)时,针对高路堤的地基重点处理,并与桥梁方案进行全寿命周期的经济技术比较,考虑运营期养护费用等,从而确定合适的最终方案。

(3)傍山路段软土分布勘探加强。傍山软基路段地质复杂,软土层纵横向深度变化较大,往往容易产生路基的差异沉降裂缝甚至滑移病害,设计时应加强软土的分布勘探,摸清其变化情况和基本规律。

(4)排水固结法预压时间保证。对于淤泥、淤泥质土层厚度薄至中厚,且在施工质量控制得好的情况下,排水固结法处理软土地基可以取得很好的效果,但部分工程因受征迁等因素的影响导致软基路段的预压期不足,局部塑板处理的路段存在沉降偏大的情况,因此,采用排水固结法要求必须保证足够的预压时间。

(5)水泥搅拌桩工艺改进。采用水泥搅拌桩处理浅层软土地基的效果明显,但对打设深度达到10m以上的路段,因外部压力较大,浆液不能有效喷出、浆液上浮而影响了其处理效果,导致桩身质量不佳或后期路基沉降偏大。建议水泥搅拌桩的处理深度不宜超过10m,对深厚软基路段(10~20m)采用水泥搅拌桩时,推荐采用改进工艺的双向水泥搅拌桩。

(6)不同处理方式过渡段专项设计。不同处理方式、不同填筑材料的交界处易产生差异沉降,引起路面跳车或出现横向裂缝,对过渡段要求进行专项设计。水泥搅拌桩柔性桩复合地基与塑料排水板之间的过渡,可采用等载预压或超载预压等方式过渡;桩承式路堤(预应力管桩、沉管灌注桩、Y形桩等)与塑板之间的过渡,充分利用预压时序的控制差异,确保塑板处理路段先行施工、具有足够的预压期并适当超载,同时管桩采用桩长及桩距渐变,路堤采用轻质路堤填筑过渡等方式来减小差异沉降。

(7)第三方监测要求。沉降及稳定采用第三方专业监测能提高监测数据的有效性和准确性,对保证路基的整体稳定和路基的有效预压、减少路基的工后沉降可起到至关重要的作用。

(8)精简施工处理方式。全线的软基处理方式过多导致施工工艺变化频繁,给施工的安排、效果与质量控制增加了难度。在选择软基处理设计方案时,也应考虑施工管理方面的因素,每个合同段的软基处理方式不宜超过2~3种。

(9)软土地基桥梁设计注意事项。软土路段桥台及影响区的桥墩需结合桥头软基处理方式,合理安排施工时序(预压期后施工、二次开挖施工等);跨线桥桥墩承台侵入行车道范围将导致该处产生较大的不均匀沉降,在桥梁设计时充分考虑合理结构形式的选择。

第五节 浙江省高速公路跨海大桥建设

一、杭州湾跨海大桥

杭州湾跨海大桥北起浙江嘉兴海盐郑家埭,南至宁波慈溪水路湾,是一座横跨中国杭州湾海域的跨海大桥,大桥总投资134亿元。桥梁全长35.7km,为当时世界最长的跨海桥梁。大桥设北、南两个通航孔,北通航孔桥为主跨448m的钻石形双塔双索面钢箱梁斜拉桥,桥跨布置为70m+160m+448m+160m+70m;南航道桥为主跨318m的A形单塔双索面钢箱梁斜拉桥,桥跨布置为100m+160m+318m;引桥跨径多为50m和70m,分别采用梁上运梁技术和整体吊装工艺。桥面宽33m,按高速公路标准设计,双向六车道。该桥于2003年11月14日开工建设,2008年5月1日正式启用通车(图2-5-1)。杭州湾跨海大桥获得2011年"鲁班奖"和"詹天佑奖"。

1. 杭州湾跨海大桥总体设计

杭州湾跨海大桥全长约36km,建设条件十分恶劣,为保证海上施工的安全和质量,必须将设计与施工综合考虑。经过国内外多次调研和专家咨询,制定了施工决定设计的总体原则,尽量减少海上作业时间,变海上施工为陆上施工,采用工厂化、大型化、机械化的设计和施工原则。

图 2-5-1 美丽宏伟的杭州湾跨海大桥

2. 大直径超长钢管桩设计、制造、防腐和施工成套技术

大桥钢管桩基础具有桩长、大直径、数量巨大的特点。桩长达89m,桩径为1.5m和1.6m,总计5474根。通过近一年多钢管桩基础施工,进度快、质量好,证明这一选择是正确的。其创新点是:超长整桩预制;内外螺旋焊接;三层熔融环氧粉末涂装;埋弧自动焊工艺;大直径不等壁厚焊接;牺牲阳极阴极保护。

3. 大吨位70m预应力箱梁整体预制和强潮海域海上运输、架设技术

其创新点是:对海工耐久混凝土配合比进行研究;70m箱梁局部结构分析;真空辅助压浆技术;研制了大跨度、高平整度桥面施工振动桥设备;首次采用了早期张拉工艺并取得了良好的效果;自行设计制造了具有世界一流水平的2400t液压悬挂轮轨式70m箱梁纵移台车。

4. 大吨位50m预应力箱梁整体预制和梁上运输架设技术

其创新点是:结合施工方案对大吨位整孔箱梁的关键结构进行优化;海工耐久性混凝土性能研究与实践;预应力管道真空压浆试验与实践;箱梁梁上运梁和架桥机架设的综合技术。

5. 海洋环境下混凝土结构耐久性研究

其创新点是:建立可靠的钢筋腐蚀电学参数和输出光功率变化判据;研制混凝土结构寿命的动态预报软件;制订大桥混凝土结构耐久性长期原体观测系统设计方案,并配合工程进度实施。

6. 跨海长桥全天候运行测量控制关键技术研究

其创新点是:连续运行GPS参考站,在杭州湾跨海大桥的成功应用及在实践中形成

的规程和细则,弥补了中国跨海大桥这方面的空白;针对规范中没有适应几十公里长度跨海大桥投影坐标系建立的相应标准,根据杭州湾跨海大桥的特殊性加以解决,为制定相应规范提供参考;创造性地提出过渡曲面拟合法,使海中 GPS 拟合高程的精度达到三等水准的精度;用测距三角高程法配合 GPS 拟合高程法进行连续多跨跨海高程贯通测量,创造出一种快速海中高程贯通测量的方法;杭州湾跨海大桥在国内首次采用 GIS 技术研制成基于 B/S 模式的大型桥梁测绘资料管理系统。

7. 杭州湾跨海大桥河工模型与桥墩局部冲刷研究

2002 年 8 月,通过专家组鉴定,该研究成果总体达到国际先进水平,其中,实体模型中涌潮的模拟方法和试验技术以及分布式浑水生潮系统和沙量随潮变化的加沙系统方面达到国际领先水平。2004 年获得浙江省科技进步二等奖。

8. 灾害天气对跨海长桥行车安全的影响研究及对策

其创新点是:确定车辆安全行驶风速标准;面向所有灾害天气类型进行研究;提出杭州湾跨海大桥的行车安全保障措施;基于气象监测系统、预报系统与道路管理系统多方面系统研究;制定不同灾害天气条件下道路交通控制标准;开发低造价传感器等数据采集设备;开发集数据传输、数据处理、信息发布的计算机软件。

9. 跨海长桥建设信息化管理技术

其创新点是:对整体桥梁部位进行的结构分解,形成 22949 个结构构件,并将采集数据的 625 张表与其相关联,提供一个完整的数据结构化检索方式;集成统一工程通信及网络的组建,极大降低了基础网络建设成本;实现长距离的多点无线视频图像传输及回送。系统已完成软件开发并投入运行一年多,在工程实施中发挥了巨大作用。以上科技创新已有 5 项通过交通部和省交通厅的鉴定,其成果总体达到国际领先水平,为国内同类桥梁的建设提供借鉴。

10. 新型桥梁伸缩装置技术

采用了荣获国家技术发明二等奖的 LB 多向变位桥梁伸缩装置。其创新特点是:LB 单元式多向变位桥梁伸缩装置针对传统模数式及梳形伸缩装置存在的不足,特别是在悬索桥、斜拉桥桥梁的纵、横、扭转等多向变位功能上展开了广泛的研究与实践,本着"安全、舒适、经济、耐用、方便"的宗旨,成功研制了新一代桥梁伸缩装置。该技术处于国际领先水平。

二、舟山跨海大桥

舟山跨海大桥,建设期间为舟山大陆连岛工程,是浙江省重点工程和"五大百亿"工程之一,总长 48.16km,总投资 130 亿元,是世界规模最大的岛陆联络工程。工程包括岑港大桥(主桥为3跨50m的预应力混凝土T梁)、响礁门大桥(主桥为80m+150m+80m的预应力混凝土连续箱梁)、桃夭门大桥(主桥为主跨580m的双塔双索面半漂浮体系混合式斜拉桥,桥跨布置为48m+48m+50m+580m+50m+48m+48m)、西堠门大桥(主桥为两跨连续钢箱梁悬索桥,主跨1650m)和金塘大桥(主航道桥采用主跨620m的双塔双索面钢箱梁斜拉桥,桥跨布置为77m+218m+620m+218m+77m)等5座大桥,按高速公路标准设计,双向四车道。桥梁分两期实施,一期岑港大桥、响礁门大桥、桃夭门大桥于1999年9月开工建设,2003年年底完工;二期金塘大桥、西堠门大桥于2005年2月开工建设,2009年12月正式通车。西堠门大桥(图2-5-2)获得2015年"菲迪克工程项目杰出项目奖"。

图2-5-2 西堠门大桥雄姿

岑港大桥是连岛工程的第一座跨海大桥,于1999年9月26日开工建设,2001年7月28日贯通。岑港大桥跨越岑港水道,连接岑港和里钓岛。全桥长为793m,桥面宽22.5m,双向四车道,主桥为3跨50m的先简支后连续预应力混凝土T梁,通航等级为300吨级,通航净高17.5m,通航净宽2×40m,主桥为3跨50m的先简支后连续预应力混凝土T梁。

响礁门大桥是舟山大陆连岛工程的第二座跨海大桥,1999年12月25日动工建设,2002年12月12日架通。响礁门大桥跨越响礁门水道,连接里钓岛和富翅岛,当时是华东最长的跨海大桥。该桥全长951m;桥面宽22.5m,双向四车道;通航等级为500吨级,通航净高21m,通航净宽135m;主桥为80m+150m+80m的大跨径预应力混凝土连续箱梁,引桥为先简支后连续预应力混凝土T梁。

2004年12月1日,通过岑港大桥、响礁门大桥的公交线路开通,里钓山、富翅告别了只能坐船到舟山本岛的历史。

桃夭门大桥是舟山大陆连岛工程的第三座跨海大桥,于2000年3月28日动工建设,2003年4月16日完工。桃夭门大桥跨越桃夭门水道,连接富翅岛和册子岛,全长888m,桥面宽27.6m,双向四车道。通航等级为2000吨级,通航净高32m,通航净宽280m,主桥为主跨580m的双塔双索面半漂浮体系混合式斜拉桥,桥跨布置为48m+48m+50m+580m+50m+48m+48m,主塔高151m。

西堠门大桥是连接舟山本岛与宁波的舟山连岛工程五座跨海大桥中技术要求最高的

特大型跨海桥梁,主桥为两跨连续钢箱梁悬索桥,主跨1650m,是世界上最大跨度的钢箱梁悬索桥,全长在悬索桥中居世界第二、国内第一,但钢箱梁悬索长度为世界第一。设计通航等级3万吨级、使用年限100年。

西堠门大桥位于受飓风影响频繁的海域,桥位处水文、地质、气候条件复杂,而我国尚无在台风区宽阔海面建造特大跨径钢箱梁悬索桥的实践先例。全体大桥建设者坚持理念创新、管理创新和科技创新,实施精细化管理,攻坚克难,奋力拼搏,攻下了一个又一个难关。2007年9月中旬的"韦帕"和10月初的"罗莎"两次台风侵袭舟山时,西堠门大桥桥上实测最大风力达到13级,仍安然挺立着,这座大桥胜利地经受了考验。依托西堠门大桥建设,开展了国家科技支撑计划项目——"跨海特大跨径钢箱梁悬索桥关键技术研究及工程示范"项目。

2007年12月16日11时18分,舟山连岛工程西堠门大桥第126段钢箱梁完成吊装、连接,至此,世界最长的钢箱梁悬索桥——西堠门大桥主桥宣告全线贯通。

金塘大桥位于舟山金塘岛与宁波镇海间的灰鳖洋海域,起点为金塘小岭(K28+957),在客运码头南约200m下海,跨越沥港水道、灰鳖洋,然后南偏前进至宁波镇海,于新泓口闸西北侧登陆前行,上跨镇海新海塘、镇海老海塘(规划化工区主干道),斜交庄俞路并沿庄俞路中心线向前延伸,终点位于老海塘西侧426m(K49+977)。金塘大桥包含主通航孔桥、东通航孔桥、西通航孔桥、非通航孔桥、浅水区引桥、金塘侧引桥、镇海侧引桥,大桥长21.020km,建设规模巨大,气象、水文、地形、地质条件复杂,桥位处于海洋环境中,受海水侵蚀的问题突出。主通航孔为主跨620m五跨钢箱梁斜拉桥,其他为整孔吊装、悬臂浇筑或整孔支架及移动模架现浇的预应力混凝土连续刚构及连续梁桥,下部主要采用钢管桩和钻孔灌注桩、现浇墩身和预制墩身结构。

金塘大桥是舟山跨海大桥的第五座跨海大桥。该桥起自金塘岛,接至宁波镇海炼化公司西侧。按照工程设计,该桥跨海全长18.5km,行车道宽度为26m,双向四车道;设置三个通航孔道,主航道桥采用主跨620m的双塔双索面斜拉桥方案,通航等级为50000吨级,通航净空高度51m,通航净宽544m;副航道桥分别采用主跨为186m的连续刚构和主跨为150m的连续梁桥。

金塘大桥于2006年4月动工兴建,总投资77亿元,是舟山大陆连岛工程五座主桥中最长的一座,也是继杭州湾跨海大桥、东海大桥之后中国在建的第三长的跨海大桥,其主通航孔桥是世界上在恶劣外海环境中建造的最大跨度斜拉桥。

三、嘉绍大桥

嘉绍大桥北起嘉兴海宁尖山围垦区,南接绍兴上虞九六围垦区,跨越钱塘江,大桥投资达63.5亿元。主桥采用独柱形双幅四索面钢箱梁斜拉桥,配跨为70m+200m+5×

428m+200m+70m,主桥长度为2680m。为世界连续长度最长的斜拉桥。桥梁全长10.137km,桥面宽40.5m,按高速公路标准设计,双向八车道。该桥于2008年12月14日正式开工建设,2013年7月19日正式建成通车。嘉绍大桥获得2016年"古斯塔夫·林登少奖"和"国际道路成就工程设计奖"。

与36km长杭州湾跨海大桥相比,嘉绍大桥的跨江距离要短很多,大桥桥长只有10km,仅杭州湾跨海大桥的1/3长度。但是桥面更为宽敞,从设计到最后规划确定,桥面宽40.5m,由六车道改成了八车道,大桥设计速度为100km/h。嘉绍大桥采用典型的斜拉桥设计,主桥由连续的五跨六塔斜拉桥组成,每跨428m,悬索的桥塔,采用钱江三桥一样的独柱设计,只不过钱江三桥是两面悬索,而嘉绍跨江大桥是四面悬索,造型更宏伟(图2-5-3)。

图2-5-3　嘉绍大桥雄姿

四、象山港大桥

象山港位于宁波市东南部,穿山半岛与象山半岛之间,是一个由东北向西南深入内陆的狭长型半封闭型海湾,理想的深水避风港。全港纵深60多千米,港深水清,一般水深在10~15m。

象山港公路大桥及接线工程北岸起始于宁波绕城高速,鄞州云龙镇,向南跨象山港,终点戴港,暂接省道38线,远期接建设中的甬台温高速公路复线象山至台州段,工程全长约47km,建设工期四年。全线为双向四车道高速公路,路基宽度26m,行车道宽度15m,设计速度为100km/h,投资65亿元。其中象山港大桥长约6.7km、宽度25.5m,为双塔双索面斜拉桥桥型(图2-5-4)。在大桥建设过程中,近万名建设者克服了条件复杂、生态环保要求高、技术难点多困难,通过自主创新取得了建成时(2012年)的六项"之最":大桥主跨长达688m,是省内主跨跨度最大的跨海大桥;大桥索塔总高度为225.5m,为同类桥梁浙江省最高；大桥设计抗风要求达到46.5m/s,可抵抗14级台风的冲击,抗风能力为全国之最大桥通航等级为5万吨级,为全国最高；大桥主塔桥墩可抵御5万吨级船舶撞击,防撞等级国内最高；大桥通航净高达53m,为国内最高。

图2-5-4 象山港大桥雄姿

第六节 浙江省高速公路典型隧道建设

一、钱江隧道

钱江隧道位于浙江东部沿海著名的钱塘江观潮胜地——海宁盐官,距离上海约128km。钱塘江潮素有"天下第一潮"的美誉,与恒河涌潮、亚马孙涌潮并列为世界三大涌潮奇观,为最大程度地保护这一世界著名的自然奇观,工程决策采用了越江隧道的建设方案。钱江隧道获得菲迪克2016年度工程项目杰出奖。

钱江隧道采用15.43m超大直径盾构穿越著名的钱塘江,建成时是世界上最大直径的盾构隧道,也是钱塘江流域第一条大型的高速公路越江隧道。钱江隧道全长4.45km,设计速度80km/h,为上下行分离的双管隧道,每管隧道内布置单向三车道。隧道主体结构分为江中盾构段、两岸工作井、两岸明挖暗埋段和两岸敞开段,设置了隧道管理站、风塔等附属工程。隧道江中段采用盾构法施工,穿越钱塘江江底。东、西两线均长约3245m,由3422环钢筋混凝土管片拼接而成,结构为内径13.7m、外径15m的巨大的双孔圆形管道。针对大交通量长大盾构隧道营运安全面临的多重风险,特别是隧道火灾时的人员逃生与救援安全,隧道横截面设计为三层,最顶层为排烟道,中间层为行车道,最下层为逃生救援通道及电缆廊道。

钱江隧道建设的复杂性和挑战还体现在以下四大方面：一是,穿越高涌潮钱塘江流域,水压变化大,盾构掘进施工适应难度大。钱塘江水位直接受潮汐影响,变化幅度大,有历史记载的最高潮差达7.26m,多年平均潮位达3.87m。涌潮推进时,下游向上游推进的速度最大达到10m/s,受丁坝、凹岸阻挡,浪高可达10m。二是主要穿越高水压、高渗透性软弱土层,施工风险大。钱江隧道穿越地层主要由砂质粉土、粉细砂等渗透性强、黏聚力低的土质组成,易产生流沙、管涌等地质现象。三是两次穿越明清古海塘大堤,保护难度高。隧道穿越的钱塘江大堤是明清两代修建的"鱼鳞海塘"的一部分,其修建技术之精湛媲美长城,不仅是历时百年的重要水利设施,更是浙江历史文物的瑰宝,因此隧道开挖过程中,保护堤坝变形破坏十分重要。四是超大直径盾构长距离掘进的施工组织复杂。隧道总工期为42个月,但隧道直径大、里程长、建设条件复杂、技术难度大等因素在一定程度上会制约建设进度。

针对这些难点和挑战,设计和施工中汇集了众多专家和科研院校,先后展开了7项重大的设计关键技术研究和5项施工关键技术研究,经过反复专研、创新设计和精心施工,解决了8大技术难题。

(1)基于对隧道设计速度标准及通行安全综合分析研究,解决了设置紧急停车带与盾构工法不相容的问题。为了解决钱江隧道采用盾构法施工条件下,紧急停车带设置条件与设计规范冲突的问题,开展了隧道设计速度标准及通行安全综合分析研究,通过对营运阶段的风险计算,提出了分流容错标志、洞外容错标志、特殊监控设计,以充分的数据计算、扎实的设计方案满足了通行要求,直接节省工程投资近1亿美元。

(2)首次开展了强涌潮对超大型盾构隧道结构的影响研究,解决了强涌潮下隧道覆土深度和管片设计的难题。研究通过现场测试、室内模型试验、理论分析和数值计算以及彼此对比验证,得出钱塘江涌潮下隧道的动力响应参数,提出隧道纵向振动分析方法及影响隧道动力响应的强弱关键因素。根据研究成果,合理确定了隧道覆土深度和管片的设计参数。

(3)解决特长越江隧道火灾烟雾控制的技术难题,提出安全性能高、控烟效果好的独立排烟道集中排烟模式。钱江隧道进行的全比例火灾试验,验证了设计方案,合理确定了排烟风阀的距离、尺寸及打开模式等关键性参数。

(4)首次研究了粉砂土层中超大型泥水平衡盾构开挖面的稳定机理,保证了钱江隧道使用超大型盾构在掘进过程中开挖面稳定的安全问题。基于粉砂高渗透性、低黏聚力特点,研究了盾构隧道开挖面失稳的微观机理和土体的强度特征,通过理论分析建立了反映工作面稳定状态的水土压力—泥浆压力动态平衡方程,结合数值模拟得到适合钱江隧道开挖的掘进速度和泥浆压力等重要参数,保证了复杂情况下隧道的施工安全和总体工期要求。

(5)通过精心设计,确保明清古海塘大堤的安全。设计阶段在详细调查大堤的构造基础上,通过三维有限元模拟,提出了大堤沉降的控制值(3cm)、盾构推进速率(20mm/min)等目标,同时要求实时数字化监控大堤的变形,以此为依据,制订向盾构周边准确的浆液以控制地面沉降的施工方案。

(6)突破了传统的盾构施工工艺,提出了立体化交叉施工工艺。设计通过采用预制构件及对盾构管片上植筋技术的研究和试验,提出了盾构推进与行车道板、烟道板等内部结构同步施工的立体化交叉施工工艺,真正实现了快速施工。

(7)实现了超大型盾构坑内一次性掉头的施工技术。采用先进的 PLC(Programmable Logic Controller)整体同步顶升技术,通过调整可移位式盾构基座搁架,首创了直径 15.43m、长 15.8m、重 1800t 的超大型盾构机在坑内平移、转身和一次性掉头的施工技术,进一步为快速施工创造了条件。

(8)通过在盾构设计阶段增加车架的配重、江底变形监测、实时调整切口水压、盾尾油脂压注、江底更换盾尾刷等技术手段,克服了施工过程中抗浮、通风、长距离引发的测量偏差等困难,创造了超大型盾构隧道长距离安全施工的纪录。

创新和高质量的技术有力支撑起钱江隧道这一世界级超大型盾构隧道的成功建设,并在隧道建设中创造了三大突破:

(1)合理的总体设计技术,解决了风险和造价的矛盾,在安全可靠的营运和便利化的管理中,有效节约了投资,得到了业主的好评。目前,隧道已安全营运三年多,各项指标均达到了设计要求,具有极高的质量水平。

(2)开创了超大型盾构隧道两次穿越钱塘江明清古海塘大堤的先例,最终大坝仅产生了 2cm 的沉降,完美地阐释了何为高质量的技术,为未来钱塘江越江隧道工程提供了可参考的经验和可实现的控制标准。

(3)创造了单台盾构机 6490m 长距离一次性折返式施工的纪录。在施工期间,该施工方案实现了紧张的施工工期与造价之间的最优平衡,是技术创新的又一奇迹。

钱江隧道实施期间,以工程为依托,承担了"钱塘江流域大断面盾构关键性技术研究""钱江隧道涌潮对越江隧道结构的影响""盾构施工对隧道结构影响试验研究""钱江隧道火灾排烟及疏散救援技术研究""钱塘江流域大型隧道数值化监控和安全运营管理综合技术研究""大断面公路盾构隧道火灾烟气控制关键技术研究""钱江隧道盾构段横通道的风险与控制技术研究"等共计11项交通运输部、浙江省的科研项目,共计投入科研经费超过2000万元,技术成果达到国际领先的科研成果3项,国际先进水平8项,获得中国公路学会一等奖1项;完成出版了《钱江隧道关键技术创新和实践》《钱江隧道工程管理创新与实践》《钱江隧道深基坑工程技术指南》等3部著作,发表了论文40篇,取得"超大直径隧道管片钢模""隧道工作井内的快速运输方法""隧道盾构推进与内部双层道路同步施工方法""带牛腿的双层大直径单圆隧道管片钢模""用于隧道内双层路面结构施工的台模车"等10项实用新型发明专利。

创新和高质量的技术为钱江隧道赢得了专家的赞誉。知名隧道专家、中国科学院孙钧院士评价钱江隧道建设称："隧道跨径大、里程长、技术难度大,且地质条件复杂,叠次穿越古防洪大堤,是隧道工程中的又一奇迹。"

钱江隧道建成后,杭州市规划了5条穿越钱塘江的盾构隧道,其中在建望江路隧道将于2019年通车,青年路隧道于2016年开建。钱江隧道以创新和高质量的技术,在潜移默化中取得了杭州市政府和市民对盾构隧道建设形式的支持和认可,促进杭州市城市建设和地下空间的开发利用。

钱江隧道在建设全过程中,始终坚持可持续发展原则和尊重环境的理念,寻求工程、环境与人的和谐统一。

(1)以隧道的方式穿越钱塘江,最大程度地保护了钱塘江涌潮奇观。在桥梁和隧道方案的比选中,尽管桥梁方案在投资造价上明显优于隧道方案,但从保护钱塘江涌潮这一世界奇观和自然文化遗产的高度考虑,隧道方案无疑要优于桥梁方案,项目最终采用了隧道作为过江方案。钱江隧道的建成最大程度地保护钱塘江涌潮,也充分说明了对尊重环境和可持续发展理念的坚决贯彻。

(2)采用先进的泥水处理技术和生态修复技术,充分保护自然环境。泥浆排放和弃土是泥水平衡盾构施工期间最大的环境问题。钱江隧道工程在环境保护方面坚持高标准:在泥浆处理方面,采用三级压滤技术,实现了施工期间泥浆"零排放";在弃土处理方面,采用生态处理技术,既满足萧山地区生态湿地的规划要求,又实现了弃土资源化利用,对类似工程提供了借鉴。

(3)科学的节能环保设计,最大程度地降低公共出行的能耗。隧道入口段照明采用天然过渡和人工过渡相结合的形式,有效降低了入隧道的起点照明亮度,节约照明用电能耗;设置智能照明控制系统,对入口及出口的加强照明灯具的点、面进行自动控制,降低非必需时段开启照明所带来的不必要的照明能耗;采用LED节能光源,设置电子镇流器、电容补偿器,提高功率因数,减少无功耗能,有效节约能耗;采用纵向通风模式,充分利用汽车自身交通风力,降低风机开启时间和频率。这些科学节能设计措施与常规方法相比,每年可节电247万kW·h,节约电费180万元,减少CO_2、SO_2、NO_2等污染物的排放量分别为2642t、74.1t和37.05t。

钱江隧道项目在管理咨询服务、招标采购上,坚持贯彻了FIDIC理念,完全采用合同管理模式,高效、公开和透明地协调了业主、设计、咨询、科研、承包商等机构之间的关系;隧道建设实施期间,业主积极遵循FIDIC廉洁自律原则,高度重视廉洁建设,从机制上做好预防工作,使得隧道各参建单位上上下下都能保持良好的廉洁氛围,保障了隧道的建设。隧道建成后,经过国家和地方各级审计,未发生任何违背咨询工程师执业道德的情况。

钱江隧道建设期间,直接为杭州和嘉兴当地提供就业岗位600多个,间接提供就业岗位数千个,建成后隧道的日常管理和养护工作又为当地解决了100多名工人和技术人员的就业,有力地促进了当地的经济发展。

钱江隧道建成后,直接改变了钱塘江两岸500万居民过江需绕道出行的现状,缩短绕行距离70km,拉近了长三角重点城市,特别是杭州与上海、南京的距离,减少了这些重点城市之间的出行时间和燃油消耗。钱江隧道贯通后加大了钱塘江两岸的城市群网络化程度,对进一步形成以上海、杭州、南京为重点城市的长三角经济带具有十分重要的意义。

二、台金高速公路苍岭隧道

台金高速公路仙居至缙云段起于台州市仙居,接台州至仙居高速公路,止于金华市前仓,与金丽温高速公路相接,全长67.825km。其中,苍岭隧道长7605m,穿越括苍山脉,地质构造复杂,是全线关键控制性工程。全线按四车道高速公路标准建设,设计车辆荷载采用汽车—超20级、挂车—120,其余技术指标符合部颁《公路工程技术标准》规定值。2003年交通部《关于仙居至缙云公路可行性研究报告的批复》(交规划发〔2003〕327号)及《关于仙居至缙云公路公路初步设计的批复》(交公路发〔2004〕189号)批准立项建设,2008年12月25日建成,经浙江省交通厅组织交工验收正式通车。苍岭隧道的建成通车,创新了多项关键技术成果,特别是在超长隧道的平面"S"形选线、深埋围岩的岩爆支护设计与防治、超长隧道沥青混凝土路面技术、超长隧道通风防灾救援技术、建立超长隧道围岩压力施工与运营监测、长期隧道健康监测系统等方面具有重大创新,该隧道工程设计主要技术经济指标达到同期国际先进水平。苍岭隧道工程设计,2009年荣获新中国成立60周年公路交通勘察设计经典工程奖,2010年荣获公路交通优秀设计一等奖。依托苍岭隧道工程开展的一系列科研课题研究成果,经鉴定:"高速公路特长隧道及隧道群运营安全及防灾救援技术研究"成果总体达到国际领先水平;"公路隧道排烟道顶隔板结构耐火性能试验研究"成果总体达到国际先进,其中"火灾下顶隔板损伤等级的判定标准和判定方法"达到国际领先水平;"公路隧道纵向排烟模式与独立排烟道集中排烟模式模型试验研究"成果总体达到国际领先水平;"长大隧道沥青混凝土路面的防灾安全性能研究"成果总体处于国际领先水平。部分成果申请了4项专利(已获得授权3项)。其中,以苍岭隧道和括苍山隧道共同列题研究的课题"高速公路特长隧道及隧道群运营安全及防灾救援技术研究"获2010年度中国公路学会科学技术一等奖。

三、诸永高速公路括苍山隧道

诸永高速公路北起绍兴市的诸暨,止于温州永嘉,贯穿浙江绍兴、金华、台州、温州四市,连接诸暨、东阳、磐安、仙居、永嘉等5个县(市),是浙江省公路水路交通规划"两纵两横十八连三绕三通道"中的"一连",连接杭金衢、甬金、台缙、温州绕城公路等4条高速公路。全长约225km,概算总投资166亿元。其中括苍山隧道群位于诸永高速公路台州(第10合同段)至温州段(第1合同段),公孟岩互通(K150+125)与岩坦互通(K177+725)之间,为双向四车道平行分离式山岭公路隧道,穿越括苍山脉,地质构造复杂,是全线关键控制性工程。全线按四车道高速公路标准建设,设计车辆荷载采用汽车—超20级、挂车—120,其余技术指标符合部颁《公路工程技术标准》规定值。2004年浙江省发展和改革委员会《关于诸永高速公路温州段工程可行性研究报告批复的函》(浙发改函〔2004〕236号)和2005年浙江省发展和改革委员会《关于诸永高速公路台州仙居白塔枢纽至括苍山工程可行性研究报告批复的函》(浙发改函〔2005〕38号)批准立项建设,2010年7月22日建成,经浙江省交通运输厅组织交工验收正式通车。

括苍山隧道的建成通车,创新了多项关键技术成果。特别是高速公路特长隧道及隧道群运营安全及防灾救援技术、超长隧道的平面"S"形选线、超长隧道沥青混凝土路面技术、超长隧道通风防灾救援技术等方面具有重大创新。依托括苍山隧道工程开展的一系列科研课题研究成果,经鉴定:"高速公路特长隧道及隧道群运营安全及防灾救援技术研究"成果总体达到国际先进水平,获2010年度中国公路学会科学技术一等奖。"公路隧道排烟道顶隔板结构耐火性能试验研究"成果总体达到国际先进,其中,火灾下顶隔板损伤等级的判定标准和判定方法达到国际领先水平;"公路隧道纵向排烟模式与独立排烟道集中排烟模式模型试验研究"成果总体达到国际领先水平;"公路隧道火灾独立排烟道排烟关键技术研究"获2011年度中国公路学会科学技术一等奖;"长大隧道沥青混凝土路面的防灾安全性能研究"成果总体处于国际领先水平。部分成果获得4项专利(其中,发明专利2项)。

四、云景高速公路泗州岭隧道

龙丽温(泰)高速公路云和至景宁段工程路线起点接丽龙高速云景枢纽,起点桩号为K0+463.199,路线布设于砻空坑沟谷的西侧,在山谷西侧的小型水电站西设泗州岭隧道(原设计为西周岭隧道,后经地名办确定改为泗州岭隧道)穿泗州岭,出洞后,经桶背绛峡谷再进入溪口隧道,出洞后跨现S52省道及小溪,再跨庆景青公路后至路线终点景宁县城鹤溪镇西北,之后设临时连接线与现S52省道相连。主线路线全长(按右线计)为11.696km。其中,泗州岭隧道左洞全长6750m,右洞全长6765m,为双向四车道平行分离式山岭公路隧道,穿越泗州岭,地质构造复杂,是全线关键控制性工程。本项目采用交通部颁发的《公路工程技术标准》规定的双向四车道高速公路标准,设计速度80km/h。项目根据浙江省发展和改革委员会文件《关于龙丽温(泰)高速公路云和至景宁段工程技设计批复的函》(浙发改设计〔2008〕80号)批准建设,于2013年4月交工验收,并正式通车。

泗州岭隧道的设计及建设过程中,碰到了多项难题,也取得了很多技术成果。特别是在特长隧道线位选择、洞口施工场地布设困难时如何选线、特长隧道的通风排烟技术、下穿安溪乡的防排水设计思路、公路隧道衬砌高性能混凝土抗裂性及服役特性研究、施工过程中超前地质预报的综合运用等方面具有重大创新。成果申请了1项专利。这些技术保证本项目成功建成的同时,还能为后续类似项目提供很好的经验。

五、诸永高速公路双峰隧道

诸永高速公路横贯浙江中部,是浙江省"两纵两横十八连三绕三通道"公路规划中的"一连",是浙江省高速公路网络工程的主要干线之一,也是杭金衢、甬金、台金及温州绕城四条高速公路主干线的连接线,贯穿绍兴、金华、台州和温州四大地市。诸永高速公路穿越山岭重丘地带,地形地质条件复杂,显著特点为大小隧道众多,双峰隧道是其中具有代表性的特长隧道之一,穿越大盘山,连接磐安县与仙居县,为诸暨至台州段的最长的隧道,也是整个高速公路的控制性工程之一,隧道总投资为3.5亿元。双峰隧道为双向四车道上下行分离的高速公路隧道。左隧道长6083m,右隧道长6090m,隧道几何线形与净空按设计速度80km/h设计;标准横断面为$R=555cm$的单心圆曲墙式,净宽9.75m,标准断面净空面积65.46m^2。为逃生及救援需要,双峰隧道左右洞之间共设置了8条汽车横通道和16条人行横通道,设置2个竖井,分别深320m和341m,在竖井与主洞间设置了联络风道,在洞顶处设置了地面风机房。

双峰隧道工程的设计及建设过程中,碰到了多项难题,并取得了很多技术成果。特别是针对特长隧道的特点,通过多方案比选,提高了选线的科学性;开展合理围岩等级划分、优化支护参数、施工方法;积极利用新技术,提升隧道路面质量;贯彻"以人为本"理念,设计采用完善的通风、防灾救援系统,提高了双峰隧道的营运安全性。

第七节 浙江省高速公路桥梁与隧道建设

一、浙江省高速公路桥梁建设总体情况

20世纪90年代建成的杭甬高速,是浙江省第一条高速公路。其桥梁结构:8~10m采用钢筋混凝土空心板,13~20m采用先张法预应力混凝土空心板,25~50m采用预应力混凝土T梁,桥面连续。在杭宁高速公路曾采用1.25m板宽的后张法预应力混凝土空心板,效果不理想。后在杭金衢高速公路上采用1m板宽的后张法预应力混凝土空心板,同

时改用了先简支后连续结构,一直沿用至今。但空心板后期病害多,目前除杭嘉湖平原外已很少采用。在沿海(三大海湾)高速公路中,用矮T梁代替了空心板。25~30m装配式预应力混凝土小箱梁从金丽温三期开始使用后,在其他高速公路上建筑高度受限时普遍采用。在特殊结构方面,首次采用连续梁在沪杭高速公路长山河大桥,后来陆续在甬台温高速公路灵江大桥、杭宁高速公路龙溪港大桥和新展大桥,目前在通航等级不高的河流上的桥梁上普遍采用,最大跨径为舟山大陆连岛工程金塘大桥西通航孔桥的156m;跨径更大时,采用连续刚构较适合,如杭州下沙大桥(主跨232m)和舟山大陆连岛工程金塘大桥中的东通航孔桥;当然也有山区高速公路上桥墩较高而采用连续刚构的,如诸永高速公路括苍山大桥群。此外为降低梁高,诸永高速公路延伸线瓯江大桥主跨中间采用80m钢箱梁的混合梁连续刚构。首次采用斜拉桥结构是温州大桥,是一座主跨270m的预应力混凝土双塔斜拉桥,后来在舟山大陆连岛工程桃夭门大桥、杭州湾大桥的南北通航孔桥、舟山大陆连岛工程金塘大桥主通航孔桥、宁波绕城公路东线清水浦大桥、象山港大桥、嘉绍大桥上采用。跨径较小时,有采用矮塔斜拉桥的,如台金高速公路东延段灵江大桥。嘉乍苏高速公路上的盐平塘大桥,是高速公路上首次采用下承式系杆拱桥,而千岛湖金竹牌大桥是在高速公路上首次采用上承式钢管混凝土桁架拱桥。舟山大陆连岛工程的西堠门大桥是目前唯一的高速公路中的悬索桥。

二、浙江省高速公路桥梁建设技术成就

(1)沿海混凝土结构耐久性理论及应用技术

首次建立了混凝土构件耐久性退化全过程性能和极限状态,形成了基于可靠度的沿海混凝土结构耐久性评估和设计理论,确定耐久性设计区划标准,编制了我国首部《混凝土结构耐久性设计规程》。

(2)新型桥梁伸缩装置技术的应用

LB单元式多向变位桥梁伸缩装置针对传统模数式及梳形伸缩装置存在的不足,特别是在悬索桥、斜拉桥桥梁的纵、横、扭转等多向变位功能上展开了广泛的研究与实践,本着"安全、舒适、经济、耐用、方便"的理念,成功研制了新一代桥梁伸缩装置,该技术处于国际领先水平。

(3)大直径超长钢管桩设计、制造、防腐和施工成套技术

包括:超长整桩预制,内外螺旋焊接,三层熔融环氧粉末涂装,埋弧自动焊工艺,大直径不等壁厚焊接,牺牲阳极阴极保护;开创了当时国内外桥梁大直径超长整桩内外螺旋焊接钢管桩之最。

(4)大吨位70m预应力箱梁整体预制和强潮海域海上运输、架设技术创新

包括:70m箱梁局部结构分析;真空辅助压浆技术;研制了大跨度、高平整度桥面施工

振动桥设备;首次采用了早期张拉工艺并取得了良好的效果;自行设计制造了具有世界一流水平的2400t液压悬挂轮轨式70m箱梁纵移台车。

(5)大吨位50m预应力箱梁整体预制和梁上运输架设技术创新

包括:结合施工方案对大吨位整孔箱梁的关键结构进行优化;预应力管道真空压浆试验与实践;箱梁梁上运梁和架桥机架设的综合技术。

(6)斜拉索塔端锚固新技术研究

金塘大桥主通航孔桥斜拉索塔端锚固采用的钢牛腿、钢锚梁联合锚固体系属世界首创,成功解决了索塔端锚固区开裂问题,提高了结构耐久性。

(7)复杂海洋环境特大跨径悬索桥上部结构施工、控制成套技术

编制了《特大跨径钢箱梁悬索桥施工监控指南》,为以后更大跨径悬索桥的施工控制订了参照标准;制订了《大跨径悬索桥钢箱梁组装工法》,编制了《分体式钢箱梁制造规程》;形成了台风环境下施工阶段架梁抗风稳定研究成果;塔锚附近梁段安装采用特殊荡移安装技术,塔区附件梁段安装采用卷扬式固定提升系统,拓展了悬索桥钢箱梁的安装方法;结合悬索桥特点,创造性地以天缆辅助船舶动力定位来满足船舶定位精度需要。

(8)刚性铰结构

为解决因热胀冷缩而产生的长主梁温度变形对索塔受力的不利影响,创造性地提出和采用了在主桥跨中位置设置释放主梁纵向变形的刚性铰装置,为世界首创,也为解决超长连续桥梁主梁的伸缩问题开拓了新的方向。

(9)大直径超长钻孔灌注桩

首次采用直径3.8m且桩长达到115m的钻孔灌注桩和纵、横向框架结构的单桩独柱式下部结构,在国内外尚属首次。

(10)树脂沥青组合体系钢桥面铺装技术研究

其研究成果已成功地应用在省内外一些悬索桥和斜拉桥钢桥面铺装工程。工程实践证明,EBCL界面防水防腐性能好,对钢板的黏结强度高,高温稳定性可靠,界面的抗剪功能直观明确等,是大跨径钢桥面铺装值得推广的方案。

(11)中小跨径桥梁典型病害防治研究

其研究成果为桥梁管理部门针对数量众多的中小型桥能够在花费尽量少的养护经费的前提下较及时地掌握结构受力状态,制订有针对性的巡检养护方案奠定基础。

(12)高速公路常规结构桥梁发展

随着浙江省交通运输的不断发展,高速公路也已形成网络,占全省高速公路桥梁总长度95%以上的常规结构桥梁也从各方面得到了快速和巨大的发展。常规桥梁的规模随着高速公路里程的不断增长而迅速增长,桥型种类更加多样化,单孔桥梁的跨越能力也不断增大,以适应不同的工程建设条件;桥梁的设计、施工、养护及维修的技术也有了长足发展。

桥梁的种类从改革开放初期的普通钢筋混凝土梁、板式桥为主,单孔跨越能力以20m以下为主,到目前的预应力混凝土梁式、箱梁式桥为主,单孔跨越能力已以20~50m为主;随着设计和施工技术的成熟,跨径在100m上下的预应力混凝土连续箱梁也已成为常规桥梁。截至目前,跨径从8~100m左右的各类桥型各领风骚,从跨越平原水网地区和山区的中、小河流、深山峡谷、等级航道的大江大河,及至跨海湾、跨海连岛的特大型桥梁工程中的引桥,跨径8m以下的桥涵主要采用普通钢筋混凝土板桥和箱形结构,单跨在10~20m内的桥梁主要采用预应力空心板和矮T梁,单跨20~40m的桥梁主要采用预制预应力小箱梁和预制预应力T梁,单跨40~50m的桥梁主要采用预应力T梁,单跨50~100m左右的桥梁主要采用预应力混凝土现浇(节段预制拼装、整孔吊装、逐孔移动模架浇筑)连续箱梁。

随着高速公路逐渐网络化,大型互通枢纽中的交通转换采用曲线半径较小、纵坡较大的匝道和各种复杂的交叉口平面,与其相适应的各种外形流畅、简洁、美观的连续箱梁上部结构配以各种景观造型的下部桥墩,使得高速枢纽中桥梁群成为各大高速公路和各地的标志性景观。上跨现有交通繁忙高速公路的跨线桥梁,为把对现有高速交通运行及安全影响减小到最少,往往需要采用较大跨径的预制结构,新研发的钢混组合结构具有预制安装、吊装重量轻、跨越能力可达50m以上而得以不断采用。跨越各高速公路的跨线桥梁结构形式也多姿多彩,给高速公路上行驶的驾乘人员以景观上的愉悦感。

常规桥梁设计和施工技术也得到了不断发展,理念也不断得到创新。从设计计算到绘图均采用CAD辅助设计,大量采用通用化、标准化、模块化设计和参数化绘图软件,各种桥型结构不断在实践中得到优化完善和成熟定型,预制装配化程度更高、适应能力更强的结构形式的研发也已在进行中,使得设计质量得到很大提高。施工上尽量采用预制装配化、模数化制造安装技术,使得常规桥梁的建设更加快捷、质量更高、风险可控、社会经济效益也更好。

三、浙江省高速公路隧道建设

(一)高速公路隧道建设情况概述

浙江省是一个多山省份,素有"七山二水一分田"之称,地形以切割破碎的丘陵山地为主,地势由西南向东北呈阶梯状倾斜,西南多为海拔千米以上的山岭,中部多为500m左右的丘岭区,其间分布有若干河谷盆地,北部和东部沿海为冲、海积平原、残丘和岛屿。地貌形态复杂,地域差异明显,可分成山地、丘陵、台岗地、河谷盆地和沿海平原5个类型。浙江省工程水文地质条件复杂,既有软弱围岩,也有花岗岩等坚硬围岩。

改革开放以后,国民经济发展及汽车交通量的快速增长与公路技术低标准的矛盾日益突出,为提高公路技术标准、优化公路线型以及节约用地等,公路建设中隧道工程的比重不断增大。特别是近年来社会经济大力发展的浙西南地区，多属于崇山峻岭地带，地形条件复杂造成隧道工程成为公路建设的重要组成部分。但是浙江省围岩地质条件复杂使得隧道工程建设中不断遇到各种技术难题，也促进浙江省公路隧道建设中不断涌现出创新成果，隧道建设得到快速发展。

浙江省公路修建隧道始于1965年缙云县建成的缙云至大洋区木栗公路（县乡公路）的蛟坑隧道，以当地石工开凿完成，该隧道长57m、宽6.5m、高5.5m。干线公路第一座隧道是41省道的永嘉县深固坑隧道，长30m、宽7.0m、高5.0m，1971年建成。上述两个隧道长度较短，而真正引起公路工程领域重视的第一座隧道是104国道的临海县长石岭隧道，长346m、宽8.5、高5.5m，采用喷射混凝土进行防护，1975年开工，1979年4月完工。截至2014年，浙江省隧道建设规模达到国内最大（表2-7-1）。

2014年浙江省公路隧道总体规模表 表2-7-1

总计		水下隧道		山岭隧道							
				特长隧道		长隧道		中隧道		短隧道	
道	延米	道	延米	道	延米	道	延米	道	延米	道	延米
518	1012598	3	9336	3	145115	75	456186	68	184310	42	226988

浙江省山岭隧道建设经历了从分离式隧道到小净距隧道、连拱隧道等隧道形式的发展，隧道施工从人工开凿发展到新奥法施工。高速公路隧道主要的历史性工程主要有：

（1）甬台温高速公路大溪岭—湖雾岭隧道为当时国内建成通车长度最长、规模最大、设施最齐全的高速公路隧道。1998年12月单洞建成，1999年底双洞建成，设计速度100km/h，隧道照明设计速度80km/h，上下行分离双洞双车道，净宽10.25m，净高5m，全长4116m；也是国内首次采用竖井吹吸式射流组合纵向通风方式、国内首次采用"逆光照明技术"的隧道。

（2）甬台温高速公路台州段岩峰隧道是浙江省高速公路第一条直墙式连拱隧道。2000年1月建成通车，全长628m，净宽10.25m，净高5.0m。

（3）金丽温高速公路洋湾隧道是浙江省第一次采用了复合式中墙结构形式的连拱隧道，防水板的全断面铺设，更好地解决了以前整体式中墙的防排水问题。2005年10月建成通车，全长195m，净宽9.75m，净高5.0m。

（4）台金高速公路苍岭隧道是国内首次在大于5km的公路隧道内采用沥青混凝土路面，标志着在公路隧道中沥青混凝土路面的应用技术已经成熟。该隧道于2003年底开工建设，2008年12月建成通车，净宽9.75m，净高5m，设计速度80km/h，左隧道长7536m，右隧道长7605m。

（5）钱江隧道为水底隧道采用盾构法施工，隧道直径15m，是目前世界最大直径隧道之一（上海崇明越江隧道直径同为15m）。2014年建成，全长4450m，双向六车道高速公路,设计速度80km/h。江中段采用盾构隧道过江(隧道内径13.7m、外径15m),盾构段分别长3245m、3242m。

(二)高速公路隧道建设技术成就

(1)建设理念的发展

浙江省早期建设等级公路隧道时,由于施工技术、设备建设资金等条件的限制,设计理念单一,追求低造价,能通则行。一般凭经验判断或做简单地质调查确定隧道进、出洞位置,且只能设置直线,常会出现路线走向服从隧道而降低技术标准或增长路线的情况。为了降低造价,仅在洞口施作衬砌,洞身用水泥混凝土喷护,甚至采用表面略加修凿的毛洞形式。未考虑通风、照明、防渗漏、消防、监控等安全设施。

随着社会经济和科学技术的发展以及公路建设等级的提高,隧道建设向结合公路线形、地质条件、行车安全、环境保护、景观设计和曲直隧道选型、照明、通风、监控系统等多方面因素综合考虑的复合理念发展。

(2)修建方法

除甬江水底隧道采用沉管法和钱江隧道采用盾构法修建以外,其余公路隧道均为山岭隧道,早期采用矿山法施工。1993年10月建成浙江省第一座在弱软围岩条件下按新奥法(NATM)施工的安吉幽岭隧道后,新奥法施工已占主导地位,矿山法逐渐被淘汰。浙江省的新奥法隧道支护大多采用锚喷初期支护二次复合衬砌体系。二次衬砌被要求采用泵送混凝土模筑工艺,使初期支护与模筑混凝土之间严格密实。

(3)锚喷支护技术

浙江省逐步关注新奥法施工中锚喷初期支护的耐久性。

第一,锚杆工艺。公路隧道初期支护的锚杆始终是从矿山巷井工程中使用的砂浆钢筋锚杆"搬过来"的。我国现行国家标准《锚喷支护技术规范》以及铁路隧道、公路隧道规范均允许在永久支护中使用普通砂浆锚杆,对锚杆的可靠性、耐久性没有特别的规定。传统的砂浆钢筋锚杆作为临时支护无可厚非,但作为永久支护,其耐久性令人担忧。近年来,浙江省及国内厂家已开发出反循环注浆先锚后灌型中空注浆锚杆等新型岩锚系统,给锚固技术带来了革新。浙江省的重要隧道在永久支护中均已开始使用新型锚杆。

第二,喷混凝土工艺。采用钢纤维喷混凝土结合湿喷工艺来替代传统的钢筋网喷混凝土干喷工艺是喷混凝土技术的发展方向。钢筋网喷混凝土干喷工艺的缺陷是劳动强度大,工效低,回弹量大,粉尘多。从耐久性讲,由于喷混凝土工艺存在混凝土的密实性较差的缺点,造成渗水而使钢筋网及钢拱架腐蚀。而湿喷工艺正好克服这些缺点,喷混凝土强度高,混凝土密实抗渗好。在日本、欧美等国家可使湿喷混凝土强度等级在C40、抗渗S40以上。近年来,国内已相继开发湿喷机以及专用的钢纤维。在浙江省的一些隧道工程中已开始使用,但还未大力推广。原因有两个:一是钢纤维喷混凝土施工中的质量控制方面技术标准还不是很成熟,在施工监理方面较难控制;二是在湿喷工艺方面因使用湿喷机、液体速凝剂高昂的价格(主要为初期用量少造成)和使用方面的不熟练,推广这方面的技术仍然存在阻力。但湿喷工艺是发展方向,应在技术方法以及政策层面加以引导,推动技术进步。

(4)防排水技术

隧道防排水问题处理的好坏直接影响隧道的营运安全及使用寿命。没有采用复合衬砌及防排水体系的隧道,因缺乏基本的防排水设施,隧道防水效果很差。"十隧九漏"是浙江早期隧道的通病。安吉幽岭隧道是浙江省第一座采用新的设计理念、新的工艺、新的材料处理隧道防排水并获成功的工程。该隧道地质复杂,围岩破碎,地下水发育。除掘进支护难度大外,隧道防渗漏问题也很棘手。设计时将围岩地下水作为一整体来研究,根据该工程地下水特点,确定"以排为主,堵为辅,排防相结合"的综合治水方针,形成了拱壁及路基完整的防排水体系。隧道通车运营以来,防渗漏效果良好。

"形成完整的防排水体系"是隧道治水的根本。浙江省按此理念建造的大量隧道,如龙泉的塔石岭隧道,台州高速公路马鬃岭隧道、新黄土岭隧道、塘岭隧道、大溪岭—湖雾岭隧道等都提供了有力佐证,早期渗漏严重的隧道,如104国道长石岭隧道、黄土岭隧道、杨梅岭隧道,通过大修改建也获得成功。

实践证明,隧道防排水是采用"以排为主,堵为辅,排防结合,综合治理"的方针,还是采用"以堵为主,排为辅,防排结合,综合治理"的方针,应取决于隧道工程的实际情况。对于地下水不很发育,且不会对环境造成严重影响的工程,则以前者为主,浙江省大部分山岭隧道均按照此原则设计。对于地下水发育且会对环境造成严重影响的,即应采用后者进行设计。

"以堵为主"所花的代价远大于"以排为主"。堵的方案,主要为注浆堵水,柔性防水层以及二次衬砌刚性防水。注浆堵水主要用于复杂隧道。柔性防水层一般采用0.8~2mm高分子防水卷材,要求有高的延伸率、高强度等物理性能和拼接工艺达到规定要求。防水卷材接缝不好,或采用钉子固定后在浇灌混凝土时被撕破,造成失效。近年来为解决这类问题,浙江省的一些重要工程非常重视从材质与工艺上改进柔性防水层的施工质量。目前主要采用PVC、PE、EVA等塑料卷材,PVC是主要用材,但EVA具有高达400%~600%伸长率(为PVC的2倍以上),对隧道超挖及凹凸不平的断面具明显的优越性,价格较贵,使用方面有待探索。在二次衬砌刚性防水方面,采用不少于S6级的防水混凝土,并要求采用泵送浇筑工艺,施工缝之间早期采用BW遇水膨胀型止水条,由于其耐候性较差,近年来已使用遇水膨胀的橡胶止水条。

排的方案,浙江省主要采用衬背土工排水滤层(含土工布及环向透水软管)将地下水引入洞内纵向中央排水沟排出洞外。实践证明,排水效果的好坏对衬砌内壁的防水效果以及路面防水起着极其重要的作用。

(5)隧道路基路面技术

早期隧道路基对路面设计不太重视,认为采用厚22~24cm水泥混凝土面层,不小于10cm厚的混凝土垫层,能满足隧道石质基岩条件下的路面强度就可以了。多年的工程实践表明此观点是片面的。隧道路面的破坏主要问题在于路基质量,其原因归结为一是缺乏有效的路基防排水体系而使隧道路基排水不畅,地下水位高于垫层甚至高于路面;二是垫层施工时没有清除路床泥浆石粉。例如104国道台州老长石岭隧道路面严重破坏,主要在于路基排水不畅形成压力,地下水带着泥浆石粉从路面施工缝涌出,长期营运后使路床与垫层之间形成凹凸不平的空洞,最终导致路面破坏。

隧道施工多年来一直采用水泥混凝土路面,其主要优点为地下水对其影响较小,颜色浅亮对照明有利;现行的《公路隧道设计规范》也规定隧道路面使用水泥路面。但是水泥路面噪声大,且一旦损坏难以整块修复;由于平整度难以达到沥青路面的水平,故行车舒适程度也降低。浙江省对在长大隧道内建设沥青混凝土路面进行了大量相关研究,并已经在苍岭隧道等高速公路隧道内实施,取得了良好效果。

(6)连拱隧道

近年来由于修建技术的提高,高速公路连拱隧道在浙江省中短隧道中,尤其在长度小于600m的隧道开始尝试推广。上下分离式隧道往往在接线处理上有难度;洞口位置不好处理往往形成接线大填大挖以及由此而带来的占地多等缺点。连拱隧道则可避免。连拱隧道与深路堑比较有明显的优点,例如对路基宽为26m高速公路,当中心挖高为30m,石质路堑开挖面积约为隧道7~8倍,路堑的造价高于隧道,从环保角度可减少大量挖方及"白化"面积,防止水土流失。

(7)内壁装饰技术

隧道侧墙装饰技术在浙江省主要为贴瓷砖以及涂料喷涂。这种装饰主要为隧道照明而设置,以增强背景的亮度。贴瓷砖费用高,易清洗,但噪声反射明显提高。采用涂料费用低,但不易清洗,要经常喷涂。从照明视觉分析,墙部(高3m以下)应采用乳白色或浅黄色,反射系数40%~60%,拱部采用深色涂料,涂料反射系数15%~25%为宜。随着隧道逆光照明技术的推广,对墙镜面反射将作限制,采用喷涂或亚光瓷砖会增加。对于发生火灾时严重影响衬砌结构安全的区段,拱部使用防火涂料。

(8)隧道通风与照明

隧道的营运通风与照明目的是创造洞内良好的工作视觉环境质量,是保障隧道具有预计通过能力的先决条件之一,同时也是隧道营运维护最大的日常开支项目。好的环境、高的服务水平与巨大开支之间的矛盾与经济发展水平密切相关。当不能承受巨大开支时只能降低环境质量与服务水平,这在浙江省隧道建设的过程中反映非常明显,早期开通的许多国道省道线上的重要隧道未设置通风设施,照明也达不到标准,如今这些隧道均因交通量的巨增、废气的严重超标而暴露出严重问题。例如黄土岭隧道改造经验为省内其他隧道的改造提供了很好的借鉴经验,20世纪80年代中期建成的104国道老黄土岭隧道日交通量已增长至1.2万多辆,远远超过承受的通过能力,洞内废气严重超标,能见度小于50m,后经过全面改造,已成为功能齐全的现代化隧道。由于过去专业技术水平的限制,许多隧道并未留足通风设备的空间,使隧道改建成为一个值得探索的新领域。节能的通风与照明技术也是专业技术研究的重要内容。在隧道通风方面,在如何选择先进的通风方式达到节能目的方面,浙江省进行了许多实践。甬江水底隧道原设计采用半横向通风,但最终变更为射流式纵向通风;甬台温高速公路大溪岭—湖雾岭隧道在初步设计阶段曾做了全横向、半横向、纵向竖井吸出式、纵向竖井吹吸式、纯射流等五个通风方案进行了论证,最终选择了竖井吹吸式射流组合分段纵向通风方式。采用竖井吹吸式纵向通风方式,其技术经济性是极其明显的:隧道初期投资比全横面通风方式节省46.7%,比半横向通风方式节省10.5%,营运电费相应分别节省158.0%、62.3%。大溪岭—湖雾岭隧道是我国第一座采用该通风方式的隧道,其成败对我国隧道的发展影响极大,为此按实体比例1∶11做了通风模型试验(模型长度70m),进行验证。迄今为止,浙江省使用机械通风的隧道中均采用纵向通风方式。

在隧道照明方面,除极少数采用荧光灯照明外,绝大多数隧道均采用高效节能、长寿命、透烟雾性能好的高压钠灯。在配光技术方面,配合隧道配光在大溪岭—湖雾岭隧道与新黄土岭隧道洞口加强段采用节能的"逆光照明技术",其效果明显。经计算分析,在满足同样的照明亮度条件下,灯具功率可降低27.7%,在灯具功率相同的情况下,路面亮度可提高31.7%,因此值得大力推广。

第八节　浙江省高速公路投融资体制

一、率先实行"四自"方针

公路是国家公共基础设施,公路建设是公益性事业,但在改革开放初期,我国正处在万事待兴的一个特殊阶段,交通投入长期欠账、公路基础设施远远落后于经济的发展,而且国家投入有限。1997年7月,《中华人民共和国公路法》明确了收费公路这一形式。1998年1月,交通部、财政部、国家物价局联合发出通知,明确指出"随着商品经济的发展,公路状况不适应国民经济发展需要的矛盾日益突出,在国家投资有限的情况下,利用贷款、集资、外资等多渠道筹集资金建设公路,建成后,收取合理的通行费,用于偿还贷款,对加快公路建设起到了积极的作用"。这是我国第一个允许实行贷款建路、收费还贷的明确规定,是一条有中国特色的公路建设路子。

浙江在20世纪90年代初,全省养路费收入一年不到2亿元,根本无法满足适应社会经济发展需要的大规模公路改建。在这种情况下,1992年12月浙江省人民政府下发了《关于加快交通基础设施建设的通知》,指出"今后十年我省公路、水路交通基础设施建设任务很重。为了保障各项建设项目的顺利实施,当前的首要问题是要落实建设资金。要根据改革开放的总思路,坚决破除以往那种交通建设经费一等(等上级拨款)、二靠(靠内资靠交通规费)的老框框,……进一步更新观念,拓宽资金渠道"。该《通知》中明确:支持地方政府实施"四自工程",如地方政府有积极性,工程设施符合收取通行费条件,可采取由地方自行贷款、自行建设、自行收费、自行还贷的办法提前建设。明确规定要积极利用外资、多渠道筹集内资,支持地方政府实施"四自工程"。

所谓"四自工程",即由地方"自行贷款、自行建设、自行收费、自行还贷"的公路建设体制。灵活的投融资新机制显示出巨大能量,私营企业和外资企业的大量社会资金被吸引到交通基础设施建设上来。浙江交通建设投资自1998年首次突破100亿元大关后,持续5年增长,到2002年底交通基础设施建设共完成投资803亿元,位居全国前列。2005年以来,浙江的高速公路投资也保持在一个相对稳定的水平,从而保证了高速公路建设的顺利进行。浙江多年来交通建设资金不断"加码"的原因,可以归结是有一个好的机制。"国家投资、地方筹资、社会融资、引进外资"和"贷款修路、收费还贷、滚动发展"的投融资体制,让浙江交通资金的筹集如"百川归海"。

二、多元化的投融资体制改革

为满足交通建设巨大的资金需求,浙江按照"政府引导、市场运作"的原则,探索以业主招标、土地捆绑、合资合作、收费权转让、发行股票债券等形式拓宽投融资渠道,吸引民间资本和境外资本进入交通建设领域。强化"经营交通"的理念,果断决定从高速公路建设中退出政府投资,把有限资金集中用于农村公路、国省道干线、内河航道建设,管好、用好交通政府性资源。

全省交通系统通过交通投融资体制改革政策调研,确立了"省级投资、地方筹资、社会融资、利用外资"的多元化投融资改革新思路,拓宽了筹资融资渠道;地方各级政府充分发挥积极性,广泛利用社会资金办交通,发行企业债券,搭建融资平台,极大地促进了浙江交通的发展。同时,浙江省交通厅先后与国家开发银行杭州分行、浙江省工商银行加强银企合作,得到了两家银行领导的理解和支持,达成了银行贷款框架意向,工商银行批准对浙江省公路局授信70亿元,有效缓解了交通建设资金紧缺的矛盾。

为加快浙江省高速公路的建设步伐,按照国务院有关投融资体制改革的精神,浙江省在2004年进行了高速公路建设项目投资业主招投标改革。凡列入全省高速公路建设计划的项目,浙江省交通主管部门会同地方政府根据项目的不同情况,制定出具体的项目投资业主招投标实施办法,并向社会公开招标,建立起浙江省交通主管部门宏观调控,通过市场化运作的高速公路项目招投标工作机制。

2004年9月,浙江在全国率先出台了《高速公路项目业主招投标暂行办法》,鼓励各类资本投资浙江高速公路项目,规定经营回报期为25年,并一举推出了包括诸永等4个高速公路项目进行公开招投标。2005年底,继杭州绕城高速公路10亿美元整体转让后,来自北京、上海的两家投资公司一举拿下了早前流标的总投资164亿元的诸永高速公路项目。这是浙江最大的招商项目,政府没有投入资金。

三、多方式的民资引进

交通基础设施是涉及国计民生的基础产业,建设资金需求量大,原有以政府为单一投资主体的投融资方式难以满足交通长期稳定发展的需要。积极引进民间投资,有利于减轻政府对交通投资的财政负担,形成交通产业投资主体多元化、投资渠道多样化的投融资体制新格局,实现交通跨越式发展。交通基础设施建设项目所需要的资金除原有的投融资渠道外,最大限度地开放民间资金市场,降低门槛。

浙江坚持交通发展社会化、发展模式市场化、投资主体多元化、经营方式多样化,大力引进市场机制,有效解决了交通建设资金的困难。其主要方式和途径有:

(1)通过联合、联营、集资、入股方式进入

在交通基础设施项目中,特别是高速公路建设项目是关系国计民生重大领域的项目,现阶段浙江省宜允许民间资金以参股的方式进入。这是民间资本进入交通设施领域的较为普遍的一种方式。

(2)通过运用内资型BOT(建设→经营→移交)方式吸纳

对交通基础设施项目,引入市场机制,面向社会"聘"业主。要求业主招标,投标人必须是在国内注册的企业(包括民营企业),并具有相应出资额度的投融资能力,投资人的注册资本金要求不得少于3亿元,净资产必须是其所需投入项目法定最低资本金的两倍或两倍以上,此外竞标单位还须具有近五年内实施单个工程投资总额不少于5亿元的大型基建项目经验。为调动广大民营企业的投资积极性,民营企业可自行结成联合体,其成员的注册资本金总和不少于3亿元,且其中至少一位成员的注册资金不少于1亿元,即可共同参与竞标,至于净资产,只需各成员按股比加权净资产总和达到原规定标准即可。这就大大降低了民营企业投资交通基础设施建设的门槛。

(3)引入市场化的经营机制

采用TOT(转让→经营→移交)方式,通过转让已建成的交通基础设施项目收费权

（经营权）引入民间资本，同时盘活存量资产，提前收回部分或全部投资，为新的建设项目筹集资金。这种方式转让风险小，收益稳定，对趋利的民间投资更具吸引力。

（4）以利益补偿方式吸引民间投资

针对盈利能力不高，但社会效益好的交通设施项目（浙南、浙西公路网），采取政府、财政等利益补偿方式，并适当延长收费年限，让利于民间资本，共同推动项目建设。

（5）个人委托贷款融资

这是由某交通投资公司与一家或多家银行联手，推出"多对一"个人委托贷款的融资方式。该贷款项目除了具有1年后可转让或赎回、贷款年利率一般低于银行贷款利率外，还具有以下显著特点：一是融资总额可达数亿元；二是贷款期限适中，一般为3年左右，较贴近投资者的投资需求；三是营业办理点多，方便个人认购；四是融资项目安全可靠，因为投资公司和银行均具有极强的可靠性。

（6）以股权信托方式吸纳民间资本的项目筹资

将交通基础设施项目的国有部分股权，以股权信托方式分割给普通百姓，规定百姓一次至少出资5万元，通过信托公司操作，投资于交通设施项目。这种投资方式可以将民间零星分散的资金集中起来进行交通建设，有效地将储蓄化为投资，从而激发资本的活力。它能使民间资本参与工程项目的监督中，更好地实现其市场价值。

（7）发行交通建设债券

这既是一种低成本、风险相对较低的交通建设融资方式，又能帮助企业成长、政府回收投资资金的目的。在投融资体制创新方面，一个典型的例子是民营资本首度进入"国字号"工程的杭州湾跨海大桥建设。长期以来，我国大型基础设施"国字号"工程，尤其是大型桥梁、道路等项目，投资主体都是国家或地方财政资金，属于民间资本的投资禁区。杭州湾跨海大桥建设投资概算是118亿元。宁波市提出创新投融资体制，对大桥建设市财政不出一分钱。大桥建设指挥部认真研究了国家投融资政策，认为凡国家法律没有明文禁入的领域，都可以向民间资本敞开大门。根据商业法则，118亿元资金需要个人或企业出资成立独立的大桥投资公司，不足部分由投资公司向银行贷款。按这一设计，总投资中银行贷款占65%、项目资本金占35%。在项目资本金中，建设方宁波与嘉兴按9:1的比例出资，共同组建杭州湾跨海大桥发展有限公司。嘉兴投资方是一家国有企业；宁波方投资中，45%来自于国有的宁波交通投资公司，其余为雅戈尔集团、宁波方太厨具有限公司等地方民间资本。在杭州湾跨海大桥发展有限公司成立之初，民营资本所占比例超过1/2。在实施过程中，民营资本有所进退。首先是持股45%的雅戈尔集团出让了40.5%的股份，分别转给宋城集团等4家民营企业。随后，宋城集团由于有其他建设项目而退出，中国钢铁集团"接盘"顶替宋城集团投资大桥。民营投资方虽几易其手，但仍约占30%，民营企业投资方达17家，在"国字号"工程投资中，民营资本占如此大的比例在全国是首例。杭州湾跨海大桥建设为民营资本投资国家级特大型基础设施项目的建设做出了有益的探索。

四、启动多途径的引进外资

积极利用外资是浙江公路建设的一大亮点。浙江省先后引进世界银行等贷款7.2亿美元,建设沪杭甬、杭金衢高速公路。1997年5月,沪杭甬高速公路股份有限公司在香港以H股上市,一次筹资36.8亿元,创下浙江省一次引进外资数额的最高纪录;2000年5月,该公司又在伦敦成功上市,叩开国际资本市场的大门。

第九节 高速公路建设经验与问题

改革开放以来,浙江交通人解放思想、抓住机遇、积极探索、大胆创新,着力推进高速公路交通基础设施建设,实现了公路交通的跨越式发展,积累了许多十分宝贵的经验,解决了许多实践中的问题。

一、浙江高速公路建设经验

(1)坚持解放思想,探索高速公路跨越式发展道路

近二十多年来,浙江高速公路取得了跨越式发展。这一辉煌成就是浙江交通人在实践中不断解放思想和创新发展理念的结果,是抓住机遇推动高速公路事业跨越式发展的结果。高速公路作为浙江省骨干交通网建设中的重点,是经济社会发展的"先行官",抓好高速公路建设和运输发展对浙江全省的现代化建设起到重要的先导作用和带动作用。在高速公路建设管理中,牢固树立起"建设是发展、管理也是发展"的理念,适应经济社会发展的新形势,提高管理的科学化程度,以管理促发展,向管理要效益,学会两手抓、两条腿走路,善于统筹兼顾、协调发展,促进高速公路健康发展。

20世纪80年代,是浙江交通"恢复发展"阶段,浙江交通无论在基础设施、运力结构和经营管理等方面,都严重滞后于国民经济的发展需要。浙江交通抓住城乡经济快速发展和浙江外贸急剧增加对交通提出迫切要求的机遇,举全行业之力大力推进交通基础设施建设,充分调动全社会发展交通的积极性,浙江交通呈现出快速发展的态势。到1990年底,浙江在公路建设方面的密度达29.6km/100km^2,为全国平均水平的2倍以上。经过这一时期的"重点突破",逐步缓解了交通对经济社会的瓶颈制约。

20世纪90年代初,"浙江到,车子跳",仍然是当时浙江公路建设,以及整个交通建设不能适应发展需要的形象比喻。由于浙江在改革开放前处于东海前哨,国家对浙江的投资很少,对基础设施投资更少,地方财政在当时既无财力也无政策,因此单靠地方财政的

投入,无法从根本上和短期内摆脱交通基础设施严重短缺的困境。1992年,浙江省政府出台了"自行贷款、自行建设、自行收费、自行还贷"的"四自"公路建设投资政策,并引入世界银行贷款等外资。"四自"政策是对传统交通投资体制的一个重大突破,在交通建设上引入市场机制,解决了发展的强烈需要和政府财力投入严重不足之间的矛盾。这是对交通发展的创造性变革,真正起到了牵一发而动全身的功效,对浙江交通冲破体制机制束缚产生了全局性、宽范围的影响。浙江交通抓住这一重大机遇,进一步加快了发展速度。

1996年,浙江省委、省政府又提出公路建设的"三八双千工程",即从1996年开始,用3年时间继续全线拓宽改造104、320、329、330、03等主要国省道干线公路约1000km,形成各市(地)至省城杭州的一级或二级加宽公路网络。同时,用8年左右时间,建成杭甬、杭沪、甬台温、杭金衢、杭宁和上三线、金丽温等高速公路以及汽车专用公路约1000km,形成各市地至省城杭州的高速公路网络。"三八双千工程"与浙江省委、省政府之前制订的"抓重点、通干线、先缓解、后适应"总体要求相符,也为推进浙江高速公路网络建设、在2002年实现浙江全省"4小时公路交通圈"构架做出了积极贡献。在这一阶段,浙江交通还抓住1998年亚洲金融危机,国家实施积极财政政策的有利时机,掀起了交通建设高潮。

2003年,浙江提出了把交通建设的主攻方向放在城际以及省际骨干网建设上,完善高速公路主网架,畅通省际通道,加快港口资源的开发和利用。整体上以接轨上海、构筑"长三角"区域大交通和宁波舟山港口资源整合为龙头,公路以高速公路和农村公路建设为重点,水路以沿海港口和高等级航道建设为重点,实施交通"六大工程",即"高速网络工程""干线畅通工程""水运强省工程""乡村康庄工程""绿色通道工程""廉政保障工程",推动浙江交通事业适应经济社会发展的需要,发挥和加强了经济社会的基础性、先导性功能。

2006年以来,浙江交通深入贯彻落实科学发展观,以党的十六大、十七大精神为指导,提出了建设大港口、建设大路网、建设大物流的浙江交通发展新战略,加快交通发展方式转变,大力发展现代交通运输业,切实提高"三个服务"的能力和水平,推动浙江交通向更高水平、更高层次迈进。

实践证明,只有坚持解放思想、与时俱进,把发展作为第一要务,牢固树立科学发展理念,抓住发展机遇,聚精会神搞建设,一心一意谋发展,积极探索发展道路,才能从根本上保证交通又好又快发展。

(2)坚持统筹协调,以科学规划引领交通全面、协调、可持续发展

浙江交通人准确判断经济社会发展形势,充分认识和正确把握现代交通发展的规律,以大视野、长眼光来审视交通工作,高度重视交通规划,以交通规划指导交通的全面、协调、可持续发展。在不同的发展阶段,都按照浙江省委、省政府的战略部署谋划交通工作,

编制科学的交通规划,明确发展目标和建设的重点,并根据形势的变化对规划进行多次调整、充实、完善和优化,以规划引领、促进浙江交通跨越式发展。

1996年,根据浙江省"九五"经济和社会事业发展纲要,结合全国公路、水运"三主一支持"的长远发展战略,以及浙江省委、省政府提出的"抓重点、通干线,先缓解、后适应"的要求,修编了1994年的交通规划,编制了《浙江省公路水运交通建设规划(1996—2010年)》,规划实施了公路"三八双千工程"。1998年,根据浙江省第十次党代会提出的"建设大交通,促进大发展"和提前基本实现现代化的宏伟目标,浙江省交通厅提出从三个方面加以落实:一是不仅要加快公路、水运的发展,而且要与铁路、民航协调发展;二是不仅要实现省内成网,而且要连接省外,走向世界;三是交通不仅要有量的增加,还要有质的提高,要依靠科技教育,积极推进两个根本转变,并调整修编了《浙江省公路水路交通建设规划(2001—2015年)》。明确到2010年,将全面完成公路"两纵两横十连一绕一通道"高速公路发展目标。

2003年以来,从全省经济社会发展的全局出发,结合全国交通发展和全省交通发展的实际,浙江交通厅修编了《浙江省公路水路交通建设规划纲要(2003—2010年)》《浙江省公路水路交通"十一五"规划》《浙江省国家高速公路网路线规划》以及《长三角都市圈高速公路网规划方案》等一系列规划。

2006年以来,浙江省交通厅党组按照省委要求提出了转变浙江经济发展方式、推进经济转型升级的战略部署,围绕"三个服务"和转型发展,提出和实施现代交通"三大建设"的新的发展战略和发展目标,为浙江经济特别是现代服务发展提供强大的交通运输支撑。

(3)积极探索资源节约、环境友好型高速公路发展之路

以"绿色交通"理念为指引,坚持可持续发展,遵循交通建设与资源环境保护并举,交通发展与自然环境和谐的原则,实现了交通发展与资源、生态、环境的统筹兼顾。

一是处理好高速公路建设与保护耕地的问题。在项目立项和可行性研究阶段,根据社会经济发展的需要和未来交通需求,本着尽量少占用耕地、尽量避让基本农田的原则,合理确定建设规模、技术标准、路线走向和主要控制点,达到满足功能要求与减少建设用地的合理统一;在工程设计阶段,创新设计理念,优化设计方案,提高设计水平,优先选择能够最大限度节约土地、保护耕地的方案,充分利用荒山、荒坡地、废弃地与劣质地进行建设;在工程实施阶段,建设单位、施工单位和监理单位都统筹考虑工程建设用地问题,尽可能利用荒坡、废弃地作为施工场地;对高速公路建设中废弃的旧路尽可能造地复垦,不能复垦的尽量绿化,避免了闲置浪费;农村公路改建在满足建设标准的前提下,在原有路基上加宽改造,以减少占地,保护基本农田。

二是处理好高速公路建设与保护生态环境的问题。在高速公路建设的规划、设计、施工及运营的全过程中,牢固树立"在设计上最大限度地保护生态,在施工中最小程度地破坏和最大限度地恢复生态"以及"不破坏是最好的保护"等一系列先进理念,对生态环境

的危害降低到最小程度。黄衢南高速公路就是很典型的一个例子。作为交通部典型示范工程,从立项开始就按照交通部环保、节约、安全等要求实施,尤其对钱江源头生态的保护做了新的探索。在施工过程中,施工单位尽量避免大填大挖,防止对地形、地貌造成较大破坏,防止产生新的水土流失和环境破坏,使沿线生态环境保持最佳状态。高速公路建设也注重保护文物等文化遗产,例如为保护河姆渡遗址及生态环境,杭甬高速公路采取改线南移、绿化、降低路基高度等措施。

(4)坚持政府主导,充分发挥高速公路市场基础性作用

不断深化对高速公路地位和属性的认识,通过市场化改革大大解放和发展了运输生产力,在高速公路建设中坚持政府主导并引入市场机制,建立分工合作的建设机制,使高速公路实现了又好又快发展。积极推进交通建设市场的体制改革,打破以交通主管部门为主体的单一建设格局,出台了以"七统""五包"为核心的建设体制,即由省里实行统一规划、统一标准、统一设计、统一招标、统一对外、统一对上、统一运营管理的"七统"和项目所在地各市、县、区包投资、包征迁、包管理费、包工期、包质量的"五包"。各地高速公路建设开始由业主直接建设或委托指挥部建设,并以协议形式明确投资各方的权利、义务,充分调动了省、市、县各级的积极性,有力地促进了交通事业健康发展。

高速公路是重要的公共设施,必须发挥政府的主导作用,同时在特定条件下,在特定的领域应当发挥市场的基础性作用。国家为加快交通基础设施建设,出台了贷款建路、收费还贷政策,《中华人民共和国公路法》明确了收费公路这一形式,高速公路建设利用收费公路,取得了快速发展。

浙江省逐步形成了"统筹规划、条块结合、分层负责、联合建设"的机制,充分发挥各方面的积极性,走全社会办交通的路子;紧紧依靠地方各级党委、政府的支持,在交通发展的重大问题上凝聚共识,形成合力,增强交通服务地方经济发展的主动性;在全社会营造理解交通、关心交通、支持交通的良好氛围,形成加快交通发展的合力。

(5)坚持科技进步,着力增强交通科技创新能力

高速公路建设的土地、资金等要素制约越来越突出,交通发展方式还比较粗放,节能降耗、环境保护的压力增大。省交通厅提出要转变交通发展方式,坚持"科学技术是第一生产力"的思想,完善科技创新体系,提升交通科技创新能力,提高科技含量,加快交通科技进步,走资源节约型、环境友好型交通发展之路。

浙江省高速公路不断进行技术政策创新,开展了地方标准的制定工作,完成了《浙江省高速公路交通安全设施设计要点》。在该《要点》的编制中,除了对原有规范中有关高速公路交通安全设施的设置条件、设置形式等方面进行完善外,为尽可能减少事故的发生概率和事故的严重程度,提出了"主动"预防和"容错"的设计理念,引入了"路侧净区""隆声带"等新的交通安全设施。除此之外,结合近年来对设计新理念的不断理解和在典型示范工程

的实践,特别针对勘察设计过程中碰到的重点、难点和热点问题,编制《浙江省山区高速公路设计要点》《浙江省高速公路软土处理设计要点》及《浙江省高速公路路面设计要点》,从全方位提升设计理念,为制定地方标准打下坚实的基础。此外,结合杭州湾跨海大桥、舟山大陆连岛工程西堠门大桥与金塘大桥项目,及时总结了大桥建设的技术与经验,汇总编制具有浙江特色的海上建桥技术规范与标准,以指导今后浙江省的桥梁建设。

积极转化和应用大批高新技术和先进适用技术。在高速公路建设过程中,广大科技人员和科技工作者围绕交通中心工作,认真开展科研攻关,创造性地解决了一大批技术难题,具有实用价值的成果不断涌现。贯彻"引进、消化、吸收"的方针,积极开展高新技术和先进适用技术的推广应用,基础设施建设和交通运输生产的技术力量持续增长。较具影响的技术项目有软土地基处治、改性沥青研究、高等级公路沥青路面裂缝和预应力混凝土连续箱梁桥裂缝治理、隧道施工监控与优化及连拱公路隧道综合修建、EPS轻质路堤在高速公路的应用。如已建成的杭州湾跨海大桥是一座"高科技和数字化大桥",该桥建设中科研单位利用了硬件及接口技术、网络及数据库技术、图像图形技术、人工智能技术、计算数学、有限元技术以及力学等多学科;科技含量之高还体现在施工工艺上,施工者采取预制化、工厂化、大型化,变海上施工为陆上施工的施工方案,突破了长期以来设计决定施工的理念;桥梁预制吊装的最大构件为长70m、宽16m、高4.0m、重2180t的预应力混凝土箱梁,最长的构件为长度84m、直径1.6m的超长钢管桩,这种构件可称得上是举世无双。为了减轻海水中氯离子对大桥钢材和混凝土的腐蚀,保证大桥100年的寿命,设计者专门研制了一整套防治海水腐蚀的有效方案。杭州湾跨海大桥已向交通部申报17项大桥工程关键性科研立项项目,在国内桥梁界也是少见。

二、浙江高速公路建设中的问题与不足

浙江省是一个人口密集、资源相对不足、生态脆弱的省份。全省随着经济快速增长和人口增加,努力缓解资源不足的矛盾,不断改善生态环境,实现可持续发展,已经成为十分紧迫的任务。党中央提出以人为本、全面协调、可持续发展的科学发展观,确立了建设节约型和环境友好型社会、构建和谐社会的战略目标。当前,浙江省高速公路建设面临的主要矛盾和问题有:

(1)高速公路建设与资源利用的矛盾

高速公路是公路交通主骨架,是交通现代化的重要组成部分,也是促进经济、社会发展的重要基础设施。高速公路建设要消耗多种资源,特别是土地资源,每公里占用大约80~100亩的土地。近几年,交通建设用地指标占全省各行业建设项目用地指标的比例不断上升,其中绝大部分指标是用于高速公路建设。但浙江省是资源小省,一方面要继续加快高速公路建设,另一方面资源紧缺,特别是土地资源,这是当前高速公路继续发展的

突出问题和主要矛盾。

(2) 高速公路建设与环境保护的矛盾

高速公路建设逢山开路、涉水架桥、穿越田地村庄、环绕城镇等,与环境保护的矛盾非常突出。涉及自然生态环境、人文景观保护、城乡群众生活和经济社会再发展,稍有疏忽,可能使自然景观失去原始状态,文物古迹遭到破坏,群众生活受到严重干扰,经济发展受到阻碍。例如,上三高速公路、金丽温高速公路和龙丽龙高速公路在建设过程中,已多次引发塌方滑坡等地质灾害。同三线瑞安段新居村段路基改桥事件、台缙高速公路叶家岙拆迁事件和壶镇姓汪村的上访事件等,都对建设管理提出了严峻挑战。如何在高速公路规划、设计、施工、运营的全过程中强化科学管理、科学设计,始终树立科学发展观,保护好环境,着力打造和谐交通,把对环境的影响降低到最小程度,是当前一个严峻的课题。

(3) 高速公路建设与运营安全的问题

随着经济的发展和高速公路网的不断完善,汽车的保有量及高速公路交通量将急剧增加,交通安全问题将会越来越被社会重视。我国是人口大国,目前也是"交通事故大国",对于正处于经济快速发展时期的浙江省来说,当前交通安全形势也不容乐观,尤其是高速公路上的安全事故正处于多发时期,高速公路交通运营安全涉及人、车、路和环境,应该在高速公路建设和运营管理阶段树立"以人为本、安全至上"的理念,从设计、施工、运营管理上采取多种措施来提高运营安全性,减少事故发生率,降低生命财产损失。比如,甬台温高速公路与上三高速公路交汇处的吴岙枢纽,通过改善安全设施,运营安全性显著提高;上三高速公路新昌段,在开通之初,事故频发,后通过采取在落差较大的危险路段加高护栏,引起驾驶员的视线警觉,并在防撞时提供有效阻挡,在嵊州东二桥等重点防护路段,还增加了警告标志、防撞水马和爆闪灯等措施,改善了道路安全性,事故率明显降低。从浙江省高速公路事故统计来看,随着交通安全设施的不断完善,虽然高速公路里程在增多,但事故数量在逐步减少。

第十节 高速公路与社会经济发展

高速公路是社会经济发展到一定阶段的必然产物,它可以加速旅客和货物流动,提高运输效率,改善运输质量,显著改善所服务区域交通条件和投资环境,强化中心城市的经济文化辐射作用,为沿线地区宏观经济增长、产业结构调整及其布局的优化、城镇化发展做出重要的贡献,产生巨大的经济效益和积极的社会影响。近年来,浙江省高速公路发展迅速,对社会经济产生了多方面的影响。

一、直接拉动经济发展

高速公路在浙江省全面建设小康社会和现代化建设中起到了积极、有力的推动作用。

其迅速发展满足了经济增长方式转变时期市场经济条件下商品与资源大规模流通，客货运输结构调整与规模不断增长对高质高效运输体系的要求。据有关研究机构定量分析测算，高速公路平均每1亿元建设投资能够带动沿线地区GDP增长约3亿元，其中长江三角洲地区高速公路1亿元建设投资能够带动GDP增长4.56亿元。多条已建成的高速公路项目的评价结果也显示，这些高速公路建成后不仅交通量稳定增长，项目本身财务和国民经济效益良好，而且对沿线地区经济超常规增长做出重大贡献，产生了十分显著的经济效益。

二、促进产业结构调整，提升区位优势，改善投资环境

高速公路的建设显著提升了沿线区域的可达性和区位优势，带动了沿线地区资源开发与合理配置，加快了沿线地区改革开放的步伐，促进了地区间的经济合作与协同发展。尤其是国道主干线高速公路的建设发展，极大地促进了区域经济的快速发展，对区域产业布局调整与产业结构优化具有明显的导向性作用，吸引企业纷纷在高速公路出入口附近投资建厂，形成"产业聚集效应"，建立了一系列高新技术开发园区，促进了沪杭甬、杭金衢、温台等多条产业带的形成，刺激了沿线地区经济出现快速增长。

在沪杭高速公路通车前，杭嘉地区的乡镇工业已较发达，在国民经济中占有相当比重，但是无论从产品结构还是技术含量均呈现"粗放式"和"作坊式"的经营方式，处于初级阶段。而国有大中型工业企业发展相对缓慢，设备老化，经营管理模式落后。1998年沪杭高速公路通车后，对外交通比较顺畅，各市县都依托高速公路，抓大放小，在原本优势传统产品上升级，在新的技术平台上加强对外合作，构筑参与国际竞争的产业优势，引导机械设备制造、电子元件和丝绸纺织、化学纤维、家用电器以及磁性材料等产业向深加工、精加工、高附加值和低消耗方向发展，促进了一批优势企业的发展，为带动产业区扩大对外开放提供了良好条件。

同时，区域交通是区域经济投资环境的重要组成部分，开发区域经济的重要环节是交通先行。例如，沪杭高速公路的建成通车，使沿线地区形成一种区位优势，不断吸引资金、技术、劳动力等生产要素向这些区位集聚。几年来沿线各级政府加大公路建设力度，加快公路建设速度，尤其加快与沪杭高速公路相沟通的高等级公路的建设速度，使区域公路网络得到明显提高和改善。区域交通条件的改善，大大提高了区位优势，为浙江接轨上海，积极参与长三角地区的合作与交流创造了必备条件。尤其在沪杭高速公路建成通车后，进一步沟通了沿线城镇和大中城市的联系，增强了沿线市、县接受上海的辐射能力，为这些市、县带来了先进技术、管理经验等大量软性资源，从时空上为区域内高新技术产业的发展提供了有利条件，使沿线市、县的综合经济实力明显提高，改善了国内、外商家来该区域投资的环境。沿线经济技术开发区、高新技术产业开发区、工业园区等如雨后春笋般发

展,形成组团式空间布局的沿路产业带。据调查,沪杭高速公路(浙江段)沿线"三资企业"在高速公路通车后的4年来协议利用外资89亿美元,实际利用外资46.5亿美元,分别占全省的42.35%和32.5%。其中,沿线有各类产业园区、开发区80多个,其中国家级、省级开发区有11个,有1200家"三资企业"落户。

三、加速贸易发展,提高贸易竞争力

投资、消费和出口是推动经济增长的"三驾马车"。高速公路建设可以极大地改善交通基础设施条件,提高交通基础设施技术水平,加速贸易发展,并带来相应的地区经济增长。

以沪杭高速公路为例,建成通车后,通过区域外的辐射,有效推动了沿线市、县的市场。高速公路引发的市场信息快速流动,增强了沿线民众的商品意识、开放意识、市场意识、竞争意识和效率意识,使越来越多的市(农)民卷入到市场经济的潮流中,有力地促进了高速公路沿线商业贸易的繁荣,带动了沿线商品流通业的日益兴旺,一批具有全国性影响的商业市场沿路而生,因路而兴,规模、档次不断提高。市场是社会主义经济生活中的一个重要环节,杭州、嘉兴的市场建设起步早,一直走在全省乃至全国的前列,如服装、皮革、羊毛衫、丝绸、针纺织业、家具、木材业及农副产品市场等早已蜚声全国,随着以上海为中心的长三角地区社会经济的发展,市场空间不断扩大。沪杭高速公路的开通,使沿线市场凭借高速公路便利的交通条件,如虎添翼,快速发展,规模和辐射的能力进一步扩大。2002年沿线区域限额以上批发零售贸易销售总额达1562亿元,占全省销售总额的42.6%,比1998年增长55.62%,年均增长11.7%;社会消费品零售总额2828亿元,占全省消费品零售总额的21.4%,比1998年增长50.7%,年均增长10.9%。如海宁皮革市场在1994年起步时,年市场成交量只有5.8亿元,到2002年成交量达到40.2亿元。沪杭高速公路建成通车后,海宁皮革城吸引了大量客商留在海宁扎根,目前摊位已达16万 m^2。除了皮革摊位外,还有2000多家皮革加工场。目前世界1/4皮毛要通过海宁皮革城销售出去。

四、促进高速公路经济带的发展,推动城镇化进程

浙江高速公路的开通,对沿线的资源开发、招商引资、产业结构调整以及横向经济联合起到了积极的促进作用。特别是杭甬高速公路、杭金衢高速公路与甬台温高速公路两侧为浙江省的经济腹地,有较强的工业、农业优势,它在总体上促进了沿线经济带的经济增长。龙丽、丽龙高速公路对提高欠发达地区发展起了重要带动支撑作用,吸引了人口、劳动力向这几个经济地带聚集,促进了人口、劳动力由农村向城镇,由农业向非农业,由第一产业向第二、第三产业转移。密切了几个大城市群体间的联系。近年来随着高速公路

建设速度的加快,城市间、城郊间道路交通条件显著改善,极大方便了居民出行,同时大城市人口居住分布出现了由中心区向郊区迁移的趋势,促进了卫星城以及沿线乡村城镇化建设的快速发展,加快了城镇化的进程。

五、拉动旅游业的发展

浙江高速公路两侧旅游景点遍布,古迹众多,旅游资源十分丰富。由于高速公路的投入和使用,加快了旅游出行速度,缩短了在途时间,提高了旅游的舒适性、方便性和连续性,促使观光形态从通过型向滞留型转变,使许多人走出城市迈向大自然,促进了旅游服务业的发展。例如,杭甬高速公路建成后,沿线三市国内旅游收入、游客人数的增长幅度都远远高于全省平均水平。1997年,杭绍甬三市国内旅游收入比1996年增长42.77%,高于全省平均增长19.83%,国内游客人数增长29.81%,高于全省平均增长5.94%。同样的现象在甬台温高速公路建成后也表现出来。在杭甬高速公路建成以来,杭绍甬的旅游业的整体发展已远远领先于省内的其他地区,2004年杭绍甬三市国内旅游收入总量,占全省国内旅游收入的71.4%;甬台温高速公路和上三高速公路的建成,也带动了台州和温州旅游业的发展。杭甬高速公路建成后,使杭甬间行车距离缩短71.7km,宁波旅游业出现了跨越式增长,1997年接待国内旅游者较1996年增加了183%。1997年,宁波市的国内游客人数和国内旅游收入有一个明显的突变,其增长幅度远远高于宁波市近十年旅游发展的平均幅度。同样的现象在杭金衢、上三及甬台温等高速公路的建成通车后都表现出来,高速公路带动了一方地域旅游业短期内的快速增长。2008年底,诸永高速公路结束了磐安县无高速公路的历史,磐安县抓住这一机遇,紧紧围绕"推动跨越发展、加快绿色崛起"这一工作主线,全力打造"山水磐安,休闲养生好地方"旅游品牌,2010年共接待来自周边城市的游客近160万人次,实现旅游收入4.8亿元,两项指标增幅均居全省前列。

第三章
高速公路建设管理地方法规

第一节　浙江省高速公路法规概述

"不以规矩,不能成方圆。"无论何时何地,缺乏明确的规章、制度、流程,工作中就非常容易产生混乱,如果有令不行、有章不循,按个人意愿行事造成的无序浪费,更会杂乱无序,一塌糊涂。规矩是人类生存与活动的前提与基础,人们总是要在"规"与"矩"所形成的范围内活动,也只有遵规守矩的社会或个人才有稳定的发展空间。高速公路是20世纪30年代在西方发达国家开始出现的专门为汽车交通服务的基础设施。高速公路在运输能力、速度、安全性等方面具有突出优势,对实现国土均衡开发、缩小地区差距、建立统一的市场经济体系以及提高现代化物流效率具有重要作用。高速公路不仅是交通运输现代化的重要标志,也是一个国家现代化的重要标志。

对交通大投资、大建设的浙江,随着高速公路建设的不断推进,到2016年底,总里程达4062km,因此对应于高速公路各方面的依法管理就尤为重要。

国内各省份在《中华人民共和国公路法》《中华人民共和国道路交通安全法》和《中华人民共和国收费公路管理条例》等法律、法规的指导下,进行了多种方式的探索,作为高速公路建设先驱者的浙江省,也取得了很大的进展。为了加强对高速公路的管理,保障高速公路的完好、安全和畅通,维护高速公路交通秩序,预防和减少交通事故,保护高速公路投资者、经营者和使用者的合法权益,浙江省委、省政府、省人大不断探索,对高速公路管理中出现的新事物、新情况作出规定,在实践中得出经验,出台了一系列针对性的法律、法规、规章。

1996年,浙江省政府令第78号出台《浙江省公路路政管理办法》,针对高速公路提出了一系列管理办法,成为浙江省的第一部关于高速公路法律法规的典范。

2005年7月7日浙江省人民政府令第193号发布《浙江省高速公路运行管理办法》,其中第一章第三条特别指出,省、设区的市的交通主管部门主管本行政区域内的高速公路工作。省、设区的市的公路管理机构具体负责高速公路路政管理、养护管理工作,并根据同级交通主管部门的决定行使其他行政管理职责。

高速公路至关重要,全省各部门联合行动,省公安机关交通管理部门主管全省高速公路交通安全管理工作,并可以指定设区的市的公安机关交通管理部门承担有关管理工作。省发改委、建设、国土资源、工商、环保、物价等有关部门、高速公路沿线各级人民政府及其有关部门依照各自职责,负责有关的高速公路管理工作。如今,浙江省高速公路已经过20年的发展,除了最初的管理办法,也在实际情况中,针对市场、信用、招投标、资质管理出台了相应的法律法规。

本节将重点罗列浙江省委、省政府、省人大出台的条例、法规、规章。因部分法律法规包含的内容较多,涉及领域较广,例如市场管理中包含了信用管理、资质管理、招投标管理等内容,为了便于本书使用,对这些法规进行了进一步划分并列表(表3-1-1)。

浙江省高速公路法律法规规章表　　　　表3-1-1

年份	文 件 名	文 件 编 号	出 台 部 门
1996	浙江省公路路政管理办法	1996年省政府令第78号	浙江省政府
1996	浙江省公路"四自"工程管理暂行办法	浙政发〔1996〕160号	浙江省政府
1996	省外施工承包商进浙江施工交通工程管理办法(试行)	浙交〔1996〕121号	浙江省交通厅
1997	浙江省基本建设资金管理暂行办法	浙财基〔1997〕64号	浙江省财政厅
1997	浙江省重点项目管理办法	浙政办〔1997〕11号	浙江省政府办公厅
1997	浙江省建设工程勘察设计管理条例	浙江省第八届人民代表大会常务委员会第59号公布	
1998	浙江省固定资产投资管理暂行办法	浙政〔1998〕2号	浙江省政府
1999	浙江沪杭甬高速公路沿线户外广告设置标准	浙交〔1999〕500号	浙江省交通厅、省公安厅、省工商局
2001	浙江省建设工程勘察设计管理条例	2001年浙江省第九届人民代表大会常务委员会第二十九次会议通过修正	
2001	浙江省建设工程监理管理条例	2001年浙江省第九届人民代表大会常务委员会第二十九次会议通过修正	
2001	浙江省建筑业管理条例	2001年浙江省第九届人民代表大会常务委员会第三十次会议通过修正	
2001	浙江省建设工程招标投标管理条例	2001年浙江省第九届人民代表大会常务委员会第三十次会议通过修正	
2001	浙江省建设工程质量管理条例	2001年浙江省第九届人民代表大会常务委员会第三十次会议通过修正	
2001	浙江省重点建设项目管理办法	2001年省政府令第136号	浙江省政府
2003	关于印发《浙江省公路及其附属设施赔(补)偿有关标准》的通知	浙交〔2003〕111号	浙江省交通厅、财政厅、物价局
2004	浙江省建设工程勘察设计管理条例	省十届人大常委会第十一次会议通过,第18号公布	

第三章 高速公路建设管理地方法规

续上表

年份	文 件 名	文 件 编 号	出 台 部 门
2004	浙江省建设工程造价计价管理办法	2004年省政府令第173号	浙江省政府
2004	浙江省高速公路项目业主招标投标暂行办法	浙政发〔2004〕29号	浙江省政府
2005	浙江省公路路政管理条例	浙江省十届人大常委会第十五次会议通过	
2005	宁波市公路养护管理条例	浙江省十届人大常委会第十九次会议通过	
2005	浙江省高速公路运行管理办法	2005年省政府令第193号	浙江省政府
2005	关于严格依法征收公路养路费的紧急通知	浙交〔2005〕272号	浙江省交通厅、省财政厅
2006	浙江省招标公告发布办法	浙发改函〔2006〕268号	浙江省发改委
2007	浙江省公路路政管理条例	2007年省十届人大常委会三十次会议修订	
2008	浙江省高速公路运行管理办法	2008年省政府修订	
2009	浙江省人民代表大会常务委员会关于废止《浙江省公路养路费征收管理条例》等七件地方性法规的决定	浙江省人民代表大会常务委员会公告第19号	浙江省政府
2009	浙江省征地补偿和被征地农民基本生活保障办法	2009年省政府令第264号	浙江省政府
2009	浙江省收费公路管理办法	2009年省政府令第267号	浙江省政府
2010	浙江省人民政府办公厅转发省交通运输厅、省物价局关于浙江省高速公路联网收费运行管理若干规定(试行)的通知	浙政办发〔2010〕8号	浙江省政府
2011	浙江省人民政府办公厅关于印发《浙江省高速公路养护管理若干规定(试行)》的通知	浙政办发〔2011〕57号	浙江省政府
2012	浙江省交通建设工程质量和安全生产管理办法	2012年省政府令第300号	浙江省政府
2012	浙江省人民政府办公厅关于加快推进我省高速公路建设的通知	浙政办发〔2012〕31号	浙江省政府
2012	浙江省基础测绘管理办法	2012年省政府令第308号	浙江省政府
2014	关于印发《浙江省公路养护大中修工程质量监督管理办法(试行)》的通知	浙交〔2014〕142号	浙江省交通运输厅
2015	关于印发《浙江省公路水运工程监理信用评价管理办法》的通知	浙交〔2015〕191号	浙江省交通运输厅
2016	关于实施《高速公路项目建设管理规范》等省地方标准的通知	浙交办〔2016〕130号	浙江省交通运输厅
2017	关于印发《关于加强浙江省高速公路运营管理的实施意见(试行)》的通知	浙交〔2017〕18号	浙江省交通运输厅

第二节 高速公路市场管理法规

近年来,从各种交通运输方式的客运量和周转量来看,高速公路建设占有绝对的市场份额。公路的运输需求主要来源于社会生活中的人员和物资的流通,需求的强度与国家经济活跃程度紧密相关。

现有高速公路管理模式是在普通公路基础上发展起来的,但从高速公路的发展过程、自身特征及管理内容和方式上不难看出,高速公路已实现了质的飞跃,成为独具特色的新兴行业。为全面提高浙江省交通建设市场从业单位和从业人员的素质,培育更多的信用单位,浙江省交通运输厅近年来进行了大胆而有效的探索,在社会上引起了较大反响,并取得了很好的效果。

随着浙江省经济的进一步发展,高速公路仍将保持一个较快的发展速度。然而,高速公路的快速发展也给高速公路的管理在组织体制、安全建设、成本控制、环境及社会和谐等方面带来了很多问题。

20世纪80年代,中国高速公路管理体制与第一条高速管理相伴而生,经过20多年的发展,现已基本呈现出以公司型的国有管理集团和事业型高速公路管理局为主导,以非国有公司和上市公司为补充的多种形式并存的发展格局。浙江省也随着第一条高速公路的建成而出台了高速管理法则。

其法则主要内容包括市场、信用、招投标、资质管理,管理法则的细化,形成了浙江省高速公路特有的管理法则。

(1)市场管理。国家运用法律、政策和经济措施对市场交易活动进行管理,旨在维护市场秩序,保护合法经营和正当竞争,稳定物价,保障消费者权益。市场管理的内容包括企业登记管理、城乡贸易市场和交易所管理、商标和专利管理、广告管理、经济合同管理、商品质量和计量管理、价格管理等。面对全省高速公路建设呈现出的"险、新、难"特点,省交通运输厅决定全面推进高速公路建设市场规范化管理,杜绝质量隐患。

(2)信用管理。信息管理是授信者对信用交易进行科学管理,以控制信用风险的专门技术。信用管理的主要功能包括五个方面:征信管理(信用档案管理)、授信管理、账户控制管理、商账追收管理、利用征信数据库开拓市场或推销信用支付工具。

(3)招标投标管理。招标投标是指在市场经济条件下进行工程建设、货物买卖、财产出租、中介服务等经济活动的一种竞争形式和交易方式,是引入竞争机制订立合同(契约)的一种法律形式。招投标管理是招标人对工程建设、货物买卖、劳务承担等交易业务,事先公布选择采购的条件和要求,招引他人承接,若干或众多投标人做出愿意参加业务承接竞争的意思表示,招标人按照规定的程序和办法择优选定中标人的活动。

法规要求各项目法人和建设管理单位要加强对从业单位的信用管理,及时准确上报评定结果,尤其要及时上报有不良行为的从业单位和从业人员。同时针对严格合同管理,兑现履约承诺,要从源头保证工程质量的基础。另外,加强和规范工程分包和劳务分包管理。浙江省交通运输厅将加强和规范工程分包和劳动分包管理,严厉打击非法分包、转包等失信行为,让高速公路市场管理更加规范。

(4)资质管理。建设高速公路的业主必须有相应的资质,如长期从事高速公路施工的大公司或集团,其资质应包含单位历史状况、从事高速公路行业时长、工程师数量等。其中,主要就国家评定的建筑施工或公路施工甲级资质作了硬性要求。有了相应资质才能在高速公路公开招标期进行投竞标。业主一般为高速公路开发公司,在项目修建之前会公开招标;企业如若缺乏相应资质,则可挂靠有实力的施工单位参与分包。此外,建筑业企业资质证书是建筑企业进入建筑市场的许可证,其由国家建设主管部门颁发和管理。

(5)管理制度的细化。从制度规章上看,《浙江省公路水运工程施工招标投标管理实施细则》进一步完善了推行无标底招标的评标办法,并初步建立了浙江省交通建设市场信用信息体系。目前在浙江交通的政府网上,能查询到在浙江省交通建设市场上有不良记录的施工企业和监理企业的信息,部分高速公路项目的各合同段的信息和部分施工企业的基本信息。根据浙江省交通建设市场的发展实际情况,需要对现有的信用信息体系做较大的完善,并建立信用信息征集体系。2005年9月1日起,浙江省人大正式实施的《浙江省企业信用信息征集和发布管理办法》,为获取浙江省交通建设市场信用信息提供了法律依据,也为下一步开展浙江省交通建设市场信用评价工作打下了基础。

浙江省高速公路市场管理法律法规规章见表3-2-1。

浙江省高速公路市场管理法律法规规章表　　　　表3-2-1

年份	文　件　名	文　件　编　号	出台部门
1996	浙江省公路路政管理办法	1996年省政府令第78号	浙江省政府
1996	浙江省公路"四自"工程管理暂行办法	浙政发〔1996〕160号	浙江省政府
1996	省外施工承包商进浙江施工交通工程管理办法(试行)	浙交〔1996〕121号	浙江省交通厅
1996	浙江省公路、水运工程施工招标投标管理实施细则(试行)	浙交〔1996〕197号	浙江省交通厅
1996	关于交通建设市场整顿的实施意见	浙交〔1996〕230号	浙江省交通厅
1996	浙江省交通工程优质奖评审管理办法	浙交〔1996〕270号	浙江省交通厅
1996	浙江省交通建设工程质量监督实施细则	浙交〔1996〕339号	浙江省交通厅
1996	浙江省"四自"公路养护、路政管理办法	浙交〔1996〕445号	浙江省交通厅
1996	浙江省高速公路旅客运输管理规定(试行)	浙交〔1996〕50号	浙江省交通厅
1997	浙江省基本建设资金管理暂行办法	浙财基〔1997〕64号	浙江省财政厅

续上表

年份	文件名	文件编号	出台部门
1997	浙江省重点项目管理办法	浙政办〔1997〕11号	浙江省政府办公厅
1997	浙江省建设工程勘察设计管理条例	浙江省第八届人民代表大会常务委员会第59号公布	
1997	浙江省交通工程质量事故处理暂行规定	浙交〔1997〕92号	浙江省交通厅
1997	浙江省公路、水运工程施工招标投标管理实施细则	浙交〔1997〕419号	浙江省交通厅
1997	浙江省公路、水运工程勘察设计招标投标管理办法(试行)	浙交〔1997〕524号	浙江省交通厅
1997	浙江省公路工程竣工验收实施细则(试行)	浙交〔1997〕539号	浙江省交通厅
1997	浙江省公路、水运建设市场管理实施细则	浙交〔1997〕569号	浙江省交通厅
1998	浙江省固定资产投资管理暂行办法	浙政〔1998〕2号	浙江省政府
1998	浙江省公路、水运工程造价管理暂行规定	浙交〔1998〕219号	浙江省交通厅
1998	关于加强交通工程造价管理工作的通知	浙交〔1998〕8号	浙江省交通厅
1998	省外承包商进浙承接公路、水运工程业务管理办法	浙交〔1998〕218号	浙江省交通厅
1998	关于对《省外承包商进浙承接公路、水运工程业务管理办法》修改补充通知	浙交〔1998〕392号	浙江省交通厅
1998	关于加强高速公路路政管理工作的通知	浙交〔1998〕307号	浙江省交通厅
1999	浙江省重点建设工程发包承包管理办法	1999年省政府令第112号	浙江省政府
1999	浙江省公路工程竣工验收实施细则	浙交〔1999〕485号	浙江省交通厅
1999	关于印发《浙江省公路、水运工程质量事故处理暂行规定》的通知	浙交〔1999〕363号	浙江省交通厅
1999	浙江省公路、水运工程施工监理招标投标管理实施细则(试行)	浙交〔1999〕423号	浙江省交通厅
1999	浙江省公路绿化管理办法实施细则(试行)	浙交〔1999〕509号	浙江省交通厅
1999	浙江省公路交通安全设施设置与管理暂行办法	浙交〔1999〕379号	浙江省交通厅
1999	浙江沪杭甬高速公路沿线户外广告设置标准	浙交〔1999〕500号	浙江省交通厅、省公安厅、省工商局
2000	关于切实加强公路建设资金监督管理的通知	浙交〔2000〕327号	浙江省交通厅
2000	关于进一步加强公路、水运工程施工监理管理有关事项的通知	浙交〔2000〕185号	浙江省交通厅
2000	关于进一步加强公路、水运工程施工监理招标投标管理有关事项的补充通知	浙交〔2000〕422号	浙江省交通厅
2000	关于转发交通部《高速公路旅客运输管理规定》的通知	浙交〔2000〕28号	浙江省交通厅
2001	关于《浙江省公路养路费征收管理条例》有关规定说明的通知	浙交〔2000〕14号	浙江省交通厅
2001	浙江省建设工程勘察设计管理条例	2001年浙江省第九届人民代表大会常务委员会第二十九次会议通过修正	

续上表

年份	文件名	文件编号	出台部门
2001	浙江省建设工程监理管理条例	2001年浙江省第九届人民代表大会常务委员会第二十九次会议通过修正	
2001	浙江省建筑业管理条例	2001年浙江省第九届人民代表大会常务委员会第三十次会议通过修正	
2001	浙江省建设工程招标投标管理条例	2001年浙江省第九届人民代表大会常务委员会第三十次会议通过修正	
2001	浙江省建设工程质量管理条例	2001年浙江省第九届人民代表大会常务委员会第三十次会议通过修正	
2001	浙江省重点建设项目管理办法	2001年省政府令第136号	浙江省政府
2001	省外从业单位进入浙江公路、水路建设市场管理办法	浙交〔2001〕18号	浙江省交通厅
2001	浙江省公路、水运工程质量负责制若干规定(试行)	浙交〔2001〕516号	浙江省交通厅
2001	关于进一步加强高速公路路政管理工作的通知	浙交〔2001〕295号	浙江省交通厅
2002	关于进一步规范公路、水路工程施工、监理招标投标行为的通知	浙交〔2002〕22号	浙江省交通厅
2002	关于进一步加强高速公路养护管理工作的通知	浙交〔2002〕196号	浙江省交通厅
2002	浙江省公路水运工程施工招标投标管理实施细则	浙交〔2002〕231号	浙江省交通厅
2002	浙江省公路水运工程合同行业监督管理办法	浙交〔2002〕256号	浙江省交通厅
2002	浙江省公路、水运工程施工监理招标投标管理实施细则(修订稿)	浙交〔2002〕395号	浙江省交通厅
2002	浙江省交通系统重特大事故应急处理预案(试行)	浙交〔2002〕178号	浙江省交通厅
2003	关于加强公路建设项目法人资格管理的通知	浙交〔2003〕181号	浙江省交通厅
2003	浙江省公路水运工程施工分包管理规定(试行)	浙交〔2003〕286号	浙江省交通厅
2003	浙江省公路水运工程施工招标投标管理实施细则	浙交〔2003〕309号	浙江省交通厅
2003	关于进一步加强高速公路建设管理的若干意见	浙交〔2003〕314号	浙江省交通厅
2003	浙江省高速公路标准化工地建设管理规定	浙交〔2003〕519号	浙江省交通厅
2003	关于印发《浙江省公路及其附属设施赔(补)偿有关标准》的通知	浙交〔2003〕111号	浙江省交通厅、财政厅、物价局
2003	关于进一步规范公路水运工程施工监理招标投标行为的通知	浙交〔2003〕180号	浙江省交通厅
2003	浙江省公路水运工程监理人员资质管理实施办法(修订稿)	浙交〔2003〕208号	浙江省交通厅
2003	关于进一步加强收费公路交通标志标线管理的通知	浙交〔2003〕213号	浙江省交通厅
2003	关于印发《浙江省公路水运工程常用产品质量管理实施意见》的通知	浙交〔2003〕259号	浙江省交通厅

续上表

年份	文件名	文件编号	出台部门
2003	浙江省公路绿化工程质量检验评定办法(试行)	浙交〔2003〕243号	浙江省交通厅
2003	浙江省收费公路干线畅通工程资金管理暂行规定	浙交〔2003〕552号	浙江省交通厅
2004	关于进一步加强交通基础设施领域廉政建设的意见	浙交〔2004〕430号	浙江省交通厅
2004	浙江省交通信息化建设管理暂行办法	浙交〔2004〕547号	浙江省交通厅
2004	浙江省建设工程勘察设计管理条例	省十届人大常委会第十一次会议通过,第18号公布	
2004	浙江省建设工程造价计价管理办法	2004年省政府令第173号	浙江省政府
2004	浙江省高速公路项目业主招标投标暂行办法	浙政发〔2004〕29号	浙江省政府
2004	关于公路水运工程施工和监理招标投标管理有关事宜的通知	浙交〔2004〕48号	浙江省交通厅
2004	浙江省高速公路服务区管理暂行办法	浙交〔2004〕112号	浙江省交通厅
2004	浙江省高速公路养护管理办法(试行)	浙交〔2004〕288号	浙江省交通厅
2004	浙江省高速公路创精品工程实施意见(试行)	浙交〔2004〕311号	浙江省交通厅
2004	浙江省交通建设项目竣工决算审计管理暂行办法	浙交〔2004〕474号	浙江省交通厅
2004	浙江省公路工程质量鉴定实施细则	浙交〔2004〕517号	浙江省交通厅
2004	关于公路收费站点收费人员着装清理有关事宜的通知	浙交〔2004〕357号	浙江省交通厅
2004	浙江省公路机械设备管理办法	浙交〔2004〕27号	浙江省交通厅
2004	浙江省公路水运工程施工分包界定和认定的补充规定	浙交〔2004〕111号	浙江省交通厅
2004	关于公路安全保障工程的实施意见	浙交〔2004〕200号	浙江省交通厅
2004	关于在交通工程招标过程中做好行贿行为档案查询工作的通知	浙交〔2004〕254号	浙江省交通厅
2004	关于转发交通部《公路工程竣(交)工验收办法》的通知	浙交〔2004〕381号	浙江省交通厅
2004	浙江省公路养路费超收分成资金使用管理办法	浙交〔2004〕413号	浙江省交通厅
2004	关于转发交通部《公路水运工程监理企业资质管理规定》的通知	浙交〔2004〕415号	浙江省交通厅
2004	浙江省公路安全保障工程管理办法	浙交〔2004〕504号	浙江省交通厅
2004	关于公路养路费支出预算必须严格按规定使用范围编制的通知	浙交〔2004〕525号	浙江省交通厅
2005	浙江省公路路政管理条例	浙江省十届人大常委会第十五次会议通过	
2005	宁波市公路养护管理条例	浙江省十届人大常委会第十九次会议通过	
2005	浙江省文明公路规范执法考核办法(试行)	浙交〔2005〕224号	浙江省交通厅
2005	浙江省文明公路创建活动实施办法(试行)	浙交〔2005〕225号	浙江省交通厅
2005	浙江省高速公路运行管理办法	2005年省政府令第193号	浙江省政府

续上表

年份	文 件 名	文 件 编 号	出 台 部 门
2005	浙江省高速公路联网运行监控管理办法(试行)	浙交〔2005〕111号	浙江省交通厅
2005	关于高速公路互通连接线设置标准的通知	浙交〔2005〕136号	浙江省交通厅
2005	浙江省交通厅星级公路收费站管理办法	浙交〔2005〕223号	浙江省交通厅
2005	关于重大建设项目穿(跨)越公路相关事宜的通知	浙交〔2005〕314号	浙江省交通厅
2005	浙江省高速公路建设效能监察实施意见	浙交〔2005〕327号	浙江省交通厅
2005	高速公路造价控制的若干措施	浙交〔2005〕372号	浙江省交通厅
2005	浙江省公路工程建设、养护安全事故应急预案(试行)	浙交〔2005〕266号	浙江省交通厅
2005	浙江省高速公路联网收费二义性路径计费及拆分暂行办法	浙交〔2005〕360号	浙江省交通厅
2005	浙江省公路车辆通行费收费管理人员着装管理办法	浙交〔2005〕232号	浙江省交通厅
2005	浙江省招投标条例	浙江省十届人大常委会第二十二次会议通过	
2005	关于启用浙江省公路路政执法文书的通知	浙交〔2005〕89号	浙江省交通厅
2005	关于进一步规范公路路政许可的通知	浙交〔2005〕92号	浙江省交通厅
2005	浙江省公路水运工程施工招标投标管理实施细则	浙交〔2005〕137号	浙江省交通厅
2005	浙江省公路水运工程造价管理规定	浙交〔2005〕201号	浙江省交通厅
2005	关于对我省公路水运工程施工招标评标办法和资格预审评审办法中不良行为解释的通知	浙交〔2005〕291号	浙江省交通厅
2005	浙江省公路超限运输监测站管理办法	浙交〔2005〕334号	浙江省交通厅
2005	浙江省公路水运建设市场管理实施细则	浙交〔2005〕371号	浙江省交通厅
2005	浙江省公路养路费减免征收管理办法	浙交〔2005〕125号	浙江省交通厅
2005	浙江省公路养路费委托银行代收业务管理暂行办法(修订稿)	浙交〔2005〕141号	浙江省交通厅
2005	关于严格依法征收公路养路费的紧急通知	浙交〔2005〕272号	浙江省交通厅、省财政厅
2006	浙江省招标公告发布办法	浙发改函〔2006〕268号	浙江省发改委
2006	浙江省公路养护质量专项检测管理办法(试行)	浙交〔2006〕87号	浙江省交通厅
2006	关于印发《高速公路沥青路面规范化施工与质量管理指导意见》的通知	浙交〔2006〕103号	浙江省交通厅
2006	浙江省公路水运工程工地试验室管理暂行办法	浙交〔2006〕113号	浙江省交通厅
2006	转发省物价局关于调整交通建设工程质量检测和工程材料试验收费标准的通知	浙交办〔2006〕114号	浙江省交通厅
2006	浙江省公路水运工程质量监督实施细则	浙交〔2006〕29号	浙江省交通厅
2006	浙江省公路水运工程施工企业信用评价管理暂行办法	浙交〔2006〕372号	浙江省交通厅

续上表

年份	文件名	文件编号	出台部门
2006	关于进一步加强收费公路权益转让监督管理的通知	浙交〔2006〕206号	浙江省交通厅
2007	浙江省公路路政管理条例	2007年省十届人大常委会三十次会议修订	
2007	关于明确高速公路建筑控制区范围的通知	浙交〔2007〕18号	浙江省交通厅
2007	浙江省公路水运工程施工监理招标投标管理实施细则	浙交〔2007〕54号	浙江省交通厅
2007	浙江省公路交通标志标线管理办法	浙交〔2007〕63号	浙江省交通厅
2007	浙江省公路抢险应急小额零星工程管理暂行办法	浙交〔2007〕82号	浙江省交通厅
2007	关于印发《浙江省公路养护工程招标投标管理暂行办法》的通知	浙交〔2007〕86号	浙江省交通厅
2007	关于印发《浙江省文明公路创建活动实施办法》的通知	浙交〔2007〕96号	浙江省交通厅
2007	关于印发《浙江省公路超限运输处罚标准》的通知	浙交〔2007〕140号	浙江省交通厅
2007	关于印发《浙江省公路水运工程质量举报处理暂行规定》的通知	浙交〔2007〕155号	浙江省交通厅
2008	浙江省高速公路运行管理办法	2008年省政府修订	
2008	关于进一步加强我省高速公路工程质量管理的意见	浙交〔2008〕232号	浙江省交通厅
2008	关于印发《浙江省高速公路建设工程标准化工地管理规定》的通知	浙交〔2008〕296号	浙江省交通厅
2008	浙江省测绘成果管理办法	2008年省政府令第251号	浙江省政府
2008	关于印发《浙江省交通建设工程监理行业管理暂行规定》的通知	浙交〔2008〕74号	浙江省交通厅
2008	关于印发《浙江省公路水运勘察设计招标投标管理实施细则》的通知	浙交〔2008〕113号	浙江省交通厅
2008	关于印发《浙江省公路水运工程试验检测管理办法》的通知	浙交〔2008〕167号	浙江省交通厅
2008	关于印发《浙江省公路水运工程施工企业信用评价管理办法》的通知	浙交〔2008〕283号	浙江省交通厅
2008	浙江省公路水运建设工程安全生产监督管理实施办法（试行）	浙交〔2008〕288号	浙江省交通厅
2009	浙江省人民代表大会常务委员会关于废止《浙江省公路养路费征收管理条例》等七件地方性法规的决定	浙江省人民代表大会常务委员会公告第19号	

续上表

年份	文件名	文件编号	出台部门
2009	浙江省征地补偿和被征地农民基本生活保障办法	2009年省政府令第264号	浙江省政府
2009	浙江省收费公路管理办法	2009年省政府令第267号	浙江省政府
2009	浙江省人民政府办公厅转发省交通厅关于全省高速公路计重收费实施意见的通知	浙政办发〔2009〕1号	浙江省政府
2009	关于印发《浙江省公路水运工程监理人员执业管理规定（试行）》的通知	浙交〔2009〕8号	浙江省交通运输厅
2009	转发浙江省物价局关于我省高速公路联网收费通行卡补卡费标准的通知	浙交办〔2009〕22号	浙江省交通厅
2009	关于合理调整全省高速公路标志速度的通知	浙交〔2009〕50号	浙江省交通厅
2009	关于印发浙江省经营性高速公路收费期限测算核定工作若干补充规定的通知	浙交〔2009〕86号	浙江省交通厅
2009	关于进一步提高公路工程设计质量的若干意见	浙交〔2009〕100号	浙江省交通运输厅
2009	关于进一步加强我省高速公路工程重大较大设计变更管理的通知	浙交〔2009〕151号	浙江省交通运输厅
2009	关于印发《浙江省高速公路建设工程标准化工地建设考核评比办法（试行）》的通知	浙交〔2009〕171号	浙江省交通运输厅
2009	关于印发《浙江省公路水运工程监理标准化建设实施细则（试行）》的通知	浙交〔2009〕206号	浙江省交通运输厅
2009	浙江省物价局关于调整高速公路清障施救服务收费标准的通知	浙价服〔2009〕247号	浙江省物价局
2009	关于印发浙江省公路水运建设工程生产安全事故应急预案的通知	浙交〔2009〕146号	浙江省交通运输厅
2009	关于印发《浙江省公路水运建设工程安全生产费用管理暂行规定》的通知	浙交〔2009〕228号	浙江省交通运输厅
2009	浙江省收费公路管理办法	2009年省政府令第267号	浙江省政府
2010	浙江省人民政府办公厅转发省交通运输厅 省物价局关于浙江省高速公路联网收费运行管理若干规定（试行）的通知	浙政办发〔2010〕8号	浙江省政府
2010	浙江省交通运输厅 浙江省物价局关于印发浙江省高速公路特长隧道叠加车辆通行费收费标准的通知	浙交〔2010〕193号	浙江省交通运输厅
2010	浙江省交通运输厅 浙江省物价局关于全省高速公路货车计重收费费率试行方案的通知	浙交〔2010〕88号	浙江省交通运输厅
2010	浙江省人民政府办公厅关于印发《浙江省行政审批服务管理办法》的通知	浙政办发〔2010〕138号	浙江省政府

续上表

年份	文件名	文件编号	出台部门
2010	浙江省交通运输厅关于进一步做好行政规范性文件备案审查工作的通知	浙交〔2010〕291号	浙江省交通运输厅
2010	浙江省交通运输厅关于印发《浙江省交通运输行政处罚裁量权实施办法》和《浙江省交通运输行政处罚裁量基准》的通知	浙交〔2010〕272号	浙江省交通运输厅
2010	浙江省交通运输厅关于印发《浙江省交通运输厅科技项目审计办法(试行)》的通知	浙交〔2010〕264号	浙江省交通运输厅
2010	浙江省交通运输厅关于印发《浙江省交通运输厅科技项目绩效评价办法(试行)》的通知	浙交〔2010〕265号	浙江省交通运输厅
2010	浙江省人民政府办公厅转发省交通运输厅 省财政厅 省发改委关于全省取消政府还贷二级公路收费实施意见的通知	浙政办发明电〔2010〕13号	浙江省政府
2010	浙江省交通运输厅 浙江省物价局关于进一步完善我省收费公路鲜活农产品运输绿色通道政策的通知	浙交〔2010〕267号	浙江省交通运输厅
2010	浙江省交通运输厅关于印发《浙江省公路水运危险性较大部分项目工程安全专项施工方案管理办法(试行)》的通知	浙交〔2010〕236号	浙江省交通运输厅
2010	浙江省交通运输厅关于印发《浙江省交通建设单位考核工作指导意见》的通知	浙交〔2010〕222号	浙江省交通运输厅
2010	浙江省交通运输厅、浙江省公安厅关于进一步加强治理车辆超限超载工作的通知	浙交〔2010〕111号	浙江省交通运输厅
2010	浙江省交通运输厅关于超宽轮胎车辆计重收费处理方式的通知	浙交〔2010〕162号	浙江省交通运输厅
2010	浙江省交通运输厅关于做好政府还贷二级公路取消收费后接管养工作的通知	浙交〔2010〕45号	浙江省交通运输厅
2010	浙江省交通运输厅关于进一步加强普通收费公路及其周边公路安全管理的通知	浙交〔2010〕268号	浙江省交通运输厅
2010	浙江省人民政府办公厅转发省公安厅 省交通运输厅关于切实加强道路交通安全工作意见的通知	浙政办发〔2010〕80号	浙江省政府
2011	浙江省人民政府办公厅关于印发浙江省高速公路养护管理若干规定(试行)的通知	浙政办发〔2011〕57号	浙江省政府
2012	浙江省交通建设工程质量和安全生产管理办法	2012年省政府令第300号	浙江省政府
2012	浙江省人民政府办公厅关于加快推进我省高速公路建设的通知	浙政办发〔2012〕31号	浙江省政府
2012	浙江省交通运输厅关于印发《浙江省高速公路建设项目设计勘察工作管理办法(试行)》的通知	浙交〔2012〕194号	浙江省交通运输厅
2012	浙江省建设工程造价管理办法	2012年省政府令第296号	浙江省政府
2012	浙江省交通运输厅关于印发《浙江省公路水运工程常用产品质量监督抽查管理实施意见(试行)》的通知	浙交〔2012〕248号	浙江省交通运输厅

续上表

年份	文　件　名	文　件　编　号	出　台　部　门
2012	浙江省交通运输厅关于印发《浙江省公路水运工程工程施工企业信用评价管理办法(修订)》的通知	浙交〔2012〕328号	浙江省交通运输厅
2012	浙江省交通运输厅关于印发《浙江省公路水运工程施工招标投标管理实施细则(修订)》的通知	浙交〔2012〕329号	浙江省交通运输厅
2012	浙江省基础测绘管理办法	2012年省政府令第308号	浙江省政府
2013	关于印发《浙江省交通建设工程安全生产监督管理实施细则》的通知	浙交〔2013〕5号	浙江省交通运输厅
2013	浙江省高速公路建设项目约谈制度(试行)	浙交〔2013〕24号	浙江省交通运输厅
2013	浙江省交通建设工程质量监督实施细则	浙交〔2013〕13号	浙江省交通运输厅
2013	关于印发《浙江省道路运输车辆维护周期规定》的通知	浙交〔2013〕165号	浙江省交通运输厅
2013	关于调整全省交通运输系统行政许可项目的通知	浙交〔2013〕213号	浙江省交通运输厅
2013	关于印发《浙江省公路科研项目管理办法》的通知	浙公路〔2013〕119号	浙江省公路局
2013	浙江省交通运输厅关于规范交通运输行政审批前置中介服务的通知	浙交〔2013〕126号	浙江省交通运输厅
2013	浙江省公路工程竣(交)工验收实施细则	浙交〔2013〕22号	浙江省交通运输厅
2013	浙江省公路水运工程监理企业信用评价管理办法	浙交〔2013〕11号	浙江省交通运输厅
2013	关于《浙江省公路水运工程施工企业信用评价管理办法(修订)》补充细化规定的通知	浙交〔2013〕139号	浙江省交通运输厅
2013	关于简化交通建设项目管理程序的通知	浙交〔2013〕84号	浙江省交通运输厅
2013	关于进一步加强公路隧道施工质量管理的通知	浙交〔2013〕219号	浙江省交通运输厅
2013	关于进一步加强浙江省公路养护管理规范化工作的指导意见	浙交〔2013〕67号	浙江省交通运输厅
2014	关于印发《浙江省高速公路不停车收费电子标签使用服务管理暂行办法》的通知	浙公路〔2014〕34号	浙江省公路局
2014	关于开展道路客运、危险货运安全生产集中整治活动的通知	浙运〔2014〕36号	浙江省运管局
2014	浙江省交通运输厅　浙江省物价局关于我省高速公路过江(海)水底隧道定额收费标准及连续高架桥叠加通行费收费标准的通知	浙交〔2014〕95号	浙江省交通运输厅
2014	关于印发《浙江省公路养护大中修工程质量监督管理办法(试行)》的通知	浙交〔2014〕142号	浙江省交通运输厅

续上表

年份	文 件 名	文 件 编 号	出 台 部 门
2014	关于印发《浙江省公路水运工程施工企业信用评价管理办法(2014年修订)》的通知	浙交〔2014〕248号	浙江省交通运输厅
2014	关于印发《浙江省公路水运工程设计企业信用评价管理办法(试行)》的通知	浙交〔2014〕249号	浙江省交通运输厅
2015	关于印发《浙江省道路运输管理局安全生产约谈办法》的通知	浙运〔2015〕28号	浙江省运管局
2015	关于进一步加强浙江省交通建设工程质量安全管理工作的若干意见	浙交〔2015〕59号	浙江省交通运输厅
2015	关于印发《浙江省公路水运工程监理信用评价管理办法》的通知	浙交〔2015〕191号	浙江省交通运输厅
2015	关于印发《浙江省交通运输厅科研信用管理办法(试行)》的通知	浙交〔2015〕200号	浙江省交通运输厅
2015	关于印发《浙江省公路水运工程设计企业信用评价管理办法》的通知	浙交〔2015〕231号	浙江省交通运输厅
2015	关于印发《浙江省公路水运工程施工企业信用评价管理办法(2015年修订)》的通知	浙交〔2015〕232号	浙江省交通运输厅
2015	关于印发《浙江省公路水运工程总监信用评价办法(试行)》的通知	浙交〔2015〕235号	浙江省交通运输厅
2015	关于印发《浙江省交通运输行政处罚裁量权实施办法》和《浙江省交通运输行政处罚裁量基准》的通知	浙交〔2015〕243号	浙江省交通运输厅
2016	关于印发《浙江省公路水运工程试验检测招标文件范本(2015年版)》的通知	浙交〔2016〕1号	浙江省交通运输厅
2016	关于印发《浙江省公路水运工程试验检测信用评价实施细则(试行)》的通知	浙交〔2016〕14号	浙江省交通运输厅
2016	关于规范道路货物运输托运查验和登记工作的通知	浙运〔2016〕20号	浙江省运管局
2016	转发交通运输部办公厅关于贯彻实施《道路运输车辆技术管理规定》等的通知	浙运〔2016〕35号	浙江省运管局
2016	关于建立高速路政例行巡查服务区制度的通知	浙公路〔2016〕40号	浙江省交通运输厅
2016	关于印发《浙江省公路养护工程招标投标管理办法》的通知	浙交〔2016〕69号	浙江省交通运输厅
2016	关于印发《浙江省公路水运建设市场管理实施细则(2016年修订)》的通知	浙交〔2016〕108号	浙江省交通运输厅
2016	关于实施《高速公路项目建设管理规范》等省地方标准的通知	浙交办〔2016〕130号	浙江省交通运输厅

续上表

年份	文件名	文件编号	出台部门
2016	浙江省交通运输厅 浙江省公安厅 浙江省物价局关于G20峰会期间绕行省内高速公路货运车辆实施通行费优惠事宜的通告	浙交〔2016〕146号	浙江省交通运输厅
2016	浙江省交通运输厅关于推进公路水运钢结构桥梁建设的实施意见	浙交〔2016〕175号	浙江省交通运输厅
2016	浙江省交通运输厅 浙江省物价局关于对办理并使用我省高速公路货车非现金支付卡的货运车辆实行通行费优惠的通知	浙交〔2016〕239号	浙江省交通运输厅
2017	关于对高速公路不停车收费车辆用户继续实行通行费优惠的通知	浙交〔2017〕17号	浙江省交通运输厅
2017	关于印发《关于加强浙江省高速公路运营管理的实施意见（试行）》的通知	浙交〔2017〕18号	浙江省交通运输厅
2017	浙江省交通运输厅 浙江省物价局关于延长20座、40座客车省内高速公路车辆通行费优惠期的通知	浙交〔2017〕41号	浙江省交通运输厅

浙江省高速公路信用管理法律法规规章见表3-2-2。

浙江省高速公路信用管理法律法规规章表   表3-2-2

年份	文件名	文件编号	出台部门
2006	浙江省公路水运工程施工企业信用评价管理暂行办法	浙交〔2006〕372号	浙江省交通厅
2008	关于印发《浙江省公路水运工程施工企业信用评价管理办法》的通知	浙交〔2008〕283号	浙江省交通厅
2012	浙江省交通运输厅关于印发《浙江省公路水运工程施工企业信用评价管理办法（修订）》的通知	浙交〔2012〕328号	浙江省交通运输厅
2013	浙江省公路水运工程监理企业信用评价管理办法	浙交〔2013〕11号	浙江省交通运输厅
2013	关于《浙江省公路水运工程施工企业信用评价管理办法（修订）》补充细化规定的通知	浙交〔2013〕139号	浙江省交通运输厅
2014	关于印发《浙江省公路水运工程施工企业信用评价管理办法（2014年修订）》的通知	浙交〔2014〕248号	浙江省交通运输厅
2014	关于印发《浙江省公路水运工程设计企业信用评价管理办法（试行）》的通知	浙交〔2014〕249号	浙江省交通运输厅
2015	关于印发《浙江省公路水运工程监理信用评价管理办法》的通知	浙交〔2015〕191号	浙江省交通运输厅

续上表

年份	文件名	文件编号	出台部门
2015	关于印发《浙江省交通运输厅科研信用管理办法(试行)》的通知	浙交〔2015〕200号	浙江省交通运输厅
2015	关于印发《浙江省公路水运工程设计企业信用评价管理办法》的通知	浙交〔2015〕231号	浙江省交通运输厅
2015	关于印发《浙江省公路水运工程施工企业信用评价管理办法(2015年修订)》的通知	浙交〔2015〕232号	浙江省交通运输厅
2015	关于印发《浙江省公路水运工程总监信用评价办法(试行)》的通知	浙交〔2015〕235号	浙江省交通运输厅
2016	关于印发《浙江省公路水运工程试验检测信用评价实施细则(试行)》的通知	浙交〔2016〕14号	浙江省交通运输厅

浙江省高速公路资质管理法律法规见表3-2-3。

浙江省高速公路资质管理法律法规表　　　　　　　　　　表3-2-3

年份	文件名	文件编号	出台部门
1996	省外施工承包商进浙江施工交通工程管理办法(试行)	浙交〔1996〕121号	浙江省交通厅
1996	浙江省交通建设工程质量监督实施细则	浙交〔1996〕339号	浙江省交通厅
1996	浙江省高速公路旅客运输管理规定(试行)	浙交〔1996〕50号	浙江省交通厅
1997	浙江省基本建设资金管理暂行办法	浙财基〔1997〕64号	浙江省财政厅
1997	浙江省重点项目管理办法	浙政办〔1997〕11号	浙江省政府办公厅
1997	浙江省交通工程质量事故处理暂行规定	浙交〔1997〕92号	浙江省交通厅
1997	浙江省公路工程竣工验收实施细则(试行)	浙交〔1997〕539号	浙江省交通厅
1997	浙江省公路、水运建设市场管理实施细则	浙交〔1997〕569号	浙江省交通厅
1998	浙江省固定资产投资管理暂行办法	浙政〔1998〕2号	浙江省政府
1998	浙江省公路、水运工程造价管理暂行规定	浙交〔1998〕219号	浙江省交通厅
1998	关于加强交通工程造价管理工作的通知	浙交〔1998〕8号	浙江省交通厅
1998	省外承包商进浙承接公路、水运工程业务管理办法	浙交〔1998〕218号	浙江省交通厅
1998	关于对《省外承包商进浙承接公路、水运工程业务管理办法》修改补充通知	浙交〔1998〕392号	浙江省交通厅
1998	关于加强高速公路路政管理工作的通知	浙交〔1998〕307号	浙江省交通厅
1999	浙江省重点建设工程发包承包管理办法	1999年省政府令第112号	浙江省政府
1999	浙江省公路工程竣工验收实施细则	浙交〔1999〕485号	浙江省交通厅
1999	关于印发《浙江省公路、水运工程质量事故处理暂行规定》的通知	浙交〔1999〕363号	浙江省交通厅
2000	关于切实加强公路建设资金监督管理的通知	浙交〔2000〕327号	浙江省交通厅

续上表

年份	文 件 名	文 件 编 号	出 台 部 门
2000	关于进一步加强公路、水运工程施工监理管理有关事项的通知	浙交〔2000〕185号	浙江省交通厅
2000	关于转发交通部《高速公路旅客运输管理规定》的通知	浙交〔2000〕28号	浙江省交通厅
2000	关于《浙江省公路养路费征收管理条例》有关规定说明的通知	浙交〔2000〕14号	浙江省交通厅
2001	浙江省建设工程监理管理条例	2001年浙江省第九届人民代表大会常务委员会第二十九次会议通过修正	
2001	浙江省建筑业管理条例	2001年浙江省第九届人民代表大会常务委员会第三十次会议通过修正	
2001	浙江省建设工程质量管理条例	2001年浙江省第九届人民代表大会常务委员会第三十次会议通过修正	
2001	浙江省重点建设项目管理办法	2001年省政府令第136号	浙江省政府
2001	省外从业单位进入浙江公路、水路建设市场管理办法	浙交〔2001〕18号	浙江省交通厅
2001	浙江省公路、水运工程质量负责制若干规定（试行）	浙交〔2001〕516号	浙江省交通厅
2001	关于进一步加强高速公路路政管理工作的通知	浙交〔2001〕295号	浙江省交通厅
2002	关于进一步加强高速公路养护管理工作的通知	浙交〔2002〕196号	浙江省交通厅
2002	浙江省公路水运工程合同行业监督管理办法	浙交〔2002〕256号	浙江省交通厅
2002	浙江省交通系统重特大事故应急处理预案（试行）	浙交〔2002〕178号	浙江省交通厅
2003	关于加强公路建设项目法人资格管理的通知	浙交〔2003〕181号	浙江省交通厅
2003	浙江省公路水运工程施工分包管理规定（试行）	浙交〔2003〕286号	浙江省交通厅
2003	关于进一步加强高速公路建设管理的若干意见	浙交〔2003〕314号	浙江省交通厅
2003	浙江省高速公路标准化工地建设管理规定	浙交〔2003〕519号	浙江省交通厅
2003	关于印发《浙江省公路及其附属设施赔（补）偿有关标准》的通知	浙交〔2003〕111号	浙江省交通厅、财政厅、物价局
2003	浙江省公路水运工程监理人员资质管理实施办法（修订稿）	浙交〔2003〕208号	浙江省交通厅
2003	关于进一步加强收费公路交通标志标线管理的通知	浙交〔2003〕213号	浙江省交通厅
2003	关于印发浙江省公路水运工程常用产品质量管理实施意见的通知	浙交〔2003〕259号	浙江省交通厅
2003	浙江省公路绿化工程质量检验评定办法（试行）	浙交〔2003〕243号	浙江省交通厅

续上表

年份	文件名	文件编号	出台部门
2003	浙江省收费公路干线畅通工程资金管理暂行规定	浙交〔2003〕552号	浙江省交通厅
2004	浙江省交通信息化建设管理暂行办法	浙交〔2004〕547号	浙江省交通厅
2004	浙江省建设工程造价计价管理办法	2004年省政府令第173号	浙江省政府
2004	浙江省高速公路服务区管理暂行办法	浙交〔2004〕112号	浙江省交通厅
2004	浙江省高速公路养护管理办法(试行)	浙交〔2004〕288号	浙江省交通厅
2004	浙江省高速公路创精品工程实施意见(试行)	浙交〔2004〕311号	浙江省交通厅
2004	浙江省交通建设项目竣工决算审计管理暂行办法	浙交〔2004〕474号	浙江省交通厅
2004	浙江省公路工程质量鉴定实施细则	浙交〔2004〕517号	浙江省交通厅
2004	关于公路收费站点收费人员着装清理有关事宜的通知	浙交〔2004〕357号	浙江省交通厅
2004	浙江省公路机械设备管理办法	浙交〔2004〕27号	浙江省交通厅
2004	浙江省公路水运工程施工分包界定和认定的补充规定	浙交〔2004〕111号	浙江省交通厅
2004	关于公路安全保障工程的实施意见	浙交〔2004〕200号	浙江省交通厅
2004	关于转发交通部《公路工程竣(交)工验收办法》的通知	浙交〔2004〕381号	浙江省交通厅
2004	浙江省公路养路费超收分成资金使用管理办法	浙交〔2004〕413号	浙江省交通厅
2004	关于转发交通部《公路水运工程监理企业资质管理规定》的通知	浙交〔2004〕415号	浙江省交通厅
2004	浙江省公路安全保障工程管理办法	浙交〔2004〕504号	浙江省交通厅
2005	浙江省文明公路规范执法考核办法(试行)	浙交〔2005〕224号	浙江省交通厅
2005	浙江省文明公路创建活动实施办法(试行)	浙交〔2005〕225号	浙江省交通厅
2005	浙江省高速公路运行管理办法	2005年省政府令第193号	浙江省政府
2005	浙江省高速公路联网运行监控管理办法(试行)	浙交〔2005〕111号	浙江省交通厅
2005	关于高速公路互通连接线设置标准的通知	浙交〔2005〕136号	浙江省交通厅
2005	浙江省交通厅星级公路收费站管理办法	浙交〔2005〕223号	浙江省交通厅
2005	关于重大建设项目穿(跨)越公路相关事宜的通知	浙交〔2005〕314号	浙江省交通厅
2005	浙江省高速公路建设效能监察实施意见	浙交〔2005〕327号	浙江省交通厅
2005	高速公路造价控制的若干措施	浙交〔2005〕372号	浙江省交通厅
2005	浙江省公路工程建设、养护安全事故应急预案(试行)	浙交〔2005〕266号	浙江省交通厅
2005	浙江省高速公路联网收费二义性路径计费及拆分暂行办法	浙交〔2005〕360号	浙江省交通厅

续上表

年份	文 件 名	文 件 编 号	出 台 部 门
2005	浙江省公路车辆通行费收费管理人员着装管理办法	浙交〔2005〕232号	浙江省交通厅
2005	浙江省招投标条例	浙江省十届人大常委会第二十二次会议通过	
2005	关于启用浙江省公路路政执法文书的通知	浙交〔2005〕89号	浙江省交通厅
2005	关于进一步规范公路路政许可的通知	浙交〔2005〕92号	浙江省交通厅
2005	浙江省公路水运工程造价管理规定	浙交〔2005〕201号	浙江省交通厅
2005	浙江省公路超限运输监测站管理办法	浙交〔2005〕334号	浙江省交通厅
2005	浙江省公路水运建设市场管理实施细则	浙交〔2005〕371号	浙江省交通厅
2005	浙江省公路养路费减免征收管理办法	浙交〔2005〕125号	浙江省交通厅
2005	浙江省公路养路费委托银行代收业务管理暂行办法(修订稿)	浙交〔2005〕141号	浙江省交通厅
2005	关于严格依法征收公路养路费的紧急通知	浙交〔2005〕272号	浙江省交通厅、省财政厅
2006	浙江省公路养护质量专项检测管理办法(试行)	浙交〔2006〕87号	浙江省交通厅
2006	关于印发《高速公路沥青路面规范化施工与质量管理指导意见》的通知	浙交〔2006〕103号	浙江省交通厅
2006	浙江省公路水运工程工地试验室管理暂行办法	浙交〔2006〕113号	浙江省交通厅
2006	转发省物价局关于调整交通建设工程质量检测和工程材料试验收费标准的通知	浙交办〔2006〕114号	浙江省交通厅
2006	浙江省公路水运工程质量监督实施细则	浙交〔2006〕29号	浙江省交通厅
2006	浙江省公路水运工程施工企业信用评价管理暂行办法	浙交〔2006〕372号	浙江省交通厅
2006	关于进一步加强收费公路权益转让监督管理的通知	浙交〔2006〕206号	浙江省交通厅
2007	浙江省公路路政管理条例	2007年省十届人大常委会三十次会议修订	
2007	关于明确高速公路建筑控制区范围的通知	浙交〔2007〕18号	浙江省交通厅
2007	浙江省公路交通标志标线管理办法	浙交〔2007〕63号	浙江省交通厅
2007	浙江省公路抢险应急小额零星工程管理暂行办法	浙交〔2007〕82号	浙江省交通厅
2007	关于印发《浙江省文明公路创建活动实施办法》的通知	浙交〔2007〕96号	浙江省交通厅
2007	关于印发浙江省公路超限运输处罚标准的通知	浙交〔2007〕140号	浙江省交通厅
2007	关于印发《浙江省公路水运工程质量举报处理暂行规定》的通知	浙交〔2007〕155号	浙江省交通厅
2008	浙江省高速公路运行管理办法	2008年省政府修订	
2008	关于进一步加强我省高速公路工程质量管理的意见	浙交〔2008〕232号	浙江省交通厅

续上表

年份	文件名	文件编号	出台部门
2008	关于印发《浙江省高速公路建设工程标准化工地管理规定》的通知	浙交〔2008〕296号	浙江省交通厅
2008	浙江省测绘成果管理办法	2008年省政府令第251号	浙江省政府
2008	关于印发《浙江省交通建设工程监理行业管理暂行规定》的通知	浙交〔2008〕74号	浙江省交通厅
2008	关于印发《浙江省公路水运工程试验检测管理办法》的通知	浙交〔2008〕167号	浙江省交通厅
2008	关于印发《浙江省公路水运工程施工企业信用评价管理办法》的通知	浙交〔2008〕283号	浙江省交通厅
2008	浙江省公路水运建设工程安全生产监督管理实施办法（试行）	浙交〔2008〕288号	浙江省交通厅
2009	浙江省人民代表大会常务委员会关于废止《浙江省公路养路费征收管理条例》等七件地方性法规的决定	浙江省人民代表大会常务委员会公告第19号	
2009	浙江省征地补偿和被征地农民基本生活保障办法	2009年省政府令第264号	浙江省政府
2009	浙江省收费公路管理办法	2009年省政府令第267号	浙江省政府
2009	浙江省人民政府办公厅转发省交通厅关于全省高速公路计重收费实施意见的通知	浙政办发〔2009〕1号	浙江省政府
2009	关于印发《浙江省公路水运工程监理人员执业管理规定（试行）》的通知	浙交〔2009〕8号	浙江省交通厅
2009	转发浙江省物价局《关于我省高速公路联网收费通行卡补卡费标准的通知》	浙交办〔2009〕22号	浙江省交通厅
2009	关于合理调整全省高速公路标志速度的通知	浙交〔2009〕50号	浙江省交通厅
2009	关于印发《浙江省公路水运工程监理办标准化建设实施细则（试行）》的通知	浙交〔2009〕206号	浙江省交通运输厅
2009	浙江省物价局关于调整高速公路清障施救服务收费标准的通知	浙价服〔2009〕247号	浙江省物价局
2009	关于印发《浙江省公路水运建设工程安全生产费用管理暂行规定》的通知	浙交〔2009〕228号	浙江省交通运输厅
2009	浙江省收费公路管理办法	2009年省政府令第267号	浙江省政府
2010	浙江省人民政府办公厅转发省交通运输厅 省物价局关于印发《浙江省高速公路联网收费运行管理若干规定（试行）》的通知	浙政办发〔2010〕8号	浙江省政府

续上表

年份	文　件　名	文件编号	出台部门
2010	浙江省交通运输厅　浙江省物价局关于印发《浙江省高速公路特长隧道叠加车辆通行费收费标准》的通知	浙交〔2010〕193号	浙江省交通运输厅
2010	浙江省交通运输厅　浙江省物价局关于全省高速公路货车计重收费费率试行方案的通知	浙交〔2010〕88号	浙江省交通运输厅
2010	浙江省人民政府办公厅关于印发浙江省行政审批服务管理办法的通知	浙政办发〔2010〕138号	浙江省政府
2010	浙江省交通运输厅关于进一步做好行政规范性文件备案审查工作的通知	浙交〔2010〕291号	浙江省交通运输厅
2010	浙江省交通运输厅关于印发《浙江省交通运输行政处罚裁量权实施办法》和《浙江省交通运输行政处罚裁量基准》的通知	浙交〔2010〕272号	浙江省交通运输厅
2010	浙江省交通运输厅关于印发《浙江省交通运输厅科技项目审计办法（试行）》的通知	浙交〔2010〕264号	浙江省交通运输厅
2010	浙江省交通运输厅关于印发《浙江省交通运输厅科技项目绩效评价办法（试行）》的通知	浙交〔2010〕265号	浙江省交通运输厅
2010	浙江省人民政府办公厅转发省交通运输厅　省财政厅　省发改委关于全省取消政府还贷二级公路收费实施意见的通知	浙政办发明电〔2010〕13号	浙江省政府
2010	浙江省交通运输厅　浙江省物价局关于进一步完善我省收费公路鲜活农产品运输绿色通道政策的通知	浙交〔2010〕267号	浙江省交通运输厅
2010	浙江省交通运输厅关于印发《浙江省公路水运危险性较大部分项目工程安全专项施工方案管理办法（试行）》的通知	浙交〔2010〕236号	浙江省交通运输厅
2010	浙江省交通运输厅关于印发《浙江省交通建设单位考核工作指导意见》的通知	浙交〔2010〕222号	浙江省交通运输厅
2010	浙江省交通运输厅　浙江省公安厅关于进一步加强治理车辆超限超载工作的通知	浙交〔2010〕111号	浙江省交通运输厅
2010	浙江省交通运输厅关于超宽轮胎车辆计重收费处理方式的通知	浙交〔2010〕162号	浙江省交通运输厅
2010	浙江省交通运输厅关于做好政府还贷二级公路取消收费后接管养工作的通知	浙交〔2010〕45号	浙江省交通运输厅
2010	浙江省交通运输厅关于进一步加强普通收费公路及其周边公路安全管理的通知	浙交〔2010〕268号	浙江省交通运输厅

续上表

年份	文件名	文件编号	出台部门
2010	浙江省人民政府办公厅转发省公安厅 省交通运输厅关于切实加强道路交通安全工作意见的通知	浙政办发〔2010〕80号	浙江省政府
2011	浙江省人民政府办公厅关于印发浙江省高速公路养护管理若干规定(试行)的通知	浙政办发〔2011〕57号	浙江省政府
2012	浙江省交通建设工程质量和安全生产管理办法	2012年省政府令第300号	浙江省政府
2012	浙江省人民政府办公厅关于加快推进我省高速公路建设的通知	浙政办发〔2012〕31号	浙江省政府
2012	浙江省建设工程造价管理办法	2012年省政府令296号	浙江省政府
2012	浙江省交通运输厅关于印发《浙江省公路水运工程常用产品质量监督抽查管理实施意见(试行)》的通知	浙交〔2012〕248号	浙江省交通运输厅
2012	浙江省基础测绘管理办法	2012年省政府令第308号	浙江省政府
2013	浙江省高速公路建设项目约谈制度(试行)	浙交〔2013〕24号	浙江省交通运输厅
2013	浙江省交通建设工程质量监督实施细则	浙交〔2013〕13号	浙江省交通运输厅
2013	关于调整全省交通运输系统行政许可项目的通知	浙交〔2013〕213号	浙江省交通运输厅
2013	浙江省交通运输厅关于规范交通运输行政审批前置中介服务的通知	浙交〔2013〕126号	浙江省交通运输厅
2013	浙江省公路工程竣(交)工验收实施细则	浙交〔2013〕22号	浙江省交通运输厅
2013	浙江省公路水运工程监理企业信用评价管理办法	浙交〔2013〕11号	浙江省交通运输厅
2013	关于《浙江省公路水运工程施工企业信用评价管理办法(修订)》补充细化规定的通知	浙交〔2013〕139号	浙江省交通运输厅
2013	关于简化交通建设项目管理程序的通知	浙交〔2013〕84号	浙江省交通运输厅
2013	关于进一步加强公路隧道施工质量管理的通知	浙交〔2013〕219号	浙江省交通运输厅
2013	关于进一步加强浙江省公路养护管理规范化工作的指导意见	浙交〔2013〕67号	浙江省交通运输厅
2014	关于印发《浙江省公路水运工程施工企业信用评价管理办法(2014年修订)》的通知	浙交〔2014〕248号	浙江省交通运输厅
2014	关于印发《浙江省公路水运工程设计企业信用评价管理办法(试行)》的通知	浙交〔2014〕249号	浙江省交通运输厅
2015	关于印发《浙江省公路水运工程监理信用评价管理办法》的通知	浙交〔2015〕191号	浙江省交通运输厅
2015	关于印发《浙江省交通运输厅科研信用管理办法(试行)》的通知	浙交〔2015〕200号	浙江省交通运输厅

续上表

年份	文　件　名	文　件　编　号	出　台　部　门
2015	关于印发《浙江省公路水运工程设计企业信用评价管理办法》的通知	浙交〔2015〕231号	浙江省交通运输厅
2015	关于印发《浙江省公路水运工程施工企业信用评价管理办法（2015年修订）》的通知	浙交〔2015〕232号	浙江省交通运输厅
2015	关于印发《浙江省公路水运工程总监信用评价办法（试行）》的通知	浙交〔2015〕235号	浙江省交通运输厅

浙江省高速公路招投标管理法律法规规章见表3-2-4。

浙江省高速公路招投标管理法律法规规章表　　　表3-2-4

年份	文　件　名	文　件　编　号	出　台　部　门
1996	浙江省公路、水运工程施工招标投标管理实施细则（试行）	浙交〔1996〕197号	浙江省交通厅
1997	浙江省公路、水运工程施工招标投标管理实施细则	浙交〔1997〕419号	浙江省交通厅
1997	浙江省公路、水运工程勘察设计招标投标管理办法（试行）	浙交〔1997〕524号	浙江省交通厅
1999	浙江省公路、水运工程施工监理招标投标管理实施细则（试行）	浙交〔1999〕423号	浙江省交通厅
2000	关于进一步加强公路、水运工程施工监理招标投标管理有关事项的补充通知	浙交〔2000〕422号	浙江省交通厅
2001	浙江省建设工程招标投标管理条例	2001年浙江省第九届人民代表大会常务委员会第三十次会议通过修正	
2002	关于进一步规范公路、水路工程施工、监理招标投标行为的通知	浙交〔2002〕22号	浙江省交通厅
2002	浙江省公路水运工程施工招标投标管理实施细则	浙交〔2002〕231号	浙江省交通厅
2002	浙江省公路、水运工程施工监理招标投标管理实施细则（修订稿）	浙交〔2002〕395号	浙江省交通厅
2003	浙江省公路水运工程施工招标投标管理实施细则	浙交〔2003〕309号	浙江省交通厅
2003	关于进一步规范公路水运工程施工监理招标投标行为的通知	浙交〔2003〕180号	浙江省交通厅
2004	浙江省高速公路项目业主招标投标暂行办法	浙政发〔2004〕29号	浙江省政府
2004	关于公路水运工程施工和监理招标投标管理有关事宜的通知	浙交〔2004〕48号	浙江省交通厅
2004	关于在交通工程招标过程中做好行贿行为档案查询工作的通知	浙交〔2004〕254号	浙江省交通厅

续上表

年份	文 件 名	文 件 编 号	出 台 部 门
2005	浙江省招投标条例	浙江省十届人大常委会第二十二次会议通过	
2005	浙江省公路水运工程施工招标投标管理实施细则	浙交〔2005〕137号	浙江省交通厅
2006	浙江省招标公告发布办法	浙发改函〔2006〕268号	浙江省发改委
2007	浙江省公路水运工程施工监理招标投标管理实施细则	浙交〔2007〕54号	浙江省交通厅
2008	关于印发《浙江省公路水运勘察设计招标投标管理实施细则》的通知	浙交〔2008〕113号	浙江省交通厅

第三节 高速公路项目管理法规

高速公路是推动社会进步、促进经济发展的重要基础设施,其建设管理水平不仅影响该工程项目,还将影响到整个社会的经济发展环境。从短期看,高速公路建设能够拉动内需,促进当前经济发展;从长远看,高速公路是保持国家发展后劲、转变经济增长方式、提升国际竞争力的有效途径。

近几年,高速公路建设因其可带来巨大的社会效益和经济效益而成为基础设施投资的重点,在强大的政策性投资倾斜下,正以超乎寻常的速度发展。而与之相应的高速公路建设项目管理方面,由于缺乏系统的理论体系和完善的监督手段,不同业主及下属不同项目公司的项目管理水平并不均衡,大体上仍处于摸索和各自为政的阶段。同时由于投资行为中投资产权界定不清晰,使投资管理体制中许多深层次的问题并未得到真正解决,项目公司内在的自我投资约束、自担风险、自求发展的运行机制远未能建立,项目公司融资行为不同程度地受到政府控制,这些问题的解决不仅需要科学的项目管理,更需要通过制订相应的标准化条文解决制度上的漏洞。

由于以下几点主要原因,高速公路项目管理的规范化、标准化成为管理者努力探索的课题。编制适合目前情况并能加快与国际惯例接轨的高速公路项目管理标准化文件是大势所趋。

(1)随着社会主义市场经济体制的建立与完善,招投标已经从最初的试点上升到所有项目公司在选择设计、监理、施工单位和采购主要材料过程中所必须遵循的规范性行为。

(2)高速公路的质量一直是各方关注的焦点,在质量、费用、工期三大控制中,质量一直处于龙头位置,质量问题出现的原因牵涉到项目法人质量意识、项目质量管理水平、招投标机制及监理工程师工作等多方面。自高速公路在国内开始修建以来,质量控制已经逐渐深入人心,整体上全国高速公路质量呈良性发展趋势。

(3)近年来,随着对高速公路建设行业腐败行为的打击力度加大,使得高速公路项目建设中腐败现象浮出水面,掩藏在高造价后的腐败行为使得投资控制成为项目管理的热点,需要项目法人针对设计和施工中各阶段投资控制中存在的不足,主动加强监督与管理。

(4)有效的高速公路建设项目管理法规就是在高速公路建设中,实施有效的项目组织方式,即在项目实施中,包括综合管理、勘察设计管理、质量与安全管理、环保与土地、廉政建设、资金与审计管理等方面,进行组织策划,用科学的组织结构和高效的组织效应使项目达到最优。因此,采用科学合理的项目管理法规是高速公路建设成功进行的前提和基础。

浙江省高速公路相关法规采用精细化管理,分为综合管理、设计管理、质量与安全管理三部分,旨在全面完善高速公路项目管理法规。所谓精细化管理是一种管理理念,它是社会分工的精细化以及服务质量的精细化对现代管理的必然要求,它是建立在常规管理的基础上,并将常规管理引向深入的关键一步。而浙江省高速公路项目管理相关法规制度就很好地诠释了这一点。

浙江高速公路法规采用的精细化管理对高速公路建设尤为重要。每一个细节都会对工程质量、安全生产和工程进度造成很大的影响。高速公路建设只有大力营造精细化施工、管理的氛围,培养追求极致、不断超越的精神,才能使精细化思想深深根植于每个参建人员的脑中,成为高速公路建设管理的根本。此外,实施全面精细化管理还要加强过程控制,工程建设自始至终都要做到细致入微。同时,还要制定具体的质量标准。用具体、明确、量化的质量标准取代笼统、模糊的质量管理要求,可以说质量保证体系是精细化管理的重要组成和支撑。

浙江省高速公路综合管理、质量与安全管理、勘察设计管理法律法规规章分别见表3-3-1~表3-3-3。

浙江省高速公路综合管理法律法规规章表　　表3-3-1

年份	文件名	文件编号	出台部门
1996	浙江省公路路政管理办法	1996年省政府令第78号	浙江省政府
1996	浙江省公路"四自"工程管理暂行办法	浙政发〔1996〕160号	浙江省政府
1996	省外施工承包商进浙江施工交通工程管理办法(试行)	浙交〔1996〕121号	浙江省交通厅
1996	浙江省公路、水运工程施工招标投标管理实施细则(试行)	浙交〔1996〕197号	浙江省交通厅
1996	关于交通建设市场整顿的实施意见	浙交〔1996〕230号	浙江省交通厅

续上表

年份	文件名	文件编号	出台部门
1996	浙江省交通工程优质奖评审管理办法	浙交〔1996〕270号	浙江省交通厅
1996	浙江省交通建设工程质量监督实施细则	浙交〔1996〕339号	浙江省交通厅
1996	浙江省"四自"公路养护、路政管理办法	浙交〔1996〕445号	浙江省交通厅
1996	浙江省高速公路旅客运输管理规定(试行)	浙交〔1996〕50号	浙江省交通厅
1997	浙江省基本建设资金管理暂行办法	浙财基〔1997〕64号	浙江省财政厅
1997	浙江省重点项目管理办法	浙政办〔1997〕11号	浙江省政府办公厅
1997	浙江省建设工程勘察设计管理条例	浙江省第八届人民代表大会常务委员会第59号公布	
1997	浙江省交通工程质量事故处理暂行规定	浙交〔1997〕92号	浙江省交通厅
1997	浙江省公路、水运工程施工招标投标管理实施细则	浙交〔1997〕419号	浙江省交通厅
1997	浙江省公路、水运工程勘察设计招标投标管理办法(试行)	浙交〔1997〕524号	浙江省交通厅
1997	浙江省公路工程竣工验收实施细则(试行)	浙交〔1997〕539号	浙江省交通厅
1997	浙江省公路、水运建设市场管理实施细则	浙交〔1997〕569号	浙江省交通厅
1998	浙江省固定资产投资管理暂行办法	浙政〔1998〕2号	浙江省政府
1998	浙江省公路、水运工程造价管理暂行规定	浙交〔1998〕219号	浙江省交通厅
1998	关于加强交通工程造价管理工作的通知	浙交〔1998〕8号	浙江省交通厅
1998	省外承包商进浙承接公路、水运工程业务管理办法	浙交〔1998〕218号	浙江省交通厅
1998	关于对《省外承包商进浙承接公路、水运工程业务管理办法》修改补充通知	浙交〔1998〕392号	浙江省交通厅
1998	关于加强高速公路路政管理工作的通知	浙交〔1998〕307号	浙江省交通厅
1999	浙江省重点建设工程发包承包管理办法	1999年省政府令第112号	浙江省政府
1999	浙江省公路工程竣工验收实施细则	浙交〔1999〕485号	浙江省交通厅
1999	关于印发《浙江省公路、水运工程质量事故处理暂行规定》的通知	浙交〔1999〕363号	浙江省交通厅
1999	浙江省公路、水运工程施工监理招标投标管理实施细则(试行)	浙交〔1999〕423号	浙江省交通厅
1999	浙江省公路绿化管理办法实施细则(试行)	浙交〔1999〕509号	浙江省交通厅
1999	浙江省公路交通安全设施设置与管理暂行办法	浙交〔1999〕379号	浙江省交通厅
1999	浙江沪杭甬高速公路沿线户外广告设置标准	浙交〔1999〕500号	浙江省交通厅、省公安厅、省工商局
2000	关于切实加强公路建设资金监督管理的通知	浙交〔2000〕327号	浙江省交通厅
2000	关于进一步加强公路、水运工程施工监理管理有关事项的通知	浙交〔2000〕185号	浙江省交通厅
2000	关于进一步加强公路、水运工程施工监理招标投标管理有关事项的补充通知	浙交〔2000〕422号	浙江省交通厅

续上表

年份	文 件 名	文 件 编 号	出 台 部 门
2000	关于转发交通部《高速公路旅客运输管理规定》的通知	浙交〔2000〕28号	浙江省交通厅
2000	关于《浙江省公路养路费征收管理条例》有关规定说明的通知	浙交〔2000〕14号	浙江省交通厅
2001	浙江省建设工程勘察设计管理条例	2001年浙江省第九届人民代表大会常务委员会第二十九次会议通过修正	
2001	浙江省建设工程监理管理条例	2001年浙江省第九届人民代表大会常务委员会第二十九次会议通过修正	
2001	浙江省建筑业管理条例	2001年浙江省第九届人民代表大会常务委员会第三十次会议通过修正	
2001	浙江省建设工程招标投标管理条例	2001年浙江省第九届人民代表大会常务委员会第三十次会议通过修正	
2001	浙江省建设工程质量管理条例	2001年浙江省第九届人民代表大会常务委员会第三十次会议通过修正	
2001	浙江省重点建设项目管理办法	2001年省政府令第136号	浙江省政府
2001	省外从业单位进入浙江公路、水路建设市场管理办法	浙交〔2001〕18号	浙江省交通厅
2001	浙江省公路、水运工程质量负责制若干规定(试行)	浙交〔2001〕516号	浙江省交通厅
2001	关于进一步加强高速公路路政管理工作的通知	浙交〔2001〕295号	浙江省交通厅
2002	关于进一步规范公路、水路工程施工、监理招标投标行为的通知	浙交〔2002〕22号	浙江省交通厅
2002	关于进一步加强高速公路养护管理工作的通知	浙交〔2002〕196号	浙江省交通厅
2002	浙江省公路水运工程施工招标投标管理实施细则	浙交〔2002〕231号	浙江省交通厅
2002	浙江省公路水运工程合同行业监督管理办法	浙交〔2002〕256号	浙江省交通厅
2002	浙江省公路、水运工程施工监理招标投标管理实施细则(修订稿)	浙交〔2002〕395号	浙江省交通厅
2002	浙江省交通系统重特大事故应急处理预案(试行)	浙交〔2002〕178号	浙江省交通厅
2003	关于加强公路建设项目法人资格管理的通知	浙交〔2003〕181号	浙江省交通厅
2003	浙江省公路水运工程施工分包管理规定(试行)	浙交〔2003〕286号	浙江省交通厅
2003	浙江省公路水运工程施工招标投标管理实施细则	浙交〔2003〕309号	浙江省交通厅
2003	关于进一步加强高速公路建设管理的若干意见	浙交〔2003〕314号	浙江省交通厅

续上表

年份	文件名	文件编号	出台部门
2003	浙江省高速公路标准化工地建设管理规定	浙交〔2003〕519号	浙江省交通厅
2003	关于印发《浙江省公路及其附属设施赔(补)偿有关标准》的通知	浙交〔2003〕111号	浙江省交通厅、财政厅、物价局
2003	关于进一步规范公路水运工程施工监理招标投标行为的通知	浙交〔2003〕180号	浙江省交通厅
2003	浙江省公路水运工程监理人员资质管理实施办法(修订稿)	浙交〔2003〕208号	浙江省交通厅
2003	关于进一步加强收费公路交通标志标线管理的通知	浙交〔2003〕213号	浙江省交通厅
2003	关于印发浙江省公路水运工程常用产品质量管理实施意见的通知	浙交〔2003〕259号	浙江省交通厅
2003	浙江省公路绿化工程质量检验评定办法(试行)	浙交〔2003〕243号	浙江省交通厅
2003	浙江省收费公路干线畅通工程资金管理暂行规定	浙交〔2003〕552号	浙江省交通厅
2004	关于进一步加强交通基础设施领域廉政建设的意见	浙交〔2004〕430号	浙江省交通厅
2004	浙江省交通信息化建设管理暂行办法	浙交〔2004〕547号	浙江省交通厅
2004	浙江省建设工程勘察设计管理条例	省十届人大常委会第十一次会议通过,第18号公布	
2004	浙江省建设工程造价计价管理办法	2004年省政府令第173号	浙江省政府
2004	浙江省高速公路项目业主招标投标暂行办法	浙政发〔2004〕29号	浙江省政府
2004	关于公路水运工程施工和监理招标投标管理有关事宜的通知	浙交〔2004〕48号	浙江省交通厅
2004	浙江省高速公路服务区管理暂行办法	浙交〔2004〕112号	浙江省交通厅
2004	浙江省高速公路养护管理办法(试行)	浙交〔2004〕288号	浙江省交通厅
2004	浙江省高速公路创精品工程实施意见(试行)	浙交〔2004〕311号	浙江省交通厅
2004	浙江省交通建设项目竣工决算审计管理暂行办法	浙交〔2004〕474号	浙江省交通厅
2004	浙江省公路工程质量鉴定实施细则	浙交〔2004〕517号	浙江省交通厅
2004	关于公路收费站点收费人员着装清理有关事宜的通知	浙交〔2004〕357号	浙江省交通厅
2004	浙江省公路机械设备管理办法	浙交〔2004〕27号	浙江省交通厅
2004	浙江省公路水运工程施工分包界定和认定的补充规定	浙交〔2004〕111号	浙江省交通厅
2004	关于公路安全保障工程的实施意见	浙交〔2004〕200号	浙江省交通厅
2004	关于在交通工程招标过程中做好行贿行为档案查询工作的通知	浙交〔2004〕254号	浙江省交通厅
2004	关于转发交通部《公路工程竣(交)工验收办法》的通知	浙交〔2004〕381号	浙江省交通厅

续上表

年份	文件名	文件编号	出台部门
2004	浙江省公路养路费超收分成资金使用管理办法	浙交〔2004〕413号	浙江省交通厅
2004	关于转发交通部《公路水运工程监理企业资质管理规定》的通知	浙交〔2004〕415号	浙江省交通厅
2004	浙江省公路安全保障工程管理办法	浙交〔2004〕504号	浙江省交通厅
2004	关于公路养路费支出预算必须严格按规定使用范围编制的通知	浙交〔2004〕525号	浙江省交通厅
2005	浙江省公路路政管理条例	浙江省十届人大常委会第十五次会议通过	
2005	宁波市公路养护管理条例	浙江省十届人大常委会第十九次会议通过	
2005	浙江省文明公路规范执法考核办法(试行)	浙交〔2005〕224号	浙江省交通厅
2005	浙江省文明公路创建活动实施办法(试行)	浙交〔2005〕225号	浙江省交通厅
2005	浙江省高速公路运行管理办法	2005年省政府令第193号	浙江省政府
2005	浙江省高速公路联网运行监控管理办法(试行)	浙交〔2005〕111号	浙江省交通厅
2005	关于高速公路互通连接线设置标准的通知	浙交〔2005〕136号	浙江省交通厅
2005	浙江省交通厅星级公路收费站管理办法	浙交〔2005〕223号	浙江省交通厅
2005	关于重大建设项目穿(跨)越公路相关事宜的通知	浙交〔2005〕314号	浙江省交通厅
2005	浙江省高速公路建设效能监察实施意见	浙交〔2005〕327号	浙江省交通厅
2005	高速公路造价控制的若干措施	浙交〔2005〕372号	浙江省交通厅
2005	浙江省公路工程建设、养护安全事故应急预案(试行)	浙交〔2005〕266号	浙江省交通厅
2005	浙江省高速公路联网收费二义性路径计费及拆分暂行办法	浙交〔2005〕360号	浙江省交通厅
2005	浙江省公路车辆通行费收费管理人员着装管理办法	浙交〔2005〕232号印发	浙江省交通厅
2005	浙江省招投标条例	浙江省十届人大常委会第二十二次会议通过	
2005	关于启用浙江省公路路政执法文书的通知	浙交〔2005〕89号	浙江省交通厅
2005	关于进一步规范公路路政许可的通知	浙交〔2005〕92号	浙江省交通厅
2005	浙江省公路水运工程施工招标投标管理实施细则	浙交〔2005〕137号	浙江省交通厅
2005	浙江省公路水运工程造价管理规定	浙交〔2005〕201号	浙江省交通厅
2005	关于对我省公路水运工程施工招标评标办法和资格预审评审办法中不良行为解释的通知	浙交〔2005〕291号	浙江省交通厅
2005	浙江省公路超限运输监测站管理办法	浙交〔2005〕334号	浙江省交通厅
2005	浙江省公路水运建设市场管理实施细则	浙交〔2005〕371号	浙江省交通厅

续上表

年份	文件名	文件编号	出台部门
2005	浙江省公路养路费减免征收管理办法	浙交〔2005〕125号	浙江省交通厅
2005	浙江省公路养路费委托银行代收业务管理暂行办法（修订稿）	浙交〔2005〕141号	浙江省交通厅
2005	关于严格依法征收公路养路费的紧急通知	浙交〔2005〕272号	浙江省交通厅、省财政厅
2006	浙江省招标公告发布办法	浙发改函〔2006〕268号	浙江省发改委
2006	浙江省公路养护质量专项检测管理办法（试行）	浙交〔2006〕87号	浙江省交通厅
2006	关于印发《高速公路沥青路面规范化施工与质量管理指导意见》的通知	浙交〔2006〕103号	浙江省交通厅
2006	浙江省公路水运工程工地试验室管理暂行办法	浙交〔2006〕113号	浙江省交通厅
2006	转发省物价局关于调整交通建设工程质量检测和工程材料试验收费标准的通知	浙交办〔2006〕114号	浙江省交通厅
2006	浙江省公路水运工程质量监督实施细则	浙交〔2006〕29号	浙江省交通厅
2006	浙江省公路水运工程施工企业信用评价管理暂行办法	浙交〔2006〕372号	浙江省交通厅
2006	关于进一步加强收费公路权益转让监督管理的通知	浙交〔2006〕206号	浙江省交通厅
2007	浙江省公路路政管理条例	2007年省十届人大常委会三十次会议修订	
2007	关于明确高速公路建筑控制区范围的通知	浙交〔2007〕18号	浙江省交通厅
2007	浙江省公路水运工程施工监理招标投标管理实施细则	浙交〔2007〕54号	浙江省交通厅
2007	浙江省公路交通标志标线管理办法	浙交〔2007〕63号	浙江省交通厅
2007	浙江省公路抢险应急小额零星工程管理暂行办法	浙交〔2007〕82号	浙江省交通厅
2007	关于印发《浙江省公路养护工程招标投标管理暂行办法》的通知	浙交〔2007〕86号	浙江省交通厅
2007	关于印发《浙江省文明公路创建活动实施办法》的通知	浙交〔2007〕96号	浙江省交通厅
2007	关于印发浙江省公路超限运输处罚标准的通知	浙交〔2007〕140号	浙江省交通厅
2007	关于印发《浙江省公路水运工程质量举报处理暂行规定》的通知	浙交〔2007〕155号	浙江省交通厅
2008	浙江省高速公路运行管理办法	2008年省政府修订	
2008	关于进一步加强我省高速公路工程质量管理的意见	浙交〔2008〕232号	浙江省交通厅
2008	关于印发《浙江省高速公路建设工程标准化工地管理规定》的通知	浙交〔2008〕296号	浙江省交通厅

续上表

年份	文件名	文件编号	出台部门
2008	浙江省测绘成果管理办法	2008年省政府令第251号	浙江省政府
2008	关于印发《浙江省交通建设工程监理行业管理暂行规定》的通知	浙交〔2008〕74号	浙江省交通厅
2008	关于印发《浙江省公路水运勘察设计招标投标管理实施细则》的通知	浙交〔2008〕113号	浙江省交通厅
2008	关于印发《浙江省公路水运工程试验检测管理办法》的通知	浙交〔2008〕167号	浙江省交通厅
2008	关于印发《浙江省公路水运工程施工企业信用评价管理办法》的通知	浙交〔2008〕283号	浙江省交通厅
2008	浙江省公路水运建设工程安全生产监督管理实施办法(试行)	浙交〔2008〕288号	浙江省交通厅
2009	浙江省人民代表大会常务委员会关于废止《浙江省公路养路费征收管理条例》等七件地方性法规的决定	浙江省人民代表大会常务委员会公告第19号	
2009	浙江省征地补偿和被征地农民基本生活保障办法	2009年省政府令第264号	浙江省政府
2009	浙江省收费公路管理办法	2009年省政府令第267号	浙江省政府
2009	浙江省人民政府办公厅转发省交通厅关于全省高速公路计重收费实施意见的通知	浙政办发〔2009〕1号	浙江省政府
2009	关于进一步加强我省高速公路工程重大较大设计变更管理的通知	浙交〔2009〕151号	浙江省交通运输厅
2009	转发浙江省物价局关于我省高速公路联网收费通行卡补卡费标准的通知	浙交办〔2009〕22号	浙江省交通运输厅
2009	关于合理调整全省高速公路标志速度的通知	浙交〔2009〕50号	浙江省交通厅
2009	关于印发浙江省经营性高速公路收费期限测算核定工作若干补充规定的通知	浙交〔2009〕86号	浙江省交通厅
2009	关于进一步提高公路工程设计质量的若干意见	浙交〔2009〕100号	浙江省交通运输厅
2009	关于印发《浙江省高速公路建设工程标准化工地建设考核评比办法(试行)》的通知	浙交〔2009〕171号	浙江省交通运输厅
2009	关于印发《浙江省公路水运工程监理办标准化建设实施细则(试行)》的通知	浙交〔2009〕206号	浙江省交通运输厅
2009	浙江省物价局关于调整高速公路清障施救服务收费标准的通知	浙价服〔2009〕247号	浙江省物价局
2009	关于印发《浙江省公路水运工程监理人员执业管理规定(试行)》的通知	浙交〔2009〕8号	浙江省交通运输厅
2009	关于印发浙江省公路水运建设工程生产安全事故应急预案的通知	浙交〔2009〕146号	浙江省交通运输厅

续上表

年份	文 件 名	文 件 编 号	出 台 部 门
2009	关于印发《浙江省公路水运建设工程安全生产费用管理暂行规定》的通知	浙交〔2009〕228号	浙江省交通运输厅
2009	浙江省收费公路管理办法	2009年省政府令第267号	浙江省政府
2010	浙江省人民政府办公厅转发省交通运输厅 省物价局关于印发《浙江省高速公路联网收费运行管理若干规定(试行)》的通知	浙政办发〔2010〕8号	浙江省政府
2010	浙江省交通运输厅 浙江省物价局关于印发浙江省高速公路特长隧道叠加车辆通行费收费标准的通知	浙交〔2010〕193号	浙江省交通运输厅
2010	浙江省交通运输厅 浙江省物价局关于全省高速公路货车计重收费费率试行方案的通知	浙交〔2010〕88号	浙江省交通运输厅
2010	浙江省人民政府办公厅关于印发《浙江省行政审批服务管理办法》的通知	浙政办发〔2010〕138号	浙江省政府
2010	浙江省交通运输厅关于进一步做好行政规范性文件备案审查工作的通知	浙交〔2010〕291号	浙江省交通运输厅
2010	浙江省交通运输厅关于印发《浙江省交通运输行政处罚裁量权实施办法》和《浙江省交通运输行政处罚裁量基准》的通知	浙交〔2010〕272号	浙江省交通运输厅
2010	浙江省交通运输厅关于印发《浙江省交通运输厅科技项目审计办法(试行)》的通知	浙交〔2010〕264号	浙江省交通运输厅
2010	浙江省交通运输厅关于印发《浙江省交通运输厅科技项目绩效评价办法(试行)》的通知	浙交〔2010〕265号	浙江省交通运输厅
2010	浙江省人民政府办公厅转发省交通运输厅 省财政厅 省发改委关于全省取消政府还贷二级公路收费实施意见的通知	浙政办发明电〔2010〕13号	浙江省政府
2010	浙江省交通运输厅 浙江省物价局关于进一步完善我省收费公路鲜活农产品运输绿色通道政策的通知	浙交〔2010〕267号	浙江省交通运输厅
2010	浙江省交通运输厅关于印发《浙江省公路水运危险性较大部分项目工程安全专项施工方案管理办法(试行)》的通知	浙交〔2010〕236号	浙江省交通运输厅
2010	浙江省交通运输厅关于印发《浙江省交通建设单位考核工作指导意见》	浙交〔2010〕222号	浙江省交通运输厅
2010	浙江省交通运输厅 浙江省公安厅关于进一步加强治理车辆超限超载工作的通知	浙交〔2010〕111号	浙江省交通运输厅
2010	浙江省交通运输厅关于超宽轮胎车辆计重收费处理方式的通知	浙交〔2010〕162号	浙江省交通运输厅
2010	浙江省交通运输厅关于做好政府还贷二级公路取消收费后接管养工作的通知	浙交〔2010〕45号	浙江省交通运输厅

续上表

年份	文件名	文件编号	出台部门
2010	浙江省交通运输厅关于进一步加强普通收费公路及其周边公路安全管理的通知	浙交〔2010〕268号	浙江省交通运输厅
2010	浙江省人民政府办公厅转发省公安厅 省交通运输厅关于切实加强道路交通安全工作意见的通知	浙政办发〔2010〕80号	浙江省政府
2011	浙江省人民政府办公厅关于印发《浙江省高速公路养护管理若干规定（试行）》的通知	浙政办发〔2011〕57号	浙江省政府
2012	关于印发《浙江省公路工程勘察设计招标文件编制办法》(2012年版)的通知	浙交〔2012〕205号	浙江省交通运输厅
2012	浙江省交通建设工程质量和安全生产管理办法	2012年省政府令第300号	浙江省政府
2012	浙江省人民政府办公厅关于加快推进我省高速公路建设的通知	浙政办发〔2012〕31号	浙江省政府
2012	浙江省交通运输厅关于印发《浙江省高速公路建设项目设计勘察工作管理办法（试行）》的通知	浙交〔2012〕194号	浙江省交通运输厅
2012	浙江省建设工程造价管理办法	2012年省政府令第296号	浙江省政府
2012	浙江省交通运输厅关于印发《浙江省公路水运工程常用产品质量监督抽查管理实施意见（试行）》的通知	浙交〔2012〕248号	浙江省交通运输厅
2012	浙江省交通运输厅关于印发《浙江省公路水运工程工程施工企业信用评价管理办法（修订）》的通知	浙交〔2012〕328号	浙江省交通运输厅
2012	浙江省交通运输厅关于印发《浙江省公路水运工程施工招标投标管理实施细则（修订）》的通知	浙交〔2012〕329号	浙江省交通运输厅
2012	浙江省基础测绘管理办法	2012年省政府令第308号	浙江省政府
2013	浙江省高速公路建设项目约谈制度（试行）	浙交〔2013〕24号	浙江省交通运输厅
2013	浙江省交通建设工程质量监督实施细则	浙交〔2013〕13号	浙江省交通运输厅
2013	关于调整全省交通运输系统行政许可项目的通知	浙交〔2013〕213号	浙江省交通运输厅
2013	浙江省交通运输厅关于规范交通运输行政审批前置中介服务的通知	浙交〔2013〕126号	浙江省交通运输厅
2013	浙江省公路工程竣（交）工验收实施细则	浙交〔2013〕22号	浙江省交通运输厅
2013	浙江省公路水运工程监理企业信用评价管理办法	浙交〔2013〕11号	浙江省交通运输厅
2013	关于《浙江省公路水运工程施工企业信用评价管理办法（修订）》补充细化规定的通知	浙交〔2013〕139号	浙江省交通运输厅
2013	关于简化交通建设项目管理程序的通知	浙交〔2013〕84号	浙江省交通运输厅
2013	关于进一步加强公路隧道施工质量管理的通知	浙交〔2013〕219号	浙江省交通运输厅

续上表

年份	文 件 名	文件编号	出台部门
2013	关于进一步加强浙江省公路养护管理规范化工作的指导意见	浙交〔2013〕67号	浙江省交通运输厅
2013	关于印发《浙江省交通建设工程安全生产监督管理实施细则》的通知	浙交〔2013〕5号	浙江省交通运输厅
2013	关于印发《浙江省道路运输车辆维护周期规定》的通知	浙交〔2013〕165号	浙江省交通运输厅
2013	关于印发《浙江省公路科研项目管理办法》的通知	浙公路〔2013〕119号	浙江省公路局
2014	关于开展道路客运、危险货运安全生产集中整治活动的通知	浙运〔2014〕36号	浙江省运管局
2014	关于印发《浙江省公路养护大中修工程质量监督管理办法（试行）》的通知	浙交〔2014〕142号	浙江省交通运输厅
2014	关于印发《浙江省公路水运工程施工企业信用评价管理办法（2014年修订）》的通知	浙交〔2014〕248号	浙江省交通运输厅
2014	关于印发《浙江省公路水运工程设计企业信用评价管理办法（试行）》的通知	浙交〔2014〕249号	浙江省交通运输厅
2015	关于进一步加强浙江省交通建设工程质量安全管理工作的若干意见	浙交〔2015〕59号	浙江省交通运输厅
2015	关于印发浙江省道路运输管理局安全生产约谈办法的通知	浙运〔2015〕28号	浙江省运管局
2015	关于印发《浙江省公路水运工程监理信用评价管理办法》的通知	浙交〔2015〕191号	浙江省交通运输厅
2015	关于印发《浙江省交通运输厅科研信用管理办法（试行）》的通知	浙交〔2015〕200号	浙江省交通运输厅
2015	关于印发《浙江省公路水运工程设计企业信用评价管理办法》的通知	浙交〔2015〕231号	浙江省交通运输厅
2015	关于印发《浙江省公路水运工程施工企业信用评价管理办法（2015年修订）》的通知	浙交〔2015〕232号	浙江省交通运输厅
2015	关于印发《浙江省公路水运工程总监信用评价办法（试行）》的通知	浙交〔2015〕235号	浙江省交通运输厅
2015	关于印发《浙江省交通运输行政处罚裁量权实施办法》和《浙江省交通运输行政处罚裁量基准》的通知	浙交〔2015〕243号	浙江省交通运输厅
2016	关于印发《浙江省公路水运工程试验检测招标文件范本（2015年版）》的通知	浙交〔2016〕1号	浙江省交通运输厅
2016	关于印发《浙江省公路水运工程试验检测信用评价实施细则（试行）》的通知	浙交〔2016〕14号	浙江省交通运输厅

续上表

年份	文件名	文件编号	出台部门
2016	关于规范道路货物运输托运查验和登记工作的通知	浙运〔2016〕20号	浙江省运管局
2016	转发交通运输部办公厅关于贯彻实施《道路运输车辆技术管理规定》等的通知	浙运〔2016〕35号	浙江省运管局
2016	关于建立高速路政例行巡查服务区制度的通知	浙公路〔2016〕40号	浙江省公路局
2016	关于印发《浙江省公路养护工程招标投标管理办法》的通知	浙交〔2016〕69号	浙江省交通运输厅
2016	关于实施《高速公路项目建设管理规范》等省地方标准的通知	浙交办〔2016〕130号	浙江省交通运输厅
2016	浙江省交通运输厅 浙江省公安厅 浙江省物价局关于G20峰会期间绕省内高速公路货运车辆实施通行费优惠事宜的通告	浙交〔2016〕146号	浙江省交通运输厅
2016	浙江省交通运输厅关于推进公路水运钢结构桥梁建设的实施意见	浙交〔2016〕175号	浙江省交通运输厅
2016	浙江省交通运输厅 浙江省物价局关于对办理并使用我省高速公路货车非现金支付卡的货运车辆实行通行费优惠的通知	浙交〔2016〕239号	浙江省交通运输厅
2017	关于对高速公路不停车收费车辆用户继续实行通行费优惠的通知	浙交〔2017〕17号	浙江省交通运输厅
2017	关于印发《关于加强浙江省高速公路运营管理的实施意见(试行)》的通知	浙交〔2017〕18号	浙江省交通运输厅
2017	浙江省交通运输厅 浙江省物价局关于延长20座、40座客车省内高速公路车辆通行费优惠期的通知	浙交〔2017〕41号	浙江省交通运输厅

浙江省高速公路质量与安全管理法律法规规章表　　　　表3-3-2

年份	文件名	文件编号	出台部门
1996	浙江省交通建设工程质量监督实施细则	浙交〔1996〕339号	浙江省交通厅
1997	浙江省交通工程质量事故处理暂行规定	浙交〔1997〕92号	浙江省交通厅
1999	关于印发《浙江省公路、水运工程质量事故处理暂行规定》的通知	浙交〔1999〕363号	浙江省交通厅
1999	浙江省公路交通安全设施设置与管理暂行办法	浙交〔1999〕379号	浙江省交通厅
2001	浙江省建设工程质量管理条例	2001年浙江省第九届人民代表大会常务委员会第三十次会议通过修正	
2001	浙江省公路、水运工程质量负责制若干规定(试行)	浙交〔2001〕516号	浙江省交通厅
2003	关于印发浙江省公路水运工程常用产品质量管理实施意见的通知	浙交〔2003〕259号	浙江省交通厅
2003	浙江省公路绿化工程质量检验评定办法(试行)	浙交〔2003〕243号	浙江省交通厅

续上表

年份	文件名	文件编号	出台部门
2004	浙江省公路工程质量鉴定实施细则	浙交〔2004〕517号	浙江省交通厅
2004	关于公路安全保障工程的实施意见	浙交〔2004〕200号	浙江省交通厅
2004	浙江省公路安全保障工程管理办法	浙交〔2004〕504号	浙江省交通厅
2005	浙江省公路工程建设、养护安全事故应急预案（试行）	浙交〔2005〕266号	浙江省交通厅
2006	浙江省公路养护质量专项检测管理办法（试行）	浙交〔2006〕87号	浙江省交通厅
2006	关于印发《高速公路沥青路面规范化施工与质量管理指导意见》的通知	浙交〔2006〕103号	浙江省交通厅
2006	转发省物价局关于调整交通建设工程质量检测和工程材料试验收费标准的通知	浙交办〔2006〕114号	浙江省交通厅
2006	浙江省公路水运工程质量监督实施细则	浙交〔2006〕29号	浙江省交通厅
2007	关于印发《浙江省公路水运工程质量举报处理暂行规定》的通知	浙交〔2007〕155号	浙江省交通厅
2008	关于进一步加强我省高速公路工程质量管理的意见	浙交〔2008〕232号	浙江省交通厅
2008	浙江省公路水运建设工程安全生产监督管理实施办法（试行）	浙交〔2008〕288号	浙江省交通厅
2009	关于进一步提高公路工程设计质量的若干意见	浙交〔2009〕100号	浙江省交通厅
2009	关于印发浙江省公路水运建设工程生产安全事故应急预案的通知	浙交〔2009〕146号	浙江省交通运输厅
2009	关于印发《浙江省公路水运建设工程安全生产费用管理暂行规定》的通知	浙交〔2009〕228号	浙江省交通运输厅
2010	浙江省交通运输厅关于印发《浙江省公路水运危险性较大部分项目工程安全专项施工方案管理办法（试行）》的通知	浙交〔2010〕236号	浙江省交通运输厅
2010	浙江省交通运输厅关于进一步加强普通收费公路及其周边公路安全管理的通知	浙交〔2010〕268号	浙江省交通运输厅
2010	浙江省人民政府办公厅转发省公安厅、省交通运输厅关于切实加强道路交通安全工作意见的通知	浙政办发〔2010〕80号	浙江省政府
2012	浙江省交通建设工程质量和安全生产管理办法	2012年省政府令第300号	浙江省政府
2012	浙江省交通运输厅关于印发《浙江省公路水运工程常用产品质量监督抽查管理实施意见（试行）》的通知	浙交〔2012〕248号	浙江省交通运输厅
2013	浙江省交通建设工程质量监督实施细则	浙交〔2013〕13号	浙江省交通运输厅
2013	关于进一步加强公路隧道施工质量管理的通知	浙交〔2013〕219号	浙江省交通运输厅
2013	关于印发《浙江省交通建设工程安全生产监督管理实施细则》的通知	浙交〔2013〕5号	浙江省交通运输厅

续上表

年份	文 件 名	文 件 编 号	出 台 部 门
2013	关于印发《浙江省道路运输车辆维护周期规定》的通知	浙交〔2013〕165号	浙江省交通运输厅
2014	关于印发《浙江省公路养护大中修工程质量监督管理办法（试行）》的通知	浙交〔2013〕142号	浙江省交通运输厅
2014	关于开展道路客运、危险货运安全生产集中整治活动的通知	浙运〔2014〕36号	浙江省运管局
2015	关于进一步加强浙江省交通建设工程质量安全管理工作的若干意见	浙交〔2015〕59号	浙江省交通运输厅
2015	关于印发《浙江省道路运输管理局安全生产约谈办法》的通知	浙运〔2015〕28号	浙江省运管局
2016	关于印发《浙江省公路水运工程试验检测招标文件范本（2015年版）》的通知	浙交〔2016〕1号	浙江省交通运输厅
2016	关于建立高速路政例行巡查服务区制度的通知	浙公路〔2016〕40号	浙江省公路局
2016	关于规范道路货物运输托运查验和登记工作的通知	浙运〔2016〕20号	浙江省运管局

浙江省高速公路勘察设计管理法律法规规章表　　　　表3-3-3

年份	文 件 名	文 件 编 号	出 台 部 门
1997	浙江省建设工程勘察设计管理条例	浙江省第八届人民代表大会常务委员会第59号公布	
1997	浙江省公路、水运工程勘察设计招标投标管理办法（试行）	浙交〔1997〕524号	浙江省交通厅
2001	浙江省建设工程勘察设计管理条例	2001年浙江省第九届人民代表大会常务委员会第二十九次会议通过修正	
2004	浙江省建设工程勘察设计管理条例	浙江省十届人大常委会第十一次会议通过，第18号公布	
2007	关于印发《浙江省公路水运工程质量举报处理暂行规定》的通知	浙交〔2007〕155号	浙江省交通厅
2008	关于印发《浙江省公路水运勘察设计招标投标管理实施细则》的通知	浙交〔2008〕113号	浙江省交通厅
2012	浙江省交通运输厅关于印发《浙江省高速公路建设项目设计勘察工作管理办法（试行）》的通知	浙交〔2012〕194号	浙江省交通运输厅
2012	关于印发《浙江省公路工程勘察设计招标文件编制办法（2012年版）》的通知	浙交〔2012〕205号	浙江省交通运输厅

第四章
高速公路科技成果

浙江高速公路建设坚持"科学技术是第一生产力"的指导思想，针对高速公路建设中的难点工程、关键技术、管理方法等开展大量的科学研究和技术攻关，取得了一大批具有实用价值的成果，并在建设、生产、管理的实践中加以推广应用，为高速公路发展提供了有力的科技支撑和保障。随着浙江交通事业的不断发展，浙江交通科技也不断发展，科技成果越来越多，科研水平越来越高，多项科研成果达到国内领先及以上水平。其中部分工程项目获得国际级、国家级大奖，是浙江省高速公路科技发展的结晶与典型代表，见表4-0-1。本章收录我省历年来高速公路方面的主要科研项目。

浙江省高速公路项目获国际级、国家级大奖典型项目　　　　表4-0-1

年度	项目名称	奖项
1993	杭州钱塘江二桥	鲁班奖
1999	杭州钱塘江二桥基础工程	詹天佑奖（首届）
2004	乍（浦）嘉（兴）苏（州）高速公路	鲁班奖
2011	杭州湾跨海大桥	鲁班奖，詹天佑奖，百年百项杰出土木工程
2014	杭州湾跨海大桥	改革开放35年百项经典工程奖
2015	舟山大陆连岛工程西堠门大桥	古斯塔夫·林登少奖，"菲迪克"年度杰出项目奖，鲁班奖，詹天佑奖
2015	浙江省仙居至缙云高速公路苍岭隧道工程	全国优秀工程勘察设计金质奖
2016	钱江隧道及接线工程	"菲迪克"年度杰出项目奖
2016	嘉绍大桥	古斯塔夫·林登少奖，国际道路成就工程设计奖
2016	杭新景高速公路延伸线（之江大桥）工程	2016—2017年度国家优质工程奖

第一节　路基、路面方面的科技成果

1.水泥搅拌桩加固沪杭高速公路嘉兴段桥头软土地基试验研究

主要完成单位：浙江省交通规划设计研究院等。

主要技术内容：本项目结合沪杭高速公路嘉兴段桥头路堤软基处理工程，在国内首次运用计算机控制计量装置施工粉喷桩，使软土固化达到足够强度，提高了地基的承载力。

同时,项目还研究了柔性荷载作用下,水泥搅拌桩与桩间土之间的相互作用关系及其规律,探讨了柔性荷载作用下的理论计算方法,确定柔性路堤下水泥搅拌桩的设计参数。

本项目成果在沪杭高速公路、杭宁高速公路一期和二期、上三高速公路、320国道嘉兴过境段、甬台温高速公路、乍嘉苏高速公路、杭金衢高速公路、杭甬高速公路拓宽等软基处理工程中推广应用。

该成果于2001年8月通过交通部科技成果鉴定,达到国内领先水平。

2. 现浇混凝土薄壁筒桩加固软土地基试验研究

主要完成单位:浙江省杭宁高速公路管理委员会等。

主要技术内容:本项目针对现浇混凝土薄壁筒桩技术加固高路堤桥头软土地基的可能性和加固效果开展研究,结合杭宁高速公路二期工程软土地基处理,研究了高速公路高路堤在荷载作用下筒桩加固软基的沉降规律;筒桩单桩承载力与桩径、桩长、地质条件的关系;现浇混凝土筒桩承载力理论计算模型;相同的地质与荷载条件下,现浇混凝土薄壁筒桩与粉喷桩、塑料排水板加固地基的效果及经济效益比较;筒桩桩身质量和承载力测试方法及其判别标准;路堤荷载作用下桩土应力分担比规律;刚性桩理论计算和过渡区作用原理。

本项目成果在杭宁高速公路、申苏浙皖高速公路等工程中推广应用。

该成果于2001年12月完成,达到国内领先水平。

3. EPS轻质路堤在高速公路的应用

主要完成单位:浙江省交通规划设计研究院等。

主要技术内容:本项目对EPS材料特性及其在大交通量高速公路上的工作状态、耐久性及使用寿命等进一步展开深入研究,主要内容有EPS超轻质路堤上高等级路面的结构设计方法与施工方法、EPS超轻质路堤的沉降和侧压力的试验研究、EPS超轻质路堤桥路过渡结构优化设计、EPS超轻质路堤的耐久性和使用寿命、降低EPS材料路用成本途径。

本项目成果在沪杭高速公路余杭段、甬台温高速公路台州一期和平阳至苍南段、杭宁高速公路湖州段、杭金衢高速公路萧山段工程中推广应用。

该成果于2002年4月完成,达到国内领先水平。

4. 低强度混凝土桩复合地基处理试验研究

主要完成单位:浙江省杭宁高速公路管理委员会等。

主要技术内容:本项目针对低强度混凝土桩复合地基加固高速公路软土地基的应用开展研究,结合杭宁高速公路二期工程软土地基处理,对路堤荷载作用下低强度混凝土桩复合地基的性状进行试验分析,研究了基础刚度对复合地基性状的影响,探讨柔性基础与刚性基础下复合地基性状的差异；路堤在荷载作用下的低强度混凝土桩复合地基加固软基的沉降规律；低强度混凝土桩单桩承载力与桩径、桩长、地质条件的关系；相同的地质条件和荷载条件下，低强度混凝土桩与粉喷桩、塑料排水板加固地基的效果及经济效益分析；提出路堤荷载作用下低强度混凝土桩复合地基的设计方法。

本项目成果在杭宁等高速公路软土地基处理中（包括设计、施工）推广应用。

该成果于2002年12月完成，达到国内领先水平。

5. 高边坡稳定可靠性与支护结构优化及其工程应用

主要完成单位：浙江大学等。

主要技术内容：本项目系统地开展了边坡岩体结构及力学参数的测定、评价和岩体变形破裂机理的研究工作，确定了熔结凝灰岩强度参数的尺寸效应，给出了模拟地应力的边界和位移函数方法，在国内首先提出边坡岩体深层破裂的二分剪拉破裂模式，编制了边坡平面破坏、圆弧破坏的计算图表，分析了影响边坡支护结构安全的主要控制因素，对支护结构的设计以及边坡动态设计的要点提出了建设性的建议。

本项目成果应用于金丽温高速公路15、18、20、21等标段的施工安全监测、开挖施工方案优化、支护结构形式优选、坡率优化等。

该成果于2002年12月完成，达到国内领先水平。

6. 复杂地质地貌条件区高速公路主要岩土工程问题研究

主要完成单位：浙江省上三公路建设指挥部、浙江大学建工学院防灾所。

主要技术内容：本项目系统研究了复杂地质地貌条件区高速公路建设中含碎石黏性土边坡的地下水渗流管网系统、滑坡变形破坏的力学过程、含碎石黏性土边坡的坡面堆载和坡脚开挖导致滑坡的机制、围岩变形破坏发展形成洞口大规模滑坡、高路堤稳定、粉喷桩加固机理等问题，在认识滑坡机理、正确评价滑坡稳定性、完善高填方路基分析方法、改善粉喷桩加固软土地基等方面具有指导意义。

本项目成果应用于上三高速公路等工程。

该成果于2002年12月完成，达到国际先进水平。

7. 柱下条基桩土共同作用研究

主要完成单位：浙江省交通规划设计研究院、浙江大学。

主要技术内容：本项目运用通用有限元程序ANSYS分析柱下条基单排桩群的性状，研究影响桩基受荷、沉降的诸多因素，并据此对有关规范中相关条目进行了探讨；用APDL编写了柱下条形桩基设计及优化设计程序，对柱下条形单排桩群的一般优化方法开展了研究；在理论分析和试验研究的基础上，提出了柱下条形桩基宽基浅埋、小直径摩擦型群桩"内强外弱"的布桩方式。

本项目在玉环县楚门客运中心站工程基础设计、杭甬拓宽工程绍兴三江服务区扩建等项目的基础设计中应用。

8. 温州市高速公路沥青路面材料特性与路用性能试验研究

主要完成单位：温州市高速公路工程建设总指挥部、浙江大学。

主要技术内容：本项目通过对甬台温高速公路温州乐清段沥青路面的有关试验和采用3D-FEM的非线性理论分析，着重探讨高速公路沥青路面的材料特性、路用性能等有关问题，以期提高道路的使用性能、耐久性和稳定性，减少早期破坏，并为今后高速公路沥青路面修建提供理论分析方法、试验和施工技术。

本项目成果应用于甬台温高速公路温州乐清段和后续的其他高速公路上。

该成果于2003年10月完成，达到国内领先水平。

9. 甬台温高速公路温州段软基处治技术与效果评价研究

主要完成单位：温州市高速公路工程建设总指挥部、重庆交通科研设计院。

主要技术内容：本项目针对软土地基上高速公路的沉降问题，运用理论计算方法和实测沉降推算方法，对沉降速率控制、工后沉降控制、粉喷桩与塑料排水板联合使用等方面进行了分析研究，提出了相应的设计方法和施工工艺。

本项目成果应用于甬台温高速公路瑞安段、乐清段两期工程。

该成果于2004年7月完成，达到国内领先水平。

10. 破碎岩质边坡锚固技术研究

主要完成单位：浙江大学建工学院防灾所等。

主要技术内容：本项目针对当前破碎岩质边坡锚固技术中存在的问题，提出了锚索间距、框格梁截面高度和锚固角确定的建议方案、锚索预应力分析预测的理论方法，解决了破碎岩质边坡锚固设计的关键性技术问题，为边坡锚固方案确定、锚固设计参数选择、锚固效果评价等提供了依据，为经济合理地利用锚固技术奠定了基础。

本项目成果应用于金丽温高速公路工程的边坡加固。

该成果于2004年7月完成，达到国际先进水平。

11. 浙江省公路滑坡主要类型分析及防治对策研究

主要完成单位：浙江省交通规划设计研究院、浙江大学建工学院防灾所。

主要技术内容：本项目通过对浙江省公路滑坡现象的系统调查，揭示了浙江省公路滑坡的地质环境、诱发因素和时空发育规律，划分了浙江省公路滑坡的主要类型，揭示了各类主要滑坡类型的共性；并通过采用接触弹塑性有限元分析、建立稳定系数与滑面抗剪强度指标及滑体饱水面积比的相关式、弹塑性有限元极限塑性应变分析和室内物理力学试验，提出完整认识滑坡机理、正确评价滑坡的稳定性、提高滑坡的调查评价方法和相应的防治对策。

本项目成果已在龙丽丽龙高速公路、杭千高速公路、甬金高速公路等多处工程中推广应用。

该成果于2004年12月完成,达到国际先进水平。

12. 高等级公路沥青柔性基层的研究与开发

主要完成单位:湖州市公路管理处、同济大学。

主要技术内容:本项目分析了柔性基层沥青路面的工作特性,研究了作为柔性基层的乳化沥青稳定碎石、大粒径沥青混合料以及泡沫沥青稳定碎石成型机理、设计方法和物理力学性能;提出三种沥青稳定碎石都可以用于沥青路面基层而以大粒径沥青混合料的力学性能为最优的结论;并通过分析路面各层功能,提出了适合于不同交通量情况下的沥青路面典型结构。

本项目成果在湖州市部分公路路面改造中推广应用。

该成果于2005年8月完成,达到国内领先水平。

13. 高等级公路水泥稳定基层沥青路面抗裂性能研究

主要完成单位:金丽温高速公路永嘉鹿城段工程建设指挥部。

主要技术内容:本项目在对大粒径水泥稳定碎石抗裂性级配设计理论进行分析研究的基础上,开展了大量不同粒径范围的级配试验和全面的抗裂性能试验,包括强度、弹性模量力学性能、水泥稳定碎石抗裂性能的温缩和干缩指标测试,得出了大粒径水泥稳定碎石抗裂性能的主要特征,并筛选出混合料合理粒径的范围,探讨了大粒径水泥稳定碎石施工工艺。

本项目成果已在金丽温高速公路工程中应用。

14. 浙江省干线公路沿线沥青路面适用石料调查与研究

主要完成单位:浙江省公路管理局、浙江省交通工程建设集团有限公司。

主要技术内容:本项目在深入调查,并对已有资料作出认真研究、分析的基础上,绘制了全省高速公路沥青路面适用矿料分布图,对浙江省2007年以前将完工的高速公路沥青路面石料提出实质性选择建议。

本项目成果以发文的形式,提供给各市交通局(委)、高速网络办及各项目业主使用。

该成果于2005年3月完成,达到国内先进水平。

15. 浙江省高速公路沥青路面调查与对策研究

主要完成单位:浙江省公路管理局、浙江省交通工程建设集团有限公司。

主要技术内容:本项目调查了具有代表性的9条高速公路,通过对沥青路面桥头沉降、车辙、水破坏、裂缝、桥面松散、坑洞等沥青路面早期破损形式和原因的研究,提出了全省沥青路面工程中设计、施工、管理、养护等方面存在的主要问题及应对措施,达到合理控制投资、节约成本、延长沥青路面使用寿命的目的。

本项目成果以发文的形式,提供给各市交通局、高速网络办及各项目业主参考。

该成果于2005年3月完成,达到国内先进水平。

16. 软基处理四项新技术的定额测定和工艺质量控制研究

主要完成单位:浙江省交通厅工程造价管理站等。

主要技术内容:本项目主要通过补充定额的测定和编制,形成定额标准。该标准可作为管理部门合理确定估算、概算、预算等相关造价文件的依据,也可作为建设各方编制和确定相关造价和结算单价的指导性依据;通过施工工艺和质量控制研究,形成施工技术规范及质量控制和检验标准,可作为主管部门及建设各方规范施工工艺、控制和检验工程质量的根据。

本项目成果以文件形式发布,在全省范围作为定额标准、施工技术规范和质量检验评定标准执行。

该成果于2005年7月完成,达到国内领先水平。

17. 浙江省高速公路沥青路面合理结构形式研究

主要完成单位:浙江省公路管理局。

主要技术内容:本项目系统研究了半刚性基层结构、过渡层结构、倒装式柔性基层结构和柔性基层结构等四种不同沥青路面结构形式的抗疲劳能力和承载能力,表明四种沥青路面结构形式均具有较好的承载能力;建立了高温条件下不同沥青路面结构和不同沥青层厚度的车辙与累计加载次数关系,以及不同沥青路面结构各层的应变与累计加载次数的关系,进而提出适合于浙江省高速公路沥青路面的结构组合形式。

本项目成果应用于温州、金华和杭州地区的不同结构形式的沥青路面工程,现正在做长期性能观测试验研究,以进一步为浙江省高速公路沥青路面典型结构设计优化提供依据。

该项目为"十一五"计划2006年浙江交通科技成果,达到国际先进水平。

18. 基础设施用混凝土早期开裂机理及损伤断裂理论与试验研究

主要完成单位:浙江省金丽温高速公路丽青段建设指挥部。

主要技术内容:本项目分析了复掺矿物掺合料混凝土的力学性能、弹性模量、收缩性能、极限拉应变、温度场及徐变性能,证明适量复掺矿物掺合料能使混凝土具有良好的抗碳化性能和抗氯离子渗透性能,以微观角度探讨了复掺矿物掺合料高性能混凝土的抗裂机理;建立了混凝土早期开裂理论模型,探讨早龄期普通强度混凝土损伤断裂性能、材料脆性和微观结构,借助大型通用有限元软件ABAQUS,对早龄期混凝土的损伤、断裂力学性能进行有限元分析,提供数值依据。

本项目成果已在金丽温高速公路丽青段工程应用。

该项目为"十一五"计划 2006 年浙江交通科技成果,达到国际先进水平。

19. 真空联合堆载预压处理桥头软基试验研究

主要完成单位:浙江省交通规划设计研究院等。

主要技术内容:本项目结合杭衢高速公路工程实例,通过现场测试、室内试验及理论分析,对真空联合堆载预压处理公路软基的变形、固结、稳定、施工控制等问题开展深入研究,得出真空联合堆载预压处理公路软基的主要结论,如在较短的预压期内其固结和沉降快速、具有真空预压和堆载预压的双重加固效果、真空—堆载联合预压加固效果比两者的叠加更好等;并根据真空联合堆载预压方法的应力应变特性,提出了更符合工程实际的实用简化计算方法;在 Biot 固结理论的基础上,推导了三维 Biot 固结有限元公式。

本项目成果应用于杭金衢、甬台温平阳至苍南段、甬金宁波段、申苏浙皖浙江段、申嘉湖、杭浦、宁波绕城西段、温州绕城东段、金丽温温州段、杭州湾跨海大桥南岸连接线等高速公路工程。

20. PCC 桩软基加固设计理论与应用试验研究

主要完成单位:杭州杭千高速公路发展有限公司。

主要技术内容:本项目研究了大直径现浇混凝土薄壁管桩(PCC 桩)复合地基技术在柔性基础高速公路路基中的应用。PCC 桩可显著提高地基承载力,减少地基的总沉降和工后沉降,与常用的公路软基处理粉喷桩加固法相比,具有施工质量易控制、检测方便且费用低、承载力高、总沉降量小等优点,桥头跳车状况也能得到较大改善。本研究首次进行了 PCC 桩离心机模拟试验,建立了 PCC 桩复合地基的桩土应力比、承载力及沉降计算公式,提出了荷载—沉降关系的简化分析方法,通过现场静荷载试验、小应变动态测量、开挖直接检测等方法,提出了 PCC 桩质量控制和检测的方法。

本项目成果在杭千高速公路等工程中应用。

该项目为"十一五"计划 2007 年浙江交通科技成果,达到国际先进水平。

21. 甬台温高速公路平苍段傍山软基高路堤稳定性与沉降控制研究

主要完成单位:温州市高速公路建设工程总指挥部等。

主要技术内容:本项目通过对甬台温高速公路平苍段傍山软基中软塑～流塑状淤泥的物理力学性能进行试验研究,分析了孔隙水压力、孔隙气压力对路堤强度的影响,对高填方路堤的稳定性、锚索抗滑桩的内力与变形、沉降与工后沉降进行了探讨,由此提出了傍山软基高路堤的加固处理方案。

本项目成果应用于甬台温高速公路平苍段。

22.公路路面隆声带的应用研究

主要完成单位:杭州市公路管理局、长安大学。

主要技术内容:本项目采取实车道路试验研究和理论模拟计算研究相结合的方法,对三种典型车型(小轿车、中型客车、重型货车)进行不同形式铣刨式隆声带条件下的车辆警示效力试验、行驶系统安全性试验、行驶安全性试验,建立了定量描述隆声带主要结构尺寸与使用性能参数之间相关关系的经验模型。此外,本项目对不同形式的铣刨式隆声带进行了三种典型车型的车辆行驶平顺性、车辆车桥(轴)冲击状况、车辆瞬态方向稳定性模拟计算研究,得出了铣刨式隆声带各结构参数对其使用效果的影响规律。提出了适合我国公路运行特点的隆声带结构及技术条件,系统地解决了公路隆声带在我国推广使用中可能遇到的一系列技术问题。

本项目成果应用于杭州市绕城高速公路、杭金衢高速公路、甬台温高速公路、甬金高速公路、河南连霍高速公路及叶信高速公路、京珠高速公路郑州至许昌段等工程。

该成果于2005年8月完成,达到国内领先水平。

23.高速公路路面三个指标的现场自动化测试评价方法研究

主要完成单位:浙江省交通厅工程质量监督站、交通部公路科学研究所。

主要研究内容:本项目通过大量现场试验与理论研究,提出了高速公路路面三个指标现场自动化检测数据影响因素(如速度、坡度、承载车型等)的修正方法;确立了自动弯沉仪与贝克曼梁、水推断面仪与精密水准仪、颠簸累积仪与精密水准仪、几何线形仪与精密水准仪等的相关关系;确立了自动化设备检测路面三大指标的数据溯源体系;确定了路面弯沉、平整度、横坡数据的自动化检测在不同路况条件下的采集方法与评价区间;提出采用数理统计方法计算代表值进行路面横坡评价的方法。

本项目成果已广泛应用于浙江省高速公路建设、养护项目。

该成果于2004年9月完成,达到国内领先水平。

24.土石混合料填筑路堤密实度简捷判定方法研究

主要完成单位:浙江省交通厅工程质量监督局。

主要技术内容:本项目采用沉降测试块的沉降差法来快速简捷检测判定土石混合料填筑路堤质量。研究发现,采用直径20cm的测试块检测沉降差能较为准确反映路基的压实质量,检测时应将测试块单排布置,并采用高精度水准仪;通过多因素回归分析,建立了密实度与各影响因子之间的最优方程,表明多土类和多石类两种土石混合料填筑路堤的密实度均与沉降差的相关性最大,根据回归方程,制作了土石混合料填筑路堤密实度简捷测定方法沉降差与密实度对比表格。

本项目研究成果已在诸永高速公路工程中应用。

25. 锚杆施工质量无损检测

主要完成单位:浙江省交通厅工程质量监督局。

主要技术内容:本项目通过理论分析与对室内和现场实地模型锚杆的研究,提出采用能流曲线识别反射波信号和计算能量反射率确定充填率的方法,建立了充填率与能量反射率的线形相关经验公式,编制了锚杆施工质量专用分析软件,为检测锚杆质量提供了有效手段,对提高锚杆施工质量控制具有积极的意义。

本项目成果已在台缙高速公路和诸永高速公路工程中应用。

26. 公路边坡稳定性对地下水与降雨的动态响应研究

主要完成单位:浙江交通职业技术学院。

主要技术内容:本项目重点研究了边坡地下水与大气降雨的动态关系,建立了边坡内地下水位不受降雨影响和受降雨影响条件下的渗流基本运动方程和计算模型,分析大气降雨对边坡稳定性的影响机理,总结了大气降雨、边坡地下水、边坡稳定性之间动态关系的规律;项目在分析边坡岩土体水力学特征的基础上,形成 MSARMA 法,实现与降雨、地下水的动态变化计算模型的耦合,开发了"公路边坡稳定性评价设计系统"(W-SlopeV2.0),可对大气降雨、地下水作用、地震作用、坡面荷载作用等多种影响因素作用下的边坡稳定性作出综合评价分析。

本项目成果已应用于申苏浙皖高速公路、三峡库区公路、吉林延边至图们高速公路工程。

27. 高速公路边坡工程稳定性评价与加固设计智能优化系统

主要完成单位:浙江交通职业技术学院、北京工业大学。

主要技术内容:本项目针对公路的边坡工程稳定性评价和加固技术,以工程地质学、水文地质学、岩土力学为基本理论,以计算机技术为基本手段,提出了公路边坡的工程地质概念模型、边坡岩土体为不透水介质和透水介质两种情况下地下水作用的考虑方法、公路边坡稳态敏感性分析的方法,并开发了"公路边坡工程稳定性评价与加固系统"。

本项目成果应用于申苏浙皖高速公路、长江三峡库区宜兴杨家岭公路、元磨高速公路、吉珲高速公路等工程。

该成果于2005年1月完成,达到国内领先水平。

28. 高速公路生态边坡工程应用研究

主要完成单位:杭州杭千高速公路发展有限公司。

主要技术内容:本项目在地形复杂的同一条路上进行大规模多工艺的边坡生态防护应用,取得了显著的景观、生态效益;对高速公路边坡生态防护的设计理念进行了系统的分析和总结,并提出了相应的设计方案;对边坡生态防护的施工、监理、验收、养护等方面的工作编写了系列文件,并成功地在浙江省高速公路上得到了推广应用,具有较大的应用价值。

该项目为"十一五"计划2007年浙江交通科技成果,达到国际先进水平。

29. 运营高速公路滑坡地质灾害处置技术研究

主要完成单位:浙江杭金衢高速公路有限公司。

主要技术内容:本项目研究了运营高速公路产生滑坡体时处置的技术和管理体系,揭示了滑坡体的成因机理,建立了完整的滑坡监测体系;实现高速公路滑坡的降雨、地下水位和滑坡变形的同步远程无线实时监测;运用数值模拟方法求得抗滑桩所承受的抗滑推力,并从双排桩的监测入手,研究了双排桩的位移和受力变化规律,为设计提供了依据。

该项目为"十一五"计划2007年浙江交通科技成果,达到国际先进水平。

30. 申嘉湖高速公路真空网点吸水联合堆载预压法试验研究

主要完成单位:浙江省交通规划设计研究院。

主要技术内容:本项目在常规真空预压基础上提出了真空网点吸水联合堆载预压新方法。试验段试验,研究了新法的管网布设及与塑料排水板的连接与密封等施工工艺;现场监测,分析研究了沉降、侧向位移、孔隙水压力、真空度等的变化规律;通过理论分析和数值计算,探讨了该方法的作用机理和工作性状,提出了真空网点吸水联合堆载预压法的设计计算方法;提出真空网点吸水联合堆载预压地基处理新方法,采用该法有利于控制深厚软基的沉降。

该项目为"十一五"计划2008年浙江交通科技成果,达到国际先进水平。

31. 沥青混合料中填料的性能评价指标与适用性研究

主要完成单位:浙江杭长高速公路有限公司。

主要技术内容:本项目在总结国内外沥青混合料填料相关研究基础上,从填料的性能指标、填料(特别是拌和楼回收粉)对沥青胶浆性能的影响、填料对沥青混合料性能的影响、拌和楼回收粉使用条件和原则以及试验路施工工艺、回收粉添加方法等方面进行了较为全面的研究;应用DSR、BBT对回收粉沥青胶浆的性能进行研究;提出拌和楼回收粉的使用条件及控制指标。

该项目为"十一五"计划2008年浙江交通科技成果,达到国际先进水平。

32. 高速公路车辙病害浅层铣刨薄层加铺快速修复技术研究

主要完成单位:浙江省交通投资集团有限公司杭金衢分公司。

主要技术内容:本项目提出了轨道式浅层铣刨薄层加铺路面结构设计方法和适宜的加铺材料类型,解决了大型摊铺机窄幅摊铺、薄层沥青混合料施工工艺等技术难题;形成了沥青路面车辙病害轨道式浅层铣刨薄层加铺快速修复成套技术;开发了大型摊铺机改装技术,实现了宽幅摊铺机窄幅轨道式摊铺。

该项目为"十一五"计划2008年浙江交通科技成果,达到国际先进水平。

33. 水泥稳定碎石振动成型法设计与施工技术研究

主要完成单位:申嘉湖(杭)高速公路(嘉兴段)项目指挥部。

主要技术内容:本项目采用振动成型法对水稳碎石的最大干密度、级配组成、抗压强度、干温缩性能、疲劳强度等方面进行了试验,并与重型击实法进行了相关比对试验,编制了水泥稳定碎石振动成型法设计与施工技术指导意见,进行了实体工程的实施和验证;提出了用振动成型法提高水泥稳定碎石抗压强度、抗裂性能及疲劳强度的混合料配合比设计方法;提出了水泥稳定碎石振动成型法的成套施工技术。

该项目为"十一五"计划2008年浙江交通科技成果,达到国际先进水平。

34. 高速公路边坡稳定评价与安全监控技术及工程示范

主要完成单位:浙江省交通运输厅。

主要技术内容:本项目采用激光测距传感器、CCD微变形监测仪告等新的边坡监测技术;提出了缠绕式光纤固定方式解决边坡环境的光纤布设方法;利用同轴数据放大原理开发出岩土位移直读仪;提出虚拟工况有限元法,实现有限元离心加载法和有限元强度折减法在理论上的统一;提出基于测斜数据计算抗滑桩内力分布的方法,实现抗滑桩工作状态评价;应用功率谱分析对监测数据进行预处理,优化时间序列分析的计算速度;建立以GIS为基础平台的边坡灾害管理与防灾决策支持系统,实现边坡信息管理与查询、边坡远程监测数据动态传输与分析、边坡综合模型分析与评判。

该项目为"十一五"计划2009年浙江交通科技成果,达到国际领先水平。

35. 山区高速公路边坡光面爆破关键技术研究

主要完成单位:浙江黄衢南高速公路有限公司。

主要技术内容:本项目依托黄衢高速公路两处边坡,针对山区公路边坡光面爆破技术安全性、经济性、适应性要求,采取现场调查、理论分析、数值计算、监控量测等手段进行研究,建立了适用于山区高速公路边坡开挖光面爆破技术;提出了山区典型岩石边坡光面爆破实用经验公式与计算参数,得出了节理发育泥岩边坡进行光面爆破的质点振动速度限值和安全允许距离;建立了相对比较完整的关于边坡光面爆破适应性的分析体系;编制了《山区高速公路边坡开挖光面爆破技术指南》。

该项目为"十一五"计划2009年浙江交通科技成果,达到国际先进水平。

36. 橡胶粉改沥青路面(干法)设计与应用研究

主要完成单位:浙江黄衢南高速公路有限公司。

主要技术内容:本项目对采用维他黏结剂的干法施工橡胶沥青的性能指标、橡胶沥青混合料的路用性能、施工工艺、橡胶粉添加方法进行了较为全面的研究,并对橡胶沥青路面厚度减薄的可行性进行了分析;提出了橡胶沥青混合料(干法)的施工工艺和质量控制标准;提出了橡胶沥青混合料(干法)的评价指标范围。

该项目为"十一五"计划2009年浙江交通科技成果,达到国际先进水平。

37.大直径(钉形)双向水泥土深层搅拌桩加固软土地基试验研究

主要完成单位:浙江申嘉湖杭高速公路有限公司。

主要技术内容:本项目采用理论分析、室内外试验、数值模拟相结合,实体工程检验的技术路线,将大直径(钉形)双向水泥土深层搅拌桩技术用于高速公路深厚软土地基加固处理,并对其加固机理、有效桩长、垫层效应、质量控制等问题进行了系统研究,提出了大直径(钉形)双向水泥土搅拌桩复合地基设计方法、施工指南和质量控制方法;首次将深度达25m的大直径(钉形)双向水泥土深层搅拌桩成功应用于深厚软土地基的加固,建立了相应的施工工艺和施工质量控制与检测方法;提出了基于变形控制的大直径(钉形)双向水泥搅拌桩复合地基的设计方法;提出了采用电阻率测试技术对大直径(钉形)双向水泥土搅拌桩的桩身强度及搅拌均匀性进行综合评价。

该项目为"十一五"计划2009年浙江交通科技成果,达到国际先进水平。

38.塑料套管混凝土桩(TC桩)加固公路软土地基试验研究

主要完成单位:浙江浙北高速公路管理有限公司。

主要技术内容:本项目通过现场试验、模型试验、理论分析、数值模拟和实际工程检验相结合的技术路线,将单壁塑料套管混凝土桩技术用于公路软土地基加固处理,并对其套管结构材料、施工工艺、质量检测和控制、加固机理、计算分析理论、技术经济特性等方面系统全面地进行了研究。在国外AuGeo桩技术的基础上开发了单壁塑料套管混凝土桩技术,并已获得多项国家专利。通过试验研究,揭示了单壁塑料套管混凝土桩塑料套管的"套箍"效应、挤土效应、承载力时效性,并建立了适用于单壁塑料套管混凝土桩加固软基的设计计算方法;提出了尖点突变理论单桩稳定计算方法,建立了桩顶和桩底不同约束条件的三种压屈临界荷载尖点突变模型,并应用于单壁塑料套管混凝土桩的压曲稳定计算之中。

该项目为"十一五"计划2010年浙江交通科技成果,达到国际先进水平。

39.高速公路薄层磨耗层设计与应用研究

主要完成单位:浙江申嘉湖杭高速公路有限公司。

主要技术内容:本项目对2cm厚的AR-SMA-5和SBS-SUP-5作为路面薄层磨耗层进行了研究,并与常规路面上面层的SBS-AC-13进行了技术经济对比和分析,提出了薄层磨耗层热拌沥青混合料的施工工艺及质量控制标准;提出了维他橡胶粉沥青SMA-5、SBS改性沥青 SUP-5 沥青混合料体积指标;应用落锤弯沉仪(FWD)对薄层磨耗层路面进行弯沉测定,反算模量来考察路面材料的特性。

该项目为"十一五"计划 2010 年浙江交通科技成果,达到国际先进水平。

40.低温条件下沥青路面应用技术研究

主要完成单位:浙江省交通规划设计研究院。

主要技术内容:课题根据热传导学的理论,研究了环境温度、风速条件、沥青层摊铺厚度、沥青层摊铺温度、沥青混凝土类型对于沥青摊铺层降温特性的影响,提出了较好的温拌剂掺量范围,可以指导温拌沥青混合料的设计。

该成果于 2011 年 3 月完成,已成功应用于宁波大碶疏港高速公路、富阳 320 国道等工程中。

41.浙江省关于处理已通车高速公路软土地基桥头路堤沉降的应用技术研究

主要完成单位:河海大学。

主要技术内容:本课题分析了现有各种桥头跳车处治方法技术特点及工艺流程,指明了各种处理方法的适用范围。结合浙江省内杭甬、申嘉湖等已通车高速公路之实体工程,本课题通过路堤沉降机理、路堤沉降计算方法应用对比、数值模拟等方面系统研究后提出了详细的处治方案,并提出一种不需要封道施工的路堤横向引孔气泡混凝土换填技术,对提高交通科研水平具有一定的理论和实际意义。

该成果于 2011 年 9 月完成,已成功应用于浙江申嘉湖杭高速公路的桥头跳车处治工程中。

42.高速公路软基处理方法适用性研究

主要完成单位:浙江省交通规划设计研究院。

主要技术内容:课题调查研究了目前国内外高速公路软基处理方法的工程应用情况及研究现状;对我国深厚软土地基具有代表性的浙江省范围的软土分布情况及物理力学指标进行了统计与分类;调查了部分已通车高速公路的桥头跳车、路面加铺、路面平整度、不均匀沉降引起的路面裂缝等情况,并对软基处理的效果及存在的问题进行了分析与探讨;分析了七类软基处理方法的原理及设计计算方法,并通过现场原型试验(或室内模型试验)重点研究了部分新型的软基处理方法,对其设计计算理论进行了探讨与研究;针对软土地基的设计与实际施工存在一定的误差等实际情况,对高速公路动态监测及分析等问题进行了深入探讨,提出了动态控制指标,并研究了沉降推算的计算方法及预抛高的设置原则;在《公路路基设计规范》(JTG D30—2004)的基础上提出了新的高速公路的沉降控制指标,总结了各类处理方法的适用范围、应用形式及施工注意事项,并据此提出了软基处理方式选用表、选用原则及设计步骤;参考《公路工程预算定额》(JTG/T B06-02—

2007)对软基处理方法的经济性进行了定性分析与评价。

该成果于2011年11月完成,高速公路的沉降控制标准、软基处理方法的选用原则及设计步骤等内容已经纳入浙江省地方标准《公路软土地基路堤设计规范》(DB 33/T 904—2013)。

43. 山区高速公路沥青路面结构优化与施工工艺研究

主要完成单位:浙江省交通规划设计研究院。

主要技术内容:本项目研究成果主要用于非软土地区的浙江山区高速公路沥青路面结构、材料优化设计及沥青路面施工控制。本项目在分析沥青路面车辙病害、水损害以及裂缝病害的基础上,借鉴国际上先进的沥青路面结构的优点,通过系统研究提出沥青路面黏结层和排水基层,以改善沥青路面结构行为和受力特点,通过设置功能层,实现以下功能:①降低层间模量比,改善面层—基层接触条件,改善路面受力特性,提高沥青路面的抗车辙和抗疲劳开裂性能;②消除水分对路面结构的不利影响,防止路面水损害;③吸收半刚性基层裂缝应力,消除反射裂缝,保证沥青路面连续性和耐久性。

该成果于2011年11月完成。

44. 高等级公路排水降噪沥青路面结构与材料研究

主要完成单位:浙江省龙丽丽龙高速公路建设指挥部。

主要技术内容:本项目从排水降噪沥青混路面排水机理、原材料性能与混合料性能的相互关系、混合料设计参数的测试方法、排水性与耐久性之间的相互关系、排水测试方法与排水综合设计、路面降噪特点、施工控制等方面展开研究,提出了适合浙江省的排水降噪沥青混合料的矿料指标及高黏度改性沥青指标要求;通过高黏沥青胶浆室内高、低温及流变性能试验,提出高黏沥青胶浆粉胶比的合理范围;通过对10种混合料级配主要筛孔通过率与空隙率关系的回归分析,得出排水降噪沥青混合料空隙率与各主要筛孔通过率的关系,并在此基础上提出排水降噪沥青混合料的合理级配范围;结合骨架思想与填充原则,在进行排水路面沥青混合料矿料组成设计时,引入新的矿料组成设计指标VMA*,采用确定细集料含量,并根据粗细集料的含量确定混合料的矿料组成;通过试验路铺筑及长期观测,提出排水性沥青路面设计方法、适用原则与设计施工指南。

该成果于2011年11月完成。

45. 西堠门大桥高边坡喷混凝土面复绿工程技术研究与示范

主要完成单位:浙江省舟山连岛工程建设指挥部。

主要技术内容:本项目研发了一套适合高陡喷混凝土边坡绿化的工程技术(工法),采用堆砌植生袋后填土,喷混凝土坡面,打植物根系生长孔,挂钉包塑镀锌铁丝网,布方木条和植生管状袋,进行厚层基材喷播,并经综合养护实现喷混凝土面绿化,具有复绿速度快、景观效果好、施工快速简便、对原喷混凝土边坡安全无不良影响等优点。编写的《喷混凝土边坡绿化植被养护管理技术要领》和《喷混凝土边坡绿化工程施工质量验收评价标准》，填补了国内外喷混凝土边坡绿化养护管理技术和喷混凝土边坡绿化工程施工质量验收评价标准的空白。利用课题组集成创新后独创的技术并由课题组设计和施工指导建成边坡坡角小于73°（坡比1∶0.3）、垂直坡高最高达80多米、单个边坡面积超万平方米，总面积4万m^2的大桥高边坡喷混凝土面复绿工程示范点，取得了良好的护坡效果、生态效果和景观效果。科技查新结论为："未见喷混凝土边坡（水泥边坡）采用布根系生长孔——挂网—布植生袋—喷播绿化方式对坡角大于65°（或坡比大于1∶0.45）、或垂直坡高大于60m、或单个边坡面积大于1万m^2的已经喷了混凝土作业的边坡进行厚层基材喷播绿化工程研究和应用的文献报道。"项目组研发的"高边坡喷混凝土面复绿工程技术"经济适用，可推广应用。

该成果于2011年11月完成，已成功应用于舟山大陆连岛工程西堠门大桥高边坡群喷混凝土面实施复绿工程。

46. 浙江高速公路岩体及土坡面边坡生物防护模式研究

主要完成单位：浙江省龙丽丽龙高速公路建设指挥部。

主要技术内容：本项目对浙江省已建高速公路沿线现有各类岩体及土坡面边坡绿化形式、绿化方案进行调查，对其植被恢复及防护效果进行比较，并将其与国内外相似气候区域的公路边坡植被恢复情况进行比较；对浙江省在建高速公路边坡绿化的植被建植技术、绿化工艺方法及绿化植被种类进行调查，分析其合理性及适宜性。根据浙江省高速公路沿线生态环境的特点，以筛选乡土植物为主、选引外来物种为辅的方式，在浙江省新建高速公路边坡路段进行试验，挑选适应浙江省高速公路路域边坡立地条件、气候、降水、光照等环境因子，又具有抗旱、耐贫瘠、生长迅速、维护管养简单的乡土植物品种进行筛选，初步确定筛选出草本植物4~6种、木本植物8~12种。根据浙江省公路路堑边坡坡面岩体及土壤情况，采用客土喷播和普通喷播两种边坡植被恢复办法，通过不同播种方式、不同喷播厚度的试验对比，从经济性、实用性、科学性出发，筛选出适合不同岩体及土坡面边坡类型的生物防护模式。结合北亚热带植被群落演替规律及浙江省高速公路边坡立地条件，研究提出典型的植物群落组成模式，在确定边坡植被恢复目标的前提下，根据群落生态学原理、植物学原理以及植被演替规律，通过不同植物配比组合采用正交试验设计，对栽植植物的生长进行适应性观察和抗逆性（抗旱、耐贫瘠等）试验，统计不同样地上的植被覆盖度和生物量状况。通过试验研究，筛选出公路边坡生物防护的最佳植物配比方案。根据植物生长所需要的营养成分、环境条件以及浙江省公路边坡的坡面状况，确定公路边坡生物防护和植被恢复客土基材的配制，最后通过试验和研究，选出最佳客土基材配制方案。

该成果于2013年2月完成。

47. 浙江省山区高速公路边坡稳定设计与管理系统研究

主要完成单位：浙江省交通规划设计研究院。

主要技术内容：本项目提出了一种三维渔网法全局搜索复杂土坡关键滑动面的优化技术，该技术可以搜索多种形态滑动面（包括圆弧、直线、折线），搜索结果符合全局性要求。引入地理信息系统（GIS），应用空间信息分析技术，通过虚拟场地模块二次开发，具备了边坡模型中任意地层剖面生成、地层与水位面及工程实体相交、地层面积和体积的空间计算等三维空间分析功能，为解决复杂边坡问题提供了新手段。筛选出影响边坡稳定的20个主要要素，应用模糊数学原理对边坡稳定实行五级分类，提出了基于GIS公路边坡模糊分类的稳定评判专家系统（软著登字第0146909号），并在温州绕城高速公路北线边坡稳定评判中取得了良好应用效果。提出了技术可行、造价经济、安全可控的生态防护技术，并在浙江部分公路岩石高边坡的坡脚防护上取得成功应用，课题期间（2009—2011年）开发了两种可绿化的直立边坡生态面板，并取得了两项国家发明专利，分别为《一种可绿化挡土构件及其安装方法》（专利号：ZL201010100702.9）和《可绿化的挡墙砌块以及利用该砌块构筑挡墙的施工方法》（专利号：ZL200910155633.9）。其中，发明专利《一种可绿化挡土构件及其安装方法》（专利号：ZL201010100702.9）于2012年底获得50万元专利转让使用费，取得了良好的社会经济效益。提出了一种可适用于透水性岩土层的防漏浆耐腐蚀锚杆（实用新型专利号201220303385.5），具有能节约锚杆注浆工程量、增强锚固工程质量、提高锚杆耐腐蚀性等优点，能用于填方、挖方边坡防护和地面锚固等工程，为透水性岩土体锚固工程提供了重要的技术补充。提出了一种柔性防冲刷护面系统（ZL201120242444.8），该护面系统与河床地基变形协调的互适性高，可适用于各种复杂地表的坡面，且整体结构简单，施工成本低，抗冲刷性能好，适用性广。开发了"浙交院现场监测数据动态图表生成分析软件"（软著登字第0500982号，简称：XCharterV1.0），已获软件著作权，并在滑坡监测分析上取得了应用。开发了"山区公路边坡管理信息系统"，已申报软件著作权，并在温州绕城高速公路北线工程上取得了应用。项目研究期间，课题组主要成员还完成了4个浙江省地方标准编制。大致内容如下：①《公路软土地基路堤设计规范》；②《高等级公路沥青路面设计规范》；③《浙江省山区高速公路勘察设计规范》；④《公路工程泡沫混凝土设计与施工技术指南》。本项目开发的HSDMS系统主要包括边坡GIS数据库管理模块、边坡虚拟场地模块、公路边坡稳定分类评判系统模块以及公路边坡防护决策系统模块等四个部分，采用该系统，可对一条高速公路进行系统而全面的边坡稳定分析和边坡数据全过程管理，为解决高速公路路线长、边坡工点多、地质条件复杂多变等技术管理难题服务。

该成果于2013年3月完成。

48. 滨海深厚软土路堤工程特性与关键技术研究

主要完成单位：浙江省交通运输厅。

主要技术内容：本项目通过对宁波、台州、乐清湾三地共计2248组土样的土工参数的统计分析，研究了多种软黏土的物理力学特性指标的统计分布规律，给出了各地区相关经验方程，可用于估算出浙江滨海相应的软黏土的特定物理力学特性指标值。通过对10多项浙江省在建和已建的高速公路或一级公路深厚软土地基处理工程特点和难点进行调研和分析，提出了深厚软土地基不同处理技术的适用性和局限性。结合泡沫混凝土在公路工程上的应用推广，在"低矮路堤人造硬壳层""傍河路堤"等具体工程问题上制订了因地制宜的工程技术方案，取得了良好的工程实效。对泡沫混凝土在滨海路堤工程中的耐久性与适用性开展了全面试验研究：①进行标准养护条件下的泡沫混凝土压缩试验研究，分析其压缩特性，比较其与普通混凝土或土体等材料之间的差异；②开展侵蚀性环境下、干湿循环条件下、冻融循环条件下等不同条件下泡沫混凝土的抗压特性研究，分析其耐久性；③进行不同侵蚀性环境下泡沫混凝土的微观结构试验研究，求得其微观结构参数，研究泡沫混凝土受不同离子侵蚀的微观机理；④进行泡沫混凝土动力特性试验研究，分析泡沫混凝土材料在循环荷载作用下的强度特征及动力特性，建立循环荷载强度与静力强度的关系；⑤滨海泡沫混凝土填筑路堤工程性状分析；⑥在滨海路堤坡面防冲刷、泡沫混凝土面板技术等方面，获授权发明专利1项，实用新型专利4项；⑦依托本工程主编地方标准2项。

该成果于2014年12月完成。

49. 高速公路沥青路面预防性养护最佳实施时机及养护对策研究

主要完成单位：浙江申苏浙皖高速公路有限公司。

主要技术内容：本项目通过对G50、S13、S12高速公路采集数据的整理分析，分别建立了G50、S13、S12路面养护管理决策支持系统，作为本课题研究的分析工具；提出以PSSI、PCI、RQI、SRI、RDI为预防性养护宏观指标体系，在高速公路沥青路面预防性养护宏观指标标准体系的基础上，提出了宏观标准对应的预防性养护微观标准体系；基于浙北G50浙江段交通量与路面性能检测数据，结合灰色理论与回归模型，采用组合预测模型，建立路面性能指标的预测模型；提出了基于现值法的预防性养护最佳实施时机的确定方法及推荐方案表，从而分别对浙北所辖的三条高速公路（G50、S13、S12）推荐了预防性养护最终决策方案；初建了申苏浙皖高速公路路面养护决策支持系统。

该成果于2010年1月完成。

50. 厚层水泥稳定碎石基层关键技术研究

主要完成单位：浙江龙丽丽龙高速公路建设指挥部。

主要技术内容：本项目提出振动碾压作用下石料运动变化的分布模型,并首次通过现场裂缝发展趋势提出阻裂带的概念及模型;提出图像处理的分析方法,通过此方法对不同层厚水泥稳定碎石芯样含石量变化特性,确定出含石量—厚度变化规律;提出不同层间状态的定义,首次量化出不同层间状态对厚层水泥稳定碎石综合使用性能的影响;提出通过改善基层的层间连续性能或增加上层铺筑厚度的方法,可改善基层结构的力学性能及使用寿命;提出不同时间—温度耦合作用下水泥稳定碎石结构设计参数变化特性,给设计部门提供了设计参考依据;提出施工铺筑工艺及压实度检测评价方法,解决了此类结构的施工问题,完善了此结构的质量评价体系。

该成果于 2011 年 12 月完成。

51. 高速公路软基路堤动态控制技术及适用性研究

主要完成单位：浙江申嘉湖杭高速公路有限公司。

主要技术内容：本项目系统地提出和总结了高速公路软基路堤动态控制技术的程序、内容和注意事项等,对动态监测的规范操作有重要的参考价值;提出了一种新型埋入式沉降观测仪的开发思路,并介绍了在工程中实际应用情况和今后进一步改进的方法;建立了基于地基土体本身固结理论为基础的沉降预测反分析方法。该方法可根据不同的地基处理情况、加载情况采用能反映地基实际固结规律的曲线进行拟合,提出了适应不同地基固结条件,可以考虑次固结、加载、卸载等复杂受力条件下的沉降预测计算方法,并在此基础上编制了适用于高速公路沉降动态控制的实用分析程序。通过研究超载对工后沉降影响以及沉降速率与工后沉降之间关系的基础上,提出了考虑不同超载情况下的沉降速率卸载标准。基于等应变假设条件下的柔性桩复合地基固结理论和解析表达式,建立了可考虑次固结对工后沉降影响,能反映超载对减小次固结作用的沉降预测方法。

该成果于 2010 年 6 月完成,目前已在浙江申嘉湖杭高速公路工程中实际应用。

52. 耐久型 SBS 改性沥青全过程动态质量控制技术研究

主要完成单位：宁波市高等级公路建设指挥部。

主要技术内容：本项目提出一种对 SBS 掺量及改性沥青加工质量现场快速测试方法：①通过荧光显微镜观察 SBS 相态结构分布特性,据此评价 SBS 改性沥青加工质量;②提出采用化学滴定法对 SBS 掺量进行测试的方法。基于长期路用性能的 SBS 改性沥青质量动态控制体系的研究主要包括：①根据长期路用情况下 SBS 改性沥青的性能衰变,为保证改性沥青的长期路用性能,提出了基于长期性能控制原材料的质量和改性剂掺量范围;②分别在沥青加工场出厂前及沥青到场后进行改性沥青质量检测,确保改性沥青的耐久性。

该成果于 2015 年 7 月完成。

第二节　桥梁、隧道方面的科技成果

1. 大跨度钢管拱桥无支架吊装技术研究

主要完成单位：浙江省交通工程建设集团。

主要技术内容：本项目着重在强台风地区大跨度钢管拱桥无支架缆索吊装斜拉扣挂施工工艺的应用、大跨度钢管拱桥不设调整合龙段直接合龙的施工方法及理论、大跨度钢管拱桥吊装施工中"定长扣索法"的应用、缆索索塔与扣索索塔相结合吊装系统的设计与特点、以四氟材料为轴套的轻型索鞍在钢管拱桥无支架缆索吊装中的应用等方面开展研究，并取得相关成果。

本项目成果应用于三门健跳大桥工程。

该成果于 2002 年 12 月完成，达到国内先进水平。

2. 连拱公路隧道综合修建技术研究

主要完成单位：浙江省金丽温高速公路建设指挥部等。

主要技术内容：本项目针对连拱公路隧道施工期间的合理开挖支护方法、监控量测基准、支护参数、衬砌结构的安全性等关键技术问题，经过现场实测和研究分析，提出了连拱隧道优化施工步骤、支护结构参数、现场监控量测管理体系和监控基准、衬砌结构长期安全性评价及对策等。

本项目成果为金丽温高速公路二期工程 20 座连拱隧道的按期建成提供了重要技术支持和保证。

该成果于 2003 年 9 月完成，达到国际先进水平。

3. 隧道施工监控与优化研究

主要完成单位：杭金衢高速公路衢州段指挥部等。

主要技术内容：本项目针对隧道施工过程中最为常见的渗漏水与衬砌开裂问题，开发相应监测系统对隧道位移进行实时监测，系统主要包括被测量系统、测量系统和记录分析系统三部分，其主要性能参数有精度、稳定性、测量范围（量程）、分辨率、采样频率、传输性能、响应灵敏度等。另外，本项目利用可排水止水带具备了堵水、排水两项功能，设计了安装可排水止水带，并使之与混凝土黏结更加紧密的施工方法。

本项目成果已应用于杭金衢高速公路、部分省道、龙丽高速公路工程。

该成果于 2003 年 8 月完成，达到国际先进水平。

4. CT 层析成像技术在混凝土灌注桩质量检测中的应用研究

主要完成单位：浙江省交通厅工程质量监督站等。

主要技术内容:本项目针对高速公路桥涵及大型码头的基础形式中钻孔灌注桩桩身检测的缺陷,提出采用层析成像(CT)技术进行桩基质量检测的思路及两阶段的射线追踪算法;对 SIRT 算法进行改进,并提出单元合技术,使 SIRT 算法在单元内无射线通过时仍能求解,拓展了 SIRT 方法的应用条件;提出基于广义逆的一类反演方法和解评价指标。

本项目成果已在浙江省高速公路建设中推广应用。

该成果于2003年12月完成,达到国内领先水平。

5. 杭州湾跨海大桥工程桥梁基础波浪力物理模型试验研究

主要完成单位:杭州湾大桥工程指挥部等。

主要技术内容:本项目针对杭州湾跨海大桥建设过程中,所处区域海况条件较为恶劣、设计桥墩基础复杂的情况,采用物模试验的方法,研究波流对桥墩的作用力,为工程设计提供依据。通过物模试验,给出了基础整体受力、单墩各部分结构的波流力、单墩总水平力最大时各部分结构的同步波流力、单墩承台和桥墩总水平力最大时各部分结构的同步波流力、承台系梁上的波流力以及桥梁基础上的波流压力分布,为杭州湾跨海大桥工程的设计提供了重要参考依据。

本项目成果在杭州湾跨海大桥工程中得到应用。

该成果于2004年11月完成,达到国际先进水平。

6. 金塘大桥桥墩及基础防船舶撞击及设施研究

主要完成单位:浙江省舟山连岛工程建设指挥部。

主要技术内容:本项目结合通航船舶、桥墩基础特点,研究了防撞设施工程化中的相关问题,通过对船舶撞击力和船舶撞击频率的计算,对主通航孔主墩承台、防撞设施波浪力数值模拟和桥墩防撞消能设施性能数值模拟计算,结合承台套箱的防撞设计技术,在国内中等水深(-25m)海域首次采用了独立群桩防撞措施,以此确定大桥防撞方案的技术、经济特性。

本项目成果已应用于金塘大桥工程。

7. 舟山大陆连岛工程桃夭门大桥斜拉索抗振研究

主要完成单位:舟山市大陆连岛工程指挥部。

主要技术内容:本项目针对斜拉桥拉索自身阻尼小、在风雨激荡下会产生多种类型的振动问题,对斜拉索的抑振措施进行了探索,提出了采用机械措施和空气动力学措施相结合的抑振方法。机械措施为安装黏性剪切型阻尼器(HCA减振器);空气动力学措施为在拉索表面设螺旋带状物,并对减振措施进行了较系统的试验研究。

本项目成果应用于桃夭门大桥工程。

该成果于2004年3月完成,达到国内领先水平。

8.钢混斜拉桥上部结构施工控制及合龙技术研究

主要完成单位:舟山市大陆连岛工程指挥部。

主要技术内容:本项目针对大跨度钢混斜拉桥的受力特点和变形的复杂性,结合其出现实际偏差的原因和特点,综合国内外主要的施工控制理论,对有关参数做了充分研究,并在此基础上通过参数识别校正了计算模型,创造性地提出了分类最小偏差施工控制思路,对大跨度钢混斜拉桥的施工进行了有效控制,实现了斜拉索索力和线形指标的实测值和理论值的一致性,并在国内首次成功采用了无压重合龙技术。同时,在施工过程中,对钢主梁预制线形、架设过程中温度场的影响、合龙后索力优化调整等几个关键问题进行了较深入的研究,为施工控制的顺利有效实施提供了保障。

该项目成果已在桃夭门大桥工程中应用。

9.自锚式悬索桥的性能分析与施工控制研究

主要完成单位:湖州市交通工程处。

主要技术内容:本项目研究了自锚式悬索桥的科学合理施工方法,通过采用小应变悬链线单元模拟主缆,建立相应的自锚式悬索桥非线性有限元分析模型,并借助有限元分析软件ANSYS进行施工前与使用荷载分析。研究表明,该施工控制计算能够较好地模拟自锚式悬索桥吊杆张拉的各个施工阶段,实现施工的有效控制与监测。研究还发现,挠度理论与有限位移理论均适用于较小跨度自锚式悬索桥,大跨度桥施工则应选择有限位移理论;自锚式悬索桥吊杆张拉时在同一张拉等级下应先对称张拉,并在成桥后做一次索力调整;三跨连续加劲梁需考虑对桥塔处支座进行处理。

本项目成果应用于金华等地的桥梁施工。

10.直升机牵引悬索桥先导索过海新技术的研究

主要完成单位:浙江省舟山连岛工程建设指挥部。

主要技术内容:本项目针对西堠门大桥施工海域环境复杂,且西堠门水道为国际兼军用水道,施工期间不允许全线中断通航的特定条件,在传统的先导索过海方法难以满足要求且施工风险很大的情况下,提出了直升机牵引先导索过海技术方案,进行飞行动态设计、牵引系统动力分析模拟计算和优化,结合试验,确定牵引方案的技术、经济特性,并对配套相关问题进行了研究,实现了真正意义上的不封航,节省了施工费用,加快了施工进度,提高了施工安全性和可靠性。

该项目成果在西堠门大桥工程中应用。

11.桁架式钢管混凝土拱桥拱座及拱肋混凝土性能研究报告

主要完成单位:浙江省公路管理局。

主要技术内容:本项目以千岛湖大桥为依托工程,总结了钢管混凝土拱桥的施工经验和施工监控经验,研究了大体积混凝土力学性能变化规律,监测大体积混凝土固化过程,探讨了拱座大体积混凝土早期温度发展规律及温度控制、大体积混凝土温度实测与芯部的力学性能发展规律,实现了国内首次大跨径桥梁钢管混凝土结构徐变效应现场的监测,为今后大跨径钢管混凝土拱桥徐变分析提供了实测数据,并首次提出钢管混凝土结构徐变效应的实测弹性比方法。

本项目成果已应用于千岛湖大桥工程。

12. 千岛湖 1 号特大桥沥青混凝土桥面铺装结构与材料设计研究

主要完成单位:杭州市交通设施建设处。

主要技术内容:本项目研究了水泥混凝土桥面沥青混凝土铺装层使用性能,在静荷载分析的基础上考察了水泥混凝土桥桥面铺装在移动荷载和施工振动荷载作用下的应力、应变响应,为铺装层设计提供力学理论支持;对铺装下层混合料类型选择进行重点研究,侧重于铺装层各层之间的整体性,对复合结构进行高温稳定性检验和疲劳性能检验;着重研究了保证桥面沥青铺装层压实质量的施工方式,包括现场的压实方案以及施工质量检测与控制。

本项目成果应用于千岛湖特大桥工程。

13. 淳安千岛湖大桥深水钢管混凝土钻孔桩及多跨 V 形墩连续刚构桥施工技术与监控技术研究

主要完成单位:杭州市交通工程质量安全监督总站。

主要技术内容:本项目通过对淳安千岛湖大桥深水钢管混凝土桩施工技术研究、深水钢管混凝土桩单桩抗弯刚度及群桩抗推刚度研究、连续刚构上下部结构刚度协调性和悬臂施工监控研究,建立起钢管内混凝土外翻结合管外填石子并注浆的桩基嵌固处理工艺和桩基超声波检测、抗推刚度试验等质量检测方法;创造深水 V 形墩施工时采用劲性骨架提高其竖向和纵向刚度的施工方法,开发了以应变自动化、挠度采集系统为基础的远程施工监控系统,实现实时数据采集。

本项目成果应用于千岛湖大桥、淳开公路小金山大桥、青田县塔山大桥、杭州钱江大桥主桥大修工程。

14. 预应力混凝土空心板先简支后连续结构的试验研究

主要完成单位:温州市高速公路工程建设总指挥部等。

主要技术内容:本项目深入研究预应力混凝土先简支后连续结构体系的设计理论、试验技术和施工工艺技术。主要内容有:运用空间梁/杆系有限元、经典的板壳单元法以及虚拟层合单元法对先简支后连续结构体系进行了施工仿真分析;对先简支后连续结构整个施工过程进行监控,并进行单片梁预制、五跨单联、成桥的系统测试;系统研究先简支后连续结构体系后连续端部浇筑和后连续预应力张拉的顺序、体系转换、后连续端部浇筑方式、后连续端部的预应力筋及普通钢筋的优化等问题,并提出相应的可行性建议。

本项目成果应用于甬台温高速公路瑞安段飞云江大桥、甬台温高速公路平苍段工程。

该成果于2004年7月完成,达到国内领先水平。

15.既有桥梁的钢筋混凝土空心/实心矩形板梁加固与修复技术研究

主要完成单位:湖州市公路管理处、浙江大学。

主要技术内容:本项目通过底板粘钢和碳纤维(CFRP)加固对比试验和理论分析,提出加固效果好、经济合理的钢筋混凝土空心/实心矩形板加固和修复方案,优选出施工方便、经济合理的碳纤维(CFRP)加固钢筋混凝土空心/实心板梁技术。

本项目成果应用于湖州市部分桥梁的钢筋混凝土板梁加固与修复。

该成果于2005年7月完成,达到国内领先水平。

16.公路混凝土桥梁结构耐久性评估研究

主要完成单位:浙江省公路管理局、浙江大学。

主要技术内容:本项目针对现役混凝土公路桥梁耐久性问题进行研究:一是混凝土结构的耐久性区划标准;二是考虑氯离子和碳化联合作用下的钢筋初锈的判断准则,针对钢筋混凝土的锈胀裂缝和锈后承载力提出预测方法;三是提出了RC桥梁结构耐久性评估的三层次多指标评估(MITL)方法和多级模糊综合评判法;四是给出构件分析与结构系统分析相结合的桥梁结构耐久性评定方法,并在此基础上编制了桥梁结构耐久性预测和评估的分析软件(1.0版)。本项目研究为浙江省钢筋混凝土桥梁的耐久性评价、管理和修复提供了理论依据、计算手段、数据基础和试验方法。

本项目提交的耐久性预测评估软件已经在若干典型工程中推广应用,试验方法已经应用于若干桥梁结构中。

该成果于2005年8月完成,达到国内领先水平。

17.钢缆索斜拉法加固拱桥的分析及试验研究

主要完成单位:嘉兴市公路管理处等。

主要技术内容:本项目研究采用钢缆索斜拉方法加固拱桥,通过改变原有钢架拱桥结构受力体系,最大限度恢复拱顶高程,同时提高原有桥梁的承载能力,从而为软土地基上部分有病害拱桥提供一种简单易行的加固方法。

本项目成果应用于湖盐线桥梁的加固。

该成果于2005年9月完成,达到国内领先水平。

18.杭州下沙大桥健康与安全监测系统研究

主要完成单位:杭州市交通路桥建设处。

主要技术内容:本项目研究了桥梁长期运营状态下力学性能和物理性能的改变,通过对桥梁结构使用内力、应力、变位等响应的监测与评价分析,了解结构使用工作状况,评估不同应力水准下结构的安全可靠度;通过对桥梁结构振动响应的监测分析,掌握结构动力性能,论证其抗风、抗震稳定性,确定桥梁使用过程中的振动环境控制条件,研究结构固有动力特性参数的演变,分析结构疲劳损伤,预报结构可能存在的隐患或质量衰退;通过设定结构安全预警值,对大桥结构的健康状况、结构安全可靠性进行评估,提供等级预警信息。

本项目成果应用于杭州下沙大桥的健康与安全监控预警。

19. 探地雷达检测公路隧道衬砌质量应用研究

主要完成单位:浙江省交通厅工程质量监督站、浙江省工程物探研究院。

主要技术内容:本项目利用地质雷达高频电磁脉冲波的反射,探测隧道衬砌开裂、渗漏,衬砌混凝土厚度不足、强度不够,衬砌后背脱空、回填不密实,钢筋网、隔栅拱错断变形等问题,并有针对性地进行理论研究和资料收集,总结和归纳出解决各种隧道衬砌质量问题的方法,确定各参数的选择和测线的布置原则,通过选取科学的测试参数并经计算机处理和分析,达到全面、快速、有效地对隧道工程质量进行检测的目的。

本项目研究成果在已在全省公路隧道衬砌质量检测中广泛应用。

20. 公路隧道围岩稳定与支护工程应用研究

主要完成单位:浙江省公路管理局。

主要技术内容:①提出用维持围岩的原始状态理念代替充分发挥围岩自承能力的理念,是隧道合理开挖方案的判别方法;②总结创建了连续介质、碎裂介质、块裂介质和板裂介质四种相应围岩的荷载解析解,分析了单拱和连拱隧道荷载计算的理论解,对认识隧道施工过程受力物理概念有指导作用;③采用数值模拟方法,揭示了破碎围岩隧道应先预支护后开挖的力学作用是保障围岩自承能力的重要理念;④系统研究了隧道围岩稳定与山体稳定的关系。

该项目为"十一五"计划2006年浙江交通科技成果,达到国际领先水平。

21. 钢桥梁电弧喷涂层纳米改性封闭剂研制及工艺性能研究

主要完成单位:浙江省舟山连岛工程建设指挥部。

主要技术内容:本项目通过系统的试验研究,将纳米技术与封闭涂料相结合,成功地研制了新型电弧喷涂层纳米改性环氧封闭涂料。经国家认可机构检测,纳米改性环氧封闭涂料与国内外环氧封闭漆相比具有以下优异的性能:黏度低且封孔能力强,可渗透至金属喷涂层内部深处,对金属涂层具有物理和化学的双重封闭作用;涂膜附着力提高了1倍以上;涂膜耐盐水浸泡、耐盐雾、耐酸、耐碱性能均大幅度提高。同时,该涂料与环氧中间漆和聚氨酯面漆的配套性好,结合力显著增强,具有较好的耐候性。项目设计的"电弧喷铝+纳米改性环氧封闭剂+丙烯酸聚氨酯面漆"涂层体系,综合考虑了涂层结合力、耐蚀寿命、装饰性和经济性。经试验数据测算,可满足跨海大桥上部钢结构长达50年以上的防腐蚀寿命要求,具有推广应用前景。

该项目为"十一五"计划2006年浙江交通科技成果,达到国际先进水平。

22. 杭州湾跨海大桥混凝土结构耐久性研究

主要完成单位:杭州湾跨海大桥指挥部。

主要技术内容:本项目针对海洋环境的重大跨海大桥工程,充分吸收集成国内外已有的研究成果,通过相关试验验证,全面、系统地提出了杭州湾跨海大桥的耐久性设计、施工、维护、监测措施;提出海工耐久混凝土配合比设计原则、技术路线和对应配套技术指标。项目引进消化了欧洲混凝土氯离子扩散系数快速测试方法,集成开发了新一代针对海洋环境外渗型脱钝引导介质的耐久性监测预警系统。

该项目为"十一五"计划2006年浙江交通科技成果,达到国际先进水平。

23. 金丽温高速公路永嘉鹿城段连拱隧道防水及施工模拟数值研究

主要完成单位:金丽温高速公路永嘉鹿城段工程建设指挥部。

主要技术内容:本项目采用小波神经网络方法、结构面网络模拟技术、块体理论,成功地预测了隧道超挖块体的行为特征。研究了开挖进尺对隧道位移场及应力场的影响,针对不同的岩体结构特征和岩体的破坏准则,确定了合理的隧道开挖进尺。在深入研究连拱隧道渗流场的基础上,揭示出渗水的导水结构面,提出了相应的防排水措施。

该项目为"十一五"计划2006年浙江交通科技成果,达到国际先进水平。

24. 复杂地形地貌区大跨度桥梁抗风性能研究

主要完成单位:金华市交通规划设计有限公司。

主要技术内容:本项目建立了复杂地形地貌区风特性的CFD分析方法,为复杂地形地貌区大跨度桥梁抗风性能的评估提供了新的方法;建立了基于CFD的断面涡振性能评价方法,为评价桥梁构件的涡振性能提供了更为有效的手段;较系统地总结了大跨度连续刚构桥主梁和桥墩断面三分力系数及涡振性能随断面尺寸的变化关系,对同类型桥梁结构具有参考价值;研究了阵风系数法和静动组合法在大跨度桥梁风致响应分析中的差异,提出了各自的适用性。

该项目为"十一五"计划2006年浙江交通科技成果,达到国际先进水平。

25. 杭州湾跨海大桥海工混凝土超声回弹综合法专用测强曲线研究

主要完成单位:宁波市交通建设工程试验检测中心。

主要技术内容:该研究成果填补了海工混凝土专用测强曲线的空白,统计计算方法更加符合工程实际。首次提出了基于信息扩散理论的构配件混凝土强度推定值计算新方法,使推定值计算理论更加严密,保证率更加明确。首创开发的计算软件提高了工作效率,为混凝土构件无损强度检测提供了有力的技术依据与支撑。

该项目为"十一五"计划2006年浙江交通科技成果,达到国际先进水平。

26.西堠门大桥抗风性能及风荷载研究

主要完成单位:浙江省舟山连岛工程建设指挥部。

主要技术内容:本项目采用CFD计算和二维颤振分析相结合的方法对中间开槽加筋梁断面进行颤振优化选型,并采用CFD方法对桥塔断面进行气动选型。采用计入三分力影响的非线性有限元分析方法,通过对中央开槽断面加筋梁竖向、侧向和扭转位移随风速变化计算,确定静风失稳临界风速,并通过风洞试验验证。采用静风荷载响应分析和抖振响应分析相结合方法对大跨度中央开槽断面加筋梁悬索桥等效风荷载效应进行分析,从而得出在成桥状态加筋梁和桥塔主要控制截面的位移内力。

该项目为"十一五"计划2006年浙江交通科技成果,达到国际先进水平。

27.预应力混凝土多箱式(装配式小箱梁)桥梁受力性能的分析及试验研究

主要完成单位:浙江省公路管理局。

主要技术内容:本项目采用弹性支承连续梁法分析计算多箱式小箱梁桥的横向分布系数,为先简支后连续结构的小箱梁桥受力分析提供了理论计算方法;应用预应力混凝土结构空间预应力束单元的概念,推导建立了预应力小箱梁桥空间效应分析的理论方法。

该项目为"十一五"计划2006年浙江交通科技成果,达到国际先进水平。

28.直升机牵引悬索桥先导索过海新技术研究

主要完成单位:浙江省舟山连岛工程建设指挥部。

主要技术内容:本项目提出了悬索桥牵引先导索作业采用放索系统与直升机分离的创新模式,为选用经济合理的直升机机型提供了依据;研制了功能完善的,可以高速放索、收索、制动、降温、轻便灵活的放索系统。通过大量飞行试验,总结出在不利风况条件(逆风 10~12m/s,顺风 6~8m/s)下达直升机飞行与放索系统的协调控制技术。

该项目为"十一五"计划2006年浙江交通科技成果,达到国际先进水平。

29.大吨位70m预应力混凝土箱梁整体预制和强潮海域海上运输架设技术

主要完成单位:杭州湾大桥工程指挥部。

主要技术内容:本项目提出了70m箱梁整体预制技术,包括高性能海工耐久性混凝土配合比设计、整体连续灌注、钢筋整体绑扎整体吊装、外模整体移动、内模整体吊装及分段拆除、低强度早期张拉防裂等技术,提高了工效,加快了制梁速度,确保了箱梁质量。预制场内大吨位箱梁纵横移位技术,包括滑移式横移台车和轮轨式纵移台车,安全有效地进行梁体移运,具有平衡精度高、安全性能好的特点。研制的吊重3000t的"天一"号起吊运架船,开发了集运输和架设为一体的海上运架技术,安全可靠、技术先进,保证了箱梁架设质量,提高了工效。

该项目为"十一五"计划2007年浙江交通科技成果,达到国际领先水平。

30. 大吨位50m预应力混凝土箱梁整体预制和梁上运输架设技术

主要完成单位:杭州湾大桥工程指挥部。

主要技术内容:本项目针对工程所处的滩涂区多跨长桥施工特点,提出大吨位箱梁整体预制、梁上运输架设总体设计,降低了施工风险,加快了施工进度,保证了工程质量,提高了生产效率;研制了技术先进、功能匹配的1600t轮胎式搬运机、桁架结构提梁龙门吊、轮胎式运梁车、宽巷架桥机等施工设备,形成了箱梁预制、场内运输、提升上桥、梁上运输、架设一体化的施工工艺系统;自主研制了后浇段整体式移动模架系统和1000t钢砂顶临时支座,有效地实现了体系转换;研制了性能优良、经济合理的箱梁C50海工耐久混凝土,采用了保温保湿养护措施和预应力早期预张拉技术。

该项目为"十一五"计划2007年浙江交通科技成果,达到国际领先水平。

31. 海洋环境下长寿命混凝土结构耐久性研究

主要完成单位:杭州湾大桥工程指挥部。

主要技术内容:本项目从整体结构的角度,全面系统地对海洋环境下混凝土结构耐久性所涉及的疑难问题进行了攻关,制定了耐久性设计、施工、维护、监测预警、检验评定等技术文件,并成功地运用于杭州湾跨海大桥混凝土工程。在欧洲混凝土氯离子扩散系数快速测试方法基础上,自主研制出自动控制扩散系数测定仪。采用监测混凝土耐久性预埋式技术,创造性地提出了可靠的钢筋脱钝电化学参数和输出光功率变化综合判据,研究开发了对混凝土结构预期寿命动态预报的实时监测技术;首次明确了100年工程预期使用寿命(年限)的统计学定义。

该项目为"十一五"计划2007年浙江交通科技成果,达到国际领先水平。

32. 跨海长桥全天候运行测量控制关键技术

主要完成单位:杭州湾大桥工程指挥部。

主要技术内容:本项目解决了GPS连续跟踪站在宽海域长期稳定可靠高精度的运行问题,创造了GPS、水准测量和三角高程测量整体优化的海上长桥施工高精度控制及高程传递的新方法;建立了连续运行的GPS工程参考站系统,实现了实时平面定位精度3~5cm,实时高程定位精度5~10cm,满足了海上钢管桩和钢护筒施工实时定位的精度要求。根据对桥位测区高程异常值数据的理论分析,提出了一种过渡曲面高程拟合法,使36km跨海GPS拟合水准的测量精度优于3cm,达到了国家三等水准测量精度标准,满足了海上首批承台施工高程控制的需要；建立了适应海域长距离大范围的独立工程坐标系，考虑了地球曲率等对坐标系的影响，提高了施工放样精度。

该项目为"十一五"计划2007年浙江交通科技成果，达到国际领先水平。

33. 杭州湾跨海大桥大直径超长钢管桩设计、制造、防腐和沉桩成套技术

主要完成单位：杭州湾大桥工程指挥部。

主要技术内容：本项目提出了大直径超长变壁厚螺旋焊缝钢管桩新型设计和制造技术，包括大直径超长变壁厚螺旋焊缝钢管桩新型设计、变壁厚螺旋焊管连续卷制和螺旋焊管在线预精焊新技术，研发制造了国内最大型的新型螺旋焊管成套设备等，提高了工效，加快了制桩速度，确保了钢管桩质量。桥梁用钢管桩高性能熔结环氧涂层与牺牲阳极联合保护新设计使腐蚀防护系统的可靠性大大提高，可以解决在海洋中垂直方向腐蚀环境分布不均匀引起的局部严重腐蚀防护难题。适应海洋多种腐蚀环境的钢管桩三层熔结环氧涂层防腐新结构和新型涂装设备应用高性能熔结环氧涂料和创新的三层熔结环氧涂层新结构，提高了涂层防腐的可靠性，研发制造了全自动涂装生产线，粉末喷涂采用三层独立连续式喷涂系统，大大提高了涂装工效和质量。承台钢管桩牺牲阳极的阴极保护结构新设计和新施工方法采用水上焊接、水下卡环安装阳极，提高了施工工效并有效保证了施工质量。强潮海湾大直径超长钢管桩整桩沉桩施工技术通过合理的设备选型和制造，采用先进的测控技术，采取科学合理的施工技术对策，制定适宜的沉桩技术标准，成功解决了强潮海湾大直径超长钢管桩整桩沉桩技术难题。

该项目为"十一五"计划2007年浙江交通科技成果，达到国际领先水平。

34. 长大隧道沥青混凝土路面的防灾安全性能研究

主要完成单位：浙江省交通投资集团有限公司。

主要技术内容：本项目首次系统研究公路长隧道沥青路面火灾过程安全性，揭示了长隧道沥青路面火灾过程机理；结合流体动力学和热重分析技术评价了沥青路面燃烧对隧道火灾规模的影响；提出了隧道沥青路面燃烧过程的数值模拟技术。

该项目为"十一五"计划2007年浙江交通科技成果，达到国际先进水平。

35. 六车道公路连拱隧道信息化施工技术研究

主要完成单位：杭州杭千高速公路发展有限公司。

主要技术内容：本项目首次针对六车道复合式中墙连拱隧道的受力特征与施工动态力学行为，通过数值模拟和室内模型试验，研究了六车道连拱隧道围岩与结构的受力和变形特征及开挖面的时空效应，确定了结构形式和施工工艺，提出了在Ⅱ类、Ⅲ类围岩条件下的合理施工方法，并成功得到实施。采用先进的试验方法，利用公路连拱隧道内加载试验系统，模拟研究了六车道连拱隧道施工过程及其受力状态，并于数值模拟、现场量测相

互补充与验证。通过对依托工程量测数据的统计分析,全面掌握了隧道施工中围岩位移、应力、应变等发展规律,得到了Ⅱ类、Ⅲ类围岩中六车道连拱隧道围岩变形的基本稳定时间,提出了二次衬砌的合理施作时间。

该项目为"十一五"计划2007年浙江交通科技成果,达到国际先进水平。

36. 软岩地区三车道隧道动态可视化监控技术的研究

主要完成单位:浙江省公路管理局。

主要技术内容:本项目基于模糊聚类与识别、统计相结合的方法,提出了多因素的围岩稳定性预警变形速率的计算方法;建立了多变量的动态变形预测模型;开发了具有预测功能与隧道群管理功能的公路隧道三维可视化监测软件3DTOS。

该项目为"十一五"计划2007年浙江交通科技成果,达到国际先进水平。

37. 浙江省舟山大陆连岛工程(金塘大桥)可靠性管理技术与应用研究

主要完成单位:浙江舟山大陆连岛工程高速公路有限公司。

主要技术内容:本项目提出了跨海桥梁(金塘大桥)的可靠度接受准则和金塘大桥正常使用极限状态的目标可靠度指标;提出了金塘大桥施工期基于可靠度分析的基本理论的质量控制分析方法,并对施工期桥梁的主要可控参数进行了分析,确定了相应的控制范围;提出了金塘大桥运营期以混凝土耐久性分析及可靠度的经济分析为基础的检测与维修决策方法。

该项目为"十一五"计划2007年浙江交通科技成果,达到国际先进水平。

38. 西堠门大桥建设成套技术研究

主要完成单位:浙江省舟山连岛工程建设指挥部。

主要技术内容:本项目首次采用1:2比例尺两个节段的分体式钢箱梁模型进行试验研究,其成果与理论计算结果相符。通过模型静载试验首次得到分体式钢箱梁的应力水平、应力分布及传力途径,并得到横向连接箱梁与横向连接工字梁的横向弯矩分配比,验证了该构造方案是可行的。研究了分体式钢箱梁制造工艺、组装方案及焊接变形控制措施,为实际生产奠定了基础。研制的大跨径悬索桥1770兆帕级主缆钢丝的直线性、抗松弛等性能指标超过了国内外同类产品,并实现了国内的规模化生产。运用水平成圈、放索技术,首次解决了大跨径悬索桥索股架设过程中出现的"呼啦圈"现象,提高了主缆索股的架设质量和速度。

该项目为"十一五"计划2007年浙江交通科技成果,达到国际先进水平。

39. 金塘大桥波流力分析研究

主要完成单位:浙江省舟山连岛工程建设指挥部。

主要技术内容:本项目对承台和桩基两部分分别予以计算,得到了桥墩所受波流力,为金塘大桥工程的设计提供了重要依据。首次采用三维线性势流绕射理论,同时考虑桥位区的波浪、水深和水流条件,对大尺度桥墩承台结构上的波流力进行计算。桥墩桩基基础为小尺度结构,波流力按 morison 公式计算,计算中同时考虑了不同位置的桩所受波浪力间的相位差以及前桩对后桩的掩护作用,计算方法合理,结果可信。

该项目为"十一五"计划 2007 年浙江交通科技成果,达到国际先进水平。

40.碳纤维筋在公路钢筋混凝土桥梁中的应用研究

主要完成单位:湖州市公路管理处。

主要技术内容:本项目在原有碳纤维材料加固桥梁研究的基础上,对 T 形桥梁采用碳纤维筋加固,监测分析了间接施加预应力对消除碳纤维筋应变滞后效应的影响,提出了既有桥梁的极限承载力计算方法。通过理论分析、静载试验、现场监测等,为依托工程制定了纤维筋加固方法。试验结果表明其加固后的承载力达到公路 I 级标准,从而提高了公路桥梁的承载能力。首次在国内成功地应用碳纤维筋对既有桥梁进行了结构加固,提出了碳纤维筋对公路桥梁结构加固的设计、施工技术要点。该新方法为同类工程的推广和应用起到了重要作用。

该项目为"十一五"计划 2007 年浙江交通科技成果,达到国际先进水平。

41.大跨径混凝土梁式桥竖向预应力控制技术

主要完成单位:浙江省舟山连岛工程建设指挥部。

主要技术内容:本项目通过多项对比试验,竖向预应力材料采用国产高强钢筋并采取二次张拉工艺能有效控制永存预应力值。索锚计测量精度高,便于更换,适合在高强钢筋预应力的长期监测中使用,为竖向预应力长期监测设备选型提供了依据。通过 200 万次的疲劳荷载试验,对竖向预应力损失机理进行了深入研究,并提出了荷载反复作用对竖向预应力后期损失影响不大的结论。

该项目为"十一五"计划 2007 年浙江交通科技成果,达到国际先进水平。

42.60m 预制箱梁蒸汽养护自动化控制技术研究

主要完成单位:浙江省舟山连岛工程建设指挥部。

主要技术内容:本项目总结了适合本桥海工耐久性混凝土的温度蒸养变化曲线,采用"大范围多点测量、分段控制"的方法,解决了箱梁内温度梯度差及梁体与外部环境温度差的控制问题。开发的适合大型预制混凝土箱梁的成套微机自动化控制系统,可方便设定工艺曲线,能单独或同时对处于不同蒸养阶段的箱梁进行多点温度自动检测、控制,并具有实时温度超差报警功能,形成了适合大规模生产大型预制混凝土箱梁的蒸养技术。

该项目为"十一五"计划 2007 年浙江交通科技成果,达到国际先进水平。

43.金塘大桥非通航孔桥防碰撞技术研究

主要完成单位:浙江舟山大陆连岛工程高速公路有限公司。

主要技术内容:本项目根据桥区条件确定了合适的设防标准。通过数值分析、模型试验和现场阻力系数测试,得到防撞系统的拦阻力、浮筒必须具备的浮力、系统到桥位的设置距离和不同地质海底的锚阻力系数分布规律等,完成了总体方案和技术设计工作。创造性地提出了"柔性浮式防船舶碰撞系统"设计新概念,利用长距离走锚,大幅度延长失控船舶与防撞系统的作用时间和距离,消耗船舶动能,能有效防止船舶对桥梁的撞击,减轻失控船舶在撞击过程中的损伤。该技术已获得国家发明专利。

该项目为"十一五"计划2008年浙江交通科技成果,达到国际领先水平。

44.杭州湾跨海大桥混凝土结构耐久性长期性能研究

主要完成单位:杭州湾大桥工程指挥部。

主要技术内容:本项目首次在氯离子输运机理中定量考虑了渗流和固化,提出了修正的Nernst-Planck方程,建立了氯盐侵蚀环境下离子的多机制输运模型,实现了对氯离子在空间三维分布规律的合理描述;提出了采用周期浸润时间确定干湿交替区域中氯离子侵蚀分布峰值以及相应位置的简化计算方法。将暴露试验站和现场试件的试验、第三方参照物取样试验和室内加速试验相结合,提出了多重环境时间的相似性氯盐侵蚀混凝土试验方法,第三方参照物的选择是建立相似关系的关键,也是区别于其他试验方法的特点;提出了基于Markov链的路径概率方法,并将此方法与多重环境时间的相似性方法相结合,实现了杭州湾跨海大桥混凝土结构耐久性的寿命预测;设计了室内人工环境模拟的试验方法,研制了计算机自动控制的大型步入式多功能人工气候模拟试验装置;研究了不同涂料对大桥混凝土耐久性提升的作用机理,进行了处理工艺、质量检测与评定指标研究,制定了具有一定工程适用性的混凝土防腐涂料抗氯离子保护性能的评定标准。

该项目为"十一五"计划2008年浙江交通科技成果,达到国际领先水平。

45.西堠门大桥北边跨钢箱梁架设技术研究

主要完成单位:浙江省舟山连岛工程建设指挥部。

主要技术内容:本项目针对西堠门大桥结构特点及北边跨复杂的地形、水文、气候条件,首次采用固定支架+移动支架+缆载吊机单机两次荡移并结合航道拓宽的施工技术,成功地解决了跨海悬索桥边跨区钢箱梁安装难题。通过钢箱梁荡移过程的全程仿真计算,获得其几何位置以及大缆、吊索等构件的相关参数,保证了北边跨架梁过程的结构和施工安全与质量。

该项目为"十一五"计划2008年浙江交通科技成果,达到国际先进水平。

46. 海洋环境混凝土桥面铺装结构及铺装技术研究

主要完成单位：浙江省舟山连岛工程建设指挥部。

主要技术内容：本项目通过室内试验研究，采用岩沥青与 SBS 复合改性沥青作为桥面铺装 SMA 用胶结料，混合料的综合性能有较大提高。系统研究了多种防水材料的性能，首次对混凝土桥桥面铺装防水体系的耐盐腐蚀和渗透性进行了试验评价。采用 2 万次的浸水车辙试验，提出了铺装体系组合结构的耐久性能评价指标。

该项目为"十一五"计划 2008 年浙江交通科技成果，达到国际先进水平。

47. 大跨度悬索桥吊索的抑振措施研究

主要完成单位：浙江省舟山连岛工程建设指挥部。

主要技术内容：本项目用计算流体力学方法对西堠门大桥并列吊索发生尾流驰振的发振风速和风偏角的范围做了详细理论论证；根据桥址环境温度要求，开发了一种丁基类阻尼橡胶材料 WTD，以确保损耗因子≥0.8，并采用平面剪切型阻尼结构，依据室内静、动力试验和分析结果，完成了新型阻尼减振器的设计。采用工作温度范围为 $-7℃\sim50℃$，剪切模量≥7MPa，结构损耗因子≥0.8 的高阻尼橡胶材料，研制了新型平面剪切型减振器；对同一种阻尼器抑制不同索长条件的布置位置进行了分析与优化。

该项目为"十一五"计划 2008 年浙江交通科技成果，达到国际先进水平。

48. 复杂海洋环境钢箱梁运输船动力定位研究

主要完成单位：浙江省舟山连岛工程建设指挥部。

主要技术内容：本项目根据西堠门大桥桥区复杂海洋环境，研究确定了钢箱梁运输船舶动力定位方案；在实船实地试验基础上提出了西堠门大桥钢箱梁运输动力定位的技术参数和实施组织流程，为该桥钢箱梁的成功吊装提供了技术保证。在复杂海洋环境中采用运输船舶动力定位技术进行钢箱梁的吊装并提出相应技术参数。通过工程实践，提出了动力定位的工艺流程和操作方法，为今后同类型桥梁施工提供了一种安全可行的施工方法和可借鉴的成功经验。

该项目为"十一五"计划 2008 年浙江交通科技成果，达到国际先进水平。

49. 大跨度隧道施工力学特性测试分析

主要完成单位：温州市绕城高速公路工程建设指挥部。

主要技术内容：本项目首次系统开展了隧道车行横洞开挖效应的研究，提示了车行与人行横洞的不同布置形式及开挖进尺，揭露主洞围岩和初期支护的应力分布规律，科学地指导开挖施工。通过对后岗隧道岩爆现象的研究，指出后岗隧道发生轻微及中等强度的岩爆与地质构造条件和开挖工艺有关，从而拓展了隧道岩爆形成条件认识。

研究成果已在温州绕城高速公路北线 5 座隧道推广应用。

该项目为"十一五"计划2008年江交通科技成果,达到国际先进水平。

50. 水泥混凝土桥面耐久性沥青铺装结构研究

主要完成单位:浙江省交通投资集团有限公司。

主要技术内容:本项目提出了以抗剪强度为主要设计指标的混凝土桥面铺装结构组合设计方法,并通过了多座桥梁桥面铺装结构组合的试验验证,在混凝土桥面沥青铺装结构设计方法和设计标准方面具有创新性。

该项目为"十一五"计划2008年浙江交通科技成果,达到国际先进水平。

51. 公路隧道二衬裂缝机理分析与防治技术研究

主要完成单位:杭州市交通工程质量安全监督局。

主要技术内容:本项目对杭州部分运营和在建隧道工程的二衬裂缝进行调查,分析了裂缝成因;进行了3座施工中的隧道围岩和衬砌的应力与位移监测、室内混凝土板式收缩性能试验;运用断裂力学有限元方法对二衬裂缝产生机理进行分析。研究成果对预防二衬混凝土裂缝具有指导意义。采用断裂力学有限元方法和接触单元进行公路隧道二衬在温缩、干缩和偏载耦合作用下损伤裂缝的数值模拟,揭示隧道二衬产生裂缝的机理。

该项目为"十一五"计划2008年浙江交通科技成果,达到国际先进水平。

52. 高速公路深长隧道监控量测关键技术研究

主要完成单位:浙江省交通厅工程质量监督局。

主要技术内容:本项目针对隧道建设过程中取得的数据等资料,建立科学有效的数据库管理文件,实现了对数据的查询分析及三维可视化的查询功能,并将位移反馈分析与有限元计算程序纳入隧道监测数字化系统中;提出了正算过程采用复变函数,并选用遗传算法的随机位移反分析,给出了随机位移反分析的流程;采用黏弹性力学理论、参数灵敏度分析等手段,提出了确定模型参数的无边界条件方法。

该项目为"十一五"计划2008年浙江交通科技成果,达到国际先进水平。

53. 跨海桥梁高性能混凝土研制和施工控制关键技术研究

主要完成单位:浙江省舟山连岛工程建设指挥部。

主要技术内容:本项目针对金塘大桥氯盐腐蚀严重的特点,采用P-Ⅱ水泥和大掺合料配制低热、低渗透海工混凝土,技术指标先进。大桥浪溅区混凝土首次大范围掺入氨基醇阻锈剂,在提高混凝土防腐性能的同时,改善了混凝土的工作性能、抗氯离子渗透性和抗裂性能。对超大体积($>2000m^3$)承台浇筑混凝土采用通海水冷却的方法,并提出相关处理措施。

该项目为"十一五"计划2008年浙江交通科技成果,达到国际先进水平。

54. 重载交通组合式护栏设计及试验研究

主要完成单位：浙江省舟山连岛工程建设指挥部。

主要技术内容：本项目通过对依托工程重要交通车辆构成的调查研究，通过计算机仿真模拟分析和实车碰撞试验，首次提出了设计防护等级为 SA 级的新型双横梁组合式桥梁护栏，并在实际工程中得到了应用。

该项目为"十一五"计划 2008 年浙江交通科技成果，达到国际先进水平。

55. 特大跨径悬索桥新型分体式钢箱梁关键技术研究

主要完成单位：浙江省舟山连岛工程建设指挥部。

主要技术内容：本项目首次在强台风地区特大跨径悬索桥——西堠门大桥采用分体式钢箱梁；首次采用大尺度悬吊模型研究了分体式钢箱梁受力性能；对分体式钢箱梁进行了系统的空间受力分析，揭示并通过试验验证了受力规律，解决了加劲梁梁型选择、钢箱梁气动选型、分体式钢箱梁关键构造及力学性能等问题。首次研究了分体式钢箱梁颤振和涡振气动控制的有效措施；首次进行了分体式钢箱梁悬索桥静风稳定性概率评价，解决了分体式钢箱梁槽宽优化选型以及成桥状态的颤振、涡振、静风稳定等问题；开展了分体式钢箱梁施工状态抗风安全性研究。首次研究了特大跨径悬索桥分体式钢箱梁施工状态颤振稳定性、风效应，对施工状态的特大跨径分体式钢箱悬索桥——西堠门大桥方案的实现和顺利建成提供了技术支撑，并且经历了"韦帕"等多次强台风的考验。

该项目为"十一五"计划 2009 年浙江交通科技成果，达到国际领先水平。

56. 杭州湾大桥风环境对行车安全的影响和对策研究

主要完成单位：杭州湾大桥工程指挥部。

主要技术内容：本项目在国内首次考虑桥面振动对车辆行驶安全性的影响，建立了风—汽车—桥梁耦合振动分析模型，并提出了桥面风环境分布的基本特征及其对车辆气动力特性的影响。提出了不同风障碍形式对桥面风环境影响的基本规律，在国内桥梁工程中首次设置风障，并确定了相应的风障设计方法和技术标准。在国内首次进行了针对风环境，并考虑雨、雾、冰雪等灾害因素影响的跨海长桥车辆行驶安全性研究，提出了典型车辆跨海长桥行车安全控制标准。

该项目为"十一五"计划 2009 年浙江交通科技成果，达到国际领先水平。

57. 钢筋混凝土桥梁状态评估体系研究

主要完成单位：浙江公路技师学院。

主要技术内容：本项目在对我国当前桥梁评估体系进行分析研究的基础上，针对钢筋混凝土桥的结构特性，综合考虑了对桥梁承载能力和使用性能有影响的诸多因素，提出了应用模糊评估方法，建立了钢筋混凝土梁桥评估系统。基于变权原理的模糊评估作为系统的核心计算原理,将桥面平整度、桥头引道沉降等更多的桥梁检测信息融合到承载力及使用性能评估中,为梁评估指标的选取及分级标准提供依据。

该项目为"十一五"计划2009年浙江交通科技成果,达到国际先进水平。

58. 特大跨径悬索桥施工阶段抗风性能研究

主要完成单位:浙江省舟山连岛工程建设指挥部。

主要技术内容:本项目以西堠门大桥为工程背景,研究了特大跨径悬索桥施工阶段的抗风性能。项目分析了在施工阶段采取不同抗风措施的结构动力特性;采用全桥气弹模型试验模拟了主要施工阶段的各种结构状态,验证了结构颤振稳定性,测试了结构抖振响应;依据风洞试验结果计算了对称架梁方案的风载内力,优化了梁段间的临时连接件;开展了特大跨径悬索桥分体式钢箱梁施工状态颤振稳定性研究,并根据研究成果制订了安全通过台风期的架梁方案;对悬索桥分体式钢箱梁梁段间临时连接件的抗风性能进行了研究;研究了特大跨径悬索桥分体式钢箱梁施工阶段抖振响应。

该项目为"十一五"计划2009年浙江交通科技成果,达到国际先进水平。

59. 新型墩身湿接头设计

主要完成单位:浙江省舟山连岛工程建设指挥部。

主要技术内容:本项目提出了一种全新的湿接头方案,将湿接头置于预制墩身内部,使湿接头不外露,有效地保证了结构耐久性;在桥梁结构上首次采用了盾构隧道中使用的止水橡胶防水技术,提高了结构防海水侵蚀能力;系统研究了新型墩身湿接头施工成套技术。

该项目为"十一五"计划2009年浙江交通科技成果,达到国际先进水平。

60. 超宽大跨度预应力混凝土斜拉桥关键技术研究

主要完成单位:金华市交通规划设计院有限公司。

主要技术内容:本项目较系统地研究了超宽大跨度预应力混凝土斜拉桥索力优化方法,运用影响矩阵法在超宽大跨度预应力混凝土斜拉桥中的适用性进行了研究,提出了以控制最大应力为目标进行索力优化的方法。采用精细有限元法对超宽大跨度预应力混凝土双Π梁的剪力滞效应进行了系统的研究,得出了超宽桥梁成桥状态活载作用和横坡效应对剪力滞系数的影响程度。

该项目为"十一五"计划2009年浙江交通科技成果,达到国际先进水平。

61. 大跨径连续刚构桥病害分析和控制技术研究

主要完成单位:浙江省舟山连岛工程建设指挥部。

主要技术内容:本项目以金塘大桥东通航孔桥为工程背景,进行了大跨径连续刚构病害分析和控制技术研究;提出了大跨径预应力连续刚构长期下挠的关键因素和对应的控制措施及长期挠度控制预防方案与关键构造设计。基于试验研究和数值模拟,揭示了底板崩裂机理,提出了设计施工对策。

该项目为"十一五"计划2009年浙江交通科技成果,达到国际先进水平。

62. 高速公路特长隧道与隧道群运营安全及防灾救援研究

主要完成单位:浙江省公路管理局。

主要技术内容:本项目首次进行了公路隧道群交通事故调查,对隧道群交通事故的类型、交通事故车型、交通量大小对事故发生率的影响等进行了系统分析,得出了浙江省公路隧道群百万车公里事故率等基础数据,据此建立了消防、医疗、交警、路政等多机构、机电监控系统多设备联动的特长公路隧道群防灾救援体系。在公路隧道纵向及集中排烟系统通风网络中,提出了火灾烟流对轴流风机和射流风机的影响效应及不同位置发生火灾对轴流风机的性能影响;提出了将隧道交通事故风险划分为三个风险阶段的公路隧道群交通事故致因模型;提出了基于概率分析的公路隧道群定量火灾风险评估方法,该方法包括火灾发生概率、火灾不受控制概率以及火灾下致人死亡的概率及后果的计算模型。

该项目为"十一五"计划2009年浙江交通科技成果,达到国际先进水平。

63. 基于Zigbee技术的高速公路隧道群防二次事故无线报警系统的研究

主要完成单位:浙江省交通科学研究所。

主要技术内容:本项目研发的系统,由基于Zigbee技术的报警基站、中继器、控制器及专用监控软件组成。Zigbee无线通信与有线专网/GPRS公网通信相结合,实现隧道现场与监控中心的双向信息交互,具有及时报警、事故点精确定位、信号同步传递以及监控中心实时监控、远程报警、信息发布、车道监管等功能。基于Zigbee技术的无线报警设备和系统,为避免隧道二次事故提供有效报警手段,可与双波长火灾自动探测器和分布式光纤感温火灾自动探测器结合,实现联合报警。

该项目为"十一五"计划2009年浙江交通科技成果,达到国际先进水平。

64. 植入式桥面连续构造在公路桥梁中的应用研究

主要完成单位:浙江金丽温高速公路有限公司。

主要技术内容:本项目在既有桥梁桥面连续构造病害调查和收集国内外文献资料的基础上,通过多种技术方案论证比选后择优提出带排水功能的植入式桥面连续构造(ECS),并采取空间有限元分析、足尺模型试验和实桥工程的应用等验证手段,系统研究了桥面连续构造的作用机理、ECS和传统的桥面连续构造在车辆荷载和温度梯度作用下应力、变形、抗裂性的不同表现。研究成果表明,ECS的使用功能及效果明显优于传统的桥面连续构造。开发了钢筋橡胶组合装置并应用到简支体系的桥面连续构造中,使桥面连续构造具有排水和应力分散功能,对解决目前连续桥面存在的早期病害问题具有重要意义。通过理论分析和工程实践,总结出了不同工况下连续桥面(ECS)的应力与变形分布规律。

该项目为"十一五"计划2009年浙江交通科技成果,达到国际先进水平。

65. 超长大规格高强悬索桥主缆索股制造技术研究

主要完成单位:浙江省舟山连岛工程建设指挥部。

主要技术内容:本项目开发研制了超长(4250m)、大规格(169丝)、高强度(1860MPa)主缆索股的编制和锚固技术。突破传统的悬索桥主缆索股收放成盘工艺技术,开发了具有自主知识产权的主缆索股水平收放技术,解决了索股架设时出现的"呼啦圈"问题,改善了索盘运输条件。研制的智能水平放索控制系统,放索速度可调可控(10~60m/min),提高了效率,为特大跨径悬索桥使用PPWS架设主缆索股技术提供了技术支持。该项目研究成果支撑了世界上最大跨度分体式钢箱梁悬索桥——西堠门大桥工程的建设,并已在国内外多座大跨度径桥梁建设中得到了推广应用,有力地促进了桥梁建设技术进步,社会、经济效益显著。

该项目为"十一五"计划2010年浙江交通科技成果,达到国际领先水平。

66. 杭州湾大桥远程智能单点多控技术研发与应用

主要完成单位:杭州湾大桥工程指挥部。

主要技术内容:本项目自主研发的系统由路段智能控制模块、终端智能控制模块及远程智能单点多控技术软件三部分组成。系统基于低压电力载波扩频技术实现多种光源多样化控制,工程应用方便、工序简化、节约成本,可对光源和附属器件进行实时监控,并便于维护。研究在无中继低压超长距离电力载波通信技术、单点多控技术及单灯变频降功率技术等方面具有创新性。

该项目为"十一五"计划2010年浙江交通科技成果,达到国际领先水平。

67. 跨海悬索桥结构监测、巡检管理关键技术

主要完成单位:中交公路规划设计院有限公司。

主要技术内容:本项目首次研究了以工业以太网和三维GIS技术在跨海大跨径悬索桥监测管理领域的应用技术,攻克了跨海桥梁监测管理技术中高精度同步采集以及三维显示的行业难题,实现了微秒级的高精度信号同步采集。研发了符合跨海大跨径悬索桥运营环境和结构响应特点的智能调理器以及基于三维GIS技术的跨海悬索桥的监测管理系统。运用结构危险性方法论和量化管理方法,首次对跨海悬索桥全寿命周期的结构危险性进行了分析,并提出了相应的养护管理策略,实现基于风险分析的全过程标准化规范化管理。

该项目为"十一五"计划2010年浙江交通科技成果,达到国际领先水平。

68. 预应力碳纤维布技术在混凝土桥梁加固中的应用研究

主要完成单位:浙江省交通工程建设集团有限公司。

主要技术内容:本项目通过理论和试验验证了预应力碳纤维布技术在混凝土桥梁加固中的黏结层性能、动力特性、低周重复加载性能等,提出了预应力碳纤维布加固混凝土桥梁设计要点,编制了预应力碳纤维布加固混凝土桥梁施工工法;提出了预应力碳纤维布加固混凝土桥梁的理论基础与施工工艺,解决了中小跨径混凝土桥梁主动加固的关键技术;改进了嵌入式预应力CFRP施工技术,提出了将机械锚固和黏结锚固相结合的锚固方法。

该项目为"十一五"计划2010年浙江交通科技成果,达到国际领先水平。

69. 公路隧道纵向排烟模式与独立排烟道集中排烟模式模型试验研究

主要完成单位:浙江交通规划设计研究院。

主要技术内容:本项目建立了独立排烟道隧道排烟试验模型,系统地研究了公路隧道火灾时独立排烟道集中排烟的排烟机理与烟气控制技术。通过缩尺寸独立排烟道隧道模型试验,揭示了不同参数对独立排烟道集中排烟模式下隧道火灾温度场分布、烟气蔓延及控制效果的影响规律,集中排烟模式下排烟阀流速和排烟道流速分布规律;建立了独立排烟道集中排烟模式下排烟阀排热效率、排烟风机排热效率理论计算模型和排烟阀排烟效率计算模型,获得了双向排烟和单向排烟方式下不同排烟阀设置方案对排热效率和排烟效率的影响规律;揭示了排烟系统关键技术参数对独立排烟道集中排烟模式下烟气控制效果的影响规律,提出了30MW和50MW火灾功率下单、双向排烟工况下的排烟系统设计参数;提出了独立排烟道集中排烟模式排烟系统的合理设计方法。

该项目为"十一五"计划2010年浙江交通科技成果,达到国际领先水平。

70. 树脂沥青组合体系(ERS)钢桥面铺装技术在江东大桥的应用研究

主要完成单位:杭州市高速公路管理局。

主要技术内容:本项目针对江东大桥的工程特点,对钢桥面铺装受力特点、ERS钢桥面铺装设计、材料、施工工艺及验评标准进行了系统的研究。首次在国内大型桥梁钢桥面主桥获得成功应用。通过室内外试验对比、现场施工及通车运营,验证了EBCL优良的防水、黏结性能和RA05整体化功能层的作用。通过对钢桥面受力三阶段力学分析,初步建立了ERS钢桥面铺装理论体系。

该项目为"十一五"计划2010年浙江交通科技成果,达到国际领先水平。

71. 预应力混凝土连续箱梁底板开裂原因分析及其防治研究

主要完成单位:浙江省公路管理局。

主要技术内容：本项目在弹性分析的基础上，进一步对底板开裂的过程进行非线性分析，提出了箱梁底板可能的开裂破坏形态类型，并对箱梁底板横向弯、剪破坏进行重点研究，提出了相应的改进设计方法和防治措施。首次基于非线性理论，研究了预应力混凝土连续箱梁施工过程中底板开裂机理，提出了预应力混凝土连续箱梁桥施工过程中底板横向弯、剪破坏形式，并给出简化计算方法。

该项目为"十一五"计划2010年浙江交通科技成果，达到国际先进水平。

72. 国产特大跨径悬索桥主缆用镀锌钢丝制造技术研究

主要完成单位：浙江省舟山连岛工程建设指挥部。

主要技术内容：本项目采用微合金化工艺，对桥梁缆索用盘条进行成分设计，采用洁净钢冶炼技术、化学成分均匀性技术及特殊控轧控冷技术，研制的桥梁缆索用盘条的纯净度、金相组织、力学性能等相关指标达到国际同类产品先进水平，满足特大型桥梁缆索用镀锌钢丝专用盘条要求。改进了传统的镀锌生产工艺，采用"双张紧＋限径模"的稳定化生产技术，实现了镀锌钢丝具有高强度及良好韧性的综合性能，满足了大型桥梁缆索用镀锌钢丝的要求。

该项目为"十一五"计划2010年浙江交通科技成果，达到国际先进水平。

73. 特长公路隧道纵向通风模式下的独立排烟道系统的研究与应用

主要完成单位：浙江省交通规划设计研究院。

主要技术内容：本项目创新性地提出了纵向通风与顶部排烟道集中排烟组合通风排烟方案，充分发挥了纵向通风模式的经济性和独立排烟道集中排烟的优越性；揭示了顶部独立排烟道组合通风排烟模式下隧道火灾的烟气蔓延及温度分布规律，得出了产生烟囱效应的临界坡度及不同坡度下的烟囱效应强度；研究提出了排烟阀的开启范围、面积、间距、个数等关键参数，给出了不同火灾情形下的诱导风速设定值以及对应的气流组织方法；探明了火灾高温对隧道结构、排烟道板结构的损伤特征，获得了烟道板破坏临界温度、破坏范围以及植筋胶强度的衰变规律。

该项目为"十一五"计划2010年浙江交通科技成果，达到国际先进水平。

74. 浙江舟山大陆连岛工程桥梁健康监测及安全评价系统研究和设计

主要完成单位：浙江省舟山连岛工程高速公路有限公司。

主要技术内容：本项目首次基于跨海特大跨径悬索桥、斜拉桥结构安全监测巡检管理系统所获取的监测数据和巡检信息，研究设计了跨海特大型缆索承重桥梁的结构预警和安全评估体系，实现了大跨径跨海桥梁的实时在线预警、内力状态识别、安全评估等。运用结构危险性方法论和量化管理方法，首次对跨海大桥全寿命周期的结构危险性进行了分析，并提出了相应的养护管理策略，实现基于风险分析的全过程标准化管理。

该项目为"十一五"计划2010年浙江交通科技成果,达到国际先进水平。

75. 温拌沥青混合料技术在长大公路隧道沥青路面铺装中的应用研究

主要完成单位:浙江台金高速公路有限公司。

主要技术内容:本项目依托台金高速公路苍岭隧道建设工程,就降粘型温拌添加剂Sasobit和乳化型温拌添加剂Evotherm对沥青的影响进行了研究,提出了两种温拌沥青混合料的配合比设计关键指标,并对两种温拌沥青混合料路用性能、有害气体的排放量和相同级配的普通热拌沥青混合料进行了对比分析,对温拌沥青路面抗柴油污染的性能进行了评价,提出了温拌沥青混合料相应的配合比设计和施工指南。首次系统地开展了温拌沥青混合料Superpave设计方法的研究,并由此提出了温拌沥青混合料设计中的关键控制参数、原材料技术标准和施工工艺,并首次在特长隧道(7.55km)中应用研究,路用性能优良。首次对温拌沥青路面抗柴油污染性能进行了针对性的研究,评价了柴油污染对沥青路面路用性能的影响。

该项目为"十一五"计划2010年浙江交通科技成果,达到国际先进水平。

76. 特高强度大规格吊索钢丝绳研制

主要完成单位:浙江省舟山连岛工程建设指挥部。

主要技术内容:本项目开发了855SWS(41WS)+IWR多丝镀锌线接触结构的吊索钢丝绳,绳芯采用满充式结构,增大钢丝绳的金属面积,优化了镀锌钢丝绳各钢丝、绳股之间的接触状态,减小了各钢丝和各绳股之间的接触应力,提高了吊索钢丝绳的破断拉力、耐疲劳性能、弹性模量及结构稳定性。研制了改性塑胶,作为吊索钢丝绳内部充填材料,有效地缓冲了吊索钢丝绳承受脉动荷载时绳内之间相互挤压,降低接触应力,避免应力集中,进一步提高了吊索钢丝绳的耐疲劳性能;同时,还可防止腐蚀介质渗入吊索钢丝绳内部空隙,提高了吊索钢丝绳耐锈蚀能力。为了解决随着镀锌钢丝强度的提高其韧性下降的问题,采用改进的热处理技术和拉丝模,使研制的镀锌制绳钢丝具有足够高强度的同时保持良好的韧性。

该项目为"十一五"计划2010年浙江交通科技成果,达到国际先进水平。

77. 钢筋混凝土公路桥梁结构耐久性损伤修复技术研究

主要完成单位:浙江省公路管理局。

主要技术内容:本项目以浙江省在役混凝土桥梁为主要研究对象,深入分析引起桥梁耐久性破坏的主要影响因素和破坏状况特征,得出了浙江省内混凝土桥梁的主要耐久性破坏形式;针对桥梁破坏特征,综合研究了电化学脱盐技术、碳纤维加固技术以及表面涂层防腐技术,提出了各种耐久性修复补强的方法。项目综合考虑了混凝土防腐涂层的抗氯离子侵蚀性、透气性和透水性的影响,建立了含涂层混凝土的耐久性评定方法;首次采用体外预应力粘贴碳纤维筋方法对既有桥梁进行加固,并提出了相应的极限承载力计算方法。

该项目为"十一五"计划2010年浙江交通科技成果,达到国际先进水平。

78. 浙江省高速公路隧道交通安全关键技术及应用研究

主要完成单位:浙江省交通规划设计研究院。

主要技术内容:本项目提出了采用障碍物视认距离作为隧道入口照明设计的方法,建立了隧道入口障碍物视认距离与障碍物/背景对比度的相关关系,提出了采用贴地照明的改善方法并获得试验验证;提出了高速公路隧道基于视觉适应性的隧道侧墙图案,从而达到缓解压抑、改善驾驶环境的效果;提出了满足不同设计速度情况下平面线形一致性的相应指标临界值及一般性计算公式,对现行规范中洞内外3s行程范围指标提出了实际应用方法。

该项目为"十一五"计划2010年浙江交通科技成果,达到国际先进水平。

79. 海域岛礁桥梁地基精细化综合勘察技术指南研究

主要完成单位:浙江省工程勘察院。

主要技术内容:本项目系统研究了海域特定地形工程测量、工程地质调查与测绘、海域工程地质钻探、弹性波测量、弹性波CT、数字钻孔测量摄像、水文地质试验及岩石试验等方法在海域岛礁桥地基勘察中的综合利用,提出了适用于海域岛礁桥梁地基勘察的技术方法;提出了适用的海域钻场类型,以及海域岛礁大跨度高塔柱桥梁地基勘察方法的综合配置原则及工作量布设;提出了海域地貌测图的标准原则和海域岛礁岩石风化程度分级的风化波速比;编制了《海域岛礁桥梁地基精细化综合勘察技术指南》。

该项目为"十一五"计划2010年浙江交通科技成果,达到国际先进水平。

80. 海域岛礁岩体质量分类体系

主要完成单位:西南交通大学。

主要技术内容:本项目依托西堠门大桥桥基老虎山边坡工程,开展基于海域岛礁桥基工程边坡为对象的现场地质调查、勘探和试验工作,提出了海域岛礁岩体质量控制因素,形成了《海域岛礁岩体质量分类体系指南》;提出了岩体结构量化新指标,即"岩体块度指数RBI";系统提出了海域岛礁岩体质量分级体系及其配套的力学参数取值;系统进行了GOCAD在海域岛礁桥基三维地质建模中的应用。

该项目为"十一五"计划2010年浙江交通科技成果,达到国际先进水平。

81. 特大跨径钢箱梁悬索桥技术标准和指南

主要完成单位:中交公路规划设计院有限公司。

主要技术内容:本项目编制了适用于跨径1500~2000m的《特大跨径钢箱梁悬索桥

设计指南》，充实了现有的国内特大跨径钢箱梁悬索桥相关设计规范。针对目前主缆应力安全系数2.5的取值，通过比对国外相关设计规范，进行了钢箱梁吊装、体系转换和桥面铺装三个阶段主缆弯曲应力现场试验，并对主缆主要的二次应力进行理论分析，在此基础上提出了悬索桥主缆应力安全系数参考值。以钢丝绳短吊索为对象，通过室内试验和理论分析，对吊索锚头部位和索夹部位的二次应力展开研究，在此基础上提出了钢丝绳吊索强度安全系数参考值；开展了挠跨比限值指标、车辆在桥上行驶的安全性和舒适性研究，并研究了梁端转角和整体刚度的影响。

该项目为"十一五"计划2010年浙江交通科技成果，达到国际先进水平。

82. 特大跨径悬索桥分体式钢箱梁设计关键技术研究

主要完成单位：中交公路规划设计院有限公司。

主要技术内容：本项目编制了《悬索桥空间结构非线性精细化分析软件SBSNAP1.0》，研发了缆—鞍座、散索鞍—锚跨组合单元；提出了面向对象的软件数据模型、适合精细化分析的有限元子结构，采用超级单元及静力凝聚求解技术和并行计算技术，实现了求解模型的图形交互式、命令流、文本数据文件等三种输入方式。运用该软件，成功地实现了西堠门大桥结构精细化计算。该项目对正交异性钢桥面板荷载进行了大量的调查，从公路钢桥面板疲劳设计的角度对车辆荷载数据进行统计分析，提出了公路钢桥面板疲劳设计车辆荷载简化模型。该成果填补了国内公路钢桥面板疲劳荷载相关设计规范的空白。该项目通过对国内外研究成果和设计规范的调研分析，在国内首次系统开展了正交异性钢桥面板焊接构造细节疲劳试验研究，首次实现了模拟移动轮载的双点反相位疲劳加载足尺模型试验研究和实桥静动载试验研究，通过22t、1000万次加载试验验证了西堠门大桥正交异性钢桥面板的抗疲劳性能，取得了正交异性钢桥面板系统结构体系设计、构造细节设计、疲劳验算、疲劳裂纹分析和修补加固技术等成套科研成果，形成了《正交异性钢桥面系统的设计和基本维护指南》。

该项目为"十一五"计划2010年浙江交通科技成果，达到国际先进水平。

83. 特大跨径悬索桥分体式钢箱梁安装关键技术研究

主要完成单位：四川公路桥梁建设集团有限公司。

主要技术内容：本项目首次开展了台风期悬索桥钢箱梁架设研究与实践，进行了抗风稳定性研究，形成台风环境下施工阶段抗风稳定研究成果，制订了台风期架梁的安全措施；开发研制了步履式液压提升缆载吊机，提升能力超过400t，采用了新型的液压自动夹缆机构与行走系统，大幅提高缆载吊机的行走能力与自动化程度，通过风洞试验验证缆载吊机设计参数，非工作状态可抵抗12级台风，保证了西堠门大桥台风期钢箱梁架设成功实施。将船舶动力定位技术引入悬索桥施工领域，根据西堠门大桥的海域环境并结合悬索桥结构施工特点,设计制造适用于动力定位作业的运输船舶,创造性地以固定于主缆上的天缆系统辅助船舶定位。经现场试验验证后用于钢箱梁安装施工,运输船定位精度小于0.3m,控位能力控制与定位保持时间达到40min,满足了大桥钢箱梁安装需要。

该项目为"十一五"计划2010年浙江交通科技成果,达到国际先进水平。

84. 特大跨径悬索桥分体式钢箱梁防护材料及复合涂层体系研究

主要完成单位:江苏中矿大正表面工程技术有限公司。

主要技术内容:本项目采用二步法工艺实现了纳米改性涂料的工业化规模生产,首次实现三种无机纳米氧化物材料在涂料中共混而稳定分散,纳米相粒度小于100nm,具有黏度低、渗透深度大、封孔能力强、附着力高、耐蚀性好、与环氧和聚氨酯涂层体系配套性好的特点,对金属喷涂层具有物理隔离封闭和化学反应封闭的双重作用,解决了电弧喷涂层封孔的难题。项目设计的"电弧喷涂金属涂层 + 纳米改性封闭漆 + 中间漆 + 面漆"复合涂层体系,综合考虑了涂层结合力和耐蚀寿命,具有寿命周期成本低的特点。

该项目为"十一五"计划2010年浙江交通科技成果,达到国际先进水平。

85. 公路隧道排烟道顶隔板结构耐火性能试验研究

主要完成单位:浙江交通规划设计研究院。

主要技术内容:本项目采用双面受火方式对顶隔板典型温度工况下的抗火性能进行试验研究,获得了在高温和荷载作用下的温度场变化规律和力学响应特性、顶隔板结构的破坏形态、剩余强度和剩余承载力变化规律。采用双面受火方式对有无防火涂料条件下的全尺寸植筋牛腿试件在HC曲线的抗火性能进行试验研究,揭示了牛腿在温度—荷载耦合作用下温度场变化、高温力学响应规律,以及防火保护层与添加聚丙烯纤维混凝土耐高温性能的影响规律;获得了公路隧道衬砌结构在不同温度、不同含水量条件下的隧道衬砌C25混凝土的抗压强度和劈裂抗拉强度变化规律、隧道衬砌混凝土高温下发生爆裂的温度及相应的混凝土含水量的关系;提出了火灾后顶隔板构件的损伤等级的判定标准和判定方法,给出了火灾后排烟道顶隔板结构损伤加固范围。

该项目为"十一五"计划2010年浙江交通科技成果,达到国际先进水平。

86. 少平联半穿式双曲弦杆公路钢桁架连续梁桥关键技术研究

主要完成单位:长兴县交通局。

主要技术内容:本项目首次进行了大跨径(100m)少平联半穿式双曲弦杆公路钢桁架连续梁桥研究并取得成功,其成果为同类型桥梁在公路上的应用提供了技术支持。根据少平联半穿式双曲弦杆公路钢桁架连续梁桥的特点,在制造工艺上采取了有效的焊接变形控制措施,提高了构件的制造精度;在安装上采用无应力状态施工控制法,确保了大跨径公路双曲弦桁架的线形要求。研究了少平联半穿式双曲弦杆公路钢桁架连续梁桥这种特殊桥型的车桥耦合振动特性,编制了BDANS车桥耦合振动程序,并将其研究成果成功运用于上莘大桥。

该项目为"十一五"计划2010年浙江交通科技成果,达到国际先进水平。

87.钱江隧道超深基坑围护体系及防渗技术研究

主要完成单位:杭州市公路管理局。

主要技术内容:本项目以钱江隧道江南试验井工程为依托,针对钱江流域复杂地质、水文条件,结合钱江隧道深基坑设计和施工过程,研究了深基坑围护体系的优化、超大开孔墙板及高腋板等复杂结构的力学性能;采用Cosserat力学模型分析了不同隔降模式的影响;制订了防渗及隔降结合的综合治水措施;提出了施工过程监控指标,合理控制了工程风险。在强涌潮高承压水、水头变化大、富水砂层条件下,对超大开孔内衬墙、高腋板等复杂结构进行力学分析,采用超深地下隔降水结合、超大开孔衬墙逆筑与内支撑顺筑结合方法,保证了大跨度侧墙受力安全与变形控制,顺利建设了江南工作井。首次基于Cosserat不平衡非柯西力学模型,对多种情况下基坑渗流及其环境影响进行了分析。

该项目为"十一五"计划2010年浙江交通科技成果,达到国际先进水平。

88.杭州市江东大桥空间自锚式悬索桥设计与施工成套技术研究

主要完成单位:杭州市高速公路管理局。

主要技术内容:"关键节点的构造与工艺试验研究"在国际上率先提出了长短丝法加工预制索股和辅助工具索鞍的技术。总结的主缆索股加工架设技术要求,妥善合理地解决了空间缆索架设的关键技术难题,经成桥试验,各项指标满足规范和使用功能要求。该课题多项关键技术研究成果为国际首创,总体上达到国际领先水平。"运营阶段结构性能研究与模型试验研究"通过有限元分析和全桥模型试验验证,分析研究空间缆索的受力性能和线形控制、空间缆索悬索桥在恒载和活载作用下位移、应力与动力性能,建立了准确的数学模型,测试方法和手段有所创新,成功地解决了空间缆索悬索桥设计中的技术难题,经成桥加载试验,各项指标满足规范和使用要求,结构性能优良。该课题研究总体上达到国际先进水平。"体系转换分析与模型试验研究"经全桥模型试验验证,提出的临时吊索"七点法"横移主缆、索夹耳板角度的空间定位、新型销接式吊索无应力索长控制的体系转换过程吊索张拉施工方案,实现了主缆由平面到空间的转换,成功地解决了大角度空间缆自锚式悬索桥施工中的关键技术难题,取得了"一种空间自锚式悬索桥缆索系统施工方法"和"一种自锚式悬索桥斜拉施工法"两项发明专利。研究成果总体上达到国际先进水平。"自锚式悬索桥施工监控技术研究"提出了对设置预拱度曲线的钢箱梁顶推施工时采用接触单元法和强制位移法相结合的优化临时墩高程调整方法,达到了施工应力和线形控制的目的,提高了工效;系统分析了主缆扭转的主要因素,提出了计算空间索面悬索桥主缆扭转的方法,实现了对主缆扭转状态的控制。研究成果总体上达到国际领先水平。"自锚式悬索桥结构性能评定方法研究"提出了空间缆索自锚式悬索桥整体稳定性简化计算公式(包括加劲梁及主塔),自锚式悬索桥结构性能评定的必要指标、建议指标和参考指标,确定了自锚式悬索桥结构效验系数的通常值。研究成果达到国内领先水平。"钢箱梁制造、运输、安装、施工工艺研究"采用了可调式滑道钢箱梁多点连续顶推、中线限位、设置橡胶支座的适应变形等技术,成功地实现了钢箱梁五段竖向连续曲线顶推,确保了成桥线形的精度;采用变截面钢管搭设临时墩及龙门桁吊技术,保证了大临结构在强风、强涌潮条件下的施工安全。研究成果总体上达到国际先进水平。"强涌潮河段栈桥的设计与施工技术研究"在强涌潮条件下采用12m跨贝雷栈桥、$\phi800$mm 钢管桩基础和加固三角桩施工技术,有效解决了栈桥运输钢箱梁竖向荷载大,抵抗强风、强涌潮水平推力的难题;钢管桩采用实心桩靴技术,攻克了岸边存在大量的抛石而无法插打钢管桩的难题。研究成果总体上达到国内领先水平。

该成果于2011年3月完成。

89.西堠门大桥侧风行车安全及控制措施

主要完成单位:浙江省舟山连岛工程建设指挥部。

主要技术内容:本项目针对西堠门大桥开展桥面行车风环境的数值模拟分析和风洞试验研究。基于数值模拟分析和风洞试验研究结果,提出改善西堠门大桥桥面行车风环境的有效措施并验证其改善效果;基于风洞试验和数值模拟分析,研究改善西堠门大桥桥面行车风环境的措施对大桥抗风性能的影响;对西堠门大桥在采取行车风环境改善措施后的侧风作用下行车安全性进行综合评价,提出合理的限速标准和管理策略。根据主桥侧风行车安全评估结果进行研究,确定风障类型(固定式、活动式),结合护栏构造提出活动风障的构造形式,展开活动风障构造研究、活动风障总体控制研究、单个风障动作控制研究、活动风障动力系统研究。针对西堠门大桥开展桥面风障的控制措施研究;对西堠门大桥风障自动控制操作和智能联动措施进行研究,提出合理的控制措施;提高台风和季风盛行地区跨海桥梁的通行能力,并确保桥梁安全。

该成果于2011年12月完成。

90.大断面公路盾构隧道火灾烟气控制关键技术研究

主要完成单位:浙江省交通规划设计研究院。

主要技术内容:本课题将对大断面盾构公路隧道纵向诱导通风+集中排烟复合式排烟模式展开研究。在纵向诱导通风+集中排烟复合模式下,通过开启火源周围一定范围排烟口,就近将烟气经由拱顶烟道排出行车隧道,同时,通过两端射流风机向隧道内部补充新风,阻止火灾和烟气向两端蔓延,可最大限度降低对隧道内人员逃生的影响,从而提高隧道内驾乘人员逃生安全性和消防救援及时性。

该成果于2011年12月完成。

91. 泡沫混凝土在浙江省公路建设中的应用研究

主要完成单位：浙江省交通投资集团有限公司。

主要技术内容：本项目通过对公路发泡剂市场的调研，发现适用于公路工程的发泡剂非常少，为此，课题组展开了发泡剂的研究，成功研发了稀释倍率大于60倍、发泡倍率大于30倍、0~5℃不凝结、泡沫稳定性大于48h、保质期大于24个月的高分子复合型公路工程专用发泡剂，并在试验工程上得到应用。项目通过对设备市场的调研，发现现有市场的泡沫混凝土生产设备，计量、配料均为人工控制，而且生产能力不能适应公路工程大体积的需求，课题组展开了对设备的研制工作，研制了4代设备，成功研制出基于电子计量技术的施工配合比可编程自动控制泡沫混凝土生产设备，实现一机多泵作业方式且产量超过120m³/h，并在试验工程实施过程中进行了应用。通过对黄衢南高速公路由于岩溶区引起的塌方的抢险应用，提出了一套岩溶区域公路工程泡沫混凝土陷穴充填处理技术。通过对诸永高速公路乌竹岭隧道右洞塌方的应用，提出了隧道冒顶空腔泡沫混凝土处理技术。通过对泡沫混凝土外立面挂板单调的外观研究，提出了泡沫混凝土直立边坡生态面板技术。

该成果于2011年12月完成。

92. 软弱围岩中隧道施工时空效应及质量控制技术研究

主要完成单位：杭州市交通工程质量安全监督局。

主要技术内容：本项目依托杭州市在建、已建的软弱围岩公路隧道工程，通过资料调研、现场实测、理论分析、数值模拟等手段，对软弱围岩中隧道施工时空效应及质量控制技术展开研究并取得了以下研究成果：在对隧道施工时空效应现阶段研究成果归纳分析的基础上，同时考虑软弱围岩的流变特性和混凝土支护强度的时间特性，动态模拟分析了软弱围岩中隧道施工过程中围岩和支护结构的力学特性。通过对软弱围岩隧道施工时空效应的二维弹塑性、二维黏弹性、三维弹塑性、三维黏弹性的数值模拟分析与对比，体现了考虑围岩和混凝土支护结构的时间效应和空间效应的重要性，使数值模拟过程更好地反映了隧道现场施工特性，为施工监控量测与质量控制体系的构建提供了理论基础。根据爆破相关资料的分析和整理，结合《爆破安全规程》(GB 6722—2003)中关于交通隧道爆破安全震动速度的要求，及依托工程现场爆破试验的测试和相关数据的归纳分析总结，给出了软弱围岩中分离式隧道、小净距隧道、连拱隧道在采用不同施工方法时的爆破安全震动速度控制值。根据现场爆破测试及设计、施工爆破资料调研整理，给出了软弱围岩中分离式、小净距、连拱隧道在不同工况的整套爆破设计参数，同时编制了爆破安全预防措施和应急预案。以软弱围岩亚级分级为基础,结合软弱围岩中隧道施工时空效应和爆破质量控制研究成果,构建了软弱围岩隧道施工监控量测与质量控制体系,为隧道施工时空效应和质量控制技术的研究提供实测依据。针对杭州市地区的软弱围岩情况,编制了《软弱围岩中隧道施工技术指南》,用于指导软弱围岩中隧道的施工技术,控制施工质量。本项目研究成果不仅直接应用于依托工程的建设,而且对完善我国软弱围岩的公路隧道设计、施工和质量安全控制技术具有借鉴作用。因此,具有较好的经济社会效益和推广应用价值。

该成果于2012年3月完成。

93. 嘉绍大桥双参考站CORS系统的精度改进及检核研究

主要完成单位:嘉绍大桥工程建设指挥部。

主要技术内容:GPS快速精密相对定位软件数据质量控制:基于消几何组合(L4)和MW组合(L6),应用选举多数法和多项式拟合法探测和剔除粗差,计算和修复周跳,同时也应用其他组合观测量(如消电离组合层L3)辅助进行卡尔曼滤波,实现数据质量自动控制功能。模糊度快速固定:选权拟合法和改进的LAMBDA搜索方法(部分搜索法),在宽巷模糊度固定后,再直接计算L1和L2的相位模糊度。实现几个历元(1min内)快速可靠固定相位模糊度。双基准站联合快速定位:利用双基准站与监测点联合进行优于常规RTK的快速定位,实现高可靠性和更高精度的定位结果。CORS系统完备性监测软件通过对GPS原始观测数据的分析及数据信息提取,得到相关的信息图表,包括观测站可见卫星天空视图显示、各类DOP(GDOP、HDOP、VDOP等)因子实时动态显示、结合卫星天空视图、显示接收机观测GPS卫星状况、判断信号传播路径上电离层的异常变化等。双参考站数据的RTK手簿软件手簿程序读取分别由两个基站得到的测站坐标数据,采用按反距离定权的计算方式,兼顾双基站的测量结果,进而提高定位可靠性、定位精度。

该成果于2012年1月完成,目前已在嘉绍大桥工程建设中得到实际应用。

94. 隧道群事故多发段致因分析与运营安全对策研究

主要完成单位:浙江沪杭甬高速公路股份有限公司。

主要技术内容:本项目对典型高速公路隧道群运营安全状况进行了调查与特征分析。针对隧道群连接段及隧道内驾驶员的视觉适应性开展了试验研究与理论分析,得到了隧道群段驾驶员视觉变化的一般规律及其与行车安全的相关关系;分析了瞳孔直径与照度的相关关系,得出瞳孔直径和照度之间存在乘幂关系。在此基础上,依次提出了基于瞳孔面积变化速度的行车安全评价指标、基于换算震荡持续时间的行车安全评价指标、基于瞳孔面积最大瞬态速度值的行车安全评价指标。针对隧道出入口的障碍物(慢行车辆)识别开展了研究,发现了隧道入口障碍物的识别距离远小于停车视距,表明隧道入口段照明需要加强。针对车辆在隧道群连接段突遇侧风的情况,本研究采用二自由度汽车模型推导了汽车直线行驶时突然遇到侧风的动态响应,并对轿车及货车分别进行了计算和分析。分析表明:气动中心位于质心之后对行车安全最有利。车速和侧向风速越高,车辆的侧向位移、加速度以及横摆角速度都会变大,对行车安全不利。侧风对于货车的不利影响大于轿车。在总结目前各种摩擦系数测试方法的基础上,介绍了采用三轴加速度仪测试摩擦系数的原理和方法,并用该方法分别测量了各种不同路面条件的摩擦系数值,为行车安全分析提供依据。综合考虑侧风力、离心力、气动升力、车辆行驶速度和路面湿滑、超高、曲线半径等因素,推导了隧道群连接段车辆不发生侧滑及侧翻的临界条件,并以厢式货车为例进行了实例分析。在此基础上计算确定了路面湿滑条件下隧道群段安全行车间距。在隧道群段事故机理研究的基础上,提出了相应的工程改善措施及运营安全对策。

该成果于2012年5月完成,目前已在盘龙岭隧道、黄衢南高速公路的江都坞隧道、后坪坞隧道和杨家园隧道、上三线盘龙岭隧道成功应用。

95.压浆修复桥梁铰缝技术的应用研究

主要完成单位:浙江沪杭甬高速公路股份有限公司。

主要技术内容:本课题研究了简支板梁桥出现"单板受力"现象的成因,定性、定量地研究"单板受力"对桥梁整体受力影响;针对铰缝修复与加固,研究了铰缝压浆修复、铰缝板底横向连接钢板加固、板底面横向预应力筋加固及铰缝压浆与铰缝板底横向连接钢板或板底预应力筋联合加固技术,通过现场试验、室内试验及有限元模拟对各项加固技术的效果进行了验证;并研究了铰缝压浆修复技术的适用性,建立了其质量控制体系。

该成果于2012年5月完成,目前已在沪杭甬高速公路宁波段得到实际应用。

96.苍岭特长公路隧道施工及运营期结构安全一体化监控技术研究

主要完成单位:浙江台金高速公路有限公司。

主要技术内容:通过本课题的研究,形成了一整套完备的针对苍岭特长公路隧道施工及运营期间的监控体系及安全评价系统,研发了具有完全知识产权的实用隧道结构和长期安全性智能评价与预警软件,实现了对长大隧道的监测数据的采集、传输及分析的整套新技术,完成了对整个苍岭隧道运营期间结构安全性状况的预测、诊断,并提出最优化的维修加固措施。

该成果于2012年6月完成,研究成果在国内多座长大隧道中已得到成功应用。

97.斜拉桥拱形钢塔钢混结合段关键技术研究

主要完成单位:杭州交通投资建设管理有限公司。

主要技术内容:本项目提出预应力螺杆"三点定位技术",通过底部锚固框架、中间定位梁和顶部锚固框架精确定位预应力螺杆空间位置,已成功应用于之江大桥索塔结合段关键部件精确定位,现场实测螺杆空间最大偏移量在3mm以内。通过对预应力螺杆在混凝土塔座中的传力机理分析,提出预应力粗螺杆张拉锚固改进施工工艺,有效降低螺杆预应力锚头瞬间损失,现场实测螺杆预应力瞬间损失由第一次张拉的46%降低至终拉时的12%左右。在承压板板底压浆工艺比例模型试验和足尺模型试验研究基础上,总结凝练出一套安全可靠的索塔钢—混凝土结合段承压板底压浆工艺及过程质量监控方案,编制了《索塔结合段承压板底连续压浆工艺技术指南》,并将其应用于之江大桥实体工程,有效保障了之江大桥承压板底压浆施工和压浆效果。基于图像识别方法,提出压浆层表面接触率准确定量评价方法,用于之江大桥承压板底压浆效果评价,保障了承压板与压浆层之间接触率在90%以上。基于超声界面折射和反射原理,提出采用底波反射法无损检测钢板与砂浆界面黏结质量,为承压板底压浆效果评价提供一种新的思路,使之江大桥承压板底效果无损检测成为可能。基于现场实测数据,采用数值仿真手段对之江大桥索塔结合段在施工以及运营阶段最不利荷载工况下的受力性能进行分析,计算结构最大应力均小于材料设计强度,验证了索塔结合段的受力安全性。结合数值分析结果,揭示承压锚固型索塔结合段整体传力机理,提出承压锚固型索塔结合段在轴力、弯矩、压弯耦合以及扭—剪耦合作用下的传力模式及应力检算方法,为同类型结合段的设计提供简化计算方法。依托之江大桥索塔结合段混凝土抗裂性分析及试验研究,提出索塔结合段混凝土抗裂优化控制建议和效果评价方法,应用于大桥施工,降低混凝土塔座表面拉应力至混凝土抗拉强度以下,保障了塔座大体积混凝土施工质量。

该成果于2012年10月完成。

98. 斜拉桥拱形钢塔加工制造及安装架设关键技术研究

主要完成单位:杭州交通投资建设管理有限公司。

主要技术内容:本项目在国内首次研发了拱形钢塔节段吊装用自升门式液压系统,具有同步顶升、同步下降、施工方便、操作灵活、起吊能力大、重物空中姿态好控制等特点,适于钢拱塔空间吊装施工。针对钢拱塔构造特点,形成了包括曲面钢拱塔加工安装累积精度管理系统、节段变形现场栓焊控制、节段调整接口设置、临时主动横撑、节段吊装粗定位、静定位和合龙段高精度匹配技术在内的钢拱塔线形成套技术,确保了拱形钢塔成桥轴线精度达到1/18000水平远优于设计1/2500的要求。研制了圆孔蜂窝状空心钢沉箱式水下阻尼器,具有优良的桥塔的风致振动响应抑制效果,同时构造简单、经济耐用、架设安装简便,适于桥塔施工阶段使用。

该成果于2012年10月完成。

99. 刚性铰专用支座研究与开发

主要完成单位:嘉绍大桥工程建设指挥部。

主要技术内容：刚性铰是实现六塔斜拉桥的关键结构，其中刚性铰专用支座又是大、小钢箱梁之间实现纵向位移，约束竖向、横向变形和转动的关键部件。因此，刚性铰专用支座的研发显得尤其重要，对支座也提出更为严格的要求。根据桥梁实际的工况，当车辆荷载分别作用在主梁不同的位置上时，刚性铰会受到频繁、往复的弯矩作用，这就对刚性铰支座能否经得起交变荷载和往复弯矩同时作用提出了非常严峻的考验。另外，支座往复转动会加剧摩擦副顺桥向小范围的往复位移，加之由于温度变化引起的桥梁上部结构变形会导致支座在顺桥向产生较大的往复位移，这就给支座的摩擦副材料提出了更高的耐磨性要求。由于常规支座还没有经历过交变荷载和往复弯矩同时作用的先例，不能够满足嘉绍大桥刚性铰的设计原理和要求，必须研发出一种在结构上既能满足交变荷载和往复弯矩同时作用下的转动和滑移，又能实现"刚性约束"的刚性铰专用支座，并且在耐久性上能满足刚性铰支座使用期内不小于20000个往复温度变形周期的要求。

该成果于2012年12月完成。

100. 钱江隧道盾构段联络横通道的风险与控制关键技术研究

主要完成单位：浙江省交通规划设计研究院。

主要技术内容：本项目以钱江隧道为工程背景，研究基于公路隧道火灾安全疏散分析的联络横通道设置间距与风险，综合横通道冻结暗挖施工、不均匀变形及地震等不利影响等因素对横通道的设置风险进行评估，进而基于风险理论对钱江隧道逃生通道的设置方案及优化进行探讨。通过对钱江水文地质条件的分析及数值模拟分析，对钱江隧道横通道冻结施工方案进行优化；通过对施工风险、冻结效果、冻胀融沉变形以及地下水影响等分析，提出精细化监控及微扰动追踪加固施工控制措施。通过理论分析，得出横通道与主隧道喇叭口不均匀变形的主要形式，采用三维数值模型，分析不均匀变形作用范围，明确横通道在地基不均匀变形条件下的薄弱部位，研究钢管片加固范围对横通道和主隧道结构应力和变形的影响程度，得出钱江隧道适合采用的钢管片加固范围，分析变形缝设置对隧道结构体系的影响，得出变形缝的合理位置和变形控制指标。通过三维复杂空间结构的地震响应分析，得到了横通道对主隧道的抗震影响规律，并得出横通道的抗震影响范围，针对钱江隧道，进行了横通道与主隧道接口在钱江人工地震波下的结构响应分析，得到主隧道衬砌加固范围及横通道抗震缝位置，同时，对主隧道及接口部位的抗震减震措施进行了探讨，并对钱江隧道横通道的抗震可靠度进行了分析。

该成果于2013年5月完成，目前已在钱江隧道实际应用。

101. 基于寿命周期的桥梁结构健康监测、诊断与智能决策养护管理技术研究

主要完成单位：杭州交通投资建设管理有限公司。

主要技术内容：本项目分析了拱形钢塔斜拉桥各关键施工阶段主要构件的状态，提出

了各施工过程特征数据的提取方法以及相关数据的优化方法。统筹施工与运营两种状态需求的结构监测技术,从系统硬件、软件、传输方式、数据格式等方面实现施工监控与运营监测的融合,以及以系统硬件、软件、传输方式、数据格式等指标为基础建立的统筹施工与运营两种状态需求的结构监测指标体系。基于全寿命周期的之江大桥运营安全评估技术考虑了桥梁结构全寿命周期的性能退化,通过健康监测数据的概率统计分析定时修正系统阈值,提出基于动态阈值的桥梁健康状态自诊断方法。针对台风、地震、船撞、车辆超载等极端异常情况对桥梁造成的损伤,提出了面向桥梁特殊事件的监测评估方法。基于生命过程的桥梁养护策略与智能养护决策方法对之江大桥的结构检查、寿命管理、预防性养护、养护决策支持等方面进行了分析,提出了桥梁结构检查与维修策略、预防性养护策略、养护决策支持和安全监测策略,并结合数据库技术、多媒体技术以及网络基础实现桥梁的智能化决策养护。

该成果于 2013 年 7 月完成。

102. 基于泛在网的之江大桥关键隐蔽工程状态感知与可视化监测技术的研究

主要完成单位:杭州交通投资建设管理有限公司。

主要技术内容:本项目针对斜拉桥索锚结合部拉索应力及其腐蚀状态监测问题,研究改进了电阻式腐蚀监测技术,开发了考虑拉索应力影响的拉索腐蚀自感知监测软硬件系统,研制的传感器实用寿命与拉索基本相当;提出了在斜拉桥索锚结合部钢套管开孔安装透明观察窗,实现了索锚结合部的可视化;利用互联网通信技术实现了泛在网监测。依据腐蚀电阻监测结果,提出了之江大桥基于拉索腐蚀状态的换索判别准则;提出焊缝下部 U 肋钢板位置测点应力换算为焊缝应力状态的方法,解决了焊缝位置应力难以测试的难题,并利用互联网通信技术及自动分析软件开发实现了泛在网自感知监测。以铁磁性材料具有磁弹性基本原理为基础,研制磁通量测试传感器及测试装置,提出参数影响修正方法,排除了磁弹性测试技术受环境温度等影响,提出了基于数据拟合算法的钢束沿程应力监测技术,并利用互联网通信技术及软件开发实现了泛在网监测及监测可视化。以预应变测量技术为基础,攻克收缩应变的精确测试及徐变应变分离技术,提出埋入式结构收缩徐变自动实测分离技术与装备,开发数据控制与徐变辨识技术自动分离混凝土的收缩与徐变应变增量,实现了预应力混凝土箱梁收缩徐变的自辨识监测。研究超声波在金属体内对金属应力状态变化的敏感性关系,提出温度及边界条件等影响因素修正方法,开发了基于超声原理的竖向预应力钢筋预应力检测技术。利用预应力钢束有效预应力、箱梁收缩徐变、管道摩阻实测结果,对体内预应力钢束短期及中长期预应力状态进行计算修正,提出了体内钢束有效预应力修正计算方法。依据混凝土箱梁预应力及收缩徐变实测结果,建立多跨连续混凝土箱梁中长期挠度计算预测模型,并提出预应力混凝土箱梁预防长期下挠的措施建议。

该成果于 2013 年 7 月完成。

103. 之江大桥钢桥面铺装设计与施工技术研究

主要完成单位:杭州交通投资建设管理有限公司。

主要技术内容:课题结合和集成已有的 ERS 树脂沥青铺装体系的研究成果,以浙江杭州之江大桥实体工程为依托,结合大桥前期设计采取的 ERS 树脂沥青钢桥面铺装体系,对目前我国已应用实施的钢桥面铺装进行深入调查研究,针对当地的气候与之江大桥的交通和设计特点,通过 ERS 钢桥面铺装技术中材料组成设计和施工工艺的系统研究,通过加速加载试验进行设计验证,完成 ERS 理论分析的突破和实践经验的重组,以期延长之江大桥使用寿命,为树脂沥青组合体系钢桥面铺装技术应用提供成套技术和实践依据。

该成果于 2013 年 7 月完成,目前已在之江大桥钢桥面铺装的设计、施工和养护中得到了实际应用。

104. 拱形钢塔斜拉桥结构行为特性与适宜构造研究

主要完成单位:杭州交通投资建设管理有限公司。

主要技术内容:本子课题研究在国内外拱形钢塔斜拉桥设计技术总结和使用现状调研的基础上,通过理论分析、数值仿真和模型试验相结合的技术手段,针对此类桥型的特点,对结构体系、静动力行为特性、特征结构适宜构造、空间拉索风雨振与抑振措施和空间索力作用下正交异性钢桥面板的疲劳性能等方面展开深入研究;其次,对研究成果进一步提升,形成行业共性技术,编制设计指南,指导此类桥型的设计。

该成果于 2013 年 7 月完成。

105. 无伸缩缝桥梁设计与应用研究

主要完成单位:浙江公路水运工程咨询公司。

主要技术内容:本研究根据收集的国内外无伸缩缝桥梁的工程经验和参考资料,结合依托工程实例的桥梁结构形式和桥梁所处地质状况,采用空间有限元模型和数值理论分析,提出了整体式桥台和半整体式桥台形式各自的桩基内力、桥台内力、上部结构受力状况和温度伸缩量的理论数据,并通过依托工程为期 1 年的现场监测,进行理论和实际数据的对比研究,以验证结构设计理论分析的合理性。在此基础上,完成了整体式桥台和半整体式桥台形式在浙江省工程实际中的适用性研究,考虑在中小桥梁中采用半整体式桥头具有设计、施工简单的优势,而整体式桥台在克服较大桥梁长度的温度变形方面有较大优势,在局部位置的结构设置方面有待进一步试验验证。

该成果于 2014 年 1 月完成。

106. 混合梁刚构桥上部结构施工方法和关键装备

主要完成单位:温州瓯江通道建设有限公司。

主要技术内容:本项目针对大跨度混合梁刚构桥上部结构施工中相关问题,研究其安全、合理、快速、经济的施工方法及相关装备。结合大跨径混合梁刚构桥中混凝土箱梁、钢箱梁和钢混结合段的具体结构特点,提出了挂篮悬臂浇筑钢箱梁节段、整体吊装钢混结合段、浇筑结合段与混凝土箱梁间的后浇带混凝土、整体吊装钢箱梁的总体施工方法。根据钢混结合段的具体结构特点,当采用常规的混凝土浇筑方式时很难保证混凝土能够充盈到结合段箱室的每个角落,提出了先预制钢混结合段再整体提升的方法,并提了出预制结合段时采用钢梁竖向放置的方法。根据钢混结合段以及钢箱梁吊装的要求以及钢箱梁空中位置姿态调整的具体要求,设计了大吨位、高精度、三维可调的桥面吊机。该吊机的承重结构采用了近似菱形的钢结构框架,满足吊装过程中的承重要求;该桥面吊机设计了三组调位油缸,保证了吊装构件在三维的自由调整;不同的油缸间采用计算机同步控制技术,保证了所有油缸能够同步可调,并且调整精度控制在1mm以内。混合梁刚构桥上部结构施工过程中所产生的各种误差对钢梁的受力、变形以及后期的合龙都会产生一定的影响,为此分析了误差产生的原因及影响程度,提出了保证结构顺利合龙的误差控制精度要求,根据斜腹板钢箱梁的具体结构特点提出了钢箱梁合龙的具体操作方法。

该成果于2014年3月完成,目前已在瓯江大桥工程中实际应用。

107. 瓯江大桥结构关键部位检测与养护技术研究

主要完成单位:温州瓯江通道建设有限公司。

主要技术内容:本子课题通过研究混合梁刚构桥梁结构关键部位的工程特点,提出结构关键部位检测与养护技术研究技术,引入先进的检测方法,建立智能化的结构状态监测方法及技术,提出优化的健康监测规划,对结构长期性能进行科学预测和实时控制,引入预防性养护管理理念,针对混合梁刚构桥结构特点提出预防性养护管理策略,并将成果应用于瓯江大桥实际工程,为桥梁施工及管理养护提供服务,提供了有效的检测及监测技术基础,确保大桥建设运营安全。

该成果于2014年3月完成。

108. 钢混组合梁技术在高速公路跨线桥中的应用与研究

主要完成单位:嘉兴市交通投资集团有限责任公司。

主要技术内容:本研究基于国内外共计93个焊钉连接件抗拉模型试验结果,并结合国内外相关规范,给出了防止焊钉拔出、边缘混凝土压裂和混凝土掀起等脆性破坏的限制条件;提出了焊钉连接件抗拉承载力设计计算方法。基于国内外共70个焊钉连接件抗拉剪共同作用模型试验结果,给出了考虑拉力施力比影响的抗剪刚度折减系数计算式,提出了焊钉抗拉剪共同作用承载力计算式。基于组合梁负弯矩区承载能力模型试验结果,结合考虑结合面非线性滑移和材料及接触非线性的精细化有限元模型,对比分析了不同抗裂措施对负弯矩区混凝土桥面开裂荷载、裂缝发展情况和极限承载力的影响;提出了能够有效提高开裂荷载和极限承载力且改善裂缝的发展和分布的长孔型开孔板连接件;提出了在钢梁上翼缘顶面和焊钉根部5cm高度范围内进行喷砂除锈、镀锌、涂环氧树脂和撒石英砂等防腐设计方法。此外,为简化和加快施工过程,提出了采用永久钢板代替挑臂底模的施工方法。

该成果于2014年3月完成,并基于研究成果制定了《浙江省钢—混凝土组合梁桥设计施工指导意见》,为设计和施工积累了宝贵的经验,并为其后续的研究工作奠定了坚实的基础。

109. 混凝土桥梁有效预应力检测技术应用研究

主要完成单位:浙江省交通规划设计研究院。

主要技术内容:课题组研究结合国内外预应力检测技术的相关成果,开展了大量的室内试验与现场试验,对横张增量法、光纤传感器、应力释放法等有效预应力检测方法进行了应用研究。通过横张增量法和光纤传感器有效预应力检测技术的联合应用,对预应力混凝土桥梁典型钢束有效预应力进行跟踪测试,采用基于有限点测试的有效预应力评估方法,对全桥钢束有效预应力的沿程分布规律及时变效应进行预测,并用于桥梁的安全性评价,形成了《基于有限点测试的混凝土桥梁有效预应力检测技术规程》。研究成果在依托工程钱江通道及接线工程南接线段项目中得到了应用。

该成果于2014年7月完成。

110. 大跨度钢箱梁养护和维修技术研究

主要完成单位:浙江交通高等级公路养护有限公司。

主要技术内容:本研究采用基于腐蚀形貌图像分析的方法,通过室内加速试验及现场挂片试验与数值分析,结合数字图像处理技术,研究了钢箱梁的腐蚀发展规律,提出防腐涂层腐蚀等级评定方法和腐蚀状态评估指标,建立了腐蚀状态评估的模型,并对热喷涂长效复合防腐涂层的寿命进行了预测。针对钢箱梁管养过程出现的防腐涂装层劣化、钢箱梁腐蚀、疲劳裂纹及局部变形等典型病害,研究了钢箱梁桥的检测方法及维修加固技术,提出了养护过程中的变形控制限值。通过对腐蚀疲劳问题展开数值模拟,分析了孔蚀及桥面铺装层厚度对正交异性钢桥面板疲劳寿命的影响,为桥面板腐蚀或疲劳加固提供一定的理论依据。

该成果于2014年8月完成,部分成果已应用于西堠门大桥的养护管理,并完善了西堠门大桥的管理制度。

111. 瓯江大桥混合梁桥面铺装设计与施工技术研究

主要完成单位：温州瓯江通道建设有限公司。

主要技术内容：本项目针对瓯江大桥当地高温高湿的气候条件和钢混结合段的复杂受力体系，进行了铺装结构和材料的试验选择和优化设计；通过有限元计算分析得到了等效的缩尺钢混段箱梁模型，应用毫米LS加速加载设备对试验箱梁进行了常温和高温条件下的加速加载试验，验证了铺装体系和过渡段处置方案的耐久性和适应性；结合工程实施对瓯江大桥浇筑式钢桥面铺装施工进行施工监控，取得了一系列试验数据和施工工艺参数，丰富和完善了国内浇筑式钢桥面铺装结构体系和钢混段铺装处置工艺，有效保障了工程施工质量；编制了《瓯江大桥浇筑式沥青混凝土钢桥面铺装施工技术指南》与质量检评方法，提升了瓯江大桥钢桥面和钢混段铺装工程的质量和可靠性，通过对钢—混结合段材料组成设计和施工工艺的系统研究，完成钢—混结合段铺装体系理论分析的突破，解决由于刚度变化引起的钢—混结合段铺装实施技术难题，为瓯江大桥桥面铺装工程实施提供技术支撑，减少桥面铺装大修的概率，大大促进浇筑式沥青混凝土钢桥面铺装体系和混合梁刚构桥钢—混结合段设计技术和实施技术水平的提高。

该成果于2014年9月完成，已于瓯江大桥实际工程中应用。

112. 混合梁刚构桥整体性能及结构优化研究

主要完成单位：温州瓯江通道建设有限公司。

主要技术内容：本项目针对混合梁刚构桥适宜结构体系设计参数的优化设计控制指标、整体承载性能、车载作用下动力响应以及混合梁刚构桥长期变形控制方法开展理论分析、数值模拟及试验研究工作。在国内外无相关技术标准的前提下，首次提出混合梁刚构桥合理主跨跨径范围、钢—混结合段位置、边主跨比、主梁梁高和梁底曲线指数等参数的优化设计控制指标；首次完成1∶16混合梁刚构桥全桥模型整体承载性能试验和长期性能试验，掌握了混合梁刚构桥整体承载性能受力行为特征和长期性能演变规律；提出混合梁刚构桥整体失效模式与承载能力评价方法，有效保障了桥梁结构运营安全性；自主研制混合梁刚构桥车—桥耦合振动分析系统，获得软件著作权1项；提出车载作用下混合梁刚构桥动力冲击系数计算方法；提出用于长期变形控制的混合梁刚构桥合理成桥状态设计方法，包括弯曲状态、应力状态和挠曲状态三种。揭示混合梁刚构桥长期变形关键影响因素——初始曲率状态，并对成桥初期主梁应力分布情况给出控制原则、预应力配筋设计方法和策略，这些都有助于混合梁刚构桥达到合理成桥状态。上述研究成果编入《混合梁刚构桥设计与施工技术指南》。

该成果于2014年9月完成，已应用于瓯江大桥实际工程中。

113. 跨江海桥梁混凝土现场强度评定与耐久性评估技术

主要完成单位：温州瓯江通道建设有限公司。

主要技术内容：本项目针对跨江海桥梁混凝土使用外加剂和掺合料的特点和对耐久性的特殊要求，研究高强及大掺量掺合料混凝土的强度评定技术及海洋环境新建桥梁结构基于现场无损检测的耐久性评估技术。根据跨江海桥梁混凝土使用外加剂和掺合料以及瓯江大桥混凝土强度等级最高达到 C60 的特点，通过现场试验，建立了瓯江大桥混凝土回弹法和超声回弹综合法专用测强曲线，测强曲线适用于抗压强度为 30～90MPa 的混凝土，并提出了根据无损检测结果进行跨江海桥梁混凝土现场强度评定的方法，解决了瓯江大桥混凝土的强度无损检测技术，对于瓯江大桥所处地区的混凝土强度评价工作具有指导意义。面对海洋环境下桥梁混凝土结构建设和养护中提升耐久性的技术需求，通过试验，建立了桥梁结构混凝土氯离子渗透无损检测指标与实验室指标之间的关系，可实现高耐久性混凝土的配合比控制和现场耐久性无损检测评估。结合海洋环境腐蚀和混凝土性能具有随机性的特点，建立了基于现场检测数据和可靠度理论的海洋环境中混凝土耐久性评估方法，该方法不仅考虑了耐久性控制指标的不确定性，而且充分利用了现场检测数据。

该成果于 2014 年 9 月完成，根据所建立的评估方法，编制了《瓯江大桥混凝土结构耐久性劣化关键时间节点评估分析报告》，为瓯江大桥建成后的合理养护决策提供参考。

114. 混合梁刚构桥钢—混结合段关键技术研究

主要完成单位：温州瓯江通道建设有限公司。

主要技术内容：本项目以浙江省温州市瓯江大桥的建设为契机，对混合梁桥钢—混结合部的关键技术问题进行了系统的研究，分析了影响钢—混结合段传力特性的主要影响因素，包括承压板厚度、剪力键刚度、剪力键间距、结合段长度、结合段钢板厚度、混凝土顶底板厚度等因素，建立了剪力键传力比和最大内力的理论计算公式，为探讨结合段的受力本质和结合段设计提供理论支持；分析了影响结合段承载力的关键因素，即承压板的局部承压和剪力键的承载能力，对结合段局部承压进行了理论和试验研究，得到了结合段承压板厚度选取和局部承压能力的计算方法。对瓯江大桥所采用的大规格 PBL 剪力键的静力承载能力和疲劳性能进行了系统的试验研究，对瓯江桥的疲劳性能进行了评估，对瓯江大桥结合段的安全性进行了理论分析和试验验证，对瓯江大桥结合段的施工方法进行了优化。

该成果于 2014 年 9 月完成。

115. 基于差异沉降控制的拓宽路堤与挡土墙协同变形机理研究

主要完成单位：浙江省交通运输厅工程质量监督局。

主要技术内容：本项目通过室内模型试验和有限元数值模拟，结合现场监测，分析确定了拓宽路堤挡土墙的受力变形特征及差异沉降控制指标，揭示了拓宽路堤挡土墙与新建路堤挡土墙两者在受力、变形特征等方面的不同,通过分析,对拓宽路堤挡土墙进行了优化,确定了拓宽路堤挡土墙的检测和安全评估方法。通过研究,研制开发了新的拓宽路堤挡土墙室内试验系统,该系统可实现新老路堤差异沉降、挡土墙侧向水平位移、挡土墙不同位移模式及其耦合模式,改进了一种新型土压力盒,可更加方便、准确地监测土压力。确定了拓宽路堤挡土墙的受力变形特征及差异沉降控制指标,对拓宽路堤挡墙设计指标进行了优化,对拓宽路堤挡土墙提出了有针对性的质量检测和安全评定方案。

该成果于2014年9月完成。

116. 深部隧道节理岩体变形破坏机理及安全预测

主要完成单位:浙江省交通规划设计研究院。

主要技术内容:本项目以节理岩体变形破坏机理研究为主线,采用地质信息调查、理论分析与数值模拟、室内试验与原位监测反馈相结合的方法,研究深部洞室节理岩体的力学与变形特性及破坏机理、水力耦合机理,建立反映节理岩体开挖效应的渗流应力耦合模型、概化数值模型。研究深部洞室开挖过程围岩的节理分布特征、扩展模式以及变形破坏机理,为深部洞室节理岩体在高地应力条件下的开挖变形控制提供判据,并对其长期稳定性进行预测。

该成果于2014年10月完成,达到国内先进水平。

117. 单墩独柱式海上曲线梁桥巡检和安全监控综合管理系统研究

主要完成单位:宁波市杭州湾大桥发展有限公司。

主要技术内容:单墩独柱式海上曲线梁桥结构的横桥向刚度及振动基频都比较低,在潮汐作用下容易发生振动,且冲刷会使得情况更糟。为了研究单墩独柱式海上曲线梁桥所处环境作用及结构响应,开发了结构监测系统。本项目基于长期的监测结果,分析了结构所处环境参数和结构响应规律,对结构进行了易损性分析和舒适性分析。根据分析结果,制定了结构日常养护计划和监控预警机制。最后,将所有的功能集成到综合管理系统中,为杭州湾大桥海中平台匝道桥的日常养护提供技术指导。

该成果于2014年11月完成,应用于节理岩体、层状节理岩体深部隧道的设计及施工的安全与预测。

118. 跨海大桥耐久性评估及长期维护技术研究

主要完成单位:宁波市杭州湾大桥发展有限公司。

主要技术内容:本项目利用大桥现场暴露试验站,每年定期检测暴露试验站上的大桥混凝土试块,并结合已有的乍浦港和实验室加速试验数据建立了耐久性数据库;建立基于多重环境时间相似理论(METS)和贝叶斯理论的耐久性评估方法;编写了"跨海大桥混凝土结构耐久性预警系统"计算机软件,并对杭州湾跨海大桥混凝土结构进行了寿命预测和评估。

该成果于2014年11月完成。

119.高塔大跨径桥梁雷电防护措施研究

主要完成单位:沿海高速公路台州段工程指挥部。

主要技术内容:在本课题研究中,主要采取实际高塔大跨径桥梁所在区域的历史气象数据、雷击破坏途径分析和基于"等效电路法"的雷击电磁脉冲计算方法等研究手段,着重分析大桥的地理、气候、土壤特性、雷暴活动和闪电活动特征,提出了直击雷、侧击雷、雷电波侵入、雷击电磁脉冲的雷击防护措施,建立和完善雷电防护的安全管理技术手段,形成了一整套有机的高塔大跨径桥梁的综合防雷系统。

该成果于2015年1月完成。

120.植被绿化对边坡稳定的影响研究

主要完成单位:浙江天宇交通建设集团有限公司。

主要技术内容:本项目通过理论分析、数值计算和现场试验等技术手段,全面总结和阐述了植被对边坡稳定的综合影响,指出了植被绿化对边坡稳定影响的复杂性,为提出合理有效的绿化建植措施,提高植被对边坡的有利作用,减少和消除不利影响,提供了理论依据。通过长时间(2~12年)的调查观察及分析,评价了不同绿化模式(如草、灌、乔及组合)的边坡绿化对浙江省30多个不同类型边坡(含路堑边坡、路基边坡、岩石边坡、土质边坡、缓陡边坡等)稳定性(固坡和破坏等)的影响(如影响条件、影响程度等),得出了相对较为明确的影响结论,提出了维护和增强浙江公路边坡稳定的绿化植被营造措施的建议。据教育部科技查新工作站提供的《科技查新报告》的查新结论:"未见针对浙江公路边坡,通过研究不同绿化模式(如草、灌、乔及组合)下对不同类型边坡(含路堑边坡、路基边坡、岩石边坡、土质边坡、高陡边坡、大型边坡等)稳定性(固坡、防止水土流失等)的影响(如影响条件、影响范围、影响能力等)的调查、分析和评价,提出维护和增强浙江公路边坡稳定的绿化植被营造措施的公开文献报道。"

该成果于2015年1月完成。

121.大跨径混合梁刚构桥建设和养护关键技术与装备

主要完成单位:温州瓯江通道建设有限公司。

主要技术内容:本项目依托浙江省诸永高速公路温州段延伸工程——瓯江大桥开展科研攻关,提出了混合梁刚构桥优化设计控制指标、合理成桥状态设计方法,并提出了混合梁桥钢—混结合段主要部件的承压板抗剪、剪力键最大内力的实用设计计算方法,突破混合梁刚构桥推广应用的技术瓶颈,填补国内外技术空白。施工技术方面:研制了吊装能力为500t、位移调节精度±1mm、吊件三维可调的钢—混混合梁刚构桥桥面吊机装备,提出了钢—混结合段预制空中翻身后拼装施工工法和大节段钢箱梁空中配切两端同步合龙施工工法,编制了《浇筑式沥青混凝土铺装施工技术指南》;检测及养护管理技术方面:提出了基于冲击回波原理的管道饱满度无损检测技术和基于磁弹效应和振动理论的体外束应力检测技术,建立了瓯江大桥混凝土回弹法和超声回弹综合法专用测强曲线及海洋环境中混凝土现场耐久性无损检测评估方法,编制了《瓯江大桥预防性养护手册》。研究成果为保障大桥顺利建成和建成后的养护管理提供了技术支撑。本项目研究形成的工法、专利、标准、指南和装置等还为今后钢-混凝土混合梁刚构桥的建设与发展提供技术指导与参考,提高我国钢—混混合梁刚构桥的综合建设水平。

该成果于2015年2月完成,目前已在瓯江大桥工程中实际应用。

122.隧道洞口围岩及衬砌劣化评价与加固研究

主要完成单位:金华市交通工程质量监督站。

主要技术内容:本项目根据依托工程实际情况,对甬金高速公路岩坑尖隧道群隧道洞口围岩与衬砌结构状况进行调查,评价隧道的健康状况,对隧道病害进行分类和分级,并通过典型隧道运营后隧道地质取芯试验测试,结合数值分析的方法探明隧道劣化围岩与结构的力学转换机制,攻克隧道维修加固的技术难题,研究相应的处理措施,预测隧道的使用寿命及运营期间出现的问题,以便及早预防事故的发生,延长隧道的使用寿命,具有重要的理论与现实意义。

该成果于2015年5月完成,目前已在甬金高速公路金华段及其周边地区工程中推广应用。

123.舟山跨海大桥耐久性提升技术研究

主要完成单位:浙江舟山跨海大桥有限公司。

主要技术内容:本研究研发了基于双向电渗技术的钢筋混凝土耐久性延寿方法,开发了双向电渗平面性和曲面形装置、双向电渗远程控制系统等辅助装置,实现了舟山跨海大桥混凝土耐久性提升。首次采用两步法(先进行电化学除氯,再进行电渗阻锈)双向电渗技术对钢筋混凝土耐久性延寿方法及装置的研发。依据应用双向电渗技术前、后检测的氯离子浓度,采用Fcik第二定律,对浙江舟山跨海大桥Ⅰ期工程的岑港大桥、响礁门大桥及桃夭门大桥进行了耐久性评估并制定了耐久性养护规划,为浙江舟山跨海大桥管养提供养护依据。研发了新一代专用于海洋环境在役混凝土结构的后置式耐久性监测预报系统,取得了两项实用新型专利,实现了对舟山跨海大桥一期工程混凝土实时监测。首次利用原体活检混凝土材料和处于与混凝土表面基本等距的一系列液态高电位贵金属进行无损融合。舟山跨海大桥天然海洋条件下设置混凝土结构暴露试验站,是研究本工程使用的海工耐久混凝土以及检验各种耐久性措施、耐久性再设计措施的重要手段,是耐久性快速试验与工程应用之间的过渡性桥梁,通过对工程的长期观测、记录、测试和监控,为混凝土结构的寿命预测和我国相应规范的编制及修订提供科学依据。

该成果于2015年5月完成,已应用于舟山跨海大桥混凝土耐久性养护中。

124.中小跨径桥梁典型病害防治研究

主要完成单位:浙江省交通规划设计研究院。

主要技术内容:本研究根据浙江省内高速公路桥梁病害初步病害调查及专家讨论,归纳总结了中小跨径桥梁的六大典型病害,并对桥梁典型病害的详细表现特征和分布规律进行分析研究,不仅从规范演变、超载、观念思想这些方面分析了病害的综合性宏观方面成因,还对每种病害都分别从设计、施工、运营养护三个方面详细分析其形成原因,并提出了相应的防治措施和加固维修方法。

该成果于2010年6月完成。

125.混凝土现浇连续箱梁顶面平整度控制研究

主要完成单位:浙江舟山大陆连岛工程高速公路有限公司。

主要技术内容:本项目以舟山大陆连岛宁波连接线工程——支架现浇连续箱梁为对象,通过理论分析、改进施工工艺、试验研究、优化测量方法等措施优化连续箱梁桥顶面平整度的控制技术和工艺。通过支架现浇混凝土连续梁桥受力及变形分析,建立了不同施工阶段对桥梁高程的影响,为施工过程施加预拱度提供了技术依据;初步形成了基于悬架整平机辅助施工连续箱梁的整套技术,主要包括混凝土和易性、悬架整平机行走速度的关系、悬架整平机行走高程控制措施、悬架整平机施工箱梁顶面平整度效果分析等,并初步形成了悬架式高频整平机辅助现浇混凝土箱梁顶板企业施工工法,对同类工程施工及质量控制具有指导意义;进一步研究了对悬架整平机施工过的箱梁顶面混凝土抛丸处理后的技术指标,通过摩擦系数、黏结力试验实证了该施工工艺的优良效果,能充分满足桥面沥青铺装的技术要求。

本课题目前已在舟山大陆连岛宁波连接线工程实际应用。

该成果于2010年8月完成,达到国内先进水平。

126.特大跨径钢箱梁悬索桥结构体系及刚度研究

主要完成单位:中交公路规划设计院有限公司。

主要技术内容:本项目依托西堠门大桥工程,针对特大跨径悬索桥的技术特点和技术难点,对特大跨径钢箱梁悬索桥结构体系及刚度进行研究和技术攻关,主要应用于特大跨径钢箱梁悬索桥的设计、施工领域。①特大跨径钢箱梁悬索桥结构体系研究运用本课题自行开发的悬索桥非线性专用计算软件进行单跨、两跨及三跨加劲梁悬吊悬索桥不同结构体系比选,对加劲梁不同的支承方式、缆梁不同的连接方式进行深入系统研究,进行静力、动力等计算分析和特性研究,研究不同方案对结构方案的影响。②特大跨径钢箱梁悬索桥结构刚度研究从结构允许的变形及应力、舒适度等方面研究合理的结构刚度指标,提出结构刚度的建议值;矢跨比考虑1/8、1/9、1/10、1/11、1/12、1/13、1/14、1/15,共8种;主缆边跨跨度对称考虑335m、385m、435m、485m、535m、585m、635m,共7种;以西堠门大桥实际加劲梁刚度为参考值"1",通过改变加劲梁刚度实际模型,加劲梁刚度按相对比例取值分别为0.7、0.8、0.9、1.0、1.1、1.2、1.3,共7种计算模型;以西堠门大桥实际桥塔刚度为参考值"1",通过改变桥塔刚度,实际模型桥塔刚度按相对比例取值分别为0.7、0.8、0.9、1.0、1.1、1.2、1.3,共7种计算模型;通过比较分析以上各因素对悬索桥结构刚度的影响。

该成果于2010年9月完成,达到国内先进水平。目前已在西堠门大桥中实际应用。

127.特大跨径悬索桥分体式钢箱梁制造关键技术研究

主要完成单位:中铁宝桥集团有限公司。

主要技术内容:本项目研究在国内属于首次,依托西堠门大桥开展此项研究。通过本桥分体式钢箱梁1∶2模型试验段及锚箱结构试验件的制造,总结并制定分体式钢箱梁的组装顺序,形成制造工艺及制造规则;通过首制节段分体式钢箱梁的制造,对实物数据进行分析,完善和优化制造工艺;形成适合分体式钢箱梁制造的组装焊接工艺技术,为后续分体式钢箱梁批量制造奠定数据和理论基础。此外,对本桥分体式钢箱梁制造的关键技术进行研究,形成一套适合分体式钢箱梁的制造工艺技术,为后续分体式钢箱梁的设计、制造提供一定的数据、理论参考。课题研究在国内首次形成了"特大跨径悬索桥分体式钢箱梁制造关键技术"的研究成果,该技术成果针对钢箱梁结构创造性地提出了"一套基线群"的制造原则,保证钢箱梁的整体性,将钢箱梁节段划分为若干制造单元的制造工艺技术。该技术适用于悬索桥分体式钢箱梁和悬索桥封闭式钢箱梁,对于同类型的薄壁钢箱梁的制造、施工有借鉴意义,可以在其他项目中推广运用。

该成果于2010年9月完成,目前已在西堠门大桥工程实际应用。

128.钢构与混凝土组合薄壁高墩关键技术及应用研究

主要完成单位:浙江省交通规划设计研究院。

主要技术内容:本课题研究的对象为钢构—混凝土组合薄壁空心高墩,研究目的是将组合结构的设计理念运用到长大桥梁的超高桥墩设计中,提出一种新型的钢构—混凝土组合桥墩的构造形式和设计方法,使施工上能够加快施工进度,结构上适度减小桥墩截面尺寸,并提高桥墩的抗震性能。课题组结合杭新景高速公路施工建设,从模拟计算、理论分析两个层次展开研究。

该成果于2015年9月完成。

第三节　高速公路管理方面的科技成果

1. 高速公路预付卡应用系统

主要完成单位:浙江沪杭甬高速公路股份有限公司。

主要技术内容:预付卡的初始化、发行、充值、查询、挂失等应用程序模块。预付卡管理应用程序包括发行、充值、使用、查询、挂失、清账退款、报表等管理规程,建立预付卡促销、宣传等推广流程。在软件上实现预付卡与高速公路其他通行卡兼容,能在非接触式读写器上正常读写,并将预付卡所支付的费用及所剩余额打印在通行费发票上等功能。

系统除在沪杭甬高速公路上成功应用外,目前已推广到上三高速公路全线。

该成果于2002年10月完成,达到国内领先水平。

2. 公路工程价格指数研究

主要完成单位:交通厅工程造价管理站、衢州市交通工程定额站。

主要技术内容:本项目针对我省公路工程的特点,在广泛收集我省已建和在建各级公路的人工、材料、机械消耗量的基础上,统计出"百公里基本量",采用人工、材料、机械设备"百公里基本量"乘以定额基价的办法,得出"百公里基本量"的费用。公路工程价格指数定期在浙江省的《交通旅游导报》和《质监与造价信息》上公布,为高速公路、一级公路、二级公路的价格调整和工程结算提供依据,直接服务于公路工程建设。

该成果于2002年11月完成,达到国内领先水平。

3. 浙江省高速公路网路径识别方法的研究

主要完成单位:浙江省公路管理局、浙江省交通科学研究所。

主要技术内容:本项目针对高速公路投资主体多元化、路网结构复杂化的环境,在对浙江省高速公路网的二义性、多义性路径进行调查研究的基础上,从探讨各种路径识别方法入手,采用路径走向分析方法,运用图表及实例,提出了采用不同拆分方法(综合比例法、里程比例限定法、节点位势法、流量调查法等),通过成本效益综合分析,确定路环通行费拆分分配的操作方案。

本项目成果已应用于浙江省高速公路联网收费结算系统。

该成果于2003年7月完成,达到国内领先水平。

4. 浙江省高速公路机电设施信息管理系统的研究

主要完成单位:浙江省公路管理局。

主要技术内容:本项目以高速公路机电设施基础数据库、GIS可视化高速公路机电空间数据库为基础,建立通用的高速公路机电设施管理工作流程为主线的应用软件平台,涵盖机电设施资源管理、故障采集与处理和设备运行维护管理,可实现一点受理、统一派单的分层管理模式,智能生成维护计划,实现设备故障信息采集方式的创新,完成高速公路机电设备及其附属设施的GIS图形仿真,从而规范了高速公路机电设施管理工作流程。

本项目成果应用于金丽温高速公路。

5. 浙江省公路水路施工企业信用评价指标体系和评价标准

主要完成单位:浙江交通职业技术学院。

主要技术内容:本项目构建了浙江省公路水路施工企业信用评价指标体系,提出浙江省公路水路施工企业信用等级的评定标准,架构起浙江省公路水路施工企业信用管理有关规章的框架,为政府决策部门提供了理论和操作依据,有助于规范交通建设市场,并充分发挥国家交通建设资金投资效益。

本项目成果在浙江省在建高速公路施工企业的信用试评价中应用。

6. 高速公路工程项目管理系统

主要完成单位:杭州市交通信息中心、杭州杭千高速公路发展有限公司、上海中交海德交通科技股份有限公司。

主要技术内容:本系统主要针对高速公路建设行业管理部门、项目公司、代建单位(指挥部)、设计单位、监理单位、承包商等不同对象提出运用信息化手段进行项目管理的不同方案。项目管理系统的研发以工作分解结构(WBS)为主线,本着针对性、实用性、易用性、先进性的开发原则,以质量管理、投资控制、计划进度、档案管理和合同管理作为主要的计算机开发应用模块,通过规范相关审批流程,统一报表样式,统一计算方法,提供审批过程监控,增加审批透明度,重点解决工程建设中的规范化问题、时效性问题和数据统一性问题,并针对目前公众关注的建设施工安全、用工欠薪、廉政与效能建设等问题,开发完成安全管理、用工管理、廉政效能管理等模块,以辅助各方管理。根据浙江省科技信息研究院技术查新报告(编号:200433B2103236)结果,建立广义的工作分解结构单元(WBS-U),实现质量控制单元、进度控制单元与投资控制单元的统一;将PDCA循环引入高速公路项目管理软件系统,实现工程建设的全过程管理,将用工管理、廉政效能建设等公众关注问题引入项目管理系统均在国内高速公路项目管理系统中首次运用。

该系统已在杭千高速公路、杭徽高速公路(留下至汪家埠段)、诸永高速公路等工程建设项目中推广应用。

该成果于2014年12月完成,达到国内领先水平。

7. 高速公路雾区智能电子诱导系统应用研究

主要完成单位:浙江省交通投资集团有限公司。

主要技术内容：本研究运用雾区智能电子诱导系统，在雾区对车辆进行安全诱导，有效减少雾天对高速公路交通的影响，充分利用高速公路资源，明显减少封道时间和次数，提高高速公路运营安全和服务水平；成功研制了车辆动态多节点探测器，对雾区车辆进行有效检测；采用电光诱导和控制诱导标志的颜色转换，引导车辆安全通行。在雾区智能电子诱导系统中首次应用长距离、多节点的 CAN 总线通信方式，并采用 MESH 组网技术和 Zigbee 技术，实现数据无线通信。

该项目为"十一五"计划 2008 年浙江交通科技成果，达到国际先进水平。

8. 高速公路交通应急管控系统的研究

主要完成单位：浙江交通职业技术学院。

主要技术内容：项目针对目前高速公路发生交通事故情况下缺乏科学管控问题，设计开发了系统化的解决方案，并自主研发了基于蚁群算法的高速公路多匝道智能优化控制技术、基于混沌神经网络的高速公路可变限速控制技术和基于 Zigbee 无线传感器网络获取道路交通流量信息，实时计算路段交通流密度、交通流安全行驶速度的高速公路安全信息自动发布技术。这些技术的集成应用，能够动态地判别高速公路交通流的运行状态，并依据检测到的各种交通事件，及时调整系统的优化管控方案，降低交通事故发生率，提高系统的运行效率。

该成果于 2012 年 3 月完成。

9. 长三角区域联网不停车收费浙江省 ETC 系统技术和运营模式研究

主要完成单位：浙江省公路管理局。

主要技术内容：本项目是按照长三角区域高速公路联网不停车收费示范工程总体技术方案要求，结合浙江省路网运行实际，研究适宜浙江省高速公路不停车联网收费的技术体系和运营方案。项目于 2007 年 9 月立项，2009 年 5 月完成报告初稿。项目研究提出了浙江省高速公路 ETC 联网收费系统的总体框架、ETC 车道系统的建设方案、车道操作处理流程和相关 ETC 建设实施的技术标准要求，以及现有联网收费系统技术改造方案、测试方案等内容；提出了融合非现金支付和现金支付及跨省 ETC 结算的统一高效的结算体系，并发挥公路行业优势，提出以省市两级公路机构组成的 ETC 用户服务架构体系。

该成果于 2013 年 1 月完成，根据课题研究成果，2008 年，开展浙江省高速公路不停车收费系统建设。一期工程于 2010 年 4 月 16 日投入运行。2012 年 8 月 2 日，浙江省与长三角区域五省一市实现了跨省市 ETC 联网运行，目前系统运行稳定良好。至 2012 年年底，浙江省累计建成 640 条 ETC 专用车道，ETC 覆盖率达 92%，车道建设规模位居全国第一；建成了省市两级用户服务平台，并配以代理服务网点为辅助的全省 ETC 服务网络，服务网点达 120 多个，用户发展超过 20 万户。全路网累计 ETC 车辆通行超过 3200 万辆次，跨省市通行的 ETC 车辆达 338.5 万辆次,不停车收费效益显著,有效提高了收费站通行能力和服务水平,充分验证了该项目的研究成果。

10. 龙丽丽龙高速公路(一级改高速路段)交通安全性评价与交通工程对策措施研究

主要完成单位:浙江龙丽丽龙高速公路建设指挥部。

主要技术内容:开发高速公路运行速度预测、线形分析系统;基于运行速度的山区高速公路合理限制速度研究;影响提速的控制参数研究;速度控制技术研究;速度管理实施程序研究;龙丽、丽龙高速公路设计速度为 60km/h 的路段(云和段一期 K38+080～K50+518.81 与龙泉段 K91+000～K100+720)合理限制速度研究。

该成果于 2013 年 2 月完成,目前已在多个设计院中应用。研究成果已成功应用于丽龙高速公路云和段一期与龙泉段的标志速度确定与速度控制中。

11. 岩溶区高速公路道路运营安全监测技术与预警研究

主要完成单位:浙江省交通投资集团有限公司杭金衢分公司。

主要技术内容:本研究在收集分析道路岩溶塌陷实例的基础上,深入分析了其塌陷影响因素及机理。岩溶区道路运营过程中的地质灾害主要是路基岩溶塌陷,需具备空间条件、物质条件和动力条件,主要影响因素是外荷载和水动力条件的变化。运营高速公路岩溶塌陷危险性评价根据运营高速公路岩溶塌陷的主要影响因素,建立了运营高速公路岩溶塌陷危险性评价方法,根据各类指标的特点进行赋值,突出了水环境变化和路基填筑高度对岩溶塌陷的影响。根据累计的分值将塌陷的危险性划分为不易发、低易发、中易发和高易发等四级。运营高速公路岩溶区监测指标、监测方法及预警方案根据岩溶塌陷的影响因素,结合高速公路运营养护特点,确定适宜有效的监测指标。监测指标既包括路基沉降、裂缝等直接指标,也包括水文条件等间接指标。根据塌陷易发程度的不同,分级确定监测方法。根据监测指标的属性和特点,确定适宜的分析及预警方案,实现最大限度地防范岩溶塌陷风险。运营高速公路岩溶区监测预警平台岩溶区高速公路运营安全监测的数据多元,采集方式多样,数据量大,容易产生疏漏和错误,数据的统计及预警分析工作也相当复杂,难以实现岩溶塌陷的即时预警。拟设计的监测预警平台可实现不同类型数据的输入、数据管理和分析预警功能。

该成果于 2015 年 8 月完成。

12. 山区高速公路穿越不良地质路基施工安全风险评估研究

主要完成单位:浙江省交通科学研究院。

主要技术内容:本研究在借鉴国内外近年来有关工程施工安全风险评估研究成果以及工程实践经验的基础上,结合浙江省山区高速公路穿越不良地质路基施工安全现状,对岩溶、采空区、滑坡、崩塌等不良地质路基施工安全影响因素开展调查分析,在充分总结工程安全风险评估经验的基础上,建立不良地质路基施工安全总体风险评估指标体系,进而通过风险源辨识、风险分析和风险估测,实现不良地质路基施工中风险源的定量分析与评价,最终形成《浙江省山区高速公路穿越不良地质路基施工安全风险评估指南》。

该成果于2015年9月完成,已在杭新景高速公路建德寿昌至开化白沙关(浙赣界)、杭长高速公路北延(泗安至浙苏界)等工程施工安全风险评估工作中得到了应用。

13. 银联卡付费方式在浙江省高速公路联网收费中的应用研究

主要完成单位:浙江省公路管理局。

主要技术内容:针对所选择的非现金付费方式在国内外的应用情况和浙江省高速公路联网收费中使用可能所要面临的困难和问题,研究制定符合浙江高速公路联网运行工作实际的非现金付费结算功能应用系统;在路网内选择部分收费站(点)进行非现金付费应用试点;在实践的基础上改进和完善非现金付费结算功能应用系统;条件成熟时在全路网宣传推广应用,达到在浙江省域高速公路普遍使用非现金支付车辆通行费的目的。可以预见,随着非现金付费方式在浙江省高速公路联网收费中的推广应用,可以不断提高车辆在收费车道的通行效率、收费站的收费工作效率和全路网的收费资金结算工作效率,方便社会公众出行,体现高速公路通行的安全、便捷、高效,促进高速公路联网运行整体服务水平和管理水平更上一个台阶。

该成果于2010年1月完成。

14. 浙江省高速公路联网运行自动检测监控管理体系的研究

主要完成单位:浙江省公路局。

主要技术内容:本项目主要以浙江省高速公路运行监控管理为研究对象,通过对国内外自动检测监控技术的调查分析,研究确定了基于视频事件检测器的直接自动检测方法。该检测方法具有投入低、安装方便、使用效果好、维护便捷等优点,在检测速度和可靠性方面远胜于间接检测方法,是交通事件自动检测系统的发展方向。本项目在对联网运行以及自动检测监控技术要求进行分析和总结的基础上,结合浙江省高速公路机电系统的设计和建设实际情况以及对视频事件检测器功能的测试,提出以视频事件检测为核心,将浙江省高速公路沿线内的各路段、桥梁、隧道的自动检测监控进行联网,构建省域高速公路联网运行的自动检测监控管理体系,并通过搭建一个典型路段事件自动检测系统基础平台,对平台进行初步验证,同时根据测试情况,不断调整、完善研究方案和系统建设方案,最终形成浙江省高速公路联网运行自动检测监控体系方案和配置技术要求。本项目的研究成果对建立浙江省高速公路联网运行自动检测监控管理体系具有实际指导价值,并对其他已进行或正在进行的高速公路联网监控和自动检测的省份具有借鉴或指导意义,达到国内先进水平。

该成果于 2010 年 11 月完成。

第四节　其他方面的科技成果

1. 浙江省公路工程"四新"技术预算定额研究

主要完成单位：浙江省交通厅工程造价管理站。

主要技术内容：为填补"四新"技术定额标准上的空白，适应工程建设和造价管理的需要，项目组开展了"四新"技术预算定额标准的研究工作。研究内容分为《杭州湾跨海大桥专项预算定额》和《四新技术工程预算定额》两大部分内容，共计 73 个定额项目 166 个子目。定额项目紧密依托杭州湾跨海大桥、舟山连岛工程、嘉绍跨江通道、黄衢南高速公路、象山港大桥及接线工程、绍诸高速公路等工程开展实体研究。具体情况如下：①通过定额的查定和编制，形成《杭州湾跨海大桥专项预算定额》，该专项定额标准，既作为合理确定杭州湾跨海大桥工程投资的依据，也可作为管理部门和建设各方合理确定估算、概算、预算等相关造价文件的参考依据。②通过定额的测定和查定，形成《四新技术工程预算定额》标准，该定额标准，既作为管理部门合理确定估算、概算、预算等相关造价文件的依据，也作为建设各方编制和确定相关造价和结算单价的指导性依据。

该成果于 2010 年 4 月完成，达到国内先进水平。

2. 公路路况检评信息系统的研究与应用

主要完成单位：浙江省交通运输厅工程质量监督局。

主要技术内容：课题开发了"路面质量管理及检测结果评价系统"分析软件，实现了检测数据转换、上传，建立了检测数据的系统化管理。对路面结构强度（即沥青路面弯沉）（PSSI）、横向力系数（SRI）、平整度（RQI）、车辙（RDI）、路面破损（PCI）等 5 项指标单项进行统计分析，并形成单项试验报告。综合分析上述 5 项指标，按照《公路技术状况评定标准》（JTG H20—2007）的规定，得到路面使用性能指数 PQI，达到了对公路路况综合评价的目标。"路面质量管理及检测结果评价系统"具有较强的兼容性，支持多厂家、多型号路面自动化检测设备的数据输入及分析，该系统操作简便、科学、高效，界面直观，结论清晰准确，为公路路面养护工作提供了可靠的技术数据。按照路面使用性能指数 PQI（路面综合评价指标）的要求，检评指标分别为路面损坏状况指数 PCI、路面行驶质量指数 RQI、路面车辙深度指数 RDI、路面抗滑性能指数 SRI、路面结构强度指数 PSSI 5 项。课题研究与应用是集路面 5 项指标与多套设备为一体的综合性研究项目，除涉及设备本身性能外，还涉及与标准设备的比对验证、检测数据的转换及数据库的建立等内容，涉及计算机、电子、公路检测、激光等多学科领域。

该成果于 2010 年 6 月完成,达到国内先进水平。

3. 大直径深长嵌岩桩承载特性及设计标准研究

主要完成单位:东南大学。

主要技术内容:该研究以大直径深长嵌岩桩为对象,采用理论分析、室内试验以及原位试验、有限元模拟分析等研究手段,对大直径深长嵌岩桩的荷载传递机理、尺寸效应和岩石特性对嵌岩桩嵌岩段侧阻力和端阻力的影响以及计算方法进行了研究;通过室内模型试验,研究了桩径和嵌岩比以及不同孔壁粗糙度及桩底沉渣厚度对嵌岩桩承载特性的影响,并形成了《大直径深长嵌岩桩设计指南》。

该成果于 2010 年 10 月完成,已在西堠门大桥工程中实际应用。

4. 灌注桩自平衡试桩法及试桩工程化试验研究

主要完成单位:浙江省交通工程建设集团有限公司。

主要技术内容:本研究设计了合理的自平衡测试系统,对部分端承桩采用准自平衡法进行测试。合理的荷载箱设计充分考虑了混凝土浇筑过程中,由于承压板而导致翻浆效果不好,容易引起桩体质量问题的情况,改变了目前常用承压板孔位的布局方式,设计了指定荷载箱处断裂面的装置。随后的检测及验证试验表明,装置设计效果良好。提出了更加精确的位移测量方法。通过多点位移计的合理搭配,可以精确测量荷载箱处桩身的上下位移及桩身实时压缩量,克服了位移杆法在超长桩位移测量过程中容易出现较大误差的缺点。上段桩等效转换系数研究通过对同一根桩传统静载与自平衡法的对比试验,求得了此桩的转换系数,可以作为类似工程项目采用或相关资料收集时借鉴。此外,根据单桩极限承载力对转换系数的敏感性分析可以看出,单桩极限承载力因而产生的相对误差都保持在 $-4.6\% \sim 5.6\%$ 之间,单桩极限承载力对转换系数的敏感性不大。改进了传统静载 $Q—s$ 曲线的等效转换方法。目前常用方法对等效桩顶沉降量的确定过程中,均采用理论计算求得。但在复杂的岩土工程中,存在大量的不确定因素,尤其对于超长桩,明显存在较大偏差。课题组采用多点位移计法实测桩身压缩量,并在等效转换过程中,考虑了上段桩身压缩量加倍的问题,使结果更符合实际测试情况。试桩工程化技术及效果研究设计了荷载箱处"U 形"压浆装置及桩侧环形("O 形")压浆装置,制定了"先 U 后 O"的压浆方法及工艺,通过荷载箱处位移计的读数变化来实时测量桩身位移量,并以最终桩身位移量持续大于零来控制最终压浆量。为检验试桩工程化效果,对工程化后试桩进行了水平、竖向承载性能的验证,试桩相关承载性能均未降低。对于超长桩,荷载箱的埋置深度会更低,工程化后的试桩承载性能均不会对工程产生不良影响,通过工程化后的试桩可作为工程桩使用。

该成果于 2010 年 10 月完成,达到国内先进水平。

5. 道路视频事件检测与 3G 通信传输技术的研究

主要完成单位：浙江金基电子技术有限公司。

主要技术内容：本课题研究的主要内容包括视频事件检测技术与 3G 通信传输技术两方面，将两者有效结合，实现高速公路远程实时监控与管理。视频事件检测技术的研究内容主要包括：系统框架和实现方案、运动车辆检测技术、视频事件检测系统的运用设计、视频事件检测系统的安装设计。3G 通信传输技术的研究内容主要包括：3G 组网技术研究、3G 无线手机的运用、车载 3G 无线通信的设计与运用研究、监控中心 3G 无线通信的运用研究。

该成果于 2010 年 10 月完成。

6. 新型抗冲击旋转式防护栏在公路中的应用研究

主要完成单位：浙江金丽温高速公路有限公司。

主要技术内容：本研究根据防护机理分析，旋转式防撞护栏通过旋转桶的旋转，可在碰撞过程中降低乘员的横向、纵向加速度值，降低人员伤害，并同时降低车辆变形受损程度。同时，由于碰撞过程中的纵向受力为滚动摩擦力，远小于传统护栏与失控车辆间的滑动摩擦力，旋转式防撞护栏可使碰撞时间变短，并增大车辆驶出速度，而且，碰撞过程中阻力变小，将降低碰撞过程中驾驶员操控难度，可尽快与护栏脱离碰撞，正确完成导向过程并降低二次事故风险。因此，对于安全性能，在保证防撞性能前提下，旋转式防撞护栏的导向性能、缓冲性能相对传统护栏产品均具有突破性提升。同时旋转式防撞护栏具有全天候诱导性能，并且横向宽度需求降低可在道路宽度受限情况作为双向护栏使用。旋转式防撞护栏具有柔性护栏的总变形长度，并同时具有半刚性护栏的横向变形控制，从便于工程应用考虑，将旋转式防撞护栏的刚度性能归类为半刚性较为合适。根据实车碰撞试验结果，RG-SA、RG-SB-2 型旋转式防撞护栏均具有 SB（SBM）级防撞等级，与其他护栏的实车碰撞试验结果对比发现，旋转式防撞护栏的车体加速度指标多低于或类似于波形梁护栏，多低于组合式桥梁护栏和混凝土护栏，表明旋转式防撞护栏的缓冲效果明显；旋转式防撞护栏驶出角度较为理想，可保证失控车辆快速导向驶出；最大动态变形指标多低于类似结构的半刚性波形梁护栏，说明旋转式防撞护栏的结构能够保证。工程试验结果表明，旋转式防撞护栏完美体现了生命至上的安全设施设计理念，社会效益巨大，而且，虽然旋转式防撞护栏的产品价格相对常用护栏不具优势，但旋转式防撞护栏实施后，试验路段平均每年直接经济损失由 146 万元下降为 0.68 万元，降低值与工程造价增加值基本持平，长期使用将大大降低交通事故的直接经济损失，旋转式防撞护栏具有显著的经济效益。

该成果于 2011 年 12 月完成，目前已在金丽温高速公路、龙丽丽龙高速公路、杭新景高速公路、320 国道等多条不同等级公路实际应用。

7. 绍诸高速公路生态景观规划研究

主要完成单位:绍诸高速公路工程建设指挥部。

主要技术内容:本课题在深入实地调查采样的基础上,采用科学的计算方法,对高速公路穿越环境敏感区的声环境保护、防尘防眩、降污处理等方面进行了环境影响预测分析,并在先进的景观规划理念指导下,结合工程实践,提出一系列相应的改造建议,同时在绍诸高速公路进行试点应用。绍诸高速公路在完成高速公路工程建设的同时,进行改良环境、减少污染、降低噪声等各方面的生态建设工程,使公路交通设施作为一种人文景观与周围景观在更大范围内融为一体,形成美化国土、保护自然、改良环境和抵御灾害的带状生态交通系统。

该成果于2012年12月完成,并在绍诸高速公路进行试点应用。

8. 高速公路穿越环境敏感区声环境保护研究

主要完成单位:浙江省公路管理局。

主要技术内容:本研究从高速公路穿越环境敏感区噪声影响入手,通过对绍诸高速公路周边4条高速公路沿线交通噪声进行调查,分析噪声的衰减规律,得到了高速公路环境敏感区建筑物噪声垂直分布规律;并以绍诸高速公路 K22+000~K28+000 段为例,进行了交通噪声的预测和噪声影响评价;依据立地环境特点,对声屏障的降噪效果进行了分析研究;以此为基础提出了低噪声路面、防噪林、隔声窗、声屏障等有针对性的噪声污染防治措施,重点进行了生态声屏障的设计研究,使防治噪声污染的工程设施与当地人文历史景观融合协调,使之成为绍诸高速公路景观的亮点。

该成果于2013年9月完成,目前已在绍诸高速公路实际应用,成为绍诸高速公路景观的亮点。

9. 埋入式激光沉降观测装置关键技术研究

主要完成单位:浙江省交通运输厅工程质量监督局。

主要技术内容:针对目前因采用传统沉降板进行沉降测量所带来的不便捷,本项目研发了一种埋入式激光沉降仪,将路中沉降转换为路外观测管中液位差的沉降观测。通过室内试验和现场试验,比较了埋入式激光沉降仪与传统沉降板的测量效果,结果表明本项目研发的埋入式激光沉降仪具有以下技术特点:室内和现场试验结果均表明,埋入式激光沉降观测装置的测量精度可以满足我国公路建设各阶段对沉降观测精度指标的要求。相对于目前使用较多的传统沉降板,埋入式激光沉降观测装置具有以下显著的优点和效果:①本装置是一种基于将路中沉降转换为路外观测管中液位差的沉降观测方法,相对于传统沉降板观测方法而言,本装置在非施工区进行观测读数,不会影响施工,也不易被施工破坏。②传统沉降板观测需要分节接高标杆和多次转点测量,工作量较大且易受场地限制。而本装置中采用的测量仪器操作简单方便,易于掌握,大大提高了测量效率。③根据现场试验的材料采购经验,一套埋入式激光沉降仪的购置成本相比于传统沉降板降低了大约11.0%。此外,采用传统沉降板的监测工作需要采用水准仪进行几何水准测量,场地转点较多,相应的监测点次较多,产生的监测费用也较多。而埋入式激光沉降仪的测量仅需要采用频率仪和激光测距仪各进行一次采集工作,工作量相对较少,时间成本减少,相应的监测费用也会减少。④传统沉降板在路堤填筑结束后易被覆盖,无法继续用于工后沉降的测量。若采用在路面布设沉降钉进行观测,测量不便且测量人员的安全易受过往车辆的威胁。而埋入式激光沉降仪因布设于路堤土体内部,不易被破坏,可以继续用于运营期的工后沉降监测,安全有效,同时减少了后期沉降监测费用,社会效益和经济效益良好。

该成果于2015年1月完成。

10. 公路安全缺陷快速识别技术应用研究

主要完成单位:浙江省交通规划设计研究院。

主要技术内容:课题研究以设计阶段的龙泉至浦城(浙闽界)高速公路、在建的31省道绍大线北延工程绍兴市区段和运营阶段的金丽温高速公路丽水段为依托工程,通过EI-CAD软件将道路CAD数据采集并输出到ADAMS软件中,并调整路面摩擦系数建立了道路的数字化公路模型。利用MATLAB/Simulink建立包含驾驶员预瞄环节和滞后环节的简化预瞄优化神经网络驾驶员模型,完成对雨雪天气路面附着系数的变化,构建公路—车辆—驾驶人—交通环境(RVDES)系统建模仿真方法,并结合基于相关规范的安全评价方法、基于事故统计的安全评价方法、基于六分力测量仪的道路安全试验法,对运营阶段的金丽温高速公路丽水段进行了安全评价,验证RVDES系统的科学性和可靠性。将研究成果应用于设计阶段的龙浦高速公路和在建的31省道北延工程绍兴市区段两条典型道路,分别对不同阶段线设计方案进行了安全评价分析,实现了在道路设计、建设施工和运营使用等不同阶段,可开展公路行车安全评价的虚拟试验。

该成果于2015年9月完成,已在龙泉至浦城(浙闽界)高速公路、31省道绍大线北延工程绍兴市区段和运营阶段的金丽温高速公路丽水段工程中实际应用。

第五章
高速公路运营情况

第一节 高速公路运营管理

自1991年浙江建成"高速公路第一路"——沪杭甬高速公路钱江二桥段7km,实现了高速公路零的突破以来,通过多年的发展,截至2016年年底,浙江高速公路里程达到4062km,全省高速公路逐渐形成网络,公众利用高速公路出行可以有多路径选择。高速公路交通量也发展迅速,如沪昆高速公路某些断面交通量已达10万辆标准车/d。优质的高速公路运营管理服务为整个路网系统提供了高效运转的保障。

在养护管理方面,浙江交通面对挑战,根据公路事业的发展规律和全省高速公路发展的实际情况,进行积极探索和有益尝试,建立了一整套行之有效的养护管理措施和法规制度体系,确保公路处在良好运营状态。从"十一五""十二五"时期出台《浙江省高速公路养护管理办法》《浙江省高速公路养护质量检查办法》《浙江省公路养护工程招标管理办法》《浙江省高速公路运行管理办法》等一系列规章制度,到"十二五"时期出台的《浙江省高速公路养护管理若干规定(试行)》,为高速公路养护提供充分的保障和支持。截至2016年年底,全省高速公路养护累计完成投入260亿元,其中2016年全年高速公路养护投入25亿元,完成大中修1100km,并全面加强养护计划管理,高速公路养护计划由原来的备案制改为下达制,并根据路况的实际检测数据编制计划,使养护计划更具有效性、科学性。2016年全国高速公路路况检测排名比2015年"国检"上升2名,由第11名上升到第9名,取得了浙江省历史上最好的成绩。杭州湾跨海大桥获得2016年度"中国公路养护工程奖"。

路政管理方面,1996年,为加强公路路政管理,保障公路完好畅通,根据有关法律、法规,结合浙江省实际,浙江省人民政府令第78号发布了《浙江省公路路政管理办法》,明确了公路路政管理是公路主管部门根据法律、法规和规章的规定,为保护公路路产,保障公路畅通所实施的行政管理行为。浙江公路路政管理遵循统一领导、分级管理、管养结合、依法治路的原则,为浙江省高速公路安全、畅通运行提供了有力支持。自1998年《公路法》及2000年交通部《超限运输车辆行驶公路管理规定》颁布实施以来,浙江省各级交通主管部门和公路管理机构在各级政府的统一领导下,把超限运输管理作为一项重要工作来抓,紧紧依靠当地政府,会同公安交警等有关部门,运用各种形式宣传超限运输管理的重要意义,以抓卸载、源头管理为重点,积极稳妥地开展超限运输整治活动。超限超载运输的危害性如下:①车辆超限超载严重破坏了公路基础设施。由于超载超限车辆的荷载远远超过了公路和桥梁的设计载荷,致使路面损坏、桥梁断裂,使用年限大大缩短。②车辆超限超载,载质量增大而惯性加大,制动距离加长,危险性增大。如果严重超载,则会因轮胎负荷过重、变形过大而引起发爆胎、突然偏驶、制动失灵、翻车等事故。另外,超载还会影响车辆的转向性能,易因转向失控而导致事故。③驾驶人驾驶超限超载的车辆,往往会增加的心理负担和思想压力,容易出现操作错误,影响行车安全,造成交通事故。④由于超限超载后的车辆无法达到正常行驶速度,长时间占用车道,直接影响道路的畅通。为加大公路联网治理超限超载力度及完善超限超载检测站建设,省交通运输厅于2000年出台了《浙江省超限车辆行驶公路管理规定办法》(浙交〔2000〕343号),于2005年出台了《浙江省公路超限运输检测站管理办法》(浙交〔2005〕334号),予以明确。2004年5月浙江省交通厅召开厅长办公(扩大)会议,传达贯彻全国交通系统治理超限超载工作会议精神,专题研究全省车辆超限超载治理问题,并对全省车辆超限超载治理工作提出了六项要求:一要提高认识,广泛宣传,利用各种媒体和宣传手段,让全社会全面深入地了解超限超载的危害、治超工作的意义以及治超行动的内容措施,形成政府重视、社会支持、百姓关心的舆论氛围;二要牵头协调,形成合力,交通部门切实加强与各部门的沟通联系,建立顺畅高效的协调机制;三要突出治标、长远治本,要有行之有效的分阶段行动计划和方案,要抓源头、抓法规、抓政策,实现长远治本;四要强化路面治理、分级落实,治标阶段关键是强化路面治理,要在省界道口、高速公路主要收费站等重点地区抓好检查站点的设置工作,要确保人员、装备、经费和后勤保障"四落实",要明确省级交通部门重在协调、市级交通部门重在落实的原则;五要制订重要物资运输、抗洪抢险物资运输等各种应急预案,要依法行政,切实做好执法队伍的培训工作;六要领导带头,全员参战,各级领导要带头赴一线,全系统、各部门全员参战。为把公路治理超限运输作为长效管理,浙江省交通厅于2007年出台了《浙江省交通厅关于建立治理超限运输长效管理体系的实施意见》(浙交〔2007〕19号),浙江省人民政府于2009年出台了《关于进一步加强车辆超限超载长效管理工作的意见》(浙政办〔2009〕185号)予以明确,同时《浙江省公路路政管理条例》于2005年由浙江省人民政府颁布后,经历了2007年、2009年、2011年、2014年四次修订,不断与时俱进地完善。浙江省路政执法人员,多次参加华东六省一市超限集中整治行动及沪浙、浙苏、浙皖、浙赣、浙闽联合治超,全方位展开执法检查,同时,加大对黄牛的打击力度,努力确保高速公路的安全畅通。为了给杭州湾跨海大桥减压,减少超限超载车辆对大桥的破坏,浙江首个高速主线治超站——杭州湾跨海大桥超限运输检测站于2011年

10月经省政府同意设置,2013年3月开工建设,主体工程2013年底建成,于2014年8月5日起启用。2016年杭州G20峰会、世界互联网大会在浙江省召开,高速公路交通组织保障工作交出了完美答卷。"十三五"期间,在全国第一个"现代交通示范区"落户浙江之际,以"八八战略"为总纲,围绕"两美"建设和"四个交通"发展要求,建设"万里美丽经济交通走廊",浙江高速公路路政将再次出发。

在高速公路联网运行方面,省公路管理局内设省级高速公路运行监控中心(简称"省监控中心"),于2005年启动运行,负责掌握全省高速公路网运行状况,统一实施路网系统的调控管理,发布全省性路网运行信息,提供联网运行业务查询。路段监控中心负责所辖路段的日常运行监控管理,及时报送运行状况信息,接受统一调度,执行路网联动操作。

目前,省监控中心实现了信息采集、运行监测、运营监管、应急指挥、信息报送、信息服务六大功能。

信息采集:省监控中心实现了与省厅信息中心、路段监控中心、超限运输检测站等多个单位的视频信息和数据信息的对接。实现对高速公路主线、互通枢纽、收费广场、治超站、服务区、桥下空间,以及普通国省道的大型桥梁、隧道等重点路段图像的调用和切换。省监控中心接入国省道干线公路网各类视频图像1万余路,每天实时采集高速流量数据140万余条、外场监测设施数据15万余条,已成为全省公路信息资源汇聚种类最全、数量最多的信息平台。目前,浙江省高速公路全程监控率占80%以上,外场监控设施布设多,完好率高,密度居全国前列,为浙江省高速公路运行监控管理发挥了重要作用。

运行监测:动态监测高速公路出入口实时流量,设置了时段流量、类型流量、区域流量等不同的专题,同时,进行同比、环比分析。实现对道路主线、服务区、桥下空间、路政治超检测站和路政执法车辆实时视频监控。通过GIS系统对车辆检测器、气象仪、情报板等外场监控设施数据信息进行监测,及时掌握运行情况。

运营监管:对全省货车超限、ETC车道运行、路径标识站设备运行、路网参数(黑名单、白名单)等进行监测,实现对高速公路运营的多方位监管。利用全省联网收费、监控系统的大数据,对高速公路运营情况进行分析,形成分析简报,供领导决策。

应急指挥:建立了"统一指挥、信息共享、快速反应、分级处置"的应急联动机制,针对不同事件启动应急预案,实现现场、市局、省局之间语音和视频对接,实现统一的调度和指挥。

信息报送:省监控中心是省交通综合应急指挥中心的重要组成部分,负责向交通运输部路网中心和省交通综合应急指挥中心实时上传8路和54路高速视频图像,并按规定审核报送高速公路通阻信息和重大节假日免费通行数据。

信息服务:通过服务热线、网站、手机APP、微信、报纸、电视、广播、可变情报板等多种方式提供公路信息服务,为高速公路经营单位和相关管理单位提供运行信息查询,为ETC

用户提供定制服务,日均查询次数超过4万次。开展气象预警服务,与省气象部门合作,针对高速公路线状分布的特点,对路段未来48h恶劣天气(大雾、暴雨、大雪)进行定时、定区、定量检测,实现恶劣天气对通行影响的气象预警服务。

在本书编写尾声,浙江省交通运输厅发布《关于加强浙江省高速公路运营管理的实施意见(试行)》(浙交〔2017〕18号),为浙江省高速公路运营管理提供保障和依据,此处列入其主要内容:

(1)全省高速公路运营行业管理实行"条块结合、以块为主"的管理体制。设区的市交通运输局(委)是辖区内高速公路运营管理工作的监管主体,具体监管工作由市公路局负责。市公路局要以高速公路路政管理大队为基础,统一行使高速公路养护、路政、收费、服务区、联网设施、监控管理等行业监管职能。

(2)高速公路经营单位是高速公路运营管理的责任主体,要全面履行高速公路的运营管理责任,确保全省高速公路安全畅通、路况优良、环境优美、服务优质。

(3)高速公路经营单位应高度重视养护工作,不断加大养护投入,确保路面技术状况按照每公里评价,路面损坏状况指数(PCI)、路面行驶质量指数(RQI)两项指标均应当保持在90以上,不得出现小于80的中次差路段。

(4)按规范开展高速公路桥隧日常养护巡查检查和定期检查,发现问题及时处治,特大(长)、特殊结构、特别重要桥隧及技术状况为3类的桥隧定期检查周期每年至少一次。高速公路桥隧技术状况应保持在1、2类,发现3类应及时进行维修加固,一旦出现4、5类应立即组织维修加固,在工程措施采取前应进行交通管制。

(5)高速公路年度养护计划应根据路况和桥隧检测结果制订,做到科学决策、按需养护。路面技术状况任一指标低于90的路段、坡差大于0.5%的桥头跳车路段、技术状况为3类及以上的桥隧,应当列入年度养护计划。高速公路经营单位应会同市公路局共同制订建议计划,市公路局审核后于每年1月底前上报省公路局,省公路局对年度养护建议计划论证核定后统一下达。

(6)提高精细化小修保养质量,严格控制路面修补平整度质量,灌缝应采用机械灌缝,坑槽应规范修补,并做好封边防水;加强绿化管养,原则上不能使用除草剂清除杂草;注重边坡安全检查,建设边坡巡检通道;提高桥梁小修保养质量,对桥梁伸缩缝应采用高压水枪(空气)进行清理。

(7)注重高速公路防水排水,定期对防排水设施进行检查,保证设施完好有效。开展暴雨后路面积水的专项检查,发现积水问题及时进行处治。

(8)严格按规范标准组织大中修及养护专项工程施工作业,设立齐全醒目规范的标志标线,加强现场管理和交通引导,保证养护作业安全和道路通行安全。

(9)对路况较差、超限超载车辆较多的路段,开展重点治超,严管重罚。全力推进高速公路入口称重阻截管理,有效减少超限超载车辆进入高速公路。在重要桥梁、重点路段安装非现场执法称重系统,利用计重收费数据开展治超非现场执法工作,实行24h监控执法。新建、改建高速公路重要桥梁、重点路段同主体工程同步建设称重装置,与主体工程同步验收,同步投入运行监控。

(10)按照省政府"四张清单一张网"要求,推行行政许可在线申请,通过审查的涉路施工许可高速公路经营单位应积极配合签署意见。高速公路涉路施工安评报告应由相应资质的单位编制。对于高速公路建设项目的穿、跨越,已有交通运输主管部门施工图批复的不再另行办理涉路施工许可。

(11)路产损害赔(补)偿具体工作由高速公路经营单位负责。路产损坏事实清楚、证据确凿充分、当事人无争议,高速公路经营单位与路产损害当事人达成民事赔(补)偿费协议的,可以直接收取公路赔(补)偿费,并出具收费凭证。当事人有异议的,由市公路局依法依规调查处理。

(12)重点抓好服务区的公共环境卫生、停车秩序和安全工作,做好24h全过程不间断保安、保洁。服务区保安、保洁人员原则上应由服务区或物业单位统一聘任并管理,不宜由商场、餐饮等单位代聘代管。实施保安、保洁考勤公示和职责分工公示,接受社会监督。

(13)提升服务区服务品质,全时段提供高质量免费卫生用纸,公共卫生设施损坏的应在24h内予以修复,不得占用停车位等公共服务空间开展商业活动,全省公路路网示意图应及时更新,原则上做到至少一年一更新,服务区应设立公共吸烟区,商场、超市、餐饮场所禁止吸烟。

(14)开展收费站微笑服务活动,提升文明服务水平。加快推进高速公路ETC多通道建设,提高收费站通行效率,按全省统一的标准规范设置ETC标志标线。收费站必须开通足够数量的收费道口,并保持ETC车道畅通,不得随意将ETC车道调整为人工收费车道。在重大节假日、重大活动期间,ETC车道须有专人值守。

(15)建立省公路局、市公路局、高速公路经营单位三级联网监控系统,尽快建成市公路局路网监控管理中心,加强高速公路桥隧、重点路段、桥下空间、收费站、服务区广场等全路网远程监控体系建设,高速公路经营单位所有视频同步接入省、市公路局监控系统,实现全省高速公路路网的运行监测、视频巡查、应急处置、视频会商、远程指挥和信息报送智能化。

(16)切实做好应急管理工作,要依托高速公路养护工区、服务区、收费站等建设应急抢险基地,按规定组织开展应急演练,做到应急抢险队伍、物资、设备三落实,做到突发事件发生后反应迅速,处置高效,力保高速公路畅通。

(17)完善高速公路检查考评制度。一是路况检测制度,省公路局每年组织两次(6月下旬、12月下旬)全省高速公路路况全面检测,并进行通报排名。二是桥隧定期抽检制度,每年进行一定比例的抽检,并进行通报排名。三是服务区服务质量考核制度,公司实行自查自纠,市公路局实施日常检查和明察暗访,省公路局组织暗查暗访,并对服务质量进行考核排名。四是收费站服务质量考核制度,重点对ETC车道及开启率、通过率等方面进行考核排名。五是联网监控管理制度,对高速公路运营管理开展视频巡查检查。六是重点抽检制度,每年重点对不少于2家高速公路经营单位按照"国检"标准进行全面检查。

(18)建立健全养护质量和服务质量处理处罚制度,积极探索推进高速公路通行费标准与该路段路况质量挂钩制度。对运营管理达不到标准规范要求的高速公路经营单位,将根据情节严重程度,采取约谈、通报批评、限期整改、省市挂牌督办、服务区降星或摘星、降低通行费标准、暂停拆分通行费收入、指定养护等措施。

第二节　高速公路收费管理与技术

一、联网收费管理

2001年底浙江全省高速公路开始实行联网收费,在此基础上,全省高速公路建成一条,入网一条,联网规模不断扩大。为充分发挥全省高速公路不停车收费、计重收费和二义性路径识别等系统的效能,进一步完善收费方式,提高通行效率,方便公众出行,根据《中华人民共和国公路法》《收费公路管理条例》和交通运输部《收费公路联网收费技术要求》(2007年第35号公告)等的有关规定,结合浙江省高速公路运行管理实际制定了各项规定与措施。

1. 收费与结算方式

(1)全省高速公路实行联网收费。收费方式分人工半自动收费和不停车收费。结算方式为"各站收费、统一解缴、按实拆分、按时结算"。

(2)涉及路网二义性路径的,按照二义性路径识别系统记载的路径标识信息确定车辆行驶路径,按实拆分车辆通行费。因路径标识信息不准确而无法识别行驶路径的,按二义性路径识别系统投用前有关规定拆分。具体拆分和结算工作由省交通运输厅负责组织实施。

(3)对接受不停车收费方式的车辆用户,暂定三年内给予高速公路通行费3%的优惠。

(4)全省高速公路货车计重收费系统投用后,对实际称得的车货总重下浮5%,进行计重收费。车辆合法装载吨位的判断标准,依据交通运输部、公安部、国家发展改革委《关于进一步加强车辆超限超载集中治理工作的通知》(交公路发〔2004〕455号)规定的超限标准认定。

(5)各高速公路经营管理单位不得拒绝、妨碍车辆用户使用路网允许的非现金支付方式交纳通行费;未经省交通运输厅批准,不得擅自关闭不停车收费专用车道或擅自更改车道性质。

2.费率确定与调整

(1)高速公路收费须按照国家和省有关规定提出申请,依省政府批准的费率标准收取,其中政府还贷高速公路,经省交通运输厅会同省物价局、省财政厅审核,报省政府批准后执行;经营性高速公路,经省交通运输厅会同省物价局审核,报省政府批准后执行。费率标准需要调整的,按此程序办理。费率标准确定和调整工作应依照相关法律、法规的规定进行。

(2)高速公路收费采用全省统一的车型分类标准。高速公路项目(路段)费率标准,按照各车型类别的每公里收费标准,以路段里程为基数计算,并叠加其间的特大桥梁和隧道应加收的部分来确定。

在实施计重收费中,以"元/吨公里"计,确定统一的基本费率标准。区分正常装载车辆和超限车辆,以基本费率标准为基数,确定不同的费率变化系数。

(3)省交通运输厅负责制定全省高速公路联网收费费率表,计算确定路网内各入口收费站与出口收费站之间各类车型应收取的通行费以及计重收费计费里程,下达至各个收费站系统。

新建路段加入、新建收费站开通或是局部费率变更,经省政府批准后,省交通运输厅应及时更新下达费率表,路网内各高速公路经营管理单位应在规定的时间内下达至每个出口收费车道收费系统。

(4)通行多个高速公路项目(路段)的车辆通行费,为所经过各个路段费率标准的合计。

3.技术要求与通行凭证管理

(1)新建高速公路项目应当根据全省高速公路联网运行管理需要,按照国家和本省相关规定标准建设收费、监控、通信等系统和设施,经省交通运输厅组织检测合格后方可开通运行。

各高速公路经营管理单位应当做好所辖路段系统设施的维护工作,及时补充和更新系统设施,使其保持良好的技术状态,同时按照全省统一规划和要求,及时改进联网运行管理技术。

(2)全省高速公路采用统一的通行卡(券)、系统用卡、非现金支付卡(储值卡或记账卡)和电子标签,由省交通运输厅或其授权机构负责统一发行。

车辆用户在行驶高速公路,使用通行卡(券)、系统用卡、非现金支付卡(储值卡或记账卡)和电子标签时,应遵守高速公路收费管理相关规定,任何单位和个人不得更改、伪造。

(3)复合通行卡作为一般的通行凭证,具备记载车辆行驶路径信息的功能。各高速公路经营管理单位应加强对复合通行卡的流转使用管理,防范和减少流失现象。车辆用户应妥善保管,丢失或损坏的,按成本赔偿。

不停车收费用户车辆均固定安装专用电子标签(内含有非现金支付卡),作为通行凭证和通行费支付手段。车辆用户应遵守有关使用章程规定。

(4)车辆用户通过出口收费车道不能提供有效的入口通行卡(券)等凭证时,应按照相关管理规定交纳车辆通行费。

对伪造、调换通行凭证和冲卡的车辆,损坏或丢失通行凭证,无法识别驶入站的车辆,高速公路经营管理单位可以按照本省路网内距离本收费站最远里程收费标准计收车辆通行费。对通过违法手段恶意偷逃通行费的车辆依法追究法律责任。

4.特情处理与应急处置

(1)复合通行卡在使用中遇系统提示错误或警告,应立即停止使用,以免影响二义性路径识别效果,并迅速进行清卡、休眠处理。

(2)因系统原因无法支持车辆使用非现金支付方式时,车辆用户应用现金交纳规定的通行费。

(3)不停车收费特情处理。

①车辆在经过未设专用车道的收费站时,需在出入口车道上将非现金支付卡从电子标签中取出,以停车刷卡方式通过。

通过非专用车道入口、未刷卡而领取通行卡的车辆,不得通过专用车道出口,而应驶至人工半自动收费出口车道交回通行卡,刷卡通过,也可用现金交纳通行费。

②车辆因出现U形行驶、非现金支付卡内无入口信息、卡内余额不足、电子标签出现故障或校验异常等不正常状况,在出口专用车道自动交易失败的,应驶至人工半自动收费车道交纳规定通行费。

③由于系统故障致使专用车道无法正常通行时,高速公路经营管理单位应提前在显著位置告知过往车辆,并及时启动人工半自动收费。

(4)计重收费特情处理。

①车辆用户对称重结果有异议,要求重新称重的,原则上不在车道进行复称。车辆用户在按所称重量交纳通行费后,可至就近超限运输检测站进行复称,或向有关部门申请计

量仲裁。

②车辆或人员故意滞留车道严重影响通行的,现场收费管理人员应立即按有关规定报告,同时记录车牌、称重数据、应缴费金额,按未付费车移交交通路政、公安交警部门处理。

③车道称重系统设备出现偶发性输出误差或输出错误时,应及时更正修复。出现车辆称重数据偶然丢失等现象,可进行重新称重收费。如因系统设备误差导致车辆用户多付费的,应予返还。

④车道称重系统故障无法提供称重数据时,应提前在车道显著部位告知过往车辆。已进入车道的车辆,应驶至正常工作的计重车道实施收费;确实无法驶离的,按合法装载的5吨车收费标准收费;全站各车道系统均无法提供称重数据时,全站按合法装载的5吨车收费标准收费。

(5)各级政府要加强对所辖高速公路联网收费运行应急处置工作的领导,指挥调度当地交通运输、公安部门,协调落实应急处置工作。交通运输、公安部门和高速公路运营管理单位应按照各自职责,共同做好应急处置工作,一旦出现重大矛盾、纠纷等突发性事件或运行异常等问题,各相关单位应立即启动应急处置预案,维护正常的收费和交通秩序,确保高速公路正常运行。各级公安机关应当将高速公路收费站列入治安巡查的重点区域,交警部门要加强高速公路收费站及周边道路的交通组织和指挥疏导。高速公路经营管理单位要加强与高速交警、路政等部门的配合协作,负责所辖路段应急处理工作。

5. 监督和管理责任

省交通运输厅负责按照国家和省政府有关规定,依法制定全省高速公路运行管理的相关制度,并组织实施和监督检查。各级交通运输、发展改革、公安、财政、审计、监察、商务、工商、质监、安全生产监管、城乡建设、法制、物价等部门按各自职责开展监督管理。

各高速公路经营管理单位要严格遵守联网运行管理的各项规定,规范收费操作管理,保障系统完好、稳定、安全和可靠运行。要根据交通流量,及时增设并开足收费车道,配足收费人员,避免车辆拥挤、堵塞;在出现影响车辆正常安全行驶的情形时,应积极配合交通路政、公安交警等部门,协助疏导交通,加强安全防护,及时向通行车辆告示有关信息。要加强对收费管理人员的业务培训和职业道德教育,掌握收费管理政策,做到文明、规范服务。

二、收费技术

浙江省高速公路逐渐成网,形成很多闭合的二义性环,且呈相交嵌套状况。多重嵌套多义性路径识别使得高速公路网车辆通行费的收取、拆分、结算等一系列操作面临很大的挑战,这个问题能否得到合理、经济、有效的解决,将直接影响到联网收费工作能否顺利进行。

2005年部省科技攻关项目"高速公路联网收费多重嵌套多义性路径环识别"开始立项研究。课题组创造性地提出了一种RFID有源电子标签与非接触式IC卡(MIFAREI逻辑加密卡)相结合的技术应用方案,并试制出核心设备,彻底解决了高速公路的路径识别问题。2009年10月,浙江省采用433MHz+13.56MHz双频技术,建成开通了全省高速公路二义性路径识别系统。该系统主要设备由复合通行卡、复合读写器和路侧标识站组成,车辆在高速公路入口领取复合通行卡,出口刷卡,系统自动识别车辆行驶路径并计算通行费。二义性路径识别系统开通运行以来,稳定可靠,识别准确率一直稳定在98%以上。在人工半自动收费(以下简称MTC)系统中成功实现了二义性路径识别和通行费按实际行驶路径收费,使浙江省高速公路联网收费结算更加公平、合理,促进了运营管理和服务水平的提高。2012年利用该系统实行按车辆实际行驶路径收费,进一步提升了浙江省高速公路的服务水平。

2010年4月,浙江省开通按照国家标准建设的高速公路电子不停车收费系统(以下简称ETC),ETC车辆可不停车快速通过高速公路ETC车道并自动收费。ETC开通以来,用户量快速增长,目前,ETC日均车流量约15万辆次,约占客车流量的18%。浙江省及时解决ETC车辆的路径识别和按实际行驶路径收费的问题,提高了高速公路运行效率。

第三节　服务区管理

一、服务区概况

自浙江省第一个高速公路服务区——杭甬高速公路绍兴服务区于1996年建成运营以来,截至2016年年底,浙江省高速公路通车总里程为4062km,设置服务区75对、停车区8对(其中4对系参照服务区建设运营)。目前,全省高速公路服务区和停车区全部正常运营,没有出现暂停运营等情况。

全省75对高速公路服务区中,72对为沿高速公路主线两侧分离式布设;另外3对中,绍诸高速公路鉴湖服务区和甬台温高速公路温州服务区为单侧集中式布设,舟山跨海大桥金塘服务区为高速公路路网外单侧布设。

浙江省高速公路服务区平均占地面积约为130亩,平均建筑面积约为8900m^2。目前全省高速公路日均进入服务区车辆25万辆次、入区人数100万人次;重大节假日高峰时段入区车辆超60万辆次、入区人数超200万人次。

二、文明服务创建工作

自2009年交通运输部颁发《关于加强高速公路服务设施建设管理工作的指导意见》

以来,浙江省高速公路服务区文明服务创建工作是在省委省政府高度重视和直接领导下,在省文明办等省级单位大力支持下开展推进的。2011年,针对当时浙江省高速公路服务区存在的问题,省政府召开了全省高速公路服务区文明创建工作现场会,大力推动了全省高速公路服务区文明创建、优化服务活动。

2011年8月、2012年2月,省交通运输厅、省文明办等省级12个部门联合出台《关于开展全省高速公路服务区文明创建活动的通知》《浙江省高速公路星级文明服务区创建管理办法》和《浙江省高速公路星级文明服务区考核标准》。4年多来,全省高速公路服务区以优化服务功能、提高服务质量、提升服务品质和文明文化宣传为重点,扎实开展以"四改八提升"为主要内容的文明服务创建工作。通过文明服务创建,服务区整体面貌有了明显改进,服务质量和出行公众满意度有了明显提高。

2012—2014年,经省交通运输厅、省文明办等省级单位联合考核,全省共创建星级文明服务区57对,占全省71对服务区的80%(其中:四星级19对、三星级38对)。此外,省界服务区14对全部建成星级文明服务区。服务区通过4年多的文明服务创建工作,取得了良好成效,概括起来就是"一个提高、两个确立、三个提升"。

(一)公共服务能力有了明显提高

4年多来,全省累计投入服务区改造资金6亿元,重点对服务区的公共卫生间、停车场、餐饮店等公共服务设施进行改造。通过改造,服务区的停车、公共卫生间、超市(卖场)、餐饮、加油与维修等六大基本功能日趋完善,整体公共服务保障能力显著提高。目前,全省高速公路全路网出口车流量日均120万辆次;日均进入服务区车辆达22万辆次、入区人数80万人次;重大节假日高峰时段入区车辆达48万辆次、入区人数180万人次。服务区公共服务能力的提高,为公众安全、便捷、舒适出行和重大节假日免费通行政策的顺利实施提供了强有力的保障。

(二)公益性、多元化服务模式基本确立

浙江省在开展服务区文明服务创建中突出公共服务的特色,坚持走公益性、多元化服务模式,坚持把提供公益性服务作为创建工作的支柱。全省星级文明服务区都均专设了母婴室、驾乘人员室内(外)休息室、驾驶员夏季淋浴室,为出行公众提供路网路况信息查询、无线上网、残疾人专用设备等人性化服务项目;还增设了情报板(安全出行、路况信息、天气预报等)、疲劳驾驶休息区、24小时免费开水、手机充电等服务。同时,充分利用服务区的空间,积极开展社会主义核心价值观、地域人文历史、交通旅游文化等宣传,逐步实现了服务模式由"功能性服务"向"公益性服务"转型,基本满足了出行公众的需要,大幅提升了服务品质,社会效益十分明显。

服务区在确立公益性服务模式的同时,把多元化经营作为丰富出行公众物质需求,助推地方经济发展,实现自身经济效益的抓手。服务区搭台服务"三农",把杨梅、草莓、胡柚、山核桃等地方名优农产品、土特产展销会引入服务区。部分服务区还开设了"布丁"酒店,形成了集加油、餐饮、购物、汽修、休闲、住宿为一体的一站式服务链。一些服务区与当地旅游部门合作,营销地方旅游品牌。随着商品同城同价政策的推广,地方名优农产品的引入和品牌化经营的兴起,凭借出行公众入区休息、人员流动量大的优势,服务区以多元化、品牌化经营吸引了八方来客,走出了一条促进地方经济发展、方便出行公众购物休闲、服务区增效的良性发展之路。全省高速公路服务区仅农副产品一项的年销售额即达2.28亿元。

2014年9月,李强省长在途经G60杭金衢公路金华服务区视察时指出:"服务区实行同城同价让广大司乘享受到了真正的实惠,希望服务区在今后能够采取更多优质惠民政策,最大限度地让利于广大司乘。同时,服务区要充分发挥地域优势,突出地方风格,将服务区打造成展示地方特色的重要窗口"。

(三)公众满意度、治理能力、服务理念"三提升"

群众满意度得到提升。服务设施好不好,服务质量优不优,归根结底要由出行公众说了算。2012年以来,省交通运输厅每年会同省文明办、公安厅、旅游局、物价局和食品药品监管局等相关行业主管部门,对服务区文明服务创建进行联合督导,始终把公众的满意度作为衡量整体工作成效的根本标准。随着服务质量的不断提高,出行公众满意度测评由60%稳步提升到95%以上。

治理能力得到提升。浙江省在文明服务创建工作实践中,建立了"政府主导、业主负责、部门监督"的治理机制。政府主导主要是定方案、定标准、定目标;业主负责主要是抓投入、抓实施、抓管理;部门监督主要是抓落实、抓规范、抓考核。通过划定工作职责、落实工作任务、明确工作目标和实施内部规范、行业考核、社会评价的方法,初步形成了部门协调、上下联动、最大限度调动各方积极性的良性治理体系。同时在省公路管理局设置了专门的服务区管理科,具体承担全省高速公路服务区文明创建和日常监督管理。各市公路管理局按照省局的工作部署和要求,指导辖区内文明服务创建工作,对服务区日常服务工作进行每月不少于一次的监督检查,对存在的问题进行通报,督促整改。

服务理念得到提升。服务区文明服务创建的实践,凝聚起浙江交通人这样的理念:服务区具有公共服务、社会场所、市场经营等多重属性,是展示交通形象和文明服务的重要窗口;服务区的本质属性是公共服务,必须坚持公共服务为主、商业经营为辅的基本原则,必须把便民、为民、惠民作为各项工作的核心环节,必须以群众是否满意作为评判工作成效的根本标准。便民为民惠民,以群众满意作为成效评判标准的服务理念,为浙江高速公路服务区文明服务创建工作的深化发展提供了坚实基础。

三、开展服务质量等级评定效果

（一）认真迅速贯彻实施落实服务质量等级评定工作各项规定

2015年1月28日，交通运输部召开全国高速公路服务区文明服务创建工作电视电话会议，印发《关于开展全国高速公路服务区文明服务创建工作的通知》和《全国高速公路服务区服务质量等级评定办法（试行）的通知》后，浙江省迅速贯彻，立即开展全省高速公路服务区文明服务创建工作。省交通运输厅印发了《关于做好全国高速公路服务区服务质量等级评定办法贯彻实施工作的通知》，成立省级高速公路服务区服务质量等级评定工作领导小组，加强服务区服务质量等级评定工作的领导和组织实施。

一是在总结全省开展服务区文明服务创建工作四年的基础上，以抓功能完善、培育服务特色典范，抓品质提升、培育优质服务模式，抓规范管理、培育专业化服务团队的"三抓三培育"为工作重点，坚持长效、常态和创新的工作原则，进一步深化服务区文明服务创建。

二是高速公路经营单位、服务区认真对照服务质量等级评定标准，逐项排查服务设施和服务质量存在的问题，制定提高服务质量的工作措施和时间表，落实经费保障，明确责任单位和责任人，定期检查改进和提高服务质量。

三是省级四星级、三星级文明服务区分别对照全国示范、优秀服务区等级标准，按照服务设施进一步优化，服务质量进一步提高，安全保障应急措施进一步强化，公共服务能力进一步提升，多元化经营进一步丰富，便民利民惠民举措进一步体现，员工队伍素质进一步增强，规范化管理水平进一步科学，常态化管理进一步稳固，文明文化宣传氛围进一步浓厚的要求，掀起争创全国百佳示范服务区和优秀服务区活动高潮。

（二）组织开展服务质量等级标准学习培训

为使公路行业管理部门、高速公路经营单位和服务区准确领会和把握服务质量等级标准的具体要求，组织全省的市公路管理局、高速公路经营单位和服务区进行服务质量等级评定标准学习培训。按照《全国高速公路服务区服务质量等级评定记分细则》要求，重点针对服务区服务设施、规章制度、日常管理存在的薄弱环节与问题进行讲解，提高高速公路经营单位、服务区对服务质量标准具体要求的认知度，促进服务区进一步改进和提高服务质量。

（三）加强服务质量的检查与评价

针对部分服务区存在的停车管理不到位，停车秩序差；环境卫生有死角，公共卫生间保洁服务不及时;停车场标志牌不齐全,地面标线不清晰;餐饮加工操作不规范,食品安全管理薄弱;服务现场监管不到位,个别服务人员仪容仪表不整、待人接物不够主动热情、用语不够规范;应急预案不健全,没有定期开展应急演练;信息化和信息服务工作比较薄弱等服务质量问题,省公路管理局不定期进行明察暗访,发出整改通知书,督促整改。委托第三方开展服务区服务质量查访评价,通过第三方提供的查访评价资料,通报服务区存在的服务质量问题,督促服务区进一步加强常态化管理和服务工作。

(四)强化服务质量等级评定考核

为确保服务区服务质量等级评定工作质量,省交通运输厅会同省公安厅、卫生计生委、工商局、安监局、物价局、食品药品监管局等省级单位组成省级高速公路服务区服务质量等级评定考核小组,对创建全国百佳示范服务区和优秀服务区严格按照等级标准进行现场考核。考核中,省级管理部门的专家提出了改进和提高服务质量的具体意见和建议,对服务区进一步提高服务质量起到了积极的指导作用。

第六章
高速公路文化建设

文化和文明是市场经济核心竞争力之一。交通的发展不仅是单纯的经济发展,也是经济、政治、文化的协调发展,是人与自然的和谐发展,是实现建设与管理、数量与质量、设施建设与队伍建设、物质文明和精神文明同步发展的过程。

交通新跨越不仅是数量、投入上的跨越,也是交通事业综合的、全面的、可持续和科学的跨越。交通行业的文化建设和文明程度,既是新跨越的目标、任务,又是新跨越的有力支撑和保障。放眼"十二五",累计3200亿元的公路建设投资与510km的高速公路建成,其中的文化建设已经成了不可或缺的基石。它是高速公路发展的重要任务,是持续提高高速公路建设和管理水平的不竭动力和源泉。

因此,开展文明公路创建是新时代的要求,也是实现浙江公路可持续发展的必由之路。

第一节 公路建设与精神文明

浙江省高速公路的产生和发展,背后挥洒汗水的建设者以及管理者们更是不可胜数,尤其是其中的佼佼者,构筑了浙江高速文化建设的脊梁,让浙江高速的傲然姿态昂首挺立。2002年12月25日,浙江省人民政府(浙政发〔2002〕30号)对在高速公路建设过程中涌现出来的开拓进取、无私奉献的先进集体和个人进行表彰,授予15个单位"浙江省高速公路建设先进集体"、148名同志"浙江省高速公路建设先进个人"荣誉称号。其中授予15名同志"高速公路建设功勋奖"荣誉称号并记一等功,52名同志记二等功,81名同志记三等功。

浙江省高速公路建设先进集体和先进个人名单(浙政发〔2002〕30号)
一、先进集体(15个)
杭州市交通局
宁波市交通局
温州市人民政府

嵊州市交通局
湖州市高速公路工程建设指挥部
嘉兴市高速公路工程建设指挥部
金丽温高速公路永康段工程建设指挥部
衢州市交通局
天台县人民政府
浙江省交通厅
金丽温高速公路工程建设指挥部
杭金衢高速公路工程建设指挥部
杭宁高速公路管理委员会
浙江省重点建设领导小组办公室
浙江省国土资源厅土地利用规划处

二、先进个人(148名)

一等功(15名)

张治中	浙江省交通厅
夏林章	杭金衢高速公路工程建设指挥部
瞿三扣	金丽温高速公路工程建设指挥部
蔡方毅	浙江省交通规划设计研究院
吴　伟	浙江省交通工程建设集团第三交通工程有限公司
孙国樑	杭州市绕城高速公路东线工程建设指挥部
陈有华	宁波市高等级公路建设指挥部
陈宏峰	温州市高速公路工程建设指挥部
张吉大	上三高速公路上虞段工程建设指挥部
章勤方	湖州市高速公路工程建设指挥部
杨荣华	原沪杭、乍嘉苏高速公路工程建设指挥部
张志明	杭金衢高速公路金华市工程建设指挥部
毛建民	杭金衢高速公路衢州市工程建设指挥部
管敏森	台州市高速公路工程建设指挥部
黄丽华	金丽温高速公路莲都区段工程建设指挥部

二等功(52名)

吴非熊	上三高速公路工程建设指挥部
张平平	原杭宁高速公路管理委员会
胡永毅	浙江省重点建设领导小组办公室

第六章
高速公路文化建设

傅老虎	浙江省国土资源厅土地利用规划处
张松寿	浙江省公路管理局
单光炎	浙江省交通工程建设集团有限公司
侯利国	上三高速公路工程建设指挥部
蔡金荣	杭宁高速公路管理委员会
徐聿海	杭金衢高速公路工程建设指挥部
姚建文	浙江省交通厅工程质量监督站
陈允法	上三高速公路工程建设指挥部
陆锡铭	金丽温高速公路工程建设指挥部
曹国银	杭州市绕城高速公路南线工程建设指挥部
吴世雄	杭宁高速公路余杭段工程建设指挥部
金焕国	杭金衢高速公路萧山段工程建设指挥部
柴国平	原宁海县高速公路工程建设指挥部
胡跃军	宁波市交通局
胡永安	宁波市高等级公路建设指挥部
李　毅	宁波市高等级公路建设指挥部
虞顺德	宁波市交通投资开发有限公司
陆建根	杭宁高速公路总监理工程师办公室
卫文伟	杭宁高速公路德清县工程建设指挥部
朱顺良	杭宁高速公路长兴县工程建设指挥部
浦加渔	嘉兴市高速公路工程建设指挥部
王卓琦(女)	嘉兴市高速公路工程建设指挥部
严凤祥	嘉兴市交通工程质量监督站
周大水	嘉兴市秀洲区交通局
黄世建	杭金衢高速公路浦江县工程建设指挥部
汪　敏	杭金衢高速公路第十一驻地办
余自力	杭金衢高速公路第十一合同段
梅敬松	杭金衢高速公路第十合同段项目经理部
俞福才	金丽温高速公路永康段工程建设指挥部
黄发荣	金丽温高速公路武义段工程建设指挥部
邵宝成	杭金衢高速公路龙游县工程建设指挥部
温井木	杭金衢高速公路常山县工程建设指挥部
吕长青	杭金衢高速公路衢县工程建设指挥部
杨奎平	金丽温高速公路缙云段工程建设指挥部

温作东	金丽温高速公路丽水段工程建设指挥部
王晓铮	温州市高速公路工程建设总指挥部
吴　晓	金丽温高速公路温州段工程建设指挥部
周一勤	温州市高速公路工程建设总指挥部乐清段总监办
吴应哲	乐清市高速公路工程建设指挥部
许人平	温州市高速公路工程建设总指挥部
马志龙	上三高速公路嵊州市工程建设指挥部
王美忠	上三高速公路新昌段工程建设指挥部
赵定晓	杭金衢高速公路诸暨段工程建设指挥部
冯华欣	绍兴县交通局
陈立国	上三高速公路天台县工程建设指挥部
叶德明	甬台温高速公路黄岩段工程建设指挥部
朱国栋	台州高速公路工程建设指挥部
陈政明	台州高速公路三门段工程建设指挥部
罗士开	甬台温高速公路临海段工程建设指挥部

三等功(81 名)

张德理	甬台温高速公路台州二期管理委员会
叶承荣	甬台温高速公路温州管理委员会
周庆良	浙江省交通规划设计研究院
桂炎德	浙江省交通规划设计研究院
汪会邦	金丽温高速公路工程建设指挥部
杨献文	金丽温高速公路工程建设指挥部
任利群	金丽温高速公路工程建设指挥部
江立生	浙江省交通厅工程质量监督站
翁小平	杭宁高速公路管理委员会
周良吾	杭宁高速公路管理委员会
金光煦	杭金衢高速公路工程建设指挥部
朱定勤	杭金衢高速公路工程建设指挥部
郭芬松	上三高速公路工程建设指挥部
李维新	上三高速公路工程建设指挥部
陈　宙	甬台温高速公路台州二期管理委员会
孙普参	浙江省交通厅建管处
王德宝	浙江省交通厅规划处

第六章
高速公路文化建设

曾春伟	甬台温高速公路温州管理委员会
姚慧亮	甬台温高速公路宁波二期管理委员会
张秀华(女)	浙江沪杭甬高速公路股份有限公司
汪银华(女)	浙江省公路管理局
张　起(女)	浙江省公路管理局
孙庆云	浙江公路水运工程咨询监理公司
陈继禹	浙江省交通工程建设集团有限公司
王文明	浙江省交通投资集团有限公司
张士励	浙江省交通工程建设集团第四交通工程有限公司
吕常新	杭州市绕城高速公路南线工程建设指挥部
赵东权	杭金衢高速公路萧山段工程建设指挥部
范子平	杭州市绕城高速公路北线工程建设指挥部
忻剑明	杭州市绕城高速公路东线工程建设指挥部
徐建权	原杭甬高速公路余姚段工程建设指挥部
王百林	宁波市高等级公路建设指挥部
韩裕侦	原杭甬高速公路余姚段工程建设指挥部
许志芳	宁波市鄞州区高等级公路工程建设指挥部
葛惠民	奉化市高速公路建设指挥部
李　伟	辽宁省交通勘测设计院
张旭东	宁波市交通工程建设集团有限公司
王永勇	湖州市高速公路工程建设指挥部
顾　军	湖州市交通工程处
沈培元	杭宁高速公路德清县工程建设指挥部
周　平	杭宁高速公路长兴县工程建设指挥部
吕为昱	嘉兴市高速公路工程建设指挥部
黄筱璐	嘉兴市高速公路工程建设指挥部
沈福良	嘉兴市秀城区交通局
顾云江	海宁市发展计划局
杨荣江	桐乡市交通局
吴祥荣	嘉善县交通局
陆崇相	杭金衢高速公路金华市工程建设指挥部
丁国良	杭金衢高速公路兰溪段工程建设指挥部
曹利雪	杭金衢高速公路第七合同段项目经理部

陈卫军	金丽温高速公路金华市工程建设指挥部
魏水平	金丽温高速公路第十三合同段项目经理部
杨新林	金丽温高速公路第八合同段项目经理部
王宗杰	金丽温高速公路第十一合同段项目经理部
郑文俊	杭金衢高速公路衢州市工程建设指挥部
徐樟宝	衢州市柯城区人民政府办公室
方汝林	杭金衢高速公路龙游县工程建设指挥部
徐水清	杭金衢高速公路常山县工程建设指挥部
楼维升	金丽温高速公路绪云段工程建设指挥部
周建荣	绍兴市交通工程公司
王 君	金丽温高速公路第八驻地监理工程师办公室
汤昌悦	温州市高速公路工程建设指挥部乐清段总监办
徐元顺	甬台温高速公路乐清段第二驻地办
诸葛温君	温州市高速公路南白象工程建设指挥部
林 聪	温州市高速公路瑞安段工程建设指挥部
伍兆澄	温州市高速公路平阳段工程建设指挥部
池昌稿	温州市高速公路苍南段工程建设指挥部
潘崇光	温州交通建设集团有限公司
张尧根	杭金衢高速公路绍兴县工程建设指挥部
林 克	嵊州市交通局
张雪良	上三高速公路新昌段工程建设指挥部
刘 清	杭金衢高速公路第四驻地监理工程师办公室
郑先龙	台州市交通局
叶宜灶	上三高速公路天台县工程建设指挥部
胡金丛	台州高速公路三门段工程建设指挥部
卢立行	台州高速公路临海段工程建设指挥部
蔡锡华	台州高速公路黄岩区工程建设指挥部
陈志雷	台州高速公路温岭市工程建设指挥部
胡斌斌	台州高速公路工程建设指挥部
毛国雄	杭州市广播电视局
周小兵	浙江省环境保护局建设项目管理处

本节主要介绍高速公路建设过程中涌现出的先进人物、先进集体、先进事迹以及所体现出的爱岗敬业、无私奉献等核心价值观。

一、建设者篇

（1）三十三载铺基石

郑庆南，浙江省交工集团第二分公司职工，全国劳动模范，人称"交通建设工地土专家"。1973年，18岁的郑庆南离开祖辈们世代生活的小村庄，来到兰溪兰江大桥建设工地，以农民工的身份参与到大桥建设中。用他的话说，当时的想法也很简单，就是想着当个工人总比当农民好吧。可没想到的是，从此竟与铺路建桥结下了不解之缘，一干就是33年。

虽然只有小学文化程度，但这并不影响郑庆南的虚心好学，经过一次次的锤打磨练、一次次的攻坚克难、一次次的硬仗、一次次的胜利，从青年到中年的积累中，他慢慢地成长为非常出色的起重安装能手。

不仅如此，郑庆南总能凭着他的施工经验解决和处理一个个施工难题和问题，也会提出有效控制工程进度、质量、造价的合理建议、方案和施工工艺。哪里工程卡住了，哪里建设遇到困难了，领导和工友们首先想到的就是他，在大家看来，他那脑子里，总能想出解决问题的办法。

在施工时，他总是会不厌其烦地反复叮嘱大家，要小心再小心，对一些拿不准、别人从没有操作过的工序和部位，他也总是抢先示范。

（2）处处竞争斗志昂

近几年来，浙江省所有在建的30多个交通重点建设项目都轰轰烈烈地开展"比质量、比安全、比进度、比投资控制，比廉洁"的立功竞赛活动，参赛人数达10多万人，形成了有检查、有考评、有奖惩的竞争氛围。

诸永高速公路台州段为了加快工程进度，S10合同段与各施工单位逐个签订了立功竞赛决战目标责任书，核定每月隧道掘进确保280m，每天单洞掘进3个循环，每次循环进尺9m以上。技术交底和管理细化到每道工序，掘进钻眼时间控制在4个小时之内，出渣时间1小时45分，查炮、浇水30分钟，凿顶30分钟，测量放样15分钟……在如此的比拼之下，S10合同段的施工进度屡创新高，在台州段保持一路领先。

"奋斗60天，完成100万""奋战150天、打好软基处理硬仗"等阶段性的主题赛；相近施工单位间开展隧道南北两端对抗赛、技术对口赛，以及打眼赛、出渣赛、路基施工赛等单项赛；各标段间对口查隧道、对口查路基、对口查桥梁活动高潮迭起，成效显著；党、团组织成立党员先锋队、青年突击队，开展"为重点工程献青春、争创先进班组、争当优秀员工"等活动，最广泛地凝聚了工人们的建设斗志，充分调动了一线职工的劳动热情和奋发向上的为公路献身的精神。

二、管理者篇

(1) 人性执法出妙招

为了使驾驶员对超限运输管理相关法律法规和维护公路路产路权重要性有一个深刻认识,湖州高速公路路政大队购买设备,创办了全省第一家"驾驶员文明行车学校"。在文明学校里,违章驾驶员必须接受相关法律法规的教育;路政人员也有一项必修课,就是主动征求驾驶员的意见和建议,耐心解答驾驶员的疑难问题,并且为驾驶员提供茶水、医药等便民服务。通过"驾驶员文明行车学校"这个载体,路政人员与驾驶员的关系融洽了,高速公路路政管理的工作得到了广大驾驶员的理解和支持。

其实,"驾驶员文明行车学校"只是湖州高速公路路政大队在推进人性化执法过程中的举措之一。作为高速公路路政管理"窗口"单位,如何使严格执法、打击损害公路行为与构建和谐公路、以人为本管理高速公路有机结合,一直是湖州高速公路路政大队探讨的新课题。在不断探索和实践中,该大队总结并推行了首次违章告诫制、文明行车教育制、文明服务制、服务承诺制和四公开一监督制的"四制"举措,创新工作方法,提升服务层次,内炼外塑,把"人性化"管理模式融入执法管理工作的实践。

正是本着人性化、亲情式的管理模式和服务理念,湖州高速公路路政管理大队这支年轻的执法队伍在各项工作中取得了不凡的成就,在创建文明公路、展现行业文明的工作过程中,向社会展示了交通行业文明"窗口"的良好形象。

(2) 台州路政显风骨

几年前的一个上午,台州路政管理支队高速公路大队队员像往日一样上路巡查,密切关注着路上的动态情况。当巡路车行至黄土岭右线隧道内 300m 处时,细心的队员们发现,隧道顶部出现异常滴水,并且滴水量在迅速扩大。不久,近百米的混凝土外防护层和吊灯铁架轰然塌落,砸在距离路政巡逻车仅几米处的地面上。为防万一,队员们立即指挥疏散隧道内的车辆,并迅疾赶往隧道洞口处阻截疏导来车。

短短数十分钟,隧道上方和对应的路基一片狼藉,隧道沿壁内甚至出现一条条不规则的裂缝,随时有加剧开裂的危险。顾不上个人安危,路政大队立即组织队员们赶到现场,进行抢险。经过 1 个多小时的紧急撤离,隧道内的车辆、人员全部被安全转移。这次发生在黄土岭隧道内全省罕见的隧道"涌水"事故中,未发生任何车辆损坏和人员伤亡,路政队员们至今仍记忆犹新。省、市交通主管部门事后评价说,如果没有一支素质过硬的路政队伍,碰到这样的事故,后果不堪设想。

同样,在 2002 年 1 月的一天,甬台温高速公路猫狸岭左侧隧道北洞口,一辆满载皮鞋、打火机的货车突然起火,火势在阵阵爆炸声中越来越猛。又是路政人员在第一时间赶到现场,冒着生命危险,拿着水龙头与烈火展开了搏斗……

这就是台州路政大队的风采。迄今为止,台州高速路政大队救死扶伤50多人次,获各类锦旗、表扬信多达60余封(面)。他们以实际行动证明了自己是高速大道上一面鲜亮的文明旗帜。

(3)多管齐下创路子

绍兴市公路路政管理支队高速公路路政管理大队担负着绍兴市境内的杭甬、上三、杭金衢、甬金高速公路共计278.52km的日常路政管理。几年来,他们以依法治路、文明管理、优质服务、高效奉献为宗旨,以创建文明样板路、文明公路和开展优质服务活动为契机,树立服务意识,大兴文明之风,打造一流队伍,用心开创了一条高速公路路政管理的新路子。

把为人民着想的理念融入日常巡查当中,绍兴高速路政大队一直以来都是这么做的。上三高速公路嵊州段河堤局部坍塌的现象,也是由该大队上三中队第一个发现的。尽管当时此坍塌还未影响到高速公路的通行,但他们意识到,如果不对其采取措施,不久后必将危及高速公路的安全畅通。为此,他们多次与当地政府、砂管办等单位协商,一趟一趟现场勘察,终于等到了该路段采砂禁令的出台,制止了河堤的进一步被破坏。

在一次次看似普通的巡查中,绍兴高速路政大队的队员们用不普通的情怀,筑起了公路畅通和人民安全的坚固长城。大队还制订了一系列措施,要求每个中队将自己辖区路段分别落实到专人负责,并印制了专门的检查巡查日记和报表,而每个月大队领导也亲自往各个中队管辖路段进行抽查。特别是2003年《公路路政巡查制度》出台后,他们在原有力度上更加强了巡查密度,其公正与耐心的品质亦得到多方好评。据统计,仅该年上半年,大队就出动巡查人员3460人次,清理堆积物2026.6m^2,处理路损案件483起,案件查处率100%,正确率100%,无一起行政复议和行政诉讼案件。

拆除公路控制区内的违章建筑,一直是让公路管理部门头疼的问题,而该大队的人性化执法方式,让问题迎刃而解。几年来,大队在全市278.52km的管辖范围内,建成了路政专管、协管员助管、群众监管的管理格局。同时积极与沿线当地政府联系,设立举报电话,分发宣传资料,每年开展一次以上不同主题的大规模公路法律法规宣传活动,最终营造了知法、懂法、守法的和谐氛围,从源头上遏制了违章行为。

另外,各式各样有效机制的建立,也让绍兴高速路政大队的文明管理之路愈发稳健。社会服务承诺制、首问责任制、"两微"服务制、公开办事制等制度的推行,让队员们自觉接受群众的监督;"三在"教育、"四条禁令"等活动的开展,让为民、务实、清廉的执法观念和依法行政、廉洁自律的意识深入人心;"公路行风请您评"活动,不仅在广大群众心中树立了良好的公路形象,也时刻提醒路政人员应秉公执法;路政协管员监督网络的建立健全,也打造出了多形式、畅通的监督渠道。几年来,他们将行风建设、效能建设和创文明活动紧密结合,队伍的文明水平节节提升。

（4）细微之处见文明

杭金衢高速公路兰溪收费所一直在提倡"微笑服务"。为了练好微笑，所里专门从文化宫请来老师，针对每位收费员的脸型特征，让他"锻炼"出最适合自己的微笑表情。为了尽快"笑"出水平，许多收费员都养成了"职业病"：无论是洗脸还是刷牙，只要一有机会面对镜子，他们就不由自主地开始练习微笑。"到底是露四颗牙还是六颗"？"嘴角要咧到恰到好处"。他们不断琢磨着最适合自己的"微笑"。为了鼓励"笑得最好"的员工，收费所开展了"微笑之星"的评比活动，许多收费员在"笑星"栏榜上有名。

"在微笑练习中，我们发现一条原则：不能微笑归微笑，服务归服务，要有意识地将微笑与服务结合起来，做到笑中有服务，服务让人笑。有时候不需要刻意地笑，那样会很虚假。但是假如说话时语气语调中就带一点笑音，就会让服务对象感受到了温馨和关怀。"所长叶需土说。

（5）科技管理便万民

76省道玉环收费站每天的车流量达到3万辆次左右，酷暑时节，收费站免费把湿毛巾、绿豆汤和纯净水送到驾驶员手中，免费把感冒药、藿香正气水、晕车药送到有需要的驾驶员手中，并免费解决车辆油路故障。自从开展文明公路创建活动以来，全省像这样的收费服务站有100多家。如今，公路收费领域吹拂文明之风，全省高速公路主线上没有收费站，凭借联网收费，驾驶员在高速公路入口领卡，出口交费，一路畅行无阻。不仅如此，浙江省的高速公路还全部实行了电子监控，高速公路联网监控系统把省内各条高速公路的交通流量、路段通行情况、气象状况等信息通过交通电台，及时传递给驾驶员朋友，实现了良性互动。

另外，浙江省先后开通的全省和全国鲜活农产品"绿色通道"——运输鲜活农产品的货运车辆免费通过收费公路，仅一年内浙江"绿色通道"就免收了1亿元通行费。养路费征收方面，车主们发现，如今在浙江的很多征费大厅，排队缴养路费的拥堵现象已经消失了。银行网点实时扣款，银行异地缴费，手机短信提醒、催缴等高科技手段的实施，既节约了社会资源又大大方便了车主缴费。细心的车主还发现，现在在路上行车，再也不会被稽查人员拦下检查养路费交纳情况，原来，稽征部门实行了养路费电子化稽查。

湖州还在全省率先开发完成了"公路养路费移动智能稽查系统"，该系统能自动完成对公路上过往车辆牌照进行不停车识别以及相应的查询操作，如遇欠费车辆及未入户车辆，系统会自动报警。从识别车牌到自动报警，整个过程所需时间不到0.5s。据测算，使用该系统进行养路费路上稽查，可将过往车辆的查车率从目前的10%~20%（仅本地车辆）提高到90%以上。

（6）恩威并施收效高

杭州市高速路政大队是浙江省执法人员最多、管辖里程最长的路政大队。其下属的

6个中队(治超检测站)开展了创建"特色"中队活动:绕城二中队是"党员示范中队",中队以党员与普通群众"1+1"学习结对子形式,学习党建理论,开展业务技能竞赛。杭金衢中队是"阳光中队",他们规定,处理违法超限时,无论过磅还是制作文书,都要求驾驶员到场;处理事故时,所有的路产损失当着驾驶员的面进行统计。沪杭甬中队以"活力中队"著称,自导拍摄短片、每月读一本好书并交流心得等活动的开展,增强了队员们的集体荣誉感。

现在经过杭宁高速公路长兴超限运输检测站的超限车辆驾驶员,除了接受必要的处罚之外,还得进"学堂"学习若干个小时。目前该站"驾驶员文明行车学校"在对超限车辆驾驶员进行纠正和消除违法行为的同时,辅之以宣传教育,把严厉的执法向教育管理转变,向人性化服务延伸。

(7)严治温行担责任

杭州绕城高速公路袁浦超限运输检测站,是全省唯一设在高速公路主干线上担任路政执法的超限运输检测站。多年来,它踏着稳健的步伐,依法治超从未间断。2006年,该站获得全省交通行业十佳文明示范窗口称号。

一直以来,检测站就把创建文明示范窗口和文明单位当作"一把手"工程来抓,并成立了文明创建工作领导小组和工作班子,定期对各项创建工作进行监督检查,对发现的问题及时整改。他们一方面聘请了行风监督员,经常听取其对交通行风、廉政建设等工作的意见和建议;另一方面主动征求驾驶员的意见和建议,不断改进工作方法,对每一位违章驾驶员发放《袁浦治超检测站执法人员文明执法调查表》,由驾驶员来评选最优、最差执法人员。此外还通过新闻媒体、设立举报电话和举报箱等,广泛收集群众意见和建议,主动接受社会监督,形成了全方位的监督网络。

2014年11月,有群众举报,说近来有不少半挂车在三更半夜满载货物经过绕城高速袁浦收费站入口,开上高速公路。得到这个消息之后,袁浦超限运输检测站的执法人员们有了这样的念头:这些车有超限嫌疑!经过周密部署,该站开展了一次对该入口涉嫌违法超限运输车辆的集中整治活动。经过近3个小时的耐心守候,到了凌晨零点四十分,五六辆半挂车果然满载货物、排着长队,浩浩荡荡地向收费站驶来,但一看到路政巡查车,他们却停下来,不动了。时间就这样一分一秒地过去,时针指向了凌晨一点,寒冷的冬夜还下起了雨。终于,超限车主还是耐不住,将车开进了检测站的管辖范围,最终被执法人员查获。

"超限司机越来越狡猾,现在我们很多时候查车都只能躲在隐蔽的地方,比如在树丛里。但夏天到了,树丛里的蚊子真是不得了。"站长阮建荣道出了执法的艰辛,他接着又说,"但无论如何,我们都会坚持下去,因为这是我们的责任。"

正是凭着这颗责任心,治超中的热点难点问题在袁浦检测站迎刃而解,他们对治超过程中出现的每一个新问题认真对待,并有机结合治超工作,找到了深化文明创建的着力点。

"三八"妇女节期间,检测站还会开展了"节日送温暖"活动,对女驾驶员免费供应中、晚餐,同时安排了执法人员亲自递送饭菜,并送上一句节日的问候。暑期高温来临,为了尽量缓和驾驶员的烦躁情绪,检测站对一线执法人员提出了"提高办事效率、控制语气、控制言语"的具体要求,并在驾驶员休息室里打开了空调,在处理窗口外增设了遮阳伞,尽可能地为驾驶员增添一些阴凉,让他们在这炎炎夏日里感受到一丝凉意、一份温馨。

袁浦检测站就是这样,尽最大的努力做好亲情服务,围绕窗口抓创建,延伸创建领域,全力打造出和谐的检测站执法环境。

第二节　浙江省高速文化特色

本节以高速公路相关设施及构筑物为载体,介绍浙江省高速公路建设中体现出的文化特色,主要介绍服务区、桥梁隧道、景观工程等所体现出的地域文化、民族文化、生态文化和历史文化。

一、服务区篇

(1)风采频出的服务区

随着浙江省高速公路连片成网,人们出行最多的选择是走高速公路,伴随着高速公路而生的服务区吸引了五湖四海的客人来这里打尖歇脚,这里成了现代旅途的新驿站。

苍南服务区以星级、无臭化公厕享誉省内外。2005年下半年,甬台温高速公路温州公司专门投入50万元,为公厕增添了除臭设备和音响设施,并在公厕内铺设了200多 m^2 的红地毯,极大地改善了公厕环境,工作人员还24h不间断地对公厕进行定人、定时、定位保洁。

近年来,在浙江省文明公路创建活动中,涌现了一批具有相当服务水准的高速公路服务区:沪杭高速公路嘉兴服务区一跃成为了嘉兴粽子最大的零售点,客人在这里可以感受到浓郁的江南文化;杭甬高速公路绍兴服务区集快餐、包厢服务、商场超市、风味餐厅于一体,还修建了具有水乡特色的山水园林;杭金衢高速公路萧山服务区则开了浙江省高速公路服务区开设自助餐厅的先河;上三公司在高速公路服务区开展"雨天为客打伞"等人性化服务……

不仅追求服务内容的多样化,浙江省有的高速公路服务区还不断拓展自身的服务范围:上三高速公路天台服务区与台州天啸物流有限公司"联姻",推出了全国第一家高速公路物流网点,为过境车辆提供卸、配货服务。比如,北京到福建的高速货运班车,其中的一些货物要在台州境内卸下,那么该班车必须在高速公路台州境内的出口下,至某一货运站点卸下货物,然后再上高速公路。而如今,上三高速公路天台服务区设立物流网点后,该车便完全用不着下高速,只要在上三高速公路天台服务区内直接将货物交于浙江台州天啸物流有限公司物流网点,该网点便可以安全、快速、低成本地将货物送抵目的地。这样就可以实现优势互补,尤其是对减少交通资源的浪费,完善物流网点的设置,以及提高运输效率都具有重大意义。

(2)安防食品露真章

浙江沪杭甬高速公路的车流量在全国数一数二,嘉兴服务区每天要接待客货车8000余辆,是目前浙江省规模最大、服务功能最齐全的服务区之一。7年多的运作,嘉兴服务区升华了"服务"二字的内涵,实现了品牌优势和交通优势的有机结合,形成了一整套适合自己特点的制度体系。他们以文明创建为抓手,以安全至上的理念为根本,把名优土货的消费热点和别具一格的景观公厕作为形象,树立了"人情、友情、亲情"并重的服务理念和"优质文明服务"的宗旨,成为沪杭甬高速公路上的一张品牌"名片"。2006年,该服务区获得全省交通行业十佳文明示范窗口称号。

嘉兴服务区地处上海、杭州、苏州的中心地带,所处的地理位置正是交通要道,而往来的驾乘人员以游客居多。许多不法分子盯上了这点,他们深知在服务区休息的驾乘人员因为疲倦往往会放松警惕,正是作案良机。因此,嘉兴服务区的安全保障工作格外艰巨。

由于服务区面积大,人员复杂,因此从开设之日起,服务区就特别注重安全工作。服务区将保安队伍从最初的12人扩展到现在的38人,并经常开展保安知识培训、反扒专项演练、消防安全演练等,切实提高保安的文明意识和业务技能。据统计,仅2005年上半年服务区保安就协助公安机关破获偷盗案件20余起,抓获犯罪嫌疑人30余人。

在服务区,汽车由于高温自燃的事故时有发生,由于服务区提供了加油服务,因此一旦发生火灾,后果不堪设想。为此,服务区在停车场等地都增设了消防系统,又制订了紧急预案,开辟了"绿色通道",一旦有类似突发事件发生,在保安快速处理的同时,"绿色通道"也将开启,方便疏散场内人员。

除了治安和消防,服务区在食品安全卫生工作方面也是不遗余力。服务区的超市货源一律由知名厂商提供,保质期内的食品若离保质期还剩一个月,超市就将其撤柜。而在餐厅厨房的投入就更多了。服务区餐厅聘请了6名特级厨师,厨房的硬件设施也已达到了星级标准。但他们还不满足,主动邀请嘉兴市防疫站、嘉兴市疾控中心的工作人员来检查指导,全力保证食品安全,并被评为"浙江省食品安全卫生A级单位",而这是五星级酒店才具备的荣誉。

"五芳斋"是嘉兴的一家老牌企业,它所经销的系列粽子在沪杭一带久负盛名。自从在沪杭甬高速公路嘉兴服务区设立了专卖窗口之后,"五芳斋"的销售量更是直线上升。目前,服务区的窗口销量居全国第一,占"五芳斋"总销售量的20%!"五芳斋"粽子和它的声名,每天也随着高速车流远播四面八方。

沪杭甬高速公路嘉兴服务区是全国较早将地方特色产品引入服务区销售、实现品牌优势和交通优势的有机结合的服务区。而"五芳斋"粽子之所以在服务区销量走俏,是因为服务区抓住了"地域特色文化"这一因素,通过推出与当地文化和特色相关的土特产品,来满足驾乘人员多元化的需要。沪杭甬高速公路上的驾乘人员大部分来自沪杭甬、苏锡常等发达城市,甚至有不少外宾,这些人相对都具有较高的消费水平,且出行目的多是旅游,因此每到一处,他们往往会对当地的特色和文化感兴趣。服务区抓住了这一特点,以不高的价位推出了"土生土长"的土特产,自然大受欢迎。这样不仅提高了经济效益,更传播了有当地特色的地域文化,将文明的种子撒向全国各地。

除了"五芳斋"粽子,服务区还引入了大量能充分体现嘉兴及周边地区地域特色文化的商品,如文虎酱鸭、南湖菱、杭白菊、凤桥水蜜桃、浙产黄酒、乌镇特产等。这些特产大都有一个动人的民间传说,异地的驾乘人员往往在满载特产的同时,还满载了民间文化和地域知识而归。

在餐饮方面,服务区也开动脑筋,力求引入有地方特色的餐饮文化。经过多番考察研究之后,南区的"南湖船菜馆"开张了,南湖是嘉兴的著名旅游景点,服务区"借"用这个名称,推出了有嘉兴水乡风味的特色菜肴,从餐饮文化着手,向食客们介绍当地的特色和风俗,使更多的人能了解当地文化。

为了解决如厕难,浙江沪杭甬高速公路股份有限公司利用沪杭甬高速公路拓宽之际,对嘉兴服务区进行同步扩建,并重点对原有大公厕进行了大刀阔斧的改造。如今的大公厕,是采用微晶砖、玻璃、新型马赛克等高档材料构建的,并融入了植物景观与中空吊顶等艺术元素,还引进了工矿厂房使用的"新风系统"来排除异味。大公厕的面积也翻了一番,单个公厕能容纳100余人,两所公厕的改造投资达150万元。服务区还专门为每所公厕配备了两男两女一班长的保洁员队伍,轮流不间断地打扫卫生,时刻保持公厕的清洁。

据了解,嘉兴服务区目前共有12个厕所对外开放。在改建之后,目前公厕容量已基本能满足需求,且每间厕所都有明确的指示牌,再也不会出现驾乘人员因需排队随地"方便"的现象了。

(3)自助餐厅用创新

萧山服务区的自助餐厅在杭金衢高速公路乃至省内,也算得上是"No.1"。由于萧山与绍兴、义乌等城市相邻,而来自这些城市的驾乘人员多为一些商务人士,他们走杭金衢,不是去萧山机场乘飞机,就是去大城市谈生意。这些驾乘人员往往具备较高的消费水平,他们有的不满足在快餐厅吃快餐。针对这一现象,萧山服务区于2004年4月在西区率先进行了自助餐厅试营业。不料一"试"之下,驾乘人员反应火爆,叫好之声一片。于是同年12月,东区的自助餐厅也隆重登场。目前,自助餐厅日均营业额超过1.3万元,食客每天络绎不绝。

据了解,萧山服务区不仅在全省首创了自助餐厅,而且在服务区的商场内销售沿线城市的土特产,借以弥补了许多在各地旅游而来不及购买纪念品和土特产的游客的遗憾。

二、高速建设特色篇

(1) 生态美景不放松

人们在为交通迅猛发展带来经济社会进步而欣慰的同时,也在担忧大规模的建设会破坏浙江风光旖旎的自然环境,特别是当一条高速公路即将穿越国家级风景区时,这一忧虑变得更为强烈。浙江公路以建设"生态公路""文明公路"的实际行动,打消了人们心头的疑虑。

根据最早的设计方案,诸永高速公路要6次架桥跨过楠溪江,穿越以田园山水风光见长的国家级风景区——楠溪江景区。为了"生态"两个字,设计者决定只保留一座跨江大桥。仅为了避开一个古村落,诸永线上的括苍山隧道就从原先设计的五六公里延长到8.5km。同时,建设者们还在古村落与高速公路之间造仿古围墙,在公路边上补种与周边森林相同的树种,连服务站也造成园林式。这一切都是为了让公路回归自然、融入自然。北京大学环保专家评价说,诸永高速公路变得更"隐蔽"了。

甬台温高速公路瓯海南白象至瑞安龙头段工程全线完工后,临时借地及时复耕,弃渣用于沿线村镇建设,非耕地尽快实现植物涵养,该项目建成后水土流失控制率高达92%,被水利部评为全国第三批"开发建设项目水土保持示范工程",摘得了浙江高速公路建设有史以来在水土保持方面的最高荣誉。

为最大限度地展现沿线美景,建设者们还把"借景""美化"等园林设计的理念充分运用到公路建设中来,总结出了浙江公路建设"露、封、诱"的三字经:露,就是充分展现公路沿线的景观优势,通过借景让人感到公路的美;封,则是对不该"露"的部分,比如边坡上的截水天沟,有意识地通过绿化将其掩蔽起来;诱,是指如果一侧的景观不理想,那就通过在另一侧设计能够吸引人的景观来转移注意力。

(2) 科技助阵预防性养路

清洁车、扫雪车、沥青摊铺机、高压喷雾泵等现代化机械已经取代陪伴养路工人多年的锄头、畚箕、背包式喷雾器,养路工作方式的变化正是浙江省干线公路实现文明、科学养护的一个缩影。不仅如此,至2005年年底,浙江省普通公路的621个小道班被整合为255个大公路养护站,大大提高了养护效率,管养里程由每站10多公里、人均1km,转变为每站近80km、人均4km。

更重要的是,高速公路路面早期病害,原先仅靠养路工的经验和肉眼来识别,而如今浙江省有了全国最先进的路况智能检测车代劳。工作人员只要开着路况智能检测车到检测路段走一遭,路面上细如头发丝的裂纹,都能被准确地发现。这个系统还可以对路面平整度、强度、抗滑性能进行评价、分析,比选出最优化的养护修复方案,为养护决策科学化奠定基础。

有调查显示,预防性养护所投入的资金只有以后做中修资金的1/8,大修资金的1/16,浙江公路人充分认识到"小洞不补,大洞吃苦"的道理。近几年来,越来越多高速公路经营企业的养护作业从以修补坑洞为主的被动养护转变为提高整条道路路况水平的预防性养护。

转轨预防性养护是实现公路文明养护的必由之路。上三高速公路为了科学合理地制订软基养护方案,对高挡墙、高边坡实行了监控。温州甬台温公司在全线平均每200m设置1个观测点,及时观测沉降问题。当路面差异沉降达到2~3cm,或接近桥头部分的纵向坡度在0.3%~0.5%时,公司立即将该处列入加铺计划,以消除跳车现象。金丽温公司更是在及时掌握公路病害信息的同时,多次组织专家进行论证,拿出占年运营收入40%的8000多万元,及时进行大中修,使全线路况有了明显提高……所以浙江省干线公路绝大部分路段路况保持完好,路面平整,安全设施齐全、醒目,基本无"桥头跳车"顽症。驾车在高速公路上行驶,不仅安全畅通,更是一份享受。

三、文明高速、美丽高速创建篇

文明公路创建,是以公路为平台,物质文明与精神文明建设的同步提升,为全面建设小康社会提供良好的交通环境,为百姓提供优质的公共服务产品,提供"畅、安、舒、绿、美、谐"的出行环境,满足人民群众不断增长的交通物质文化需要。

自文明公路创建活动开始以来,浙江省通过对高速公路的文明创建,道路通行条件得到明显改观,文明服务意识增强,文明公路创建活动对公路职工的激励作用、凝聚作用逐渐显现出来,公路管理执法队伍的执法力度和执法水平也明显提高。到过浙江的驾驶员都说,如今你若驾车出行,无论是行驶在浙江的高速公路还是乡村公路,都会感到路畅、车欢、人爽。正是文明公路创建,将人、车、路、自然景观和谐融合,使行车出行成为赏心乐事。

在省委、省政府、交通部的领导下,浙江省公路局自1995年开始在全省高速公路公路上开展了创建文明建设样板路活动。从2006年4月,浙江第一条文明公路——杭金衢高速公路挂"文明公路"牌起,全省各高速公路经营单位依靠创新和科技,提高养护科技水平,提高路况水平,节能减排不断迈上新台阶。杭金衢高速公路率先采用路面破损自动检测与识别技术、路面管理系统养护辅助决策技术,杭金衢、金丽温高速公路采用的橡胶沥青路面应用技术,沪杭甬高速公路采用的废旧沥青再生技术,甬台温高速公路温州段采用的在长大纵坡上应用的复合改性沥青混凝土技术等,都取得了很好的效果。此外,各高速公路经营单位也加强了高速公路的边坡复绿和绿化养护工作,把公路绿化与环境保护结合起来,因路制宜,"乔、灌、花、草"相结合,在保护环境的同时,提高了视觉美感。

另外,创建活动从公路养护管理、收费站、服务区和公路执法四个方面同步开展创建活动,全面提升公路服务品质。先后出台《关于开展以高速公路为重点的文明公路创建活动的意见》《浙江省文明公路创建活动实施办法》《浙江省文明公路创建管理办法(试行)》等规范性文件,并对文明公路实行动态管理。各级交通、公路部门高度重视,按照省厅文明创建的有关部署和规定,紧紧依靠党委政府,精心组织创建工作,把文明公路创建和当地"文明城市""文明村镇"以及各个行业开展的各种文明创建紧密结合起来,和社会主义新农村建设紧密结合起来,形成齐抓共管抓创建的良好局面。

按照浙江"两美"(建设美丽浙江、创建美好生活)建设要求和交通运输部提出的"四个交通"部署,为推进转型发展、创建美丽公路,浙江省交通运输厅2015年7月正式印发了《浙江省创建美丽公路"五个一万"工程实施意见》。2016年浙江省公路局制定了《浙江省创建美丽公路实施意见》,要求全面落实浙江综合交通"5411"发展战略,着力打造科创产业线、自然风景线、生态富民线和历史人文线,打通绿水青山转化为金山银山的畅途,强调要拓展"美丽公路+"功能,对文明高速创建提出了向美丽高速发展更高要求,取得了丰硕成果。由浙江省交通运输厅组织开展的2016年度浙江十大最美公路评选中:甬舟高速公路舟山跨海大桥、温州绕城高速公路、甬台温高速公路复线象山港大桥、沈海高速公路杭州湾跨海大桥、黄衢南高速公路被评为"2016浙江最美公路"。下面对这5条高速公路进行简要介绍:

(1)甬舟高速公路舟山跨海大桥——一座桥改变一座城

里程:全长48km;亮点:世界规模最大的岛陆联络工程。

舟山市有大小岛屿1300余个,有"千岛之城"之称。长期以来,因一水相隔,经济颇受掣肘。舟山跨海大桥的开通让舟山从被边缘化的"交通末梢"完全融入到国家高速公路网络,进入了大桥时代。通车6年多来,进出舟山本岛车辆总量超过了3000万辆次,舟山已从过去的海岛经济,变成半岛经济、陆陆经济。一座桥改变了一个城市的命运。

舟山跨海大桥由金塘大桥、西堠门大桥、桃夭门大桥、响礁门大桥、岑港大桥5座大桥及公路连线组成,飞跨4座岛屿,翻越9个涵洞,穿过2个隧道,是中国规模最大的岛陆联络工程。最雄伟的西堠门大桥是连接舟山本岛与宁波的舟山连岛工程的第二座大桥,是目前世界上最大跨度的钢箱梁悬索桥。在第27届美国国际桥梁大会上,西堠门大桥被授予"古斯塔夫·林登少"奖。

(2)温州绕城高速公路——最美交通大"纽带"

里程:全长140km;亮点:串联温州境内所有高速公路。

温州绕城高速公路由绕城北线一期、绕城北线二期、绕城西南线、甬台温高速公路复线温州段（其中一部分与绕城高速公路重合）四大工程组成，沿途经过乐清、永嘉、鹿城、瓯海、瑞安、平阳、龙湾、瓯江口新区等地，将温州大都市中心区揽入"怀"中。

温州绕城高速公路是温州实现都市区半小时交通圈的关键性工程，它将温州境内所有高速公路，即沈海（甬台温）高速公路、甬台温高速公路复线（在建）、诸永高速公路、金丽温高速公路、龙丽温高速公路（规划待建），以及104国道、330国道、49省道、56省道、瑞枫公路、瓯海大道等重要干线全部串联了起来，实现了交通中转互换，使温州初步形成了一个以高等级公路和铁路为骨干，深水港、航空港相互配套的综合性、立体化、网络型的交通体系，真正成为国家交通枢纽城市。

（3）甬台温高速公路复线象山港大桥——宁波大市区形成"1小时交通圈"

里程：全长47km；亮点：四大全国之最。

象山港大桥及接线项目是沿海高速公路甬台温复线的重要组成部分，2012年12月建成以来，彻底改变了象山半岛交通末梢地位，形成宁波大市区"1小时交通圈"，象山到宁波的距离缩短到47km，仅35min车程。

大桥标志性的南北主塔为两座225.5m高的菱形塔，大桥设计抗风要求达46.5m/s，可抵抗14级台风的冲击，抗风能力为全国之最；大桥通航等级为5万吨级，为全国最高；大桥主塔桥墩可抵御5万吨级船舶撞击，防撞等级国内最高；大桥通航净高达53m，为国内最高。

象山港大桥还以"一流大桥、一流管养"为目标，应用先进的管养理念和技术，科学管养，保障大桥安全运营。大桥营运、应急管理系统已上线运行，健康监测系统对大桥实施实时监测，桥梁管理系统对大桥技术数据进行全面管控，信息化手段大大提升了大桥管养的绩效和智能化水平。

（4）沈海高速公路杭州湾跨海大桥——七彩长虹卧波

里程：全长36km；亮点：世界最长的跨海大桥。

杭州湾跨海大桥北起嘉兴市海盐，跨越宽阔的杭州湾海域后止于宁波市慈溪水路湾，比连接巴林与沙特的法赫德国王大桥还长11km，成为继美国的庞恰特雷恩湖桥和青岛胶州湾大桥后，世界第三长的桥梁和世界第二长跨海大桥。

杭州湾跨海大桥36km的护栏，从南至北，每5km换一种颜色，由"暖"到"冷"，被漆成了赤、橙、黄、绿、青、蓝、紫7种颜色，仿佛一条卧在海上的"七彩长虹"。最美大桥靠的是最美"护桥使者"，2014年8月5日杭州湾跨海大桥主线治超站正式启用，在这个面向大海、大货车穿梭的高速公路一隅，活跃着一群治超人，他们兢兢业业耕耘着大桥的第一道屏障。400多名养护工人预防性养护、智能化管理和高科技应用这三驾"马车"的齐头并进，连续7年蝉联浙江省养护管理考核第一。

(5)黄衢南高速公路——巨龙蜿蜒生态路

里程:全线长161km;亮点:风光独特的景观旅游大道。

"朝看黄山云雾,夕赏天半江郎"。黄衢南高速公路,北起安徽黄山,南至福建南平,是国家公路网北京至台北高速公路的重要组成部分,将浙皖闽三省相连,并把黄山、江郎山、武夷山这三大世界遗产地连接起来,构成一条风光独特的景观旅游大道,有"最美高速"之称。

黄衢南高速公路也是一条"生态路"。按"精、细、美"的设计理念,充分结合了地形、地貌、地质和周边自然环境,对每个高路横断面开挖和防护形式都做了"一坡一设"的创作化设计。为了体现隧道"零开挖"的特点,建设者们独具匠心,在上边坡和下边坡种植攀藤、垂枝植物,尽可能地恢复植被覆盖。

第七章
高速公路建设项目

第一节　G3(北京至台北高速公路)浙江段[浙皖省界(西坑口)至浙闽省界(廿八都)]

北京至台北国家高速公路,简称"京台高速公路",编号为G3,起点在北京,途经河北、天津、山东、辽宁、山东、江苏、安徽、浙江、福建,终点为台北市,全长2030km,除台湾海峡段外于2016年12月全部建成通车。

G3京台高速公路浙江段起于浙皖省界(西坑口),经过衢州市,终于浙闽省界(廿八都),全长161km,省内名称为黄衢南高速公路。路网位置示意图如图7-1-1所示,建设项目信息如表7-1-1所示。

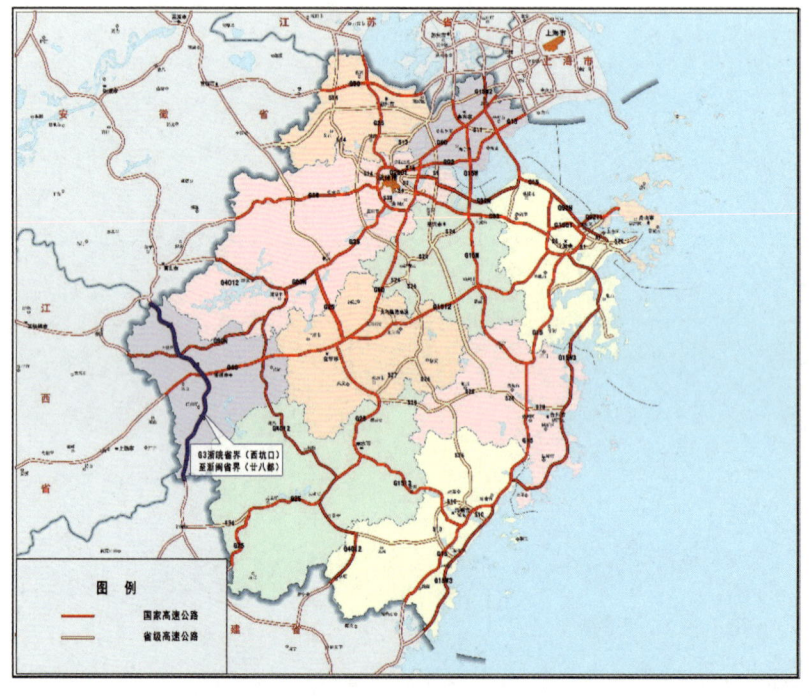

图7-1-1　G3浙皖省界(西坑口)至浙闽省界(廿八都)段路网位置示意图

G3 浙皖省界(西坑口)至浙闽省界(廿八都)段建设项目信息采集表　　表 7-1-1

序号	国高	项目名称	规模(km)				建设性质(新、改扩建)	设计速度(km/h)	永久占地(亩)	投资情况(亿元)				建设时间(开工~通车)
			合计	八车道及以上	六车道	四车道				估算	概算	决算	资金来源	
1	G3	衢南高速公路	87.26			87.26	新建	五里至峡口段:100 峡口至廿八都段:80	9226	40	43.24	40.62	中央专项基金+银行贷款	2005.10~2008.12
2		衢黄高速公路	73.75			73.75	新建	80	5510.53	41.47	47.84	46.97	中央专项资金+银行贷款	2006.12~2011.1

G3 浙皖省界(西坑口)至浙闽省界(廿八都)段(建设期 2005—2011 年)

(一)项目概况

1. 基本情况

(1)功能定位

京台高速公路浙江段是国家公路网北京至台北高速公路(G3 公路)的重要组成部分,是浙江省交通规划"二纵二横十八连三绕三通道"中的关键"一连",往北连接安徽省的黄山市,往南连接福建省的南平市,是连接安徽、浙江、福建三省的省际干线公路,也是浙江省"交通西进"政策的重大战略实施,对皖、浙、赣、闽四省边际地区的经济发展,具有十分重大的现实意义和深远的战略意义。

由于京台高速公路浙江段全线位于浙江省衢州市境内,其施工建设是衢州市迄今为止投资最大的交通项目,是衢州区域交通发展的重中之重。它的建成,充分体现了衢州"四省通衢"的区位优势,大大缩短了衢州与周边城市的距离。G3 浙江黄衢南高速公路与 G60 浙江杭金衢高速公路并网,有机串联起周边四省九地市,大大改善作为省际物流中心的衢州到邻近省的交通环境,为将衢州打造成四省边际中心城市提供有力的交通支撑。同时 G3 浙江黄衢南高速公路把安徽黄山、福建武夷山及浙江杭州三大旅游区快速连接起来,有望形成大金三角经济旅游圈;把金华、丽水、衢州与邻近的黄山、景德镇、南平等闽浙皖赣九个市连为一体,真正形成紧密型的四省九方协作区。

(2)技术标准

G3 浙江黄衢南高速公路全封闭、全立交,按区段设计速度分为 80km/h 或 100km/h,相应的路基宽 24.5~26.0m 不等;桥涵的设计荷载为汽车—超 20、挂车—120;特大桥的设计洪水频率为 1/300,大、中、小桥及涵洞的设计洪水频率为 1/100。

(3)建设规模

本项目路线全长161.01km,其中衢南段长87.26km,衢黄段长73.745km。沿线地形地貌和地质条件复杂,工程规模大,工程技术难度大,要求高;工程区域内桥梁、隧道等结构物较多。全线共设置特大桥一座(渊底特大桥),桥长1276m,主跨长度40.0m,桥底净高46.5m;衢黄段中桥共30座,1665m;衢南段中桥共78座,3562m。特长隧道一座(达坞隧道),长3535m,其他大中短隧道335座,合计长29594m;互通式立交10处:马金互通、开化互通、芳村互通、东案互通、五里互通枢纽、衢州互通、江山互通、江郎山互通、峡口互通、廿八都互通;分离式立交17处;天桥13座;通道88座;服务区3处,停车区1处。详见表7-1-2~表7-1-4。

(4)主要控制点

G3浙江黄衢南高速公路工程起自于皖浙省界开化县的西坑口,经马金、横枝、渊底进入常山芳村,经东案至常山五里与G60的浙江杭金衢高速公路相交,跨过常山港后,经华墅、上余、石门、峡口、保安,终于浙闽省界上竹巾附近。路线经过衢州市江山市、衢江区、柯城区、常山县、开化县等5个县(市、区),28个乡镇,184个行政村。

(5)地形地貌

路线沿线属山岭重丘,峰峦叠嶂,山岭连绵,85%左右的面积为山地。因此黄衢南高速公路是典型的山区高速公路,路况比较复杂,桥梁隧道多,弯道多,边坡高。

(6)投资规模

项目估算投资81.5亿元(其中衢南段40亿元,衢黄段41.47亿元),概算投资91.1亿元(其中衢南段43.24亿元,衢黄段47.84亿元),决算投资87.6亿元(其中衢南段40.6亿元,衢黄段47.0亿元),平均每公里造价5440万元。

建设资金主要来源为中央专项资金和银行贷款。

(7)开工及通车、竣工时间

衢南段于2005年10月开工建设,于2008年12月建成通车;衢黄段于2006年12月陆续开工建设,于2011年1月建成通车。

2.前期决策情况

《浙江省公路水路建设规划(2001—2015)》提出浙江省"两纵两横十连一绕两通道"的浙江公路主骨架建设规划,黄衢南高速公路作为其中的"一连"首次出现在浙江高速公路建设规划中。

2001年交通部出台《国家重点干线公路规划》,黄衢南高速公路成为天津至汕尾国家重点干线公路的组成部分,连接南北向国道主干道的同三线、京福线和东西向国道主干线沪瑞线、沪蓉线,并与宁波至樟木国家重点公路相交叉。在《浙江省公路水路建设规划(2003—2010)》中,黄衢南高速公路作为浙江"两纵两横十八连三绕三通道"高速公路网中的"一连"。

G3 浙皖省界（西坑口）至浙闽省界（廿八都）段桥梁汇总表

表 7-1-2

分段	规模①	名称	桥长(m)	主跨长度(m)	桥底净高(m)	跨越障碍物			钢筋混凝土梁桥			梁式桥 钢梁桥		预弯混凝土梁	组合梁桥	
						河流	沟合	道路、铁路	简支梁桥	悬臂梁桥	连续梁桥	简支钢梁	连续钢梁		组合梁	钢管混凝土桁架梁
衢南段	大桥	江山港大桥（衢南连接线）	431.53	35	3.5/4.5	✓										
		浙赣铁路立交桥（衢南连接线）	186.12	30	3.5/7.96/5			✓							✓	
		五里枢纽互通 A 匝道桥	126.66	20	4						✓				✓	
		五里枢纽互通 E 匝道 1 号桥	110.70	25	5						✓					
		五里枢纽互通 E 匝道 2 号桥	128.50	40	5						✓					
		五里枢纽互通 F 匝道 1 号桥	341.06	32	5						✓					
		五里枢纽互通 F 匝道 2 号桥	119.36	21	5											
		五里枢纽互通 G 匝道 1 号桥	202.00	45	5						✓				✓	
		五里枢纽互通 G 匝道 2 号桥	128.50	40	5						✓					
		五里枢纽互通 H 匝道 1 号桥	199.36	35	5						✓					
		主线 1 号桥	135.70	25	5				✓							
		主线 2 号桥	128.50	40	5						✓					
		主线 3 号桥	817.80	45	4.5,8										✓	
		路基改桥	527.72	30	3.5						✓					
		箸溪 1 号桥	264.04	20	3.5											
		衢州南互通 A 匝道桥	114.00	35	5						✓					
		江山港大桥	222.98	35	15										✓	
		46 省道立交桥	107.40	25	5						✓					

❶ 桥涵按跨径分类，特大桥（多孔跨径总长 $L>1000\mathrm{m}$ 或单孔跨径 $L_k>150\mathrm{m}$），大桥（$100\mathrm{m}\leqslant$ 多孔跨径总长 $L\leqslant1000\mathrm{m}$ 或 $40\mathrm{m}\leqslant$ 单孔跨径 $L_k\leqslant150\mathrm{m}$），中桥（$30\mathrm{m}<$ 多孔跨径总长 $L<100\mathrm{m}$ 或 $20\mathrm{m}<$ 单孔跨径 $L_k<40\mathrm{m}$）；余同。

续上表

分段	规模	名称	桥长(m)	主跨长度(m)	桥底净高(m)	跨越障碍物-河流	跨越障碍物-沟谷	跨越障碍物-道路、铁路	钢筋混凝土梁桥-简支梁桥	钢筋混凝土梁桥-悬臂梁桥	钢筋混凝土梁桥-连续梁桥	梁式桥-钢梁桥-简支钢梁	梁式桥-钢梁桥-连续钢梁	梁式桥-预弯混凝土梁	组合梁桥-组合梁	组合梁桥-钢管混凝土桁架梁
衢南段	大桥	主线1号桥	104.08	20	5.5						√					
		江山互通F匝道桥	107.40	25	2.7、5						√					
		江山互通H匝道桥	251.67	18.847	3.5、4.5						√					
		后垄高架桥	564.08	20	3.5、4.5						√					
		哒河大桥	224.08	20	4.5、3.5						√					
		溇溪口大桥(江郎山连接线)	124.04	20	5						√					
		长台溪1号桥	174.00	20	3.7						√					
		长台溪2号桥	104.80	20	3.5						√					
		峡口大桥	946.00	40	5						√					
		三卿口大桥(右线)	308.20	30	35						√					
		三卿口大桥(左线)	338.20	30	35						√					
		保安大桥	464.10	30	35						√					
		仙霞关大桥	428.20	30	35						√					
		205国道分离立交桥(左线桥)	365.10	30	5						√					
		205国道分离立交桥(右线桥)	326.00	35	5						√					
		廿八都互通F匝道桥	164.04	20	5						√					
		205国道分离立交桥(左线)	158.20	30	5						√					
		205国道分离立交桥(右线)	188.20	30	5						√					
		枫溪村3号桥	192.04	30	5.0						√					
	中桥	共78座,3562m														

第七章 高速公路建设项目

续上表

分段	规模	名称	桥长(m)	主跨长度(m)	桥底净高(m)	跨越障碍物-河流	跨越障碍物-沟谷	跨越障碍物-道路、铁路	钢筋混凝土梁桥-简支梁桥	钢筋混凝土梁桥-悬臂梁桥	钢筋混凝土梁桥-连续梁桥	梁式桥-钢梁桥-简支钢梁	梁式桥-钢梁桥-连续钢梁	梁式桥-预应力混凝土梁	组合梁桥-组合梁	组合梁桥-钢管混凝土桁架梁
衢黄段	特大桥	渊底特大桥	1276.00	40	46.5	√		√	√		√					
		左溪大桥	247.60	30	12.7	√			√		√					
		铜锣形高架桥左线桥	461.10	30	28.123	√			√		√					
		铜锣形高架桥右线桥	459.60	30	27.868				√		√					
		大枫坑桥右线桥	279.6	30	25.002		√		√		√					
		大枫坑桥左线桥	276.6	30	34.334		√		√		√					
		连坑坞桥左线桥	107.4	25	10.3	√		√	√		√					
		连坑坞桥右线桥	107.4	25	10.3	√		√	√		√					
		何田溪1号大桥	207.4	25	7.8	√			√		√					
		何田溪2号大桥	283.1	30	22.869		√		√		√					
		燕溪大桥左线桥	105	30	21.174		√		√		√					
		燕溪大桥右线桥	103	30	21.477			√	√		√					
		燕溪高架桥	108.08	20	11.9041			√	√		√					
	大桥	何田溪3号大桥左线桥	163	30	11.8	√			√		√					
		何田溪3号大桥右线桥	160	30	11.8	√			√		√					
		何田溪4号大桥左线桥	220.1	30	19.484	√			√		√					
		何田溪4号大桥右线桥	219.1	30	19.444	√			√		√					
		何田溪5号大桥	254.6	30	16.896	√			√		√					
		何田溪6号大桥	218.6	30	25.159	√		√	√		√					
		何田溪7号大桥	149.5	35	22.6				√		√					
		何田溪8号大桥左线桥	158.2	30	20.3		√		√		√					
		何田溪8号大桥右线桥	158.2	30	20.339		√		√		√					
		何田溪9号大桥左线桥	278.2	30	13.5	√		√	√		√					

续上表

分段	规模	名称	桥长(m)	主跨长度(m)	桥底净高(m)	河流	沟谷	道路、铁路	钢筋混凝土梁桥 简支梁桥	悬臂梁桥	连续梁桥	钢梁桥 简支钢梁	连续钢梁	预弯混凝土梁	组合梁	钢管混凝土桁架梁
衢黄段	大桥	何田溪9号大桥右线桥	278.2	30	13.5	√		√	√		√					
		何田溪10号大桥左线桥	248.2	30	14.5	√		√	√		√					
		何田溪10号大桥右线桥	248.2	30	14.5	√		√	√		√					
		秧畈大桥右线桥	113.7	25	7.6	√		√	√		√					
		秧畈大桥左线桥	114.2	25	7.6	√		√	√		√					
		何田溪11号大桥	398.2	30	15.3	√		√	√		√					
		何田溪12号大桥	339.1	30	19.7			√	√		√					
		坑坑源大桥	210.7	25	15.6			√	√		√					
		大流坑1号大桥左线桥	168	25	11.8			√	√		√					
		大流坑1号大桥右线桥	75.04	20	11.8			√	√		√					
		大流坑2号大桥右线桥	206.2	25	15.8	√			√		√					
		大流坑2号大桥左线桥	208.7	25	15.8	√			√		√					
		水库高架桥右线桥	104.04	20	14			√	√		√					
		水库高架桥左线桥	84.04	20	14			√	√		√					
		下明廉大桥右线桥	118.3	30	9.3			√	√		√					
		下明廉大桥左线桥	118.28	30	9.3			√	√		√					
		马金溪大桥右线桥	278.2	30	10.6	√			√		√					
		马金溪大桥左线桥	278.2	30	10.6	√			√		√					
		读经畈大桥右线桥	671.1	30	25.694		√		√		√					
		读经畈大桥左线桥	641.1	30	25		√		√		√					
		钩铁砂大桥右线桥	248.2	30	15.322		√		√		√					
		钩铁砂大桥左线桥	248.2	30	15.867		√		√		√					
		开化互通主线桥左线桥	458.2	30	11.9			√	√		√					

续上表

分段	规模	名称	桥长(m)	主跨长度(m)	桥底净高(m)	跨越障碍物			钢筋混凝土梁桥			梁式桥 钢梁桥			组合梁桥	
						河流	沟谷	道路、铁路	简支梁桥	悬臂梁桥	连续梁桥	简支钢梁	连续钢梁	预弯混凝土梁	组合梁	钢管混凝土桁架梁
衢黄段	大桥	开化互通主线桥右线桥	488.2	30	11.9			√			√					
		开化互通B匝道桥	163.7	20	20.539		√		√							
		开化互通C匝道桥	183.7	20	19.235		√		√							
		开化互通E匝道桥	183.7	20	20.415		√		√							
		新庄大桥右线桥	338.2	30	28.6	√					√					
		新庄大桥左线桥	338.2	30	28.56	√					√					
		上坑坞高架桥右线桥	788.2	30	34.5			√	√							
		上坑坞高架桥左线桥	848.2	30	34.515			√	√							
		城底线1号高架桥右线桥	652.1	30	27.2			√	√							
		城底线1号高架桥左线桥	656.1	30	27.2			√	√							
		城底线2号高架桥	162.1	30	29.3			√			√					
		城底线3号高架桥右线桥	374.00	40	47.2		√		√							
		城底线3号高架桥左线桥	374.00	40	47.2		√		√							
		店口弄高架桥右线桥	362.00	25	18		√		√							
		店口弄高架桥左线桥	312.00	25	18		√		√							
		梅树坞桥右线桥	474	30	20.9		√		√							
		梅树坞桥左线桥	500	30	20.9		√		√							
		小鸡坞大桥右线桥	165	25	24.3		√		√							
		小鸡坞大桥左线桥	613.7	25	24.316		√		√							
		大鸡坞1号右线桥	157.4	25	22.792		√		√							
		大鸡坞2号右线桥	214	25	24.735		√		√							
		牛栏坞大桥2号桥	166	25	7.5		√		√							
		牛栏坞大桥左线桥	389	25	20.7		√		√							

续上表

分段	规模	名称	桥长(m)	主跨长度(m)	桥底净高(m)	河流	沟谷	道路、铁路	简支梁桥	悬臂梁桥	连续梁桥	简支钢梁	连续钢梁	预弯混凝土梁	组合梁	钢管混凝土桁架梁
衢黄段	大桥	大山底1号右线桥	232.4	25	18	√			√		√					
		大山底2号右线桥	282.4	25	14.851	√			√		√					
		大山底左线桥	482.4	25	10.8	√			√		√					
		瑶岭左线桥	567.4	40	44		√		√		√					
		瑶岭右线桥	587.7	40	44		√		√		√					
		新屋高架右线1号桥	139	25	26.939		√		√		√					
		新屋高架右线2号桥	758.2	30	40.276		√	√	√		√					
		新屋高架左线桥	878.2	30	7.5		√	√	√		√					
		蕉坞高架右线桥	557.4	25	25.37			√	√		√					
		蕉坞高架左线桥	582.4	25	25.37			√	√		√					
		黄泥坎2号桥	104.04	20	12.61		√		√		√					
		芳村溪1号大桥右线桥	368.2	30	14.5	√			√		√					
		芳村溪1号大桥左线桥	338.2	30	14.5	√			√		√					
		芳村溪2号大桥	191.1	30	14.958	√			√		√					
		芳村溪3号大桥右线桥	158.2	30	17.885	√			√		√					
		芳村溪3号大桥左线桥	158.2	30	17.885	√			√		√					
		虎头村大桥右线桥	332.4	25	19.2				√		√					
		虎头村大桥左线桥	307.4	25	19.2		√		√		√					
		破塘北大桥	158.2	30	8.493				√		√					
		芳村停车区A匝道桥	104.5	16	5.4			√	√							
	中桥	共30座,1665m														

G3 浙皖省界(西坑口)至浙闽省界(廿八都)段隧道汇总表

表 7-1-3

规模❶	名称	隧道全长(m)	隧道净宽(m)	按地质条件划分 土质隧道	按地质条件划分 石质隧道	按所在区域划分 山岭隧道	按所在区域划分 水底隧道	按所在区域划分 城市隧道	备注
特长隧道	达坞隧道(左线)	3550	10.25		√	√			
特长隧道	达坞隧道(右线)	3520	10.25		√	√			
长隧道	阳排尖隧道(左线)	2845	10.75		√	√			
长隧道	阳排尖隧道(右线)	2835	10.75		√	√			
长隧道	三卿口隧道(左线)	1735	10.25		√	√			
长隧道	三卿口隧道(右线)	1732	10.25		√	√			
长隧道	仙霞关隧道(左线)	2450	10.25		√	√			
长隧道	仙霞关隧道(右线)	2539	10.25		√	√			
中隧道	凉亭2号隧道(左线)	705	10.75		√	√			
中隧道	凉亭2号隧道(右线)	685	10.75		√	√			
短隧道	高垄口隧道(左线)	367	10.75		√	√			
短隧道	高垄口隧道(右线)	365	10.75		√	√			
短隧道	大岭山隧道(左线)	470	10.75		√	√			
短隧道	大岭山隧道(右线)	470	10.75		√	√			
短隧道	凉亭1号隧道(左线)	340	10.75		√	√			
短隧道	凉亭1号隧道(右线)	250	10.75		√	√			
长隧道	枫岭头隧道左洞	2794	10.25		√	√			
长隧道	枫岭头隧道右洞	2858	10.25		√	√			
长隧道	连坑坞隧道右洞	1109	10.25		√	√			
长隧道	连坑坞隧道左洞	1137	10.25		√	√			
长隧道	大流坑隧道右洞	1928	10.25		√	√			
长隧道	大流坑隧道左洞	1865	10.25		√	√			
长隧道	石崖坞隧道右洞	1400	10.25		√	√			
长隧道	石崖坞隧道左洞	1460	10.25		√	√			
长隧道	后平坞隧道右洞	1071	10.25		√	√			
长隧道	后平坞隧道左洞	1047	10.25		√	√			
长隧道	江都坞隧道右洞	1010	10.25		√	√			
长隧道	江都坞隧道左洞	1000	10.25		√	√			
长隧道	杨家园隧道右洞	2590	10.25		√	√			
长隧道	杨家园隧道左洞	2590	10.25		√	√			
长隧道	白马山隧道右洞	1764	10.25		√	√			
长隧道	白马山隧道左洞	1569	10.25		√	√			

❶ 按照隧道的长度分类,特长隧道($L>3000\mathrm{m}$),长隧道($1000\mathrm{m} \leqslant L \leqslant 3000\mathrm{m}$),中隧道($500\mathrm{m}<L<1000\mathrm{m}$),短隧道($L \leqslant 500\mathrm{m}$);余同。

续上表

规模	名 称	隧道全长(m)	隧道净宽(m)	隧道分类					备注
				按地质条件划分		按所在区域划分				
				土质隧道	石质隧道	山岭隧道	水底隧道	城市隧道	
中隧道	何田2号隧道右洞	615	10.25		√	√			
	何田2号隧道左洞	630	10.25		√	√			
	横岭底隧道右洞	646	10.25		√	√			
	横岭底隧道左洞	646	10.25		√	√			
	瑶岭隧道右洞	917	10.25		√	√			
	瑶岭隧道左洞	790	10.25		√	√			
	蕉坞隧道右洞	602	10.25		√	√			
	蕉坞隧道左洞	558	10.25		√	√			
	达塘岭隧道右洞	568	10.25		√	√			
	达塘岭隧道左洞	559	10.25		√	√			
	蒙淤隧道右洞	755	10.25		√	√			
	蒙淤隧道左洞	684	10.25		√	√			
短隧道	西坑口隧道左洞	468	10.25		√	√			
	西坑口隧道右洞	450	10.25		√	√			
	铜锣形隧道左洞	234	10.25		√	√			
	铜锣形隧道右洞	242	10.25		√	√			
	大枫坑口隧道右洞	156	10.25		√	√			
	大枫坑隧道右洞	179	10.25		√	√			
	大枫坑隧道左洞	178	10.25		√	√			
	何田1号隧道右洞	120	10.25		√	√			
	何田1号隧道左洞	128	10.25		√	√			
	璜田隧道右洞	280	10.25		√	√			
	璜田隧道左洞	279	10.25		√	√			
	河口隧道右洞	400	10.25		√	√			
	河口隧道左洞	448	10.25		√	√			
	后塘隧道右洞	266	10.25		√	√			
	后塘隧道左洞	256	10.25		√	√			
	前淤隧道右洞	223	10.25		√	√			
	前淤隧道左洞	208	10.25		√	√			
	横枝隧道右洞	142	10.25		√	√			
	横枝隧道左洞	134	10.25		√	√			
	大头岭隧道右洞	100	10.25		√	√			
	大头岭隧道左洞	100	10.25		√	√			
	牛栏坞隧道右洞	388	10.25		√	√			
	牛栏坞隧道左洞	455	10.25		√	√			
	瑶岭隧道左洞	122	10.25		√	√			
	东头坞隧道右洞	122	10.25		√	√			
	东头坞隧道左洞	161	10.25		√	√			

G3 浙皖省界(西坑口)至浙闽省界(廿八都)段路面结构表　　　表 7-1-4

路面形式	起讫里程	长度(m)	水泥混凝土路面❶	沥青路面❷
柔性路面	K1456+745~K1544+005	87260	—	沥青混凝土路面
	K1383+000~K1456+745	73745	—	沥青混凝土路面

2004年国务院审议通过《国家高速公路网规划》，黄衢南高速公路成为国家高速公路G3北京至台北的浙江段。

2003年5月29日，由浙江省计委、省交通厅主持召开的安徽黄山至浙江衢州至福建南平高速公路工程可行性研究报告评审会在衢州结束。三省有关部门专家经过两天讨论，通过了对该项工程可行性研究报告的评审。这次评审会基本确定浙江段起点位置在皖浙省界西坑口附近，沿开化马金溪南下，经齐溪、马金、渊底、常山五里、柯城华墅、江山廿八都，终点位置在浙闽省界沙排附近，路线全长159.5km。按双向四车道标准建设，设计速度80~100km/h，路基宽24.5~26m。其中特大桥9座(含高架桥)共长5865m，大桥35座共长8820m，隧道25座(特长隧道1座、长隧道9座)共长25625m，沿线在马金、开化(横枝)、芳村、东案、五里、柯城(华墅)、江山、石门、峡口、廿八都等10处设互通立交(其中枢纽1座)。估算投资约81亿元。规划分两期实施，2004年先期开工建设衢州至南平浙江境内段，衢州至黄山浙江境内段于"十一五"期间开工建设。

2005年9月1日，国家发展和改革委员会正式批复黄衢南(黄山至衢州至南平)高速公路浙江段可行性研究报告(发改交运〔2005〕1647号)，至此，黄衢南浙江段开工前期工作取得突破性进展。项目总投资约83.3亿元，其中项目资金本金共计29.4亿元(其中国家安排中央专项基金4.8亿元)，占总投资的35.3%；其余资金利用国内银行贷款解决。根据计划，第一期衢南段将于该年10月份开工建设。

2007年，黄衢南高速公路(浙江段)工程建设用地获国土资源部批复。批复同意将该工程建设所需的991.305公顷的用地转为建设用地，其中农村集体农用地937.4068公顷、农村集体建设用地22.4234公顷、未利用地14.5431公顷、国有农用地12.5276公顷、国有建设用地4.4041公顷。至此，黄衢南高速公路完成所有包括土地、环评、水保、矿产压覆等审批手续，前期工作圆满完成。

3.参建单位主要情况

(1)勘察设计单位

浙江省交通规划设计研究院。

---

❶ 水泥混凝土路面包括：①普通混凝土路面；②钢筋混凝土路面；③连续钢筋混凝土路面；④预应力混凝土路面；⑤钢筋纤维混凝土路面等；余同。

❷ 沥青路面包括：①沥青混凝土路面；②厂拌沥青碎石路面；③沥青贯入式路面；④沥青表面处治路面等；余同。

(2) 施工单位

通过招投标本项目有8个施工单位参与建设,包括中铁四局第一工程有限公司、江西交通工程有限公司、浙江交通工程有限公司第三分公司、浙江交通工程建设集团有限公司、浙江交工路桥有限公司、中铁隧道(集团)三处、江西机械工程有限公司和台州交通工程有限公司。

(3) 监理单位

杭州公路工程监理咨询有限公司、海南省交通工程监理有限公司和浙江公路水运工程监理有限公司。

(二)建设情况

1. 项目审批

2003年5月29日,由浙江省计委、省交通厅主持召开评审会,通过黄衢南高速公路工程可行性研究报告。

2005年9月1日,国家发展和改革委员会发改交运〔2005〕1647号文正式批复黄衢南(黄山至衢州至南平)高速公路浙江段可行性研究报告。

2005年4月16日,浙江省交通投资集团有限公司、浙江杭金衢高速公路有限公司和衢州市交通投资有限责任公司在衢州签订黄衢南高速公路投资协议,共同出资组建浙江黄衢南高速公路有限公司。

2005年5月,衢州至南平高速公路初步设计审查通过评审。

2006年,交通部交公路发〔2006〕16号文批准建设黄衢南高速公路工程。

2007年,黄衢南高速公路(浙江段)工程建设用地获国土资源部批复。

2. 资金筹措

黄衢南高速公路建设项目总投资约83.3亿元,其中项目资本金共计29.4亿元(其中国家安排中央专项基金4.8亿元),占总投资的35.3%;其余资金利用国内银行贷款解决。

3. 合同段划分

黄衢南高速公路合同段划分,按标段所在地,衢州划分为A1~A8共8个标段,工程内容为路基、桥梁、隧道、排水防护等;开化、常山共划分为B1~B9共9个标段,工程内容为路基、桥梁、隧道等,另有B10、B11两个标段为开化常山的路面工程。此外,还有交通安全设施、房建、监控通信系统、绿化等工程内容的标段(表7-1-5)。

4. 招投标

按照国家颁布的《招投标法》和交通部颁布的《公路工程施工招标投标管理办法》《公路工程施工招标资格预审办法》《公路工程施工招标评标办法》的要求,由项目法人单位组织招标工作。土建工程每个合同段通过资格预审的申请人不超过8家,施工计划工期为30个月,缺陷责任期24个月。

G3 浙皖省界(西坑口)至浙闽省界(廿八都)段施工标段划分情况表　　表7-1-5

标段号	标段所在地	工程内容及长度	施工单位
A1	衢州	路基、桥梁、隧道、排水防护等,长5.83km	中铁四局第一工程有限公司
A2	衢州	路基、路面、桥梁、隧道、排水防护等,长5.154km	江西交通工程有限公司
A3	衢州	路基、路面、桥梁、隧道、排水防护等,长18.441km	浙江交通工程有限公司第三分公司
A4	衢州	路基、路面、桥梁、排水防护等,长20.695km	浙江交通工程建设集团有限公司
A5	衢州	路基、路面、桥梁、排水防护等,长13.32km	浙江交工路桥有限公司
A6	衢州	路基、桥梁、隧道、排水防护等,长14.48km	中铁隧道(集团)三处
A7	衢州	路基、桥梁、隧道、排水防护等,长9.34km	江西机械工程有限公司
A8	衢州	路基、桥梁、排水防护等,长8.35km	台州交通工程有限公司
B1	开化	路基、桥梁、隧道,长3.7km	中铁四局集团第一工程有限公司
B2	开化	路基、桥梁、隧道,长6.95km	安徽省交通建设有限责任公司
B3	开化	路基、桥梁、隧道,长9.75km	浙江省交通工程建设集团第三交通工程有限公司
B4	开化	路基、桥梁、隧道,长9.6km	中交一公局厦门工程有限公司
B5	开化	路基、桥梁、隧道,长8.0km	浙江省交通工程建设集团有限公司
B6	开化	路基、桥梁、隧道,长7.4km	浙江交工路桥建设有限公司
B7	开化	路基、桥梁、隧道,长6.19km	中交路桥北方工程有限公司
B8	常山	路基、桥梁、隧道,长7.65km	浙江省宏途交通建设有限公司
B9	常山	路基、桥梁、隧道,长14.505km	中交第一公路工程局有限公司
B10	开化	路面,长38km	江苏省镇江市路桥工程总公司
B11	开化、常山	路面,长35.745km	浙江交工路桥建设有限公司
BJT1	开化	交通安全设施,长20.4km	宁波力健交通设施工程有限公司
BJT2	开化	交通安全设施,长17.6km	杭州公路交通设施有限公司
BJT3	开化、常山	交通安全设施,长21.24km	浙江交通设施有限公司
BJT4	常山	交通安全设施,长14.505km	浙江安吉银龙交通设施厂
BFJ1	开化	房建	浙江天元建设(集团)股份有限公司
BFJ2	开化	房建	恒元建设控股集团有限公司
BFJ3	开化	房建	浙江衢州建工集团有限公司
BFJ4	常山	房建	杭州建设集团有限责任公司
BJ1	开化	监控、通信系统	紫光捷通科技股份有限公司
BJ2	开化、常山	监控、通信系统	浙江浙大中控信息技术有限公司
BL1	开化	绿化	杭州市园林绿化工程有限公司
BL2	开化、常山	绿化	浙江天堂建设有限公司

5. 征地拆迁

黄衢南高速公路建设全线共征用土地15907亩,拆迁房屋175623m²,拆迁占地费用(包括征地各税费)共48145.115万元(表7-1-6)。

G3浙皖省界(西坑口)至浙闽省界(廿八都)段征地拆迁统计表　　表7-1-6

项目	征地拆迁安置起止时间	征用土地（亩）	拆迁房屋（m²）	支付补偿费用（元）	备注
一期	2004—2005	9724.680105	121930.88	365606572	
二期	2005—2006	6181.972	53691.622	115844576	

6. 项目实施阶段

黄衢南高速公路一期衢南段于2004—2005年完成征地拆迁,2005年10月开工建设,2008年12月完工;黄衢南高速公路二期衢黄段于2005—2006年完成征地拆迁,2006年12月开工建设,2011年1月完工。

黄衢南高速公路于2011年1月全线建成通车后,根据上级部门相关要求和规定,黄衢南高速公路建设指挥部有序开展竣工验收各项工作。其中:土地、水保分别于2012年9月、12月通过专项验收,档案专项于2013年年底完成竣工验收;2013年6月黄衢南高速公路工程竣工检测实施方案通过专家审查,2013年年底黄衢南高速公路项目竣工验收完成。

(三)复杂技术工程

复杂技术工程主要为渊底特大桥,里程桩号K1426+517~K1427+793,长度1276m,主跨长度40m,桥底净高46.5m。

渊底特大桥位于黄衢南高速公路主线——开化县林山乡利平村渊底自然村西侧,前连店口弄高架桥,后接后坪坞隧道,中心桩号K1427+165,桥梁全长1276m,布跨为18×30m+18×40m,桥面全宽11.75m,桥面净宽10.50m,左右侧各设0.5m防撞护栏。上部结构采用30m跨和40m跨预应力混凝土T梁,下部结构桥台采用U形桥台扩大基础,桥墩采用柱式墩桩基础及薄壁墩桩基承台,其中2号~8号、25号~31号墩采用薄壁空心墩结构,墩身最高高度达到57.0m,墩身平均高度51.36m。

空心薄壁高墩是渊底特大桥的一个关键施工控制点,模板安装及混凝土浇筑是高墩施工的关键技术。模板采用特制定型钢模,每节高度为4m,每墩模板施工周转次数都在10次以上,墩身四周设置满堂支架,模板采用塔吊进行安装,在模板顶和中部分别以风缆绳紧固稳定,保证立模后的刚度及竖直度。墩身浇筑采用泵送混凝土,对混凝土的坍落度及和易性要求较高,混凝土输送泵直接送至模板内,用插入式振捣器振捣,混凝土采用分层连续进行浇筑,每层厚度不大于30cm,混凝土浇筑后进行表面抹平,混凝土初凝后及时养护,防止表面出现裂缝。同时模板安装及混凝土浇筑均为高空作业,对所有作业人员进行安全交底,正确使用防护用品,并在现场设有专职安全员监管。

(四)科技创新

黄衢南高速公路建设始终将科技创新理念贯穿到工程建设中,依托新技术、新材料、新设备、新工艺的应用,创造了黄衢南一路精品,也保证了黄衢南高速公路安全、优质、舒适的行车环境。

黄衢南高速公路建设充分考虑后期运营养护,适时加大建设期投资,积极试验应用新技术、新材料、新设备、新工艺。如桥面和隧道路面抛丸处理技术的应用、长陡坡路段沥青路面特殊设计、沥青路面玄武岩水洗工艺等都大大改善了路面施工质量,从而降低道路全寿命养护成本。

黄衢南高速公路衢南段是浙江省首个全线使用水稳层振动成型工艺的高速公路项目,能够提高水稳混合料的密度,减少水稳基层的后期裂缝,形生了浙江省振动成型的施工规范。2008年7月11日,浙江省高速公路沥青路面质量管理现场会在黄衢南高速公路衢南段A3标施工现场召开,吸引了200位领导和专家。

此外,工程建设中还积极与院校、科研机构合作,在衢南段建设中进行橡胶粉改性沥青路面(干法)研究,既可解决废旧轮胎的污染问题,又能延长路面使用寿命,减轻行车噪声,降低养护成本,确保道路稳定,该课题被浙江省列为2008年重大科技项目。

(五)运营养护管理

1.服务设施

全线设置开化、江山、仙霞三个服务区和芳村停车区,共占地48.85公顷(表7-1-7)。

G3浙皖省界(西坑口)至浙闽省界(廿八都)段服务区设置情况表 表7-1-7

服务区名称	位　　置	占地面积(hm^2)
开化服务区	K1404+780	6.4108
芳村停车区	K1446+650	0.9907
江山服务区	K1474+855~K1476+235	19.5
仙霞服务区	K1517+065~K1518+595	21.95

2.收费设施

本项目共设置收费站11座,其中在浙皖界和浙闽界各设置主线收费站1座(钱江源主线收费站和枫岭关主线收费站),在马金、开化、常山北、东案、衢州南、江山、江郎山、峡口、廿八都设置匝道收费站共9座。浙皖界主线收费站收费车道数为4+8,浙闽界主线收费站收费车道数为4+8；每个匝道收费站的收费车道数2+2~3+4不等，但均有2条ETC车道，其余为人工收费（表7-1-8）。

G3浙皖省界（西坑口）至浙闽省界（廿八都）段收费站点设置情况表　　表7-1-8

站点名称	车道数	收费方式
东案收费站	2+2	2条ETC收费，其余是人工收费
芳村收费站	2+2	2条ETC收费，其余是人工收费
开化收费站	2+3	2条ETC收费，其余是人工收费
马金收费站	2+2	2条ETC收费，其余是人工收费
钱江源收费站	4+8	4条ETC收费，其余是人工收费
衢州南收费站	2+3	2条ETC收费，其余是人工收费
江山收费站	3+4	2条ETC收费，其余是人工收费
江郎山收费站	2+3	2条ETC收费，其余是人工收费
峡口收费站	2+3	2条ETC收费，其余是人工收费
廿八都收费站	2+2	2条ETC收费，其余是人工收费
枫岭关收费站	4+8	4条ETC收费，其余是人工收费

3. 交通流量

黄衢南高速公路衢南段于2008年12月建成通车，衢黄段于2011年1月建成通车。从交通量发展看，2009年和2010年衢南段交通量路段加权平均为1507pcu/d和1919pcu/d；2011年始，二期工程衢黄段完工，黄衢南高速公路全线通车，交通量从2011年的2321pcu/d增加到2015年的4524pcu/d，年均增幅达到18%（表7-1-9）。

G3浙皖省界（西坑口）至浙闽省界（廿八都）段交通流量发展状况表（单位：pcu/d）　表7-1-9

年份	全程加权平均值	廿八都至浙闽主线	峡口至廿八都	江郎山至峡口	江山至江郎山	衢州南至江山	衢州南至五里枢纽	东案至五里枢纽	芳村至东案	开化至芳村	马金至开化	钱江源至马金
2009	1507	1441	1631	1466	1574	2326	2291	未开通				
2010	1919	1830	2071	1862	1999	2954	2910					
2011	2321	2209	2485	2234	2399	3544	3492	3517	3419	3300	2234	2182
2012	2897	2520	2743	2262	2414	3596	3614	4230	4111	3912	2585	2515
2013	3233	2356	2650	2181	2412	3700	3760	4824	4684	4496	3009	2928
2014	5626	4734	5427	4160	4413	6056	6159	7099	6924	6664	5056	5209
2015	7704	6738	7759	6174	6548	8211	8308	9239	9058	8745	6903	7062

第二节 G15(沈阳至海口高速公路)浙江段[沪浙省界(金丝娘桥)至浙闽省界(苍南分水关)]

沈阳至海口国家高速公路,简称"沈海高速公路",编号为G15,起点在沈阳,途经辽宁、山东、江苏、上海、浙江、福建、广东,终点在海南海口,全长3710km,于2010年12月28日全线通车,是唯一一条贯通中国东南沿海地区的高速公路,在国家综合运输大通道中起着极其重要的作用。

G15沈海高速公路浙江段起于沪浙省界(金丝娘桥),经过嘉兴市、宁波市、台州市和温州市,终于浙闽省界(苍南分水关),全长455km,依次由以下六段组成:杭浦高速公路(沪浙省界金丝娘桥至乍浦枢纽)、杭州湾跨海大桥北接线(乍浦枢纽至杭州湾跨海大桥北)、杭州湾跨海大桥(杭州湾跨海大桥北至杭州湾跨海大桥南)、杭州湾跨海大桥南接线(杭州湾跨海大桥南至宁波绕城前洋枢纽)、宁波绕城高速公路(前洋枢纽至姜山枢纽)和甬台温高速公路(宁波绕城姜山枢纽至浙闽省界苍南分水关)。路网位置示意图如图7-2-1所示,建设项目信息如表7-2-1所示。

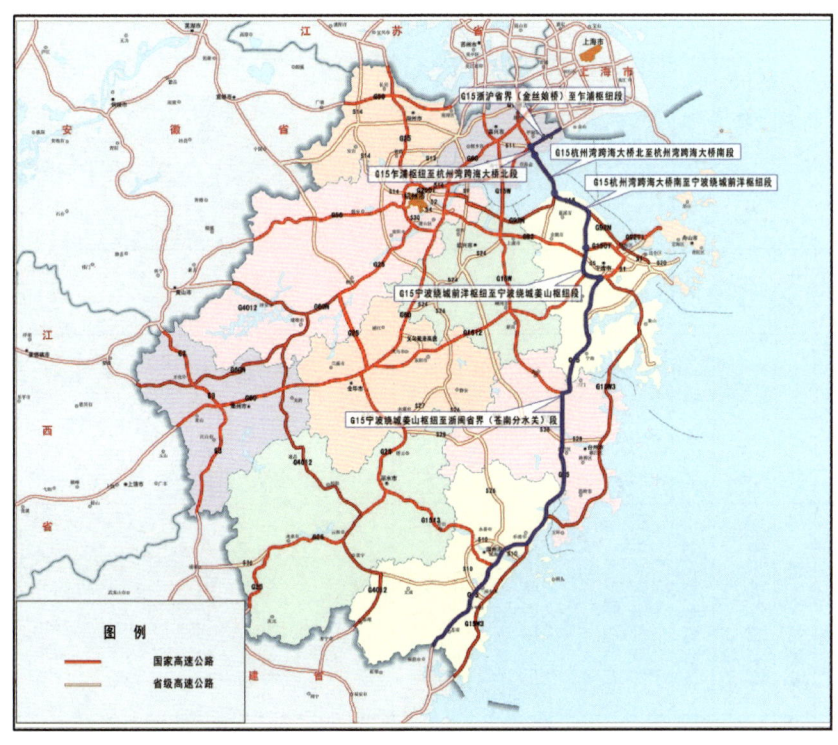

图7-2-1 G15沪浙省界(金丝娘桥)至浙闽省界(苍南分水关)段路网位置示意图

浙江

G15 沪浙省界（金丝娘桥）至浙闽省界（苍南分水关）段项目信息采集表

表 7-2-1

序号	国高	项目名称	规模（km） 合计	规模 八车道及以上	规模 六车道	规模 四车道	建设性质（新、改、扩建）	设计速度（km/h）	永久占地（亩）	投资情况（亿元）估算	投资情况（亿元）概算	投资情况（亿元）决算	资金来源	建设时间（开工～通车）
1		杭浦高速公路	27.40		27.4		新建	120	12739.31			22.71	地方自筹，银行贷款	2004.11～2008.1
		杭州湾跨海大桥北岸连接线	3.91		3.91		新建	120	808			3.35	地方自筹，银行贷款	2004.9～2008.1
2		杭州湾跨海大桥	36.00		36		新建	100	608	117.6	136.2	134.5	自筹	2003.11～2008.5
		杭州湾跨海大桥南岸接线工程	57.43		57.43		新建	120		43	51.95	48.78	交通部安排专项基金1.38亿元，其余部分由宁波市自筹	2004.8～2007.12
3		宁波绕城前洋枢纽至姜山枢纽段	31.3	23.5	7.8		新建	120			32.20	33.90	交通部专项基金安排2.07亿元作为国家投入的资金，其余由宁波市自筹	2004.1～2007.12
	G15	甬台温宁波段	71.56			71.56	新建	100～120	8347	34	29.37	20.68	中央补贴，地方自筹，银行贷款	1998.1～2001.12
4		甬台温台州段	82.78			82.78	新建	100（陆道）80（陆道）	9106.66	28.75	37.95	30.63	一期交通部用车购费安排2.31亿元，其余资金由省自筹（包括内、外资和银行贷款）解决，二期浙江省交通投资集团有限公司出资10.5亿元，浙江省台州高速公路集团股份有限公司出资3.5亿元，其余由台州高速公路指挥部和台州市人民政府共同组建的管委会共同筹措	1994.10～2001.12
		甬台温温州段	140.17			140.17	新建	100（乐清至南白象）120（南苍南至苍南）80（苍南至分水关）	13647.0	61.16	76.33	68.71	中央补助，省厅补助，地方自筹	1999.2～2003.12

第七章 高速公路建设项目

一、G15 沪浙省界至乍浦枢纽段(建设期 2004—2008 年)

(一)项目概况

1. 基本情况

(1)功能定位

G15 沪浙省界金丝娘桥至乍浦枢纽段是浙江省内杭浦高速公路的一段。杭浦高速公路,又称"沪杭高速公路复线",北起上海浦东,与上海莘奉金高速公路(上海 A4 公路)对接,南抵杭州绕城高速公路,与石大快速路互通。杭浦高速公路是浙江省交通规划"两纵两横十八连三绕三通道"中的"一连",作为沪浙主干道沪杭高速公路的复线,杭浦高速公路可以有效分流沪杭高速公路前往浦东的客流,并为杭州湾跨海大桥提供连接上海最直接的通道,将大大缓解沪杭高速公路这一长三角大动脉现有的交通压力,是浙江省加快融入长三角、加密沪浙交通网络的重大战略实施,对于长三角区域经济发展具有重大意义。

(2)技术标准

G15 高速公路沪浙省界金丝娘桥至乍浦枢纽段,全封闭、全立交,双向六车道,设计速度 120km/h,路基宽度 35m。

(3)建设规模

本项目路线全长 27.4km。全线有盐平塘大桥、乍浦塘大桥、黄姑塘大桥等大型桥梁,其中黄姑塘特大桥是杭浦高速公路平湖段重要桥梁工程,全长 1074m,宽 35m,横跨浙北重要航道黄姑塘线,按四级航道标准建设,通航净高 7m,通航跨径 55m,能满足 500 吨级内河船舶通航。

本段互通式立交 4 处:乍浦互通、独山互通、新仓互通、全塘互通;服务区 1 处,平湖服务区。详见表 7-2-2、表 7-2-3。

(4)主要控制点

G15 沪浙省界金丝娘桥至乍浦枢纽段,工程起自于沪浙省界的金丝娘桥,经全塘镇、新仓镇、独山镇等,终于杭浦高速公路与杭州湾大桥北接线相交的海盐枢纽。

(5)地形地貌

路线沿线属浙北平原地区。

(6)投资规模

项目总投资 22.71 亿元,平均每公里投资 8288 万元。

(7)开工及通车、竣工时间

本段于 2004 年 11 月 1 日开工建设,于 2008 年 1 月 28 日通车。

G15 沪浙省界金丝娘桥至乍浦枢纽段桥梁汇总表

表 7-2-2

规模	名称	桥长(m)	主跨长度(m)	桥底净高(m)	跨越障碍物			梁式桥							
								钢筋混凝土桥			钢梁桥		预弯混凝土梁	组合梁桥	
					河流	沟谷	道路、铁路	简支梁桥	悬臂梁桥	连续梁桥	简支钢梁	连续钢梁		组合梁	钢管混凝土桁架梁
特大桥	盐平塘大桥	1398.55	90		√									√	
	黄姑塘大桥	1074	80		√					√				√	
	乍浦塘大桥	951.66	80		√					√				√	
	黄姑分离桥	500.04	30				√			√					
	金衢分离式立交桥	552.04	20				√							√	
	新仓分离桥	660.04	30				√							√	
	乍浦互通A匝道桥	252.06	30				√			√					
	乍浦互通F匝道桥	344.56	30				√								
	金曹立交桥	400	35												
大桥	牵浦立交桥	257.4	25					√							
	丰收河桥	201.66	25		√										
	徐林立交	440.8	62.8				√	√							
	乍浦分离桥	455.12	25				√			√					
	新三分离桥	335.04	25				√			√					
	黄姑互通A匝道桥	306.56	30				√							√	
	新衙公路分离立交桥	375.06	25				√			√					
	新仓互通A匝道桥	292.56	30				√							√	

G15 沪浙省界金丝娘桥至乍浦枢纽段路面结构表　　　　表 7-2-3

路面形式	起讫里程	长度(m)	沥青路面
柔性路面	全线(上下行)	27400	沥青混凝土路面

2. 前期决策情况

杭州至上海浦东高速公路是国家重点公路建设规划黑龙江嘉荫至福建南平高速公路的重要组成部分;在《浙江省公路水路建设规划(2003—2010)》中,杭浦高速公路作为浙江"两纵两横十八连三绕三通道"高速公路网中的"一连",成为浙江高速公路网主骨架中的一条重要线路;2004年国务院审议通过的《国家高速公路网规划》,杭浦高速公路的沪浙省界金丝娘桥至乍浦枢纽段成为国家高速公路 G15 沈阳至海口的浙江段之一。

2003年3月,本项目设计单位组成可行性研究项目组,广泛听取沿线地方政府和交通主管部门的意见,尽可能考虑与沿线城镇规划相协调,选择经济合理并切合实际的路线线位走向,并与上海市公路主管部门就接口问题初步取得一致意见,完成了线位论证报告编制工作。2003年7月,根据线位论证报告的评审意见,在线位布设进一步优化和调整基础上,完成了本项目的工程可行性研究报告。

3. 参建单位主要情况

(1)勘察设计单位

浙江省交通规划设计研究院。

(2)施工单位

浙江省交通工程集团有限公司、杭州市交通工程集团有限公司、中国冶金建设集团公司、中铁二局集团第五工程有限公司等。

(3)监理单位

杭州公路工程监理咨询有限公司、北京华通公路桥梁监理咨询公司、山东省交通工程监理咨询公司、江苏交通工程咨询监理有限公司等。

(二)建设情况

1. 项目审批

2004年,杭州至上海浦东高速公路(浙江段)项目经浙江省发展改革委员会浙发改设计〔2004〕109、128号文批准建设,并已列入年度基本建设计划。浙江杭浦高速公路有限公司为该项目的业主。

2. 资金筹措

资金来源为地方自筹、银行贷款。

3. 征地拆迁

征地拆迁统计见表7-2-4。

G15 沪浙省界金丝娘桥至乍浦枢纽段征地拆迁统计表　　表7-2-4

项目	征地拆迁安置起止时间	征用土地（亩）	拆迁房屋（m²）	支付补偿费用（元）	备注
一期	2004.9～2008.1	12739.308	499857	132827.6683	

4. 项目实施阶段

2004年11月1日，杭浦高速公路（杭州至上海浦东）（浙江段）正式开工，于2008年1月28日建成通车。作为沪杭高速公路的复线，杭浦高速公路工程的启动，标志着杭州与上海公路网络的对接已步入加速阶段。

（三）运营养护管理

1. 服务设施

本段设置平湖服务区一座，共占地73332m²（表7-2-5）。

G15 沪浙省界金丝娘桥至乍浦枢纽段服务区设置情况表　　表7-2-5

服务区名称	位　　置	占地面积（m²）
平湖服务区	K106	73332

2. 收费设施

本项目共设置收费站4座，其中在沪浙省界设主线收费站1座（全塘主线收费站），在新仓、独山、乍浦设置匝道收费站共3座。沪浙界主线收费站收费车道数为36，其他匝道收费站的收费车道数为5～6不等，均为人工与ETC相结合的收费站（表7-2-6）。

G15 沪浙省界金丝娘桥至乍浦枢纽段收费站点设置情况表　　表7-2-6

站点名称	车　道　数	收费方式
杭浦乍浦	6	人工与ETC相结合
杭浦独山	5	人工与ETC相结合
杭浦新仓	5	人工与ETC相结合
杭浦全塘	36	人工与ETC相结合

3. 交通流量

交通流量情况见表7-2-7。

G15 沪浙省界金丝娘桥至乍浦枢纽段交通流量发展状况表（单位：pcu/d）　　表 7-2-7

年　份	全程加权平均值	浙沪南主线至新仓	新仓至独山	独山至乍浦
2008	15033	15191	15484	14424
2009	26073	25968	26540	25712
2010	21927	25895	20396	19491
2011	21430	25909	19551	18830
2012	19172	19837	19045	18633
2013	19143	18923	19322	19185
2014	22644	22278	22867	22788
2015	23845	23295	24120	24121

二、G15 杭州湾跨海大桥及南北接线段（建设期 2003—2008 年）

（一）项目概况

1. 基本情况

（1）功能定位

杭州湾跨海大桥及南北接线段是国家高速公路 G15 沈海线跨越杭州湾的便捷通道，也是国家高速公路网杭州湾环线（G92）的组成部分。跨海大桥及南北接线建成后将缩短宁波至上海间的陆路距离 120 余公里，从而大大缓解沪杭甬高速公路的压力，形成以上海为中心的江浙沪 2 小时交通圈，对加快宁波、台州等地融入长三角，促进整个浙江经济社会发展都具有深远的、重大的战略意义。体现在：有利于主动接轨上海，扩大开放，推动长江三角洲地区合作与交流，提高浙江省特别是宁波市和嘉兴市对内对外开放水平，增强综合实力和国际竞争力；有利于完善长江三角洲区域公路网布局及国道主干线，缓解杭州过境（沪杭甬高速公路）公路交通的压力；有利于改变宁波市交通末端的状况，从而变成交通枢纽，实施环杭州湾区域发展战略；有利于促进江、浙、沪旅游发展；有利于支持上海国际航运中心建设，促进宁波、舟山深水良港资源的整合开发和利用；也有利于旅游业的发展和国防建设。

（2）技术标准

杭州湾跨海大桥结构为双塔钢筋混凝土斜拉桥，双向六车道，设计速度 100km/h，设计使用寿命 100 年。大桥设北、南两个通航孔。北通航孔桥为主跨 448m 的双塔双索面钢箱梁斜拉桥，通航标准 35000t；南通航孔桥为单塔双索面钢箱梁斜拉桥，通航标准 3000t。

大桥两岸连接线工程中技术标准均为双向六车道，设计速度 120km/h。

（3）建设规模

杭州湾跨海大桥全长 36km，其中桥长 35.7km。

宁波杭州湾跨海大桥南连接线工程是大桥的配套工程。大桥两岸连接线工程中,北连接线一期工程全长24.77km(其中属G15沿海高速公路的为3.91km),北接线工程起自嘉(兴)、(南)通高速公路与沪杭高速公路相交的步云枢纽,终于杭州湾跨海大桥北岸引线起点,双向六车道,设计速度120km/h;南连接线工程北起慈溪庵东镇北,终于江北宁波绕城公路,全长57.43km,双向六车道,设计速度120km/h。标准路基宽为35m。详见表7-2-8~表7-2-11。

杭州湾跨海大桥已成为继青岛胶州湾大桥和美国庞恰特雷恩湖桥后的目前世界上最长的跨海大桥后的世界第三长的桥梁。

(4)主要控制点

北接线的本项目起点位于杭浦高速公路的乍浦枢纽,往南至跨海大桥北岸引线起点;经36km长跨海大桥,接南岸引线终点慈溪水路湾,经庵东、新浦、附海、观海卫、掌起、东埠头、慈城,止于前洋与宁波绕城高速公路相接,全线有特大桥5座,大桥45座;在庵东、前洋设枢纽互通立交二处,在新浦、附海、观海卫、掌起、慈城西互通立交四处,预留与规划沿海北线相交的附海互通立交;有隧道两处,分别为石子山隧道和长溪岭隧道;全线设养护工区一处,慈城服务区一处。

(5)地形地貌

浙北平原微丘地区和杭州湾海域。软土层厚、持力层深,南岸滩涂长,海域宽阔,台风多、潮差大、流速急,具有典型的海洋性气候特征。气象复杂多变,台风、龙卷风、雷暴及突发性小范围灾害性天气时有发生。

(6)投资规模

杭州湾跨海大桥投资估算为117.6亿元,概算136.2亿元,决算134.5亿元。跨海大桥北接线投资决算3.35亿元;南接线投资估算为43亿元,概算51.95亿元,决算48.78亿元。

(7)开工及通车、竣工时间

杭州湾跨海大桥于2003年11月开工建设,2008年5月建成通车。接线工程于2004年8月开工,2008年1月建成。

2. 前期决策情况

1993年开始酝酿筹建杭州湾交通通道,宁波市政府委托上海林李公司和中交公路规划设计院进行预可行性研究。期间,多次召开研讨会,广泛征集各方面意见,还相继开展经济、水文、地质、气象等13项专题,并组织评审会和论证会。2000年6月21日,浙江省政府第37次常务会议作出了建设杭州湾跨海大桥的决定,明确大桥建设以宁波为主,要求抓紧上报项目建议书,争取国家支持。

第七章 高速公路建设项目

G15 杭州湾跨海大桥桥梁汇总表

表 7-2-8

名称	桥长(m)	主跨长度(m)	桥底净高(m)	跨越障碍物			梁式桥				组合梁桥		斜拉桥				钢梁	混合梁
				河流	沟谷	道路、铁路	钢筋混凝土梁桥			钢梁桥	组合梁桥	钢管混凝土桁架梁	钢筋混凝土梁	普通钢筋混凝土梁	预应力混凝土梁	工字钢梁混凝土板	钢箱梁混凝土板	钢桁架梁混凝土板		
							简支梁桥	悬臂梁桥	连续梁桥	简支钢梁	连续钢梁	预弯混凝土梁								
杭州湾跨海大桥	35673	北航道:448 南航道:318	北航道桥:47 南航道桥:31	√															√	

G15 杭州湾跨海大桥北接线段桥梁汇总表

表 7-2-9

名称	桥长(m)	主跨长度(m)	桥底净高(m)	跨越障碍物			梁式桥				组合梁桥		斜拉桥				钢梁	混合梁
				河流	沟谷	道路、铁路	钢筋混凝土梁桥			钢梁桥	组合梁桥	钢管混凝土桁架梁	钢筋混凝土梁	普通钢筋混凝土梁	预应力混凝土梁	工字钢梁混凝土板	钢箱梁混凝土板	钢桁架梁混凝土板		
							简支梁桥	悬臂梁桥	连续梁桥	简支钢梁	连续钢梁	预弯混凝土梁								
西塘桥互通A匝道桥	285.08	20				√	√													
西塘桥互通B匝道桥	102.467	20				√	√													
西塘桥互通E匝道桥	102.467	21				√	√													
西塘桥互通F匝道桥	238.04	20				√	√													

G15 杭州湾跨海大桥南接线段桥梁汇总表

表 7-2-10

规模	名称	桥长(m)	主跨长度(m)	主桥底净高(m)	河流	沟谷	道路、铁路	钢筋混凝土梁桥-简支	钢筋混凝土梁桥-悬臂	钢筋混凝土梁桥-连续	钢管混凝土拱桥-提篮型
特大桥	崇寿立交桥	1021.6	50		√		√	√			
	观海卫高架桥	1126.0	60		√		√	√			
	掌起高架桥	1679.0	20		√		√	√			
	慈城大桥	3165.9	60		√					√	√
	前洋高架桥	1464.0	35		√		√	√			
	海星公公分离式立交桥	676	23		√			√		√	
	庵东公公分离式立交桥	485	20		√					√	
大桥	陆中湾大桥	165	20		√			√			
	傅马立交桥	505	20		√			√		√	
	新舟立交桥	255	25		√			√			
	海运立交桥	125	20		√			√		√	
	K1429+142大桥	165	20				√	√			
	胜山分离式立交	789	30				√	√		√	
	中掘落分离式立交	305	25		√			√			
	水云浦大桥	160	25		√			√			
	新浦分离武立交	665	20		√			√			
	半掘浦大桥	105	20				√	√			
	附海分离武立交	612	20		√			√			
	四百里大桥	437	55		√			√			
	蛟门浦大桥	105	20		√			√			

第七章 高速公路建设项目

续上表

规模	名称	桥长(m)	主跨长度(m)	桥底净高(m)	跨越障碍物			梁式桥 — 钢筋混凝土梁桥			钢梁桥		组合梁桥			混凝土拱桥		钢筋混凝土拱桥						钢拱桥		钢管混凝土拱桥		
					河流	沟谷	道路铁路	简支梁桥	悬臂梁桥	连续梁桥	简支钢梁桥	连续钢梁桥	预弯混凝土梁	组合梁	钢管混凝土桁架梁	预制混凝土拱	现浇混凝土拱	双曲拱	助拱	箱形拱	桁架拱	刚架拱	系杆拱	箱形拱	桁架拱	哑铃型	桁架型	提篮型
大桥	三塘横江大桥	185	20		✓			✓																				
	海地舍分离式立交	437	55				✓	✓																				
	翁家分离式立交	405	25				✓			✓																		
	高青浦大桥	145	20		✓			✓																				
	沈师桥立交	665	20		✓			✓																				
	竺江山大桥	145	20		✓			✓																				
	东埠头分离式立交	165	20				✓	✓																				
	关头山大桥	314.14	30				✓	✓																				
	长古山大桥	305.6	30		✓		✓	✓																				
	季岙北大桥	381	30		✓		✓	✓																				
	季岙南大桥	365	20		✓			✓																				
	楼家堰分离式立交	380	54.3				✓			✓																		
	杨陈高架桥	705	20		✓		✓	✓																				
	官山河大桥	105	20		✓			✓																				
	庵东互通立交D匝道桥(DK0+189)	407	28				✓			✓																		
	庵东互通立交G匝道桥(GK0+322)	202.9	20				✓			✓																		
	庵东互通立交H匝道桥(HK0+323)	182.9	20		✓		✓			✓																		

续上表

规模	名称	桥长(m)	主跨长度(m)	桥底净高(m)	跨越障碍物				梁式桥								拱式桥										钢管混凝土拱桥		
					河流	沟谷	道路	铁路	钢筋混凝土梁桥			钢梁桥		组合梁桥			混凝土拱桥		钢筋混凝土拱桥						钢拱桥				
									简支梁桥	悬臂梁桥	连续梁桥	简支钢梁	连续钢梁	预弯混凝土梁	组合梁	钢管混凝土桁架梁	预制混凝土拱	现浇混凝土拱	双曲拱	肋拱	箱形拱	桁架拱	刚架拱	系杆拱	箱形拱	桁架拱	哑铃型	桁架型	提篮型
大桥	庵东互通立交M匝道1号桥(MK0+950)	869.4	25		✓						✓																		
	新浦互通A匝道2号桥(AK0+613)	253	20				✓		✓																				
	新浦互通A匝道3号桥(AK1+388)	308					✓				✓																		
	观海卫互通A匝道1号桥	364	21.25				✓				✓																		
	观海卫互通A匝道2号桥	390	25		✓		✓				✓																		
	掌起互通A匝道1号桥	280	25		✓		✓		✓																				
	掌起互通A匝道2号桥	140	40		✓		✓		✓																				
	掌起互通C匝道桥	352	20		✓		✓		✓																				
	慈城互通A匝道1号桥	435	33				✓		✓																				
	慈城互通A匝道3号桥	382.5	20				✓		✓		✓																		
	前洋互通B匝道1号桥	633	20		✓		✓				✓																		
	前洋互通B匝道2号桥	552.6	40				✓		✓		✓																		
	前洋互通C匝道1号桥	262.5	28				✓				✓																		
	前洋互通F匝道桥	382	16				✓				✓																		
	前洋互通G匝道桥	223.5	20				✓				✓																		
	前洋互通H匝道桥	183.5	16				✓				✓																		

G15 杭州湾跨海大桥及南北接线段路面结构表　　　　　　　　　表 7-2-11

路面形式	起讫里程	长度(m)	水泥混凝土路面	沥青路面
柔性路面	跨海大桥：K1380+000～K1416+000	36000		沥青混凝土路面
	北接线：K1375+782～K1379+697	3915		沥青混凝土路面
	南接线：K1416+000～K1474+700	58700		沥青混凝土路面

2000年8月，浙江省发展计划委员会将项目建议书上报国家计委。2002年4月30日，国务院第128次总理办公会议讨论通过了本项目的立项问题。同年5月29日，国家计委正式下达立项批文。

2001年12月，通过招标确定由中交公路规划设计院、中铁大桥勘测设计院和交通部三航院联合体承担本项目设计任务。2003年1月，省计委、交通厅联合主持对初步设计预审，3月10日，浙江省交通厅向交通部报送要求对本项目初步设计文件进行审查的请示。4月9日至12日，交通部组织国内24名专家对初步设计进行了审查。2003年8月6日国家交通部对大桥初步设计作了批复。

2001年10月，指挥部一手抓立项审批，一手在南岸开始通路、水、电、通信、码头等15项"五通一平"工程。2003年2月，"五通一平"工程基本完成，具备了开工建设的条件。2003年4月，在南岸滩涂区进行试验段工程，为大桥工程全面开工探索并积累有益的经验。

3. 参建单位主要情况

（1）勘察设计单位

中交公路规划设计院有限公司，中铁大桥勘测设计院有限公司，交通部公路科学研究所，交通部第三航务工程勘察设计院，辽宁省交通勘测设计院，浙江省交通设计规划研究院。

（2）施工单位

杭州湾跨海大桥建设单位有多家，主要包括：中铁大桥局集团有限公司，中铁二局集团有限公司，中铁四局集团有限公司，中铁十九局集团有限公司，中港第一航务工程局，中港第三航务工程局，宁波交通工程建设集团有限公司，中交第三公路工程局有限公司，浙江省交通工程建设集团有限公司，中铁二十局集团有限公司，浙江宏途交通建设有限公司，杭州市交通工程集团有限公司，陕西路桥集团有限公司，中铁一局集团有限公司，中铁十三局集团第三工程有限公司，中铁隧道集团有限公司，中铁四局集团第一工程有限公司，中国路桥总公司，南通路桥工程有限公司，浙江交工路桥建设有限公司华丰建设有限公司，浙江海滨建设集团有限公司，浙江大荣建设有限公司，浙江中联建设有限公司，中国建筑技术集团有限公司，浙江建安实业集团股份有限公司，中达建设集团股份有限公司，浙江光宏建设有限公司，宁波滕头园林绿化工程有限公司，宁波市绿茵市政园林工程有限公司，浙江绿洲生态股份有限公司，宁波星荷园林景观发展有限公司，宁波市交通园林绿化工程有限公司,宁波市金娥园林工程有限公司,杭州市园林绿化工程有限公司,浙江东方市政园林工程有限公司,厦门瀚卓路桥景观艺术有限公司,宁波市交通园林绿化工程有限公司,北京深华科交通工程有限公司,中国磁记录设备公司,上海交技发展股份有限公司,宁波路宝科技实业集团有限公司,东盟营造工程有限公司,台州路马交通安全设施有限公司等。

(3)监理单位

中国公路工程咨询总公司,铁科院(北京)工程咨询有限公司,中国公路工程咨询集团有限公司,宁波交通工程咨询监理有限公司,中国船级社实业公司,中咨工程建设监理公司,北京华路捷公路工程技术咨询有限公司,江苏省交通工程咨询监理总公司等。

(二)建设情况

1. 项目审批

2000年7月,委托中交公路规划设计院开展本项目"工可"研究。2002年7月,浙江省计委向国家计委上报本项目的"工可"报告。期间,相继开展了工程地质、浅层气、波浪力、环保、经济、气象、交通等19项专题研究,并通过专家评审。同年8月,交通部和中咨公司对"工可"报告进行了行业审查和评估。2003年2月,国务院第151次总理办公会议讨论通过了本项目"工可"报告。同年3月,国家计委下达"工可"审批批文。

2. 资金筹措

杭州湾跨海大桥是国内第一家以地方民营企业为主体,投资超百亿的国家特大型交通基础设施项目。大桥资本金38.5亿元,其中民营资本占了50%以上,共有17家省内民营企业凭着日益增强的经济实力进行投资入股,包括雅戈尔、方太厨具、海通集团等民营企业都参与了对大桥的投资。杭州湾跨海大桥的建设没有依靠国家投资,展现了浙江的实力,成为浙江的地标。可以说,大桥项目的投资体制和建设模式,对拓宽民营资本的投资领域,建立民营资本与国有资本有机结合的投资模式,取得政府和企业"双赢"的经营机制做出了积极、有益的探索。

3. 合同段划分

按照"区分不同工程作业类型,保持施工组织的完整性和工序的连贯性"的大桥总体实施计划,共划分为12个土建施工标段、7个监理标段及部分材料标(表7-2-12)。2003年7、8月先行完成水泥和部分钢板、钢筋的采购招标,2003年11月,完成了第一阶段土建7个施工标和3个监理标的招标工作,2004年3月完成了第二阶段5个土建施工标、4个监理标的招标工作,累计招标金额约85.7亿元。2003年11月14日,中港二航局V标将第一根长73m、直径1.5m的钢管桩打入预定位置,标志着大桥主体工程开工建设。2004

年3月16日,第二阶段土建工程招标签约,标志大桥工程进入全面开工建设阶段。

G15 杭州湾跨海大桥标段划分情况表　　　　　表 7-2-12

标段号	标段所在地	工程内容及长度 内容	长度(km)	施工单位
Ⅰ	嘉兴	(1)北引线道路施工(含软基处理),长约15.5m; (2)北引桥陆地区和滩涂区:30m、50m、60m、80m斜腹板连续箱梁,板式墩,钻孔桩; (3)栈桥,桩号 K50+010~K51+580	2.579	浙江省交通工程建设集团有限公司
Ⅱ	嘉兴	北航道桥基础工程、墩身、索塔(不含钢锚箱采购)、钢箱梁吊装和斜拉索采购与安装,以及北航道桥北侧高墩区引桥基础及下部构造施工	0.908	广东长大公路工程有限公司
Ⅲ-A	嘉兴	南航道桥基础工程、墩身、索塔(不含钢锚箱采购)、钢箱梁吊装和斜拉索采购与安装	0.578	中港第二航务工程局
Ⅲ-B	嘉兴	海中平台基础及一层平台,海中平台匝道桥下部结构和匝道桥钢箱梁安装,海中平台位于大桥中心桩号 K66+120 下游侧		路桥集团国际建设股份有限公司
Ⅳ	嘉兴	北航道桥南侧高墩区和南航道桥两侧高墩区下部基础、承台及墩身(现浇)	2.17	路桥集团国际建设股份有限公司
Ⅴ	嘉兴	(1)中、南引桥水中低墩区下部墩身; (2)中引桥水中低墩区(一)打入钢管桩及承台	15.47	中港第二航务工程局
Ⅵ	嘉兴	中引桥水中低墩区(二)下部打入钢管桩及承台; 南水中低墩区(二)打入钢管桩及承台	4.55	中港第三航务工程局
Ⅶ	嘉兴	南引桥水中低墩区(一)下部打入钢管桩及承台	5.11	中港第一航务工程局
Ⅷ	嘉兴	中、南引桥水中低墩区、航道桥高墩区 70m 梁整体预制和架设	18.27	中铁大桥局集团有限公司
Ⅸ-A	宁波	南引桥滩涂区下部及栈桥:钻孔桩、承台、板式墩	5.35	中铁四局集团有限公司
Ⅸ-B	宁波	南引桥滩涂区下部:钻孔桩、承台、板式墩	4.25	中铁十九局集团有限公司
Ⅹ	宁波	南引桥滩涂区下部箱梁预制安装跨十塘(50+80+50)m 和十塘内4×50m联:50m、80m 斜腹板连续箱梁、板式墩、钻孔桩、承台、墩身为现浇	10.58	中铁二局集团有限公司
Ⅺ	宁波	南引桥陆地区及南引线:50m、30m 连续箱梁、板式墩、钻孔桩、承台。引线道路施工(含软基处理)和服务区匝道桥	3.185	宁波交通工程建设集团有限公司
Ⅻ	宁波	钢管桩加工制造		三鼎与科鑫联合体
XIII	宁波	钢箱梁、钢锚箱制造		武船重型工程有限公司
XIV	宁波	阳极组制安 2628 组	18	沈阳中科联合体
涂Ⅰ合同段	宁波	桩号:K49+015.5~K52+069 北引桥、北航道桥北侧高墩区引桥的箱梁、承台、墩身	3.053	绍兴县防腐保温工程公司
涂Ⅱ合同段	宁波	桩号:K52+069~K71+685。包括:北航道桥南侧高墩区引桥和南航道桥高墩区引桥、中引桥及南引桥水中区的索塔、承台、墩身;海中平台匝道桥和海中平台下部结构混凝土(K63+337~K71+685)	19.616	宁波市象山防腐工程有限公司

续上表

标段号	标段所在地	工程内容及长度		施工单位
		内容	长度（km）	
涂Ⅲ合同段	宁波	桩号：K71+685~K84+688.5，南引桥滩涂区承台、墩身；南引桥滩涂区南端三联（K80+385~K81+385）箱梁；南引桥陆地区及服务区匝道桥的承台、墩身、箱梁	13.003	上海申航基础工程有限公司
铺装Ⅰ合同	宁波	混凝土箱梁桥面铺装、南、北服务区匝道桥及沥青混凝土路面、引线路面	36.221	中交第三公路工程局有限公司
铺装Ⅱ合同	宁波	钢箱梁桥面铺装	1.486	天津城建集团有限公司
栏Ⅰ合同	宁波	K49+015.5~K66+505 边缘、中分带护栏立柱、横梁及风障立柱制作安装	19.539	浙江省交通工程建设集团有限公司
栏Ⅱ合同	宁波	K66+505~K84+688.5 边缘、中分带护栏立柱、横梁制作安装	18	上海达润市政工程有限公司
房建Ⅰ合同段	宁波	监控通信收费分中心、南岸公路服务区（含养护工区）		浙江德盛建设集团有限公司
房建Ⅱ合同段	宁波	北岸公路服务区（含养护工区）		浙江勤业建工集团有限公司
伸缩缝合同Ⅰ标	宁波	伸缩缝采购安装		宁波路宝科技实业集团有限公司
交通安全设施合同	宁波	交通安全设施的标志、标线等安全设施的布设		宁波交通工程建设集团有限公司
监控通信收费合同	宁波	监控中心设备——计算机、视频控制设备、视频监视器、大屏幕投影、网络设备、打印设备、操作台、软件、显示设备机架及各类控制机柜；道路监控外场设备——检测器、摄像机、信息板、气象设备、有线广播设备、动静态称重设备、电力电缆、控制电缆；通信中心设备、通信站设备、通信外场设备、光缆、电缆桥架；收费中心设备、收费站设备、车道设备、电缆、软件		上海电器科学研究所有限公司
照明合同	宁波	大桥照明：桥上和箱梁内灯杆、灯具、智能控制、配电控制箱（柜）、雾灯、桥架、电缆。景观照明：灯具、照明支架、配电控制箱（柜）、桥架、电缆		浙江中企实业有限公司
变配电合同	宁波	外场变压器、控制柜、电缆、梁内管托架。外场供电监控设备、变电站监控设备、中心电力监控设备、电力监控软件		江苏航空产业集团中压系统工程有限公司
桥梁健康与安全监测合同	宁波	大桥结构健康与安装检测系统，包括：系统联合设计、设备采购、软件开发、供货、运输、交付、安装、调试、开通、培训、文件、3个月试运转和缺陷责任期维护及维护手册编制等全套服务		交通部公路科学研究所
电梯采购安装	宁波	大桥用电梯约3台：北航道桥北塔、北航道桥南塔和南航道桥桥塔		武汉金茂电梯有限公司

4. 征地拆迁

跨海大桥工程征用土地608亩,拆迁房屋23553m²,支付赔偿费用13043万元。北接线工程一期征用土地5387亩,拆迁房屋245769m²,支付赔偿费用62002万元。南接线工程征用土地4897亩,拆迁房屋268188m²,支付赔偿费用87612万元(表7-2-13)。

G15杭州湾跨海大桥及南北接线段征地拆迁情况表 表7-2-13

项 目	征地拆迁安置起止时间	征用土地(亩)	拆迁房屋(m²)	支付补偿费用(元)	备注
跨海大桥	2003.3~2008.5	608	23552.76	130429432	
北接线	2004.9~2008.1	5386.75	245769	62002.51	
南接线	2003.3~2008.5	608	23552.76	130429432	

5. 项目实施阶段

2003年6月8日,大桥工程举行奠基仪式。

2003年6月8日,第一根钻孔灌注桩在南岸滩涂区开始施工,2007年3月27日,最后一根钻孔灌注桩在海中平台匝道桥桩完成施工。

2003年10月28日,北岸引桥工程开工,2007年5月26日完工。

2003年10月31日,全长9.78km的南岸钢栈桥动工修建,桥宽7m,共用钢材5万t,2005年12月24日修建完成,2006年8月15日开始拆除。

2003年11月14日,杭州湾跨海大桥打下第一根钢管桩。2006年2月3日,主桥最后一根钢管桩沉放到位。

2003年11月28日,南岸引桥工程开工,2007年1月8日完工。

2004年7月9日,南航道桥沉放第一节钢护筒,2006年8月20日完成承台浇筑,2007年1月10日,架设第一段钢箱梁,2007年1月26日主塔封顶。2007年6月11日15时,最后一段钢箱梁架设到位,南航道桥顺利合龙。

2004年8月28日,第一个预制墩身开始浇筑,2006年9月30日,最后第474个预制墩身浇筑完成。2004年10月10日,第一个预制墩身安装到位,2006年10月18日,最后第474个预制墩身安装完毕。

2004年11月17日,北航道桥主墩桩基开始施工,2006年12月27日,完成最后一根灌注桩施工,2007年2月6日首段钢箱梁吊装到位。2007年2月7日主塔顺利封顶。2007年6月13日晚9:58,北航道桥主桥最后一段钢箱梁吊装到位,北航道桥顺利合龙。

2005年6月1日,第一片70m预制梁,宽15.8m,重2200t,由"小天鹅号"运架船架设到位。2007年5月21日,"天一号"运架船将第540片70m预制梁架设完毕。

2005年7月28日,第一片50m预制箱梁,宽15.8m,重1430t,采用"梁上运梁"的架设工艺安装到位,2006年11月16日,完成了共404片50m预制箱梁架设。

2006年4月10日,海中平台沉放第一根钢管桩,7月25日海中平台310根钢管桩沉桩完毕。

2007年6月26日,大桥全线贯通(图7-2-2)。

图7-2-2 杭州湾跨海大桥贯通仪式

2008年5月1日,大桥正式通车运行。

2011年7月,顺利通过了交通运输部组织的竣工验收,并以总分97.14分的优良成绩通过验收,是当时我国桥梁工程质量鉴定最高分,为杭州湾跨海大桥工程建设画上了圆满的句号。

(三)复杂技术工程

1. 工程规模大,海上工程量大

大桥全长36km,海上段长度达32km。全桥总计混凝土245万m^3,各类钢材82万t,钢管桩5513根,钻孔桩3550根,承台1272个,墩身1428个,工程规模浩大。

2. 自然环境恶劣

潮差大、流速急、流向乱、波浪高、冲刷深、软弱地层厚,部分区段浅层气富集。其中,南岸10km滩涂区干湿交替,海上工程大部分为远岸作业,施工条件很差。受水文和气象影响,有效工作日少,据现场施工统计,海上施工作业年有效天数不足180天,滩涂区约250天。

3. 制订总体设计方案难度很大

设计要求新,其中水中区引桥(18.27km)和南岸滩涂区引桥(10.1km)是整个工程的关键;结构防腐问题十分突出,且无规范可遵循;大桥运行期间,桥面行车环境受大风、浓雾、暴雨及驾驶员视觉疲劳等不利因素的影响,采取合理有效的设计对策是保障桥面行车安全的关键;设计方案涉及新材料、新工艺、新技术的应用以及多项大型专用设备的研制。

施工技术方面,面临着海上激流区高墩区大吨位箱梁的整体预制、运输及架设,宽滩涂区大吨位箱梁的长距离梁上运梁及架设,超长螺旋钢管桩的设计、防腐与沉桩施工等诸多施工关键技术的挑战;在测量控制方面,因桥梁长度超长,地球曲面效应引起的结构测量变形问题十分突出,受海洋环境制约,传统测量手段已无法满足施工精度和施工进度的要求,如何借助GPS技术实现快速、高效测量施工是一个制约全桥工期的核心技术问题。

4. 建设目标要求高施工组织与运行管理难度大

大桥工程规模宏大,备受世人瞩目。建设之初,宁波市委市政府明确提出大桥工程要按照"三个一流目标"的标准来实施。面对复杂的建设环境,充满挑战的工程,组织和管理好大桥工程是摆在指挥部面前的巨大挑战。因工程施工作业点多、战线长,存在同步作业、交叉作业工序,施工组织难度大,工程质量、进度、安全及资金控制难度大。面对台风、大风、大潮、巨浪、急流、暴雨、大雾及雷电等气象水文条件,如何采取切实有效的工程控制与运行管理措施是工程管理上需要面对的新课题。

(四)科技创新

1. 杭州湾跨海大桥总体设计

杭州湾跨海大桥全长36km,建设条件十分恶劣,为保证海上施工的安全和质量,必须将设计与施工综合考虑。经过国内外多次调研和专家咨询,制定了施工决定设计的总体原则,尽量减少海上作业时间,变海上施工为陆上施工,采用工厂化、大型化、机械化的设计和施工原则。

2. 大直径超长钢管桩设计、制造、防腐和施工成套技术

大桥钢管桩基础具有桩长、大直径、数量巨大的特点。桩长达89m,桩径为1.5m和1.6m,总计5474根。通过一年多钢管桩基础施工,进度快,质量好,证明这一选择是正确的。其创新点是:超长整桩预制;内外螺旋焊接;三层熔融环氧粉末涂装;埋弧自动焊工艺;大直径不等壁厚焊接;牺牲阳极阴极保护。

3. 大吨位70m预应力箱梁整体预制和强潮海域海上运输、架设技术

其创新点是:对海工耐久混凝土配合比进行研究;70m箱梁局部结构分析;真空辅助压浆技术;研制了大跨度、高平整度桥面施工振动桥设备;首次采用了早期张拉工艺并取得了良好的效果;自行设计制造了具有世界一流水平的2400t液压悬挂轮轨式70m箱梁纵移台车。

4. 大吨位50m预应力箱梁整体预制和梁上运输架设技术

其创新点是:结合施工方案对大吨位整孔箱梁的关键结构进行优化;海工耐久性混凝

土性能研究与实践;预应力管道真空压浆试验与实践;箱梁梁上运梁和架桥机架设的综合技术。

5. 海洋环境下混凝土结构耐久性研究

其创新点是:建立可靠的钢筋腐蚀电学参数和输出光功率变化判据;研制混凝土结构寿命的动态预报软件;制订大桥混凝土结构耐久性长期原体观测系统设计方案,并配合工程进度实施。这项技术填补了国内空白。

6. 跨海长桥全天候运行测量控制关键技术研究

其创新点是:连续运行 GPS 参考站,在杭州湾跨海大桥的成功应用及在实践中形成的规程和细则,弥补了中国跨海大桥这方面的空白;2012年当时的规范没有适应几十公里长度跨海大桥投影坐标系建立的相应标准,根据杭州湾跨海大桥的特殊性加以了解,为制定相应规范提供参考;创造性地提出过渡曲面拟合法,使海中 GPS 拟合高程的精度达到三等水准的精度;用测距三角高程法配合 GPS 拟合高程法进行连续多跨跨海高程贯通测量,创造出一种快速海中高程贯通测量的方法;杭州湾跨海大桥在国内首次采用 GIS 技术研制成基于 B/S 模式的大型桥梁测绘资料管理系统。

7. 杭州湾跨海大桥河工模型与桥墩局部冲刷研究

2002年8月,通过专家组鉴定,研究成果总体达到国际先进水平,其中实体模型中涌潮的模拟方法和试验技术以及分布式浑水生潮系统和沙量随潮变化的加沙系统达到国际领先水平。2004年获得浙江省科技进步二等奖。

8. 灾害天气对跨海长桥行车安全的影响研究及对策

主要创新点是:确定车辆安全行驶风速标准;面向所有灾害天气类型进行研究;提出杭州湾跨海大桥的行车安全保障措施;基于气象监测系统、预报系统与道路管理系统的多方面系统研究;制定不同灾害天气条件下道路交通控制标准;开发低造价传感器等数据采集设备;开发集数据传输、数据处理、信息发布的计算机软件。2012年,已取得系列中间成果,其中报告推荐的风障方案即将付诸实施。

9. 跨海长桥建设信息化管理技术

其创新点是:对整体桥梁部位进行的结构分解,形成22949个结构构件,并将采集数据的625张表与其相关联,提供一个完整的数据结构化检索方式;集成统一工程通讯及网络的组建,极大降低了基础网络建设成本;实现长距离的多点无线视频图像传输及回送。

系统已完成软件开发并投入运行一年多,在工程实施中发挥了巨大作用。

以上科技创新已有5项通过交通部和浙江省交通厅的鉴定,其成果总体达到国际领先水平,为国内同类桥梁的建设提供借鉴。

10. 新型桥梁伸缩装置技术

采用了荣获国家技术发明二等奖的 LB 多向变位桥梁伸缩装置。

其创新特点是:LB 单元式多向变位桥梁伸缩装置针对传统模数式及梳形伸缩装置存在的不足,特别是在悬索桥、斜拉桥桥梁的纵、横、扭转等多向变位功能上展开了广泛的研究与实践,本着"安全、舒适、经济、耐用、方便"的宗旨,成功研制了新一代桥梁伸缩装置,该技术处于国际领先水平。

(五)运营养护管理

1. 服务设施

杭州湾跨海大桥设北岸服务区和南岸服务区。北岸服务区占地 202 亩,南岸服务区占地 302 亩(表 7-2-14)。

G15 杭州湾跨海大桥及南北接线段服务设施情况表 表 7-2-14

服务区名称	位　置	占地面积
北岸服务区	K1379+100~K1379+796.538	202 亩
南岸服务区	K1412+815~K1414+195	302 亩
慈城服务区	K1465	67185m²

2. 收费设施

杭州湾跨海大桥设海天一洲收费站,4 条车道,采用人工收费方式。

北接线(G15)设嘉兴港区一处互通收费站,6 条车道,采用人工与 ETC 收费方式相结合。

南接线设宁波北、慈城、掌起、观海卫、慈溪和庵东 6 处互通收费站,均采用人工和 ETC 相结合收费方式,收费车道数 5~11 不等(表 7-2-15)。

G15 杭州湾跨海大桥及南北接线段收费设施情况表 表 7-2-15

收费站点名称	车　道　数	收　费　方　式
跨海大桥		
海天一洲收费站	4	人工收费
北接线		
嘉兴港区	6	人工与 ETC 相结合
南接线		
宁波北	4+7	2 条 ETC 收费,其余是人工收费
慈城	2+3	2 条 ETC 收费,其余是人工收费
掌起	3+6	2 条 ETC 收费,其余是人工收费
观海卫	3+5	2 条 ETC 收费,其余是人工收费
慈溪	4+7	2 条 ETC 收费,其余是人工收费
庵东	4+7	2 条 ETC 收费,其余是人工收费

3. 监控设施

杭州湾跨海大桥将是一座"数字化大桥"。科研单位利用硬件及接口技术、网络及数据库技术、图像图形技术、人工智能技术、计算数学、有限元技术、力学等多学科,建立一套大桥设计、建设及养管的科学评价体系,整座大桥将设置中央监视系统,平均每1km就有1对监视器。这样,不仅大桥可进行科学合理的维护管理,而且大桥"身体"的健康状况也在实时掌握中。

4. 交通流量

杭州湾跨海大桥于2008年通车,初始交通量就达16682pcu/d,至2015年日均交通量达到36257pcu/d(表7-2-16)。

G15杭州湾跨海大桥及南北接线段交通量情况表(单位:pcu/d)　　表7-2-16

年份	全程加权平均值	乍浦至海盐枢纽(杭浦北接线)	乍浦至西塘桥	西塘桥至海盐枢纽(乍嘉苏北接线)	西塘桥至大桥起点(北)	海天一洲至大桥起点(北)	海天一洲至水路湾	庵东至水路湾	慈溪至庵东	观海卫至慈溪	掌起至观海卫	慈城至掌起	宁波北至慈城
2007	1321								291	797	1470	2122	1927
2008	16682	15046	—	16640	21085	21085	21141	21141	11842	11627	13352	15371	15167
2009	31416	26395	—	35028	33972	33972	34030	34030	28186	27412	29177	31849	31525
2010	38826	20631	5447	47562	46893	46893	46918	46918	39558	38804	40143	43040	43108
2011	42999	19888	5282	52858	52456	52456	52430	52430	43994	43752	44431	47953	48060
2012	41738	19579	4016	50621	51273	51273	51237	51237	42018	42636	42967	46849	47147
2013	39661	20953	3782	48035	47857	47857	47822	47822	38551	40416	40785	45560	46496
2014	37261	25125	4469	45890	44412	44412	44382	44382	33799	36838	36808	42527	44093
2015	36257	26977	4360	47957	41944	41944	41897	41897	32976	36142	35456	40831	42698

三、G15宁波绕城前洋枢纽至姜山枢纽段(建设期2004—2007年)

(一)项目概况

1. 基本情况

(1)功能定位

G15宁波绕城高速公路前洋枢纽至姜山枢纽段,属宁波绕城高速公路西段工程,既是国家重点工程又是宁波市大交通建设的重点工程和"一环五射"市域高速公路网的重要组成部分。宁波绕城高速公路西段连接杭甬高速公路、甬台温高速公路、宁波杭州湾跨海大桥连接线和甬金高速公路并与重要的城市道路相交,使宁波市的交通格局由放射状向网络状过渡,有助于缓解城市交通压力,更好地为实施"以港兴市"的战略目标、为"接轨大上海、融入长三角"提供便捷的交通通道。

（2）技术标准

G15 宁波绕城高速公路前洋枢纽至姜山枢纽段,全线设计速度为 120km/h,其中前洋至朝阳路段共 23.5km,采用双向八车道、路基宽度为 42.5m,其余路段采用双向六车道、路基宽度 35m,均为沥青混凝土路面。

（3）建设规模

G15 宁波绕城高速公路前洋枢纽至姜山枢纽段全长 31.3km,有特大桥 5 座,大中桥 10 座。详见表 7-2-17、表 7-2-18。

G15 宁波绕城前洋枢纽至姜山枢纽段桥梁汇总表　　表 7-2-17

规模	名称	桥长(m)	主跨长度(m)	桥底净高(m)	跨越障碍物			梁式桥							
								钢筋混凝土梁桥			钢梁桥		组合梁桥		
					河流	沟谷	道路、铁路	简支梁桥	悬臂梁桥	连续梁桥	简支钢梁	连续钢梁	预弯混凝土梁	组合梁	钢管混凝土桁架梁
特大桥	半浦余姚江大桥	1489	100		√			√		√					
	高桥分离式	1275	30		√			√							
	北渡奉化江大桥	1685	100		√			√		√					
	明州高架桥	3714	20		√			√							
	主线 1 号桥	1080	22.3		√			√		√					
大桥	西大河大桥	185	20		√			√							
	屠家分离式	385	20				√	√							
	汪家分离式	605	20			√	√	√							
	中塘河大桥	155	30		√			√							
	上冯分离式	125	20				√	√							
	横街公公分离式	853	20		√		√	√							
	长塘河大桥	145	20		√			√							
	规划 6 号路分离式	148	16				√	√							
	照天港河	145	20		√			√							
	仓门大桥	305	20		√			√							

G15 宁波绕城前洋枢纽至姜山枢纽段路面结构表　　表 7-2-18

路面形式	起讫里程	长度(m)	水泥混凝土路面	沥青路面
柔性路面		31500		沥青混凝土路面

(4) 主要控制点

在裘市附近与杭州湾跨海大桥南接线相接(前洋枢纽);在大西坝下游跨越杭甬运河(余姚江),经高桥镇与杭甬高速公路相交(高桥枢纽);经集士港镇、古林镇,与鄞州大道、甬金高速公路相接(宁波西枢纽);跨越奉化江,在姜山与同三国道主干线宁波段相接(姜山枢纽)。

(5) 地形地貌

属堆积平原区,平均海拔在 2.00m 左右。

(6) 投资规模

投资估算为 33.2 亿元,投资决算为 33.9 亿元。

(7) 开工及通车、竣工时间

本段工程于 2004 年 1 月开工建设,2007 年 12 月建成通车。

2. 参建单位主要情况

(1) 勘察设计单位

中国公路工程咨询集团有限公司、浙江省交通规划设计研究院。

(2) 施工单位

土建工程施工由中铁一局集团第一工程有限公司,吉林省交通建设集团有限公司,浙江省交通工程建设集团有限公司,上海城建(集团)公司,中铁十四局集团第四工程有限公司等承担。路面、交安、房建、绿化等工程由浙江正方交通建设有限公司、北京公科飞达交通工程发展有限公司、宁波市建设集团股份有限公司、杭州萧山振大园林绿化有限公司等承担。

(3) 施工监理单位

安徽省交通工程建设监理有限公司、江苏华宁交通工程咨询监理公司、宁波交通工程咨询监理有限公司等。

(二) 建设情况

1. 项目审批

2001 年、2004 年,交通部分别以交规划发〔2001〕744 号、〔2003〕536 号文批复宁波绕城高速公路西段可行性研究报告。

2. 资金筹措

由交通部专项基金安排 2.07 亿元作为国家投入的资金,其余由宁波市自筹。

3. 合同段划分

宁波绕城西段土建工程划分为 11 个标段(其中前洋枢纽至姜山枢纽段共 9 个标

段)。其他工程内容按路面、机电、交安、房建、绿化等分别招标(表7-2-19)。

G15宁波绕城前洋枢纽至姜山枢纽段标段划分情况表 表7-2-19

标段号	标段所在地	工程内容及长度	施工单位
G1501			
1	江北区	土建,长4.65km	吉林省交通建设集团有限公司
2	江北区	土建,长4.9km	中铁十三局集团有限公司
G15			
3	江北区	土建,长4.7km	中铁一局集团第一工程有限公司
4	江北区、鄞州区	土建,长2.4km	中天路桥有限公司
5	鄞州区	土建,长4.2km	浙江省交通工程建设集团有限公司
6	鄞州区	土建,长5.8km	中交第一公路工程局厦门工程处
7	鄞州区	土建、路面,长1.9km	上海城建(集团)公司
8	鄞州区	土建,长3.4km	中铁十四局集团第三工程有限公司
9	鄞州区	土建,长3.2km	湖南益阳公路桥梁建设有限公司
10	鄞州区	土建,长3.4km	华通路桥集团有限公司
11	鄞州区	土建,长2.32km	中铁十四局集团第四工程有限公司
12	江北区、鄞州区	路面,长14.35km	江苏省镇江市路桥工程总公司
13	鄞州区	路面,长12.4km	浙江省交通工程建设集团有限公司
14	鄞州区	路面,长12.32km	浙江正方交通建设有限公司
15	江北区、鄞州区	机电,长40.97km	北京公科飞达交通工程发展有限公司
16	江北区、鄞州区	交安,长14.35km	杭州红萌交通设施有限公司
17	鄞州区	交安,长12.4km	北京深华科交通工程有限公司
18	鄞州区	交安,长14.22km	北京路恒源交通工程技术开发有限公司
19	江北区、鄞州区	房建	浙江省方远建设集团股份有限公司
20	鄞州区	房建	宁波市建设集团股份有限公司
21	江北区、鄞州区	绿化,长14.35km	杭州萧山振大园林绿化有限公司
22	鄞州区	绿化,长12.4km	龙游县广源园林有限公司
23	鄞州区	绿化,长14.22km	宁波市交通园林绿化工程有限公司

4.征地拆迁

宁波绕城高速公路西段共征用土地5138.761亩,拆迁房屋107116m^2,支付赔偿费用19259万元(表7-2-20)。

G15 宁波绕城前洋枢纽至姜山枢纽段征地拆迁情况表　　　表 7-2-20

项　　目	征地拆迁安置起止时间	征用土地(亩)	拆迁房屋(m²)	支付补偿费用(万元)
绕城一期(绕城西段)		5138.761	107116.02	19259.44
其中:前洋枢纽至姜山枢纽段		3923	81774	14703

5.项目实施阶段

2003年12月28日,宁波绕城高速公路西段工程开工建设。

2007年12月23日,西段工程顺利通过交工验收。12月26日,进行试通车。

(三)运营养护管理

1.服务设施

本段无服务区设置。

2.收费设施

本段设横街、宁波西和朝阳3个互通收费设施,均为ETC收费和人工收费相结合的收费方式(表7-2-21)。

G15 宁波绕城前洋枢纽至姜山枢纽段收费设施情况表　　　表 7-2-21

收费站点名称	车　道　数	收　费　方　式
横街	3+5	2条ETC收费,其余是人工收费
宁波西	4+7	2条ETC收费,其余是人工收费
朝阳	4+5	2条ETC收费,其余是人工收费

3.交通流量

本段交通量增长较快,2008年路段平均交通量为12325pcu/d,2015年路段平均交通量为48413pcu/d(表7-2-22)。

G15 宁波绕城前洋枢纽至姜山枢纽段交通量发展状况表(单位:pcu/d)　　　表 7-2-22

年份	全程加权平均值	宁波北至高桥互通	高桥互通至横街	横街至宁波西	宁波西至朝阳	朝阳至姜山互通
2008	12325	8105	6830	17300	17296	12093
2009	20380	17968	15472	24677	23996	19785
2010	36811	36265	32322	41475	39897	34095
2011	44164	57488	39681	34795	45522	43332
2012	41916	53945	36015	31587	44987	43045
2013	44826	56897	37427	32228	49357	48219
2014	47405	58700	38314	32111	52941	54958
2015	48413	59496	40842	33459	53264	55003

四、G15 甬台温高速公路段（宁波绕城姜山枢纽至浙闽省界苍南分水关段）（建设期 1998—2003 年）

（一）项目概况

1. 基本情况

（1）功能定位

G15 宁波绕城姜山枢纽至浙闽省界苍南分水关段是浙江省较早建成通车的高速公路路线之一，也称为甬台温高速公路。它串连起宁波、台州、温州并往南连接福建，是浙江沿海一条交通运输主动脉，是全省高速公路主骨架中重中之重的几条路线之一，也是贯通中国东南沿海地区的国道主干线高速公路，在国家综合运输大通道中起着极其重要的作用。

（2）技术标准

G15 宁波绕城姜山枢纽至浙闽省界苍南分水关段分段建设，技术标准主要为设计速度 120km/h、路基宽度 26m 和设计速度 100km/h、路基宽度 24.5m。

（3）建设规模

本段路线总长为 294.51km，其中宁波段 71.56km，台州段 82.78km，温州段 140.17km。详见表 7-2-23～表 7-2-28。

（4）主要控制点

G15 宁波绕城姜山枢纽至浙闽省界苍南分水关段分段即浙江甬台温高速公路段，主要控制点为宁波市的奉化市、宁海县，台州市的三门县、临海市、黄岩区、温岭市，温州市的乐清市、鹿城区、龙湾区、瓯海区、瑞安市、平阳县、苍南县。

（5）地形地貌

地形地貌多样，从平原微丘到山岭重丘。

（6）投资规模

G15 宁波段投资估算 34.0 亿元，投资概算为 29.37 亿元，投资决算为 20.68 亿元；台州段投资估算 28.75 亿元，投资概算为 37.95 亿元，投资决算为 30.63 亿元；温州段投资估算 61.0 亿元，投资概算为 76.33 亿元，投资决算为 68.71 亿元。

（7）开工及通车、竣工时间

分段开工建设和建成通车。其中，宁波段 1998 年 9 月开工，2001 年 12 月全段通车；台州段 1994 年 10 月开工，2001 年 12 月全段通车；温州段 1999 年 2 月开工，2003 年 12 月全段通车。

G15宁波绕城姜山枢纽至浙闽省界苍南分水关段桥梁汇总表（1）宁波段

表 7-2-23

规模	名称	桥长(m)	主跨长度(m)	桥底净高(m)	跨越障碍物			梁式桥						组合梁桥	
					河流	沟谷	道路、铁路	钢筋混凝土梁桥			钢梁桥		预弯混凝土梁	组合梁	钢管混凝土桁架梁
								简支梁桥	悬臂梁桥	连续梁桥	简支钢梁	连续钢梁			
大桥	赵家大桥	105	20	3	√			√							
	东江大桥	185	20	3	√			√							
	方门大桥	243	28	6			√								
	溪头大桥	133	16	4	√			√							
	凫溪江大桥	608	30	8	√					√					
	凫溪2号桥	125	20	8			√	√							
	83K+536桥	154	35	4	√			√							
	85K+820桥	109	35	4	√			√							
	塘下溪大桥	80	20	4	√			√							
	洋溪大桥	175	20	6	√			√							
	白溪大桥	334	20	5	√			√							
	白溪二桥	156	20	4	√			√							
	清溪大桥	304	20	7	√			√							
中桥	41座	2074													

第七章 高速公路建设项目

G15宁波绕城姜山枢纽至浙闽省界苍南分水关段桥梁汇总表（2）台州段

表 7-2-24

规模	名称	桥长(m)	主跨长度(m)	桥底净高(m)	跨越障碍物 - 河流	跨越障碍物 - 沟谷	跨越障碍物 - 道路铁路	梁式桥 钢筋混凝土梁桥 - 简支梁桥	梁式桥 钢筋混凝土梁桥 - 悬臂梁桥	梁式桥 钢筋混凝土梁桥 - 连续梁桥	梁式桥 钢梁桥 - 简支钢梁	梁式桥 钢梁桥 - 连续钢梁	组合梁桥 - 预弯混凝土梁	组合梁桥 - 组合梁	组合梁桥 - 钢管混凝土桁架梁	刚构桥 - 桁架刚构	刚构桥 - T形刚构	刚构桥 - 连续刚构	刚构桥 - 门式刚构	刚构桥 - 斜腿刚构
特大桥	邵家渡1号桥	1628	20	12.5			√	√												
	邵家渡2号桥	1037	35	12.7			√	√												
	灵江大桥	1687	122	47	√									√						
	梳头山桥（左）	168.6	20	11.4	√			√												
	雪坑山桥（右）	513.9	54	12.9	√															
	雪坑山桥（左）	266	20	13.2	√			√												
	岭口分离立交桥	324	20	26.9		√	√	√												
	岭口互通1号桥	291.9	42	13.6	√		√	√												
	岭口互通6号桥	145.9	16	13.2	√			√												
	下胡村桥	101	13	8.2	√			√												
大桥	高枧大桥	567	35	33.2	√												√			
	桥下桥	131.7	16	7.8			√	√												
	吴岙桥	163.7	16	13.8			√	√												
	吴岙1号桥	266.6	40	14.2			√	√												
	吴岙2号桥	278.6	40	14.3			√	√												
	岩下徐桥（右）	154.5	16	14.7	√			√												
	岩下徐桥（左）	135.9	16	14.2	√			√												
	羊角山分离立交桥（右）	237.5	35	8.7			√										√			
	羊角山分离立交桥（左）	255.5	35	8.6			√										√			

续上表

规模	名称	桥长(m)	主跨长度(m)	桥底净高(m)	跨越障碍物			梁式桥						组合梁桥		刚构桥			
					河流	沟谷	道路、铁路	钢筋混凝土梁桥			钢梁桥		预弯混凝土梁	组合梁	钢管混凝土桁架梁	桁架刚构	T形刚构	连续刚构	门式刚构	斜腿刚构
								简支梁桥	悬臂梁桥	连续梁桥	简支钢梁	连续钢梁								
大桥	大道地桥（右）	151.9	16	10.2				√												
	大道地桥（左）	149.9	16	10.5	√			√												
	两头大门溪桥	183.3	16	7.8	√			√												
	岩潭桥	272.2	16	8.9	√		√	√												
	临海北2号桥	115.7	16	6.8	√			√												
	上沙溪桥	211.7	16	12.1	√			√												
	东江桥	131.7	16	5.6	√		√	√												
	湾里店大桥	781.9	16	7.4				√												
	永宁江大桥	914.7	25	5	√			√												
	金华路分离式立交桥	614.7	13	5			√	√												
	长潭路分离式立交桥	659.7	16	4.5			√	√												
	前麻车分离式立交桥	563.7	16	4.3			√	√												
	羽村分离式立交桥	523.7	13	2			√	√												
	高埭分离式立交桥	618.7	13	4.1			√	√												
	新高村分离式立交桥	523.7	13	4.5			√	√												
	华屿2号桥	160	13	3.6				√												
	黄金洋桥	323.7	16	2.4	√			√												
	横林桥	146.7	13	3.4				√												
	唐家分离立交桥	458	13	4.5			√	√												

续上表

规模	名称	桥长(m)	主跨长度(m)	桥底净高(m)	跨越障碍物			梁式桥								刚构桥			
								钢筋混凝土梁桥			钢梁桥		组合梁桥						
					河流	沟谷	道路、铁路	简支梁桥	悬臂梁桥	连续梁桥	简支钢梁	连续钢梁	预弯混凝土梁	组合梁	钢管混凝土桁架梁	桁架刚构	T形刚构	连续刚构	门式刚构	斜腿刚构
大桥	梨岙里分离式立交桥	179.7	16	4.5			√	√												
	金家分离式立交桥	172.7	13	5.1			√	√												
	孔化岙分离式立交桥	315.7	13	3.5			√	√												
	黄土岭桥(右)	172.7	13	5.7			√	√												
	黄土岭桥(左)	172.7	13	3.1			√	√												
	临海南互通	180.2	26	8.5			√	√												
	台州互通1号桥	287.4	20	5.2			√	√												
	台州南互通1号桥	454	20	5			√	√												
	大溪互通1号桥	282.63	20	5.4			√	√												
	岭口互通2号桥	59.9	20	7.8	√			√												
	岭口互通3号桥	67.7	16	8.9	√			√												
	岭口互通4号桥	71.89	16	5.7	√			√												
	岭口互通5号桥	67.74	16	11.2	√			√												
中桥	岭口互通7号桥	67.74	16	6.8	√			√												
	岭口互通8号桥	83.74	16	6.5	√			√												
	岭口互通9号桥	67.74	16	6.8	√			√												
	珠岙溪中桥	94.7	13	5.4	√			√												
	珠岙村桥	68.74	13	6.7	√			√												

浙 江 高速公路建设实录

续上表

规模	名称	桥长(m)	主跨长度(m)	桥底净高(m)	跨越障碍物			梁式桥								刚构桥				
								钢筋混凝土梁桥			钢梁桥		组合梁桥							
					河流	沟谷	道路、铁路	简支梁桥	悬臂梁桥	连续梁桥	简支钢梁	连续钢梁	预弯混凝土梁	组合梁	钢管混凝土桁架梁	桁架刚构	T形刚构	连续刚构	门式刚构	斜腿刚构
中桥	珠岙分离立交	83.7	16	8.7			√	√												
	坎头桥	42.7	13	3.1	√			√												
	团结水库桥	32.04	8	5.5	√			√												
	飞达橡胶1号桥	83.7	16	6.7	√			√												
	飞达橡胶2号桥	99.7	16	5.9	√			√												
	吴岙3号桥(右)	56.9	16	9.8			√	√												
	吴岙4号桥(左)	56.9	16	9.8			√	√												
	吴岙互通5号桥	57.89	20	9.7			√	√												
	吴岙互通6号桥	80.04	20	6.6	√			√												
	吴岙互通7号桥	55.74	20	11.3	√			√												
	吴岙互通8号桥	55.74	20	8.2			√	√												
	牌前桥	45.7	13	5.2			√	√												
	路下桥	33.5	8	7.8			√	√												
	西楼桥	53.08	10	6.4			√	√												
	临海北互通1号分离立交桥	55.7	20	6.7			√	√												
	145.250分离立交	35.74	16	6.3			√	√												
	下沙屠桥	68.74	13	8.2	√			√												
	箬岙1号桥(右)	81.7	16	6.9			√	√												

第七章 高速公路建设项目

续上表

规模	名称	桥长(m)	主跨长度(m)	桥底净高(m)	跨越障碍物 河流	跨越障碍物 沟谷	跨越障碍物 道路、铁路	梁式桥 钢筋混凝土梁桥 简支梁桥	梁式桥 钢筋混凝土梁桥 悬臂梁桥	梁式桥 钢筋混凝土梁桥 连续梁桥	梁式桥 钢梁桥 简支钢梁	梁式桥 钢梁桥 连续钢梁	梁式桥 组合梁桥 预弯混凝土梁	梁式桥 组合梁桥 组合梁	梁式桥 组合梁桥 钢管混凝土桁架梁	刚构桥 桁架刚构	刚构桥 T形刚构	刚构桥 连续刚构	刚构桥 门式刚构	刚构桥 斜腿刚构
中桥	箬岙1号桥(左)	81.7	13	6.5			√	√												
	铁路跨线桥	59.7	16	5.4			√	√												
	118.488通道桥	14	6	4.2			√	√												
	119.007石拱桥	17.6	4	4.3			√													
	119.307通道桥	16	6	5.5			√	√												
	121.204通道桥	25	8	6.8			√	√												
	121.867通道桥	23.5	8	5.9			√	√												
小桥	小学边桥	13.5	10	6.4			√	√												
	123.753通道桥	23.5	6	6.1			√	√												
	124.419通道桥	18	8	5.9			√	√												
	124.901通道桥	17	6	5.5			√	√												
	125.100通道桥	20	6	6.9			√	√												
	125.509通道桥	22	8	7.2			√	√												
	128.138通道桥	11.5	6	6.2			√	√												
	吴岙互通9号桥	29.54	13	6.1				√												
	吴岙互通10号桥	30.54	13	6.7	√		√	√												
	吴岙11号桥(右)	24	13	5.7				√												
	吴岙12号桥(左)	21	13	5.6			√	√												

续上表

规模	名称	桥长(m)	主跨长度(m)	桥底净高(m)	跨越障碍物			钢筋混凝土梁桥			梁式桥 钢梁桥		组合梁桥			刚构桥				
					河流	沟谷	道路、铁路	简支梁桥	悬臂梁桥	连续梁桥	简支钢梁	连续钢梁	预弯混凝土梁	组合梁	钢管混凝土桁架梁	桁架刚构	T形刚构	连续刚构	门式刚构	斜腿刚构
小桥	岩下徐村1号桥(右)	28.6	8	8.4			√	√												
	岩下徐村1号桥(左)	28.6	8	8.4			√	√												
	岩下徐村2号桥(右)	15.6	6	5.6			√													
	岩下徐村2号桥(左)	15.6	6	5.6			√													
	后门山桥(右)	15.4	5	4.8			√	√								√				
	后门山桥(左)	15.4	5	4.8			√	√								√				
	牌门前桥(右)	15.5	8	6.2			√	√												
	牌门前桥(左)	15.5	8	6.2			√	√												
	牌前2号桥	13.5	6	4.5			√	√												
	下曼村桥	17.5	10	6.4			√	√												
	合岙村桥	13.5	6	5.7			√	√												
	合岙2号桥	17.5	10	5.2			√	√												
	合岙3号桥	22.4	8	6.7			√	√												
	坑下桥	15.5	8	5.4			√	√												
	岙里桥	13.5	6	5.2			√	√												
	里安桥	24.4	6	7.9			√	√												
	王村桥	15.5	8	5.7			√	√												
	岩二桥	15.5	8	5.5			√	√												

续上表

规模	名称	桥长(m)	主跨长度(m)	桥底净高(m)	跨越障碍物			梁式桥								刚构桥				
								钢筋混凝土梁桥			钢梁桥		组合梁桥							
					河流	沟谷	道路、铁路	简支梁桥	悬臂梁桥	连续梁桥	简支钢梁	连续钢梁	预弯混凝土梁	组合梁	钢管混凝土桁架梁	桁架刚构	T形刚构	连续刚构	门式刚构	斜腿刚构
小桥	144.189 通道桥	13.5	8	5.3			√	√												
	144.475 通道桥	13.5	8	5.7			√	√												
	145.009 通道桥	13.5	8	4.8			√	√												
	145.250 分离立交桥	35.74	16	5.9			√	√												
	145.593 通道桥	13.5	8	6.2			√	√												
	145.963 通道桥	13.5	6	6.7			√	√												
	146.229 通道桥	11.5	6	7.1			√	√												
	146.413 通道桥	11.5	6	6.8			√	√												
	147.043 通道桥	13.5	6	6.4			√	√												
	147.174 通道桥	13.5	6	6.8			√	√												
	148.487 通道桥	13.5	8	6.1			√	√												
	148.660 通道桥	11.5	6	5.8			√	√												
	152.426 通道桥	15.2	6	4.5			√	√												
	152.742 通道桥	23	6	5.4			√	√												
	155.051 通道桥	21.8	10	5.2			√	√												
	銮盂 2 号桥	27	8	3.9			√	√												

浙 江
高速公路建设实录

G15 宁波绕城姜山枢纽至浙闽省界苍南分水关段桥梁汇总表（3）温州段

表 7-2-25

规模	名称	桥长(m)	主跨长度(m)	桥底净高(m)	跨越障碍物			梁式桥						组合梁桥	
								钢筋混凝土梁桥			钢梁桥		预弯混凝土梁		
					河流	沟谷	道路、铁路	简支梁桥	悬臂梁桥	连续梁桥	简支钢梁	连续钢梁		组合梁	钢管混凝土拱桥
特大桥	清江特大桥	1174	40	27	√			√						√	
	乐清湾高架桥	8777	20	3.2			√	√		√				√	
	四角亭高架桥	4267	35	5			√	√		√					
	罗凤高架桥	1692	37	5				√						√	
	飞云江特大桥	2522	80	33	√			√		√				√	
	凤池特大桥	1111	20	9.9	√			√							
	金丽温高架桥	1010	20	5			√	√							
大桥	湖雾镇分离式立交桥	124	20	4.5				√							
	水涨桥	284	20	4.2	√			√							
	大荆溪桥	224	20	4.2	√			√							
	下庄桥	124	20	4.6	√			√							
	白溪大桥	184	20	4.7	√			√							
	下塘河大桥	244	20	4.5				√							
	靖底施分离式立交桥	458.4	20	4.5			√	√							
	石陈分离式立交桥	481.7	31	4.5			√	√							
	泗塘一桥	160	20	4.5	√			√							
	东塘河特大桥	534	25	4.5	√			√							
	扬州特大桥	681.9	20	4.5			√	√							
	珠南分离式立交桥	243.7	20	4.5			√	√							
	大嵩大桥	225	20	4.5			√	√							
	小嵩大桥	345	20	4.5	√			√							

续上表

规模	名称	桥长(m)	主跨长度(m)	桥底净高(m)	跨越障碍物			梁式桥						组合梁桥	钢管混凝土桁架梁
					河流	沟谷	道路、铁路	钢筋混凝土梁桥			钢梁桥		预弯混凝土梁	组合梁	
								简支梁桥	悬臂梁桥	连续梁桥	简支钢梁	连续钢梁			
大桥	门前墩大桥	104	20	4.5			√	√							
	里岙大桥	384	20	4.5			√	√							
	上庄大桥	307.7	16	4.5			√	√							
	蒲岐大桥	337.4	30	6	√			√							
	大湾河大桥	136	30	7	√			√							
	上米岙高架桥	356	37	7.5	√		√	√		√				√	
	刘宅高架桥	664	34	7.5	√		√	√		√				√	
	荷岙大桥	389.1	37	4.5	√		√	√		√				√	
	湖东高架桥	604	20	4.5	√		√	√							
	张家湾高架桥	780	20	4.5	√		√	√							
	塘下分离式立交桥	455	16	4.5			√	√							
	南岙大桥	329.7	20	4.5	√		√	√							
	高岙大桥	546.1	20	4.5				√							
	高中高架桥	346.1	20	4.5			√	√							
	白鹭屿大桥	486.1	20	4.5			√	√		√				√	
	茶白高架桥	685.5	20	3.5			√	√							
	环山高架桥	588.8	20	3.5			√	√							
	新居高架桥	576.8	16	3.5			√	√							
	西岙大桥	533	20	5				√							
	塘边2号桥	243.7	16	3.45	√			√							
	金岙大桥	844	20	3	√			√							
	万全大桥	126	20	3	√			√							

续上表

规模	名称	桥长(m)	主跨长度(m)	桥底净高(m)	跨越障碍物			梁式桥						组合梁桥	
					河流	沟谷	道路、铁路	钢筋混凝土梁桥			钢梁桥		预弯混凝土梁	组合梁	钢管混凝土拱架梁
								简支梁桥	悬臂梁桥	连续梁桥	简支钢梁	连续钢梁			
大桥	鲍岱分离式立交桥	604	20	3	√			√							
	平阳互通1号桥	264	20	4.5			√	√							
	大盃底桥	261.1	20	5.1			√	√							
	屿山高架桥	243.7	16	3.5			√	√							
	塘中溪分离式立交桥	904	20	3.5			√	√							
	莲南桥	164.2	20	3.5				√							
	钱梅分离式立交桥	462	20	3.5		√		√							
	黄山头大桥	262.6	16	3.5	√			√							
	新屋大桥	204.5	20	2.7		√		√							
	岱口特大桥	823	30	3.5	√			√							
	江边肯1号桥	163.7	16	2.7				√							
	张家山分离式立交桥	707.7	16	4.76		√		√							
	同排星分离式立交桥	483.7	16	3.5			√	√							
	高黎分离式立交桥	419.7	16	4.2			√	√							
	山东大桥	186.5	20	5.5	√			√							
	灵峰水厂大桥	166.5	20	5.5				√							
	对务山大桥	343.6	20	8			√	√							
	漳浦大桥	426	20	4.3			√	√							
	状元溪大桥	373.5	20	9	√			√							
	观美互通1号大桥	343.4	20	4			√	√							
	横阳支江特大桥	805.7	30	5	√			√							
	新路溪大桥	145.1	20	2.2	√			√							

第七章 高速公路建设项目

续上表

规模	名称	桥长(m)	主跨长度(m)	桥底净高(m)	跨越障碍物			梁式桥						
								钢筋混凝土梁桥			钢梁桥			组合梁桥	
					河流	沟谷	道路、铁路	简支梁桥	悬臂梁桥	连续梁桥	简支钢梁	连续钢梁	预弯混凝土梁	组合梁	钢管混凝土桁架梁
大桥	山下大桥	400.3	30	2.8		√		√							
	后隆1号桥	258.5	30	2.8		√		√							
	后隆2号桥	237.3	30	2.8		√		√							
	岙底坪大桥	516.2	30	2.8		√		√							
	乌岩大桥	247.4	30	2.8		√		√							
	大湖1号桥	577.5	30	10		√		√							
	大湖2号桥	215.9	30	17		√		√							
	大地公坪1号桥	215.2	30	18		√		√							
	大地公坪2号桥	125.1	30			√		√							
	凤头大桥	279.9	30	48		√		√							
	石北山1号桥	156.4	30	18		√		√							
	石北山2号桥	262.7	30	32.5		√		√							
	湾坑1号桥	340.4	30	37		√		√							
	湾坑4号桥	415	30	21		√		√							
	下篆1号桥	591.7	30	52		√		√							
	温州南互通A线高架桥	200	20	5			√	√		√					
	温州南互通A线大桥(一)	118	16	3	√		√	√							
	温州南互通A线大桥(二)	118	16	3	√			√							
	温州南互通B线高架桥	486	20	5			√	√		√					
	温州南互通B线大桥	118	16	3		√		√							
	温州南互通C线高架桥	500	20	5			√	√		√				√	
	温州南互通E线高架桥	220	20	5			√	√							

续上表

规模	名称	桥长(m)	主跨长度(m)	桥底净高(m)	跨越障碍物			梁式桥						组合梁桥	
					河流	沟谷	道路、铁路	钢筋混凝土梁桥			钢梁桥		预弯混凝土梁	组合梁	钢管混凝土桁梁
								简支梁桥	悬臂梁桥	连续梁桥	简支钢梁	连续钢梁			
大桥	温州南互通F线高架桥	120	20	2.5		√		√						√	
	温州南互通G线高架桥	140	20	7		√		√		√					
	温州南互通H线大桥	160	20	3		√			√	√					
	温州南互通M线大桥	100	20	4	√			√							
	温州南互通R线大桥	120	20	3				√							
	温州南互通W线高架桥	200	20	5			√	√		√					
	罗凤互通A线高架桥	365	25	5	√		√	√		√					
	罗凤互通A线大桥	112	16	2	√			√							
	罗凤互通F线高架桥	440	36	5	√		√	√		√				√	
	罗凤互通G线大桥	105	16	3	√			√							
	罗凤互通I线高架桥	112	16	3	√		√	√		√					
	瑞安互通A线高架桥	370	24	5	√		√	√		√					
	瑞安互通C线高架桥	120	16	4	√		√	√							
	瑞安互通C线匝道桥	104	13	2	√			√							
	瑞安互通E线高架桥	150	16	4	√		√	√		√				√	
	飞云互通A线高架桥	361	20	5	√		√	√							
	平阳互通3号桥	158	20	5			√	√							
	萧江互通A线高架桥	344	20	5			√	√							
	苍南互通C线匝道桥	318	20	5	√					√					
	苍南互通G线匝道桥	106	20	2	√					√					
	分水关互通A匝道桥	243	20	32		√				√					

第七章 高速公路建设项目

续上表

规模	名称	桥长(m)	主跨长度(m)	桥底净高(m)	跨越障碍物			梁式桥						组合梁桥		斜拉桥
					河流	沟谷	道路、铁路	钢筋混凝土梁桥				钢梁桥		预弯混凝土梁	组合梁	钢管混凝土桁架梁	
								简支梁桥	悬臂梁桥	连续梁桥		简支钢梁	连续钢梁				
大桥	分水关互通D匝道桥	158	20	23		√				√							
	分水关互通E匝道桥	158	20	23		√				√							
	白鹭屿互通A匝道桥	366	20	5			√			√							
	白鹭屿互通F匝道桥	298	20	5			√	√							√		
	乐清互通A匝道桥	213	16	5			√	√									
	雁荡互通A匝道桥	149	20	5			√	√							√		

G15宁波绕城姜山枢纽至浙闽省界苍南分水关段桥梁汇总表（4）温州大桥段

表7-2-26

规模	名称	桥长(m)	主跨长度(m)	桥底净高(m)	跨越障碍物			梁式桥					组合梁桥		斜拉桥			
					河流	沟谷	道路、铁路	钢筋混凝土梁桥			钢梁桥	预弯混凝土梁	组合梁	钢管混凝土桁架梁	结合梁			钢梁	混合梁
								简支梁桥	悬臂梁桥	连续梁桥					工字钢梁混凝土板	钢箱梁混凝土板	钢管桁架梁混凝土板		
特大桥	温州大桥	6977.57	270	31.3	√										√				
大桥	石虫村桥	291.7	16	3.5		√	√	√											
	跨金温铁路桥	396.8	30	12			√			√									
	诸宅河桥	176.25	16	4		√	√	√											
	七都左出口匝道	112	16	3.8		√	√	√											
	温州东互通A匝道桥	358	22	5		√	√	√											
	温州东互通F匝道桥	359.4	22	5		√	√	√											
中桥	10座																		

G15 宁波绕城姜山枢纽至浙闽省界苍南分水关段隧道汇总表

表 7-2-27

分段	规模	名称	隧道全长（m）	隧道净宽（m）	隧道分类 按地质条件划分		按所在区域划分		
					土质隧道	石质隧道	山岭隧道	水底隧道	城市隧道
宁波段	长隧道	桑洲岭隧道（右幅）	1171	10.25		√	√		
		桑洲岭隧道（左幅）	1240	10.25		√	√		
		麻岙岭隧道（右幅）	2272	10.25		√	√		
		麻岙岭隧道（左幅）	2266	10.25		√	√		
	短隧道	塔珠岭隧道（右幅）	449	10.25		√	√		
		塔珠岭隧道（左幅）	385	10.25		√	√		
		岵岫岭隧道（右幅）	345.4	10.25		√	√		
		岵岫岭隧道（左幅）	345.4	10.25		√	√		
台州段	特长隧道	猫狸岭隧道（右）	3591.8	10.25		√	√		
		猫狸岭隧道（左）	3616	10.25		√	√		
		大溪岭隧道（左）	4114	11.02		√	√		
		大溪岭隧道（右）	4116	11.02		√	√		
	长隧道	牛官头隧道（右）	1310	10.25		√	√		
		牛官头隧道（左）	1342.4	10.25		√	√		
		燕居岭隧道（右）	2130	10.25		√	√		
		燕居岭隧道（左）	2140	10.25		√	√		
		黄土岭隧道（左）	1875	11.02		√	√		
		黄土岭隧道（右）	1910	11.02		√	√		
	中隧道	岩峰隧道（右）	628	10.25		√	√		
		岩峰隧道（左）	628	10.25		√	√		
		塘岭隧道（左）	935	11.02		√	√		
		塘岭隧道（右）	935	11.02		√	√		
	短隧道	岩下徐隧道（右）	146	10.25		√	√		
		岩下徐隧道（左）	168	10.25		√	√		
		羊角山隧道（右）	175	10.25		√	√		
		羊角山隧道（左）	195	10.25		√	√		
		马宗岭隧道（左）	480	11.02		√	√		
		马宗岭隧道（右）	480	11.02		√	√		
温州段	长隧道	雁荡山隧道	1415	11		√	√		
		雁荡南隧道	1615	11		√	√		
		三都岭隧道	1756	11		√	√		
		外笼山隧道	1322	11		√	√		
		仙岩隧道	1587	11		√	√		
	中隧道	箭岙隧道	580	11		√	√		
	短隧道	金山隧道	430	10.65		√	√		
		杏湾山隧道	332	10.65		√	√		
		大罗山隧道	254.14（左） 315.83（右）	10.45		√	√		

G15 宁波绕城姜山枢纽至浙闽省界苍南分水关段路面结构表　　　　表 7-2-28

路面形式	起讫里程	长度(m)	水泥混凝土路面	沥青路面
刚性路面	台州段			
	K1670+624~K1672+683 上下行	2058	普通混凝土路面	
	温州段			
	K1681+798~K1687+207	1415	普通混凝土路面	
	K1689+231~K1690+842	1615	普通混凝土路面	
	K1702+330~K1702+760	430	普通混凝土路面	
	K1704+187~K1704+519	332	普通混凝土路面	
	K1768+640~K1770+396	1756	普通混凝土路面	
	K1791+214~K1792+536	1322	普通混凝土路面	
	K1793+029~K1794+616	1587	普通混凝土路面	
	K1798+027~K1798+607	580	普通混凝土路面	
	温州大桥段			
	K1740+489~K1742+589	2100	钢纤维混凝土路面	
柔性路面	宁波段			
	K1518+451~K1589+911	71460		沥青混凝土路面
	台州段			
	K1589+911~K1632+711	42800		沥青混凝土路面
	K1632+708~K1670+624 上下行	37917		沥青混凝土路面
	温州段			
	其余路面	131137		沥青混凝土路面
	温州大桥段			
	其余路面总和	14563.53		沥青混凝土路面

2. 前期决策情况

20世纪90年代,是浙江省公路交通发展承前启后的重要时期,根据交通部长远发展规划的全国公路主骨架总体布局和浙江省经济社会发展需要,在《浙江省水运交通建设规划纲要(1996—2010)》中,就已明确提出了浙江"两纵两横五连""力"字形高速公路主骨架布局规划,甬台温高速公路即为"两纵两横五连"中的"一纵"和"力"字形主骨架中的一竖。它的规划建设对于尽快缓解甬台温地区公路交通紧张状况、提升沿线生产力发展水平起着巨大的推动作用。

3. 参建单位主要情况

（1）勘察设计单位

辽宁省交通勘察设计院、浙江省交通规划设计研究院、中交第二公路勘察设计院等。

（2）施工单位

交通部第一公路工程总公司,铁道部第一工程局、第二工程局、第十四工程局、第十九工程局,浙江省交通工程建设集团有限公司,宁波交通工程集团公司,温州交通建设集团等。

（3）监理单位

浙江公路水运监理咨询公司,宁波交通工程咨询监理有限公司,温州交通工程咨询监理有限公司,浙江大学建设监理有限公司,北京路桥通工程监理咨询有限公司,江西交通工程监理公司等。

（二）建设情况

1. 项目审批

1994年,交通部以交计发〔1994〕293号文批复甬台温高速公路台州段一期可行性研究报告。

1996年,交通部以交计发〔1996〕1113号文批复甬台温高速公路乐清段可行性研究报告。

1997年,交通部以交计发〔1997〕61号文批复甬台温高速公路台州段二期可行性研究报告。

1997年,交通部以交计发〔1997〕642号文批复甬台温高速公路宁波段可行性研究报告。

1998年,浙江省交通厅以浙交〔1998〕512号文批复甬台温高速公路温瑞段可行性研究报告。

1998年,交通部以交规划发〔1998〕786号文批复甬台温高速公路瑞安龙头至苍南分水关段可行性研究报告。

2. 资金筹措

主要采用地方自筹和银行贷款的方式进行资金筹措,中央有所补贴。如台州段,浙江省交通投资集团有限公司出资10.5亿元,浙江省台州高速公路集团股份有限公司出资3.5亿元,其余由省高速公路指挥部和台州市人民政府共同组建的管委会筹措。

3. 合同段划分

宁波段、台州段、温州段按土建、机电、交安、房建、绿化等建设内容各划分数十个合同段，并进行招投标(表7-2-29～表7-2-31)。

G15宁波绕城姜山枢纽至浙闽省界苍南分水关段标段划分情况表(1)宁波段 表7-2-29

标段号	标段所在地	工程内容及长度	施工单位
冠新一	K1555+001～K1556+581	路基结构工程	铁道部第十四工程局第三工程处
冠新二	K1556+581～K1561+301	路基结构工程	宁波交通工程集团公司
冠新三	K1561+301～K1566+711	路基结构工程	南通路桥工程总公司
冠新四	K1566+711～K1572+101	路基结构工程	交通部第一公路工程总公司
冠新五	K1572+101～K1577+901	路基结构工程	杭州市公路工程处
冠新六	K1577+901～1580+951	路基结构工程	浙江省路桥工程处
冠新七	K1580+951～K1584+501	路基结构工程	铁道部第二工程局第二工程处
冠新八	K1584+501～K1587+601	路基结构工程	吉林公路工程局
冠新九	SK1587+640～K1588+201 XK1587+601～K1589+911	路基结构工程	铁道部第十九工程局第二工程处
冠新十	SK1588+201～K1589+903	路基结构工程	铁道部第一工程局第五工程处
西坞连接线	K0+000～K1+300	路基结构工程	宁波交通工程集团公司
西冠一	K1518+451～K1523+301	路基结构工程	杭州市公路工程处
西冠二	K1523+301～K1528+401	路基结构工程	沈阳公路开发总公司
西冠三	K1528+401～K1533+701	路基结构工程	中国路桥集团公司
西冠四	K1533+701～K1538+351	路基结构工程	浙江省路桥工程处
西冠五	K1538+351～1544+951	路基结构工程	山东交通工程总公司
西冠六	K1544+951～K1550+401	路基结构工程	南通路桥工程总公司
西冠七	K1550+401～K1555+102	路基结构工程	铁道部第十四工程局第三工程处
冠新十一	K1555+001～K1572+101	路面工程	宁波交通工程集团公司
冠新十二	K1572+101～K1589+911	路面工程	杭州市公路工程处
西冠十一	K1518+451～K1536+401	路面工程	宁波交通工程集团公司
西冠十二	K1536+401～K1555+102	路面工程	浙江省路桥工程处
F10	K1555+601	宁海收费站	宁波精达建筑有限公司
F11	K1580+052	宁海南收费站	浙江建安实业集团股份有限公司
F12	K1586+301	隧道管理所	宁波大成建设有限公司
F13	K1520+091	奉化收费站	宁波华丰建设集团股份有限公司
F14	K1542+821	宁海北收费站	浙江省诸暨市第二建筑工程公司
F15	K1553	宁海服务区(西侧)	龙元建设工程股份有限公司
F16	K1553	宁海服务区(东侧)	浙江建安实业集团股份有限公司
J-3	K1555+001～K1589+911	冠庄至新屋段交通安全设施	北京华纬交通工程有限公司
J-4	K1518+451～K1555+102	西坞至冠庄段交通安全设施	北京华纬交通工程有限公司
JD	K1555+001～K1589+911	冠庄至新屋段隧道机电	清华紫光股份有限公司
SF	K1555+001～K1589+911	冠庄至新屋段收费	杭州恒生电子有限公司

续上表

标段号	标段所在地	工程内容及长度	施工单位
JK	K1555+001~K1589+911	冠庄至新屋段监控	重庆交通科研设计院
JSJ	K1518+451~K1555+102	西坞至冠庄段机电收费监控	重庆交通科研设计院
L21	K1555+601	宁海互通立交	宁波市城展园艺工程有限公司
L22	K1580+052	宁海南收费站	鄞州茂盛园林建设有限公司
L23	K1580+052	宁海南互通立交	宁波市镇海区园林绿化工程公司
L24	K1586+301	隧道管理所	宁波市交通园林绿化公司
L25	K1582+373	桑洲岭隧道洞口	宁波滕头园林绿化有限公司
L26	K1589+936	麻岙岭隧道洞口	宁波市青草地绿化工程公司
L27	K1518+450~K1589+911	公路沿线两侧植树	宁波滕头园林绿化有限公司
L31	K1520+091	奉化立交收费站	宁波滕头园林绿化有限公司
L32	K1542+821	宁海北立交收费站	奉化市绿景园林工程公司
L33	K1553	宁海服务区	鄞县山水园林工程有限公司
L34	K1518+451~K1555+102	沿线绿化，长19.5km	宁波市交通园林绿化公司
L35	K1518+451~K1555+102	沿线绿化，长18.7km	宁波市江北区园林艺术经营公司
L36	K1550+936	塔珠岭隧道北洞口中分带	宁波市江东隆园实业公司
L37	K1550+936	塔珠岭隧道南洞口中分带	宁波滕头园林绿化有限公司
雕塑	K1518+450~K1589+911	全线雕塑工程	厦门市路桥艺术工程公司

G15宁波绕城姜山枢纽至浙闽省界苍南分水关段标段划分情况表（2）台州段　　表7-2-30

标段号	标段所在地	工程内容及长度	施工单位
G15新建一合同段	临海	土建，长3.295km	铁道部大桥工程局
G15新建二合同段	临海	土建，长4.115km	中国人民武装警察部队交通第一总队
G15新建三合同段	临海	土建，长2.855km	宁夏公路工程局
G15新建四合同段	临海	土建，长4.55km	浙江省三门县交通工程公司
G15新建五合同段	临海	土建，长5km	浙江省建工集团有限责任公司
G15新建六合同段	临海、三门	土建，长5.5km	铁道部隧道工程第一工程处
G15新建七合同段	三门	土建，长2.2km	铁道部第十五工程局
G15新建八合同段	三门	土建，长1.08km	铁道部第十二工程局第四工程处
G15新建九合同段	三门	土建，长2.32km	铁道部第十四工程局
G15新建十合同段	三门	土建，长3.9km	铁道部第十三工程局
G15新建十一合同段	三门	土建，长5.1km	浙江省腾达市政集团股份有限公司
G15新建十二合同段	三门	土建，长2.885km	铁道部第十九工程第二工程处
G15新建路面A合同段	临海、三门	路面，长25.315km	东盟营造工程有限公司
G15新建路面B合同段	三门	路面，长16.485km	深圳市政工程总公司
G15新建机电A合同段	临海、三门	猫狸岭隧道机电	重庆交科公路勘察设计院、设计省机电设计研究院、浙江浙大中控自动化有限公司组成的联营体

第七章 高速公路建设项目

续上表

标段号	标段所在地	工程内容及长度	施工单位
G15 新建机电 B 合同段	临海	燕居岭隧道机电	重庆交科公路勘察设计院、设计省机电设计研究院、浙江浙大中控自动化有限公司组成的联营体
G15 新建机电 C 合同段	临海、三门	交通安全机电,长 41.8km	重庆交科公路勘察设计院、设计省机电设计研究院、浙江浙大中控自动化有限公司组成的联营体
G15 新建机电收费岛、棚	临海、三门	交通工程机电、大田、青岭收费岛、棚和监控系统	北京云星宇交通工程有限公司
G15 新建绿化 1 合同	临海	绿化、临海南收费所、燕居岭隧道所、燕居岭隧道口	玉环县绿化工程有限公司
G15 新建绿化 2 合同	临海	绿化、临海北收费所、临海北互通	萧山凌飞环境绿化有限公司
G15 新建绿化 3 合同	临海、三门	绿化、麻岙岭隧道洞口、三门收费所、岩峰隧道洞口、吴岙互通及猫狸岭隧道所	北京中通桥梁咨询发展有限公司
G15 新建房建 1 合同	三门	房建、三门收费所	温岭市第二建筑工程有限公司
G15 新建房建 2 合同	临海、三门	房建、猫狸岭隧道所	台州第六建筑工程有限公司
G15 新建房建 3 合同	临海	房建、临海北收费所及交警、路政用房	浙江方远建设股份有限公司
G15 新建房建 4 合同	临海	房建、燕居岭隧道所	临海市第一建筑工程公司
G15 新建房建 5 合同	临海	房建、青岭收费所	台州宏业集团有限公司
G15 新建服务区合同	临海	房建、台州服务区	五洋建设集团有限公司
G15 新建土建一合同监理	临海	监理,长 3.295km	同济大学工程建设监理公司
G15 新建土建二、三合同及路面 A、B 合同,包括绿化	临海、三门	监理,长 41.8km	北京中通桥梁咨询发展有限公司
G15 新建土建四～十二合同	临海、三门	监理,长 31.535km	台州市公路水运工程监理咨询有限公司
G15 新建机电 A、B 合同	临海、三门	监理、猫狸岭隧道机电、燕居岭隧道机电	浙江江南工程建设监理有限公司
G15 新建房建工程监理	临海、三门	监理、三门收费所、猫狸岭隧道所、临海北收费所及交警、路政用房、青岭收费所	浙江盛华工程建设监理有限公司
G15 新建服务区监理	临海	监理、台州服务区	浙江江南工程建设监理有限公司
1	台州	K1+900～K7+000	铁道部第一工程局第四工程处
2	台州	K7+000～K10+153	铁道部第二工程局
3	台州	K10+153～K14+475	铁道部第十九工程局第二工程处
4	台州	K14+475～K20+000	铁道部第十四工程局
5	台州	K20+000～K27+100	湖南岳阳市公路桥梁基建总公司

续上表

标段号	标段所在地	工程内容及长度	施工单位
6	台州	K27+100～K32+450	铁道部第十八工程局第五工程处
7	台州	K32+450～K36	中国人民武装警察部队交通第二总队
8	台州	K36～K37+200	铁道部第十八工程局第五工程处
9	台州	K37+200～K41+850	铁道部第一工程局第五工程处

G15 宁波绕城姜山枢纽至浙闽省界苍南分水关段标段划分情况表（3）温州段　　表7-2-31

项目	标段号	标段所在地	工程内容及长度	施工单位
湖雾街至白鹭屿段	1	乐清市	土建,长4.21km	宁波交通工程集团
	2	乐清市	土建,长5.243km	铁道部第一工程局第五工程处
	3	乐清市	土建,长5.3km	铁道部隧道工程局第一工程处
	4	乐清市	土建,长4.199km	浙江省交通工程建设集团有限公司
	5	乐清市	土建,长5.1km	山东省公路工程总公司
	6	乐清市	土建,长6.57992km	核工业华东建设工程集团
	7	乐清市	土建,长3.02km	铁道部第十七工程局
	8	乐清市	土建,长2.918km	武警交通独立支队
	9	乐清市	土建,长2.89km	温州交通建设集团
	10	乐清市	土建,长2.9km	上海第二市政工程有限公司
	11	乐清市	土建,长5.703km	东阳市路桥建筑工程有限公司
	12	乐清市	土建,长4.5km	武警交通第一总队
	13	乐清市	土建,长3.55km	杭州市公路工程处
	14	乐清市	土建,长7.059km	交通部第二公路工程局第四工程处
	15	乐清市	路面,长33.6km	浙江省交通工程建设集团有限公司
	16	乐清市	路面,长29.588km	四川公路桥梁建设集团
	17	乐清市	机电(三大系统),长63.296km	亿阳集团有限公司
	18	乐清市	隧道机电,长63.296km	重庆交科公路勘察设计院
	19	乐清市	交安设施,长63.296km	临安市公路建设工程有限公司
	20A	乐清市	交安设施,长33.6km	四川京川公路工程(集团)有限公司
	20B	乐清市	交安设施,长29.588km	杭州萧山金鹰交通设施有限公司
	21A	乐清市	房建	浙江省通力建设集团有限公司
	21B	乐清市	房建	绍兴县第一建筑安装工程有限公司
	22A	乐清市	绿化,长33.6km	杭州风景园林绿化工程公司
	22B	乐清市	绿化,长29.588km	浙江省萧山市政园林建设总公司
	22C	乐清市	绿化,长63.296km	温州市园林绿化公司
南白象至龙头段	南白象枢纽	瓯海区	土建,长2.278km	浙江省交通工程建设集团有限公司
	1	瓯海区	土建,长2.283km	东阳市路桥建筑工程有限公司
	2	瓯海区	土建,长2.204km	上虞市交通工程实业总公司

第七章 高速公路建设项目

续上表

项目	标段号	标段所在地	工程内容及长度	施工单位
南白象至龙头段	3	瑞安市	土建,长2.08277km	浙江省交通工程建设集团有限公司
	4	瑞安市	土建,长2.9971km	上海公路桥梁工程有限公司、温州顺吉公路建设有限公司
	5	瑞安市	土建,长3.4652km	铁道部第一工程局
	6	瑞安市	土建,长3.149km	福建省第一公路工程公司
	7	瑞安市	土建,长2.49202km	中港第二航务工程局
	8	瑞安市	土建,长4.571km	岳阳路桥基建总公司
	9	瓯海区、瑞安市	路面,长25.96km	浙江省交通工程建设集团有限公司
	10	瓯海区、瑞安市	机电(三大系统),长25.96km	亿阳集团有限公司
	11	瑞安市	隧道机电,长1.715km	重庆交通科研设计院
	12A	瓯海区、瑞安市	标志标线,长25.96km	杭州红萌交通设施有限公司
	12B	瓯海区、瑞安市	交安设施,长25.96km	杭州京安交通工程设施有限公司
	13A	南白象所及温州服务区	房建	浙江长城建设集团股份有限公司
	13B	塘下、瑞安、飞云收费所站房	房建	浙江中厦建设集团有限公司
	14A	瓯海区	绿化,长2.754km	嘉兴市园林绿化工程公司
	14B	瓯海区	绿化,南白象枢纽	杭州萧山机场绿化工程有限公司
	14C	瓯海区	绿化,南白象枢纽	杭州风景园林工程有限公司
	14D	瑞安市	绿化,长5.382km	浙江现代市政园林有限公司
	14E	瑞安市	绿化,长2.513km	湖州宝龙绿化工程有限公司
	14F	瑞安市	绿化,长4.678km	宁波市花园园林建设有限公司
龙头至分水关段	1	平阳县	土建,长6.123km	温州交通工程有限公司
	2	平阳县	土建,长3.15km	山西晋城路桥建设集团
	3	平阳县	土建,长4.789km	中铁二十局集团公司
	4	平阳县	土建,长4.692km	中铁第十八工程局
	5	平阳县	土建,长4.608km	宁波交通工程集团公司
	6	平阳县	土建,长4.15km	温州交通建设集团有限公司
	7	苍南县	土建,长5.82km	浙江省交通工程建设集团有限公司
	8	苍南县	土建,长6.73km	浙江省交通工程建设集团有限公司
	9	苍南县	土建,长4.98km	中港第一航务局
	10	苍南县	土建,长5.883km	浙江省交通工程建设集团有限公司
	11	平阳县	路面,长27.523km	路桥集团一局五公司
	12	苍南县	路面,长23.48km	杭州交通工程集团有限公司
	13	平阳县、苍南县	机电(三大系统),长50.919km	亿阳集团有限公司
	14	平阳县	隧道机电,长50.919km	重庆华驰交通科技有限公司

续上表

项目	标段号	标段所在地	工程内容及长度	施工单位
龙头至分水关段	15A	平阳县	交安设施,长 14.0729km	山东省天业交通设施工程有限公司
	15B	平阳县	交安设施,长 21.209km	江苏省句容市交通设施有限公司
	15C	苍南县	交安设施,长 23.548km	常州市交通设施有限公司
	16A	平阳县	平阳、萧江所及平阳隧道所站房	浙江宝业建设集团有限公司
	16B	苍南县	苍南、观美、主线收费所站房	浙江华成建设实业有限公司
	16C	苍南县	苍南服务区	浙江国泰建设集团有限公司
	17A	平阳县	绿化,长 14.073km	龙元建设集团股份有限公司
	17B	平阳县	绿化,长 13.45km	金华市园林绿化有限公司
	17C	苍南县	绿化,长 12.55km	杭州萧山新街花木产业集团有限公司
	17D	苍南县	绿化,长 10.863km	杭州中艺园林工程有限公司
	18	苍南县	土建,分水关互通	温州交通建设集团有限公司
	18L	苍南县	绿化,分水关互通	浙江绿洲生态股份有限公司
	19	平阳县、苍南县	声屏障,长 50.919km	杭州公路交通设施工程有限公司

4. 征地拆迁

宁波段征用土地 8347.41 亩,拆迁房屋 128676.47m^2,支付赔偿费用 27405 万元。台州段征用土地 9106.66 亩,拆迁房屋 276682.565m^2。温州段征用土地 13647 亩,拆迁房屋 279774m^2,支付赔偿费用 66273 万元(表 7-2-32)。

G15 宁波绕城姜山枢纽至浙闽省界苍南分水关段征地拆迁情况表　　表 7-2-32

项　目		征地拆迁安置起止时间	征用土地(亩)	拆迁房屋(m^2)	支付补偿费用(元)
宁波段		1998.5~2002.8	8347.41	128676.47	274050197.4
台州段		1994.6~1999.12	4308.021	154535.31	83732434
		1998.1~2005.3	4798.6391	122147.255	
温州段	湖雾街至白鹭屿段	1998.4~1999.2	5658	89000	189517255
	南白象至龙头段	2000.1~2000.12	3439	99344	172688746
	龙头至分水关段	2000.6~2001.4	4550	91430	300527900
	温州大桥段	1995.1~1999.11	1600.129	66768.4	61932498.92

5. 项目实施阶段

宁波段于 1998 年 9 月 22 日开工建设,2001 年 12 月,甬台温高速公路宁波段全线建成通车。根据交通部《公路工程竣工验收办法》和浙江省交通厅《浙江省公路工程竣工验收实施细则》,2003 年 9 月甬台温高速公路宁波市境西坞—新屋段工程通过竣工验收。

台州段一期工程临海青岭至乐清湖雾街段于1994年10月16日开工。1999年9月27日,一期工程全线建成通车;1998年1月,台州铺里至吴岙、大田至青岭段工程开工,1998年9月28日,甬台温高速公路温岭市大溪至石粘连接线工程开工。2001年12月25日,甬台温高速公路台州段全线建成通车。

温州段一期工程温州大桥工程和湖雾岭隧道工程于1999年12月前分段建成投入运营;二期工程湖雾街至白鹭屿段,于2002年1月1日建成投入试运营;田垄至蒲歧段和大湾河至白鹭屿段于2002年10月29日建成投入试运营。三期工程南白象至瑞安龙头段于2002年12月28日建成投入试运营,温州境湖雾岭隧道——飞云江互通段于2002年12月建成通车。2001年12月31日,甬台温高速公路温州湖雾街至田垄、蒲歧至大湾河段建成通车。瑞安飞云至苍南分水关段于2003年12月30日举行通车典礼。

(三)复杂技术工程

宁波段为确保软土地基填筑的质量,对填料的粒径和填筑速度进行合理控制,桥头、通道在施工安排时提前施工,以利提早预压,在桥头、通道两侧各50m内,进行超载预压,以克服由于工后沉降过大产生桥头跳车现象。

温州段在软基路段,除了采用已有成功经验的塑料排水板、管桩等技术措施外,还在温瑞6标和平苍段14个桥头采用了真空+堆载预压技术,从实测数据看,比常规技术缩短了工期。

甬台温高速公路灵江特大桥全长1687m,单孔最大跨径为122m。灵江大桥跨越通航河道——灵江,通航等级为Ⅳ级。此桥施工难点为水中基础以及主桥箱梁等。以主桥9号墩施工方案为例列举施工工艺:9号墩栈桥位置在9~10号墩间上游侧,栈桥中线距离桥梁中心线25m。①先由10号墩下河下填筑路堤。②再用KH-180吊机配合中-160振动打桩机插打ϕ55cm钢管桩,组成栈桥跨度为14~16m的钢管桩基础。③其上拼装拆装梁,组成栈桥,栈桥桥面宽8m。④在9号墩栈桥上,设置KH-180履带吊机一台,负责9号墩的施工。⑤施工栈桥向水中拼装至距9号墩8~10m处停下,以便留出9号墩平台般锚锭设备位置。⑥施工平台先在岸边400t铁驳上组拼成型。⑦由拖轮将其浮运到墩位,将临时定位船上锚绳过到平台船上临时定位,解除拖轮依托,将平台精确定位。⑧然后用30t水上吊船吊插ϕ55cm钢管桩,用BI-1振动打桩机施打至设计高程。⑨ϕ55cm钢管桩插打好8根以后,将平台提升,并按设计高程固定于ϕ55cm钢管桩上,解除锚绳,将400t铁驳退出平台;⑩平台支撑牢靠后,以平台作导向,用30t吊船和中-160振动打桩机插打ϕ2.2m钢护筒,同时焊连好支撑。⑪钢护筒插打就位后,用30t吊船将Kp-3000型旋转钻机吊到平台上进行钻孔桩施工,并把施工栈桥按设计要求拼装至9号墩旁。

(四)科技创新

1.甬台温高速公路平苍段傍山软基高路堤稳定性与沉降控制研究

本项目通过对甬台温高速公路平苍段傍山软基中软塑～流塑状淤泥的物理力学性能进行试验研究,分析了孔隙水压力、孔隙气压力对路堤强度的影响,对高填方路堤的稳定性、锚索抗滑桩的内力与变形、沉降与工后沉降进行了探讨,由此提出了傍山软基高路堤的加固处理方案。本项目成果应用于甬台温高速公路平苍段。

2.甬台温高速公路温州段软基处治技术与效果评价研究

本项目针对软土地基上高速公路的沉降问题,运用理论计算方法和实测沉降推算方法,对沉降速率控制、工后沉降控制、粉喷桩与塑料排水板联合使用等方面进行了分析研究,提出了相应的设计方法和施工工艺。本项目成果应用于甬台温高速公路瑞安段、乐清段两期工程。该成果于2004年7月完成,达到国内领先水平。

(五)运营养护管理

1.服务设施

G15浙江宁波绕城姜山枢纽至浙闽省界苍南分水关段,共设奉化、宁海、台州、清江、温州、苍南6个服务区(表7-2-33)。

G15宁波绕城姜山枢纽至浙闽省界苍南分水关段服务设施情况表　　表7-2-33

服务区名称	位　　置	占地面积(m^2)
奉化服务区	K1524+401～K1526+541	123867
宁海服务区	K1553	49933
台州服务区	K1621+500	169947
清江服务区	K1692+500	42624
温州服务区	K1755	26640
苍南服务区	K1814+500	61938

2.收费设施

G15浙江宁波绕城姜山枢纽至浙闽省界苍南分水关段,共设奉化、宁海北、宁海、宁海南(宁波段)、三门、临海北(台州段)、雁荡、蒲岐、乐清、温州南、塘下、瑞安、飞云、平阳、萧江、苍南、观美、浙闽分水关主线(温州段)等收费站,各收费站至少设置2条ETC收费车道,其余车道采用人工收费方式(表7-2-34)。

G15 宁波绕城姜山枢纽至浙闽省界苍南分水关段收费设施情况表

表 7-2-34

站点名称	车 道 数	收 费 方 式
奉化	3+6	2 条 ETC 收费,其余是人工收费
宁海北	3+5	2 条 ETC 收费,其余是人工收费
宁海	3+7	2 条 ETC 收费,其余是人工收费
宁海南	3+4	2 条 ETC 收费,其余是人工收费
三门	4+2	人工 + ETC
临海北	5+2	人工 + ETC
雁荡	3+4	2 条 ETC 收费,其余是人工收费
蒲岐	3+5	2 条 ETC 收费,其余是人工收费
乐清	3+6	2 条 ETC 收费,其余是人工收费
温州南	6+12	6 条 ETC 收费,其余是人工收费
塘下	3+6	2 条 ETC 收费,其余是人工收费
瑞安	4+6	2 条 ETC 收费,其余是人工收费
飞云	4+6	2 条 ETC 收费,其余是人工收费
平阳	3+5	2 条 ETC 收费,其余是人工收费
萧江	4+6	2 条 ETC 收费,其余是人工收费
苍南	3+7	2 条 ETC 收费,其余是人工收费
观美	2+4	2 条 ETC 收费,其余是人工收费
浙闽	5+11	4 条 ETC 收费,其余是人工收费
分水关	2+2	无人收费

3. 交通流量

本路段交通量情况见表 7-2-35 ~ 表 7-2-37。

G15 宁波绕城姜山枢纽至浙闽省界苍南分水关段交通量情况表(1)宁波段(单位:pcu/d)

表 7-2-35

年份	全程加权平均值	一、二期拆分点至奉化	奉化至宁海北	宁海至宁海北	宁海南至麻岙岭	宁海南至宁海
2005	11328	—	15001	13011	8153	8512
2006	12925	—	16938	14759	9459	9847
2007	14870	—	19692	17090	11441	11811
2008	16742	21926	20653	18938	13054	13102
2009	18984	25064	23074	21612	14870	15274
2010	25117	32834	30132	28344	20075	20513
2011	26795	35420	32539	30186	21156	21617

续上表

年份	全程加权平均值	一、二期拆分点至奉化	奉化至宁海北	宁海至宁海北	宁海南至麻岙岭	宁海南至宁海
2012	26426	35582	32467	30533	20273	20807
2013	22699	29948	26463	24937	18910	19247
2014	21853	28995	25865	24665	17702	17997
2015	22195	29253	26629	25983	17405	17682

G15 宁波绕城姜山枢纽至浙闽省界苍南分水关段交通量情况表（2）台州段（单位：pcu/d）

表 7-2-36

年份	全程加权平均值	三门至麻岙岭	三门至吴岙	临海北至吴岙	临海南至临海北
2002	14358	10150	10701	17793	18787
2003	17516	9897	10514	26609	23045
2004	17701	7850	8658	23167	20523
2005	18909	8488	9301	24592	22007
2006	21119	9704	10609	27415	24442
2007	22142	11780	12381	28332	24859
2008	22868	12977	13512	28939	25339
2009	24551	15328	15911	30294	26734
2010	28010	20510	21365	33061	29234
2011	27649	21583	22444	32004	28304
2012	27040	20807	21614	31066	28155
2013	26208	19247	20336	30664	27385
2014	27569	17997	19401	33175	29705
2015	28188	17682	19129	34200	30709

年份	全程加权平均值	台州南至台州	大溪至大溪岭分界	大溪至台州南	水洋枢纽至临海南	水洋枢纽至台州
2005	19043	18061	16162	18284	23665	2006年12月以前断面统计为4段，未分水洋枢纽，合并显示临海南至台州
2006	20908	18233	16310	18470	23516	
2007	22541	21493	17484	20553	24832	28343
2008	23610	22733	18516	21718	25416	29989
2009	25907	25225	20295	24069	26636	33311
2010	28564	27866	22475	26713	29168	36597
2011	27840	27302	21276	26342	28220	36060
2012	27236	26925	20453	26167	28887	34123
2013	26605	26340	19982	25071	27990	33644
2014	28449	28035	21569	26225	30352	36062
2015	28697	28449	22162	26536	31113	35619

第七章 高速公路建设项目

表 7-2-37 G15宁波绕城姜山枢纽至浙闽省界苍南分水关段交通量情况表（3）温州段（单位：pcu/d）

年份	全程加权平均值	蒲歧至雁荡	乐成至蒲歧	柳市至乐成	七都至白露屿	温州东至白露屿	温州东至七都	温州南至白露屿	温州南至七都	温州南至温州东	塘下至温州南	瑞安至塘下	飞云至瑞安	平阳至飞云	萧江至平阳	苍南至萧江	观美至苍南	分水关至观美
2002	14768	11481	11561	18527	20106		12165											
2003	10382	16073	16436	15806	22609	22339	22848	10478	11776	11127	12003	7805	5715	385	341	274	233	250
2004	19351	22400	22966	20949	28905	28627	29233	14060	13963	17570	22818	22289	20633	19168	16630	11046	9279	8424
2005	24032	26900	27748	26063	33823	33531	34190	17398	17476	22481	29658	29671	26930	24469	20785	14140	12319	10964
2006	29047	29476	30588	29889	39532	39876	39830	21841	21917	26240	39046	37517	34108	30345	25351	17935	15576	14735
2007	32572	29576	30874	30162	41670		42161	26495	27054		47528	45923	41310	35186	28727	20873	18211	17311
2008	35309	31426	33173	32897	46733	50530	47480	27853	27437	29016	51629	49586	45306	37157	29915	22902	19505	18763
2009	37031	34569	36731	36222	47747	51043	48530	26893	29412	35247	56284	52724	47785	40484	31053	23589	20468	19842
2010	41952	39406	41774	42501	52983	55552	53867	27284	29476	41576	68980	62055	56819	46282	35871	26506	23194	21939
2011	44329	37785	40731	42624	59421	55852	60074	29240	29476	41970	65812	64853	63371	49376	38418	28160	23888	23298
2012	45197	35354	38859	41110	61831	48869	62993	29294	25373	38140	68786	68301	64529	50969	40039	30007	24399	24576
2013	45219	34857	38704	41576	61632	54974	57548	25216	30956	45862	72549	71368	68555	54780	43635	32860	26491	26576
2014	49591	38970	43041	47580	71725	54974	63238	30754	36267	45862	74921	73465	72093	56167	45491	35860	29307	28645
2015	52313	40055	45455	49812	68018	58514	62488	36029	36267	50157	82314	78583	75739	59888	48332	37092	30915	29670

第三节 G15W 浙江段［浙苏省界（吴江大溪港）至三门吴岙］

常熟至台州国家高速公路，简称"常台高速公路"，编号为 G15W，起点在江苏常熟市，途经浙江省嘉兴市、绍兴市，终点在台州市三门县，全长 339km，于 2013 年 7 月全线通车。作为贯通中国东南沿海地区的唯一一条高速公路 G15 沈海线的并行线，常台高速公路 G15W 对于加密国家高速公路网络，密切苏南地区与浙北地区、浙东南沿海地区的经济往来，强化长三角区域交通联系，都具有十分重要的意义。

G15W 常台高速公路浙江段起于浙苏省界（吴江大溪港），途经浙江省嘉兴市、绍兴市和台州市，终于三门吴岙，全长 236km，依次由以下三段组成：乍嘉苏高速公路［浙苏界嘉兴（吴江大溪港）至南湖青龙港段］、嘉绍通道（南湖青龙港至上虞沽渚）、上三高速公路（上虞沽渚至三门吴岙）。路网位置示意图如图 7-3-1，建设项目信息见表 7-3-1。

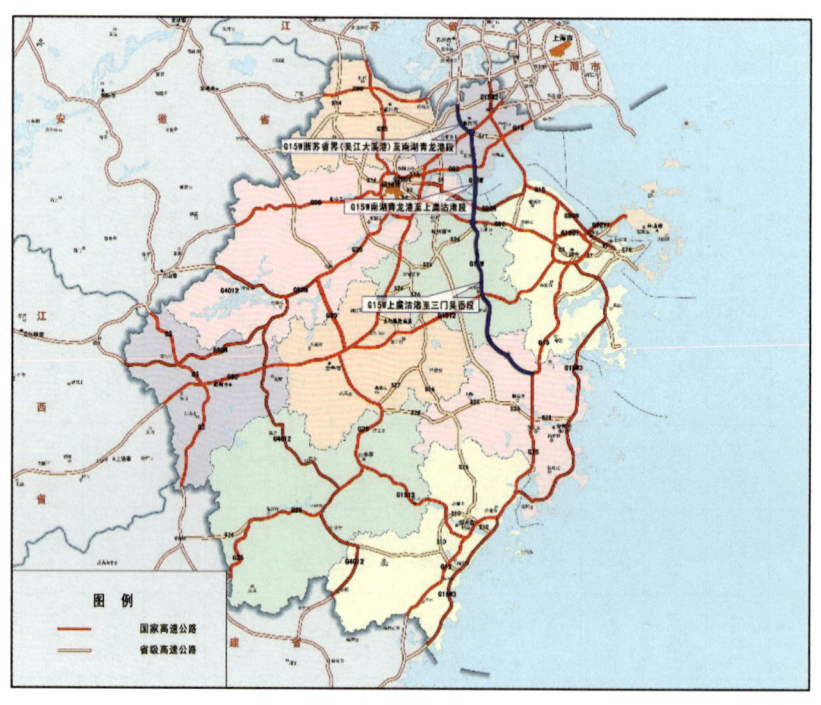

图 7-3-1 G15W 浙苏省界（吴江大溪港）至三门吴岙段路网位置示意图

第七章 高速公路建设项目

G15W 浙苏省界(吴江大溪港)至三门吴岙段建设项目信息采集表　　表 7-3-1

序号	国高	项目名称	规模(km)				建设性质(新、改扩建)	设计速度(km/h)	永久占地(亩)	投资情况(亿元)				建设时间(开工~通车)
			合计	八车道及以上	六车道	四车道				估算	概算	决算	资金来源	
1	G15W	乍嘉苏高速公路	25		3	22	新建	120	6998.65	10.18	13.26	11.826	银行借款	1999.6~2002.10
2		嘉绍大桥北岸接线	43.26	43			新建	120	6415.038				中央补贴、地方自筹	2009.5~2013.7
3		嘉绍大桥	10.14	10.14			新建	100	82	51	62.80		国家补助、地方自筹	2009~2013
4		嘉绍大桥南岸接线	16.02	16			新建	120	2283		23.89		中央补贴、地方自筹、银行贷款	2009.9~2013.7
5		上三高速公路	141.39			141.39	新建	100或60	13723		44.12	39.87	中央补贴、地方自筹、银行贷款	1998.2~2000.12

一、G15W 浙苏省界(吴江大溪港)至南湖青龙港段(建设期 1999—2002 年)

(一)项目概况

1. 基本情况

(1)功能定位

G15W 浙苏省界嘉兴王江泾至南湖青龙港(1 号南湖枢纽)段,原为浙江乍嘉苏高速公路的嘉苏段。乍嘉苏高速公路是连接苏南经济区和杭(州)嘉(兴)湖(州)平原经济区的交通纽带。本段处于长江三角洲密集的综合运输网中,作为浙江省公路主干线"两纵两横十八连"路网中的一连和所在区域嘉兴市"四纵五横"公路主骨架的主轴,乍嘉苏高速公路起到了将国道干线和区域高速公路连接成网、提高路网整体效益的作用,与此同时在江苏江阴大桥和浙江嘉绍大桥先后通车后,本段高速公路也起到为国家高速公路沈海线分流的作用。

(2)技术标准

G15W 浙苏省界嘉兴王江泾至南湖青龙港(1 号南湖枢纽)段,采用全封闭、全立交、双向四车道(部分六车道)技术标准,设计速度 120km/h,路基宽度 28m。

(3)建设规模

本段路线全长 25km,其中六车道路线长 3km,四车道路线长 22km。全线有大桥 12 座、中桥 28 座。

本段设观音桥枢纽、秀洲互通式立交、马家浜互通式立交和南湖(嘉兴南)枢纽,设新塍服务区一处。详见表 7-3-2、表 7-3-3。

G15W 浙苏省界(吴江大溪港)至南青龙港段桥梁汇总表

表 7-3-2

规模	名称	桥长(m)	主跨长度(m)	桥底净高(m)	跨越障碍物			梁式桥							拱式桥											悬索桥	
					河流	沟谷	道路、铁路	钢筋混凝土梁桥			钢梁桥		组合梁		混凝土拱桥		钢筋混凝土拱桥						钢拱桥		钢管混凝土拱桥			悬带式	钢索式
								简支梁桥	连续梁桥	悬臂梁桥	简支钢梁	连续钢梁	预弯混凝土组合梁	钢管混凝土桁架梁	预制混凝土拱	现浇混凝土拱	双曲拱	肋拱	箱形拱	桁架拱	刚架拱	系杆拱	箱形拱	桁架拱	哑铃型	桁架型	提篮型		
大桥	青龙桥	264.04	20	4.5	√			√																					
	公铁立交	842.04	30	8.2			√	√																					
	嘉兴互通主线桥	669.12	45	4.5	√		√		√																				
	嘉兴互通匝道桥	284.62	20	4.5			√	√																					
	嘉兴互通匝道桥	142.02	20	4.5			√	√																					
	嘉兴互通匝道桥	204.58	20	4.5			√	√																					
	运河桥	593.62	61.9	7.5	√											√													
	新塍塘大桥	491.74	40	8	√			√																					
	龙王庙分离立交桥	347.74	20	4.5			√	√																					
	大溪港大桥	345.74	30	4.5	√			√																					
	跨线桥	284.04	20	4.5			√		√																				
中桥	王家大桥	462.04	62	5	√																								√

G15W:28座

G15W 浙苏省界(吴江大溪港)至南湖青龙港段路面信息汇总表　　表 7-3-3

路面形式	起讫里程	长度(m)	水泥混凝土路面	沥青路面
柔性路面	K0+000~K25+450	25450		沥青混凝土路面

(4) 主要控制点

浙苏省界王江泾、新塍镇、秀洲区、南湖区,至 1 号南湖枢纽。

(5) 地形地貌

浙北平原地形。

(6) 投资规模

项目估算投资 10.18 亿元,概算投资 13.26 亿元,决算投资 11.82 亿元。

(7) 开工及通车、竣工时间

本段于 1999 年 6 月开工建设,于 2002 年 10 月完工,12 月 28 日投入运营。

2. 前期决策情况

关于乍嘉苏高速公路的建设动议由来已久。当浙江省乍浦港开发启动初期,就已经将该项目列入港口开发的重要组成部分,随着港口一期工程建设投产、二期工程顺利开展,对港口集疏运的要求更加迫切。1989 年,中日两国政府签订科技合作项目时,在对浙江省路网规划中,根据全省经济布局和交通量的发展趋势,就已把乍嘉苏高速公路列入路网规划。1995 年,浙江省交通厅对全省路网进行了系统规划,在《浙江省公路水运交通建设规划(1995—2010)》中,明确提出了"两纵两横五连"的全省公路网主骨架布局规划,乍嘉苏高速公路即为其中的"一连"。

1997 年 5 月,苏州和嘉兴两市人民政府在苏州签署了《关于苏嘉杭高速公路项目建设备忘录》,协议江苏苏嘉杭高速公路和浙江乍嘉苏高速公路接口等相关建设问题。1997 年 7 月,浙江省交通厅发文〔1997〕2281 号文《关于组织乍嘉王(江泾)公路项目前期工作》(注:即后来的乍嘉苏高速公路),乍嘉苏高速公路的前期工作迅速展开。1997 年 12 月,《乍嘉苏高速公路预可行性研究报告》编制完成,1998 年 5 月《乍嘉苏高速公路可行性研究报告》编制完成,1999 年 6 月本项目开工建设。

3. 参建单位主要情况

(1) 勘察设计单位

浙江省交通规划设计研究院、中国公路工程咨询监理总公司、上海建筑设计院、嘉兴市中房建筑设计院。

(2) 施工单位

铁道部第十四工程局第四工程处、铁道部第四工程局第六工程处、中国第二十冶金建设公司、上海市第一市政工程有限公司、上海公路桥梁工程有限公司、吉林省公路工程局等。

（3）监理单位

项目施工监理单位为中国公路工程咨询监理总公司、江苏交通工程咨询监理总公司、北京市华通公路桥梁监理咨询公司、江苏华宁交通工程咨询公司、嘉兴经建工程监理有限公司等。

（二）建设情况

1. 项目审批

1998年浙计委以浙计经投〔1998〕745号文批复乍嘉苏高速公路可行性研究。

2. 资金筹措

建设资金主要来源为银行贷款。

3. 合同段划分

本项目土建工程共分5个合同段，由铁道部第四工程局第六工程处、中国第二十冶金建设公司等承担施工建设任务。其他交安工程、绿化工程、房建工程、环保工程和机电工程等，在招投标后分别由浙江中天建设集团有限公司、杭州华兴交通设施有限公司、杭州交通工程集团有限公司、北京云星雨交通工程有限公司、张家港港丰交通安全设施有限公司等承担。

4. 征地拆迁

本项目征用土地6998.65亩，拆迁房屋189117.42m^2，支付赔偿费用4668.23万元。

5. 项目实施阶段

1999年6月1日，乍嘉苏高速公路浙江段开工建设。2002年10月8日完工，12月28日投入运营。2003年11月20日，乍嘉苏高速公路浙江段工程项目通过竣工验收。

（三）运营养护管理

1. 服务设施

本段设置新塍服务区一座，占地96亩，见表7-3-4。

G15W 浙苏省界（吴江大溪港）至南湖青龙港段服务设施情况表　　表7-3-4

服务区名称	位　　置	占地面积（亩）
新塍服务区	K106+727	96

2. 收费设施

本段共设置收费站3座,其中在浙苏省界设主线收费站1座(王江泾主线收费站),在秀洲、马家浜设置匝道收费站各1座。沪浙界主线收费站收费车道数为21+20,其中4个ETC收费车道,另外两个匝道收费站收费车道数5~6不等,均为人工与ETC相结合的收费站。具体见表7-3-5。

G15W 浙苏省界(吴江大溪港)至南湖青龙港段收费设施情况表　　表7-3-5

站点名称	车道数	收费方式
南湖	3+8	2条ETC收费,其余是人工收费
马家浜	3+5	2条ETC收费,其余是人工收费
秀洲西	2+3	2条ETC收费,其余是人工收费
秀洲西副	2+3	2条ETC收费,其余是人工收费
王江泾主线	21+20	4条ETC收费,其余是人工收费

3. 交通流量

本高速公路路段建成通车后,交通量逐年增加。2003年路段平均交通量为21830pcu/d,2015年为70048pcu/d。具体见表7-3-6。

G15W 浙苏省界(吴江大溪港)至南湖青龙港段交通量情况表(单位:pcu/d)　　表7-3-6

年份	全程加权平均	观音桥枢纽至王江泾主线	观音桥枢纽至秀州(嘉兴西)	秀州(嘉兴西)至马家浜	南湖(嘉兴南)至马家浜	南湖(嘉兴南)至嘉兴枢纽
2002	1004			1004		
2003	21830	21481[王江泾主线至秀州(嘉兴西)]		20777	22530	22530
2004	23303	23687[王江泾主线至秀州(嘉兴西)]		22919		
2005	25009	25642.5[王江泾主线至秀州(嘉兴西)]		24409	24411	25573
2006	32342	33360.5[王江泾主线至秀州(嘉兴西)]		31539	31482	32987
2007	37068	38794[王江泾主线至秀州(嘉兴西)]		36477	35652	37347
2008	41532	47277	42619	39427	38202	40135
2009	48195	52639	48792	46816	45267	47463
2010	56005	61551	56298	54184	52636	55354
2011	59672	66158	59031	56999	56661	59511
2012	61123	70236	60094	57172	57490	60623
2013	63124	80157	65056	61034	62038	47337
2014	64696	86315	71440	67819	70401	27504
2015	70048	91719	77671	74446	77995	28410

二、G15W 嘉绍大桥及南北接线段(建设期 2009—2013 年)

(一)项目概况

1. 基本情况

(1)功能定位

嘉绍大桥及南北接线工程是《国家高速公路网规划》"7918"网中的"一纵"——沈阳至海口国家高速公路常熟至台州并行线的主要路段,也是浙江省公路交通规划中杭州湾的第二个通道。由于嘉绍大桥跨越宽阔的钱塘江水域,成为 G15W 常台高速公路的关键路段,也是常台高速公路建成通车最晚的路段。

杭州湾区域(嘉杭甬绍等)是长三角南翼极为重要的组成部分,嘉兴和绍兴都是长三角都市群和杭州都市圈的成员,要保持区域发展优势,必须有交通基础设施作后盾。本项目使杭州湾两岸的嘉绍地区连为一体,使沪、浙、苏沿海开放城市及港口联系更为密切,促进了杭州湾都市圈的经济发展和城市化进程,提高了长三角地区的国际参与和竞争能力。

项目建成后,可与沪杭高速公路、乍嘉苏高速公路、杭浦高速公路、杭甬高速公路和上三高速公路等便捷地连接起来,对完善国道、省道网络具有重大意义;同时将大大缩短杭州湾两岸的时空距离,充分发挥上海龙头辐射作用,推进环杭州湾产业带建设,增强区域竞争力,对于长三角经济一体化和产业结构调整升级将起到极大的促进作用,社会经济效益显著。

(2)技术标准

嘉绍大桥工程技术标准为双向八车道、设计速度 100km/h,南北接线工程为双向八车道、设计速度 120km/h。

(3)建设规模

嘉绍大桥里程全长 10.137km,北接线长 43.26km,南接线长 16.02km。北接线设 5 处互通收费站、1 处服务区,南接线设 3 处互通收费站、1 处停车区。详见表 7-3-7 ~ 表 7-3-10。

(4)主要控制点

嘉绍大桥南起上三高速公路的沽渚枢纽,北至乍嘉苏高速公路的南湖枢纽,北接线主要控制点为南湖枢纽、百步镇、袁花镇、黄湾镇,南接线主要控制点为滨海新城、沥海镇、沽渚枢纽。

(5)地形地貌

浙北平原和杭州湾水域。

(6)投资规模

嘉绍大桥投资估算为 51 亿元,概算 62.8 亿元。

第七章　高速公路建设项目

G15W 嘉绍大桥北接线段桥梁汇总表

表 7-3-7

规模	名称	桥长(m)	主跨长度(m)	桥底净高(m)	跨越障碍物 河流	跨越障碍物 沟谷	跨越障碍物 道路、铁路	梁式桥 钢筋混凝土梁桥 简支梁桥	梁式桥 钢筋混凝土梁桥 悬臂梁桥	梁式桥 钢筋混凝土梁桥 连续梁桥	梁式桥 钢梁桥 简支钢梁	梁式桥 钢梁桥 连续钢梁	梁式桥 预弯混凝土梁	组合梁桥 组合梁	组合梁桥 钢管混凝土桁架梁
特大桥	长山河特大桥	1061	130		√					√					
	海宁枢纽2号桥	1070	36				√			√				√	
	尖山高架桥(一)	2000	40		√		√			√				√	
	尖山高架桥(二)	1877	35		√		√			√					
大桥	眉家桥	516	30							√				√	
	1号枢纽2号桥	678	25				√			√				√	
	1号枢纽4号桥	585	25				√			√	√			√	
	1号枢纽5号桥	709	38				√			√				√	
	1号枢纽7号桥	843	38				√			√				√	
	2号枢纽1号桥	897	30				√			√				√	
	2号枢纽5号桥	570	30				√			√				√	
	2号枢纽7号桥	461	30				√			√				√	
	马王线大桥	451	25				√			√					
	王店互通1号桥	571	30				√			√				√	
	王店互通5号桥	358	30				√			√					
	大横港大桥	461	30		√					√					
	百步互通2号桥	615	25				√			√				√	
	百步互通2号桥	322	30				√			√				√	

续上表

规模	名称	桥长(m)	主跨长度(m)	桥底净高(m)	跨越障碍物			梁式桥						组合梁桥	
								钢筋混凝土梁桥			钢梁桥		预弯混凝土梁		
					河流	沟谷	道路、铁路	简支梁桥	悬臂梁桥	连续梁桥	简支钢梁	连续钢梁		组合梁	钢管混凝土桁梁桥
大桥	湖盐公路分离杭平申大桥	587	72											√	
	海洲路分离立交桥	425	20		√		√			√					
	北塘洋2号桥	431	25		√					√					
	楼下分离立交桥	465	23				√			√					
	东西大道分离桥	781	25		√		√			√				√	
	硖石互通2号桥	302	25		√					√					
	硖石互通3号桥	547	30		√					√					
	海宁枢纽4号桥	391	35		√		√			√				√	
	海宁枢纽5号桥	486	30		√					√					
	海宁枢纽7号桥	393	30		√					√				√	
	海宁枢纽9号桥	331	30		√					√					
	天仙府塘大桥	443	30		√					√				√	
	袁花互通4号桥	312	30				√			√					
	汤家分离立交桥	746	30				√			√				√	
	尖山互通1号桥	783	35		√		√			√					
中桥	尖山互通立交3号桥	120	20		√		√			√					
	尖山互通立交4号桥	212	20		√		√			√					

G15W 嘉绍大桥北接线：61 座

第七章 高速公路建设项目

表7-3-8 G15W嘉绍大桥桥梁汇总表

规模	名称	桥长(m)	主跨长度(m)	桥底净高(m)	跨越障碍物——河流	跨越障碍物——沟谷	跨越障碍物——道路、铁路	梁式桥 钢筋混凝土梁桥 简支梁桥	梁式桥 钢筋混凝土梁桥 悬臂梁桥	梁式桥 钢筋混凝土梁桥 连续梁桥	梁式桥 钢梁桥 简支钢梁	梁式桥 钢梁桥 连续钢梁	梁式桥 组合梁桥 预弯混凝土梁	梁式桥 组合梁桥 组合梁	梁式桥 钢管混凝土桁架梁	斜拉桥 结合梁 工字钢梁混凝土板	斜拉桥 结合梁 钢箱梁混凝土板	斜拉桥 结合梁 钢管桁架梁混凝土板	斜拉桥 钢梁	斜拉桥 混合梁	刚构桥 T形刚构	刚构桥 桁架刚构	刚构桥 连续刚构	刚构桥 门式刚构	刚构桥 斜腿刚构
特大桥	嘉绍大桥	10137	428	32.5	√														√				√		

表7-3-9 G15W嘉绍大桥南接线段桥梁汇总表

规模	名称	桥长(m)	主跨长度(m)	桥底净高(m)	跨越障碍物——河流	跨越障碍物——沟谷	跨越障碍物——道路、铁路	钢筋混凝土梁桥 简支梁桥	钢筋混凝土梁桥 悬臂梁桥	钢筋混凝土梁桥 连续梁桥	钢梁桥 简支钢梁	钢梁桥 连续钢梁	组合梁桥 预弯混凝土梁	组合梁桥 组合梁	钢管混凝土桁架梁
特大桥	滨海新城高架桥	3912	72	6	√		√	√							
特大桥	东西区连接线分离桥	1169	30	5	√		√	√							
特大桥	曹娥江特大桥	1372	90	10	√		√	√							
特大桥	沽渚枢纽主线1号桥	1169	30	6	√		√	√							
特大桥	百红公路分离桥	881	25	5.5			√	√							
特大桥	沥海互通2号桥	349	25	5			√	√							
特大桥	世纪大道分离桥	841	25	4.5	√		√	√							
大桥	沽渚枢纽A匝道桥	336	35	5			√			√					
大桥	沽渚枢纽E匝道桥	179	16	8			√			√					
大桥	沽渚枢纽F匝道1号桥	549	40	7	√		√			√					
大桥	沽渚枢纽F匝道2号桥	336	35	7	√		√			√					
中桥	15座														
小桥	1座														

G15W 嘉绍大桥及南北接线路面结构表　　　表 7-3-10

路面形式	起讫里程	长度(m)	水泥混凝土路面	沥青路面
柔性路面	嘉绍大桥北接线：上下行整路段	43260		沥青混凝土路面
	嘉绍大桥：K43+261.5~K53+398.5	10137		沥青混凝土路面
	嘉绍大桥南接线：K178+538~194+556	16018		沥青混凝土路面

（7）开工及通车、竣工时间

嘉绍大桥于2008年12月举行开工典礼,2009年1月正式开工建设;2013年2月3日全桥顺利合龙,2013年7月6日,嘉绍大桥工程通过交工验收,具备通车条件;7月19日零点正式对社会车辆开放通行。

2.前期决策情况

嘉绍大桥前期工作始于1993年。2000年浙江省交通厅编制了《浙江省公路水路建设规划纲要(2001—2015)》,提出加快建设"两纵两横十连一绕两通道"的全省公路主骨架。

2002年,浙江省公路水运咨询公司编制完成了《嘉兴至绍兴跨江通道方案研究报告》,在此方案研究报告基础上,浙江省交通规划设计研究院相继完成了嘉绍通道线位论证报告和预可行性研究。2005年11月10日,国家发改委以发改交运〔2005〕2356号文件批复了项目建议书。2006年4月,浙江省交通规划设计研究院提交了工程可行性研究报告。

3.参建单位主要情况

（1）勘察设计单位

中交公路规划设计院有限公司,浙江省交通规划设计研究院。

（2）施工单位

中铁大桥局股份有限公司,中交第二公路工程局有限公司,中交第二航务工程局有限公司,广东省长大公路工程有限公司,路桥集团国际建设股份有限公司,武船重型工程有限公司,浙江省交通工程建设集团有限公司等。

（3）监理单位

武汉桥梁建筑工程监理有限公司,浙江公路水运工程监理有限公司,武汉桥梁建筑工程监理有限公司,重庆中宇工程咨询监理有限公司等。

（二）建设情况

1. 项目审批

2000年，浙江省政府做出建设嘉兴至绍兴跨江公路通道工程的决定；2007年12月，项目工可通过国家发改委批复；2008年10月，项目初步设计通过交通运输部批复。

2. 资金筹措

国家补助、地方自筹、银行贷款。

3. 合同段划分

嘉绍大桥共分8个标段，合同内容包括：北侧主桥下部、索塔及钢箱梁安装，南侧主桥下部、索塔及钢箱梁安装，北岸水中区引桥下部、北副航道下部、北岸陆地区引桥上下部，南岸水中区引桥上、下部和规划大堤引桥上、下部等。其他工作内容（交安、机电、防撞、房建、阻尼器等）又分为十几个合同段。南北接线工程按土建、交安、房建、机电、绿化等内容划分十几个合同段。

各段分别进行招投标，由不同施工单位中标，具体见表7-3-11。

G15W 嘉绍大桥及南北接线标段划分情况表　　　　　　表7-3-11

标段号	标段所在地	工程内容及长度	施 工 单 位
Ⅰ	嘉绍大桥	K52+685～K53+398.5 陆地区引桥	路桥集团国际建设股份有限公司
Ⅱ	嘉绍大桥	K51+655～K52+685 南岸水中区引桥上、下部，规划大堤引桥上、下部	中交第二航务工程局有限公司
Ⅲ	嘉绍大桥	K50+315～K51+655 南侧主桥下部、索塔及钢箱梁安装等	中交第二航务工程局有限公司
Ⅳ	嘉绍大桥	K48+975～K50+315 北侧主桥下部、索塔及钢箱梁安装等	广东省长大公路工程有限公司
Ⅴ	嘉绍大桥	K43+975～K48+975 北岸水中区引桥下部，北副航道下部等	中铁大桥局股份有限公司
Ⅵ	嘉绍大桥	K43+261.5～K43+975 北岸陆地区引桥上、下部，跨堤桥上、下部等	中交第二公路工程局有限公司
Ⅶ	嘉绍大桥	中铁大桥局股份有限公司 K43+975～K48+975 北岸水中区引桥上部、北副航道上部	中铁大桥局股份有限公司
Ⅷ-1	嘉绍大桥	K50+315～K51+655 南岸钢箱梁、钢锚箱制作运输，以及工地连接并参与发包人组织的相关科研项目	武船重型工程有限公司
Ⅷ-2	嘉绍大桥	K48+975～K50+315 北岸钢箱梁、钢锚箱制作运输，以及工地连接并参与发包人组织的相关科研项目	中铁山桥集团有限公司

续上表

标段号	标段所在地	工程内容及长度	施工单位
Ⅷ-3	嘉绍大桥	K50+315～K51+655 南岸钢箱梁、钢锚箱防腐涂装工作	江苏中矿大正表面工程技术有限公司
Ⅷ-4	嘉绍大桥	K48+975～K50+315 北岸钢箱梁、钢锚箱防腐涂装工作	镇江蓝舶工程科技有限公司
Ⅹ	嘉绍大桥	K48+975～K51+655 斜拉索制作运输	江苏法尔胜股份有限公司
Ⅺ-1	嘉绍大桥	K48+975～K53+398.5 主航道桥钢桥面、南岸混凝土桥面铺装	广东省长大公路工程有限公司
Ⅺ-2	嘉绍大桥	K43+261.5～K48+975 北岸混凝土桥面铺装	浙江省交通工程建设集团有限公司
Ⅻ-1-1	嘉绍大桥	K43+261.5～K53+398.5 防撞护栏及风障	中铁宝桥集团有限公司、 绍兴市越路交通工程有限公司
Ⅻ-1-2	嘉绍大桥	K43+261.5～K53+398.5 交安设施施工	余姚市交通标志设施有限公司
Ⅻ-2	嘉绍大桥	机电工程	上海电科智能系统股份有限公司
Ⅻ-3	嘉绍大桥	K43+261.5～K53+398.5 混凝土结构涂装	宁波市象山防腐工程有限公司
Ⅻ-4-1	嘉绍大桥	K50+315～K51+655 主航道南侧墩身防撞	中交第二航务工程局有限公司
Ⅻ-4-2	嘉绍大桥	K48+975～K50+315 主航道北侧墩身防撞	广东省长大公路工程有限公司
Ⅻ-4-3	嘉绍大桥	K46+425～K46+805 北副航道桥墩身防撞	中铁大桥局股份有限公司
Ⅻ-6	嘉绍大桥	房建工程	浙江大东吴集团建设有限公司
SB-1	嘉绍大桥	K48+975～K51+655 阻尼器	中铁大桥局集武汉桥梁科学研究院有限公司
SB-2	嘉绍大桥	K48+975～K51+655 阻尼器	安徽尚德科技有限责任公司
SB-3	嘉绍大桥	索塔电梯	东南电梯股份有限公司
SB-4	嘉绍大桥	K43+261.5～K53+398.5 伸缩缝	宁波路宝科技实业集团有限公司

4. 征地拆迁

嘉绍大桥工程征用土地82.37亩,支付赔偿费用599.9万元。北接线工程征用土地6415亩,拆迁房屋275088m²,支付赔偿费用106764万元。南接线工程征用土地2283亩,拆迁房屋 53649m², 支付赔偿费用 11885 万元(表 7-3-12)。

G15W 嘉绍大桥及南北接线征地拆迁情况表　　　　表 7-3-12

项　目	征地拆迁安置起止时间	征用土地（亩）	拆迁房屋（m²）	支付补偿费用（万元）	备　注
嘉绍大桥		82.37		599.91	
北接线	2009.5~2013.7	6415.038	275088	106764.27	
南接线	2009.2~2013.7	2283.003	53649.52	11885.05	

5. 项目实施阶段

2009 年嘉绍大桥开工建设(图 7-3-2)。

a)

b)

c)

图 7-3-2　嘉绍大桥建设

2008 年 12 月 14 日, 嘉绍大桥暨南北接线工程在上虞沥海滩涂举行开工典礼。

2013 年 2 月 3 日全桥顺利合龙, 后期进行桥面铺装、交通照明、绿化、临时结构拆除、配套管理设施施工等一些收尾工程。

2013 年 7 月 6 日, 嘉绍大桥工程通过交工验收, 具备通车条件。

2013年7月18日,大桥指挥部在大桥Z8主墩举行通车仪式。

2013年7月19日零点正式对社会车辆开放通行(图7-3-3)。

(三)复杂技术工程

嘉绍大桥是世界上最长、最宽的多塔斜拉桥,主桥长2680m,分出5个主通航道,总宽达55.6m(含布索区),索塔数量、主桥长度规模位居世界第一。

图7-3-3 嘉绍大桥通车

大桥采用斜拉桥设计,主桥由连续的5跨斜拉桥组成,每跨428m。大桥主通航孔可达到通航3000吨级集装箱船的要求。大桥采用大直径钻孔桩(直径为3.8m,深度达110m以上),单桩混凝土灌注量超过1300m^3,为世界直径最大的单桩。

(四)科技创新

1. 多塔斜拉桥关键技术研究

由于大桥位刚好处在钱塘江尖山河段(江海交汇地方),江道宽浅、潮强流急、含沙量大等原因,建设条件极其特殊,使得河床冲淤变化剧烈,主槽(即主航道)频繁摆动,幅度在1～3.3km范围内。为防止主槽摆动对通航影响,只有多建几个主通航道,才能适应河床主槽摆幅。因此,大桥主航道桥采用了技术含量最高的6塔独柱斜拉桥方案(国内外修建的多塔斜拉桥多为3塔),这使主桥长度达2680m,分出5个主通航道,索塔数量、主桥长度规模位居世界第一,成为世界上最长、最宽的多塔斜拉桥。"多塔斜拉桥关键技术研究"荣获"2014年度中国公路学会科学技术奖"特等奖。

2. 世界最大直径桩

水中区引桥大量采用大直径钻孔桩(直径为3.8m,深度达110m以上),单桩混凝土灌注量超过1300m^3,为目前世界上直径最大的单桩。同时取消桥墩上的承台。这项技术创新是由特殊建设环境所决定,大桥单桩一般直径为2.5m,需3～4个组合形成群桩,才能承载桥面的受重力。采用大直径的单桩,既解决了受重力的问题,也最大限度减少阻水面积,从而不影响钱塘潮景观。另外,该河段河床为粉质沙土,极易冲刷,河床变化剧烈,实测最大流速达6.65m/s以上(杭州湾跨海大桥最大水流速不超过5m/s),几乎每天会涨退潮,潮差可达9m,大型工程船舶无法在此固定作业,无法采用传统承台施工,而采用单桩独柱的形式架桥,降低了施工风险,节省工程投资2亿元以上。

3. 跨中独创刚性铰结构

嘉绍大桥主桥钢箱梁长度大，主梁的温度变形对索塔及基础的受力影响较大，传统构造无法适应这种长主梁结构体系和嘉绍大桥特殊的建设环境。为科学合理地解决长主梁温度变形问题，采用在全桥跨中设置刚性铰装置的创新结构体系。刚性铰释放了主梁两端的纵向相对线位移，约束主梁转角和剪切位移，在满足受力要求的同时，又能确保行车的舒适性，这种结构在世界范围内都是独一无二的，形成了具有我国自主知识产权的桥梁刚性铰专用支座核心技术。

（五）运营养护管理

1. 服务设施

嘉绍大桥设北岸服务区 1 处，占地 $78665m^2$；南岸设停车区 1 处，占地 $27347m^2$，见表 7-3-13。

G15W 嘉绍大桥及南北接线段服务设施情况表　　　　表 7-3-13

服务区名称	位　　置	占地面积（m^2）
嘉绍大桥服务区	K162	78665
嘉绍南停车区	K179+500～K179+800	27347（含超限运输检测）

2. 收费设施

嘉绍大桥北接线设 5 处收费站，分别是王店东、百步、硖石、袁花、尖山，各有 6～7 条收费车道，均采用人工与 ETC 相结合收费方式。

嘉绍大桥南接线设 2 处收费站，分别是滨海新城北和滨海新城南（沥海），各有 6～7 条收费车道，均采用人工与 ETC（2 车道）相结合收费方式（表 7-3-14）。

G15W 嘉绍大桥及南北接线段收费设施情况表　　　　表 7-3-14

收费站点名称	车　道　数	收　费　方　式
北接线		
王店东	6	人工与 ETC 相结合
百步	7	人工与 ETC 相结合
硖石	7	人工与 ETC 相结合
袁花	6	人工与 ETC 相结合
尖山	7	人工与 ETC 相结合
南接线		
滨海新城南（沥海）	3+4	2 条 ETC 收费，其余是人工收费
滨海新城北	3+3	2 条 ETC 收费，其余是人工收费
滨海新城北副	3+3	2 条 ETC 收费，其余是人工收费

3. 监控设施

嘉绍地区每隔250m设一个监控点,均可以进行360°的旋转,这样大桥可以实行无盲区的管制。桥上还装有摄像头、能见度探测仪等先进科学设备,能做到实时预警、分类预警,以便于有关部门采取相应管控措施。

4. 交通流量

嘉绍大桥于2013年通车,当年交通量为17080pcu/d,2015年为41774pcu/d(表7-3-15)。

G15W 嘉绍大桥及南北接线段交通量情况表(单位:pcu/d)　　表7-3-15

年份	全程加权平均值	南湖(嘉兴南)至嘉兴枢纽(沪杭嘉绍)	嘉兴枢纽(沪杭嘉绍)至王店东	王店东至百步	百步至碛石	碛石至海宁枢纽	海宁枢纽至袁花
2013	17080	37668	14633	14162	13665	13580	16550
2014	34519	49110	31916	30967	29997	29521	34584
2015	41774	56685	40198	38727	37246	36371	42121
年份	袁花至黄湾	黄湾至尖山	尖山至北接线终点	北接线终点至南接线终点	南接线终点至滨海新城北	滨海新城北至滨海新城南(沥海)	滨海新城南(沥海)至沽渚
2013	15981	15981	15949	15949	15949	15606	16374
2014	34098	34098	35461	35461	35461	33362	34707
2015	41216	41216	43045	43045	43045	39363	40789

三、G15W 沽渚枢纽至三门吴岙枢纽段(建设期1994—2000年)

(一)项目概况

1. 基本情况

(1)功能定位

G15W 沽渚枢纽至三门吴岙枢纽段,为浙江早期建成通车的"上三高速公路"。该高速公路北起上虞沽渚枢纽,连接杭甬高速公路和嘉绍大桥,南至三门县珠岙镇吴岙村,与甬台温高速公路互通,纵贯浙江省中东部,是连接绍兴、台州两地的大动脉,在浙江诸永高速公路未通之前,上三高速公路也是杭州至温州(经杭甬高速公路及甬台温高速公路)的最佳路线之一段。该项目自2000年12月建成通车以来,充分发挥了高速公路主干道的作用,带动和促进了沿线区域经济的快速发展,取得了良好的社会和经济效益。

(2)技术标准

G15W 沽渚枢纽至三门吴岙枢纽段,全线双向四车道,设计速度根据地形情况分为100km/h和60km/h,路基宽度分别为24.50m和21.50m,均为沥青混凝土路面。

(3)建设规模

G15W 沽渚枢纽至三门吴岙枢纽段全长 141.39km,有大中桥共计 90 余座,隧道 5 座。详见表 7-3-16 ~ 表 7-3-18。

G15W 沽渚枢纽至三门吴岙枢纽段桥梁汇总表　　表 7-3-16

规模	名称	桥长(m)	主跨长度(m)	桥底净高(m)	跨越障碍物			梁式桥							
								钢筋混凝土梁桥			钢梁桥		组合梁桥			
					河流	沟谷	道路、铁路	简支梁桥	悬臂梁桥	连续梁桥	简支钢梁	连续钢梁	预弯混凝土梁	组合梁	钢管混凝土桁架梁
大桥	小河大桥	223.3	221		√			√							
	东关公铁立交桥	854.7	851		√			√							
	东关互通 4 号桥	150.9	153		√			√							
	东关互通 5 号桥	348	344				√	√							
	东关互通 2 号桥	344	340		√			√							
	镇西分离立交桥	253.7	250				√	√							
	新广分离立交桥	315.7	312				√	√							
	蒿坝互通 1 号桥	304.9	312				√	√							
	上风分离立交桥	496	492				√	√							
	上浦互通上跨桥	287.1	283.2				√	√							
	小舜江特大桥	626	622		√			√							
	范洋江大桥	516	512		√			√							
	章镇互通 1 号桥	210.1	209				√	√							
	三界大桥	484	480		√			√							
	排江立体交叉	142.8	140				√	√							
	排江大桥	444	440		√			√							
	屠家大桥	553	549					√							
	嵊州互通 1 号中桥	104	100				√	√							
	何家立体交叉	271	256				√	√							
	东二桥	301.7	300		√			√							
	天台互通 A 匝道桥	142.22	140	10	√			√							
	新昌江大桥	231.74	225	6.1	√			√							
	石溪分离桥	133	120	18.5		√		√							
	石溪大桥	221	200	20.6		√		√							
	新桥头大桥	291	280	23.6		√		√							
	乌龟背大桥	126	120	23		√		√							
	下洋大桥	347	330	28.5		√		√							

续上表

规模	名称	桥长(m)	主跨长度(m)	桥底净高(m)	跨越障碍物			梁式桥						
								钢筋混凝土梁桥			钢梁桥		组合梁桥		
					河流	沟谷	道路、铁路	简支梁桥	悬臂梁桥	连续梁桥	简支钢梁	连续钢梁	预弯混凝土梁	组合梁	钢管混凝土桁架梁
大桥	新昌水库大桥	156	150	27.1	√			√							
	八里立交	93	80	25.2			√	√							
	猛虎头大桥	170	160	28.1			√	√							
	水埠头分离	107	90	17.1			√	√							
	丁家坞分离	167	160	31		√		√							
	吕家坪大桥	178.19	160	39.7		√		√							
	龙坑大桥	287	280	40.7		√		√							
	大同大桥	127	120	32.7		√		√							
	门溪江大桥	217	200	36.1	√			√							
	下岩大桥	126.4	120	13.2		√		√							
	坑里大桥	386.4	380	24.1		√		√							
	岭根大桥	236	220	24.57		√		√							
	杜家庄大桥	187.7	180	15.74		√		√							
	陈岙大桥	237	220	7	√			√							
	下松门分离立交	105	100	9.3			√	√							
	田洋陈大桥	106.4	100	5.4	√			√							
	鱼山王南大桥	106.4	100	7.2	√			√							
	大村大桥	206.4	200	7.3	√			√							
中桥	47座,长2619m														

G15W 沽渚枢纽至三门吴岙枢纽段隧道汇总表　　表7-3-17

规模	名称	隧道全长(m)	隧道净宽(m)	隧道分类				
				按地质条件划分		按所在区域划分		
				土质隧道	石质隧道	山岭隧道	水底隧道	城市隧道
长隧道	任胡岭左幅	1938	10.16		√	√		
	任胡岭右幅	1879	10.16		√	√		
	盘龙岭1号右幅	1020	10.16		√	√		
	盘龙岭2号左幅	2445	10.16		√	√		
	盘龙岭2号右幅	2441	10.16		√	√		

续上表

规模	名称	隧道全长(m)	隧道净宽(m)	隧道分类				
				按地质条件划分		按所在区域划分		
				土质隧道	石质隧道	山岭隧道	水底隧道	城市隧道
中隧道	马岙岭隧道(右)	668	11		√	√		
	马岙岭隧道(左)	698	11		√	√		
	琅珂岭左幅	544	10.16		√	√		
	琅珂岭右幅	554	10.16		√	√		
	盘龙岭1号左幅	940	10.16		√	√		
短隧道	龙山隧道左幅	229	10.16		√	√		
	龙山隧道左幅	252	10.16		√	√		

G15W沽渚枢纽至三门吴岙枢纽段路面结构表　　　　　表7-3-18

路面形式	起讫里程	长度(m)	水泥混凝土路面	沥青路面
柔性路面	K194+556~K335+946	141390		沥青混凝土路面

（4）主要控制点

路线起自上虞沽渚枢纽，沿线途经上虞、嵊州、新昌、天台、三门5个县市，终于三门吴岙枢纽。

（5）地形地貌

丘陵山区。

（6）投资规模

投资概算为44.12亿元，投资决算为39.87亿元。

（7）开工及通车、竣工时间

本段工程于1998年开工建设，2000年12月完工通车。

2. 前期决策情况

1995年，浙江省交通厅对全省路网进行了系统规划，在《浙江省公路水运交通建设规划(1995—2010)》中，明确提出了"两纵两横五连"的全省公路网主骨架布局规划，上三高速公路即为其中的"一连"，是浙江省公路主骨架的重要组成部分。在国家高速公路网规划出台后，上(虞)三(门)高速公路成为国家高速公路"7918"网中常熟至台州高速公路的浙江段之一。

3. 参建单位主要情况

（1）勘察设计单位

浙江省工程勘察院、江苏省工程地质勘察院。

(2) 施工单位

铁道部第一工程局第二工程处、铁道部十九局一处、北京市公路桥梁建设公司、浙江省路桥工程处、上虞市交通工程实业总公司、绍兴市交通工程公司、宁波交通工程集团公司、杭州市公路工程处等。

(3) 监理单位

上海市市政工程监理技术咨询公司、浙江公路水运工程咨询公司、浙江东方工程监理有限公司、江苏华宁交通工程咨询监理公司、陕西省公路勘察设计院等。

(二) 建设情况

1. 项目审批

(1) 上三高速公路一期为"四自工程",由地方实施,二期由省交通厅统一组织实施。1995年底,杭甬高速公路开通后,为加快浙东南地区的经济发展和社会进步,上虞至三门一级汽车专用公路建设进入实施阶段。1996年1月12日,该路建设项目通过交通部交计发〔1996〕966号文立项批复,同意该路段的估算投资为42亿元,建设资金来源主要由浙江省自筹解决;1997年6月,通过交通部交计发〔1997〕327号文件《关地上虞至三门高速公路可行性研究报告的批复》,确定该路建设总投资控制在45亿元以内,建设资金来源:交通部用车购费安排4.41亿元,其余资金省内自筹解决。1997年11月13日,交通部以交公路发〔1997〕723号文批复项目初步设计,总概算为462570.15万元。2001年6月11日,交通部以交公路发〔2001〕301号文批复项目调整概算,调整后总概算为441221.0337万元。

(2) 上三高速公路建设项目对周围环境影响的评价工作由西安公路交通大学承担。1997年2月西安公路交通大学编制了《浙江省上虞—三门公路环境影响报告书》,1997年5月13日浙江省交通厅审查批准该报告。

(3) 上三高速公路建设项目的水土保持评价工作由国家电力公司华东勘测设计研究院承担。1999年5月13日国家电力公司华东勘测设计研究院环境保护科学设计院编制完成了《浙江省上虞至三门公路水土保持方案报告书》,1999年10月13日浙江省水利厅批准该报告书。

2. 资金筹措

中央补贴、地方自筹、银行贷款等方式筹措资金。

3. 合同段划分

上三高速公路全线土建工程划分为21个标段,其他工程内容按路面、机电、交安、房建、绿化等分别招标(表7-3-19)。

第七章 高速公路建设项目

G15W 沽渚枢纽至三门吴岙枢纽段标段划分表 表 7-3-19

标段号	标段所在地	工程内容及长度	施工单位
1	上虞	土建,长 7.9km	上虞市交通工程实业总公司
2	上虞	土建,长 8.55km	绍兴市交通工程公司
3	上虞	土建,长 5.89km	上虞市金衢工程有限公司
4	上虞	土建,长 5.9km	武警交通第二总队
5	上虞	土建,长 4.99km	北京市公路桥梁建设公司
6	嵊州	土建,长 7.72km	嵊州市路桥建筑安装公司
7	嵊州	土建,长 1.1km	台州交通工程公司
8	嵊州	土建,长 6.1km	浙江省路桥工程处
9	嵊州	土建,长 6.97km	岳阳公路桥梁基建总公司
10	嵊州	土建,长 6.94km	东阳市交通建筑工程公司
11	新昌	土建,长 8.96km	宁波交通工程集团公司
12	新昌	土建,长 5.84km	铁道部十九局一处
13	新昌	土建,长 3.978km	浙江省路桥工程处
14	新昌	土建,长 4km	铁道部第十四工程局第一工程处
15	新昌	土建,长 6.32km	杭州市公路工程处
16	新昌	土建,长 3.52km	铁道部第十二工程局华东指挥部
17	天台	土建,长 4.08km	铁道部第一工程局第二工程处
18	天台	土建,长 4.52km	浙江仙居路桥公司
19	天台	土建,长 9km	浙江建工集团总公司
20	天台	土建,长 7km	交通部公路一局
21	天台	土建,长 9.648km	武警交通独立支队
22	上虞	路面及交安,长 33.22km	山西路桥建设总公司
23	嵊州	路面及交安,长 28.83km	山东省交通工程总公司
24	新昌	路面、交安,长 32.617km	湖南岳阳路桥总公司
25	天台	路面、交安,长 43.848km	浙江省路桥工程处
S1	上虞	房建	浙江华升建筑集团有限公司
S2	上虞	房建	上虞海滨建筑公司
S3	上虞	房建	上海星宇建筑工程有限公司
S4	嵊州	嵊州服务区	嵊州市建筑工程公司
S5	嵊州	嵊州收费站	萧山新街建筑有限公司
S6	新昌	新昌收费站	绍兴城镇建筑公司
S7	新昌	新昌服务区	浙江省通力建设有限公司
S8	新昌	琅珂隧道管理站	临海市第一建筑工程共

续上表

标段号	标段所在地	工程内容及长度	施工单位
S9	新昌	任胡岭隧道管理站	绍兴县第一建筑安装公司
S10	新昌	双彩收费站	中天建设集团有限公司
S11	新昌	盘龙隧道管理站	义乌市建筑工程公司
S12	天台	白鹤收费站	杭州市第四建筑工程公司
S13	天台	天台收费站	浙江省第三建筑工程公司第一分公司
S14	天台	天台服务区	温岭市第二建筑工程有限公司
S15	天台	洋头服务区	绍兴县建筑实业公司
	上虞、嵊州、新昌、天台	绿化	浙江城建园林工程有限公司
	上虞、嵊州、新昌、天台	机电	北京云星宇交通工程有限公司

4.征地拆迁

征用土地14176亩,拆迁房屋221767m²,支付赔偿费用27478万元(表7-3-20)。

G15W 沽渚枢纽至三门吴岙枢纽段征地拆迁表 表7-3-20

项目	征地拆迁安置起止时间	征用土地（亩）	拆迁房屋（m²）	支付补偿费用（万元）
一期	1994—1995	2651.855		27478.35
二期	1997—2000	11524.2725	221766.87	

5.项目实施阶段

1998年,上三高速公路动工;2003年12月24日,上虞至三门高速公路工程项目通过竣工验收,工程质量评为优良工程。

（三）科技创新

科技成果主要有复杂地质地貌条件区高速公路主要岩土工程问题研究。该项目系统研究了复杂地质地貌条件区高速公路建设中含碎石黏性土边坡的地下水渗流管网系统、滑坡变形破坏的力学过程、含碎石黏性土边坡的坡面堆载和坡脚开挖导致滑坡的机制、围岩变形破坏发展形成洞口大规模滑坡、高路堤稳定、粉喷桩加固机理等问题,在认识滑坡机理、正确评价滑坡稳定性、完善高填方路基分析方法、改善粉喷桩加固软土地基等方面具有指导意义。

（四）运营养护管理

1.服务设施

本项目设置服务区3处:嵊州服务区,占地53333m²;新昌服务区,占地20579m²;天台服务区,占地67714m²(表7-3-21)。

G15W 沽渚枢纽至三门吴岙枢纽段服务设施情况表　　　表7-3-21

服务区名称	位　置	占地面积（m²）
嵊州服务区	K229+080	53333
新昌服务区	K267+656	20576.8
天台服务区	K318+800	67714.15

2. 收费设施

本段设东关、蒿坝、上浦、章镇、三界、嵊州、新昌、双彩、白鹤、天台和洋头等11个互通收费设施，收费车道数2+3至3+5不等，均采用ETC收费和人工收费相结合的收费方式（表7-3-22）。

G15W 沽渚枢纽至三门吴岙枢纽段收费设施情况表　　　表7-3-22

站点名称	车道数	收费方式
东关主	3+3	人工+ETC
东关副	3+3	人工+ETC
蒿坝	3+3	人工+ETC
上浦	3+3	人工+ETC
章镇	3+3	人工+ETC
三界	2+4	人工+ETC
嵊州	3+5	人工+ETC
新昌收费站	3+4	2条ETC收费,5条人工收费
双彩收费站	2+2	2条ETC收费,2条人工收费
白鹤收费站	2+3	2条ETC收费,3条人工收费
天台收费站	3+6	2条ETC收费,7条人工收费
洋头收费站	2+3	2条ETC收费,3条人工收费

3. 交通流量

2003—2015年全路段交通量见表7-3-23。

G15W 沽渚枢纽至三门吴岙枢纽段交通量发展情况表（单位：pcu/d）　　　表7-3-23

年份	全程加权平均值	沽渚至道虚	道虚至东关	东关至蒿坝	蒿坝至上浦	上浦至章镇	章镇至三界	三界至嵊州	嵊州至嵊州枢纽	嵊州枢纽至新昌	新昌至双彩	双彩至白鹤	白鹤至天台	天台至洋头	洋头至吴岙
2003	15514	16584	16423	16875	15432	17422	13986	13542	12532	13625	16987	16985	15986	17923
2004	21490	22055	21386	23800	21562	23042	20465	18687	17864	14233	17214	17847	16285	23544
2005	22882	23062	22472	24053	23603	23031	22492	19314	19314	14947	17567	17952	16687	28372
2006	21858	22994	22335	22030	21975	22191	22262	20027	20537	18547	18333	18041	17585	32038
2007	23914	25296	24147	24063	24019	24342	24445	21937	22524	20329	20274	19887	19657	32513

续上表

年份	全程加权平均值	沽渚至道虚	道虚至东关	东关至蒿坝	蒿坝至上浦	上浦至章镇	章镇至三界	三界至嵊州	嵊州至嵊州枢纽	嵊州枢纽至新昌	新昌至双彩	双彩至白鹤	白鹤至天台	天台至洋头	洋头至吴岙
2008	22408	25349		23862	24148	24135	24876	24637	21512	21910	17837	17815	17435	16993	29839
2009	22498	23324		21878	22237	22243	23034	22954	19561	19494	16492	16463	15931	15619	26276
2010	21472	22550		20978	21470	21464	22810	22659	18395	17920	14897	14869	14171	13842	24083
2011	20327	22068	22060	20425	20904	20868	22117	21393	17534	16873	13319	13247	12394	12097	21333
2012	23401	23978	21400	21282	21695	21629	22679	21798	17803	17445	13765	13650	12667	12252	22184
2013	19962	27629	22577	23390	23786	23666	24641	23622	19332	18987	14886	14719	13776	13461	24324
2014	41222	59092	47057	46538	45990	45693	47614	45701	39973	39140	33767	33460	31190	30330	31557
2015	45447	65042	51983	51993	51256	50892	52871	50140	43831	42019	36694	36324	34445	33828	34939

第四节　G1512（宁波至金华）（鄞州古林至金东傅村）

金华至宁波高速公路，简称"甬金高速公路"，编号为 G1512，起于鄞州古林，途经浙江宁波市、绍兴市和金华市，终于金东傅村，全线均位于浙江省境内，全长 186km。

G1512 甬金高速公路的建成大大改善了浙江西南区域的经济格局，促进全省经济的合理布局和协调发展，进一步完善全省滤网布局，缩短了沿线各地间的时空距离，交通运输更快速、便捷，节省了能源、降低了成本，在浙江省公路运输中起到极为重要的作用。路网位置示意图如图 7-4-1 所示，建设项目信息见表 7-4-1。

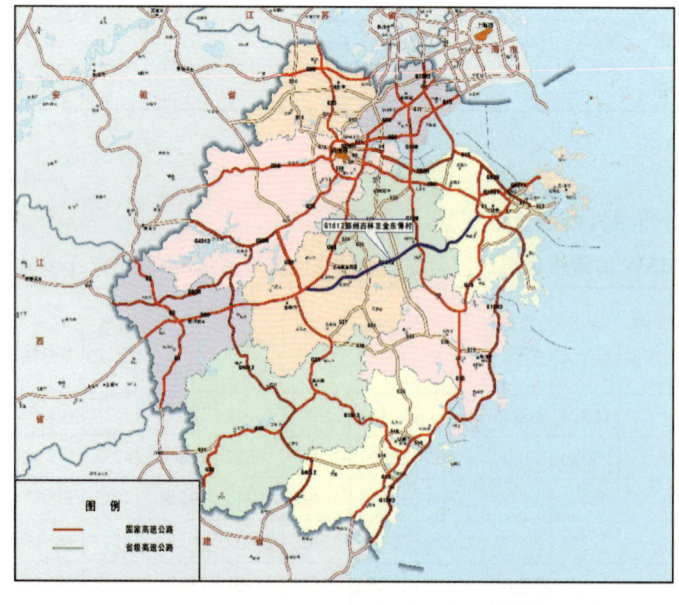

图 7-4-1　G1512 鄞州古林至金东傅村段路网位置示意图

G1512 鄞州古林至金东傅村段建设项目信息采集表 表 7-4-1

序号	国高	项目名称	规模（km）				建设性质（新、改扩建）
			合计	八车道及以上	六车道	四车道	
1	G1512	甬金高速公路宁波段	42.25			42.25	新建
2		甬金高速公路绍兴段	73.56			73.56	新建
3		甬金高速公路金华段	69.75			69.75	新建

序号	国高	设计速度（km/h）	永久占地（亩）	投资情况（亿元）				建设时间（开工~通车）
				估算	概算	决算	资金来源	
1	G1512	100、80	4795.98	19.23	19.31	16.76	地方自筹	2002.12~2005.12
2		80、100	8082	27	27.26	27.79	资本金6亿元，银行借贷24.265亿元	2003.7~2005.12
3		100	9574	30	28.61	25.24	自筹8亿元，4320万元是资本公积，银行贷款20亿元	2002.12~2005.12

G1512 鄞州古林至金东傅村段（建设期 2002—2005 年）

（一）项目概况

1. 基本情况

（1）功能定位

甬金高速公路连接宁波市、金华市，与上三高速公路互通，横贯浙江省中东部，是浙江省中部一条重要的交通运输干线，是连接宁波、绍兴、金华三市的主动脉，也是宁波至舟山港集疏运体系的主通道。

（2）技术标准

全线双向四车道，全封闭、全立交，其中宁波里仁堂至溪口互通，设计速度100km/h，路基宽度26m；溪口互通至黄泽段，设计速度80km/h，路基宽度24.5m；黄泽至金华傅村段，设计速度100km/h，路基宽度26m。

（3）建设规模

路线全长185.56km,设置16处互通式立交。详见表7-4-2~表7-4-4。

G1512鄞州古林至金东傅村段桥梁汇总表　　　　表7-4-2

规模	名称	桥长(m)	主跨长度(m)	桥底净高(m)	跨越障碍物			梁式桥							
								钢筋混凝土梁桥			钢梁桥		组合梁桥		
					河流	沟谷	道路、铁路	简支梁桥	悬臂梁桥	连续梁桥	简支钢梁	连续钢梁	预弯混凝土梁	组合梁	钢管混凝土桁架梁
特大桥	嵊州特大桥	1596.2	51	8	√			√							
大桥	里仁堂互通大桥	172	20	5.5			√	√							
	邵家分离桥	394.04	20	5.5			√	√							
	洞桥分离	490.24	20	5.5			√	√							
	南塘河桥	124	20	2.5	√			√							
	鄞江桥	144	20	2.5	√			√							
	百梁分离桥	324.04	20	5.5			√	√							
	杜廊坪大桥	560.34	45	5.5						√					
	周陈黄大桥	284.04	20	5.5	√			√							
	剡江二桥	304.24	20	2.5	√			√							
	K16+400跨线桥(前溪大桥)	300	20	5.5				√							
	班溪分离立交桥	358.54	20	5.5	√		√	√							
	班溪2号桥	147.74	16	3	√			√							
	下汪桥	144.06	20	1.5	√			√							
	陈家1号桥	104.04	20	2.5	√			√							
	赵家桥	248.04	20	2.5	√			√							
	塔下桥	124.04	20	2.5	√			√							
	柏坑桥左桥	190.04	20	2.5	√			√							
	柏坑桥右桥	190.04	20	2.5	√			√							
	晚晴亭分离立交左桥	184.04	20	5.5	√	√		√							
	晚晴亭分离立交右桥	184.04	20	5.5	√	√		√							
	龙坞分离立交左桥	263.04	45	5.5	√			√		√					
	龙坞分离立交右桥	263.04	45	5.5	√			√		√					
	曹家地分离立交桥	203.04	35	5.5	√			√		√					
	牛坑水库桥	112.04	20	2.5	√			√							
	溪口互通AK0+172	120	30	5.5			√	√							
	洞桥互通AK0+180	256	20	5.5			√	√							
	ZK45+098.4 孙家田大桥	368.4	25	10		√		√							

续上表

规模	名称	桥长(m)	主跨长度(m)	桥底净高(m)	跨越障碍物 河流	跨越障碍物 沟谷	跨越障碍物 道路、铁路	钢筋混凝土梁桥 简支梁桥	钢筋混凝土梁桥 悬臂梁桥	钢筋混凝土梁桥 连续梁桥	钢梁桥 简支钢梁	钢梁桥 连续钢梁	组合梁桥 预弯混凝土梁	组合梁桥 组合梁	组合梁桥 钢管混凝土桁架梁
大桥	YK45+111.8 孙家田大桥	362.5	25	10	√			√							
	金庭江大桥	108.5	20	8	√			√							
	上东江1号大桥	156.5	20	6	√			√							
	上东江2号大桥	183.9	35	6	√			√							
	渔溪江大桥	115.5	20	5	√			√							
	黄泽江大桥	818.2	30	8	√			√							
	K74+542 新东坑大桥	106.5	20	6	√			√							
	K75+970 小山村分离立交桥	137.1	20	5			√	√							
	K77+150 嵊州枢纽2号桥	124.5	25	6			√					√			
	K82+635 澄潭江大桥	520	35	10	√			√							
	南山江大桥	116	20	8	√			√							
	绿溪江沿山桥	525	30	8	√			√							
	绿溪江一号桥	142.5	25	15	√			√							
	绿溪江二号桥	219.1	40	20	√			√							
	ZK111+392 绿溪江三号桥	377.1	35	8	√			√							
	YK111+395 绿溪江三号桥	377.1	35	8	√			√							
	绿溪江四号桥	293	35	8	√			√							
	桥头分离立交桥	200	30	6			√	√							
	东园分离立交桥	124	35	6				√							
	白峰岭溪桥	284	20	10	√			√							
	新陈鱼塘桥	144	20	5	√									√	
	白岩湾1号桥	104	20	3			√	√						√	
	白溪江大桥	389	25	4.5	√			√							
	石孔塘桥	104.4	20	3.5			√	√							
	山口高架桥	280	20	5			√	√							
	岭下桥	164	20	3.5			√	√							
	怀鲁互通A匝道桥	144	20	5			√							√	

续上表

规模	名称	桥长(m)	主跨长度(m)	桥底净高(m)	跨越障碍物			梁式桥						
								钢筋混凝土梁桥			钢梁桥		组合梁桥		
					河流	沟谷	道路、铁路	简支梁桥	悬臂梁桥	连续梁桥	简支钢梁	连续钢梁	预弯混凝土梁	组合梁	钢管混凝土桁架梁
大桥	桐坑大桥	224	20	4			√						√		
	仓前分离式立交桥	136	20	4			√						√		
	仙山分离式立交桥	104	20	3.8			√						√		
	东阳江大桥	324	30	5	√									√	
	世纪大道分离立交	116	25	4			√						√		
	义乌互通3号桥	125.6	25	5			√		√						
	大元高架桥	404	20	4.5			√						√		
	稠佛公路分离立交桥	393.7	35	5			√						√		
	南江大桥	156.8	30	4	√									√	
	义乌大桥	645.4	30	4.5	√									√	
	五洲大道分离式立交桥	154	35	5			√						√		
	上佛立交桥	165.9	35	5			√							√	
	浙赣铁路立交桥	996.8	50	5			√							√	
	金港大道分离	152	35	5			√							√	
	03省道分离	598.4	45	5			√							√	
	傅村互通3号桥	104.1	20	2	√									√	
	傅村互通1号桥	275.6	30	5			√							√	
	傅村互通4号桥	104.1	20	2	√									√	
	傅村互通2号桥	493.2	30	5			√							√	
中桥	G1512中桥86座														

G1512鄞州古林至金东傅村段隧道汇总表　　表7-4-3

规模	名称	隧道全长(m)	隧道净宽(m)	隧道分类					备注
				按地质条件划分		按所在区域划分			
				土质隧道	石质隧道	山岭隧道	水底隧道	城市隧道	
长隧道	四角尖隧道左洞	1445	10.75		√	√			
	四角尖隧道右洞	1440	10.75		√	√			
	大庙山隧道左洞	1151	9.75		√	√			
	大庙山隧道右洞	1078	9.75		√	√			

续上表

规模	名称	隧道全长（m）	隧道净宽（m）	隧道分类					备注
				按地质条件划分 || 按所在区域划分				
				土质隧道	石质隧道	山岭隧道	水底隧道	城市隧道	
长隧道	甬金高速公路成功岭隧道左	2266	9.75		√	√			
	甬金高速公路成功岭隧道右	2275	9.75		√	√			
	白峰岭右线隧道	1540	11.74		√	√			
	白峰岭左线隧道	1974	11.74		√	√			
	岩坑尖隧道左线2号	1286	11.74		√	√			
	岩坑尖隧道左线3号	1492	11.74		√	√			
	岩坑尖隧道右线2号	1380	11.74		√	√			
	岩坑尖隧道右线3号	1831	11.74		√	√			
中隧道	两头坞1号左洞	562	9.75		√	√			
	两头坞1号右洞	505	9.75		√	√			
短隧道	两头坞2号左洞	467	9.75		√	√			
	两头坞2号右洞	418	9.75		√	√			
	柏坑隧道	139	9.75		√	√			
	岩坑尖隧道左线1号	230	11.74		√	√			
	岩坑尖隧道右线1号	252	11.74		√	√			
	岩坑尖隧道左线4号	134	11.74		√	√			

G1512鄞州古林至金东傅村段路面信息汇总表　　　　表7-4-4

路面形式	起讫里程	长度(m)	水泥混凝土路面	沥青路面
刚性路面	K152+948～K153+272	324	普通混凝土路面	
柔性路面	K0+000～K42+250（上下行）	42250		沥青混凝土路面
	K42+250～K115+813	73563		沥青混凝土路面
	K115+813～K152+948	37135		沥青混凝土路面
	K153+272～K185+560	32288		沥青混凝土路面

（4）主要控制点

宁波、奉化、新昌、嵊州、长乐、厦程里、东阳、义乌、傅村、金华。

（5）地形地貌

项目地址由平原区向丘陵山区逐渐爬高，所经地貌可分堆积平原区和侵蚀丘陵两大区，共五个地貌压区，即湖沼积平原亚区、山前倾斜平原亚区、河谷平原亚区、丘陵缓坡亚区、丘陵陡坡压区。

(6)投资规模

项目概算投资75.18亿元,平均每公里造价4052万元。

(7)开工及通车、竣工时间

2002年12月开工建设,2005年12月建成通车。

2.前期决策情况

甬金高速公路是《浙江省公路水运交通建设规划》的重要组成部分,是浙江省"对角贯通"综合通道中的组成部分。随着浙江省经济的迅速发展,对公路运输要求更加紧迫,根据浙江交通厅"九五"期间编制的《浙江省公路建设规划(1996—2010)》,到2010年基本实现"两纵、两横、五连"公路网骨架的建设目标,浙江省交通厅在2002年启动甬金高速公路的建设工作。

甬金高速公路前期决策过程:

2001年,交通部以交规划发〔2001〕535号文,批复《甬金公路宁波至嵊州段可行性研究报告》。

2002年,交通部以交公路发〔2002〕346号文,批复《嵊州至金华公路可行性研究报告》。

2002年,交通部以交公路发〔2002〕312号文,批复《宁波至嵊州公路可行性研究报告》。

3.参建单位主要情况

1)宁波段

(1)勘察设计单位

浙江省交通规划设计研究院。

(2)施工单位

浙江省交通工程集团有限公司、中铁十四局和上海路桥公司联合体、浙江省宏途交通建设有限公司、浙江昆仑建设集团股份有限公司、沈阳交通工程有限公司、浙江交通设施有限公司、中铁电气化局集团第三工程有限公司、宁波市交通园林绿化工程有限公司。

(3)监理单位

宁波交通工程咨询监理有限公司、江苏交通工程咨询监理有限公司。

2)绍兴段

(1)勘察设计单位

浙江省交通规划设计研究院。

(2)施工单位

中铁十五局集团有限公司、上海城建(集团)公司、浙江省交通建设集团有限公司、浙江环宇建设集团有限公司(房建)、浙江华鹏建设集团有限公司(房建)、北京华夏恒市政建设工程有限公司(房建)、上海电气科学研究所(集团)有限公司(机电)。

(3)监理单位

北京华通公路桥梁监理咨询公司、山东交通工程监理咨询公司、江苏交通工程咨询监理总公司、嘉兴市经建工程监理有限公司、浙江科力工程监理有限公司。

3）金华段

(1)勘察设计单位

浙江省交通规划设计研究院。

(2)施工单位

浙江省交通工程建设集团有限公司、宁波交通工程建设集团有限公司、北京鑫畅路桥建设有限公司、温州交通建设集团有限公司、路桥集团第一公路工程局第五工程公司、中铁十六局集团第三工程有限公司、浙江省宏途交通建设有限公司、中铁十一局集团第四工程有限公司、杭州交通工程集团有限公司、浙江正方交通建设集团股份有限公司、浙江大城建设集团有限公司、浙江省交通建设集团有限公司、山东天业交通设施工程有限公司、东阳市顺风交通设施有限公司、河北科力交通设施有限公司、金华市园林绿化有限公司、永康市望春园林工程有限公司、浙江红欣园林艺术有限公司、浙江长城建设集团股份有限公司、浙江精工世纪建设工程有限公司、宁波华丰建设集团股份有限公司、清华紫光股份有限公司、浙江浙大中控信息技术有限公司。

(3)监理单位

杭州畅顺交通工程监理咨询有限公司、金华市公正公路工程监理咨询有限公司、北京华宏路桥咨询监理公司、宁波方正建设监理有限公司、浙江江南工程建设监理有限公司。

(二)建设情况

1. 项目审批

(1)2001年,交通部以交规划发〔2001〕535号文,批复《甬金公路宁波至嵊州段可行性研究报告》。

(2)2002年,交通部以交公路发〔2002〕346号文,批复《嵊州至金华公路可行性研究报告》。

(3)2002年,交通部以交公路发〔2002〕312号文,批复《宁波至嵊州公路可行性研究报告》。

2. 资金筹措

甬金西延工程根据国家有关规定,本项目资本金占总投资估算的35%,其他65%的由项目公司向国内银行贷款。

3. 合同段划分

根据各专业的工程内容划分标段,见表7-4-5～表7-4-7。

G1512 鄞州古林至金东傅村段标段划分情况表（宁波段）　　　表 7-4-5

标段号	标段所在地	工程内容及长度	施工单位
LOT1	鄞州	土建,长 9.13km	浙江省交通工程集团有限公司
LOT2	奉化	土建,长 13.57km	中铁十四局和上海路桥公司联合体
LOT3	奉化	土建,长 19.55km	浙江省宏途交通建设有限公司
LOT4	鄞州、奉化	房建	浙江昆仑建设集团股份有限公司
LOT5	鄞州、奉化	交安设施,长 22.7km	沈阳交通工程有限公司
LOT6	奉化	交安设施,长 19.55km	浙江交通设施有限公司
LOT7	鄞州、奉化	机电,长 42.25km	中铁电气化局集团第三工程有限公司
LOT8	鄞州、奉化	绿化,长 42.25km	宁波市交通园林绿化工程有限公司

G1512 鄞州古林至金东傅村段标段划分情况表（绍兴段）　　　表 7-4-6

标段号	标段所在地	工程内容及长度	施工单位
一合同	嵊州、新昌	土建,长 19.75km	中铁十五局集团有限公司
二合同	嵊州	土建,长 17.8km	上海城建(集团)公司
三合同	嵊州	土建,长 26.13km	浙江省交通建设集团有限公司
一合同	嵊州	房建、嵊州服务区	浙江环宇建设集团有限公司
二合同	嵊州	房建,K42 沙溪收费站,K70 黄泽收费站,K88 甘霖收费站,K46 成功岭隧道变电所	浙江华鹏建设集团有限公司
三合同	嵊州	房建,K101 长乐首收费站、养护工区	北京华夏恒市政建设工程有限公司
一合同	嵊州	机电,长 73.563km	上海电气科学研究所(集团)有限公司

G1512 鄞州古林至金东傅村段标段划分情况表（金华段）　　　表 7-4-7

标段号	标段所在地	工程内容及长度	施工单位
101 标	东阳	路基土石方、隧道、桥梁、涵洞,长 5.287km	浙江省交通工程建设集团有限公司
102 标	东阳	路基土石方、桥梁、涵洞,长 8.45km	宁波交通工程建设集团有限公司
103 标	东阳	路基土石方、隧道、桥梁、涵洞,长 9.31km	北京鑫畅路桥建设有限公司
104 标	东阳	路基土石方、桥梁、涵洞,长 10.44km	温州交通建设集团有限公司
105 标	义乌	路基土石方、桥梁、涵洞,长 7.1km	路桥集团第一公路工程局第五工程公司
106 标	义乌	路基土石方、隧道、桥梁、涵洞,长 7.1km	中铁十六局集团第三工程有限公司
107 标	义乌	路基土石方、桥梁、涵洞,长 8.5km	浙江省宏图交通建设有限公司
108 标	义乌	路基土石方、桥梁、涵洞,长 9km	中铁十一局集团第四工程有限公司
109 标	金华	路基土石方、桥梁、涵洞,长 4.56km	杭州交通工程集团有限公司
201 标	东阳	路基、路面、隧道和桥梁监理,长 23.047km	杭州畅顺交通工程监理咨询有限公司
202 标	东阳、义乌	路基、路面、隧道和桥梁监理,长 24.64km	金华市公正公路工程监理咨询有限公司
203 标	义乌、金华	路基、路面、隧道和桥梁监理,长 22.06km	北京华宏路桥咨询监理公司
204 标	东阳、义乌、金华	房建工程监理	宁波方正建设监理有限公司
205 标	东阳、义乌、金华	机电工程监理,长 69.747km	浙江江南工程建设监理有限公司

续上表

标段号	标段所在地	工程内容及长度	施 工 单 位
301标	东阳	路面工程,长23.047km	浙江正方交通建设集团股份有限公司
302标	东阳、义乌	路面工程,长24.64km	浙江大城建设集团有限公司
303标	义乌、金华	路面工程,长22.06km	浙江省交通建设集团有限公司
401标	东阳	交安设施,长23.047km	山东省天业交通设施工程有限公司
402标	东阳、义乌	交安设施,长24.64km	东阳市顺风交通设施有限公司
403标	义乌、金华	交安设施,长22.06km	河北科力交通设施有限公司
501标	东阳	交安设施施工,长23.047km	金华市园林绿化有限公司
502标	东阳、义乌	交安设施施工,长24.64km	永康市望春园林工程有限公司
503标	义乌、金华	交安设施施工,长22.06km	浙江红欣园林艺术有限公司
601标	东阳	怀鲁、蔡宅收费所、服务区房建	浙江长城建设集团股份有限公司
602标	东阳、义乌	东阳、义乌、义亭收费所房建	浙江精工世纪建设工程有限公司
603标	义乌、金华	徐村、付村收费所房建	宁波华丰建设集团股份有限公司
701标	东阳、义乌、金华	三大系统机电施工	清华紫光股份有限公司
702标	东阳、义乌、金华	隧道机电施工	浙江浙大中控信息技术有限公司

4.征地拆迁

征地拆迁情况见表7-4-8。

G1512鄞州古林至金东傅村段征地拆迁表(金华段)　　表7-4-8

项　目	征地拆迁安置起止时间	征用土地(亩)	拆迁房屋(m^2)	支付补偿费用(万元)
金华段	2002.4~2002.12	9574.01	122000	44700

(三)复杂技术工程

复杂技术工程主要有软基处理。

本项目软土地基路段长度占全线的四分之一。软土地基处理形式主要有如下几种:一般预压、等载预压、塑料排水板结合一般预压、塑料排水板结合超载预压、塑料排水板结合真空预压。从实测数据看,塑料排水板结合真空预压比常规技术可缩短工期4~8个月,明显加快了软基的早期沉降,提高了路基的施工质量。

(四)科技创新

科技成果主要有真空联合堆载预压处理桥头软基试验研究。

通过现场测试、室内试验及理论分析,对真空联合堆载预压处理公路软基的变形、固结、稳定、施工控制等问题开展深入研究,得出真空联合堆载预压处理公路软基的主要结论,如在较短的预压期内其固结和沉降快速、具有真空预压和堆载预压的双重加固效果、真空—堆载联合预压加固效果比两者的叠加更好等;根据真空联合堆载预压方法的应力应变特性,提出了更符合工程实际的实用简化计算方法;在 Biot 固结理论的基础上,推导了三维 Biot 固结有限元公式。

(五)运营管理

1. 服务设施

服务区设置情况见表7-4-9。

G1512 鄞州古林至金东傅村段服务区设置情况表　　表7-4-9

服务区名称	位　　置	占地面积
嵊州服务区	K62+250	8.7154hm^2
东阳服务区	K134+400	165亩

2. 收费设施

收费设施见表7-4-10。

G1512 鄞州古林至金东傅村段收费设施一览表　　表7-4-10

站点名称	车道数	收费方式
洞桥	2+2	2条ETC收费,2条人工收费(含一个自动发卡机)
溪口东	3+5	2条ETC收费,其余是人工收费(含一个自动发卡机)
溪口西	2+2	2条ETC收费,其余是人工收费
沙溪收费站	3+3	2条ETC收费,其余是人工收费
黄泽收费站	3+3	2条ETC收费,其余是人工收费
甘霖收费站	3+3	2条ETC收费,其余是人工收费
长乐收费站	3+3	2条ETC收费,其余是人工收费
蔡宅收费所	2进4出	2ETC+1自动发卡+3人工
怀鲁收费所	2进4出	2ETC+1自动发卡+3人工
东阳收费所	4进6出	2ETC+2自动发卡+6人工
义乌东收费所	5进7出	2ETC+3自动发卡+7人工
徐村收费所	3进5出	2ETC+2自动发卡+4人工
义亭收费所	2进4出	2ETC+1自动发卡+3人工
傅村收费所	3进5出	2ETC+2自动发卡+4人工

3. 交通流量

交通量发展情况见表7-4-11。

G1512 鄞州古林至金东傅村段交通量发展情况表（单位：pcu/d） 表7-4-11

年份	全程加权平均值	奉化溪口东至洞桥	溪口西至奉化溪口东	溪口西至剡岭村分界	沙溪至剡岭村分界	黄泽至沙溪	黄泽至嵊州枢纽	甘霖至嵊州枢纽	长乐至甘霖	长乐至金华分界	蔡宅至金华分界	怀鲁枢纽至蔡宅	怀鲁枢纽至怀鲁	东阳至怀鲁	义乌至东阳	徐村至义乌东	义亭至徐村	傅村至义亭	傅村至傅村互通
2005	7453	5497	6091	7025	7025	8129	7961	10904	10686	10469	10469	—	—	7501	7336	6010	6012	6180	0
2006	10251	7753	9223	9501	9501	11312	11247	15992	14417	14298	14298	—	—	9217	9066	8012	8757	9234	9936
2007	13978	15072	15408	15655	15655	15783	15607	21094	19212	19130	19130	—	—	12993	11904	9785	10429	10834	11022
2008	14846	18754	17821	17956	17956	17803	17473	21915	19761	19731	19731	—	—	13029	11437	10039	10578	10954	11357
2009	15075	19887	18597	18679	18679	18762	18433	21669	18470	18477	18477	17249	18149	11639	10668	9910	10738	11114	11647
2010	18472	22960	21369	21529	21529	23788	23313	27372	22060	22216	22216	19799	21829	16973	14594	12731	13579	13714	13879
2011	20961	25393	23856	23982	23982	26989	26325	30403	24540	24815	24815	22208	25759	20921	17713	14981	15376	15323	15317
2012	22412	27620	25737	25737	25737	27383	26396	30159	25968	26331	26331	23811	28764	24015	20695	16820	16762	16513	16264
2013	24591	29642	27996	27920	27920	28629	26274	29840	28661	29277	29277	26611	32133	29464	23311	19961	18795	18476	18097
2014	27527	32941	31135	31067	31067	31383	28847	32594	31383	32315	32315	29874	36111	33186	28593	23856	21050	20368	20340
2015	28884	33101	31337	31217	31217	31679	29538	15697	33402	34178	34178	32920	40511	37815	30884	30347	25705	24822	24461

第五节 G1513（温州至丽水）（丽水南枢纽至温州南枢纽）

温州至丽水国家高速公路，简称"温丽高速公路"，编号为 G1513，起于丽水南枢纽，途经温州、丽水两市，终于温州南枢纽，全线均位于浙江省境内，全长 116km。

G1513 温丽高速公路的建设，对进一步发挥国道主干线的路网规模效益和温州作为对外开放的港口、全国港站主枢纽对腹地的经济辐射作用，以及促进浙江中西部地区的经济发展和对老、少、边远地区脱贫致富，均具有十分重要的作用。路网位置示意图如图 7-5-1 所示，建设项目信息如表 7-5-1 所示。

G1513 丽水南枢纽至温州南枢纽段建设项目信息采集表 表7-5-1

序号	国高	项目名称	规模（km）				建设性质（新、改扩建）
			合计	八车道及以上	六车道	四车道	
1	G1513	金丽温高速公路三期	98.20			98.20	新建
2	G1513	金丽温温州西过境	25.10			25.10	新建

序号	设计速度（km/h）	永久占地（亩）	投资情况（亿元）				建设时间（开工~通车）
			估算	概算	决算	资金来源	
1	100	2256.93	59.13	70.66	57.40	银行贷款	2003~2005
2	100	146.174	11.08	12.75	12.40	银行贷款	1999~2001

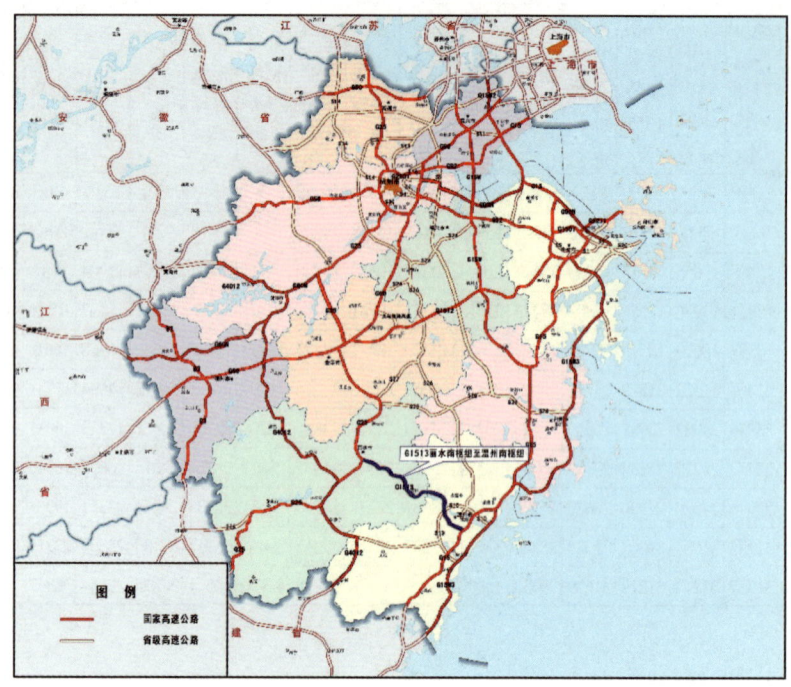

图 7-5-1　G1513 丽水南枢纽至温州南枢纽段路网位置示意图

G1513 丽水南枢纽至温州南枢纽段（建设期 2003—2008 年）

（一）项目概况

1. 基本情况

（1）功能定位

温丽高速公路是浙江省公路主骨架"三纵四横"中的"一横"，它横贯浙江中部，是沟通金华、丽水、温州三地市干线公路，是同江至三亚、上海至瑞丽两条国道主干线在浙江省内的重要连接线，亦是国道主干线在我国东南沿海地区的一条重要辅助线，起着高速公路联网的作用。

（2）技术标准

由温州至丽水，全线按两种设计速度设计：丽水至桥头互通段，设计速度 80km/h；桥头互通至南白象段设计速度 100km/h。通车后全线除隧道限速 80km/h，其他路段提速至 100km/h。

（3）建设规模

温丽高速公路温州南白象至丽水富岭段，全长 116km。路线经过温州市区、永嘉、青田至丽水的富岭。全线共有隧道21762.8m/24座,互通式立体交叉10处,服务区2处。330国道改线4.795km。详见表7-5-2~表7-5-4。

G1513丽水南枢纽至温州南枢纽段桥梁汇总表　　　　表7-5-2

规模	名称	桥长(m)	主跨长度(m)	桥底净高(m)	跨越障碍物			梁式桥						
								钢筋混凝土梁桥			钢梁桥		组合梁桥	
					河流	沟谷	道路铁路	简支梁桥	悬臂梁桥	连续梁桥	简支钢梁	连续钢梁	预弯混凝土梁	组合梁	钢管混凝土桁架梁
特大桥	金竹高架桥(左)	1780.88	20	5.5	√		√							√	
	金竹高架桥(右)	1780.88	20	5.5	√		√							√	
	南村高架桥(左)	1633.026	20	5.5			√							√	
	南村高架桥(右)	1633.026	20	5.5			√							√	
	娄桥高架桥(左)	1301.18	28	5	√		√							√	
	娄桥高架桥(右)	1301.18	28	5	√		√							√	
	上汇高架桥(左)	1126.08	22	5			√							√	
	上汇高架桥(右)	1126.08	22	5			√							√	
	双屿立交桥(左)	1073	20	6.5			√							√	
	双屿立交桥(右)	1061	20	6.5			√							√	
	屿头至温化水厂立交桥(左)	2956.44	20	4.5			√							√	
	屿头至温化水厂立交桥(左)	2956.44	20	4.5			√							√	
	梅岙大桥	1081.84	80	13.8	√									√	
	路礁高架桥	1743.54	25	5			√							√	
	互通主线桥	1593.04	20	5			√	√							
	沿江高架桥	3350.96	35	5										√	
	锦水至小群沿江桥(右)	4972.7	35	5	√	√				√					
	锦水至小群沿江桥(左)	4814.8	35	5	√					√					
	圩地后沿江桥	2346	30	5	√					√					
	海口至戈溪外沿江桥	10295.6	30	5	√					√					

续上表

规模	名称	桥长(m)	主跨长度(m)	桥底净高(m)	跨越障碍物			梁式桥								
								钢筋混凝土梁桥			钢梁桥		组合梁桥		
					河流	沟谷	道路、铁路	简支梁桥	悬臂梁桥	连续梁桥	简支钢梁	连续钢梁	预弯混凝土梁	组合梁	钢管混凝土桁架梁
特大桥	芝溪沿江特大桥	1866	30	10	√					√					
	雷石至东岙沿江特大桥(右)	1128	35	10	√		√			√					
	雷石至东岙沿江特大桥(左)	1174	35	10	√		√			√					
	沙湾沿江桥(右)	2033	35	7.6	√		√			√					
	沙湾沿江桥(左)	2033	35	7.6	√		√			√					
	博瑞沿江桥(右)	3545	35	6.78	√		√			√					
	博瑞沿江桥(右)	3545	35	6.78	√		√			√					
	温溪沿江桥(右)	3675	30	5	√		√			√					
	温溪沿江桥(左)	3685	30	5	√		√			√					
大桥	石帆大桥	458.04	50	14.9	√					√					
	锦水坑大桥(右)	103	25	4.9	√		√			√					
	锦水坑大桥(右)	117	25	4.9	√		√			√					
	船寮互通A匝道桥	119.52	13	5.6			√			√					
	船寮大桥(右)	626	22	9.4	√		√			√					
	船寮大桥(左)	586	22	9.4	√		√			√					
	大垟大桥(右)	480	25	6.5	√		√			√					
	大垟大桥(左)	480	25	6.5	√		√			√					
	石溪大桥(右)	230	25	6.53	√					√					
	石溪大桥(左)	230	25	6.53	√					√					
	剑石大桥(右)	331.4	30	15.7						√					
	剑石大桥(左)	331.4	30	15.7						√					
	洪府前大桥	485.04	20	5						√					
	水堆坑左线	100	30	11.5	√					√					
	温溪互通ABC匝道桥	257.74	13	4			√			√					
	前园高架桥(左)	686.08	20	5.5			√	√							
	前园高架桥(右)	686.08	20	5.5			√	√							
	前园河大桥(左)	146.08	20	3.5	√			√							
	前园河大桥(右)	146.08	20	3.5	√			√							
	古岸头高架桥(左)	728.28	22	5			√	√							

续上表

规模	名称	桥长(m)	主跨长度(m)	桥底净高(m)	跨越障碍物			梁式桥							
								钢筋混凝土梁桥			钢梁桥		组合梁桥		
					河流	沟谷	道路、铁路	简支梁桥	悬臂梁桥	连续梁桥	简支钢梁	连续钢梁	预弯混凝土梁	组合梁	钢管混凝土桁架梁
大桥	古岸头高架桥(右)	728.28	22	5			√	√							
	古岸头大桥(左)	206.06	20	3.5	√		√	√							
	古岸头大桥(右)	206.06	20	3.5	√		√	√							
	仙门河大桥(左)	134.04	16	3	√		√	√							
	仙门河大桥(右)	134.04	16	3	√		√	√							
	高殿立交桥(左)	203.94	13.5	5.5			√	√							
	高殿立交桥(右)	203.94	13.5	5.5			√	√							
	仰义高架桥(左)	585.4	20	4.5			√	√							
	仰义高架桥(右)	585.4	20	4.5			√	√							
	木西岙分离立交桥	444.04	20	4.5			√	√							
	天龙高架桥	163.74	16	4.5			√	√							
	坦头高架桥	994.04	20	4.5			√	√							
	下白山高架桥	267.04	20	5			√	√							
	桃湾高架桥	454.04	20	5			√	√							
	白下村高架桥	764.04	20	5.2			√	√							
	白垟桥	104.04	20	5			√	√							
	林福高架桥	364.04	20	4.5			√	√							
	娄桥A匝道桥	390.5	20	5.0			√							√	
	娄桥C匝道桥	114.5	16	4.5			√							√	
	娄桥F匝道桥	332.9	25	5.0			√							√	
	双屿互通T匝道高架桥	306.08	20	5.6			√	√							
	双屿互通M匝道高架桥	143.04	20	5.6			√							√	
	双屿互通X匝道高架桥	123.04	20	5.6			√							√	
	桥头互通B匝道桥	118.87	13	4.5			√	√							
	桥头互通C匝道桥	166.17	20	5			√	√							
	桥头互通D匝道桥	182.29	20.25	4			√	√							
	桥头互通E匝道桥	153.66	20	5			√	√							
	梅岙互通1号桥	261.89	20	5			√	√							
中桥	21座	2300													

G1513丽水南枢纽至温州南枢纽段隧道汇总表

表 7-5-3

规模	名称	隧道全长（m）	隧道净宽（m）	按地质条件划分		按所在区域划分		
				土质隧道	石质隧道	山岭隧道	水底隧道	城市隧道
特长隧道	阳山隧道(左)	3742	10.75		√	√		
	阳山隧道(右)	3790	10.75		√	√		
长隧道	温溪隧道(右)	1188.5	10.75		√	√		
	风门亭隧道(左)	1253	10.75		√	√		
	风门亭隧道(左)	1504	10.75		√	√		
	鹤城隧道(左)	2380	10.75		√	√		
	鹤城隧道(右)	2550	10.75		√	√		
	石溪隧道(左)	1495	10.75		√	√		
	石溪隧道(右)	1548	10.75		√	√		
	东岙隧道(左)	1553	10.75		√	√		
	东岙隧道(右)	1567	10.75		√	√		
	大梁山隧道(左)	2066	10.75		√	√		
	大梁山隧道(右)	2057.5	10.75		√	√		
中隧道	温溪隧道(左2号)	630	10.75		√	√		
	慈湖岭隧道(左)	820	10.75		√	√		
	慈湖岭隧道(左)	883	10.75		√	√		
	梅岭隧道(左)	534	10.75		√	√		
	梅岭隧道(右)	638	10.75		√	√		
	剑石隧道(左)	500	10.75		√	√		
	剑石隧道(右)	556	10.75		√	√		
	雷石隧道(左)	540	10.75		√	√		
	雷石隧道(右)	550	10.75		√	√		
	大洋隧道(左)	630	10.75		√	√		
	大洋隧道(右)	640	10.75		√	√		
	船寮2号隧道(左)	532	10.75		√	√		
	船寮2号隧道(右)	528	10.75		√	√		
	船寮1号隧道(左)	832.6	10.75		√	√		
	船寮1号隧道(右)	857	10.75		√	√		
短隧道	温溪隧道(左1号)	385	10.75		√	√		
	西湾隧道(左)	320	10.75		√	√		
	西湾隧道(右)	346	10.75		√	√		
	洞桥山隧道(左)	326	10.75		√	√		
	洞桥山隧道(左)	306	10.75		√	√		

续上表

规模	名 称	隧道全长（m）	隧道净宽（m）	隧道分类			
				按地质条件划分		按所在区域划分		
				土质隧道	石质隧道	山岭隧道	水底隧道	城市隧道
短隧道	木西岙隧道(左)	463	10.75					
	木西岙隧道(右)	463	10.75					
	红枫隧道(左)	230	10.75					
	红枫隧道(右)	230	10.75					
	上村隧道(左)	300	10.75					
	上村隧道(右)	300	10.75					
	垟湾隧道(左)	181			√	√		
	垟湾隧道(右)	181			√	√		
	花岩头隧道(左)	490.1	10.75		√	√		
	花岩头隧道(右)	500.5	10.75		√	√		
	戈岙隧道(左)	366	10.75		√	√		
	戈岙隧道(右)	355	10.75		√	√		
	仁川隧道(左)	415	10.75		√	√		
	仁川隧道(右)	415	10.75		√	√		
	锦水隧道(左)	273	10.75		√	√		
	锦水隧道(右)	316	10.75		√	√		

G1513温州南枢纽至丽水南枢纽段路面信息汇总表　　表7-5-4

起讫里程	长度(m)	水泥混凝土路面	沥青路面
K4+781~K5+601	820		沥青表面处治路面
K13+722~K14+256	534		沥青表面处治路面
K19+801~K20+121	320		沥青表面处治路面
K20+544~K20+870	326		沥青表面处治路面
金向K85+620~K115+468	29848		沥青混凝土路面
金向K85+490~K85+620	130		沥青表面处治路面
金向K45+570~K85+490	39920		沥青混凝土路面
温向K99+690~K115+468	15778		沥青混凝土路面
温向K99+485~K99+690	205		沥青表面处治路面
温向K45+570~K99+485	53915		沥青混凝土路面
石帆互通匝道	2040.027		沥青混凝土路面
海口互通匝道	2285.284		沥青混凝土路面
青田服务区匝道(金向)	735		沥青混凝土路面
青田服务区匝道(温向)	798		沥青混凝土路面
船寮互通匝道	2353.44		沥青混凝土路面

续上表

起讫里程	长度(m)	水泥混凝土路面	沥青路面
青田互通匝道	911.854		沥青混凝土路面
温溪互通匝道	2286.571		沥青混凝土路面
K0+435~K4+781	4346		沥青混凝土路面
K5+601~K13+722	8121		沥青混凝土路面
K14+256~K19+801	5545		沥青混凝土路面
K20+121~K20+544	423		沥青混凝土路面
K20+870~K45+558	24688		沥青混凝土路面
古岸头互通	3248		沥青混凝土路面
双屿互通	1314.213		沥青混凝土路面
梅岙互通	1864		沥青混凝土路面
桥头互通	2371		沥青混凝土路面

(4)主要控制点

路线走向控制点有：温州市区、永嘉县、青田县、丽水市。

(5)地形地貌

路线所经地区地形总趋势是：由东南向西北倾斜。路线位于瓯江北岸的括苍山脉南麓，属山岭区地形，主要山脉有龙须洞、金岗圩降、大草山、五台山，山势大多呈南西~北东走向，山高崖陡，坑源纵横，坑源上游多呈V形，中、下游多呈U形，山势以火山岩系为主，谷底为第四系冲洪积堆积地貌。山地海拔在790~1220m，谷地海拔5~440m。朱涂至终点后京，属平原微丘地形，除大毛山海拔在340m左右的低山丘外，其他为海积平原区，地势平坦。

(6)投资规模

本工程决算总投资69.8亿元，平均每公里投资5661万元。

(7)开工及通车、竣工时间

1998年11月开工建设，2005年10月交工通车，2008年10月完成竣工验收。2010年新增桥头服务区，2015年建成古岸头互通，增加娄桥收费站。

2. 前期决策情况

温丽高速公路(金丽温公路)是《浙江省公路水运交通建设规划》的重要组成部分，是全省公路主骨架"三纵四横"的"一横"。随着浙江省经济的迅速发展，对公路运输要求更加紧迫，根据浙江交通厅"九五"期间编制的《浙江省公路建设规划(1996—2010)》，到2010年基本实现"两纵两横五连"公路网骨架的建设目标，浙江省交通厅在2003年启动金丽温高速公路的建设工作。

(1)1995年2月,浙江省交通规划设计院编制完成《金丽温一级汽车专用公路线位方案论证报告》。

(2)1995年2月22日~25日,浙江省交通厅召开《330国道金(华)丽(水)温(州)一级汽车专用公路线位方案论证报告》审查会。

(3)1995年3月3日,浙江省交通厅以浙交〔1995〕81号文件《关于330国道金(华)丽(水)温(州)一级汽车专用公路线位方案论证报告的请示》将线位论证报告及其评审意见报交通部。

(4)1995年5月19日,浙江省交通规划设计院根据浙交〔1995〕109号文件安排,将金丽温一级汽车专用公路青田陈山埠至瑞安南白象段编制工程可行性研究报告的任务委托给交通部第二公路勘察设计院承担。工可报告于1995年12月完成。

(5)1997年5月7日~8日,浙江省交通厅及省高速公路建设指挥部委托浙江公路水运工程咨询监理公司在青田对报告进行了预评审。

(6)2000年12月,浙江省交通规划设计研究院完成《金(华)丽(水)温(州)公路(丽水至温州段)工程可行性研究报告》的编制工作。

3.参建单位主要情况

(1)勘察设计单位

浙江省交通规划设计研究院、温州交通工程设计院。

(2)施工单位

武警交通第一总队、浙江省路桥工程处、浙江八咏公路工程有限公司、浙江正方交通建设股份有限公司、金华市公路桥梁建设有限公司、东阳市交通建筑工程有限公司、浙江正方交通工程公司、中铁四局六处、山东省公路工程总公司、交通部第一公路工程总公司厦门工程处、浙江省交通工程建设集团、中铁一局、上海公路桥梁工程有限公司、杭州市交通工程集团公司、温州顺达高速公路安全设施工程有限公司、杭州公路机械厂、浙江红欣园林艺术有限公司、浙江城建园林工程有限公司、清华紫光股份有限公司、浙江开元安装集团有限公司、浙江贝林建筑工程有限公司、湖南岳阳公路桥梁基建总公司、张家港港丰交通安全设施有限公司、杭州京安交通工程设施有限公司、浙江广厦东阳古建园林工程有限公司、金华市园林绿化有限公司、杭州市园林绿化有限公司、浙江大华建设集团有限公司、四川高路交通信息工程有限公司、金华市公路桥梁建设集团、铁道部隧道工程局、贵州省桥梁工程总公司、浙江通途交通工程有限公司、浙江省台州市交通工程公司、中铁第十八局集团第一工程有限公司、浙江省丽水市交通工程公司、绍兴市交通工程公司、江西有色工程有限公司、中铁十七局集团第五工程有限公司、福建路桥建设有限公司、中天路桥有限公司、杭州红萌交通有限公司、江苏大千景观工程有限公司、中铁一局集团有限公司、中铁十二局集团第四工程有限公司、温州交通建设集团有限公司、浙江省宏途交通建设有限公司、温州顺吉公路建设有限公司、上海市第二市政工程有限公司、湖南湘潭公路桥梁建设有限责任公司、北京城建道桥工程有限公司、中铁十五局集团第四工程有限公司、东盟营造工程有限公司、浙江交通设施公司、厦门厦生园林绿化工程有限公司、中铁二十局集团第三工程有限公司、中铁十二局集团第二工程有限公司、浙江大舜公路建设有限公司、北京市公路桥梁建设公司、中铁一局集团第五工程有限公司、亿阳集团有限公司、重庆华弛交通科技公司、清华紫光、浙江中夏建设集团有限公司、中天建设集团有限公司、龙元建设集团、浙江省交通工程建设集团有限公司、上海公路桥梁工程有限公司、中港第二航务工程局、中国路桥（集团）有限公司、江西省路桥工程有限公司、浙江交通设施有限公司、杭州京安交通工程设施有限公司、浙江省二建建设集团有限公司、台州市中亚造景工程有限公司、台州市城市园林工程有限公司、上海强洁交通防噪声有限公司、交通部第一公路工程总公司、浙江省交通建设集团二公司、中港二航局二公司、温州路桥工程公司、浙江升高路桥处、金华公路工程有限公司、浙江省交通建设集团、交通部第一公路工程公司、中国建筑第七工程局、温州环宇隧道工程有限公司、中港二航局二分公司、丽水永通照明科技有限公司、上海宏远照明电器有限公司、浙江红欣园林艺术公园、浙江园林绿化工程有限公司、中国对外建设总公司、浙江中瓯园林工艺有限公司、中国磁记录设备有限公司、浙江中天建设集团。

（3）监理单位

陕西公路交通工程监理咨询有限公司、金华公正公路工程监理公司、山西省交通建设工程监理公司、南京工苑建设监理公司、安徽省高等级公路工程监理有限公司、北京中通监理咨询有限公司、中交国际工程咨询有限公司、天津新亚太工程建设监理有限公司、中国公路工程咨询监理总公司、江苏华宁交通工程咨询监理公司、山西省交通建设工程监理总公司、浙江公路水运工程咨询监理公司、浙江江南工程监理公司、北京泰克华诚公司、浙江环境工程监理有限公司、江西交通工程监理公司、北京泰克华诚技术信息咨询有限公司、育才—布朗交通咨询监理有限公司、温州市交通工程咨询监理有限公司、武汉大通工程桥梁咨询监理有限公司。

(二)建设情况

1. 项目审批

（1）2000年，浙江省发展和改革委员会以交规划发〔2000〕95号文，批复《丽水至温州公路项目建议书》。

（2）2001年，浙江省发展和改革委员会以交规划发〔2001〕632号，批复《丽水至温州公路可行性研究报告》。

（3）2002年，浙江省发展和改革委员会以交公路发〔2002〕189号，批复《丽水至温州公路温州段初步设计》。

2. 资金筹措

本工程估算投资69.8亿元（包括建设期利息），需资本金18.12亿元，由于本项目处在刚起步阶段，关于资本金来源尚在商议中，其余款项暂考虑向国内商业银行贷款处理，年息6.21%。建设资金的本息靠收取行车过路费来偿还。

3. 合同段划分

标段划分情况见表7-5-5。

G1513丽水南枢纽至温州南枢纽段标段划分情况表　　　　　表7-5-5

标　段　号	标段所在地	工程内容及长度	施工单位
丽青段1合同，K115+468~K110+068	莲都区	土建，长5.4km	江西有色工程有限公司
丽青段2合同，K110+068~K107+068	莲都区	土建，长3km	中铁十七局集团第五工程有限公司
丽青段3合同，K107+068~K103+768	莲都、青田	土建，长3.3km	福建路桥建设有限公司
丽青段路面1标，K115+468~K80+238	莲都、青田	土建，长35.23km	中天路桥有限公司
丽青段安全1标，K115+468~K80+248	莲都、青田	土建，长35.23km	杭州红萌交通有限公司
丽青段绿化1标，K115+468~K80+248	莲都、青田	路面，长35.23km	江苏大千景观工程有限公司
丽青段4合同，K128+300~K132+000	青田	交安设施，长3.7km	中铁一局集团有限公司
丽青段5合同，K103+768~K98+068	青田	绿化，长2km	中铁十二局集团第四工程有限公司
丽青段6合同，K98+068~K91+341.6	青田	土建，长6km	温州交通建设集团有限公司
丽青段7合同，K91+341.6~K88+468	青田	土建，长4.6km	浙江省宏途交通建设有限公司
丽青段8合同，K88+468~K83+128	青田	土建，长5.34km	绍兴市交通工程公司
丽青段9合同，K83+128~K80+248	青田	土建，长2.88km	浙江正方交通建设股份有限公司
丽青段10合同，K80+248~K77+368	青田	土建，长2.884km	温州顺吉公路建设有限公司
丽青段11合同，K77+368~K73+068	青田	土建，长4.3km	上海市第二市政工程有限公司
丽青段12合同，K73+068~K68+468	青田	土建，长4.56km	湖南湘潭公路桥梁建设有限责任公司
丽青段13合同，K68+468~K64+768	青田	土建，长3.7km	北京城建道桥工程有限公司
丽青段14合同，K64+468~K63+068	青田	土建，长1.7km	山东省公路工程总公司
丽青段15合同，K63+068~K59+403	青田	土建，长3.665km	中铁十五局集团第四工程有限公司
丽青段路面2标，K80+248~K36+665	青田	土建，长40.67km	东盟营造工程有限公司
丽青段安全2标，K80+248~K36+665	青田	土建，长40.67km	浙江交通设施公司
丽青段绿化2标，K80+248~K36+665	青田	土建，长40.67km	厦门厦生园林绿化工程有限公司
丽青段16合同，K59+403~K55+268	青田	交安设施，长3.908km	中铁二十局集团第三工程有限公司
丽青段17合同，K55+268~K51+768	青田	绿化，长3.8km	中铁十二局集团第二工程有限公司

续上表

标 段 号	标段所在地	工程内容及长度	施 工 单 位
丽青段18合同,K51+468~K47+468	青田		浙江大舜公路建设有限公司
丽青段19合同,K47+468~K42+013	青田	土建,长5.455km	北京市公路桥梁建设公司
丽青段20合同,K42+013~K36+598	青田	土建,长2.675km	中铁一局集团第五工程有限公司
丽青段1合同,K115+468~K36+598	莲都、青田	土建,长78.87km	亿阳集团有限公司
丽青段2合同,K115+468~K80+248	莲都、青田	土建,长35.22km	重庆华弛交通科技公司
丽青段3合同,K80.248~K136+598	青田	土建,长78.87km	清华紫光
1合同段	莲都、青田	收费站、变电所、消防泵房	浙江中夏建设集团有限公司
2合同段	莲都、青田	收费站、变电所、消防泵房、养护工区	中天建设集团有限公司
3合同段	莲都、青田	服务区	龙元建设集团
永鹿段第1合同,K45+558~K42+137	永嘉县	路桥,长3.421km	浙江大舜公路建设有限公司
永鹿段第2合同,K42+137~K37+817	永嘉县	路桥,长4.32km	浙江省交通工程建设集团有限公司
永鹿段第3合同,K37+817~K32+080	永嘉县	路桥隧,长5.737km	温州交通建设集团有限公司
永鹿段第4合同,K32+080~K28+308	永嘉县	路桥,长3.772km	上海公路桥梁工程有限公司
永鹿段第5合同,K28+308~K26+332	永嘉县	路桥隧,长1.976km	中港第二航务工程局
永鹿段第6合同,K26+332~K23+692	永嘉县	路桥隧,长2.64km	中国路桥(集团)有限公司
永鹿段第7合同,K23+692~K45+558	永嘉县	路面,长21.866km	江西省路桥工程有限公司
永鹿段第8A合同,K23+692~K45+558	永嘉县	交安设施,长21.866km	浙江交通设施有限公司
永鹿段第8B合同,K23+692~K45+558	永嘉县	交安设施,长21.866km	杭州京安交通工程设施有限公司
永鹿段第9A、9B合同,K23+692~K45+558	永嘉县	监控、收费、通信系统;隧道机电,长21.866km	亿阳集团有限公司
永鹿段,房建工程	永嘉县	房建	浙江省二建建设集团有限公司
永鹿段第11A合同,K45+558~K32+130	永嘉县	绿化,长13.428km	台州市中亚造景工程有限公司
永鹿段第11B合同,K32+130~K23+692	永嘉县	长8.307km	台州市城市园林工程有限公司
永鹿段第12A、12B合同,K25+490~K25+902;K41+642~K41+428等	永嘉县	声屏障	上海强洁交通防噪声有限公司
温州西过境一期,第1合同	温州市	桥梁,长1.073km	交通部第一公路工程总公司
温州西过境一期,第2合同	温州市	隧道,长655km	温州路桥工程公司
温州西过境一期,第3合同	温州市	土建,长2.825km	浙江省交通建设集团二公司
第四-1合同段	温州市	土建,长3.009km	中港二航局二公司

续上表

标 段 号	标段所在地	工程内容及长度	施工单位
第四-2合同段	温州市	土建,长1km	温州路桥工程公司
第四-3合同段	温州市	土建,长0.435km	浙江省交通建设集团二公司
第五合同段	温州市	土建,长1.098km	金华公路工程有限公司
第六合同段	温州市	土建,长2.822km	浙江省交通建设集团二公司
第七合同段	温州市	土建	交通部第一公路工程公司
第八合同段	温州市	土建,长5.065km	中国建筑第七工程局
第九合同段	温州市	土建,长1.075km	温州环宇隧道工程有限公司
第十合同段	温州市	土建,长4.2km	中港集团公司
一、二期路面	温州市	路面,长14.665km	浙江省交通建设集团五公司
三期路面	温州市	路面,长10.483km	温州交通建设集团
隧道照明	温州市	照明	丽水永通照明科技有限公司
隧道照明	温州市	照明	上海宏远照明电器有限公司
隧道机电	温州市	机电	亿阳集团有限公司
绿化一标	温州市	二期绿化	浙江红欣园林艺术公园
绿化二标	温州市	二期绿化	浙江园林绿化工程有限公司
绿化五标	温州市	绿化工程	中国对外建设总公司
绿化六标	温州市	双屿互通绿化	浙江中瓯园林工艺有限公司
交通机电	温州市	三大系统	中国磁记录设备有限公司
声屏障工程	温州市	环保工程	武汉江钻声屏障技术有限公司
隧道消防工程	温州市	隧道消防	浙江中天建设集团

4. 征地拆迁

征地拆迁情况见表7-5-6。

G1513丽水南枢纽至温州南枢纽段征地拆迁情况统计表　　表7-5-6

标　段	征地拆迁安置起止时间	征用土地（亩）	拆迁房屋（m²）	支付补偿费用（元）	备　注
丽青段	2002~2007.1	2256.9315	85000	137740000	
永鹿段	2001.2~2005.10	2058.3075	102805	158337528	
温州西过境段	1997.5~2001.11	146.1744	158311	82623194	

(三)复杂技术工程

复杂技术工程主要为博瑞沿江桥大直径钻孔灌注桩施工。

博瑞沿江桥是温丽高速公路的一座特大桥,全长3545m,2005年建成通车。

由于本桥桩基设计为大直径钻孔灌注桩,并且全部位于水中,受涨落潮的影响,所以桩基的施工作为本桥的施工重点和难点进行控制。

1. 施工工艺

(1)主要施工工序

平台施工→埋设单护筒→钻机就位→钻孔→成孔→一次清孔→安装钢筋笼和导管→二次清孔→灌注混凝土→凿桩头。

(2)施工过程

①平台施工:根据本工程的特点,平台主要采用钢管桩平台和筑岛形式。如果采用钢管桩平台,必须经过受力检算(检算静、动荷载)方可施工;采用筑岛平台,筑岛的高度必须要高于最高潮水位1m以上,宽度要满足施工要求。

②埋设单护筒:若采用钢管桩平台,埋设护筒时必须采用双层导向架进行导向定位,大型振动锤振动下沉,要求护筒必须穿过淤泥层,如果一次无法下沉到位,采用二次跟进下沉;若采用筑岛平台,在埋设护筒前先用挖掘机将桩位开挖,然后埋设护筒,护筒的四周必须夯填密实(可在护筒四周打入钢管),保证在钻进过程中不要发生大的位移。

③钻机就位:采用JK型冲击钻机进行冲孔,钻机性能良好,钻锤质量不得轻于5.5t,钻锤直径不得小于设计桩径。钻机安装后的底座和顶端要平稳,在钻进中不得产生位移,在钻进过程中不得移位,钢丝绳于桩中心线要重合(允许误差2cm)。

④钻进:开孔前应先往护筒内多加些黏土,如地表土层疏松,还应加入一定数量的片石,然后注入泥浆或清水,借钻头的冲击把泥膏、片石挤向孔壁,以加固护筒脚。在开钻时,要慢速钻进,待导向部位或钻头全部进入地层后,方可加速钻进。在钻进的过程中,必须要加强泥浆护壁,对于特殊的地质要采取有针对性的处理措施。

⑤一次清孔:成孔后立即进行第一次清孔,在清孔排渣时,必须保持孔内水头,防止塌孔。由于造浆黏土含砂率高,建议采用泥浆旋流器进行清孔。

⑥安装钢筋笼和导管:由于钢筋笼较长,采用分段加工,钢筋笼经检查合格后方可允许安装,钢筋笼的接头采用单面搭接焊。

⑦二次清孔:导管安装完成后,即可利用导管进行二次清孔,在灌注混凝土前,泥浆的性能指标必须满足规范要求,即含砂率<2%,相对密度1.03~1.1,黏度17~20Pa·s。

⑧灌注混凝土:灌注混凝土采用强制式搅拌机生产,输送泵送料,加设储料斗集中下料。首批混凝土拌和物下落后,混凝土必须连续灌注。导管埋设控制在4~8m,拆除导管时必须先测孔深,与实灌数量进行对比,确认无误后,现场根据技术人员的要求进行拆除。

⑨凿桩头:待混凝土灌注完成2h后方可凿除桩头松散混凝土,凿到离系梁底5cm左右加水进行养护,待28d后进行声波检测。

2. 质量措施

（1）测量必须采用工程部下发的导线点和水准点进行，在测量的过程中随时检查点位稳定情况，发现问题及时上报。在钻进的过程中，要随时复核桩位。

（2）投入本工程所有的原材料必须合格。

（3）计量设备必须经过标定，计量准确。

（4）严格按照试验室下达的配料单进行拌和，确保混凝土的质量。

（5）混凝土拌和物运至灌注地点时，要检查其均匀性和坍落度，如不符合要求，要进行第二次拌和，二次拌和后仍不符合要求时，不得使用。

（6）要配备发电机，随时可以启用，停电时要保持混凝土灌注的连续性。

（7）灌注混凝土时，要控制好导管的埋深，防止发生断桩。

（8）在灌注过程中，当导管内混凝土不满，含有空气时，后续混凝土灌注应徐徐灌入，以免在导管内形成高压气栓塞，导致导管漏水，造成混凝土出现夹层或离析。

（四）科技创新

科技成果主要为基础设施用混凝土早期开裂机理及损伤断裂理论与试验研究。

本项目分析了复掺矿物掺合料混凝土的力学性能、弹性模量、收缩性能、极限拉应变、温度场及徐变性能，证明适量复掺矿物掺合料能使混凝土具有良好的抗碳化性能和抗氯离子渗透性能，以微观角度探讨了复掺矿物掺合料高性能混凝土的抗裂机理；建立了混凝土早期开裂理论模型，探讨早龄期普通强度混凝土损伤断裂性能、材料脆性和微观结构，借助大型通用有限元软件 ABAQUS，对早龄期混凝土的损伤、断裂力学性能进行有限元分析，提供数值依据。

（五）运营养护管理

1. 服务设施

服务区设置见表 7-5-7。

G1513 丽水南枢纽至温州南枢纽段服务区设置一览表　　表 7-5-7

服务区名称	位　置	占地面积（m²）
青田服务区南区	G1513:K79+938	32627
青田服务区北区	G1513:K79+938	32627
桥头服务区南区	G1513:K35+330	36593.5
桥头服务区北区	G1513:K35+330	36593.5

2. 收费设施

收费设施情况见表 7-5-8。

G1513 丽水南枢纽至温州南枢纽段收费设施一览表   表 7-5-8

站点名称	车道数	收费方式
丽水西收费站	3 + 5	人工 + ETC
石帆收费站	2 + 2	人工 + ETC
海口收费站	2 + 2	人工 + ETC
船寮收费站	2 + 2	人工 + ETC
青田收费站	3 + 3	人工 + ETC
温溪收费站	2 + 2	人工 + ETC
娄桥收费站	4 + 9	人工 + ETC
温州西收费站	4 + 8	人工 + ETC
梅岙收费站	2 + 3	人工 + ETC
桥头收费站	3 + 3	人工 + ETC

3. 交通流量

交通量发展状况见表 7-5-9。

G1513 丽水南枢纽至温州南枢纽段交通量发展状况表（单位：pcu/d）   表 7-5-9

年份	全程加权平均值	温州西至温州南	仰义枢纽至温州西	仰义枢纽至梅岙	梅岙至桥头	桥头至温溪	温溪至船寮	船寮至海口	海口至石帆	丽水南至石帆	丽水南至丽水
2004	4030	4030									
2005	7281	5954			3796	8291	8164	8606	8875		
2006	11773	11046			13059	11705	11202	11652	11975		
2007	17213	16905			19420	17336	16397	17155	17425	18092	14979
2008	18695	19231			21502	18873	17844	18910	19321	19183	14700
2009	17513	17233			20474	17762	16715	17766	18291	18223	13644
2010	18233	20602	22248	19363	20301	17403	16007	17542	18454	18532	11884
2011	17649	23992	24437	18508	18695	15291	13665	15807	17907	18177	10011
2012	18617	24830	29451	20997	20301	15856	13754	15681	17746	18098	9452
2013	20752	29977	38538	22849	21966	16638	14381	16093	18174	19068	9835
2014	20049	26612	33742	23974	22875	17466	13926	16020	16995	18866	10014
2015	19530	4759	39562	26012	23701	17850	14908	17699	19321	21057	10427

第六节　G25（长春至深圳）浙江段［浙苏省界（父子岭）至浙闽省界（新窑）］

长春至深圳国家高速公路，简称"长深高速公路"，编号为 G25，起于吉林长春，途经吉林、内蒙古、辽宁、河北、天津、山东、江苏、安徽、浙江、福建、广东 11 个省（自治区、直辖市），终于广东深圳，全长 3585km。除长春至大岭、桐庐至金华段外均已建成通车。

G25 长深高速公路浙江段起于浙苏省界（父子岭），途经浙江省湖州市、杭州市、金华市、丽水市,终于浙闽省界(新窑),全长527km,建成段全长445km,依次由以下六段组成:杭宁高速公路[浙苏省界(父子岭)至南庄兜枢纽]、杭州绕城高速公路(南庄兜枢纽至杭州南枢纽)、杭新景高速公路(杭州南枢纽至杨村桥枢纽)、临金高速公路(杨村桥枢纽至金华枢纽)、金丽温高速公路(金华枢纽至丽水南枢纽)、丽龙庆高速公路[丽水南枢纽至浙闽省界(新窑)];其中,浙苏省界(父子岭)至杨村桥枢纽段及金华枢纽至浙闽省界(新窑)已建成通车,杨村桥枢纽至金华枢纽段尚未开工建设。本节重点实录非共线段杭宁高速公路、杭新景高速公路、金丽温高速公路及丽龙庆高速公路,共线段杭州绕城高速见G2501杭州绕城高速公路。路网位置示意图如图7-6-1所示,建设项目信息如表7-6-1所示。

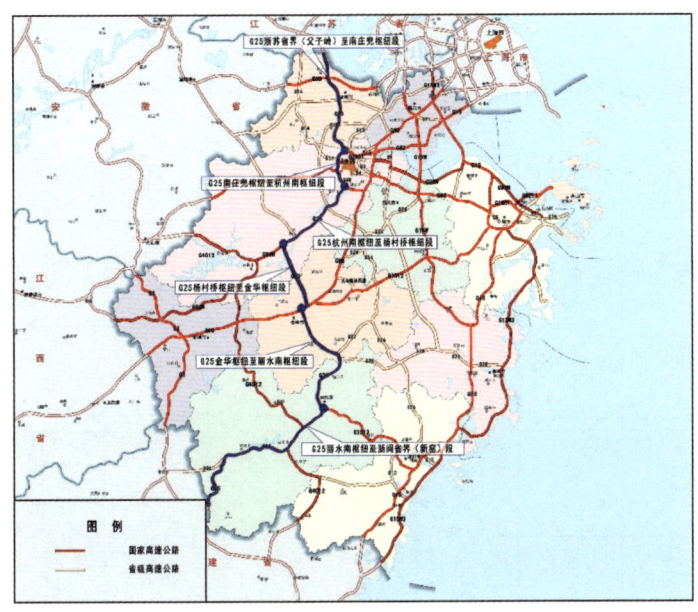

图7-6-1　G25浙苏省界(父子岭)至浙闽省界(新窑)段路网位置示意图

一、G25浙苏省界(父子岭)至南庄兜枢纽段(建设期1997—2002年)

(一)项目概况

1.基本情况

(1)功能定位

G25浙苏省界(父子岭)至南庄兜枢纽段(浙江省称杭宁高速公路)是长春至深圳国家高速公路的浙江境内的最北段,是浙江省公路主骨架"三纵四横"中的"一纵",是沪苏浙长三角的一条重要交通干线,是连接江苏、浙江两个经济大省的重要快速通道,也是南京与杭州两个省会旅游城市的黄金纽带。

(2)技术标准

全线设计速度120km/h,双向四车道,路基宽度26.0m。

G25 浙苏省界（父子岭）至南庄兜枢纽段建设项目信息采集表

表 7-6-1

序号	国高	项目名称	规模（km）				建设性质（新、改扩建）	设计速度（km/h）	永久占地（亩）	投资情况（亿元）			资金来源	建设时间（开工～通车）
			合计	八车道及以上	六车道	四车道				估算	概算	决算		
1		王家浜至青山段高速公路（一期）	34.42			34.42	新建	120	3833.917			35.11	中央补贴，地方自筹	1997.12～2000.12
2		王家浜至父子岭段和杭州至青山段高速公路（二期）	63.64			63.64	新建	120	8385.887				中央补贴，地方自筹	1999.9～2002.12
3		绕城西线（含祥留段）	25.05			25.05	新建	100	1960	6.82		6.79	资本金6.02亿元，交通部补助0.8亿元	1994.10～1997
4	G25	杭州至千岛湖高速公路袁浦至洋溪段工程	109.55		109.55		新建	120	15240.8		72.6	65.4	项目法人自筹	2003.5～2005.12
5		金丽温高速公路一、二期	112.20			112.20	新建	100	12780.85	41.20	47.02	38.70	自筹35%，银行贷款65%	1999～2002
6		丽龙高速公路	102.40			102.40	新建+改扩建	100	10516	51.54	35.50	60.10	自筹35%，银行贷款65%	2004～2006
7		龙泉至庆元（浙闽界）高速公路	54.70			54.70	新建	100	5420.69	31.00	40.20	未竣工验收	自筹35%，银行贷款65%	2010～2013

（3）建设规模

本项目里程长98.06km（其中杭州段12.11km，湖州段85.95km），其中：服务区2处，收费站11处。详见表7-6-2、表7-6-3。

G25浙苏省界（父子岭）至南庄兜枢纽段桥梁汇总表　　　　　　表7-6-2

规模	名称	桥长(m)	主跨长度(m)	桥底净高(m)	跨越障碍物			梁式桥						
								钢筋混凝土梁桥			钢梁桥		组合梁桥	
					河流	沟谷	道路、铁路	简支梁桥	悬臂梁桥	连续梁桥	简支钢梁	连续钢梁	预弯混凝土梁	组合梁	钢管混凝土桁架梁
特大桥	秋山互通1号桥	1319.54	30				√	√							
大桥	父子岭分离式立交桥	554.04	25				√	√							
	夹浦互通3号桥	374.04	25		√		√	√							
	夹浦互通4号桥	333.89	25				√	√							
	夹浦分离式立交桥	104.04	20				√	√							
	丁家渚分离式立交桥	104.04	20				√	√							
	合溪新港大桥	429.04	25		√			√							
	白溪港大桥	124.04	20		√			√							
	长兴新港大桥	529.04	25		√			√							
	王浜头大桥	329.04	25		√			√							
	钱家湾分离式立交桥	314.04	25				√	√							
	长兴互通2号桥	251.89	25				√	√							
	刘家渡分离式立交桥	523.74	20				√	√							
	塘港桥	128.74	25		√			√							
	杨家埠Ⅰ-10互通立交桥	139.94	20				√	√							
	新展桥	734.06	70		√			√				√			
	龙溪港大桥	969.4	80		√			√				√			
	龙头山桥	115.74	16		√			√							
	龙头山分离式立交桥	404.04	20				√	√							
	大港桥	284.74	25		√			√							
	下庄桥	129.04	25		√			√							
	鹿山I-4互通立交桥	164.08	20				√	√							
	施家桥	184.04	20				√	√							
	鱼船庄桥	107.74	13		√			√							
	青山分离式立交桥	444.04	20				√	√							
	青山互通1号桥	127.04	20				√	√							
	青山互通3号桥	261.39	30				√	√							

续上表

规模	名称	桥长(m)	主跨长度(m)	桥底净高(m)	跨越障碍物			梁式桥						
								钢筋混凝土梁桥			钢梁桥		组合梁桥	
					河流	沟谷	道路、铁路	简支梁桥	悬臂梁桥	连续梁桥	简支钢梁	连续钢梁	预弯混凝土梁	组合梁	钢管混凝土桁架梁
大桥	青山互通4号桥	208.04	20				√	√							
	青山互通5号桥	124.04	25				√	√							
	下沉河桥	524.04	20		√			√							
	南横港桥	324.04	20		√			√							
	候射大桥	384.04	25				√	√							
	宅前桥	104.04	20		√			√							
	杨家斗大桥	888.04	22				√	√							
	王母山大桥	198.04	30		√			√							
	下横河大桥	124.04	20		√			√							
	泗下埭大桥	124.04	20		√			√							
	秋山互通2号桥	178.815	21.5			√		√		√					
	秋山互通3号桥	283.698	25.44			√		√							
	秋山互通4号桥	141.314	20			√		√							
	秋山互通5号桥	162.02	20			√		√							
	秋山互通6号桥	251.034	24				√			√					
	秋山互通7号桥	312.044	23				√			√					
	丁家桥分离式立交桥	204.04	20				√	√							
	上渚河桥	104.04	20		√			√							
	马桥河桥	115.74	16		√			√							
	南漾河桥	204.04	20		√			√							
	朱家塘分离式立交桥	516.04	20				√	√							
	东苕溪大桥	764.04	70		√			√		√					
	高地郎大桥	104.04	20		√			√							
	螺蛳大桥	104.04	20		√			√							
	顺水分离式立交桥	260.04	25				√	√							
	顺水桥大桥	104.04	20		√			√							
	红眉分离式立交桥	274.04	25				√	√							
	分庄漾桥	854.04	30		√			√							
	良渚互通1号桥	124.04	20		√			√							
	中塘河大桥	184.04	20		√			√							
	南庄兜互通主线桥	931.96	25				√	√		√					

续上表

规模	名称	桥长(m)	主跨长度(m)	桥底净高(m)	跨越障碍物			梁式桥					
								钢筋混凝土梁桥			钢梁桥		组合梁桥	
					河流	沟谷	道路、铁路	简支梁桥	悬臂梁桥	连续梁桥	简支钢梁	连续钢梁	预弯混凝土梁	组合梁	钢管混凝土桁架梁
大桥	南庄兜互通A匝道桥	262	13				√			√					
	南庄兜互通B匝道桥	223	13				√			√					
	南庄兜互通C匝道桥	197.02	13				√			√					
	南庄兜互通D匝道桥	764.65	32			√				√					
	南庄兜互通F匝道桥	226	16			√				√					
	南庄兜互通G匝道桥	115.96	16			√	√								
	南庄兜互通H匝道桥	514	16			√				√					

G25浙苏省界(父子岭)至南庄兜枢纽段路面信息汇总表　　表7-6-3

路面形式	起讫里程	长度(m)	水泥混凝土路面	沥青路面
柔性路面	K2191+000~K2288+979上下行	98.06		沥青混凝土路面

（4）主要控制点

湖州市、长兴县、吴兴区、德清县、余杭区、杭州市。

（5）地形地貌

杭宁高速公路位于浙北杭嘉湖平原和太湖流域湖沼沉积平原的西部,平原地区平均海拔为2~5m(1985国家高程基准),西南部为天目山系,整个地形呈西南向东北倾斜。高速公路沿线经过地段属平原微丘地貌,大致可分为丘陵区、山前倾斜平原区、平原区三类地貌单元。

（6）投资规模

项目估算总投资35.11亿元,平均每公里造价3580万元。

（7）开工及通车、竣工时间

一期工程王家浜至青山段高速公路于1997年12月开工,2000年12月建成通车;二期工程王家浜至父子岭段和杭州至青山段高速公路于1999年9月开工,2002年12月建成通车。

2. 前期决策情况

杭宁高速公路是《浙江省公路水运交通建设规划》的重要组成部分,是全省公路主骨架"三纵四横"的"一纵"。随着浙江省经济的迅速发展,对公路运输要求更加紧迫,根据浙江交通厅"九五"期间编制的《浙江省公路建设规划(1996—2010)》到2010年基本实现"两纵两横五连"公路网骨架的建设目标,浙江省交通厅在1997年启动杭宁高速公路的建设工作。

1999年7月8日,交通部以公路发〔1999〕361号文正式批复《杭州至青山和王家浜至父子岭公路初步设计》。

1995年9月14日,浙江省环境保护局以浙环管〔1995〕222号文发布《关于国省道主干线(宁波至南京)浙江段德清至长兴高速公路环境影响报告书审批意见的复函》。

1999年3月15日,杭州市环境保护局以杭环保开发〔1999〕72号发布《关于杭宁高速公路余杭段建设项目环境影响评价报告书审查意见的函》。

1999年8月4日,浙江省水利厅以浙水政〔1999〕34号文正式批复《杭宁高速公路(浙江段)二期工程水土保持方案报告书(修正本)》。

3. 参建单位主要情况

(1)勘察设计单位

浙江省交通规划设计研究院。

(2)施工单位

浙江省路桥工程处四处、吉林省公路工程局、北京市公路桥梁建设公司、铁道部第十二工程局第二工程处、浙江省路桥公路处三处、杭州交通工程集团公司、武警交通第二总队、铁道部第十四工程局四处、青海公路桥梁建设公司、中国武警交通第二总队、浙江登峰集团有限公司、浙江衢州市交通建设集团有限公司、上海第二市政工程有限公司、湖州市交通工程处、仙居交通工程公司、铁十四局四处、中港第一航务局第四工程公司、绍兴市交通工程公司、浙江省仙居路桥公司、浙江省交通工程建设集团、浙江省交工集团二处、余杭交通工程公司、杭州市市政工程总公司。

(3)监理单位

北京华通公路桥梁监理咨询公司、江苏交通工程咨询监理总公司、北京华通公路桥梁监理咨询公司、上海同济公路工程桥梁咨询有限公司、陕西公路交通监理咨询有限公司、杭州市公路水运监理咨询公司。

(二)建设情况

1. 项目审批

1996年,交通部以交计发〔1996〕591号文批复杭宁高速公路(一期)可行性研究报告。

1998年,交通部以交规划发〔1998〕710号文批复杭宁高速公路(二期)可行性研究报告。

2015年,国家发改委以发改基础〔2015〕52号文批复杭宁改扩建可行性研究报告。

2. 资金筹措

中央补贴加地方自筹。

3. 合同段划分

标段划分情况见表7-6-4。

G25浙苏省界(父子岭)至南庄兜枢纽段标段划分情况表　　　表7-6-4

项目	标段号	标段所在地	工程内容及长度	施 工 单 位
一期	1	湖州	土建,长3.7km	浙江省路桥工程处四处
	2	湖州	土建,长5.308km	吉林省公路工程局
	3	湖州	土建,长3.992km	北京市公路桥梁建设公司
	4	湖州	土建,长1.7km	铁道部第十二工程局第二工程处
	5	湖州	土建,长2.142km	浙江省路桥公路处三处
	6	湖州	土建,长3.4km	杭州交通工程集团公司
	7	湖州	土建,长4.2km	武警交通第二总队
	8	湖州	土建,长5.478km	铁道部第十四工程局四处
	9	湖州	土建,长4.5km	青海公路桥梁建设公司
二期	1	湖州	土建,长5.7km	中国武警交通第二总队
	2	湖州	土建,长5.5km	浙江登峰集团有限公司
	3	湖州	土建,长5.997km	浙江衢州市交通建设集团有限公司
	4	湖州	土建,长4.317km	上海第二市政工程有限公司
	5	湖州	土建,长3.8km	湖州市交通工程处
	6	湖州	土建,长4.32km	仙居交通工程公司
	7	湖州	土建,长6.28km	铁十四局四处
	8	湖州	土建,长5.3km	中港第一航务局第四工程公司
	9	湖州	土建,长1.9km	绍兴市交通工程公司
	10	湖州	土建,长4.2km	浙江省仙居路桥公司
	11	湖州	土建,长4.8km	浙江省交通工程建设集团
	12	杭州	土建,长5.55km	浙江省交工集团二处
	13	杭州	土建,长5.19km	余杭交通工程公司
	14	杭州	土建,长0.845km	杭州市市政工程总公司

4. 征地拆迁

征地拆迁情况见表7-6-5。

G25浙苏省界(父子岭)至南庄兜枢纽段征地拆迁情况统计表　　　表7-6-5

项目	征地拆迁安置起止时间	征用土地(亩)	拆迁房屋(m^2)	支付补偿费用(元)	支付补偿费用(元)	备 注
一期	1997.12~1999.9	3833.917	87980.831	一期	37213万	
二期	1999.9~2002.12	8385.887	164212.99	二期		

5. 项目实施阶段

一期工程为王家浜至青山段,长34.42km,于2000年12月建成通车,主线路基按26m宽的双向四车道实施,按路基宽33.5m标准的双向六车道预留用地,左右两侧各预留一个车道的相关工程;二期工程长63.64km,包括杭州至青山段和王家浜至父子岭段,于2002年11月建成通车,主线路基及结构按路基宽为34.5m的双向六车道实施,路面按四车道实施,中央分隔带两侧各预留一个车道的路面工程。

(三)科技创新

1. 现浇混凝土薄壁筒桩加固软土地基试验研究

针对现浇混凝土薄壁筒桩技术加固高路堤桥头软土地基的可能性和加固效果开展研究,结合杭宁高速公路二期工程软土地基处理,研究了高速公路高路堤在荷载作用下筒桩加固软基的沉降规律;筒桩单桩承载力与桩径、桩长、地质条件的关系;现浇混凝土筒桩承载力理论计算模型;相同的地质与荷载条件下,现浇混凝土薄壁筒桩与粉喷桩、塑料排水板加固地基的效果及经济效益比较;筒桩桩身质量和承载力测试方法及其判别标准;路堤荷载作用下桩土应力分担比规律;刚性桩理论计算和过渡区作用原理。

2. 低强度混凝土桩复合地基处理试验研究

针对低强度混凝土桩复合地基加固高速公路软土地基的应用开展研究,结合杭宁高速公路二期工程软土地基处理,对路堤荷载作用下低强度混凝土桩复合地基的性状进行试验分析,研究了基础刚度对复合地基性状的影响,探讨柔性基础与刚性基础下复合地基性状的差异;路堤在荷载作用下的低强度混凝土桩复合地基加固软基的沉降规律;低强度混凝土桩单桩承载力与桩径、桩长、地质条件的关系;相同的地质条件和荷载条件下,低强度混凝土桩与粉喷桩、塑料排水板加固地基的效果及经济效益分析;提出路堤荷载作用下低强度混凝土桩复合地基的设计方法。

(四)运营养护管理

1. 服务设施

服务区设置情况见表7-6-6。

G25浙苏省界(父子岭)至南庄兜枢纽段服务区设置一览表 表7-6-6

服务区名称	位　置	占地面积(m²)
太湖服务区	K2197+300	77664
青山服务区	K2252+021	84503

2.收费设施

收费设施情况见表7-6-7。

G25浙苏省界(父子岭)至南庄兜枢纽段收费设施一览表 表7-6-7

站点名称	车道数	收费方式
父子岭	11	人工收费
长兴北	5	1条ETC收费,其余是人工收费
长兴	10	1条ETC收费,其余是人工收费
长兴南	11	1条ETC收费,其余是人工收费
湖州北	9	1条ETC收费,其余是人工收费
湖州南	9	1条ETC收费,其余是人工收费
青山	7	1条ETC收费,其余是人工收费
德清	8	1条ETC收费,其余是人工收费
良渚主	5	1条ETC收费,其余是人工收费
良渚付	4	1条ETC收费,其余是人工收费
南庄兜	20	2条ETC收费,其余是人工收费

3.交通流量

交通流量发展状况见表7-6-8。

G25浙苏省界(父子岭)至南庄兜枢纽段交通流量发展状况表(单位:pcu/d) 表7-6-8

年份	全程加权平均值	父子岭至夹浦	夹浦至长兴	长兴至李家巷枢纽	李家巷枢纽至湖州北	湖州北至鹿山枢纽	鹿山枢纽至湖州南	湖州南至青山	青山至德清	德清至良渚	良渚至南庄兜
2013	33287	27428	28126	32987	34085	33950	31194	32924	33925	38684	39566
2014	62197	54703	57980	61291	64361	66503	61098	59547	61121	66904	68463
2015	64920	58196	60967	64295	66657	69876	62095	61183	63523	70110	72302

二、G25杭州南枢纽至杨村桥枢纽段(建设期2003—2005年)

(一)项目概况

1.基本情况

(1)功能定位

G25杭州南枢纽至杨村桥枢纽段(浙江省称杭新景高速公路)是长春至深圳国家高速公路的浙江境内的中间段,是沪苏浙长三角的一条重要交通干线,也是连接桐庐与杭州的重要快速通道,有利于进一步发挥杭州都市圈的经济社会带动作用。

(2)技术标准

全线设计速度120km/h,双向六车道。

(3)建设规模

本项目里程长109.55km。详见表7-6-9~表7-6-11。

G25 杭州南枢纽至杨村桥枢纽段桥梁汇总表　　表7-6-9

规模	名称	桥长(m)	主跨长度(m)	桥底净高(m)	跨越障碍物			梁式桥					
								钢筋混凝土梁桥			钢梁桥		组合梁桥
					河流	沟谷	道路、铁路	简支梁桥	悬臂梁桥	连续梁桥	简支钢梁	连续钢梁	预弯混凝土梁	组合梁	钢管混凝土桁架梁
特大桥	之江大桥主桥	478	246	40	√							√		
	之浦路互通主线桥	1272			√					√				
	周浦港特大桥	1212	50.66		√					√				
	富阳富春江特大桥	1680	120		√					√				
	桐庐富春江特大桥	1272	90		√					√				
	新安江特大桥	1460	80		√					√				
	金竹牌大桥(右)	1065	40		√					√				
	金竹牌大桥(左)	1070	40		√					√				
大桥	袁浦主线跨线桥	732	25				√			√				
	袁浦路分离立交桥	407	25				√			√				
	分离立交桥	104	20		√					√				
	高架桥	778.5	25		√					√				
	大庙前高架桥	307	40			√				√				
	大源1号高架桥	732	40			√				√				
	大源2号高架桥	217	30			√				√				
	亭山高架桥	157	30			√				√				
	大坞里高架桥	127	30				√			√				
	彭浦线分离式立交桥	178.6	40				√			√				
	小江大桥	213.5	16				√			√				
	环金线分离式立交桥	142.9	40		√					√				
	泥桥溪大桥	295	20.94		√					√				
	统里溪大桥	165.5	16				√			√				
	分离式立交桥	166.5	20				√			√				
	宋家桥	386	20		√					√				

续上表

规模	名称	桥长(m)	主跨长度(m)	桥底净高(m)	跨越障碍物			梁式桥						
								钢筋混凝土梁桥			钢梁桥		组合梁桥		
					河流	沟谷	道路、铁路	简支梁桥	悬臂梁桥	连续梁桥	简支钢梁	连续钢梁	预弯混凝土梁	组合梁	钢管混凝土桁架梁
大桥	大源溪大桥	226.5	20		√					√					
	县乡一桥	106.5	20				√			√					
	分离式立交桥	106.5	20				√			√					
	大山桥	226.5	20		√					√					
	清渚桥	560.1	30		√					√					
	大塘垄高架桥	133	20			√				√					
	象山高架桥	282.1	30			√				√					
	安仁互通主线桥	670	30				√			√					
	施家水库桥(右)	135	20		√					√					
	施家水库桥(左)	109.9	20		√					√					
	芝峰村桥	244	20			√				√					
	大垄水库桥	158.3	30		√					√					
	降下垄桥	164	20			√				√					
	白羊头分离式立交桥	278.2	30				√			√					
	牌楼桥	132	16			√				√					
	乾潭互通二号桥	115.2	20				√			√					
	窑柴坞桥	109.5	20		√					√					
	西午塘一号桥	158.3	30			√				√					
	塘坞桥(右)	164.3	20			√				√					
	塘坞桥(左)	143.5	20			√				√					
	庄台坪高架桥(左)	368.3	30			√				√					
	庄台坪高架桥(右)	368.3	30			√				√					
	塘坞口桥	278.3	30			√				√					
	大兴高架桥	578.3	30				√			√					
	互通一号桥	165	20				√			√					
	互通二号桥	105	20				√			√					
	互通三号桥	397.1	30				√			√					
	梓溪桥(右)	368.4	30			√				√					
	梓溪桥(左)	338.3	30			√				√					
	麻塘高架桥(右)	246.1	30			√				√					
	麻塘高架桥(左)	276.1	30			√				√					

续上表

规模	名称	桥长(m)	主跨长度(m)	桥底净高(m)	跨越障碍物			梁式桥							
								钢筋混凝土梁桥			钢梁桥		组合梁桥		
					河流	沟谷	道路、铁路	简支梁桥	悬臂梁桥	连续梁桥	简支钢梁	连续钢梁	预弯混凝土梁	组合梁	钢管混凝土桁架梁
大桥	绪塘高架桥	368.2	30			√				√					
	里程高架桥	128.4	20			√				√					
	下淮一号高架桥	640.2	30		√					√					
	外塘畈高架桥(左)	155	30			√				√					
	外塘畈高架桥(右)	125	30			√				√					
	沿口桥	162.2	30			√				√					
	潘家桥	196	20			√				√					
	方家一号桥	104	20			√				√					
	洋溪枢纽三号桥	290.1	20				√			√					
	山边高架桥(右)	172	25				√			√					
	山边高架桥(左)	306	25				√			√					
	潘龙桥(左)	164	20			√				√					
	山河村桥(左)	116.5	20		√					√					
	山河村桥(右)	117.5	20		√					√					
	板桥村高架桥(右)	118	20				√			√					
	板桥村高架桥(左)	137	20				√			√					
	章家高架(右)	116.5	20				√			√					
	小塘坞高架桥(右)	266	30			√				√					
	小塘坞高架桥(左)	278.2	30			√				√					
	芭蕉岭(左)	171.1	30			√				√					
	芭蕉岭(右)	205	30			√				√					
	改水坞(右)	161	20			√				√					
	改水坞(左)	194.5	20			√				√					
	小古洞(左)	120	20			√				√					
	小古洞(右)	120	20			√				√					
	窑蓬里桥	160	20			√				√					
	湖岑塘高桥(右)	180	20			√				√					
	湖岑塘高桥(左)	100	20			√				√					
	骆村大桥(右)	260	20		√					√					
	骆村大桥(左)	220	20		√					√					
	寿昌江大桥	553	40		√					√					

第七章 高速公路建设项目

续上表

规模	名称	桥长(m)	主跨长度(m)	桥底净高(m)	跨越障碍物 河流	跨越障碍物 沟谷	跨越障碍物 道路、铁路	钢筋混凝土梁桥 简支梁桥	钢筋混凝土梁桥 悬臂梁桥	钢筋混凝土梁桥 连续梁桥	钢梁桥 简支钢梁	钢梁桥 连续钢梁	组合梁桥 预弯混凝土梁	组合梁桥 组合梁	组合梁桥 钢管混凝土桁架梁
大桥	刘家中桥	184	20			√				√					
	枣园多跨高架桥	184	20			√				√					
	幽径分离立交桥	282.1	25			√				√					
	桥头大桥(左)	607.1	30				√			√					
	桥头大桥(右)	489.6	30				√			√					
	18号桥	110	30		√					√					
	19号桥	390	30		√					√					
	横路头桥(右)	240	30		√					√					
	横路头桥(左)	120	30		√					√					
	胡家村桥(右)	120	30		√					√					
	胡家村桥(左)	180	30		√					√					
	楬头村桥	114	20			√				√					
	大桥	248.3	20		√					√					
	互通主线桥	125.1	20				√			√					

G25 杭州南枢纽至杨村桥枢纽段隧道汇总表　　表 7-6-10

规模	名称	隧道全长(m)	隧道净宽(m)	按地质条件划分 土质隧道	按地质条件划分 石质隧道	按所在区域划分 山岭隧道	按所在区域划分 水底隧道	按所在区域划分 城市隧道	备注
长隧道	窑山顶隧道Z	1618	14.5		√	√			
	窑山顶隧道Y	1680	14.5		√	√			
	横路头隧道(右)	1888	10.67		√	√			
	横路头隧道(左)	1915	10.67		√	√			
中隧道	设岭隧道Y	515	14.5		√	√			
	鸡毛坞隧道Z	530	14.5		√	√			
	鸡毛坞隧道Y	510	14.5		√	√			
	洪坑隧道(右)	654	10.67		√	√			
	洪坑隧道(左)	711	10.67		√	√			
	蛇岭隧道Z	713	10.67		√	√			
	蛇岭隧道Y	905	10.67		√	√			

续上表

规模	名称	隧道全长（m）	隧道净宽（m）	隧道分类					备注
				按地质条件划分		按所在区域划分			
				土质隧道	石质隧道	山岭隧道	水底隧道	城市隧道	
中隧道	洪家隧道 Z	749	10.67		√	√			
	洪家隧道 Y	878	10.67		√	√			
	白炭坞隧道 Y	860	10.75		√	√			
	白炭坞隧道 Z	900	10.75		√	√			
短隧道	南峰隧道	400	30		√	√			
	善岭隧道	328	30		√	√			
	外源隧道 Y	210	15.58		√	√			
	外源隧道 Z	270	15.58		√	√			
	设岭隧道 Z	492	14.5		√	√			
	石灰岭隧道	177	14.5		√	√			
	东坞隧道 Z	275	14.5		√	√			
	东坞隧道 Y	290	14.5		√	√			
	湖岑塘隧道 Y	175	14.5		√	√			
	湖岑塘隧道 Z	204	14.5		√	√			
	骆村隧道 Z	199	14.5		√	√			
	骆村隧道 Y	220	14.5		√	√			
	大门口隧道 Y	242	14.5		√	√			
	大门口隧道 Z	270	14.5		√	√			
	枫树岭隧道(左)	189	10.67		√	√			
	枫树岭隧道(右)	189	10.67		√	√			
	杨坞口隧道(右)	356	10.67		√	√			
	杨坞口隧道(左)	373	10.67		√	√			
	杨家山隧道(左)	394	10.67		√	√			
	杨家山隧道(右)	395	10.67		√	√			
	胡家村隧道(右)	286	10.67		√	√			
	胡家村隧道(左)	329	10.67		√	√			

G25 杭州南枢纽至杨村桥枢纽段路面信息汇总表　　　　表 7-6-11

路面形式	起讫里程	长度（m）	水泥混凝土路面	沥青路面
柔性路面	G25 K2324+293～K2384+235	59942		沥青混凝土路面
	S31 K0+000～K132+802.077	132802		沥青混凝土路面
	S32 K0+000～K20+800（千岛湖支线）	20800		沥青混凝土路面
	S33 K0+000～K16+731（龙游支线）	16731		沥青混凝土路面

(4)主要控制点

杭州市、萧山区、富阳市、桐庐县。

(5)投资规模

项目概算总投资72.6亿元,平均每公里造价6627万元。

(6)开工及通车、竣工时间

2003年3月28开工建设,2005年12月26日建成通车。

2.前期决策情况

杭宁高速公路是《浙江省公路水运交通建设规划》的重要组成部分。随着浙江省经济的迅速发展,对公路运输要求更加紧迫,根据浙江交通厅"九五"期间编制的《浙江省公路建设规划(1996—2010)》,到2010年基本实现"两纵两横五连"公路网骨架的建设目标,浙江省交通厅在2003年启动杭新景高速公路的建设工作。

3.参建单位主要情况

(1)勘察设计单位

中国公路工程咨询监理总公司、浙江省交通规划设计研究院。

(2)施工单位

路桥集团国际建设股份有限公司、浙江省交通工程建设集团有限公司、湖南省郴州公路桥梁建设有限责任公司、山东省交通工程总公司、浙江省交通工程建设集团有限公司、中铁十七局集团第六工程有限公司、江西省交通工程集团公司、江西省路桥工程有限公司、路桥集团二公局第三工程有限公司、浙江省交通工程建设集团有限公司、中铁四局集团第五工程有限公司、浙江省宏途交通建设有限公司、路桥集团第一公路工程局、路桥集团第一公路工程局天津工程处、龙建路桥股份有限公司、杭州市交通工程集团有限公司、浙江省长城建设集团股份有限公司、浙江宝业建设集团有限公司、浙江省东阳市第二建筑工程有限公司、奉化市绿缔园艺建设有限公司、龙元建设集团股份有限公司、杭州中艺园林工程有限公司、广厦东阳古建园林工程有限公司、杭州公路交通设施工程有限公司、凯通交通工程有限公司、临安市公路建设工程有限公司、北京云星宇交通工程有限公司、宁波帅康灯具股份有限公司。

(3)监理单位

天津新亚太工程建设监理公司、山东省交通工程监理咨询公司、陕西公路交通工程监理咨询公司、山西省交通建设工程监理总公司、杭州畅顺交通工程监理咨询有限公司。

(二)建设情况

1.项目审批

2003年,浙江省发展和改革委员会以浙计函〔2003〕120号文批复杭新景高速公路袁浦至中埠段可行性研究报告。

2. 资金筹措

中央补贴加地方自筹。

3. 合同段划分

标段划分情况见表7-6-12。

G25 杭州南枢纽至杨村桥枢纽段标段划分情况表　　　　表7-6-12

标　段　号	标段所在地	工程内容及长度	施工单位
第一合同 K0+000~K5+100	西湖区	土建，长5.1km	路桥集团国际建设股份有限公司
第二合同 K5+100~K7+600	西湖区	土建，长2.5km	浙江省交通工程建设集团有限公司
第三合同 K7+600~K12+150	富阳	土建，长4.55km	湖南省郴州公路桥梁建设有限责任公司
第四合同 K12+150~K13+850	富阳	土建，长1.7km	山东省交通工程总公司
第五合同 K13+850~K19+420	富阳	土建，长5.57km	浙江省交通工程建设集团有限公司
第六合同 K19+420~K26+700	富阳	土建，长7.28km	中铁十七局集团第六工程有限公司
第七合同 K23+700~K31+100	富阳	土建，长7.4km	江西省交通工程集团公司
第八合同 K31+100~K38+000	桐庐	土建，长6.9km	江西省路桥工程有限公司
第九合同 K38+000~K44+900	桐庐	土建，长6.9km	路桥集团二公局第三工程有限公司
第十合同 K44+900~K52+800	桐庐	土建，长7.9km	浙江省交通工程建设集团有限公司
第十一合同 K52+800~K59+500	桐庐	土建，长6.7km	中铁四局集团第五工程有限公司
第十二合同 K59+500~K66+950	桐庐	土建，长7.45km	浙江省宏途交通建设有限公司
第十三合同 K66+950~K69+270	桐庐	土建，长2.23km	路桥集团第一公路工程局
第十四合同 K69+270~K74+230	桐庐	土建，长4.96km	路桥集团第一公路工程局天津工程处
第十五合同 K-1-450~K13+850（路面标）	西湖区、富阳	土建，长15.3km	龙建路桥股份有限公司
第十六合同 K13+850~K31+100（路面标）	富阳	土建，长17.25km	杭州市交通工程集团有限公司
F1 K-1-450~K7+600	西湖区	房建	浙江省长城建设集团股份有限公司
F2 K7+600~K44+900	西湖区、富阳、桐庐	房建	浙江宝业建设集团有限公司
F3 K44+900~K74+230	桐庐	房建	浙江省东阳市第二建筑工程有限公司
L1 K-1-450~K13+850	西湖区	绿化，长15.3km	奉化市绿缔园艺建设有限公司
L2 K13+850~K31+100	西湖区、富阳	绿化，长17.25km	龙元建设集团股份有限公司
L3 K31+100~K44+900	富阳、桐庐	绿化，长13.8km	杭州中艺园林工程有限公司
L4 K44+900~K74+230	桐庐	绿化，长29.33km	广厦东阳古建园林工程有限公司
JT1 K-1-450~K13+850	西湖区、富阳	交安设施，长15.3km	杭州公路交通设施有限公司
JT2 K13+850~K46+500	富阳、桐庐	交安设施，长32.65km	凯通交通工程有限公司
JT3 K46+500~K74+230	桐庐	交安设施，长27.73km	临安市公路建设工程有限公司

续上表

标 段 号	标段所在地	工程内容及长度	施工单位
JD1 K-2+982~K74+230	西湖区、富阳、桐庐	机电,长77.212km	北京云星宇交通工程有限公司
ZM1浦港特大桥、富阳富春江特大桥、桐庐富春江特大桥	西湖区、富阳、桐庐	照明	宁波帅康灯具股份有限公司

4.征地拆迁

征地拆迁情况见表7-6-13。

G25杭州南枢纽至杨村桥枢纽段征地拆迁情况统计表　　表7-6-13

项 目	征地拆迁安置起止时间	征用土地（亩）	拆迁房屋（m²）	支付补偿费用（元）	备 注
一期	2003.1~2008.10	18177.546	412095	1205204100	
二期	2004.4~2006.12	6289.08	125813.35	574070000	

(三)科技创新

1.高速公路边坡生态防护工程应用研究

该项目技术先进、实用,既有填补国内空白的高速公路生态边坡指南、手册和验收标准,又有100多公里超百万平方米的高质量生态边坡示范工程,对推广生态边坡、建设生态高速公路做出了重要的贡献和起到了表率作用。

2.刚构与混凝土组合薄壁高墩关键技术及应用研究

本课题研究的对象为刚构—混凝土组合薄壁空心高墩,研究目的是将组合结构的设计理念运用到长大桥梁的超高桥墩设计中,提出一种新型的刚构—混凝土组合桥墩的构造形式和设计方法,使施工上能够加快进度,结构上适当减小桥墩截面尺寸,并提高桥墩的抗震性能。课题组结合杭新景高速公路施工建设,从模拟计算、理论分析两个层次展开研究。

(四)运营养护管理

1.服务设施

服务区设置情况见表7-6-14。

G25杭州南枢纽至杨村桥枢纽段服务区设置一览表　　表7-6-14

服务区名称	位 置	占地面积(m²)
桐庐服务区	G25 2373K	195729.06

2. 收费设施

收费设施情况见表7-6-15。

G25杭州南枢纽至杨村桥枢纽段收费设施一览表　　表7-6-15

站点名称	车道数	收费方式
袁富	2+2	2条ETC收费，其余是人工收费
袁富副	2+2	2条ETC收费，其余是人工收费
东洲岛	2+3	2条ETC收费，其余是人工收费
灵桥	2+3	2条ETC收费，其余是人工收费
富阳	4+7	2条ETC收费，其余是人工收费
中埠	2+2	2条ETC收费，其余是人工收费
中埠副	2+2	2条ETC收费，其余是人工收费
场口	2+3	2条ETC收费，其余是人工收费
深澳	2+4	2条ETC收费，其余是人工收费
凤川	2+3	2条ETC收费，其余是人工收费
桐庐	3+5	2条ETC收费，其余是人工收费

3. 交通流量

交通流量发展状况见表7-6-16。

G25杭州南枢纽至杨村桥枢纽段交通流量发展状况表（单位：pcu/d）　　表7-6-16

年份	全程加权平均值	杭千枢纽至袁富	东洲岛至袁富	灵桥至东洲岛	灵桥至富阳	中埠至富阳	场口至中埠	深澳至场口	凤川至深澳	桐庐至凤川	富春江至桐庐
2005	3856			4419		4015（凤川至中埠）			4026	2965	
2006	10224	13869	13852	10711	10005（中埠至灵桥）	9646	9646	9646	8439	6208	
2007	17848	21925	21923	19993	16997（中埠至灵桥）	16579	16579	16495	16488	13658	
2008	20433	25211	25185	22674	19318（中埠至灵桥）	19116	19001	18835	18908	15653	
2009	24037	30378	30392	26718	22459（中埠至灵桥）	22258	22083	21869	22003	18175	
2010	28539	34386	34420	31486	27229（中埠至灵桥）	26908	26712	26538	26804	22369	
2011	33847	41051	40986	37374	31771	31290.5（中埠至灵桥）	31696	31736	31946	26778	
2012	37186	46693	46375	42867	33987	33749	34686	34553	34511	34802	29635
2013	40969	51982	50757	47171	39593	39064	37753	37236	37115	37003	32017
2014	46414	60016	58104	54524	44803	45900	42612	41346	41010	40708	35120
2015	53368	67995	65355	61098	52578	52103	49445	48348	48035	47219	41505

三、G25 金华枢纽至丽水南枢纽段（建设期 1998—2002 年）

(一)项目概况

1. 基本情况

(1)功能定位

金丽温高速公路是浙江省公路主骨架"三纵四横"中的"一横"，它横贯浙江中部，是沟通金华、丽水、温州三地市干线公路，也是同江至三亚、上海至瑞丽两条国道主干线在浙江省内的重要连接线，亦是国道主干线在我国东南沿海地区的一条重要辅助线，起着高速公路联网的作用。

(2)技术标准

本路中金华至缙云新建段，采用双向四车道，设计速度 100km/h，路基宽度 26.0m；新建至丽水段，采用双向四车道，设计速度 80km/h，路基宽度 24.5m。

(3)建设规模

本项目建设里程长 112km，双向四车道。详见表 7-6-17 ~ 表 7-6-19。

G25 金华枢纽至丽水南枢纽段桥梁汇总表　　　　表 7-6-17

规模	名称	桥长(m)	主跨长度(m)	桥底净高(m)	跨越障碍物			梁式桥						
								钢筋混凝土梁桥			钢梁桥		组合梁桥		
					河流	沟谷	道路、铁路	简支梁桥	悬臂梁桥	连续梁桥	简支钢梁	连续钢梁	预弯混凝土梁	组合梁	钢管混凝土桁架梁
大桥	金华枢纽 7 号桥（H 匝道）	165.5	30	5.85			√			√					
	金华枢纽 8 号桥（I 匝道）	195.5	30	5.88			√			√					
	棉塘桥	159.16	16	4.4			√	√							
	施村公铁立交桥（左幅）	828.76	30	6.8			√	√							
	施村公铁立交桥（右幅）	828.76	30	6.8			√	√							
	义乌江大桥	461.63	30	10	√			√							
	八仙溪大桥	127.96	16	6.1	√			√							
	白溪大桥	162.16	20	7.7	√			√							

续上表

规模	名称	桥长(m)	主跨长度(m)	桥底净高(m)	跨越障碍物			梁式桥							
								钢筋混凝土梁桥			钢梁桥		组合梁桥		
					河流	沟谷	道路、铁路	简支梁桥	悬臂梁桥	连续梁桥	简支钢梁	连续钢梁	预弯混凝土梁	组合梁	钢管混凝土桁架梁
大桥	新仓公铁立交桥（左幅）	713.77	30	7.1			√	√							
	新仓公铁立交桥（右幅）	713.77	30	7.1			√	√							
	武义江大桥	372.24	20	5	√			√							
	倪桥分离式立交桥（左幅）	124.78	30	5			√			√					
	倪桥分离式立交桥（右幅）	124.78	30	5			√			√					
	西田畈 K0+190 桥（白杨线连接线）	110.04	20	5	√			√							
	傅店桥（左幅）	130.16	16	4.77	√			√							
	南溪 1 号桥	279.6	20	5	√			√							
	南溪 2 号桥	257.01	20	16.3	√			√							
	缙云互通 2 号桥	139.08	25	4.1			√			√					
	新建分离式立交桥（右）	338.08	20	4.87	√					√					
	新建分离式立交桥（左）	338.08	20	4.87	√					√					
	直弯山大桥	347.8	40	1.4			√	√							
	新路高架	941.44	25	7.5			√	√							
	小安大桥	516.14	40	4.5	√					√					
	大溪大桥	699.17	30	12.3	√					√					
	马池桥	280	20	6.5	√					√					
	新建溪大桥	216.99	20	4.5	√			√							
	溪岩下桥	154.3	20	5.8	√			√							
	陶墅大桥	231.85	20	3.5	√					√					

续上表

规模	名称	桥长(m)	主跨长度(m)	桥底净高(m)	跨越障碍物			梁式桥						
								钢筋混凝土梁桥			钢梁桥		组合梁桥		
					河流	沟谷	道路、铁路	简支梁桥	悬臂梁桥	连续梁桥	简支钢梁	连续钢梁	预弯混凝土梁	组合梁	钢管混凝土桁架梁
大桥	钟染1号大桥	235.06	25	13.5	√			√							
	桃坑口2号桥	176.1	20	10.08	√			√							
	竹后桥	168.1	20	12.26			√	√							
	双港口桥	106.82	20	10.95	√			√							
	凉亭根桥	134.58	20	8.8	√			√							
	汇后桥	110	25	14.8	√			√							
	田里桥	164.12	30	8.8	√					√					
	雅里桥	229.6	30	12.9	√					√					
	雅里港1号桥	131.9	40	14.1	√					√					
	雅里港2号桥	267.2	40	20.2	√					√					
	洪渡桥	176.12	30	4.83			√			√					
	雅溪1号桥	225.1	30	8.36	√					√					
	雅溪2号桥	227.08	30	15.46	√					√					
	雅溪3号桥	466.58	30	7.44	√					√					
	雅庄口2号桥	251.95	30	9.5	√					√					
	雅庄口3号桥	197.1	30	14.77	√					√					
	学坑口大桥	128.1	40	6	√					√					
	K2596+865大桥	102.44	20	6.4			√	√							
	八角井大桥	165.645	30	15	√					√					
	太平大桥	315.66	30	4		√		√							
	柴弄口大桥	313	25	3.5	√			√							
	余天弄分离桥(右)	147	25	12.7			√	√							
	余天弄分离桥(左)	147	25	12.7			√	√							
	小叶分离桥(右)	105	20	11.5			√	√							
	小叶分离桥(左)	105	20	11.5			√	√							
中桥	51座	6258.35													

G25 金华枢纽至丽水南枢纽段隧道汇总表

表 7-6-18

规模	名称	隧道全长（m）	隧道净宽（m）	隧道分类					备注
				按地质条件划分		按所在区域划分			
				土质隧道	石质隧道	山岭隧道	水底隧道	城市隧道	
长隧道	石城山隧道（左）	1730	10.75		√	√			
	石城山隧道（右）	1730.36	10.75		√	√			
	牛廷岭隧道（右）	1460.56	9.85		√	√			
	牛廷岭隧道（左）	1560	9.85		√	√			
中隧道	黄坞垄隧道（左）	590	10.75		√	√			
	黄坞垄隧道（右）	565	10.75		√	√			
短隧道	水坑隧道（左）	368	10.75		√	√			
	水坑隧道（右）	405	10.75		√	√			
	皇甫坑隧道（左）	165	10.75		√	√			
	皇甫坑隧道（右）	157	10.75		√	√			
	黄家垄隧道（左）	311.5	10.75		√	√			
	黄家垄隧道（右）	360	10.75		√	√			
	焦岩隧道（左）	468	10.75		√	√			
	焦岩隧道（右）	470	10.75		√	√			
	白阳山隧道（左）	488	10.75		√	√			
	白阳山隧道（右）	476.5	10.75		√	√			
	古塘隧道（左）	185	10.77		√	√			
	古塘隧道（右）	185	10.77		√	√			
	钦村隧道（右）	220	9.85		√	√			
	钦村隧道（左）	220	9.85		√	√			
	马池隧道（右）	80	9.85		√	√			
	马池隧道（左）	80	9.85		√	√			
	双港桥隧道（右）	200	9.85		√	√			
	双港桥隧道（左）	200	9.85		√	√			
	里东隧道（右）	150	9.85		√	√			
	里东隧道（左）	150	9.85		√	√			
	双港口1号隧道（右）	260	9.85		√	√			
	双港口1号隧道（左）	260	9.85		√	√			
	双港口2号隧道（右）	130	9.85		√	√			
	双港口2号隧道（左）	120	9.85		√	√			
	凉亭根隧道（右）	105	9.85		√	√			
	凉亭根隧道（左）	130	9.85		√	√			
	田里1号隧道（右）	175	9.85		√	√			

续上表

规模	名 称	隧道全长(m)	隧道净宽(m)	隧道分类					备注
				按地质条件划分		按所在区域划分			
				土质隧道	石质隧道	山岭隧道	水底隧道	城市隧道	
短隧道	田里1号隧道(左)	175	9.85		√	√			
	田里2号隧道(右)	195	9.85		√	√			
	田里2号隧道(左)	195	9.85		√	√			
	田里3号隧道(右)	388	9.85		√	√			
	田里3号隧道(左)	388	9.85		√	√			
	洪渡隧道(右)	315	9.85		√	√			
	洪渡隧道(左)	315	9.85		√	√			
	雅庄口1号(右)	155	9.85		√	√			
	雅庄口1号(左)	155	9.85		√	√			
	雅庄口2号(右)	82	9.85		√	√			
	雅庄口2号(左)	82	9.85		√	√			
	新路隧道(右)	125	9.85		√	√			
	新路隧道(左)	125	9.85		√	√			
	雅二隧道(右)	456.2	9.85		√	√			
	雅二隧道(左)	456.2	9.85		√	√			
	太平港0号隧道(右)	75	9.85		√	√			
	太平港0号隧道(左)	75	9.85		√	√			
	太平港1号隧道(右)	395	9.85		√	√			
	太平港1号隧道(左)	395	9.85		√	√			
	太平港2号隧道(右)	261.2	9.85		√	√			
	太平港2号隧道(左)	261.2	9.85		√	√			
	太平港3号隧道(右)	445	9.85		√	√			
	太平港3号隧道(左)	445	9.85		√	√			
	桐岭岗1号隧道(右)	235	9.85		√	√			
	桐岭岗1号隧道(左)	235	9.85		√	√			
	桐岭岗2号隧道(右)	130	9.85		√	√			
	桐岭岗2号隧道(左)	130	9.85		√	√			
	俞庄隧道(右)	367	9.85		√	√			
	俞庄隧道(左)	367	9.85		√	√			

G25金华枢纽至丽水南枢纽段路面信息汇总表　　表7-6-19

路面形式	起讫里程	长度(m)	水泥混凝土路面	沥青路面
柔性路面	K4+781~K5+601	820		沥青表面处治路面
	K13+722~K14+256	534		沥青表面处治路面

续上表

路面形式	起讫里程	长度(m)	水泥混凝土路面	沥青路面
柔性路面	K19+801～K20+121	320		沥青表面处治路面
	K20+544～K20+870	326		沥青表面处治路面
	K2567+686.637～K2567+906.64	220		沥青表面处治路面
	K2571+473.45～K2571+553.45	80		沥青表面处治路面
	K2574+473.45～K2574+673.45	200		沥青表面处治路面
	K2575+809.89～K2577+270.45	1560		沥青表面处治路面
	K2580+253.45～K2580+403.45	150		沥青表面处治路面
	K2580+593.45～K2580+853.45	260		沥青表面处治路面
	K2581+068.45～K2581+198.45	130		沥青表面处治路面
	K2582+528.45～K2582+633.45	102		沥青表面处治路面
	K2583+318.45～K2583+493.45	175		沥青表面处治路面
	K2584+248.45～K2584+443.45	195		沥青表面处治路面
	K2584+935.45～K2585+323.45	388		沥青表面处治路面
	K2587+818.45～K2588+133.45	315		沥青表面处治路面
	K2588+873.45～K2589+103.45	230		沥青表面处治路面
	K2589+603.45～K2589+758.45	155		沥青表面处治路面
	K2589+856.45～K2589+938.45	82		沥青表面处治路面
	K2590+518.45～K2590+643.45	125		沥青表面处治路面
	K2591+837.25～K2592+293.45	456		沥青表面处治路面
	K2593+298.45～K2593+373.45	75		沥青表面处治路面
	K2593+498.45～K2593+893.45	395		沥青表面处治路面
	K2597+131.45～K2597+395.45	264		沥青表面处治路面
	K2598+423.45～K2598+868.45	445		沥青表面处治路面
	K2494+000～K2527+946.637	33946.637		沥青混凝土路面
	K2527+946.637～K2528+131.637	185		沥青表面处治路面
	K2528+131.637～K2546+991.637	18860		沥青混凝土路面
	K2546+991.637～K2548+721.817	1730.18		沥青表面处治路面
	K2548+721.817～K2555+231.637	6509.82		沥青混凝土路面
	金华东枢纽匝道	9936.83		沥青混凝土路面
	岭下朱互通匝道	2276.54		沥青混凝土路面
	武义互通匝道	1778.92		沥青混凝土路面
	西田畈互通匝道	1076.54		沥青混凝土路面
	武义服务区匝道	1352		沥青混凝土路面
	永康互通匝道	2209.63		沥青混凝土路面

续上表

路面形式	起讫里程	长度(m)	水泥混凝土路面	沥青路面
柔性路面	K2555+232~K2575+809	20577		沥青混凝土路面
	K2577+270~K2613+020	35750		沥青混凝土路面
	丽水西互通	3875		沥青混凝土路面
	缙云互通	4898		沥青混凝土路面
	洪渡互通	1430		沥青混凝土路面
	丽水服务区	1820		沥青混凝土路面
	金向 K85+620~K115+468	29848		沥青混凝土路面
	金向 K85+490~K85+620	130		沥青表面处治路面
	金向 K45+570~K85+490	39920		沥青混凝土路面
	温向 K99+690~K115+468	15778		沥青混凝土路面
	温向 K99+485~K99+690	205		沥青表面处治路面
	温向 K45+570~K99+485	53915		沥青混凝土路面
	石帆互通匝道	2040.027		沥青混凝土路面
	海口互通匝道	2285.284		沥青混凝土路面
	青田服务区匝道(金向)	735		沥青混凝土路面
	青田服务区匝道(温向)	798		沥青混凝土路面
	船寮互通匝道	2353.44		沥青混凝土路面
	青田互通匝道	911.854		沥青混凝土路面
	温溪互通匝道	2286.571		沥青混凝土路面
	K0+435~K4+781	4346		沥青混凝土路面
	K5+601~K13+722	8121		沥青混凝土路面
	K14+256~K19+801	5545		沥青混凝土路面
	K20+121~K20+544	423		沥青混凝土路面
	K20+870~K45+558	24688		沥青混凝土路面
	双屿互通	1314.213		沥青混凝土路面
	梅岙互通	1864		沥青混凝土路面
	桥头互通	2371		沥青混凝土路面

(4)主要控制点

路线走向控制点有：金华市、武义县、永康市、缙云县和丽水市。

地形控制点有：焦岩、白阳山、岩龙坑、蝙蝠岭、牛延岭、老鸦岗和雅溪二级电站等。

(5)地形地貌

路线所经地区位于浙中丘陵盆地区和浙南中山区，地形总的趋势是西北低东南高。东部会稽山脉和大盘山脉与西部仙霞岭山脉交界，形成本路段所经地区以丘陵、丘陵盆地、河谷平原和低山为主的主要地貌特征。

(6) 投资规模

本路段决算总投资 38.7 亿元,平均每公里造价为 3449 万元。

(7) 开工及通车、竣工时间

1998 年 10 月开工建设,2002 年 12 月交工通车。

2. 前期决策情况

金丽温公路是《浙江省公路水运交通建设规划》的重要组成部分,是全省公路主骨架"三纵四横"中的"一横"。随着浙江省经济的迅速发展,对公路运输要求更加紧迫,根据浙江交通厅"九五"期间编制的《浙江省公路建设规划(1996—2010)》要求,到 2010 年基本实现"两纵两横五连"公路网骨架的建设目标,浙江省交通厅在 1998 年启动金丽温高速公路的建设工作。

(1) 1995 年 2 月,浙江省交通规划设计院编制完成《金丽温一级汽车专用公路线位方案论证报告》。

(2) 1995 年 2 月,浙江省交通厅召开《330 国道金(华)丽(水)温(州)一级汽车专用公路线位方案论证报告》审查会。

(3) 1995 年 3 月,浙江省交通厅以浙交〔1995〕81 号文件《关于 330 国道金(华)丽(水)温(州)一级汽车专用公路线位方案论证报告的请示》将线位论证报告及其评审意见报交通部。

(4) 1995 年 4 月,浙江省高速公路建设指挥部委托浙江省交通规划设计研究院负责《金丽温高速公路金华至丽水段工程可行性研究报告》的编制工作。

(5) 1995 年 12 月,浙江省交通规划设计研究院完成《金丽温高速公路金华至丽水段工程可行性研究报告》的编制工作。

(6) 1997 年 3 月,武义县人民政府以《关于要求局部调整金丽温一级汽车专用公路武义段线位的请示》(武政〔1997〕27 号)要求浙江省交通规划设计研究院对原工可报告中的武义比较线进行重新论证分析,希望采用比较路线方案。

(7) 1997 年 3 月,金华市交通局专门来函,重申《关于金丽温汽车专用公路金华至永康段走向方案的几点意见》,也希望采用比较路线方案。

(8) 1997 年 3 月中旬,浙江公路水运工程咨询监理公司组织浙江省交通厅、浙江省高速公路建设指挥部、浙江省公路局和浙江省交通规划设计研究院等有关领导和专家参加的专家组沿途踏勘路线走向,并重点听取了武义县对金丽温高速公路在县境内走向的专题汇报,认为有必要在原工可报告的基础上,对武义段线位做进一步分析、论证。

(9) 1997 年 3 月,浙江省交通规划设计研究院补充编制了《金丽温高速公路武义比较路段工可补充报告》。

(10) 1997 年 5 月,浙江公路水运工程咨询监理公司受浙江省交通厅和浙江省高速公路建设指挥部的委托,组织省内专家、沿线有关市(地)、县领导和有关部门人员对《金丽温一级汽车专用公路工程可行性研究报告》进行了预评估。

(11)1998年4月,浙江省交通厅组织召开了《金丽温高速公路工程可行性研究报告》补充审查,一致同意浙江省交通规划设计研究院提出的武义比较路线方案,但鉴于新颁《公路工程技术标准》(JTJ 001—1997)已于1998年1月1日开始执行,要求浙江省交通规划设计研究院按新标准中的高速公路标准重新编制原工可报告。

(12)1998年5月,浙江省交通规划设计研究院完成《金(华)丽(水)温(州)公路金华至丽水段工程可行性研究报告》的编制工作。

3. 参建单位主要情况

(1)勘察设计单位

浙江省交通规划设计研究院、温州交通工程设计院。

(2)施工单位

武警交通第一总队、浙江省路桥工程处、浙江八咏公路工程有限公司、浙江正方交通建设股份有限公司、金华市公路桥梁建设有限公司、东阳市交通建筑工程有限公司、浙江正方交通工程公司、中铁四局六处、山东省公路工程总公司、交通部第一公路工程总公司厦门工程处、浙江省交通工程建设集团、中铁一局、上海公路桥梁工程有限公司、杭州市交通工程集团公司、温州顺达高速公路安全设施工程有限公司、杭州公路机械厂、浙江红欣园林艺术有限公司、浙江城建园林工程有限公司、清华紫光股份有限公司、浙江开元安装集团有限公司、浙江贝林建筑工程有限公司、湖南岳阳公路桥梁基建总公司、张家港港丰交通安全设施有限公司、杭州京安交通工程设施有限公司、浙江广厦东阳古建园林工程有限公司、金华市园林绿化有限公司、杭州市园林绿化有限公司、浙江大华建设集团有限公司、四川高路交通信息工程有限公司、金华市公路桥梁建设集团、铁道部隧道工程局、贵州省桥梁工程总公司、浙江通途交通工程有限公司、浙江省台州市交通工程公司、中铁第十八局集团第一工程有限公司、浙江省丽水市交通工程公司、绍兴市交通工程公司、江西有色工程有限公司、中铁十七局集团第五工程有限公司、福建路桥建设有限公司、中天路桥有限公司、杭州红萌交通有限公司、江苏大千景观工程有限公司、中铁一局集团有限公司、中铁十二局集团第四工程有限公司、温州交通建设集团有限公司、浙江省宏途交通建设有限公司、温州顺吉公路建设有限公司、上海市第二市政工程有限公司、湖南湘潭公路桥梁建设有限责任公司、北京城建道桥工程有限公司、中铁十五局集团第四工程有限公司、东盟营造工程有限公司、浙江交通设施公司、厦门厦生园林绿化工程有限公司、中铁二十局集团第三工程有限公司、中铁十二局集团第二工程有限公司、浙江大舜公路建设有限公司、北京市公路桥梁建设公司、中铁一局集团第五工程有限公司、亿阳集团有限公司、重庆华弛交通科技公司、清华紫光、浙江中夏建设集团有限公司、中天建设集团有限公司、龙元建设集团、浙江省交通工程建设集团有限公司、上海公路桥梁工程有限公司、中港第二航务工程局、中国路桥（集团）有限公司、江西省路桥工程有限公司、浙江交通设施有限公司、杭州京安交通工程设施有限公司、浙江省二建建设集团有限公司、台州市中亚造景工程有限公司、台州市城市园林工程有限公司、上海强洁交通防噪声有限公司、交通部第一公路工程总公司、浙江省交通建设集团二公司、中港二航局二公司、温州路桥工程公司、浙江升高路桥处、金华公路工程有限公司、浙江省交通建设集团、交通部第一公路工程公司、中国建筑第七工程局、温州环宇隧道工程有限公司、中港二航局二分公司、丽水永通照明科技有限公司、上海宏远照明电器有限公司、浙江红欣园林艺术公园、浙江园林绿化工程有限公司、中国对外建设总公司、浙江中瓯园林工艺有限公司、中国磁记录设备有限公司、浙江中天建设集团。

（3）监理单位

陕西公路交通工程监理咨询有限公司、金华公正公路工程监理公司、山西省交通建设工程监理公司、南京工苑建设监理公司、安徽省高等级公路工程监理有限公司、北京中通监理咨询有限公司、中交国际工程咨询有限公司、天津新亚太工程建设监理有限公司、中国公路工程咨询监理总公司、江苏华宁交通工程咨询监理公司、山西省交通建设工程监理总公司、浙江公路水运工程咨询监理公司、浙江江南工程监理公司、北京泰克华诚公司、浙江环境工程监理有限公司、江西交通工程监理公司、北京泰克华诚技术信息咨询有限公司、育才-布朗交通咨询监理有限公司、温州市交通工程咨询监理有限公司、武汉大通工程桥梁咨询监理有限公司。

（二）建设情况

1. 资金筹措

本项目金华至丽水段长110.807km，估算总金额为461388.75万元，平均每公里造价为4163.89万元。

2. 合同段划分

合同段划分情况见表7-6-20。

G25金华枢纽至丽水南枢纽段标段划分情况表　　　　表7-6-20

标 段 号	标段所在地	工程内容及长度	施工单位
丽缙段15合同， K2555+232～K2564+986.637	缙云县	土建，长9.755km	浙江省交通工程建设集团
丽缙段16合同， K2564+986.637～K2569+586.637	缙云县	土建，长4.6km	金华市公路桥梁建设集团
丽缙段17合同， K2569+586.637～K2576+773.45	缙云县	土建，长5.5km	铁道部隧道工程局

第七章
高速公路建设项目

续上表

标 段 号	标段所在地	工程内容及长度	施工单位
丽缙段18合同，K2576+773.45~K2582+273.45	丽水市	土建，长5.05km	贵州省桥梁工程总公司
丽缙段19合同，K2582+273.45~K2587+232.45	丽水市	土建，长1.16km	浙江通途交通工程有限公司
丽缙段20合同，K2587+232.45~K2591+673.45	丽水市	土建，长3.35km	浙江省台州市交通工程公司
丽缙段21合同，K2591+673.45~K2599+566.279	丽水市	土建，长8.9km	中铁第十八局集团第一工程有限公司
丽缙段22合同，K2599+566.279~K2604+466.279	丽水市	土建，长4.9km	浙江省丽水市交通工程公司
丽缙段23合同，K2604+466.279~K2607+223.015	丽水市	土建，长2.7km	浙江天宇交通建设集团有限公司
丽青段1合同，K115+468~K110+068	莲都区	土建，长5.4km	江西有色工程有限公司
丽青段2合同，K110+068~K107+068	莲都区	土建，长3km	中铁十七局集团第五工程有限公司
丽青段3合同，K107+068~K103+768	莲都、青田	土建，长3.3km	福建路桥建设有限公司
丽青段路面1标，K115+468~K80+238	莲都、青田	土建，长35.23km	中天路桥有限公司
丽青段安全1标，K115+468~K80+248	莲都、青田	土建长35.23km	杭州红萌交通有限公司
丽青段绿化1标，K115+468~K80+248	莲都、青田	路面，长35.23km	江苏大千景观工程有限公司
丽青段4合同，K128+300~K132+000	青田	交安设施，长3.7km	中铁一局集团有限公司
丽青段5合同，K103+768~K98+068	青田	绿化，长2km	中铁十二局集团第四工程有限公司
丽青段6合同，K98+068~K91+341.6	青田	土建，长6km	温州交通建设集团有限公司
丽青段7合同，K91+341.6~K88+468	青田	土建，长4.6km	浙江省宏途交通建设有限公司
丽青段8合同，K88+468~K83+128	青田	土建，长5.34km	绍兴市交通工程公司
丽青段9合同，K83+128~K80+248	青田	土建，长2.88km	浙江正方交通建设股份有限公司
丽青段10合同，K80+248~K77+368	青田	土建，长2.884km	温州顺吉公路建设有限公司
丽青段11合同，K77+368~K73+068	青田	土建，长4.3km	上海市第二市政工程有限公司
丽青段12合同，K73+068~K68+468	青田	土建，长4.56km	湖南湘潭公路桥梁建设有限责任公司
丽青段13合同，K68+468~K64+768	青田	土建，长3.7km	北京城建道桥工程有限公司
丽青段14合同，K64+468~K63+068	青田	土建，长1.7km	山东省公路工程总公司
丽青段15合同，K63+068~K59+403	青田	土建，长3.665km	中铁十五局集团第四工程有限公司
丽青段路面2标，K80+248~K36+665	青田	土建，长40.67km	东盟营造工程有限公司
丽青段安全2标，K80+248~K36+665	青田	土建，长40.67km	浙江交通设施公司
丽青段绿化2标，K80+248~K36+665	青田	土建，长40.67km	厦门厦生园林绿化工程有限公司
丽青段16合同，K59+403~K55+268	青田	交安设施，长3.908km	中铁二十局集团第三工程有限公司
丽青段17合同，K55+268~K51.768	青田	绿化，长3.8km	中铁十二局集团第二工程有限公司
丽青段18合同，K51+468~K47+468	青田		浙江大舜公路建设有限公司
丽青段19合同，K47+468~K42+013	青田	土建，长5.455km	北京市公路桥梁建设公司

续上表

标段号	标段所在地	工程内容及长度	施工单位
丽青段20合同, K42+013~K36+598	青田	土建, 长2.675km	中铁一局集团第五工程有限公司
丽青段1合同, K115+468~K36+598	莲都、青田	土建, 长78.87km	亿阳集团有限公司
丽青段2合同, K115+468~K80+248	莲都、青田	土建, 长35.22km	重庆华弛交通科技公司
丽青段3合同, K80.248~K136+598	青田	土建, 长78.87km	清华紫光
1合同段	莲都、青田	收费站、变电所、消防泵房	浙江中夏建设集团有限公司
2合同段	莲都、青田	收费站、变电所、消防泵房、养护工区	中天建设集团有限公司
3合同段	莲都、青田	服务区	龙元建设集团
永鹿段第1合同, K45+558~K42+137	永嘉县	路桥, 长3.421km	浙江大舜公路建设有限公司
永鹿段第2合同, K42+137~K37+817	永嘉县	路桥, 长4.32km	浙江省交通工程建设集团有限公司
永鹿段第3合同, K37+817~K32+080	永嘉县	路桥隧, 长5.737km	温州交通建设集团有限公司
永鹿段第4合同, K32+080~K28+308	永嘉县	路桥, 长3.772km	上海公路桥梁工程有限公司
永鹿段第5合同, K28+308~K26+332	永嘉县	路桥隧, 长1.976km	中港第二航务工程局
永鹿段第6合同, K26+332~K23+692	永嘉县	路桥隧, 长2.64km	中国路桥(集团)有限公司
永鹿段第7合同, K23+692~K45+558	永嘉县	路面, 长21.866km	江西省路桥工程有限公司
永鹿段第8A合同, K23+692~K45+558	永嘉县	交安设施, 长21.866km	浙江交通设施有限公司
永鹿段第8B合同, K23+692~K45+558	永嘉县	交安设施, 长21.866km	杭州京安交通工程设施有限公司
永鹿段第9A、9B合同, K23+692~K45+558	永嘉县	监控、收费、通信系统；隧道机电, 长21.866km	亿阳集团有限公司
永鹿段, 房建工程	永嘉县	房建	浙江省二建建设集团有限公司
永鹿段第11A合同, K45+558~K32+130	永嘉县	绿化, 长13.428km	台州市中亚造景工程有限公司
永鹿段第11B合同, K32+130~K23+692	永嘉县	绿化, 长8.307km	台州市城市园林工程有限公司
永鹿段第12A、12B合同, K25+490~K25+902;K41+642~K41+428等	永嘉县	声屏障	上海强洁交通防噪声有限公司
温州西过境一期, 第1合同	温州市	桥梁, 长1.073km	交通部第一公路工程总公司
温州西过境一期, 第2合同	温州市	隧道, 长655km	温州路桥工程公司
温州西过境一期, 第3合同	温州市	土建, 长2.825km	浙江省交通建设集团二公司
第四-1合同段	温州市	土建, 长3.009km	中港二航局二公司
第四-2合同段	温州市	土建, 长1km	温州路桥工程公司
第四-3合同段	温州市	土建, 长0.435km	浙江省交通建设集团二公司
第五合同段	温州市	土建, 长1.098km	金华公路工程有限公司
第六合同段	温州市	土建, 长2.822km	浙江省交通建设集团二公司
第七合同段	温州市	土建	交通部第一公路工程公司
第八合同段	温州市	土建, 长5.065km	中国建筑第七工程局
第九合同段	温州市	土建, 长1.075km	温州环宇隧道工程有限公司

续上表

标 段 号	标段所在地	工程内容及长度	施工单位
第十合同段	温州市	土建,长4.2km	中港集团公司
一、二期路面	温州市	路面,长14.665km	浙江省交通建设集团五公司
三期路面	温州市	路面,长10.483km	温州交通建设集团
隧道照明	温州市	照明	丽水永通照明科技有限公司
隧道照明	温州市	照明	上海宏远照明电器有限公司
隧道机电	温州市	机电	亿阳集团有限公司
绿化一标	温州市	二期绿化	浙江红欣园林艺术公园
绿化二标	温州市	二期绿化	浙江园林绿化工程有限公司
绿化五标	温州市	绿化工程	中国对外建设总公司
绿化六标	温州市	双屿互通绿化	浙江中瓯园林工艺有限公司
交通机电	温州市	三大系统	中国磁记录设备有限公司
声屏障工程	温州市	环保工程	武汉江钻声屏障技术有限公司
隧道消防工程	温州市	隧道消防	浙江中天建设集团

3. 征地拆迁

征地拆迁情况统计见表7-6-21。

G25金华枢纽至丽水南枢纽段征地拆迁情况统计表　　表7-6-21

项　目	征地拆迁安置起止时间	征用土地（亩）	拆迁房屋（m²）	支付补偿费用（元）	备　注
丽青段	2002~2007.1	2256.9315	85000	137740000	
永鹿段	2001.2~2005.10	2058.3075	102805	158337528	
温州西过境段	1997.5~2001.11	146.1744	158311	82623194	

（三）运营养护管理

1. 服务设施

服务区设置一览表见表7-6-22。

G25金华枢纽至丽水南枢纽段服务区设置一览表　　表7-6-22

服务区名称	位　置	占地面积（m²）
丽水服务区南区	G25:K2600+500	16783
丽水服务区北区	G25:K2600+500	20513
青田服务区南区	G1513:K79+938	32627
青田服务区北区	G1513:K79+938	32627
桥头服务区南区	G1513:K35+330	36593.5
桥头服务区北区	G1513:K35+330	36593.5

2. 收费设施

收费设施情况见表7-6-23。

G25金华枢纽至丽水南枢纽段收费设施一览表　　表7-6-23

站点名称	车道数	收费方式	站点名称	车道数	收费方式
丽水西收费站	3+5	人工+ETC	温溪收费站	2+2	人工+ETC
石帆收费站	2+2	人工+ETC	温州西收费站	4+6	人工+ETC
海口收费站	2+2	人工+ETC	梅岙收费站	2+2	人工+ETC
船寮收费站	2+2	人工+ETC	桥头收费站	2+2	人工+ETC
青田收费站	3+3	人工+ETC			

3. 交通流量

交通流量发展状况见表7-6-24。

G25金华枢纽至丽水南枢纽段交通流量发展状况表（单位：pcu/d）　　表7-6-24

年份	全程加权平均值	金华东至岭下朱	武义至岭下朱	西田畈至武义	永康至西田畈	前仓枢纽至永康	前仓枢纽至缙云	洪渡至缙云	丽水至洪渡	丽水南至丽水
2003	6689	6636	9343	8189	7192	5819（永康至缙云）		4775	4871	
2004	9151	9283	14028	12375	9874	7626.5（缙云至永康）		5401	5473	
2005	10189	10797	13079	12052	11011	9725.5（缙云至永康）		7324	7336	
2006	14568	14334	16784	15706	14759	13894.5（缙云至永康）		13223	13279	
2007	16907	19374	21351	20029	18944	16852	16852	17466	17450	14979
2008	16457	18865	20579	19044	17804	16762	16678	15934	15902	14700
2009	17190	20911	22879	21299	19963	18883	15342	15194	15105	13644
2010	16651	20282	22819	21118	19604	18169	13782	13547	13534	11884
2011	15926	19614	22785	20722	19087	17180	12130	11906	11862	10011
2012	16341	20185	24397	21677	19879	17547	12308	11564	11541	9452
2013	17671	22174	27092	23420	21292	19502	12919	12087	11998	9835
2014	18433	23219	27756	24678	22174	20025	13864	12736	12663	10014
2015	17678	21507	26932	24279	21871	10593	14916	13432	13292	10427

四、G25 丽水南枢纽至浙闽省界(新窑)段(建设期 2004—2013 年)

(一)项目概况

1. 基本情况

(1)功能定位

丽龙庆高速公路是长春至深圳国家高速公路浙江境内的最南段,也是浙江省公路主骨架"三纵四横"中的"一横"。本路段对于完善国家高速公路网和浙江省干线公路网,发挥高速公路规模效益,促进龙泉、庆元等欠发达地区的资源开发和社会经济协调等具有重要意义。

(2)技术标准

主线采用《公路工程技术标准》(JTG B01—2003)中高速公路技术标准,设计速度为 100km/h,双向四车道,路基宽度 26m。

庆元连接线采用二级公路技术标准,设计速度为 80km/h,路基宽度 12m。

(3)建设规模

丽龙段起自莲都区富岭乡,桩号 K0+000,终于龙泉城关的大帽亭,全长 102.4km。

龙庆段起于龙泉城管大帽亭,桩号 K110+000,终点为庆元县的新窑与松溪县的新城交界处,桩号 K163+581,全长 54.7km。详见表 7-6-25 ~ 表 7-6-27。

G25 丽水南枢纽至浙闽省界(新窑)段桥梁汇总表　　表 7-6-25

规模	名称	桥长(m)	主跨长度(m)	桥底净高(m)	跨越障碍物			梁式桥							
								钢筋混凝土梁桥			钢梁桥		组合梁桥		
					河流	沟谷	道路、铁路	简支梁桥	悬臂梁桥	连续梁桥	简支钢梁	连续钢梁	预弯混凝土梁	组合梁	钢管混凝土桁架梁
大桥	沙溪3号桥	230	25	5			√							√	
	松坑大桥	208	25	9.5			√							√	
	上南山大桥	130	25	10			√							√	
	石侯桥	105	20	4.2		√		√							
	河边大桥(右幅)	357	25	8	√		√							√	
	河边大桥(左幅)	357	25	8	√		√							√	
	玉溪大桥新	394.5	35	6	√									√	
	玉溪大桥	168	20	3.5	√									√	
	北埠大桥	518	45	7	√									√	

续上表

规模	名称	桥长(m)	主跨长度(m)	桥底净高(m)	跨越障碍物			梁式桥							
								钢筋混凝土梁桥			钢梁桥		组合梁桥		
					河流	沟谷	道路、铁路	简支梁桥	悬臂梁桥	连续梁桥	简支钢梁	连续钢梁	预弯混凝土梁	组合梁	钢管混凝土桁架梁
大桥	石塘大桥(右)	568	16	5	√			√							
	云坛大桥	156	20	17		√		√							
	沈岸大桥	146	20	7.5		√		√							
	霞晓大桥(右幅)	350	20	5	√		√	√							
	霞晓大桥(左幅)	330	20	5	√		√	√							
	大处桥	106	20	5			√								
	大坪大桥	505	25	4.5			√							√	
	梅山大桥	710	50	20			√							√	
	河上大桥	876	30	24			√							√	
	后山1号大桥	560	25	17			√							√	
	后山2号大桥	160	25	9	√		√							√	
	碗窑岭大桥(右幅)	400	30	5.7			√							√	
	碗窑岭大桥(左幅)	400	30	5.7			√							√	
	独山2号桥(右幅)	427	30	5	√									√	
	独山2号桥(左幅)	432	30	5	√									√	
	排山大桥	220	30	5.5										√	
	麻坪大桥(右幅)	309	30	5			√							√	
	麻坪大桥(左幅)	519	30	5			√							√	
	安仁大桥	244	20	4.5	√			√							
	林坪大桥(右幅)	186	30	13										√	
	林坪大桥(左幅)	186	30	13			√							√	
	富岭互通D匝道桥	357.6	24.75	5			√							√	
	莲都停车区A匝道桥	316	25	5.5			√							√	
	安仁互通A匝道桥	118	33	1.6	√		√							√	
	塔石互通C匝道桥	160	31	5.8			√							√	
	大猫亭分离立交(右幅)	104.92	30	8.6			√							√	
	大猫亭分离立交(左幅)	104.92	30	8.6			√							√	
	公园路分离立交(右幅)	144.92	20	13.3			√							√	

第七章 高速公路建设项目

续上表

规模	名称	桥长(m)	主跨长度(m)	桥底净高(m)	跨越障碍物			梁式桥							
								钢筋混凝土梁桥			钢梁桥		组合梁桥		
					河流	沟谷	道路、铁路	简支梁桥	悬臂梁桥	连续梁桥	简支钢梁	连续钢梁	预弯混凝土梁	组合梁	钢管混凝土桁架梁
大桥	公园路分离立交（左幅）	144.92	20	13.3			√							√	
	龙泉互通主线2号桥	479.92	25	30			√							√	
	外村大桥	395.92	30	23.6			√							√	
	蜜蜂岭分离立交（右幅）	154.92	30	23.2			√							√	
	蜜蜂岭分离立交（左幅）	154.92	30	23.2			√							√	
	龙泉服务区主线桥	335.92	30	22.9			√							√	
	豫章溪大桥	426.92	35	16.1	√								√		
	豫章口大桥	124.92	20	10.4			√							√	
	坑口大桥	289.92	35	11.9	√									√	
	李家圩大桥	426.42	35	18.2	√								√		
	安吉村大桥	304.92	20	10.5			√							√	
	河川畈大桥	406.42	25	13.5		√								√	
	油车后大桥	321.92	35	33.7			√							√	
	黄家林大桥	286.12	25	19.6			√							√	
	南窑溪大桥	129.92	25	12.3	√									√	
	溪口大桥	154.92	25	9.3			√							√	
	下芋村大桥	305	25	9.3	√		√							√	
	查田互通主线桥	179.92	25	16.2			√							√	
	查田大桥	562.92	35	15.1			√							√	
	小梅芩大桥	104.92	20	12.6			√							√	
	小梅溪大桥	229.42	25	15.3	√									√	
	曹岭分离式立交桥（右幅）	104.92	30	9.2			√							√	
	曹岭分离式立交桥（左幅）	104.92	30	9.2			√							√	
	观音堂大桥	575.92	30	17.6		√								√	
	金锥1号桥	205.92	25	20.3			√							√	

续上表

规模	名 称	桥长(m)	主跨长度(m)	桥底净高(m)	跨越障碍物			梁式桥						
								钢筋混凝土梁桥			钢梁桥		组合梁桥	
					河流	沟谷	道路、铁路	简支梁桥	悬臂梁桥	连续梁桥	简支钢梁	连续钢梁	预弯混凝土梁	组合梁	钢管混凝土桁架梁
大桥	金锥2号桥	329.92	25	22.3	√									√	
	大泽1号分离式立交(右幅)	153.32	30	19.4	√									√	
	大泽1号分离式立交(左幅)	153.32	30	19.4	√									√	
	大泽2号分离立交(右幅)	315	35	23.2	√									√	
	大泽2号分离立交(左幅)	210	35	23.2	√									√	
	竹口大桥	300	25	13.4			√							√	
	平岭岗大桥	280	35	31.7			√							√	
	良秋大桥	140	20	10.6			√							√	
	黄坛大桥	300	25	14.5		√								√	
	新窑大桥	390	30	20.3	√									√	
	龙泉互通D匝道桥	142.46	20	28			√							√	
	查田互通F匝道桥	144.46	20	9	√									√	
	梅垟互通A匝道桥	255.04	25	14.5	√									√	
	庆元互通A匝道桥	124.92	20	9.3	√									√	
中桥	66座	7108.24													

G25 丽水南枢纽至浙闽省界(新窑)段隧道汇总表　　表7-6-26

规模	名 称	隧道全长(m)	隧道净宽(m)	隧道分类						备注
				按地质条件划分			按所在区域划分			
				土质隧道	石质隧道		山岭隧道	水底隧道	城市隧道	
长隧道	马岭头隧道(右幅)	1875	10.5		√		√			
	马岭头隧道(左幅)	1855.3	10.5		√		√			
	朱岭头隧道(右幅)	2256	10.5		√		√			
	朱岭头隧道(左幅)	2297	10.5		√		√			
	庵基头隧道(右幅)	1645	10.5		√		√			
	庵基头隧道(左幅)	1659	10.5		√		√			

第七章 高速公路建设项目

续上表

规模	名称	隧道全长(m)	隧道净宽(m)	隧道分类					备注
				按地质条件划分		按所在区域划分			
				土质隧道	石质隧道	山岭隧道	水底隧道	城市隧道	
长隧道	赤石岭隧道(右幅)	2781	10.5		√	√			
	赤石岭隧道(左幅)	2740	10.5		√	√			
	碗窑岭隧道(右幅)	1397	10.5		√	√			
	碗窑岭隧道(左幅)	1395	10.5		√	√			
	黄岗隧道(右幅)	1978	10.5		√	√			
	黄岗隧道(左幅)	2072	10.5		√	√			
	严山岭隧道(右幅)	2285	10.5		√	√			
	严山岭隧道(左幅)	2275	10.5		√	√			
	五贤门隧道(右幅)	1240	10		√	√			
	五贤门隧道(左幅)	1144	10		√	√			
	枣槐岭1号隧道(右幅)	990	10.5		√	√			
	枣槐岭1号隧道(左幅)	1045	10.5		√	√			
	塔石隧道(右幅)	1105	10.5		√	√			
	塔石隧道(左幅)	1070	10.5		√	√			
	横坑隧道(右洞)	1775	10.75		√	√			
	横坑隧道(左洞)	1912	10.75		√	√			
中隧道	独山隧道(右幅)	592	10.5		√	√			
	独山隧道(左幅)	584	10.5		√	√			
	黄林源隧道(右幅)	605	10		√	√			
	黄林源隧道(左幅)	620	10		√	√			
	樟田岭隧道(右幅)	620	10.5		√	√			
	樟田岭隧道(左幅)	610	10.5		√	√			
	黄沙岗隧道(右洞)	680	10.75		√	√			
	黄沙岗隧道(左洞)	817	10.75		√	√			
	黄潭隧道(右洞)	715	10.75		√	√			
	黄潭隧道(左洞)	745	10.75		√	√			
	鱼塘尾隧道(右洞)	508	10.75		√	√			
	鱼塘尾隧道(左洞)	508	10.75		√	√			
	新城隧道(右洞)	486	10.75		√	√			
	新城隧道(左洞)	515	10.75		√	√			
短隧道	石桥头隧道(右幅)	220	10.25		√	√			
	石桥头隧道(左幅)	220	10.25		√	√			
	大弄壁1号隧道(右幅)	220	10.25		√	√			

续上表

规模	名称	隧道全长（m）	隧道净宽（m）	隧道分类					备注
				按地质条件划分		按所在区域划分			
				土质隧道	石质隧道	山岭隧道	水底隧道	城市隧道	
短隧道	大弄壁1号隧道（左幅）	220	10.25		√	√			
	大弄壁2号隧道（右幅）	123	10.25		√	√			
	大弄壁2号隧道（左幅）	123	10.25		√	√			
	务岭根隧道（右幅）	305	10.25		√	√			
	务岭根隧道（左幅）	305	10.25		√	√			
	务岭隧道（右幅）	328	10.25		√	√			
	务岭隧道（左幅）	328	10.25		√	√			
	下南山1号隧道（右幅）	255	10.25		√	√			
	下南山1号隧道（左幅）	255	10.25		√	√			
	棚洞（左幅）	87.4	10.25		√	√			
	下南山2号隧道（右幅）	215	10.25		√	√			
	下南山2号隧道（左幅）	215	10.25		√	√			
	下南山3号隧道（右幅）	145	10.25		√	√			
	下南山3号隧道（左幅）	145	10.25		√	√			
	大港头隧道（右幅）	279	10.25		√	√			
	大港头隧道（左幅）	279	10.25		√	√			
	云坛隧道（右幅）	230	10.25		√	√			
	云坛隧道（左幅））	230	10.25		√	√			
	下弄弯隧道（右幅）	324	10.5		√	√			
	下弄弯隧道（左幅）	302	10.5		√	√			
	麻垟隧道（右幅）	286	10		√	√			
	麻垟隧道（左幅）	255	10		√	√			
	石柱亭1号隧道（左幅）	205	10.5		√	√			
	石柱亭2号隧道（右幅）	305	10.5		√	√			
	石柱亭2号隧道（左幅）	395	10.5		√	√			
	明洞（右幅）	130	10	√		√			
	明洞（左幅）	130	10	√		√			
	枣槐岭2号隧道（左幅）	70	10.5		√	√			
	观音堂隧道（右幅）	111	10.5		√	√			
	观音堂隧道（左幅）	154	10.5		√	√			
	林垟隧道（右幅）	230	10		√	√			
	林垟隧道（左幅）	230	10		√	√			
	兰头隧道（右幅）	235	10		√	√			

续上表

规模	名　称	隧道全长（m）	隧道净宽（m）	隧道分类					备注
				按地质条件划分		按所在区域划分			
				土质隧道	石质隧道	山岭隧道	水底隧道	城市隧道	
短隧道	兰头隧道(左幅)	200	10		√	√			
	石桥头隧道(右幅)	220	10.25		√	√			
	石桥头隧道(左幅)	220	10.25		√	√			
	大弄壁1号隧道(右幅)	220	10.25		√	√			
	大弄壁1号隧道(左幅)	220	10.25		√	√			
	大弄壁2号隧道(右幅)	123	10.25		√	√			
	大弄壁2号隧道(左幅)	123	10.25		√	√			
	务岭根隧道(右幅)	305	10.25		√	√			
	务岭根隧道(左幅)	305	10.25		√	√			
	务岭隧道(右幅)	328	10.25		√	√			
	务岭隧道(左幅)	328	10.25		√	√			
	下南山1号隧道(右幅)	255	10.25		√	√			
	下南山1号隧道(左幅)	255	10.25		√	√			
	棚洞(左幅)	87.4	10.25		√	√			
	下南山2号隧道(右幅)	215	10.25		√	√			
	下南山2号隧道(左幅)	215	10.25		√	√			
	下南山3号隧道(右幅)	145	10.25		√	√			
	下南山3号隧道(左幅)	145	10.25		√	√			
	大港头隧道(右幅)	279	10.25		√	√			
	大港头隧道(左幅)	279	10.25		√	√			
	云坛隧道(右幅)	230	10.25		√	√			
	云坛隧道(左幅)	230	10.25		√	√			
	下弄弯隧道(右幅)	324	10.5		√	√			
	下弄弯隧道(左幅)	302	10.5		√	√			
	麻坪隧道(右幅)	286	10		√	√			
	麻坪隧道(左幅)	255	10		√	√			
	石柱亭1号隧道(左幅)	205	10.5		√	√			
	石柱亭2号隧道(右幅)	305	10.5		√	√			
	石柱亭2号隧道(左幅)	395	10.5		√	√			
	明洞(右幅)	130	10		√	√			
	明洞(左幅)	130	10		√	√			
	枣槐岭2号隧道(左幅)	70	10.5		√	√			
	观音堂隧道(右幅)	111	10.5		√	√			

续上表

规模	名称	隧道全长（m）	隧道净宽（m）	隧道分类					备注
				按地质条件划分		按所在区域划分				
				土质隧道	石质隧道	山岭隧道	水底隧道	城市隧道	
短隧道	观音堂隧道（左幅）	154	10.5		√	√			
	林垟隧道（右幅）	230	10		√	√			
	林垟隧道（左幅）	230	10		√	√			
	兰头隧道（右幅）	235	10		√	√			
	兰头隧道（左幅）	200	10		√	√			
	半山坵隧道（右洞）	450	10.75		√	√			
	半山坵隧道（左洞）	450	10.75		√	√			
	富坞隧道（右洞）	420	10.75		√	√			
	富坞隧道（左洞）	420	10.75		√	√			
	李家圩隧道（右洞）	350	10.75		√	√			
	李家圩隧道（左洞）	350	10.75		√	√			
	河川门隧道（右洞）	217	10.75		√	√			
	河川门隧道（左洞）	217	10.75		√	√			
	大泽隧道（右洞）	195	10.75		√	√			
	大泽隧道（左洞）	195	10.75		√	√			
	半山坵隧道（右洞）	450	10.75		√	√			
	半山坵隧道（左洞）	450	10.75		√	√			
	富坞隧道（右洞）	420	10.75		√	√			
	富坞隧道（左洞）	420	10.75		√	√			
	李家圩隧道（右洞）	350	10.75		√	√			
	李家圩隧道（左洞）	350	10.75		√	√			
	河川门隧道（右洞）	217	10.75		√	√			
	河川门隧道（左洞）	217	10.75		√	√			
	大泽隧道（右洞）	195	10.75		√	√			
	大泽隧道（左洞）	195	10.75		√	√			

G25 丽水南枢纽至浙闽省界（新窑）段路面信息汇总表　　　　表 7-6-27

路面形式	起讫里程	长度（m）	水泥混凝土路面	沥青路面
柔性路面	K2613+175~K2663+234	50059		沥青混凝土路面
	K2663+234~K2665+847	2613		沥青表面处治路面
	K2665+847~K2710+030	44183		沥青混凝土路面
	K2710+030~K2711+100	1070		沥青表面处治路面
	K2711+100~K2715+521	4421		沥青混凝土路面
	K2613+175~K2674+928	61753		沥青混凝土路面

续上表

路面形式	起讫里程	长度(m)	水泥混凝土路面	沥青路面
柔性路面	K2674+928~K2675+318	390		沥青表面处治路面
	K2675+318~K2715+521	40203		沥青混凝土路面
	富岭互通区	4517.56		沥青混凝土路面
	南山互通区	2083.09		沥青混凝土路面
	石塘互通区	1549.72		沥青混凝土路面
	云和城东互通区	2190.46		沥青混凝土路面
	云景互通区	2940.53		沥青混凝土路面
	赤石互通区	1363		沥青混凝土路面
	安仁互通区	1592.01		沥青混凝土路面
	塔石互通区	1142.12		沥青混凝土路面
	K2715+521~K2769+482	53961		沥青混凝土路面
	互通匝道	20341		沥青混凝土路面

(4)主要控制点

庆元县、龙泉市、云和县、丽水市。

(5)地形地貌

本项目位于浙西南低山丘陵区、浙闽两省结合部,地形起伏变化较大,所经地区多为丛林及旱地,占用农田较少,自然植被以亚热带常绿阔叶林和常绿、落叶阔叶混交林为主。

(6)投资规模

项目概算投资75.7亿元,平均每公里造价4822万元。

(7)开工及通车、竣工时间

丽龙段2004年开工,2006年建成通车;龙庆段2010年6月开工建设,2013年6月建成通车。

2.前期决策情况

丽龙庆高速公路是《浙江省公路水运交通建设规划》的重要组成部分,是全省公路主骨架"三纵四横"中的"一横"。随着浙江省经济的迅速发展,对公路运输要求更加紧迫,根据浙江交通厅"九五"期间编制的《浙江省公路建设规划(1996—2010)》要求,到2010年基本实现"两纵两横五连"公路网骨架的建设目标,浙江省交通厅在2004年启动丽龙庆高速公路的建设工作。

(1)2003年12月,浙江省交通厅印发《关于龙丽、丽龙一级公路改建为高速公路的通知》(浙交〔2003〕508号)。

(2) 2004年3月,浙江省发改委、浙江省交通厅在丽水联合主持召开"龙丽、丽龙一级公路高速化改建方案专家咨询会"。

(3) 2004年4月,浙江省交通厅在杭州主持召开"龙丽、丽龙高速公路实施建议专家论证会"。

(4) 2004年7月,浙江省交通厅委托浙江省交通规划设计研究院进行丽龙庆高速公路龙庆段项目的前期工作。

(5) 2005年7月,浙江省发改委、浙江交通厅在龙泉市、庆元县召开了《丽龙庆高速公路龙泉至庆元段预可行性研究报告》评审会。

(6) 2006年3月,受交通部委托,中交一院组织专家召开了丽龙庆高速公路龙泉至庆元段预可报告审核会。

(7) 2006年8月,国家发改委以发改交运〔2006〕1761号文件批复同意建设龙泉至庆元(浙闽界)高速公路。

3. 参建单位主要情况

1) 丽龙段

(1) 勘察设计单位

浙江省交通规划设计研究院。

(2) 施工单位

浙江大成建设集团有限公司、中铁十三局集团第三工程有限公司、浙江省交通工程建设集团有限公司、湖南省株洲公路桥梁建设有限公司、浙江昆仑建设集团股份有限公司、广夏湖北第六建设工程有限责任公司、杭州永通高速公路安全设施工程有限公司、浙江天一交通建设有限公司、浙江大舜公路建设有限公司、浙江省交通工程建设集团有限公司、浙江省宏途交通建设有限公司、中铁一局集团第一工程有限公司、陕西明泰工程建设有限责任公司、辽河石油勘探局筑路工程公司、浙江通途交通工程有限公司、中铁五局集团第一工程有限公司、中铁十二局集团第二工程有限公司、中铁二十一局集团第三工程有限公司、温州顺吉公路建设有限公司、衢州衢江交通建设有限公司、临海市交通工程建设有限公司、中铁一局集团第一工程有限公司、浙江省宏途交通建设有限公司、浙江省交通建设集团有限公司、中铁十九局集团有限公司、中铁建设集团厦门公司、台州路马交通安全设施有限公司。

(3) 监理单位

浙江公路水运工程监理有限公司、宁波交通工程咨询监理有限公司、江苏东南交通工程咨询监理有限公司、杭州公路工程监理咨询公司、杭州公路工程监理咨询公司、丽水市公路水运工程监理咨询公司、江苏东南交通工程咨询监理有限公司、海南海通公路工程咨询监理有限公司、第 2、3 驻地办、江苏东南交通工程咨询监理有限公司、海南海通公路工程咨询监理有限公司。

2）龙庆段

（1）勘察设计单位

浙江省交通规划设计研究院。

（2）施工单位

江西省路桥工程集团有限公司、中交二航局第二工程有限公司、浙江交工路桥建设有限公司、中铁十五局集团有限公司、东盟营造工程有限公司、河北冀通路桥建设有限公司、中铁四局集团第一工程有限公司、中交第三公路工程局有限公司、浙江国泰建设集团有限公司、浙江天华建设集团有限公司、歌山建设集团有限公司、绍兴市城建园林工程有限公司、浙江中瓯园林建设有限公司、江苏智运科技发展有限公司、广东省交通发展有限公司、杭州红萌交通设施有限公司。

（3）监理单位

杭州交通工程监理咨询有限公司、杭州公路工程监理咨询公司、大学士工程管理有限公司、重庆中宇工程咨询监理有限责任公司。

（二）建设情况

1. 项目审批

2004 年,浙江省发展和改革委员会以浙发改函〔2004〕241 号文,批复《丽（水）龙（泉）高速公路莲都段工程可行性报告》。

2004 年,浙江省发展和改革委员会以浙发改函〔2004〕242 号文,批复《丽（水）龙（泉）高速公路云和一期工程可行性报告》。

2004 年,浙江省发展和改革委员会以浙发改函〔2004〕231 号文,批复《丽（水）龙（泉）高速公路云和二期工程可行性报告》。

2004 年,浙江省发展和改革委员会以浙发改函〔2004〕242 号文,批复《丽（水）龙（泉）高速公路龙泉段工程可行性报告》。

2. 资金筹措

本工程估算投资 75.7 亿元。丽龙段投资 36.5 亿元,其中 35% 用资本金投入,其余 65% 部分资金由业主向国内银行贷款解决;龙庆段投资 40.2 亿元,全部由业主向国内银行贷款解决。

3. 合同段划分

合同段划分情况见表 7-6-28 和表 7-6-29。

G25 丽龙段标段划分情况表

表 7-6-28

标段号	标段所在地	工程内容及长度	施工单位
5	云和	石塘互通收费站和云和服务区房建，石塘 978.3m³、云和服务区 7570.76m³	浙江昆仑建设集团股份有限公司
6	云和	云和收费站、赤石收费站房建	广夏湖北第六建设工程有限责任公司
7	云和	安全设施，全长 27.1km	杭州永通高速公路安全设施工程有限公司
8	云和	路基开挖方 48.78 万 m³、路基填方 50.88 万 m³、城东互通主线总长 815m、桥 7 座/1009m、隧道 2 座/1983m，全长 7.53km	浙江天一交通建设有限公司
9	云和	路基 2626m、桥 2 座/1189m、云景枢纽 1 处、涵洞、通道 20 道，全长 3.815km	浙江大舜公路建设有限公司
10	云和	桥 4 座/1700m、隧道 2 座/3040m、涵洞 13 道，全长 5.8km	浙江省交通工程建设集团有限公司
11	云和	路基填方 70487m³、路基挖方 129574m³、桥 3 座/103.5m、隧道 2 座/3921.6m、涵洞 3 道，全长 2.303km	浙江省宏途交通建设有限公司
12	云和	路基填方 374251m³、路基挖方 348540m³、桥 2 座/448m、隧道 2 座/3187.9m、涵洞 7 道，全长 3.7km	中铁一局集团第一工程有限公司
13	云和	路基填方 83 万 m³、路基挖方 72.5 万 m³、桥 6 座/1251m、隧道 3 座/1783m、涵洞 4 道，全长 5.053km	陕西明泰工程建设有限责任公司
15	云和	挖土石方 60369m³、填方 114942m³、浆砌片石挡墙 1569m³、排水工程 6694m，全长 5.054km	辽河石油勘探局筑路工程公司
一	龙泉	路基挖方 862577m³、路基防护 150416m³、排水工程 20100m、小桥 5 座/173.12m、圆管涵 10 道 318m、石拱涵 1 道 72.2m、盖板涵 15 道 532.35m、明洞 1 座 130m、隧道 1 座 1240m，全长 6km	浙江通途交通工程有限公司
二	龙泉	路基开挖土石方 60.1 万 m³、路基填筑 57.6 万 m³、桥 5 座/324m、隧道 2 座/1310m，全长 3.72km	中铁五局集团第一工程有限公司
三	龙泉	路基土石方 38 万 m³、浆砌圬工 2.8 万 m³、桥 2 座/92.08m、隧道 4 座/2630m，全长 2.160km	中铁十二局集团第二工程有限公司
四	龙泉	路基挖方 31.39 万 m³、填方 43.54 万 m³、隧道 2 座/2280m、涵洞 8 座，全长 2.7km	中铁二十一局集团第三工程有限公司
五	龙泉	互通式立交 1 处、大桥 1 座、中桥 1 座、分离立交 1 座、涵洞 24 道、隧道 1 座/620m，全长 5.1km	温州顺吉公路建设有限公司
六	龙泉	小桥 1 座/181、隧道 1 座/903m，全长 3.518km	衢州衢江交通建设有限公司
七	龙泉	路基填筑 29.40 万 m³、桥 2 座/383.58m、隧道 2 座/855m、挡墙 34531m³、管涵 7 道/278.9m，全长 2.9km	临海市交通工程建设有限公司

续上表

标段号	标段所在地	工程内容及长度	施工单位
八	龙泉	桥梁2座、隧道1座、涵洞16道，全长4.5km	中铁一局集团第一工程有限公司
九	龙泉	路基填筑94.40万m^3、路基开挖118.4万m^3、中桥2座/121.58m、挡墙47302m^3、管涵2道/76m，全长1.8km	浙江省宏途交通建设有限公司
十	龙泉	黏层114.5万m^2、封层74.1万m^2，全长32.45km	浙江省交通建设集团有限公司
IB	龙泉	路基挖石方8364m^3、路基挖土方8233m^3、换填土方5000m^3、隧道1座/1144m，全长32.46km	中铁十九局集团有限公司
IIB	龙泉	隧道2座/1060m、圆管涵4道，全长2km	中铁建设集团厦门公司
JA-12	龙泉	标志、标线、隔离栅、波形梁护栏，全长32.55km	台州路马交通安全设施有限公司

G25龙庆段标段划分情况表　　　　　表7-6-29

标段号	标段所在地	工程内容及长度	施工单位
LQA1	龙泉	路基挖方233m^3、填方202m^3、大桥2035m/7座、中桥135m/2座（桥梁总长2170m）、隧道420m/1座	江西省路桥工程集团有限公司
LQA2	龙泉	路基挖方104m^3、填方168m^3、大桥1555m/5座、中桥80m/1座（桥梁总长1635m）、隧道1384m/3座	中交二航局第二工程有限公司
LQA3	龙泉	路基挖方144m^3、填方172m^3、大桥1200m/5座（桥梁总长1200m）、隧道1912m/1座	浙江交工路桥建设有限公司
LQA4	龙泉	路基挖方264m^3、填方244m^3、大桥1820m/6座、小桥30m/1座（桥梁总长1850m）	中铁十五局集团有限公司
LQA5	庆元	路基挖方144m^3、填方181m^3、大桥1065m/4座、中桥60m/1座、小桥30m/1座（桥梁总长1155m）、隧道1390m/3座	东盟营造工程有限公司
LQA6	庆元	路基挖方204m^3、填方210m^3、大桥1530m/6座、中桥120m/2座（桥梁总长1650m）、隧道1021m/2座	河北冀通路桥建设有限公司
LQB1	龙泉	路面工程20cm厚底基层473518m^2、30cm及32cm厚基层455400m^2、沥青混凝土下面层386200m^2、中面层611902m^2、上面层623231m^2及其他附属工程	中铁四局集团第一工程有限公司
LQB2	庆元	路面工程20cm厚底基层673486m^2、30cm及32cm厚基层658186m^2、沥青混凝土下面层548700m^2、中面层755353m^2、上面层753053m^2及其他附属工程	中交第三公路工程局有限公司

续上表

标段号	标段所在地	工程内容及长度	施工单位
LQC1	龙泉	梅垟收费站、查田收费站(含隧道管理站及养护工区)、龙泉管理分中心、隧道洞口附属用房,包括综合楼、泵房及变电所、收费棚、宿舍、路政用房、交警用房以及室外工程等总建筑面积约9223m^2的施工	浙江国泰建设集团有限公司
LQC2	龙泉	龙泉服务区包括综合楼、加油站、泵房及变电所、机修间等总建筑面积约2998m^2房建施工以及广场道路、广场铺装等总面积约30000m^2室外工程的施工	浙江天华建设集团有限公司
LQC3	庆元	龙庆主线收费站、庆元服务区、庆元收费站、黄田收费站、隧道洞口附属用房,包括综合楼、泵房及变电所、收费棚及室外工程等建筑面积约5841m^2的房建施工以及广场道路、广场铺装等总面积约17140m^2室外工程的施工	歌山建设集团有限公司
LQE1	龙泉	中央分隔带及道路两侧、龙泉互通、梅垟互通;龙泉管理分中心、梅垟收费站、龙泉服务区;隧道洞口及隧道渐变段等绿化景观的实施	绍兴市城建园林工程有限公司
LQE2	庆元	中央分隔带及道路两侧、查田互通、黄田互通、庆元互通;查田收费站、隧道管理站及养护工区;黄田收费站;龙庆主线收费站及庆元收费站、庆元服务区、隧道洞庭湖口及渐变段等绿化景观的实施	浙江中瓯园林建设有限公司
LQD1	龙泉	龙庆全线通信、监控、收费系统、隧道机电等工程的施工	江苏智运科技发展有限公司
JT1	龙泉	护栏、隔离栅、标志、标线等设施的实施	广东省交通发展有限公司
JT2	庆元	护栏、隔离栅、标志、标线等设施的实施	杭州红萌交通设施有限公司

4.征地拆迁

征地拆迁情况见表7-6-30和表7-6-31。

丽龙段征地拆迁情况统计表　　表7-6-30

项　目	征地拆迁安置起止时间	征用土地(亩)	拆迁房屋(m^2)	支付补偿费用(元)	备　注
一期	2004~2006	10516	237690	181659000	

龙庆段征地拆迁情况统计表　　表7-6-31

项　目	征地拆迁安置起止时间	征用土地(亩)	拆迁房屋(m^2)	支付补偿费用(元)	备　注
一期	2010.7~2013.10	5420.69	47010.69	146127807.9	

（三）复杂技术工程

复杂技术工程主要为强夯碎石桩。强夯碎石桩的桩体是以强夯机具和工艺造孔，并夯填碎石而形成，无胶结强度，刚度和膨胀系数介于土和柔性桩之间。桩体能承受和传递压力，不能承受拉力和传递摩擦力，需在限制条件下方能成桩。其在起加固作用时，砂土中以挤密为主，置换为次。饱和黏性土中以置换为主，排水固结为次，通过对桩间土的挤压和碎石桩的排水作用，使桩间土的土质得以改善。

（四）科技创新

1. 厚层水泥稳定碎石基层关键技术研究

（1）提出振动碾压作用下石料运动变化的分布模型，并首次通过现场裂缝发展趋势提出阻裂带的概念及模型。

（2）提出图像处理的分析方法，通过此方法对不同层厚水泥稳定碎石芯样含石量变化特性，确定出含石量—厚度变化规律。

（3）提出不同层间状态的定义，首次量化出不同层间状态对厚层水泥稳定碎石综合使用性能的影响。

（4）提出通过改善基层的层间连续性能或增加上层铺筑厚度的方法，可改善基层结构的力学性能及使用寿命。

（5）提出不同时间—温度耦合作用下水泥稳定碎石结构设计参数变化特性，给设计部门提供了设计参考依据。

（6）提出施工铺筑工艺及压实度检测评价方法，解决了此类结构的施工问题，完善了此结构的质量评价体系。

2. 山区高速公路沥青路面结构优化与施工工艺研究

本项目研究成果主要用于非软土地区的浙江山区高速公路沥青路面结构、材料优化设计及沥青路面施工控制。本项目在分析沥青路面车辙病害、水损害以及裂缝病害的基础上，借鉴国际上先进的沥青路面结构的优点，通过系统研究提出沥青路面联结层和排水基层，以改善沥青路面结构行为和受力特点，通过设置功能层达到以下效果：

（1）降低层间模量比，改善面层与基层接触条件，改善路面受力特性，提高沥青路面的抗车辙和抗疲劳开裂性能。

（2）消除水分对路面结构的不利影响，防止路面水损害。

（3）吸收半刚性基层裂缝应力，消除反射裂缝，保证沥青路面连续性和耐久性。

3. 高等级公路排水降噪沥青路面结构与材料研究

本项目从排水降噪沥青路面排水机理、原材料性能与混合料性能的相互关系、混合料设计参数的测试方法、排水性与耐久性之间的相互关系、排水测试方法与排水综合设计、路面降噪特点、施工控制等方面展开研究,提出了适合浙江省的排水降噪沥青混合料的矿料指标及高黏度改性沥青指标要求;通过高黏沥青胶浆室内高、低温及流变性能试验,提出高黏沥青胶浆粉胶比的合理范围;通过对10种混合料级配主要筛孔通过率与空隙率关系的回归分析,得出排水降噪沥青混合料空隙率与各主要筛孔通过率的关系,并在此基础上提出排水降噪沥青混合料的合理级配范围;结合骨架思想与填充原则,在进行排水路面沥青混合料矿料组成设计时,引入新的矿料组成设计指标VMA,采用确定细集料含量,并根据粗、细集料的含量确定混合料的矿料组成;通过试验路铺筑及长期观测,提出排水性沥青路面设计方法、适用原则与设计施工指南。

(五)运营养护管理

1. 服务设施

服务区设置见表7-6-32。

G25丽水南枢纽至浙闽省界(新窑)段服务场区一览表　　表7-6-32

服务区名称	位　置	占地面积(m²)
莲都停车区	K2620+500	27998
云和服务区	K2653+775	81689
龙泉服务区	K2719+721	53001
庆元服务区	K2753+921	41660

2. 收费设施

收费设施情况见表7-6-33。

G25丽水南枢纽至浙闽省界(新窑)段收费设施一览表　　表7-6-33

站点名称	车道数	收费方式
富岭	3+4	人工+ETC
南山	2+2	人工+ETC
石塘	2+2	人工+ETC
云和	2+2	人工+ETC
赤石	2+2	人工+ETC
安仁	3+3	人工+ETC
塔石	2+2	人工+ETC
龙泉收费站	3+4	人工+ETC
龙泉南收费站	3+3	人工+ETC

续上表

站点名称	车道数	收费方式
查田收费站	3+3	人工+ETC
黄田收费站	3+3	人工+ETC
庆元收费站	3+3	人工+ETC
浙闽主线收费站	6+8	人工+ETC

3. 交通流量

交通流量发展状况见表7-6-34。

G25丽水南枢纽至浙闽省界(新窑)段交通流量发展状况表(单位:pcu/d)　　表7-6-34

年份	全程加权平均值	碧湖至丽水南	碧湖至北埠枢纽	石塘至北埠枢纽	云和至石塘	云景枢纽至云和	赤石至云景枢纽	龙泉安仁至赤石	龙泉东(塔石)至龙泉安仁	龙庆起点至龙泉东(塔石)	龙泉至龙庆起点	龙泉南至龙泉	查田至龙泉南	黄田至查田	庆元至黄田	G25浙闽主线至庆元
2006	318				338	295		295	360	304						
2007	3705	5772	6237	3726	3894	2672		2672	2742	1926						
2008	4783	8306	8629	4859	5110	3076		3076	3124	2087						
2009	5030	8683	9125	4997	5286	3294		3294	3361	2199						
2010	6287	11772	12308	5721	6201	3872		3872	3986	2562						
2011	7434	13970	14409	6717	7558	4575		4575	4718	2954						
2012	8038	14855	15636	7560	8205	4947		4947	5048	3107						
2013	6316	16391	16901	8839	9932	9168	5824	5568	5691	3204	3204	2713	2593	2033	1863	812
2014	6548	17196	17644	10174	11482	10037	190	6195	6345	3292	3292	3297	3190	2539	2211	1131
2015	7764	19536	20369	11722	13070	11400	339	7300	7472	4489	4489	4145	4016	3285	3063	1771

第七节　G50(上海至重庆高速公路)浙江段
[浙苏省界(南浔)至浙皖省界(界牌)]

上海至重庆国家高速公路,简称"沪渝高速公路",编号为G50,起于上海长宁区、闵行区,途经上海、江苏、浙江、安徽、湖北、重庆6个省(直辖市),终于重庆渝北区,全长1768km,于2010年1月全线通车。

G50沪渝高速公路浙江段起于浙苏省界(南浔),途经浙江省湖州市,终于浙皖省界(界牌),全长88km,省内名称为申苏浙皖高速公路。路网位置示意图如图7-7-1所示,建设项目信息见表7-7-1。

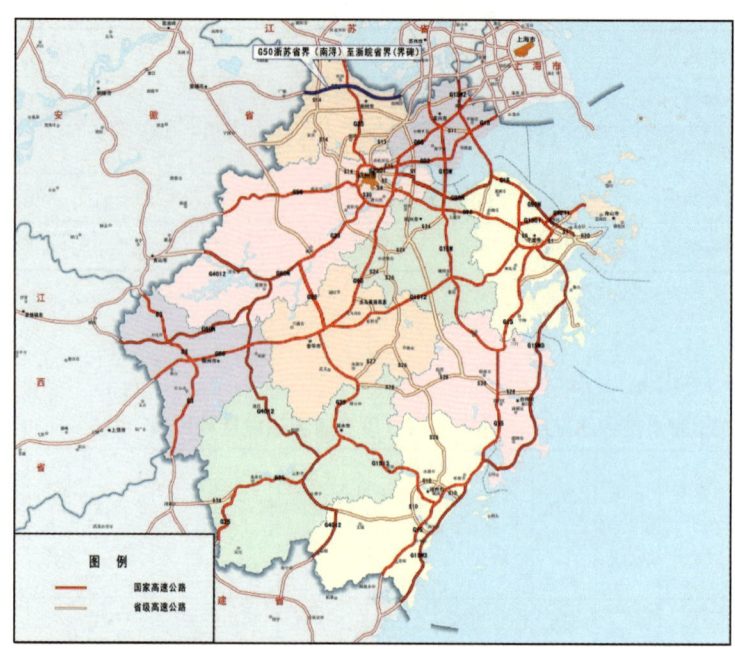

图 7-7-1　G50 浙苏省界（南浔）至浙皖省界（界牌）段路网位置示意图

G50 浙苏省界（南浔）至浙皖省界（界牌）段建设项目信息采集表　　表 7-7-1

序号	国高	项目名称	规模（km）				建设性质（新、改扩建）
			合计	八车道及以上	六车道	四车道	
1	G50	申苏浙皖高速公路湖州南浔至长兴姚家桥段	60.89		60.89		新建
2		申苏浙皖高速公路长兴姚家桥至浙皖界牌段	27.34			27.34	改扩建

序号	国高	设计速度（km/h）	永久占地（亩）	投资情况（亿元）				建设时间（开工~通车）
				估算	概算	决算	资金来源	
1	G50	120	7628.73	40	41.34	39.58	本项目概算 41.34 亿元，其中资本金 144690 万元（交通部投资 15919 万元，省、市地方自筹 128771 万元），银行贷款 268710 万元	2003.7~2006.10
2		100		12.4	13.47	12.77	本项目总概算 10.6 亿元，其中资本金 37100 万元（交通部投资 3881 万元，省、市地方自筹 33219 万元），银行贷款 68900 万元	2004.8~2006.10

第七章 高速公路建设项目

G50 浙苏省界（南浔）至浙皖省界（界牌）段（建设期 2003—2006 年）

（一）项目概况

1. 基本情况

（1）功能定位

申苏浙皖高速公路是国家规划建设的"五纵七横"国道主干线及国家重点公路建设规划制定的 13 条纵向线路和 15 条横向线路相配套的区域干线公路，是连接沿海省份和中部内陆地区及西部过境地区的运输干道，也是连接上海、江苏、浙江、安徽三省一市的省际干线公路，对于加强省际的经济联系，促进内地、西部欠发达地区的经济发展具有重要意义。

（2）技术标准

南浔至长兴段设计速度 120km/h，全线采用六车道。

长兴至浙皖界牌段设计速度 100km/h，全线采用四车道，互通区采用六车道。

（3）建设规模

南浔东至长兴姚家桥路线全长 60.886km，全线设隧道 1 座，共计 1050m（双洞）；大桥、特大桥 14 座，计 7278.76m，中、小桥梁 1627.16m/29 座，互通式立交 5 座（含 1 座枢纽互通），分离式立交 11 座，服务区 1 处，高速公路养护工区一处。全线全封闭、全立交。

长兴至浙皖界牌段全长 27.339km，土石填方 117.2802 万 m^3，挖方 6.9277 万 m^3，软基处理长度 2488m，排水及防护工程 3.4666 万 m。全线利用现有大桥 247.82m/2 座、中小桥 616.18m/14 座，涵洞 83 道，拼宽涵洞 18 道。互通式立交 3 处（含 1 处枢纽互通）；分离式立交 326m/4 处，利用现有通道 32 道；天桥 19 座（平交改天桥 4 座，原天桥拆除新 11 座）；服务区 1 处，主线收费站 3 处。全线按四车道，全线全封闭、全立交建设。详见表 7-7-2～表 7-7-4。

（4）主要控制点

路线走向控制点有：长兴县、吴兴区、南浔区。

（5）地形地貌

南浔至长兴段经过地段属平原微丘地貌，地貌单元主要有侵蚀剥蚀丘陵区及天湖湖沼积平原区。

长兴至浙皖界牌段位于长兴至泗安盆地的西部，地貌上 K74+120.5 以东以冲湖积平原为主，间有两段丘陵；K74+120.5 以西，丘陵与冲洪积倾斜平原相间出现，并逐渐过渡为丘陵区。

表 7-2

G50 浙苏省界（南浔）至浙皖省界（界牌）段桥梁汇总表

规模	名称	桥长(m)	主跨长度(m)	桥底净高(m)	河流	沟谷	道路铁路	简支梁桥	悬臂梁桥	连续梁桥	简支钢梁	连续钢梁	预弯混凝土梁	组合梁	钢管混凝土桁架梁	预制混凝土拱	现浇混凝土拱	双曲拱	肋拱	箱形拱	刚架拱	桁架拱	系杆拱	箱形拱(钢)	桁架拱(钢)	哑铃型	桁架型	提篮型
特大桥	吴越分离	1084.04	36	3.5			√			√																		
	织里互通主线桥	1277.42	25				√			√																		
	长兜港桥	1330	35	5	√					√																		
	李家巷主线桥	2402	72				√			√																		
	长湖申线桥	1056.5	60	3.5	√					√																		
	古娄港桥	432.4	25		√					√																		
	戴家湾	104.04	20		√		√			√																		
	南浔互通主线桥	232.41	25				√			√																		
大桥	南浔互通 A 匝道(左)	316.23	16	3.5			√			√																		
	南浔互通 A 匝道(右)	316.23	16	3.5			√			√																		
	南浔互通汽车天桥(左)	250.47	16	2.2			√			√																		
	南浔互通汽车天桥(右)	250.47	16	2.2			√			√																		
	和义桥	184.04	20	3.5	√					√																		
	陈仁斗桥	144.04	20		√					√																		
	徐家湾分离	448.04	20	4.5			√			√																		
	上林桥	314.06	30				√			√																		

续上表

规模	名称	桥长(m)	主跨长度(m)	桥底净高(m)	跨越障碍物			梁式桥								拱式桥											
								钢筋混凝土梁桥			钢梁桥		组合梁桥			混凝土拱桥		钢筋混凝土拱桥						钢拱桥		钢管混凝土拱桥		
					河流	沟谷	道路、铁路	简支梁桥	悬臂梁桥	连续梁桥	简支钢梁	连续钢梁	预弯混凝土梁	组合梁	钢管混凝土桁架梁	预制混凝土拱	现浇混凝土拱	双曲拱	肋拱	箱形拱	桁架拱	刚架拱	系杆拱	箱形拱	桁架拱	哑铃型	桁架型	提篮型
大桥	伍王港桥	107.4	25	3	✓					✓																		
	箱山分离	832	25		✓					✓																		
	织里互通A匝道桥(左)	330.15	24				✓			✓																		
	织里互通A匝道桥(右)	330.15	24				✓			✓																		
	织里互通E匝道桥	210.75	16				✓			✓																		
	织太桥	884.04	25	5			✓			✓																		
	田湾溇桥	664.04	20	4.5	✓					✓																		
	横港桥	803.38	20	3.5	✓					✓																		
	湖州互通主线桥	996.56	20	5	✓					✓																		
	湖州互通A匝道桥	284.064	16				✓			✓																		
	湖州互通F匝道桥	333.348	16							✓																		
	湖州互通连接线3号桥	890.75	20	3.5			✓			✓																		
	长田港桥	224.04	20	3.5	✓					✓																		
	小梅港	966.74	35	5	✓					✓																		
	西塘溇桥	144.04	20	2.2	✓					✓																		
	金鸡山分离(左)	324.04	20	5			✓			✓																		

续上表

规模	名称	桥长(m)	主跨长度(m)	桥底净高(m)	跨越障碍物			梁式桥									拱式桥							
								钢筋混凝土梁桥			钢梁桥		组合梁桥			混凝土拱桥		钢筋混凝土拱桥				钢拱桥		钢管混凝土拱桥	
					河流	沟谷	道路铁路	简支梁桥	悬臂梁桥	连续梁桥	简支钢梁	连续钢梁	预弯混凝土梁	组合梁	钢管混凝土桁架梁	预制混凝土拱	现浇混凝土拱	双曲拱	肋拱	箱形拱	桁架拱	刚架拱	系杆拱	箱形拱	桁架拱	哑铃型	桁架型	提篮型
大桥	金鸡山分离(右)	324.04	20	5			√			√																		
	灰库桥	784.04	20				√			√																		
	石家浜桥	428.6	20				√			√																		
	张家门桥	284	20				√			√																		
	A1匝道桥	263.74	20				√			√																		
	B匝道桥	363.243	25				√			√																		
	C1匝道桥	203.74	20				√			√																		
	C3匝道桥	115.745	16				√			√																		
	D匝道桥	324.582	25				√			√																		
	E匝道桥	477.48	30				√			√																		
	F2匝道桥	243.74	20				√			√																		
	G匝道桥	517.48	25				√			√																		
	H2匝道桥	263.74	20				√			√																		
	李家巷枢纽	755.7	30	4.5			√			√																		
	圣塘分离	184.04	20	2			√			√																		
	长和分离	644.06	20				√			√																		

续上表

规模	名称	桥长(m)	主跨长度(m)	桥底净高(m)	跨越障碍物			梁式桥								拱式桥											
								钢筋混凝土梁桥			钢梁桥		组合梁桥			混凝土拱桥		钢筋混凝土拱桥						钢拱桥		钢管混凝土拱桥		
					河流	沟谷	道路、铁路	简支梁桥	悬臂梁桥	连续梁桥	简支钢梁	连续钢梁	预弯混凝土梁	组合梁	钢管混凝土桁架梁	预制混凝土拱	现浇混凝土拱	双曲拱	肋拱	箱形拱	刚架拱	系杆拱	桁架拱	箱形拱	桁架拱	哑铃型	桁架型	提篮型
大桥	长兴西互通2号桥	249.5	24				✓			✓																		
	长兴西互通3号桥(左)	313.5	24				✓			✓																		
	长兴西互通3号桥(右)	313.5	24				✓			✓																		
	林城分离	380	20				✓			✓																		
	林城互通A匝道桥	225	25				✓			✓																		
	大傅分离	220	20		✓					✓																		
	大泉村桥	120	20				✓			✓																		
	K76+583.097分离桥	237.06	35	5			✓			✓																		
	潘家山天桥	133.04	20	4.5			✓			✓																		
	泗安互通A匝道桥	228.54	25	3	✓					✓																		
	泗安水库桥	132.04	20	3.5	✓					✓																		
中桥	界河桥	84.4	20	3.54			✓			✓																		
	K111+231机通	35.04	8	3.5			✓			✓																		
	K111+900汽通	42.04	13	3.5			✓			✓																		
	K112+679汽通	43.04	10	2.7			✓			✓																		
	李家河桥	42.04	25				✓			✓																		

续上表

规模	名称	桥长(m)	主跨长度(m)	桥底净高(m)	跨越障碍物			梁式桥							拱式桥								钢管混凝土拱桥	
					河流	沟谷	道路铁路	钢筋混凝土梁桥			钢梁桥		组合梁桥			混凝土拱桥		钢筋混凝土拱桥				钢拱桥			
								简支梁桥	悬臂梁桥	连续梁桥	简支钢梁	连续钢梁	预弯混凝土梁	组合梁	钢管混凝土桁架梁	预制混凝土拱	现浇混凝土拱	双曲拱	肋拱	箱形拱	桁架拱	刚架拱	系杆拱	箱形拱	桁架拱	哑铃型	桁架型	提篮型
---	---	---	---	---	---	---	---	---	---	---	---	---	---	---	---	---	---	---	---	---	---	---	---	---	---	---	---	---
中桥	K117+610机通	55.04	13	3.5			√			√																		
	谈书斗桥	42.04	13	3.5	√					√																		
	仪高桥	83.74	16	2.7	√					√																		
	K119+972机通	33.04	10	3.5	√					√																		
	K120+915汽通	42.04	13	2.7			√			√																		
	宋家斗桥	51.74	16	3	√					√																		
	K121+296机通	42.04	13	2			√			√																		
	K121+700机通	42.04	13	3			√			√																		
	K122+322汽通	55.04	13	2.2			√		√																			
	K122+549.5机通	33.04	10	2.2			√			√																		
	肖王北桥	83.74	16	2.7			√			√																		
	K122+902机通	33.04	10	5			√			√																		
	K124+295机通	33.04	10				√			√																		
	K124+472机通	33.04	10				√			√																		
	两家桥	64.04	20		√					√																		
	K125+180机通	33.04	10				√			√																		

续上表

规模	名称	桥长(m)	主跨长度(m)	桥底净高(m)	跨越障碍物			梁式桥									拱式桥								
								钢筋混凝土梁桥			钢梁桥		组合梁桥			混凝土拱桥		钢筋混凝土拱桥				钢拱桥		钢管混凝土拱桥	
					河流	沟谷	道路	铁路	简支梁桥	悬臂梁桥	连续梁桥	简支钢梁	连续钢梁	预弯混凝土梁	组合梁	钢管混凝土桁架梁	预制混凝土拱	现浇混凝土拱	双曲拱	肋拱	箱形拱	桁架拱	刚架拱	系杆拱	箱形拱	桁架拱	哑铃型	桁架梁型	提篮型
中桥	林圩1号桥	67.74	16		√						√																		
	林圩2号桥	51.74	16		√						√																		
	阮家斗桥	51.74	16		√						√																		
	沈家坝桥	51.74	16		√						√																		
	冬瓜湾桥	55.04	13	2.2			√				√																		
	三家村桥	68.04	13		√						√																		
	南头漾桥	51.74	16	2.2			√				√																		
	庐安港桥	94.05	13	2.2	√		√				√																		
	K132+250.7机通	96.44	13.2	2.7			√				√																		
	K132+938.5汽通	44.04	13	3.5			√				√																		
	K135+759汽通	67.74	16	3.5			√				√																		
	K135+946机通	33.04	10	2.7			√		√																				
	吴家庄桥	51.74	16				√				√																		
	K137+033机通	42.04	13	2.7			√				√																		
	K137+276汽通	42.04	13	3.5			√				√																		
	中桥	53.4	16		√						√																		

续上表

规模	名称	桥长(m)	主跨长度(m)	桥底净高(m)	跨越障碍物 河流	沟谷	道路、铁路	钢筋混凝土梁桥 简支梁桥	悬臂梁桥	连续梁桥	钢梁桥 简支钢梁	连续钢梁	组合梁桥 预弯混凝土组合梁	钢管混凝土桁架梁	混凝土拱桥 预制混凝土拱	现浇混凝土拱	钢筋混凝土拱桥 双曲拱	肋拱	箱形拱	桁架拱	刚架拱	系杆拱	钢拱桥 箱形拱	桁架拱	钢管混凝土拱桥 哑铃型	桁架型	提篮型
中桥	丁家港桥	64.04	20	2.2	√					√																	
	褚家斗桥	42.04	13	2.7	√					√																	
	太史湾1号桥	84.04	20	2.7			√			√																	
	太史湾2号桥	64.04	20	5			√			√																	
	汽通K149+482(左)	42.04	13	5			√			√																	
	汽通K149+482(右)	64.04	20	4			√			√																	
	碧山分离桥	84.04	20				√			√																	
	K151+840天桥	64.74	60	5			√															√					
	K152+440天桥	73.1	30	5			√			√																	
	K153+701天桥	64.74	30	3.5			√			√																	
	K154+865.5小桥	55.04	13				√			√																	
	K46+014桥	42.04	13				√			√																	
	A2匝道桥	67.749	16				√			√																	
	F1匝道桥	51.74	16				√			√																	
	H1匝道桥	51.741	16		√					√																	
	姜家渎桥	67.74	16							√																	

续上表

规模	名称	桥长(m)	主跨长度(m)	桥底净高(m)	跨越障碍物 河流	跨越障碍物 沟谷	跨越障碍物 道路、铁路	梁式桥 钢筋混凝土梁桥 简支梁桥	梁式桥 钢筋混凝土梁桥 悬臂梁桥	梁式桥 钢筋混凝土梁桥 连续梁桥	梁式桥 钢梁桥 简支钢梁	梁式桥 钢梁桥 连续钢梁	梁式桥 组合梁桥 预弯混凝土梁	梁式桥 组合梁桥 组合梁	梁式桥 组合梁桥 钢管混凝土桁架梁	拱式桥 混凝土拱桥 预制混凝土拱	拱式桥 混凝土拱桥 现浇混凝土拱	拱式桥 钢筋混凝土拱桥 双曲拱	拱式桥 钢筋混凝土拱桥 肋拱	拱式桥 钢筋混凝土拱桥 箱形拱	拱式桥 钢筋混凝土拱桥 桁架拱	拱式桥 钢筋混凝土拱桥 刚架拱	拱式桥 钢筋混凝土拱桥 系杆拱	拱式桥 钢拱桥 箱形拱	拱式桥 钢拱桥 桁架拱	钢管混凝土拱桥 哑铃型	钢管混凝土拱桥 桁架型	钢管混凝土拱桥 提篮型
中桥	章家浜桥	42.04	13		√					√																		
	杜家浜桥	33.04	10		√					√																		
	沈家浜桥	33.04	10		√					√																		
	K165+766.5通道桥	33.04	10	3.4			√			√																		
	K166+084通道桥	27.04	8	2.9			√			√																		
	东铁斗桥	84.04	20		√					√																		
	贺后村桥	42.04	13				√			√																		
	太平桥	42.04	13		√					√																		
	江北厂桥	42.04	13		√					√																		
	长兴西互通1号桥	83.74	16				√			√																		
	长兴西互通4号桥	42.74	13				√			√																		
	长兴西互通5号桥	42.04	13	3.5			√			√																		
	蒋家桥	33.04	10				√			√																		
	蒋后村桥	33.04	10		√					√																		
	姚家溇2号桥	33	10		√					√																		
	环桥1号桥	33	10		√					√																		

续上表

规模	名称	桥长(m)	主跨长度(m)	桥底净高(m)	跨越障碍物			梁式桥								拱式桥												
					河流	沟谷	道路铁路	钢筋混凝土梁桥			钢梁桥		组合梁桥			混凝土拱桥		钢筋混凝土拱桥						钢拱桥		钢管混凝土拱桥		
								简支梁桥	悬臂梁桥	连续梁桥	简支钢梁	连续钢梁	预弯混凝土梁	组合梁	钢管混凝土桁架梁	预制混凝土拱	现浇混凝土拱	双曲拱	肋拱	箱形拱	桁架拱	刚架拱	系杆拱	箱形拱	桁架拱	哑铃型	桁架型	提篮型
中桥	环桥天桥	60.04	25				√			√																		
	环桥2号桥	33	10		√					√																		
	杨家轩1号桥	42.74	13		√					√																		
	杨家轩2号桥	33	10		√					√																		
	杨家轩3号桥	85.74	30		√					√																		
	叶家祥村桥	51.74	16				√			√																		
	K177+582人行天桥	40	13				√			√																		
	K180+700.565机耕天桥	60.04	16	5			√			√																		
	K181+603.565机耕天桥	44.04	16	5			√			√																		
	西岗村1号桥	39	13		√					√																		
	新星村天桥	60.04	25				√			√																		
	K185+337.911机耕天桥	62.04	25	5			√			√																		
	K186+088.851天桥	62.04	25				√			√																		
	塌板村桥	33.04	10		√					√																		
	K187+986.565机耕天桥	44.04	16				√			√																		
	西白莲桥	32.04	20				√			√																		

第七章 高速公路建设项目

续上表

规模	名称	桥长(m)	主跨长度(m)	桥底净高(m)	河流	沟谷	道路铁路	简支梁桥	悬臂梁桥	连续梁桥	简支钢梁	连续钢梁	预弯混凝土梁	组合梁	钢管混凝土桁架梁	预制混凝土拱	现浇混凝土拱	双曲拱	肋拱	箱形拱	桁架拱	刚架拱	系杆拱	箱形拱	桁架拱	哑铃型	桁架型	提篮型
中桥	潘家山桥	51.04	13		√					√																		
	三里亭天桥	44.04	16	5			√			√																		
	涧安天桥	76.04	16	5			√			√																		
	上安东桥	42.03	13	3.5	√					√																		
	K192+054.632天桥	62.04	25	5			√			√																		
	抗桥	76.04	16	3.5	√					√																		
	初康桥	72.04	20	2	√					√																		
	10米汽通	22.04	10	5			√			√																		
	柴木山桥	38.04	13	4.5	√					√																		
	K194+550.585机耕天桥	44.04	16	5			√			√																		
	K83+689分离桥	88.04	25	5			√			√																		
	K195+297.585机耕天桥	44.04	16	5			√			√																		
	K195+951.089机耕天桥	59.04	25	5			√			√																		
	K197+220.585机耕天桥	44.04	16	5			√			√																		
	K197+680.585机耕天桥	44.04	16	5			√			√																		
	K198+030.585机耕天桥	44.04	16	5			√			√																		
	K198+869.585机耕天桥	44.04	16	5			√			√																		

续上表

规模	名称	桥长(m)	主跨长度(m)	桥底净高(m)	跨越障碍物			梁式桥									拱式桥								钢管混凝土拱桥	
					河流	沟谷	道路、铁路	钢筋混凝土梁桥			钢梁桥		组合梁桥			混凝土拱桥		钢筋混凝土拱桥					钢拱桥			
								简支梁桥	悬臂梁桥	连续梁桥	简支钢梁	连续钢梁	预弯混凝土梁	组合梁	钢管混凝土桁架梁	预制混凝土拱	现浇混凝土拱	双曲拱	肋拱	箱形拱	桁架拱	刚架拱	系杆拱	箱形拱	桁架拱	哑铃型	提篮型
小桥	K111+231 机通	35.04	8	3.5			√			√																	
	K115+701 机通	27.04	8	2.8			√			√																	
	南浔F匝道	27.04	8				√	√																			
	K125+759 机通	27.04	8	2.7			√			√																	
	K126+053 机通	27.04	8	2.7			√			√																	
	K129+857 机通	27.04	8	3.54			√			√																	
	K130+302 机通	27.04	8	2.7			√			√																	
	K131+642 机通	27.4	8	2.7			√			√																	
	湖州互通连接线1号桥	44.04	20		√					√																	
	湖州互通连接线2号桥	44.04	20		√					√																	
	K140+250 机通	27.04	8	2.7			√			√																	
	K143+071 机通	27.04	8	3.1			√			√																	
	人通K146+465（右）	27.04	8	3			√			√																	
	机通K146+473.5	27.04	13	3			√			√																	
	机通K147+614（左）	27.04	8	2.7			√			√																	
	机通K147+592（右）	27.04	8	2.7			√			√																	
	汽通K148+119（左）	18.04	13	3.5			√			√																	

第七章 高速公路建设项目

续上表

规模	名称	桥长(m)	主跨长度(m)	桥底净空高(m)	跨越障碍物 河流	跨越障碍物 沟谷	跨越障碍物 道路、铁路	钢筋混凝土梁桥 简支梁桥	钢筋混凝土梁桥 悬臂梁桥	钢筋混凝土梁桥 连续梁桥	钢梁桥 简支钢梁	钢梁桥 连续钢梁	组合梁桥 预弯混凝土梁	组合梁桥 组合梁	组合梁桥 钢管混凝土桁架梁	混凝土拱桥 预制混凝土拱	混凝土拱桥 现浇混凝土拱	钢筋混凝土拱桥 双曲拱	钢筋混凝土拱桥 肋拱	钢筋混凝土拱桥 箱形拱	钢筋混凝土拱桥 桁架拱	钢筋混凝土拱桥 刚架拱	钢筋混凝土拱桥 系杆拱	钢拱桥 箱形拱	钢拱桥 桁架拱	钢管混凝土拱桥 哑铃型	钢管混凝土拱桥 桁架型	钢管混凝土拱桥 提篮型
小桥	汽通 K148+096	18.04	13	3.5			√																					
	小桥 K154+009.5	27.54	8	5			√																					
	K45+525 桥	18.04	13				√																					
	C2 匝道桥	29.04	13				√																					
	通道桥 K162+343	27.04	8	2			√																					
	通道桥 K164+052	27.04	8	2.5			√																					
	K165+111 通道桥	27.04	8				√																					
	K167+516.5 通道桥	27.04	8	3.4			√																					
	K167+981.5 通道桥	27.04	8	2.3			√																					
	K169+133 通道桥	27.04	8	2.5			√																					
	K169+373 通道桥	27.04	8	3.5			√																					
	长兴西互通 6 号桥	24.04	20				√																					
	K171+207 通道桥	27.04	8				√																					
	林城互通 F 匝道桥	23.04	16				√																					
	西岗村 2 号桥	29.74	13	5.3			√																					
	8 米汽通	8	8	4			√																					
	服务区 A 匝道桥	29.04	13				√																					
	服务区 B 匝道桥	29.04	13				√																					

G50浙苏省界(南浔)至浙皖省界(界牌)段隧道汇总表　　　　表7-7-3

规模	名称	隧道全长(m)	隧道净宽(m)	隧道分类					备注
				按地质条件划分		按所在区域划分			
				土质隧道	石质隧道	山岭隧道	水底隧道	城市隧道	
长隧道	弁山隧道(左洞)	1050	15.1		√	√			申苏浙皖
	弁山隧道(右洞)	1050	15.1		√	√			

G50浙苏省界(南浔)至浙皖省界(界牌)段路面信息汇总表　　　　表7-7-4

路面形式	起讫里程	长度(m)	水泥混凝土路面	沥青路面
柔性路面	G50浙江段一期	60.886		沥青混凝土路面
	G50浙江段二期	27.34		沥青混凝土路面

(6)投资规模

估算总投资52.4亿元(南浔至长兴段40亿元、长兴至浙皖界牌段12.4亿元)。含建设期贷款利息计3.15亿元(南浔至长兴段2.74亿元、长兴至浙皖界牌段0.41亿元)。

(7)开工及通车、竣工时间

2003年7月开工建设,2006年10月交工通车。

2. 前期决策情况

申苏浙皖高速公路是《浙江省公路水运交通建设规划》的重要组成部分,是浙江省公路主骨架"三纵四横"中的"一横"。随着浙江省经济的迅速发展,对公路运输要求更加紧迫,根据浙江省交通厅"九五"期间编制的《浙江省公路建设规划(1996—2010)》要求,到2010年基本实现"两纵两横五连"公路网骨架的建设目标,浙江省交通厅在2003年启动申苏浙皖高速公路的建设工作。

(1)1999年10月,湖州市高速公路指挥部委托浙江省交通规划设计研究院编制《申苏浙皖高速公路线位方案论证报告》。

(2)2000年12月,浙江省交通厅组织专家组对本项目预可行性报告进行了评审,并编制《项目建议书》报交通部审批,交通部以交规划发〔2001〕324号文批复同意项目立项。

(3)2001年9月,浙江省交通规划设计研究院就浙江省与江苏省两省分界处线位及衔接与负责江苏段前期工作的中交第二公路勘察设计院的有关技术人员进行了协商座谈。

(4)2001年7月和11月,由浙江省交通厅副厅长带队赴南京、湖州与江苏省交通厅有关领导进行沟通协商。

(5)2001年12月,浙江省交通规划设计研究院完成《申苏浙皖公路浙江湖州南浔至长兴姚家桥段工程可行性研究报告》的编制工作。

(6)2003年4月,浙江申苏浙皖高速公路有限公司委托浙江省交通规划设计研究院进行《申苏浙皖高速公路长兴姚家桥至浙皖界牌段工程可行性研究报告》。

（7）2003年4月中旬，浙江省交通规划设计研究院会同申苏浙皖有限公司、长兴和安吉等政府有关部门就申苏浙皖高速公路长兴姚家桥至浙皖界牌段工可有关问题进行初步磋商，在1/50000和1/10000地形图上初拟路线方案。

（8）2003年5月，浙江省交通规划设计研究院对线位方案、建设规模等问题进行了院审，根据院审意见修改线位后，项目组人员赴现场进行实地调查、收集相关资料、实地踏勘路线、广泛征求当地有关部门的意见，并对路线方案进行局部调整和优化。

（9）2003年5月，浙江省交通规划设计研究院就浙江省与安徽省两省分界处线位及衔接与广德交通局及宣广高速公路有限责任公司领导进行了协商座谈。

（10）2003年6月，完成申苏浙皖高速公路长兴姚家桥至浙皖界牌段六车道的工程可行性研究报告。

（11）2003年7月，浙江省交通厅在湖州主持召开了申苏浙皖高速公路姚家桥至界牌段、杭长高速公路安吉至长兴段高速公路线位协商专题会议，根据会议纪要精神，在原一级公路基础上，工可按规划六车道控制、改建成四车道高速公路的标准重新调整，并于8月初完成本项目的工程可行性研究报告。

3. 参建单位主要情况

（1）勘察设计单位

浙江省交通规划设计研究院。

（2）施工单位

一期：青岛公路建设集团有限公司、河北路桥集团有限公司、杭州市交通工程集团有限公司、江苏省交通工程有限公司、江苏省镇江市路桥工程有限公司、山东省交通工程总公司、中铁一局集团第一工程有限公司、浙江省交通工程建设集团有限公司、中铁十九局集团第三工程有限公司、浙江登峰交通集团有限公司、浙江省宏途交通建设有限公司、浙江正方交通建设集团股份有限公司、浙江省交通工程建设集团有限公司、杭州华兴交通设施工程有限公司、杭州京安交通工程设施有限公司、宁波交通工程建设集团有限公司、浙江金华第一建筑安装工程有限公司、龙元建设集团股份有限公司、湖州升浙建设工程有限公司、浙江国泰建设集团有限公司、杭州绿宇园林绿化工程有限公司、湖州华煜绿化工程有限公司、常州第二园林建设工程总公司、上海电器科学研究所(集团)有限公司。

二期：浙江省交通工程建设集团有限公司、江苏省镇江市路桥工程总公司、浙江勤业建工集团有限公司、浙江升达建设有限公司、苏州绿化建设发展有限公司。

（3）监理单位

江苏交通工程咨询监理公司、温州市交通工程咨询监理有限公司、江西交通工程监理公司、北京泰克华诚技术信息咨询有限公司、浙江公路水运工程咨询监理公司。

(二)建设情况

1. 项目审批

（1）2002年，浙江省发展和改革委员会以交规划发〔2002〕352号文，批复《申苏浙皖高速公路浙江湖州南浔至长兴姚家桥段工程可行性研究报告》。

（2）2002年，浙江省发展和改革委员会以交规划发〔2002〕456号文，批复《申苏浙皖公路浙江湖州南浔至长兴姚家桥段工程可行性研究报告六车道补充报告》。

（3）2003年，浙江省发展和改革委员会以浙计函〔2003〕217号，批复《申苏浙皖高速公路（浙江段）长兴姚家桥至浙皖界牌段工程可行性研究报告》。

2. 资金筹措

本工程估算投资55.56亿元。南浔至长兴段投资42.63亿元，其中35%约12.93亿元用资本金投入，余额部分27.71亿元，由省、市地方自筹解决。长兴至界牌段投资12.93亿元，35%用资本金投入，由业主湖州交通投资公司和省交通集团公司按51%、49%比例承担和实施，其余65%部分资金由业主向国内银行贷款解决。

3. 合同段划分

合同段划分情况见表7-7-5和表7-7-6。

G50浙苏省界（南浔）至浙皖省界（界牌）段标段一期划分情况表　　表7-7-5

标段号	标段所在地	工程内容及长度	施工单位
1	浙江湖州	土建，K0+000~K6+500	青岛公路建设集团有限公司
2	浙江湖州	土建，K6+500~K15+000	河北路桥集团有限公司
3	浙江湖州	土建，K15+000~K20+200	杭州市交通工程集团有限公司
4	浙江湖州	土建，K20+200~K26+000	江苏省交通工程有限公司
5	浙江湖州	土建，K26+000~K29+300	江苏省镇江市路桥工程有限工程
6	浙江湖州	土建，K29+300~K34+300	山东省交通工程总公司
7	浙江湖州	土建，K34+300~K38+600	中铁一局集团第一工程有限公司
8	浙江湖州	土建，K38+600~K49+870.302	浙江省交通工程建设集团有限公司
9	浙江湖州	土建，K49+870.302~K55+000	中铁十九局集团第三工程有限公司
10	浙江湖州	土建，K55+000~K60+885.630	浙江登峰交通集团有限公司
11	浙江湖州	土建，K0+00~K20+200	浙江省宏途交通建设有限公司
12	浙江湖州	土建，K20+200~K38+600	浙江正方交通建设集团股份有限公司
13	浙江湖州	土建，K38+600~K60+885.630	浙江省交通建设集团有限公司
14	浙江湖州	交安，K0+000~K20+200	杭州华兴交通设施工程有限公司
15	浙江湖州	交安，K20+200~K38+600	杭州京安交通工程设施有限公司
16	浙江湖州	交安，K38+600~K60+885.630	宁波交通工程建设集团有限公司

续上表

标段号	标段所在地	工程内容及长度	施工单位
17	浙江湖州	房建,南浔主线收费站、南浔互通收费站	浙江金华第一建筑安装工程有限公司
18	浙江湖州	房建,湖州服务区	龙元建设集团股份有限公司
19	浙江湖州	房建,湖州管理中心、湖州养护工区、湖州互通收费站、弁山隧道管理站	湖州升浙建设工程有限公司
20	浙江湖州	房建,长兴西互通收费站	浙江国泰建设集团有限公司
21	浙江湖州	绿化,K0+000~K20+200	杭州绿宇园林绿化工程有限公司
22	浙江湖州	绿化,K20+200~K38+600	湖州华煜绿化工程有限公司
23	浙江湖州	绿化,K38+600~K60+885.630	常州第二园林建设工程总公司
24	浙江湖州	机电,K0+000~K60+885.630	上海电器科学研究所(集团)有限公司

G50 浙苏省界(南浔)至浙皖省界(界牌)段标段二期划分情况表　　表 7-7-6

标段号	标段所在地	工程内容及长度	施工单位
1	浙江湖州	土建、交安,K60+885.63~K73+950	浙江省交通工程建设集团有限公司
2	浙江湖州	土建、交安,K73+950~K88+225.00	江苏省镇江市路桥工程总公司
3	浙江湖州	房建,长兴服务区、林城收费站	浙江勤业建工集团有限公司
4	浙江湖州	房建,浙皖主线收费站、泗安互通收费站	浙江升达建设有限公司
5	浙江湖州	绿化,K60+885.63~K88+225.00	苏州绿化建设发展有限公司

4. 征地拆迁

征地拆迁情况见表 7-7-7。

G50 浙苏省界(南浔)至浙皖省界(界牌)段征地拆迁情况统计表　　表 7-7-7

项目	征地拆迁安置起止时间	征用土地(亩)	拆迁房屋(m^2)	支付补偿费用(元)	备 注
一期	2002.3~2003.7	8932.0485	259857	413532477	依据《申苏浙皖高速公路工程浙江段土地专项验收意见》
二期	—	征收集体土地 595.4699/m^2	—	征地拆迁费 413532477	—

(三)复杂技术工程

1. 弁山隧道

弁山隧道(图 7-7-2)为双线隧道。全长 1050m(左洞桩号 K148+375~K149+425,右洞桩号 K148+355~K149+405),上下行分离,单向三车道。隧道断面形状为三心圆拱形,高 7.82m,宽 15.1m,削竹式洞门。明洞衬砌结构为现浇钢筋混凝土等截面直墙式衬砌结构,暗洞衬砌结构为锚杆—喷射钢纤维混凝土与模筑混凝土组成的复合式衬砌结构。

路面采用沥青混凝土,洞内设有汽车横通道一道(ZK148+900~YK148+850);人行横通道两道(1号ZK148+630~YK148+609.386;2号ZK149+160~YK149+139.386)。

2. 吴越分离特大桥

吴越分离特大桥(图7-7-3)桥梁中心桩号K114+786.6,全长1124.04m,全宽34.5m。桥跨布置左右幅相同为:36×20m(空心板)+20m(空心板)+17×20m(空心板)。桥梁上部结构为预应力混凝土空心板全桥设置QMF-80型异型钢伸缩缝,伸缩缝处采用GJF4四氟板式橡胶支座,连接处采用GJZ板式橡胶支座。桥梁下部结构采用单排三柱式墩台。桥墩、桥台基础采用钻孔灌注桩基础。

图7-7-2 弁山隧道　　　　　　　图7-7-3 吴越分离特大桥

3. 织里互通主线桥

织里互通主线桥(图7-7-4)桥梁中心桩号K16+754.81,全桥长1277.42m,桥梁全宽36.75m,桥垮布置左幅为:46×25m+1×17.7m+8×13m,右幅为:46×25m+1×17.7m+8×13m,桥面横坡为2%。桥梁上部结构为6~25m预应力混凝土小箱梁(先简支后连续),全桥在0号台处设置QMF-80型伸缩缝,6号墩处设QMF-160型伸缩缝,墩台上设板式橡胶支座。桥梁下部结构:柱式墩台,钻孔灌注桩基础。桥台台帽为C30混凝土,其他部位采用C25混凝土;桥墩立柱、盖梁及独立墩墩身采用C30混凝土,其他部位采用C25混凝土。

图7-7-4 织里互通主线桥

4. 长兜港桥

长兜港桥(图 7-7-5)桥梁中心桩号为 K142+041,起点桩号为 K141+398,终点桩号为 K142+734,全长 1336m,跨径布置为:11×25m+8×35m+45m+80m+45m+8×35m+13×25m。桥梁平面位于 K141+176.251～K142+644.198 的右偏圆曲线上。按结构形式分为九联。长兜港大桥跨V级航道,第五联桥主跨(80m)跨越该航道,限高 5m,宽 38m。第九联桥跨越三级路,限高 4.5m。桥梁上部结构:第 20～22 跨为现浇预应力混凝土变截面连续箱梁,其他跨为预应力混凝土小箱梁(先简支后连续)。下部结构为钻孔灌注桩基础。

图 7-7-5　长兜港桥

5. 李家巷枢纽主线桥

李家巷枢纽主线桥(图 7-7-6)桥梁中心桩号为 K159+954.302,上跨杭宁高速公路、杭宁铁路、318 国道、李南线河流。桥梁上部结构为预应力普通混凝土组合梁。桥梁下部结构:0 号台、87 号台为 U 形桥台,1～86 号墩为柱式墩、钻孔灌注桩基础。设 QMF-60 型异型钢伸缩缝。

图 7-7-6　李家巷枢纽主线桥

6. 长湖申线桥

长湖申线桥(图 7-7-7)桥梁中心桩号为 K163.288,是一座钢筋预应力混凝土组合梁桥,桥梁全长 1056.5m,桥面全宽 34.5m。桥跨布置为:21×20m(预应力混凝土空心板)+(36m+60m+36m)(预应力混凝土箱梁)+25×20m(预应力混凝土空心板)。桥梁上部结构为预应力普通混凝土组合梁。桥梁下部结构:U 形桥台、柱式墩、钻孔灌注桩基础。设 QMF-60 型异型钢伸缩缝。

图 7-7-7　长湖申线桥

(四)科技创新

1. Y 形沉管灌注桩处理软土地基

主要研究成果如下：

(1)成桩工艺研究。

(2)Y 形桩桩式路堤受力机理研究。

(3)有限元理论分析。

(4)适用性及经济分析。

2. 桩承式加筋路堤性状原型试验研究

主要研究成果如下：

(1)结合现场试验和数值模拟方法,对高速公路桩承式加筋路堤的工作性状和加固效果进行了研究。

(2)基于桩承式加筋路堤的结构形式,调研国内外桩承式加筋路堤的工程应用及其基本设计理论,对桩承式加筋路堤的研究成果作了深入分析和总结。

(3)埋设应力和变形观测元件,进行现场试验,获得了沉降、荷载分担、土工格栅受力和变形、孔隙水压力及深部水平位移等随填土高度及时间的变化规律。

(4)用有限元分析软件建立计算模型,将计算结果与实测值进行对比,验证了分析模型基本能够反映桩承式加筋路堤真实的工作性状,其计算结果具有一定的可靠性。

3. 瑞利波检测高速公路复合地基加固效果研究

主要研究成果如下：

(1)利用测试数据,建立了复合地基处理置换率和有效加固深度、复合地基承载力和复合地基剪切波速的相互关系。

(2)应用瑞利波测试技术能较准确地检测复合地基的加固深度。

(3)瑞利波测试中的地层参数反演和地基加固效果评价提供依据和借鉴作用。

4.软基处理四项新技术定额测定和工艺质量控制研究

为适应公路建设发展和管理需要,对薄壁筒桩、Y形沉管桩灌注桩、预应力混凝土管桩、真空预压等4项软基处理新技术进行定额测定,对施工工艺、质量控制标准进行了研究。

5.连续箱梁竖向预应力筋有效预应力测试试验研究

对连续箱梁进行计算分析和试验研究,了解应力损失情况,研究竖向预应力损失随时间变化的规律,检验竖向预应力筋的实际使用效果,为竖向预应力在箱梁设计中的应用提供理论依据,研究成果对桥梁运营条件下的内力状况有极大帮助,对国内同类桥梁的设计和施工也具有参考价值。

6.浙江省公路水运施工企业信用评价指标体系和评价标准

主要研究成果如下:

(1)首次构建了浙江省公路水运施工企业信用评价指标体系,该体系由企业状况和履约信誉两大部分24个指标观测点组成。

(2)研究并确定了浙江省公路水路施工企业信用评定标准和等级,等级共分五级。

(3)制定并出台了三个浙江省公路水运施工企业信用评价管理有关的文件。

(4)编制并公开出版了《浙江省交通建设市场信用知识读本》。

7.基于智能分析的高速公路事件检测与诱导处理系统

主要研究成果如下:

(1)实现人工神经网络算法理论在事件检测中的应用。

(2)在研究机器学习和范例引导等技术的基础。

(3)构建系统框架、设定系统选项。

(4)解决系统和外设接口的兼容性和可扩展性。

(五)运营养护管理

1.服务设施

服务设施设置见表7-7-8。

G50 浙苏省界(南浔)至浙皖省界(界牌)段服务场区一览表　　表7-7-8

服务区名称	位　　置	占地面积(亩)
湖州服务区	G50,K132	157
长兴服务区	G50,K183	149.8

2.收费设施

收费设施设置见表7-7-9。

G50 浙苏省界(南浔)至浙皖省界(界牌)段收费设施一览表   表7-7-9

站点名称	车道数	收费方式
浙苏主线	25+3	人工+ETC
南浔	7+2	人工+ETC
织里	3+2	人工+ETC
湖州	13+2	人工+ETC
长兴西	5+2	人工+ETC
林城	4+2	人工+ETC
泗安	4+2	人工+ETC
浙皖主线	30+4	人工+ETC

3. 交通流量

交通流量发展状况见表7-7-10。

G50 浙苏省界(南浔)至浙皖省界(界牌)段交通流量发展状况表(单位：pcu/d)   表7-7-10

年份	全程加权平均值	浙苏主线至南浔	南浔至织里	织里至湖州	湖州至李家巷	李家巷至长兴西	长兴西至林城	林城至泗安枢纽	泗安枢纽至泗安	泗安至浙皖主线
2006	3339	0	1890	2064	2242	5367	5933	0	0	6645
2007	4393	0	3383	3585	3793	8154	8751	26	26	8869
2008	8244	7800	7639	7157	6159	10147	10863	10698	10115	10203
2009	9203	8478	8868	8341	7138	10581	11233	11119	10325	10383
2010	12084	10315	10964	10478	9139	14576	15152	15093	14093	14306
2011	13769	11788	12625	12122	10524	16355	17278	17117	15890	16018
2012	14423	12729	13658	13144	11147	16897	17669	17479	16163	16895
2013	13920	14075	14203	13628	11457	14453	15217	15022	16943	15651
2014	19839	21837	19826	18541	16241	18874	19729	19348	24082	20077
2015	21873	24063	21460	20258	17659	21243	21509	21023	26855	22785

第八节　G56(杭州至瑞丽高速公路)浙江段[杭州绕城留下枢纽至浙皖省界(昱岭关)]

杭州至瑞丽国家高速公路,简称"杭瑞高速公路",编号为G56,起于浙江杭州,途经安徽、江西、湖北、湖南、贵州,终于云南瑞丽,全长3404km。

G56杭瑞高速公路浙江段起于杭州绕城留下枢纽,途经余杭、临安,终于浙皖省界(昱岭关),全长122km,省内名称为杭徽高速公路。杭瑞高速公路浙江段的建设加速了社会交流经济交流,促进国民经济发展,成为浙江等东部沿海发达地区向中、西部延伸辐射的通途,浙江等长三角地区对黄山等地的联系正是通过杭州—瑞丽高速公路实现的。路网位置示意图如图7-8-1所示,建设项目信息见表7-8-1。

第七章
高速公路建设项目

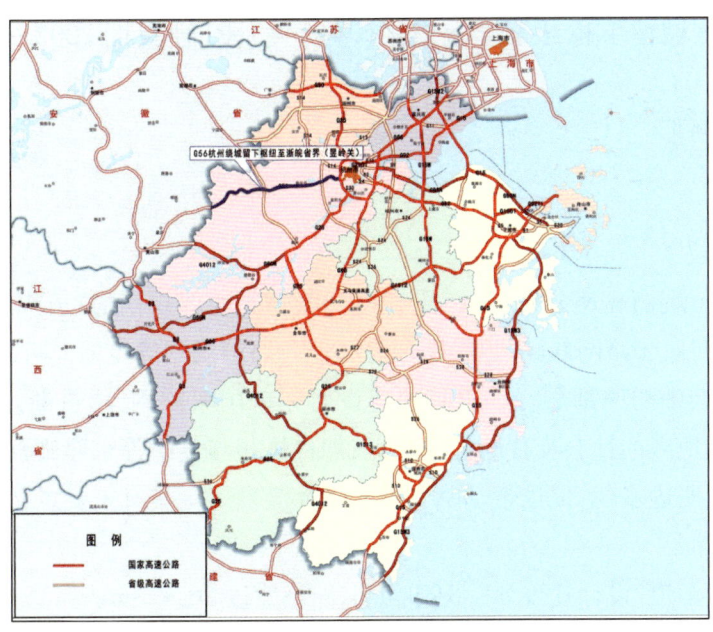

图 7-8-1　G56 杭州绕城留下枢纽至浙皖省界(昱岭关)段路网位置示意图

G56 杭州绕城留下枢纽至浙皖省界(昱岭关)段公路项目信息采集表　　表 7-8-1

序号	国高	项目名称	规模(km)				建设性质 (新、改扩建)
			合计	八车道及以上	六车道	四车道	
1		杭徽高速公路留下至汪家埠段工程	18.30			18.30	新建
2	G56	杭徽高速公路汪家埠至昌化段工程	67.31			67.31	新建(24.129)，改建(43.179)
3		杭徽高速公路昌化至昱岭关段工程	36.68			36.68	新建

序号	国高	设计速度(km/h)	永久占地(亩)	投资情况(亿元)				建设时间(开工~通车)
				估算	概算	决算	资金来源	
1		100	1175	14.90	16.25	13.71	资本金 5.67 亿元(含交通部车购税补助 1.835 亿元);贷款 6.6 亿元	2004.9~2006.12
2	G56	100 80	4106	17.50	16.78		资本金 8.8744 亿元(含交通部车购税补助 0.625 亿元);贷款 16 亿元	2004.11~2006.12
3		80	3544	9.85	10.22	9.87	资本金 3.5784 亿元;贷款 5.2 亿元	2002.9~2004.12

G56 杭州绕城留下枢纽至浙皖省界(昱岭关)段(建设期2002—2006年)

(一)项目概况

1. 基本情况

(1)功能定位

G56(杭州至瑞丽高速公路)浙江段高速公路是交通部规划的"五纵七横"国道主干线之一,是国家高速公路网线路,也是浙江省高速公路网规划确定的"两纵两横十八连三绕三通道"主骨架中的一部分。本项目的建设对完善国家路网,增进浙江等长三角区域与安徽等中西部地区的社会交往与经济交流;加快杭州与黄山等东部旅游风景线的联系;促进杭州市交通西进步伐,促进带动临安市经济社会发展等具有重要意义。

(2)技术标准

采用双向四车道,设计速度80~100km/h,路基宽度26~28m。

(3)建设规模

杭徽高速公路留下至汪家埠段工程起于杭州留下镇,通过设置互通与杭州绕城公路西线相接,止于汪家埠镇。项目全长18.298km,其中起始段12.997km为高架桥段,其他为路基路段,桥梁长占路线总长的71%。全线在留下镇和余杭镇设置两处互通立交,按照四车道高速公路标准设计,设计速度100km/h,路基宽度26m,高架桥宽度24m,工程总投资16.7亿元。

杭徽高速公路汪家埠至昌化段,起自临安与余杭交界汪家埠,经青山、锦城、板桥、上甘、玲珑、藻溪、於潜、太阳,终到昌化与昌化至昱岭关段高速公路接,沿线涉及9个乡镇、街道和51个行政村,全长67.31km。其中汪家埠至徐家坞段24.3km为新建段,按照路基宽度26m,双向四车道,设计速度100km/h标准设计;徐家坞至昌化段43.18km为利用现有02省道一级公路改建,按照路基宽度22.5m,双向四车道,设计速度80km/h标准设计。全线有岳山、平峰山、柳山3座隧道(总长2025m)和青山湖、临安东2座特大桥(总长1320m)等大型结构物,共设置互置互通立交7处、服务区1处,工程约需占用土地4598亩(包括二级恢复线及辅道)。工程概算总投资16.78亿元人民币。详见表7-8-2~表7-8-4。

杭徽高速公路昌化至昱岭关段工程起于临安昌化县,止于浙皖交界昱岭关,全长36.68km,总投资10.22亿元,双向四车道,设计速度80km/h。于2002年6月动工,2004年底建成通车。

(4)主要控制点

留下、汪家埠、青山、锦城、板桥、上甘、玲珑、藻溪、於潜、太阳、昌化、昱岭关。

G56 杭州绕城留下枢纽至浙皖省界(昱岭关)段桥梁汇总表　　表 7-8-2

规模	名称	桥长(m)	主跨长度(m)	桥底净高(m)	跨越障碍物 河流	跨越障碍物 沟谷	跨越障碍物 道路、铁路	钢筋混凝土梁桥 简支梁桥	钢筋混凝土梁桥 悬臂梁桥	钢筋混凝土梁桥 连续梁桥	钢梁桥 简支钢梁	钢梁桥 连续钢梁	组合梁桥 预弯混凝土梁	组合梁桥 组合梁	组合梁桥 钢管混凝土桁架梁
特大桥	主线高架桥	12988	55	15.7			√			√					
	留下 A 匝道桥	688	36	11.45			√			√					
	留下 B 匝道桥	514	35	13.2			√			√					
	留下 C 匝道桥	634	38.127	10.24			√			√					
	留下 D 匝道桥	628.76	34.834	12.4			√			√					
	留下 M 匝道桥	256.548	20	7.18	√					√					
	留下 N 匝道桥	120.39	20	7.18						√					
	余杭互通 a 匝道桥	280	25	6.35			√	√							
	余杭互通 b 匝道桥	525.635	25	6.04			√			√					
	余杭互通 c 匝道桥	381.128	25	6.02			√			√					
大桥	余杭互通 d 匝道桥	200	20	5.33			√			√					
	牛棚坞大桥	322	25	8.04		√				√					
	石泉村大桥	122	25	10.65	√					√					
	高家坞大桥	315	25	19.38		√	√			√					
	青山湖互通大桥	157	25	11.55			√			√					
	青山湖大桥	742	30	14.28	√			√							
	高坞口 1 号桥	104	20	9.88	√					√					
	临安互通 A 匝道跨线桥	227	22	5.91			√			√					
	锦溪大桥	141	25	9.25	√			√							
	天目溪大桥	126	16	8.53	√		√								
	昌化互通 D 匝道桥	131	25	9.45			√							√	
	昌化互通 B 匝道桥	170	25	11.45						√					
	平葛大桥	234.4	25	8.24	√					√					
	高犁大桥	382.4	25	10.72	√									√	
	龙岗大桥	282.4	25	10		√				√					
	林川大桥	234.7	25	11.325	√		√	√							
	木竹弯大桥	488.2	30	19.652		√	√			√					
	株柳大桥	157.4	25	13.763			√			√					
	株浪大桥	184.7	25	5.5	√					√					
	阳干大桥	432.4	25	21.3	√					√					

续上表

规模	名称	桥长(m)	主跨长度(m)	桥底净高(m)	跨越障碍物			梁式桥							
					河流	沟谷	道路、铁路	钢筋混凝土梁桥			钢梁桥		组合梁桥		
								简支梁桥	悬臂梁桥	连续梁桥	简支钢梁	连续钢梁	预弯混凝土梁	组合梁	钢管混凝土桁架梁
大桥	颊口大桥	182.4	25	11.23	√		√			√					
	童家湾大桥	132.4	25	11.53	√		√			√					
	岭下大桥	432.4	25	23.88	√	√				√					
	祝家庄大桥	182.44	25	13.2			√			√					
	顺溪大桥	248.2	30	17.98	√					√					
	云溪坞大桥	248.8	40	40.25			√			√					
中桥	67座，共计6007.86m															

G56杭州绕城留下枢纽至浙皖省界（昱岭关）段隧道汇总表　　　　表7-8-3

规模	名称	隧道全长(m)	隧道净宽(m)	隧道分类					备注
				按地质条件划分		按所在区域划分			
				土质隧道	石质隧道	山岭隧道	水底隧道	城市隧道	
中隧道	岳山二号隧道(左)	590	11.85		√	√			
	岳山二号隧道(右)	590	11.85		√	√			
	柳山隧道(左)	660	11.85		√	√			
	柳山隧道(右)	550	11.85		√	√			
短隧道	岳山一号隧道(左)	326	11.85		√	√			
	岳山一号隧道(右)	326	11.85		√	√			
	平峰山隧道(左)	441	11.85		√	√			
	平峰山隧道(右)	441	11.85		√	√			
	丁家坞隧道(左)	220	9.75		√	√			
	丁家坞隧道(右)	220	9.75		√	√			
	兔子岭隧道(左)	290	9.75		√	√			
	兔子岭隧道(右)	290	9.75		√	√			
	昱岭关隧道(左)	215	9.75		√	√			
	昱岭关隧道(右)	215	9.75		√	√			

G56杭州绕城留下枢纽至浙皖省界（昱岭关）段路面结构表　　　　表7-8-4

路面形式	起讫里程	长度(m)	水泥混凝土路面	沥青路面
柔性路面	K0+000～K122+286	122286		沥青混凝土路面

(5）地形地貌

公路沿线位于浙西山区的中低山丘陵地貌区，多为山岭深丘区，地形起伏较大。

(6）投资规模

项目概算投资43.25亿元。

(7）开工及通车、竣工时间

2002年9月开工建设，2006年12月交工通车。

2. 前期决策情况

G56杭徽高速公路是交通部规划的"五纵七横"国道主干线之一，也是浙江省高速公路网规划确定的"两纵两横十八连三绕三通道"主骨架中的一部分。

根据浙江省公路水路建设规划的总体规划要求及省交通厅有关领导的指示精神，浙江省交通厅在2000年启动杭徽高速公路建设工作，2002年9月开工建设，2006年12月交工通车。

3. 参建单位主要情况

(1）勘察设计单位

中国公路工程咨询监理总公司和杭州市交通规划设计研究院联合设计承担土建勘察设计，北京交科公路勘察设计研究院承担初步设计、施工图设计，中交第一公路勘察设计研究院承担土建勘察设计。

(2）施工单位

中国路桥（集团）总公司、江西省路桥工程有限公司、中铁十四局集团第四工程有限公司、温州交通建设集团有限公司、中国建筑第七工程局、浙江勤业建工集团有限公司、北京公科飞达交通工程发展有限公司、临安市公路建设工程有限公司、绍兴市第一园林工程有限公司、浙江宏途交通建设有限公司、中铁二局股份有限公司、核工业西南建设工程总公司、中铁十二局集团第三工程有限公司、浙江省大成建设集团有限公司、江苏恒基路桥总公司、浙江登峰交通集团有限公司、浙江宏途交通建设有限公司、无锡市中路交通工程有限公司、广东省交通发展有限公司、亿阳集团股份有限公司、华丰股份建设有限公司、浙江宝善建设有限公司、浙江三叶园林建设有限公司、绍兴华缘园林建设有限公司、浙江路港建设集团有限公司、浙江通途交通工程有限公司、浙江省交通工程建设集团有限公司、浙江天一交通建设有限公司、杭州交通工程集团公司、路桥集团第一公路工程局第二工程公司、浙江省交通工程建设集团有限公司、浙江宏途交通建设有限公司、泰兴市交通设施工程公司、浙江省交通工程建设集团有限公司、亿阳集团股份有限公司、浙江勤业建工集团有限公司、浙江萧山建工集团有限公司、杭州中艺园林工程有限公司、宁波海逸园林工程有限公司。

(3)监理单位

本项目总共有杭州公路工程监理咨询公司、浙江公路水运工程咨询监理公司、浙江江南工程建设监理有限公司、江苏东南交通工程咨询监理有限公司、杭州盛信投资建设管理有限公司、北京泰克华诚信息咨询公司、上海建通工程建设有限公司、中国公路工程咨询监理总公司8家施工监理单位。

(二)建设情况

1. 项目审批

该项目严格执行了交通基本建设程序,从预可行性研究、工程可行性研究、初步设计、施工图设计、工程施工、监理招投标及工程开工报告的审批,各个环节手续齐全,具体如下:

(1)2004年浙江省发改委以[2004]129号文件批复了杭徽高速公路余杭段初步设计。

(2)浙江省发改委《关于杭徽高速公路留下至汪家埠段工程可行性研究报告的复函》(浙计函[2003]250号)。

(3)浙江省国土资源厅《关于余杭区杭徽高速公路管理用房及企业拆迁安置项目用地的预审意》(浙土资预[2006]220号)。

(4)2003年浙江省发计委以[2003]284号文件批复杭徽高速公路留下至汪家埠段初步设计。

(5)《关于杭徽高速公路昌昱段工程设计变更的批复》(浙交复[2009]141号)。

(6)浙江省发改委《关于杭徽高速公路留下至汪家埠段工程初步设计的复函》(浙发改设计[2004]129号)。

(7)浙江省交通厅《关于对杭徽高速公路留下至汪家埠段工程施工图设计的批复》(浙交复[2005]21号)。

(8)中华人民共和国国土资源部《关于杭徽高速公路余杭段工程建设用地的批复》(国土资函[2007]883号)。

2. 资金筹措

本项目概算总投资43.26亿元,项目资本金18.1228亿元,含交通部车购税补助,由浙江省负责筹措,其余亿元申请银行贷款。

3. 合同段划分

合同段划分情况见表7-8-5。

第七章 高速公路建设项目

G56 杭州绕城留下枢纽至浙皖省界（昱岭关）段标段划分情况表 表 7-8-5

	标段号	标段所在地	工程内容及长度	施 工 单 位
留下至汪家埠段	一标	余杭	土建，长 2.529km	中国路桥（集团）总公司
	二标	余杭	土建，长 3.981km	江西省路桥工程有限公司
	三标	余杭	土建，长 2.953km	中铁十四局集团第四工程有限公司
	四标	余杭	土建，长 3.587km	温州交通建设集团有限公司
	五标	余杭	土建，长 5.248km	中国建筑第七工程局
	房建标	余杭	房建	浙江勤业建工集团有限公司
	机电标	余杭	机电，长 18.289km	北京公科飞达交通工程发展有限公司
	交安标	余杭	交安，长 18.289km	临安市公路建设工程有限公司
	绿化标	余杭	绿化，长 18.289km	绍兴市第一园林工程有限公司
汪家埠至昌化段	第一合同段	临安	土建，长 6.1016km	浙江宏途交通建设有限公司
	第二合同段	临安	土建，长 4.16km	中铁二局股份有限公司
	第三合同段	临安	土建，长 6.74km	核工业西南建设工程总公司
	第四合同段	临安	土建，长 7.129km	中铁十二局集团第三工程有限公司
	第五合同段	临安	土建，长 23.171km	浙江省大成建设集团有限公司
	第六合同段	临安	土建，长 20.006km	江苏恒基路桥总公司
	第七合同段	临安	路面与管线，长 24.1306km	浙江登峰交通集团有限公司
	第八合同段	临安	路面与管线，长 43.177km	浙江宏途交通建设有限公司
	第九合同段	临安	交安，长 24.1306km	无锡市中路交通工程有限公司
	第十合同段	临安	交安，长 43.177km	广东省交通发展有限公司
	第十一合同段	临安	机电，长 67.308km	亿阳集团股份有限公司
	第十二合同段	临安	房建	华丰股份建设有限公司
	第十三合同段	临安	房建	浙江宝善建设有限公司
	第十四合同段	临安	绿化，长 24.1306km	浙江三叶园林建设有限公司
	第十五合同段	临安	绿化，长 43.177km	绍兴华缘园林建设有限公司
昌化至昱岭关段	第 1 合同段	临安	土建，长 8.1km	浙江路港建设集团有限公司
	第 2 合同段	临安	土建，长 5.027km	浙江通途交通工程有限公司
	第 3 合同段	临安	土建，长 4.13km	浙江省交通工程建设集团有限公司
	第 4 合同段	临安	土建，长 7.862km	浙江天一交通建设有限公司
	第 5 合同段	临安	土建，长 6km	杭州交通工程集团公司
	第 6 合同段	临安	土建，长 5.561km	路桥集团第一公路工程局第二工程公司
	第 7 合同段	临安	路面，长 17.257km	浙江省交通工程建设集团有限公司
	第 8 合同段	临安	路面，长 19.432km	浙江宏途交通建设有限公司
	第 9 合同段	临安	交安，长 17.257km	泰兴市交通设施工程公司
	第 10 合同段	临安	交安，长 19.432km	浙江省交通工程建设集团有限公司
	第 11 合同段	临安	机电，长 36.689km	亿阳集团股份有限公司

续上表

	标段号	标段所在地	工程内容及长度	施工单位
昌化至昱岭关段	第12合同段	临安	房建	浙江勤业建工集团有限公司
	第13合同段	临安	房建	浙江萧山建工集团有限公司
	第14合同段	临安	绿化,长17.257km	杭州中艺园林工程有限公司
	第15合同段	临安	绿化,长19.432km	宁波海逸园林工程有限公司

4. 征地拆迁

征地拆迁情况见表7-8-6。

G56杭州绕城留下枢纽至浙皖省界(昱岭关)段征地拆迁统计表　　表7-8-6

项　目	征地拆迁安置起止时间	征用土地(亩)	拆迁房屋(m^2)	支付补偿费用(元)	备　注
昌化至昱岭关段(一期)	2002.9~2004.12	4763.538	102821	125473486	
留下至汪家埠段(二期)	2004.9~2006.12	1175	16100	175000000	
汪家埠至昌化段(三期)	2004.11~2006.12	4106	140000	243508062	

5. 项目实施阶段

(1)主线土建工程于2002年9月开工,2006年12月完工。

(2)房建工程于2004年10月开工,2006年11月完工。

(3)机电工程于2004年10月开工,2006年11月完工。

(4)交通安全设施工程于2005年4月开工,2006年11月完工。

(5)绿化工程于2005年9月开工,2006年12月完工。

(6)2006年12月,浙江省交通厅组织专家对杭徽高速公路进行了交工验收。

(7)2007年12月,浙江省交通质量安全监督站,根据《公路工程质量鉴定办法》,对项目进行了竣工质量鉴定,等级为优良。

(三)运营养护管理

1. 服务设施

服务设施情况见表7-8-7。

G56杭州绕城留下枢纽至浙皖省界(昱岭关)段服务场区一览表　　表7-8-7

服务区名称	位　置	占地面积(m^2)
临安服务区	K52	95871
龙岗服务区	K95+400	80582

2. 收费设施

收费设施情况见表7-8-8。

G56杭州绕城留下枢纽至浙皖省界(昱岭关)段收费设施一览表   表7-8-8

站点名称	车道数	收费方式
杭州西收费站	3+0	1条ETC收费,其余是人工收费
杭州西副收费站	0+5	1条ETC收费,其余是人工收费
老余杭收费站	3+4	2条ETC收费,其余是人工收费
青山湖收费站	3+4	2条ETC收费,其余是人工收费
临安收费站	3+5	2条ETC收费,其余是人工收费
玲珑收费站	2+3	2条ETC收费,其余是人工收费
藻溪北收费站	2+3	2条ETC收费,其余是人工收费
藻溪南收费站	2+3	2条ETC收费,其余是人工收费
於潜北收费站	2+3	2条ETC收费,其余是人工收费
於潜南收费站	2+3	2条ETC收费,其余是人工收费
太阳收费站	3+3	2条ETC收费,其余是人工收费
昌化收费站	3+3	2条ETC收费,其余是人工收费
龙岗收费站	3+3	2条ETC收费,其余是人工收费
颊口收费站	3+3	2条ETC收费,其余是人工收费
白果收费站	3+3	2条ETC收费,其余是人工收费
昱岭关收费站	0+8	2条ETC收费,其余是人工收费

3.交通流量

交通流量发展状况见表7-8-9。

G56杭州绕城留下枢纽至浙皖省界(昱岭关)段交通流量发展状况表(单位:pcu/d)   表7-8-9

年份	全程加权平均值	留下至杭州西	杭州西至老余杭	老余杭至青山	青山湖至青山	青山湖至临安	临安至玲珑	玲珑至藻溪	藻溪至於潜	於潜至太阳	太阳至昌化	昌化至龙岗	龙岗至颊口	颊口至白果	白果至昱岭关
2006	3737	3787	6556	6217	6217	5419	2602	4174	3843	3160	2993	2350	1772	1630	1607
2007	5411	5122	8415	8871	8871	7180	4071	6244	5553	4570	4360	3565	3178	2948	2807
2008	6112	6070	9323	10080	10080	7941	4516	7222	6384	5262	4952	3993	3531	3163	3060
2009	7568	7298	11718	12479	12479	11378	5720	8752	7777	6101	5809	4735	4182	3808	3722
2010	9590	10148	15370	15223	15223	13314	7435	11161	9922	7768	7406	6070	5390	4980	4849
2011	11348	12123	17921	17412	17412	15397	9048	13505	12017	9313	8878	7304	6569	6044	5933
2012	13556	16354	21924	19690	19690	17571	10791	16127	14523	11288	10831	8850	7844	7246	7054
2013	15625	20741	26586	22643	22643	20240	12224	17909	16097	12745	12240	9972	8779	8058	7876
2014	17245	24383	30798	25627	25627	22348	13431	19494	17437	13431	12855	10455	9101	8351	8089
2015	20115	27279	34105	28856	28856	25702	16741	22729	20504	16183	15554	12961	11487	10546	10102

第九节　G60（上海至昆明高速公路）浙江段
［沪浙省界（枫泾）至浙赣省界（常山窑上）］

上海至昆明国家高速公路，简称"沪昆高速公路"，编号为 G60，起于上海，途经浙江、江西、湖南、贵州、云南，终于昆明，全长 2730km，于 2011 年 9 月全线通车。

G60 沪昆高速公路浙江段起于沪浙省界（枫泾），途经浙江省嘉兴市、杭州市、绍兴市、金华市、衢州市，终于浙赣省界（常山窑上），全长 391km，依次由以下三段组成：沪杭高速公路［沪浙省界（枫泾）至杭州绕城沈士枢纽］、杭州绕城高速公路（杭州绕城沈士枢纽至张家畈枢纽）、杭金衢高速公路［张家畈枢纽至浙赣省界（常山窑上）］；其中，杭州绕城高速公路段与 G2501 杭州绕城高速公路共线，非共线段沪杭高速公路及杭金衢高速公路全长 350km。

G60 沪昆高速公路浙江段贯穿浙江省北部、中部和西部，是浙江省南北交通运输大通脉，是长三角地区上海、江苏、浙江与江西等中西部地区联系的主要高速公路，对浙江省接轨大上海融入长三角、带动省内金华、衢州等城市及中部省份具有重要作用。路网示意图如图 7-9-1 所示，项目信息采集见表 7-9-1～表 7-9-3。

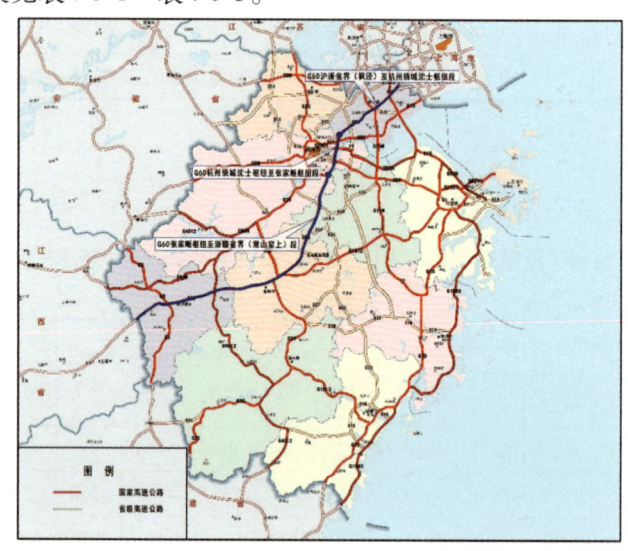

图 7-9-1　G60（上海至昆明高速公路）浙江段路网位置示意图

G60（上海至昆明高速公路）浙江段

（一）项目概况

1. 基本情况

（1）功能定位

G60 上海至昆明高速公路是国家高速公路，浙江段贯穿浙江省北部、中部和西部，是

第七章 高速公路建设项目

表 7-9-1

沪杭高速公路建设项目信息采集表

序号	国高	项目名称	规模（km）				建设性质（新、改扩建）	设计速度（km/h）	永久占地（亩）	投资情况（亿元）			资金来源	建设时间（开工~通车）
			合计	八车道及以上	六车道	四车道				估算	概算	决算		
1	G60	沪杭高速公路工程	78.68			78.68	新建	120	10955	28.3	27.2	23.9	中央补贴、地方自筹、世界银行贷款	1995.9~1998.12
2		沪杭高速公路拓宽工程	78.76	75.158	3.60		改扩建	120	1920	20.9	20.3	16.0	公司自筹、银行贷款	2003.7~2005.11

表 7-9-2

杭州绕城高速公路建设项目信息采集表

序号	国高	项目名称	规模（km）				建设性质（新、改扩建）	设计速度（km/h）	永久占地（亩）	投资情况（亿元）			资金来源	建设时间（开工~通车）
			合计	八车道及以上	六车道	四车道				估算	概算	决算		
1		绕城南线	22.98			22.98	新建	100			17.20			2000.12~2003.12
2		绕城西线（含祥留段）	25.05			25.05	新建	100	1960	6.82		6.79	资本金6.02亿元，交通部补助0.8亿元	1994.10~1997
3		北一期（乔司至余杭塘河）	29.30		17.38	11.87	新建	100	3083		17.74	16.33	交通部1.45亿元	1998.12~2001.12
4	G60	北二期（下沙至乔司）	8.63			8.63	新建	100	157		4.26	3.21	省交通厅4.491亿元	1998.12~2002.12
5		绕城东线	23.44		9.34	14.1	新建	120	1677.90	21.118（杭州段概算16.71）		杭州段15.98		1999.12~2002.12

杭金衢高速公路建设项目信息采集表

表7-9-3

序号	国高	项目名称	规模（km）				建设性质（新、改扩建）	设计速度（km/h）	永久占地（亩）	投资情况（亿元）			资金来源	建设时间（开工～通车）
			合计	八车道及以上	六车道	四车道				估算	概算	决算		
1	C2501	杭州至衢州高速公路项目（一期）	17.93		10.5	7.43	新建	120					资本金24.64亿元（含交通部车购税补助9.17亿元）；贷款28.36亿元，其余业主自筹	1999.9～2002.12
2		杭州至衢州高速公路项目（一期）	218.61	218.61			新建	120 100	23231	65.89	70.39	58.86		
3	G60	衢州至金窑上高速公路项目（二期）	52.95			52.95	新建	100	5027	15.69	14.78	13.04	资本金5.46亿元，贷款3.5亿元，其余业主自筹	2000.12～2003.9

浙江省南北交通运输大通脉,是浙江省连接中南、西南地区,接轨上海的交通主动脉,也是浙江省穿越县市最多的高速公路,对拉动沿线地区特别是浙江中西部地区的经济发展具有重要作用。

(2)技术标准

沪杭高速公路原为双向四车道,改扩建后为双向八车道,设计速度120km/h。杭金衢高速公路 K0+000~K10+200 路基宽度为 34.5m(六车道),K10+200~K10+500 路基宽度由 34.5m 过渡到 28m,K10+500~K227+259 路基宽度为 28m,K227+259~K290+535 路基宽度为 26m,桥涵与路基同宽,部分路段为软基路段(主要是萧山段)。

(3)建设规模

G60 上海至昆明高速公路浙江段分为三段。第一段:沪杭高速公路从枫泾镇东起,沿沪杭铁路走向,经嘉善、嘉兴、桐乡、余杭等县至杭州郊彭埠,全长 103km。公路设计宽 26m,双向四车道,设计速度 120km/h。1994 年 1 月 15 日开工,1998 年 12 月 29 日建成通车,沪杭高速公路于 2003 年 7 月至 2005 年 11 月实施改扩建,成为双向八车道高速公路。

第二段:杭州绕城高速公路东线于 2003 年 12 月 28 日实现了全线贯通。

杭州绕城高速公路东线与第三段杭金衢高速公路共线 41km,杭金衢高速公路是浙江省跨世纪发展战略的重要组成部分,全长 290.5km,北起杭州萧山红垦,与沪杭甬高速公路、杭宁高速公路、杭州机场路等相连,在金华境内又与金丽温高速公路、甬金高速公路相连,止于浙赣交界的常山县窑上村,与江西省梨园到温家圳高速公路相连,沿线经过杭州、绍兴、金华和衢州 4 个地市 12 个县(区)。该高速公路分二期工程建设,一期工程于 2002 年 12 月 28 日运营通车,二期工程于 2003 年 9 月 22 日投入运营。

工程具体信息详见表 7-9-4~表 7-9-11。

沪杭高速公路桥梁汇总表　　表 7-9-4

规模	名称	桥长(m)	主跨长度(m)	桥底净高(m)	跨越障碍物			梁式桥						
								钢筋混凝土梁桥			钢梁桥		组合梁桥	
					河流	沟谷	道路、铁路	简支梁桥	悬臂梁桥	连续梁桥	简支钢梁	连续钢梁	预弯混凝土梁	组合梁	钢管混凝土桁架梁
特大桥	长安公铁	1175.04	30	6.8			铁路	预应力空心板梁加T梁							
大桥	米杖港	104.04	20	4.2	河流			预应力空心板梁							
	白水塘	131.06	25	4.2	河流			预应力工字梁							
	中心河	106.06	25	4.3	河流			预应力工字梁							
	冯家兜	147.74	16	4.3	河流			预应力空心板梁							

续上表

规模	名称	桥长(m)	主跨长度(m)	桥底净高(m)	跨越障碍物			梁式桥							
								钢筋混凝土梁桥			钢梁桥		组合梁桥		
					河流	沟谷	道路、铁路	简支梁桥	悬臂梁桥	连续梁桥	简支钢梁	连续钢梁	预弯混凝土梁	组合梁	钢管混凝土桁架梁
大桥	平湖塘	716.34	51	8.2	河流			预应力T形梁							
	海盐塘	221.74	25	6.4	河流			预应力空心板梁							
	王店公铁	876.04	35	7.9			铁路	预应力空心板梁							
	长水塘	507.74	30	7.0	河流			预应力空心板梁							
	车河头	120.04	13	5.5	河流			预应力空心板梁							
	长山河	575.34	80	7.5	河流			预应力T梁、连续箱梁							
	中沙渚塘	114.04	30	4.5	河流			预应力空心板、工字梁							
	长辛塘	489.06	40	6.7	河流			预应力空心板、T梁、工形组合梁							

杭州绕城高速公路桥梁汇总表 表7-9-5

规模	名称	桥长(m)	主跨长度(m)	桥底净高(m)	跨越障碍物			梁式桥							
								钢筋混凝土梁桥			钢梁桥		组合梁桥		
					河流	沟谷	道路、铁路	简支梁桥	悬臂梁桥	连续梁桥	简支钢梁	连续钢梁	预弯混凝土梁	组合梁	钢管混凝土桁架梁
特大桥	宣杭铁路立交	1250					√	√		√					
	勾庄主线立交	1144					√	√		√					
	海宁互通主线桥	1395					√	√		√					
	下沙大桥引桥	5018						√		√					
	下沙大桥	2903			√			√		√					
	钱江五桥	3126			√			√		√					
	白鹭塘大桥	1056					√	√		√					
	西小江	1624			√			√		√					
大桥	京杭运河特大桥	711			√			√		√					
	石塘主线立交	695					√	√		√					
	石塘主线立交	696					√	√		√					

续上表

规模	名称	桥长(m)	主跨长度(m)	桥底净高(m)	跨越障碍物			梁式桥						
								钢筋混凝土梁桥			钢梁桥		组合梁桥		
					河流	沟谷	道路、铁路	简支梁桥	悬臂梁桥	连续梁桥	简支钢梁	连续钢梁	预弯混凝土梁	组合梁	钢管混凝土桁架梁
大桥	乔司工铁立交桥	890					√			√					
	乔司互通	507					√	√							
	转塘大桥	911					√	√							
	留下立交	753					√	√							
	狮子口主线桥	706					√			√					
	七号浦桥	538			√		√								
	B 匝道	608					√	√							
	下沙互通 4 号桥	638					√	√							
	沈士互通 A 匝道	595.7					√	√							

杭金衢高速公路桥梁汇总表　　　　表 7-9-6

规模	名称	桥长(m)	主跨长度(m)	桥底净高(m)	跨越障碍物			梁式桥						
								钢筋混凝土梁桥			钢梁桥		组合梁桥		
					河流	沟谷	道路、铁路	简支梁桥	悬臂梁桥	连续梁桥	简支钢梁	连续钢梁	预弯混凝土梁	组合梁	钢管混凝土桁架梁
特大桥	常山港特大桥	1263.18	40	5	√					√					
	红垦枢纽 1 号桥 G2501	1182.16	33	5			√			√					
大桥	夏家公铁立交桥 G2501	900.54	30	8.4	√		√	√		√					
	红垦枢纽 5 号桥 G2501	788.04	63.5	13.2			√							√	
	红垦枢纽 4 号桥 G2501	733.28	62.8	11.3			√							√	
	下浦许立交桥 G2501	704.04	30	4.8			√	√		√					
	西小江桥 G2501	621.54	30	5.7	√		√	√							
	娄下陈立交桥 G2501	588.04	20	4.6	√		√	√		√					
	红垦分离立交 G2501	464.04	30	5.7			√	√							
	红垦枢纽 3 号桥 G2501	415.06	65.5	6.7			√							√	

续上表

规模	名称	桥长(m)	主跨长度(m)	桥底净高(m)	河流	沟谷	道路、铁路	简支梁桥	悬臂梁桥	连续梁桥	简支钢梁	连续钢梁	预弯混凝土梁	组合梁	钢管混凝土桁架梁
大桥	萧山互通1号桥 G2501	241.48	25	5.6			√	√							
	鱼家埭立交桥 G2501	232.04	20	5.5			√			√					
	杨汛桥互通A匝道桥 G2501	216.04	28	5.5			√	√							
	解放河桥 G2501	129.04	25	3.8	√			√							
	双圩立交桥 G2501	104.04	25	5.4	√		√			√					
	浦阳江桥	966.54	50	5.4	√			√		√					
	赵家立交桥	524.04	25	4.8			√	√							
	五泄江桥	265.54	30	5.7	√			√							
	植树茂立交桥	234.04	20	5.3			√			√					
	绍佳泉桥	195.04	20	6.1	√			√							
	凰桐江桥(左)	184.04	20	4.5	√			√							
	徐河分离立交	184.04	20	5.2			√			√					
	凰桐江桥(右)	164.04	20	4.5	√			√							
	进化江桥	154.04	25	4.5	√			√		√					
	桃园立交桥	144.04	20	4.4			√			√					
	下市头分离立交桥	104.04	30	5.5	√		√	√							
	衢江大桥	970.04	35	12.1	√									√	
	金华江大桥	825	35	11	√									√	
	竹马公铁立交桥	498.8	20	8.3			√			√					
	赤山大桥	240.04	16	7.7	√					√					
	后大溪大桥	147.74	16	6.5	√					√					
	会桥大桥	147.74	16	8.8	√					√					
	乌龙溪大桥	146.74	13	5.5	√					√					
	山头下分离式立交	114.04	25	4.93			√			√					
	八一路分离立交桥	104.04	20	7.23						√					
	水角垄水库1号桥	104.04	25	3.1	√					√					
	下郑分离立交桥	107.74	13	5.87			√			√					
	莘坂溪大桥	115.74	16	11.5	√					√					
	沈家大桥	564	40	8.8	√										

续上表

规模	名称	桥长(m)	主跨长度(m)	桥底净高(m)	跨越障碍物			梁式桥					
								钢筋混凝土梁桥			钢梁桥		组合梁桥	
					河流	沟谷	道路、铁路	简支梁桥	悬臂梁桥	连续梁桥	简支钢梁	连续钢梁	预弯混凝土梁	组合梁	钢管混凝土桁架梁
大桥	孙姜大桥	551	40	10	√										
	杨家埠大桥	544.04	40	6	√										
	芳村溪大桥	412.04	20	4.7	√					√					
	芝溪大桥	304.04	20	6	√					√					
	沟溪大桥	212.04	20	8		√				√					
	虹桥溪3号大桥	196.04	20	3.8	√					√					
	龙绕溪大桥	186.05	20	3.5	√					√					
	虹桥溪2号大桥	184.04	20	2.5	√					√					
	虹桥溪4号大桥	184.04	20	2.5	√			√							
	后周溪大桥	184.04	20	4.5	√					√					
	虹桥溪1号大桥	184.04	20	6.8	√					√					
	大岗桥	164.04	20	3.7	√					√					
	大弄村桥	153.54	20	3.5	√					√					
	苗源溪大桥	148.04	16	4	√					√					
	铜山源大桥	144.04	20	5	√					√					
	程家山大桥	133.04	20	4.6	√					√					
	柘溪大桥	104.04	20	4.5	√					√					
	球川互通3号桥	106.04	25	5.5			√			√					
	盱塘分离式立交桥	106.69	25	5			√			√					
	常山互通6号桥	106.04	25	5.5			√			√					
	衢州西互通1号桥	110	25	5.5			√			√					
中桥	G2501:11座,G60:213座														

杭州绕城高速公路隧道汇总表　　　　表7-9-7

规模	名称	隧道全长(m)	隧道净宽(m)	隧道分类					备注
				按地质条件划分		按所在区域划分			
				土质隧道	石质隧道	山岭隧道	水底隧道	城市隧道	
长隧道	黄鹤山隧道(左洞)	1430	14		√	√			
	黄鹤山隧道(右洞)	1370	14		√	√			

杭金衢高速公路隧道汇总表 表7-9-8

规模	名称	隧道全长(m)	隧道净宽(m)	隧道分类					备注
				按地质条件划分		按所在区域划分			
				土质隧道	石质隧道	山岭隧道	水底隧道	城市隧道	
长隧道	新岭隧道(左洞)	1413	11.57		√	√			
	新岭隧道(右洞)	1433	11.57		√	√			
中隧道	樊村1号隧道(左洞)	835	11.5		√	√			
	樊村1号隧道(右洞)	845	11.5		√	√			
短隧道	王市岭隧道(连体)	180	10.75		√	√			
	樊村2号隧道(左洞)	215	11.5		√	√			
	樊村3号隧道(左洞)	300	11.5		√	√			
	樊村3号隧道(右洞)	270	11.5		√	√			
	大洋滩隧道(连体)	187	11.5		√	√			

沪杭高速公路路面信息汇总表 表7-9-9

路面形式	起讫里程	长度(m)	水泥混凝土路面	沥青路面
柔性路面	G60:065k+079~143k+758(新建)	78679		沥青混凝土路面
	S2:000k+000~009k+437(新建)	9437		沥青混凝土路面
	G60:065k+000~143k+758(改扩建)	78758		沥青混凝土路面
	S2:000k+000~009k+437(改扩建)	9437		沥青混凝土路面

杭州绕城高速公路路面信息汇总表 表7-9-10

路面形式	起讫里程	长度(m)	水泥混凝土路面	沥青路面
刚性路面	留下至狮子口	11357.0000	钢筋混凝土路面	
柔性路面	其余路面	98033		沥青混凝土路面

杭金衢高速公路路面信息汇总表 表7-9-11

路面形式	起讫里程	长度(m)	水泥混凝土路面	沥青路面
刚性路面	K0258+542~K0258+722 上下行	180	钢筋纤维混凝土路面	
	K0419+487~K0420+332 上行	845	钢筋纤维混凝土路面(已实施白改黑)	
	K0419+495~K0420+237 下行	627	钢筋纤维混凝土路面(已实施白改黑)	
	K0420+542~K0420+757 上行	215	钢筋纤维混凝土路面(已实施白改黑)	
	K0420+902~K0421+172 上行	270	钢筋纤维混凝土路面(已实施白改黑)	
	K0420+917~K0420+917 下行	300	钢筋纤维混凝土路面(已实施白改黑)	
	K0428+670~K0428+857 上下行	187	钢筋纤维混凝土路面	
柔性路面	其余路面(上下行)	287990		沥青混凝土路面

(4)主要控制点

枫泾镇、嘉善、嘉兴、桐乡、余杭、萧山、诸暨、浦江、义乌、金华、龙游、衢州、常山。

(5) 地形地貌

经过浙北,属杭嘉湖水网地区,平原区,经过浙江中部为金华盆地,经浙西衢州为低山丘陵地貌区。

(6) 投资规模

沪杭高速公路投资概算 27.2 亿元(含 S2 路段 23.964km),改扩建投资概算 23.0921 亿元(含 S2 路段 16.654km)。杭州绕城东线概算 21.118 亿元。杭金衢高速公路投资概算 85.18 亿元。

(7) 开工及通车、竣工时间

沪杭高速公路于 1995 年 9 月开工建设,1998 年 12 月建成通车,改扩建工程于 2003 年 7 月开工,2005 年 11 月通车。杭州绕城东线于 1999 年 12 月开工建设,2003 年 12 月建成通车。杭金衢高速公路一期于 1999 年 9 月开工,2002 年 12 月建成通车;二期于 2000 年 12 月开工,2003 年 9 月建成通车。

2. 前期决策情况

本路段是国家规划的国道主线的主城部分,是连接我国长江南岸上海、浙江、江西、湖南、贵州、云南六省(市)重要交通走廊。沪杭高速公路是首段,其中上海境内的莘庄松江段 20.5km 早在 1990 年已经建成通车,松江至杭州段于 1998 年底建成通车。本路段是经浙江省委省政府批复的省干线公路规划路网"两纵两横五连"之"一纵"。它贯穿浙江省境内腹地,是浙江北、中、西部地区的公路主干线,连接浙江改革开放的重要阵地,比如义乌中国小商品城,诸暨小五金城等大型商埠。由于沿线铁路复线已经开通,运力有了较大提高,但由于受到全国路网运能和方式适应性限制,运量增长缓慢。唯有公路在运输方式中的迫切性越来越明显。在国家的大力支持下,省委省政府决定建设沪昆高速公路浙江段。

1989 年夏,国家规划的十二条国道主干线之一的上海至瑞丽汽车专用公路经杭州至南昌总体走向确定之后,省交通厅布置设计单位就浙江境路段进行预可行性研究,并在五万分之一和万分之一地形图上初步选出路线走向方案——东西两大比较方案,并会同沿线有关部门进行踏勘和征求沿线各地市县意见,经初步比较分析后,推荐动向方案。关于与江西省的接线问题,在 1989 年夏踏勘衢州时,约请江西交通厅(规划办)、省公路管理局、省交通设计院、上饶公路分局、玉山县交通局等单位,经充分会商后取得一致意见,两省接线选定在草坪附近的窑上。1996 年 5 月 22～23 日,江西省交通厅规划处约请浙江省交通厅计财处和省高速公路指挥部,在江西省玉山县和浙江省常山两地,就高速公路的接口问题进一步商定,两省仍旧同意接线选在草坪附近的窑上,并以两省交通厅联合发文至交通部备案。

1989 年签订科技合作项目时,将杭金衢高速公路作为科技合作项目正式下达在"浙江省干线公路网规划调查"课题中列入前期工程。1993年5月，完成了浙江省干线网规划，根据全省经济布局和交通量发展趋势，选定了优先度高的杭金衢高速公路作为全省干线公路网的重要路段，进行工程可行性调查。在路线走向基础上，进行了现场探勘，在此基础上，对东线方案的局部路段进行了多方案比较，最后对路线的最佳走向及沿线互通路基互通取得了初步意见。1994年8月，中日双方共同完成了杭金衢高速公路F/S调查报告，为使该调查报告更符合我国国情，对路线的基本走向，主要控制点，互通式立交等重大问题再次深入调查研究，并结合沿线市县城市规划和道路网规划，对局部路段进行了多方案比较，并按照我国交通部1988年颁布的《水路公路建设项目可行性研究报告编制办法》的要求和格式于1998年3月完成报告编制。

3. 参建单位主要情况

（1）勘察设计单位

沪杭高速公路项目：浙江省交通规划设计研究院。

沪杭高速公路改扩建工程项目：浙江省交通规划设计研究院。

杭州绕城东线高速公路项目：浙江省交通规划设计研究院。

杭金衢高速公路项目：浙江省交通规划设计研究院。

（2）施工单位

沪杭高速公路项目：杭州市公路工程处、广东省汕头市达濠市政工程公司、铁道部第十六工程局第三工程处、浙江省路桥工程处、湖南省公路桥梁建设总公司、铁道部第四工程局、交通部第二公路工程局、沈阳高等级公路建设总公司等16家单位。

沪杭高速公路改扩建项目：浙江省交通工程建设集团有限公司、中铁十一局集团第四工程有限公司、中铁七局集团有限公司（原中铁一局集团有限公司）、路桥华南工程有限公司、岳阳市公路桥梁基建有限公司等13家单位。

杭州绕城东线高速公路：天津市政一公司、浙江登峰交通集团有限公司、交通部第一公路工程公、司第四分公司、浙江省水电一处、深圳市市政工程总公司、中国建筑第二工程局、交通部第二航务工程局、交通部第二公路工程局、吉林省交通建设集团有限公司、临安市公路建设有限公司、杭州萧山机场绿化工程有限公司、浙江八达建设集团有限公司、上海电器科学研究所、北京云星宇交通工程有限公司参与建设等。

杭金衢高速公路：上海市第一市政工程有限公司、中国第二十冶金建设公司等31家单位。

（3）监理单位

沪杭高速公路项目：中交国际工程咨询公司、北京华宏路桥监理咨询公司、江苏交通工程监理咨询公司、山东交通工程监理咨询公司、北京华通路桥监理咨询公司、美国施伟拔公司。

沪杭高速公路改建项目:江苏交通工程监理咨询公司、山东交通工程监理咨询公司、浙江公路水运工程咨询监理公司、杭州诚信投资建设管理有限公司。

杭州绕城东线高速公路:安徽省公路工程建设监理有限责任公司、天津道路桥梁建设监理有限公司、北京路通工程监理咨询有限公司、中国公路工程咨询监理总公司浙江省分公司。

杭金衢高速公路:杭金衢高速公路总监理办公室、上海同济公路工程监理咨询有限公司等18家单位。

(二)建设情况

1.项目审批

(1)沪杭高速公路项目

①1989年,浙江省计经委和上海市计委联合将沪杭高速公路建设项目建议书上报国家计委。1992年,项目建议书的补充报告上报国家计委。1993年2月5日,国家计委下达《关于上海—杭州高速公路项目建议书的批复》,同意建设沪杭高速公路。1993年5月,浙江省计经委将工程可行性研究报告上报交通部;1995年1月29日,国家计委将国务院原则同意沪杭高速公路可行性研究报告的意见批转浙江省。1995年3月27日,交通部下达《关于上海—杭州高速公路(浙江段)初步设计的批复》;1996年9月11日,国家计委将沪杭高速公路(浙江段)列为当年基本建设新开工大中型项目计划。

②1992年,浙江省环保科研所编就《沪杭高速公路环境影响评价报告书》;1993年7月,国家环境保护局审查批准该报告书。

③1995年3月,交通部以《关于上海至杭州高速公路(浙江段)初步设计的批复》(交公路发〔1995〕249号),批准沪杭高速公路(浙江段)初步设计,核定概算为355333.6092万元;2001年9月,交通部《关于上海至杭州高速公路浙江段变更设计的批复》(交公路发〔2001〕568号),调整概算为355145.1492万元。

(2)沪杭甬高速公路枫泾至大井段拓宽工程项目

①2002年3月6日,国家发展计划委员会批准沪杭甬高速公路沈士至红垦段拓宽工程的工程可行性研究报告,批准项目估算投资10.2亿元;2003年3月5日,浙江省发展计划委员会批准沪杭甬高速公路枫泾至沈士段拓宽工程可行性研究报告,批准项目估算投资23亿元。

②浙江省交通规划设计研究院承担项目的初步设计工作。2002年7月,完成其中沪杭甬高速公路沈士至红垦段拓宽工程的初步设计,经浙江省交通厅审核后转报省发展计划委员会审批;7月11日,省发展计划委员会批准该拓宽工程初步设计,同意工程起自沪杭高速公路沈士枢纽,沿现有高速公路两侧或单侧拼宽,止于杭甬高速公路红垦枢纽、与

正在建设的杭甬高速公路红垦—沽渚拓宽工程相接,全长40.387km。改建杭州、萧山2处互通式立交和必要的交通工程和沿线设施;核定征地数29.2hm^2,核定工期3年,核定概算105103.6万元,所需资金由浙江省沪杭甬股份有限公司自筹。

③2003年5月,完成沪杭甬高速公路拓宽工程枫泾至沈士段初步设计,经浙江省交通厅审核后转报省发展计划委员会审批;5月23日,省发展计划委员会批准该路段拓宽工程初步设计,同意项目起自沪浙交界处枫泾镇南侧,里程桩界号K65+000(原沪杭高速公路段设计桩号K102+649),沿现有高速公路两侧拼宽,经嘉善、秀城、秀洲、桐乡、海宁,止于沪杭甬高速公路沈士枢纽互通,与杭州绕城公路东线交叉,桩号K144+112.148,长79.112km,其中拓宽特大桥3座,大桥7座;新建高桥互通1处;改建大云、十八里、嘉兴、王店、屠甸、长安、沈士互通7处及分离式立交11座;增设长安服务区及养护工区各1处;核定征地数165.89hm^2,核定概算22.4亿元。2004年1月6日,浙江省发展计划委员会另行核定沈士—大井段及红垦枢纽段拓宽工程总概算22329.9万元。鉴于沪杭高速公路浙江境内段全线按八车道标准拓宽,而上海境内段按六车道标准拓宽。为解决两地接口标准不一问题,浙江沪杭甬高速公路拓宽工程建设指挥部申请变更上海枫泾接口设计,并报省交通厅审核后转报省发展计划委员会审批,2004年3月11日,省发展计划委员会批准该变更,同意沪杭甬高速公路拓宽工程亭枫接线段变更后,枫泾至沈士段概算增加7242万元,项目总概算调整为230921万元。

④中国水电顾问集团华东勘测设计研究院承担项目的水土保持评价工作。2003年2月28日、9月1日,浙江省水利厅先后批准同意沪杭甬高速公路沈士至红垦段改扩建工程水土保持方案、沪杭甬高速公路拓宽工程枫泾至沈士段水土保持方案。

⑤浙江省交通规划设计研究院承担项目的环境影响评价工作。2003年7月,编就《沪杭甬高速公路(枫泾至沈士段)拓宽工程环境影响报告书》;同月31日,浙江省环境保护局批准项目环境影响报告。

(3)杭金衢高速公路项目

①1994年,完成《国道主干线上海至瑞丽浙江段杭金衢高速公路项目建议书》。

②1994年8月,完成杭金衢高速公路F/S调查报告(中华人民共和国交通部、日本国际协力事业团)。

③1996年,完成《环保影响评价报告国道主干线上海至瑞丽浙江段杭金衢高速公路环境影响评价报告书》。

④1998年1月21日,国家计委关于审批杭州至衢州公路项目建议书的请示(计交能〔198〕109号)。

⑤1998年3月5日,国家计划委员会印发《国家计委关于审批杭州至衢州公路项目建议书的请示的通知》(计交能〔1998〕324号)。

2. 资金筹措

沪杭高速公路项目概算总投资27.2亿元,资金来源为中央补贴、地方自筹、世界银行贷款,沪杭高速公路拓宽工程概算总投资20.3亿元,资金来源为公司自筹、银行贷款。

杭州绕城东线高速公路项目概算总投资21.118亿元。

杭金衢高速公路项目概算总投资85.17亿元,其中一期70.39亿元,资本金24.64亿元(含交通部车购税补助9.17亿元);贷款28.36亿元,其余业主自筹。二期14.78亿元,资本金5.46亿元,贷款3.5亿元,其余业主自筹。

3. 合同段划分

合同段划分情况见表7-9-12~表7-9-14。

沪杭高速公路施工标段划分情况表　　表7-9-12

标段号	标段所在地	工程内容及长度	施工单位
G60新建十合同段	嘉善县	新建四车道高速公路(含路基、路面、桥梁、交通安全设施),长14.746km	沈阳高等级公路建设总公司
G60新建九合同段	南湖区	新建四车道高速公路(含路基、路面、桥梁、交通安全设施),长14.584km	交通部第二公路工程局
G60新建八合同段	秀洲区	新建四车道高速公路(含路基、路面、桥梁、交通安全设施),长19.865km	交通部第二公路工程局
G60新建七合同段	桐乡市	新建四车道高速公路(含路基、路面、桥梁、交通安全设施),长19.016km	铁道部第四工程局
G60新建六合同段	海宁市	新建四车道高速公路(含路基、路面、桥梁、交通安全设施),长10.468km	湖南省公路桥梁建设总公司
S2新建六合同段	海宁市	新建四车道高速公路(含路基、路面、桥梁、交通安全设施),长9.437km	湖南省公路桥梁建设总公司
G60改扩建201合同段	嘉善县	改扩建成八车道高速公路(含路基、路面、桥梁、交通安全设施),长14.825km	浙江省交通工程建设集团有限公司
G60改扩建202合同段	南湖区	改扩建成八车道高速公路(含路基、路面、桥梁、交通安全设施),长19.575km	中铁十一局集团第四工程有限公司
G60改扩建203合同段	秀洲区	改扩建成八车道高速公路(含路基、路面、桥梁、交通安全设施),长14.95km	中铁七局集团有限公司
G60改扩建204-1合同段	桐乡市	改扩建成八车道高速公路(含路基、路面、桥梁、交通安全设施),长3.15km	浙江省交通工程建设集团有限公司
G60改扩建204合同段	桐乡市	改扩建成八车道高速公路(含路基、路面、桥梁、交通安全设施),长15.79km	路桥华南工程有限公司

续上表

标段号	标段所在地	工程内容及长度	施工单位
G60改扩建205合同段	海宁市	改扩建成八车道高速公路(含路基、路面、桥梁、交通安全设施),长10.468km	岳阳市公路桥梁基建总公司
S2改扩建205合同段	海宁市	改扩建成八车道高速公路(含路基、路面、桥梁、交通安全设施),长0.354km	岳阳市公路桥梁基建总公司
S2改扩建206合同段	海宁市	改扩建成六车道高速公路(含路基、路面、桥梁、交通安全设施),长9.083km	新疆昆仑路港工程公司
K065+000~K099+400			江苏交通工程监理咨询公司
K099+400~K133+290			山东交通工程监理咨询公司
K133+290~K143+758			浙江公路水运工程咨询监理公司

杭州绕城东线高速公路施工标段划分情况表　　表7-9-13

标段号	标段所在地	工程内容及长度	施工单位
1,K0+000~K6+000路基、桥梁工程	海宁	土建	天津市政一公司
2,K6+000~K12+300路基、桥梁工程	杭州	土建	浙江登峰交通集团有限公司
3,K12+300~K14+100路基、桥梁工程	杭州	土建	交通部第一公路工程公司第四分公司
4,K14+100~K18+283路基、桥梁工程	杭州	土建	浙江省水电一处
5,K18+283~K20+283路基、桥梁工程	杭州	土建	深圳市市政工程总公司
6,K17+200~K20+283路基、桥梁工程	杭州	土建	中国建筑第二工程局
7,K20+283~K21+559.25路基、桥梁工程	杭州	土建	交通部第二航务工程局
8,K21+559.25~K23+437.538路基、桥梁工程	杭州	土建	交通部第二公路工程局
9,K6+000~K23+438路面工程	杭州	土建	吉林省交通建设集团有限公司
10,K0+000~K23+438交通安全设施	杭州	交通安全设施	临安市公路建设有限公司
11,K6+000~K23+438绿化	杭州	绿化	杭州萧山机场绿化工程有限公司
12A,管理中心房建工程	杭州	房建	浙江八达建设集团
12B,下沙主线服务区房建工程	杭州	房建	浙江省水电一处
13,机电(全线通信、监控收费系统含机电土建工程)	杭州	机电	上海电器科学研究所
14,全线照明供电工程	杭州	照明	北京云星宇交通工程有限公司

杭金衢高速公路施工标段划分情况表　　表7-9-14

	标段号	标段所在地	工程内容及长度	施工单位
一期	1	萧山	土建,长12.25km	上海第一市政有限公司
	2	绍兴	土建,长4.535km	第二十冶金建设公司
	3	萧山	土建,长19.19km	河北公路工程建设公司集团与浙江登峰集团联营体
	4	诸暨	土建,长17.012km	铁道部隧道工程局第一工程处
	5	诸暨	土建,长17.959km	山西路桥建设总公司
	6	诸暨	土建,长18.16km	浙江大成建设实业公司

第七章 高速公路建设项目

续上表

	标段号	标段所在地	工程内容及长度	施工单位
一期	7	浦江	土建,长13.126km	铁道部第一工程局
	8	义乌	土建,长22.324km	交通部第一工程总公司厦门处
	9	金华	土建,长21.317km	铁道部第十七局第三工程处
	10	婺城	土建,长17.649km	浙江省路桥工程处
	11	兰溪	土建,长10.78km	岳阳市公路桥梁建设集团公司
	12	金华	土建,长10.11km	中国建筑第六工程局
	13	兰溪	土建,长3.936km	中港第一航务工程局与上虞交通工程公司联营体
	14	龙游	土建,长13.406km	核工业长沙中南建设工程总公司
	15	龙游	土建,长11.174km	汕头市达豪市政公司与上海浦东新区建设联营体
	16	衢县	土建,长13.855km	铁道部第十二局建设集团
	17	柯城	土建,长9.752km	中港第一航务工程局
	18-A	杭绍段	房建	浙江华强建筑工程有限公司
	18-B	金华段	房建	东阳市第四建筑工程公司
	18-C	衢州段	房建	东阳市第二建筑工程有限公司
	19	全路段	机电,长236.535km	清华紫光股份有限公司
二期	A	衢县、柯城区	土建,长11.275km	浙江省交通工程建设集团有限公司
	B	常山县	土建,长9.1km	中铁五局
	C	常山县	土建,长9.525km	中铁第十五工程局
	D	常山县	土建,长9km	浙江省交通工程集团第一交通工程有限公司
	E	常山县	土建,长14.051km	浙江省交通工程建设集团有限公司
	F	后坞停车区、阁底、常山收费站,常山服务区	房建	宁波华丰建设集团股份有限公司
	G	球川匝道、球川主线收费站、球川停车区	房建	浙江城建建筑工程有限公司
	H	衢县、柯城区、常山	安全设施,长30km	北京华凯交通科技有限公司
	I	常山县	安全设施,长23.051km	杭州萧山金鹰交通设施有限公司
	机电标	衢州到窑上	机电,长52.951km	清华紫光股份有限公司

4. 征地拆迁

征地拆迁统计见表7-9-15。

G60浙江段征地拆迁统计表 表7-9-15

项 目	征地拆迁安置起止时间	征用土地(亩)	拆迁房屋(m²)	支付补偿费用(元)	备 注
G60沪杭	1995.9~1998.12	10955	272200	1.63	新建
S2	1995.9~1998.12	1203	40500	0.21	新建

续上表

项　　目	征地拆迁安置起止时间	征用土地（亩）	拆迁房屋（m²）	支付补偿费用（元）	备　注
G60沪杭拓宽	2003.7~2005.11	1920	52300	0.51	改扩建
S2拓宽	2003.7~2005.11	230	9800	0.11	改扩建
东线	2000.1~2002.12	1657.174	21394	1.32	
杭金衢一期	1998.9~1999.9	27997.364	389817	6.72	
杭金衢二期	2000.3~2000.12	6056.464	55821	1.12	

5. 项目实施阶段

沪杭高速公路于1995年9月开工建设，1998年12月建成通车，改扩建工程于2003年7月开工，2005年11月通车。杭州绕城东线于1999年12月开工建设，2003年12月建成通车。杭金衢高速公路一期于1999年9月开工，2002年12月建成通车，二期于2000年12月开工，2003年9月建成通车。

(三) 复杂技术工程

1. 常山港特大桥

常山港特大桥上跨205国道连接线处，由于被交道路等级高、交角小(39°)，设计采用了独柱墩与等截面连续箱梁(六跨一联、单箱三室、梁高1.8m、箱梁全长142.5m)的结构形式。由于箱梁现浇工程量大、技术要求高且上跨交通要道，给施工带来了较大难度。施工单位会同设计、监理单位经多次研究后采取了以下措施：一是用水袋对满堂支架进行预压，以控制支架变形与沉降情况；二是分三段浇筑，并在交界处掺加微量膨胀剂；三是增设通气孔；四是增设抗裂钢筋；五是优选材料，严格控制配合比；六是设置安全(导向、警告)标志，确保桥下正常通车；七是严格规范监理，并加强现场指导。

2. 软基处理

(1) 在软基路段，除了采用已有成功经验的塑料排水板、粉喷桩等技术措施外，在本项目1、2、3合同主线工程和部分桥台背工程中，在浙江省内首次实施真空+堆载预压(共计1108m、51650m²)，从实测数据看，比常规技术缩短工期4~8个月；在3合同，首次采用低强度等级混凝土桩进行软基处理，测试数据表明：约缩短工期10个月，均明显加快了软基的早期沉降，提高了路基和桥台背质量。

(2) EPS填筑桥头路堤：EPS是发泡聚苯乙烯(Expanded Poly-styrol)的简称，在杭衢高速公路上应用于1标红垦枢纽主线1号桥与K3+758双纤分离立交桥的桥头。当地属湖沼沉积平原地带，软土层埋置较深，若采用宕渣填筑桥头高路堤，因填料自重大，沉降也大，将不可避免地出现桥头跳车现象。在本工程中选用EPS轻质材料填筑桥头高路堤，作为一项新材料与新工艺的应用。EPS路堤自重轻,有效地控制了路堤的工后沉降,对缓解桥头跳车会有助益。

3. 溶洞地基处理

溶洞在D、E两个标段的出现给施工带来了难度,经过多次专家研究论证,并在设计、施工、监理单位和业主共同齐心协力下,溶洞难题得到了克服。

在桥梁桩基施工中,D标的常山港特大桥、天马大桥、湖村桥和E标的周家村桥、施家村桥都遇到了溶洞,为确保工程质量与工程进度,设计、施工、监理单位各方现场办公,采取了以下针对措施:首先,逐桩探孔,探明详细地质变化情况,尤其是溶洞位置;其次,根据实际地质情况、溶洞方位设计桩基,尽量考虑打穿溶洞,使桩底位于良好的持力层上,对于个别特殊情况则进行特殊设计,如采用群桩、回填土石混合料等方法;第三,加深钢护筒,增加钻孔、冲孔、补浆等设备,改进施工工艺,加强护壁;第四,要求监理全过程旁站,将质量按设计与规范要求控制到位。

在E标K284+849~K285+074挖方路段路基施工中也遇到了溶洞,施工完毕的路基顶面不断出现坍塌现象。经专家研讨,最后决定采用强夯(大于200kN·m单击)处理,并完善排水系统,路基顶面80cm范围内采用透水性良好的砂砾填筑。经上述处理后,该路段效果良好,未发现病害。

(四)科技成果

沪杭高速公路(浙江段)的建设,应用新工艺、新技术、新材料成为工程实施的一个特点,并取得以下成果。

1. 优化改渠

1994年,沪杭高速公路建设前期,从节约投资,加快施工进度,提高施工质量,并有利于水利长远建设、方便沿线村镇农业生产排灌系统管理出发,提出优化改渠设想,并选择嘉兴市郊区段试点。在试点、测算基础上,与沿线政府与农户充分商讨,形成共识,将部分原采用横穿高速公路的涵洞、涵管和通道内加设明渠排灌的设计,改为南北路堤两侧分别设立排灌系统。改渠规划经反复论证,形成较为科学的实施方案。在沪杭高速公路优化改渠工程中,节约资金760万元。该项目被评为浙江省金桥工程三等奖。

2. 预抛高

沪杭高速公路穿越软土地基,结构物密集,路面施工后荷载加重,致路堤进一步沉降。预抛高技术问题处理不当,会造成工程竣工后路面高低不平或跳车现象。对此,针对全线各地段沉降情况参差不齐,地质条件、地基处理方式、路堤加载时间等不同因素,在细致深入地分析研究基础上,要求施工单位在路基施工时重视沉降板埋设,及时做好观测和沉降记录,并组织监理、施工单位和有关专家共同深入研讨,取得科学数据。通过逐段分析、精确计算,确定把桥台作分界点的分段方法,通过计算机双曲线测算结果,较好地接近沉降与时间的变化规律,并简化了计算程序,操作性强,在路面质量的控制上发挥了重要的作用。实践证明,由于采取了以上措施,较为准确地确定了预抛高值,为通车后正常运营奠定了良好基础。

3. 乳化沥青封层

沪杭高速公路路面基层大面积施工时,为减少施工工序、降低工程造价、提高路面质量,尝试在高速公路用乳化沥青代替石油沥青用于透层/下封层。但是,由于交通部有关公路沥青路面施工技术规范对乳化沥青铺筑道路,特别是乳化沥青作为透层/下封层还没有系统、具体的要求。对此,对乳化沥青作为高速公路透层/下封层的应用进行了科学论证,并承考国外经验和国内已取得的技术成果,在大面积施工的用量、使用方法及控制指标等方面进行有效探索,积累了各类数据,取得乳化沥青在高速公路上应用研究的突破。通过多组对比试验,从性能、质量、造价上综合考虑乳化沥青透层代替下封层,阳离子乳化沥青代替阴离子乳化沥青,以此简化施工工序,降低工程造价。同时,现场采用浙江壳牌沥青有限公司生产的壳牌"施保妙"EPS 慢裂乳化沥青,根据不同洒布形式,乳化沥青洒布量、乳化沥青含量分组试验,选择最佳洒布组合,取得重要数据和经验。此技术的采用,有效提高和改善了路面封层的质量。

4. 镀膜玻璃珠

由于用于标线中散光效果的普通玻璃珠有其局限性,在三个合同段采用镀膜玻璃珠取代普通玻璃珠,取得较好效果。普通玻璃珠反光系数为 1.52,而镀膜玻璃珠为 1.6,反光系数大,亮度高,克服了玻璃珠由于温度高产生下沉速度过快的缺点;镀膜后与涂料有较强的黏合作用且耐磨;镀膜不易粘灰,不易污染,同时有防潮作用;镀膜后玻璃珠易洒布均匀,浪费少,便于施工控制。

5. 水泥搅拌桩加固沪杭高速公路嘉兴段桥头软土地基试验研究。

本项目结合沪杭高速公路嘉兴段桥头路堤软基处理工程,在国内首次运用计算机控制计量装置施工粉喷桩,使软土固化达到足够强度,提高了地基的承载力。同时,项目还研究了柔性荷载作用下,水泥搅拌桩与桩间土之间的相互作用关系及其规律,探讨了柔性荷载作用下的理论计算方法,确定柔性路堤下水泥搅拌桩的设计参数。

(五)运营养护管理

1. 服务设施

服务设施一览表见表 7-9-16。

第七章 高速公路建设项目

G60 浙江段服务场区一览表　　　　　　表 7-9-16

服务区名称	位　　置	占地面积(m^2)
嘉兴服务区	K108+800～K109+950	63100
长安服务区	K134+600～K135+750	117981
西湖服务区	K59	67000
下沙服务区	K15	107333
萧山服务区	K199+797	73667
诸暨服务区	K236+697	101000
金华服务区	K294+497	78667
兰溪服务区	K337+797	160000
衢州服务区	K380+732	73768
常山服务区	K442+232	111959

2. 收费设施

收费设施一览表见表 7-9-17。

G60 浙江段收费设施一览表　　　　　　表 7-9-17

站点名称	车道数	收费方式
大云主线收费站	25	人工+ETC+自助发卡
嘉善主收费站	6	人工+ETC+自助发卡
嘉善副收费站	6	人工+ETC+自助发卡
嘉兴收费站	12	人工+ETC+自助发卡
王店主收费站	6	人工+ETC+自助发卡
王店副收费站	6	人工+ETC+自助发卡
屠甸主收费站	6	人工+ETC+自助发卡
屠甸副收费站	6	人工+ETC+自助发卡
桐乡主收费站	6	人工+ETC+自助发卡
桐乡副收费站	6	人工+ETC+自助发卡
长安主收费站	7	人工+ETC+自助发卡
长安副收费站	7	人工+ETC+自助发卡
萧山东	5+13	5 条 ETC 收费,其余是人工收费
柯桥西	3+5	2 条 ETC 收费,其余是人工收费
临浦	3+4	2 条 ETC 收费,其余是人工收费
次坞	3+5	2 条 ETC 收费,其余是人工收费
诸暨	3+6	4 条 ETC 收费,其余是人工收费
牌头	3+5	2 条 ETC 收费,其余是人工收费
郑家坞	3+4	2 条 ETC 收费,其余是人工收费
浦江	2+4	2 条 ETC 收费,其余是人工收费

续上表

站点名称	车道数	收费方式
义乌	3+6	4条ETC收费,其余是人工收费
上溪	3+3	2条ETC收费,其余是人工收费
鞋塘	3+3	2条ETC收费,其余是人工收费
金华	4+6	4条ETC收费,其余是人工收费
兰溪	3+4	2条ETC收费,其余是人工收费
金华西	3+3	2条ETC收费,其余是人工收费
游埠	3+3	2条ETC收费,其余是人工收费
龙游	3+5	2条ETC收费,其余是人工收费
衢州东	3+6	4条ETC收费,其余是人工收费
衢州西	3+3	2条ETC收费,其余是人工收费
阁底	2+4	2条ETC收费,其余是人工收费
常山	3+6	2条ETC收费,其余是人工收费
球川	3+3	2条ETC收费,其余是人工收费
浙赣	17+18	4条ETC收费,其余是人工收费

3. 交通流量

交通流量发展状况见表7-9-18。

G60浙江段交通流量发展状况表(单位:pcu/d)　　表7-9-18

年份	2002	2003	2004	2005	2006	2007	2008	2009	2010	2011	2012	2013	2014	2015
全程加权平均值	23803	23428	28105	36029	44801	49764	42955	42988	52521	56994	60704	64498	66342	63732
嘉善至浙沪主线	23404	33555	35170	44543	55729	64547	56276	41748	52241	56183	61134	64625	69596	72453
步云枢纽至嘉善	23966	18013.5 [嘉兴东至嘉善]	18931.5 [嘉兴东至嘉善]	23447.5 [嘉兴东至嘉善]	28930 [嘉兴东至嘉善]	74830	57574	43077	53610	57780	62948	66829	72559	75474
步云枢纽至嘉兴东						74830	38480	29316	42156	43689	47407	50734	56231	60037
嘉兴枢纽(沪杭乍嘉苏)至嘉兴东	14547	17206	18272	22814	28368	64398	36697	27208	40495	42538	46770	50629	56429	60757
嘉兴枢纽(沪杭乍嘉苏)至王店	27153	51710	56051	67168	83158	94722	66781	55674	67504	68495	74580	72831		
嘉兴枢纽(沪杭乍嘉苏)至嘉兴枢纽(沪杭嘉绍)												46232	53700	57473
嘉兴枢纽(沪杭嘉绍)至王店												70011	72027	75351
屠甸至王店	33563	52734	56997	68240	83964	95087	67323	55052	66527	68056	73944	76838	71609	74795

第七章 高速公路建设项目

续上表

年份	2002	2003	2004	2005	2006	2007	2008	2009	2010	2011	2012	2013	2014	2015
桐乡至屠甸					88153	93742	65444	53661	64883	66227	72078	74554	69338	72324
桐乡至长安					91378	98488	69156	57273	68679	70068	76311	79200	73990	77812
沈士枢纽至长安	36300	55749	60267	71900	92142	104495	73479	62398	74718	78255	87296	90797	87621	91244
海宁许村至沈士枢纽	18130	34724	39388	48172	62313	64438	46937	38046	44746	50035	56993	59394	58071	57481
绕城东枢纽至海宁许村		19033（海宁许村至下沙）	39005（海宁许村至下沙）	45165（海宁许村至下沙）	58373.5（海宁许村至下沙）	69426（海宁许村至下沙）	71161.5（海宁许村至下沙）	49481	41004	49362	58517	69153	72163	70623	69281
绕城东枢纽至下沙								61436	48909	57962	68029	79999	83710	80319	79554
下沙至红垦	18130	39449	48631	65729	84994	99797	90957	78628	98769	107608	109945	113804	130898	128555
新街至红垦		32923	31329	46806	58032	61900	61968	68162	86200	95518	95109	100623	118223	114394
新街至萧山东		33053	35839	51599	62758	67471	67978	74851	93145	102525	101815	106830	118224	114394
杨汛桥至萧山东		24047	29871	42630	51238	54545	54962	61213	79165	90297	91595	96430	98202	95594
张家畈枢纽至杨汛桥		22608	29495	39867	47719	51082	52005	59491	77886	89403	92395	98611	101395	98696
张家畈枢纽至临浦		22606	30997	41484	45927	47238	47765	53231	67309	77052	83841	91829	92873	88493
临浦至杨汛桥								51399	53588	60053	62549	66632	65262	62964
浦阳至临浦								59622	65666	75225	81374	88358	88252	84019
浦阳至次坞			23185	30947	40981	45329	46210	46354	59422	65801	75853	81693	88286	87866	83715
直埠枢纽至次坞		23261.5（次坞至诸暨）	30157.5（次坞至诸暨）	38405（次坞至诸暨）	41693（次坞至诸暨）	41824.5（次坞至诸暨）	41196	47598	60309	68894	75009	81271	80150	74852
直埠枢纽至诸暨							41196	43384	50806	51578	54247	58702	61077	49482
牌头至诸暨		20920	27470	35140	38222	38034	38428	39878	46992	47409	49859	54135	56470	44508
郑家坞至牌头		19674	26654	34503	37471	37292	37680	39040	45191	45137	48510	51900	53807	34620
浦江至郑家坞		18677	25218	31661	33860	33118	33448	35994	42224	42061	44474	48950	50992	32717
义乌至浦江		18974	25567	31133	33637	32734	33067	35689	41819	41918	44406	48270	50145	32473
上溪至义乌		15649	22843	27385	27540	25623	25706	28017	34631	34938	37047	41694	44169	29170
上溪至傅村互通					32947	27047	27098	29290	35957	36454	38436	42783	44373	33127
鞋塘至傅村互通					41485	36605	36914	39470	48610	50324	52923	58387	61539	55102
金华东至鞋塘	鞋塘至上溪	17401	26201	30984	37308	36503	36902	39403	48335	49965	52471	57405	60624	54499
金华至金华东	金华至鞋塘	17476	20113	24368	34013	30389	30000	34635	42956	45824	47808	52186	54971	52942
兰溪至金华		15469	20859	26749	30331	26766	26490	31158	39487	42547	44250	48295	51395	50192

续上表

年份	2002	2003	2004	2005	2006	2007	2008	2009	2010	2011	2012	2013	2014	2015
金华西至兰溪		13446	18303	24004	27561	24051	23191	27614	35213	37593	39137	42535	44331	42768
游埠至金华西		13435	18147	23762	27263	23930	23171	27460	35257	37807	39386	42639	44708	43064
龙游至游埠		13303	17933	23554	26690	23001	22149	26467	34127	36795	38437	41613	43289	41624
龙游至杭金衢龙游交界		13509（龙游至沈家）	17808（龙游至沈家）	22692（龙游至沈家）	22121	22613	21681	25882	33342	36121	37670	40743	41915	40510
沈家至杭金衢龙游交界					30074	32534	35856	40716	48234	54966	58430	63266	64791	67910
衢州至沈家		8834	13810	17956	22032	26636	29575	35129	41759	48484	51881	56676	57101	61355
五里枢纽至衢州		11509.5（衢州至阁底）	13228（衢州至阁底）	17199.5（衢州至阁底）	21269（衢州至阁底）	25593（衢州至阁底）	29222	33888	40892	48250	52156	57251	57453	61966
五里枢纽至阁底							27703	30934	37389	41796	43994	47507	47152	48301
常山至阁底		11333	13023	16921	20866	25077	27071	30327	36561	40449	42268	45855	45183	45801
球川至常山		9816	11375	14459	18351	21359	22833	25352	30507	34014	35252	38201	38551	38739
窑上至球川		9868	11396	14344	18142	21087	22481	24785	29944	33031	34003	36672	37894	37354

第十节　G92 杭州湾地区环线

杭州湾地区环线高速公路,简称杭州湾环线高速公路,编号为 G92,起点位于松江区上海绕城高速公路大港立交,终点位于嘉兴海盐枢纽。规划里程 360km,通车里程 202km,其中六车道 89km,八车道及以上 113km。经过上海市、浙江省(嘉兴、海宁、杭州、宁波)。

G92 杭州湾环线高速公路浙江段依次由以下由九段组成:沪杭高速公路[沪浙省界(枫泾)至嘉善枢纽]、杭州湾跨海大桥北接线(嘉善枢纽至乍浦枢纽)、杭浦高速公路(乍浦枢纽至杭州绕城饶城东枢纽)、杭州绕城高速公路(杭州绕城饶城东枢纽至红垦枢纽)、杭甬高速公路(红垦枢纽至宁波绕城高桥枢纽)、宁波绕城公路(宁波绕城高桥枢纽至前洋枢纽)、杭州湾跨海大桥南接线(前洋枢纽至杭州湾跨海大桥南)、杭州湾跨海大桥(杭州湾跨海大桥南至杭州湾跨海大桥北)和杭州湾大桥北接线(杭州湾跨海大桥北至乍浦枢纽)。其中上海至杭州部分为浙江杭浦高速公路,杭州至宁波部分为原先的杭甬高速公路。杭州湾环线高速公路已经于 2008 年 5 月 1 日全线通车。杭州湾环线高速环绕杭州湾,是浙江省环杭州湾产业带和环杭州湾城市群的重要支撑;杭浦高速公路段是杭州与上海之间继沪杭高速公路之后的第二通道,杭甬高速公路连接浙江杭州、宁波两大长三角中心城市,是浙江经济最为发达的地区,杭州湾地区环线高速公路对浙江经济社会发展具有重要作用。

本节重点实录杭州湾地区环线非共线段杭浦高速公路、杭甬高速公路、杭州湾跨海大桥北连接线三段,路网位置如图 7-10-1 所示,项目信息见表 7-10-1。共线段沪杭高速公路见 G60 上海至昆明高速公路,杭州绕城高速公路见 G2501 相关内容,宁波绕城公路见 G1501 相关内容,杭州湾跨海大桥及其南北接线见 G15 沈阳至海口高速公路。

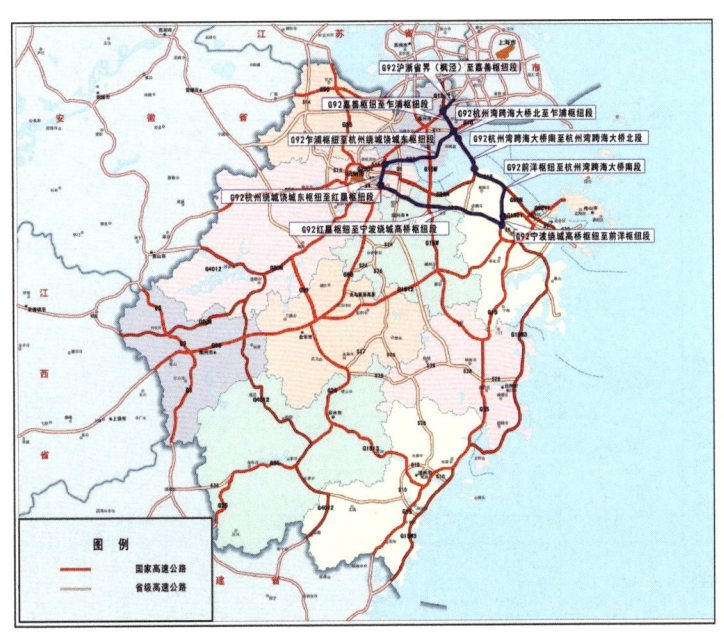

图 7-10-1 G92(杭州湾地区环线)浙江段路网位置示意图

G92(杭州湾地区环线)杭浦高速公路、杭甬高速公路、杭州湾跨海大桥北接线

(一)项目概况

1. 基本情况

(1)功能定位

杭浦高速公路是杭州与上海间的一条高速公路,起自杭州绕城高速公路北线之大井互通,经乔司、翁埠、盐官、海宁、海盐、平湖至上海浦东,其中浙江省境内全长约110.77km。2008 年 1 月,杭浦高速公路建成通车,进一步加强了浙江省与上海市及长三角城市群的联系,促进长三角地区产业结构和布局的合理化,打造"长三角"3 小时都市交通圈,加快环杭州湾产业带的形成和发展,带动沪浙间旅游事业的发展,缓解沪杭高速公路的交通压力,为浙江省全面接轨"大上海",融入"长三角"做好交通基础设施保障。同时,该工程建成后,杭州东部又增加一个便捷的进出城口,将对缓解市区交通"两难"起到重要作用。

G92 高速公路项目信息采集表

表 7-10-1

序号	国高	项目名称	规模(km) 合计	规模(km) 八车道及以上	规模(km) 六车道	规模(km) 四车道	建设性质(新、改扩建)	设计速度(km/h)	永久占地(亩)	投资情况(亿元) 估算	投资情况(亿元) 概算	投资情况(亿元) 决算	资金来源	建设时间(开工~通车)
1	G92	杭浦高速公路项目	68.52		68.52		新建	120	7634.66			55.15	中央补贴、地方自筹	2004.11~2008.1
2		杭州至宁波高速公路工程	112.60			112.60	新建	120	11480.20	13.95	29.55	28.13	车辆购置附加费补助,补助额度占三分之一;交通部高等级公路建设资金和省自筹资金,共安排三分之一;世界银行贷款三分之一	1994.2~1998.12
3		沪杭甬高速公路红垦至沽渚段拓宽工程	43.78	43.78			改扩建	120	296.00	6.21	5.58	5.06	沪杭甬公司自筹	2000.10~2003.12
4		沪杭甬高速公路沽渚至宁波段拓宽工程	68.30	68.30			改扩建	120	1318.72	20.42	19.03	16.77	沪杭甬公司自筹	2004.10~2007.11
5		杭州湾跨海大桥北岸连接线	20.86		20.86		新建	120	4580			19.03		2004.9~2008.1

杭甬高速公路是浙江省内第一条建成通车的高速公路,连接杭州市至宁波市,其中红垦至高桥路段为中国国家高速公路网 G92(杭州湾环线高速)的组成部分,彭埠至红垦、高桥至宁波东属于浙江省级高速公路,编号分别为 S2 和 S5。杭甬高速公路连接浙江杭州、宁波两大长三角中心城市,是长三角高速公路网的重要骨架,为浙江大力发展环杭州湾产业带看,带动杭州、绍兴、宁波三个城市发展,促进宁波至舟山港集疏运发展具有重要作用。

杭州湾跨海大桥北接线是杭州湾跨海一通道重要组成部分。位于浙江省北部的嘉兴市境内,总体上处于我国经济发达的长江三角洲地区的东南部,是浙江省东部沿海地区连接上海的快速通道,也将加强宁波港与上海港的联系。

(2)技术标准

杭浦高速公路设计速度 120km/h,双向六车道,路基宽度 35m。杭甬高速公路原先建成时设计速度 120km/h,双向四车道,经过改扩建后拓宽为双向八车道,设计速度 120km/h。杭州湾跨海大桥北接线设计速度 120km/h,双向六车道,路基宽度 35m。

(3)建设规模

杭浦高速公路全长 114.32km。杭甬高速公路原全长 112.6km,2007 年 11 月拓宽工程完成后全长 112.08km。杭州湾跨海大桥北接线全长 20.86km。详见表 7-10-2 ~ 表 7-10-7。

G92 杭浦公路高速桥梁汇总表　　表 7-10-2

规模	名称	桥长(m)	主跨长度(m)	桥底净高(m)	跨越障碍物			梁式桥						
								钢筋混凝土梁桥			钢梁桥		组合梁桥		
					河流	沟谷	道路、铁路	简支梁桥	悬臂梁桥	连续梁桥	简支钢梁	连续钢梁	预弯混凝土梁	组合梁	钢管混凝土桁架梁
特大桥	盐官大桥	1014.04	37.5				√	√							
	海盐枢纽 9 号桥	1282.06	50				√			√					
	海盐枢纽 21 号桥	1053.67	35				√			√				√	
	海盐枢纽 25 号桥	1216.34	20.7				√								
大桥	绕城东枢纽 6 号桥	826.24	25				√							√	
	胡家兜连接线跨线桥	520.04	30				√								
	桐九分离式立交桥	500.8	62.8				√							√	
	丁桥分离立交桥	664.06	33				√	√							
	镇保公路分离立交桥	926.761	35				√							√	
	袁硖港大桥	984.04	30	√											
	丁桥分离式立交桥	674.04	26				√	√						√	
	袁尖公路分离立交桥	652.04	20			√									

续上表

规模	名称	桥长(m)	主跨长度(m)	桥底净高(m)	河流	沟谷	道路、铁路	简支梁桥	悬臂梁桥	连续梁桥	简支钢梁	连续钢梁	预弯混凝土梁	组合梁	钢管混凝土桁架梁
大桥	长山河大桥	534.05	80		√									√	
	东西大道分离式立交桥	840.04	25				√			√				√	
	里洪塘大桥	594.06	80		√					√				√	
	嘉南分离式立交桥	804.04	40				√							√	
	新湖盐公路分离式立交桥	568.69	25				√			√					
	盐嘉塘大桥	904.08	90		√									√	
	海王分离桥	597.4	30			√	√							√	
	盐荡分离桥	597.4	25				√			√				√	
	魏家浜桥	591.76	25			√	√								
	西元分离桥	503.74	20.5			√	√								
	海盐枢纽19号桥	791.08	25				√			√				√	
	绕城东枢纽2号桥	445.54	25				√							√	
	绕城东枢纽4号桥	425.54	25				√							√	
	绕城东枢纽5号桥	194.75	16				√	√							
	绕城东枢纽8号桥	122.77	20				√		√						
	绕城东枢纽9号桥	194.77	16				√	√							
	绕城东枢纽10号桥	292.02	20				√	√							
	长安镇桥	204.06	20				√	√							
	骑井分离桥	144.04	20				√								
	盐仓互通A匝道桥	355.12	30				√							√	
	盐仓分离立交桥	426	56				√							√	
	胡长分离立交桥	310	25				√			√				√	
	云沈分离立交桥	330	25				√			√				√	
	上塘河桥	374.04	30		√					√					
	宁袁塘1号桥	469.04	25		√					√					
	盐官互通A匝道	375.12	30				√	√						√	
	盐官互通D匝道	102.02	20				√	√							
	诸桥分离立交桥	304.06	20				√	√							
	丁桥互通A匝道桥	327.06	30				√							√	

续上表

规模	名称	桥长(m)	主跨长度(m)	桥底净高(m)	跨越障碍物			梁式桥						
								钢筋混凝土梁桥			钢梁桥		组合梁桥		
					河流	沟谷	道路、铁路	简支梁桥	悬臂梁桥	连续梁桥	简支钢梁	连续钢梁	预弯混凝土梁	组合梁	钢管混凝土桁架梁
大桥	海宁互通D匝道桥	102.53	20				√			√					
	海宁互通F匝道桥	232.06	30				√							√	
	年长港桥	312.4	35				√	√							
	南王分离式立交桥	445.12	35				√			√				√	
	海盐西互通A匝道桥	312.06	30				√							√	
	海盐西互通D匝道桥	164.04	20				√	√							
	海盐西互通F匝道桥	232.56	30				√			√					
	古荡河桥	182.46	25		√			√							
	海盐东互通A匝道桥	292.06	30				√			√				√	
	嘉盐公路分离桥	455.12	20				√	√		√					
	九塘公路分离桥	375.06	25				√	√		√					
	海盐枢纽10号桥	393.89	80				√							√	

G92杭甬高速公路桥梁汇总表　　表7-10-3

规模	名称	桥长(m)	主跨长度(m)	桥底净高(m)	跨越障碍物			梁式桥						
								钢筋混凝土梁桥			钢梁桥		组合梁桥		
					河流	沟谷	道路、铁路	简支梁桥	悬臂梁桥	连续梁桥	简支钢梁	连续钢梁	预弯混凝土梁	组合梁	钢管混凝土桁架梁
特大桥	曹娥江大桥	1160	35	4.5	√		√	√							
	3号五夫特大桥	1235.3	30	10.7			√			√					
大桥	上跨线桥	301.5	17.417	5			√	√						√	
	荷湖江	200	20	4.5	√			√						√	
	绍三线桥	308.8	20	5			√	√							
	上跨线桥	217.6	17.417	5			√	√							
	马山大闸江	112	16	4.5	√			√							
	沽渚1号分离立交	192	22	5			√	√							
	松厦立交	388	20	5			√	√							
	百松河大桥	301	20	5	√		√	√							
	东泊湖大桥	420	20	4.5	√		√	√							
	五夫分离立交	352	22	5			√	√							

续上表

规模	名称	桥长(m)	主跨长度(m)	桥底净高(m)	跨越障碍物			梁式桥						
								钢筋混凝土梁桥			钢梁桥		组合梁桥	
					河流	沟谷	道路、铁路	简支梁桥	悬臂梁桥	连续梁桥	简支钢梁	连续钢梁	预弯混凝土梁	组合梁	钢管混凝土桁架梁
大桥	6 牟山湖大桥	998.7	16	4	√					√					
	14 江夏大桥	131.9	16	2.4			√			√					
	18 号姚江大桥	734.04	90	2.7	√					√			√		
	29 前溪湖大桥	211.7	16	5.6	√					√					
	47 号茶园大桥	115.7	16	4			√			√					
	53 号童头湖桥	133.7	13	3.4	√					√					
	80 号洋溪河桥	179.7	16	1.8	√					√					
	105 号车厩西大桥	163.7	16	3.6	√					√					
	106 号车厩大桥	131.7	16	6.9			√			√					
	128 号大隐河桥	147.7	16	2.7	√					√					
	138 双家河大桥	148.6	16	3.8	√					√					
中桥	106 座，长 4118m														

G92 杭州湾跨海大桥北接线公路桥梁汇总表 表 7-10-4

规模	名称	桥长(m)	主跨长度(m)	桥底净高(m)	跨越障碍物			梁式桥						
								钢筋混凝土梁桥			钢梁桥		组合梁桥	
					河流	沟谷	道路、铁路	简支梁桥	悬臂梁桥	连续梁桥	简支钢梁	连续钢梁	预弯混凝土梁	组合梁	钢管混凝土桁架梁
特大桥	步云枢纽 2 号桥	1142.6	35				√			√			√		
	平湖塘特大桥	1162.04	80		√					√					
大桥	西塘桥互通 F 匝道桥	238.04	20				√			√					
	庄马线大桥	182.32	25				√			√					
	海盐枢纽 23 号桥	182.54	20				√			√					
	小圩分离	457.39	25				√			√					
	步云枢纽 7 号桥	524	30				√			√					
	步云枢纽 8 号桥	586.8	30				√			√					
	步云枢纽 11 号桥	446	35				√			√					
	步云枢纽 12 号桥	386	35				√			√					
	徐新桥	158.12	30		√					√					
	东港分离	482.44	25				√			√					

续上表

规模	名称	桥长(m)	主跨长度(m)	桥底净高(m)	跨越障碍物			梁式桥							
								钢筋混凝土梁桥			钢梁桥		组合梁桥		
					河流	沟谷	道路、铁路	简支梁桥	悬臂梁桥	连续梁桥	简支钢梁	连续钢梁	预弯混凝土梁	组合梁	钢管混凝土桁架梁
大桥	平湖互通3号桥	854.04	20				√			√					
	平湖互通4号桥	356.98	20				√			√					
	平湖互通8号桥	243.16	20				√			√					
	平曹线大桥	132.32	25				√			√					
	严家门分离	357.44	25				√			√					
	陶家浜分离	357.44	25				√			√					
	陈家头分离	307.44	25				√			√					
	海盐枢纽2号桥	977.46	80				√							√	
	海盐枢纽4号桥	376.1	80				√							√	
	海盐枢纽6号桥	553.06	28				√							√	
	海盐枢纽7号桥	122.54	20				√			√					
	海盐枢纽16号桥	543.46	25				√							√	

(杭州湾地区环线)杭浦高速公路路面结构表　　　　表7-10-5

路面形式	起讫里程	长度(m)	水泥混凝土路面	沥青路面
柔性路面	全线(上下行)	112692		沥青混凝土路面

(杭州湾地区环线)杭甬高速公路路面结构表　　　　表7-10-6

路面形式	起讫里程	长度(m)	水泥混凝土路面	沥青路面
柔性路面	K188+024~K300+623.46	112600		沥青混凝土路面

(杭州湾地区环线)杭州湾跨海大桥北接线路面结构表　　　　表7-10-7

路面形式	起讫里程	长度(m)	水泥混凝土路面	沥青路面
柔性路面	S7 K24+000~K44+870	20870		沥青混凝土路面

(4)主要控制点

临平、盐仓、盐官、海宁、南北湖、海盐、乍浦、独山、新仓、全塘,萧山机场、瓜沥、柯桥、绍兴、上虞、牟山、余姚、大隐、步云、平湖、嘉善、新丰、大云。

(5)地形地貌

经过浙北、浙东,属平原区。

(6)投资规模

杭浦高速公路投资决算55.15亿元。

杭州至宁波高速公路投资概算 29.55 亿元，改扩建投资决算 28.13 亿元。

沪杭甬高速公路红垦至沽渚段拓宽工程投资决算 5.06 亿元。

沪杭甬高速公路沽渚至宁波段拓宽工程投资决算 16.77 亿元。

杭州湾跨海大桥北接线投资决算 19.03 亿元。

(7) 开工及通车、竣工时间

杭浦高速公路于 2004 年 11 月开工建设，于 2008 年 1 月建成。

杭甬高速公路杭州至上虞段于 1992 年 9 月开工建设，于 1995 年底建成通车，上虞至宁波段于 1996 年开工建设，于 1999 年竣工。杭甬高速公路红垦至沽渚段拓宽工程于 2000 年 10 月至 2003 年 12 月进行，沽渚至宁波段拓宽工程于 2004 年 10 月至 2007 年 11 月进行。

杭州湾跨海大桥北接线于 2004 年 9 月开工建设，于 2008 年 1 月建成。

2. 前期决策情况

杭州至上海浦东高速公路是国家重点公路建设规划黑龙江嘉荫至福建南平高速公路的重要组成部分，是"浙江省公路水运交通建设规划"中"两纵两横十八连三绕三通道"公路主骨架的重要"一连"，也是杭州市实施以"六线一通道"为主要内容的"东网加密"工程的重要项目之一，是杭州市、浙江省"接轨上海"的又一便捷通道。杭浦高速起自杭州绕城高速公路北线之大井互通，经乔司、翁埠、盐官、海宁、海盐、平湖至上海浦东，其中浙江省境内全长约 110.77km，设计速度 120km/h，双向六车道，路基宽度 35m。杭州段工程位于余杭境内，长 9.538km，概算投资 10.17 亿元，横跨杭州绕城高速公路北线、沪杭高速公路和 09 省道，其中大井枢纽、临平互通和 3765m 长的特大立交桥为本项目的 3 项重点结构和控制性工程。全线计划 2007 年底前建成通车。

杭州湾跨海大桥北接线是杭州湾跨海大桥的配套工程，也是我国"五纵七横"国道主干线同江到三亚沿海大通道的重要组成部分，同时也是"浙江省公路水运交通建设规划"中"两纵两横十八连三绕三通道"规划中的重要组成部分。

2004 年 12 月 28 日杭浦高速公路（杭州至上海浦东）（浙江段）在余杭正式开工。作为沪杭高速公路的复线，杭浦高速公路工程的启动，标志着杭州与上海公路网络的对接已步入加速阶段。

2008 年 1 月 28 日，连接上海与浙江的第三条高速通道杭浦高速公路（杭州至浦东）建成通车。杭浦高速公路由杭州直达上海浦东，全长 112km，双向六车道，设计速度 120km/h，与上海 A4 公路杭浦高速公路相接。作为沪浙主干道沪杭高速公路的复线，杭浦高速可以有效分流沪杭高速公路前往浦东的客流，并为杭州湾跨海大桥提供连接上海最直接的通道，将大大缓解沪杭高速公路这一长三角大动脉现有的交通压力。

对杭州城北、城西的市民来说，可以通过新建成的石大快速路驶上杭浦高速公路。石大快速路起自石桥路与石祥路相交叉的石桥立交，自西往东途经华中路、同协路、沪杭铁路、笕丁路,与杭浦高速公路大井立交相接,设计速度80km/h。

杭浦高速公路开通后,杭州到上海浦东的时间将大大缩短。特别是杭浦高速公路的起点设在绕城高速公路大井互通处,连接杭州绕城高速公路北线,通过杭州石大路将这条高速公路与杭州绕城高速公路有机地连接了起来,极大地方便了杭州市区与上海浦东方向的交通,扩大了绕城高速公路的集散和过境功能。建成以后,杭州市区与上海方向、绕城高速公路以西(安徽、千岛湖)与上海方向以及杭州市区与绕城高速公路以东(下沙、沪杭高速公路)之间的交通更为便捷。

该工程建成后,将进一步加强浙江省与上海市及长三角城市群的联系,促进长三角地区产业结构和布局的合理化,打造"长三角"3小时都市交通圈,加快环杭州湾产业带的形成和发展,带动沪浙间旅游事业的发展,缓解沪杭高速公路的交通压力,为浙江省全面接轨"大上海",融入"长三角"做好交通基础设施保障,以"沪杭第二通道"的身份迎接2010年上海世界博览会的举办。同时,该工程建成后,杭州东部又增加一个便捷的进出城口,将对缓解市区交通两难起到重要作用。

沪杭甬高速公路是浙江开建的第一条高速公路,途经嘉兴、杭州、绍兴、宁波四个地市,全长248km。沪杭甬高速公路于1992年开工建设,杭甬段于1996年建成通车,沪杭段于1998年建成通车。素有"浙江第一路"之称。它不仅是浙江接轨大上海的"黄金通道",还是"宁波—舟山港"、绍兴中国轻纺城货物集疏运输的"主渠道"。沿线还分布着萧山、海宁、慈溪等浙江2/3的全国社会经济综合百强县(区)。沪杭甬高速公路拓宽工程分三期实施:一期工程为杭甬红垦至沽渚段,全长44km,已于2003年底建成通车;二期工程为沪杭枫泾至大井段,全长95.612km,已于2005年底建成通车;三期工程为杭甬沽渚至宁波段全长80.82km,于2007年12月6日建成通车,完成了浙江省政府拓宽工程提前一年全线通车的目标。

沪杭甬八车道拓宽工程是浙江省政府2003年第一次省长办公会议确定的基础设施工程之一。它也是国内第一条在不中断交通、不对车辆进行分流的情况下,按照"边营运、边施工"方式实施拓宽改造的高速公路。

车道增加后,通行能力大大提高,设计车流量可从日均5万辆提高到10万辆,同时还增设了长安服务区、桐乡互通、宁波绕城互通、余姚肖东枢纽。沪杭甬高速公路上海段因为是六车道,上海也专门在沪浙交界处新修亭枫高速公路接线,以分流沪杭甬浙江段八车道的车流。

一期拓宽工程中,增设港湾式停车带,利用已征六车道土地建了八车道高速,节省土地600多亩;在二、三期拓宽工程中,长山河大桥和姚江大桥在不影响通航、通车的情况下,老桥和新桥的左、右幅实施灵活的"拆三建三"方案,在全国高速公路施工中树立了典范。

3. 参建单位主要情况

(1)勘察设计单位

杭浦高速公路项目:浙江省交通规划设计研究院。

杭甬高速公路项目:浙江省交通规划设计研究院、黑龙江省公路勘测设计院、交通部公路科学研究院、辽宁省交通勘测设计院。

杭甬高速公路拓宽工程项目:浙江省交通规划设计研究院。

杭州湾跨海大桥北接线项目:浙江省交通规划设计研究院。

(2)施工单位

杭浦高速公路项目:路桥集团第二公路工程局第一工程处、贵州省公路工程总公司、贵州省公路桥梁工程总公司、杭州市交通工程集团有限公司、中铁十七局集团第六工程有限公司、中国冶金建设集团公司、中铁九局集团有限公司、浙江省交通工程集团有限公司、中铁二局集团第五工程有限公司、中国路桥(集团)有限公司、中国建筑第七工程局、中铁五局(集团)有限公司、中港第三航务工程局、山东路桥(集团)有限公司、中铁三局集团第五工程有限公司、上海警通路桥建设有限公司、浙江省交通工程集团有限公司、浙江省宏途交通工程建设有限公司、东盟营造工程有限公司、杭州公路交通设施工程有限公司、杭州华兴交通设施工程有限公司、南湖天弘交通建设工程有限公司、宜兴公路交通设施有限公司、东盟营造工程有限公司、浙江昆仑建设集团股份有限公司、浙江中富建筑集团股份有限公司、浙江德胜建设集团有限公司、浙江华鹏建设集团有限公司、北京云星宇交通工程有限公司。

杭甬高速公路项目:沈阳高等级公路建设总公司、河北省公路工程局和杭州市公路工程处联合、浙江省路桥工程处、浙江省路桥工程处、中国建筑第一工程局、浙江省路桥工程处、中国建筑第一工程局、浙江省建工、闽江工程公司、清华紫光股份有限公司、余姚市城建建设公司、宁波第二建筑公司、宁波同三建设有限公司。

杭甬高速公路拓宽工程项目,一期:东盟营造工程有限公司、中港第三航务工程局、浙江省交通工程建设集团有限公司;三期:中铁十三局集团第三工程有限公司、浙江省交通工程建设集团有限公司、中铁十三局集团有限公司、浙江交工路桥建设有限公司、沈阳高等级公路建设总公司、江苏润扬交通工程集团有限公司、杭州萧山巨神园林绿化有限公司、浙江达华园林建设有限公司、绍兴华绿园林建设有限公司。

杭州湾跨海大桥北接线项目:中铁四局集团第一工程公司、中铁十一局集团第三工程公司、中铁十二局集团第四工程公司、中铁四局集团公司、浙江省交通工程建设集团、东盟营造工程有限公司、台州路马交通安全设施有限公司、江苏中路交通工程有限公司。

(3)监理单位

杭浦高速公路项目:杭州交通工程监理咨询有限公司、北京华通公路桥梁监理咨询公司、山东省交通工程监理咨询公司、江苏交通工程咨询监理有限公司、江苏华宁交通工程咨询监理公司、杭州诚信投资建设管理有限公司、山东省交通工程监理咨询公司、浙江经建工程管理有限公司、北京泰克化成技术信息咨询有限公司、铁道部第四勘察设计院、江苏河海工程技术总公司。

杭甬高速公路项目：杭甬高速公路总监理工程师办公室。

杭甬高速公路拓宽工程，一期：杭州顺畅交通工程监理咨询有限公司、金华市公正公路工程监理咨询有限公司、北京育才交通工程咨询监理总公司；三期：黑龙江省远升监理咨询有限公司、中国公路工程咨询监理总公司、黑龙江华龙公路工程监理咨询公司。

杭州湾跨海大桥北接线项目：江苏省交通工程咨询监理总公司、江苏华宁交通工程监理咨询公司。

（二）建设情况

1. 项目审批

该项目严格执行了交通基本建设程序，从预可行性研究、工程可行性研究、初步设计、施工图设计、工程施工、监理招投标及工程开工报告的审批，各个环节手续齐全，具体如下：

（1）杭甬高速公路

①1989年11月，国家计委批准建设杭甬高速公路。

②1989年4月，钱江二桥会审。

③1997年，沪杭甬高速公路H股上市。

④杭甬高速公路是中国第三批世界银行公路贷款项目（工程总投资中世界银行贷款2亿美元），也是浙江省"八五"重点建设项目。1986—1988年，浙江省交通设计院通过现场踏勘，交通量OD调查，地质勘查，几易其稿，于1988年5月27日，向国家计委、交通部上报《杭州至宁波（北仑港）高速公路项目建议书》（8月，完成续编）；6月，向国家计委、交通部上报《杭甬高速公路可行性研究报告》；同月，浙江省环保科研所编就《杭甬高速公路工程环境影响评价报告书》。杭甬高速公路建设资金来源，由国家车辆购置附加费补助、交通部高等级公路建设资金和省自筹资金、世界银行贷款（各占1/3）组成。1989年1月，按世界银行项目采购指南，相继完成项目鉴别、准备预评估、评估、谈判等阶段。11月24日，国家计委批准杭甬高速公路项目建议书。1990年1月，编就《杭甬高速公路可行性研究报告》（最终报告）；12月，国家计委批准杭甬高速公路可行性研究报告。工程总投资控制在人民币18亿元以内（其中世界银行贷款2亿美元）。

⑤1991年8月，交通部《关于杭州至宁波高速公路初步设计文件的批复》（交工字〔1991〕541号）批准杭甬高速公路初步设计，核定概算为231868.0816万元；在建设过程中，由于部颁《公路基本建设工程概算、预算编制办法》《公路工程概预算定额》《公路工

机械台班费用定额》的修订,工料机价格的调整及政策性调价等因素的影响,1996年1月,交通部以交公路发〔1996〕91号文件批准杭甬高速公路概算调整为381215.6630万元。

⑥杭甬高速公路建设项目对周围环境影响的评价工作,由浙江省环保科研所承担。1988年6月,《杭甬高速公路工程环境影响评价报告书》编就,1991年2月22日,国家环境保护局批准该报告书。

(2) 杭甬高速公路红垦至沽渚段拓宽工程项目

①1998年9月2日,省计划经济委员会批准工程项目建议书;12月17日,省计划经济委员会批准工程可行性研究报告,批准项目估算投资34527万元。1999年,浙江沪杭甬高速公路拓宽工程建设指挥部委托浙江省交通规划设计研究院完成项目初步设计,经省交通厅审核后转报省计划经济委员会审批;1999年9月21日,省计划经济委员会批准项目初步设计,同意工程由原四车道拓宽为六车道,工程总里程43.72km,设计速度120km/h,路基宽度35m,路面设计标准轴载BZZ-100,桥涵设计荷载为汽超—20,挂—120,桥涵与路基同宽,设计洪水频率,特大桥为1/300,其他桥涵与路基为1/100;核定征地数317亩,概算数42454万元。所需资金由浙江沪杭甬股份有限公司自筹。

②2003年2月21日,省政府要求沪杭甬高速公路拓宽成八车道,将最初规划分4期改造缩短为分3期改造,并要求拓宽一期提前至2003年底建成。浙江沪杭甬高速公路拓宽工程建设指挥部根据省政府的决定,以及红垦至沽渚段拓宽工程的建设现状,报经省发展计划委员会批准,将红垦至沽渚段拓宽工程建设标准由六车道变更为八车道,即中央分隔带2.5m+左侧路缘带2×0.5m+行车道(3×3.75m+3.5m)+右侧路缘带2×0.5m;同时每隔500m增设3m宽港湾式紧急停车带;原批准的总概算42454.46万元调整为55572.81万元。

③2000年3月,国家电力公司华东勘测设计研究院承担项目的水土保持评价工作,编就《杭甬高速公路红垦至沽渚段拓宽工程项水土保持方案报告书》;6月27日,省水利厅批准同意项目水土保持方案报告书。

④2000年8月,省交通规划设计研究院承担项目的环境影响评价工作,编就《杭甬高速公路红垦至沽渚段拓宽工程项目环境影响报告》,报省交通厅审批后转报省环境保护局;2000年9月17日,省环境保护局批准项目环境影响报告。

(3) 杭甬高速公路沽渚至宁波段拓宽工程项目

①2003年,浙江省发改委以浙计函〔2003〕190号文批复沪杭甬高速公路拓宽沽渚至宁波段工程可行性研究报告,批准项目估算投资23.8亿元。

②2004年2月,省交通规划设计研究院完成项目初步设计,经省交通厅审核后转报

省计划经济委员会审批;3月11日,省发展和改革委员会批准项目初步设计,核定项目征地数1536.9亩,建设工期42个月,概算22.18余亿元。所需资金由浙江省沪杭甬高速公路股份有限公司自筹。

③2008年1月17日,省交通厅批准浙江沪杭甬高速公路拓宽工程建设指挥部根据项目实际,提出增加保留硬路肩、增加征地拆迁费用等7项变更,批复概算建安费核减1705万元,预备费增加列支3074万元。

④2004年4月26日,水利部批准项目水土保持方案,同意水土保持投资(不含主体工程已计列部分)459.20万元,其中水土保持设施补偿费68.97万元(其中上虞8.13万元、余姚41.14万元、鄞州19.70万元)。

⑤2004年11月26日,省环境保护局批准同意项目环境影响报告书。

⑥2004年,浙江省发改委以浙计函〔2004〕5号文批复杭浦高速公路杭州大井至海宁袁花段工可。

⑦2004年,浙江省发改委以浙计函〔2004〕4号文批复杭浦高速公路海宁袁花至平湖新仓段工可。

⑧2004年,交通部以交规划发〔2004〕77号文批复杭州湾大桥北接线工程可行性研究报告。

2. 资金筹措

杭浦高速公路资金来源以地方自筹为主,并申请银行贷款。

杭甬高速公路新建项目概算总投资29.55亿元,国家用车辆购置附加费补助,补助额度占三分之一;交通部高等级公路建设资金和省自筹资金,共安排三分之一;向世界银行贷款三分之一。杭甬高速公路拓宽工程概算总投资24.61亿元,沪杭甬公司自筹。

3. 合同段划分

合同段划分情况见表7-10-8。

G92(杭州湾地区环线)杭浦高速公路、杭甬高速公路划分情况表 表7-10-8

标段号	标段所在地	工程内容及长度	施 工 单 位
杭州至宁波高速公路工程(新建)			
2	萧山	土建,长16.848km	沈阳高等级公路建设总公司、河北省公路工程局和杭州市公路工程处联合
3	绍兴	土建,长23.304km	浙江省路桥工程处
4	上虞	土建,长24.630km	浙江省路桥工程处
5	余姚	土建,长17.244km	中国建筑第一工程局
6	余姚	土建,长24.023km	浙江省路桥工程处、中国建筑第一工程局
7	鄞州	土建,长6.532km	浙江省建工、闽江工程公司
	全线	机电,长112.6km	清华紫光股份有限公司

续上表

标段号	标段所在地	工程内容及长度	施工单位
沪杭甬高速公路红垦至沽渚段拓宽工程(改建)			
101	杭州	土建,长16.3482km	东盟营造工程有限公司
102	绍兴	土建,长11.052km	中港第三航务工程局
103	上虞	土建,长15.350km	浙江省交通工程建设集团有限公司
沪杭甬高速公路沽渚至宁波段拓宽工程(改建)			
301	上虞	土建,长7.55km	中铁十三局集团第三工程有限公司
302	上虞	土建,长14km	浙江省交通工程建设集团有限公司
303	余姚	土建,长13km	中铁十三局集团有限公司
304	余姚	土建,长16.2km	浙江交工路桥建设有限公司
305	余姚	土建,长15.37km	沈阳高等级公路建设总公司
306	鄞州	土建,长3.229km	江苏润扬交通工程集团有限公司
L1	上虞	绿化,长21.55km	杭州萧山巨神园林绿化有限公司
L2	余姚	绿化,长29.1km	浙江达华园林建设有限公司
L3	余姚、鄞州	绿化,长18.699km	绍兴华绿园林建设有限公司

4. 征地拆迁

征地拆迁统计见表7-10-9。

G92(杭州湾地区环线)杭浦高速公路、杭甬高速公路征地拆迁统计表　　表7-10-9

项　目	征地拆迁安置起止时间	征用土地(亩)	拆迁房屋(m^2)	支付补偿费用(元)
杭浦一期	2004.9~2008.1	12739.308	499857	132827.6683
杭州至宁波高速公路工程(新建)	1993.4~1995.3	11480.47	164581.60	18906.9238
沪杭甬高速公路红垦至沽渚段拓宽工程(改建)	1999.10~2003.1	296	12746	1602.4867
沪杭甬高速公路沽渚至宁波段拓宽工程(改建)	2003.10~2007.11	1436	55400	13943
杭州湾跨海大桥北接线一期	2004.9~2008.1	5387	245769	62003

5. 项目实施阶段

杭浦高速公路于2004年11月开工建设,于2008年1月建成。

杭甬高速公路于1994年2月开工建设,于1998年12月建成通车。杭甬高速公路红垦至沽渚段拓宽工程于2000年10月至2003年12月进行,杭甬高速公路沽渚至宁波段拓宽工程于2004年10月至2007年11月。

(三)复杂技术工程

杭州湾跨海大桥是我国首批建造的现代化超大型跨海桥梁,是一项极具开拓性、挑战性和风险性的工程。大桥全长36km,是目前世界上最长的跨海大桥。工程主要难点有:

(1) 自然条件恶劣。大桥地处强潮海域,最大潮差 7.57m,最大流速 5.16m/s;大风大雨大雾频发,灾害天气对施工和行车安全构成严重威胁;软土厚,冲刷深,沿线浅层气富集,地质条件复杂;海水对结构腐蚀严重,耐久性问题突出;南岸滩涂长达 10km,潮汐涨落,施工难度大。

(2) 桥混凝土 245 万 m^3,钢材 80 余万吨,工程规模浩大,海上年有效工作日不足 180 天,工期矛盾突出。

建设之初可借鉴的工程经验少,不可预见因素多,海上施工装备缺乏。针对复杂的建设条件,开展技术攻关,形成以下自主创新成果:

(1) 设计理念创新。针对强潮海域恶劣的自然条件,提出了"工厂化、大型化和机械化""施工方案决定设计方案"和"结构设计使用寿命大于 100 年"等设计创新理念,变海上作业为陆上作业,最大限度地减少了海上施工作业量,奠定了跨海长桥建设的基本原则,降低了工程施工风险,保证了工程质量,提高了结构耐久性,缩短了建设工期,节省了工程造价,保障了运营安全。

(2) 大吨位 50m 预应力混凝土箱梁整体预制和梁上运输架设技术。针对杭州湾南岸长达 10km 滩涂区的施工难题,创造性地利用 4 片箱梁分摊运梁荷载,合理设计运架体系,并研制了技术先进的搬、运、架成套设备,实现了梁上运梁方案经济性和合理性的高度统一,将梁上运梁和架设重量的世界纪录由 900t 提升到 1430t。

(3) 大吨位 70m 预应力混凝土箱梁整体预制和强潮海域海上运输、架设技术。海上 18.27km 长的深水区引桥采用 70m 预应力混凝土整体预制箱梁,创造性地采用低强度早期张拉技术,成功解决了大型混凝土箱梁早期开裂的世界性难题;研制了适应杭州湾强潮海域的运架一体吊装船,首次将国内海上整孔吊装能力提升到 3000t,架设高度提升到 57m。

(4) 海洋环境下混凝土结构耐久性技术。针对混凝土结构设计使用寿命大于 100 年的耐久性要求,结合杭州湾海洋环境,首次系统提出了"基本措施、附加措施和监测及评估措施"的重大混凝土工程耐久性体系。编制了相应的耐久性设计、施工、维护、监测预警、检验评定等技术文件;提出了以"三掺"技术提高混凝土自身品质和合理提高混凝土保护层厚度为主的耐久性综合措施;提出了混凝土耐久性的多重环境时间相似试验方法,并建立了原位监测系统和现场长期暴露试验站,从理论和试验两个方面进行了混凝土结构使用寿命预测。

(5) 大直径超长钢管桩设计、制造、防腐和沉桩技术。在国内缺乏设计规范和施工规程的情况下,突破欧美规范,首次在国内大规模采用螺旋焊缝钢管打入桩作为跨海大桥基础,攻克了大直径超长变壁厚螺旋焊缝钢管桩整桩制造、海洋环境下钢管桩防腐和强潮海域沉桩施工的技术难题。

(6)对海上长桥行车安全的影响和对策研究。在国内首次开展了灾害天气对海上长桥行车安全的影响和对策研究,提出了行车安全控制标准、安全保障体系、综合解决对策以及评价方法,首次实施了护栏与风障相结合的工程措施,全桥行车安全控制风速由8级提高到11级,显著降低了行车安全风险,为大桥安全运营创造了条件。

(7)域河工模型与往复流桥墩局部冲刷研究。首次对强潮海域往复流作用下桥墩局部冲刷进行了研究,建立了往复流桥墩局部冲刷计算公式,并通过模型试验与理论计算相互验证,得出了罕见深冲刷结论,为合理选择桥梁基础形式提供了重要依据。经工程实测,验证了往复流桥墩局部冲刷计算公式的正确性,填补了桥梁设计规范的空白。

(四)科技创新

1. 浙江舟山大陆连岛高速公路西堠门大桥技术研究

(1)大跨径悬索桥应用国产1770MPa主缆索股技术研究,成功应用于西堠门大桥主缆索股的制造,实现了高强镀锌钢丝国产化。

(2)西堠门大桥分体式钢箱梁受力性能及制造工艺研究,指导了西堠门大桥分体式钢箱梁的施工。

(3)西堠门大桥悬索桥抗风性能及风荷载研究,成功地解决了强台风区大跨悬索桥抗风稳定性难题。

(4)钢桥梁电弧喷涂层纳米改性封闭剂研制及工艺性能研究,已应用于西堠门大桥钢箱梁防腐。

(5)直升机牵引悬索桥先导索过海新技术研究,成功应用于西堠门大桥先导索过海,全过程仅耗时23min。

2. 浙江钱江通道预应力张拉程控系统与远程数据管理平台应用研究

钱江通道项目在对国内外预应力张拉系统进行调研的基础上,完善了TH-PT系列预应力张拉程控系统的功能,研究并解决了该系统在预制小箱梁、预制T梁、现浇盖梁、现浇连续箱梁、横向束扁锚等各种预应力构件中使用的通用性和适用性;同时,进行了基于物联网技术的远程数据管理平台的开发和使用,实现了预应力张拉施工过程的实时监控,并编制了《桥梁预应力智能施工技术指南》。研究成果在钱江通道及南接线工程和国内的其他实体工程中得到了验证和应用。研究过程中获得了"一种混凝土箱梁预应力张拉系统自动控制方法"一项发明专利和"预应力张拉数据管理平台"等四项软件著作权。

主要创新点:

(1)研发了使用超声波传感器测量伸长值的方法和"智能倒顶"的程序功能;提出了

回缩值、预拱度的精确量测方法;研发了基于液压模型的PID算法实现多个千斤顶力与伸长值双控的高精度同步控制。

(2)开发了基于物联网技术的远程数据管理平台,实现了预应力张拉施工作业的实时监控。经专家委员会鉴定,研究成果总体达到国际先进水平。

3. 浙江钱江通道现浇中小跨径连续单箱多室宽箱梁桥空间效应研究

钱江通道项目在总结现有空间分析理论成果基础上,对预应力混凝土桥梁的快速建模方法进行研究并开发了相关计算软件。通过实体单元法对现浇中小跨径连续单箱多室宽箱梁桥空间效应进行分析,揭示了宽箱梁的剪力滞效应分布规律,提出了适用于宽箱梁的有效分布宽度计算方法、偏载增大系数计算方法,得出了箱梁关键截面的横向应力状态分布规律。研究成果在钱江通道及接线工程南接线段得到了验证。

主要创新点:

(1)开发"桥梁荷载试验分析系统BLT",实现统一参数下的预应力混凝土箱梁的实体模型和梁格单元模型快速建立和互换,可对实体单元模型网格局部加密,提高计算精度。

(2)针对《公路钢筋混凝土及预应力混凝土桥涵设计规范》中有效分布宽度的规定,提出了宽幅箱梁参数修正和使用建议。

(3)采用实体单元法、平面框架法分析单箱五室宽箱梁横向应力分布规律的实证研究。经专家委员会鉴定,研究成果总体达到国际先进水平。

4. 沪杭甬高速公路拓宽工程通车状态下新老桥梁板拼接研究

2006年9月9日,沪杭甬高速公路拓宽工程建设过程中开展的"沪杭甬高速公路拓宽工程通车状态下新老桥梁板拼接研究"科技项目顺利通过浙江省交通厅组织的结题验收。鉴定委员会专家一致认为该项目研究成果能在不封闭交通情况下施工,且在拼接结构设计和施工工艺方面有多项改进,具有显著的经济效益和社会效益;该项目的研究成果达到国内领先水平。

5. 高速公路预付卡应用系统

(1)预付卡的初始化、发行、充值、查询、挂失等应用程序模块。

(2)预付卡管理应用程序:包括发行、充值、使用、查询、挂失、清账退款、报表等管理规程。

(3)建立预付卡促销、宣传等推广流程。

(4)在软件上实现预付卡与高速公路其他通行卡兼容,能在非接触式读写器上正常读写,并将预付卡所支付的费用及所剩余额打印在通行费发票上等功能。系统除在沪杭甬高速公路上成功应用外,目前已推广到省内其他高速公路。

(五)运营养护管理

1.服务设施

服务设施一览表见表7-10-10。

G92(杭州湾地区环线)杭浦高速公路、杭甬高速公路服务场区一览表　表7-10-10

服务区名称	位　　置	占地面积(m²)
海宁服务区	K145+700	85332
平湖服务区	K106	73332
绍兴服务区	K218+600	70000
余姚服务区	G92 K267+000	72429
南湖服务区	K28+900	100768

2.收费设施

收费设施一览表见表7-10-11。

G92(杭州湾地区环线)杭浦高速公路、杭甬高速公路收费设施一览表　表7-10-11

站点名称	车道数	收费方式
杭浦杭州北	17	人工与ETC相结合
杭浦临平	6	人工与ETC相结合
杭浦盐仓	5	人工与ETC相结合
杭浦盐官	7	人工与ETC相结合
杭浦海宁南	8	人工与ETC相结合
杭浦南北湖	6	人工与ETC相结合
杭浦海盐	5	人工与ETC相结合
杭浦乍浦	6	人工与ETC相结合
杭浦独山	5	人工与ETC相结合
杭浦新仓	5	人工与ETC相结合
杭浦全塘	36	人工与ETC相结合
机场	6+13	4条ETC,其余人工
瓜沥	4+6	4条ETC,其余人工
柯桥收费站	9+2	2条ETC收费,其余是人工收费
绍兴收费站	8+2	2条ETC收费,其余是人工收费
上虞收费站主站	4+2	2条ETC收费,其余是人工收费
上虞收费站副站	6+2	2条ETC收费,其余是人工收费

续上表

站点名称	车道数	收费方式
牟山主站	3+3	2条ETC收费,2条自助发卡,其余是人工收费
牟山副站	2+3	2条ETC收费,1条自助发卡,其余是人工收费
余姚主站	3+5	2条ETC收费,2条自助发卡,其余是人工收费
余姚副站	3+4	2条ETC收费,2条自助发卡,其余是人工收费
大隐主站	3+3	2条ETC收费,1条自助发卡,其余是人工收费
大隐副站	3+3	2条ETC收费,1条自助发卡,其余是人工收费
机场	6+13	4条ETC,其余人工
北接线平湖	6	人工与ETC相结合

3.交通流量

交通流量发展状况见表7-10-12。

G92(杭州湾地区环线)交通流量发展状况表(单位:pcu/d)　　表7-10-12

年份	2002	2003	2004	2005	2006	2007	2008	2009	2010	2011	2012	2013	2014	2015
全程加权平均值	30943	41243	47097	61799	68777	52831	38738	39153	46183	49790	51393	50590	53036	54028
嘉善至浙沪主线	23404	33555	35170	44543	55729	64547	56276	41748	52241	56183	61134	64625	69596	72453
步云枢纽至嘉善	23966	18013.5(嘉兴东至嘉善)	18931.5(嘉兴东至嘉善)	23447.5(嘉兴东至嘉善)	28930(嘉兴东至嘉善)	74830	57574	43077	53610	57780	62948	66829	72559	75474
平湖至步云枢纽							16267	11436	13397	16245	18019	18774	19604	18970
海盐枢纽(杭浦北接线)至平湖							16473	11883	14074	16929	18776	19575	20663	20065
西塘桥至海盐枢纽(乍嘉苏北接线)							16640	35028	47562	52858	50621	48035	45890	47957
乍浦至海盐枢纽(杭浦北接线)							15046	26395	20631	19888	19579	20953	25125	26977
海盐至海盐枢纽(杭浦乍嘉苏)							19182	17176	11857	11791	12947	15086	18526	25044
海盐至南北湖							18501	16341	11127	11199	12396	14562	18085	23608
南北湖至海宁枢纽												15582	19568	22448
海宁枢纽至海宁南												13533	15926	18369
海宁南至南北湖							18646	16602	11423	11532	13020	13098	20582	23412
海宁南至盐官							20204	18992	14544	15774	18298	19988	23180	25446
盐官至胡家兜							20686	19740	15364	16867	19714	21557	21459	22454

续上表

年份	2002	2003	2004	2005	2006	2007	2008	2009	2010	2011	2012	2013	2014	2015
胡家兜至绕城东枢纽							20922	19953	15755	17524	20725	23387	22746	23388
绕城东枢纽至下沙							61436	48909	57962	68029	79999	83710	80319	79554
下沙至红垦	18130	39449	48631	65729	84994	99797	90957	78628	98769	107608	109945	113804	130898	128555
机场至红垦	48891	61589	71421	92252	102692	107818	101236	88910	98395	102776	106856	111652	129754	137224
瓜沥至机场	50848	61496	67043	84421	93905	104361	95915	82185	83616	87501	93602	98911	101484	103510
柯桥至瓜沥	51716	60533	72199	90876	97708	104445	95684	84501	93423	96507	102183	104679	97853	99215
绍兴至柯桥	47025	56058	66847	85230	91264	97733	88996	78035	87528	89744	93905	95518	93440	93097
绍兴至沽渚	45882	54857	64227	84320	90599	97213	88193	76492	85236	87071	88942	90923	90505	91677
上虞至沽渚	28858	34708	38246	52074	56002	61909	54715	46195	55322	58475	60378	65708	75923	77195
牟山至上虞	11638	26474	30318	44029	46023	51477	47156	39508	47260	48720	50513	56368	69104	72935
余姚至牟山	10790	24736	27584	39876	41205	46274	42852	36542	44264	46067	48224	52315	62990	64489
大隐至余姚	10171	23450	24553	34793	36282	40292	41743	37277	46013	49147	51754	56071	66471	68142
高桥互通至大隐						43918	40472	37266	46823	50607	52171	56398	66681	68053
高桥互通至宁波北						2572	19535	34249	51767	58075	54063	56441	58700	59496
西塘桥至大桥起点(北)							21085	33972	46893	52456	51273	47857	44412	41944
海天一洲至大桥起点(北)							21085	33972	46893	52456	51273	47857	44412	41944
海天一洲至水路湾							21141	34030	46918	52430	51237	47822	44382	41897
庵东至水路湾							21141	34030	46918	52430	51237	47822	44382	41897
慈溪至庵东						291	11842	28186	39558	43994	42018	38551	33799	32976
观海卫至慈溪						797	11627	27412	38804	43752	42636	40416	36838	36142
掌起至观海卫						1470	13352	29177	40143	44431	42967	40785	36808	35456
慈城至掌起						2122	15371	31849	43040	47953	46849	45560	42527	40831
宁波北至慈城						1927	15167	31525	43108	48060	47147	46496	44093	42698

第十一节　G9211（宁波至舟山高速公路）（蛟川枢纽至定海双桥段）

宁波至舟山国家高速公路，简称"甬舟高速公路"，编号为 G9211，起点位于 G1501 宁波绕城高速公路蛟川枢纽，终点位于舟山市定海双桥，全长 46km，于 2010 年 12 月全线通车。位置示意图如图 7-11-1 所示，建设项目信息见表 7-11-1。

第七章 高速公路建设项目

G9211 蛟川枢纽至定海双桥段高速公路建设项目信息采集表

表 7-11-1

序号	国高	项目名称	规模（km）			建设性质（新、改扩建）	设计速度（km/h）	永久占地（亩）	投资情况（亿元）			资金来源	建设时间（开工~通车）
			合计	八车道及以上	六车道	四车道				估算	概算	决算		
1	G9211	舟山大陆连岛工程西堠门大桥	5.45			5.45	新建	80	1548	25	24.03	23.35	地方自筹、银行贷款	2004.5~2009.11
2		舟山大陆连岛工程金塘大桥	26.54			26.54	新建	100		85	83.18	81.95	地方自筹、银行贷款	2005.11~2009.11
3		舟山大陆连岛工程桃夭门大桥	3.86			3.86	新建	80					地方自筹、银行贷款	1999.9~2005.6
4		舟山大陆连岛工程响礁门大桥	0.95			0.95	新建	80	731	11	10.69	10.23	地方自筹、银行贷款	1999.9~2005.6
5		舟山大陆连岛工程岑港大桥	0.79			0.79	新建	80					地方自筹、银行贷款	1999.9~2005.6
6		舟山大陆连岛工程宁波连接线	4.14			4.14	新建	100	520.19	7.52	7.15	预计 10.15	资本金3亿元，其余由项目法人贷款解决	2007.9~2010.12（其中主线2009.12通车）

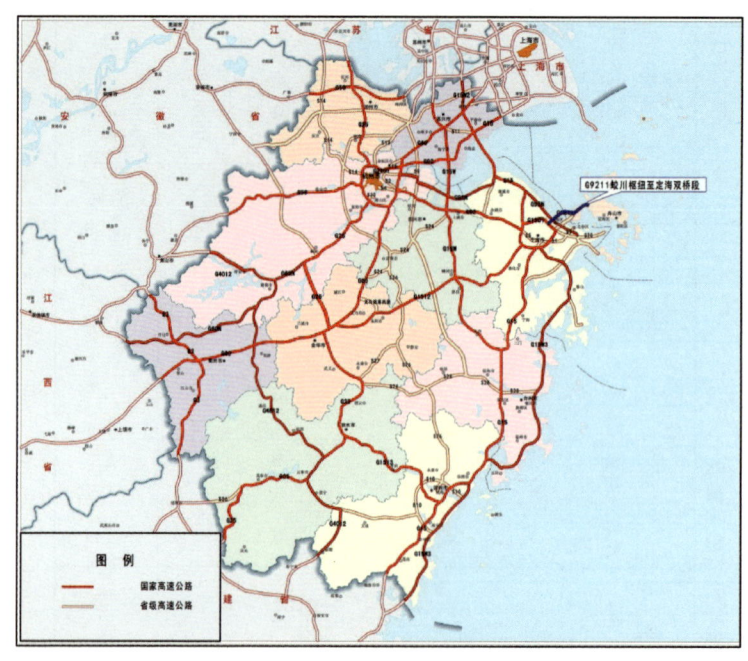

图 7-11-1　G9211 蛟川枢纽至定海双桥段公路路网位置示意图

G9211 蛟川枢纽至定海双桥段（舟山大陆连岛工程）（建设期 1999—2009 年）

（一）项目概况

1. 基本情况

（1）功能定位

舟山大陆连岛工程，使舟山从孤悬海中的岛屿变成同大陆相连的半岛，成为大陆伸向海洋的港口城市，实现了海岛同大陆的连接，对进一步开发舟山海洋资源，推动浙江省、长江三角洲乃至中国经济发展都具有深远的意义。

（2）技术标准

舟山大陆连岛工程主要技术指标：双向四车道高速公路，设计速度 100km/h，路基宽度一期工程 22.5m、二期工程 24.5m，桥涵与路基同宽，行车道宽度一期工程为 $2\times2\times3.5$m、二期工程为 $2\times2\times3.75$m。

（3）建设规模

项目全长 46km，其中跨海特大桥五座，总长 23646m，是中国规模最大的岛屿联络工程，也是仅次于日本本四联络工程的世界第二大岛屿联络工程，详见表 7-11-2～表 7-11-4。

第七章 高速公路建设项目

G9211 蛟川枢纽至海定双桥段桥梁汇总表

表 7-11-2

规模	名称	桥长(m)	主跨长度(m)	桥底净高(m)	跨越障碍物-河流	跨越障碍物-沟谷	跨越障碍物-道路、铁路	梁式桥-钢筋混凝土梁桥-简支梁桥	梁式桥-钢筋混凝土梁桥-悬臂梁桥	梁式桥-钢筋混凝土梁桥-连续梁桥	梁式桥-钢梁桥-简支钢梁	梁式桥-钢梁桥-连续钢梁	梁式桥-组合梁桥-预弯混凝土梁	梁式桥-组合梁桥-组合梁	梁式桥-组合梁桥-钢管混凝土桁架梁	梁式桥-钢筋混凝土梁-普通钢筋混凝土梁	梁式桥-钢筋混凝土梁-预应力混凝土梁	斜拉桥-结合梁-工字钢梁混凝土板	斜拉桥-结合梁-钢箱梁混凝土板	斜拉桥-结合梁-钢管桁架梁混凝土板	斜拉桥-结合梁-钢箱桁架梁混凝土板	斜拉桥-钢梁	斜拉桥-混合梁	悬索桥-悬带式	悬索桥-钢索式	刚构-桁架刚构	刚构-T形刚构	刚构-连续刚构	刚构-门式刚构	刚构-斜腿刚构
特大桥	陆上区引桥	1590	60				√																								
	西通到深水区非通航孔桥	4080	60		√					√																					
	西通航孔桥	330	156	17	√					√																					
	主通到西通非通航孔桥	8940	60		√					√																					
	金塘大桥主通航孔桥	1210	620	51	√																		√								
	东通到主通非通航孔桥	2700	60		√					√																					
	东通航孔桥	460	216	28.5	√																										
	金塘侧引桥	1007	60				√			√																					
	金塘互通主线桥	1356	60				√																								
	西堠门大桥-主桥	2228	1650	49.5	√																			√							
	桃夭门大桥	888	580	32	√					√												√									
	主线高架桥	3845	30	5	√					√																					
大桥	响礁门大桥	951	150	21	√					√																			√		
	岑港大桥	793	50	17.5	√					√																					

G9211 蛟川枢纽至定海双桥段隧道汇总表　　　表 7-11-3

规 模	名　　称	隧道全长（m）	隧道净宽（m）	隧 道 分 类					备 注
				按地质条件划分		按所在区域划分			
				土质隧道	石质隧道	山岭隧道	水底隧道	城市隧道	
中隧道	炮台岭隧道	710	11		√	√			

G9211 蛟川枢纽至定海双桥段路面信息汇总表　　　表 7-11-4

路面形式	起讫里程	长度(m)	水泥混凝土路面（按备注要求填写）	沥青路面（按备注要求填写）
刚性路面	K53+822~K54+120	298	普通混凝土路面	
柔性路面	k24+185~k56+175	31990		沥青混凝土路面
	K49+977~K53+822	3845		沥青混凝土路面

（4）主要控制点

里钓岛、富翅岛、册子岛、金塘岛、宁波镇海区。

（5）地形地貌

项目位于舟山群岛，整体上系天台山余脉向东北方向如海延伸的出露部分，地形总趋势由西南至东北逐渐降低。东部岛屿密集，多大岛，地势相对较高，一般大岛中央绵亘分水岭，山脚和滨海呈小块平地。

（6）投资规模

工程总投资估算 128.21 亿元，概算 125.05 亿元，决算 115.53 亿元，其中西堠门大桥和金塘大桥两个项目的概算投资决算是 105.3 亿元。

（7）开工及通车、竣工时间

1999 年 9 月开工建设，于 2009 年 12 月通车。

2. 前期决策情况

对于舟山大陆连岛的项目建设，早在 20 世纪 80 年代舟山撤地建市后，市委、市政府领导就提过建跨海大桥的设想。

从 1989 年舟山市委、市政府规划舟山"登陆工程"开始，舟山市大陆连岛工程已经悄然启动，后来舟山市委、市政府又根据江泽民同志 1991 年视察舟山时关于"开发海洋，振兴舟山"的题词，及时制定了"建海洋经济大市，创海洋经济名城"的总体战略，建设舟山市大陆连岛工程则是此总体战略中的一项重要举措。

（1）1995 年，舟山市人大代表在人代会上首次提出要通过建设大桥连接宁波的建议。次年，该建议成为浙江省人代会的第一号议案。

（2）1997 年 2 月 1 日，受舟山市交通委员会委托，省交通设计院组织力量专门成立

"舟山半岛工程研究设计组",开始舟山半岛工程的预可行性研究工作。

(3) 1997年3月19日,在329国道鸭蛋山路侧进行了OD调查。

(4) 1997年7月,省交通设计院向舟山市有关单位汇报了《预可行性研究报告》并征求意见,在此基础上经补充修改后于1997年8月底正式出版了《舟山半岛工程预可行性研究报告》。

(5) 1997年9月5日,舟山市委召开常委(扩大)会议,进一步统一思想,提出要根据一次规划、分期建设的原则,有计划、有步骤地组织实施连岛工程建设。

(6) 2001年3月,国家计委委托中国国际工程咨询有限公司对舟山市大陆连岛工程项目进行了现场评估,并获通过。

3. 参建单位主要情况

(1) 勘察设计单位

中交公路规划设计院、浙江省交通规划设计研究院、中铁大桥勘测设计研究院、江苏省交通规划设计院、中铁大桥局股份有限公司。

(2) 施工单位

中交三航局宁波分公司、四川公路桥梁股份有限公司、上海建工集团总公司、中交第二航务局、上海耿耿市政工程有限公司、中铁宝桥股份有限公司、上海浦江缆索有限公司、杭州公路交通设施工程有限公司、中交第二公路工程局、北京北重汽轮电机有限责任公司、江苏法尔胜新日制铁缆索有限公司、上海宝钢集团公司、毛勒桥梁附件有限公司、山东路桥建设集团有限公司、广东长大公路工程有限公司、上海置信电气股份有限公司、上海电科智能系统股份有限公司、江苏中压电气工程有限公司、浙江珍琪电器工程有限公司、江苏中路交通工程有限公司、杭州萧宏工程有限公司、江苏超宇电气有限公司、镇海航星航标工程有限公司、中铁隧道集团有限公司、江苏中矿大正表面工程有限公司、浙江长城建设集团股份有限公司、舟山市元森园林绿化工程有限公司、成都市新筑路桥机械股份有限公司、路桥集团国际建设股份有限公司、宁波三鼎钢管工程有限公司、宁波科鑫腐蚀控制工程有限公司、中铁四局集团第二工程有限公司、中交第四航务工程局有限公司、中交第一航务工程局、浙江省交通工程建设集团有限公司、宁波交通工程建设集团有限公司、北京航材百慕新材料技术工程公司、浙江丰惠建设集团股份有限公司、厦门翰卓路桥景观艺术有限公司、浙江省交通工程建设集团有限公司、浙江交工路桥建设有限公司、浙江中联建设集团有限公司、杭州红萌交通设施有限公司、紫光捷通科技股份有限公司、浙江沧海市政园林建设有限公司。

(3) 监理单位

重庆中宇工程咨询监理有限公司、铁道部桥梁科学研究院监理公司、上海远东水运工程监理公司、武汉桥梁建筑工程监理公司、舟山元通工程监理咨询有限公司、北京泰克华诚技术咨询有限公司、浙江方正建设监理咨询有限公司、中国船级社实业公司、广州南华工程管理有限公司、广东虎门技术咨询有限公司、中铁武汉大桥工程咨询监理有限公司、中铁院工程咨询总公司、浙江省公路水运工程咨询监理公司、江苏科兴工程建设监理有限公司、余姚交通工程咨询监理有限公司、浙江东南建设管理有限公司。

（二）建设情况

1. 项目审批

该项目严格执行了交通基本建设程序，从预可行性研究、工程可行性研究、初步设计、施工图设计、工程施工、监理招投标及工程开工报告的审批，各个环节手续齐全，具体如下：

2005年2月1日，国家发展和改革委员会以发改交运〔2005〕167号文件核准批复《舟山大陆连岛工程西堠门大桥可行性研究报告》。

2005年4月25日，浙江省发展和改革委员会以浙发改设计〔2005〕76号文批复初步设计。

2005年1月21日，国家发展和改革委员会以发改交运〔2005〕168号文核准批复《舟山大陆连岛工程金塘大桥可行性研究报告》。

2005年8月26日，浙江省发展和改革委员会以浙发改设计〔2005〕230号文批复初步设计。

2. 合同段划分

合同段划分一览表见表7-11-5。

G9211 蛟川枢纽至定海双桥段合同段划分一览表　　　　　　表7-11-5

	标 段 号	标段所在地	工程内容及长度	施工单位
一期	岑港大桥1合同	岑港大桥	下部结构及基础，长0.79km	中交三航局宁波分公司
	岑港大桥2合同	岑港大桥	上部结构，长0.79km	中交三航局宁波分公司
	岑港匝道	岑港大桥	路基工程，长0.79km	中交三航局宁波分公司
	响礁门大桥3合同	响礁门大桥	下部结构及基础，长0.95km	中交三航局宁波分公司
	响礁门大桥4合同	响礁门大桥	上部结构，长0.95km	中交三航局宁波分公司
	响礁门大桥5合同	响礁门大桥	路基工程，长0.95km	中交三航局宁波分公司
	里钓互通路基	里钓	路基工程，长0.95km	四川公路桥梁股份有限公司
	里钓互通路面	里钓	沥青路面，长0.95km	上海耿耿市政工程有限公司
	路面工程	一期路面(不含互通)	沥青路面，长13km	上海耿耿、杭州萧宏联合体
	桃夭门A	桃夭门大桥	下部结构，长3.86km	上海建工集团总公司

第七章
高速公路建设项目

续上表

	标 段 号	标段所在地	工程内容及长度	施 工 单 位
一期	桃夭门 B	桃夭门大桥	下部结构,长3.86km	中交第二航务工程局
	桃夭门 C	桃夭门大桥	加工制造,长3.86km	中铁宝桥股份有限公司
	桃夭门 D	桃夭门大桥	设施安装,长3.86km	上海浦江缆索有限公司
	桃夭门 E	桃夭门大桥	上部结构,长3.86km	上海建工集团总公司、中交第二航务工程局
	桃夭门 F	桃夭门大桥	机电工程,长3.86km	中铁宝桥股份有限公司
	交通工程	一期工程全线	标志、标线,长13km	杭州公路交通设施工程有限公司
二期	A	西堠门大桥	土建,长5.45km	四川公路桥梁股份有限公司
	B	西堠门大桥	土建,长5.45km	中交第二公路工程局
	C1	西堠门大桥	设施安装,长5.45km	北京北重汽轮电机有限责任公司
	C2-L	西堠门大桥	材料制造,长5.45km	江苏法尔胜新日制铁缆索有限公司
	C2-R	西堠门大桥	材料制造,长5.45km	上海宝钢集团公司
	D	西堠门大桥	钢桥面加工制造,长5.45km	中铁宝桥股份有限公司
	E	西堠门大桥	上部结构,长5.45	四川公路桥梁股份有限公司
	F	西堠门大桥	加工制造,长5.45km	毛勒桥梁附件有限公司
	G1	西堠门大桥	沥青路面,长5.45km	山东路桥建设集团有限公司
	G2	西堠门大桥	沥青路面,长5.45km	广东长大公路工程有限公司
	H2	西堠门大桥	机电工程,长5.45km	上海置信电气股份有限公司
	H3	西堠门大桥	机电工程,长5.45km	上海电科智能系统股份有限公司
	H4	西堠门大桥	机电工程,长5.45km	江苏中压电气工程有限公司
	H5	西堠门大桥	机电工程,长5.45km	浙江珍琪电器工程有限公司
	H6	西堠门大桥	机电工程,长5.45km	江苏中路交通工程有限公司
	H7	西堠门大桥	机电工程,长5.45km	江苏超宇电气有限公司
	H8	西堠门大桥	航标工程,长5.45km	镇海航星航标有限公司
	H9	西堠门大桥	加工制造,长5.45km	中铁宝桥股份有限公司
	I	西堠门大桥	引桥工程,长5.45km	中铁隧道集团有限公司
	K	西堠门大桥	涂装工程,长5.45km	江苏中矿大正表面工程有限公司
	L1	西堠门大桥	房建工程,长5.45km	浙江长城建设集团股份有限公司
	M2	西堠门大桥	涂装工程,长5.45km	江苏中矿大正表面工程有限公司
	M3	西堠门大桥	绿化工程,长5.45km	舟山市元森园林绿化工程有限公司
	M4	西堠门大桥	绿化工程,长5.45km	舟山市元森园林绿化工程有限公司
	CG6-SSF2	西堠门大桥	伸缩缝安装,长5.45km	成都市新筑路桥机械股份有限公司
	I	金塘大桥	引桥、东通航孔桥,长26.54km	广东长大公路工程有限公司
	Ⅱ	金塘大桥	非通航孔桥,长26.54km	路桥集团国际建设股份有限公司
	Ⅲ-A	金塘大桥	主通航孔桥,长26.54km	中交第二航务工程局
	Ⅲ-B	金塘大桥	主通航孔桥,长26.54km	中交第二航务工程局

续上表

	标段号	标段所在地	工程内容及长度	施工单位
	Ⅲ-C	金塘大桥	加工制造,长26.54km	中铁宝桥股份有限公司
	Ⅲ-D	金塘大桥	材料制造,长26.54km	江苏法尔胜新日制铁缆索有限公司
	Ⅲ-E-1	金塘大桥	加工制造,长26.54km	宁波三鼎钢管工程有限公司
	Ⅲ-E-2	金塘大桥	防腐工程,长26.54km	宁波科鑫腐蚀控制工程有限公司
	Ⅲ-E-3	金塘大桥	主通航孔桥,长18.2km	中交第二航务工程局
	Ⅳ-A	金塘大桥	非通航孔桥,长18.2km	宁波三鼎钢管工程有限公司
	Ⅳ-B	金塘大桥	非通航孔桥,长18.2km	宁波科鑫腐蚀控制工程有限公司
	Ⅳ-C	金塘大桥	非通航孔桥,长18.2km	中交第二航务工程局
	Ⅳ-D	金塘大桥	非通航孔桥,长18.2km	中交第一航务工程局
	Ⅳ-E	金塘大桥	非通航孔桥,长18.2km	中铁四局集团第二工程有限公司
	Ⅳ-F	金塘大桥	非通航孔桥,长18.2km	中交第四航务工程局有限公司
	Ⅳ-G	金塘大桥	非通航孔桥,长18.2km	中交第一航务工程局
	Ⅴ	金塘大桥	引桥工程,长4.6km	浙江省交通工程建设集团有限公司
	Ⅵ-A	金塘大桥	连接线工程,长3.8km	宁波交通工程建设集团有限公司
	Ⅵ-B	金塘大桥	连接线工程,长5.3km	浙江省交通工程建设集团有限公司
	Ⅵ-C	金塘大桥	连接线工程,长4.5km	宁波交通工程建设集团有限公司
二期	Ⅶ	金塘大桥	沥青路面,长26.54km	山东路桥建设集团有限公司
	Ⅷ-A	金塘大桥	沥青路面,长26.54km	广东长大公路工程有限公司
	Ⅷ-B	金塘大桥	沥青路面,长26.54km	浙江省交通工程建设集团有限公司
	Ⅸ-A	金塘大桥	机电工程,长26.54km	上海电科智能系统股份有限公司
	Ⅸ-B	金塘大桥	机电工程,长26.54km	江苏中压电气工程有限公司
	Ⅸ-C	金塘大桥	机电工程,长26.54km	浙江珍琪电器工程有限公司
	Ⅸ-D	金塘大桥	机电工程,长26.54km	江苏中路交通工程有限公司
	Ⅸ-E	金塘大桥	机电工程,长26.54km	江苏超宇电气有限公司
	Ⅸ-F	金塘大桥	机电工程,长26.54km	中铁宝桥股份有限公司
	Ⅸ-G	金塘大桥	机电工程,长26.54km	镇海航星航标工程有限公司
	Ⅹ-A	金塘大桥	房建工程	浙江长城建设集团股份有限公司
	Ⅹ-B	金塘大桥	房建工程	浙江丰惠建设集团股份有限公司
	Ⅺ-A	金塘大桥	景观设计	厦门翰卓路桥景观艺术有限公司
	Ⅺ-B	金塘大桥	材料制造,长26.54km	北京航材百慕新材料技术工程有限公司
	Ⅺ-C	金塘大桥	绿化工程,长26.54km	舟山市元森园林绿化工程有限公司
	CG6-SSF1	金塘大桥	伸缩缝安装,长26.54km	毛勒桥梁附件有限公司
	CG6-SSF2	金塘大桥	伸缩缝安装,长26.54km	成都市新筑路桥机械股份有限公司
宁波连接线	1	宁波市镇海区	土建,长2.168km	浙江省交通工程建设集团有限公司
	2	宁波市镇海区	土建,长1.975km	浙江交工路桥建设有限公司

续上表

	标 段 号	标段所在地	工程内容及长度	施 工 单 位
宁波连接线	3	宁波市镇海区	收费站房建	浙江中联建设集团有限公司
	4	宁波市镇海区	安全设施,长4.143km	杭州红萌交通设施有限公司
	5	宁波市镇海区	机电,长4.143km	紫光捷通科技股份有限公司
	6	宁波市镇海区	绿化,长4.143km	浙江沧海市政园林建设有限公司

3. 项目实施阶段

(1)实施过程

①一期工程建设

1999年9月26日,大陆连岛工程第一座大桥岑港大桥开工。

1999年12月14日,响礁门大桥开工建设。

2001年3月28日,桃夭门大桥开工建设。

2003年5月30日,岑港大桥通过交工验收。

2003年8月26日,响礁门大桥通过交工验收。

2005年12月29日,桃夭门大桥通过交工验收。

2006年1月1日,连岛一期工程三座大桥(岑港大桥、响礁门大桥、桃夭门大桥)正式通车。

②二期工程建设

2005年:

1月21日,国家发改委核准金塘大桥立项建设。

2月1日,国家发改委核准西堠门大桥立项建设。

3月10日,浙江省政府召开专题会议,就加快西堠门大桥、金塘大桥建设作出部署,决定成立浙江省舟山连岛工程建设领导小组和浙江省舟山连岛工程建设指挥部。4月,指挥部完成组建,负责两座大桥的建设管理。

3月30日至4月10日,部、省联合会议先后审查通过西堠门大桥、金塘大桥初步设计。

4月25日,省发改委批复同意西堠门大桥项目初步设计。

5月20日,西堠门大桥正式开工。

6月30日,省政府和交通部共同组建的由国内桥梁界30位著名专家组成的舟山大陆连岛工程金塘大桥、西堠门大桥专家技术咨询组宣布成立。

8月26日,省发改委批复同意金塘大桥项目初步设计。

9月30日,金塘大桥非通航孔桥试桩工程第一根钢管桩开锤施打,金塘大桥正式开工。

11月25日,面积达124m×43m的金塘大桥主通航孔桥大型海上施工平台开始搭设。

11月27日,连岛工程建设指挥部聘请国内7名著名桥梁专家担任指挥部常年技术专家。

2006年：

3月31日，西堠门大桥钢箱梁开始总体预拼装。

6月，西堠门大桥索塔、锚碇施工基本完成。

8月1日，西堠门大桥先导索在未封航条件下由直升机牵引过海获得圆满成功。

9月23日，金塘大桥主通航孔桥索塔墩84根超长大直径钻孔灌注桩浇筑全部完成。

10月16日，金塘大桥主通航孔桥两座索塔重达1600t的承台防撞钢套箱先后顺利整体起吊安装完成。

11月15日，西堠门大桥猫道架设完成。

11月21日，西堠门大桥开始架设主缆。

12月30日，金塘大桥60m跨非通航孔桥开始安装预制墩身。

2007年：

1月13日，金塘大桥主通航孔桥索塔墩承台混凝土浇筑完成，承台施工全部结束。

2月9日，全长14.1km的金塘大桥60m跨非通航孔桥开始架设预制箱梁。

3月18日，金塘大桥主通航孔桥开始索塔浇筑。

4月10日，西堠门大桥主缆全部架设完成。

6月30日，西堠门大桥开始吊装钢箱梁。

8月1日，金塘大桥非通航孔桥2918根钢管桩沉桩施工圆满完成。

9月中旬和10月上旬，超强台风两次影响舟山，西堠门大桥桥面实测风力达到13级，正处于架梁期的大桥安然无恙。

11月20日，西堠门大桥钢箱梁总体预拼装圆满完成。

11月26日，金塘大桥主通航孔桥开始吊装钢箱梁。

12月15日，金塘大桥60m跨非通航孔桥下部结构施工全部完成。

12月16日，西堠门大桥126段钢箱梁安装完成，主桥贯通。

12月29日，高程210m的金塘大桥主通航孔桥索塔封顶。

2008年：

3月1日，国内最长的92.3m超长钢管桩在金塘大桥主通航孔桥防撞墩施工中成功施放。

6月30日，金塘大桥主通航孔桥93段钢箱梁安装完成，主桥贯通。

7月5日，金塘大桥470片60m混凝土预制箱梁全部浇筑完毕。

6~7月，金塘大桥西通航孔桥、东通航孔桥、50m跨非通航孔桥、118m跨非通航孔桥陆续贯通；60m跨非通航孔桥预制箱梁于7月15日架设完成，金塘大桥海上部分宣告全线贯通。

9月23日,于9月1日开始的西堠门大桥钢桥面环氧沥青铺装宣告完成。

10月21日,于9月27日开始的金塘大桥主通航孔桥钢桥面环氧沥青铺装施工宣告完成。

2009年:

1月11日,西堠门大桥猫道完成全部拆除工作。

3月17日,"十一五"国家科技支撑计划项目——"跨海特大跨径钢箱梁悬索桥关键技术研究及工程示范"启动仪式在北京举行。

7月15日,西堠门大桥、金塘大桥长达32km的主线桥(路)面沥青铺装全部完成。

7月,金塘大桥、西堠门大桥索塔先后完成涂装。

(2)重大决策

2004年11月12日,浙江交通投资集团有限公司、浙江省交通投资集团公司(持股比例:51%)、舟山市交通投资公司(持股比例:13%)、舟山市港口投资经营有限公司(持股比例:12%)、宁波港集团公司(持股比例:12%)、宁波交通投资控股有限公司(持股比例:12%)五家投资方组建浙江舟山大陆连岛工程高速公路有限公司,注册资本金1亿元人民币。

4.征地拆迁

征地拆迁情况见表7-11-6。

G15宁波绕城姜山枢纽至浙闽省界苍南分水关段征地拆迁情况表 表7-11-6

项　　目	征地拆迁安置起止时间	征用土地 (亩)	拆迁房屋 (m²)	支付补偿费用 (元)
一期	1999.6~2006.1	731	16000	15800000
二期	2004.5~2009.12	1548	78000	120000000
宁波连接线	2007.5~2009.5	520.19	42221	306524595

(三)复杂技术工程

西堠门大桥(图7-11-2)采用主跨为1650m的两跨连续中间开槽6m的双钢箱梁悬索桥,孔跨组合为578m+1650m+485m,矢跨比1/10。南边跨引桥采用6×60m预应力混凝土刚构—连续组合箱梁,该桥为双向四车道,设计速度度为80km/h,桥宽35m,最大纵坡≤3%,桥面横坡2%,在同类型桥梁中居国内第一、世界第二。

(四)科技创新

舟山大陆连岛工程在项目管理创新、技术创新、技术推广上实现了新的突破。

1.西堠门大桥抗风性能研究

首次采用中央开槽的双箱断面加劲梁方案来解决特大跨径悬索桥的抗风性能难题。

这是世界建桥史上的重大突破。

针对中央开槽的分体式双箱断面加劲梁进行颤振优化选型,采用CFD计算和二维颤振分析相结合的方法,进行了数值风洞气动选型,并首次发现了颤振临界风速随开槽宽度变化的新规律,通过风洞试验研发了考虑颤振和涡振综合影响的气动控制措施。

图7-11-2 西堠门大桥

施工状态分体式钢箱梁悬索桥颤振稳定性的研究,采用三维有限元分析方法和全桥气弹模型试验,探明了颤振临界风速随拼装率变化的新演化规律,制订了梁段施工架设方案,并研发了考虑风致效应的新型的梁段临时连接件,这将为更大跨径桥梁的设计施工提供重要的参考和借鉴。

2.双箱分体式钢箱梁设计及安装

(1)将横向连接构造的腹板伸入两侧封闭单箱各一段距离,同分离箱内横隔板的上下连接板搭接,同横隔板的中间大板对接,而将内侧斜腹板和直腹板及其上的加劲肋板连同底板的加劲肋板在此处断开,焊接在横向连接构造腹板的两侧。

(2)将横向连接箱梁上下翼缘板的加劲扁钢伸入两侧分离箱内,且分别跨过顶底板的一个U形加劲肋。

(3)伸入两侧封闭单箱内的横向连接构造的腹板,采用高度方向为"一块板"的整板式,分别同两侧分离箱的顶板和底板焊接(图7-11-3)。

图7-11-3 双箱分体式钢箱梁设计及安装图

3. 直升机牵引悬索桥先导索过海新技术研究

首次提出了放索系统与直升机分离的创新模式,大幅度降低了直升机的负荷和改造费用,为选用经济合理的直升机机型提供了基础;另外还研制了功能完善的,可以高速放索、收索、制动、降温、轻便灵活的放索系统;通过大量飞行试验,总结出了在不利风况条件下直升机飞行与放索系统的协调控制技术。

本桥直升机牵引先导索过海于2006年8月1日顺利实施,全过程共耗时23min(图7-11-4)。

4. 大跨径悬索桥应用国产1770MPa主缆索股技术

目前国内外大跨径悬索桥的主缆(图7-11-5)大多采用1670MPa平行钢丝,而西堠门大桥采用1770 MPa平行钢丝,经造价测算除主缆外的各分项工程共计减少2000万元。

图7-11-4　直升机牵引悬索桥先导索过海图　　　　图7-11-5　大跨径悬索桥主缆图

西堠门大桥研制的1770 MPa级主缆钢丝的直线性、抗松弛等性能指标超过了国内外同类产品,填补了国内技术空白,并真正实现了国内的大规模化生产。运用自主研发的水平成圈放索创新技术,首次解决了大跨径悬索桥索股架设过程中出现的"呼啦圈"问题,提高了主缆索股的架设质量和速度。

5. 钢箱梁电弧喷涂层纳米改性封闭漆

电弧喷涂涂层具有3%~10%的孔隙率(非贯穿孔隙),因此当金属喷涂层是作为防腐蚀涂层使用时,对金属喷涂层进行封闭处理是必要的。西堠门大桥将纳米技术与封闭涂料相结合,成功研制了新型电弧喷涂层纳米改性环氧封闭漆。

图7-11-6是封孔效果扫描电子显微镜图(图中白色的是纳米环氧封闭漆,黑色的是铝涂层,灰色的是钢铁基体),可见纳米环氧封闭漆真正渗透进了喷铝涂层内部,基本上填充了铝涂层内部的孔隙,起到了良好的物理封孔的作用。

经权威机构检测,纳米改性环氧封闭涂料与国内外环氧封闭漆相比具有封孔能力强、附着力高、耐腐蚀性好等优异性能。

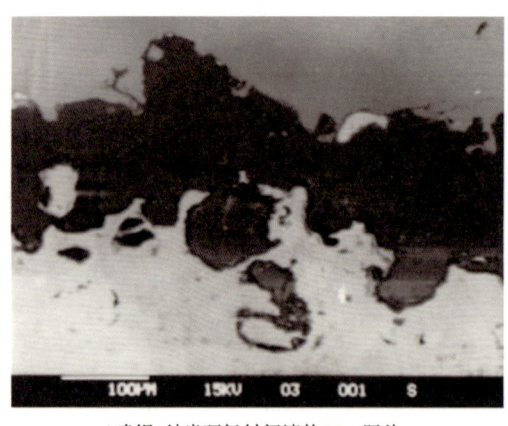
a)喷铝+纳米环氧封闭漆的SEM照片

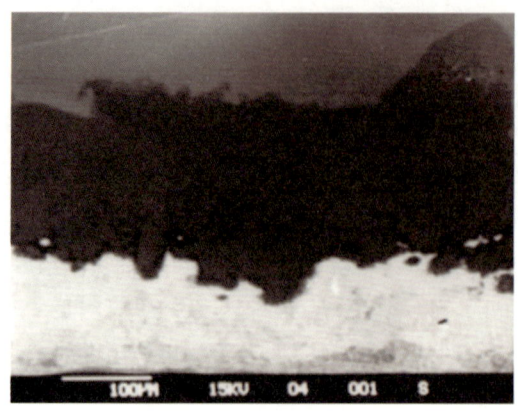
b)喷铝+环氧封闭漆A的SEM照片

图 7-11-6　封孔效果扫描电子显微镜图

6.60m预制箱梁蒸汽养护自动化控制技术

西堠门大桥首次对60m预制箱梁这样的大体积、大吨位的混凝土自动化蒸汽养护控制技术进行了研究。

研制出了由工控计算机工作站、分布式远程通信测控模块、数字温度传感器、蒸汽阀门电动执行器组成的高性能蒸汽养护自动化控制系统（图7-11-7），本系统采用"大范围多点测量、分段控制"的方法，应用微机全自动控制技术，实行蒸汽养护温度控制自动化，在静养、升温、恒温、降温各阶段做到严格、准确、实时地按养护曲线控制温度变化，并控制梁体内腔两端与跨中和箱梁内、外侧之间的相对温差不大于10℃，减少微小裂纹出现，使混凝土箱梁的蒸汽养护工艺精细化并更加成熟、完备、可靠，提高箱梁质量与施工效率。

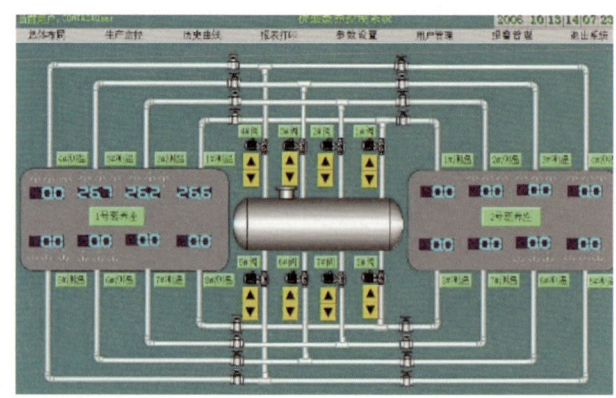

图 7-11-7　高性能蒸汽养护自动化控制系统图

7.斜拉索塔端锚固新技术

空间索面斜拉索塔端锚固（图7-11-8）采用钢牛腿、钢锚梁组合体系，为国际首创，不但成功解决了锚固区开裂问题，提高了结构耐久性，还有利于降低施工难度，保证施工质量。

图 7-11-8 空间索面斜拉索塔端锚固图

(五)运营养护管理

1. 服务设施

服务设施一览表见表 7-11-7。

G9211 蛟川枢纽至定海双桥段服务场区一览表　　表 7-11-7

服务区名称	位　　置	占地面积(m^2)
舟山服务区	金塘互通区	40000

2. 收费设施

收费设施一览表见表 7-11-8。

G9211 蛟川枢纽至定海双桥段收费设施一览表　　表 7-11-8

高 速 公 路	站点名称	车 道 数	收 费 方 式
甬舟高速公路 (蛟川枢纽至定海双桥)	舟山	4+11	2 条 ETC 收费,其余人工收费
	岑港	3+3	2 条 ETC 收费,其余人工收费
	里钓	2+2	2 条 ETC 收费,其余人工收费
	富翅	4+4	2 条 ETC 收费,其余人工收费
	册子	3+3	2 条 ETC 收费,其余人工收费
	金塘	4+6	2 条 ETC 收费,其余人工收费
	沥港	3+5	2 条 ETC 收费,其余人工收费
	蛟川	3+5	2 条 ETC 收费,其余人工收费

3. 交通流量

交通流量发展状况见表 7-11-9。

G9211 蛟川枢纽至定海双桥段交通流量发展状况表(单位:pcu/d)　　表 7-11-9

年份	全程加权平均值	蛟川至沙河	蛟川至沥港	蛟川至金塘	金塘至册子	册子至富翅	富翅至里钓	里钓至岑港	岑港至舟山
2009	6442			6090	6642	7259	7287	7295	7172
2010	7225			7192	7793	8068	8528	8529	8395
2011	10680	10361		10304	10853	11646	11655	11656	11285

续上表

年份	全程加权平均值	蛟川至沙河	蛟川至沥港	蛟川至金塘	金塘至册子	册子至富翅	富翅至里钓	里钓至岑港	岑港至舟山
2012	12063	14389	11688	11688	12249	13030	13044	13044	12615
2013	12426	22818	11992	11605	12897	13832	13585	13586	12635
2014	13698	34751	13296	12823	14297	14924	14948	14948	13716
2015	15052	39318	14886	13828	15393	16004	16025	16025	14746

第十二节　G1501宁波绕城高速公路

宁波绕城高速公路，编号G1501，是国家高速公路网沈海高速公路G15和杭州湾环线G92的一部分，分为东西两段，全长85km。它连接沈海高速公路（G15，杭州湾跨海大桥南岸连接线及甬台温高速公路）、杭州湾环线（G92，沪杭甬高速公路）、甬金高速公路（G1512）、甬舟高速公路（G9211）、北仑疏港高速公路、浙江沿海高速公路（甬台温复线）和穿山疏港高速公路。未来还将与杭绍甬高速公路（杭甬复线）相连，形成宁波高速公路"一环五射三复三连三疏港"的格局。路网位置示意图如图7-12-1所示，项目信息见表7-12-1。

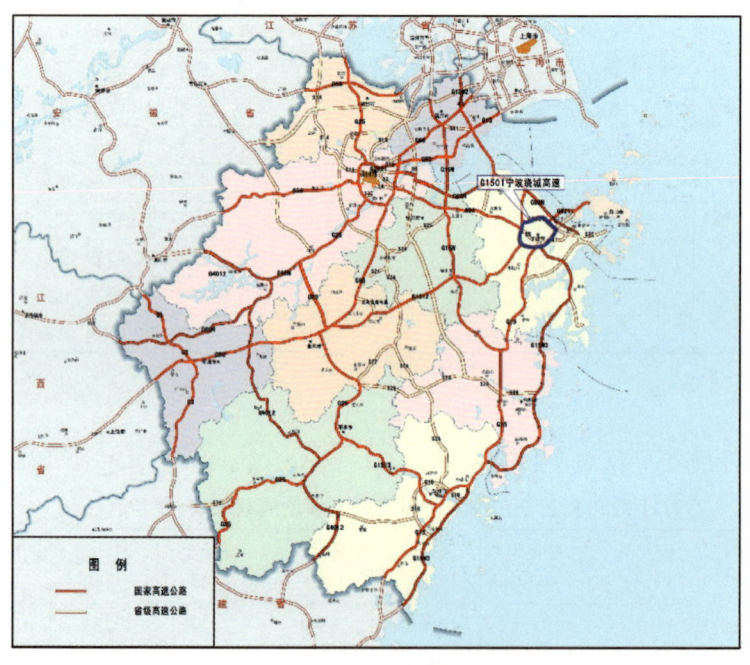

图7-12-1　G1501宁波绕城高速公路路网位置示意图

第七章
高速公路建设项目

宁波绕城高速公路建设项目信息采集表

表 7-12-1

序号	国高	项目名称	规模（km）				建设性质（新、改扩建）	设计速度（km/h）	永久占地（亩）	投资情况（亿元）				建设时间（开工～通车）	备注
			合计	八车道及以上	六车道	四车道				估算	概算	决算	资金来源		
1	G1501	国道主干线宁波绕城公路西段	40.86	24	17		新建	120	5139		43.03	43.92	交通部专项基金安排2.07亿元作为国家投入的资金，其余由宁波市自筹	2004.1～2007.12	
2		国道主干线宁波绕城公路东段	44.43	15.50	28.93		新建	120	5995	74	86.85	113（审计报告未出）	交通部专项基金安排79600万元的资金，其余由国家投入为宁波市交通投资控股有限公司投入	2007.11～2011.12	

491

G1501 宁波绕城高速公路（建设期 2004—2011 年）

（一）项目概况

1. 基本情况

（1）功能定位

宁波绕城高速公路是宁波高速公路"一环五射三复三连三疏港"格局的重要组成部分，对于完善国道主干线、国家、浙江省和宁波市高速公路网，促进宁波、舟山港口一体化发展，充分发挥宁波港作为国家主要港口的作用；同时，对构筑现代综合交通体系，完善城市空间结构，减轻市区交通压力，促进长江三角洲经济一体化和现代化进程也具有重要作用。

（2）技术标准及建设规模

西段：全长40.86km，设计速度120km/h，主线采用八车道（前洋至朝阳）和六车道（其余路段）两种形式，路基采用35m和42.5m两种，全线全封闭、全立交。全线分别在保国寺、前洋、高桥、横街、里仁堂、朝阳和姜山北七处布设互通式立交。

东段：全长约44km，设计速度120km/h，其中好思房枢纽至沙河互通为双向八车道，路基宽42m，其他路段双向六车道，路基宽34.5m。主线99%路段为高架桥，共设11处互通式立交、4处大型枢纽互通、1处服务区、1处管理中心。详见表7-12-2～表7-12-4。

G1501 宁波绕城高速公路西段桥梁汇总表　　　表7-12-2

规模	名称	桥长(m)	主跨长度(m)	桥底净高(m)	跨越障碍物			梁式桥						
								钢筋混凝土梁桥			钢梁桥		组合梁桥	
					河流	沟谷	道路、铁路	简支梁桥	悬臂梁桥	连续梁桥	简支钢梁	连续钢梁	预弯混凝土梁	组合梁	钢管混凝土桁架梁
特大桥	江北高架桥	2665	42		√			√		√					
	半浦余姚江大桥	1489	100		√			√		√					
	高桥分离式	1275	30		√			√							
	北渡奉化江大桥	1685	100		√					√					
	明州高架桥	3714	20		√			√							
	主线1号桥	1080	22.3		√			√		√					
大桥	西大河大桥	185	20		√			√							
	慈城新区大桥	571	20		√			√							
	屠家分离式	385	20		√			√							
	汪家分离式	605	20		√		√	√							
	中塘河大桥	155	30		√		√	√							

续上表

规模	名称	桥长(m)	主跨长度(m)	桥底净高(m)	跨越障碍物			梁式桥							
								钢筋混凝土梁桥			钢梁桥		组合梁桥		
					河流	沟谷	道路、铁路	简支梁桥	悬臂梁桥	连续梁桥	简支钢梁	连续钢梁	预弯混凝土梁	组合梁	钢管混凝土桁架梁
大桥	上冯分离式	125	20				√	√							
	横街公公分离式	853	20		√		√	√							
	长塘河大桥	145	20		√			√							
	规划6号路分离式	148	16		√		√	√							
	照天港河	145	20		√			√							
	仓门大桥	305	20		√		√	√							
中桥	11座														

G1501宁波绕城高速公路东段桥梁汇总表

表7-12-3

规模	名称	桥长(m)	主跨长度(m)	桥底净高(m)	跨越障碍物			梁式桥							
								钢筋混凝土梁桥			钢梁桥		组合梁桥		
					河流	沟谷	道路、铁路	简支梁桥	悬臂梁桥	连续梁桥	简支钢梁	连续钢梁	预弯混凝土梁	组合梁	钢管混凝土桁架梁
特大桥	姜山北互通主线桥	2342	40		√		√			√					
	云龙互通主线桥	2623	90		√		√			√					
	下应高架桥	3761	32.3		√		√			√					
	东钱湖高架桥	1021	45		√					√					
	东钱湖互通主线桥	1385	33.1							√					
	鄞县大道高架桥	2715	35				√			√					
	五乡互通主线桥	2552	31		√		√			√					
	五乡高架桥	2789.1, 2785.1	45		√		√			√					
	丁家山互通主线桥	2219	30		√		√			√					
	好思房互通主线桥M1	1064.4, 1176.1	30		√		√			√					
	小港互通主线桥	1122, 1072	40		√		√			√					
	甬江至临江高架桥	1888.9, 1888.3	80		√		√			√					
	临江互通主线高架桥	1164	40		√		√			√					

续上表

规模	名 称	桥长(m)	主跨长度(m)	桥底净高(m)	跨越障碍物			梁式桥						
								钢筋混凝土梁桥			钢梁桥		组合梁桥	
					河流	沟谷	道路、铁路	简支梁桥	悬臂梁桥	连续梁桥	简支钢梁	连续钢梁	预弯混凝土梁	组合梁	钢管混凝土桁架梁
特大桥	临江至蛟川高架桥	1716	33.5		√		√			√					
	蛟川枢纽主线高架桥（左幅1~10联，右幅1~11联）	1441	90		√		√			√					
	蛟川至沙河高架桥	2399	35		√		√			√					
	沙河互通主线高架桥	2038	35		√		√			√					
	沙河至九龙湖高架桥	2614	32		√		√			√					
	好思房互通主线桥 M1	1064.4 1176.1	30				√			√					
	九龙湖互通主线高架桥	1239	32		√		√			√					
大桥	通途路高架桥	450	30				√			√					
	清水浦大桥	908			√					√					
	好思房互通主线桥 M2	819.1 640.4	35				√			√					
	好思房至石门山高架	824	30		√		√			√					
	石门山大桥	120 180	30				√			√					
	清水浦大桥北仑侧引桥	135	45		√					√					
	清水浦大桥镇海侧引桥	570	50		√					√					
	蛟川枢纽主线高架桥（左幅11~14联，右幅12~15联）	517	30		√		√			√					
	九龙湖至颜家桥高架桥	440(420)	36.3		√		√			√					

G1501 宁波绕城高速公路路面信息汇总表　　表7-12-4

路面形式	起讫里程	长度(m)	水泥混凝土路面	沥青路面
柔性路面	K0~K11+474，K55+900~K85+284（上下行）	40858		沥青混凝土路面（绕西）
	K11+474~K55+900（上下行）	44427		沥青混凝土路面（绕东）

(3) 主要控制点

西段：始于镇海区骆驼街道颜家桥村，终于鄞州区姜山镇，沿途经过镇海区九龙湖镇、江北区庄桥街道、洪塘街道、慈城镇、海曙区高桥镇、集士港镇、横街镇、古林镇、石碶街道、鄞州区钟公庙街道、姜山镇和奉化区江口街道北渡村。

东段：始于鄞州区姜山镇，途经鄞州区云龙镇、东钱湖镇、五乡镇、北仑区大碶街道、小港街道、镇海区蛟川街道，终于骆驼街道颜家桥村，与西段相连。

(4) 地形地貌

地形地貌多样，从平原微丘到山岭重丘。

(5) 投资规模

宁波绕城高速公路西段概算投资43.03亿元，决算投资43.92亿元；东段概算投资86.85亿元，决算投资113亿元。

(6) 开工及通车、竣工时间

宁波绕城高速公路西段于2004年11月开工，2007年12月建成通车；东段于2007年11月开工建设，2011年12月27日建成通车。

2. 参建单位主要情况

(1) 勘察设计单位

辽宁省交通勘测设计院、中国公路工程咨询集团有限公司、浙江省交通规划设计研究院有限公司。

(2) 施工单位

吉林省交通建设集团有限公司、中铁十三局集团有限公司、中铁一局集团第一工程有限公司、中天路桥有限公司、浙江省交通工程建设集团有限公司、中交第一公路工程局厦门工程处、上海城建（集团）公司、中铁十四局集团第三工程有限公司、湖南益阳公路桥梁建设有限公司、华通路桥集团有限公司、中铁十四局集团第四工程有限公司、江苏省镇江市路桥工程总公司、浙江省交通工程建设集团有限公司、上海城建（集团）公司、浙江正方交通建设有限公司、北京公科飞达交通工程发展有限公司、杭州红萌交通设施有限公司、北京深华科交通工程有限公司、北京路恒源交通工程技术开发有限公司、浙江省方远建设集团股份有限公司、宁波市建设集团股份有限公司、杭州萧山振大园林绿化有限公司、龙游县广源园林有限公司、宁波市交通园林绿化工程有限公司、江苏省镇江市路桥工程总公司、中铁四局集团第一工程有限公司、浙江省交通工程建设集团有限公司、浙江天宇交通建设集团有限公司、浙江交工路桥建设有限公司、中铁十六局集团第三工程有限公司、江西省路桥工程有限公司、东盟营造工程有限公司、路桥华南工程有限公司、浙江省宏途交通建设有限公司、中铁十六局集团第三工程有限公司、中交第一公路工程局有限公司、浙江正方交通建设有限公司、中铁三局集团第二工程有限公司、浙江省交通工程集团有限公司、浙江省交通工程集团第三工程有限公司、浙江大成建设集团有限公司、顺吉集团有限公司、路港集团有限公司、浙江省宏途交通建设有限公司、顺吉集团有限公司、中铁十局集团第二工程有限公司、浙江省交通工程建设集团第三交通工程有限公司、杭州京安交通工程设施有限公司、杭州永通高速公路安全设施工程有限公司、杭州红萌交通设施有限公司、宁波市绿茵市政园林工程有限公司、宁波市锦绘园艺装饰工程有限公司、宁波市交通园林绿化工程有限公司、方远建设集团股份有限公司、杭州建工集团有限公司、汇宇控股集团浙江建筑营造有限公司、浙江城建建设集团有限公司、方远建设集团股份有限公司、中元建设集团股份有限公司、中咨泰克交通工程有限公司、宁波路宝科技实业集团有限公司、新津腾中筑路机械有限公司、宁波路宝科技实业集团有限公司。

(3) 监理单位

安徽省交通工程建设监理有限公司、山东格瑞特监理咨询有限公司、宁波交通工程咨询监理有限公司、江苏华宁交通工程咨询监理公司、江苏华宁交通工程咨询监理公司、宁波交通工程咨询监理有限公司、浙江公路水运工程监理有限公司、广东虎门技术咨询有限公司、江西省公路工程监理公司、浙江方正建设监理咨询有限公司、辽宁艾特斯智能交通技术有限公司、宁波交通工程咨询监理有限公司。

(二) 建设情况

1. 项目审批

2001年、2003年交通运输部分别以交规划发〔2001〕744号、〔2003〕536号文批复宁波绕城高速公路西段工可。

2. 资金筹措

宁波绕城公路西段资金来源：交通部专项基金安排2.07亿元作为国家投入的资金，其余由宁波市自筹。

宁波绕城公路东段资金来源：交通部专项基金安排79600万元作为国家投入的资金，其余由宁波市交通投资控股有限公司投入。

3. 合同段划分

合同段划分一览表见表7-12-5。

G1501宁波绕城高速合同段划分一览表 表7-12-5

项目分段	标段号	标段所在地	工程内容及长度	施 工 单 位
绕城西段	1	江北区	土建，长4.65km	吉林省交通建设集团有限公司
	2	江北区	土建，长4.9km	中铁十三局集团有限公司
	3	江北区	土建，长4.7km	中铁一局集团第一工程有限公司
	4	江北区、鄞州区	土建，长2.4km	中天路桥有限公司

第七章 高速公路建设项目

续上表

项目分段	标段号	标段所在地	工程内容及长度	施工单位
绕城西段	5	鄞州区	土建,长4.2km	浙江省交通工程建设集团有限公司
	6	鄞州区	土建,长5.8km	中交第一公路工程局厦门工程处
	7	鄞州区	土建、路面,长1.9km	上海城建(集团)公司
	8	鄞州区	土建,长3.4km	中铁十四局集团第三工程有限公司
	9	鄞州区	土建,长3.2km	湖南益阳公路桥梁建设有限公司
	10	鄞州区	土建,长3.4km	华通路桥集团有限公司
	11	鄞州区	土建,长2.32km	中铁十四局集团第四工程有限公司
	12	江北区、鄞州区	路面,长14.35km	江苏省镇江市路桥工程总公司
	13	鄞州区	路面,长12.4km	浙江省交通工程建设集团有限公司
	14	鄞州区	路面,长12.32km	浙江正方交通建设有限公司
	15	江北区、鄞州区	机电,长40.97km	北京公科飞达交通工程发展有限公司
	16	江北区、鄞州区	交安,长14.35km	杭州红萌交通设施有限公司
	17	鄞州区	交安,长12.4km	北京深华科交通工程有限公司
	18	鄞州区	交安,长14.22km	北京路恒源交通工程技术开发有限公司
	19	江北区、鄞州区	房建	浙江省方远建设集团股份有限公司
	20	鄞州区	房建	宁波市建设集团股份有限公司
	21	江北区、鄞州区	绿化,长14.35km	杭州萧山振大园林绿化有限公司
	22	鄞州区	绿化,长12.4km	龙游县广源园林有限公司
	23	鄞州区	绿化,长14.22km	宁波市交通园林绿化工程有限公司
绕城东段	1	鄞州	土建,长2.342km	江苏省镇江市路桥工程总公司
	2	鄞州	土建,长2.623km	中铁四局集团第一工程有限公司
	3	鄞州	土建,长4.782km	浙江省交通工程建设集团有限公司
	4A	东钱湖	土建,长1.384km	浙江天宇交通建设集团有限公司
	4B	东钱湖	土建,长2.715km	浙江交工路桥建设有限公司
	5A	鄞州	土建,长2.551km	中铁十六局集团第三工程有限公司
	5B	鄞州	土建,长2.789km	江西省路桥工程有限公司
	6	北仑	土建,长2.218km	东盟营造工程有限公司
	7A	北仑	土建,长1.626km	路桥华南工程有限公司
	7B	北仑	土建,长0.819km	浙江省宏途交通建设有限公司
	8	北仑	土建,长2.227km	中铁十六局集团第三工程有限公司
	9	镇海	土建,长1.478km	中交第一公路工程局有限公司
	10A	镇海	土建,长1.888km	浙江正方交通建设有限公司
	10B	镇海	土建,长1.163km	中铁三局集团第二工程有限公司
	11	镇海	土建,长3.156km	浙江省交通工程集团有限公司
	12	镇海	土建,长2.916km	浙江省交通工程集团第三工程有限公司

续上表

项目分段	标段号	标段所在地	工程内容及长度	施工单位
绕城东段	13	镇海	土建,长2.037km	浙江大成建设集团有限公司
	14	镇海	土建,长4.293km	顺吉集团有限公司
	15	鄞州	桥梁预制	路港集团有限公司
	16	东钱湖、北仑	桥梁预制	浙江省宏途交通建设有限公司
	17	镇海	桥梁预制	顺吉集团有限公司
	LM1	镇海、北仑	路面	中铁十局集团第二工程有限公司
	LM2	北仑、鄞州、东钱湖	路面	浙江省交通工程建设集团第三交通工程有限公司
	JA1	镇海	交安	杭州京安交通工程设施有限公司
	JA2	北仑、鄞州	交安	杭州永通高速公路安全设施工程有限公司
	JA3	东钱湖、鄞州	交安	杭州红萌交通设施有限公司
	LH1	镇海	绿化	宁波市绿茵市政园林工程有限公司
	LH2	北仑、鄞州	绿化	宁波市锦绘园艺装饰工程有限公司
	LH3	东钱湖、鄞州	绿化	宁波市交通园林绿化工程有限公司
	FJ1	镇海	房建	方远建设集团股份有限公司
	FJ2	镇海	房建	杭州建工集团有限公司
	FJ3	镇海	服务区房建	汇宇控股集团浙江建筑营造有限公司
	FJ4	镇海	服务区房建	浙江城建建设集团有限公司
	FJ5	北仑、鄞州	房建	方远建设集团股份有限公司
	FJ6	东钱湖	房建	中元建设集团股份有限公司
	JD	镇海、北仑、东钱湖、鄞州	机电	中咨泰克交通工程有限公司
	SS1	镇海	伸缩缝	宁波路宝科技实业集团有限公司
	SS2	镇海	伸缩缝	新津腾中筑路机械有限公司
	SS3	北仑、东钱湖、鄞州	伸缩缝	宁波路宝科技实业集团有限公司

4. 征地拆迁

征地拆迁情况见表7-12-6。

G1501宁波绕城高速公路征地拆迁情况统计表 表7-12-6

项 目	征地拆迁安置起止时间	征用土地 (亩)	拆迁房屋 (m²)	支付补偿费用 (元)	备 注
一期	—	5138.761	107116.02	19259.44	绕城西段
二期	—	5994.65	295543.88	252716.43	绕城东段

5. 项目实施阶段

(1)2004年11月,宁波绕城高速公路西段全面开工。

(2)2007年12月,浙江省交通厅质量监督站会同宁波市交通工程质量监督站一起组织了对宁波绕城高速公路西段建设工程的交工检测工作。历经4天,通过对现场实体检测、外观检查等情况综合评定,认定该工程符合交工质量验收条件(图7-12-2)。

图7-12-2　宁波绕城高速公路实施过程图1

(3)2007年12月,宁波绕城高速公路西段建成通车。

(4)2007年11月8日,宁波绕城高速公路东段工程暨甬江特大桥开工典礼在甬江特大桥镇海侧施工现场隆重举行(图7-12-3)。

图7-12-3　宁波绕城高速公路实施过程图2

(5)2011年12月27日,宁波绕城高速公路东段建成暨宁波绕城高速公路全线通车仪式在宁波东钱湖举行,标志着该高速公路全线通车(图7-12-4)。

(三)复杂技术工程

复杂技术工程主要为甬江特大桥(图7-12-5)。

(1)主桥长908m,跨径组成为54m+166m+468m+166m+54m;桥型为双菱形联塔分幅四索面组合梁斜拉桥,共设斜拉索144对,空间密索布置,双向八车道,建成后为半漂浮体系。

(2)索塔基础为62m×33m×5.5m的矩形整体式钢筋混凝土承台,采用C35海工耐久性混凝土,单个方量11253m³,下设66根ϕ2.2m的钻孔灌注桩,钻孔深度约130m,

入岩深度约30m；主塔高141.5m（其中联体部分占1/5），采用C50混凝土，单塔方量为15673m³；主梁采用钢梁与混凝土桥面板组合梁，二者通过剪力钉相结合。钢梁部分由纵梁、横梁及小纵梁共同组成钢梁格体系，采用Q345qD钢材，全桥主梁用钢量18933t。

图7-12-4 宁波绕城高速公路实施过程图3

图7-12-5 甬江特大桥图

（3）桥面板采用分块预制、现浇湿接缝连接的方式，其中横向分为两块预制板，共三道纵向现浇缝，预制桥面板采用C60纤维混凝土，全桥方量11184m³。单侧边箱梁段最大起吊重量60.2t（不含风嘴）。甬江特大桥是继杭州湾大桥之后宁波市又一座特大单体结构桥梁。

（四）科技创新

1. 软土地基大直径挤扩支盘桩研究及工程应用

（1）通过在宁波绕城公路东段工程前期非原位桩试验监测，研究支盘桩替代传统桩基形式的可行性及应用条件。

（2）研究开发适用于公路桥梁大直径挤扩支盘成套技术，编制适用于公路桥梁挤扩支盘桩工程的设计、施工指南及浙江省地方标准《公路桥涵挤扩支盘桩工程技术规范》，并完成了交通运输行业标准规范编制。

挤扩支盘钻孔灌注桩相较于传统等截面钻孔灌注桩，通过分支或承力盘来增加桩侧阻力，从而提高桩基承载力约30%以上，并缩短有效桩长和减少桩身主径尺寸，减少混凝土及钢筋用量30%~45%，节能减排效果显著，可有效降低桩基工程造价约10%以上。

该成果获中国公路学会科学技术二等奖和浙江省公路学会科学技术二等奖。

2. 分布式光纤传感技术在桥梁结构裂缝监测中的研究与应用

（1）研究适用于桥面铺装大应变和裂缝监测的分布式光纤保护封装技术。

（2）研究基于PPP-BOTDA的应变/温度分布式监测技术，研究应变监测的标定、温度补偿方法。

（3）研究不同类型和型号的光纤对桥面板应变/温度监测效果，研究光纤封装层对应变/温度测量的影响和修正方法,测试不同光纤的光损耗等指标,推荐可应用的优选光纤型号。

(4)研究长距离分布式光纤的敷设工艺和技术。提出几种粘贴或埋设工艺,研究其环境耐久性,光纤敷设工艺对监测效果的影响,经试验研究提出优化的光纤布设工艺。

(5)研究采用PPP-BOTDA监测组合梁桥面板开裂的数据分析处理方法。

(6)进行叠合梁桥面板应变/温度和裂缝监测的原型(或缩尺模型)试验,验证技术可行性和可应用性。

(7)以宁波甬江特大桥组合梁桥面板为应用对象,开展混凝土桥面板裂缝现场监测,将研究成果进行实际应用。

该成果获中国公路学会科学技术二等奖。

3.甬江特大桥组合梁斜拉桥预制桥面板防裂技术试验研究及应用

(1)对组合梁混凝土桥面板裂缝形态、原因、预防措施进行了调研。

(2)开展了预制桥面板、现浇桥面板C60混凝土配合比设计、预制桥面板施工工艺(质量控制措施)研究,对主梁安装阶段、运营前的混凝土桥面板应力进行分析与监控。深入分析桥面板的结构特点、受力特点、环境特点,从导致混凝土裂缝发生四个维度进行了研究:

①混凝土成长、成熟特征;

②混凝土组成成分;

③结构设计;

④工艺质量管理——通过采取针对性的综合措施,形成了整套控制桥面板施工期裂缝的工艺。

(3)桥面板混凝土质量控制增设了匀质性标准。

(4)选用硅化剂作为桥面板防护涂层,以提高桥面板耐久性。

(5)通过分析桥面板劣化过程、劣化要素,提出了运营期维护管理要点。

(五)运营养护管理

1.服务设施

服务设施一览表见表7-12-7。

G1501宁波绕城高速公路服务场区一览表 表7-12-7

服务区名称	位　　置	占 地 面 积
镇海服务区	K16+850 镇海	—

2.收费设施

收费设施一览表见表7-12-8。

G1501 宁波绕城高速公路收费站点设施一览表　　　　表 7-12-8

高速公路	站点名称	车道数	收费方式
宁波绕城高速公路	九龙湖	3+4	2条ETC收费,其余人工收费
	沙河	3+4	2条ETC收费,其余人工收费
	临江	3+6	2条ETC收费,其余人工收费
	小港	3+6	2条ETC收费,其余人工收费
	丁家山主站	3+5	2条ETC收费,其余人工收费
	丁家山副站	3+5	2条ETC收费,其余人工收费
	东钱湖	3+6	2条ETC收费,其余人工收费
	云龙	4+7	2条ETC收费,其余人工收费
	保国寺	3+5	2条ETC收费,其余人工收费
	横街	3+5	2条ETC收费,其余人工收费
	宁波西	4+7	2条ETC收费,其余人工收费
	朝阳	4+5	2条ETC收费,其余人工收费

3. 交通流量

交通流量发展状况见表 7-12-9。

G1501 宁波绕城高速公路交通流量发展状况表（单位：pcu/d）　　　　表 7-12-9

年份	全程加权平均值	高桥互通至宁波北	保国寺至宁波北	保国寺至骆驼	九龙湖至骆驼	沙河至九龙湖	蛟川至沙河	蛟川至临江	横街至高桥互通	横街至宁波西	宁波西至朝阳	朝阳至姜山北互通
2007	6534	2572	1417						3645	3422	14076	14076
2008	12996	19535	6856						8631	7311	17825	17822
2009	21061	34249	8687						18377	15818	24962	24275
2010	35855	51767	11621						36805	32789	41873	40278
2011	25942	58075	18867	10369	10369	10366	10361	1833	40241	35269	45918	43697
2012	27357	54063	22731	15854	15854	14843	14389	6408	36400	31881	45241	43264
2013	33174	56441	31379	24494	24494	23046	22818	14870	37582	32288	49332	48166
2014	40562	58700	41178	36091	36091	34931	34751	26115	38314	32111	52941	54958
2015	43224	59496	43277	40537	40537	39713	39318	30022	40842	33459	53264	55003

第十三节　G2501 杭州绕城高速公路

杭州绕城高速公路,编号 G2501,全长 123km,为浙江省第一批"四自工程"项目,连接了长深高速公路、沪昆高速公路、杭州湾环线高速公路、杭浦高速公路、杭徽高速公路和杭甬高速公路,是一条疏解市内交通压力的主要绕城快速干道,也是国道主干线上海至瑞丽及宁波至杭州至南京的组成部分,是国道主骨架网络的重要一环,贯通了杭甬、沪杭、杭宁、杭金衢高速公路和 104、320 国道。路网位置示意图如图 7-13-1 所示,项目信息见表 7-13-1。

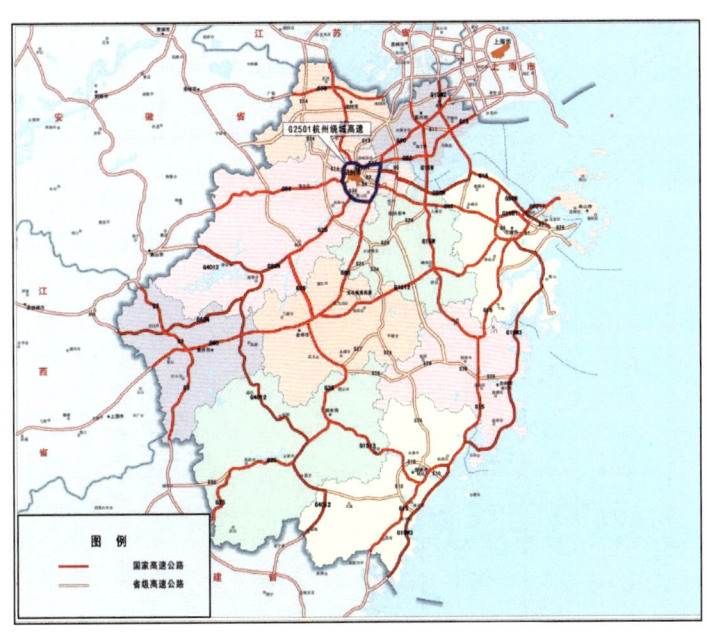

图 7-13-1　G2501 杭州绕城高速公路路网位置示意图

G2501 杭州绕城高速公路(建设期 1994—2003 年)

(一)项目概况

1. 基本情况

(1)功能定位

杭州绕城高速公路是国道主干线上海至云南瑞丽及浙江省公路网络主骨架的重要组成部分,与沪杭、杭甬、杭宁、杭金衢、杭千、杭徽、杭浦、杭绍甬、杭长、申嘉湖杭等 10 条高速公路和 104、320 两条国道以及 01、02、03 三条省道相连接,是杭州交通贯通全省、连接全国的公路主枢纽,解决了省际快速公路运输车辆的过境交通,是完善国家公路网络,发挥国道主枢纽功能的迫切需要。

(2)技术标准

杭州绕城高速主要技术指标:按全封闭、全立交的高速公路标准修建,设计速度100～120km/h。其中绕城东线和绕城北线部分路段为六车道,其余为四车道。

(3)建设规模

工程项目分西线、北线、东线、南线及杭金衢高速公路共用段五段建设,全线设有 17

浙 江

杭州绕城高速公路建设项目信息采集表（表格缺杭金衢共用段）

表 7-13-1

序号	国高	项目名称	规模（km）			建设性质（新、改扩建）	设计速度（km/h）	永久占地（亩）	投资情况（亿元）			资金来源	建设时间（开工~通车）	备注
			合计	八车道及以上	六车道	四车道				估算	概算	决算			
1		绕城南线	22.98			22.98	新建	100			17.20			2000.12~2003.12	
2		绕城西线（含祥留段）	25.05			25.05	新建	100	1960	6.82		6.79	资本金 6.02亿元，交通部补助 0.8亿元	1994.10~1997	
3	G2501	北一期（乔司至余杭塘河）	29.30		17.38	11.87	新建	100	3083		17.74	16.33	交通部 1.45亿元，省交通厅 4.491亿元	1998.12~2001.12	
4		北二期（下沙至乔司）	8.63			8.63	新建	100	157		4.26	3.21		1998.12~2002.12	
5		绕城东线	23.437		9.337	14.1	新建	120	1677.896		21.118（杭州段概算：16.71）	杭州段：15.977		1999.12~	
6		杭州至衢州高速公路项目（一期）	17.93		10.5	7.43	新建	120	1761	4.99	5.34	4.46		1999.9~2002.12	

个互通立交和 2 个大型公共服务区,建有钱江五桥、钱江六桥和运河大桥以及全省第一条双向六车道的黄鹤山隧道,全长 123km。详见表 7-13-2 ~ 表 7-13-4。

G2501 杭州绕城高速公路桥梁汇总表　　表 7-13-2

规模	名称	桥长(m)	主跨长度(m)	桥底净高(m)	跨越障碍物			梁式桥						
								钢筋混凝土梁桥			钢梁桥		组合梁桥	
					河流	沟谷	道路、铁路	简支梁桥	悬臂梁桥	连续梁桥	简支钢梁	连续钢梁	预弯混凝土梁	组合梁	钢管混凝土桁架梁
特大桥	宣杭铁路立交	1250					√	√	√						
	勾庄主线立交	1144					√	√		√					
	海宁互通主线桥	1395			√		√	√							
	下沙大桥引桥	5018					√	√		√					
	下沙大桥	2903			√			√		√					
	钱江五桥	3126			√			√		√					
	白鹭塘大桥	1056			√		√	√							
	西小江	1624			√			√							
大桥	京杭运河特大桥	711			√			√							
	石塘主线立交	695					√	√							
	石塘主线立交	696					√	√							
	乔司工铁立交桥	890					√	√							
	乔司互通	507					√	√							
	转塘大桥	911					√	√							
	留下立交	753					√	√							
	狮子口主线桥	706					√			√					
	七号浦桥	538			√		√								
	B 匝道	608					√	√							
	下沙互通 4 号桥	638					√	√							
	沈士互通 A 匝道	595.7					√	√							

G2501 杭州绕城高速公路隧道汇总表　　表 7-13-3

规模	名称	隧道全长(m)	隧道净宽(m)	隧道分类					备注
				按地质条件划分		按所在区域划分			
				土质隧道	石质隧道	山岭隧道	水底隧道	城市隧道	
长隧道	黄鹤山隧道(左洞)	1430	14		√	√			
	黄鹤山隧道(右洞)	1370	14		√	√			

浙 江

G2501 杭州绕城高速公路路面信息汇总表

表 7-13-4

路面形式	起讫里程	长度(m)	水泥混凝土路面	沥青路面
刚性路面	留下至狮子口	11357.0000	钢筋混凝土路面（已实施白改黑）	
柔性路面	其余路面	98033		沥青混凝土路面

(4) 投资规模

工程项目全长 123km，除杭金衢高速公路共用段外共有 105km，投资概算近 70 亿元。

(5) 开工及通车、竣工时间

1994 年 4 月 15 日开工建设，于 2003 年 12 月 28 日全线贯通。

2．参建单位主要情况

1) 杭州绕城高速 (北一期)

(1) 施工单位

宁波交通 (集团) 工程公司、中铁二局新运工程公司、铁道局隧道工程局、铁道部第十四工程局、宏润建设集团股份有限公司、杭州路达工程总公司、浙江省路桥工程处、杭州市公路工程处、杭州市公路工程处、浙江省仙居路桥工程处、富阳市路桥工程高速、杭州市交通工程集团公司、河北省工程建设集团有限公司、杭州公路机械厂、余姚市交通标志设施有限公司、亿阳集团有限公司、重庆教科公路勘察设计院、浙江省长城建设集团有限公司、杭州第二建设有限公司、富阳市园林工程公司、浙江中瓯园林工艺有限公司。

(2) 监理单位

北京华宏路桥咨询监理公司、西安方舟工程监理有限公司、杭州顺畅交通工程监理咨询有限公司、杭州中新建筑工程监理有限公司、北京华宏路桥咨询监理公司。

2) 杭州绕城高速 (北二期)

(1) 勘察设计单位

北京交科勘察设计院、杭州市交通设计研究院。

(2) 施工单位

富阳市路桥工程高速、交通部第二公路局第四工程处、浙江省大成建设集团有限公司、河北省工程建设集团有限公司、杭州公路机械厂、中国磁记录设备公司。

(3) 监理单位

北京华宏路桥咨询监理公司、杭州中新建筑工程监理有限公司。

3) 杭州绕城高速 (南线)

(1) 施工单位

杭州交通工程集团公司、杭州路达公路工程总公司、交通部第二公路局、中港第二航务局、中铁十六工程局、浙江省交通工程建设集团第三交通工程有限公司、南昌铁路局工程总公司、铁道部大桥工程局、宁波交通工程建设集团有限公司、浙江省大成建设集团有限公司、亿阳集团有限公司、浙江耀江建设集团股份有限公司、浙江三丰建设有限公司、八方建设集团公司、宁波市花园园林建设有限公司、宁波市园林工程有限公司、杭州萧山机场绿化有限公司、杭州公路交通设施工程有限公司、萧山金鹰交通设施有限公司、浙江珍琪电器有限公司。

（2）监理单位

山东省交通工程监理咨询公司、江苏交通工程咨询监理总公司。

4）杭州绕城高速（西线）

（1）勘察设计单位

青海省公路勘测设计研究院。

（2）施工单位

铁道部十六局三处、水电部十二局、杭州市公路工程处、中国第五冶金建设公司/富阳桥梁工程处、杭州路达公路工程公司、铁十四局五处、浙江省水电一处、杭州交通工程总公司、浙江省路桥处、武警二总队/上铁四公司、萧山交通工程公司/捷达交通工程公司、杭州公路管理处筑路机械厂、东阳长城公路安全设施工程公司、杭州公路管理处筑路机械厂、杭州祥符绿化建设公司、浙江省水电一处、杭州象山建筑工程公司。

（3）监理单位

北京华宏监理公司、江苏华宁监理公司。

5）杭州绕城高速（东线）

（1）勘察设计单位

浙江省交通规划设计研究院。

（2）施工单位

天津市政一公司、浙江登峰交通集团有限公司、交通部第一公路工程公司第四分公司、浙江省水电一处、深圳市市政工程总公司、中国建筑第二工程局、交通部第二航务工程局、交通部第二公路工程局、吉林省交通建设集团有限公司、临安市公路建设有限公司、杭州萧山机场绿化工程有限公司、浙江八达建设集团有限公司、浙江省水电一处、上海电器科学研究所、北京云星宇交通工程有限公司。

（3）监理单位

安徽省公路工程建设监理有限责任公司、天津道路桥梁建设监理有限公司、北京路通工程监理咨询有限公司、中国公路工程咨询监理总公司浙江省分公司。

(二)建设情况

1. 项目审批

杭州绕城高速公路于1993年2月经浙江省人民政府发〔1993〕44号文批准。

2. 资金筹措

杭州市交通局按"项目法人责任制"和"项目资本金制"的要求,2000年由局属杭州交通投资公司(占70%股份)和浙江省公路局(占30%股份)共同出资组建了杭州绕城高速公路发展有限公司,由它作为项目法人具体负责绕城公路项目的实施。至2000年年底,杭州交通投资公司共为绕城公路项目筹措资金20.2亿元,其中国家开发银行的9亿元贷款已如期取得,向工商银行的贷款申请也已顺利通过评审并获得工商银行总行的贷款承诺。

3. 合同段划分

合同段划分见表7-13-5~表7-13-9。

G2501杭州绕城高速公路(北一期)合同段划分一览表 表7-13-5

标 段 号	标段所在地	工程内容	施 工 单 位
1合同,K8+617.57~K1+650,K12+000~K13+900 路基桥梁、大井互通区工程	杭州	土建	宁波交通(集团)工程公司
2合同,K10+650~K12+000桥梁路基工程	杭州	土建	中铁二局新运工程公司
3合同,K13+900~K15+800路基、桥梁、隧道工程	杭州	土建	铁道局隧道工程局
4合同,K15+800~K17+707路基、隧道工程	杭州	土建	铁道部第十四工程局
5合同,K17+070~K18+500路基、桥梁、石塘互通区工程	杭州	土建	宏润建设集团股份有限公司
6合同,K18+500~K23+200路基、桥梁工程	杭州	土建	杭州路达工程总公司
7合同,K23+200~K26+000路基、桥梁工程	杭州	土建	浙江省路桥工程处
8合同,K26+000~K29+400路基、桥梁工程	杭州	土建	杭州市公路工程处
9合同,K29+400~K31+900路基、桥梁、勾庄互通区工程	杭州	土建	杭州市公路工程处
10合同,K31+900~K34+500路基、桥梁工程	杭州	土建	浙江省仙居路桥工程处
11合同,K34+500~K37+877.28,路基、桥梁、余杭塘河互通区工程	杭州	土建	富阳市路桥工程高速
12合同,K8+617.57~K26+000路面、管道埋设工程	杭州	土建	杭州市交通工程集团公司
13合同,K26+100~K37+877.28路面、管道埋设工程	杭州	土建	河北省工程建设集团有限公司
14合同,K8+617.57~K26+000交通安全设施工程	杭州	交安设施	杭州公路机械厂
15合同,K26+000~K37+877.28交通安全设施工程	杭州	交安设施	余姚市交通标志设施有限公司
16A合同,K8+617.57~K37+877.28收费、通信工程	杭州	机电	亿阳集团有限公司
16B合同,黄鹤山隧道运营管理机电工程及监控工程	杭州	机电	重庆教科公路勘察设计院
17A合同,K8+617.57~K26+000沿线房建工程	杭州	房建	浙江省长城建设集团有限公司
17B合同,K26+000~K37+877.28沿线房建工程	杭州	房建	杭州第二建设有限公司

第七章
高速公路建设项目

续上表

标 段 号	标段所在地	工程内容	施 工 单 位
18A 合同,K8+617.57~K26+000 绿化工程	杭州	绿化	富阳市园林工程公司
18B 合同,K26+000~K37+877.28 沿线绿化工程	杭州	绿化	浙江中瓯园林工艺有限公司

G2501 杭州绕城高速公路(北二期)合同段划分一览表　　表 7-13-6

标 段 号	标段所在地	工程内容	施 工 单 位
19 合同,K1+200~K4+100,路基、桥梁工程	杭州	土建	富阳市路桥工程
20 合同,K4+100~K7+100,路基、桥梁工程	杭州	土建	交通部第二公路局第四工程处
21 合同,K7+100~K9+828,路基、桥梁工程	杭州	土建	浙江省大成建设集团有限公司
22 合同,K26+100~K37+877.28 路面 (含房建、管道)工程	杭州	土建、房建	河北省工程建设集团有限公司
23 合同,K1+200~K9+828 交通安全设施工程	杭州	交安设施	杭州公路机械厂
24 合同,K1+200~K9+829 机电工程	杭州	机电	中国磁记录设备公司

G2501 杭州绕城高速公路(南线)合同段划分一览表　　表 7-13-7

标 段 号	标段所在地	工程内容	施 工 单 位
1 合同,K0+000~K3+000 狮子口互通立交、路基、桥梁	杭州	土建	杭州交通工程集团公司
2 合同,K3+000~K9+386.5 路基、桥梁	杭州	土建	杭州路达公路工程总公司
3 合同,K0+000~K3+001 钱江五桥	杭州	土建	交通部第二公路局
4 合同,K3+000~K9+386.6 钱江五桥	杭州	土建	中港第二航务局
5 合同,K0+000~K3+002 义桥互通立交、 路基、桥梁、五桥引桥	杭州	土建	中铁十六工程局
6 合同,K18+050~K19+559.07/ K20+065.8~K20+954.6 白鹿塘互通立交、路基、桥梁	杭州	土建	浙江省交通工程建设集团 第三交通工程有限公司
6 合同 A,K18+050~K19+559.07/ K20+065.8~K20+954.7	杭州	土建	南昌铁路局工程总公司
7 合同,K19+559.07~K20+065.8 白鹿塘特大桥跨铁路部分	杭州	土建	铁道部大桥工程局
8 合同,K20+954.6~K22+977 张家畈互通立交、路基、桥梁	杭州	土建	宁波交通工程建设集团 有限公司
9 合同,K0+000~K12+509 路面工程	杭州	土建	浙江省大成建设集团有限公司
10 合同,K12+509~K22+977 路面工程	杭州	土建	亿阳集团有限公司
11 合同,袁浦监控中心	杭州	机电	浙江耀江建设集团股份 有限公司
12 合同,小江服务区	杭州	房建	浙江三丰建设有限公司
13 合同,义桥、白鹿塘收费站	杭州	房建	八方建设集团公司
14 合同,狮子口互通绿化	杭州	绿化	宁波市花园园林建设有限公司

续上表

标 段 号	标段所在地	工程内容	施工单位
15 合同,义桥、白鹿塘、张家畈互通绿化	杭州	绿化	宁波市园林工程有限公司
16 合同,上下边坡、中央隔带绿化	杭州	绿化	杭州萧山机场绿化有限公司
17 合同,交通安全设施	杭州	交通安全设施	杭州公路交通设施工程有限公司
18 合同,交通安全设施	杭州	交通安全设施	萧山金鹰交通设施有限公司
19 合同,五桥照明、狮子口等收费站高杆灯照明	杭州	机电	浙江珍琪电器有限公司

G2501 杭州绕城高速公路(西线)合同段划分一览表　　表 7-13-8

标 段 号	标段所在地	工程内容	施工单位
一,K6+400~K9+000	杭州	土建	铁道部十六局三处
二,K9+000~K12+400	杭州	土建	水电部十二局
三,K12+400~K14+000	杭州	土建	杭州市公路工程处
四,K0+310~K3+500	杭州	土建	中国第五冶金建设公司/富阳桥梁工程处
五,K3+500~K6+400	杭州	土建	杭州路达公路工程公司
六,K14+000~K16+500	杭州	土建	铁十四局五处
七,K16+500~K19+600	杭州	土建	浙江省水电一处
八,K19+600~K22+250	杭州	土建	杭州交通工程总公司
九,K22+100~K25+356.86	杭州	土建	浙江省路桥处
十,K23+250~K25+36.86	杭州	土建	武警二总队/上铁四公司
十一,K6+400~K12+400/K22+100~K25+356.86	杭州	土建	萧山交通工程公司/捷达交通工程公司
十二,K0+310~K9+000 交通安全设施	杭州	交通安全设施	杭州公路管理处筑路机械厂
十二,K9+000~K12+400 交通安全设施	杭州	交通安全设施	东阳长城公路安全设施工程公司
K13+940~K19+600/K22+100~K25+168.9 交通安全设施	杭州	交通安全设施	杭州公路管理处筑路机械厂
十三,一期、二期绿化工程	杭州	绿化	杭州祥符绿化建设公司
十四,K24+314 转塘收费站、BK0+301.5 龙坞乡进出口收费站、AK0+142.6AB 匝道收费站房建工程	杭州	房建	浙江省水电一处
十五,狮子口收费站房建工程	杭州	房建	杭州象山建筑工程公司

G2501 杭州绕城高速公路(东线)合同段划分一览表　　表 7-13-9

标 段 号	标段所在地	工程内容	施工单位
1,K0+000~K6+000 路基、桥梁工程	海宁	土建	天津市政一公司
2,K6+000~K12+300 路基、桥梁工程	杭州	土建	浙江登峰交通集团有限公司
3,K12+300~K14+100 路基、桥梁工程	杭州	土建	交通部第一公路工程公司第四分公司

续上表

标 段 号	标段所在地	工程内容	施工单位
4、K14+100～K18+283 路基、桥梁工程	杭州	土建	浙江省水电一处
5、K18+283～K20+283 路基、桥梁工程	杭州	土建	深圳市市政工程总公司
6、K17+200～K20+283 路基、桥梁工程	杭州	土建	中国建筑第二工程局
7、K20+283～K21+559.25 路基、桥梁工程	杭州	土建	交通部第二航务工程局
8、K21+559.25～K23+437.538 路基、桥梁工程	杭州	土建	交通部第二公路工程局
9、K6+000～K23+438 路面工程	杭州	土建	吉林省交通建设集团有限公司
10、K0+000～K23+438 交通安全设施	杭州	交通安全设施	临安市公路建设有限公司
11、K6+000～K23+438 绿化	杭州	绿化	杭州萧山机场绿化工程有限公司
12A、管理中心房建工程	杭州	房建	浙江八达建设集团有限公司
12B、下沙主线服务区房建工程	杭州	房建	浙江省水电一处
13、机电(全线通信、监控收费系统含机电土建工程)	杭州	机电	上海电器科学研究所
14、全线照明供电工程	杭州	照明	北京云星宇交通工程有限公司

4．征地拆迁

征地拆迁情况统计见表 7-3-10。

G2501 杭州绕城高速征地拆迁情况统计表　　表 7-13-10

项　目	征地拆迁安置起止时间	征用土地（亩）	拆迁房屋（m²）	支付补偿费用（元）	备　注
南线	2000.12.28～2003.12.28	2410.5	95039		
北一期	1998.12.6～2001.12.29	3083.003	142680	195024000	
北二期	2000.10～2002.11	689.364	18412	51282000	
西线	1994.4～1997	1075	42000		
东线	2000.1～2002.12	1657.174	21394	131883155	

（三）科技创新

科技成果主要为公路路面隆声带的应用研究。本项目采取实车道路试验研究和理论模拟计算研究相结合的方法，对三种典型车型(小轿车、中型客车、重型货车)进行不同形式铣刨式隆声带条件下的车辆警示效力试验、行驶系统安全性试验、行驶安全性试验，建立了定量描述隆声带主要结构尺寸与使用性能参数之间相关关系的经验模型。此外，本项目对不同形式的铣刨式隆声带进行了三种典型车型的车辆行驶平顺性、车辆车桥(轴)冲击状况、车辆瞬态方向稳定性模拟计算研究，得出了铣刨式隆声带各结构参数对其使用效果的影响规律，提出了适合我国公路运行特点的隆声带结构及技术条件，系统地解决了公路隆声带在我国推广使用中可能遇到的一系列技术问题。

(四)运营养护管理

1.服务设施

服务设施一览表见表7-13-11。

G2501杭州绕城高速公路服务场区一览表　　表7-13-11

服务区名称	位　　置	占地面积(m²)
西湖服务区	K59	67000
下沙服务区	K15	107333

2.收费设施

收费设施一览表见表7-13-12。

G2501杭州绕城高速公路收费设施一览表　　表7-13-12

高速公路	站点名称	车道数	收费方式
杭州绕城高速公路	转塘收费站	6+12	6条ETC收费,其余是人工收费
	萧山南收费站	3+4	2条ETC收费,其余是人工收费
	义桥收费站	3+4	2条ETC收费,其余是人工收费
	袁浦收费站	2+3	2条ETC收费,其余是人工收费
	龙坞收费站	2+3	2条ETC收费,其余是人工收费
	留下收费站	7+8	5条ETC收费,其余是人工收费
	五常收费站	2+7	2条ETC收费,其余是人工收费
	三墩收费站	4+8	3条ETC收费,其余是人工收费
	勾庄收费站	4+8	3条ETC收费,其余是人工收费
	半山收费站	4+7	3条ETC收费,其余是人工收费
	乔司东收费站	3+4	2条ETC收费,其余是人工收费
	下沙东收费站	6+12	4条ETC收费,其余是人工收费
	许村南收费站	3+4	2条ETC收费,其余是人工收费
	下沙南收费站	5+9	5条ETC收费,其余是人工收费

3.交通流量

交通流量发展状况见表7-13-13。

G2501杭州绕城高速公路交通流量发展状况表(单位:pcu/d)　　表7-13-13

位　　置	全程加权平均值	2002年	2003年	2004年	2005年	2006年	2007年	2008年	2009年	2010年	2011年	2012年	2013年	2014年	2015年
转塘至杭千枢纽	38983		5633			23928	28649	28512	31604	38540	45821	50485	54241	59525	61878
龙坞至转塘	39053	4696	4050	17597	23081	26691	34917	35581	39995	47977	56236	59022	60312	66065	70529

续上表

位 置	全程加权平均值	2002年	2003年	2004年	2005年	2006年	2007年	2008年	2009年	2010年	2011年	2012年	2013年	2014年	2015年
留下至龙坞	43530	5036	4498	20986	26561	30384	39727	41491	46695	53924	62932	64376	65475	71788	75551
五常至留下	45397	5701	5795	21980	28709	29626	39576	41198	46295	56226	64453	68251	70558	77927	79271
三墩至五常	52174	5849	6130	23246	31127	34735	44296	46580	52055	63873	76528	80826	83857	94553	86789
紫金港至三墩	40334	8452	7861	15585	21122	23823	33302	37120	43487	51085	56872	59053	62749	68296	75875
勾庄至紫金港	77448												68913	76604	86826
勾庄至南庄兜	49332		13714	2194	4765	31245	41762	46057	52702	61126	67159	69324	75908	83579	91789
崇贤枢纽至南庄兜	107231									93421	102069	103431	108420	115348	120696
半山至崇贤枢纽	94448									88613	92746	89580	93816	98276	103656
临丁至半山	64385	10340	19706	30585	39956	54028	67673	66694	71431	85161	91562	86179	89526	92142	96403
大井枢纽至临丁	76443			39893	54028	67673	66880	71431	85161	91562	86179	89526	92142	96403	
大井枢纽至杭州北	99594						76291	88465	108726	116295	103962	102899	97920	102192	
乔司枢纽至杭州北	57156		3875		20384	27690	35555	35179	45911	62886	68905	82480	102899	97920	102192
乔司东至乔司枢纽	44288		2426	11796	17196	27690	35555	35179	45911	62886	68905	60514	56829	74477	76391
下沙至乔司东	33903		595	3355	5572	13502	24638	24860	32362	47603	53628	50354	49757	66324	68188
下沙至红垦	87170	18130	39449	53123	65729	84994	99797	90957	78628	98769	107608	109945	113804	130898	128555
新街至红垦	74976		32923	34837	46806	58032	61900	61968	68162	86200	95518	95109	100623	118223	114394
新街至萧山东	79541		33053	39395	51599	62758	67471	67978	74851	93145	102525	101815	106830	118224	114394
杨汛桥至萧山东	67134		24047	32823	42630	51238	54545	54962	61213	79165	90297	91595	96430	98202	95594
张家畈枢纽至杨汛桥	66430		22608	32431	39867	47719	51082	52005	59491	77886	89403	92395	98611	101395	98696
萧山南至张家畈枢纽	31183		5936	10641	15410	21712	28628	28795	30498	32577	39074	40439	43113	52979	55580
义桥至萧山南	33455		5625	12969	17564	24137	30882	31297	33888	36140	43287	43494	45166	54166	56303
袁浦至义桥	2515				1567	1850	1878	1907	2420	3084	3364	2982	2889	2916	2812
义桥至杭千枢纽	34479		5633			22452	28738	28834	31355	33510	39488	42298	44042	50237	52688

第十四节　G15W3(宁波至东莞高速公路)浙江段
[宁波绕城云龙枢纽至浙闽省界(马站)]

宁波至东莞国家高速公路,简称"甬莞高速公路",编号为G15W3,起于宁波,途经浙江、福建、广东,终于东莞,全长47km。

甬莞高速公路的建设对实现省委、省政府提出的"融入长三角,构筑杭、甬、温都市圈,发展温台沿海产业带,保护和合理开发浙东沿海的蓝色屏障"提供了便捷的快速通道。路网位置示意图如图7-14-1所示,信息采集见表7-14-1。

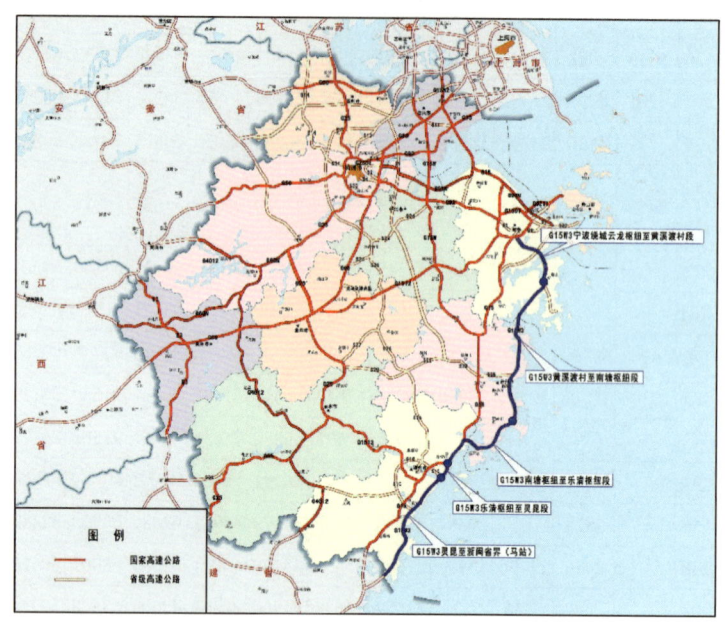

图7-14-1　G15W3云龙枢纽至浙闽省界(马站)段路网位置示意图

G15W3宁波绕城云龙枢纽至黄溪渡村段(建设期2008—2012年)

(一)项目概况

1.基本情况

(1)功能定位

本项目是连接杭州湾、象山湾、三门湾、温州湾四大海湾和舟山港、北仑港、象山港、石浦港、温州港的交通纽带;是宁波"一环六射"高速路网的重要组成部分,也是温州、台州地区到长三角地区的新通道;大大改善浙中、浙南地区融入长三角的交通环境,使长三角地区的辐射触角延伸全省,为最终实现省委、省政府提出的主动接轨大上海,融入长三角的发展战略和宁波市委提出的融入大都市、发展大经济、建设大港口、繁荣大文化的宏伟目标奠定了坚实的基础。

(2)技术标准

主要技术指标:全线采用双向四车道高速公路标准建设,设计速度100km/h,路基宽26m,象山港公路大桥宽度采用25.5m(不含布索区)。

第七章 高速公路建设项目

G15W3 云龙枢纽至浙闽省界(马站)段建设项目信息采集表　　表 7-14-1

序号	国高	项目名称	规模(km)				建设性质(新、改扩建)
			合计	八车道及以上	六车道	四车道	
1	G15W3	宁波象山港公路大桥及接线工程	46.91			46.91	新建

序号	设计速度(km/h)	永久占地(亩)	投资情况(亿元)				建设时间(开工~通车)
			估算	概算	决算	资金来源	
1	100	3811		68.87		项目资本金24.6亿元,其中交通部补助4.59亿元,其余自筹;项目贷款45.4亿元	2008.12~2012.12

(3)建设规模

全长约46.91km,在云龙、栎斜、管江、里蔡、黄避岙、戴港设置6处互通式立交,并设置服务区、管理中心、养护工区各1处。详见表7-14-2~表7-14-4。

G15W3 宁波绕城云龙枢纽至黄溪渡村段桥梁汇总表　　表 7-14-2

规模	名称	桥长(m)	主跨长度(m)	桥底净高(m)	跨越障碍物			梁式桥						
								钢筋混凝土梁桥			钢梁桥		组合梁桥	
					河流	沟谷	道路铁路	简支梁桥	悬臂梁桥	连续梁桥	简支钢梁	连续钢梁	预弯混凝土梁	组合梁	钢管混凝土桁架梁
特大桥	云龙公铁立交桥	1853	95	7.96	√		√			√					
	栎斜大桥	1168	30	5	√		√			√					
	大嵩江特大桥	1780	30	5	√		√			√					
	大碧浦公公分离式立交	1288	30	5	√		√			√					
	象山港公路大桥	6761	688	53	√		√			√					
	白墩港特大桥	1723	100	10	√		√			√					
	戴港特大桥	2779	30	5	√		√			√					
	甬台温复线桥	602	30	5	√		√			√					
	云龙互通E匝道桥	551	30	5	√		√			√					

续上表

规模	名称	桥长(m)	主跨长度(m)	桥底净高(m)	跨越障碍物			梁式桥						
								钢筋混凝土梁桥			钢梁桥		组合梁桥		
					河流	沟谷	道路、铁路	简支梁桥	悬臂梁桥	连续梁桥	简支钢梁	连续钢梁	预弯混凝土梁	组合梁	钢管混凝土桁架梁
大桥	云龙互通F匝道桥	591	30	5	√					√					
	云龙互通G匝道桥	583	46	5	√		√			√					
	云龙互通H匝道桥	608	55	5	√		√			√					
	栎斜水库大桥	120	30	5	√					√					
	角洞岙水库大桥	160	20	5	√					√					
	栎斜互通A匝道1号桥	239	30	5	√	√				√					
	栎斜互通A匝道2号桥	370	25	5	√	√				√					
	栎斜互通B匝道桥	154	20	5	√	√				√					
	栎斜互通C匝道桥	273	20	5	√	√				√					
	栎斜互通D匝道桥	240	20	5	√	√				√					
	栎斜互通E匝道桥	168	20	5	√	√				√					
	角洞岙分离式立交	545	42	5		√				√					
	蒋潭大桥	960	30	5	√					√					
	陆家大桥	180	20	5						√					
	徐家溪大桥	100	20	5						√					
	涨池大桥	480	30	5	√	√				√					
	管江互通A匝道桥	140	20	5	√					√					
	里蔡互通A匝道桥	370	25	5		√				√					
	里蔡互通B匝道桥	120	20	5	√					√					
	里蔡互通C匝道桥	240	20	5			√			√					
	里蔡互通E匝道桥	120	20	5	√					√					
	红园山大桥	180	30	5		√				√					
	黄避岙分离式立交	360	30	5			√			√					
	青山亭分离式立交	620	30	5			√			√					
	石峰山1号大桥	215	30	5		√				√					

续上表

规模	名称	桥长(m)	主跨长度(m)	桥底净高(m)	跨越障碍物			梁式桥					
								钢筋混凝土梁桥			钢梁桥		组合梁桥		
					河流	沟谷	道路、铁路	简支梁桥	悬臂梁桥	连续梁桥	简支钢梁	连续钢梁	预弯混凝土梁	组合梁	钢管混凝土桁架梁
大桥	石峰山2号大桥	300	30	5		√				√					
	郑岙大桥	450	30	5	√					√					
	桃湾大桥	450	30	5	√					√					
	洋北服务区A匝道桥	150	30	5	√					√					
	戴港互通A匝道1号桥	100	40	5		√				√					
	戴港互通A匝道2号桥	454	42	5	√	√				√					
	戴港互通B匝道桥	151	19	5	√					√					
	戴港互通C匝道桥	320	26	5	√					√					
	戴港互通D匝道桥	310	26	5	√					√					
	戴港互通E匝道桥	270	19	5	√					√					
中桥	14座														

G15W3宁波绕城云龙枢纽至黄溪渡村段隧道汇总表　　表7-14-3

规模	名称	隧道全长(m)	隧道净宽(m)	隧道分类					备注
				按地质条件划分		按所在区域划分			
				土质隧道	石质隧道	山岭隧道	水底隧道	城市隧道	
长隧道	四脚岙隧道	1392	10.75		√	√			
	角洞岙隧道	2155	10.75		√	√			
	安基山隧道	1324	10.75		√	√			
中隧道	茶园里隧道	685	10.75		√	√			
	里蔡隧道	780	10.75		√	√			
短隧道	栎斜隧道	132	10.75		√	√			
	杨公山隧道	255	10.75		√	√			
	炮台山隧道	223	10.75		√	√			
	大斜桥隧道	332	10.75		√	√			
	黄避岙隧道	460	10.75		√	√			

G15W3 宁波绕城云龙枢纽至黄溪渡村段路面信息汇总表

表 7-14-4

路面形式	起 讫 里 程	长度(m)	水泥混凝土路面	沥青路面
柔性路面	K0+000~K46+911	46911		沥青混凝土路面

(4) 主要控制点

起于鄞州区云龙镇,向南经鄞州区栎斜、管江、里蔡,在横山码头和西泽码头西侧以桥梁方式跨越象山港,经象山县小蔚庄、大斜桥、黄避岙,过白墩港、桃湾、洋北,止于戴港。

(5) 地形地貌

象山港位于宁波市东南部,穿山半岛与象山半岛之间,东临大目洋,是一个由东北向西南深入内陆的狭长形半封闭型海湾,同时,也是理想的深水避风港。

(6) 投资规模

工程投资概算 68.87 亿元。

(7) 开工及通车、竣工时间

2008 年 12 月 30 日开工建设,于 2012 年 12 月 30 日建成通车。

2. 前期决策情况

(1) 1994 年 12 月 16 日,由宁波市象山县人民政府根据《宁波市公路网总体规划》及《象山港港口群和岸线布局规划》提出并委托交通部公路规划设计院(现改为中交公路规划设计院)承担象山丹城—宁波公路及象山港海湾大桥工程预可行性研究报告的编制工作,并签订了《宁波市〈象山丹城—宁波公路及象山港海湾大桥建设项目预可行性研究报告〉编制合同》。

(2) 2003 年 6 月 16 日,象山县交通局向象山县人民政府提交了《同三国道主干线甬台温复线象山段高速公路走向方案》,并在县委召开的书记会议上基本统一了路线走向方案。

(3) 2003 年 7 月 8 日,象山县交通局委托中交公路规划设计院和宁波市交通设计研究院共同承担象山港大桥工程预可行性研究报告的编制工作,并签订了《象山港大桥工程预可行性研究委托合同》。

(4) 2004 年 8 月,中交公路规划设计院和宁波市交通设计研究院共同完成象山港大桥及接线工程预可行性研究报告的编制工作。

(5) 2004 年 9 月 8 日,象山港大桥及接线工程建设领导小组办公室委托中交公路规划设计院承担象山港大桥及接线工程可行性研究报告的编制工作。

(6) 2005 年 3 月,中国国际工程咨询公司在宁波召开了宁波象山港大桥及接线工程项目建议书评估会。

(7)2005年6月,交通部规划研究院对象山港大桥及接线工程预可行性研究报告进行了评审。

(8)2006年2月,国家发改委批复了象山港大桥及接线工程项目建议书。

3. 参建单位主要情况

(1)勘察设计单位

中交公路规划设计院、辽宁省交通勘测设计院。

(2)施工单位

浙江省交通工程建设集团有限公司、中铁大桥局股份有限公司、中铁十六局集团第三工程有限公司、杭州市交通工程集团有限公司、宁波交通工程建设集团有限公司、浙江省交通工程建设集团有限公司、中交第二航务工程局有限公司、中铁大桥局股份有限公司、中交第二公路工程局有限公司、宁波三鼎钢管工程有限公司、武船重型工程有限公司、武汉钢铁股份有限公司、浙江交工路桥建设有限公司、东盟营造工程有限公司、广东省长大公路工程有限公司、宁波交通工程建设集团有限公司、宁波路宝科技实业集团有限公司、华丰建设股份有限公司、浙江省长城建设集团股份有限公司、杭州天开市政园林工程有限公司、宁波市鄞州园林市政建设有限公司、杭州华兴交通设施工程有限公司、山西通安交通工程公司、北京云星宇交通工程有限公司、上海中驰建筑工程有限公司。

(3)监理单位

武汉桥梁建筑工程监理有限公司、宁波交通工程咨询监理有限公司、宁波市鄞州交通工程监理有限公司、广东虎门技术咨询有限公司、中国船级社实业公司、中咨工程建设监理公司、中国船级社实业公司、杭州公路工程监理咨询公司、大学土工程管理有限公司、浙江省机电设计研究院有限公司。

(二)建设情况

1. 项目审批

2006年2月20日,国家发展和改革委员会发文(发改交运[2006]292号)批复,同意建设宁波象山港大桥及接线工程。

2. 资金筹措

宁波象山港大桥及接线工程的建设资金35%自筹,其余商业银行贷款。

3. 合同段划分

合同段划分情况见表7-14-5。

G15W3 宁波绕城云龙枢纽至黄溪渡村段合同段划分情况表

表 7-14-5

合同段号	合同段所在地	工程内容及长度	施工单位
SY	鄞州	土建试验段,长 0.555km	浙江省交通工程建设集团有限公司
1	鄞州	土建,长 1.926km	中铁大桥局股份有限公司
2	鄞州	土建,长 8.75km	中铁十六局集团第三工程有限公司
3	鄞州	土建,长 10.183km	杭州市交通工程集团有限公司
4	鄞州	土建,长 3.627km	宁波交通工程建设集团有限公司
5	鄞州、象山	土建,长 1.384km	浙江省交通工程建设集团有限公司
6	鄞州、象山	土建,长 2.82km	中交第二航务工程局有限公司
7	鄞州、象山	土建,长 4.32km	中铁大桥局股份有限公司
8	象山	土建,长 1.376km	中交第二公路工程局有限公司
9	鄞州、象山	钢管桩钢护筒,长 3.06km	宁波三鼎钢管工程有限公司
10	象山	钢箱梁钢锚箱,长 1.376km	武船重型工程有限公司、武汉钢铁股份有限公司
11	象山	土建,长 6.849km	浙江交工路桥建设有限公司
12	象山	土建,长 8.211km	东盟营造工程有限公司
M1	鄞州	路面,长 24.487km	广东省长大公路工程有限公司
M2	象山	路面,长 21.821km	宁波交通工程建设集团有限公司
SSF	鄞州、象山	伸缩缝,长 46.196km	宁波路宝科技实业集团有限公司
F1	鄞州	房建	华丰建设股份有限公司
F2	象山	房建	浙江省长城建设集团股份有限公司
L1	鄞州	绿化,长 24.487km	杭州天开市政园林工程有限公司
L2	象山	绿化,长 21.821km	宁波市鄞州园林市政建设有限公司
A1	鄞州、象山	交安,长 46.196km	杭州华兴交通设施有限公司
A2	鄞州、象山	交安,长 6.761km	山西通安交通工程公司
JD	鄞州、象山	机电,长 46.196km	北京云星宇交通工程有限公司
SPZ	鄞州、象山	声屏障,长 46.196km	上海中驰建筑工程有限公司

4.征地拆迁

征地拆迁情况统计见表 7-14-6。

G15W3 宁波绕城云龙枢纽至黄溪渡村段征地拆迁情况统计表

表 7-14-6

征地拆迁安置起止时间	征用土地 (亩)	拆迁房屋 (m^2)	支付补偿费用 (元)	备 注
2008.12~2012.12	3811	85791	1065260000	

5.项目实施阶段

(1)2006 年 9 月 14 日,象山港大桥奠基(图 7-14-2)。

(2)2008 年 12 月 30 日,象山港大桥开工(图 7-14-3)。

(3)2009 年 6 月 18 日,象山港大桥打下第一根钢管桩。

图7-14-2 象山港大桥奠基

图7-14-3 象山港大桥开工仪式

(4)2009年8月中旬,大桥主桥首座桥墩浇筑成功。

(5)2010年1月8日,大桥打下最后一根钢管桩,钢管桩沉桩任务全部完成。

(6)2010年2月5日,大桥南北主塔群桩基础工程完工。

(7)2010年3月20日,象山港大桥及接线工程一合同段首个墩身顺利浇筑,该墩身为云龙互通立交桥G匝道21号墩,也是象山港大桥接线工程的首个墩身,此役标志着一合同及整个象山港大桥接线工程正式开始了陆上结构的实施阶段。

(8)2010年8月25日,大桥第一片60m预应力箱梁架设成功。

(9)2011年6月23日,大桥南岸完成最后一跨现浇箱梁浇筑。

(10)2012年1月6日,大桥架设最后一片60m预应力箱梁。

(11)2012年1月26日,大桥主桥墩首段钢箱梁吊装成功。

(12)2012年7月11日,象山港大桥实现合龙。

(13)2012年12月29日凌晨,象山港大桥竣工通车(图7-14-4)。

图7-14-4 象山港大桥竣工通车

(三)复杂技术工程

复杂技术工程为象山港大桥。

象山港大桥地质条件复杂,近岸区岩面倾斜,地质差异较大,对钻孔设备要求高,施工入岩判定困难,主桥区域基岩埋藏深,群桩基础庞大,施工组织困难。桥梁抗风要求高,大桥位于象山湾口,受风潮影响较大,设计基本风速达到46.5m/s,为全国之最;通航要求高,大桥通航等级达五万吨级,为国内桥梁最大通航等级之一;环境要求高,象山港是我国著名的生态经济型港湾,大桥工程建设既要减少工程对生态环境的影响,又要做到成为沿线一道新的风景线。

(四)科技创新

主要科技成果为高塔大跨径桥梁雷电防护措施研究。

在本课题研究中,主要采取实际高塔大跨径桥梁所在区域的历史气象数据、雷击破坏途径分析和基于"等效电路法"的雷击电磁脉冲计算方法等研究手段,着重分析了大桥的地理、气候、土壤特性、雷暴活动和闪电活动特征,提出了直击雷、侧击雷、雷电波侵入、雷击电磁脉冲的雷击防护措施,建立和完善雷电防护的安全管理技术手段,形成了一整套有机的高塔大跨径桥梁的综合防雷系统。

(五)运营养护管理

1. 服务设施

服务场区见表7-14-7。

G15W3 宁波绕城云龙枢纽至黄溪渡村段服务场区一览表 表7-14-7

服务区名称	位 置	占地面积
象山服务区	K43+295	8hm²

2. 收费设施

收费设施见表7-14-8。

G15W3 宁波绕城云龙枢纽至黄溪渡村段收费设施一览表 表7-14-8

站点名称	车 道 数	收费方式
横溪收费站	3进3出	进出各1条ETC车道,其余人工收费
塘溪收费站	3进3出	进出各1条ETC车道,其余人工收费
咸祥收费站	3进5出	进出各1条ETC车道,其余人工收费
象山北收费站	3进4出	进出各1条ETC车道,其余人工收费
象山收费站	4进8出	进出各2条ETC车道,其余人工收费

3. 交通流量

交通流量发展状况见表7-14-9。

G15W3 宁波绕城云龙枢纽至黄溪渡村段交通流量发展状况表（单位:pcu） 表 7-14-9

年 份	云龙至 东钱湖横溪 （正逆方向）	东钱湖横溪至 塘溪 （正逆方向）	塘溪至咸祥 （正逆方向）	咸祥至象山北 （正逆方向）	象山北至象山 （正逆方向）	日平均流量
2013	5067733	4978171	4444761	4197238	2966152	59326
2014	6603454	6268591	5465367	4879078	3496776	73187
2015	7535897	7057141	6171405	5310015	3835797	81946
2016	8796574	8135467	6996930	5993620	4309422	93530

第十五节　G92N（杭州至宁波高速公路）[杭州绕城（下沙枢纽）至穿山疏港柴桥枢纽]

杭州至宁波国家高速公路，简称杭甬高速公路，编号为 G92N，起于杭州绕城高速公路，途经杭州市、绍兴市、宁波市，终于宁波穿山疏港高速公路，全线均位于浙江省境内，全长 16km。

G92N 杭甬高速公路即浙江省规划中的杭绍甬高速公路，与现有的杭甬高速公路南北呼应，有效缓解杭甬高速公路交通紧张的状态，进一步增强杭州都市圈的经济社会辐射能力。本节重点实录非共线段江东大桥及西接线段，共线段钱江通道见 S9 钱江通道，杭州湾大桥南接线见 G15 沈阳至海口高速公路。路网位置示意图如图 7-15-1 所示，建设项目信息如表 7-15-1 所示。

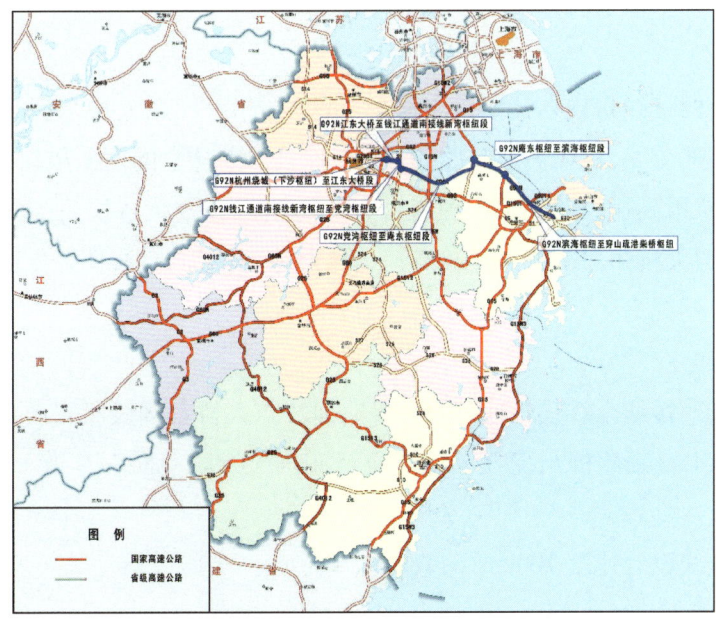

图 7-15-1　G92N 杭州绕城（下沙枢纽）至穿山疏港柴桥枢纽段路网位置示意图

G92N 杭州绕城(下沙枢纽)至穿山疏港柴桥枢纽段建设项目信息采集表　　表 7-15-1

序号	国高	项目名称	规模（km）				建设性质（新、改扩建）
			合计	八车道及以上	六车道	四车道	
1	C92N	江东大桥及接线工程	4.33	3.65	0.68		新建
2		杭州绕城下沙互通至江东大桥高速公路工程	2.78	1.58	1.20		在建

序号	国高	设计速度（km/h）	永久占地（亩）	投资情况（亿元）				建设时间（开工~通车）
				估算	概算	决算	资金来源	
1	C92N	80	375		18.89	17.89	资本金 13.223 亿元，其余建设资金以融资方式筹集	2005.12~2008.12
2		80	436		15.71	15.00	9.42 亿贷款，其余由业主自筹	2013.6~2015.12

G92N 杭州绕城(下沙枢纽)至穿山疏港柴桥枢纽段（建设期 2005—2015 年）

(一)项目概况

1. 基本情况

(1)功能定位

江东大桥及西接线是规划杭绍甬高速公路的一部分，江东大桥东面出口通过绕城高速公路与沪杭高速公路、杭浦高速公路、01 省道连接。而从它的西面出口行驶约 18km 则到达瓜沥，可上杭甬高速公路和 104 国道。它的通车将有效缓解杭州绕城东线下沙大桥的交通压力，打通大杭州东部快速连接高速公路网络的跨江瓶颈，使开发区和萧山区的区位优势得到极大的提升。

(2)技术标准

江东大桥及西接线全线设计速度 80km/h，原江东大桥及接线段双向六车道 0.68km，双向八车道 3.65km，新建杭州绕城下沙互通至江东大桥段双向六车道 1.2km，双向八车道 1.58km。

钱江通道全线设计速度 100km/h，双向六车道。

(3)建设规模

江东大桥及西接线路线全长 7.11km，其中原江东大桥及其接线长 4.33km，新建杭州绕城下沙互通至江东大桥段长2.78km,部分路段利用已建的江东大桥及接线。详见表7-15-2、表7-15-3。

G92N杭州绕城(下沙枢纽)至穿山疏港柴桥枢纽段桥梁汇总表　　　表7-15-2

规模	名称	桥长(m)	主跨长度(m)	桥底净高(m)	跨越障碍物			梁式桥					组合梁桥	
								钢筋混凝土梁桥			钢梁桥			
					河流	沟谷	道路、铁路	简支梁桥	悬臂梁桥	连续梁桥	简支钢梁	连续钢梁	预弯混凝土梁	组合梁	钢管混凝土桁架梁
特大桥	江东大桥	4332	260	24	√					√		√			
	主线桥	1603	35	10	√		√			√					
大桥	A匝道桥	396	33.5	7			√			√					
	B匝道桥	428	33.5	7			√			√					
	C匝道1号桥	237	35	9	√		√			√					
	C匝道2号桥	357	30	9	√		√			√					
	D匝道桥	254	30	10	√		√			√					
	北辅道桥	146	30	4.5	√					√					
	文汇路分离立交桥	454	70	6			√			√		√			
小桥	主线桥拼宽桥	15.5	8	2.5		√		√							

G92N杭州绕城(下沙枢纽)至穿山疏港柴桥枢纽段路面信息汇总表　　　表7-15-3

路面形式	起讫里程	长度(m)	水泥混凝土路面	沥青路面
刚性路面	EK0+824.105~EK0+914.105	90	钢筋混凝土路面(收费广场)	
柔性路面	K0+000~k6+432	6432		沥青混凝土路面

(4)主要控制点

江干区。

(5)地形地貌

经过浙北、浙东,属平原区。

(6)投资规模

江东大桥及西接线投资决算32.89亿元,其中原江东大桥及其接线投资决算17.89亿元,杭州绕城下沙互通至江东大桥段投资决算15.00亿元。

(7)开工及通车、竣工时间

江东大桥及西接线:原江东大桥及其接线于2005年12月开工建设,于2008年12月建成。杭州绕城下沙互通至江东大桥段于2013年6月开工建设,于2015年12月建成。

2.前期决策情况

杭绍甬高速公路是《浙江省公路水运交通建设规划》的重要组成部分,是全省公路主骨架"三纵四横"的"一横"。随着浙江省经济的迅速发展，对公路运输要求更加紧迫，杭州与宁波之间的联系更加密切，随之而来的是加深这种联系，根据浙江省交通厅"九五"期间编制的《浙江省公路建设规划（1996—2010）》，到2010年基本实现"两纵两横五连"公路网骨架的建设目标，浙江省交通厅在2004年启动杭绍甬高速公路的建设工作。

3. 参建单位主要情况

（1）勘察设计单位

上海市政工程设计研究总院、杭州市交通规划设计研究院、中国公路工程咨询集团有限公司。

（2）施工单位

中交集团第二公路工程局有限公司、路桥华南工程有限公司、杭州公路交通设施工程有限公司、中国化学工程第十二建设公司、中交第三公路工程局有限公司、浙江环宇建设集团有限公司、中咨泰克交通工程有限公司、杭州交通工程集团有限公司（土建及路面）、紫光捷通合计股份有限公司（机电）、浙江永通科技发展有限公司（照明）、杭州公路交通设施工程有限公司（交安）、浙江双林古建园林工程有限公司（绿化）、浙江世贸装饰设计工程有限公司（涂装）、浙江开隆建设工程有限公司（房建）。

（3）监理单位

北京路桥通工程监理咨询有限公司、杭州市交通工程监理咨询有限公司。

（二）建设情况

1. 资金筹措

原江东大桥及其接线资本金13.223亿元，其余建设资金以融资方式筹集。

杭州绕城下沙互通至江东大桥段9.42亿贷款，其余由业主自筹。

2. 合同段划分

合同段划分情况见表7-15-4。

G92N 杭州绕城（下沙枢纽）至穿山疏港柴桥枢纽段合同段划分情况表　　　表7-15-4

合同段号	合同段所在地	工程内容及长度	施 工 单 位
1	下沙	2.4275km	中交集团第二公路工程局有限公司（路基、桥梁）
2	下沙	1.905km	路桥华南工程有限公司（路基、桥梁）
3	下沙	4.332km	杭州公路交通设施工程有限公司（护栏、标志、标线）
4	下沙	4.332km	中国化学工程第十二建设公司（涂装、照明、供配电）
5	下沙	4.332km	中交第三公路工程局有限公司（路、桥面铺装）
6	下沙	4.332km	浙江环宇建设集团有限公司（管理用房、电梯房、收费大棚、绿化）
7	下沙	4.332km	中咨泰克交通工程有限公司（监控、收费系统）

续上表

合同段号	合同段所在地	工程内容及长度	施工单位
8	下沙	6.432km	杭州交通工程集团有限公司(土建及路面)
9	下沙	6.432km	紫光捷通合计股份有限公司(机电)
10	下沙	6.432km	浙江永通科技发展有限公司(照明)
11	下沙	6.432km	杭州公路交通设施工程有限公司(交安)
12	下沙	6.432km	浙江双林古建园林工程有限公司(绿化)
13	下沙	6.432km	浙江世贸装饰设计工程有限公司(涂装)
14	下沙	4层综合楼,1层收费站房,1层辅助用房,2个传达室	浙江开隆建设工程有限公司(房建)

3. 征地拆迁

征地拆迁情况统计见表 7-15-5。

G92N 杭州绕城(下沙枢纽)至穿山疏港柴桥枢纽段征地拆迁情况统计表　　表 7-15-5

项　　目	征地拆迁安置起止时间	征用土地(亩)	拆迁房屋(m^2)	支付补偿费用(万元)	备　注
江东大桥及接线工程	2006.4~2007.4	375	47374	24000	
杭州绕城下沙互通至江东大桥高速公路工程	2012.5~2013.5	436	301	10300	概算数

(三)复杂技术工程

复杂技术工程主要为空间缆自锚式悬索桥。

江东大桥(图 7-15-2)主通航孔桥为跨径 83m+260m+83m 空间缆自锚式悬索桥,其造型独特,寓意"钱江帆影",采用独柱桥塔、分离式钢箱梁加劲梁、空间缆索系统,这种悬索桥形式在国内外尚无先例。结构新颖,技术含量高,施工工艺复杂。由于大桥在结构形式上的大胆突破,常规的设计、施工技术已不能完全满足需要,并且在国内外没有现成的经验和资料可以套用,对一些关键技术问题必须以科学研究作为支撑,通过各方共同努力、协同攻关才能解决,为此需要设立专题进行深入细致的研究。为了更好地指导和完善大桥的设计和顺利施工,以及成桥后在正常

图 7-15-2　江东大桥

运营条件下大桥的安全性,针对大桥设计、施工的特点和难点,提出了"杭州市江东大桥空间自锚式悬索桥设计与施工成套关键技术研究"的科技攻关,并获浙江省交通厅科技立项。

(四)科技创新

江东大桥首次采用空间缆吊索球铰技术、首次采用树脂沥青组合体系(ERS)钢桥面铺装技术。该技术针对江东大桥的工程特点,对钢桥面铺装受力特点、ERS钢桥面铺装设计、材料、施工工艺及验评标准进行了系统的研究。首次在国内大型桥梁钢桥面主桥应用获得成功。通过室内外试验对比、现场施工及通车运营,验证了EBCL优良的防水、黏结性能和RA05整体化功能层的作用。通过对钢桥面受力三阶段力学分析,初步建立了ERS钢桥面铺装理论体系。

(五)运营养护管理

1. 收费设施

收费设施见表7-15-6。

G92N 杭州绕城(下沙枢纽)至穿山疏港柴桥枢纽段收费设施一览表 表7-15-6

站点名称	车道数	收费方式
下沙东	6+12	4条ETC收费,其余是人工收费
江东大桥	3+5	2条ETC收费,其余是人工收费

2. 交通流量

交通流量发展状况见表7-15-7。

G92N 杭州绕城(下沙枢纽)至穿山疏港柴桥枢纽段交通流量发展状况表(单位:pcu)

表7-15-7

年 份	下沙往萧山方向	萧山往下沙方向	合 计	日平均流量
2013	4809247	4881688	9690935	26551
2014	5098253	5112447	10210700	27975

第十六节 G60N(杭州至长沙高速公路)[杭新景杨村桥枢纽至浙皖省界(白沙关)]

杭新景高速公路,编号G60N,起于杭新景杨村桥枢纽,途经浙江省杭州市、衢州市,终于杭州袁浦,经富阳市、桐庐县,终于建德市寿昌,全长185km,于2016年12月全线通车。

G60N杭新景高速公路依次由以下三段组成:杭新景高速公路(杭新景杨村桥枢纽至新安江枢纽)、杭新景高速公路(新安江枢纽至八亩丘枢纽)、杭新景高速公路(八亩丘枢纽至浙皖省界(白沙关))。其中,新安江至八亩丘段与G4012溧宁高速公路共线,非共线段全长160km。杭新景高速公路未来将作为浙赣两省间的又一条公路交通主干道,具有杭金衢高速公路第二通道的作用,将有效地为杭金衢高速公路巨大的交通压力分流。路网位置示意图如图7-16-1所示,建设项目信息如表7-16-1所示。

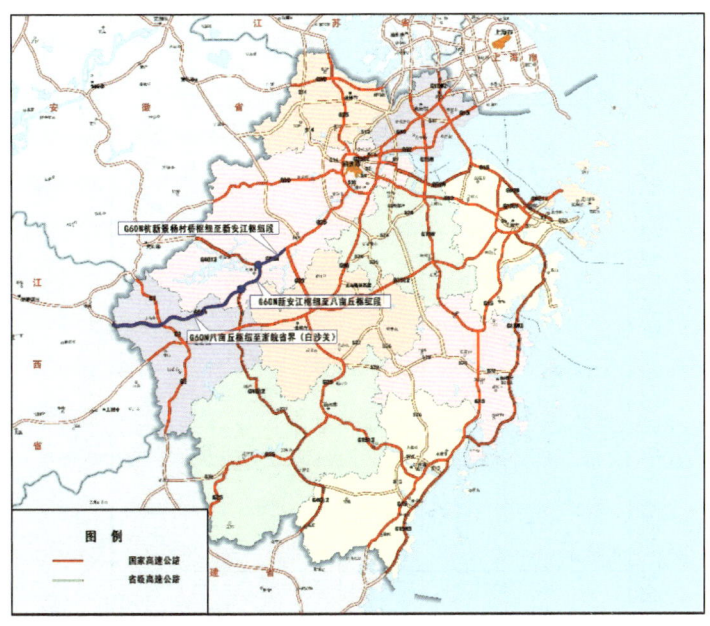

图7-16-1　G60N杭新景杨村桥枢纽至浙皖省界(白沙关)路网位置示意图

一、G60N杨村桥枢纽至新安江枢纽段(建设期2003—2005年)

(一)项目概况

1. 基本情况

(1)功能定位

G60N杨村桥枢纽至新安江枢纽段(即杭新景高速公路)是《浙江省公路水路交通建设规划(2003—2010)》公路主骨架"两纵两横十八连三绕三通道"中的"一连",作为浙赣两省间的又一条公路交通主干道,具有杭金衢高速公路第二通道的作用,将有效地为杭金衢高速公路巨大的交通压力分流。

(2)技术标准

G60N 杨村桥枢纽至新安江枢纽段建设项目信息采集表

表 7-16-1

序号	国高	项目名称	规模（km）				建设性质（新、改扩建）	设计速度（km/h）	永久占地（亩）	投资情况（亿元）				建设时间（开工~通车）
			合计	八车道及以上	六车道	四车道				估算	概算	决算	资金来源	
1	G60N	杭州至千岛湖高速公路杨村桥至洋溪段工程	12		12		新建	120	1669.5		7.95			2003.5~2005.12
2		杭州至千岛湖高速公路洋溪至寿昌段工程	24.70		24.70		新建	100	3197.7	20.7	20.54			2004.8~2006.12
3		杭新景高速公路建德寿昌至开化白沙关（浙赣界）建德段	23.45			23.45	新建	100	2129.6	80.5	15.46	—	资本金5.41亿元，交通部车购税补助1.311亿元，银行贷款8.735亿元	2013.4~2015.12
4		杭新景高速公路（衢州段）工程建设	105.05	—	—	105.05	新建	100	8585	98.7	105.40	暂无	省交通集团75%，衢州市25%	2012.10~2016.12

全线设计速度120km/h,双向六车道。

(3)建设规模

本项目里程长30km,其中18km为共线段。详见表7-16-2、表7-16-3。

G60N 杨村桥枢纽至新安江枢纽段桥梁汇总表　　　　表7-16-2

规模	名称	桥长(m)	主跨长度(m)	桥底净高(m)	跨越障碍物			梁式桥							
								钢筋混凝土梁桥			钢梁桥		组合梁桥		
					河流	沟谷	道路、铁路	简支梁桥	悬臂梁桥	连续梁桥	简支钢梁	连续钢梁	预弯混凝土梁	组合梁	钢管混凝土桁架梁
大桥	互通一号桥	165	20				√			√					
	互通二号桥	105	20				√			√					
	互通三号桥	397.1	30				√			√					
	梓溪桥(右)	368.4	30			√				√					
	梓溪桥(左)	338.3	30			√				√					
	麻塘高架桥(右)	246.1	30			√				√					
	麻塘高架桥(左)	276.1	30			√				√					
	绪塘高架桥	368.2	30			√				√					
	里程高架桥	128.4	20			√				√					
	下涯一号高架桥	640.2	30		√					√					
	外塘畈高架桥(左)	155	30			√				√					
	外塘畈高架桥(右)	125	30			√				√					
	沿口桥	162.2	30			√				√					
	潘家桥	196	20			√				√					
	方家一号桥	104	20			√				√					
	洋溪枢纽三号桥	290.1	20				√			√					

G60N 杨村桥枢纽至新安江枢纽段路面信息汇总表　　　　表7-16-3

路面形式	起讫里程	长度(m)	水泥混凝土路面	沥青路面
柔性路面		12000		沥青混凝土路面

(4)主要控制点

杨村桥镇、下涯镇。

(5)投资规模

项目估算总投资8.0亿元。

(6)开工及通车、竣工时间

2003年5月开工建设,2005年12月建成通车。

2. 前期决策情况

杭新景高速公路是《浙江省公路水运交通建设规划》的重要组成部分,也是杭州市"交通西进"公路建设规划"一绕三线三连四大接口"公路网主框架的"一线"。随着浙江省经济的迅速发展,对公路运输要求更加紧迫,根据浙江省交通厅"九五"期间编制的《浙江省公路建设规划(1996—2010)》,到2010年基本实现"两纵两横五连"公路网骨架的建设目标,浙江省交通厅在2003年启动杭新景高速公路杨村桥枢纽至新安江枢纽段的建设工作。

3. 参建单位主要情况

(1)勘察设计单位

浙江省交通规划设计研究院。

(2)施工单位

浙江天宇交通建设集团有限公司、浙江省交通工程建设集团有限公司、中铁一局集团第一工程有限公司、浙江省宏途交通建设有限公司、杭州市交通工程集团有限公司、贵州省桥梁工程总公司、贵州省公路桥梁工程总公司、中铁二十局集团第二工程有限公司、中铁四局集团第一工程有限公司、中南市政工程建设总公司、路桥集团第一公路工程局第一工程公司、浙江省宏途交通建设有限公司、浙江八达建设集团有限公司、浙江环宇建设集团有限公司、杭州萧山江南园林工程有限公司、浙江伟达园林工程有限公司、杭州公路交通设施工程有限公司、杭州萧山金鹰交通设施有限公司、浙江长城建设集团股份有限公司、福州鑫绿园林发展有限公司、杭州公路交通设施工程有限公司、中国磁记录设备公司。

(3)监理单位

江苏交通工程咨询监理有限公司、天津新亚太工程建设监理公司、山西省交通建设工程监理公司、湖南省金衢交通咨询监理有限公司。

(二)建设情况

1. 项目审批

2003年,浙计委分别以浙计函〔2003〕110号、浙计函〔2003〕108号文批复杭新景高速公路建德安仁至红路段、红路至洋溪段可行性研究报告。

2. 资金筹措

中央补贴加地方自筹。

3. 合同段划分

因 G60N 杨村桥枢纽至新安江枢纽段与 G60N 新安江枢纽至八亩丘枢纽段在建设过程中,同属杭州至千岛湖高速公路安仁至寿昌段工程,标段仅有桩号,划分情况难以拆分,因此汇总标段划分情况表,具体见表 7-16-4。

G60N 杨村桥枢纽至新安江枢纽段合同段划分情况表　　表 7-16-4

合同段号及起讫里程	合同段所在地	工程内容	工程长度（km）	施 工 单 位
SJA1　K74+230～K79+600	建德	土建	5.37	浙江天宇交通建设集团有限公司
SJA2　K79+600～K86+020（含路面）	建德	土建	6.42	浙江省交通工程建设集团有限公司
SJA3　K86+020～K93+300	建德	土建	7.28	中铁一局集团第一工程有限公司
SJA4　K93+300～K98+600	建德	土建	5.3	浙江省宏途交通建设有限公司
SJA5　K98+600～K103+100（含路面）	建德	土建	4.5	杭州市交通工程集团有限公司
SJA6　K103+100～K108+100	建德	土建	5	贵州省桥梁工程总公司
SJB1　K108+100～K110+700	建德	土建	2.6	贵州省公路桥梁工程总公司
SJB2　K110+700～K114+800	建德	土建	4.1	中铁二十局集团第二工程有限公司
SJB3　K114+800～K120+500	建德	土建	5.7	中铁四局集团第一工程有限公司
SJB4　K120+500～K126+300	建德	土建	5.8	中南市政工程建设总公司
SJB5　K126+300～K132+802	建德	土建	6.502	路桥集团第一公路工程局第一工程公司
SJB6　K108+100～K132+802	建德	土建	24.702	浙江省宏途交通建设有限公司
F4　K74+230～K108+100	建德	房建	—	浙江八达建设集团有限公司
F5 建德服务区	建德	房建	—	浙江环宇建设集团有限公司
L5　K74+230～K98+600	建德	绿化	24.37	杭州萧山江南园林工程有限公司
L6　K98+600～K108+100	建德	绿化	9.5	浙江伟达园林工程有限公司
JT4　K74+230～K93+300	建德	交安设施	19.07	杭州公路交通设施工程有限公司
JT5　K93+300～K107+350	建德	交安设施	14.05	杭州萧山金鹰交通设施有限公司
F7　K108+100～K132+802、K0+000～K17+320	建德	房建	—	浙江长城建设集团股份有限公司
L7　K108+100～K132+802	建德	绿化	24.702	福州鑫绿园林发展有限公司
JT6　K107+350～K132+802	建德	交安设施	25.452	杭州公路交通设施工程有限公司
JD2　K74+230～K132+802.077、ZK0+750～ZK20+800、ZK0+000～ZK17+320	建德	机电	95.947	中国磁记录设备公司
SQD1　K0+750～K6+480	建德	土建	6.48	杭州市交通工程集团有限公司

4. 征地拆迁

征地拆迁情况见表 7-16-5。

G60N 杨村桥枢纽至新安江枢纽段征地拆迁情况统计表　　表 7-16-5

征地拆迁安置起止时间	征用土地（亩）	拆迁房屋（m²）	支付补偿费用（元）	备注
2003.1~2008.10	1991.151	45140.48	132016880	

（三）科技创新

主要科技成果为高速公路边坡生态防护工程应用研究。

该项目技术先进、实用，既有填补国内空白的高速公路生态边坡指南、手册和验收标准，又有 100 多公里超百万平方米的高质量生态边坡示范工程，对推广生态边坡、建设生态高速做出了重要的贡献和表率作用。

（四）运营养护管理

1. 服务设施

服务场区见表 7-16-6。

G60N 杨村桥枢纽至新安江枢纽段服务场区一览表　　表 7-16-6

服务区名称	位　　置	占地面积(m²)
建德服务区	S31,K42	225699

2. 收费设施

收费设施见表 7-16-7。

G60N 杨村桥枢纽至新安江枢纽段收费设施一览表　　表 7-16-7

站点名称	车　道　数	收费方式
杨村桥	2+4	2 条 ETC 收费，其余是人工收费
新安江	3+5	2 条 ETC 收费，其余是人工收费

3. 交通流量

交通流量发展状况见表 7-16-8。

第七章 高速公路建设项目

G60N 杨村桥枢纽至新安江枢纽段交通流量发展状况表（单位：pcu/d）

表 7-16-8

年份	全程加权平均值	杭州南至袁浦	袁浦至袁富	袁富至东洲岛	东洲岛至灵桥	灵桥至中埠	中埠至场口	场口至深澳	深澳至凤川	凤川至桐庐	桐庐至富春江	富春江至安仁	安仁至乾潭	乾潭至杨村桥	杨村桥至新安江	新安江至淡竹	淡竹至千岛湖	新安江至寿昌	寿昌至航头	航头至大店口	大店口至建德终点
2006	3396	623	305	3067	7489	2419	2355	2355	2355	6443	4540	4244	4267	4665	3436	1537	1462	3587	3587	3320	3321
2007	8231	5800	14585	14582	13181	11857	11604	11604	11540	11504	9086	8721	8773	9371	8242	2511	2372	4755	4755	4465	4466
2008	9378	6996	16778	16736	14870	13356	13222	13121	12988	12988	10197	9844	9896	10390	9356	2910	2729	5653	5653	5331	5331
2009	11041	8740	20404	20375	17567	15651	15515	15344	15167	15163	11855	11473	11563	12004	10876	3651	3518	6641	6641	6223	6223
2010	13499	9501	23051	23020	20977	18915	18732	18543	18404	18435	14584	14221	14360	14921	13686	4381	4195	8977	8258	8030	7772
2011	15694	10372	26807	26733	24132	21524	21249	21433	21439	21372	16948	16684	16881	17329	16193	5169	3950	11006	9875	9653	9277

年份	全程加权平均值	杭州南至袁浦	袁浦至袁富	袁富至东洲岛	东洲岛至灵桥	灵桥至富阳	富阳至中埠	中埠至场口	场口至深澳	深澳至凤川	凤川至桐庐	桐庐至富春江	富春江至安仁	安仁至乾潭	乾潭至杨村桥	杨村桥至新安江	新安江至淡竹	淡竹至千岛湖	新安江至寿昌	寿昌至航头	航头至大店口	大店口至建德终点
2012	17546	10109	30528	30275	27600	23060	22781	23502	23409	23333	23305	18818	18656	18970	19351	18759	5944	5564	12467	11161	10889	10427
2013	19045	11047	34038	33013	29975	26351	25769	25000	33616	24546	24295	19786	19753	20170	20271	19117	5782	5369	13425	11808	11513	11116
2014	21224	14249	39603	37945	34571	30425	29758	25245	28080	27885	27458	22528	23622	22980	22488	21327	6937	6583	15311	13350	13027	12677
2015	25698	19723	19723	19723	19723	19723	19723	19723	19723	19723	19723	41505	44410	41619	41225	39661	8860	8201	32955	28629	28063	27291

二、G60N 新安江枢纽至八亩丘枢纽段（建设期 2004—2006 年）

（一）项目概况

1. 基本情况

（1）功能定位

杭新景高速公路新安江至八亩丘段是《浙江省公路水运交通建设规划（2003—2020）》公路主骨架"两纵两横十八连三绕三通道"中的"一连"，是联通杭州与衢州及江西、皖南等地区的重要通道，具有完善浙江省高速公路网布局、分流杭金衢高速公路交通量、缓解 320 国道的交通压力的作用，对浙江省西部地区接轨上海、融入长三角经济、促进杭州市和衢州市旅游经济发展、带动沿线城镇社会与经济的发展等具有十分重要的意义。

（2）技术标准

设计速度 100km/h，双向六车道，路基宽 33.5m。

（3）建设规模

本项目里程长 24.70km。详见表 7-16-9、表 7-16-10。

G60N 新安江枢纽至八亩丘枢纽段桥梁汇总表　　表 7-16-9

规模	名称	桥长(m)	主跨长度(m)	桥底净高(m)	跨越障碍物			梁式桥							
								钢筋混凝土梁桥			钢梁桥		组合梁桥		
					河流	沟谷	道路铁路	简支梁桥	悬臂梁桥	连续梁桥	简支钢梁	连续钢梁	预弯混凝土梁	组合梁	钢管混凝土桁架梁
特大桥	新安江特大桥	1460	80		√					√					
大桥	山边高架桥(右)	172	25			√				√					
	山边高架桥(左)	306	25			√				√					
	潘龙桥(左)	164	20			√				√					
	山河村桥(左)	116.5	20		√					√					
	山河村桥(右)	117.5	20		√					√					
	板桥村高架桥(右)	118	20			√				√					
	板桥村高架桥(左)	137	20			√				√					
	章家高架(右)	116.5	20			√				√					
	小塘坞高架桥(右)	266	30			√				√					
	小塘坞高架桥(左)	278.2	30			√				√					
	芭蕉岭(左)	171.1	30			√				√					
	芭蕉岭(右)	205	30			√				√					
	改水坞(右)	161	20			√				√					

续上表

规模	名 称	桥长(m)	主跨长度(m)	桥底净高(m)	跨越障碍物			梁 式 桥						
								钢筋混凝土梁桥			钢梁桥		组合梁桥		
					河流	沟谷	道路、铁路	简支梁桥	悬臂梁桥	连续梁桥	简支钢梁	连续钢梁	预弯混凝土梁	组合梁	钢管混凝土桁架梁
大桥	改水坞(左)	194.5	20				√			√					
	小古洞(左)	120	20				√			√					
	小古洞(右)	120	20				√			√					
	窑蓬里桥	160	20				√			√					
	湖岑塘高桥(右)	180	20				√			√					
	湖岑塘高桥(左)	100	20				√			√					
	骆村大桥(右)	260	20			√				√					
	骆村大桥(左)	220	20			√				√					
	寿昌江大桥	553	40		√					√					

G60N 新安江枢纽至八亩丘枢纽段隧道汇总表　　表 7-16-10

规模	名 称	隧道全长(m)	隧道净宽(m)	隧 道 分 类						备 注
				按地质条件划分		按所在区域划分			
				土质隧道	石质隧道	山岭隧道	水底隧道	城市隧道	
长隧道	窑山顶隧道 Z	1618	14.5		√	√			
	窑山顶隧道 Y	1680	14.5		√	√			
中隧道	设岭隧道 Y	515	14.5		√	√			
	鸡毛坞隧道 Z	530	14.5		√	√			
	鸡毛坞隧道 Y	510	14.5		√	√			
短隧道	石灰岭隧道	177	14.5		√	√			
	东坞隧道 Z	275	14.5		√	√			
	东坞隧道 Y	290	14.5		√	√			
	湖岑塘隧道 Y	175	14.5		√	√			
	湖岑塘隧道 Z	204	14.5		√	√			
	骆村隧道 Z	199	14.5		√	√			
	骆村隧道 Y	220	14.5		√	√			
	大门口隧道 Y	242	14.5		√	√			
	大门口隧道 Z	270	14.5		√	√			

(4)主要控制点

起点洋溪、新安江、更楼,终点寿昌。

(5) 地形地貌

项目地处浙西、杭州西南部,地貌类型可分为两类:北部低山丘陵区、南部寿昌盆地区。

低山丘陵区:主要分布于路线前、中段,以山岭重丘为主,地形起伏大,山势陡峻,沟谷深切,一般呈 V 字形,局部呈 U 字形,地面高程 20~240m 之间,丘陵山丘多为山间冲沟地貌,规模大小不等,呈点状分布,多为村庄、居民点。

寿昌盆地:主要分布于路线末段,地形相对较低缓,残丘起伏,相对高度 30~50m,规模大,多分布片状村庄、农居点。

(6) 投资规模

项目概算总投资 20.54 亿元。

(7) 开工及通车、竣工时间

2004 年 8 月开工建设,2006 年 12 月建成通车。

2. 前期决策情况

杭新景高速公路是《浙江省公路水运交通建设规划》的重要组成部分,也是杭州市"交通西进"公路建设规划"一绕三线三连四大接口"公路网主框架的"一线"。随着浙江省经济的迅速发展,对公路运输要求更加紧迫,根据浙江省交通厅"九五"期间编制的《浙江省公路建设规划(1996—2010)》到 2010 年基本实现"两纵两横五连"公路网骨架的建设目标,浙江省交通厅在 2004 年启动杭新景高速公路新安江枢纽至八亩丘枢纽的建设工作。

3. 参建单位主要情况

(1) 勘察设计单位

浙江省交通规划设计研究院。

(2) 施工单位

浙江天宇交通建设集团有限公司、浙江省交通工程建设集团有限公司、中铁一局集团第一工程有限公司、浙江省宏途交通建设有限公司、杭州市交通工程集团有限公司、贵州省桥梁工程总公司、贵州省公路桥梁工程总公司、中铁二十局集团第二工程有限公司、中铁四局集团第一工程有限公司、中南市政工程建设总公司、路桥集团第一公路工程局第一工程公司、浙江省宏途交通建设有限公司、浙江八达建设集团有限公司、浙江环宇建设集团有限公司、杭州萧山江南园林工程有限公司、浙江伟达园林工程有限公司、杭州公路交通设施工程有限公司、杭州萧山金鹰交通设施有限公司、浙江长城建设集团股份有限公司、福州鑫绿园林发展有限公司、杭州公路交通设施工程有限公司、中国磁记录设备公司。

(3) 监理单位

江苏交通工程咨询监理有限公司、天津新亚太工程建设监理公司、山西省交通建设工程监理公司、湖南省金衢交通咨询监理有限公司。

（二）建设情况

1．项目审批

2003年，浙江省发展和改革委员会以浙计函〔2003〕225号，批复《杭新景高速公路建德洋溪至寿昌段可行性研究报告》。

2．资金筹措

中央补贴加地方自筹。

3．合同段划分

因G60N杨村桥枢纽至新安江枢纽段与G60N新安江枢纽至八亩丘枢纽段在建设过程中，同属杭州至千岛湖高速公路安仁至寿昌段工程，标段划分情况难以拆分，因此仅提供两段汇总标段划分情况表，具体见表7-16-11。

G60N新安江枢纽至八亩丘枢纽段合同标段划分情况表 表7-16-11

合同段号及起讫里程	合同段所在地	工程内容	工程长度（km）	施　工　单　位
SJA1　K74+230～K79+600	建德	土建	5.37	浙江天宇交通建设集团有限公司
SJA2　K79+600～K86+020（含路面）	建德	土建	6.42	浙江省交通工程建设集团有限公司
SJA3　K86+020～K93+300	建德	土建	7.28	中铁一局集团第一工程有限公司
SJA4　K93+300～K98+600	建德	土建	5.3	浙江省宏途交通建设有限公司
SJA5　K98+600～K103+100（含路面）	建德	土建	4.5	杭州市交通工程集团有限公司
SJA6　K103+100～K108+100	建德	土建	5	贵州省桥梁工程总公司
SJB1　K108+100～K110+700	建德	土建	2.6	贵州省公路桥梁工程总公司
SJB2　K110+700～K114+800	建德	土建	4.1	中铁二十局集团第二工程有限公司
SJB3　K114+800～K120+500	建德	土建	5.7	中铁四局集团第一工程有限公司
SJB4　K120+500～K126+300	建德	土建	5.8	中南市政工程建设总公司
SJB5　K126+300～K132+802	建德	土建	6.502	路桥集团第一公路工程局第一工程公司
SJB6　K108+100～K132+802	建德	土建	24.702	浙江省宏途交通建设有限公司
F4　K74+230～K108+100	建德	房建	—	浙江八达建设集团有限公司
F5　建德服务区	建德	房建	—	浙江环宇建设集团有限公司
L5　K74+230～K98+600	建德	绿化	24.37	杭州萧山江南园林工程有限公司
L6　K98+600～K108+100	建德	绿化	9.5	浙江伟达园林工程有限公司
JT4　K74+230～K93+300	建德	交安设施	19.07	杭州公路交通设施工程有限公司
JT5　K93+300～K107+350	建德	交安设施	14.05	杭州萧山金鹰交通设施有限公司
F7　K108+100～K132+802、K0+000～K17+320	建德	房建	42.022	浙江长城建设集团股份有限公司

续上表

合同段号及起讫里程	合同段所在地	工程内容	工程长度（km）	施工单位
L7　K108+100~K132+802	建德	绿化	24.702	福州鑫绿园林发展有限公司
JT6　K107+350~K132+802	建德	交安设施	25.452	杭州公路交通设施工程有限公司
JD2　K74+230~K132+802.077、ZK0+750~ZK20+800、ZK0+000~ZK17+320	建德	机电	95.947	中国磁记录设备公司
SQD1　K0+750~K6+480	建德	土建	6.48	杭州市交通工程集团有限公司

4. 征地拆迁

征地拆迁情况见表 7-16-12。

G60N 新安江枢纽至八亩丘枢纽段征地拆迁情况统计表　　表 7-16-12

征地拆迁安置起止时间	征用土地（亩）	拆迁房屋（m²）	支付补偿费用（元）	备注
2004.4~2006.12	2502.663	50065.89	228444160	

（三）运营养护管理

1. 收费设施

收费设施见表 7-16-13。

G60N 新安江枢纽至八亩丘枢纽段收费设施一览表　　表 7-16-13

站点名称	车道数	收费方式
寿昌	3+5	2 条 ETC 收费，其余是人工收费

2. 交通流量

交通流量发展状况见表 7-16-14。

G60N 新安江枢纽至八亩丘枢纽段交通流量发展状况表（单位：pcu/d）　　表 7-16-14

年份	寿昌至新安江	年份	寿昌至新安江
2005	2332	2011	19803
2006	6099	2012	22394
2007	8024	2013	25012
2008	9865	2014	26669
2009	11619	2015	32955
2010	15607		

三、G60N 八亩丘枢纽至浙皖省界(白沙关)段(建设期 2012—2016 年)

(一)项目概况

1. 基本情况

(1)功能定位

G60N 八亩丘枢纽至浙皖省界(白沙关)段(即杭新景高速公路)是《浙江省公路水路交通建设规划(2003—2010)》公路主骨架"两纵两横十八连三绕三通道"中的"一连",八亩丘至浙皖省界段,是解决对外"接口"问题,完善浙江省高速公路网络,分流杭金衢高速公路交通压力,改善区域交通条件的一条重要高速公路,对增强浙江西部和江西东北部以及华中等中部地区联络长江三角洲经济圈和沿海、沿江经济带,促进沿线地区与闽、赣、皖等周边省市的经济联系和物质、文化、信息联系,发展旅游经济等具有十分重要的政治经济意义。

(2)技术标准

全线设计速度 100km/h,双向四车道。

(3)建设规模

建德段全长 23.45km,衢州段全长 105.05km。详见表 7-16-15 ~ 表 7-16-17。

G60N 八亩丘枢纽至浙皖省界(白沙关)段桥梁汇总表　　　表 7-16-15

规模	名称	桥长(m)	主跨长度(m)	桥底净高(m)	跨越障碍物			梁式桥						
								钢筋混凝土梁桥			钢梁桥		组合梁桥	
					河流	沟谷	道路铁路	简支梁桥	悬臂梁桥	连续梁桥	简支钢梁	连续钢梁	预弯混凝土梁	组合梁	钢管混凝土桁架梁
特大桥	铜山源左线桥	1772.2	40	33.5	√					√					
	铜山源右线 2 号桥	1448.2	30	30.5	√					√					
	石柱高架桥	1755.5	40	58	√					√					
	下山特大桥	1054.9	40	36.44	√					√					
	田铺特大桥	1285	40	39.65	√					√					
大桥	庙口张大桥左幅	233	25	12	√		√			√					
	庙口张大桥右幅	208	25	12	√		√			√					
	转桥边大桥	108	25	3.5	√		√			√					
	兴隆庙大桥	248	30	3	√		√			√					
	S315 省道分离立交桥	128	30	5	√		√			√					
	管村桥大桥	133	25	3	√		√			√					

续上表

规模	名称	桥长(m)	主跨长度(m)	桥底净高(m)	跨越障碍物 河流	沟谷	道路、铁路	梁式桥 钢筋混凝土梁桥 简支梁桥	悬臂梁桥	连续梁桥	钢梁桥 简支钢梁	连续钢梁	组合梁桥 预弯混凝土梁	组合梁	钢管混凝土桁架梁
大桥	三溪村大桥	107	25	3.5	✓		✓			✓					
	互通玳堰大桥	208.2	25	11	✓					✓					
	S305省道2号分离立交桥	98.2	30	5	✓					✓					
	白坑口大桥	129.9	25	8.4	✓					✓					
	垅坞口大桥	107.4	25	6.7	✓					✓					
	半坞1号桥	332.4	25	15	✓					✓					
	半坞2号桥	248.2	30	19	✓					✓					
	鱼铺口大桥	305.1	30	13	✓					✓					
	白坑村高架桥	908.2	30	20	✓					✓					
	太真主线桥	158.6	40	30	✓					✓					
	铜山源右线1号桥	188.2	30	24	✓					✓					
	杨梅岗高架桥	488.2	30	31	✓					✓					
	竹埂底左线2号桥	588.2	40	40	✓					✓					
	竹梗底右线	708.2	40	43	✓					✓					
	洪桥跟桥	158.24	30	32	✓					✓					
	吴家大桥	918.64	40	40	✓					✓					
	龙坑1桥	129.24	30	21	✓					✓					
	龙坑2桥	489.6	30	19	✓					✓					
	木岭口大桥	518.2	30	18	✓					✓					
	戏台山大桥	107.4	25	16.4	✓					✓					
	横山路大桥	133.2	25	15	✓					✓					
	岩背大桥	188.2	30	15.3	✓					✓					
	源头大桥	108.2	25	8	✓					✓					
	坑底大桥	332.4	25	16.2	✓					✓					
	E匝道桥	102	16	13.5	✓					✓					
	新桥大桥	338.2	30	10	✓					✓					
	东图坑大桥	578.2	30	10	✓					✓					
	前庄畈大桥	398.2	30	30	✓					✓					

续上表

规模	名称	桥长(m)	主跨长度(m)	桥底净高(m)	跨越障碍物			梁式桥						
								钢筋混凝土梁桥			钢梁桥		组合梁桥		
					河流	沟谷	道路、铁路	简支梁桥	悬臂梁桥	连续梁桥	简支钢梁	连续钢梁	预弯混凝土梁	组合梁	钢管混凝土桁架梁
大桥	毛良坞大桥	188.2	30	25	√					√					
	瓦窑棚大桥	618.2	40	54	√					√					
	溪源底桥	107.4	25	5.3	√					√					
	来公坞大桥	458.2	25	15.9	√					√					
	舜山1号大桥	233.2	25	20.3	√					√					
	舜山2号大桥	133.2	25	21.4	√					√					
	舜山3号大桥	333.2	25	22.7	√					√					
	塘丘畈大桥	683.2	25	15	√					√					
	田坑1号桥	110.1	25	5.5	√					√					
	陈畈桥	106.6	20	4	√					√					
	田坑2号桥	107.4	25	6.3	√					√					
	上徐桥	132.4	25	8	√					√					
	大举1号桥	183.2	25	7.4	√					√					
	桥头桥	233.2	25	6	√					√					
	塘里大桥	157.4	25	4.5	√					√					
	下家圩大桥	133.32	25	10	√					√					
	下江大桥	157.4	30	11	√					√					
	杨坑大桥	158.26	30	11.7	√					√					
	张家村大桥	368.2	30	9	√					√					
	罗坞头1号大桥	248.2	30	13	√					√					
	罗坞头2号大桥	308.2	30	21	√					√					
	下茨口大桥	308.2	30	3.6	√					√					
	大仓坞大桥	112	25	20.737	√					√					
	星口大桥	108.2	25	11.598	√					√					
	池淮大桥	129.7	25	13.125	√					√					
	五灵庙大桥	158.2	25	10.432	√					√					
	方家庄分离桥	106.9	25	8.879	√					√					
	新源2号桥	226.5	20	4.5	√					√					
	柏林大桥	108.2	25	4.96	√					√					

续上表

规模	名称	桥长(m)	主跨长度(m)	桥底净高(m)	跨越障碍物 河流	跨越障碍物 沟谷	跨越障碍物 道路、铁路	钢筋混凝土梁桥 简支梁桥	钢筋混凝土梁桥 悬臂梁桥	钢筋混凝土梁桥 连续梁桥	钢梁桥 简支钢梁	钢梁桥 连续钢梁	组合梁桥 预弯混凝土梁	组合梁桥 组合梁	组合梁桥 钢管混凝土桁架梁
大桥	北坑口大桥	308.2	25	11.357	√					√					
	下坞口大桥	934.25	60	15.663	√				√						
	竹底莲分离桥	121.65	25	10.08	√					√					
	杨林大桥	182.4	25	5.339	√					√					
	付子坑大桥	763.6	35	39	√					√					
	上庄大桥	359	35	35.3	√					√					
	方家亭大桥	268.2	50	24.5	√					√					
	杉树坂1号桥	258.2	25	21.6	√					√					
	杉树坂2号桥	308.2	25	19.6	√					√					
	小关大桥	404.16	25	14.9	√					√					

G60N 八亩丘枢纽至浙皖省界(白沙关)段隧道汇总表　　表 7-16-16

规模	名称	隧道全长(m)	隧道净宽(m)	按地质条件划分 土质隧道	按地质条件划分 石质隧道	按所在区域划分 山岭隧道	按所在区域划分 水底隧道	按所在区域划分 城市隧道	备注
特长隧道	西岙岭隧道左	5961	10.5		√	√			分离式
	西岙岭隧道右	5970	10.5		√	√			分离式
	芹源岭隧道左	3102	10.5		√	√			分离式
	芹源岭隧道右	3044	10.5		√	√			分离式
长隧道	东皇庙隧道右线	1045	10.75		√	√			
	东皇庙隧道左线	1069	10.75		√	√			
	木岭隧道左洞	1091	10.5		√	√			分离式
	木岭隧道右洞	1160	10.5		√	√			分离式
	东岭隧道左洞	1761	10.5		√	√			分离式
	东岭隧道右洞	1705	10.5		√	√			分离式
	东坞尖隧道左洞	1815	10.5		√	√			分离式
	东坞尖隧道右洞	1768	10.5		√	√			分离式
	仰天堂隧道左洞	2907	10.5		√	√			分离式
	仰天堂隧道右洞	2901	10.5		√	√			分离式
	舜山隧道左洞	2506	10.5		√	√			分离式

续上表

规 模	名 称	隧道全长(m)	隧道净宽(m)	隧 道 分 类					备 注
				按地质条件划分		按所在区域划分			
				土质隧道	石质隧道	山岭隧道	水底隧道	城市隧道	
长隧道	舜山隧道右洞	2530	10.5		√	√			分离式
	西山坞隧道左洞	1467	10.5		√	√			分离式
	西山坞隧道右洞	1469	10.5		√	√			分离式
	高树坞隧道左洞	2706	10.5		√	√			分离式
	高树坞隧道右洞	2613	10.5		√	√			分离式
	中塘隧道左洞	1781	10.5		√	√			分离式
	中塘隧道右洞	1878	10.5		√	√			分离式
中隧道	平岗岭隧道右线	878	10.75		√	√			
	平岗岭隧道左线	909	10.75		√	√			
	上槽隧道左洞	666	10.5		√	√			小净距
	上槽隧道右洞	688	10.5		√	√			小净距
	倒石岗隧道左洞	655	10.5		√	√			分离式
	倒石岗隧道右洞	664	10.5		√	√			分离式
	下江隧道左洞	638	10.5		√	√			分离式
	下江隧道右洞	668	10.5		√	√			分离式
短隧道	下三坑隧道右线	335	10.75		√	√			
	下三坑隧道左线	325	10.75		√	√			
	半坞隧道左洞	105	10.5		√	√			连拱式
	半坞隧道右洞	135	10.5		√	√			连拱式
	鱼铺口隧道左洞	108	10.5		√	√			连拱式
	鱼铺口隧道右洞	56	10.5		√	√			连拱式
	老蓬基隧道右洞	188	10.5		√	√			分离式
	杨梅岗隧道左洞	233	10.5		√	√			小净距
	杨梅岗隧道右洞	211	10.5		√	√			小净距
	珠头隧道左洞	100	10.5		√	√			小净距
	珠头隧道右洞	134	10.5		√	√			小净距
	太真隧道左洞	390	10.5		√	√			小净距
	太真隧道右洞	362	14.5		√	√			小净距
	龙坑隧道左洞	125	10.5		√	√			小净距
	龙坑隧道右洞	146	10.5		√	√			小净距
	木岭口隧道左洞	62	10.5		√	√			连拱式
	木岭口隧道右洞	92	10.5		√	√			连拱式
	山头目隧道左洞	365	10.5		√	√			分离式

续上表

| 规模 | 名称 | 隧道全长（m） | 隧道净宽（m） | 隧道分类 ||||| 备注 |
| | | | | 按地质条件划分 || 按所在区域划分 ||| |
				土质隧道	石质隧道	山岭隧道	水底隧道	城市隧道	
短隧道	山头目隧道右洞	345	10.5		√	√			连拱式
	山坑头隧道左洞	124	10.5		√	√			连拱式
	山坑头隧道右洞	115	10.5		√	√			分离式
	毛良坞隧道左洞	211	10.5		√	√			分离式
	毛良坞隧道右洞	206	10.5		√	√			分离式
	西山隧道左洞	292	10.5		√	√			分离式
	西山隧道右洞	251	10.5		√	√			分离式
	石桥隧道左洞	122	10.5		√	√			连拱式
	石桥隧道右洞	122	10.5		√	√			连拱式
	杨坑隧道左洞	284	10.5		√	√			小净距
	杨坑隧道右洞	310	10.5		√	√			小净距
	同家坞隧道左洞	265	10.5		√	√			连拱式
	同家坞隧道右洞	259	10.5		√	√			连拱式
	大仓坞隧道左洞	340	10.5		√	√			分离式
	大仓坞隧道右洞	340	10.5		√	√			分离式
	竹底莲隧道左洞	90	10.5		√	√			连拱式
	竹底莲隧道右洞	101	10.5		√	√			连拱式
	付子坑隧道左洞	365	10.5		√	√			分离式
	付子坑隧道右洞	314	10.5		√	√			分离式
	石田隧道左洞	416	10.5		√	√			小净距
	石田隧道右洞	416	10.5		√	√			小净距

G60N 八亩丘枢纽至浙皖省界（白沙关）段路面信息汇总表　　　　　　表 7-16-17

路面形式	起讫里程	长度（m）	水泥混凝土路面	沥青路面
柔性路面	全线路面 K132+802～K156+255（上下行）	25453		沥青混凝土路面
	K156+255～K261+308（上下行）	105053		沥青混凝土路面

（4）主要控制点

八亩丘、渊底、白沙关。

（5）地形地貌

建德段处在浙西中山丘陵区的东北部千里岗山岭南侧与浙中丘陵盆地北缘之间，山脉呈平行带状分布，由西南向东北展布，山体坡度较陡，大部分在25°以上，海拔千米以上高山有40多座，路线中的基本方案，在千里岗山脉南侧的谷底间通过。常山、开化间除局部地形起伏较大外，部分路段起伏较小，但因沟谷狭窄，山丘交叉错落。比较方案线位前段在金衢盆地北缘,地形平坦,起伏不大。进入芳村后,地形变化逐步增大,路线需穿过千里岗山脉,进入开化后,往西进入怀玉山余脉地区,山势稍低,间有谷底,路线沿河谷至小关止。

衢州段位于浙西南低山丘陵区、浙赣两省结合部,地形起伏变化较大,人口、村镇零星分布,密度较小,人均耕地较少。路线所经区域村庄、居民点不多。

(6)投资规模

建德段概算总投资15.46亿元,衢州段概算总投资105.40亿元。

(7)开工及通车、竣工时间

建德段于2013年4月开工建设,2015年12月正式建成通车。

衢州段于2012年10月开工建设,2016年12月正式建成通车。

2. 前期决策情况

杭新景高速公路是《浙江省公路水运交通建设规划》的重要组成部分,也是杭州市"交通西进"公路建设规划"一绕三线三连四大接口"公路网主框架的"一线"。随着浙江省经济的迅速发展,对公路运输要求更加紧迫,根据浙江省交通厅"九五"期间编制的《浙江省公路建设规划(1996—2010)》到2010年基本实现"两纵两横五连"公路网骨架的建设目标,浙江省交通厅在2012年启动杭新景高速公路衢州段的建设工作。

杭州杭千高速公路发展有限公司于2003年3月委托浙江省交通规划设计研究院承担杭新景高速公路建德段工程可行性研究报告的编制工作。

2003年2月15日,浙江省交通厅与江西省交通厅就宁波至樟木国家重点公路在两省路线基本走向和接点位置进行了协商,签署了《关于国家重点公路衢景段浙赣两省前期工作商谈会纪要》,确定了白沙关附近为两省边界的路线接点。

2004年8~11月,浙江省交通设计研究院与江西省交通设计院及当地相关部门在白沙关就省界处的线位进行多次现场踏勘和协商,签署了《关于宁波至樟木国家重点公路浙赣两省交接线路线平、纵面衔接问题的协商》。

3. 参建单位主要情况

1)建德段

(1)勘察设计单位

浙江省交通规划设计研究院。

(2)施工单位

杭州市交通工程集团有限公司、浙江省衢州市交通建设集团有限公司、中交一公局厦门工程有限公司、上海电科智能系统股份有限公司、标力建设集团有限公司、杭州红萌交通设施有限公司、浙江中欧园林建设有限公司、福建路桥建设有限公司。

(3）监理单位

杭州交通工程监理咨询有限公司。

2）衢州段

(1）勘察设计单位

浙江省交通规划设计研究院。

(2）施工单位

浙江登峰交通集团有限公司、浙江省交通工程建设集团有限公司、中交第二公路工程局有限公司、浙江大成建设集团有限公司、中交二航局第二工程有限公司、浙江八咏公路工程有限公司、浙江省交通工程建设集团第三交通工程有限公司、安徽省交通建设有限责任公司、浙江省宏途交通建设有限公司、浙江省宏途交通建设有限公司、浙江交工路桥建设有限公司、浙江八咏公路工程有限公司、宁波交通工程建设集团有限公司、温州交通建设集团有限公司、路桥集团国际建设股份有限公司、中铁二十局集团第一工程有限公司、中交第三公路局有限公司、四川公路桥梁建设集团有限公司、浙江登峰交通集团有限公司、中铁四局集团第一工程有限公司、宁波交通工程建设集团有限公司、永业建工集团有限公司、华亿生态建设有限公司、浙江宝厦建设有限公司、天伟建设集团有限公司、浙江耀厦控股集团有限公司、浙江中祺建设有限公司、浙江省机电设计研究院有限公司、江苏智运科技发展有限公司、中咨泰克交通工程集团有限公司、浙江浙大中控信息技术有限公司、紫光捷通科技股份有限公司、北京公科飞达交通工程发展有限公司、上海三思电子工程有限公司、浙江交通设施有限公司、衢州市交通设施有限责任公司、杭州神通交通工程有限公司、浙江省交通工程建设集团有限公司、杭州红萌交通设施有限公司、浙江国丰园林景观有限公司、浙江艺景环境工程有限公司、杭州原景建设环境有限公司。

(3）监理单位

杭州交通工程监理咨询有限公司、杭州公路工程监理咨询公司、杭州公路工程监理咨询公司、浙江公路水运工程监理有限公司、浙江通衢交通建设监理有限公司、浙江方正建设监理咨询有限公司、浙江通衢交通建设监理有限公司、北京泰克华诚技术信息咨询有限公司。

（二）建设情况

1．项目审批

2006年12月国家发展和改革委员会以"发改交运〔2006〕2969号"文件批复同意建设建德寿昌至开化白沙关（浙赣界）高速公路。

2010年国家发展和改革委员会以"发改基础〔2010〕2583号"文件《国家发展改革委关于浙江省建德寿昌至开化白沙关（浙赣线）公路可行性研究报告批复的函》批复。

2. 资金筹措

建德段资本金5.41亿元,交通运输部车购税补助1.311亿元,银行贷款8.735亿元。衢州段由浙江省交通集团承担75%(即79.05亿元),衢州市承担25%(即26.35亿元)。

3. 合同段划分

建德段合同段划分情况见表7-16-18,衢州段合同段划分情况见表7-16-19。

G60N八亩丘枢纽至浙皖省界(白沙关)建德段合同段划分情况表 表7-16-18

合同段所在地	工程内容及长度	施工单位
建德	土建+路面,长5.158km+23.453km	杭州市交通工程集团有限公司
建德	土建,长10.54km	浙江省衢州市交通建设集团有限公司
建德	土建,长7.755km	中交一公局厦门工程有限公司
建德	机电	上海电科智能系统股份有限公司
建德	房建	标力建设集团有限公司
建德	交通安全设施	杭州红萌交通设施有限公司
建德	绿化	浙江中欧园林建设有限公司
建德	声屏障	福建路桥建设有限公司

G60N八亩丘枢纽至浙皖省界(白沙关)衢州段合同段划分情况表 表7-16-19

合同段号	合同段所在地	工程内容及长度	施工单位
4	衢江	K156+255~K162+050,路线长度5.795km,主要工程内容为:路基、三改路面、桥涵工程等的施工及缺陷责任期缺陷修复,其中路基挖方约105.73万m^3、路基填方约116.78万m^3、大桥237.3m/2座、互通式立交1处、分离式立交1处等	浙江登峰交通集团有限公司
5	衢江	K162+050~K167+900,路线长度5.850km,主要工程内容为:路基、三改路面、桥涵、隧道工程等的施工及缺陷责任期缺陷修复,其中路基挖方约4.71万m^3、填方约39.02万m^3、大桥1795.45m/4座、西岙岭隧道2842m/0.5(座本标段施工长度右线为2840m,左线为2844m)、短隧道(半坞隧道、鱼铺口隧道,连拱)202m/2座、短隧道(老蓬基隧道,单洞分离)188m/1座等	浙江省交通工程建设集团有限公司
6	衢江	K167+900~K171+595,路线长度3.695km,主要工程内容为:路基、三改路面、桥涵、隧道工程等的施工及缺陷责任期缺陷修复,其中路基挖方约0.96万m^3、填方约7.72万m^3、西岙岭隧道3123.5m/0.5座(隧道右线总长5970m,左线总长5961m,本标段施工长度右线为3130m,左线为3117m)、短隧道(杨梅岗隧道、珠头隧道,小净距)354m/2座等	中交第二公路工程局有限公司

浙江

续上表

合同段号	合同段所在地	工程内容及长度	施工单位
7	衢江	K171+595~K175+250,路线长度3.655km,主要工程内容为:路基、三改路面、桥涵、隧道工程等的施工及缺陷责任期缺陷修复,其中路基挖方约22.18万m^3、路基填方约13.81万m^3、大桥1185.5m/2座(其中基础采用柱式墩、桩基础,上部结构采用预应力混凝土T梁)、短隧道(太真隧道,小净距)376m/1座、互通式立交1处(其中桥梁2831.4m/10座,铜山源高架桥基础采用柱式墩、门式墩、桩基础,上部结构采用预应力混凝土T梁,右线为6×30m,20m+40m+46×30m;左线为30m+40m+30m+2×20m+3×25m+48×30m;其余匝道桥基础采用柱式墩、桩基础,上部结构采用空心板、预应力混凝土T梁、钢筋混凝土现浇箱梁)等	浙江大成建设集团有限公司
8	衢江	K175+250~K179+110,路线长度3.860km,主要工程内容为:路基、三改路面、桥涵、隧道工程等的施工及缺陷责任期缺陷修复,其中路基挖方约8.42万m^3、路基填方约0.32万m^3、特大桥1742.34m/1座、大桥1051.94m/3座(其中基础采用柱式墩、桩基础,上部结构采用预应力混凝土T梁)、中隧道954m/1.5座[上槽隧道677m/1座、倒石岗隧道277m/0.5座(隧道右线总长664m,左线总长655m,本标段施工长度右线为284m,左线为270m)]等	中交二航局第二工程有限公司
9	柯城	K179+110~K182+030,路线长度2.920km及七里连接线1.625km,主要工程内容为:路基、三改路面、桥涵、隧道工程等的施工及缺陷责任期缺陷修复,其中路基挖方约10.26万m^3、路基填方约26.28万m^3、大桥1112.84m/4座(其中基础采用柱式墩、桩基础,上部结构采用预应力混凝土T梁)、木岭隧道599.5m/0.5座(隧道右线总长1160m,左线总长1091m,本标段施工长度右线为620m,左线为579m)、七里隧道1350m/0.5座(本单洞隧道总长2025m)、中隧道(倒石岗隧道)382.5m/0.5座(隧道右线总长664m,左线总长655m,本标段施工长度右线为380m,左线为385m)、短隧道(龙坑隧道,小净距)135.5m/1座、短隧道(木岭口隧道,连拱)77m/1座等	浙江八咏公路工程有限公司
10	常山、柯城	K182+030~K187+400,路线长度5.370km及七里连接线6.1km,主要工程内容为:路基、三改路面、桥涵、隧道工程等的施工及缺陷责任期缺陷修复,其中路基挖方约194.68万m^3、路基填方约142.81万m^3、大桥428.8m/3座(其中基础采用柱式墩、桩基础,上部结构采用预应力混凝土T梁和组合箱梁)、木岭隧道526m/0.5座(隧道右线总长1160m、左线总长1091m,本标段施工长度右线为540m,左线为512m)、七里隧道675m/0.5座(本单洞隧道总长2025m)、互通式立交1处(其中桥梁989.2m/9座,基础采用柱式墩、桩基础,上部结构采用组合小箱梁、预应力混凝土T梁、钢筋混凝土现浇箱梁)等	浙江省交通工程建设集团第三交通工程有限公司

续上表

合同段号	合同段所在地	工程内容及长度	施工单位
11	常山	K187+400~K193+680,路线长度6.280km,主要工程内容为:路基、三改路面、桥涵、隧道工程等的施工及缺陷责任期缺陷修复,其中路基挖方约45.33万m^3、路基填方约67.15万m^3、大桥1532.8m/4座(其中基础采用柱式墩和薄壁空心墩、桩基础,上部结构采用预应力混凝土T梁、预应力小箱梁和空心板)、东岭隧道1734.5m/1座、短隧道(山头目隧道、毛良坞隧道,分离式)563.5m/2座、短隧道(山坑头隧道,连拱)119.5m/1座等	安徽省交通建设有限责任公司
12	常山	K193+680~K198+185,路线长度4.505km,主要工程内容为:路基、三改路面、桥涵、隧道工程等的施工及缺陷责任期缺陷修复,其中路基挖方约1.97万m^3、路基填方约21.93万m^3、大桥573.4m/1座(其中基础采用柱式墩、桩基础,上部结构采用预应力混凝土T梁)、东坞尖隧道1791.5m/1座、仰天堂隧道1842m/0.5座(本标段施工长度右线为1824m、左线为1860m)等	浙江省宏途交通建设有限公司
13	开化	K198+185~K204+400,路线长度6.215km,主要工程内容为:路基、桥涵、隧道工程等的施工及缺陷修复,其中路基挖方约7.1万m^3、路基填方约26.4万m^3、大桥1219.3m/5座(其中基础采用柱式墩、桩基础,上部结构采用预应力混凝土T梁和组合箱梁)、中桥82.4m/1座、仰天堂隧道1062m/0.5座、舜山隧道1220m/0.5座、短隧道(连拱)271.5m/1座等	浙江省宏途交通建设有限公司
14	开化	K204+400~K209+300,路线长度4.900km,主要工程内容为:路基、桥涵、隧道工程等的施工及缺陷修复,其中路基挖方约3.5万m^3、填方约30.1万m^3、大桥1183.85m/5座(其中基础采用柱式墩和独柱墩、桩基础,上部结构采用预应力混凝土T梁和组合箱梁)、中桥179.0m/2座、舜山隧道1298m/0.5座、西山坞隧道796.5m/0.5座、短隧道(连拱)122m/1座等	浙江交工路桥建设有限公司
15	开化	K209+300~K214+005路线长度4.705km,主要工程内容为:路基、桥涵、隧道工程等的施工及缺陷修复,其中路基挖方约37.0万m^3、填方约33.6万m^3、大桥889.18m/5座(其中基础采用柱式墩、桩基础,上部结构采用预应力混凝土T梁和组合箱梁)、中桥66.6m/1座、西山坞隧道671.5m/0.5座、中隧道653.5m/1座、短隧道(小净距)297m/1座、互通式立交1处等	浙江八咏公路工程有限公司
16	开化	K214+005~K217+400,路线长度3.395km,主要工程内容为:路基、桥涵、隧道工程等的施工及缺陷修复,其中路基挖方约42.3万m^3、路基填方约10.2万m^3、特大桥2354.7m/2座(其中基础采用柱式墩、桩基础,上部结构采用预应力混凝土T梁)、高树坞隧道947m/0.5座、枢纽互通式立交1处等	宁波交通工程建设集团有限公司

续上表

合同段号	合同段所在地	工程内容及长度	施工单位
17	开化	K217+400~K227+350,路线长度 9.950km,主要工程内容为:路基、桥涵、隧道工程等的施工及缺陷修复,其中路基挖方约 113.7 万 m^3、路基填方约 161.3 万 m^3、大桥 864.6m/3 座(其中基础采用柱式墩、桩基础,上部结构采用预应力混凝土 T 梁)、中桥 113.2m/2 座、小桥 27.0m/1 座、高树坞隧道 1712.5m/0.5 座、短隧道(连拱)262m/1 座、互通式立交 1 处、分离式立交 2 处等	温州交通建设集团有限公司
18	开化	K227+350~K239+300,路线长度 11.950km,主要工程内容为:路基、桥涵、隧道工程等的施工及缺陷修复,其中路基挖方约 188.7 万 m^3、路基填方约 203.3 万 m^3、大桥 689.7m/5 座(其中基础采用柱式墩、桩基础,上部结构采用预应力混凝土 T 梁和组合箱梁)、小桥 17.5m/1 座、芹源岭隧道 990m/0.5 座、短隧道(分离式)340m/1 座、互通式立交 1 处、分离式立交 1 处等	路桥集团国际建设股份有限公司
19	开化	K239+300~K248+400,路线长度 9.100km,主要工程内容为:路基、桥涵、隧道工程等的施工及缺陷修复,其中路基挖方约 79.1 万 m^3、路基填方约 110.2 万 m^3、中桥 109.3m/2 座、芹源岭隧道 2083m/0.5 座、分离式立交 1 处等	中铁二十局集团第一工程有限公司
20	开化	K248+400~K254+800,路线长度 6.400km,主要工程内容为:路基、桥涵、隧道工程等的施工及缺陷修复,其中路基挖方约 14.1 万 m^3、路基填方约 69.9 万 m^3、大桥 1292.15m/3 座(其中基础采用柱式墩、薄壁空心墩、桩基础,上部结构采用预应力混凝土 T 梁和连续箱梁)、中塘隧道 1109.5m/0.5 座、短隧道(连拱)101m/1 座、互通式立交 1 处、分离式立交 1 处等	中交第三公路局有限公司
21	开化	K254+800~K261+308,路线长度 6.400km,主要工程内容为:路基、桥涵、隧道工程等的施工及缺陷修复,其中路基挖方约 14.1 万 m^3、路基填方约 69.9 万 m^3、大桥 1292.15m/3 座(其中基础采用柱式墩、薄壁空心墩、桩基础,上部结构采用预应力混凝土 T 梁和连续箱梁)、中塘隧道 1109.5m/0.5 座、短隧道(连拱)101m/1 座、互通式立交 1 处、分离式立交 1 处等	四川公路桥梁建设集团有限公司
LM22	衢江、柯城、常山	K156+255~K198+185,工程量为沥青混凝土路面 106.4 万 m^2(厚 4cm 细粒式沥青混凝土+厚 6cm 中粒式沥青混凝土+厚 8cm 粗粒式沥青混凝土)、基层 50.3 万 m^2(厚 20cm 水泥稳定碎石底基层+厚 32cm 水泥稳定碎石基层)、垫层 17.8 万 m^2(厚 15cm 级配碎石垫层)	浙江登峰交通集团有限公司
LM23	开化	K198+185~K227+350,路线长度约 29.165km,路面工程(含底基层、基层、沥青混凝土面层)及预埋管件等的施工、缺陷责任期缺陷修复等	中铁四局集团第一工程有限公司

第七章 高速公路建设项目

续上表

合同段号	合同段所在地	工程内容及长度	施工单位
LM24	开化	K227+350～K261+308,路线长度约33.958km,路面工程(含底基层、基层、沥青混凝土面层)及预埋管件等的施工、缺陷责任期缺陷修复等	宁波交通工程建设集团有限公司
FJ1	衢江	总建筑面积7941m^2,其中衢江服务区(东、西区)建筑面积5881m^2;上方收费站含变电所及泵房建筑面积1089m^2;西岙岭救援站(进口)含变电所及泵房815m^2;西岙岭隧道洞口变电所及泵房建筑面积156m^2	永业建工集团有限公司
FJ2	衢江、柯城、常山	七里新桥收费站,常山停车区,太真收费站,西岙岭斜井地面迎风机房,上槽进洞口变电所、泵房、低位消防水池、高位消防水池,倒石岗出洞口变电所、泵房、低位消防水池、高位消防水池,木岭进洞口变电所、泵房、低位消防水池、高位消防水池,东岭进洞口变电所、东岭出洞口变电所、泵房、低位消防水池、高位消防水池,东坞尖变电所,仰天堂进洞口变电所、泵房、低位消防水池、高位消防水池	华亿生态建设有限公司
FJ3	开化	仰天堂救援站,舜山隧道进口变电所、泵房,舜山出口变电所,西山坞隧道进口变电所、泵房,西山坞出口变电所,林山收费站,下江进口变电所、泵房,高树坞进口变电所、泵房,高树坞救援站	浙江宝厦建设有限公司
FJ4	开化	开化管理分中心综合楼、辅助用房、变电所、泵房、宿舍楼、收费大棚土建、安装,室外管道工程等	天伟建设集团有限公司
FJ5	开化	开化服务区南区加油站、机修间、综合楼、垃圾房、变电所,开化服务区北区加油站、机修间、综合楼、垃圾房、泵房及变电所	浙江耀厦控股集团有限公司
FJ6	开化	主线收费站综合楼、辅助管理用房、泵房及变电所、现场管理用房、中塘出口变电所、中塘进口变电所、杨林综合楼、变电所、泵房、芹岭出口变电所、泵房、芹源岭救援站综合楼、变电所、泵房、池淮收费站综合楼、泵房及变电所	浙江中祺建设有限公司
JD01	衢江	西岙岭隧道机电(K156+255～K184+000的隧道供配电、隧道消防、隧道通风,上方互通及收费广场照明、衢江服务区东区和衢江服务区西区路灯及高杆灯照明)的施工	浙江省机电设计研究院有限公司
JD02	柯城、常山	仰天堂隧道、七里隧连接线隧道等机电(K184+000～K200+700的隧道供配电、隧道消防、隧道通风,七里新桥互通及收费广场照明、常山停车区路灯及高杆灯照明)的施工、施工图补充设计的配合工作、缺陷责任期缺陷修复及保修期保修等	江苏智运科技发展有限公司
JD03	开化	高树坞隧道等机电(K200+700～K219+200的隧道通风、隧道消防、隧道照明、隧道供配电、林山互通照明、渊底枢纽互通照明)的施工、施工图补充设计的配合工作、缺陷责任期缺陷修复及保修期保修等	中咨泰克交通工程集团有限公司

续上表

合同段号	合同段所在地	工程内容及长度	施工单位
JD04	开化	芹源岭隧道群(K220+000~K261+308 的隧道机电供配电、隧道消防、隧道通风、开化互通及收费广场照明、池淮互通及收费广场照明、杨林互通及广场照明、开化服务区南区和开化服务区北区路灯及高杆照明、省界主线收费广场路灯及高杆灯照明,K156+255~K261+308 全线电力监控)的施工、施工图补充设计的配合工作、缺陷责任期缺陷修复及保修期保修等	浙江浙大中控信息技术有限公司
JD05	衢州段全境	全线道路及隧道监控系统	紫光捷通科技股份有限公司
JD06	衢江、柯城、常山	K156+255~K261+308 路段范围的收费、通信系统供货与安装工程的施工任务,包括7个匝道收费站,1个主线收费站,1个通信分中心,2个远端通信站	北京公科飞达交通工程发展有限公司
JD07	衢州段全境	全线隧道内 LED 照明灯具安装、调试及控制线缆的敷设、线缆的连接施工任务	上海三思电子工程有限公司
JA1	衢江、柯城	K156+255~K179+110,路线长度约22.855km,主要工程内容为护栏、标志、标线、隔离栅、太阳能智能设施、信号设施、声屏障等的施工、完成、缺陷责任期缺陷修复等	浙江交通设施有限公司
JA2	柯城、常山	K179+110~K198+185,路线长度约19.075km,护栏、标志、标线、隔离栅、太阳能智能设施、信号设施、声屏障等的施工、完成、缺陷责任期缺陷修复等	衢州市交通设施有限责任公司
JA3	开化	K198+185~K217+400,路线长度约19.215km,护栏、标志、标线、隔离栅、太阳能智能设施、信号设施、声屏障等的施工、完成、缺陷责任期缺陷修复等	杭州神通交通工程有限公司
JA4	开化	K217+400~K239+300,路线长度约21.9km,护栏、标志、标线、隔离栅、太阳能智能设施、信号设施、声屏障等的施工、完成、缺陷责任期缺陷修复等	浙江省交通工程建设集团有限公司
JA5	开化	K239+300~K261+308,路线长度约22.008km,护栏、标志、标线、隔离栅、太阳能智能设施、信号设施、声屏障等的施工、完成、缺陷责任期缺陷修复等	杭州红萌交通设施有限公司
LH1	衢江、柯城、常山	K156+255~K198+185,路线长度约41.930km及七里连接线7.725km,主要工程内容为:中央分隔带及道路两侧、边坡、隧道洞顶、洞门、渐变段、互通、服务区、收费站等的绿化景观的实施、完成及缺陷责任期缺陷修复等	浙江国丰园林景观有限公司
LH2	开化	K198+185~K227+350,路线长度29.165km,主要工程内容为:中央分隔带及道路两侧、边坡、隧道洞顶、洞门、渐变段、互通、服务区、收费站等的绿化景观的实施、完成及缺陷责任期缺陷修复等	浙江艺景环境工程有限公司
LH3	开化	K227+350~K261+308,路线长度约33.958km,主要工程内容为:中央分隔带及道路两侧、边坡、隧道洞顶、洞门、渐变段、互通、服务区、收费站等的绿化景观的实施、完成及缺陷责任期缺陷修复等	杭州原景建设环境有限公司

续上表

合同段号	合同段所在地	工程内容及长度	施工单位
J2	衢江	主线 K156+255～K179+110,路线长度约 22.855km,监理内容为:路基、路面、桥涵、隧道、交通安全设施、绿化等工程	杭州交通工程监理咨询有限公司
J3	常山、柯城	主线 K179+110～K198+185,路线长度约 19.075km,监理内容为:路基、路面、桥涵、隧道、交通安全设施、绿化等工程	杭州公路工程监理咨询公司
J4	开化	主线 K198+1850～K217+400,路线长度约 19.215km,监理内容为:路基、路面、桥涵、隧道、交通安全设施、绿化等工程	杭州公路工程监理咨询公司
J5	开化	主线 K217+400～K239+300,路线长度约 21.90km,监理内容为:路基、路面、桥涵、隧道、交通安全设施、绿化等工程	浙江公路水运工程监理有限公司
J6	开化	主线 K1239+300～K261+308,路线长度约 22.08km,监理内容为:路基、路面、桥涵、隧道、交通安全设施、绿化等工程	浙江通衢交通建设监理咨询有限公司
FJJL1	衢州段全境	本项目全线的房建工程施工监理	浙江方正建设监理咨询有限公司
JDJL1	衢州段全境	本项目机电第 JD01 标段、第 JD02 标段、第 JD03 标段、第 JD04 标段、第 JD07 标段的施工监理	浙江通衢交通建设监理咨询有限公司
JDJL2	衢州段全境	本项目机电第 JD05～JD06 标段施工监理	北京泰克华诚技术信息咨询有限公司

4.征地拆迁

征地拆迁情况统计见表 7-16-20。

G60N 八亩丘枢纽至浙皖省界(白沙关)段征地拆迁情况统计表 表 7-16-20

征地拆迁安置起止时间	征用土地(亩)	拆迁房屋(m^2)	支付补偿费用(元)	备 注
2013.4～2015.12	2129.6	41500	201970000	建德段
2012.3～2017.2	8858	185457	780000000	衢州段

(三)复杂技术工程

1.西岙岭隧道

西岙岭隧道位于衢江区境内,全长 5970m,长度为浙江省内第五,是杭新景高速公路里程最长、施工难度最大的重点控制性节点工程。西岙岭隧道处地形起伏强烈,岩体完整性较差,施工难度较大。特别是西岙岭隧道斜井洞口位置地形险要,沟壑纵横,仅有一条乡村小道,施工车辆无法到达,且施工场地极其狭窄,高差大,有轨运输场地布置极其困难,施工难以展开,斜井有轨运输施工安全风险大。西岙岭隧道设计有通风斜井,该斜井是仰角25°的大角度斜井,是浙江省已建和在建中第一个大角度斜井,施工难度大,安全风险性极高,需要克服陡坡斜井异常困难的通风及防排水。在井口场地狭窄、纵坡大、安全风险高、不便于出渣的情况下,安装了"一坡三挡",在确保安全的前提下,采用有轨运输出渣,按期完成了大坡度小断面斜井施工任务。

2. 岩溶

杭新景高速公路岩溶路段全长约12km。本工程路基段主要为覆盖型岩溶。根据溶洞发育情况、第四系覆盖层、岩溶地下水变动和历史岩溶塌陷情况,结合路基填土高度等因素,将岩溶对路基影响程度分为弱、中等、严重三类。根据岩溶对路基影响程度的不同,采用不同的处理方法。①岩溶对路基影响严重的路段:先打设探灌结合孔,根据勘探分析结果然后进行注浆,路基填方中增加土工格栅等加筋材料,增加路基的整体性;地下水埋深浅,上部土层性质差时,采用卵砾石等透水性材料换填;加强涵洞处基础的处理,防止涵管开裂漏水;禁止在路基附近大规模开采地下水。②岩溶对路基影响中等的路段:在路基填方中增加土工格栅等加筋材料,增加路基的整体性;地下水埋深浅,上部土层性质差时,采用卵砾石等透水性材料换填;加强涵洞处基础的处理,防止涵管开裂漏水;禁止在路基附近大规模开采地下水。③岩溶对路基影响弱的路段,按普通路基处理,施工中加强观测,若有异常,根据情况增加处理措施;若无异常,则直接填筑路基。

部分岩溶路段基岩为泥质灰岩夹灰岩,地表有少量溶蚀条带,钻孔中均未见溶洞,岩溶对路基稳定性影响小,可直接填筑路基,施工时注意岩溶问题。部分路段边坡或挡墙基底开挖过程中可能揭露溶洞,一般清除洞内充填物后,采用干砌片石或浆砌片石填塞,或采用片石混凝土处理。当洞的体积大或深度较深或深而小的洞施工不便时,采用构筑物跨越。对路基范围的岩溶泉水,采取疏导引离路基的排水方法,确保地下水排泄通畅,并保证路床范围的土石方不受浸润,不因温差作用而使水汽上升,聚集于路面基层下。

溶洞处理方案:①对于封闭的比较小的溶洞,采取注浆措施,提供成孔条件穿过溶洞。若洞内无填充物或填充物不满,则采取先填充碎石或干砂,然后注浆;若充填物呈松散或软塑状态时,直接注浆固结即可;若充填物已固结呈硬塑状态时,则可以直接冲孔,但需加强泥浆护壁。②溶洞内无填充物或填充物较少,需向洞内填充砂子的,选择一个合适的孔位,放入并固定钢套管,将注砂管与钢套管相连接,在注浆前灌砂。根据成桩直径、围护体积的最小直径及堆积体成形规律,计算填砂量。用压风机将干砂压入,为防止洞内高压阻止灌砂,利用其他孔作为减压孔。待达到计算的填充体积,压力稳定时,即可停止。③若设计要求灌入碎石则必须钻一个大孔(直径不小于30cm),放入钢管并固定,钢管上置碎石料斗,碎石粒径不大于2cm,投料时振动钢管,以防止堵塞,填充量控制与填砂控制方法相同。④对于一些溶槽、溶沟、小裂隙等,冲孔时可采取投放片石、碎石夹黏土,甚至投入整袋水泥堵塞,起到护壁作用,保证泥浆不流失,使钻孔顺利通过岩溶区。⑤对于大型溶洞可考虑采用套管护壁成孔。

(四)科技创新

深部隧道节理岩体变形破坏机理及安全预测

本项目以节理岩体变形破坏机理研究为主线,采用地质信息调查、理论分析与数值模拟、室内试验与原位监测反馈相结合的方法,研究深部洞室节理岩体的力学与变形特性及破坏机理、水力耦合机理,建立反映节理岩体开挖效应的渗流应力耦合模型、概化数值模型。研究深部洞室开挖过程围岩的节理分布特征、扩展模式以及变形破坏机理,对深部洞室节理岩体在高地应力条件下的开挖变形控制提供判据,并对其长期稳定性进行预测。

(五)运营养护管理

1. 服务设施

服务场区见表7-16-21。

G60N 八亩丘枢纽至浙皖省界(白沙关)段服务场区一览表　　表7-16-21

服务区名称	位　　置	占地面积(hm^2)
衢江服务区	K160+020	25.0841
常山停车区	K184+240	22.928
开化服务区	K231+400	13.17

2. 收费设施

收费设施见表7-16-22。

G60N 八亩丘枢纽至浙皖省界(白沙关)段收费设施一览表　　表7-16-22

站点名称	车　道　数	收费方式
大同收费站	3+3	2条ETC收费,其余是人工收费
上方收费站	3+3	2条ETC收费,其余是人工收费
太真收费站	3+3	2条ETC收费,其余是人工收费
新桥收费站	3+3	2条ETC收费,其余是人工收费
林山收费站	3+3	2条ETC收费,其余是人工收费
开化收费站	3+5	4条ETC收费,其余是人工收费
池淮收费站	3+3	2条ETC收费,其余是人工收费
杨林收费站	3+3	2条ETC收费,其余是人工收费

3. 交通流量

交通流量发展状况见表7-16-23。

G60N八亩丘枢纽至浙皖省界（白沙关）段交通流量发展状况表（单位：pcu/d）　　表7-16-23

年　份	全程加权平均	航头至寿昌	大店口至航头	大店口至建德终点
2006	5855	6099	5733	5734
2007	7793	8024	7676	7678
2008	9588	9865	9450	9450
2009	11229	11619	11035	11035
2010	14064	14460	14100	13634
2011	17464	17956	17566	16870
2012	19663	20263	19796	18931
2013	21696	22302	21773	21012
2014	22914	23472	22929	22341
2015	27994	28629	28063	27291

第十七节　G4012（溧阳至宁德高速公路）浙江段
［浙皖省界（塔岭）至浙闽省界（友谊桥）］

溧阳至宁德国家高速公路，简称溧宁高速公路，编号为G4012，起于江苏省溧阳市，途经江苏、安徽、浙江、福建，终于福建省福安市。

G4012溧宁高速浙江段起于浙皖省界（塔岭），途经浙江省杭州市、衢州市、丽水市、温州市，终于浙闽省界（友谊桥），全长424km，非共线建成段全长215km，依次由以下九段组成：千黄高速公路［浙皖省界（塔岭）至千岛湖互通］、千岛湖支线（千岛湖互通至新安江枢纽）、杭新景高速公路（新安江枢纽至八亩丘枢纽）、龙游支线（八亩丘枢纽至吕塘角枢纽）、龙丽高速公路（吕塘角枢纽至北埠枢纽）、丽龙高速公路（北埠枢纽至云和枢纽）、云景高速公路（云和枢纽至景宁）、龙丽温高速公路［景宁至龙丽温高速（文成枢纽）］、泰顺支线［龙丽温高速公路（文成枢纽）至浙闽省界（友谊桥）］，其中千岛湖互通至景宁段已建成通车，北埠枢纽至云和枢纽段与G25长深高速公路共线，浙皖省界（塔岭）至千岛湖互通段及景宁至浙闽省界段尚未开工建设。溧宁高速公路的建成通车，完善了交通网络，缓解了沿线地区公路交通的紧张状况，对区域经济的发展起到了极大的拉动作用。

本节重点实录非共线段千岛湖支线（千岛湖互通至新安江枢纽）、龙游支线（八亩丘枢纽至吕塘角枢纽）、龙丽高速公路（吕塘角枢纽至北埠枢纽）、丽龙高速公路（北埠枢纽至云和枢纽）、云景高速公路（云和枢纽至景宁），共线段杭新景高速公路（新安江枢纽至八亩丘枢纽）详见G60N杭州至长沙高速公路。路网位置示意图如图7-17-1所示，建设项目信息见表7-17-1。

第七章 高速公路建设项目

G4012 浙皖省界（搭岭）至浙闽省界（友谊桥）段建设项目信息采集表

表 7-17-1

序号	国高	项目名称	规模（km） 合计	规模（km） 六车道	规模（km） 八车道及以上	规模（km） 四车道	建设性质（新、改扩建）	设计速度（km/h）	永久占地（亩）	投资情况（亿元）估算	投资情况（亿元）概算	投资情况（亿元）决算	资金来源	建设时间（开工~通车）	备注
1	G4012	杭州至千岛湖高速公路千岛湖支线段工程	20.8			20.8	新建	80	20009.5	11.8	12.97		项目法人自筹	2004.4~2006.10	
2		杭州至千岛湖高速公路洋溪至寿昌段工程	24.70	24.70			新建	100	3197.7	20.7	20.54	7.787	项目法人自筹	2004.8~2006.12	
3		杭新景高速公路龙游支线龙游段	20.38			20.38	新建	100	3158	8.528			自筹	2004.7~2006.12	造价含龙游连接线7.9km（路基宽27.5m），高速公路主线宽26m
4		龙丽高速公路	119.7			119.7	改扩建	100	411.5232	48.62	51.5	55.9	自筹35%，银行贷款65%	2004~2006	
5		丽龙高速公路	28			28	新建+改扩建	100	2875	64	10	16	自筹35%，银行贷款65%	2004~2006	
6		龙丽温（泰）高速公路云和至景宁段	11.5			11.5	新建	100	493.4	9.4	14.6	未竣工验收	自筹35%，银行贷款65%	2008~2013	

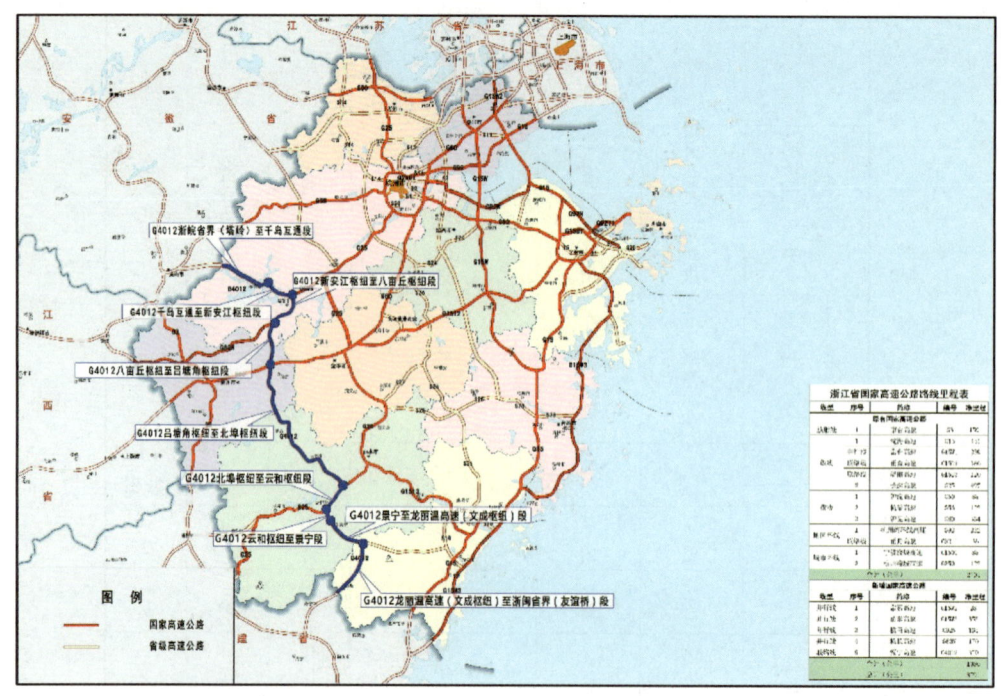

图 7-17-1　G4012 浙皖省界（塔岭）至浙闽省界（友谊桥）段路网位置示意图

一、G4012 千岛湖互通至新安江枢纽段（建设期 2004—2006 年）

（一）项目概况

1. 基本情况

（1）功能定位

杭新景高速公路千岛湖支线是《浙江省公路水运交通建设规划（2003—2020）》公路主骨架"两纵两横十八连三绕三通道"中的"一连"，也是杭州"交通西进"公路建设规划"一绕、三线、三连、四大接口"中的重要"一线"。它的建成对完善浙江省高速公路网络，发挥高速公路的整体效益，促进杭州及周边地区的经济发展，以及实施杭州市"旅游西进"战略构思，尤其是促进建德、淳安社会经济的发展具有十分重要的意义。

（2）技术标准

主线设计速度 80km/h，双向四车道，路基宽 23m。

（3）建设规模

本项目里程长 20.8km，共设置 1 处匝道收费站、1 处主线收费站、1 处隧道群管理站。详见表 7-17-2～表 7-17-4。

G4012 千岛湖互通至新安江枢纽段桥梁汇总表   表 7-17-2

规模	名称	桥长(m)	主跨长度(m)	桥底净高(m)	跨越障碍物			梁 式 桥						
								钢筋混凝土梁桥			钢梁桥		组合梁桥	
					河流	沟谷	道路、铁路	简支梁桥	悬臂梁桥	连续梁桥	简支钢梁	连续钢梁	预弯混凝土梁	组合梁	钢管混凝土桁架梁
特大桥	新安江特大桥	1460	80		√					√					
	金竹牌大桥(右)	1065	40		√					√					
	金竹牌大桥(左)	1070	40		√					√					
大桥	18号桥	110	30		√					√					
	19号桥	390	30		√					√					
	横路头桥(右)	240	30		√					√					
	横路头桥(左)	120	30		√					√					
	胡家村桥(右)	120	30		√					√					
	胡家村桥(左)	180	30		√					√					
	楬头村桥	114	20			√				√					
	大桥	248.3	20		√					√					
	互通主线桥	125.1	20				√			√					

G4012 千岛湖互通至新安江枢纽段隧道汇总表   表 7-17-3

规模	名称	隧道全长(m)	隧道净宽(m)	隧道分类					备注
				按地质条件划分		按所在区域划分			
				土质隧道	石质隧道	山岭隧道	水底隧道	城市隧道	
长隧道	横路头隧道(右)	1888	10.67		√	√			
	横路头隧道(左)	1915	10.67		√	√			
中隧道	洪坑隧道(右)	654	10.67		√	√			
	洪坑隧道(左)	711	10.67		√	√			
	蛇岭隧道(左)	713	10.67		√	√			
	蛇岭隧道(右)	905	10.67		√	√			
	洪家隧道(左)	749	10.67		√	√			
	洪家隧道(右)	878	10.67		√	√			
短隧道	枫树岭隧道(左)	189	10.67		√	√			
	枫树岭隧道(右)	189	10.67		√	√			
	杨坞口隧道(右)	356	10.67		√	√			
	杨坞口隧道(左)	373	10.67		√	√			
	杨家山隧道(左)	394	10.67		√	√			
	杨家山隧道(右)	395	10.67		√	√			
短隧道	胡家村隧道(右)	286	10.67		√	√			
	胡家村隧道(左)	329	10.67		√	√			

G4012 千岛湖互通至新安江枢纽段路面信息汇总表　　　　表 7-17-4

路面形式	起讫里程	长度(m)	水泥混凝土路面	沥青路面
柔性路面	S32 K0+000~K20+800(千岛湖支线)	20800		沥青混凝土路面

(4) 主要控制点

枫树岭、洪坑、杨坞口、屋基畈、蛇岭、淡竹、杨家山、横路头、胡家村。

(5) 地形地貌

本区地形属浙西中低山区,千里岗山脉余脉,高速公路经过地段的地貌可分为平原区和中低山区两种类型。地势陡高,区内中低山连绵,地面高程一般为100~270m,最低为33~40m,最高为627m,区内冲沟发育,沟形一般平坦,多呈U字形,局部呈V字形,植被茂盛。

(6) 投资规模

项目概算总投资12.97亿元,平均每公里造价6469万元。

(7) 开工及通车、竣工时间

2004年4月开工建设,2006年10月建成通车。

2. 前期决策情况

杭新景高速公路千岛湖支线是《浙江省公路水运交通建设规划》的重要组成部分,是全省公路网重点打造的省际接口之一。随着浙江省经济的迅速发展,对公路运输要求更加紧迫,根据浙江省交通厅"九五"期间编制的《浙江省公路建设规划(1996—2010)》到2010年基本实现"两纵、两横、五连"公路网骨架的建设目标,浙江省交通厅在2004年启动杭新景高速公路千岛湖支线的建设工作。

3. 参建单位主要情况

(1) 勘察设计单位

浙江省交通规划设计研究院。

(2) 施工单位

杭州市交通工程集团有限公司、浙江省交通工程建设集团有限公司、中港第二航务工程局、中铁十四局集团有限公司、杭州市交通工程集团有限公司、温州市龙湾建设园林绿化工程有限公司、浙江珍琪电器工程有限公司、浙江八达建设集团有限公司、杭州京安交通工程设施有限公司、中铁十二局集团第四工程有限公司、龙建路桥股份有限公司、湖南环达公路桥梁建设总公司、杭州祥符市政园林绿化建设有限公司、浙江省交通工程建设集团有限公司、重庆市华驰交通科技有限公司。

(3) 监理单位

浙江公路水运工程咨询监理公司。

(二)建设情况

1. 项目审批

2003年,浙江省发展和改革委员会以浙计函〔2003〕219号文件批复《杭新景高速公路千岛湖支线可行性研究报告》。

2. 资金筹措

项目法人自筹。

3. 合同段划分

合同段划分情况见表7-17-5。

G4012千岛湖互通至新安江枢纽段合同段划分情况表　　　表7-17-5

合同段号		合同段所在地	工程内容及长度	施工单位
SQD2	K6+480~K12+250	淳安	土建,长5.77km	浙江省交通工程建设集团有限公司
SQD3	K12+250~K15+705	淳安	土建,长3.455km	中港第二航务工程局
SQD4	K15+705~K20+800	淳安	土建,长5.095km	中铁十四局集团有限公司
SQD5	K0+750~K20+800	建德、淳安	土建,长20.8km	杭州市交通工程集团有限公司
L9	K0+750~K20+800	建德、淳安	绿化,长20.8km	温州市龙湾建设园林绿化工程有限公司
大桥照明		建德、淳安	照明	浙江珍琪电器工程有限公司
F6	K0+750~K20+800	建德、淳安	房建	浙江八达建设集团有限公司
JT7	K0+750~K20+800	建德、淳安	交安设施,长20.8km	杭州京安交通工程设施有限公司
SLC1	K0+000~K8+700	建德	土建,长8.7km	中铁十二局集团第四工程有限公司
SLC2	K8+700~K17+320	建德	土建,长8.62km	龙建路桥股份有限公司
SLC6	K0+000~K17+320	建德	土建,长17.32km	湖南环达公路桥梁建设总公司
	K0+000~K17+320	建德	绿化,长17.32km	杭州祥符市政园林绿化建设有限公司
JT8	K0+000~K17+320	建德	交安设施,长17.32km	浙江省交通工程建设集团有限公司
JD3隧道监控		建德、淳安	机电	重庆市华驰交通科技有限公司

4. 征地拆迁

征地拆迁情况统计见表7-17-6。

G4012千岛湖互通至新安江枢纽段征地拆迁情况统计表　　　表7-17-6

项 目	征地拆迁安置起止时间	征用土地(亩)	拆迁房屋(m^2)	支付补偿费用(元)	备 注
一期	2003.1~2008.10	18177.546	412095	1205204100	
二期	2004.4~2006.12	6289.08	125813.35	574070000	

(三)科技创新

科技成果主要为高速公路边坡生态防护工程应用研究。

该项目技术先进、实用,既有填补国内空白的高速公路生态边坡指南、手册和验收标准,又有100多公里超百万平方米的高质量生态边坡示范工程,对推广生态边坡、建设生态高速做出了重要的贡献和起到了表率作用。

(四)运营养护管理

1. 收费设施

收费设施见表7-17-7。

G4012千岛湖互通至新安江枢纽段收费设施一览表　　表7-17-7

站点名称	车道数	收费方式
淡竹	2+2	2条ETC收费,其余是人工收费
千岛湖	3+5	2条ETC收费,其余是人工收费

2. 交通流量

交通流量发展状况见表7-17-8。

G4012千岛湖互通至新安江枢纽段交通流量发展状况表(单位:pcu/d)　　表7-17-8

年份	全程加权平均值	新安江至淡竹	淡竹至千岛湖
2006	1500	1537	1462
2007	2442	2511	2372
2008	2820	2910	2729
2009	3585	3651	3518
2010	4288	4381	4195
2011	4560	5169	3950
2012	5754	5944	5564
2013	5576	5782	5369
2014	8099	8306	7893
2015	8530	8860	8201

二、G4012八亩丘枢纽至吕塘角枢纽段(建设期2004—2006年)

(一)项目概况

1. 基本情况

(1)功能定位

杭新景高速公路是《浙江省公路水运交通建设规划(2003—2020)》公路主骨架"两纵

两横十八连三绕三通道"中的"一连",是对《浙江省公路水运交通建设规划(2001—2015)》中"杭新金高速公路"的调整和补充;新建建德至开化段高速公路通往江西景德镇,对原"杭新金高速公路"的建德至金华段、建德至龙游段及新规划的建德至淳安段高速公路均作为杭新景高速公路的支线,其中杭新景高速公路的开化至景德镇段是《国家重点公路建设规划》中"宁波至樟木"横线的一段,因此杭新景高速公路将是浙江省和江西省之间的又一条公路交通主干道,起着杭金衢高速公路第二通道的作用,将有效分流杭金衢高速公路的交通压力。

(2)技术标准

设计速度100km/h,双向四车道,路基宽33.5m。

(3)建设规模

本项目里程长20.38km。详见表7-17-9、表7-17-10。

G4012 八亩丘枢纽至吕塘角枢纽段桥梁汇总表　　表7-17-9

规模	名称	桥长(m)	主跨长度(m)	桥底净高(m)	跨越障碍物			梁式桥							
								钢筋混凝土梁桥			钢梁桥		组合梁桥		
					河流	沟谷	道路、铁路	简支梁桥	悬臂梁桥	连续梁桥	简支钢梁	连续钢梁	预弯混凝土梁	组合梁	钢管混凝土桁架梁
大桥	上跨杭金衢主线桥	154.5	35	5.5			√			√					
中桥	971.32m/16座(含互通外立交桥155m/3座和互通内立交桥396.8m/6座及龙游连接线69.5m/1座)														

G4012 八亩丘枢纽至吕塘角枢纽段路面信息汇总表　　表7-17-10

路面形式	起讫里程	长度(m)	水泥混凝土路面	沥青路面
柔性路面	K17+320~K37+700(上下行)	20380		沥青混凝土路面

(4)主要控制点

起点寿昌、曲斗硚、航头,终点梅岭。

(5)地形地貌

拟建公路地处浙西低山丘陵区。其中北段为山岭重丘,地形起伏较大,山势陡峻,沟谷深切,一般呈V形,局部呈U形,地面高程在20~240m之间;中段为寿昌盆地,地面高程多在60~170m之间;南段为金衢盆地,地形较平坦,视野较开阔,地面高程多在50~120m之间。

(6) 投资规模

项目概算总投资 8.53 亿元,平均每公里造价 4185 万元。

(7) 开工及通车、竣工时间

2004 年 7 月开工建设,2006 年 12 月建成通车。

2. 前期决策情况

杭新景高速公路是《浙江省公路水运交通建设规划》的重要组成部分,也是杭州市"交通西进"公路建设规划"一绕、三线、三连、四大接口"公路网主框架的"一线"。随着我省经济的迅速发展,对公路运输要求更加紧迫,根据浙江省交通厅"九五"期间编制的《浙江省公路建设规划(1996—2010)》到 2010 年基本实现"两纵、两横、五连"公路网骨架的建设目标,浙江省交通厅在 2004 年启动杭新景高速公路龙游支线的建设工作。

杭州杭千高速公路发展有限公司于 2003 年 3 月委托浙江省交通规划设计研究院承担杭新景高速公路建德(洋溪至寿昌)段工程可行性研究报告的编制工作。

3. 参建单位主要情况

(1) 勘察设计单位

中国公路工程咨询监理总公司。

(2) 施工单位

中铁十七局集团第二工程有限公司、浙江省交通工程建设集团有限公司、龙游县通途交通建设工程有限公司、浙江正方交通建设股份有限公司、浙江交通设施有限公司、广厦东阳古建园林工程有限公司、浙江三叶园林建设有限公司、中国磁记录设备公司、浙江中设建工集团有限公司。

(3) 监理单位

金华市公正公路工程监理咨询有限公司、江苏伟信工程咨询有限公司、湖北中南工程建设监理公司。

(二) 建设情况

1. 项目审批

2003 年,浙江省发展和改革委员会以浙计函〔2003〕251 号文件批复《杭新景高速公路龙游支线可行性研究报告》。

2. 资金筹措

地方自筹。

3. 合同段划分

合同段划分情况见表 7-17-11。

G4012 八亩丘枢纽至吕塘角枢纽段合同段划分情况表　　　　表 7-17-11

合同段号	合同段所在地	工程内容及长度	施　工　单　位
SLC3	横山、石佛、塔石	土建,长 10km	中铁十七局集团第二工程有限公司
SLC4	塔石、小南海	土建,长 10.38km	浙江交通工程建设集团有限公司
SLC5	塔石、小南海	土建,长 7.933km	龙游县通途交通建设工程有限公司(龙游连接线)
SLC7	横山、石佛、塔石、小南海	路面,长 28.313km	浙江正方交通建设股份有限公司(含龙游连接线)
SLC8	横山、石佛、塔石、小南海	交安设施,长 28.313km	浙江交通设施有限公司
SLC9	横山、石佛、塔石、小南海	绿化,长 16.333km	广厦东阳古建园林工程有限公司(含龙游连接线)
SLC10	塔石、小南海	绿化,长 11.98km	浙江三叶园林建设有限公司

4. 征地拆迁

征地拆迁情况统计见表 7-17-12。

G4012 八亩丘枢纽至吕塘角枢纽段征地拆迁情况统计表　　　　表 7-17-12

征地拆迁安置起止时间	征用土地 (亩)	拆迁房屋 (m^2)	支付补偿费用 (元)	备　注
2004.3~2006.12	3158	26323	176980745	

(三)复杂技术工程

(1)根据省交通厅提出的"生态、环保、景观、旅游路"的建设宗旨,高起点高标准地对本项目生态、环保、景观工程进行了系统全面设计,将边坡放缓,结合边坡生态环境特征,合理选择植物种类,优化植物配置模式,运用"客土喷播"等种植技术,改工程防护为植物防护,使景观与周围环境协调一致;填方段结合预留车道用地,放缓坡两侧绿化,所有挖方段边沟采用土边沟,种植草皮,建设绿色长廊,实施景观工程。

(2)吕塘枢纽处的杭金衢高速公路加宽段路基石方爆破及上跨杭金衢高速公路天桥的拆除是本工程的难点,指挥部多次邀请省内外专家进行方案论证,石方爆破采用毫秒微爆松动结合凿岩机凿除,并在杭金衢高速公路路基边缘架设钢管及毛竹箕片进行隔离,确保行车安全;天桥拆除时先在杭金衢高速公路上铺彩条布和 1m 厚的松土,再采用 8 台液压破碎机同时施工。严谨的施工方案使在整个吕塘角枢纽杭金衢高速公路加宽段石方爆破及上跨杭金衢高速公路天桥拆除中,仅在拆除天桥时对杭金衢高速公路封闭了 4h,保证了杭金衢高速公路的正常运营。

(3)根据浙江省交通厅提出的沥青路面"五八"工程目标,结合本工程实际,指挥部对沥青路面的结构层设计、参数指标及施工工艺等均作了适当调整:

①路面结构层由原来的 17(7+6+4)cm 变更为 18(8+6+4)cm,中面层变更为 SBS 改性沥青混凝土,上面层一律采用玄武岩。

②沥青实测渗水系数提高为:中下面层不大于 90mL/min,上面层不大于 60mL/min,

同时对沥青混凝土配合比、压实度、空隙率均进行控制。

③工艺上也作了较大调整和提高:对下封层和透层改用SBS改性乳化沥青,并用智能型沥青洒布车和胶轮式压路机施工;桥面采用抛丸机抛丸清除浮浆,防水黏结层采用SBS改性乳化沥青;对设备进行了相应的改进,拌和厂的回收粉采用全封闭收集以减少污染,运输车在车厢后侧焊接挡板、摊铺机在受料斗前加设橡胶挡板、最靠边一节螺旋针片反装以减少混合料的离析,压路机和摊铺机均增设了限速装置。

④碎石材料均采用经浙江省交通厅路面督导组准入后的材料,并增设冲击整形机和除尘设备,在碎石场派驻监理和工程技术人员,控制源头质量。

(4)路基顶层50cm采用砂砾或石灰渣填筑,保证了路基工程质量。

(5)该项目技术先进、实用,既有填补国内空白的高速公路生态边坡指南、手册和验收标准,又有100多公里超百万平方米的高质量生态边坡示范工程,对推广生态边坡、建设生态高速公路做出了重要的贡献和起到了表率作用。

(四)运营养护管理

1. 服务设施

服务场区见表7-17-13。

G4012八亩丘枢纽至吕塘角枢纽段服务场区一览表　　　表7-17-13

服务区名称	位　置	占地面积
龙游服务区	K21+590	148822m²

2. 收费设施

收费设施见表7-17-14。

G4012八亩丘枢纽至吕塘角枢纽段收费设施一览表　　　表7-17-14

站点名称	车道数	收费方式
龙游北	2+3	2条ETC收费,其余是人工收费

3. 交通流量

交通流量发展状况见表7-17-15。

G4012八亩丘枢纽至吕塘角枢纽段交通流量发展状况表(单位:pcu/d)　　　表7-17-15

年份	龙游支线龙游段	年份	龙游支线龙游段
2007	3689	2012	10424
2008	5194	2013	12403
2009	6025	2014	25954
2010	7392	2015	13633
2011	9321		

三、G4012 吕塘角枢纽至北埠枢纽段（建设期 2004—2006 年）

(一)项目概况

1. 基本情况

(1)功能定位

龙丽高速公路是《浙江省公路水运交通建设规划(2003—2020)》公路主骨架"两纵两横十八连三绕三通道"中的"一连"，它的建成促进了龙丽地区及周边地区的经济发展，对促进金衢丽地区产业带经济发展具有重要意义。

(2)技术标准

吕塘角至山后段设计速度 100km/h，路基宽度 26m；

山后至灵山段设计速度 80km/h，路基宽度 24.5m；

灵山至界首段设计速度 80km/h，路基宽度 23m；

界首至青蒙段设计速度 80km/h，路基宽度 24.5m；

青蒙至堰后圩段设计速度 80km/h，路基宽度 23m；

堰后圩至大港头段设计速度 80km/h，路基宽度 24.5m。

(3)建设规模

本项目建设里程长 119.7km。建设规模详见表 7-17-16～表 7-17-18。

G4012 吕塘角枢纽至北埠枢纽段桥梁汇总表　　　　表 7-17-16

规模	名称	桥长(m)	主跨长度(m)	桥底净高(m)	跨越障碍物			梁式桥						
								钢筋混凝土梁桥			钢梁桥		组合梁桥	
					河流	沟谷	道路、铁路	简支梁桥	悬臂梁桥	连续梁桥	简支钢梁	连续钢梁	预弯混凝土梁	组合梁	钢管混凝土桁架梁
特大桥	灵山高架桥	1130	25	8.3			√	√		√					
大桥	龙兴殿大桥	781.4	65	7.1	√					√					
	贵唐山分离	570	20	5	√					√					
	浙赣铁路新线立交	110	30	2.2			√	√							
	官潭大桥	354	20	5.6	√			√							
	灵溪大桥	252	20	5.9	√			√							
	渡船头大桥	154	20	7.3	√			√							
	龙游渡船头桥	104	20	7.1	√			√							
	龙游向北界下匝道桥	114.3	20	5	√			√							

浙江 高速公路建设实录

续上表

规模	名称	桥长(m)	主跨长度(m)	桥底净高(m)	跨越障碍物 河流	跨越障碍物 沟谷	跨越障碍物 道路、铁路	钢筋混凝土梁桥 简支梁桥	钢筋混凝土梁桥 悬臂梁桥	钢筋混凝土梁桥 连续梁桥	钢梁桥 简支钢梁	钢梁桥 连续钢梁	组合梁桥 预弯混凝土梁	组合梁桥 组合梁	组合梁桥 钢管混凝土桁架梁
大桥	田铺一号桥	167.6	30	7.4	√			√							
	肖箕湾二号桥	132	20	11.3	√			√							
	排云岭外桥	102.04	20	7.2	√			√							
	新路湾桥	129	20	7.5	√			√							
	骑马兰桥	106	20	5.9	√			√							
	小马埠桥	164	20	5.2	√			√							
	竹山下大桥	151	35	13.1		√				√					
	遂昌大桥	279.5	70	2.2	√					√					
	渡船头分离	104	20	4.8	√			√							
	遂昌东互通出口匝道2号桥	152	20	4.5	√			√		√					
	遂昌东龙向出口匝道桥	152	20	4.2	√			√							
	高路大桥	264	20	2.2	√			√							
	资口大桥	370	20	2.2	√			√		√					
	徐郑大桥	277	25	2.2	√			√							
	水南分离	465	20	6.8				√							
	西屏大桥	984.7	35	6.6	√			√		√					
	过境分离	454.04	20	4			√	√							
	石马铺桥	410.08	20	6.9	√			√							
	K137+450大桥	124	20	4.3	√			√							
	象溪互通匝道桥	330.4	20	6.9	√			√							
	栈桥(下行)	121.04	20	3.6	√			√							
	K142+679大桥	392.04	20	5.7	√			√							
	小搓桥	203.04	20	6.1	√			√							
	柴头1号大桥	259	20	11.9	√			√							
	柴头2号大桥	476	40	8.2	√			√							
	堰后大桥	406.44	25	7.4	√			√							

续上表

规模	名称	桥长(m)	主跨长度(m)	桥底净高(m)	跨越障碍物			梁式桥						
								钢筋混凝土梁桥			钢梁桥		组合梁桥	
					河流	沟谷	道路、铁路	简支梁桥	悬臂梁桥	连续梁桥	简支钢梁	连续钢梁	预弯混凝土梁	组合梁	钢管混凝土桁架梁
大桥	北埠互通往丽水匝道桥	340	20	5.1	√					√					
	北埠互通龙泉往龙丽匝道桥	520	20	9	√	√									
中桥	合计66座,总长3532.8m														

G4012 吕塘角枢纽至北埠枢纽段隧道汇总表

表 7-17-17

规模	名称	隧道全长(m)	隧道净宽(m)	隧道分类						备注
				按地质条件划分		按所在区域划分				
				土质隧道	石质隧道	山岭隧道	水底隧道	城市隧道		
长隧道	竹海隧道(左洞)	1285	10.1		√	√			
	竹海隧道(右洞)	1285	10.1		√	√			
	溪田隧道(左洞)	2297	10.1		√	√			
	溪田隧道(右洞)	2277	10.1		√	√			
	青云岭隧道(左洞)	2150	9.25		√	√			
	青云岭隧道(右洞)	2180	9.25		√	√			
	东田隧道(左洞)	1193	9.25		√	√			
	东田隧道(右洞)	1247	9.25		√	√			
中隧道	章坑岭隧道(左洞)	439	9.25		√	√			
	章坑岭隧道(右洞)	806	9.25		√	√			
	夹坑隧道(左洞)	603	9.25		√	√			
	夹坑隧道(右洞)	713	9.25		√	√			
	靖居口隧道(左洞)	595	9.25		√	√			
	靖居口隧道(右洞)	664	9.25		√	√			
短隧道	田铺隧道(左洞)	165	9.25		√	√			
	田铺隧道(左洞)	165	9.25		√	√			
	肖箕湾隧道(左洞)	105	9.25		√	√			
	肖箕湾隧道(右洞)	105	9.25		√	√			
	新路湾隧道(左洞)	375	9.25		√	√			

续上表

规 模	名 称	隧道全长（m）	隧道净宽（m）	隧道分类					备 注
				按地质条件划分		按所在区域划分			
				土质隧道	石质隧道	山岭隧道	水底隧道	城市隧道	
短隧道	新路湾隧道（右洞）	375	9.25		√	√			
	桃源坑隧道（左洞）	140	9.25		√	√			
	桃源坑隧道（右洞）	140	9.25		√	√			
	西凹口隧道（左洞）	265	9.25		√	√			
	西凹口隧道（右洞）	265	9.25		√	√			
	青蒙隧道（左洞）	300	9.25		√	√			
	青蒙隧道（右洞）	102	9.25		√	√			

G4012 吕塘角枢纽至北埠枢纽段路面信息汇总表　　表7-17-18

路面形式	起讫里程	长度（m）	水泥混凝土路面	沥青路面
刚性路面	竹海隧道　K63+130.5～K64+416.5	1285	普通混凝土路面	
	溪田隧道　K68+081.5～K70+378.5	2297	普通混凝土路面	
柔性路面	K37+110～K45+333.789	8223.789		沥青混凝土路面
	K45+333.789～K61+234	15909.211		沥青混凝土路面
	K61+234～K71+854.807	10620		沥青混凝土路面
	K71+854.807～K100+841.4	28986.593		沥青混凝土路面
	K100+841.4～K128+201.64	27360.24		沥青混凝土路面
	K128+201.64～K153+631.8	25430.16		沥青混凝土路面
	K153+631.8～K156+910.22	3278.42		沥青混凝土路面
	青云岭隧道　K87+819.0～K89+949.0	2130		沥青混凝土路面
	东田隧道　K131+495.5～K132+688.5	1193		沥青混凝土路面
	章坑岭隧道　K129+303.5～K129+742.5	439		沥青混凝土路面
	夹坑隧道　K130+832.5～K131+435.5	603		沥青混凝土路面
	靖居口隧道　K141+742.0～K142+337.0	595		沥青混凝土路面
	田铺隧道　K76+512.5～K76+677.5	165		沥青混凝土路面
	肖箕湾隧道　K77+115.5～K77+220.5	105		沥青混凝土路面
	新路湾隧道　K81+911.5～K82+288.5	377		沥青混凝土路面
	桃源坑隧道　K83+017.0～K83+157.0	140		沥青混凝土路面
	西凹口隧道　K92+774.5～K93+039.5	265		沥青混凝土路面
	青蒙隧道　K92+774.5～K93+039.5	102		沥青混凝土路面
	棚洞　K154+091.0～K154+196.0	105		沥青混凝土路面
	灵溪互通匝道	2938.144		沥青混凝土路面
	北界互通匝道	1890.553		沥青混凝土路面
	新路湾互通匝道	1861.183		沥青混凝土路面

续上表

路面形式	起讫里程	长度(m)	水泥混凝土路面	沥青路面
柔性路面	遂昌互通匝道	1877.639		沥青混凝土路面
	遂昌东互通匝道	1722.08		沥青混凝土路面
	古市互通匝道	2228.182		沥青混凝土路面
	松阳互通匝道	2386.824		沥青混凝土路面
	象溪互通匝道	1718.441		沥青混凝土路面
	北埠互通匝道	3574.12		沥青混凝土路面

（4）主要控制点

起点吕塘角枢纽互通式立交、衢江梯级开发（红船豆）水利枢纽、松阳西屏镇、已施工的龙丽一级公路。

（5）地形地貌

线路位于金衢盆地的中南部，地形以丘陵为主，整个地势南高北低，金衢盆地北缘属千里岗山脉，南缘属仙霞岭山脉，山势较高。由南北高山向中部逐次过渡为低山、丘陵、平原。遂昌、松阳、莲都段，属浙南中山区地形地貌，整个地势呈西北高东南低形态，山脉呈西南东北走向。北段路线除松（阳）古（市）盆地相对平坦外，其他地形切割剧烈，群山连绵，峰峦起伏，峡谷众多，溪流滩多流急。

（6）投资规模

项目决算总投资55.9亿元，平均每公里造价4670万元。

（7）开工及通车、竣工时间

2004年开工建设，2006年建成通车。

2. 前期决策情况

龙丽高速金丽温公路是《浙江省公路水运交通建设规划》的重要组成部分，是全省公路主骨架"三纵四横"的"一横"。随着我省经济的迅速发展，对公路运输要求更加紧迫，根据浙江省交通厅"九五"期间编制的《浙江省公路建设规划（1996—2010）》到2010年基本实现"两纵、两横、五连"公路网骨架的建设目标，浙江省交通厅在2004年启动龙丽高速公路的建设工作。

2004年2月浙江省交通厅委托浙江省交通规划设计研究院进行龙丽高速公路工程可行性研究报告的编制工作。

2004年4月浙江省交通厅在杭州主持召开"龙丽、丽龙高速公路实施建议专家论证会"。

2004年6月完成了龙丽高速公路可行性研究报告。

3. 参建单位主要情况

（1）勘察设计单位

浙江省交通规划设计研究院、浙江省浙南综合工程勘察院。

（2）施工单位

浙江正方交通建设集团股份有限公司、浙江交通建设集团有限公司、龙游县通途交通建设工程有限公司、杭州市红萌交通设施有限公司、浙江八达建设集团有限公司、浙江大自然园艺有限公司、浙江天一交通建设有限公司、浙江通途交通工程有限公司、广东中人企业（集团）有限公司、浙江交通工程建设集团有限公司、东阳市顺风交通设施有限公司、中铁十二局集团第三工程有限公司、中铁四局集团第五工程有限公司、浙江宏途交通建设有限公司、丽水市交通工程有限公司、中铁十四局集团有限公司、中铁十三工程局第三工程处、中铁五局集团第一工程责任有限公司、浙江永达交通工程有限公司、中铁大桥局集团一公司、中铁十二局集团第二工程有限公司、陕西路桥集团有限公司、浙江省交通工程建设集团第三工程有限公司、北京深华科交通工程有限公司、杭州华兴交通设施工程、路桥集团第二公路工程局第六工程处、浙江省长城建设集团股份有限公司、山东天业交通设施工程有限公司。

（3）监理单位

金华市公正交通监理咨询有限公司、天津市国腾公路咨询监理有限公司、浙江江南工程建设监理有限公司、温州市交通工程咨询监理有限公司、浙江公路水运工程咨询公司、杭州公路工程监理咨询公司、宁波交通工程咨询监理有限公司、浙江公路水运工程监理有限公司、天津新亚太工程建设集团有限公司。

（二）建设情况

1. 项目审批

（1）2004年，浙江省发展和改革委员会以浙发改函〔2004〕230号文件批复《龙丽改高速公路龙游新建段可行性研究报告》。

（2）2004年，浙江省发展和改革委员会以浙发改函〔2004〕233号文件批复《龙丽改高速公路龙游（山后至渡船头）段可行性研究报告》。

（3）2004年，浙江省发展和改革委员会以浙发改函〔2004〕232号文件批复《龙丽改高速公路遂昌段可行性研究报告》。

（4）2004年，浙江省发展和改革委员会以浙发改函〔2004〕229号文件批复《龙丽改高速公路松阳新建段可行性研究报告》。

（5）2004年，浙江省发展和改革委员会以浙发改函〔2004〕243号文件批复《龙丽改高速公路松阳(青蒙至堰后圩)段可行性研究报告》。

(6)2004年,浙江省发展和改革委员会以浙发改函〔2004〕235号文件批复《龙丽改高速公路莲都区段可行性研究报告》。

2. 资金筹措

自筹35%,银行贷款65%。

3. 合同段划分

合同段划分情况见表7-17-19。

G4012吕塘角枢纽至北埠枢纽段合同段划分情况表　　　　表7-17-19

合同段号	合同段所在地	工程内容及长度	施工单位
LL1	龙游	路基、桥涵,长0.31km	浙江正方交通建设集团股份有限公司
LL2	龙游	路基、桥涵,长8.22km 除路基、桥梁外,长0.31km	浙江交通建设集团有限公司
LL3	龙游	路面,长8.22km	龙游县通途交通建设工程有限公司
JA-1	龙游	交安设施,长8.22km	杭州市红萌交通设施有限公司
FJ-1	龙游	龙游段房建	浙江八达建设集团有限公司
LH-1	龙游	龙游、溪口互通区、收费所等绿化	浙江大自然园艺有限公司
1标	遂昌段	路基、桥涵,长4.18km;路面,长22.14km	浙江天一交通建设有限公司
2标	遂昌段	路基、桥涵,长3.6km	浙江通途交通工程有限公司
3标	遂昌段	路基、桥涵、隧道,长4.8km	广东中人企业(集团)有限公司
4标	遂昌段	路基、桥涵、隧道,长4.5km	浙江交通建设集团有限公司
5标	遂昌段	路基、桥涵、隧道,长2.49km	中铁十二局集团第三工程有限公司
6标	遂昌段	路基、桥涵,长8.06km	中铁四局集团第五工程有限公司
7标	遂昌段	路基、桥涵,长5.8km;路面,长11.91km	浙江宏途交通建设有限公司
JA-2	遂昌段	交安设施,长5.8km	东阳市顺风交通设施有限公司
FJ-2	遂昌段	房建	浙江建安实业集团股份有限公司
1标	松阳段	路基、桥涵,长4.18km	丽水市交通工程有限公司
2标	松阳段	路基、桥涵、隧道,主线长0.5km, 左线1.98km,右线2.28km	中铁十四局集团有限公司
3标	松阳段	路基、桥涵、隧道, 左线长0.3km,右线1.4km	中铁十三工程局第三工程处
4标	松阳段	路基、桥涵、隧道,长5.91km	中铁五局集团第一工程有限责任公司
5标	松阳段	路基、桥涵、隧道,长5.8km	浙江宏途交通建设有限公司
6标	松阳段	路基、桥涵,长5.73km	浙江永达交通工程有限公司
7标	松阳段	路基、桥涵,长4.3km	中铁大桥局集团一公司
8标	松阳段	路基、桥涵,长9.26km	中铁十二局集团第二工程有限公司
9标	松阳段	路基、桥涵,长11km	陕西路桥集团有限公司

续上表

合同段号	合同段所在地	工程内容及长度	施工单位
10标	松阳段	路基、桥涵,长6.6km	浙江宏途交通建设有限公司
11标	松阳段	路面,长26.86km	浙江省交通建设集团有限公司
12标	松阳段	路面,长25.93km	浙江省交通工程建设集团第三工程有限公司
JA-3	松阳段	交安设施,长27.36km	北京深华科交通工程有限公司
JA-4	松阳段	交安设施,长25.43km	杭州华兴交通设施工程有限公司
FJ-3	松阳段	房建	浙江省长城建设集团股份有限公司
3标	莲都段	路面,长3.28km	浙江省交通工程建设集团
5标	莲都段	路基、桥涵,长3.28km	路桥集团第二公路工程局第六工程处
JA-5	莲都段	交安设施,长6.34km	山东天业交通设施工程有限公司

4. 征地拆迁

征地拆迁情况见表7-17-20。

G4012吕塘角枢纽至北埠枢纽段征地拆迁情况统计表　　表7-17-20

项　目	征地拆迁安置起止时间	征用土地（亩）	拆迁房屋（m^2）	支付补偿费用（元）	备　注
一期	2003.6~2006.12	411.5232	215084.35	29691.6371	

（三）科技创新

科技成果主要有高等级公路排水降噪沥青路面结构与材料研究等。

本项目从排水降噪沥青混路面排水机理、原材料性能与混合料性能的相互关系、混合料设计参数的测试方法、排水性与耐久性之间的相互关系、排水测试方法与排水综合设计、路面降噪特点、施工控制等方面展开研究,提出了适合浙江省的排水降噪沥青混合料的矿料指标及高黏度改性沥青指标要求;通过高黏沥青胶浆室内高、低温及流变性能试验,提出高黏沥青胶浆粉胶比的合理范围;通过对10种混合料级配主要筛孔通过率与空隙率关系的回归分析,得出排水降噪沥青混合料空隙率与各主要筛孔通过率的关系,并在此基础上提出排水降噪沥青混合料的合理级配范围;结合集料骨架思想与填充原则,在进行排水路面沥青混合料矿料组成设计时,引入新的矿料组成设计指标VMA,通过确定细集料含量,并根据粗细集料的含量确定混合料的矿料组成;通过试验路铺筑及长期观测,提出排水性沥青路面设计方法、适用原则与设计施工指南。

（四）运营养护管理

1. 服务设施

服务场区见表7-17-21。

G4012 吕塘角枢纽至北埠枢纽段服务场区一览表

表 7-17-21

服务区名称	位　　置	占地面积
灵溪服务区西区	K53+072	85205m²
遂昌停车区	K93+572	25949m²
松阳服务区	K118+372	80004m²

2. 收费设施

收费设施见表 7-17-22。

G4012 吕塘角枢纽至北埠枢纽段收费设施一览表

表 7-17-22

站点名称	车　道　数	收费方式
龙游南收费站	2+3	人工+ETC
灵溪收费站	2+2	人工+ETC
北界收费站	2+2	人工+ETC
新路湾收费站	2+2	人工+ETC
遂昌收费站	2+2	人工+ETC
遂昌东收费站	3+3	人工+ETC
古市收费站	2+2	人工+ETC
松阳收费站	2+2	人工+ETC
象溪收费站	2+2	人工+ETC

3. 交通流量

交通流量发展状况见表 7-17-23。

G4012 吕塘角枢纽至北埠枢纽段交通流量发展状况表（单位：pcu/d）

表 7-17-23

年份	全程加权平均值	龙游至龙丽杭千交界	灵溪至龙游南	北界至灵溪	新路湾至北界	遂昌至新路湾	遂昌东至遂昌	古市至遂昌东	松阳至古市	象溪至松阳	象溪至石塘
2007	1855	1572	2188	2709	2248	2287	1682	1575	1552	1632	1102

年份	全程加权平均值	龙游至龙丽杭千交界	灵溪至龙游南	北界至灵溪	新路湾至北界	遂昌至新路湾	遂昌东至遂昌	古市至遂昌东	松阳至古市	象溪至松阳	象溪至北埠枢纽
2008	3289	2819	3501	3495	3492	3631	2897	2977	2968	3446	3669
2009	3557	3124	3762	3754	3811	3919	3141	3274	3227	3801	3758
2010	4960	4371	5139	5129	5250	5503	4491	4651	4585	5295	5187
2011	5856	5162	6103	6103	6214	6530	5296	5406	5404	6078	6264
2012	6390	5590	6582	6519	6838	7140	5707	5872	5952	6830	6865

年份	全程加权平均值	龙游南至龙丽杭千交界	灵溪至龙游南	北界至灵溪	新路湾至北界	遂昌至新路湾	遂昌东至遂昌	古市至遂昌东	松阳至古市	象溪至北埠枢纽	象溪至松阳
2013	5990	5138	6242	6146	6371	6793	5376	5478	5557	6392	6406
2014	10850	9279	11497	11018	11319	12510	10659	9925	10029	11004	11261
2015	13067	11042	14552	14829	15787	14960	12666	11147	11138	12575	11980

四、G4012 北埠枢纽至云和枢纽段(建设期 2004—2006 年)

(一)项目概况

1. 基本情况

(1)功能定位

丽龙高速公路是《浙江省公路水运交通建设规划(2003—2020)》公路主骨架"两纵两横十八连三绕三通道"中的"一连",是我省重要的省际通道之一,它的建成充实和完善了全省高速公路总体布局,为连通庆元、福建及景宁、文成、泰顺高速公路打下了良好的基础,对促进金衢丽地区产业带的经济发展具有重要意义。

(2)技术标准

设计速度80km/h段,双向四车道,路基宽度23m;设计速度60km/h段,双向四车道,路基宽度22.5m。

(3)建设规模

本项目里程长102.4km。详见表7-17-24～表7-17-26。

(4)主要控制点

起点麻洋,经严山岭、安仁、塔石,终于龙泉城关大帽亭。

G4012 北埠枢纽至云和枢纽段桥梁汇总表　　　　　表 7-17-24

规模	名称	桥长(m)	主跨长度(m)	桥底净高(m)	跨越障碍物			梁式桥					
								钢筋混凝土梁桥			钢梁桥		组合梁桥	
					河流	沟谷	道路、铁路	简支梁桥	悬臂梁桥	连续梁桥	简支钢梁	连续钢梁	预弯混凝土梁	组合梁	钢管混凝土桁架梁
大桥	沙溪3号桥	230	25	5			√							√	
	松坑大桥	208	25	9.5			√							√	
	上南山大桥	130	25	10			√							√	
	石侯桥	105	20	4.2		√								√	
	河边大桥(右幅)	357	25	8	√									√	
	河边大桥(左幅)	357	25	8	√									√	
	玉溪大桥新	394.5	35	6	√									√	
	玉溪大桥	168	20	3.5	√									√	
	北埠大桥	518	45	7	√									√	
	石塘大桥(右)	568	16	5	√			√							
	云坛大桥	156	20	17	√		√								

续上表

规模	名称	桥长(m)	主跨长度(m)	桥底净高(m)	跨越障碍物			梁式桥							
								钢筋混凝土梁桥			钢梁桥		组合梁桥		
					河流	沟谷	道路、铁路	简支梁桥	悬臂梁桥	连续梁桥	简支钢梁	连续钢梁	预弯混凝土梁	组合梁	钢管混凝土桁架梁
大桥	沈岸大桥	146	20	7.5			√	√							
	霞晓大桥(右幅)	350	20	5	√		√	√							
	霞晓大桥(左幅)	330	20	5	√		√	√							
	大处桥	106	20	5			√	√							
	大坪大桥	505	25	4.5			√							√	
	梅山大桥	710	50	20		√								√	
	河上大桥	876	30	24		√								√	
	后山1号大桥	560	25	17		√								√	
	后山2号大桥	160	25	9	√									√	
	碗窑岭大桥(右幅)	400	30	5.7			√							√	
	碗窑岭大桥(左幅)	400	30	5.7			√							√	
	独山2号大桥(右幅)	427	30	5	√									√	
	独山2号大桥(左幅)	432	30	5	√									√	
	排山大桥	220	30	5.5	√									√	
	麻坪大桥(右幅)	309	30	5		√								√	
	麻坪大桥(左幅)	519	30	5		√								√	
	安仁大桥	244	20	4.5	√		√							√	
	林坪大桥(右幅)	186	30	13		√								√	
	林坪大桥(左幅)	186	30	13		√								√	
	富岭互通D匝道桥	357.6	24.75	5			√							√	
	莲都停车区A匝道桥	316	25	5.5			√							√	
	安仁互通A匝道桥	118	33	1.6	√		√							√	
	塔石互通C匝道桥	160	31	5.8			√							√	
中桥	51座	5542.9													

G4012北埠枢纽至云和枢纽段隧道汇总表   表7-17-25

规模	名称	隧道全长(m)	隧道净宽(m)	隧道分类					备注
				按地质条件划分		按所在区域划分			
				土质隧道	石质隧道	山岭隧道	水底隧道	城市隧道	
长隧道	马岭头隧道(右幅)	1875	10.5		√	√			
	马岭头隧道(左幅)	1855.3	10.5		√	√			

续上表

规模	名称	隧道全长（m）	隧道净宽（m）	隧道分类					备注
				按地质条件划分		按所在区域划分			
				土质隧道	石质隧道	山岭隧道	水底隧道	城市隧道	
长隧道	朱岭头隧道（右幅）	2256	10.5		√	√			
	朱岭头隧道（左幅）	2297	10.5		√	√			
	庵基头隧道（右幅）	1645	10.5		√	√			
	庵基头隧道（左幅）	1659	10.5		√	√			
	赤石岭隧道（右幅）	2781	10.5		√	√			
	赤石岭隧道（左幅）	2740	10.5		√	√			
	碗窑岭隧道（右幅）	1397	10.5		√	√			
	碗窑岭隧道（左幅）	1395	10.5		√	√			
	黄岗隧道（右幅）	1978	10.5		√	√			
	黄岗隧道（左幅）	2072	10.5		√	√			
	严山岭隧道（右幅）	2285	10.5		√	√			
	严山岭隧道（左幅）	2275	10.5		√	√			
	五贤门隧道（右幅）	1240	10		√	√			
	五贤门隧道（左幅）	1144	10		√	√			
	枣槐岭1号隧道（右幅）	990	10.5		√	√			
	枣槐岭1号隧道（左幅）	1045	10.5		√	√			
	塔石隧道（右幅）	1105	10.5		√	√			
	塔石隧道（左幅）	1070	10.5		√	√			
中隧道	独山隧道（右幅）	592	10.5		√	√			
	独山隧道（左幅）	584	10.5		√	√			
	黄林源隧道（右幅）	605	10		√	√			
	黄林源隧道（左幅）	620	10		√	√			
	樟田岭隧道（右幅）	620	10.5		√	√			
	樟田岭隧道（左幅）	610	10.5		√	√			
短隧道	石桥头隧道（右幅）	220	10.25		√	√			
	石桥头隧道（右幅）	220	10.25		√	√			
	大弄壁1号隧道（右幅）	220	10.25		√	√			
	大弄壁1号隧道（左幅）	220	10.25		√	√			
	大弄壁2号隧道（右幅）	123	10.25		√	√			
	大弄壁2号隧道（左幅）	123	10.25		√	√			
	务岭根隧道（右幅）	305	10.25		√	√			
	务岭根隧道（左幅）	305	10.25		√	√			
	务岭隧道（右幅）	328	10.25		√	√			

续上表

规模	名　　称	隧道全长（m）	隧道净宽（m）	隧道分类					备注
				按地质条件划分		按所在区域划分			
				土质隧道	石质隧道	山岭隧道	水底隧道	城市隧道	
短隧道	务岭隧道(左幅)	328	10.25		√	√			
	下南山1号隧道(右幅)	255	10.25		√	√			
	下南山1号隧道(左幅)	255	10.25		√	√			
	棚洞(左幅)	87.4	10.25		√	√			
	下南山2号隧道(右幅)	215	10.25		√	√			
	下南山2号隧道(左幅)	215	10.25		√	√			
	下南山3号隧道(右幅)	145	10.25		√	√			
	下南山3号隧道(左幅)	145	10.25		√	√			
	大港头隧道(右幅)	279	10.25		√	√			
	大港头隧道(左幅)	279	10.25		√	√			
	云坛隧道(右幅)	230	10.25		√	√			
	云坛隧道(左幅)	230	10.25		√	√			
	下弄弯隧道(右幅)	324	10.5		√	√			
	下弄弯隧道(左幅)	302	10.5		√	√			
	麻垟隧道(右幅)	286	10		√	√			
	麻垟隧道(左幅)	255	10		√	√			
	石柱亭1号隧道(左幅)	205	10.5		√	√			
	石柱亭2号隧道(右幅)	305	10.5		√	√			
	石柱亭2号隧道(左幅)	395	10.5		√	√			
	明洞(右幅)	130	10		√	√			
	明洞(左幅)	130	10		√	√			
	枣槐岭2号隧道(左幅)	70	10.5		√	√			
	观音堂隧道(右幅)	111	10.5		√	√			
	观音堂隧道(左幅)	154	10.5		√	√			
	林垟隧道(右幅)	230	10		√	√			
	林垟隧道(左幅)	230	10		√	√			
	兰头隧道(右幅)	235	10		√	√			
	兰头隧道(左幅)	200	10		√	√			

G4012北埠枢纽至云和枢纽段路面信息汇总表　　　　表7-17-26

路面形式	起讫里程	长度(m)	水泥混凝土路面	沥青路面
柔性路面	K2613+175～K2663+234	50059		沥青混凝土路面
	K2663+234～K2665+847	2613		沥青表面处治路面
	K2665+847～K2710+030	44183		沥青混凝土路面

续上表

路面形式	起讫里程	长度(m)	水泥混凝土路面	沥青路面
柔性路面	K2710+030~K2711+100	1070		沥青表面处治路面
	K2711+100~K2715+521	4421		沥青混凝土路面
	富岭互通区	4517.56		沥青混凝土路面
	南山互通区	2083.09		沥青混凝土路面
	石塘互通区	1549.72		沥青混凝土路面
	云和城东互通区	2190.46		沥青混凝土路面
	云景互通区	2940.53		沥青混凝土路面
	赤石互通区	1363		沥青混凝土路面
	安仁互通区	1592.01		沥青混凝土路面
	塔石互通区	1142.12		沥青混凝土路面

（5）地形地貌

线路位于中低山丘陵、沟谷地带,高低起伏,群峰连绵,山高坡陡,沟谷深切,呈V形,地形坡度20°~60°。最高峰严山岭,海拔高程615m。

（6）投资规模

项目概算总投资60.1亿元,平均每公里造价5869万元。

（7）开工及通车、竣工时间

2004年开工建设,2006年建成通车。

2.前期决策情况

丽龙高速公路是《浙江省公路水运交通建设规划》的重要组成部分。随着我省经济的迅速发展,对公路运输要求更加紧迫,根据浙江省交通厅"九五"期间编制的《浙江省公路建设规划(1996—2010)》到2010年基本实现"两纵、两横、五连"公路网骨架的建设目标,浙江省交通厅在2004年启动丽龙高速公路的建设工作。

2003年11月,浙江省交通厅领导在丽水调研时,沿线政府提出提前实施丽龙高速公路的要求。

2003年12月,浙江省交通厅印发"浙交〔2003〕508号"《关于龙丽、丽龙一级公路改建为高速公路的通知》。

2004年1月,浙江省交通规划设计研究院编制完成"丽(水)—龙(泉)一级公路高速化改建方案"。

2004年2月,浙江省交通厅委托浙江省交通规划设计研究院编制丽水—龙泉一级公路改造成高速公路的工程可行性报告。

2004年2月,浙江省交通厅召开"龙丽、丽龙高速公路线位协调会议"。

2004年3月,浙江省发改委、省交通厅在丽水联合主持召开"龙丽、丽龙一级公路高速化改建方案专家咨询会"。

2004年4月,浙江省交通规划设计研究院编制完成"丽龙高速公路实施建议"。

2004年4月,浙江省交通厅在杭州主持召开"龙丽、丽龙高速公路实施建议专家论证会"。

3. 参建单位主要情况

（1）勘察设计单位

浙江省交通规划设计研究院。

（2）施工单位

浙江大成建设集团有限公司、中铁十三局集团第三工程有限公司、浙江省交通工程建设集团有限公司、湖南省株洲公路桥梁建设有限公司、浙江昆仑建设集团股份有限公司、广夏湖北第六建设工程有限责任公司、杭州永通高速公路安全设施工程有限公司、浙江天一交通建设有限公司、浙江大舜公路建设有限公司、浙江省宏途交通建设有限公司、中铁一局集团第一工程有限公司、陕西明泰工程建设有限责任公司、辽河石油勘探局筑路工程公司、浙江通途交通工程有限公司、中铁五局集团第一工程有限公司、中铁十二局集团第二工程有限公司、中铁二十一局集团第三工程有限公司、温州顺吉公路建设有限公司、衢州衢江交通建设有限公司、临海市交通工程建设有限公司、浙江省宏途交通建设有限公司、中铁十九局集团有限公司、中铁建设集团厦门公司、台州路马交通安全设施有限公司。

（3）监理单位

浙江公路水运工程监理有限公司、宁波交通工程咨询监理有限公司、江苏东南交通工程咨询监理有限公司、杭州公路工程监理咨询公司、杭州公路工程监理咨询公司、丽水市公路水运工程监理咨询公司、海南海通公路工程咨询监理有限公司、第2驻地办、第3驻地办。

（二）建设情况

1. 项目审批

（1）2004年,浙江省发展和改革委员会以浙发改函〔2004〕241号文件,批复《丽龙改高速公路莲都区段可行性研究报告》。

（2）2004年,浙江省发展和改革委员会以浙发改函〔2004〕242号文件,批复《丽龙改高速公路云和段一期可行性研究报告》。

（3）2004年,浙江省发展和改革委员会以浙发改函〔2004〕231号文件,批复《丽龙改高速公路云和段二期可行性研究报告》。

（4）2004年，浙江省发展和改革委员会以浙发改函〔2004〕234号文件，批复《丽龙改高速公路龙泉段可行性研究报告》。

2. 资金筹措

自筹35%，银行贷款65%。

3. 合同段划分

合同段划分情况见表7-17-27。

G4012北埠枢纽至云和枢纽段合同段划分情况表　　　　表7-17-27

合同段号	合同段所在地	工程内容及长度	施工单位
5	云和	石塘互通收费站和云和服务区房建，石塘978.3m^3、云和服务区7570.76m^3	浙江昆仑建设集团股份有限公司
6	云和	云和收费站、赤石收费站房建	广夏湖北第六建设工程有限责任公司
7	云和	安全设施，全长27.1km	杭州永通高速公路安全设施工程有限公司
8	云和	路基开挖方48.78万m^3、路基填方50.88万m^3、城东互通主线总长815m、桥7座/1009m、隧道2座/1983m，全长7.53km	浙江天一交通建设有限公司
9	云和	路基2626m、桥2座/1189m、云景枢纽1处、涵洞和通道20道，全长3.815km	浙江大舜公路建设有限公司
10	云和	桥4座/1700m、隧道2座/3040m、涵洞13道，全长5.8km	浙江省交通工程建设集团有限公司
11	云和	路基填方70487m^3、路基挖方129574m^3、桥3座/103.5m、隧道2座/3921.6m、涵洞3道，全长2.303km	浙江省宏途交通建设有限公司
12	云和	路基填方374251m^3、路基挖方348540m^3、桥2座/448m、隧道2座/3187.9m、涵洞7道，全长3.7km	中铁一局集团第一工程有限公司
13	云和	路基填方83万m^3、路基挖方72.5万m^3、桥6座/1251m、隧道3座/1783m、涵洞4道，全长5.053km	陕西明泰工程建设有限责任公司
15	云和	挖土石方60369m^3、填方114942m^3、浆砌片石挡墙1569m^3、排水工程6694m，全长5.054km	辽河石油勘探局筑路工程公司

续上表

合同段号	合同段所在地	工程内容及长度	施工单位
一	龙泉	路基挖方862577m³、路基防护150416m³、排水工程20100m、小桥5座/173.12m、圆管涵10道318m、石拱涵1道72.2m、盖板涵15道532.35m、明洞1座130m、隧道1座1240m，全长6km	浙江通途交通工程有限公司
二	龙泉	路基开挖土石方60.1万m³、路基填筑57.6万m³、桥5座/324m、隧道2座/1310m，全长3.72km	中铁五局集团第一工程有限公司
三	龙泉	路基土石方38万m³、浆砌圬工2.8万m³、桥2座/92.08m、隧道4座/2630m，全长2.160km	中铁十二局集团第二工程有限公司
四	龙泉	路基挖方31.39万m³、填方43.54m³、隧道2座/2280m、涵洞8座，全长2.7km	中铁二十一局集团第三工程有限公司
五	龙泉	互通式立交1处、大桥1座、中桥1座、分离立交1座、涵洞24道、隧道1座/620m，全长5.1km	温州顺吉公路建设有限公司
六	龙泉	小桥1座/181、隧道1座/903m，全长3.518km	衢州衢江交通建设有限公司
七	龙泉	路基填筑29.40万m³、桥2座/383.58m、隧道2座/855m、挡墙34531m³、管涵7道/278.9m，全长2.9km	临海市交通工程建设有限公司
八	龙泉	桥梁2座、隧道1座、涵洞16道，全长4.5km	中铁一局集团第一工程有限公司
九	龙泉	路基填筑94.40万m³、路基开挖118.4万m³、中桥2座/121.58m、挡墙47302m³、管涵2道/76m，全长1.8km	浙江省宏途交通建设有限公司
十	龙泉	黏层114.5万m²、封层74.1万m²，全长32.45km	浙江省交通建设集团有限公司
IB	龙泉	路基挖石方8364m³、路基挖土方8233m³、换填土方5000m³、隧道1座/1144m，全长32.46km	中铁十九局集团有限公司
IIB	龙泉	隧道2座/1060m、圆管涵4道，全长2km	中铁建设集团厦门公司
JA-12	龙泉	标志、标线、隔离栅、波形梁护栏，全长32.55km	台州路马交通安全设施有限公司

4.征地拆迁

征地拆迁情况见表7-17-28。

G4012 北埠枢纽至云和枢纽段征地拆迁情况统计表　　　　表 7-17-28

项　目	征地拆迁安置起止时间	征用土地（亩）	拆迁房屋（m²）	支付补偿费用（元）	备　注
一期	2004～2006	10516	237690	181659000	

（三）科技创新

科技创新成果主要有龙丽丽龙高速公路（一级改高速路段）交通安全性评价与交通工程对策措施研究等。包括：开发高速公路运行速度预测、线形分析系统；基于运行速度的山区高速公路合理限制速度研究；影响提速的控制参数研究；速度控制技术研究；速度管理实施程序研究；龙丽、丽龙高速公路设计速度为 60km/h 的路段（云和段一期 K38+080～K50+518.81 与龙泉段 K91+000～K100+720）合理限制速度研究。

（四）运营养护管理

1. 服务设施

服务场区见表 7-17-29。

G4012 北埠枢纽至云和枢纽段服务场区一览表　　　　表 7-17-29

服务区名称	位　置	占地面积（m²）
莲都停车区	K2620+500	27998
云和服务区	K2653+775	81689

2. 收费设施

收费设施见表 7-17-30。

G4012 北埠枢纽至云和枢纽段收费设施一览表　　　　表 7-17-30

站点名称	车道数	收费方式	站点名称	车道数	收费方式
富岭	3+4	人工+ETC	赤石	2+2	人工+ETC
南山	2+2	人工+ETC	安仁	3+3	人工+ETC
石塘	2+2	人工+ETC	塔石	2+2	人工+ETC
云和	2+2	人工+ETC			

3. 交通流量

交通流量发展状况见表 7-17-31。

G4012 北埠枢纽至云和枢纽段交通流量发展状况表（单位：pcu/d） 表7-17-31

年份	云和至石塘	赤石至云和	龙泉安仁至赤石	龙泉东（塔石）至龙泉安仁	龙泉至龙泉东（塔石）	全程加权平均值
2007	3079	2002	2001	2078	1455	2123

年份	云和至石塘	碧湖至北埠枢纽	碧湖至丽水南	石塘至北埠枢纽	赤石至云和	龙泉安仁至赤石	龙泉东（塔石）至龙泉安仁	龙泉至龙泉东（塔石）	全程加权平均值
2008	4068	5650	5597	3825	2337	2337	2399	1572	3473
2009	4231	6272	5891	3945	2566	2561	2634	1701	3725
2010	7481	7840	5160	4832	2978	2978	3094	1991	4544
2011	5770	9563	9043	5141	3441	3441	3589	2250	5280
2012	5993	10768	9882	5927	3826	3826	3932	2417	5821

年份	碧湖至北埠枢纽	碧湖至丽水	石塘至北埠枢纽	云和至石塘	云和至云景枢纽	赤石至云景枢纽	龙泉安仁至赤石	龙泉东（塔石）至龙庆起点	龙泉东（塔石）至龙泉安仁	龙泉至龙泉东（塔石）	全程加权平均值
2013	10866	9931	6586	7364	7170	4399	3994	2334	4108	3204	5499
2014	17644	13605	10174	11482	10037	190	6195	3292	6345	3292	8226
2015	20369	14982	11722	13070	11400	339	7300	4489	7472	4489	9563

五、G4012 云和枢纽至景宁段（建设期2008—2013年）

（一）项目概况

1. 基本情况

（1）功能定位

云景高速公路是《浙江省公路水运交通建设规划（2003—2020）》公路主骨架"两纵两横十八连三绕三通道"中的"一连"，云景高速公路的建成将从根本上解决长期制约景宁发展的交通瓶颈问题，完全纳入全省"4小时交通圈"。

（2）技术标准

设计速度80km/h，双向四车道，路基宽度24.5m。

（3）建设规模

本项目里程长11.5km。详见表7-17-32～表7-17-34。

G4012 云和枢纽至景宁段桥梁汇总表　　　　　表 7-17-32

规模	名称	桥长(m)	主跨长度(m)	桥底净高(m)	跨越障碍物			梁式桥							
								钢筋混凝土梁桥			钢梁桥		组合梁桥		
					河流	沟谷	道路、铁路	简支梁桥	悬臂梁桥	连续梁桥	简支钢梁	连续钢梁	预弯混凝土梁	组合梁	钢管混凝土桁架梁
大桥	芝畈大桥	739	40	35	√									√	
	芝畈2号桥(右幅)	86	35	7			√							√	
	芝畈2号桥(左幅)	136	40	7			√							√	
	桶降背1号桥(右幅)	129.5	20	8.4			√							√	
	桶降背1号桥(左幅)	613.5	30	8.4			√							√	
	桶降背2号桥(右幅)	317	30	15.5			√							√	
	桶降背2号桥(左幅)	460.5	30	15.5			√							√	
	桶降背3号桥	404.5	30	14.5		√								√	
	溪口大桥(右幅)	907	40	27.6	√									√	
	溪口大桥(左幅)	907	40	27.6	√									√	

G4012 云和枢纽至景宁段隧道汇总表　　　　　表 7-17-33

规模	名称	隧道全长(m)	隧道净宽(m)	隧道分类					备注
				按地质条件划分		按所在区域划分			
				土质隧道	石质隧道	山岭隧道	水底隧道	城市隧道	
特长隧道	泗州岭隧道(右幅)	6765	10.25		√	√			
	泗州岭隧道(左幅)	6750	10.25		√	√			
长隧道	溪口隧道(右幅)	1228	10.25		√	√			
	溪口隧道(左幅)	1228	10.25		√	√			

G4012 云和枢纽至景宁段路面信息汇总表　　　　　表 7-17-34

路面形式	起讫里程	长度(m)	水泥混凝土路面	沥青路面
柔性路面	K0+635.471～K12+158.635 上下行	11524		沥青混凝土路面
	云景互通区	2940.53		沥青混凝土路面

（4）主要控制点

起于丽(水)龙(泉)高速公路云景枢纽,经云和安溪、泗州岭、溪口,终于景宁鹤溪鸭蛋坑。

（5）投资规模

项目概算总投资14.6亿元,平均每公里造价12696万元。

（6）开工及通车、竣工时间

2008年开工建设,2013年建成通车。

2. 前期决策情况

云景高速公路是《浙江省公路水运交通建设规划》的重要组成部分。随着我省经济的迅速发展,对公路运输要求更加紧迫,根据浙江省交通厅"九五"期间编制的《浙江省公路建设规划(1996—2010)》到2010年基本实现"两纵、两横、五连"公路网骨架的建设目标,浙江省交通厅在2004年启动云景高速公路的建设工作。

2004年6月,浙江省发改委、省交通厅联合主持召开《云景高速公路工程可行性研究报告》评审会。

2005年9月,浙江省发改委批复同意云景高速公路工程可行性研究报告(浙发改函〔2005〕221号),估算金额9.4亿元。

2005年9月,浙江省水利厅批复同意云景项目水土保持方案(浙水许〔2005〕99号)。

2006年4月6日,浙江省环保局批复同意云景项目环保方案(浙环建〔2006〕17号)。

2006年7月,浙江省交通厅组织有关单位进行云景高速公路初步设计审查。

3. 参建单位主要情况

(1) 勘察设计单位

浙江省交通规划设计研究院。

(2) 施工单位

中铁一局集团有限公司、浙江省交通工程建设集团有限公司、衢州市政工程有限公司、中资泰克交通工程集团有限公司、台州市路马交通安全设施有限公司。

(3) 监理单位

浙江公路水运工程监理有限公司、大学士工程管理有限公司、重庆中宇工程咨询监理有限责任公司。

(二) 建设情况

1. 项目审批

2005年,浙江省发展和改革委员会以浙发改函(2005)221号文件,批复《云景公路改高速公路可行性研究报告》。

2. 资金筹措

银行贷款。

3. 合同段划分

合同段划分情况见表7-17-35。

G4012 云和枢纽至景宁段合同段划分情况表　　　　表 7-17-35

合同段号	合同段所在地	工程内容及长度	施 工 单 位
一合同段	云和	土石方开挖 113136m³,土石方填筑 92298m³,大桥 840m/2 座,涵洞 1 道,隧道 4080m/0.5 座	中铁一局集团有限公司
二合同段	景宁	土石方开挖 93913m³,土石方填筑 348919m³,改性沥青混凝土面层 216325m²,大桥 2668m/4 座,涵洞 3 道,隧道 3918m/1.5 座	浙江省交通工程建设集团有限公司
房建	景宁	景宁收费站、隧道洞口附属用房、综合楼、泵房变电所、收费棚	衢州市政工程有限公司
机电	云和	全线通信、监控、收费系统、隧道机电等工程	中资泰克交通工程集团有限公司
交安	云和	护栏、隔离栅、标志、标线等设施的实施	台州市路马交通安全设施有限公司

4. 征地拆迁

征地拆迁情况见表 7-17-36。

G4012 云和枢纽至景宁段征地拆迁情况统计表　　　　表 7-17-36

项目	征地拆迁安置起止时间	征用土地（亩）	拆迁房屋（m²）	支付补偿费用（元）	备 注
一期	2008.7~2013.10	493.4	0	32256271	

5. 项目实施阶段

2006 年 11 月,浙江省发改委批复云景项目的初步设计方案,概算共投资 9.8654 亿元。

2006 年 12 月,浙江省国土资源厅将云景项目土地报批资料上报国土资源部。

2007 年 8 月,丽水市龙庆云景高速公路建设领导小组及指挥部成立(丽政办〔2007〕119 号),原云景高速公路建设领导小组职能由该领导小组承担,临时机构自行撤销。

2007 年 10 月 31 日,浙江龙丽丽龙高速公路有限公司组织召开了云景高速公路施工图审查会,审查会建议增加技术设计阶段。

2007 年 12 月,云景项目土地报批资料经国家发改、国土资源部审批同意后上报国务院。

2008 年 2 月 28 日,按照施工图设计审查会的审查意见,浙江省交通厅在杭州主持召开了云景项目技术设计审查会。

2008 年 3 月 17 日,浙江龙丽丽龙高速公路有限公司按照技术设计审查会的审查意见,在杭州主持召开了云景项目西周岭隧道对安溪乡水资源影响的专题分析报告论证会。

2008 年 3 月 20 日,云景高速公路工程开工典礼在景宁举行,丽水市领导陈荣高、叶朝丏、吴柄权,浙江龙丽丽龙高速公路有限公司董事长陈桁,景宁县有关领导参加了开工典礼,陈荣高宣布工程开工令。

2008 年 5 月 7 日,浙江省交通投资集团董事长陈继松一行赴丽水考察云景、龙庆高速公路项目。陈继松一行先后赴云景高速公路溪口大桥,一桥连两隧(道)的"两山夹一沟"桶背绛地段、丽龙高速公路云景枢纽实地考察,并在丽水主持召开汇报会听取了云景、龙庆高速公路前期工作情况的汇报。丽水市副市长叶朝丐,云和、景宁地方政府有关领导等陪同考察。

2008年5月30日,浙江省交通厅在杭州主持召开了云景高速公路工程可行性研究调整报告评审会。

2008年6月5日,浙江省政府主持召开专题会议,研究云景、龙庆项目推进工作。省政府副省长王建满、副秘书长丁敏哲、副巡视员吴铁卿,省交通厅厅长郭剑彪、副厅长郑黎明、副厅巡视员王德宝,省交通集团公司董事长陈继松,省发改委、浙江龙丽丽龙高速公路有限公司有关领导等参加会议。

2008年6月13日,丽水市龙庆云景高速公路建设指挥部举行揭牌仪式,丽水市副市长叶朝丐和浙江龙丽丽龙高速公路有限公司董事长陈桁为丽水市龙庆云景高速公路建设指挥部揭牌。丽水市副秘书长刘世书,丽水市交通局局长崔建宏,公司领导姜扬剑、郑如春、余新民、冯国荣及指挥部全体人员参加仪式。

2008年6月17日,浙江省发改委批复同意云景高速公路工程可行性研究调整报告,项目总投资估算由原批复的9.4亿元调整为14.9亿元。

2008年7月4日,丽水市龙庆云景高速公路建设指挥部在杭州主持召开了云景高速公路施工及施工监理招标文件审查会。

2008年6月23日、7月7日,浙江龙丽丽龙高速公路有限公司董事长陈桁携同市指挥部领导分别赴景宁、云和,与两县政府主要领导就云景高速公路工程建设征地拆迁工作大的原则问题进行商谈。

2008年8月12日、13日,丽水市龙庆云景高速公路建设指挥部在杭州组织召开了龙丽温(泰)高速公路云和至景宁段施工图设计审查会。

2008年8月25日、26日,浙江交通投资集团董事长陈继松赴龙庆高速公路实地调研,浙江龙丽丽龙高速公路有限公司和丽水市龙庆云景高速公路建设指挥部领导陪同。

2008年9月3日,龙丽温(泰)高速公路云和至景宁段土建工程施工及施工监理招标开标评标会议在浙江省重大工程交易中心举行。

2008年10月22日,龙丽温(泰)高速公路云和至景宁段第二合同段溪口大桥技术交底会在景宁召开,施工队伍进场。

2008年10月31日,丽水市政府和云和、景宁县政府签订龙丽温(泰)高速公路云和段(景宁段)工程建设征地拆迁和建设环境保障承包责任书;丽水市龙庆云景高速公路建设指挥部分别和云和、景宁县指挥部签订龙丽温(泰)高速公路云和段(景宁段)工程建设征地拆迁和建设环境保障协议书。

2008年11月15日,云景高速公路主体工程溪口大桥下部工程正式开工建设。

2008年12月3日,副省长王建满一行赴景宁考察云景高速公路项目建设情况。

2008年12月20日,云景高速公路施工图设计技术交底会议在富岭监控中心二楼会议室顺利召开。

2009年1月6日,指挥部常务副指挥姜扬剑率队慰问云景高速公路两县指挥部项目部和监理办。

2009年2月18日,龙庆云景高速公路建设指挥部总指挥崔健宏率队检查云景高速公路景宁段建设情况。

2009年2月19日,王深建董事长赴指挥部调研,听取了龙庆云景项目建设基本情况的汇报。

2009年3月13日,龙丽温(泰)高速公路云和至景宁段土建施工第一合同段重新评标工作在浙江省招投标交易中心进行。

2009年4月22日,云景高速公路施工第一合同段第二次重新评标工作在浙江省招投标交易中心进行。

2009年6月15日,浙江省交通运输厅、省招标办核准云景高速公路第一合同段施工单位中铁一局集团有限公司为中标人。

2009年9月4日,云景高速公路建设项目相关负责人专题警示教育会在景宁畲乡大酒店召开。

2009年11月5日,浙江省交运输厅领导周群到云景二合同段工地视察。

2009年11月12日,丽水市市委书记陈荣高视察云景高速公路。

2009年11月12日,召开指挥部会议,通报指挥部领导班子调整情况。

2009年11月25日,公司召开建设项目座谈会议,明确项目建设定位、人员配备及指挥部与公司的运作衔接机制。

2010年1月18日,龙庆云景高速公路开展企检共创廉洁工程揭牌仪式和座谈会。

2010年3月3日,王国伟一行检查云景高速公路项目建设情况。

2010年4月20日,龙庆云景高速公路召开设计变更管理工作交底会。浙江省公路局、丽水市交通局、指挥部和施工、监理单位的主要领导和代表参加了会议。

2010年5月14日,丽水市纪委、丽水市检察院和丽水市龙庆云景高速公路建设指挥部联合印发了《龙庆云景高速公路建设项目共创廉洁工程活动实施细则》。

(三)运营养护管理

1. 收费设施

收费设施见表7-17-37。

G4012 云和枢纽至景宁段收费设施一览表　　　　　　　　表 7-17-37

站点名称	车道数	收费方式
景宁收费站	3+3	人工+ETC

2. 交通流量

交通流量发展状况见表 7-17-38。

G4012 云和枢纽至景宁段交通流量发展状况表（单位：pcu/d）　　表 7-17-38

年份	景宁至云景枢纽	年份	景宁至云景枢纽
2013	3609	2015	4366
2014	4181		

第十八节　S1 北仑支线（姜山北至北仑大碶）

北仑支线即甬台温高速公路宁波段一期工程，编号为 S1，起于姜山北，终于北仑大碶，全长 33km，依次由以下三段组成：金塘疏港（金塘港区至北仑港区）、大碶疏港（北仑港区至大碶）、甬台温高速公路（大碶至宁波绕城姜山枢纽），于 2001 年全线建成通车。

甬台温高速公路是浙江省较早建成通车的高速公路之一。它串连起宁波、台州、温州并往南连接福建，是浙江沿海一条交通运输主动脉，是全省高速公路主骨架中重中之重的几条路线之一，也是贯通中国东南沿海地区的国道主干线高速公路，在国家综合运输大通道中起着极其重要的作用。路网位置示意图如图 7-18-1 所示，建设项目信息如表 7-18-1 所示。

S1 姜山北至北仑大碶段项目信息采集表　　　　　　　　表 7-18-1

国高	项目名称	规模（km）				建设性质（新、改扩建）
		合计	八车道及以上	六车道	四车道	
S1	甬台温高速公路宁波段一期（姜山北至北仑大碶）	32.50			32.50	新建
设计速度（km/h）	永久占地（亩）	投资情况（亿元）				建设时间（开工~通车）
		估算	概算	决算	资金来源	
120						

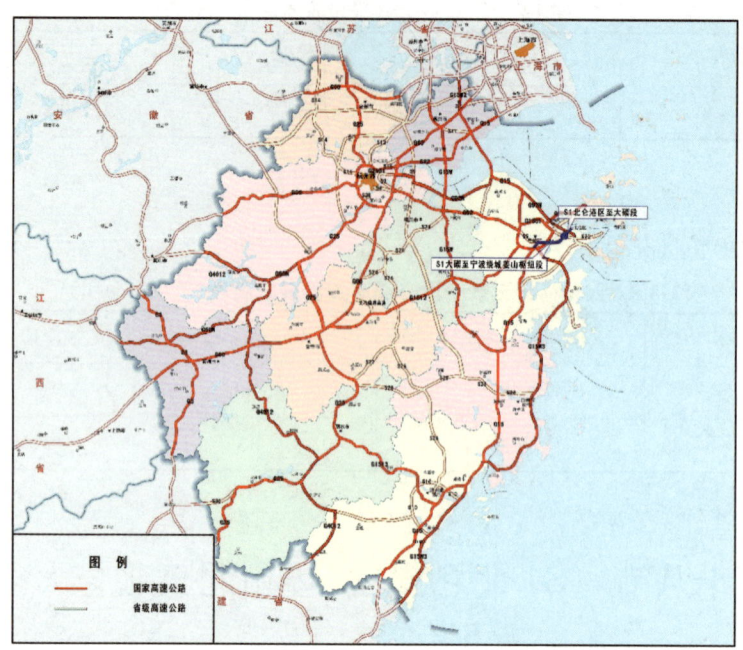

图 7-18-1　S1 北仑支线(姜山北至北仑大碶)路网位置示意图

S1 姜山北至北仑大碶段(建设期 1998—2001 年)

(一)项目概况

1. 基本情况

(1)功能定位

甬台温高速公路串连起宁波、台州、温州并往南连接福建,是浙江沿海一条交通运输主动脉,是全省高速公路主骨架中重中之重的几条路线之一,也是贯通中国东南沿海地区的国道主干线高速公路。在《浙江省水运交通建设规划纲要(1996—2010)》中,就已明确提出了浙江"两纵两横五连""力"字形高速公路主骨架布局规划,甬台温高速公路即为"两纵两横五连"中的"一纵"和"力"字形主骨架中的"一竖"。项目建设对于尽快缓解甬台温地区公路交通紧张状况、提升沿线生产力发展水平起着巨大的推动作用。

(2)技术标准

全线设计速度 120km/h。

(3)建设规模

项目全长 32.50km,四车道。详见表 7-18-2、表 7-18-3。

(4)主要控制点

北仑区、东吴镇、姜山镇。

S1 姜山北至北仑大碶段桥梁汇总表 表7-18-2

规模	名称	桥长(m)	主跨长度(m)	桥底净高(m)	跨越障碍物			梁式桥							
								钢筋混凝土梁桥			钢梁桥		组合梁桥		
					河流	沟谷	道路、铁路	简支梁桥	悬臂梁桥	连续梁桥	简支钢梁	连续钢梁	预弯混凝土梁	组合梁	钢管混凝土桁架梁
特大桥	大碶特大桥	1878	30		√		√	√							
	渔郎岸特大桥	1524	20		√		√	√							
大桥	新安庙大桥	259.7	16		√										
	横河大桥	143.7	20		√										
	生姜漕大桥	263.7	20				√								
	唐家湾大桥	147.7	20				√								
	钟家沙大桥	103.7	20				√								
	包里岙大桥	143.7	20		√										
	宁波—杭州 A 匝道	138.1	18				√								
	杭州—奉化 B 匝道	137.8	18				√								
	奉化—北仑 C 匝道	232.6	18				√								
	北仑—宁波 D 匝道	296	18				√								
	宁波—北仑 E 匝道	138.1	18				√								
	杭州—宁波 F 匝道	141.5	18				√								
	奉化—杭州 G 匝道	279.5	20				√								
	北仑—奉化 H 匝道	346.5	25				√								
	傅家村大桥	419.7	16		√										
中桥	27座														

S1 姜山北至北仑大碶段路面结构表 表7-18-3

路面形式	起讫里程	长度(m)	水泥混凝土路面	沥青路面
柔性路面	所有路面	50000		沥青混凝土路面

（5）地形地貌

地形地貌多样,从平原微丘到山岭重丘。

（6）开工及通车、竣工时间

甬台温高速公路宁波段于1998年9月开工,2001年12月全段通车。

2.前期决策情况

20世纪90年代,是浙江省公路交通发展承前启后的重要时期,根据交通部长远发展规划的全国公路主骨架总体布局和浙江省经济社会发展需要,在《浙江省水运交通建设规划纲要(1996—2010)》中,就已明确提出了浙江"两纵两横五连""力"字形高速公路主骨架布局规划,甬台温高速公路即为"两纵两横五连"中的"一纵"和"力"字形主骨架中的"一竖"。它的规划建设对于尽快缓解甬台温地区公路交通紧张状况、提升沿线生产力发展水平起着巨大的推动作用。

3. 参建单位主要情况

(1) 设计单位

辽宁省交通勘察设计院、浙江省交通规划设计研究院、中交第二公路勘察设计院等。

(2) 施工单位

宁波市高速公路建设指挥部,交通部第一公路工程总公司,铁道部第一工程局、第二工程局、第十四工程局、第十九工程局、浙江省交通工程建设集团有限公司,宁波交通工程集团公司等。

(3) 监理单位

浙江公路水运监理咨询公司、宁波交通工程咨询监理有限公司、浙江大学建设监理有限公司、北京路桥通工程监理咨询有限公司、江西交通工程监理公司等。

(二) 建设情况

1. 征地拆迁

征地拆迁统计见表7-18-4。

S1 姜山北至北仑大碶段征地拆迁统计表 表7-18-4

项 目	征地拆迁安置起止时间	征用土地(亩)	拆迁房屋(m²)	支付补偿费用(元)	备 注
甬台温高速公路宁波段一期		4335.11	84267		

2. 项目实施过程

宁波段于1998年9月22日开工建设。2001年12月,甬台温高速公路宁波段全线建成通车。

(三) 复杂技术工程

为确保宁波段软土地基填筑的质量,对填料的粒径和填筑速度进行合理控制。桥头、通道在施工安排时提前施工,以利提早预压。在桥头、通道两侧各50m内,进行超载预压,以克服由于工后沉降过大产生的桥头跳车现象。

(四) 运营养护管理

1. 收费设施

S1 北仑支线(姜山北至北仑大碶)设3处互通收费站(表7-18-5)。

第七章 高速公路建设项目

S1 姜山北至北仑大碶段收费设施一览表　　　表7-18-5

站点名称	车道数	收费方式
宁波东	4+8(进口+出口)	2条ETC收费,其余是人工收费
北仑	5+9	2条ETC收费,其余是人工收费
育王	3+4	2条ETC收费,其余是人工收费

2. 交通流量

交通流量发展状况见表7-18-6。

S1 姜山北至北仑大碶段交通流量发展状况表(单位:pcu/d)　　　表7-18-6

年份	全程加权平均值	姜山北互通至宁波东	宁波东至五乡	五乡至育王	育王至大碶枢纽	大碶枢纽至北仑
2002	9601	9601(宁波东至北仑)				
2003	11524	11524(宁波东至北仑)				
2004	16212	16212(宁波东至北仑)				
2005	15977	15977(宁波东至北仑)				
2006	18947	17794(宁波东至北仑)		20099(五乡至北仑)		
2007	33984	43454	24513			
2008	37183	40038	34329			
2009	40096	41598	38349	41489	38949	
2010	47034	43588	49440	49440	45668	
2011	51347	49307	53347	53558	49175	
2012	46653	35503	44784	55280	51044	
2013	52710	41814	57477	60861	55680	47717
2014	54600	44774	61095	59924	56762	50443
2015	51678	41135	57583	57541	54708	47520

第十九节　S2杭州支线(杭州绕城沈士枢纽至红垦枢纽)

杭州支线,编号为S2,起于杭州绕城沈士枢纽,终于红垦枢纽,全长40km,于2005年12月全线通车。

S2杭州支线依次由以下两段组成:沪杭高速公路(杭州绕城沈士枢纽至彭埠互通)、杭甬高速公路(彭埠互通至红垦枢纽)。

路网位置示意图见图7-19-1,项目信息见表7-19-1。

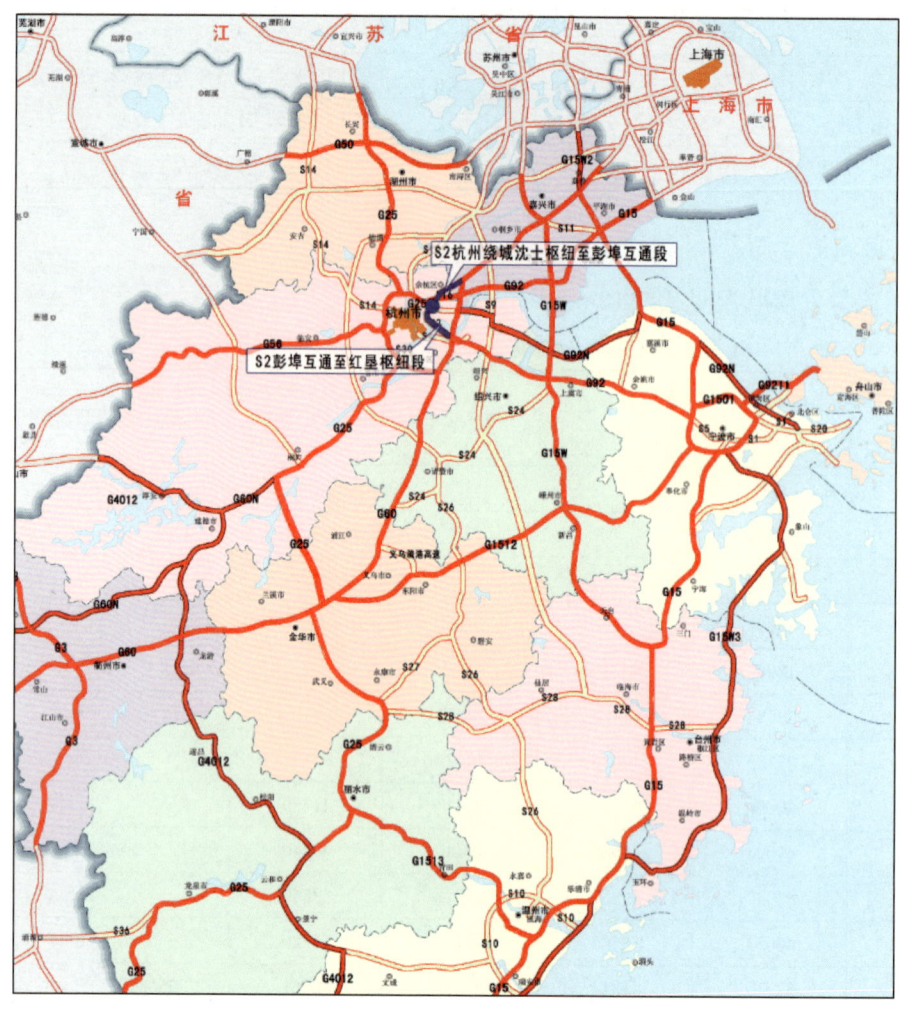

图 7-19-1　S2 杭州绕城沈士枢纽至红垦枢纽段路网位置示意图

S2 杭州绕城沈士枢纽至红垦枢纽段(建设期 1992—1998 年)

(一)项目概况

1. 基本情况

(1)功能定位

沪杭高速公路是国家高速公路,浙江段贯穿浙江省北部、中部和西部,是浙江省南北交通运输大动脉,是浙江省连接中南、西南诸省,接轨大上海的交通主动脉,也是浙江省穿越县市最多的高速公路,对拉动沿线地区特别是浙江中西部地区的经济发展具有重要作用。

第七章
高速公路建设项目

S2 杭州绕城沈士枢纽至红垦枢纽段项目信息采集表

表 7-19-1

序号	国高	项目名称	规模（km）				建设性质（新、改扩建）	设计速度（km/h）	永久占地（亩）	投资情况（亿元）			资金来源	建设时间（开工~通车）
			合计	八车道及以上	六车道	四车道				估算	概算	决算		
1	S2	上海至杭州高速公路（浙江段）工程	23.96			23.96	新建	120	3292	6.65	8.29	7.28	交通部车辆购置附加费 0.94 亿元，世界银行贷款 4.06 亿元，其余地方自筹	1994.2~1998.12
2		杭州至宁波高速公路工程	16.30			16.300	新建	120	1662	2.02	4.28	4.07	国家用车辆购置附加费补助，补助额度占三分之一；交通部高等级公路建设资金和省自筹资金，共安排三分之一；世界银行贷款，占三分之一	1992.5~1996.12
3		沪杭甬高速公路枫泾至大井段拓宽工程	16.85		16.85		改扩建	120	323	4.05	4.47	3.41	公司自筹	2003.7~2005.12

杭甬高速公路是浙江省内第一条建成通车的高速公路,连接浙江杭州、宁波两大长三角中心城市,是长三角高速公路网的重要骨架,对浙江大力发展环杭州湾产业带,带动杭、绍、甬城市发展,促进宁波—舟山港集疏运发展具有重要作用。

(2)技术标准

杭州绕城沈士枢纽至彭埠互通段(沪杭高速公路):原为双向四车道,改扩建后为双向八车道,设计速度120km/h。

彭埠互通至红垦枢纽段(杭甬高速公路):双向四车道,设计速度120km/h。

(3)建设规模

杭州绕城沈士枢纽至彭埠互通段(沪杭高速公路):23.964km。

彭埠互通至红垦枢纽段(杭甬高速公路):16.3km。详见表7-19-2、表7-19-3。

S2 杭州绕城沈士枢纽至红垦枢纽段桥梁汇总表　　　　表7-19-2

规模	名称	桥长(m)	主跨长度(m)	桥底净高(m)	跨越障碍物		梁式桥						
							钢筋混凝土梁桥			钢梁桥		组合梁桥	
					河流	道路、铁路	简支梁桥	悬臂梁桥	连续梁桥	简支钢梁	连续钢梁	预弯混凝土梁	组合梁	钢管混凝土桁架梁
特大桥	钱江二桥	2112	80	12	√	√			√				√	
大桥	彭埠互通1号桥	460	20	6		√	√							
	钱江立交桥	700	20	5		√			√					
	德胜路桥	100	20	5		√			√					
	彭埠互通3号桥	120	20	5		√			√					
	杭州至临平跨主线桥(桥15)	100	30	5		√			√					

S2 杭州绕城沈士枢纽至红垦枢纽段路面结构表　　　　表7-19-3

路面形式	起讫里程	长度(m)	水泥混凝土路面	沥青路面
柔性路面	S2:000k+000~23k+964(沪杭新建)	23964		沥青混凝土路面
	S2:23k+964~40k+264(杭甬新建)	16300		沥青混凝土路面
	S2:000k+000~16k+854(拓宽二期)	16854		沥青混凝土路面

(4)主要控制点

海宁市、余杭区、江干区、萧山区。

(5)地形地貌

杭州绕城沈士枢纽至彭埠互通段(沪杭高速公路):经过浙北,属杭嘉湖水网地区,平原区。

彭埠互通至红垦枢纽段(杭甬高速公路):所经地区属平原地貌。

(6)投资规模

杭州绕城沈士枢纽至彭埠互通段(沪杭高速公路):投资概算8.29亿元。

彭埠互通至红垦枢纽段(杭甬高速公路):投资概算4.28亿元。

(7)开工及通车、竣工时间

杭州绕城沈士枢纽至彭埠互通段(沪杭高速公路):1994年2月～1998年12月。

彭埠互通至红垦枢纽段(杭甬高速公路):1992年5月～1996年12月。

2. 前期决策情况

杭州绕城沈士枢纽至彭埠互通段(沪杭高速公路):1988年2月25日,交通部、江苏省、浙江省、上海市、国务院上海经济区规划办公室共同签发了以国规办(1988)007号文上报国务院的《关于加速沪宁、沪杭甬高速公路建设的报告》。1989年11月8日,上海市计划委员会、浙江省计划经济委员会以浙计经建(1989)536号文上报了国家计委《关于报送沪杭甬高速公路上海至杭州段项目建设书的报告》。

彭埠互通至红垦枢纽段(杭甬高速公路):1988年2月25日,交通部、江苏省、浙江省、上海市、国务院上海经济区规划办公室共同签发了以国规办(1988)007号文上报国务院的《关于加速沪宁、沪杭甬高速公路建设的报告》。1988年11月15日,中国国际工程咨询公司以咨交(1988)337号文上报了国家计委《关于报送〈杭甬高速公路可行性研究报告评估意见〉的函》。

3. 参建单位主要情况

(1)杭州绕城沈士枢纽至彭埠互通段(沪杭高速公路)

①勘察设计单位

浙江省交通规划设计研究院。

②施工单位

杭州市交通工程公司、广州省汕头市达濠市政工程公司、铁道部第十六工程局第三工程处、浙江省路桥工程处、湖南省公路桥梁建设总公司、西班牙INDRA公司。

③监理单位

沪杭高速公路工程嘉兴监理部、北京华通路桥监理咨询公司、美国施伟拔公司。

(2)彭埠互通至红垦枢纽段(杭甬高速公路)

①勘察设计单位

浙江省交通规划设计研究院。

②施工单位

杭州市交通工程公司、铁道部大桥工程局第二桥梁工程处、铁道部大桥工程局第四桥梁工程处、浙江路桥工程处、浙江省路桥工程处和杭州市公路工程处联合、沈阳高等级公路建设总公司、河北省公路工程局和杭州市公路工程处联合、浙江省第四建筑工程公司、萧山市长河建筑工程公司、清华紫光股份有限公司。

③监理单位

杭甬高速公路总监理工程师办公室、美国施伟拔公司。

(3)沪杭甬高速公路枫泾至大井段拓宽工程(改扩建)

①勘察设计单位

浙江省交通规划设计研究院。

②施工单位

岳阳市公路桥梁基建总公司、新疆昆仑路港工程公司、路桥集团国际建设股份有限公司、绍兴县大地园艺有限公司。

③监理单位

浙江公路水运工程咨询监理公司。

(二)建设情况

1. 资金筹措

上海至杭州高速公路(浙江段)资金来源:交通部车辆购置附加费 0.94 亿元、世界银行贷款 4.06 亿元、其余地方自筹。

杭州至宁波高速公路资金来源:国家用车辆购置附加费补助,补助额度占三分之一;交通部高等级公路建设资金和省自筹资金,共安排三分之一;向世界银行贷款,占三分之一。

沪杭甬高速公路枫泾至大井段资金来源:公司自筹。

2. 合同段划分

合同段划分见表 7-19-4 ~ 表 7-19-6。

上海至杭州高速公路(浙江段)工程参建单位与合同段划分一览表　　表 7-19-4

序号	参建单位	单位名称	合同段编号及起止桩号	备 注
1	项目管理单位	浙江省高速公路指挥部、杭州市高速公路建设处	K000+000~K23+964	S2
2	勘察设计单位	浙江省交通规划设计研究院	K000+000~K23+437	S2 土建、收费站房等

续上表

序号	参建单位	单位名称	合同段编号及起止桩号	备注
3	施工单位	杭州市交通工程公司	一合同段：K20+559~K23+964	土建
		广州省汕头市达濠市政工程公司	二合同段：K16+114~K20+559	土建
		铁道部第十六工程局第三工程处	三合同段：K10+784~K16+114	土建
		浙江省路桥工程处	五合同段：K9+437~K10+784	土建
		湖南省公路桥梁建设总公司	六合同段：K000+000~K009+437	S2 土建
		西班牙 INDRA 公司	11 合同段：K000+000~K23+964	交通工程机电
4	监理单位	沪杭高速公路工程嘉兴监理部	K000+000~K009+437	S2
		北京华通路桥监理咨询公司	六合同段：K000+000~K009+437	S2 土建、房建
		美国施伟拔公司	11 合同段：K000+000~K009+437	交通工程机电
5	设计咨询单位	浙江省交通设计院	全路段：K000+000~K009+437	

杭州至宁波高速公路工程参建单位与合同段划分一览表　　表 7-19-5

序号	参建单位	单位名称	合同段编号及起止桩号	备注
1	项目管理单位	浙江省高速公路指挥部	K23+964~K40+264	
2	勘察设计单位	浙江省交通规划设计研究院	K23+964~K40+264	
3	施工单位	杭州市交通工程公司	一合同段：K23+964~K27+758	一期土建
4		铁道部大桥工程局第二桥梁工程处、铁道部大桥工程局第四桥梁工程处	二合同段：K25+758~K27+850	一期土建
5		浙江路桥工程处	三合同段：K27+850~K31+012	一期土建
6		浙江省路桥工程处和杭州市公路工程处联合	五合同段：K31+012~K31+712	一期土建
7		沈阳高等级公路建设总公司、河北省公路工程局和杭州市公路工程处联合	一合同段：K31+712~K40+264	二期土建
8		浙江省第四建筑工程公司	彭埠收费站	S2 房建
9		萧山市长河建筑工程公司	萧山收费站	S2 房建
10		清华紫光股份有限公司	K23+964~K40+264	机电
11	监理单位	杭甬高速公路总监理工程师办公室	K23+964~K40+264	土建
12		美国施伟拔公司	K23+964~K40+264	机电
13	设计咨询单位	交通部第一规划勘测设计院	K23+964~K40+264	

沪杭甬高速公路枫泾至大井段拓宽工程（改扩建）参建单位与合同段划分一览表　　表 7-19-6

序号	参建单位	单位名称	合同段编号及起止桩号	备注
1	项目管理单位	浙江沪杭甬高速公路拓宽工程建设指挥部	K000+000~K16+854	S2

续上表

序号	参建单位	单位名称	合同段编号及起止桩号	备注
2	勘察设计单位	浙江省交通规划设计研究院	全路段：K000+000~K16+854	土建、绿化、交通设施
3	施工单位	岳阳市公路桥梁基建总公司	205合同段：K000+000~K000+354	S2土建
		新疆昆仑路港工程公司	206合同段：K000+354~K009+437	S2土建
		路桥集团国际建设股份有限公司	207合同段：K9+437~K16+854	S2土建
		绍兴县大地园艺有限公司	L3合同段：K000+000~K16+854	S2绿化
4	监理单位	浙江公路水运工程咨询监理公司	205合同段：K000+000~K000+354；206合同段：K000+354~K009+437；207合同段：K9+437~K16+854；L3合同段：K000+000~K009+437	S2土建、绿化、交通设施
5	设计咨询单位	浙江省交通规划设计研究院	全路段：K000+000~K16+854	S2

3.征地拆迁

征地拆迁统计见表7-19-7。

S2杭州绕城沈士枢纽至红垦枢纽段征地拆迁统计表 表7-19-7

项目	征地拆迁安置起止时间	征用土地（亩）	拆迁房屋（m²）	支付补偿费用（元）	备注
上海至杭州高速公路（浙江段）工程	1994.8~1995.9	4737.88	92535.86	68733092	S2新建
杭州至宁波高速公路工程	1991.6~1993.3	1661.93	23825.08	27369946	S2新建
沪杭甬高速公路枫泾至大井段拓宽工程	2002.6~2003.7	380.97	10951.30	11326009	S2改扩建

4.项目实施阶段

（1）1997年5月15日，浙江省首家在境外上市的地方企业——浙江沪杭甬高速公路股份有限公司H股在香港联合交易所正式挂牌上市交易。首次募集资金折合人民币36.85亿元，创浙江省一次性引进外资数额最多的纪录。

（2）2000年5月5日，浙江沪杭甬高速公路股份有限公司股票继在香港上市后，又在伦敦交易所成功上市，成为浙江省第一家在该交易所实施股票上市的企业。

（三）科技创新

1.水泥搅拌桩加固沪杭高速公路嘉兴段桥头软土地基试验研究

本项目结合沪杭高速公路嘉兴段桥头路堤软基处理工程，在国内首次运用计算机控制计量装置施工粉喷桩，使软土固化达到足够强度，提高了地基的承载力。同时，项目还研究了柔性荷载作用下，水泥搅拌桩与桩间土之间的相互作用关系及其规律，探讨了柔性荷载作用下的理论计算方法，确定柔性路堤下水泥搅拌桩的设计参数。

2.高速公路预付卡应用系统

该系统包括预付卡的初始化、发行、充值、查询、挂失等应用程序模块。预付卡管理应用程序包括发行、充值、使用、查询、挂失、清账退款、报表等管理规程。可建立预付卡促销、宣传等推广流程，在软件上实现预付卡与高速公路其他通行卡兼容，能在非接触式读写器上正常读写，并将预付卡所支付的费用及所剩余额打印在通行费发票上。

（四）运营养护管理

1.收费设施

收费设施见表7-19-8。

S2杭州绕城沈士枢纽至红垦枢纽段收费设施一览表 表7-19-8

站点名称	车道数	收费方式	站点名称	车道数	收费方式
余杭主站	5+6	2条ETC，其余人工	杭州主站	5+12	4条ETC，其余人工
德胜主站	4+9	3条ETC，其余人工	萧山主站	5+10	4条ETC，其余人工
德胜副站	3+9	3条ETC，其余人工			

2.交通流量

交通流量发展状况见表7-19-9。

S2杭州绕城沈士枢纽至红垦枢纽段交通流量发展状况表（单位：pcu/d） 表7-19-9

年份	全程加权平均值	沈士至余杭	余杭至杭州北	杭州北至德胜	德胜至杭州	杭州至萧山	萧山至红垦
2003	28663	16298	18654	36958	32541	42564	24965
2004	29207	17776	18928	37215	32968	42945	25412
2005	29712	17865	19243	38122	33056	43003	26985
2006	33030	21571	22349	38756	33122	51699	30682
2007	36680	25550	26851	39104	41958	54529	32088
2008	38921	21290	24152	43613	51112	58795	34567
2009	40944	20691	24946	44781	56017	62043	37185
2010	44286	24042	30139	46844	61679	64605	38407
2011	43961	23109	27968	46075	62201	64459	39955
2012	42816	24260	30180	44479	58072	60585	39319
2013	42726	25401	32099	44740	55309	58188	40616
2014	43902	26522	33225	37785	51845	61103	52931
2015	50324	31376	40143	41660	53791	69016	65958

第二十节　S4机场高速公路(钱江三桥至萧山机场)

机场高速公路,编号为S4,起于西兴大桥南引桥,终于萧山国际机场西大门,沿途经滨江区西兴和萧山区宁围、新街、坎山等镇(街),全长20km,于2000年底全线通车,于2016年完成改建工程。

自2000年底原机场高速公路建成通车后,交通量逐年递增,随着萧山机场二期扩建工程完工,车流量加大,原有四车道专用道已达到负荷极限,故于2013年启动机场高速公路改建工程。改建工程起点为原钱江三桥收费站向西北延伸887m,路线沿原机场路线位向东经过滨江区西兴镇和萧山区宁围镇、新街镇、坎山镇,到达终点萧山机场大门。该路的改建对进一步发挥萧山机场作为华东地区国家区域性航空枢纽功能,以及促进杭州都市圈对周边区域的集聚辐射功能具有十分重要的意义。路网位置示意图见图7-20-1,项目信息见表7-20-1。

S4钱江三桥至萧山机场段建设项目信息采集表　　　　　　表7-20-1

国高	项目名称	规模(km)				建设性质(新、改扩建)
		合计	八车道及以上	六车道	四车道	
S4	杭州萧山机场公路改建工程	19.55	5	15		改扩建

设计速度(km/h)	永久占地(亩)	投资情况(亿元)				建设时间(开工~通车)
		估算	概算	决算	资金来源	
100	2482		67.28		自筹、贷款	2013~2016

S4机场高速公路(钱江三桥至萧山机场段)(建设期2013—2016年)

(一)项目概况

1. 基本情况

(1)功能定位

杭州萧山机场高速公路起点接西兴大桥,终点至杭州萧山国际机场大门,是浙江省公路水路交通建设规划中路网建设的重要组成部分,也是杭州市"一绕、十射、二连、一通道"的高速公路网规划"二连"之一,为杭州市公路网主骨架的重要组成部分。机场公路

第七章
高速公路建设项目

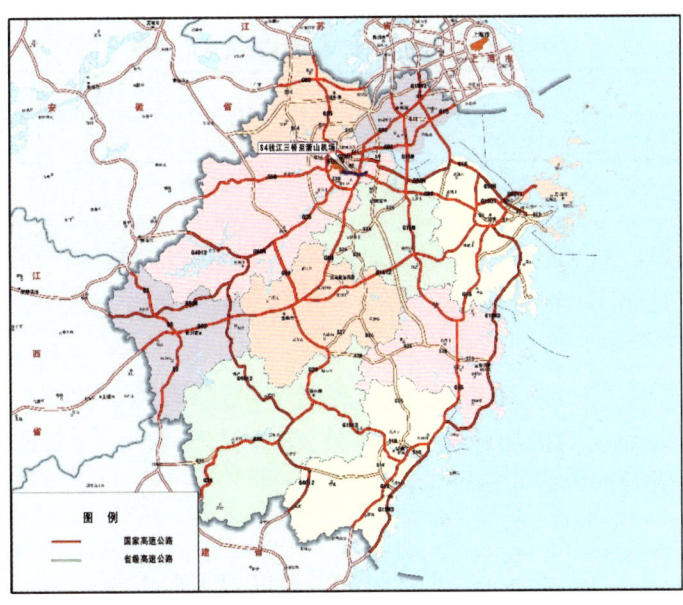

图 7-20-1　S4 机场高速公路(钱江三桥至萧山机场)路网位置示意图

是杭州萧山国际机场的配套工程,是国内外旅客进出杭州及我省其他地区的重要通道,被称为浙江省的"省门第一路"。

(2)技术标准

全线设计速度 100km/h。

(3)建设规模

S4 钱江三桥至萧山机场段全长 19.55km,沿线共有特大桥 1 座,设互通式立交 7 处。详见表 7-20-2、表 7-20-3。

S4 钱江三桥至萧山机场段桥梁汇总表　　　表 7-20-2

规模	名　　称	桥长(m)	主跨长度(m)	桥底净高(m)	跨越障碍物			梁　式　桥					
								钢筋混凝土梁桥			钢梁桥		组合梁桥	
					河流	沟谷	道路、铁路	简支梁桥	悬臂梁桥	连续梁桥	简支钢梁	连续钢梁	预弯混凝土梁	组合梁	钢管混凝土桁架梁
特大桥	杭州萧山机场高架桥	14574	75	5.5	七甲河、五堡河、长山直河2、北闸直河、九号坝河		沪昆铁路			预应力混凝土连续梁桥					

S4 钱江三桥至萧山机场段路面信息汇总表　　表 7-20-3

路面形式	起讫里程	长度(m)	水泥混凝土路面	沥青路面
柔性路面	K0－886.521～K18＋664.76	19551.00		沥青混凝土路面

(4) 主要控制点

钱江三桥、滨江一路、滨盛路、江南大道、风情大道、滨江二路、市心路、浙赣铁路、杭甬客运专线、通城快速路、03省道东复线、杭金衢互通和杭甬互通等。

(5) 地形地貌

项目内地貌类型单一,为冲海积平原,地势平坦,较开阔,平原区地面高程一般在5.1～7.1m。工作区除了老机场高速公路以外,多为村庄、农田等,高速公路表层有厚度稍厚的人工填土,其他区段分布厚度不一的填土。

(6) 投资规模

本工程概算总投资67.28亿元,平均每公里造价为3.44亿元。

(7) 开工及通车、竣工时间

2013年开工建设,2016年建成通车。

2. 前期决策情况

机场高速公路是《浙江省公路水运交通建设规划》的重要组成部分,也是杭州市"一绕、十射、二连、一通道"的高速公路网规划"二连"之一。杭州萧山国际机场自2000年年底投入使用以来,旅客吞吐量、货邮吞吐量、航班起降架次持续高速增长。机场航空业务量增长导致机场公路的交通量不断增加,同时机场高速公路还是杭州东南的主要入城口之一,原机场路接近三级服务水平,对机场公路的改建迫在眉睫。

(1) 2009年8月,浙江省交通运输厅委托浙江省交通规划设计院开展《杭州萧山机场公路改建工程初步设计》的编制工作。

(2) 2010年7月,浙江省交通规划设计院完成《杭州萧山机场公路改建工程初步设计》的编制工作。

(3) 2011年,浙江省发展与改革委员会以浙发改设计〔2011〕60号文批准杭州萧山机场公路改建工程建设。

3. 参建单位主要情况

(1) 勘察设计单位

浙江省交通规划设计研究院、温州交通工程设计院。

(2) 施工单位

浙江鼎盛交通建设有限公司、江西省路桥工程集团有限公司、中铁二十四局集团有限公司、中交路桥建设有限公司、浙江八咏公路工程有限公司、中铁四局集团第一工程有限公司、浙江交工路桥建设有限公司、浙江省大成建设集团有限公司、杭州公路交通设施工程有限公司、浙江久久交通设施有限公司、杭州萧山金鹰交通设施有限公司、浙江森晟建设有限公司、浙江奔腾市政园林建设工程有限公司/中天建设集团浙江钢构有限公司联合体、葛洲坝集团电力有限责任公司、浙江跃龙园林建设有限公司、杭州萧山银龙照施有限公司、上海电科智能系统股份有限公司、北京朗新明环保科技有限公司、宁波市花园园林建设有限公司。

（3）监理单位

杭州交通工程监理咨询公司、杭州公路工程监理咨询公司、杭州交通工程监理咨询公司、杭州公路工程监理咨询公司、辽宁艾特斯智能交通技术有限公司。

（二）建设情况

1. 资金筹措

中央补贴加地方自筹。

2. 合同段划分

合同段划分情况见表7-20-4。

S4 钱江三桥至萧山机场段合同段划分情况表　　　　表7-20-4

合同段号	合同段所在地	工程内容及工程量	施工单位
TJ02	滨江	土建，长1.782m	浙江鼎盛交通建设有限公司
TJ03	萧山	土建，长3.0095m	江西省路桥工程集团有限公司
TJ04	萧山	土建，长1.052m	中铁二十四局集团有限公司
TJ05	萧山	土建，长3.6002m	中交路桥建设有限公司
TJ06	萧山	土建，长3.2988m	浙江八咏公路工程有限公司
TJ07	萧山	土建，长15.214m	中铁四局集团第一工程有限公司
杭甬互通至终点段一标	萧山	土建，长1.785m	浙江交工路桥建设有限公司
杭甬互通至终点段二标	萧山	土建，长1.05m	浙江省大成建设集团有限公司
JA02	滨江	交安，长1.782m	杭州公路交通设施工程有限公司
JA03	萧山	交安，长17.959m	浙江久久交通设施有限公司
杭甬互通至终点段交通安全设施	萧山	交安，长2.349m	杭州萧山金鹰交通设施有限公司
FJ1	萧山	房建，8467m²	浙江森晟建设有限公司
FJ2	萧山	房建，7829m²	浙江奔腾市政园林建设工程有限公司/中天建设集团浙江钢构有限公司联合体
ZM01	滨江	安装，长1.782m	葛洲坝集团电力有限责任公司
ZM02	萧山	安装，长16.521m	浙江跃龙园林建设有限公司
杭甬互通至终点段照明	萧山	安装，长2.349m	杭州萧山银龙照施有限公司
JD02	萧山	安装	上海电科智能系统股份有限公司

续上表

合同段号	合同段所在地	工程内容及工程量	施工单位
SPZ01	萧山	安装	北京朗新明环保科技有限公司
LH01	萧山	绿化	宁波市花园园林建设有限公司

3.征地拆迁

征地拆迁情况见表7-20-5。

S4钱江三桥至萧山机场段征地拆迁情况统计表　　表7-20-5

项　目	征地拆迁安置起止时间	征用土地（亩）	拆迁房屋（m²）	支付补偿费用	备　注
		307.7145	8600	1.69亿元（仅为土地费）	

（三）复杂技术工程

复杂技术工程主要为变高箱梁桥整体支架现浇。

为了节约施工时间，跨径为50m、60m的变高预应力混凝土连续箱梁由原节段施工方案调整为整体支架现浇方案。连续整体浇筑混凝土数量大，对混凝土浇筑时间、浇筑质量、施工组织提出更高的要求。对支架沉降等指标要求控制严格。

（四）运营养护管理

1.收费设施

收费设施见表7-20-6。

S4钱江三桥至萧山机场段收费设施一览表　　表7-20-6

站点名称	车　道　数	收费方式
萧山机场	5+10	5条ETC收费，其余是人工收费
坎红路	3+3	均为人工收费

2.交通流量

交通流量发展状况见表7-20-7。

S4钱江三桥至萧山机场段交通流量发展状况表（单位：pcu/d）　　表7-20-7

年　份	全程加权平均	机场至红垦	新街至红垦	年　份	全程加权平均	机场至红垦	新街至红垦
2002	48891	48891		2009	78536	88910	68162
2003	47256	61589	32923	2010	92297	98395	86200
2004	55561	76285	34837	2011	99147	102776	95518
2005	69529	92252	46806	2012	100982	106856	95109
2006	80362	102692	58032	2013	106137	111652	100623
2007	84859	107818	61900	2014	123989	129754	118223
2008	81602	101236	61968	2015	125809	137224	114394

第二十一节　S5 宁波支线（杭甬高桥枢纽至宁波东枢纽段）

宁波支线，编号为 S5，为杭甬高速公路（杭甬高桥枢纽至宁波东枢纽段），全长 17km，于 2007 年 11 月全线通车。

路网位置示意图见图 7-21-1，项目信息见表 7-21-1。

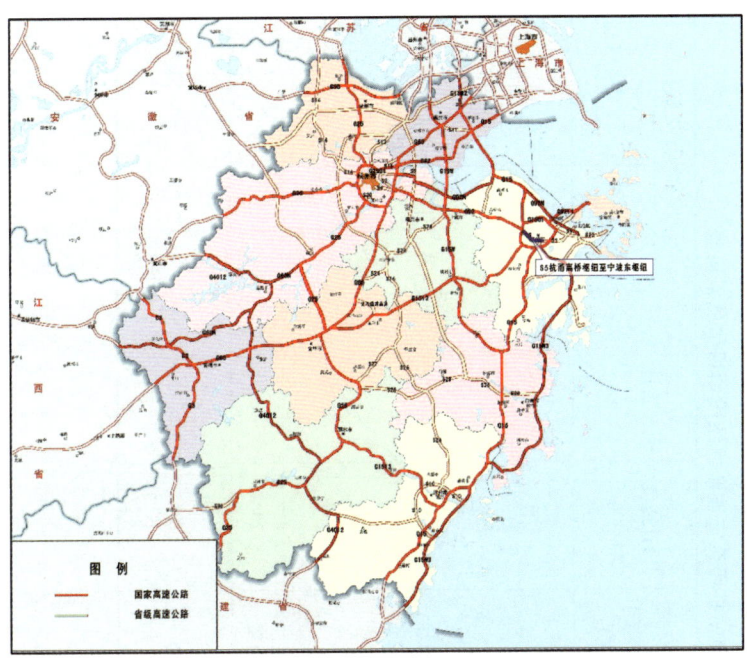

图 7-21-1　S5 杭甬高桥枢纽至宁波东枢纽段路网位置示意图

S5 杭甬高桥枢纽至宁波东枢纽段（建设期 1994—2007 年）

（一）项目概况

1. 基本情况

（1）功能定位

杭甬高速公路是浙江省内第一条建成通车的高速公路，连接杭州市和宁波市，其中红垦至高桥路段为中国国家高速公路网 G92（杭州湾环线高速公路）的组成部分，彭埠至红垦、高桥至宁波东属于浙江省级高速公路，编号分别为 S2 和 S5。杭甬高速公路连接浙江杭州、宁波两大长三角中心城市，是长三角高速公路网的重要骨架，对浙江大力发展环杭州湾产业带，带动杭、绍、甬城市发展，促进宁波—舟山港集疏运发展具有重要作用。

S5 杭甬高桥枢纽至宁波东枢纽段项目信息采集表

表 7-21-1

序号	高地	项目名称	规模（km）				建设性质（新、改扩建）	设计速度（km/h）	永久占地（亩）	投资情况（亿元）			建设时间（开工～通车）	备注
			合计	八车道及以上	六车道	四车道				估算	概算	决算	资金来源	
1	S5	杭州至宁波高速公路工程	16.64			16.64	新建	120	1696.86	2.06	4.37	4.16	车辆购置附加费补助，补助额度占三分之一；交通部高等级公路建设资金和省自筹资金，共安排三分之一；世界银行贷款，占三分之一	新建
2		宁波东至大朱家	3.00			3.00	新建	120						
3		沪杭甬高速公路沽渚至宁波段拓宽工程	11.30	11.30			改扩建	120	218.18	3.38	3.15	2.77	沪杭甬公司自筹	改建

(2)技术标准

杭甬高速公路原先建成时设计速度120km/h,双向四车道,经过改扩建后拓宽为双向八车道,设计速度120km/h。

(3)建设规模

杭甬高速公路原全长112.6km,2007年11月拓宽工程完成后全长112.08km。其中S5宁波支线(杭甬高桥枢纽至宁波东枢纽段)长16.64km。详见表7-21-2、表7-21-3。

S5杭甬高桥枢纽至宁波东枢纽段桥梁汇总表　　　　表7-21-2

规模	名称	桥长(m)	主跨长度(m)	桥底净高(m)	跨越障碍物			梁式桥						
								钢筋混凝土梁桥			钢梁桥		组合梁桥	
					河流	沟谷	道路、铁路	简支梁桥	悬臂梁桥	连续梁桥	简支钢梁	连续钢梁	预弯混凝土梁	组合梁	钢管混凝土桁架梁
特大桥	202号奉化江大桥	1350	35	2.8	√					√					
大桥	159翁家东大桥	260.7	16	3.4	√					√					
大桥	宁波互通跨线桥	343.3	20	5.8			√			√					
大桥	大朱家跨线桥	250	30	5.3			√			√				√	
中桥	21座,长1223m														

S5杭甬高桥枢纽至宁波东枢纽段路面结构表　　　　表7-21-3

路面形式	起讫里程	长度(m)	水泥混凝土路面	沥青路面
柔性路面	K0+000~K16+643	16643		沥青混凝土路面

(4)主要控制点

海曙区、鄞州区。

(5)地形地貌

本项目所经地区属平原地貌。

(6)投资规模

本工程决算总投资6.93亿元,其中杭甬高速公路新建投资4.16亿元,沽渚至宁波段拓宽投资2.77亿元。

(7)开工及通车、竣工时间

杭甬高速公路于1994年2月开工建设,于1998年12月建成通车。杭甬高速公路沽渚至宁波段拓宽工程于2004年10月至2007年11月进行。

2.前期决策情况

杭甬公路是《浙江省公路水运交通建设规划》的重要组成部分,是全省公路主骨架"三纵四横"的"一横"。随着我省经济的迅速发展,对公路运输要求更加紧迫,根据浙江省交通厅"九五"期间编制的《浙江省公路建设规划(1996—2010)》到2010年基本实现"两纵、两横、五连"公路网骨架的建设目标,浙江省交通厅在1994年启动杭甬高速公路的建设工作。

1988年2月25日,交通部、江苏省、浙江省、上海市、国务院上海经济区规划办公室共同签发了以国规办〔1988〕007号文上报国务院的《关于加速沪宁、沪杭甬高速公路建设的报告》。

1988年11月15日,中国国际工程咨询公司以咨交〔1988〕337号文上报了国家计委《关于报送〈杭甬高速公路可行性研究报告评估意见〉的函》。

3. 参建单位主要情况

(1) 杭州至宁波高速公路工程

① 勘察设计单位

辽宁省交通勘测设计院。

② 施工单位

浙江省建工集团、闽江工程公司,清华紫光股份有限公司。

③ 监理单位

杭甬高速公路总监理工程师办公室。

(2) 沪杭甬高速公路沽渚至宁波段拓宽工程

① 勘察设计单位

浙江省交通规划设计研究院。

② 施工单位

江苏润扬交通工程集团有限公司、绍兴华绿园林建设有限公司。

③ 监理单位

黑龙江华龙公路工程咨询监理公司。

(二) 建设情况

1. 项目审批

2003年,以浙计函〔2003〕190号文,批复《杭甬高速公路沽渚至宁波段拓宽工程》。

2. 资金筹措

新建资金投资来源:车辆购置附加费补助,补助额度占三分之一;交通部高等级公路建设资金和省自筹资金,共安排三分之一;世界银行贷款,占三分之一。

沽渚至宁波段改建资金来源:沪杭甬公司自筹。

3. 合同段划分

合同段划分见表7-21-4、表7-21-5。

杭州至宁波高速公路工程参建单位与合同段划分一览表

表 7-21-4

序号	参建单位	单位名称	合同段编号及起止桩号	主要负责人	备注
1	项目管理单位	浙江省高速公路指挥部	0K~16K+643	郭学焕	
2	设计单位	辽宁省交通勘测设计院	K0+000~K16+643	李伟	土建
3	施工单位	浙江省建工集团、闽江工程公司	七合同段:K0+000~K16+643	吴飞	土建
4		清华紫光股份有限公司	K0+000~K16+643	盛赵斌	机电
5	监理单位	杭甬高速公路总监理工程师办公室	全程	韩奇伟	
6	设计咨询单位	交通部第一规划勘测设计院	全程	李志鑫	

沪杭甬高速公路沽渚至宁波段拓宽工程参建单位与合同段划分一览表

表 7-21-5

序号	参建单位	单位名称	合同段编号及起止桩号	主要负责人	备注
1	项目管理单位	浙江沪杭甬高速公路拓宽工程建设指挥部		潘佳祥	
2	设计单位	浙江省交通规划设计研究院	全线	刘健	土建、绿化
3	施工单位	江苏润扬交通工程集团有限公司	306合同段:K0+000~K11+300.54	蒋冬林	土建、交安设施
4		绍兴华绿园林建设有限公司	L3合同段:K0+000~K11+300.54	徐松惠	绿化
5	监理单位	黑龙江华龙公路工程咨询监理公司	第二监理驻地:K0+000~K11+300.54	邓海凤	监理306、L3合同段
6	设计咨询单位	浙江省交通规划设计研究院	全线	徐沛宁	土建、绿化

4. 征地拆迁

征地拆迁统计见表 7-21-6。

S5 杭甬高桥枢纽至宁波东枢纽段征地拆迁统计表

表 7-21-6

项 目	征地拆迁安置起止时间	征用土地（亩）	拆迁房屋（m²）	支付补偿费用（万元）	备 注
杭州至宁波高速公路工程（新建）	1993.4~1995.3	1696.58	243218284	2794	
沪杭甬高速公路沽渚至宁波段拓宽工程（改建）	2003.10~2007.11	237.5812592	9165.739385	2307	

5. 项目实施阶段

（1）1992年9月25日，杭甬高速公路正式开工建设。中共浙江省委、浙江省人民政府在杭州举行了隆重的开工典礼。

（2）1997年5月15日，浙江省首家在境外上市的地方企业——浙江沪杭甬高速公路股份有限公司 H 股在香港联合交易所正式挂牌上市交易。首次募集资金折合人民币36.85亿元，创浙江省一次性引进外资数额最多的纪录。

（3）2000年5月5日，浙江沪杭甬高速公路股份有限公司股票继在香港上市后，又在伦敦交易所成功上市，成为浙江省第一家在该交易所实施股票上市的企业。

(三)科技创新

科技成果主要有压浆修复桥梁铰缝技术的应用研究。

本课题研究了简支板梁桥出现"单板受力"现象的成因，定性、定量地研究"单板受力"对桥梁整体受力影响；针对铰缝修复与加固，研究了铰缝压浆修复、铰缝板底横向联结钢板加固、板底面横向预应力筋加固及铰缝压浆与铰缝板底横向联结钢板或板底预应力筋联合加固技术，通过现场试验、室内试验及有限元模拟对各项加固技术的效果进行了验证；并研究了铰缝压浆修复技术的适用性，建立了其质量控制体系。

(四)运营养护管理

1. 收费设施

收费设施见表7-21-7。

S5杭甬高桥枢纽至宁波东枢纽段收费设施一览表　　表7-21-7

站点名称	车道数	收费方式	备注
宁波	4+8	2条ETC收费，其余是人工收费	S5
大朱家	3+4	2条ETC收费，2条自助发卡，其余是人工收费	

2. 交通流量

交通流量发展状况见表7-21-8。

S5杭甬高桥枢纽至宁波东枢纽段交通流量发展状况表（单位：pcu/d）　　表7-21-8

年份	全程加权平均值	高桥互通至宁波	大朱家至宁波	宁波东至大朱家
2002	5396		6374	4418
2003	13460		15507	11414
2004	19194		21739	16650
2005	22023		24550	19496
2006	25361		27661	23060
2007	33798	41424	31777	28193
2008	34599	39945	33907	29945
2009	37367	42940	36831	32329
2010	37016	42674	36929	31445
2011	40841	46494	41243	34785
2012	42702	46845	44453	36809
2013	44567	46492	48112	39097
2014	45761	47300	50188	39795
2015	41598	44301	44555	35939

第二十二节 S9钱江通道[浙苏省界(乌镇)至杭甬齐贤枢纽段]

钱江通道,编号为S9,起于浙苏省界(乌镇),终于杭甬齐贤枢纽,依次由以下两段组成:钱江通道北接线[浙苏省界(乌镇)至杭浦盐官西枢纽]、钱江通道(杭浦盐官西枢纽至杭甬齐贤枢纽)。其中钱江通道段于2014年4月建成通车,全长28km;钱江通道北接线段尚未建成。

S9钱江通道是《浙江省公路水路交通建设规划(2003—2020)》"两纵、两横、十八连、三绕、三通道"高速公路主骨架的一个通道,是长三角都市圈高速公路网规划"十横、七纵"其中"一纵"(江苏盐城至绍兴高速公路)的组成部分,也是嘉兴市、杭州市、绍兴市公路水路交通建设规划的重要组成部分。项目连接沪杭、杭浦、杭甬、杭绍甬四条高速公路,北接苏震桃高速公路,南接诸绍高速公路,还与诸永高速公路相连,是环杭州湾地区接轨上海市、北通苏州市及苏州、嘉兴到达萧山国际机场和绍兴市的最快捷通道。路网位置示意图见图7-22-1,项目信息见表7-22-1。

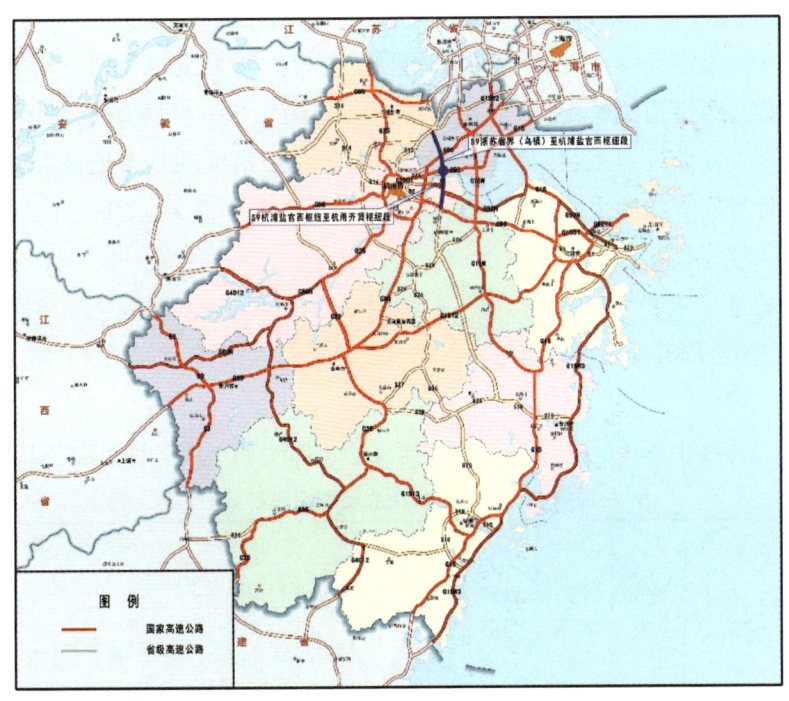

图7-22-1 S9杭浦盐官西枢纽至杭甬齐贤枢纽段路网位置示意图

S9 杭浦盐官西枢纽至杭甬齐贤枢纽段高速公路项目信息采集表　　表 7-22-1

地高	项目名称	规模(km)			建设性质（新、改扩建）	设计速度(km/h)
		合计	八车道及以上	六车道	四车道		
S9	S9 钱江通道（杭浦盐官西枢纽至杭甬齐贤枢纽段）	27.71		27.71		新建	100

路基宽度(m)	永久占地(亩)	投资情况(亿元)				建设时间（开工~通车）	备注
		估算	概算	决算	资金来源		
34.5	3485	84.93	89.17		自筹	2010.12~2014.4	

S9 杭浦盐官西枢纽至杭甬齐贤枢纽段（建设期 2010—2014 年）

（一）项目概况

1. 基本情况

（1）功能定位

项目连接了沿线众多的经济开发区，特别是嘉兴的桐乡经济开发区和海宁经济开发区、杭州的临江工业园区和江东工业园区及绍兴的柯桥组团，不仅保证了各经济开发区之间的快速连接，而且通过高速公路网快速连接上海、江苏和宁波等浙南地区。其建设对于强化城市服务功能、改善投资环境、加快沿线各开发区的建设，推动长三角一体化进程，保障区域经济持续、稳定、高速发展具有极其重要的意义。项目未来将通过机场连接线与杭州萧山机场相连，必将为江苏南部、嘉兴及绍兴等地提供快速便捷的航空客货运输通道；同时，为适应沿线各种规划工业园区的货运需要，本项目沿线规划多处高等级的航道及大型货运码头，对实现货物的水陆联运、出江达海具有重要的意义，在完善区域综合运输体系方面具有重要作用。

（2）技术标准

全线设计速度 100km/h，过江隧道段 80km/h，双向六车道，路基宽度 34.5m。

（3）建设规模

钱江通道及接线工程项目路线全长 27.71km，设有特大桥 1 座。详见表 7-22-2、表 7-22-3。

S9 杭浦盐官西枢纽至杭甬齐贤枢纽段桥梁汇总表　　表 7-22-2

规模	名称	桥长(m)	主跨长度(m)	桥底净高(m)	跨越障碍物			梁式桥					
								钢筋混凝土梁桥			钢梁桥		组合梁桥	
					河流	沟谷	道路、铁路	简支梁桥	悬臂梁桥	连续梁桥	简支钢梁	连续钢梁	预弯混凝土梁	组合梁	钢管混凝土桁架梁
特大桥	钱江通道南接线	27212	75	5.5	√		√			√					

S9杭浦盐官西枢纽至杭甬齐贤枢纽段路面结构表　　　　表7-22-3

路面形式	起讫里程	长度(m)	水泥混凝土路面	沥青路面
刚性路面			钢筋纤维混凝土路面	
柔性路面	全线(上下行)K15+850~K43+560	27.71		沥青混凝土路面

（4）主要控制点

起点骑塘、斜桥、周王庙、郭店、盐官、穿钱塘江隧位、义蓬组团、新湾、党湾、益农、党山和终点齐贤。

（5）地形地貌

本项目所经地区属平原地貌，位于杭州东部钱塘江平原和围垦区，残山零星分布。平原区地面高程一般为2.0~4.0m。由于受人类活动影响，原始微地貌受到改造，钱塘江南岸附近围垦区地段，表层有厚度不一的填土。

（6）投资规模

本项目投资概算总额89.17亿元，平均每公里32179.72万元。

（7）开工及通车、竣工时间

2010年12月开工建设，2014年4月正式通车。

2.前期决策情况

钱江通道及接线工程沿线经过的地区有嘉兴市、杭州市和绍兴市，是长三角都市圈高速公路网规划、浙江省公路交通规划所确定的公路主骨架的重要组成部分，在区域公路网中有着极其重要的作用。它的建成将沟通钱塘江南北两岸三市（嘉兴、杭州、绍兴），连接沪杭高速公路、杭浦高速公路、杭甬高速公路、杭绍甬高速公路四条高速公路，为各条高速公路之间的相互连接提供一条快速通道，进一步加强钱塘江南北两岸各重要城市之间的相互联系；加强项目沿线地区与上海、宁波等沿海经济发达城市之间的经济往来，加快沿线地区经济开发区和各类工业园区之间的开发建设，促进两岸三市的经济快速发展；同时，本项目的建设对加强沿线地区与周边省市间的经济联系和物资、人员交流也具有十分重要的意义。

2003年5月由中咨公司和浙江省交通规划设计研究组成项目组开始进行杭州湾三通道（本项目原名称）线位论证报告及工程可行性研究报告的研究编制工作，于2003年7月完成了《杭州湾三通道线位论证报告》，并于2003年8月18日通过了省计委及省交通厅的联合审查。

项目组根据《杭州湾三通道线位论证报告》及审查意见，于2003年11月完成《杭州湾三通道工程可行性研究报告》的编制。2004年10月，由于项目名称变更为钱江十桥及接线工程以及报告的时限性，编制单位又对报告重新补充修订，完成了《钱江十桥及接线工程预可行性报告》。

2004年11月26日、27日,浙江省发改委和交通厅在杭州联合主持召开了《钱江十桥及接线工程预可行性报告》的预审查会议。会议认为本项目在浙江省和长三角的路网规划中具有重要地位,对区域之间的经济交流与合作等具有重要的意义,因此,"本项目的建设是必要的"。专家组原则赞同双向六车道高速公路标准,设计速度120km/h、路基宽34.5m;原则赞同5个路线方案中推荐的B线方案;基本赞同过江工程采用建桥方案。

本项目因北岸临近观潮胜地——盐官镇,一直备受关注。钱江潮,又称海宁潮,以"一线横江"被誉为"天下奇观"。海宁观潮之风汉时即已蔚然,唐宋时更盛。2005年浙江省"两会"期间,部分人大代表提案,称建设钱江通道对区域经济发展有着十分重要的作用,但从科学发展观及构筑和谐社会的角度出发,为了保护钱江涌潮的自然奇观,保持社会经济的可持续发展,建议采用隧道过江方案。

2006年初,嘉兴、杭州和绍兴三地政府就过江方式采用隧道方案达成一致意见,并形成协调会议纪要。

2006年3月,浙江省发改委下发浙发改办交通函〔2006〕10号文件,将本项目名称定为"钱江通道及接线工程"。

根据钱塘江两岸人民群众的意见,本着科学发展观的要求,报告编制单位在预可行性研究报告及预可行性研究报告预审查会确定过江位置的基础上,针对项目过江方案作了进一步深入研究,于2006年4月底编制完成了《钱江通道及接线工程补充预可行性研究报告》(拟建项目现在采用名称)。

2006年5月23日,省发改委和省交通厅在杭州联合组织了《钱江通道及接线工程补充预可行性研究报告》(以下简称《补充报告》)审查会议。会议认为本项目是浙江省公路水路交通建设规划中"两纵两横十八连三绕三通道"高速公路主骨架的"一通道",是《长三角都市圈高速公路网规划方案》中"七纵之一"江苏盐城至绍兴高速公路的组成部分,也是杭州市、嘉兴市、绍兴市公路水路交通建设规划的重要组成部分。该项目连接沪杭、杭浦、杭甬、杭绍甬(规划中)四条高速公路,北接苏震桃高速公路、南接诸绍高速公路(规划中)、与诸永高速公路相连,是环杭州湾地区接轨上海市、北通苏州市及苏州、嘉兴到达萧山国际机场和绍兴市的最快捷通道,在路网布局中具有重要地位。项目的建设不仅符合规划要求,而且将桐乡经济开发区、海宁经济开发区、杭州江东工业园区、临江工业园区及绍兴的柯桥组团连为一体,对于加速环杭州湾产业带的形成、加快"接轨上海,融入长三角"步伐和促进三地社会经济发展都具有十分重要的意义,因此,"本项目的建设是必要的"。专家组原则赞同双向六车道高速公路标准,设计速度120km/h、路基宽34.5m;原则赞同推荐优化的B线方案;为保护钱江涌潮景观并根据沿线地方政府协商意见,专家组赞同《补充报告》推荐的隧道方案(盾构工法)。

2006年7月初,浙江省发改委下发浙发改办交通函〔2006〕30号文件,明确了本项目名称、建设的必要性、建设规模及内容。

鉴于项目的紧迫性,根据本工程项目指挥部的要求,报告编制单位在项目预可行性研究报告、预可行性研究补充报告及审查会会议纪要的基础上,于2006年5月中旬开始本项目的工程可行性研究报告编制工作,于8月完成了工程可行性研究报告的编制。

2006年9月8日,浙江省发改委和交通厅在杭州联合主持召开了《钱江通道及接线工程可行性研究报告》审查会议,与会代表和专家在审阅该报告及相关专题研究资料的基础上,本着科学、客观和公正的态度,进行了认真的研究讨论,并形成了专家审查意见。本次报告是根据专家审查意见和沿线最新调整的征地和拆迁单价进行修改后完成的。

3. 参建单位主要情况

(1) 勘察设计单位

浙江省交通规划设计研究院。

(2) 施工单位

利越集团有限公司、中铁四局集团第二工程有限公司、中铁四局集团第一工程有限公司、浙江正方交通建设有限公司、四川公路桥梁建设集团有限公司、江西省路桥工程集团有限公司、杭州市交通工程集团有限公司、浙江省宏途交通建设有限公司、中交第三公路工程局有限公司、中铁一局集团第一工程有限公司、浙江省交通工程建设集团有限公司、上海同济建设工程质量检测站、交通运输部公路科学研究所、浙江省交通规划设计研究院、上海同济建设工程质量检测站、浙江浙大中控信息技术有限公司、浙江永通科技发展有限公司、浙江浙大中控信息技术有限公司、杭州红萌交通设施有限公司、衢州市交通设施有限责任公司、浙江交通设施有限公司、浙江海天建设集团有限公司、浙江开隆建设工程有限公司、嘉兴市通明交通工程有限公司、金华市大路交通安全设施有限公司、永嘉县原野园林工程有限公司、浙江省东阳市城乡园林绿化有限公司、浙江路建交通工程有限公司、浙江中威交通建设有限公司、江苏省交通规划设计院股份有限公司、交通运输部公路科学研究所、山东省公路桥梁检测中心。

(3) 监理单位

浙江公路水运监理有限公司(一驻地)、杭州公路工程监理咨询公司(二驻地)、杭州交通工程监理咨询有限公司(三驻地)。

(二) 建设情况

1. 项目审批

2008年,浙江省发展和改革委员会以浙交函〔2008〕64号文,批复《钱江通道及接线工程可行性研究报告》。

2. 资金筹措

中央补贴加地方自筹。

3. 合同段划分

合同段划分见表 7-22-4。

S9 杭浦盐官西枢纽至杭甬齐贤枢纽段参建单位与合同段划分一览表　　表 7-22-4

序号	参建单位	单位名称	合同段编号及起止桩号
1	项目管理单位	钱江通道及接线工程建设指挥部	全线：K15+850～K43+560
2	勘察设计单位	浙江省交通规划设计研究院	第 01 合同：K15+850～K16+685.5
			第 02 合同：K16+685.5～K18+455.5
			第 3A 合同段：K18+455.5～K20+908.9
			第 3B 合同段：K20+908.8～K22+919.9
			第 4 合同段：K22+919.9～K24+724.9
			第 5 合同段：K24+724.9～K27+070.3
			第 6 合同段：K27+070.3～K30+163.5
			第 7 合同段：K30+163.5～K32+733.5
			第 8 合同段：K32+733.5～K35+627.4
			第 9 合同段：K35+627.4～K37+902.5
			第 10 合同段：K37+902.5～K41+237.5
			第 11 合同：K41+237.5～K43+560
			环境保护及景观工程（土建部分）
			照明工程第 ZM01 标段
3		浙江省交通规划设计研究院	全线：K15+850～K43+560
4	施工单位	利越集团有限公司	第 1 施工标段
5		中铁四局集团第二工程有限公司	第 2 施工标段
6		中铁四局集团第一工程有限公司	第 3A 施工标段
7		浙江正方交通建设有限公司	第 3B 施工标段
8		四川公路桥梁建设集团有限公司	第 4 施工标段
9		江西省路桥工程集团有限公司	第 5 施工标段
10		杭州市交通工程集团有限公司	第 6 施工标段
11		利越集团有限公司	第 7 施工标段
12		浙江省宏途交通建设有限公司	第 8 施工标段
13		中交第三公路工程局有限公司	第 9 施工标段
14		中铁一局集团第一工程有限公司	第 10 施工标段
15		浙江省交通工程建设集团有限公司	第 11 施工标段
16		上海同济建设工程质量检测站	第 1 合同段试桩试验检测
17		交通运输部公路科学研究所	第 1 合同段桩基检测
18		浙江省交通规划设计研究院	第 2 合同段桩基检测
19		上海同济建设工程质量检测站	第 3 合同段桩基检测
20		浙江浙大中控信息技术有限公司	数字化工地

续上表

序号	参建单位	单位名称	合同段编号及起止桩号
21	施工单位	利越集团有限公司	十二埭河桥改建工程施工
22		浙江永通科技发展有限公司	道路照明工程施工
23		浙江浙大中控信息技术有限公司	机电工程施工
24		浙江省交通工程建设集团有限公司	路面工程施工
25		杭州红萌交通设施有限公司	交通安全设施工程施工第JA01标段
26		衢州市交通设施有限责任公司	交通安全设施工程施工第JA02标段
27		浙江交通设施有限公司	交通安全设施工程施工第JA03标段
28		浙江海天建设集团有限公司	房建工程施工第FJ01标段
29		浙江开隆建设工程有限公司	房建工程施工第FJ02标段
30		嘉兴市通明交通工程有限公司	声屏障工程施工第SPZ01标段
31		金华市大路交通安全设施有限公司	声屏障工程施工第SPZ02标段
32		永嘉县原野园林工程有限公司	绿化工程（一期）施工第LH01标段
33		浙江省东阳市城乡园林绿化有限公司	绿化工程（一期）施工第LH02标段
34		浙江路建交通工程有限公司	三改工程涉河部分工程施工第SG01标段
35		浙江中威交通建设有限公司	三改工程涉河部分工程施工第SG02标段
36		江苏省交通规划设计院股份有限公司	桥梁施工监控及健康监测设备预埋第1标段
37		交通运输部公路科学研究所	桥梁施工监控及健康监测设备预埋第2标段
38		山东省公路桥梁检测中心	桥梁施工监控及健康监测设备预埋第3标段
39	监理单位	杭州交通工程监理咨询有限公司	数字化工地监理合同段
40		浙江公路水运工程监理有限公司	第1监理合同段
41		杭州公路工程监理咨询公司	第2监理合同段
42		杭州交通工程监理咨询有限公司	第3监理合同段
43		重庆中宇工程咨询监理有限责任公司	第4监理合同段
44		浙江中润工程管理有限公司	房建工程第5监理合同段
45		杭州公路工程监理咨询公司	第6监理合同段
46	设计咨询单位	浙江省公路水运工程咨询公司	全线：K15+850~K43+560

4. 征地拆迁

征地拆迁统计见表7-22-5。

S9杭浦盐官西枢纽至杭甬齐贤枢纽段征地拆迁统计表　　表7-22-5

高速公路编码	项目名称	征地拆迁安置起止时间	征用土地（亩）	拆迁房屋（m²）	支付补偿费用（元）	备注
S9	S9钱江通道（杭浦盐官西枢纽至杭甬齐贤枢纽段）	2010.9~2012.5	3572.9715	325000	14.9亿	

图7-22-2 开工典礼

5.项目实施阶段

2009年12月26日,钱江隧道盾构始发暨钱江大道开工典礼在钱江隧道南岸工作井现场举行(图7-22-2)。浙江省交通运输厅厅长郭剑彪等出席。钱江隧道全长4450m,江中段长3200m,采用外径15.43m的盾构法技术施工,双管六车道,为世界最大直径的盾构法隧道之一,最大埋深约38m,估算总投资35.60亿元。

（三）复杂技术工程

复杂技术工程主要为EPS泡沫颗粒混合轻质土。

EPS泡沫颗粒混合轻质土是EPS泡沫颗粒或碎片和原料土通过水泥等固化剂拌水和均匀后,经固化作用形成的一种改性土。该土主要特点是自重轻,可以有效改善软土地基的路基沉降问题。把原料土、泡沫颗粒、水泥、水按照配合比进行搅拌,运输到现场进行摊铺、碾压并养生7d。

（四）科技创新

本项目在项目管理创新、技术创新、技术推广等多方面均实现了新突破,其中主要创新有3项。

1.钱江隧道超深基坑围护体系及防渗技术研究("十一五"计划2010年浙江交通科技成果）

（1）以钱江隧道江南试验井工程为依托,针对钱江流域复杂地质、水文条件,结合钱江隧道深基坑设计和施工过程,研究了深基坑围护体系的优化、超大开孔墙板及高腋板等复杂结构的力学性能;采用cosserat力学模型分析了不同隔降模式的影响;制订了防渗及隔降结合的综合治水措施;提出了施工过程监控指标,合理控制了工程风险。

（2）在强涌潮高承压水、水头变化大、富水砂层条件下,对超大开孔内衬墙、高腋板等复杂结构进行力学分析,采用超深地下隔降水结合、超大开孔衬墙逆筑与内支撑顺筑结合方法,保证了大跨度侧墙受力安全与变形控制,顺利建设了江南工作井。

（3）首次基于cosserat不平衡非柯西力学模型,对多种情况下基坑渗流及其环境影响进行了分析。

2.现浇中小跨径连续单箱多室宽箱梁桥空间效应研究（2014年度中国公路学会科学技术二等奖）

在总结现有空间分析理论成果基础上,对预应力混凝土桥梁的快速建模方法进行研究并开发了相关计算软件。通过实体单元法对现浇中小跨径连续单箱多室宽箱梁桥空间效应进行分析,揭示了宽箱梁的剪力滞效应分布规律,提出了适用于宽箱梁的有效分布宽度计算方法、偏载增大系数计算方法,得出了箱梁关键截面的横向应力状态分布规律。研究成果在钱江通道及接线工程南接线段得到了验证。主要创新点有:

(1)开发"桥梁荷载试验分析系统BLT",实现统一参数下的预应力混凝土箱梁的实体模型和梁格单元模型快速建立和互换,可对实体单元模型网格局部加密,提高计算精度。

(2)针对《公路钢筋混凝土及预应力混凝土桥涵设计规范》中有效分布宽度的规定,提出了宽幅箱梁参数修正和使用建议。

(3)采用实体单元法、平面框架法分析单箱五室宽箱梁横向应力分布规律的实证研究。

经专家委员会鉴定,研究成果总体达到国际先进水平。

3.预应力张拉程控系统与远程数据管理平台应用研究(2014年度浙江省公路学会科学技术三等奖)

在对国内外预应力张拉系统进行调研的基础上,完善了TH-PT系列预应力张拉程序控制系统的功能,研究并解决了该系统在预制小箱梁、预制T梁、现浇盖梁、现浇连续箱梁、横向束扁锚等各种预应力构件中使用的通用性和适用性;同时,进行了基于物联网技术的远程数据管理平台的开发和使用,实现了预应力张拉施工过程的实时监控,并编制了《桥梁预应力智能施工技术指南》。研究成果在钱江通道及南接线工程和国内的其他实体工程中得到了验证和应用。研究过程中获得了"一种混凝土箱梁预应力张拉系统自动控制方法"一项发明专利和"预应力张拉数据管理平台"等四项软件著作权。主要创新点有:

(1)研发了使用超声波传感器测量伸长值的方法和"智能倒顶"的程序功能;提出了回缩值、预拱度的精确量测方法;研发了基于液压模型的PID算法,实现多个千斤顶力与伸长值双控的高精度同步控制。

(2)开发了基于物联网技术的远程数据管理平台,实现了预应力张拉施工作业的实时监控。

经专家委员会鉴定,研究成果总体达到国际先进水平。

(五)运营养护管理

1.服务设施

由于钱江通道目前开通的南接线路段和过江隧道路段都是高架或者江底隧道,所以全路段都不设服务区和加油站。

2. 收费设施

钱江通道设4处互通收费站,位置均位于萧山江东区块,从起点至终点依次为六工段、新湾、党湾、益农收费站(表7-22-6)。

S9 杭浦盐官西枢纽至杭甬齐贤枢纽段收费设施一览表 表7-22-6

站点名称	车道数	收费方式
六工段	3+5	2条ETC收费,其余是人工收费
新湾	3+4	2条ETC收费,其余是人工收费
党湾	4+7	2条ETC收费,其余是人工收费
益农	4+9	2条ETC收费,其余是人工收费

3. 交通流量

交通流量发展状况见表7-22-7。

S9 杭浦盐官西枢纽至杭甬齐贤枢纽段交通流量发展状况表(单位:pcu/d) 表7-22-7

年份	全程加权平均值	盐官西枢纽至钱江通道北点	钱江通道北点至钱江通道南点	钱江通道南点至六工段	六工段至新湾	新湾至党湾	党湾至益农	益农至齐贤枢纽
2014	4230	4880	4880	4880	3088	3088	4396	4396
2015	5922	6372	6372	6372	5326	4689	6163	6163

第二十三节 S10温州绕城高速公路(仰义枢纽至北白象枢纽)

温州绕城高速公路,编号为S10,起于仰义枢纽,终于北白象枢纽,依次由以下四段组成:温州绕城北线一期(仰义枢纽至北白象枢纽)、温州绕城北线二期(北白象枢纽至灵昆枢纽)、温州绕城东线(灵昆枢纽至阁巷枢纽)、温州绕城西南线(阁巷枢纽至仰义枢纽)。其中温州绕城北线于2011年7月建成通车,全长27km;绕城东线及绕城西南线尚未建成。

S10温州绕城高速公路是《浙江省公路水路交通建设规划纲要》中"两纵两横十八连三绕三通道"公路主骨架的"一绕",也是《温州市公路水运交通建设规划(2003—2020)》中"两纵两横两连一绕"公路主骨架的"一绕"。温州绕城高速公路的建成将截流过境交通、减轻周围道路的交通压力,为加快温州市城市化进程提供良好的基础环境,并积极带动沿线经济发展。同时该高速公路作为温州大都市区的交通主骨架,是支撑都市区半小时交通圈的关键性工程。路网位置示意图见图7-23-1,项目信息见表7-23-1。

图 7-23-1　S10 仰义枢纽至北白象枢纽段路网位置示意图

S10 仰义枢纽至北白象枢纽段项目信息采集表　　　　表 7-23-1

国高	项目名称	规模（km）			建设性质（新、改扩建）
		合计	八车道及以上	六车道	四车道
S10	温州绕城高速公路北线工程	26.6		26.6		新建

设计速度（km/h）	永久占地（亩）	投资情况（亿元）				建设时间（开工~通车）
		估算	概算	决算	资金来源	
100	3008.23	30.30	33.11	未决算	地方自筹	2005.5~2011.7

S10 仰义枢纽至北白象枢纽段（建设期 2005—2011 年）

（一）项目概况

1. 基本情况

（1）功能定位

项目是温州市绕城高速公路的重要组成部分，是浙江省规划公路主骨架路网中"两纵两横十八连三绕三通道"之"一绕"。本项目建设使温州市形成"三纵两横三连一绕"的公路主骨架,为温州市"2小时交通圈"的建设提供有力支持。本项目建设使乐清市、永嘉县与温州市区及其他周边县市更紧密地联系,使乐清市的柳市、北白象和永嘉的瓯北、乌牛纳入温州大都市圈,有力、快速地促进区域经济的发展。

(2)建设规模与技术标准

全线设计速度100km/h,双向六车道,整体式路基宽度33m,分离式路基宽度17m。

(3)建设规模

北线工程主线长26.6km。详见表7-23-2~表7-23-4。

S10仰义枢纽至北白象枢纽段桥梁汇总表 表7-23-2

规模	名称	桥长(m)	主跨长度(m)	桥底净高(m)	跨越障碍物			梁式桥						
								钢筋混凝土梁桥			钢梁桥		组合梁桥	
					河流	沟谷	道路、铁路	简支梁桥	悬臂梁桥	连续梁桥	简支钢梁	连续钢梁	预弯混凝土梁	组合梁	钢管混凝土桁架梁
特大桥	仰义主线桥	1380.97(左) 1375.67(右)	40	5.5			√			√					
	瓯江大桥	1867.96	125	20	√					√					
	楠溪江大桥	1067.46(左) 1077.46(右)	125	10	√					√					
	永嘉枢纽主线桥	1567.46(左) 1557.46(右)	35	10	√					√					
	北白象枢纽主线桥	1234.5(左) 1223.5(右)	65	5.5			√			√					
	仰义B匝道桥	1195.263	55	5.5			√			√					
	仰义D匝道桥	1050.092	60	5.5			√			√					
	仰义G匝道桥	1018.5	52	5.5			√			√					
大桥	下白岩桥	329.92(左) 104.92(右)	25	5.5		√				√					
	乌牛高架桥	785.04	20	4.2			√			√					
	下安高架桥	246.54	20	4	√	√				√					
	仰义A匝道桥	215.3	20	5.5			√			√					
	仰义C匝道桥	653.43	80	5.5			√			√					
	仰义E匝道桥	799.998	52	5.5			√			√					
	仰义F匝道桥	230	20	5.5			√			√					
	仰义H匝道桥	196	20	5.5			√			√					
	瓯北A匝道桥	375	25	5.5			√			√					
	黄田A匝道桥	355	25	5.5			√			√					

续上表

规模	名称	桥长(m)	主跨长度(m)	桥底净高(m)	跨越障碍物			梁式桥						
								钢筋混凝土梁桥			钢梁桥		组合梁桥	
					河流	沟谷	道路、铁路	简支梁桥	悬臂梁桥	连续梁桥	简支钢梁	连续钢梁	预弯混凝土梁	组合梁	钢管混凝土桁架梁
大桥	北白象A匝道1号桥	797.501	46	5.5			√			√					
	北白象A匝道2号桥	250	20	5			√			√					
	北白象C匝道2号桥	262.5	20	4			√			√					
	北白象D匝道1号桥	205.04	20	4			√			√					
	北白象D匝道3号桥	153	30	4.5			√			√					
	北白象G匝道桥	262.501	20							√					
中桥	9座														

S10仰义枢纽至北白象枢纽段隧道汇总表　　　　　表7-23-3

规模	名称	隧道全长(m)	隧道净宽(m)	隧道分类				
				按地质条件划分		按所在区域划分		
				土质隧道	石质隧道	山岭隧道	水底隧道	城市隧道
长隧道	江北岭隧道	2455(左)2445(右)	14.25		√	√		
	黄田岙隧道	1000(左)931(右)	14.25		√	√		
	马林头隧道	2600(左)2640(右)	14.25		√	√		
	后岗隧道	2369(左)2352(右)	14.25		√	√		
短隧道	高岙隧道	282	14.25		√	√		

S10仰义枢纽至北白象枢纽段路面结构表　　　　　表7-23-4

路面形式	起讫里程	长度(m)	沥青路面
柔性路面	LK3+925.917~MK0+806.50下行	1380.97	沥青混凝土路面
	LK3+931.217~MK0+806.50上行	1375.67	沥青混凝土路面
	K0+806.5~K2+674.46上行	1867.96	沥青混凝土路面

续上表

路面形式	起讫里程	长度(m)	沥青路面
柔性路面	K0+806.5~K2+674.46 下行	1867.96	沥青混凝土路面
	K4+452.48~K4+522.02 下行	69.54	沥青混凝土路面
	K4+443.48~K4+513.02 上行	69.54	沥青混凝土路面
	K4+540~K6+995 下行	2455	沥青混凝土路面
	K4+545~K6+990 上行	2445	沥青混凝土路面
	K7+965.54~K8+295.46 下行	329.92	沥青混凝土路面
	K8+065.54~K8+170.46 上行	104.92	沥青混凝土路面
	K8+385~K9+385 下行	1000	沥青混凝土路面
	K8+375~K9+288 上行	913	沥青混凝土路面
	K9+508.48~K9+565.52 下行	57.04	沥青混凝土路面
	K9+482.48~K9+526.52 上行	44.04	沥青混凝土路面
	K10+343.48~K10+396.52 下行	53.04	沥青混凝土路面
	K10+345.48~K10+398.52 上行	53.04	沥青混凝土路面
	K10+594.18~K10+615.22 下行	21.04	沥青混凝土路面
	K10+595.18~K10+619.22 上行	20.27	沥青混凝土路面
	K10+988.04~K12+065.50 下行	1067.46	沥青混凝土路面
	K10+988.04~K12+075.50 上行	1077.46	沥青混凝土路面
	K12+065.50~K13+632.96 下行	1567.46	沥青混凝土路面
	K12+075.50~K13+632.96 上行	1557.46	沥青混凝土路面
	K14+264.48~K14+329.52 上行	65.04	沥青混凝土路面
	K14+264.48~K14+329.52 下行	65.04	沥青混凝土路面
	K15+960.48~K16+029.52 下行	69.04	沥青混凝土路面
刚性路面	K15+935.98~K16+005.02 上行	69.04	沥青混凝土路面
	K16+115~K18+715 下行	2600	沥青混凝土路面
	K16+085~K18+725 上行	2640	沥青混凝土路面
	K18+781.98~K18+806.02 下行	24.04	沥青混凝土路面
	K18+775.28~K18+799.32 上行	24.04	沥青混凝土路面
	K18+956~K21+325 下行	2369	沥青混凝土路面
	K18+915~K21+267 上行	2352	沥青混凝土路面
	K21+698.48~K21+767.52 下行	69.04	沥青混凝土路面
	K21+710.48~K21+779.52 上行	69.04	沥青混凝土路面
	K22+085.48~K22+140.52 下行	55.04	沥青混凝土路面
	K22+077.48~K22+132.52 上行	55.04	沥青混凝土路面
	K23+016.48~K23+051.52 上行	35.04	沥青混凝土路面
	K23+016.48~K23+051.52 下行	35.04	沥青混凝土路面

续上表

路面形式	起讫里程	长度(m)	沥青路面
刚性路面	K23+329.48~K24+114.52 上行	785.04	沥青混凝土路面
	K23+329.48~K24+114.52 下行	785.04	沥青混凝土路面
	K24+306.48~K24+553.04 上行	246.54	沥青混凝土路面
	K24+306.48~K24+553.04 下行	246.54	沥青混凝土路面
	K24+734.48~K24+762.52 上行	28.04	沥青混凝土路面
	K24+734.48~K24+762.52 下行	28.04	沥青混凝土路面
	K24+903~K25+185 下行	282	沥青混凝土路面
	K24+903~K25+185 下行	282	沥青混凝土路面
	K25+318.64~K26+553.14 下行	1234.5	沥青混凝土路面
	K25+318.64~K26+542.14 上行	1223.5	沥青混凝土路面
柔性路面	其余路面总和(上下行)	19104.41	沥青混凝土路面

(4)主要控制点

本项目的主要控制点分别是：位于乐清湾的温州绕城高速公路东线(东海大道)，与乐清市城市中心大道、甬台温高速公路相交的位置，甬温铁路、楠溪江、南山特长隧道位置，以及与金丽温高速公路相交的位置。次控制点为本项目与104国道、330国道、41省道等市区外公路网的节点。

(5)地形地貌

温州绕城高速公路位于海湾内河口地带，东濒温州、乐清两海湾，北部和中西部为连绵的浙南群山边缘带，东部为冲海积平原。地貌类型有低山丘陵区、山前平原区、海积平原区，总体地势由西向东呈梯级下降。

(6)投资规模

本项目投资概算总额33.11亿元。

(7)开工及通车、竣工时间

2005年5月开工建设，2011年7月建成通车。

2.前期决策情况

温州市绕城高速公路是温州市"十五"交通建设的重点工程。早在1998年，温州市交通局在编制《温州市公路水运交通规划》的报告中，首次提出温州要建造绕城环线的思路。在2001年4月由清华大学编写的《温州市现代化交通枢纽规划》中，对此规划进一步完善，提出了温州市在2010年左右完成公路主骨架的建设，形成"三纵两横一环三连"的公路主网络，为温州市"2小时交通圈"的建设提供有力支持。温州市绕城公路即为温州市公路主网络的"一环"。2003年温州市政府提出"三港一城"的战略目标，要求全面提升基础设施的网络化程度，抓紧实施一批重大基础设施，并提出了"百项千亿"工程的实施目标。温州市交通局抓住机遇,调整思路,对温州市交通规划进行了修编,提出了"三纵两横三连一绕"的高速公路规划网,并将温州绕城公路("一绕")等级由原来的一级公路提升为高速公路,并纳入了《浙江省公路交通规划(2003—2020)》。

根据《温州市交通规划(2003—2020)》的要求,温州市绕城高速公路项目北线拟先期实施,2003年5月温州市交通局委托浙江公路水运工程咨询监理公司编制项目工程可行性研究报告。

3. 参建单位主要情况

(1)勘察设计单位

浙江省交通规划设计研究院。

(2)施工单位

贵州省桥梁工程总公司、路桥华南工程有限公司、中天路桥有限公司、山东路桥集团有限公司、中铁二十五局集团第一工程有限公司、中铁二十五局集团第五工程有限公司、浙江省交通工程建设集团有限公司、浙江省大成建设集团有限公司、厦门中铁建设有限公司、杭州建工集团有限责任公司、浙江交工设施有限公司、浙江伟达园林工程有限公司、亿阳信通股份有限公司、紫光捷通科技股份有限公司。

(3)监理单位

浙江省台州市公路水运工程监理咨询有限公司、浙江公路水运工程咨询监理公司、上海华东铁路建设监理公司、北京路桥通国际工程咨询有限公司。

(二)建设情况

1. 项目审批

2004年,浙江省发展和改革委员会以浙江发改投资[2004]1133号文,批复《温州绕城公路北线工程可行性研究报告》。

2. 资金筹措

中央补贴加地方自筹。

3. 合同段划分

合同段划分见表7-23-5。

S10 仰义枢纽至北白象枢纽段参建单位与合同段划分一览表　　　表7-23-5

序号	参建单位	单位名称	合同段编号及起止桩号	主要负责人	备注
1	项目管理单位	温州市绕城高速公路工程建设指挥部	K0+000~K26+553.14	许人平	
2	勘察设计单位	浙江省交通规划设计研究院	K0+000~K26+553.14	李亮亮	

续上表

序号	参建单位	单 位 名 称	合同段编号及起止桩号	主要负责人	备注
3	施工单位	贵州省桥梁工程总公司	一标,LK0+000~K0+811.5	苏立新	土建
4		路桥华南工程有限公司	二标,K0+811.5~K5+415	毛晓斌	土建
5		中天路桥有限公司	三标,K5+415~K10+230	罗棋	土建
6		山东路桥集团有限公司	四标,K10+230~K13+800	梁鹏飞	土建
7		中铁二十五局集团第一工程有限公司	五标,K13+800~K18+750	杨化恭	土建
8		中铁二十五局集团第五工程有限公司	六标,K18+750~K24+230	王志超	土建
9		浙江省交通工程建设集团有限公司	七标,K23+123.795~K26+553.14	徐洪泉	土建
10		浙江省大成建设集团有限公司	八标,K0+000~K26+553.14	邢华良	路面
11		厦门中铁建设有限公司	九标,金温铁路双屿车站改移	孙锡寿	铁路移站
12		杭州建工集团有限责任公司	十标,K0+000~K26+553.14	周刚	房建
13		浙江交工设施有限公司	十一标,K0+000~K26+553.14	陈冬	交安
14		浙江伟达园林工程有限公司	十二标,K0+000~K26+553.14	吴东海	绿化
15		亿阳信通股份有限公司	十三标,K0+000~K13+800	赵克忠	机电
16		紫光捷通科技股份有限公司	十四标,K13+800~K26+553.14	张堂峰	机电
17	监理单位	浙江省台州市公路水运工程监理咨询有限公司	土建第一至第四合同段及路面工程监理	王云正	
18		浙江公路水运工程咨询监理公司	土建第五至第七合同段及交通安全工程、绿化工程监理	叶勇	
19		上海华东铁路建设监理公司	金温铁路双屿车站改移工程	张新堂	
20		北京路桥通国际工程咨询有限公司	机电工程第十三、十四合同段	王京辉	
21	设计咨询单位	浙江公路水运工程咨询公司	K0+000~K26+553.14	杨剑	

4. 征地拆迁

征地拆迁统计见表7-23-6。

S10仰义枢纽至北白象枢纽段征地拆迁统计表　　表7-23-6

项目	征地拆迁安置起止时间	征用土地（亩）	拆迁房屋（m²）	支付补偿费用（元）	备 注
一期	2005年1~2014年10月	3008.23	189687	926000000	补偿费用为政策处理全部费用

（三）科技创新

1. 大跨度隧道施工力学特性与开挖技术研究(2010年浙江省公路学会科技技术获奖项目)

（1）大跨度连拱隧道的施工力学分析；

(2)分离式隧道横洞开挖的力学效应分析;

(3)大跨度隧道发生机理和处理措施的研究;

(4)大跨度连拱隧道爆破振动效应分析研究。

2.浙江省山区高速公路边坡稳定设计与管理系统研究

本项目提出了一种三维渔网法全局搜索复杂土坡关键滑动面的优化技术,该技术可以搜索多种形态滑动面(包括圆弧、直线、折线),搜索结果符合全局性要求。引入地理信息系统(GIS),应用空间信息分析技术,通过虚拟场地模块二次开发,具备了边坡模型中任意地层剖面生成、地层与水位面及工程实体相交、地层面积和体积的空间计算等三维空间分析功能,为解决复杂边坡问题提供了新手段。筛选出影响边坡稳定的20个主要要素,应用模糊数学原理对边坡稳定实行五级分类,提出了基于GIS公路边坡模糊分类的稳定评判专家系统(软著登字第0146909号),并在温州绕城高速公路北线边坡稳定评判中取得了良好应用效果。提出了技术可行、造价经济、安全可控的生态防护技术,并在浙江部分公路岩石高边坡的坡脚防护上取得成功应用,课题期间(2009—2011)开发了两种可绿化的直立边坡生态面板,并取得了两项国家发明专利,分别为《一种可绿化挡土构件及其安装方法》(专利号:ZL201010100702.9)和《可绿化的挡墙砌块以及利用该砌块构筑挡墙的施工方法》(专利号:ZL200910155633.9)。其中,发明专利《一种可绿化挡土构件及其安装方法》(专利号:ZL201010100702.9)于2012年年底获得50万元专利转让使用费,取得了良好社会经济效益。提出了一种可适用于透水性岩土层的防漏浆耐腐蚀锚杆(实用新型专利号:201220303385.5),具有节约锚杆注浆工程量、增强锚固工程质量、提高锚杆耐腐蚀性等优点,能用于填方、挖方边坡防护和地面锚固等工程,为透水性岩土体锚固工程提供了重要的技术补充。提出了一种柔性防冲刷护面系统(ZL201120242444.8),该护面系统与河床地基变形协调的互适性高,可适用于各种复杂地表的坡面;整体结构简单,施工成本低,抗冲刷性能好,适用性广。开发了"浙交院现场监测数据动态图表生成分析软件"(软著登字第0500982号,简称:XCharterV1.0),已获软件著作权,并在滑坡监测分析上取得了应用。开发了"山区公路边坡管理信息系统",已申报软件著作权,并在温州绕城高速公路北线工程上取得了应用。项目研究期间,课题组主要成员还完成了四个浙江省地方标准的编制。大致内容如下:①《公路软土地基路堤设计规范》;②《高等级公路沥青路面设计规范》;③《浙江省山区高速公路勘察设计规范》;④《公路工程泡沫混凝土设计与施工技术指南》。本文开发的HSDMS系统主要包括边坡GIS数据库管理模块、边坡虚拟场地模块、公路边坡稳定分类评判系统模块以及公路边坡防护决策系统模块四个部分,采用该系统,可对一条高速公路进行系统而全面的边坡稳定分析和边坡数据全过程管理,为解决高速公路路线长、边坡工点多、地质条件复杂多变等技术管理难题服务。

3. 大跨度隧道施工力学特性测试分析

本项目首次系统地开展了隧道车行横洞开挖效应的研究,提示了车行与人行横洞的不同布置形式及开挖进尺,对主洞围岩和初期支护的应力分布规律,科学地指导开挖施工。通过对后岗隧道岩爆现象的研究,指出后岗隧道发生轻微及中等强度的岩爆,与地质构造条件和开挖工艺有关,从而拓展了对隧道岩爆形成条件的认识。

(四)运营养护管理

1. 收费设施

本项目设 3 处互通收费站(表 7-23-7)。

S10 仰义枢纽至北白象枢纽段收费设施一览表 表 7-23-7

站点名称	车道数	收费方式	备注
永嘉南	7	2 条 ETC + 5 条 MTC	2010 年开通
瓯北	5	2 条 ETC + 3 条 MTC	
仰义	7	2 条 ETC + 5 条 MTC	2011 年开通

2. 交通流量

交通流量发展状况见表 7-23-8。

S10 仰义枢纽至北白象枢纽段交通流量发展状况表(单位:pcu/d) 表 7-23-8

年份	全程加权平均值	瓯北至仰义枢纽	永嘉南至瓯北	永嘉南至永嘉枢纽
2010	5151	5704	4019	5731
2011	8384	6710	7727	10716
2012	11796	10829	10552	14007
2013	18997	19208	17741	20043
2014	13845	13318	13381	14835
2015	15844	16485	15267	15781

第二十四节 S11 乍嘉苏高速公路(嘉兴枢纽至乍浦枢纽)

乍嘉苏高速公路,编号为 S11,起于嘉兴枢纽,终于乍浦枢纽,全长 25km,于 2002 年 10 月建成通车。

S11 乍嘉苏高速公路是连接苏南经济区和杭(州)嘉(兴)湖(州)平原经济区的交通纽带。路段处于长江三角洲密集的综合运输网中,作为浙江省水运公路主干线"两纵、两横、五连"路网中的"一连"和所在区域嘉兴市"四纵五横"公路主骨架的主轴,乍嘉苏高速公路起到了将国道干线连接成网,提高路网整体效益的作用。路网位置示意图见图 7-24-1,项目信息见表 7-24-1。

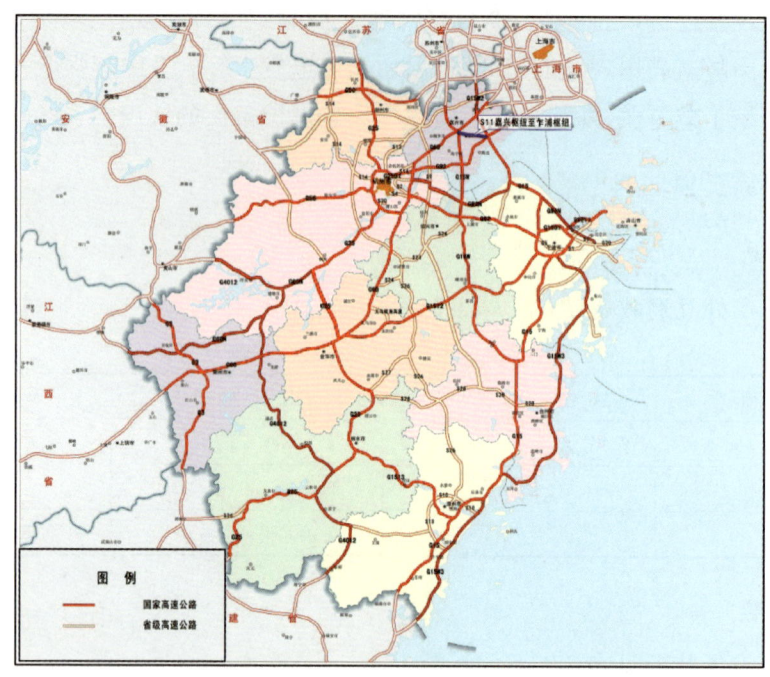

图 7-24-1　S11 乍嘉苏高速公路(嘉兴枢纽至乍浦枢纽)路网位置示意图

S11 乍嘉苏高速公路嘉兴枢纽至乍浦枢纽段项目信息采集表　　表 7-24-1

国高	项目名称	规模(km)				建设性质(新、改扩建)
		合计	八车道及以上	六车道	四车道	
S11	嘉乍高速公路	25			25	新建

设计速度(km/h)	永久占地(亩)	投资情况(亿元)				建设时间(开工~通车)
		估算	概算	决算	资金来源	
120		9.15	11.92	10.63	银行借款	1999~2002

S11 乍嘉苏高速公路(嘉兴枢纽至乍浦枢纽段)(建设期 1999—2002 年)

(一)项目概况

1. 基本情况

(1)功能定位

乍嘉苏高速公路是连接苏南经济区和杭(州)嘉(兴)湖(州)平原经济区的交通纽

带。乍嘉苏高速公路由两部分组成,嘉兴 1 号枢纽至董浜枢纽段为国家高速公路 G15w 常台高速公路的组成部分;嘉兴 1 号枢纽至乍浦枢纽为省级高速公路,编号为 S11。路段处于长江三角洲密集的综合运输网中,作为浙江省水运公路主干线"两纵、两横、五连"路网中的"一连"和所在区域嘉兴市"四纵五横"公路主骨架的主轴,乍嘉苏高速公路起到了将国道干线连接成网,提高路网整体效益的作用。

(2)技术标准

本工程采用平原微丘高速公路设计标准,全封闭、全立交,双向四车道,路基宽 28m,设计速度 120km。

(3)建设规模

乍嘉苏高速公路浙江境内建设里程长 25km,全线设互通枢纽(JCT)1 处,互通立交 5 处;收费站 6 处。详见表 7-24-2、表 7-24-3。

S11 乍嘉苏高速公路嘉兴枢纽至乍浦枢纽段桥梁汇总表 表 7-24-2

规模	名称	桥长(m)	主跨长度(m)	桥底净高(m)	跨越障碍物			梁 式 桥						
								钢筋混凝土梁桥			钢梁桥		组合梁桥		
					河流	沟谷	道路、铁路	简支梁桥	悬臂梁桥	连续梁桥	简支钢梁	连续钢梁	预弯混凝土梁	组合梁	钢管混凝土桁架梁
大桥	小桥头分离立交桥	307.74	16	4.5			√	√							
	匝道桥	201.02	25	4.2			√			√					
	福兴分离立交桥	397.72	20	4.2			√	√							
	余新互通跨线桥	248.02	25	4.5			√	√							
	余南村分离立交桥	333.74	20	4.2			√			√					
	海盐塘大桥	253.74	30	8.2	√			√							
	范罗浜分离立交桥	365.74	20	4.5			√	√							
	嘉兴枢纽 2 号桥	886.74	47.7	4.5			√	√							
	嘉兴枢纽 4 号桥	283.25	20	4.5			√			√					
	嘉兴枢纽 5 号桥	428.06	32	4.5			√			√					
	嘉兴枢纽 8 号桥	428.06	32	4.5			√			√					
	嘉兴枢纽 12 号桥	283.25	20	4.5			√			√					
	青龙桥	264.04	20	4.5	√			√							
	公铁立交	842.04	30	8.2	√		√	√							
中桥	37 座														

S11 乍嘉苏高速公路嘉兴枢纽至乍浦枢纽段路面信息汇总表　　　　表 7-24-3

路面形式	起讫里程	长度(m)	水泥混凝土路面	沥青路面
柔性路面	K0+000~K25+450	25450		沥青混凝土路面
	K100+000~K124+831	24831		沥青混凝土路面

(4) 主要控制点

海盐、凤桥、余新、嘉兴。

(5) 地形地貌

项目属平原地貌,除乍浦附近有零星残丘外,其余地势平坦,地势南高北低。

(6) 投资规模

本项目决算投资总额为 10.63 亿元,平均每公里造价 4252 万元。

(7) 开工及通车、竣工时间

1999 年 6 月 1 日开工,2002 年 10 月竣工通车使用。

2. 前期决策情况

对于项目建设,早在 1989 年,在浙江省路网规划中,就已经把乍嘉苏高速公路列入全省"两纵、两横、五连"公路网骨架的建设目标,随着我省经济的迅速发展,对公路运输要求更加紧迫,根据浙江省交通厅"九五"期间编制的《浙江省公路建设规划(1996—2010)》到 2010 年基本实现"两纵、两横、五连"公路网骨架的建设目标,浙江省交通厅在 1997 年启动乍嘉苏高速公路的建设工作。

为了使全省经济保持快速和可持续发展,为浙北地区的高速公路发展奠定基础;

(1) 1997 年 5 月 21 日,苏州、嘉兴两市人民政府在苏州签署了《关于苏嘉杭高速公路项目建设备忘录》。

(2) 1997 年 6 月 28 日,根据嘉兴市委、市政府关于《嘉苏快速通道项目(即乍嘉苏高速公路)有关情况》向省政府汇报后的指示精神,以及浙江省交通厅〔1997〕2281 号文《关于组织乍嘉王(江泾)一级公路项目前期工作的函》,乍嘉苏高速公路建设的前期工作便迅速展开。

(3) 1997 年 12 月,浙江公路水运工程咨询监理公司和浙江振越交通工程咨询有限责任公司。编制完成《乍嘉苏高速公路浙江段预可行性研究报告》。

(4) 1997 年 12 月 15 日,由浙江省交通厅组织有关专家,对"预可行性研究报告"进行了评估,因西线方案具有距离短、投资省、效益好等优点,并与嘉兴市政府、各有关方面取得共识,确定西线方案作为乍嘉苏高速公路的基本走向。

(5) 1998 年 2 月 13 日,苏州市苏嘉杭高速公路有限公司、交通部第二公路勘察设计院与嘉兴市乍嘉苏高速公路指挥部、浙江公路水运工程咨询监理公司、浙江省交通设计院,就苏浙两省接线方案举行了技术协调会议,双方对路线接线走廊达成了基本一致的意见。

(6)1998年4月,省交通设计院任务正式下达后,即组织工程技术人员,在万分之一地形图上,根据地形、地物分布情况,对推荐的西线方案进行布线,特别是"高压线"走廊(作为线位的重要控制点)。室内工作完成后,于4月20日赴嘉兴实地踏勘,根据编制工程可行性研究报告的需要,分三组展开工作。

(7)1998年4月下旬,乍嘉苏高速公路指挥部以嘉苏高指〔1998〕07号《关于乍嘉苏高速公路与机场设施相交问题处理的联系函》与嘉兴机场联系,为满足机场要求,重新制定比较线方案和各项工程计算工作,整个工作才得以顺利进行。

3. 参建单位主要情况

(1)勘察设计单位

浙江省交通规划设计研究院、中国公路工程咨询监理总公司、上海建筑设计院和嘉兴市中房建筑设计院。

(2)施工单位

铁道部第二十工程局苏州工程指挥部、上海公路桥梁工程有限公司、铁道部第三工程局(上海)华海工程公司、铁道部第十四工程局第四工程处、铁道部第四工程局第六工程处、中国第二十冶金建设公司、上海市第一市政工程有限公司、吉林省公路工程局、交通部第三航务工程局第六工程公司、中铁十四局四处公路工程公司、东盟营造工程有限公司、中铁十二局集团有限公司、北京云星雨交通工程有限公司、杭州珍琪电器有限公司、杭州交通工程集团有限公司、张家港港丰交通安全设施有限公司、杭州公路机械厂、徐州众安交通设施有限公司、杭州红盟交通设施有限公司、杭州华兴交通设施有限公司、浙江长城建设集团股份有限公司、浙江中天建设集团有限公司、龙元建设集团股份有限公司、浙江宝业建设集团有限公司。

(3)监理单位

北京市华通公路桥梁监理咨询公司、江苏华宁交通工程咨询监理公司、江苏交通工程咨询监理总公司、北京市华通公路桥梁监理咨询公司、中国公路工程咨询监理总公司、嘉兴经建工程监理有限公司。

(二)建设情况

1. 项目审批

1998年,浙计委以浙计经发〔1998〕745号文批复乍嘉苏高速公路可行性研究报告。

2. 资金筹措

(1)资本金:根据国家有关规定,大中型建设项目资本金应占工程投资的35%以上,本项目的资本金为 7.0 亿元。

(2)其余部分向银行贷款 12.308 亿元,年息 9.0%。

建设资金平衡测算见表 7-24-4。

S11 乍嘉苏高速公路嘉兴枢纽至乍浦枢纽段建设资金平衡测算表　　表 7-24-4

年份	资金支出安排			资金来源	
	用款比例(%)	用款额(亿元)	用　　途	业主资本金(亿元)	银行贷款(亿元)
1998	8	1.6	可研、立项、设计、拆迁等前期工作	1	0.6
1999	10	2	工程	1	1
2000	20	4	工程	2	2
2001	25	5	工程(含房建、连接线)	2	3
2002	33	6.6	工程设备(含房建、连接线、设备采购)	1	5.6
2003	4	0.8	设备采购、质量保证款支付		0.8
合计	100	20		7	13

3. 合同段划分

根据各专业的工程内容合同段划分见表 7-24-5。

S11 乍嘉苏高速公路嘉兴枢纽至乍浦枢纽段合同段划分一览表　　表 7-24-5

项目	合同段号	合同段所在地	工程内容及长度(km)		施工单位
一期	1 合同	平湖、南湖	土建	6.849	铁道部第二十工程局苏州工程指挥部
	2 合同	南湖	土建	6.6	上海公路桥梁工程有限公司
	3 合同	南湖	土建	8.7	铁道部第三工程局(上海)华海工程公司
	4 合同	南湖	土建	2.4	铁道部第十四工程局第四工程处
	5 合同	南湖、秀洲	土建	3.321	铁道部第四工程局第六工程处
	6 合同	秀洲	土建	6.434	中国第二十冶金建设公司
	7 合同	秀洲	土建	4.4	上海市第一市政工程有限公司
	8 合同	秀洲	土建	6.7	吉林省公路工程局
	9 合同	秀洲	土建	4.877	交通部第三航务工程局第六工程公司
二期	1 合同	平湖、南湖	土建(路面)	24.549	中铁十四局四处公路工程公司
	2 合同	南湖、秀洲	土建(路面)	25.777	东盟营造工程有限公司
	1 合同	南湖	土建(连接线)	2.3835	铁道部第三工程局(上海)华海工程公司
	2 合同	秀洲	土建(连接线)	2.165	中铁十二局集团有限公司
	1 合同	平湖、南湖、秀洲	机电	50.281	北京云星雨交通工程有限公司

续上表

项目	合同段号	合同段所在地	工程内容及长度(km)		施工单位
二期	2合同	平湖、南湖、秀洲	机电	50.281	杭州珍琪电器有限公司
	1合同	平湖、南湖	交安	24.549	杭州交通工程集团有限公司
	2合同	南湖、秀洲	交安	25.777	张家港丰交通安全设施有限公司
	3合同	平湖、南湖	交安	24.549	杭州公路机械厂
	4合同	南湖、秀洲	交安	25.777	徐州众安交通设施有限公司
	5合同	平湖、南湖	交安	24.549	杭州红盟交通设施有限公司
	6合同	南湖、秀洲	交安	25.777	杭州华兴交通设施有限公司
	1合同	秀洲	房建	王江泾收费站	浙江长城建设集团股份有限公司
	2合同	秀洲	房建	嘉兴收费站、象贤主副收费站	浙江中天建设集团有限公司
	3合同	南湖	房建	余新收费站、新篁收费站	龙元建设集团股份有限公司
	4合同	平湖	房建	乍浦收费站(现已不存在)	浙江宝业建设集团有限公司
		秀洲	房建	管理中心	浙江中天建设集团有限公司
		秀洲	房建	新塍服务区	龙元建设集团股份有限公司

4. 征地拆迁

征地拆迁统计见表7-24-6。

S11乍嘉苏高速公路嘉兴枢纽至乍浦枢纽段征地拆迁情况统计表　　表7-24-6

征地拆迁安置起止时间	征用土地 (亩)	拆迁房屋 (m²)	支付补偿费用 (元)	备　注
1998年8月~1999年6月	6998.65	189117.42	46682349	

(三)复杂技术工程

复杂技术工程主要为乍嘉苏主线桥悬臂浇筑施工技术。

悬臂浇筑施工与一般施工方法的不同之处在于悬臂现浇由两墩顶同时向合龙段浇筑,而非一次浇筑成形。因此,如何正确的施工就成为质量控制的关键。故作以下几点要求。

(1)模板安装。组装模板并校正中线,模板安装后应严格测定位置、核对高程、校正中线。注意模板应和前一节段的混凝土面平整密贴。

(2)孔道连接与定位。放置预应力孔道时要注意和前一段孔道接合严密,线形要严格满足图纸的要求,并设置足够的定位钢筋,以满足结构的受力要求。

(3)混凝土浇筑顺序。由于悬臂长度比较大,故采用先浇筑一边的底腹板后再浇筑顶板,以减小不平衡荷载,最大不平衡荷载应不超过800kN。

(4)测定高程及确定挂篮的位置。挂篮行走后要测定已完成节段的高程,为下一段高程作参考。同时测定箱梁中轴线及挂篮位置,防止挂篮转角、偏位。

(5) 浇筑完毕养护后的工作。当混凝土浇筑完毕，经养护达到设计强度的 85% 时，即可进行穿束、张拉、压浆、封锚。

(四) 科技创新

科技创新内容为水泥搅拌桩加固沪杭高速公路嘉兴段桥头软土地基试验研究。

主要技术内容：在国内首次运用计算机控制计量装置施工粉喷桩，使软土固化达到足够强度，提高了地基的承载力。同时，项目还研究了柔性荷载作用下，水泥搅拌桩与桩间土之间的相互作用关系及其规律，探讨了柔性荷载作用下的理论计算方法，确定了柔性路堤下水泥搅拌桩的设计参数。在乍嘉苏高速公路软基处理工程中推广应用。

该成果于 2001 年 8 月通过交通部科技成果鉴定，达到国内领先水平。

(五) 运营管理

1. 服务设施

服务区设置情况见表 7-24-7。

S11 乍嘉苏高速公路嘉兴枢纽至乍浦枢纽段服务区设置情况表　　表 7-24-7

服务区名称	位　　置	占 地 面 积
新塍服务区	K106+727	96 亩

2. 收费设施

本项目共设置收费站 2 座，分别是凤桥和余新 (表 7-24-8)。

S11 乍嘉苏高速公路嘉兴枢纽至乍浦枢纽段收费站点情况表　　表 7-24-8

站点名称	车 道 数	收 费 方 式	备　　注
凤桥	2+3	2 条 ETC 收费，其余是人工收费	S11
余新	2+3	2 条 ETC 收费，其余是人工收费	

3. 交通流量

交通流量发展情况见表 7-24-9。

S11 乍嘉苏高速公路嘉兴枢纽至乍浦枢纽段交通流量发展情况表（单位：pcu/d）　　表 7-24-9

年　份	全程加权平均值	余新至嘉兴枢纽	余新至凤桥	凤桥至海盐枢纽（杭浦乍嘉苏）	乍浦至海盐枢纽（乍嘉苏北接线）
2002	341	229	453		
2003	1625	1725	1525		
2004	2711	2842	2580		
2005	3707	3903	3511		

续上表

年份	全程加权平均值	余新至嘉兴枢纽	余新至凤桥	凤桥至海盐枢纽（杭浦乍嘉苏）	乍浦至海盐枢纽（乍嘉苏北接线）
2006	3945	4302	3589		
2007	4256	4709	3803		
2008	12504	12344	11462	11165	15046
2009	23131	22864	22089	21176	26395
2010	24390	26694	25649	24588	20631
2011	26577	30053	28724	27645	19888
2012	27438	29071	27018	26225	0
2013	26502	28558	25901	25047	0
2014	23662	25905	23002	22078	0
2015	23833	26257	23107	22134	0

第二十五节 S12申嘉湖高速公路
[沪浙省界(姚庄)至湖州枢纽]

申嘉湖高速公路，编号为S12，起于沪浙省界(姚庄)，途径浙江省嘉兴市、湖州市，终于湖州枢纽，全长193km，建成段全长101公里，依次由以下两段组成：申嘉湖高速公路[沪浙省界(姚庄)至湖州枢纽]、申嘉湖高速公路西延[湖州枢纽至浙皖省界(杭垓)]，其中申嘉湖高速公路段于2008年1月建成通车，申嘉湖高速公路西延尚未建成。

S12申嘉湖高速公路是围绕"长三角经济圈"由浙江通往上海的五条大通道之一，也是浙江省公路网规划"两纵两横十八连三绕三通道"中"十八连"中的"一连"。路网位置示意图见图7-25-1，建设项目信息见表7-25-1。

S12申嘉湖高速公路沪浙省界(姚庄)至湖州枢纽段建设项目信息采集表　表7-25-1

序号	国高	项目名称	规模(km)				建设性质（新、改扩建）
			合计	八车道及以上	六车道	四车道	
1	S12	申嘉湖高速公路嘉兴段	59.10		59.10		新建
2		申嘉湖高速公路湖州段	41.98		1.8	40.18	新建

续上表

序号	国高	设计速度(km/h)	永久占地(亩)	投资情况(亿元)				建设时间(开工~通车)
				估算	概算	决算	资金来源	
1		120						2004.11~2008.1
2	S12	120	4736.65	30.92	33.84	32.59	本项目资金自筹总投资：317855.86万元，其中资本金35%，为股东投资；其余65%为银行融资	2004.9~2008.1

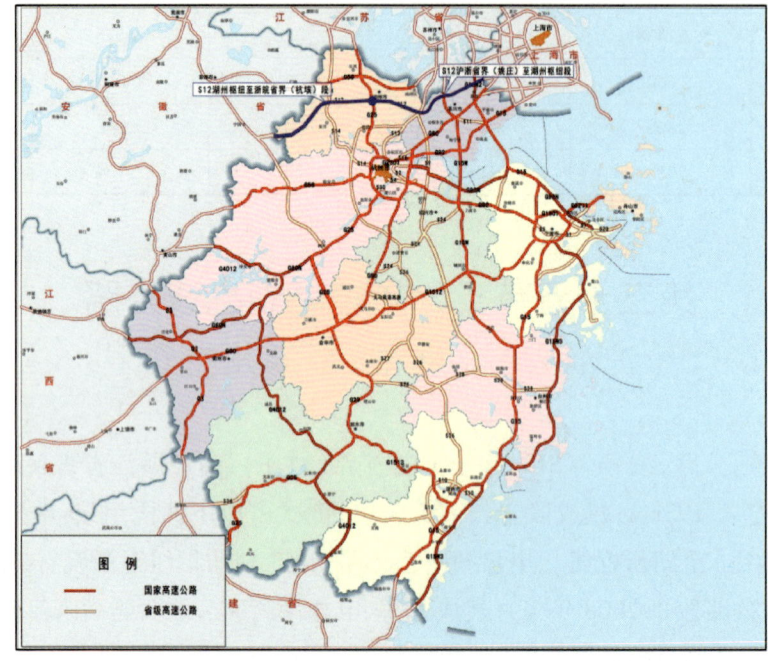

图 7-25-1　S12 申嘉湖高速公路[沪浙省界(姚庄)至湖州枢纽]路网位置示意图

S12 申嘉湖高速公路[沪浙省界(姚庄)至湖州枢纽段](建设期 2004—2008 年)

（一）项目概况

1. 基本情况

（1）功能定位

申嘉湖高速公路是围绕"长三角经济圈"由浙江通往上海的五条大通道之一，也是浙江省公路网规划"两纵两横十八连三绕三通道"中"十八连"中的一连。全线由申嘉湖高速公路嘉兴段、湖州段组成。申嘉湖高速公路的建设对于打造"畅通浙江"、完善浙江北部乃至长三角区域落网均有着实际意义。

(2)技术标准

设计速度120km/h,双向六车道,路基宽为35.0m。

(3)建设规模

申嘉湖高速公路东与上海S32高速公路相接,直通浦东国际机场,向西横跨乍嘉苏(观音桥枢纽),一期工程终点为杭宁高速公路(鹿山枢纽),于2008年1月建成通车。设浙沪、姚庄、西塘、洪溪、油车港、王江泾、新塍、濮院、乌镇、南浔南、双林、湖州东12个收费站,嘉善、南浔两对服务区。全长100.978km,其中湖州段41.978km。

(4)主要控制点

申嘉湖高速公路主要控制点包括浙沪、姚庄、西塘、洪溪、油车港、王江泾、新塍、濮院、乌镇、南浔、双林、湖州。

(5)地形地貌

项目属位于杭嘉湖平原,地势低洼平坦,视野开阔。

(6)投资规模

湖州段项目决算32.59亿元。

(7)开工及通车、竣工时间

申嘉湖高速公路于2008年1月建成通车。详见表7-25-2～表7-25-4。

2. 前期决策情况

3. 参建单位主要情况

(1)勘察设计单位

中交第一公路勘察设计研究院、浙江交通勘察设计有限公司。

(2)施工单位

浙江省衢州市交通建设集团有限公司、浙江宏途交通建设有限公司、中天路桥有限公司、路桥华祥国际工程有限公司、浙江省交通工程建设集团有限公司、杭州市交通工程集团有限公司、中铁十二局集团第四工程有限公司、东盟营造有限公司、浙江省交通工程建设集团第三交通工程有限公司、杭州市交通工程集团有限公司、浙江交通设施有限公司、浙江安吉银龙交通设施厂、宁波海逸园林工程有限公司、杭州市萧山三力绿化建设有限公司、中天建设集团有限公司、浙江德盛建设集团有限公司、浙江汇宇营建集团建筑营造有限公司、中咨泰克交通工程有限公司、中铁一局电务工程公司。

(3)监理单位

杭州交通工程监理咨询有限公司、广西八桂交通工程监理咨询有限公司、浙江方正建设监理咨询有限公司、江苏伟信工程咨询有限公司。

浙 江

S12 申嘉湖高速公路[沪浙省界（姚庄）至湖州枢纽段]桥梁汇总表

表 7-25-2

规模	名称	桥长(m)	主跨长度(m)	桥底净高(m)	跨越障碍物-河流	跨越障碍物-沟谷	跨越障碍物-道路、铁路	钢筋混凝土梁桥-简支梁桥	钢筋混凝土梁桥-悬臂梁桥	钢筋混凝土梁桥-连续梁桥	钢梁-简支钢梁	钢梁-连续钢梁	预弯混凝土梁	组合梁桥-组合梁	钢管混凝土拱架梁
特大桥	平黎公路高架桥	1233	35							√					
	芦墟塘大桥	1198	80		√					√				√	
	和尚塘大桥	1041	90		√					√				√	
	乌镇南高架桥	2648	90		√					√				√	
	仟嘉苏跨主线桥	1297	80				√			√					
	观音桥互通I匝道	1174	80				√			√					
	练市高架桥	2008	80	7			√			√					
	双林高架桥	1636	90							√					
	跨湖盐公路主线桥	1074	35	7	√		√			√					
	主线桥	1261	35		√					√					
大桥	白滩港大桥	568	80		√			√							
	分离立交	416	30				√			√					
	东鹏港大桥	105	20		√					√					
	姚庄互通A1匝道桥	107	20		√					√					
	姚庄互通A2匝道桥	382	25		√		√			√					
	姚庄互通B匝道桥	127	20				√			√					
	车行天桥	257	25				√			√					
	车行天桥	307	25				√			√					
	车行天桥	307	25		√		√			√					
	陆斜塘大桥	638	30		√					√					
	西塘互通A2匝道桥	307	25				√			√					

续上表

规模	名称	桥长(m)	主跨长度(m)	桥底净高(m)	跨越障碍物			钢筋混凝土梁桥			梁式桥				组合桥	
					河流	沟谷	道路、铁路	简支梁桥	悬臂梁桥	连续梁桥	钢梁简支钢梁	连续钢梁	预弯混凝土梁	组合梁	钢管混凝土桁架梁
大桥	西塘互通A3匝道桥	317	30				√			√					
	林家塘大桥	107	25		√					√					
	白老鼠湾大桥	278	30		√					√					
	车行天桥	442	30				√			√					
	天凝互通A匝道桥	397	30				√			√					
	分离立交	495	32				√			√					
	杨庙港大桥	278			√					√					
	车行天桥	307	30		√					√					
	嘉澄线大桥	432	25		√					√					
	油车港互通A匝道桥	322	25				√			√					
	嘉兴—油车港分离立交	908	30				√			√				√	
	车行天桥	307	25		√					√					
	京杭古运河大桥	898	80		√					√					
	07省道跨线桥	848	35				√			√					
	王江泾互通A1匝道桥	307	25				√			√					
	王江泾互通A2匝道桥	317	30				√			√					
	嘉桃线大桥	257	25		√					√					
	和尚荡大桥	758	30		√					√				√	
	观音桥互通A匝道桥	156	13				√			√					
	观音桥互通B匝道	421	80				√			√					
	观音桥互通C匝道	473	30				√			√					

续上表

规模	名称	桥长(m)	主跨长度(m)	桥底净高(m)	跨越障碍物 河流	跨越障碍物 沟谷	跨越障碍物 道路、铁路	梁式桥 钢筋混凝土梁桥 简支梁桥	梁式桥 钢筋混凝土梁桥 悬臂梁桥	梁式桥 钢筋混凝土梁桥 连续梁桥	梁式桥 钢梁桥 简支钢梁	梁式桥 钢梁桥 连续钢梁	组合梁桥 预弯混凝土梁	组合梁桥 组合梁	组合梁桥 钢管混凝土桥架梁
大桥	观音桥互通D匝道	133	13				√			√					
	观音桥互通E匝道	150	25				√			√					
	观音桥互通F匝道	104	13				√			√					
	观音桥互通H匝道	488	80				√			√					
	车行天桥	307	25				√			√					
	分离立交	382	25							√					
	虎啸沃大桥	458	30		√					√					
	新塍互通A匝道桥	337	30		√					√					
	新塍—铜锣分离立交	778	30		√		√			√					
	严墓塘大桥	282	25		√					√					
	车行天桥	267	30							√					
	芦花沃大桥	248	30		√					√					
	分离立交	317	30							√				√	
	分离立交	500	40		√					√					
	北永兴港大桥	278	30		√		√			√					
	北永兴港	157	30				√			√					
	濮院互通A匝道桥	337	30							√					
	车行天桥	317	30				√			√					
	车行天桥	307	25				√			√					
	车行天桥	332	25				√			√					
	乌镇互通A1匝道桥	312	30							√					

续上表

规模	名称	桥长(m)	主跨长度(m)	桥底净高(m)	跨越障碍物			梁式桥					组合梁桥		钢管混凝土拱梁桥
					河流	沟谷	道路、铁路	钢筋混凝土梁桥			钢梁桥		预弯混凝土梁	组合梁	
								简支梁桥	悬臂梁桥	连续梁桥	简支钢梁	连续钢梁			
大桥	乌镇互通A2匝道桥	313	42							√					
	车行天桥	398	30				√			√					
	京杭运河大桥	830.6	90		√					√					
	郑家兑大桥	104.5	20		√			√							
	大虹大桥	518.2	30	4.5	√										
	跃进河大桥	382.4	25		√										
	跨老湖盐公路主线桥	878.2	30	5			√								
	分离立交	507.4	18	6			√			√					
	分离立交	417.4	30	5			√			√					
	分离立交	406.6	25	6.3			√			√					
	车行天桥	256.6	30				√			√					
	分离立交	466.6	30	5.2			√			√					
	分离立交	466.6	30				√			√					
	A匝道桥	316.8	30	5			√			√					
	A匝道1号桥	397.8	25	5			√			√					
	A匝道2号桥	325.8	25	5			√			√					
	被交路跨主线桥	428.2	30	5			√			√					
	CRK0+127.916大桥	105.1	—				√			√					
	A匝道1号桥	306.8	25				√			√					
	A匝道2号桥	468.5	25	5			√			√					
	F匝道桥	123.4	20	5			√			√					

续上表

规模	名称	桥长(m)	主跨长度(m)	桥底净高(m)	跨越障碍物			钢筋混凝土梁桥			梁式桥 钢梁		预弯混凝土梁	组合梁桥	钢管混凝土桁架梁
					河流	沟谷	道路、铁路	简支梁桥	悬臂梁桥	连续梁桥	简支钢梁	连续钢梁		组合梁	
大桥	G匝道桥	152.3	25	5			√			√					
	CRK0+307大桥	400	30				√			√					
	庵山枢纽A匝道桥	198.4	18				√			√					
	B匝道桥	807.6	30				√			√					
	C匝道桥	128.4	25				√			√					
	D匝道桥	203.4	25				√			√					
	下庄桥	128.66	—		√			√							
	倪家滩大桥	204.6	20		√			√							
	早塘荡大桥	132.4	25		√					√					
	白鱼溪大桥	608.2	30	7	√			√							
	夏家村大桥	104.5	20		√			√							
	永佰大桥	104.5	20		√					√					
	杭湖溪线大桥	907.8	100	7			√			√					
	东苕溪线大桥	828.2	100	7			√			√					
	鹿山大桥	289	30							√					
	跨104国道桥	668.2	30	7			√			√					
中桥	71座														

S12申嘉湖高速公路隧道汇总表

表 7-25-3

规模	名称	隧道全长(m)	隧道净宽(m)	隧道分类					备注
				按地质条件划分		按所在区域划分			
				土质隧道	石质隧道	山岭隧道	水底隧道	城市隧道	
短隧道	青山坞隧道(左洞)	460	14.75		√	√			
	青山坞隧道(右洞)	460	14.75		√	√			

S12申嘉湖高速公路路面信息汇总表

表 7-25-4

路面形式	起讫里程	长度(m)	水泥混凝土路面	沥青路面
柔性路面	嘉兴段(上下行整路段)	59100		沥青混凝土路面
	S12湖州段	41978		沥青混凝土路面

(二)建设情况

1. 项目审批

该项目严格执行了交通基本建设程序,具体如下:

(1)2004年,浙设计函〔2004〕6号文,批复《关于申嘉湖高速公路嘉兴段工程可行性研究》。

(2)2004年,浙设计函〔2004〕7号文,批复《关于申嘉湖高速公路湖州段工程可行性研究》。

2. 资金筹措

申嘉湖高速公路湖州段资金自筹总投资:317855.86万元,其中资本金占35%,为股东投资;其余65%为银行融资。

3. 合同段划分

合同段划分见表7-25-5。

S12申嘉湖高速公路[沪浙省界(姚庄)至湖州枢纽段]标段划分情况表

表 7-25-5

标段号	标段所在地	工程内容及长度	施工单位
H1	浙江湖州	土建,K59+000~K64+000	浙江省衢州市交通建设集团有限公司
H2	浙江湖州	土建,K64+000~K67+800	浙江宏途交通建设有限公司
H3	浙江湖州	土建,K67+800~K73+900	中天路桥有限公司
H4	浙江湖州	土建,K73+900~K78+400	路桥华祥国际工程有限公司
H5	浙江湖州	土建,K78+400~K88+200	浙江省交通工程建设集团有限公司
H6	浙江湖州	土建,K88+200~K93+700	杭州市交通工程集团有限公司
H7	浙江湖州	土建,K93+700~K99+100	中铁十二局集团第四工程有限公司
H8	浙江湖州	土建,K99+100~K100+978	东盟营造有限公司
H9	浙江湖州	土建,K59+000~K78+400	浙江省交通工程建设集团第三交通工程有限公司

续上表

标段号	标段所在地	工程内容及长度	施工单位
H10	浙江湖州	土建,K78+400~K100+978	杭州市交通工程集团有限公司
H11	浙江湖州	交安设施,K59+000~K78+400	浙江交通设施有限公司
H12	浙江湖州	交安设施,K78+400~K100+978	浙江安吉银龙交通设施厂
H13	浙江湖州	绿化,K59+000~K78+400路段主线中分带、预留车道、绿色通道、互通、收费站、管理中心等	宁波海逸园林工程有限公司
H14	浙江湖州	绿化,K78+400~K100+978路段主线中央分隔带、预留车道、绿色通道、服务区、收费站、养护工区、隧道管理房、隧道进出口、互通、枢纽、上边坡等	杭州市萧山三力绿化建设有限公司
H15	浙江湖州	房建,和孚所、双林所、南浔南所	中天建设集团有限公司
H16	浙江湖州	房建,南浔服务区	浙江德盛建设集团有限公司
H17	浙江湖州	房建,管理中心	浙江汇宇营建集团建筑营造有限公司
JD1	浙江湖州	机电,全线收费、通信、监控三大系统	中咨泰克交通工程有限公司
JD2	浙江湖州	照明、供电工程	中铁一局电务工程公司

4. 征地拆迁

征地拆迁见表 7-25-6。

S12 申嘉湖高速公路[沪浙省界(姚庄)至湖州枢纽段]征地拆迁情况统计表　表 7-25-6

项目	征地拆迁安置起止时间	征用土地（亩）	拆迁房屋（m²）	支付补偿费用（亿元）	备注
嘉兴段	2004.9~2008.1	10231.3215	362959	20.46	
湖州段	2004.9~2008.4	4785.381	276792.33	2.31	数据来自《申嘉湖高速公路湖州段工程土地专项验收意见》

(三) 复杂技术工程

复杂技术工程主要为青山坞隧道、练市高架桥、双林高架桥、跨湖盐公路主线桥、鹿山枢纽主线桥。

1. 青山坞隧道

青山坞隧道,中心桩号为 K98+320,入口桩号为 K98+090,出口桩号为 K98+550,总长为 460m(图 7-25-2)。隧道采用双洞单向,设双侧检修道,检修道宽 0.75m,隧道断面净宽 14.75m,其构成为:0.75m+0.75m+3×3.75m+1.25m+0.75m,建筑限界高度 5m。外轮廓设计考虑结构受力良好、行车道净空和通风照明、消防及其他营运管理所需空间,采用三心圆,半径 $R_1=850cm$、$R_2=600cm$。

图 7-25-2　青山坞隧道

2. 练市高架桥

练市高架桥起点桩号 K64+418.9,终点桩号 K66+427.1,桥梁全长 2008.20m,主桥为主跨 80m 的预应力混凝土变截面连续箱梁,其跨径组合为(45+80+45)m(图 7-25-3)。引桥为 11 联跨径 30m 与 1 联跨径 35m 的装配式部分预应力混凝土连续箱梁,其中上海侧为(5×30m)共 1 联,湖州侧为 8×(5×30m)+(6×35m)+(5×30m)+(4×30m)共 11 联。

图 7-25-3　练市高架桥

(1)主桥采用临时支座及精轧螺纹粗钢筋使梁、墩临时固结,按悬臂浇筑法施工,合龙后经体系转换成连续体系。

(2)浇筑墩身混凝土时应注意预埋支架临时固结件,梁墩临时固结及体系转换。

(3)悬臂浇筑时,应严格控制浇筑梁段混凝土的超方量,减小不平衡自重的影响。

(4)在浇筑边跨现浇段,应观测支架的变形及沉降,并应采取措施使现浇段与悬臂端高程及轴线的偏差最小且将边跨底板纵向预应力钢束张拉时的摩阻力。

(5)为保证通航船只的安全,施工期的基础开挖阶段沙村河满足防洪要求,主桥上下部施工时,必须采取可靠措施,注意开挖时对河堤的防护及基坑的支护。

3. 双林高架桥

双林高架桥上部结构主桥为 55m+90m+55m 变截面预应力混凝土连续梁,引桥为跨径 30m 装配式部分预应力混凝土连续箱梁;下部结构采用柱式墩、肋式台,基础采用钻孔灌注桩基础(图7-25-4)。

图 7-25-4　双林高架桥

主桥为三跨 PC 变截面连续箱梁,施工采用挂篮施工,必须对称平衡浇筑施工,各单 T 梁浇筑至最大悬臂,浇筑边跨合龙段,解除墩梁临时固结并拆除中墩及边墩的所有托(支)架,浇筑中跨合龙段,完成体系转换,成为三跨 PC 连续箱梁。

箱梁浇筑过程中,应严格控制箱梁线形,悬臂浇筑过程中,应按施工控制文件要求,在每个块件的前端顶、底板布设测点及箱内埋设有关测试元件,加强变形观测,对箱梁高程、线形及轴线等进行控制调整。

合龙段采用劲性骨架合龙,视实际控制情况在悬臂端加压水箱,在一天中气温最低时,在尽可能短的时间内,采用平衡施工法浇筑合龙段混凝土。合龙段劲性骨架要求焊接迅速完成,并形成刚接。焊接时在预埋件周边混凝土上浇水降温,避免烧伤混凝土。合龙段混凝土达到设计强度的 90% 后方可进行合龙段预应力钢束张拉。

进行体系转换时,先用电热烧融硫黄砂浆,并凿去多余混凝土块,再用砂轮切割预应力粗钢筋并磨光,将梁体自重传给已安装的永久支座,最后用砂浆抹平混凝土表面,并解除活动之外的临时锁定,完成体系转换。

4. 跨湖盐公路主线桥

起点桩号为 MRK90+406.024,终点桩号为 MRK91+479.667,桥梁总长 1073.643m。桥梁孔径布置为 $4\times30m+4\times30m+(2\times21.893m+35m+2\times29.444m)+(28.469m+4\times30m)+3\times(6\times30)m$(图7-25-5)。

为减轻安装重量和增加横向整体性,在各箱梁之间设横向湿接缝,同现浇行车道板同时现浇,每联伸缩缝处端横梁与箱梁同时预制,各中间墩顶横梁采用现浇。

图 7-25-5　跨湖盐公路主线桥

装配式预应力混凝土连续箱梁端部在箱内侧方向加厚，腹板内预应力钢束除竖向弯起外，在主梁加厚段尚有平面弯曲。

施工要点：材料；装配式预应力混凝土连续箱梁预制；装配式预应力混凝土连续箱梁堆放及架设；装配式箱梁施工工艺流程；连续箱梁施工；预应力施工质量管理；桥面铺装、护栏施工；桥墩、桩基础施工；钢筋施工。

5. 鹿山枢纽主线桥

起点桩号 MRK100+255.497，终点桩号为 MRK101+521.481，桥梁总长 1256.984m（图7-25-6）。现浇预应力混凝土连续箱梁。桥梁分跨线均按径向布置。桥梁上部结构采用单箱多室断面箱梁，梁高除第六联为 2.2m，其余均为 1.6m。箱梁顶板横坡与桥面横坡一致，各腹板铅直，箱梁底板横向为直线，其横坡由箱梁两边腹板外侧底缘连线形成。本桥各联均为预应力混凝土结构。

图 7-25-6　鹿山枢纽主线桥

下部结构采用混凝土盖梁,柱式桥墩,钻孔桩基础。桥台采用桩柱式桥台。

连续箱梁施工采用满堂支架现场浇筑施工,预应力混凝土连续箱梁除为抵消支架变形而设置预拱,支架不另设预拱。

(四)科技创新

1. 真空网点吸水联合堆载预压法地基处理

现场真空网点吸水联合堆载预压法地基处理试验研究,并对该方案进行理论分析与研究。

2. 高速公路软基路堤动态控制技术及适用性研究

项目贯穿杭嘉湖平原,沿线水网交织,地质情况较为复杂,软土路基约占路线总长的50%,为切实处理好本项目的软土路基处理。本研究以浙江申嘉湖杭高速公路工程为依托,研究其动态控制技术的实施过程、实施办法,包括数据的获取、沉降的分析和建议等内容,以及在实际工程中如何合理应用等关键技术。该成果获2010年度浙江省公路学会科学技术三等奖。

3. 复合桥面沥青混凝土铺装结构耐久性研究

对国内水泥混凝土沥青混凝土桥面铺装的研究概况,在现场调查及力学分析基础上,对水泥混凝土桥沥青铺装层的主要破坏类型及其损坏原因进行了分析归纳和总结,明确了桥面铺装材料设计时应注意的几个关键问题。然后着重从提高铺面材料性能方面入手进行研究,通过大量的室内试验比较了不同沥青和混合料级配类型的铺装层材料的性能,并选择了三种不同的防水黏结层材料进行了抗剪强度和拉拔强度测试,最终选择出性能较优的防水黏结层材料和沥青混合料应用于工程实践,以有效减小桥面铺装早期损坏,提高耐久性。该成果获2009年度中国公路学会科学技术二等奖。

4. 中央分隔带应急口设置防撞式活动护栏(折叠型)

设置该型号护栏具有:开口及维修方便、防撞等级A级、防风、防盗、可安装防眩板、外形美观。该项利用实用新型发明专利(专利号ZL200620080343.4)。

5. 无堵塞潜水自吸排水泵系统

解决沿线部分下挖通道积水问题,方便通道处村民正常通行。保证通道行驶安全,消除安全隐患。

6. 路面全线中下面层采用Superpave技术

新型沥青路面技术应用,该技术从级配设计、材料选择和试验、施工实践和试验方法等方面进行研究。克服了沥青路面永久变形或车辙,克服导致路面龟裂的疲劳开裂和低温开裂。

Superpave 基本上达到嵌挤、密实、不渗水、耐久,高温稳定性好。

7. 项目信息管理系统的运用

本管理系统的开发应用为提升管理效能建设和质量控制实现管理手段的现代化,为全面建设"数字化高速公路"提供了可能。

8. 小箱梁预制底模采用镜面模板,预应力管道压浆统一采用真空吸浆法

该法全面提升了结构物的内在和外观质量。

(五)运营养护管理

1. 服务设施

服务设施见表 7-25-7。

S12 申嘉湖高速公路[沪浙省界(姚庄)至湖州枢纽段]服务区设置情况表 表 7-25-7

服务区名称	位 置	占 地 面 积
嘉善服务区		87332m²
南浔服务区	S12,K82	142.731 亩

2. 收费设施

收费设施见表 7-25-8。

S12 申嘉湖高速公路[沪浙省界(姚庄)至湖州枢纽段]收费站点设置情况表 表 7-25-8

站 点 名 称	车 道 数	收 费 方 式
申嘉湖浙沪北主线	36	人工与 ETC 相结合
申嘉湖姚庄	6	人工与 ETC 相结合
申嘉湖西塘	8	人工与 ETC 相结合
申嘉湖天凝	6	人工与 ETC 相结合
申嘉湖油车港	6	人工与 ETC 相结合
申嘉湖王江泾	8	人工与 ETC 相结合
申嘉湖新塍	6	人工与 ETC 相结合
申嘉湖濮院	6	人工与 ETC 相结合
申嘉湖乌镇	8	人工与 ETC 相结合
湖州东	6+2	人工 + ETC
双林	6+2	人工 + ETC
南浔南	4+2	人工 + ETC

3. 交通流量

交通流量见表 7-25-9。

S12 申嘉湖高速公路[沪浙省界(姚庄)至湖州枢纽段]交通流量发展状况表（单位：pcu/d）

表 7-25-9

年份	全程加权平均值	姚庄至浙沪北主线	西塘至姚庄	天凝至西塘	油车港至天凝	王江泾(嘉兴北)至油车港	王江泾(嘉兴北)至观音桥枢纽	新塍至观音桥枢纽	濮院至新塍	乌镇至濮院	乌镇至嘉湖分界	嘉湖分界至练市枢纽	南浔南至练市枢纽	双林至南浔南	湖州东和孚至双林	湖州东和孚至鹿山枢纽
2008	4845		1079	2111	3027	3167	5165	7684	7364	6036			6062	5859	5740	
2009	7273	2734	3210	3880	4915	5012	8012	11795	11279	9134			9328	9036	8948	
2010	14055	10584	11122	11169	12133	12013	15332	21192	20416	17436	18552	18552	10972	10576	10299	10473
2011	19166	14546	15311	15370	16318	15990	19482	28704	27965	25884	26606	26606	14147	13697	13214	13659
2012	21591	16590	16523	17092	17936	17563	21023	32498	31642	30409	31338	31338	15537	14965	14188	15227
2013	25017	19775	19017	20038	20564	20211	23635	39404	38429	36537	36068	36068	17076	16202	15263	16969
2014	29206	24306	23313	24206	25131	24844	28263	44483	43273	42130	41104	41104	19577	18561	17528	20269
2015	31693	24468	24986	25955	27171	26655	30008	48027	46740	45929	45279	45279	22394	21283	20266	20960

第二十六节 S13 练杭高速公路
（练市枢纽至崇贤枢纽段）

S13 练市至杭州高速公路，简称练杭高速公路（即申嘉杭高速公路练杭段），编号为 S13，起于练市枢纽，终于崇贤枢纽，全长 51km，于 2010 年 2 月全线通车。

申嘉湖（杭）高速公路是围绕"长三角经济圈"由浙江通往上海的五条大通道之一，也是浙江省公路网规划"两纵两横十八连三绕三通道"中"十八连"中的一连。全线由申嘉湖高速公路嘉兴段、湖州段和申嘉杭高速公路练杭段组成。路网示意图如图 7-26-1 所示，建设项目信息如表 7-26-1 所示。

S13 练杭高速公路（练市枢纽至崇贤枢纽段）（建设期 2006—2010 年）

（一）项目概况

1. 基本情况

（1）功能定位

第七章
高速公路建设项目

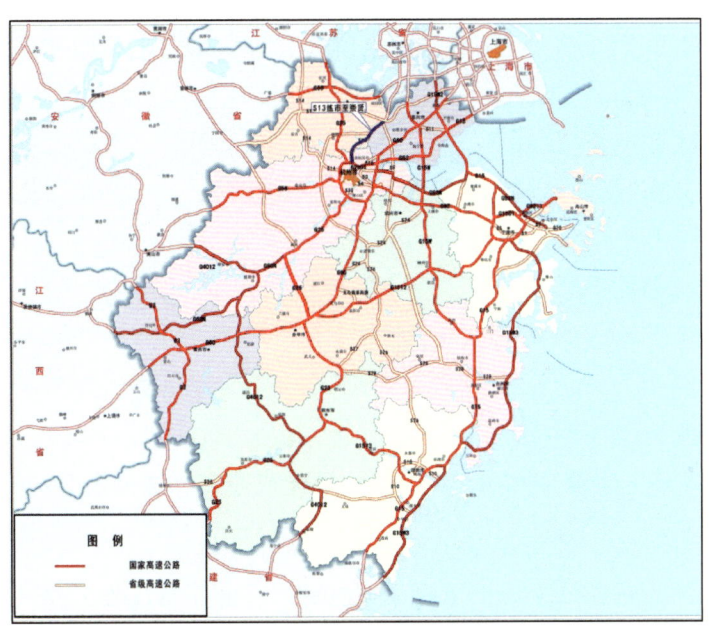

图 7-26-1 S13 练杭高速公路(练市枢纽至崇贤枢纽段)路网位置示意图

S13 练杭高速公路(练市枢纽至崇贤枢纽段)建设项目信息采集表　　表 7-26-1

国高	项目名称	规模(km)				建设性质(新、改扩建)	设计速度(km/h)	永久占地(亩)	投资情况(亿元)				建设时间(开工~通车)
		合计	八车道及以上	六车道	四车道				估算	概算	决算	资金来源	
S13	申嘉湖杭高速公路练市枢纽至崇贤枢段	50.934				新建	120	4870.29	42.99	45.59	51.96	资金自筹,总投资 45.57 亿元,其中资本金 35% 股东投资,其余 65%,银行融资	2006.10~2010.2

申嘉湖(杭)高速公路是围绕"长三角经济圈"由浙江通往上海的五条大通道之一,也是浙江省公路网规划"两纵两横十八连三绕三通道"中"十八连"中的一连。全线由申嘉湖高速公路嘉兴段、湖州段和申嘉杭高速公路练杭段组成。

申嘉湖杭高速公路练杭段又名练杭高速公路,主要服务浙西北进出上海。

(2)技术标准

申嘉杭高速公路练杭段主要技术指标:设计速度 120km/h,双向四车道高速公路,设计速度 120km/h,路基宽 28m;练市枢纽范围为双向六车道高速公路(路基、桥涵、路面按四车道标准一次性建成)。

(3)建设规模

申嘉杭高速公路练杭段北接申嘉湖高速公路(练市枢纽),南接杭州绕城高速公路(崇贤枢纽),下设练市、桐乡西、新市、新安、雷甸、塘栖、崇贤七个收费站,德清(新市)服务区,全长约50.934km。

(4)主要控制点

练市、河山、新市、新安、雷甸、塘栖和崇贤7个乡镇。

(5)地形地貌

项目属位于杭嘉湖平原,地势低洼平坦,视野开阔。

(6)投资规模

工程投资概算45.59亿元,调整概算为52.21亿元,竣工决算为51.96亿元。

(7)开工及通车、竣工时间

2006年10月开工建设,于2010年2月6日建成通车。详见表7-26-2、表7-26-3。

2. 前期决策情况

本项目作为浙江省通往上海的五条大通道之一,也是浙江省公路网规划"两纵两横十八连三绕三通道"中"十八连"中的一连。这一项目的建设将进一步加强浙江北部地区与上海市的联系,加速该地区融入"长三角"进程,强化和扩大嘉兴市作为接轨大上海的前沿地位。

3. 参建单位主要情况

(1)勘察设计单位

浙江交通勘察设计有限公司、中交第一公路勘察设计研究院。

(2)施工单位

江苏镇江市路桥工程总公司、浙江省交通工程建设集团第三交通工程有限公司、浙江交工路桥建设有限公司、浙江省交通工程建设集团有限公司、杭州市交通工程集团有限公司、浙江省宏途交通建设有限公司、浙江正方交通集团建设有限公司、江苏润扬交通工程集团有限公司、广东省佛山公路工程有限公司、路桥集团三公路工程有限公司、浙江交通设施有限公司、余姚市交通标志设施有限公司、杭州市园林工程有限公司、宁波汇绿园林建设有限公司、中天建设集团有限公司、浙江东阳建工集团有限公司、重庆市华弛交通科技有限公司、浙江泰仑电力集团有限责任公司。

(3)监理单位

江苏华宁交通工程咨询监理公司、杭州交通工程监理咨询有限公司、浙江公路水运工程监理有限公司、长沙华南交通工程咨询监理公司、浙江江南工程管理有限公司、江苏伟信工程咨询公司。

第七章 高速公路建设项目

表 7-26-2 S13 练杭高速公路（练市枢纽至崇贤枢纽段）桥梁汇总表

规模	名称	桥长(m)	主跨长度(m)	桥底净高(m)	跨越障碍物 河流	跨越障碍物 沟谷	跨越障碍物 道路、铁路	梁式桥 钢筋混凝土梁桥 简支梁桥	梁式桥 钢筋混凝土梁桥 悬臂梁桥	梁式桥 钢筋混凝土梁桥 连续梁桥	梁式桥 钢梁 简支钢梁	梁式桥 钢梁 连续钢梁	组合梁桥 预弯混凝土梁	组合梁桥 组合梁	钢管混凝土桁架梁
特大桥	横塘港大桥	1040	144	7	√										
	京杭运河 1 号大桥	1166	100	7	√					√					
	京杭运河 2 号大桥	1059	120	7	√					√					
	塘栖主线桥	1509	30	5	√										
	余杭高架桥	5175	30	—			√			√					
	崇贤枢纽主线桥	1302.33	27.7	—			√	√		√					
	枢纽主线桥	593.5	29	8			√	√		√					
	湖盐公路分离式立交	465.44	20	5			√	√							
	练市枢纽 A 匝道 2 号桥	524	24	—			√					√			
大桥	练市枢纽 A 匝道 D 匝道桥	162.36	20	—	√			√							
	练市枢纽 F 匝道桥	182.53	20	—	√					√					
	新市南塘大桥	346	30	4			√	√							
	练市互通 A 匝道桥	320.04	27	5									√		
	天河大桥	左:145.44 右:85.44	20	5	√										
	洪圣里大桥	653	70	7	√			√							
	长秀大桥	101.44	22	4	√										
	寺后汶大桥	476	30	6	√									√	
	桐德公路分离立交桥	600	20	5			√	√					√		
	坝桥村大桥	100	20	7	√			√							
	桐乡 A 匝道 1 号桥	290	27	5			√						√		

续上表

	名称	桥长(m)	主跨长度(m)	桥底净高(m)	跨越障碍物			钢筋混凝土梁桥			梁式桥 钢梁		预弯混凝土梁	组合梁桥	
					河流	沟谷	道路、铁路	简支梁桥	悬臂梁桥	连续梁桥	简支钢梁	连续钢梁		组合梁	钢管混凝土拱桥梁
规模 大桥	桐乡A匝道桥	334	20	5						√					
	东港大桥	276	30	4	√			√							
	练市南互通车行天桥	385.48	40	5			√			√					
	河山互通主线天桥	278.02	25	6			√			√					
	大练公路分离立交桥	485	40	5			√								
	伍子车行天桥	388.04	70	5			√	√							
	河善公路车行天桥	396.04	30	5			√								
	柏树下车行天桥	348.04	70	5			√			√					
	互通A匝道桥	406.04	35	1			√	√							
	南桥头大桥	165.44	20	6	√										
	韶塘分离立交桥	485.44	20	5			√	√							
	长湾漾桥	265.44	20	6	√					√					
	霍家埭桥	365.44	20	—	√								√		
	新安A匝道2号桥	380.04	27	5			√	√					√		
	雷甸A匝道4号桥	358	27	5			√	√							
	柏树下大桥	265.44	20	—	√			√							
	王家里大桥	425.48	20	—	√				√						
	大麦里漾桥	165.48	20	—	√			√							
	潘家埭大桥	285.44	320	—	√							√			
	油车角大桥	105.48	20	—	√				√						
	横港大桥	125.48	20	—	√				√						

第七章 高速公路建设项目

续上表

规模	名称	桥长(m)	主跨长度(m)	桥底净高(m)	跨越障碍物			钢筋混凝土梁桥			梁式桥 钢梁		组合梁		钢管混凝土桁架梁
					河流	沟谷	道路、铁路	简支梁桥	悬臂梁桥	连续梁桥	简支钢梁	连续钢梁	预弯混凝土梁	组合梁	
大桥	09省道分离桥	795.44	30	7	√		√	√							
	京杭运河2号桥	837	120	7	√			√				√			
	塘栖A匝道桥	276.08	25	—			√	√							
	塘栖A匝道2号桥	123	20	—										√	
	塘栖C匝道桥	123	20	—								√			
	塘栖B匝道桥	207.06	30	—			√			√					
	塘栖D匝道桥	143	20	—			√			√					
	崇贤A匝道桥	190.57	20	6			√			√					
	崇贤B匝道桥	221.279	—	5	√					√					
	崇贤C匝道桥	122.78	20	5			√	√							
	崇贤D匝道桥	163.5	20	12			√			√					
	崇贤F匝道桥	674	35	—	√				√						
	崇贤G匝道桥	520	28	—	√				√						
	崇贤H匝道桥	176	48	—	√			√							
中桥	寺前中桥	53.44	16	5	√							√			
	倪桥头中桥	73.48	16	3	√			√							
	练市A匝道1号桥	43.48	13	—	√						√				
	练市H匝道中桥	62.47	20	—	√			√							
	长洪村中桥	65.44	20	—						√					
	莲墩路中桥	85.44	20	50			√			√					
	榨树湾中桥	43.48	13	—	√			√							

续上表

规模	名称	桥长(m)	主跨长度(m)	桥底净高(m)	跨越障碍物			钢筋混凝土梁桥			梁式桥 钢梁桥		预弯混凝土梁	组合梁桥 组合梁	钢管混凝土桁架梁
					河流	沟谷	道路、铁路	简支梁桥	悬臂梁桥	连续梁桥	简支钢梁	连续钢梁			
中桥	童家抖中桥	53.44	16	2	√			√							
	湾里中桥	53.44	16	3	√			√		√					
	练市互通C匝道桥	43.48	13	—	√			√							
	伍子中桥	左95.44 右66.44	16	—	√			√							
	潘家中桥	65.44	20	5			√			√					
	朱家里中桥	43.48	13	5			√	√			√				
	汽车通道桥	42.68	13	4			√			√					
	汽车通道桥	42.68	13	4			√			√					
	良村中桥	43.48	13	4	√				√						
	鸡树下中桥	48	16	—	√				√		√				
	汽车通道	39	13	5			√			√					
	桐乡西互通G匝道桥	52	13	5							√				
	徐石北互通	85.44	20	4	√			√							
	河西角中桥	85.44	16	6			√	√							
	小东港中桥	100	20	0	√			√							
	茅林村中桥	65.44	20	7	√			√							
	杨家中桥	85.44	20	5	√			√							
	灌泽港桥	69.44	16	—	√								√		
	徐家角桥	69.44	13	—											
	新安互通主线1号桥	43.48	13	5			√		√						

续上表

规模	名称	桥长(m)	主跨长度(m)	桥底净高(m)	跨越障碍物-河流	跨越障碍物-沟谷	跨越障碍物-道路、铁路	钢筋混凝土梁桥-简支梁桥	钢筋混凝土梁桥-悬臂梁桥	钢筋混凝土梁桥-连续梁桥	钢梁桥-简支钢梁	钢梁桥-连续钢梁	预弯混凝土梁	组合梁桥-组合梁	钢管混凝土桁架梁
中桥	新安互通主线2号桥	43.48	13	—											
	新安A匝道1号桥	53.48	16	4			√		√						
	新安B匝道桥	43.48	13	4			√		√						
	新安C匝道桥	43.48	13	6					√						
	普善肆中桥	43.48	13	—	√				√						
	长子坝中桥	65.4	20	—	√				√						
	河南坝中桥	53.44	13	—	√					√					
	雷甸互通主线桥	33.64	10	—	√			√		√					
	雷甸A匝道1号桥	33.68	10	7	√			√							
	雷甸A匝道2号桥	69.48	16	5	√			√		√					
	雷甸A匝道3号桥	65.44	20	—	√										
	崇贤枢纽E匝道桥	82.16	23	4	√				√						
小桥	屠家桥小桥	33.68	10	—	√				√						
	练市南互通主线桥	33.68	10	—	√			√							
	涵盖桥	25.04	20	—	√			√							
	沾架分离式立交桥	25.04	10	—				√							
	涵盖桥	25.04	20	—	√			√							

S13 练杭高速公路（练市枢纽至崇贤枢纽段）路面信息汇总表　　表 7-26-3

路 面 形 式	起 讫 里 程	长度(m)	水泥混凝土路面	沥 青 路 面
柔性路面	S13 练杭段	50.938		沥青混凝土路面

（二）建设情况

1. 项目审批

该项目严格执行了交通基本建设程序，具体如下：

2005 年，浙江省发改委以浙发改函〔2005〕234 号文批复《关于申嘉湖（杭）高速公路练市至杭州段工程可行性研究》。

2. 资金筹措

资金自筹，总投资 45.57 亿元，其中资本金占 35% 由股东投资，其余 65% 由银行融资。

3. 合同段划分

合同段划分见表 7-26-4。

S13 练杭高速公路（练市枢纽至崇贤枢纽段）合同段划分一览表　　表 7-26-4

标段号	标段所在地	工程内容及长度	施 工 单 位
L1	浙江南浔	土建，K0+000～K2+788	江苏镇江市路桥工程总公司
L2	浙江南浔、桐乡	土建，K2+788～K7+918	浙江省交通工程建设集团第三交通工程有限公司
L3	浙江桐乡	土建，K7+918～K15+800	浙江交工路桥建设有限公司
L4	浙江桐乡	土建，K15+800～K21+000	浙江省交通工程建设集团有限公司
L5	浙江德清	土建，K21+000～K27+550	杭州市交通工程集团有限公司
L6	浙江德清	土建，K27+550～K34+100	浙江省宏途交通建设有限公司
L7	浙江德清	土建，K34+100～K41+350	浙江正方交通集团建设有限公司
L8	浙江余杭	土建，K41+350～K43+772	江苏润扬交通工程集团有限公司
L9	浙江余杭	土建，K43+772～K49+589	广东省佛山公路工程有限公司
L10	浙江余杭	土建，K49+589～K51+573	路桥集团三公路工程有限公司
L11	浙江南浔、桐乡	K0+000～K21+000 路面工程	浙江省交通工程建设集团有限公司
L12	浙江德清、余杭	K21+000～K51+573 路面工程	浙江省宏途交通建设有限公司
L13	浙江南浔、桐乡	交安设施，K0+000～K21+000	浙江交通设施有限公司
L14	浙江德清、余杭	交安设施，K21+000～K51+573	余姚市交通标志设施有限公司
L15	浙江南浔、桐乡	绿化，K0+000～K21+000	杭州市园林工程有限公司
L16	浙江德清、余杭	绿化，K21+000～K51+573	宁波汇绿园林建设有限公司

续上表

标段号	标段所在地	工程内容及长度	施工单位
L18	浙江德清	房建,德清服务区	中天建设集团有限公司
L19	浙江南浔、桐乡、德清、余杭	房建,练杭段收费站房	浙江东阳建工集团有限公司
L20	浙江南浔、桐乡、德清、余杭	练杭段机电工程	重庆市华弛交通科技有限公司
L21	浙江南浔、桐乡、德清、余杭	练杭段照明工程	浙江泰仑电力集团有限责任公司

4. 征地拆迁

征地拆迁情况统计见表7-26-5。

S13练杭高速公路(练市枢纽至崇贤枢纽段)征地拆迁情况统计表　表7-26-5

项目	征地拆迁安置起止时间	征用土地（亩）	拆迁房屋（m²）	支付补偿费用（元）	备　　注
练市枢纽至崇贤枢纽段	2005.3～2009.12	6442.9155	416090.95	272380515	依据《申嘉湖杭高速公路练杭段工程土地专项验收意见》

5. 项目实施阶段

(三)复杂技术工程

复杂技术工程主要为横塘港大桥、京杭运河1号大桥、余杭高架桥、崇贤枢纽主线大桥。

1. 横塘港大桥

大桥主桥上部结构为跨径144m钢管混凝土拱桥,下部结构采用柱式桥墩、钻孔灌注桩基础。引桥上部采用25m、30m装配式部分预应力混凝土连续箱梁;下部结构采用柱式桥墩、承台分离式桥台、钻孔灌注桩基础。全桥共设54道横梁,其中有2道预应力混凝土端横梁,52道钢中横梁。吊杆布置采用可换式吊杆,纵桥向间距5m,横桥向吊杆中心距为14.7m(图7-26-2)。

(1)拱肋、风撑等钢结构采用工厂制作,出厂管肋试拼,拼接精度要求高,焊缝质量要求高。

(2)吊杆锚头均为冷铸锚,吊杆通过锚箱与钢拱肋连接。吊杆按设计加载程序分阶段张拉,张拉力大小及高程调整根据设计要求进行。

(3)桥系梁、横梁和拱肋均在支架上现浇,施工单位高度重视支架的设计与施工,支架有足够的刚度和强度,并经预压以消除其非弹性形变,防止混凝土开裂。

(4)钢管混凝土浇筑,混凝土在顶升过程中有反压作用,采用低水化热、微膨胀、高流动免振混凝土,采用高压输送泵顶升法连续浇筑钢管混凝土。

(5)拱脚和端横梁施工。

(6)中横梁采用钢—混凝土叠合梁结构,拼装焊接满足精度要求,保证钢横梁与系梁预埋钢板间焊缝的质量。

横塘港大桥主跨是目前省内已建的跨度最大(144m,计算跨径140m)的下承式钢管混凝土系杆拱结构。横塘港大桥系杆拱最大节段115t,采用160t浮吊和200t汽车吊进行安装施工。

图7-26-2 横塘港大桥

2. 京杭运河1号大桥

起点桩号K31+634,终点桩号K32+800,全长1166m。主桥采用(60+100+60)m三跨预应力混凝土变截面单箱单室连续箱梁。上海侧引桥采用:左幅桥4×25m等截面现浇预应力混凝土连续箱梁+3×(5×25m)+3×30m装配式部分预应力混凝土连续箱梁(图7-26-3)。

图7-26-3 京杭运河1号大桥

右幅桥4×25m+3×(5×25m)+3×30m装配式部分预应力混凝土连续箱梁。

杭州侧引桥采用:3×(5×25m)装配式部分预应力混凝土连续箱梁。

主桥下部结构采用钢筋混凝土实体墩、低桩承台、群桩基础。主、引桥过渡墩为L形盖梁,盖梁分两次施工浇筑。

主桥上部箱梁采用挂篮悬臂浇筑施工工艺。引桥现浇箱梁施工,箱梁采用满堂支架现场浇筑一次落架施工。

引桥现浇箱梁预应力施工控制点:预应力管道质量,预应力钢绞线、锚具和垫板、预应力质量的控制。

由于受混凝土收缩、徐变等因素的影响,主桥在合龙后的5年内将产生向下的变形,为消除下挠影响,主桥主跨需设置预拱度。

3. 余杭高架桥

桥梁中心桩号为K46+776.71,全长5175m,主桥上部构造为140跨30m和39跨25m装配式部分预应力混凝土连续箱梁,下部结构为柱式盖梁墩、局部设置系梁,基础采用钻孔灌注桩基础。桥面总宽为2×13.25m,行车道宽11.75m。设计荷载等级为公路—Ⅰ级(图7-26-4)。

图7-26-4 余杭高架桥

本桥施工跨度大,基础钻孔灌注桩数量多,桥梁系梁数量多。

大桥桩基施工中为提高施工进度,采用挖钻机进行钻孔施工,使桩基施工周期大大缩短并且减少泥浆的排放造成的污染。变更有:部分盖梁加长、系梁优化设计、桥梁中央分隔带波形护栏基座在施工时被取消。

4. 崇贤枢纽主线大桥

桥梁中心桩号为K50+841.54,全长1252.332m,本桥右幅采用预应力混凝土现浇连续箱梁+预应力混凝土连续箱梁先简支后结构连续;左幅采用预应力混凝土现浇连续箱梁+预应力混凝土连续箱梁先简支后结构连续。下部结构均采用钢筋混凝土盖梁,柱式桥墩、承台分离式桥台,钻孔灌注桩桩基础(图7-26-5)。

图7-26-5　崇贤枢纽主线大桥

连续箱梁采用满樘支架现场浇筑施工,预制小箱梁施工,预应力施工过程中质量控制。

工程涉及主要变更有系梁高程抬高、取消桥梁最后两跨变更为路基,增设预应力混凝土现浇连续箱梁底腹板D5防裂钢筋网、预应力混凝土小箱梁增设桥面铺装钢筋、1号至11号墩桩基地质变化等。

（四）科技创新

1. 塑料套管混凝土装(TC桩)加固高速公路软基试验研究

塑料套管混凝土桩(简称TC桩)是课题组在消化吸收国外Augeo技术的基础上研制发展起来的一种新型地基加固方法。本课题的合作单位和负责人之一为TC桩专利发明人。本研究成果为TC桩技术的应用和发展提供了充分理论和工程依据,促进了该技术的进一步发展,丰富了我国的软基处理技术,为工程界提供了一种可靠的地基处理选择方案。该成果获中国公路学会科学技术二等奖、浙江省公路学会科学技术奖二等奖。

2. 大直径(钉形)双向水泥土深层搅拌桩和旋挖扩底灌注桩

针对常规水泥土搅拌桩技术存在诸多缺点,提出大直径、钉形、双向水泥土深层搅拌桩技术,采用室内外试验系统研究了(钉形)双向水泥土搅拌桩加固深厚软土地基的工程特性和处理效果,并和其他处理方式进行了对比;通过FLAC模拟研究了不同荷载形式下钉形桩符合地基的承载性能、桩身荷载传递规律、附加应力分布特点等,并在此基础上提出了适合于试验段的钉形桩单桩承载力计算公式和复合地基承载力计算公式;研究了路堤荷载下钉形桩复合地基的变形规律、钉形桩的有效桩长和钉形桩复合地基的褥垫层效应,在此基础上,通过现场试验段的施工,检验了钉形桩加固软土地基的加固效果,并提出了钉形桩复合地基法加固软土地基的设计方法、施工工艺以及质量控制技术。该成果获浙江省公路学会科学技术奖二等奖。

3. 水泥混凝土桥梁耐久性沥青铺装结构研究

(1)采用三维有限元方法对多种桥型桥面铺装的受力状态在实测荷载作用下进行系统的力学分析。

(2)对高速公路桥面铺装的损坏状况、交通状况和原设计等情况进行调研分析。

(3)根据桥面铺装力学分析结果和国内混凝土桥面铺装经验,提出多种桥面铺装结构组合方案。

(4)对三种黏结防水层材料的抗剪切性能和黏结性能进行了测试和评价。

(5)完成四个试验桥面共七种铺装方案。

该成果获中国公路学会科学技术奖二等奖。

4. FCB 气泡轻质土施工技术

解决局部路基沉降未稳定路段和拼宽路基的沉降稳定难题。

(1)轻质性:密度相当于普通水泥混凝土的 1/8~1/5,可减轻建筑物整体荷载。

(2)整体性:可现场浇筑施工,与主体结合紧密,不需留界隔缝和透气管。

(3)低弹减震性:气泡混合轻质土的多孔性使其具有低的弹性模量,从而使其对冲击荷载具有良好的吸收和分散作用。

(4)耐水性:现浇气泡混合轻质土吸水性较小,相对独立的封闭气泡及良好的整体性,使其具有一定的防水性能。

5. 薄层磨耗层设计与应用研究

采用超薄磨耗层,在充分发挥其抗滑、耐磨等特性的同时,可有效延长沥青路面使用寿命,有效降低初期建设及后期养护工程量和成本。薄层沥青混凝土面层还可以改善行驶质量、校正表面缺陷、提高安全特性、降低噪声、增加路面强度等。

6. 高速公路 RFID 卡机收费技术应用

RFID 卡机设备,有效缓解人力资源紧张的矛盾,提高收费系统工作效率,降低建设成本。该成果为实用新型发明专利,专利号:ZL 2010 2 0521482.2。

7. 消防水泵自动巡检控制系统

对消防水泵自动巡检控制系统进行了研究。采用单片机控制技术,结合嵌入式 LINUX 人机界面管理和低频控制技术,研发一套符合消防水泵巡检特性与功能的消防水泵自动巡检系统,并在德清服务区进行了实际应用。

8. 结构物外观的数字影像检测系统研究

研究成果有助于对结构物健康状况进行长期监测与评估,可应用于对桥梁、隧道、岩质边坡、大坝、港口码头等的外观完整性进行检测,建立可视化的健康档案。

9.高速公路机电系统优化设计与交通安全保障技术研究

从优化高速公路机电系统保障技术着手,分析研究影响高速公路营运安全的各种因素,从通信、监控等机电系统,提出合理的营运安全控制措施,在保证高速公路建设标准和质量的前提下,合理优化高速公路交通监控机电设施和安全设施,提高高速公路交通智能信息化的适用效果,发挥高速公路机电系统的对交通事件的事前及时预测,实时信息发布,管理控制方案的快速响应的功能,有效地保障人民生命财产安全,为浙江省高速公路的持续快速和跨越式发展,实现浙江省交通规划的宏伟蓝图创造有利条件。

10.防撞护栏钢立柱埋植深度无损检测技术研究与设备研制

(1)提出了一种快速、有效的防撞护栏钢立柱埋置深度无损检测新方法。

(2)通过理论分析、数值模拟和实验研究,研制了适用于立柱检测专用的超声导波传感器,该传感器灵敏度高、稳定性好,能够激励出单一的导波模态,从而能够有效地实现护栏立柱的检测。

(3)突破了超声导波检测仪器的关键技术,研制集成了专用检测设备样机——高速公路护栏立柱检测仪。

(4)由于护栏立柱超声导波检测仪在浙江省首次使用,其使用方法和检测步骤和现场的立柱检测设备有着重大的差别,为发挥立柱检测仪作用,编制《高速公路护栏立柱检测仪使用说明书》供检测人员使用。

该成果获浙江省科学技术奖二等奖。

11.浙江省公路工程工程量清单计价规范研究

形成规范的工程量清单编制格式、形成工程量清单计价规则、形成规范的工程量清单计价格式和要求、形成标准的一般要素。

(五)运营管理

1.服务设施

服务设施见表7-26-6。

S13练杭高速公路练市枢纽至崇贤枢纽段服务区设置情况　　　　表7-26-6

服务区名称	位　　置	占地面积
德清服务区	S13,K21	97.335亩

2.收费设施

收费设施见表7-26-7。

S13 练杭高速公路练市枢纽至崇贤枢纽段收费站点设置情况　　　　表 7-26-7

高速公路	站点名称	车道数	收费方式
申嘉湖杭高速公路	练市	5+2	人工+ETC
	桐乡西	5+2	人工+ETC
	新市	4+2	人工+ETC
	新安	4+2	人工+ETC
	雷甸	4+2	人工+ETC
	塘栖	5+2	人工+ETC
	崇贤	4+2	人工+ETC

3. 交通流量

交通流量见表 7-26-8。

S13 练杭高速公路练市枢纽至崇贤枢纽段交通流量发展状况表（单位：pcu/d）　表 7-26-8

年份	全程加权平均值	练市至练市枢纽	桐乡西至练市	新市至桐乡西	新安至新市	雷甸至新安	塘栖至雷甸	崇贤至塘栖	崇贤至崇贤枢纽
2010	11991	9940	10828	10486	11551	12286	12879	13157	14804
2011	19788	16405	17844	17293	19046	20513	21290	21359	24555
2012	25403	20843	22994	21911	24080	26181	27101	27925	32187
2013	30390	24858	27758	26167	28391	30958	32577	33566	38842
2014	34008	27926	30107	29085	31510	34631	36671	37862	44271
2015	36559	30389	32207	31128	33739	37198	40639	41470	45702

第二十七节　S14 杭长高速公路[三墩枢纽至浙苏省界（悬脚岭）段]

杭长高速公路，编号为 S14，起于三墩枢纽，途经浙江省湖州市、杭州市，终于泗安枢纽，依次由以下三段组成：杭长高速公路延伸线（吉鸿路）、杭长高速公路（三墩至泗安枢纽段）、杭长北延[泗安枢纽至浙苏省界（悬脚岭）段]。其中杭长高速公路于 2012 年 12 月建成通车，全长 86km；杭长高速公路延伸线（吉鸿路）工程于 2015 年 6 月建成通车，全长 3km；杭长北延尚未建成。

S14 杭长高速公路是《浙江省公路水路交通建设规划纲要（2003—2010）》中"两纵两横十八连三绕三通道"高速公路主骨架中的"十八连"之一，是《湖州市公路水路交通建设规划(2003—2010)》主干网中"五纵四横十连"的五纵之一。根据《长三角都市圈高速公路网规划方案》,杭长高速公路的功能是作为杭宁通道浙江段的复线,加密了浙北地区连接杭州、江苏、安徽的高速公路网络,融入"长三角"经济圈。路网位置示意图如图7-27-1所示,建设项目信息如表7-27-1所示。

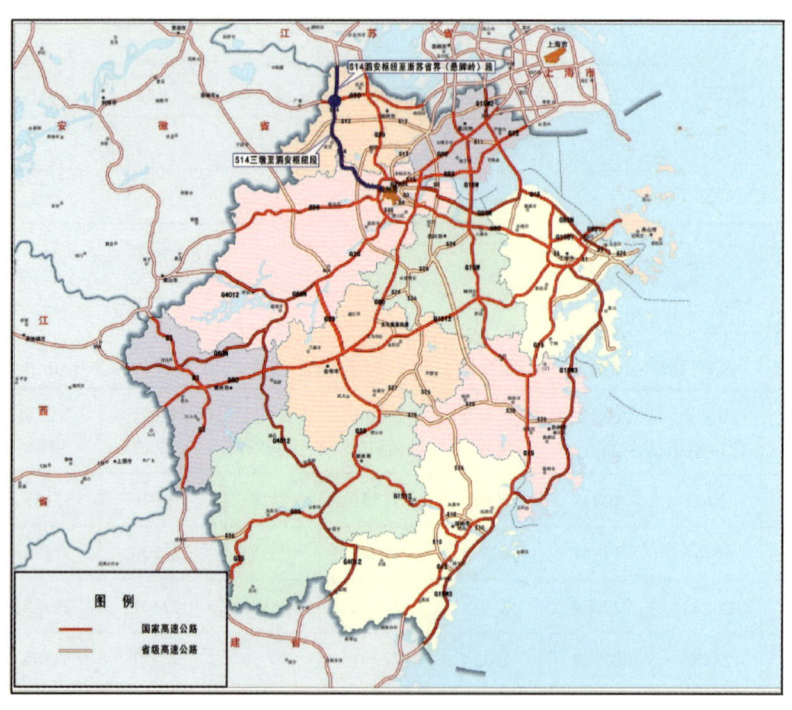

图 7-27-1 S14 杭长高速公路[三墩枢纽至浙苏省界(悬脚岭)段]路网位置示意图

S14 杭长高速公路(三墩枢纽至泗安枢纽段)建设项目信息采集表　　　　表 7-27-1

序号	国高	项目名称	规模(km)				建设性质(新、改扩建)	设计速度(km/h)	永久占地(亩)	投资情况(亿元)				建设时间(开工~通车)	备注
			合计	八车道及以上	六车道	四车道				估算	概算	决算	资金来源		
1		杭长高速公路	86.00			86.00	新建	120	9085	74			自筹	2009.4~2012.12	
2	S14	杭长高速公路延伸线(吉鸿路)工程	2.53			2.53	新建	80	164.50	11.02	9.52		自筹+银行贷款	2012.6~2015.6	决算审计中

S14 杭长高速公路(三墩枢纽至泗安枢纽段)(建设期2008—2012年)

(一)项目概况

1. 基本情况

(1)功能定位

杭长高速公路是《浙江省公路水路交通建设规划纲要(2003—2010)》中"两纵两横十八连三绕三通道"高速公路主骨架中的"十八连"之一,是《湖州市公路水路交通建设规划(2003—2010)》主干网中"五纵四横十连"的"五纵"之一。根据《长三角都市圈高速公路网规划方案》,杭长高速公路的功能是作为杭宁通道浙江段的复线,加密了浙北地区连接杭州、江苏、安徽的高速公路网络,融入"长三角"经济圈。目前,杭州绕城至长兴泗安段已建成通车。杭长高速公路北延段接泗安枢纽,经二界岭、槐坎、煤山进入江苏宜兴,该路段目前已开工建设。

(2)技术标准

杭长高速公路技术标准采用交通部部颁《公路工程技术标准》(JTG B01—2003)中高速公路标准,设计速度120km/h(与杭长高速安城至泗安段一致),构造物设计标准采用汽车荷载等级为公路—Ⅰ级。路幅为四个车道,中间设分隔带,路基宽度26m,中小桥及涵洞与路基同宽,全线实行全封闭、全立交。

(3)建设规模

杭长高速公路全长86km。工程规模为:路基填方783.08万 m^3;挖方591.88万 m^3;路基排水及防护工程23.45万 m^3;软基处理长度5565m;沥青混凝土路面111970m^2;特大桥2374m/1座,大桥3550m/13座,中小桥798m/18座,长隧道3660m/2座,中小隧道3113m/8座,枢纽互通立交1处,互通立交5处。

杭长高速公路延伸线(吉鸿路)起点与杭长高速公路紫金港枢纽相接,主线高架起点在董家路南侧,与留石路快速路衔接,全长2.53km,按双向四车道建设,设计速度80km/h。

(4)主要控制点

杭长高速起点、终点:起点位于杭州城西郑家土斗东侧,与杭州绕城高速公路余杭塘上至勾庄段相交,与杭州市规划的紫金港路相接。路线终点位于安城,与杭长高速公路安城至泗安段相接。中间主要控制点有七贤桥、瓶窑镇北区、径山镇、黄湖、百丈、戴村、递铺、安城等。

(5)地形地貌

杭长高速位于浙江北部,地形起伏较大,地貌单元多,受构造影响,山脉、沟谷总体呈北东走向,地势上总体北高南低。

(6)投资规模

杭长高速公路估算总投资85.02亿元,平均每公里造价9603万元。

(7)开工及通车、竣工时间

杭长高速公路于2008年12月开工,2012年12月建成通车。

杭长高速公路延伸线(吉鸿路)2012年6月开工,2015年12月建成通车。详见表7-27-2～表7-27-6。

2. 前期决策情况

随着新一轮经济发展实施的要求,省委、省政府提出交通设施建设要"完善高速公路主骨架,畅通省际通道"的原则和"接轨大上海,融入长三角"的发展趋势,交通建设以"接轨上海,构筑长三角大交通"的高速公路建设为重中之重,新编修改的《浙江省公路水运交通建设规划》中的十八连之一有杭长高速公路,它也是浙江省接轨上海的5条高速公路之一。

杭长高速公路杭州至安城段前期过程:

受省交通厅委托,浙江省交通设计院接受了编制杭(州)至长(兴)高速公路工程可行性研究报告的任务,并成立了项目组。项目组立即按照计划安排、业主要求,结合本项目的具体情况,制订了严密、可行的工作计划。

根据工作计划,项目组首先收集了本项目有关线位资料及专题会议纪要,于2004年1月,会同安吉县、余杭区等政府有关部门就工程可行性有关问题进行初步磋商,在1:50000和1:10000地形图上初拟路线方案。项目组人员数次赴现场进行实地调查、收集相关资料、实地踏勘路线、广泛征求当地有关部门的意见,并对路线方案进行局部调整和优化。

在掌握大量第一手资料的基础上,开始编制工程可行性报告,并于2004年4月基本完成杭州至长兴段的工程可行性研究报告。

2004年7月,省发改委批复了杭长高速公路泗安至安城段的工程可行性研究报告。根据上级部门要求,本项目的工程范围变更为杭州至安城段。期间因国家宏观调控及余杭、安吉等地城市规划、土地开发等原因,对线位方案又几经调整,取得了杭州市、余杭区、安吉县等各相关部门的共识。于2005年9月完成本项目的工程可行性研究报告。

3. 参建单位主要情况

(1)勘察设计单位

浙江省交通规划设计研究院。

(2)施工单位

S14 杭长高速公路（三墩枢纽至泗安枢纽段）桥梁汇总表

表 7-27-2

规模	名称	桥长(m)	主跨长度(m)	桥底净高(m)	跨越障碍物 河流	跨越障碍物 沟谷	跨越障碍物 道路、铁路	钢筋混凝土梁桥 简支梁桥	钢筋混凝土梁桥 悬臂梁桥	钢筋混凝土梁桥 连续梁桥	钢梁式桥 简支钢梁	钢梁式桥 连续钢梁	组合梁桥 预弯混凝土梁	组合梁桥 组合梁	钢管混凝土桁架梁
特大桥	紫金港1号桥	1601.3	55	—			√			√					
	毛家溪桥	1493.3	40	—	√					√					
	吴村诉桥	3760	40	—	√					√					
	瓶窑枢纽主线桥 东跨西大道	1454.152	左34.36 右33.93	—			√			√					
	瓶窑枢纽1号桥	1410	25	—			√			√					
	东苕溪/北苕溪桥	4152	92	7	√					√					
	宣杭铁路桥	1003.3	40	—			√								
	太平庙特大桥	1050	40	24			√	√							
	罗岕1号桥	1650	40	20.5			√	√							
大桥	紫金港2号桥	415.48	39	—						√					
	紫金港4号桥	109.2	30	—						√					
	紫金港5号桥	401.14	29.4	—			√			√					
	紫金港6号桥	351	55	—						√					
	紫金港7号桥	258.37	20	—			√			√					
	紫金港8号桥	327.47	55	—			√			√					
	紫金港9号桥	495.53	30	—			√			√					
	紫金港11号桥	275.6	20	—			√			√					
	紫金港12号桥	592.5	30	—			√			√					
	女婿河	365.4	20	—	√					√					
	祥仓岕	177.44	20	—	√					√					

续上表

规模	名称	桥长(m)	主跨长度(m)	桥底净高(m)	跨越障碍物			钢筋混凝土梁桥			梁式桥				组合梁桥	钢管混凝土桥梁
					河流	沟谷	道路、铁路	简支梁桥	悬臂梁桥	连续梁桥	钢梁		预弯混凝土梁		组合梁	
											简支钢梁	连续钢梁				
大桥	瓶窑枢纽3号桥	171	20	—		√				√						
	瓶窑枢纽4号桥	210.7	16	—		√				√						
	瓶窑枢纽5号桥	142.7	20	—		√	√			√						
	瓶窑枢纽6号桥	242.7	20	—			√			√						
	瓶窑枢纽7号桥	315.7	25	—		√	√			√						
	径山互通2号桥	150	30	—		√				√						
	径山互通3号桥	105	35	—		√				√						
	罗家山分离	310	35	—			√			√						
	山沟沟互通3号桥(即古城河桥)	200	20	—	√	√				√						
	皮山坞大桥	145.06	43	—		√				√						
	下凉亭分离—04省道	左260.86 右452.86	50	—			√			√						
	鱼石岭大桥	528	30	—		√				√						
	何家边分离	左225 右226	16	—			√			√						
	李村1号桥	100.04	20	—			√			√						
	石马桥分离—速徙线	175	25	—	√					√						
	互通连接线双溪口桥	100	20	—			√			√						
	天上坞桥	100	25	—		√				√						
	梅园溪桥	114.04	20	—			√			√						

续上表

规模	名称	桥长(m)	主跨长度(m)	桥底净高(m)	跨越障碍物 河流	跨越障碍物 沟谷	跨越障碍物 道路、铁路	钢筋混凝土梁桥 简支梁桥	钢筋混凝土梁桥 悬臂梁桥	钢筋混凝土梁桥 连续梁桥	梁式桥 钢梁 简支钢梁	梁式桥 钢梁 连续钢梁	预弯混凝土梁	组合梁桥 组合梁	钢管混凝土桥架梁
	方子坞分离—04省道	333.5	40	—			√								
	西苕溪	586.23	90	—	√					√					
	西港桥	516.6	30	—	√					√					
	独山—04省道	805.4	42	—			√			√					
			42												
	西门里—杭长接线	673.182	36	—			√			√					
	跨高速张家新村大桥(即空山分离)	316	—	—			√			√					
	下潘桥	146.66	—	—			√			√					
	泗安港桥	216.66	—	—			√			√					
	独山分离桥	805.4	—	—			√			√					
	泗安1号桥	126.44	—	—			√			√					
	泗安2号桥	125.04	—	—			√			√					
	泗安3号桥	186.44	—	—			√			√					
大桥	七里亭大桥	367.5	35	8.5			√	√							
	云峰寺大桥	265	30	18			√	√							
	桐山村大桥	640	40	5			√	√							
	胜堂庙大桥	420	30	4.5			√	√							
	白西冲水库桥	150	30	7		√		√							
	外山冲桥	330	30	16			√	√							
	罗芥2号桥	270	30	8.1			√	√							
	罗芥3号桥	615	30	12			√	√							
	石水岗大桥	120	30	6			√							√	

S14杭长高速公路延伸线（吉鸿路）高速公路桥梁汇总表　　　表7-27-3

规模	名称	桥长（m）	主跨长度（m）	桥底净高（m）	跨越障碍物			梁式桥						
								钢筋混凝土梁桥			钢梁桥		组合梁桥	
					河流	沟谷	道路、铁路	简支梁桥	悬臂梁桥	连续梁桥	简支钢梁	连续钢梁	预弯混凝土梁	组合梁	钢管混凝土桁架梁
特大桥	主线高架桥	1451.7	60	5			√							√	
中桥	北沙斗河桥	43.03	13	2.02	√			√							

S14杭长高速公路（三墩枢纽至泗安枢纽段）隧道汇总表　　　表7-27-4

规模	名称	隧道全长（m）	隧道净宽（m）	隧道分类					备注
				按地质条件划分		按所在区域划分			
				土质隧道	石质隧道	山岭隧道	水底隧道	城市隧道	
特长隧道	百丈隧道左洞	3521	11.5		√	√			
	百丈隧道右洞	3515	11.5		√	√			
	牛角山隧道左洞	1160	11.5		√	√			
	牛角山隧道右洞	1105	11.5		√	√			
	鱼石岭隧道左洞	1005	11.5		√	√			
	鱼石岭隧道右洞	1005	11.5		√	√			
	八九山隧道左洞	2567	11.5		√	√			
	八九山隧道右洞	2609	11.5		√	√			
	石马隧道左洞	1080	11.5		√	√			
长隧道	石马隧道右洞	1034	11.5		√	√			
	葡萄岭隧道左线	2470	14.50		√	√			浙江段施工总长706m
	葡萄岭隧道右线	2470	14.50		√	√			浙江段施工总长688m
	钓鱼台隧道左线	2330	10.75		√	√			
	钓鱼台隧道右线	2368	10.75		√	√			
中隧道	桐芦岕隧道右线	535	10.75		√	√			
	桐芦岕隧道左线	520	10.75		√	√			
短隧道	浪河口隧道（连体）	145	2×11.5		√	√			
	天山坞1号隧道（连体）	232	2×11.5		√	√			

续上表

规模	名称	隧道全长(m)	隧道净宽(m)	隧道分类					备注
				按地质条件划分		按所在区域划分			
				土质隧道	石质隧道	山岭隧道	水底隧道	城市隧道	
短隧道	天山坞2号隧道(连体)	420	2×11.5		√	√			
	骆驼山隧道(连体)	270	2×11.5		√	√			
	云峰寺隧道左线	478	10.75		√	√			
	云峰寺隧道右线	491	10.75		√	√			

S14杭长高速公路(三墩枢纽至泗安枢纽段)路面信息汇总表　　表7-27-5

路面形式	起讫里程	长度(m)	水泥混凝土路面	沥青路面
刚性路面	紫金港收费站	100	—	普通混凝土路面
	瓶窑收费站	100	—	普通混凝土路面
	黄湖收费站	100	—	普通混凝土路面
	百丈收费站	100	—	普通混凝土路面
	径山收费站	100	—	普通混凝土路面
	安吉南收费站	100	—	普通混凝土路面
	安吉北收费站	100	—	普通混凝土路面
柔性路面	K0−986~K42+395	43381	—	沥青混凝土路面
	K42+395~K76+000	33605	—	沥青混凝土路面
	K95+153.5~K125+393.14(ZK125+400)	30247	—	沥青混凝土路面

S14杭长高速公路延伸线(吉鸿路)高速公路路面信息表　　表7-27-6

路面形式	起讫里程	长度(m)	水泥混凝土路面	沥青路面
柔性路面	K0+000~K2+531.8	2532		沥青混凝土路面

浙江鼎盛交通建设有限公司、中铁大桥局股份有限公司、浙江省交通工程建设集团第三交通工程有限公司、上海市第一市政工程有限公司、杭州市交通工程集团有限公司、中铁一局集团第一工程有限公司、中交第二公路工程局有限公司、东盟营造工程有限公司、中铁十五局集团有限公司、中铁隧道集团有限公司、浙江省交通工程建设集团有限公司、顺吉集团有限公司、浙江交工路桥建设有限公司、江苏省镇江市路桥工程总公司、中铁十局集团第二工程有限公司、浙江正方交通建设有限公司、山西通安交通工程有限公司、北京深华科交通工程有限公司、杭州萧山金鹰交通设施有限公司、浙江天地园林工程有限公司、浙江普天园林建筑发展有限公司、浙江农发市政园林工程有限公司、浙江游龙建设集团有限公司、标力建设集团有限公司、中设建工集团有限公司、浙江省建工集团有限责任公司、浙江泰仓电力集团有限责任公司、浙江浙大中控信息技术有限公司、江苏智运科技发展有限公司、杭州公路交通设施工程有限公司。

(3)监理单位

杭州公路工程监理咨询公司、杭州交通工程监理咨询有限公司、浙江公路水运工程监理有限公司、宁波交通工程咨询监理有限公司、重庆中宇工程咨询监理有限责任公司。

(二)建设情况

1. 项目审批

该项目严格执行了交通基本建设程序,具体如下:

2004年,浙江省发展与改革委员会以浙发改投资〔2004〕134号文批复《关于杭长高速公路泗安至安城段工程可行性研究》。

2011年,浙江省发展与改革委员会以浙发改函〔2011〕1号文批复《省发改委关于杭长高速公路延伸线(吉鸿路)项目核准批复的函》。

2. 资金筹措

(1)根据国务院《关于固定资产投资项目试行资本金制度的通知》(国发〔1996〕36号),公路建设从1996年开始对各种经营性投资试行资本金制度的要求。本项目业主资本金12.80亿元(约占估算投资的35%),资本金当年投入不计息。

(2)向银行申请贷款约23.76亿元,视资金到位情况分段计息。贷款本息,将在高速公路建成营运后,从行车过路费收入中扣除经营管理费和各种税费后的余额中支付。

3. 合同段划分

合同段划分见表7-27-7、表7-27-8。

S14杭长高速公路(三墩枢纽至泗安枢纽段)标段划分情况表　　　　表7-27-7

标段号	标段所在地	工程内容及长度	施工单位
TJ01	西湖区	K0+986~K0+700	浙江鼎盛交通建设有限公司
TJ02	西湖区	K0+700~K3+270	中铁大桥局股份有限公司
TJ03	余杭	K3+270~K7+030	浙江省交通工程建设集团第三交通工程有限公司
TJ04	余杭	K7+030~K9+888	上海市第一市政工程有限公司
TJ05	余杭	K9+888~K14+040	杭州市交通工程集团有限公司
TJ06	余杭	K14+040~K18+400	中铁一局集团第一工程有限公司
TJ07	余杭	K18+400~K25+673	中交第二公路工程局有限公司
TJ08	余杭	K25+673~K33+650	东盟营造工程有限公司
TJ09	余杭	K33+650~K38+700	中铁十五局集团有限公司
TJ10	余杭	K38+700~K42+395	中铁隧道集团有限公司

续上表

标段号	标段所在地	工程内容及长度	施工单位
TJ11	安吉	K42+395~K47+700	浙江省交通工程建设集团有限公司
TJ12	安吉	K47+700~K51+700	顺吉集团有限公司
TJ13	安吉	K51+700~K59+950	浙江交工路桥建设有限公司
TJ14	安吉	K59+950~K76+000	江苏省镇江市路桥工程总公司
LM01	西湖、余杭	K0-986~K42+395	中铁十局集团第二工程有限公司
LM02	安吉	K42+395~K76+000	浙江正方交通建设有限公司
JA01	西湖、余杭	K0+000~K14+040	山西通安交通工程有限公司
JA02	余杭	K0+000~K14+040	北京深华科交通工程有限公司
JA03	安吉	K42+395~K76+000，（其中含断链9.160km）	杭州萧山金鹰交通设施有限公司
LH01	西湖、余杭	K0-986~K14+040	浙江天地园林工程有限公司
LH02	余杭	K14+040~K42+395	浙江普天园林建筑发展有限公司
LH03	安吉	K42+395~K76+000，（其中含断链9.160km）	浙江农发市政园林工程有限公司
FJ01	西湖、余杭	紫金港枢纽、瓶窑互通、径山互通的房建工程	浙江游龙建设集团有限公司
FJ02	余杭	径山服务区、黄湖互通、山沟沟互通以及杭州段隧道的房建工程	标力建设集团有限公司
FJ03	安吉	安吉管理中心、安吉互通以及湖州段隧道的房建工程	中设建工集团有限公司
FJ04	安吉	安吉服务区的房建工程	浙江省建工集团有限责任公司
JD01			浙江泰仑电力集团有限责任公司
JD02			浙江浙大中控信息技术有限公司
JD03			江苏智运科技发展有限公司
SPZ01			杭州公路交通设施工程有限公司

S14杭长高速公路延伸线（吉鸿路）高速公路标段划分情况表　　表7-27-8

序号	参建单位	单位名称	合同段编号及起止桩号	主要负责人	备注
1	项目管理单位	杭州康思建设项目管理有限公司	第二~八合同段	赵弘亮	
2	项目管理单位	杭州地方铁路开发有限公司	第一合同段	陈根贤	
3	勘察设计单位	浙江省交通规划设计研究院	全线	陈航	
4	施工单位	中铁大桥局股份有限公司	K0+000~K0+337	李永林	
5		中铁十五局集团第二工程有限公司	K0+337~K1+742	王均博	
6		杭州市交通工程集团有限公司	K1+742~K2+532	杨卫军	
7		台州市椒江交通建设工程有限公司	全线路面	叶君玉	
8		杭州神通交通工程有限公司	全线交通安全设施	骆敏	

续上表

序号	参建单位	单位名称	合同段编号及起止桩号	主要负责人	备注
9	施工单位	浙江浙大中控信息技术有限公司	全线机电设施	罗西良	
10		杭州萧山园林集团有限公司	全线绿化	胡岳水	
11		杭州红萌交通设施有限公司	全线声屏障	徐仁贵	
12	监理单位	天津新亚太建设工程监理有限公司	第一合同段	魏可明	
13		杭州公路工程监理咨询公司	第二～八合同段	张引江	
14	设计咨询单位	浙江公路水运工程咨询公司	全线	王其华	

4. 征地拆迁

征地拆迁见表7-27-9。

S14杭长高速公路（三墩枢纽至泗安枢纽段）征地拆迁情况统计表　　表7-27-9

项目	征地拆迁安置起止时间	征用土地（亩）	拆迁房屋（m²）	支付补偿费用（万元）	备注
一期	2005.5～2008.1	2182.899	36009	15272	
二期	2008.11～2012.12	6902.829	191545	256647	
一期	2014.4～2015.2	3080.025	35963.25	27620	延长线

（三）复杂技术工程

复杂技术工程主要有石马隧道衬砌支护与防排水施工技术。

石马隧道是杭（州）长（兴）高速公路第十二合同段重点控制工程，左线长1088m、右线长1034m。该隧道采用新奥法设计施工及复合式衬砌。衬砌与防排水是隧道施工中的重点，因此它的质量好坏对整个隧道质量来说至关重要。

石马隧道位于低丘陵坡麓，坡陡，基岩为凝灰岩、凝灰质粉砂岩，岩质较硬，全风化层呈砂土状，强风化节理裂隙发育，岩体破碎，完整性较差。基岩中主要发育两组结构面：①节理产状155°∠56°，密度1条/m；②假流纹构造产状345°∠30°。隧道出口段为崩坡积体，崩坡积体主要由硬塑状含碎石粉质黏土，厚度一般在2.7～8.1m。基岩中发育NNE走向断层F20，断层倾角陡，断层破碎带及影响带宽约40m，岩体有松动现象，影响边坡稳定。

隧道各条冲沟一般都有溪水常流，这与上源局部段落的地下水溢出及源谷地地表水的积聚有关，地下水与地下断层水有一定的水力关系。隧道区地下水主要富存于构造裂隙和构造破碎带中，以大气降水补给为主，对洞身水文有影响的F7、F7A、F8三条断层破碎带。隧道所处的地理位置气候温暖湿润，四季分明，雨量充沛，受季风和台风影响显著，年平均气温12.2°～16.2℃，降雨量在1456.6～1575.2mm。石马隧道出口均为Ⅴ级围岩，C20喷锚25cm厚，衬砌45cm，二次衬砌全部采用C30防水混凝土。

杭长高速公路延伸线(吉鸿路)K0+337~K0+560段路基,原地表下存在浅部软弱土层,传统的处理方法为换填法。为最大程度地利用现场地基土资源,达到资源利用的最大化和资源循环利用的目的,结合浙江省交通厅《就地浅层固化软基处理方法综合利用技术研究》(2012H29)科研成果,采用就地浅层固化处理方案,取得了良好的效果。

(四)科技创新

主要科技成果如下所示:

1.沥青混合料中填料的性能评价指标与适用性研究

总结国内外沥青混合料填料相关研究基础上,从填料的性能指标、填料(特别是拌和楼回收粉)对沥青胶浆性能的影响、填料对沥青混合料性能的影响、拌和楼回收粉使用条件和原则以及试验路施工工艺、回收粉添加方法等方面进行了较为全面的研究。应用DSR、BBT对回收粉沥青胶浆的性能进行研究。提出拌和楼回收粉的使用条件及控制指标。

2.山区高速公路穿越不良地质路基施工安全风险评估研究

本研究在借鉴国内外近年来有关工程施工安全风险评估研究成果以及工程实践经验的基础上,结合浙江省山区高速公路穿越不良地质路基施工安全现状,对岩溶、采空区、滑坡、崩塌等不良地质路基施工安全影响因素开展调查分析,在充分总结工程安全风险评估经验的基础上,建立不良地质路基施工安全总体风险评估指标体系,进而通过风险源辨识、风险分析和风险估测,实现不良地质路基施工中风险源的定量分析与评价,最终形成《浙江省山区高速公路穿越不良地质路基施工安全风险评估指南》。

(五)运营管理

1.服务设施

服务设施见表7-27-10。

S14杭长高速公路三墩枢纽至泗安枢纽段服务区设置情况 表7-27-10

服务区名称	位　　置	占地面积
径山服务区	余杭	6公顷
安吉服务区	安吉	5公顷
槐坎服务区	K112+600	310000m²

2.收费设施

收费设施见表7-27-11。

S14 杭长高速公路(三墩枢纽至泗安枢纽段)收费站点设置情况表　　表 7-27-11

站点名称	车道数	收费方式
安吉北	3+4	1 条 ETC 收费,其余是人工收费
安吉	3+5	1 条 ETC 收费,其余是人工收费
百丈	3+5	1 条 ETC 收费,其余是人工收费
黄湖	2+3	1 条 ETC 收费,其余是人工收费
径山	3+6	1 条 ETC 收费,其余是人工收费
瓶窑	3+5	1 条 ETC 收费,其余是人工收费
紫金港	7+11	2 条 ETC 收费,其余是人工收费
天子湖	3+4	1 条 ETC 收费,其余是人工收费
二界岭互通收费站	7	ETC + 人工收费
槐坎互通收费站	7	ETC + 人工收费
白岘互通收费站	9	ETC + 人工收费
主线收费站	12	ETC + 人工收费

3. 交通流量

交通流量见表 7-27-12。

S14 杭长高速公路(三墩枢纽至泗安枢纽段)交通流量发展状况表(单位:pcu/d)　　表 7-27-12

年份	全程加权平均值	安吉至百丈	安吉北至安吉	百丈至黄湖	黄湖至瓶窑	瓶窑至径山	紫金港至瓶窑	泗安枢纽至安吉北
2008	1305							1305
2009	1642							1642
2010	1904							1904
2011	2205							2205
2012	2512							2512
2013	13228	11919	9917	13040	14925	15890	17018	9885
2014	17095	15041	12494	17061	19649	21114	23277	11029
2015	22145	19256	15955	21856	25415	27669	31258	13605

第二十八节　S16 杭浦高速公路(杭州绕城东枢纽至杭州北枢纽段)

杭州至浦东高速公路,简称杭浦高速公路,又称沪杭高速公路复线。北起上海浦东,南抵杭州大井入城口,与石大快速路互通。行程比沪杭高速公路缩短一至半小时,全塘至

第七章 高速公路建设项目

海盐枢纽段是G15沈海高速公路的组成部分,乍浦至绕城东段为G92杭州湾环线高速公路的组成部分,而绕城东至大井为省级高速公路,编号为S16,全长18km,于2008年1月29日建成通车。

杭浦高速公路全长112km,双向六车道,设计速度120km/h,与上海莘奉金高速公路(上海A4公路)对接。作为沪浙主干道沪杭高速公路的复线,杭浦高速公路可以有效分流沪杭高速公路前往浦东的客流,并为杭州湾跨海大桥提供连接上海最直接的通道,将大大缓解沪杭高速公路这一长三角大动脉现有的交通压力。路网位置示意图如图7-28-1所示,建设信息如表7-28-1所示。

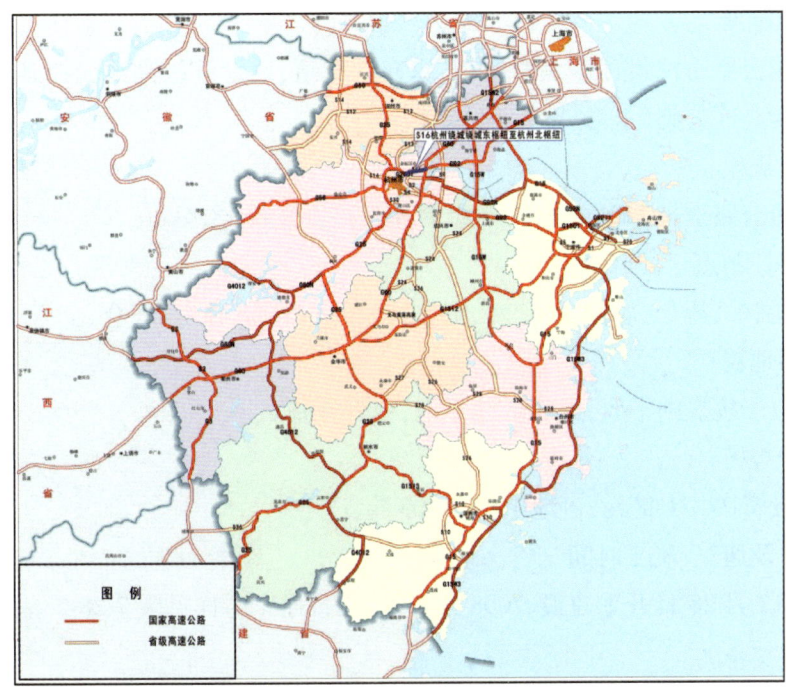

图7-28-1 S16杭浦高速公路(杭州绕城东枢纽至杭州北枢纽段)路网位置示意图

S16杭浦高速公路(杭州绕城东枢纽至杭州北枢纽段)建设项目信息采集表 表7-28-1

国高	项目名称	规模(km)			建设性质(新、改扩建)	设计速度(km/h)	永久占地(亩)	投资情况(亿元)				建设时间(开工~通车)
		合计	八车道及以上	六车道	四车道				估算	概算	决算	资金来源	
S16	杭浦高速公路	18.40		18.4		新建	120		22.71				2004.11~2008.1

S16杭浦高速（杭州绕城东枢纽至杭州北枢纽段）（建设期2004—2008年）

（一）项目概况

1. 基本情况

（1）功能定位

作为沪浙主干道沪杭高速公路的复线，杭浦高速公路可以有效分流沪杭高速公路前往浦东的客流，并为杭州湾跨海大桥提供连接上海最直接的通道，将大大缓解沪杭高速公路这一长三角大动脉现有的交通压力。

（2）技术标准

杭浦高速公路由杭州直达上海浦东，双向六车道，设计省级高速公路速度120km/h，与上海莘奉金高速公路（上海A4公路）对接。

（3）建设规模

杭浦高速公路全长112km，其中省级高速公路段全长18.4km。

（4）主要控制点

杭州北、临平、盐仓、盐官、海宁南、南北湖、海盐、乍浦、独山、新仓、全塘。

（5）地形地貌

项目属位于杭嘉湖平原，地势低洼平坦，视野开阔。

（6）投资规模

项目总投资22.71亿元，占地12739.308亩。

（7）开工及通车、竣工时间

2004年12月28日开工建设，2008年1月29日通车。详见表7-28-2、表7-28-3。

2. 前期决策情况

沪杭高速公路自1998年底建成通车尚不足5年的时间里，大部分路段的交通量已达到饱和状态，局部路段已超负荷运营。尽管将要拓宽成八车道，但据预测在不远的将来又将趋于饱和。因此浙江省委、省政府及时提出修建杭州至上海浦东的高速公路，为浙江接轨浦东创造基础条件，参加全国人大十届第一次会议的浙江代表也适时发出尽早修建上海至杭州第二通道的呼声。

第七章 高速公路建设项目

S16 杭浦高速公路杭州饶城枢纽至杭州北枢纽段桥梁汇总表

表 7-28-2

规模	名称	桥长(m)	主跨长度(m)	桥底净高(m)	跨越障碍物			梁式桥					组合梁桥	
					河流	沟谷	道路、铁路	钢筋混凝土梁桥			钢梁式桥		预弯混凝土梁	组合梁	钢管混凝土桁架梁
								简支梁桥	悬臂梁桥	连续梁桥	简支钢梁	连续钢梁			
特大桥	大井枢纽一号桥	1075.37	35				√			√					
	临平高架桥	2397	37				√							√	
	临平高架桥	1360	80				√							√	
	临平互通F匝道桥	595.06	80				√			√				√	
	饶城东枢纽1号桥	1272.6	25				√	√							
	农发大道分离桥	684.04	20				√			√					
	饶城东枢纽6号桥	826.24	25				√			√				√	
	胡家兜连接线跨线桥	520.04	30				√							√	
	方桥港1号桥	162.77	16				√	√						√	
大桥	大井枢纽三号桥	134.77	20				√	√							
	大井枢纽七号桥	435.54	30				√	√							
	大井枢纽九号桥	281.87	50				√	√							
	大井枢纽十二号桥	104.06	20				√	√							
	方桥港1号桥	102.53	20				√	√							
	临平互通I匝道桥	102.53	20				√	√							
	临平互通J匝道桥	122.53	20				√	√							
	塘洲公路分离桥	424.04	20				√	√							
	饶城东枢纽2号桥	445.54	25				√	√						√	
	饶城东枢纽4号桥	425.54	25				√	√						√	
	饶城东枢纽5号桥	194.75	16				√	√							
	饶城东枢纽8号桥	122.77	20				√	√							
	饶城东枢纽9号桥	194.77	16				√	√							
	饶城东枢纽10号桥	292.02	20				√	√							

S16 杭浦高速公路(杭州绕城东枢纽至杭州北枢纽段)**路面信息汇总表** 表 7-28-3

路面形式	起讫里程	长度(m)	水泥混凝土路面	沥青路面
柔性路面	全线(上下行)	18400		沥青混凝土路面

为了使全省经济保持快速和可持续发展,为浙北地区的高速发展奠定基础。

(1)2003年6月2日,浙江省交通厅赵厅长率领有关部门的领导赴余杭调研,就本项目起点接口问题与余杭区有关领导和部门进行协调,余杭区政府和交通主管部门一致赞同起点选择在大井互通立交。6月5日浙江省交通厅和上海市政局有关领导和技术人员在嘉兴对两省、市接口问题经协调双方取得一致意见并签订协议。

(2)6月26日~27日,交通厅有关领导到现场踏勘并指导工作,与浙江省交通规划设计研究院工程技术人员一起再次就线位的走向问题进行现场协调,提出了许多宝贵意见和建议,并与沿线地方政府和主管部门达成共识。

(3)7月5日,浙江省交通厅的有关领导和专家听取了本项目可研阶段线位布设的汇报,基本赞同线位的走向,并提出了进行"低路堤"方案的研究。

3. 参建单位主要情况

(1)勘察设计单位

浙江省交通规划设计研究院。

(2)施工单位

路桥集团第二公路工程局第一工程处、贵州省公路工程总公司、贵州省公路桥梁工程总公司、杭州市交通工程集团有限公司、中铁十七局集团第六工程有限公司、中国冶金建设集团公司、中铁九局集团有限公司、浙江省交通工程集团有限公司、中铁二局集团第五工程有限公司、中国路桥(集团)有限公司、中国建筑第七工程局、中铁五局(集团)有限公司、中港第三航务工程局、山东路桥(集团)有限公司、中铁三局集团第五工程有限公司、上海警通路桥建设有限公司、浙江省交通工程集团有限公司、浙江省宏途交通工程建设有限公司、东盟营造工程有限公司、杭州公路交通设施工程有限公司、杭州华兴交通设施工程有限公司、南湖天弘交通建设工程有限公司、宜兴公路交通设施有限公司、浙江昆仑建设集团股份有限公司、浙江中富建筑集团股份有限公司、浙江德胜建设集团有限公司、浙江华鹏建设集团有限公司、北京云星宇交通工程有限公司。

(3)监理单位

杭州交通工程监理咨询有限公司、北京华通公路桥梁监理咨询公司、山东省交通工程监理咨询公司、江苏交通工程咨询监理有限公司、江苏华宁交通工程咨询监理公司、杭州诚信投资建设管理有限公司、山东省交通工程监理咨询公司、浙江经建工程管理有限公司、北京泰克化成技术信息咨询有限公司、铁道部第四勘察设计院、江苏河海工程技术总公司。

(二)建设情况

1. 项目审批

该项目严格执行了交通基本建设程序,具体如下:

(1)2004年,浙计函〔2004〕6号文,批复《关于杭浦高速公路杭州大井至海宁袁花段工程可行性研究》。

(2)2004年,浙计函〔2004〕6号文,批复《关于杭浦高速公路海宁袁花至平湖新仓段工程可行性研究》。

2. 资金筹措

本项目资本金占总投资估算的35%,由项目公司自筹,不计息;其他65%由项目公司向国家开发银行和商业银行贷款,年利率5.76%。

3. 征地拆迁

S16杭浦高速公路(杭州绕城东枢纽至杭州北枢纽段)征地拆迁情况统计见表7-28-4。

S16杭浦高速公路(杭州绕城东枢纽至杭州北枢纽段)征地拆迁情况统计表 表7-28-4

项目	征地拆迁安置起止时间	征用土地(亩)	拆迁房屋(m^2)	支付补偿费用(元)	备 注
一期	2004.9~2008.1	12739.308	499857	132827.6683	

(三)复杂技术工程

复杂技术工程主要为海宁盐官大桥。

杭州至上海浦东高速公路海宁盐官大桥,桥梁中心里程MK29+814.28,其中23~29号墩段连续跨越1条100m宽的河道及双向四车道的观潮大道。桥梁分为左右两幅等截面预应力单箱双室连续箱梁,桥梁长度为30m+4×37.5m+30m,共计210m,下部构造为柱式墩台、钻孔灌注桩基础。箱梁宽度为16.75m,箱梁梁高2.0m,跨中腹板厚度0.55m,支点腹板厚0.55~0.8m。箱梁底板厚0.25~0.5m,混凝土强度等级为C50,预应力钢筋采用高强度低松驰预应力钢绞线。

(四)科技创新

真空联合堆载预压处理桥头软基试验研究:通过现场测试、室内试验及理论分析,对真空联合堆载预压处理公路软基的变形、固结、稳定、施工控制等问题开展深入研究,得出真空联合堆载预压处理公路软基的主要结论,如在较短的预压期内其固结和沉降快速、具有真空预压和堆载预压的双重加固效果、真空—堆载联合预压加固效果比两者的叠加更好等;根据真空联合堆载预压方法的应力应变特性,提出了更符合工程实际的实用简化计算方法;在 Biot 固结理论的基础上,推导了三维 Biot 固结有限元公式。

(五)运营管理

1. 服务设施

本项目全线未设置服务区。

2. 收费设施

本项目共设置收费站 3 座,分别为杭浦杭州北、临平、盐仓,见表 7-28-5。

S16 杭浦高速(杭州绕城东枢纽—杭州北枢纽)收费站点设置情况表　　表 7-28-5

站 点 名 称	车 道 数	收 费 方 式
杭浦杭州北	17	人工与 ETC 相结合
杭浦临平	6	人工与 ETC 相结合
杭浦盐仓	5	人工与 ETC 相结合

3. 交通流量

交通流量见表 7-28-6。

S16 杭浦高速公路(杭州绕城东枢纽至杭州北枢纽段)交通流量发展状况表(单位:pcu/d)

表 7-28-6

年　份	全程加权平均值	临平至大井枢纽	临平至绕城东枢纽
2008	7675	7672	7677
2009	10440	10329	10550
2010	7976	8008	7944
2011	8692	8708	8676
2012	10777	10808	10745
2013	13256	13167	13344
2014	15245	14923	15568
2015	16059	15396	16722

第二十九节　S20 穿山疏港高速公路(穿山港区至宁波绕城好思房枢纽段)

宁波穿山疏港高速公路位于宁波市北仑区境内,编号为 S20,起于穿山港区,与白中公路相交,在尖岙岙处与沿海中线相交,过大涂岭、柴桥镇南、照山岗;经大岙里水库北、象头山、大碶,终于宁波绕城公路东段好思房枢纽,全长约34km,于2013年7月建成通车。

  S20穿山疏港高速公路是国家高速公路沈阳至海口的联络线宁波至金华高速公路的一段,也是宁波市"一环五射三复三连三疏港"高速公路网中三疏港之一。是浙江省高速公路网"两纵两横十八连三绕三通道"中的"宁波绕城环线"的重要支线和宁波市高速公路网规划"一环五射三复三连三疏港"中的"三疏港"之一,是宁波港口建设和发展以及与陆地和内地连通的重要枢纽工程。它是完善宁波港口集疏运网络的重要通道,对于拓展宁波港口腹地,推进宁波港口开发建设,疏解北仑区、大榭开发区对外交通,具有十分重要的作用。路网位置示意图如图7-29-1所示,建设项目信息如表7-29-1所示。

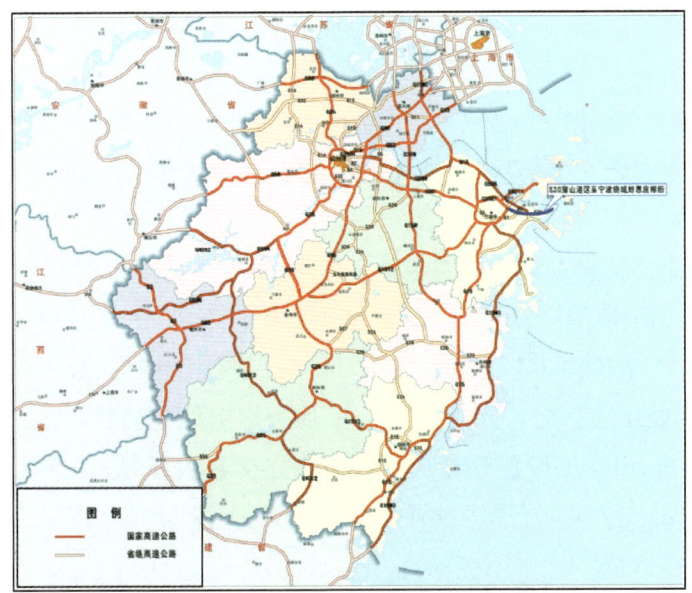

图7-29-1 穿山疏港高速公路(穿山港区至宁波绕城好思房枢纽段)路网位置示意图

S20穿山疏港高速公路(穿山港区至宁波绕城好思房枢纽段)建设项目信息采集表

表7-29-1

国高	项目名称	规模(km)			建设性质(新、改扩建)	设计速度(km/h)	永久占地(亩)	投资情况(亿元)				建设时间(开工~通车)
		合计	八车道及以上	六车道	四车道				估算	概算	决算	资金来源	
S20	穿山港区至好思房枢纽段	33.50		33.50		新建	120			72.36			2009.11~2013.7

S20 穿山疏港高速公路(穿山港区至宁波绕城好思房枢纽段)(建设期2009—2013年)

(一)项目概况

1. 基本情况

(1)功能定位

穿山疏港高速公路全线位于北仑区境内,起点位于穿山四期港区的港前道路白中线,在好思房以互通形式与宁波绕城东段相接,是宁波市高速公路网规划"一环六射三复三连三疏港"中的"三疏港"之一。该高速公路的建成,彻底打通了北仑、穿山、大榭、梅山等港区的疏港通道,为临港工业发展及旅游业发展提供便利的交通条件。同时,可以减少港口车辆对城市交通的影响,解决北仑城区交通拥堵问题,极大缓解329国道、通途路等现有道路的交通压力。

(2)技术标准

主线设计为双向六车道,设计速度为120km/h,路基宽为34.5m。

(3)建设规模

穿山疏港高速公路起点接穿山四期港区道路,与白中公路相交,在尖崦岙处与沿海中线相交,过大涂岭、柴桥镇南、照山岗;经大岙里水库北、象头山、大碶终于宁波绕城公路东段好思房互通立交,全长约34km,路基宽度34.5m,全线设特大、大中桥梁14座,隧道7座;全线共布设7处互通立交。分离立交4座,服务区1处,主线收费站1处,匝道收费站4处。在郭巨、柴桥、田洋王设置双喇叭型互通式立交和收费站;在霞浦设置单喇叭型互通式立交和收费站;在大碶、好思房设置全互通立交,分别与同三高速公路和宁波绕城高速公路东段共用收费站。

(4)主要控制点

白峰、柴桥、霞浦、大契、小港。

(5)地形地貌

紫石片区丘陵与平原交错,整体地势西南高。

(6)投资规模

项目投资概算72.36亿元。

(7)开工及通车、竣工时间

2009年11月底开工,2013年6月28日竣工通车使用。详见表7-29-2~表7-29-4。

2. 参建单位主要情况

(1)勘察设计单位

中交公路规划设计研究院。

(2) 施工单位

中交一公局厦门工程有限公司、宁波交通工程建设集团有限公司、路桥集团国际建设股份有限公司、中铁十局集团有限公司、江苏润扬交通工程集团有限公司、中铁隧道集团有限公司、浙江省宏途交通建设有限公司等。

(3) 监理单位

余姚交通工程监理有限公司、杭州永通高速公路安全设施工程有限公司。

(二) 建设情况

1. 项目审批

2009年,国家发改委以发改基础〔2009〕634号文批复穿山疏港可行性研究报告。

2. 合同段划分

S20穿山疏港高速公路(穿山港区至宁波绕城好思房枢纽段)标段划分情况见表7-29-5。

(三) 复杂技术工程

1. 隧道

本项目共设置隧道7座,囊括分离式、连拱、小净距等各种隧道结构形式,隧道工程设计施工为本项目的重难点之一,主要特点如下:

(1) 设计标准高,线形控制因素多。本项目是当时华东地区设计标准最高的高速公路之一。项目沿线控制地物(包括工业区、军事设施、水库、墓地、庙宇等)非常多,与既有公路、铁路多次交叉,道路选线难度非常大,为了服从路线总体布设要求、避开控制地物,设计中因地制宜选用分离式、连拱、小净距隧道等各种结构形式;并尽量兼顾地质选线、地形选线,降低隧道工程的建设难度。

(2) 地质条件复杂,超浅埋、超大跨度隧道建设难度大。隧道区地层主要为凝灰岩,结构破碎,节理裂隙发育,稳定性差,地下水发育,部分隧道穿越多条断层和破碎带。分离式隧道、连拱隧道开挖跨度分别达到18m、37m,且埋深浅(一般不足50m),形成一定规模的超浅埋、超大跨隧道群,施工风险大。通过加强结构设计、合理选择开挖工法及加强动态设计及施工,确保施工及运营安全。

(3) 经济发达地区公路大通道,环保要求高。项目区土地资源非常宝贵,隧址区植被发育,环保要求高。设计通过合理选线、灵活选用隧道结构形式、充分利用隧道弃渣等,力争从源头上使对自然环境的破坏降低到最小。

S20 穿山疏港高速公路（穿山港区至宁波绕城好思房枢纽段）桥梁汇总表

表 7-29-2

规模	名称	桥长(m)	主跨长度(m)	桥底净高(m)	跨越障碍物 河流	跨越障碍物 沟谷	跨越障碍物 道路、铁路	梁式桥 钢筋混凝土梁桥 简支梁桥	梁式桥 钢筋混凝土梁桥 悬臂梁桥	梁式桥 钢筋混凝土梁桥 连续梁桥	梁式桥 钢梁桥 简支钢梁	梁式桥 钢梁桥 连续钢梁	梁式桥 预弯混凝土梁	组合梁 组合梁	钢管混凝土桁架梁
特大桥	头岭岙特大桥	1076	35	20			√			√					
	叶家特大桥	1006	30	27		√								√	
	钟家特大桥	1288	30	7	√		√			√				√	
	柴桥特大桥	1231	50	9	√		√			√				√	
	北仓高架桥	2908	50	14	√		√			√					
	大碶互通主线桥	2409	65	15	√		√			√	√			√	
	大碶互通B匝道桥	1431	42	14	√		√			√		√		√	
	大碶互通D匝道桥	1201	43	15	√		√			√		√			
	俞王高架桥	1510	50	10	√		√			√				√	
	沿山公路高架桥	1157	30	15	√		√			√				√	
	田洋王互通主线桥	1190	42	8	√		√			√					
	黄梅堰特大桥	1832	40	25	√		√			√				√	
	大岭下大桥	993	20	11		√				√				√	
大桥	郭巨互通D匝道桥	465	35	18		√				√					
	郭巨互通E匝道桥	180	30	10			√			√					
	郭巨互通F匝道桥	162	40	5.8		√				√					
	野毛张大桥	666	30	20	√					√				√	
	山防分离式立交	126	30	9		√								√	
	庙碶大桥	105	30	7.7	√					√					
	柴桥服务区A匝道桥	105	21	8	√					√					
	柴桥互通B匝道桥	120	20	5.5	√					√					

续上表

规模	名称	桥长(m)	主跨长度(m)	桥底净高(m)	跨越障碍物			钢筋混凝土梁桥			梁式桥-钢梁		预弯混凝土梁	组合梁桥	
					河流	沟谷	道路、铁路	简支梁桥	悬臂梁桥	连续梁桥	简支钢梁	连续钢梁		组合梁	钢管混凝土桁架梁
大桥	柴桥互通D匝道桥	296	40	8			✓			✓					
	柴桥互通E匝道桥	120	30	4		✓				✓					
	柴桥互通F匝道桥	250	40	6.6			✓			✓					
	柴桥互通G匝道桥	160	20	9		✓				✓					
	柴桥互通H匝道桥	256	23.5	10		✓				✓					
	柴桥连接线1号桥	410	30	7	✓	✓				✓					
	柴桥连接线2号桥	225	25	13		✓				✓					
	杨家埭大桥	486	30	6		✓									
	照山岗大桥	156	30	6		✓				✓				✓	
	蒋吴村大桥	363	30	20		✓				✓				✓	
	陈华村大桥	376	30	18		✓	✓			✓				✓	
	书院村大桥	614	30	19			✓							✓	
	霞浦互通主线桥	859	30	10			✓			✓				✓	
	霞浦互通B匝道桥	154	20	7		✓				✓					
	霞浦互通C匝道桥	178	20	8			✓			✓					
	霞浦互通D匝道桥	162	27	5		✓				✓					
	霞浦互通E匝道桥	280	28	10			✓			✓					

续上表

规模	名称	桥长(m)	主跨长度(m)	桥底净高(m)	跨越障碍物			梁式桥						组合梁桥	
								钢筋混凝土梁桥			钢梁				
					河流	沟谷	道路、铁路	简支梁桥	悬臂梁桥	连续梁桥	简支钢梁	连续钢梁	预弯混凝土梁	组合梁	钢管混凝土桁梁
大桥	大碶互通A匝道桥	404	32	13			√			√					
	大碶互通C匝道桥	372	37	11			√			√					
	大碶互通E匝道桥	268	25	10			√			√					
	大碶互通F匝道桥	243	21	11			√			√					
	大碶互通G匝道桥	225	21	11			√			√					
	大碶互通H匝道桥	262	30	10			√			√					
	田洋王互通B匝道桥	109	18	6	√					√					
	田洋王互通C匝道桥	253	28	5.5			√			√					
	田洋王互通D匝道桥	180	30	5.5	√					√					
	田洋王互通E匝道桥	170	30	5.5						√					
	田洋王互通F匝道桥	310	40	5.5			√			√					
	战备路分离式立交	106	20	7		√	√			√					
	好思房互通D匝道桥	400	30	28		√				√				√	
	好思房互通E匝道桥	863	39	14		√	√			√					

第七章 高速公路建设项目

S20 穿山疏港高速公路（穿山港区至宁波绕城好思房枢纽段）隧道汇总表　　表 7-29-3

规模	名称	隧道全长(m)	隧道净宽(m)	隧道分类					备注
				按地质条件划分		按所在区域划分			
				土质隧道	石质隧道	山岭隧道	水底隧道	城市隧道	
长隧道	望娘岗隧道左洞	1630	15.25		√	√			
	望娘岗隧道右洞	1600	15.25		√	√			
短隧道	大涂岭隧道（连拱）	208	15.25		√	√			
	中岭隧道左洞	495	15.25		√	√			
	中岭隧道右洞	500	15.25		√	√			
	照山岗隧道（连拱）	316	15.25		√	√			
	陈华浦隧道左洞	427	15.25		√	√			
	陈华浦隧道右洞	403	15.25		√	√			
	书院隧道左洞	307	15.25		√	√			
	书院隧道右洞	310	15.25		√	√			
	黄梅山隧道左洞	428	15.25		√	√			
	黄梅山隧道右洞	355	15.25		√	√			

S20 穿山疏港高速公路（穿山港区至宁波绕城好思房枢纽段）路面信息汇总表　　表 7-29-4

路面形式	起讫里程	长度(m)	水泥混凝土路面	沥青路面
刚性路面	K0+582~K0+718 上下行	136	钢筋混凝土路面	—
柔性路面	其余路面（上下行）	33516	—	沥青混凝土路面

S20 穿山疏港高速公路（穿山港区至宁波绕城好思房枢纽段）标段划分情况表　　表 7-29-5

标段号	标段所在地	工程内容及长度	施工单位
1	宁波	土建，长3.575km	中交一公局厦门工程有限公司
2	宁波	土建，长5.425km	宁波交通工程建设集团有限公司
3	宁波	土建，长5.36km	宁波交通工程建设集团有限公司
4	宁波	土建，长5.52km	路桥集团国际建设股份有限公司
5	宁波	土建，长5.339km	中铁十局集团有限公司
6	宁波	土建，长3.881km	江苏润扬交通工程集团有限公司
7	宁波	土建，长2.58km	中铁隧道集团有限公司
8	宁波	土建，长1.812km	浙江省宏途交通建设有限公司
F1	宁波	房建	方远建设集团股份有限公司
F2	宁波	土建，长33.5km	浙江丰惠建设集团有限公司
JD	宁波	机电，长33.5km	紫光捷通科技股份有限公司
M1	宁波	路面，长19.88km	宁波交通工程建设集团有限公司

续上表

标 段 号	标段所在地	工程内容及长度	施 工 单 位
M2	宁波	路面,长13.61km	江苏省镇江市路桥工程总公司
L1	宁波	绿化,长33.5km	宁波市交通园林绿化工程有限公司
L2	宁波	绿化,长1.2km	宁波市绿茵市政园林有限公司

2. 大碶互通主线桥钢箱梁设计与施工

大碶互通主线桥上跨同三高速处,由于被交道路等级高、交角小(129°),为尽量减少建筑高度同时方便施工,设计采用了变截面连续钢箱梁(40m+65m+50m、单箱三室、梁高2~3m、箱梁全长155m)的结构形式。由于箱梁吊装质量大、技术要求高、上跨交通要道,给施工带来了较大难度。承包人会同设计、监理经多次研究后采取了以下措施:一是加强钢箱梁制作精度;二是在现场进行预拼装;三是箱梁纵横向分块吊装;四是设置安全(导向、警告)标志,确保桥下正常通车;五是严格规范监理,并加强现场指导。

(四)运营管理

1. 服务设施

服务设施见表7-29-6。

S20 穿山疏港高速公路(穿山港区至宁波绕城好思房枢纽段)**服务区设置情况**　　表7-29-6

服务区名称	位　　置	占地面积
柴桥服务区	K9+580~K10+865	228.602亩

2. 收费设施

本项目共设置收费站5座,分别是穿山港区、白峰、柴桥、霞浦、灵峰(表7-29-7)。

S20 穿山疏港高速公路(穿山港区至宁波绕城好思房枢纽段)**收费站点设置情况表**

表7-29-7

站 点 名 称	车 道 数	收 费 方 式
穿山港区	5+10	4条ETC,其余人工收费
白峰	3+4	2条ETC,其余人工收费
柴桥	4+7	2条ETC,其余人工收费
霞浦	3+6	2条ETC,其余人工收费
灵峰	3+4	2条ETC,其余人工收费

3. 交通流量

交通流量见表 7-29-8。

S20 穿山疏港高速公路(穿山港区至宁波绕城好思房枢纽段)**交通流量发展状况表**(单位:pcu/d)

表 7-29-8

年份	全程加权平均值	好思房至灵峰	灵峰至大碶枢纽	大碶枢纽至霞浦	霞浦至柴桥	柴桥至白峰	白峰至穿山港区
2013	12416	18036	15445	23024	7143	7142	3708
2014	22327	35219	28290	36618	13476	13476	6882
2015	25170	38628	30981	40862	16429	16429	7692

第三十节 S24 绍诸高速公路(上虞道墟至诸暨牌头段)

绍兴至诸暨高速公路,简称绍诸高速公路,编号为 S24,起于上虞道墟,终于诸暨高湖,接诸永高速公路,依次由以下两段组成:绍诸高速公路(上虞道墟至诸暨高湖)、绍诸延伸线(诸暨高湖至诸暨牌头)。其中绍诸高速公路于 2011 年 12 月建成通车,全长 62km;绍诸延伸线尚未建成。路网位置示意图如图 7-30-1 所示,建设项目信息如表 7-30-1 所示。

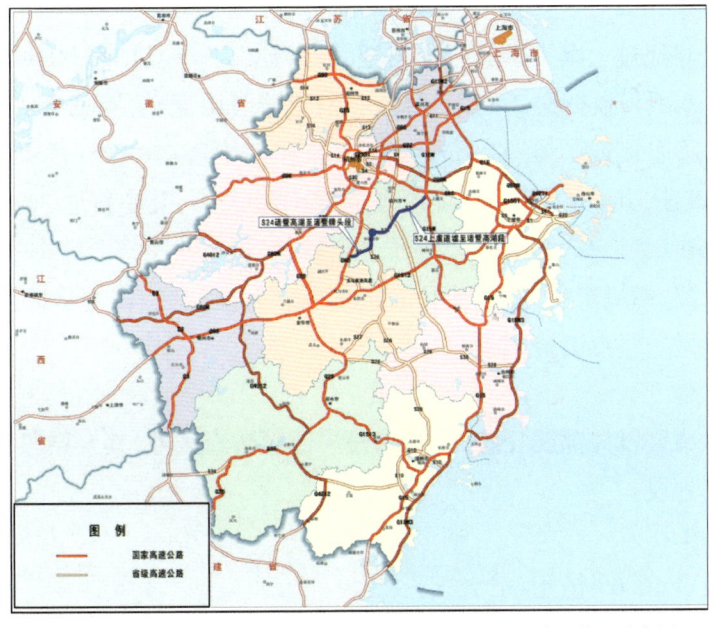

图 7-30-1 S24 绍诸高速公路(上虞道墟至诸暨牌头段)路网位置示意图

S24 绍诸高速公路建设项目信息采集表 表 7-30-1

国高	项目名称	规模(km)			建设性质（新、改扩建）	设计速度(km/h)	永久占地(亩)	投资情况(亿元)				建设时间(开工~通车)
		合计	八车道及以上	六车道	四车道				估算	概算	决算	资金来源	
S24	绍兴至诸暨高速公路(上虞道墟—诸暨高湖)	62.46			62.46	新建	100	6829	46.67	56.09	54.00	资本金占35%（约19.3亿元），其余贷款解决	2008.12~2011.12

S24 绍诸高速公路（上虞道墟至诸暨高湖段）（建设期 2008—2011 年）

（一）项目概况

1. 基本情况

（1）功能定位

绍诸高速公路于 2011 年底建成通车，进一步促进绍兴枢纽式交通的实现，完善绍兴乃至全省的高速公路网络；连接嘉绍大桥，使绍兴直接接轨上海，融入以上海为中心的"两小时都市圈"；进一步促进绍兴大城市建设，有力促进沿线县（市、区）经济社会的快速发展，提升中心城市的辐射作用，增强城市竞争力和综合实力。

（2）技术标准

采用双向四车道，设计速度 100km/h，路基宽度 26m。

（3）建设规模

绍诸高速公路经过上虞市、绍兴县、越城区、诸暨市四个县（市、区），推荐方案路线全长约 62.46km。本项目设枢纽 2 处，预留兰亭枢纽接萧山通道，互通 6 处，预留陶堰互通和岭下互通，互通连接线长 6.92 km，服务区和管理中心各一处；桥梁 144 座，共长约 24.173km；隧道 8 座，共长约 3527m；征用土地 456.22 公顷，其中耕地 347.2 公顷。

（4）主要控制点

上三高速公路、绍兴市生态产业园区、会稽山旅游度假区、城南新区、印山越国王陵、兰亭风景区、枫桥镇、终点诸暨东枢纽。

（5）地形地貌

公路沿线除诸暨段局部属丘陵区，绍兴段局部属微丘区外，其余路段均在绍虞平原河网区和软弱土基地段。

（6）投资规模

项目概算投资 56.09 亿元。

（7）开工及通车、竣工时间

2008 年 12 月开工建设，2011 年 12 月交工通车。详见表 7-30-2~表 7-30-4。

第七章 高速公路建设项目

S24 绍诸高速桥梁汇总表

表 7-30-2

规模	名称	桥长(m)	主跨长度(m)	桥底净高(m)	跨越障碍物 河流	跨越障碍物 沟谷	跨越障碍物 道路、铁路	钢筋混凝土梁桥 简支梁桥	钢筋混凝土梁桥 悬臂梁桥	钢筋混凝土梁桥 连续梁桥	梁式桥 钢梁桥 简支钢梁	梁式桥 钢梁桥 连续钢梁	预弯混凝土梁	组合梁桥 组合梁	钢管混凝土桁架梁
特大桥	陶堰特大桥	1866	80	7	√					√					
	诸暨东枢纽组主线桥	1335	25	5			√			√					
	上虞枢纽主线桥	636	33	5			√			√					
	云理分离	129	25	5			√			√					
	陶堰互通主线桥	104	20	5			√			√					
	横旦大桥	264	20	5	√					√					
	大润畔河桥	949	35	1	√					√					
	梁堡桥	124	20	1.25	√					√					
大桥	富盛互通主线桥	144	20	5		√			√						
	下灶分离	344	20	5			√		√						
	平水互通主线桥	172	20	5			√	√	√						
	平水东江桥	424	35	5	√		√			√					
	昌锋分离	114	35	5			√			√					
	绍甘分离	557	25	5			√			√					
	绍兴互通主线桥	104	20	5			√			√					
	下台线分离1	107	25	5			√			√					
	解放路分离	372	35	5			√			√					
	下台线分离2号桥	104	20	5			√			√					
	服务区主线2号桥	282	25	5			√			√					
	服务区主线3号桥	107	25	5			√			√					
	花园桥	218	30	5			√			√					

续上表

规模	名称	桥长(m)	主跨长度(m)	桥底净高(m)	跨越障碍物			钢筋混凝土梁桥			梁式桥		预弯混凝土梁	组合梁桥	钢管混凝土桁架梁
					河流	沟谷	道路、铁路	简支梁桥	悬臂梁桥	连续梁桥	钢梁简支钢梁	连续钢梁		组合梁	
大桥	董坞村大桥	132	25	5						√					
	兰亭互通主线桥	443	35	5			√			√					
	兰亭江大桥	458	30	6.9	√					√					
	花坞村分离	144	20	5			√			√					
	古博岭高架桥	488	30	5	√		√			√					
	大溪滩桥	284	20	6.3			√			√					
	全堂分离	184	20	5	√		√			√					
	枫合线分离桥	328	40	5			√			√					
	柘桥汇桥	124	20	1.4						√					
	绍大线分离3	128	30	5			√								
中桥	30座														

2. 参建单位主要情况

（1）勘察设计单位

浙江省交通规划设计研究院。

（2）施工单位

浙江省大成建设集团有限公司、浙江鼎盛交通建设有限公司/中国中铁股份有限公司、江西省路桥工程集团有限公司、中铁十六局集团第三工程有限公司、中铁十局集团第二工程有限公司、杭州市交通工程集团有限公司、浙江省交通工程建设集团有限公司、中交一公局厦门工程有限公司、顺吉集团有限公司、浙江省宏途交通建设有限公司、杭州华兴交通设施工程有限公司、嘉兴市通明交通工程有限公司、绍兴市越路交通工程有限公司、金华市大路交通安全设施有限公司、浙江交通设施有限公司、东阳市顺风交通设施有限公司、浙江跃龙园林建设有限公司、浙江达华园林建设有限公司、浙江伟达园林工程有限公司、浙江省长城建设集团股份有限公司、标力建设集团有限公司、方远建设集团股份有限公司、浙江龙邦装潢工程有限公司、浙江精工世纪建设工程有限公司、浙江鸿正建设有限公司、上虞市爱垦建筑装饰工程有限公司、浙江省机电设计研究院有限公司。

（3）监理单位

绍兴市高速公路建设指挥部、绍兴绍诸高速公路有限公司。

S24 绍诸高速公路隧道汇总表　　　　　表 7-30-3

规模	名称	隧道全长（m）	隧道净宽（m）	隧道分类					备注
				按地质条件划分		按所在区域划分			
				土质隧道	石质隧道	山岭隧道	水底隧道	城市隧道	
中隧道	元宝山隧道右洞	640	10.75		√	√			
	元宝山隧道左洞	650	10.75		√	√			
	羊秀坞隧道右洞	670	10.75		√	√			
	羊秀坞隧道左洞	678	10.75		√	√			
	桃园隧道右洞	540	10.75		√	√			
	横山隧道右洞	625	10.75		√	√			
	横山隧道左洞	634	10.75		√	√			
短隧道	早米岭隧道	225	10.75		√	√			
	董坞隧道	125	10.75		√	√			
	兰亭隧道	310	14.5		√	√			
	梅家坞隧道	355	10.75		√	√			
	桃园隧道左洞	465	10.75		√	√			

S24 绍诸高速公路路面信息汇总表　　　　　表 7-30-4

路面形式	起讫里程	长度(m)	水泥混凝土路面	沥青路面
刚性路面	各互通收费站收费广场范围	—	钢塑纤维混凝土路面	
柔性路面	K0+000～K22+880	22880		沥青混凝土路面
	K22+880～K29+640	6760		橡胶沥青路面
	K29+640～K62+462	32822		沥青混凝土路面
	长上坡及特大桥路段	20304		玄武岩纤维沥青路面（上面层掺玄武岩纤维）

（二）建设情况

1. 项目审批

2007 年,浙江建设厅以浙规选字〔2007〕189 号批复《建设项目选址意见书》。

2007 年,浙江水利厅以浙水许〔2007〕32 号批复《关于绍诸高速公路水土保持方案的批复》。

2007 年,浙江省环保局以浙环建〔2007〕71 号批复《关于绍诸高速公路环境影响报告书审查意见的函》。

2009 年,国土资源部以国土资函〔2009〕576 号批复《国土资源部关于绍兴至诸暨高速公路工程建设用地的批复》。

2007 年,浙江省发改委以浙发改函〔2007〕279 号批复《关于绍诸高速公路项目核准批复的函》。

2008 年,浙江省发改委以浙发改函〔2008〕64 号批复《关于绍兴至诸暨高速公路工程初步设计批复的函》。

2008 年,浙江省交通运输厅以浙交复〔2008〕154 号批复《关于绍兴至诸暨高速公路工程初施工图设计批复》。

2010 年,浙江省交通运输厅以浙交复〔2010〕61 号批复《关于绍兴至诸暨高速公路项目路面施工图设计的批复》。

2010 年,浙江省交通运输厅以浙交复〔2010〕123 号批复《关于绍兴至诸暨高速公路机电和房建工程施工图设计的批复》。

2. 资金筹措

本项目概算总投资 56.09 亿元,项目资本金 19.63 亿元,含交通部车购税补助,由浙江省负责筹措,其余 36.46 亿元申请银行贷款。

3. 合同段划分

合同段划分见表 7-30-5。

S24 绍诸高速公路标段划分情况表　　　　表 7-30-5

标段号	标段所在地	工程内容及长度	施工单位	标段号	标段所在地	工程内容及长度	施工单位
1	绍兴	土建,长 3km		6	绍兴	土建,长 7.05km	
2	绍兴	土建,长 5km		7	诸暨	土建,长 5.85km	
3	绍兴	土建,长 9km		8	诸暨	土建,长 7.95km	
4	绍兴	土建,长 5.92km		9	诸暨	土建,长 7.32km	
5	绍兴	土建,长 6.08km		10	诸暨	土建,长 5.29km	

4. 征地拆迁

征地拆迁见表 7-30-6。

S24 绍诸高速公路征地拆迁情况统计表　　　　表 7-30-6

项目	征地拆迁安置起止时间	征用土地（亩）	拆迁房屋（m²）	支付补偿费用（元）	备注
一期	2008 年 12 月～2010 年 12 月	6828.6	183627	2515167528	
二期	2011 年 9 月～2014 年 11 月	126.5	106733		

（三）复杂技术工程

1. 陶堰特大桥现浇箱梁的设计与施工

陶堰特大桥第 18 孔上跨杭甬运河（规划Ⅲ级航道），通航净空 60m×7m；第 24 孔上跨萧甬铁路,净高 7.96m；第 31 孔上跨 104 国道（一级公路），路基宽 27m；第 53 孔上跨萧曹运河（规划Ⅴ级航道），通航净空 45m×5m。上跨运河处，由于航道宽度较宽，设计采用了（45+80+45）m 变截面现浇连续箱梁的结构形式。由于箱梁现浇工程量大、技术要求高、上跨交通要道，给施工带来了较大难度。承包人会同设计、监理经多次研究后采取了以下措施：一是采用第三方监控量测现浇节段挂篮变形与沉降情况；二是严格控制块段混凝土龄期，达到规定要求后方可张拉钢束；三是增设通气孔；四是增设抗裂钢筋；五是优选材料，严格控制配合比；六是严格规范监理，并加强现场指导。

2. 软基处理

在软基路段，除了采用已有成功经验的塑料排水板、真空预压、预应力管桩等技术措施外，在本项目 1、2、3、4 合同主线工程和部分匝道工程中，在省内高速公路首次大规模实施泡沫混凝土轻质路堤（共计约 14 万 m³），应用非常成功，解决了本项目中多个技术问

题,采用泡沫混凝土轻质材料换填,有如下技术经济上的先进性:

(1)可有效缩短工期,从实测数据看,比常规技术缩短工期4～8个月。

(2)适用于高速公路软基路段拼宽,特别是上虞枢纽上三线软土路基拼宽,采用泡沫混凝土轻质路堤技术相比常规的预应力管桩地基处理,不仅节约造价约1800万元,而且新老路基变形协调性更好,完工至今,效果很好,路面平顺,未见不均匀沉降发生。

(3)有效解决高填方软土路堤的稳定性问题,通过采用泡沫混凝土换填减轻路堤重量,确保高填方软基的稳定,如1合同段云里分离至上市桥高填路段、4合同段下灶桥头高填路基。

(4)高压线路段采用泡沫混凝土路堤,解决了常规打桩或塑排技术无法解决的高压线安全净空不足问题。

(四)科技创新

1. 钢丝网片柔性生态挡墙

柔性生态挡墙可以收缩路基边坡,少占土地,缓解对环境的影响;同时对地基承载力要求低,对地基变形的适应性强,与传统圬工挡墙相比,适用范围更广。鉴于浙江省新建公路项目大多为山区、丘陵区,地形变化大,高填方及陡坡路堤较多,耕地资源又极为稀缺;拓建工程大多位于经济发达、填料缺乏、拆迁困难、土地资源昂贵的地区;采用柔性生态挡墙可有效解决工程应用中存在的一系列问题,获得了十分有价值的应用研究新技术成果,可快速进行挡墙生态恢复,景观效果好,形成与周边环境相协调的公路美景,具有较好的社会效率、经济效率和广阔的推广应用前景。柔性生态挡墙应用于在绍诸高速公路第7合同K段及第1合同段上虞枢纽上三线拼宽,其中第7合同段有效解决了高速公路与地方公路平行布线,用地受限需收坡但又有生态、景观需求的问题;第1合同段采用柔性生态挡墙解决了新老路基不均匀沉降问题。

2. 玄武岩纤维在沥青路面工程中的应用

添加玄武岩纤维后沥青混合料的路用性能得以全面改善,可以明显提高其高速公路的抗车辙能力,降低其全寿命成本,延长道路使用寿命,减少道路养护费用,提高路面使用品质,降低因道路施工部分封道而产生的大量社会成本,在本项目长上坡路段及特大桥桥面铺装得到应用。

3. 无伸缩缝桥梁设计与应用研究

本研究根据收集的国内外无伸缩缝桥梁的工程经验和参考资料,结合依托工程实例的桥梁结构形式和桥梁所处地质状况,采用空间有限元模型和数值理论分析,提出了整体式桥台和半整体式桥台形式各自的桩基内力、桥台内力、上部结构受力状况和温度伸缩量的理论数据,并通过依托工程为期一年的现场监测,进行理论和实际数据的对比研究,以验证结构设计理论分析的合理性。在此基础上,完成了整体式桥台和半整体式桥台形式在我省工程实际中的适用性研究,考虑在中小桥梁中采用半整体式桥头具有设计、施工简单的优势,而整体式桥台在克服较大桥梁长度的温度变形方面有较大优势,在局部位置的结构设置方面有待进一步试验验证。

4.绍诸高速公路生态景观规划研究

本课题在深入实地调查采样的基础上,采用科学的计算方法,对高速公路穿越环境敏感区的声环境保护、防尘防眩、降污处理等方面进行了环境影响预测分析,并在先进的景观规划理念指导下,结合工程实践,提出一系列相应的改造建议,并在绍诸高速公路进行试点应用。使绍诸高速公路在完成高速公路工程建设的同时,进行改良环境、减少污染、降低噪声等各方面的生态建设工程,使公路交通设施作为一种人文景观与周围景观在更大范围内融为一体,形成美化国土、保护自然、改良环境和抵御灾害的带状生态交通系统。

5.高速公路穿越环境敏感区声环境保护研究

本研究从高速公路穿越环境敏感区噪声影响入手,通过对绍诸高速公路周边四条高速公路沿线交通噪声进行调查,分析噪声的衰减规律,得到了高速公路环境敏感区建筑物噪声垂直分布规律;并以绍诸高速公路 K22+000～K28+000 段为例,进行了交通噪声的预测和噪声影响评价;依据立地环境特点,对声屏障的降噪效果进行了分析研究;以此为基础提出了低噪声路面、防噪林、隔声窗、声屏障等有针对性的噪声污染防治措施,重点进行了生态声屏障的设计研究,使防治噪声污染的工程设施与当地人文历史景观融合协调,使之成为绍诸高速公路景观的亮点。

(五)运营养护管理

1.服务设施

服务设施见表 7-30-7。

S24 绍诸高速公路(上虞道墟至诸暨高湖)服务场区一览表　　表 7-30-7

服务区名称	位　　置	占地面积
鉴湖服务区	K27+100～K28+480	62995

2.收费设施

收费设施见表 7-30-8。

S24绍诸高速公路(上虞道墟至诸暨高湖)收费设施一览表　　表7-30-8

站点名称	车道数	收费方式
上虞道墟	3+4	2条ETC收费,其余是人工收费
陶堰	3+3	2条ETC收费,其余是人工收费
富盛	3+3	2条ETC收费,其余是人工收费
平水	3+3	2条ETC收费,其余是人工收费
绍兴南	3+3	2条ETC收费,其余是人工收费
兰亭	3+3	2条ETC收费,其余是人工收费
枫桥北	3+3	2条ETC收费,其余是人工收费
枫桥南	3+3	2条ETC收费,其余是人工收费
诸暨浣东	3+5	2条ETC收费,其余是人工收费

3. 交通流量

交通流量见表7-30-9。

S24绍诸高速公路(上虞道墟至诸暨高湖)交通流量发展状况表(单位:pcu/d)　　表7-30-9

年份	全程加权平均值	上虞道墟至陶堰	陶堰至富盛	富盛至平水	平水至绍兴南	绍兴南至兰亭	兰亭至枫桥北	枫桥北至枫桥南	枫桥南至诸暨浣东
2012	3970	3472	3472	3481	3412	4354	4581	4180	4144
2013	6473	5664	5664	5615	5450	6811	7188	6723	7460
2014	12851	12731	12731	12712	12039	13176	13308	12553	13555
2015	13993	14484	13792	13762	12927	14308	14434	13548	14692

第三十一节　S26诸永高速公路(直埠枢纽至瓯海段)

诸暨至永嘉高速公路,简称诸永高速公路,编号为S26,起于直埠枢纽,途经浙江绍兴、金华、台州、温州四市,终于瓯海,全长233km,2015年1月建成通车。

S26诸永高速公路是浙江省公路水路交通规划"两纵两横十八连三绕三通道"中的"一连",沟通杭金衢、甬金、台金、温州绕城公路4条高速公路,是杭州与温州两大中心城市之间行车距离最短的高速公路,较杭金衢至金温高速公路近90km。路网位置示意图如图7-31-1所示,建设项目信息如表7-31-1所示。

S26 诸永高速公路建设项目信息采集表   表 7-31-1

省高	项目名称	规模(km)				建设性质（新、改扩建）	设计速度(km/h)	永久占地(亩)	投资情况(亿元)			资金来源	建设时间（开工~通车）
		合计	八车道及以上	六车道	四车道				估算	概算	决算		
S26	浙江诸永高速公路	225			225	新建	80		182	166	未完成	借款	2004~2010
	诸永高速温州段延伸工程	8.07	0	3.59	4.48	新建	80	639.65	26.2	26.47	未办理	财政拨款、银行贷款、向股东借款（交投、公投、财融）	2012.7~2015.1

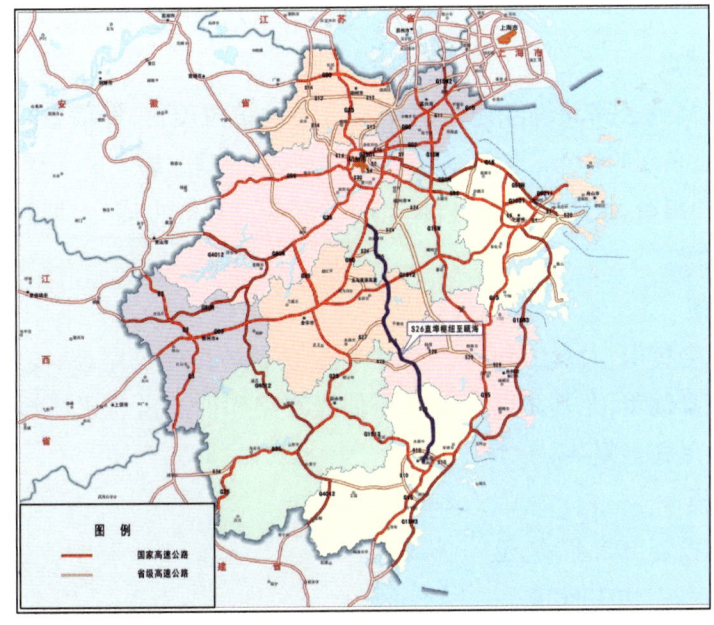

图 7-31-1 S26 诸永高速公路（直埠枢纽至瓯海段）位置示意图

S26 诸永高速公路（直埠枢纽至瓯海段）（建设期 2004—2010 年）

（一）项目概况

1. 基本情况

（1）功能定位

诸永（诸暨至永嘉）高速公路贯穿浙江绍兴、金华、台州、温州四市，连接诸暨、东阳、磐安、仙居、永嘉、鹿城5个县(市、区)，是浙江省公路水路交通规划"两纵两横十八连三绕三通道"中的"一连"，沟通杭金衢、甬金、台金、温州绕城公路4条高速公路。

(2)技术标准

根据交通量预测结果,按照交通部颁布的《公路工程技术标准》(JTG B01—2003)中关于公路等级划分的规定,结合全省路网的规划,考虑地方经济的发展,以及本公路的地位和作用,本项目拟采用高速公路技术标准。诸永高速原设计速度80km/h,在建设运营中提速,设计速度100km/h。

(3)建设规模

本项目起自诸暨,止于温州永嘉。全长233km,概算总投资192.47亿元。整体式路基宽度23.0m,采用四车道。2010年7月22日零时9分,诸永高速公路南线磐安至永嘉段正式开通。

(4)主要控制点

北起杭金衢高速公路茨坞互通以南8.8km处的植树茂村,经诸暨直埠、江藻、浣东、街亭、璜山、陈宅,东阳的怀鲁、北江、郭宅、湖溪、马宅和三联,磐安的深泽、双峰、盘峰和维新,仙居的官路和田市,永嘉的黄南、岩坦、溪口、岩头、枫林、古庙、上塘和瓯北,南接温州绕城高速公路北段。

(5)地形地貌

本项目翻越会稽山、大盘山和括苍山,是典型的越岭高速公路,路线经过区域山坡陡峻,植被茂盛,风景优美,尤其是磐安沙溪至仙居官路和仙居孟岩永嘉溪口路段,谷深坡陡,迂回曲折,地形相当复杂。

(6)投资规模

项目估算总投资192.47亿元。

(7)开工及通车、竣工时间

2004年开工建设,2015年1月交工通车。详见表7-31-2~表7-31-4。

2.前期决策情况

2003年4月14日,浙江公路水运咨询监理公司根据浙江省交通厅委托,成立项目组,前后四次现场踏勘和收集资料,征求沿线各市县政府的意见,四次向交通厅、公路局有关领导及专家作专题方案汇报。针对特别复杂的磐安至仙居段路线方案,专项进行了线位论证。

3.参建单位主要情况

(1)勘察设计单位

表 7-31-2

S26 诸永高速公路桥梁汇总表

规模	名称	桥长(m)	主跨长度(m)	桥底净空高(m)	跨越障碍物			钢筋混凝土梁桥			梁式桥 钢梁		预弯混凝土梁	组合梁桥	
					河流	沟谷	道路、铁路	简支梁桥	悬臂梁桥	连续梁桥	简支钢梁	连续钢梁		组合梁	钢管混凝土桁架梁
特大桥	怀鲁左主线1号	1602.683	40											√	
	怀鲁右主线1号	1592.616	40				√							√	
	B匝道1号桥	1037.6	40				√							√	
	白塔枢组主线1号桥（左线）	1535.0	40		√					√					
	白塔枢组主线1号桥（右线）	1535.0	40		√					√					
	张家坦大桥（左线）	1000	142			√								√	
	双合岩2号桥（左线）	1223.96	40			√				√					
	大楠溪沿江3号桥（左线）	1263.46	35		√					√					
	大楠溪江桥（左线）	1322.96	25		√					√					
	大楠溪江桥（右线）	1322.96	25		√					√					
	河屿高架桥（左线）	2000.28	25			√				√					
	河屿高架桥（右线）	2029.92	25			√				√					
	永嘉互通主线桥（左线）	2428.12	25			√				√					
	永嘉互通主线桥（右线）	2428.12	25			√				√					
	楠溪江大桥（左线）	4581.778	100		√			√						√	
	楠溪江大桥（右线）	4548.393	100		√			√						√	
	瓯越大桥（左幅）	4707.3	200		√			√							
	瓯越大桥（右幅）	4707.3	200		√			√							
大桥	直埠复合式互通B匝道桥	175	50				√			√					

续上表

规模	名称	桥长(m)	主跨长度(m)	桥底净高(m)	跨越障碍物 河流	跨越障碍物 沟谷	跨越障碍物 道路、铁路	钢筋混凝土梁桥 简支梁桥	钢筋混凝土梁桥 悬臂梁桥	钢筋混凝土梁桥 连续梁桥	钢梁 简支钢梁	钢梁 连续钢梁	预弯混凝土梁	组合梁桥 组合梁	钢管混凝土拱梁桥
	直埠复合式互通C匝道桥	335	50				√			√					
	浙赣铁路分离式桥	385.04	25				√	√		√					
	新联渠1号桥	170.34	20				√	√		√					
	蒲阳西江大桥	605.04	40		√			√		√					
	蒲阳东江大桥	589.92	40		√			√		√					
	诸暨北互通A匝道桥	145.04	20				√	√		√					
	诸渚分离桥左幅	275.08	35				√	√		√					
	诸渚分离桥右幅	260.08	35				√	√		√					
	高湖罗江桥	205.04	20		√			√		√					
	高湖沿大桥	725.04	20		√			√		√					
大桥	诸暨东互通二号桥	123.73	30		√		√	√		√					
	芦家溪桥	304.92	30				√	√		√					
	东山吴桥	161.92	30				√	√		√					
	胡村桥左幅	104.92	25				√	√		√					
	胡村桥右幅	104.92	25				√	√		√					
	马家桥左幅	105.04	20				√	√		√					
	马家桥右幅	105.04	20				√	√		√					
	陈蔡江桥	205.04	20		√			√		√					
	璜山江桥	435.92	30		√			√		√					
	璜山互通二号桥	104.92	25				√	√		√					
	王公堂桥	191.92	30			√		√		√					

续上表

规模	名称	桥长(m)	主跨长度(m)	桥底净高(m)	跨越障碍物			梁式桥						组合梁桥	
								钢筋混凝土梁桥			钢梁桥				
					河流	沟谷	道路、铁路	简支梁桥	悬臂梁桥	连续梁桥	简支钢梁	连续钢梁	预应力混凝土梁	组合梁	钢管混凝土桁架梁
大桥	球庄桥	181.92	35			√	√	√		√					
	擂鼓山桥	448	40			√	√	√		√					
	蜈蚣钳桥	367	40			√	√	√		√					
	枫山村桥左幅	976.62	40			√	√	√		√				√	
	枫山村桥右幅	856.22	40		√	√		√		√				√	
	大坎水库桥左幅	321.04	50		√	√		√		√					
	大坎水库桥右幅	266.64	50		√	√		√		√					
	坎口水库桥左幅	320.44	50		√	√		√		√					
	坎口水库桥右幅	810	50		√	√		√		√					
	罗店高架桥左幅	509.96	40			√	√	√		√					
	罗店高架桥右幅	499.96	40			√	√	√		√					
	乌竹溪1号桥	290.04	20			√	√	√		√					
	乌竹溪3号桥左幅	287.32	35			√	√	√		√					
	乌竹溪3号桥右幅	881.32	36			√	√	√		√					
	乌竹溪4号桥	261.92	35			√	√	√		√					
	乌竹溪5号桥左幅	102.54	20			√	√	√		√					
	乌竹溪5号桥右幅	122.94	20			√	√	√		√					
	怀鲁枢纽A匝道1号桥	644.5	40			√	√	√		√					
	怀鲁枢纽B匝道2号桥	164.02	20			√	√	√		√					
	怀鲁枢纽C匝道1号桥	394.52	40			√	√	√		√					
	怀鲁枢纽D匝道1号桥	905.85	30			√	√	√		√					

续上表

规模	名称	桥长(m)	主跨长度(m)	桥底底净高(m)	跨越障碍物			钢筋混凝土梁桥				梁式桥			组合梁	钢管混凝土桁架梁
					河流	沟谷	道路、铁路	简支梁桥	悬臂梁桥	连续梁桥		简支钢梁	连续钢梁	预弯混凝土梁	组合梁	
	怀鲁枢纽D匝道2号桥	695.2	30			√	√	√		√						
	怀鲁枢纽E匝道1号桥	243.95	30			√	√	√		√						
	怀鲁枢纽G匝道1号桥	604.21	30			√	√	√		√						
	怀鲁枢纽H匝道1号桥	631.48	30			√	√	√		√						
	白溪江大桥	205.04	20		√		√	√		√						
	下江溪大桥	105.04	20		√		√	√		√						
	北江大桥	329.92	25		√		√	√		√						
	楼西宅分离桥	455.92	30				√	√		√						
	歌山互通主线2号桥	185.04	20		√			√		√						
	南江桥	245.04	20			√		√		√						
大桥	南湖田桥	165.04	20			√		√		√						
	40省道分离桥左	185.73	60				√	√		√						
	40省道分离桥右	194.88	60				√	√		√						
	马宅互通主线1号桥	185.04	20			√		√		√						
	甲山分离桥	123.24	20					√		√						
	里坞峇桥	169.54	20			√		√		√						
	杨家高架桥	215.92	30			√		√		√						
	王坑桥左	275.92	30			√		√		√						
	马鞍山水库桥左	225.04	20		√			√		√						
	马鞍山水库桥右	245.04	20		√			√		√						
	马鞍山高梁桥	205.4	20			√		√		√						

续上表

规模	名称	桥长 (m)	主跨长度 (m)	桥底净高 (m)	跨越障碍物 河流	跨越障碍物 沟谷	跨越障碍物 道路、铁路	钢筋混凝土梁桥 简支梁桥	钢筋混凝土梁桥 悬臂梁桥	钢筋混凝土梁桥 连续梁桥	钢梁式桥 简支钢梁	钢梁式桥 连续钢梁	预弯混凝土梁	组合梁桥 组合梁	钢管混凝土桁架梁
大桥	下罗坑1号桥左线	429.92	25			√				√					
	下罗坑1号桥右线	113.92	25			√		√							
	下罗坑2号桥	129.92	25			√		√							
	深泽高架1号桥	215.92	30			√				√					
	深泽高架2号桥	275.92	30			√		√							
	道土岙高架桥	301.72	30				√	√							
	上章堂分离桥	216.92	35				√	√							
	K104+920桥	105	20				√	√							
	磐安互通主线1号桥	126	30		√		√	√							
	磐安互通主线2号桥	246	30				√	√							
	磐安互通A匝道桥	102.5	20			√	√	√							
	磐安互通C匝道桥	180.5	25				√	√							
	磐安互通D匝道桥	105	20			√	√	√							
	磐安互通E匝道桥	105	20			√	√	√							
	磐安互通F匝道桥	125	20				√	√							
	杜坑溪2号桥	229.92	25		√	√		√							
	双峰互通主线桥	244.92	20				√	√							
	双峰互通E匝道桥	101.5	25				√			√					
	好溪高架桥左线	706.92	35		√	√		√							
	好溪高架桥右线	741.92	35		√	√				√					
	红岩1号桥(左线)	215.5	40		√					√					

续上表

规模	名称	桥长(m)	主跨长度(m)	桥底净高(m)	跨越障碍物			梁式桥						组合梁桥	
					河流	沟谷	道路、铁路	钢筋混凝土梁桥			钢梁桥		预弯混凝土梁	组合梁	钢管混凝土桁架梁
								简支梁桥	悬臂梁桥	连续梁桥	简支钢梁	连续钢梁			
大桥	红岩1号桥(右线)	202.5	40		√					√					
	红岩2号桥(左线)	132.0	40		√					√					
	红岩2号桥(右线)	169.0	40		√					√					
	红岩3号桥(左线)	272.0	40		√					√					
	红岩3号桥(右线)	284.0	40		√					√					
	水碓头1号桥(左线)	141.3	40		√					√					
	水碓头1号桥(右线)	141.3	40		√					√					
	水碓头2号桥(左线)	200.0	40		√					√					
	水碓头2号桥(右线)	200.0	40		√					√					
	水碓头3号桥(左线)	184.0	25			√				√					
	水碓头3号桥(右线)	217.0	25			√				√					
	大陈桥(左线)	155.0	25		√					√					
	大陈桥(右线)	155.0	25		√					√					
	大陈2号桥(左线)	258.0	25		√					√					
	大陈2号桥(右线)	258.0	25		√					√					
	半溪1号桥(左线)	114.5	25		√					√					
	半溪1号桥(右线)	113.0	25		√					√					
	半溪2号桥(左线)	137.0	25		√					√					
	半溪2号桥(右线)	306.0	25		√					√					
	洪坑桥(左线)	932.5	40				√			√					
	洪坑桥(右线)	927.0	40				√			√					

第七章 高速公路建设项目

续上表

规模	名称	桥长(m)	主跨长度(m)	桥底净高(m)	跨越障碍物 河流	跨越障碍物 沟谷	跨越障碍物 道路、铁路	钢筋混凝土梁桥 简支梁桥	钢筋混凝土梁桥 悬臂梁桥	钢筋混凝土梁桥 连续梁桥	梁式桥 钢梁 简支钢梁	梁式桥 钢梁 连续钢梁	组合梁桥 预弯混凝土梁	组合梁桥 组合梁	钢管混凝土桁架梁
大桥	岙里溪桥(左线)	205.0	20		√					√					
	岙里溪桥(右线)	205.0	20		√					√					
	白塔板纽主线4号桥(左线)	155.0	25				√			√					
	白塔板纽主线4号桥(右线)	155.0	25				√			√					
	高迁下屋分离(左)	105.0	20				√			√					
	高迁下屋分离(右)	105.0	20				√			√					
	东村桥(左)	159.9	30			√				√					
	东村桥(右)	159.9	30			√				√					
	街下桥(左)	305.9	30			√				√					
	街下桥(右)	305.9	30			√				√					
	下陈桥(左线)	287.7	30			√				√					
	下陈桥(右线)	156.5	30			√				√					
	园门寺高架桥(左)	262.4	25			√				√					
	园门寺高架桥(右)	262.4	25			√				√					
	坦坑口桥(左)	154.9	25							√					
	坦坑口桥(右)	155.8	25							√					
	东岸溪桥(左线)	204.9	25		√					√					
	东岸溪桥(右线)	179.9	25		√					√					
	前坑桥(左线)	251.9	30			√				√					

续上表

规模	名称	桥长(m)	主跨长度(m)	桥底净高(m)	跨越障碍物			钢筋混凝土梁桥			梁式桥			组合梁	钢管混凝土桁架梁
					河流	沟谷	道路、铁路	简支梁桥	悬臂梁桥	连续梁桥	钢梁		预弯混凝土梁	组合梁	
											简支钢梁	连续钢梁			
大桥	前坑桥(右线)	222.4	30			√				√					
	十八都坑1号桥(左线)	256.9	30			√				√					
	十八都坑1号桥(右线)	174.9	32			√				√					
	十八都坑2号桥(左线)	223.5	30			√				√					
	十八都坑2号桥(右线)	339.7	30			√				√					
	十八都坑3号桥(左线)	124.9	30			√				√					
	龙巢桥(右线)	438	80			√				√					
	张家坦大桥(左线)	1000	142			√				√					
	张家坦大桥(右线)	544	90			√				√					
	山早溪大桥(左线)	425.5	122			√				√					
	山早溪大桥(右线)	397.5	122			√				√					
	黄南口高架桥(左线)	372.5	40			√				√				√	
	黄南口高架桥(右线)	367	40			√				√				√	
	亭口坑高架桥(左线)	495	40			√				√				√	
	亭口坑高架桥(右线)	454	40			√				√				√	
	双合岩1号桥(左线)	354.12	35			√				√					
	双合岩2号桥(右线)	777.5	40			√				√					
	乌龙溪桥(左线)	460.75	40			√				√					
	乌龙溪桥(右线)	397.8	40			√				√					
	大楠溪沿江1号桥(右线)	629.96	35			√				√					
	大楠溪沿江2号桥(左线)	370.5	35			√				√					

第七章 高速公路建设项目

续上表

规模	名称	桥长(m)	主跨长度(m)	桥底净高(m)	跨越障碍物 河流	跨越障碍物 沟谷	跨越障碍物 道路、铁路	梁式桥 钢筋混凝土 简支梁桥	梁式桥 钢筋混凝土 悬臂梁桥	梁式桥 钢筋混凝土 连续梁桥	梁式桥 钢梁 简支钢梁	梁式桥 钢梁 连续钢梁	梁式桥 预弯混凝土梁	组合梁桥 组合梁	钢管混凝土桁架梁
大桥	大楠溪沿江3号桥(右线)	248.42	35			√				√					
	界水大桥(左线)	512.2	122			√				√					
	界水大桥(右线)	495.43	122			√				√				√	
	源头大桥(左线)	417.63	80			√				√				√	
	源头大桥(右线)	414.93	80			√				√				√	
	上垟1号高架桥(左线)	276.92	35			√				√					
	上垟1号高架桥(右线)	241.92	35			√				√					
	上垟2号高架桥(左线)	391.92	35			√				√					
	上垟2号高架桥(右线)	321.92	35			√				√					
	路岸高架桥(左线)	256.42	35			√				√					
	路岸高架桥(右线)	181.92	35			√				√					
	张福寺高架桥(左线)	286.92	35			√				√					
	张福寺高架桥(右线)	286.92	35			√				√					
	岩坦桥(左线)	110.92	35			√				√					
	岩坦互通主线1号桥(左线)	229.92	25			√				√					
	岩坦互通主线1号桥(右线)	179.92	25			√				√					
	岩坦互通主线2号桥(左线)	104.92	25			√				√					
	岩坦互通主线2号桥(右线)	104.92	25			√				√					

续上表

规模	名称	桥长(m)	主跨长度(m)	桥底净高(m)	跨越障碍物 河流	跨越障碍物 沟谷	跨越障碍物 道路、铁路	钢筋混凝土梁桥 简支梁桥	钢筋混凝土梁桥 悬臂梁桥	钢筋混凝土梁桥 连续梁桥	梁式桥 钢梁 简支钢梁	梁式桥 钢梁 连续钢梁	组合梁桥 预弯混凝土梁	组合梁桥 组合梁	钢管混凝土桁架梁
大桥	岩坦沿江桥（左线）	654.92	25			√				√					
	溪口沿江桥（左线）	553.12	25			√				√					
	大源溪桥（左线）	245.92	30			√				√					
	大源溪桥（右线）	245.92	30			√				√					
	铁坑桥（左线）	486.92	35			√				√					
	铁坑桥（右线）	426.92	35			√				√					
	铁坑沿山桥（左线）	231.92	25			√				√					
	铁坑沿山桥（右线）	231.92	25			√				√					
	岙底1号桥（左线）	160.38	25			√				√					
	岙底2号桥（左线）	133.92	25			√				√					
	岙底2号桥（右线）	108.92	25			√				√					
	服务区主线桥（左线）	275.92	30			√				√					
	服务区主线桥（右线）	275.92	30			√				√					
	东升分离式立交桥（左线）	230	25			√				√					
	东升分离式立交桥（右线）	230	25			√				√					
	枫林互通主线1号桥（左线）	379.92	25			√				√					
	枫林互通主线1号桥（右线）	384.92	25			√				√					
	枫孤溪桥（左线）	404.92	25		√					√					
	枫孤溪桥（右线）	404.92	25		√					√					

第七章 高速公路建设项目

续上表

规模	名称	桥长(m)	主跨长度(m)	桥底净高(m)	跨越障碍物			钢筋混凝土梁桥			梁式桥 钢梁桥		组合梁		钢管混凝土桥架梁
					河流	沟谷	道路、铁路	简支梁桥	悬臂梁桥	连续梁桥	简支钢梁	连续钢梁	预弯混凝土梁	组合梁	
大桥	枫林互通主线4号桥(左线)	164.92	20			√				√					
	枫林互通主线4号桥(右线)	164.92	20			√				√					
	花坦互通主线桥(左线)	720.92	30			√				√					
	花坦互通主线桥(右线)	720.92	33			√				√					
	东川大桥(左线)	179.92	25			√				√					
	东川大桥(右线)	179.92	25			√				√					
	古庙互通主线2号桥(左线)	499.91	25			√				√					
	古庙互通主线2号桥(右线)	475.92	25			√				√					
	龙潭桥(左线)	104.92	25							√					
	龙潭桥(右线)	104.92	25							√					
	永嘉枢纽主线桥(左线)	122.52	25				√			√					
	永嘉枢纽主线桥(右线)	122.52	25				√			√					
	埠头互通C匝道桥	105.04	20				√			√					
	白塔枢纽互通A匝道桥	292	25				√			√					
	白塔枢纽互通B匝道2号桥	302.5	30				√			√					
	白塔枢纽互通C匝道桥	920.289	30				√			√					
	白塔枢纽互通D匝道桥	327.5	25				√			√					
	白塔枢纽互通E匝道1号桥	179.92	25				√			√					

续上表

规模	名称	桥长(m)	主跨长度(m)	桥底净高(m)	跨越障碍物			钢筋混凝土梁桥			梁式桥 钢梁桥		预弯混凝土梁	组合梁桥 组合梁	钢管混凝土桁架梁
					河流	沟谷	道路、铁路	简支梁桥	悬臂梁桥	连续梁桥	简支钢梁	连续钢梁			
大桥	白塔板纽互通 E 匝道 2 号桥	215	30				√			√					
	白塔板纽互通 G 匝道桥	433.904	30				√			√					
	神仙居互通 A 匝道桥	105	25				√			√					
	神仙居互通 F 匝道桥	129.92	25		√					√					
	岩坦互通 F 匝道桥	165.04	16		√					√					
	永嘉服务区主线 A 匝道桥	212.96	30				√			√					
	枫林互通 B 匝道桥	177.46	25				√			√					
	枫林新桥(单幅)	225.04	20				√			√					
	花坦互通 D 匝道桥	114.03	20				√			√					
	花坦互通 E 匝道桥	250.5	25				√			√					
	花坦互通 F 匝道桥	145.04	20				√			√					
	永嘉互通 A 匝道桥	130.5	16				√			√					
	永嘉互通 B 匝道桥	112	16				√			√					
	永嘉互通 C 匝道桥	170.46	19				√			√					
	永嘉互通 D 匝道桥	182.5	20				√			√					
	永嘉互通 E 匝道桥	202.5	20				√			√					
	永嘉枢纽 A 匝道	460	42												
	永嘉枢纽 B 匝道	654.7	42												
	永嘉枢纽 C 匝道	313.14	20				√								
	永嘉枢纽 D 匝道	779.98	21				√								
	小岙大桥(左幅)	419.9	30	3				√							
	小岙大桥(右幅)	419.9	30	3				√							
中桥	S26 174 座														

S26 诸永高速公路隧道汇总表

表 7-31-3

规模	名称		隧道全长（m）	隧道净宽（m）	隧道分类					备注
					按地质条件划分		按所在区域划分			
					土质隧道	石质隧道	山岭隧道	水底隧道	城市隧道	
特长隧道	西华岭隧道	左洞	4291	10.76		√	√			
		右洞	4312	10.76		√	√			
	双峰隧道	左洞	6180	10.76		√	√			
		右洞	6187	10.76		√	√			
	白鹤隧道	左洞	3838.0	10.76		√	√			
		右洞	3890.0	10.76		√	√			
	括苍山隧道	左洞	7880.3	10.76		√	√			
		右洞	7842.0	10.76		√	√			
	跳远隧道	左洞	3245	10.76		√	√			
		右洞	3072	10.76		√	√			
长隧道	雪山隧道	左洞	2058	10.76		√	√			
		右洞	2113	10.76		√	√			
	枫树头隧道	左洞	1555	10.76		√	√			
		右洞	1636	10.76		√	√			
	枫树岭隧道	左洞	1390	10.76		√	√			
		右洞	1317	10.76		√	√			
	里岭隧道	左洞	2394	10.76		√	√			
		右洞	2345	10.76		√	√			
	云腾岭隧道	左洞	2953.43	10.76		√	√			
		右洞	2982	10.76		√	√			
	小东尖隧道	左洞	1421	10.76		√	√			
		右洞	1383	10.76		√	√			
	大门台隧道	左洞	1550	10.76		√	√			
		右洞	1565	10.76		√	√			
	包岙2号隧道	左洞	1315	10.76		√	√			
		右洞	1310	10.76		√	√			
	龙前山1号隧道	左洞	2700	10.76		√	√			
		右洞	2670	10.76		√	√			
	南岙隧道	左洞	1080	10.76		√	√			
		右洞	1090.82	10.76		√	√			
	龙岩头隧道	左洞	2880	10.76		√	√			
		右洞	2937	10.76		√	√			
	下嶂岙隧道	左洞	1161	10.76		√	√			
		右洞	1226	10.76		√	√			

续上表

规模	名称		隧道全长(m)	隧道净宽(m)	隧道分类					备注
					按地质条件划分		按所在区域划分			
					土质隧道	石质隧道	山岭隧道	水底隧道	城市隧道	
中隧道	大山脚隧道	左洞	603	10.76		√	√			
		右洞	618	10.76		√	√			
	后头山隧道	左洞	921	10.76		√	√			
		右洞	907	10.76		√	√			
	茅草尖隧道	左洞	878	10.76		√	√			
		右洞	940	10.76		√	√			
	乌竹岭隧道	左洞	627.58	10.76		√	√			
		右洞	645	10.76		√	√			
	山枣隧道	左洞	840.0	10.76		√	√			
		右洞	839.0	10.76		√	√			
	火炉堂隧道	左洞	655.0	10.76		√	√			
		右洞	655.0	10.76		√	√			
	东村3号隧道	左洞	590.0	10.76		√	√			
		右洞	590.0	10.76		√	√			
	前坑隧道	左洞	523.0	10.76		√	√			
		右洞	534.0	10.76		√	√			
	对坑1号隧道	左洞	649.0	10.76		√	√			
		右洞	660.0	10.76		√	√			
	三王殿隧道	左洞	686.0	10.76		√	√			
		右洞	644.0	10.76		√	√			
	张福寺隧道	左洞	528	10.76		√	√			
		右洞	528	10.76		√	√			
	三条岭隧道	左洞	567	10.76		√	√			
		右洞	567	10.76		√	√			
	包畚1号隧道	左洞	759	10.76		√	√			
		右洞	727	10.76		√	√			
短隧道	马坞隧道	左洞	256	10.76		√	√			
		右洞	259	10.76		√	√			
	璜山一号隧道	连体	206	10.84		√	√			
	璜山二号隧道	连体	340	10.84		√	√			
	球庄隧道	连体	469	10.84		√	√			
	后择坞隧道	连拱	265	10.84		√	√			
	马宅隧道	连拱	245	10.84		√	√			
	杨岩隧道	连拱	234	10.84		√	√			

续上表

规模	名 称		隧道全长（m）	隧道净宽（m）	隧道分类					备注
					按地质条件划分		按所在区域划分			
					土质隧道	石质隧道	山岭隧道	水底隧道	城市隧道	
短隧道	杨家隧道	连拱	404	10.84		√	√			
	马鞍山隧道	左洞	175	10.76		√	√			
		右洞	180	10.76		√	√			
	大陈隧道	左洞	237.0	10.76		√	√			
		右洞	237.0	10.76		√	√			
	上叶隧道	左洞	471.0	10.76		√	√			
		右洞	471.0	10.76		√	√			
	周岙隧道	左洞	412.0	10.76		√	√			
		右洞	412.0	10.76		√	√			
	东村1号隧道	左洞	297.0	10.76		√	√			
		右洞	297.0	10.76		√	√			
	东村2号隧道	左洞	195.0	10.76		√	√			
		右洞	195.0	10.76		√	√			
	街下1号隧道	左洞	115.0	10.76		√	√			
		右洞	115.0	10.76		√	√			
	街下2号隧道	左洞	342.0	10.76		√	√			
		右洞	342.0	10.76		√	√			
	垟坑口隧道	左洞	234.0	10.76		√	√			
		右洞	238.6	10.76		√	√			
	对坑2号隧道	左洞	263.0	10.76		√	√			
		右洞	263.0	10.76		√	√			
	三块岩隧道	左洞	140.0	10.76		√	√			
		右洞	55.7	10.76		√	√			
	树路隧道	左洞	395.702	10.76		√	√			
		右洞	398	10.76		√	√			
	大学岭隧道	左洞	410	10.76		√	√			
		右洞	410	10.76		√	√			
	东升隧道	左洞	280	10.76		√	√			
		右洞	313	10.76		√	√			
	降山垅隧道	左洞	325	10.76		√	√			
		右洞	335	10.76		√	√			
	龙前山2号隧道	左洞	190	10.76		√	√			
		右洞	218	10.76		√	√			
	罗东隧道	左洞	230	14		√	√			
		右洞	195	10.25		√	√			
	后江隧道	左洞	471	10.25		√	√			
		右洞	471	10.25		√	√			

S26 诸永高速路面信息汇总表　　　　　　　　　　　表 7-31-4

路面形式	起讫里程	长度(m)	水泥混凝土路面	沥青路面
刚性路面	K225+214.63~K225+329.63	115	普通混凝土路面	
柔性路面	K0+000~K223+513.764	223490		沥青混凝土路面
	K225+100~K225+214.63	114.63		沥青混凝土路面
	K225+329.63~K233+166	7836.37		沥青混凝土路面

浙江省交通规划设计研究院、浙江省交通规划设计研究院—中国公路工程咨询集团有限公司(联合体)。

(2)施工单位

南昌铁路工程(集团)有限责任公司、陕西路桥集团有限公司、浙江省宏途交通建设有限公司、中铁十二局集团四公司、中铁四局集团第一工程有限公司、中铁十二局集团有限公司、中铁二局集团第五工程有限公司、中铁十一局集团第一工程有限公司、江苏省交通工程集团有限公司、山东中宏路桥建设有限公司、杭州萧山金鹰交通设施有限公司、山西通安交通工程公司、永嘉县原野园林工程有限公司、紫光捷通科技股份有限公司、北京公科飞达交通工程发展有限公司、浙江环宇建设集团有限公司、浙江天工建设集团有限公司、中铁十一局集团第三工程有限公司、中港第二航务工程局、杭州市交通工程集团有限公司、中铁十四局集团有限公司、泰州华通公路工程有限公司、中铁四局集团有限公司、中铁二十一局集团第三工程有限公司、中铁一局集团第一工程有限公司、浙江省交通工程建设集团有限公司、浙江省宏途交通建设有限公司、中铁二十局集团第二有限公司、东阳市公路建设工程有限公司、浙江华新交通工程有限公司、浙江金顺路桥建设有限公司、中铁十三局集团一公司、福建路桥建设集团有限公司、浙江正方交通建设集团股份有限公司、江西省公路机械工程局、东阳市顺风交通设施有限公司、杭州永通高速公路安全设施工程有限公司、杭州红萌交通设施有限公司、杭州市园林绿化工程有限公司、杭州中艺园林工程有限公司、上海交技发展股份有限公司、中铁一局集团电务工程有限公司、北京公科飞达交通工程发展有限公司、浙江广扬建设集团有限公司、中达建设集团有限公司、浙江中企建设集团有限公司、中铁一局集团第四工程有限公司、中铁十三局集团第三工程有限公司、云南路桥股份有限公司、江苏海通建设有限公司、浙江省交通工程建设集团有限公司、张家口路桥建设集团有限公司、浙江大成建设集团有限公司、路桥集团第一公路工程局天津工程处、江西路桥工程有限公司、中铁十六局集团第三工程有限公司、沈阳高等级公路建设总公司、东盟营造工程有限公司、山西通安交通工程公司、东阳顺风交通设施有限公司、永嘉县原野园林工程有限公司、浙江省机电设计研究有限公司、上海电器科学研究所(集团)有限公司、汇宇控股集团浙江建筑营造有限公司、浙江省长城建设集团股分有限公司、中铁隧道集团股份有限公司、江西省路桥工程有限公司、中铁十七局第六工程有限公司、中铁十九局集团第四工程有限公司、广西壮族自治区公路桥梁工程总公司、中交第一公路工程局有限公司、黑龙江省华龙建设有限公司、湖南湘潭公路桥梁建设有限责任公司、中铁十局第二工程有限公司、温州交通建设集团有限公司、四川公路桥梁建设集团有限公司、岳阳市公路桥梁基建总公司、路港集团有限公司、顺吉集团有限公司、浙江鹰鹭交通设施有限公司、杭州萧山金鹰交通设施有限公司、广东省交通发展公司、浙江森禾种业股份有限公司、江苏智运科技发展有限公司、浙江浙大中控信息技术有限公司、江苏智运科技发展有限公司、上海电器科学研究所(集团)有限公司、浙江金厦建设有限公司、方远建设集团有限公司。

(3)监理单位

浙江华恒交通监理有限公司、浙江公路水运工程咨询监理有限公司、厦门市路桥咨询监理有限公司、杭州诚信投资建设管理有限公司、重庆中宇工程咨询监理有限责任公司、杭州交通工程监理咨询有限公司、金华市公正交通监理咨询有限公司、江苏华宁交通工程监理咨询公司、江苏东南交通工程咨询监理公司、金华市通达交通工程监理有限公司、浙江方正建设监理咨询有限公司、重庆中宇工程咨询监理有限责任公司、台州公路水运工程监理咨询有限公司、宁波交通工程咨询监理有限公司、浙江公路水运工程监理有限公司、温州交通工程咨询监理有限公司、浙江江南工程管理股份有限公司、重庆中宇工程咨询监理有限责任公司、杭州交通工程监理咨询有限公司、育才—布朗交通咨询有限公司、浙江方正建设监理咨询有限公司、重庆中宇工程咨询监理有限责任公司、浙江公路水运工程监理有限公司—温州市交通工程监理咨询监理有限公司(联合体)。

(二)建设情况

1. 项目审批

2003年,浙计委以浙计函〔2003〕262号文批复诸永高速公路绍兴段可行性研究报告。

2004年,浙计委以浙计函〔2004〕3号文批复诸永高速公路金华段可行性研究报告。

2004年,浙计委以浙计函〔2004〕2号文批复诸永高速公路台州段可行性研究报告。

2005年,浙计委以浙计函〔2005〕24号文调整批复诸永高速公路台州段可行性研究报告。

2004年,浙江省发改委以浙发改函〔2004〕236号文批复诸永高速公路温州段可行性研究报告。

2. 资金筹措

本项目概算总投资192.49亿元,含交通部车购税补助,由浙江省负责筹措,其余资金申请银行贷款。

3. 合同段划分

合同段划分见表7-31-5。

S26诸永高速公路标段划分情况表　　　　　　　　　　　表7-31-5

标段号	标段所在地	工程内容及长度(km)		施 工 单 位
S01	诸暨	土建	3	南昌铁路工程(集团)有限责任公司
S02	诸暨	土建	5.66	陕西路桥集团有限公司
S03	诸暨	土建	9.24	浙江省宏途交通建设有限公司
S04	诸暨	土建	8.1	中铁十二局集团四公司
S05	诸暨	土建	10.38	中铁四局集团第一工程有限公司
S06	诸暨	土建	8.52	中铁十二局集团有限公司
S07	诸暨	土建	4.1	中铁二局集团第五工程有限公司
S08	诸暨	土建	3.396	中铁十一局集团第一工程有限公司
LM-1	诸暨	路面	25.707	江苏省交通工程集团有限公司
LM-2	诸暨	路面	26.193	山东中宏路桥建设有限公司
JA-1	诸暨	交安设施	26	杭州萧山金鹰交通设施有限公司
JA-2	诸暨	交安设施	25.9	山西通安交通工程公司
LH-1	诸暨	绿化	51.9	永嘉县原野园林工程有限公司
JD-1	诸暨	机电	54	紫光捷通科技股份有限公司
JD-4	诸暨	机电	51	北京公科飞达交通工程发展有限公司
FJ-1	直埠、诸暨北、诸暨东、街亭四收费站	房建		浙江环宇建设集团有限公司
FJ-2	诸暨服务区及陈宅、璜山两收费站	房建		浙江天工建设集团有限公司
S101	东阳	土建	6.59	中铁十一局集团第三工程有限公司
S102	东阳	土建	2.03	中港第二航务工程局
S103	东阳	土建	10.37	杭州市交通工程集团有限公司

第七章 高速公路建设项目

续上表

标段号	标段所在地	工程内容及长度(km)		施工单位
S104	东阳	土建	4.9	中铁十四局集团有限公司
S105	东阳	土建	6.9	泰州华通公路工程有限公司
S106	东阳	土建	11.5	中铁四局集团有限公司
S107	东阳	土建	4.926	中铁二十一局集团第三工程有限公司
S108	磐安	土建	5.174	中铁一局集团第一工程有限公司
S109	磐安	土建	3.7	浙江省交通工程建设集团有限公司
S110	磐安	土建	4.2	浙江省宏途交通建设有限公司
S111	磐安	土建	4.1	中铁二十局集团第二有限公司
SL101	磐安	土建	8.8	东阳市公路建设工程有限公司
SL102	磐安	土建	4.6	浙江华新交通工程有限公司
SL103	磐安	土建	8.4	浙江金顺路桥建设有限公司
SL104	磐安	土建	5.508	中铁十三局集团一公司
LM-3	金华	路面	24.4	福建路桥建设集团有限公司
LM-4	金华	路面	21.6	浙江正方交通建设集团股份有限公司
LM-5	金华	路面	14.8,连接线 27.51	江西省公路机械工程局
JA-3	金华	交安设施	24.4	东阳市顺风交通设施有限公司
JA-4	金华	交安设施	21.6	杭州永通高速公路安全设施工程有限公司
JA-5	金华	交安	14.8,连接线 27.51	杭州红萌交通设施有限公司
LH-2	金华	绿化	46	杭州市园林绿化工程有限公司
LH-3	金华	绿化	14.8	杭州中艺园林工程有限公司
JD-2	金华	机电	45	上海交技发展股份有限公司
JD-3	金华	机电	9.7,连接线横坑隧道 1.4	中铁一局集团电务工程有限公司
JD-4	金华	机电	60.8	北京公科飞达交通工程发展有限公司
FJ-3	金华	房建		浙江广扬建设集团有限公司
FJ-4	东阳服务区、停车区	房建		中达建设集团有限公司
FJ-5	金华	房建		浙江中企建设集团有限公司
S1	台州	土建	4.5	中铁一局集团第四工程有限公司
S2	台州	土建	4.8	中铁十三局集团第三工程有限公司
S3	台州	土建	4.5	云南路桥股份有限公司
S4	台州	土建	4.8	江苏海通建设工程有限公司
S5	台州	土建	3.35	浙江省交通工程建设集团有限公司
S6	台州	土建	5.32	张家口路桥建设集团有限公司
S7	台州	土建	3.03	浙江大成建设集团有限公司
S8	台州	土建	3.9	路桥集团第一公路工程局天津工程处

续上表

标段号	标段所在地	工程内容及长度(km)		施工单位
S9	台州	土建	3.65	江西路桥工程有限公司
S10	台州	土建	4.6	中铁十六局集团第三工程有限公司
LM-6	台州	路面	26.05	沈阳高等级公路建设总公司
LM-7	台州	路面	20.5	东盟营造工程有限公司
JA-6	台州	交安设施	26.05	山西通安交通工程公司
JA-7	台州	交安设施	20.5	东阳顺风交通设施有限公司
LH-4	台州	绿化	46.55	永嘉县原野园林工程有限公司
JD-5	台州	机电	7.2	浙江省机电设计研究有限公司
JD-6	台州	机电	25.8	浙江省机电设计研究有限公司
JD-10	台州	机电	46.55	上海电器科学研究所(集团)有限公司
FJ-6	台州	房建		汇宇控股集团浙江建筑营造有限公司
FJ-7	台州服务区、救援站	房建		浙江省长城建设集团股分有限公司
S1	温州	土建	4.72	中铁隧道集团股份有限公司
S2	温州	土建	4.08	江西省路桥工程有限公司
S3	温州	土建	3.53	浙江省宏途交通建设有限公司
S4	温州	土建	5.58	中铁十七局第六工程有限公司
S5	温州	土建	5.14	浙江正方交通建设集团股份有限公司
S6	温州	土建	4.6	中铁十九局集团第四工程有限公司
S7	温州	土建	4.3	广西壮族自治区公路桥梁工程总公司
S8	温州	土建	5.24	中交第一公路工程局有限公司
S9	温州	土建	4.16	黑龙江省华龙建设有限公司
S10	温州	土建	4.6	中铁十六局第三工程有限公司
S11	温州	土建	3.6	湖南湘潭公路桥梁建设有限责任公司
S12	温州	土建	3.65	中铁十局第二工程有限公司
S13	温州	土建	3.15	温州交通建设集团有限公司
S14	温州	土建	4.2	四川公路桥梁建设集团有限公司
S15	温州	土建	3.714	浙江省交通工程建设集团有限公司
LM-8	温州	路面	17.91	岳阳市公路桥梁基建总公司
LM-9	温州	路面	23.44	路港集团有限公司
LM-10	温州	路面	21.903	顺吉集团有限公司
JA-8	温州	交安	17.91	浙江鹰鹭交通设施有限公司
JA-9	温州	交安	23.44	杭州萧山金鹰交通设施有限公司
JA-10	温州	交安	21.9	广东省交通发展公司
LH-5	温州	绿化	63.25	浙江森禾种业股份有限公司
JD-7	温州	机电	14.67	江苏智运科技发展有限公司

续上表

标段号	标段所在地	工程内容及长度(km)		施工单位
JD-8	温州	机电	22.5	浙江浙大中控信息技术有限公司
JD-9	温州	机电	22.712	江苏智运科技发展有限公司
JD-10	温州	机电	63.25	上海电器科学研究所(集团)有限公司
FJ-8	温州	房建		浙江金厦建设有限公司
FJ-9	温州	房建		方远建设集团有限公司
1	温州	土建	4.48	四川公路桥梁建设集团有限公司
2	温州	土建	3.59	中交第一公路工程局有限公司
LM01	温州	路面	8.066	杭州市交通工程集团有限公司
JA01	温州	安全设施	8.066	宁波日月交通安全设施有限公司
FJ01	温州	房建	温州北收费站管理房、后江隧道配电房	浙江国泰建设集团有限公司
JD01	温州	机电	8.066	浙江园治生态建设有限公司
LH01	温州	绿化	8.066	北京公科飞达交通工程发展有限公司

4. 征地拆迁

征地拆迁见表 7-31-6。

表 7-31-6

项目	征地拆迁安置起止时间	征用土地(亩)	拆迁房屋(m²)	支付补偿费用(元)	备注
一期	2011.12~2015.6	639.645	拆迁面积合计 12864.815,其中房屋 5992.26,工棚 5192.335,附房 340.15,临时棚 1340.07	合计:71646578.29(指挥部)	补偿费用为合计费用

(三)复杂技术工程

1. 气泡混凝土路基

诸永高速公路气泡混凝土路基位于诸永高速公路台州段 S01 标 K120+058~K120+216 处,气泡混凝土宽约 12m,高度 6m,该项目是一项新的工程改建技术。该地段原属于红岩 1 号桥梁右幅第 6~9 跨,因山体滑坡致使路基右侧有约 25m 高的弃渣,受施工条件的限制,下部路基压实施工困难,路基填方具有非均匀性,经省厅相关专家论证后,建议该段路基采用气泡混凝土进行填筑,以减轻路基基底的承压。该项目 2009 年 12 月至 2010 年 4 月施工完毕,监测总体稳定,未发现严重病害。

2. 滑坡体施工

诸永高速公路地形、地质条件复杂,沿线滑坡体就要4处,其中以台州段S01标K120+030～K120+200最为突出。该坡高80余米,自然坡面30°～60°,基岩陡坎,坡面松散破碎发育,植被茂盛。2005年11月因降雨出现大面积滑塌,并对施工的路基和桥梁造成了严重的破坏。指挥部多次组织省厅专家、设计院、施工、监理单位及检测单位进行研讨,最终确定该滑坡体属于巨型滑坡体,为此确定已抗滑桩+预应力锚索综合治理的设计方案进行加固。自2009年监测以来,目前坡体总体稳定,未发现严重病害,边坡治理达到了预定效果。

3. 括苍山特长隧道施工

诸永高速公路括苍山隧道括苍山隧道桩号为K155+103～K162+979,洞长约8km,是华东地区高速公路上最长的隧道,国内排名第二。该隧道地处断裂带,岩体破碎,有地表水下渗,隧道最大埋深达717m,局部段易发生岩爆,施工复杂,难度极大。由于隧道规模较大,该隧道采用竖井和顶板板相结合的通风系统很好地解决了隧道的通风能力和防灾能力。隧道竖井高度达212m,施工采用"正向施工导渣井、二次扩挖法"施工技术作为竖井工程的施工方法,这项施工技术在进度、安全、质量等方面取得了良好效果。同时该隧道在国内也首次应用顶隔板排烟通道设计,为国内其他特长隧道的通风设计积累了宝贵的经验。

4. 吉奥钢筋生态挡墙

吉奥钢筋生态挡墙位于K97+202～K97+383处,该挡墙为浙江省内首次应用的新技术和工艺,是一种通过墙背铺设镀锌钢筋补强网,墙面设钢筋网及吉奥土工网绿化的新型、生态加筋土挡墙。该挡墙施工能适应不同沉降的柔性地基结构,对地基不需要特殊处理;坡面可以修成接近垂直面,节约用地;挡墙的高度可以达到20m以上,不会增加施工难度和减弱坡体稳定;需要的材料除了填土外,其余为厂家生产的构件轻质质量可靠,安装方便,易于施工;坡面还可以进行绿化,适应生态、环保公路需要。该挡墙目前截止稳定,未发现其他特殊病害。

5. 楠溪江大桥设计与施工

诸永高速公路共有7座现浇箱梁特大桥,其中以楠溪江大桥施工难度最大,施工条件最为复杂,该桥大桥中心桩号K218+515,全桥长度为2570m,其中跨楠溪江主跨为(55+3×100+55)m连续刚构桥。由于横跨楠溪江,技术要求高,保证楠溪江的正常通行,同时还要考虑海水涨落潮的影响,给施工带来了较大难度。施工桩基基础采用群桩围堰施工,充分考虑楠溪江水流急海水涨落潮的冲击力;上部结构施工的难点在T构施工及合龙段的施工。

(四)科技创新

主要科技成果如下所列:

1. 土石混合料填筑路堤密实度简捷判定方法研究

本项目采用沉降测试块的沉降差法来快速简捷检测判定土石混合料填筑路堤质量。研究发现,采用直径20cm的测试块检测沉降差能较为准确反映路基的压实质量,检测时应将测试块单排布置,并采用高精度水准仪;通过多因素回归分析,建立了密实度与各影响因子之间的最优方程,表明多土类和多石类两种土石混合料填筑路堤的密实度均与沉降差的相关性最大,根据回归方程,制作了土石混合料填筑路堤密实度简捷测定方法沉降差与密实度对比表格。

2. 锚杆施工质量无损检测

本项目通过理论分析与对室内和现场实地模型锚杆的研究,提出采用能流曲线识别反射波信号和计算能量反射率确定充填率的方法,建立了充填率与能量反射率的线形相关经验公式,编制了锚杆施工质量专用分析软件,为检测锚杆质量提供了有效手段,对提高锚杆施工质量控制具有积极的意义。

3. 泡沫混凝土在浙江省公路建设中的应用研究

通过对公路发泡剂市场的调研,发现适用于公路工程的发泡剂非常少,为此,课题组展开了发泡剂的研究,成功研发了稀释倍率大于60倍、发泡倍率大于30倍、0~5°C不凝结、泡沫稳定性大于48h、保质期大于24个月的高分子复合型公路工程专用发泡剂,并在试验工程上得到应用。通过对设备市场的调研,发现现有市场的泡沫混凝土生产设备,计量、配料均为人工控制,而且生产能力不能适应公路工程大体积的需求,课题组展开了对设备的研制工作,研制了4代设备,成功研制出基于电子计量技术的施工配合比可编程自动控制泡沫混凝土生产设备,实现一机多泵作业方式且产量超过$120m^3/h$,并在试验工程实施过程中进行了应用。通过对营运诸永高速公路乌竹岭隧道右洞塌方的应用,提出了隧道冒顶空腔泡沫混凝土处理技术。通过对泡沫混凝土外立面挂板单调的外观研究,提出了泡沫混凝土直立边坡生态面板技术。

4. 大跨径混合梁刚构桥建设和养护关键技术与装备

本项目依托浙江省诸永高速公路温州段延伸工程——瓯江大桥开展科研攻关,提出了混合梁刚构桥优化设计控制指标、合理成桥状态设计方法,并提出了混合梁桥钢混结合段主要部件的承压板抗剪、剪力键最大内力的实用设计计算方法,突破混合梁刚构桥推广应用的技术瓶颈,填补国内外技术空白;施工技术方面:研制了吊装能力为500t、位移调节精度±1mm、吊件三维可调的钢混混合梁刚构桥桥面吊机装备,提出了钢混结合段预制空中翻身后拼装施工工法和大节段钢箱梁空中配切两端同步合龙施工工法,制订了《浇注式沥青混凝土铺装施工技术指南》;检测及养护管理技术方面:提出了基于冲击回波原理的管道饱满度无损检测技术和基于磁弹效应和振动理论的体外束应力检测技术,建立了瓯江大桥混凝土回弹法和超声回弹综合法专用测强曲线及海洋环境中混凝土现场耐久性无损检测评估方法,编制了《瓯江大桥预防性养护手册》。研究成果为保障大桥顺利建成和建成后的养护管理提供了技术支撑。本项目研究形成的工法、专利、标准、指南和装置等还为今后钢—混凝土混合梁刚构桥的建设与发展提供技术指导与参考,提高我国钢—混凝土混合梁刚构桥的综合建设水平。

(五)运营养护管理

1. 服务设施

服务设施见表7-31-7。

S26诸永高速公路(直埠枢纽至瓯海段)服务场区一览表　　　　表7-31-7

服务区名称	位　　置	占地面积(m^2)
诸暨服务区	K20+200	100000
东阳服务区	K66+450	105000
磐安服务区	K103+920	99356
仙居服务区	K142+430	73328
永嘉服务区	K187+950	52243

2. 收费设施

收费设施见表7-31-8。

S26诸永高速公路(直埠枢纽至瓯海段)收费设施一览表　　　　表7-31-8

站点名称	车道数	收费方式	站点名称	车道数	收费方式
直埠	2+2	2条ETC收费,其余是人工收费	埠头	2+2	2条ETC收费,其余是人工收费
诸暨北	2+3	2条ETC收费,其余是人工收费	神仙居	2+2	2条ETC收费,其余是人工收费
诸暨东	2+3	2条ETC收费,其余是人工收费	公盂岩	2+2	2条ETC收费,其余是人工收费
街亭	2+2	2条ETC收费,其余是人工收费	岩坦	2+2	2条ETC收费,其余是人工收费
璜山	2+2	2条ETC收费,其余是人工收费	枫林主站	2+2	2条ETC收费,其余是人工收费
陈宅	2+2	2条ETC收费,其余是人工收费	枫林副站	2+2	2条ETC收费,其余是人工收费
歌山	3+5	2条ETC收费,其余是人工收费	花坦主站	2+2	2条ETC收费,其余是人工收费
湖溪	2+2	2条ETC收费,其余是人工收费	花坦副站	2+2	2条ETC收费,其余是人工收费
横店	3+6	2条ETC收费,其余是人工收费	古庙	2+2	2条ETC收费,其余是人工收费
马宅	2+2	2条ETC收费,其余是人工收费	永嘉	2+2	2条ETC收费,其余是人工收费
磐安	2+3	2条ETC收费,其余是人工收费	温州北	6+10	6进(高速入口5条,其中新增入口ETC通往地方道路1条)10出(2条ETC收费,其余人工收费)
双峰	2+2	2条ETC收费,其余是人工收费			

3. 交通流量

渚永高速公路自 2009 年至 2015 年，交通量增长幅度较大，见表 7-31-9。

S26 诸永高速公路（直埠枢纽至瓯海段）交通流量发展状况表（单位：pcu/d） 表 7-31-9

年 份	2009	2010	2011	2012	2013	2014	2015
全程加权平均值	2636	6574	12543	16445	19198	18131	21247
直埠至直埠枢纽	4955	10476	18563	24837	29473	28433	33573
诸暨北至直埠	4782	10256	18508	24944	29155	27951	32849
诸暨浣东至诸暨北	3991（诸暨东至诸暨北）	9227（诸暨东至诸暨北）	20637	23536	27960	26901	31809
诸暨东至诸暨浣东			20787	23581	26961	25692	32468
街亭至诸暨东	3502	8499	16341	21556	25329	24206	31035
璜山至街亭	3442	8534	16481	21645	25406	24345	31244
陈宅至璜山	3328	8436	16391	21457	25145	24034	30932
陈宅至怀鲁枢纽	3258	8538	16682	21713	25431	24451	31341
陈宅至蔡宅		568	673	617	638	707	805
陈宅至怀鲁		2039	2571	3210	3770	4327	7577
歌山至蔡宅		436	666	752	841	1117	3429
歌山至怀鲁		984	2064	2637	2791	3188	4074
歌山至怀鲁枢纽	3242	7321	16160	21139	24620	23648	30518
湖溪至歌山	1714	6808	15948	21054	24585	23764	30908
横店至湖溪	1553	6583	15655	20677	24182	23314	30358
马宅至横店	743	5627	15344	20305	23778	22859	12284
磐安至马宅	665	5546	15281	20194	23953	23580	24865
双峰至磐安	456	5273	14969	19797	23455	22824	24039
双峰至白塔枢纽		10584	14635	19374	22871	21990	23181
埠头至双峰		172	196	292	488	780	618
神仙居至白塔枢纽		8382	12103	16441	19540	18133	20218
公孟岩至神仙居		8420	11978	16304	19322	17362	19643
岩坦至公孟岩		8360	11892	16213	19227	17243	19497
枫林至岩坦		8806	12515	16941	19933	17858	20249
花坦至枫林		9842	14279	19499	22279	19491	22457
永嘉至花坦		10205	14826	20311	22769	19586	22002
永嘉至古庙		434	1027	1918	1131	509	621
永嘉至永嘉枢纽		9794	14025	19527	22508	19366	22329

第三十二节 S28 台金高速公路（椒江枢纽至永康石柱段）

台州至金华高速公路,简称台金高速,编号为 S28,起于椒江枢纽,终于前仓枢纽。由台州至仙居公路项目、台（州）缙（云）公路仙居至缙云段项目、台缙高速公路东延段组成,已建成 153km,于 2010 年 10 月建成通车,另外台金高速公路东延段二期在建。

S28 台金高速公路路网位置示意图如图 7-32-1 所示,建设项目信息如表 7-32-1 所示。

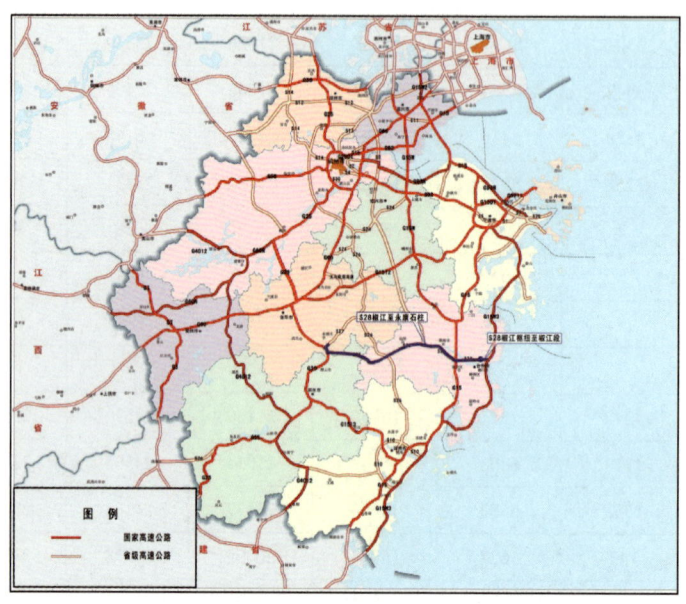

图 7-32-1 S28 台金高速公路（椒江枢纽至永康石柱段）路网位置示意图

S28 台金高速公路（椒江枢纽至永康石柱段）（建设期 2002~2006 年）

（一）项目概况

1. 基本情况

（1）功能定位

台金高速公路是浙江省高速公路网"两纵两横十八连三绕三通道"公路主骨架中十八连的一连,也是台州市公路网"三纵两横一连"中的一横。它横贯浙江东部和中部,是沟通台州市与浙江中部和西部的干线公路,也是甬台温高速公路与金丽温高速公路的重要连接线。台金高速公路东延段作为台金高速公路的向东延伸部分,连接甬台温高速公路和甬台温复线,是"十二五"规划中的重点建成的"省内联网路"。它的建设对扩大台州港的内陆腹地,提升台州市及其周边地区的交通服务功能,促进台州地区社会经济发展将起到重要作用。

S28 台金高速公路建设项目信息采集表　　　　　　　　　　　　表 7-32-1

序号	省高	项目名称	规模(km)			建设性质(新、改扩建)	设计速度(km/h)	永久占地(亩)	投资情况(亿元)				建设时间(开工~通车)
			合计	八车道及以上	六车道 / 四车道				估算	概算	决算	资金来源	
1	S28	台州至仙居公路项目	60.00		60.00	新建	100	5724.54	34	36.02	30.40	浙江省交通投资集团有限公司、台州市路达投资有限公司、缙云县交通发展有限公司、永康市高速公路投资开发有限公司共同出资组建浙江台金高速公路有限公司,负责筹措建设资金	2003.10~2006.12
2		台(州)缙(云)公路仙居至缙云段项目	67.83		67.83	新建	100	6607.19	30	39.09	31.74	浙江省交通投资集团有限公司、台州市路达投资有限公司、缙云县交通发展有限公司、永康市高速公路投资开发有限公司共同出资组建浙江台金高速公路有限公司,负责筹措建设资金	2004.1~2008.12
		台缙高速公路东延段	24.70		24.70	新建	100	2394.33	21	23.94	未出台	台金公司出资35%,其余资金通过银行贷款解决	2007.3~2011.10

(2)技术标准

推荐本项目全线采用双向四车道高速公路标准建设,设计速度全线采用100km/h,路基宽度26m。

(3) 建设规模

台金高速公路项目属浙江省"五大百亿"工程,该项目东起临海杜桥,西至永康前仓,全长153km,建成段概算总投资99亿元,包括3个区段,东段为临海水洋到仙居城关约60km,概算投资36亿元;西段为仙居城关到金华永康前仓约67km,概算投资39亿元,其中台州境内37km;东延段为临海杜桥到水洋约25km,概算投资24亿元;另外台金高速公路东延段二期在建。本工程按四车道、全封闭、全立交标准建设,设计速度100km/h。东段起点设水洋枢纽互通,与甬台温高速公路相衔接,途经临海7个镇(街道)、仙居5个镇(街道),设古城、城西、白水洋、下各、仙居5处互通及张家渡服务区。由于地形复杂,本工程桥梁多,隧道多,软基长。全线特大桥8505m/8座,大桥4421m/17座,中小桥2929m/50座,占路线总长80.7km(包括匝道的)19.6%;隧道9座,总长10311m,占路线总长度的12.8%;软基处理长度为11479m,占路线总长度的14.2%。西段终点在永康前仓与金丽温高速公路相接,途经仙居6个镇(街道)、缙云2个镇、永康2个镇,设仙居白塔、横溪、缙云壶镇和永康前仓4处互通,以及仙居蟠滩和永康舟山2个服务区。特大桥2250m/3座,大桥2380m/13座,中小桥1543m/24座;隧道17座,长23370m,其中特长隧道(苍岭隧道)1座7686m。东延段工程起点位于甬台温高速公路与台金高速公路交叉的水洋枢纽,在沿江镇西岑村附近跨越灵江,经过涌泉、章安,终点暂接于杜桥75省道。桥梁45座(含匝道桥),其中灵江特大桥1座(长1421m),大桥15座,中小桥29座;隧道3座,总长3.95km。全线设置沿江、涌泉、章安一般互通立交3处,在水洋设置枢纽立交1处,隧道管理站1处,主线收费站1处,互通收费站3处。

(4) 主要控制点

杜桥、章安、临海、仙居、缙云。

(5) 地形地貌

本项目所经区域可划分为丘陵和平原两个地貌单元。丘陵分布区,山顶高程为88.9m。山坡大多较为平缓,植被发育,基岩极少裸露,坡度一般为15°~30°,较陡处达35°~40°。平原区地形平坦,地面高程一般为3~4m,局部低洼处仅2.5m,大多种植水稻及经济作物。河流、水渠纵横交错,水系呈网格状,水网密度大,水位变幅小,水流平缓,河库底质都为淤泥,局部地形低洼处,雨季水位常漫出河岸,造成水灾。

(6) 投资规模

项目概算投资99亿元。

(7) 开工及通车、竣工时间

2003年开工建设,2011年全线完工。详见表7-32-2~表7-32-4。

S28 台金高速公路桥梁汇总表

表 7-32-2

规模	名称	桥长（m）	主跨长度（m）	桥底净高（m）	跨越障碍物			梁式桥						
								钢筋混凝土梁桥			钢梁桥		组合梁桥	
					河流	沟谷	道路铁路	简支梁桥	悬臂梁桥	连续梁桥	简支钢梁	连续钢梁	预弯混凝土梁	组合梁	钢管混凝土桁架梁
特大桥	杨司高架桥	3515	36				√	√							
	椒江互通主线桥	1870	25				√	√							
	涌泉互通主线桥	1326	25				√	√							
	灵江大桥	1415	152		√			√							
	水样互通主线桥	1925	25				√	√							
	水洋枢纽 B 匝道桥	1006	37				√	√	√						
	水洋枢纽 D 匝道桥	1039	40				√	√	√						
	永安溪 1 号桥	1176	37		√			√							
	塘头朱大桥	1722	30		√			√							
	括苍坑大桥	1178	25		√			√							
	永安溪 3 号桥	1566	30		√			√							
大桥	大汾桥	146	20				√	√							
	汾杨分离	485	20				√	√							
	章安互通 B 匝道	156.5	20				√	√							
	章安互通 C 匝道桥	210.5	25				√	√							
	章安互通 D 匝道桥	202.5	20				√	√							
	章安互通 E 匝道桥	142.5	20				√	√							
	黄焦主线桥	410	25				√	√							
	沿江互通 A 匝道桥	339.8	25				√	√							
	沿江分离桥	660	20				√	√							
	长旬分离	924	20				√	√							
	水洋枢纽 A 匝道桥	105	20				√	√							
	水洋枢纽 C 匝道桥	334.5	25				√	√							
	水洋枢纽 E 匝道桥	406.3	26				√	√							
	水洋枢纽 F 匝道桥	764.1	25				√	√							
	水洋枢纽 G 匝道桥	324.2	22.5				√	√							
	水洋枢纽 H 匝道桥	302.5	20				√	√							
	白路头桥	143.9	20				√	√							

续上表

规模	名称	桥长(m)	主跨长度(m)	桥底净高(m)	跨越障碍物			梁式桥						
								钢筋混凝土梁桥			钢梁桥		组合梁桥	
					河流	沟谷	道路、铁路	简支梁桥	悬臂梁桥	连续梁桥	简支钢梁	连续钢梁	预弯混凝土梁	组合梁	钢管混凝土桁架梁
大桥	阮家洋桥	103.9	20				√	√							
	义城港大桥	674.9	25				√	√							
	下园加孔桥	148.9	20				√	√							
	下园大桥	383.9	20				√	√							
	开口岩分离桥	243.9	20				√	√							
	城南互通F匝道1号桥(左线)	105	20				√	√							
	城南互通F匝道1号桥(右线)	105	20				√	√							
	城南互通F匝道2号桥	105	20				√	√							
	丁步头高等桥	455	25				√	√							
	杨家山桥	108.4	20				√	√							
	九步岩桥	223.9	20				√	√							
	龙潭岙桥	462.6	20				√	√							
	叶家岙桥	675.4	30		√			√							
	白水洋互通A匝道1号桥	354.9	25		√			√							
	白水洋互通A匝道3号桥	105	25		√			√							
	黄狗盘山桥	502.6	20				√	√							
	下各互通F匝道1号桥	582.4	20		√			√							
	达富分离桥(左)	155	25				√	√							
	达富分离桥(右)	144	20				√	√							
	朱溪港桥	425.9	30		√			√							
	黄赤湖桥	101	16		√			√							
	毛头堂桥右	203.9	20				√	√							
	毛头堂桥左	223.9	20				√	√							
	新塘分离桥左	103.9	20				√	√							
	西坑高架桥左	179.9	25			√		√							

第七章 高速公路建设项目

续上表

规模	名称	桥长(m)	主跨长度(m)	桥底净高(m)	跨越障碍物 河流	跨越障碍物 沟谷	跨越障碍物 道路、铁路	钢筋混凝土梁桥 简支梁桥	钢筋混凝土梁桥 悬臂梁桥	钢筋混凝土梁桥 连续梁桥	钢梁桥 简支钢梁	钢梁桥 连续钢梁	组合梁桥 预弯混凝土梁	组合梁桥 组合梁	组合梁桥 钢管混凝土桁架梁
大桥	西坑高架桥右	204.9	25				√	√							
	船山桥	308.9	20				√	√							
	水碓头分离	125	20				√	√							
	桂坑永安溪大桥	665.9	30		√									√	
	十八都坑桥	254.9	25			√								√	
	大溪陈分离	104.9	25				√							√	
	十七都坑桥	255	25			√								√	
	后杨沿溪桥	179.9	25			√								√	
	马坎头沿溪桥	304.9	25			√								√	
	十三都坑桥	479.9	25			√								√	
	幡滩分离	127	37				√			√					
	外竹王坑桥	104.9	20				√	√							
	横溪互通1号桥	225	25		√									√	
	横溪互通4号桥	156.1	19.2			√				√					
	坎头沿溪桥	561.4	25		√									√	
	横溪永安溪大桥	966	30			√								√	
	前村桥	164.9	20			√								√	
	观音庙桥	144.9	20			√								√	
	镇头1号桥	104.9	20			√								√	
	镇头2号桥	479.9	25			√								√	
	苍岭坑大桥	155.4	25			√								√	
	坎下大桥(左线)	204.9	25			√								√	
	坎下大桥(右线)	229.9	25			√								√	
	浣溪1号桥	425.9	30		√									√	
	浣溪2号桥	357.8	25		√									√	
	浣溪5号桥	404	30		√									√	
	卧龙桥	186	30			√								√	

续上表

规模	名称	桥长(m)	主跨长度(m)	桥底净高(m)	跨越障碍物			梁式桥						
								钢筋混凝土梁桥			钢梁桥		组合梁桥	
					河流	沟谷	道路、铁路	简支梁桥	悬臂梁桥	连续梁桥	简支钢梁	连续钢梁	预弯混凝土梁	组合梁	钢管混凝土桁架梁
大桥	包工殿桥	205	20		√								√		
	宫前桥	205	20		√								√		
	双溪口桥	104.9	20		√								√		
	壶镇互通一号桥	544.9	20		√								√		
	壶镇互通三号桥	125.1	20		√		√						√		
	壶镇互通四号桥	280	25		√		√						√		
	芦西3号桥（右）	101	16		√		√						√		
	好溪大桥	512.4	25	√									√		
	朝川分离（左）	105	25				√						√		
	朝川分离（右）	105	25				√						√		
	前仓公铁分离（左）	155.9	30				√						√		
	前仓公铁分离（右）	155.9	30				√						√		
	前仓枢纽G匝道桥	104.9	25				√						√		
中桥	章安互通A匝道桥	35.04	10	√			√								
	通道桥	48	16	√			√								
	九曲岭金向出口桥	35	16	√			√								
	K23+950天桥	44.7	44.7				√	√							
	通道桥	52	16				√	√							
	通道桥	40	10				√	√							
	水洋枢纽A匝道2号桥	25	10		√		√								
	双板桥	57.04	13		√		√								
	汽车通道桥	55.04	10				√	√							
	寺前桥	53.04	16				√	√							
	阮家洋分离桥	53.04	16				√	√							
	城南互通1号桥	65.04	20	√			√								
	城南互通2号桥	59.3	18.92	√			√								
	K13+022.5通道桥	20.04	10				√	√							
	K13+170通道桥	45.04	10				√	√							

续上表

规模	名称	桥长(m)	主跨长度(m)	桥底净高(m)	跨越障碍物			梁式桥							
								钢筋混凝土梁桥			钢梁桥		组合梁桥		
					河流	沟谷	道路、铁路	简支梁桥	悬臂梁桥	连续梁桥	简支钢梁	连续钢梁	预弯混凝土梁	组合梁	钢管混凝土桁架梁
中桥	K14+120 通道桥	45.04	10				√	√							
	K14+324 通道桥	30.04	10				√	√							
	K14+499 通道桥	23.04	10				√	√							
	章家溪桥	63.92	20				√	√							
	城南互通 C 匝道桥	65.04	20				√	√							
	K45+580 天桥	44.7	44.7				√	√							
	K17+170 通道桥	23.04	13				√	√							
	K47+400 天桥	44.7	44.7				√	√							
	K18+173.9 通道桥	44.04	13				√	√							
	K22+328 通道桥	44.04	13				√	√							
	梅浦桥	62.62	20				√	√							
	K22+248.5 通道桥	53.04	16				√	√							
	河南路分离桥	70.04	16				√	√							
	K22+523.4 通道桥	37.04	16				√	√							
	城西互通主线桥	53.04	16				√	√							
	城西互通 A 匝道桥	44.04	13				√	√							
	城西互通 B 匝道桥	65.04	20				√	√							
	城西互通 E 匝道桥	44.04	13				√	√							
	城西收费广场桥	44.04	13				√	√							
	K25+332 通道桥	44.04	13				√	√							
	K25+858 通道桥	25.5	13				√	√							
	下塘圆分离桥	53.04	16				√	√							
	K26+749 桥	25.5	10				√	√							
	磨头分离桥	53.04	16				√	√							
	杨安桥	51.39	16				√	√							
	塔儿头分离桥	53.04	16				√	√							
	张家渡服务区 1 号桥	44.04	20			√	√								

续上表

规模	名称	桥长(m)	主跨长度(m)	桥底净高(m)	跨越障碍物			梁式桥						
								钢筋混凝土梁桥			钢梁桥		组合梁桥	
					河流	沟谷	道路、铁路	简支梁桥	悬臂梁桥	连续梁桥	简支钢梁	连续钢梁	预弯混凝土梁	组合梁	钢管混凝土桁架梁
中桥	张家渡服务区2号桥	65.04	20				√	√							
	张家渡服务区C匝道桥	65.04	20				√	√							
	小海门分离桥	63.92	20				√	√							
	K31+850通道桥	85.04	16				√	√							
	长潭分离桥	63.92	20				√	√							
	K32+441.5通道桥	23.04	13				√	√							
	湖头桥	63.92	20				√	√							
	白水洋互通A匝道2号桥	85.04	16				√	√							
	西村分离桥	63.92	20				√	√							
	步团坑桥	84.42	20				√	√							
	K41+820通道桥	20	10				√	√							
	K42+053通道桥	20	10				√	√							
	下山头分离桥	69.04	16				√	√							
	K43+144通道桥	44.04	13				√	√							
	K43+408通道桥	20	10				√	√							
	机械厂分离桥	53.04	16				√	√							
	K43+678.5通道桥	44.04	13				√	√							
	下各互通主线桥	65.04	20				√	√							
	下各互通F匝道2号桥	44.04	13				√	√							
	下各互通F匝道3号桥	44.04	13				√	√							
	坎下分离桥	53.04	16				√	√							
	K44+831通道桥	23.04	13				√	√							
	黄梁陈分离桥	83.92	20				√	√							

第七章 高速公路建设项目

续上表

规模	名称	桥长(m)	主跨长度(m)	桥底净高(m)	跨越障碍物 河流	跨越障碍物 沟谷	跨越障碍物 道路、铁路	梁式桥 钢筋混凝土梁桥 简支梁桥	梁式桥 钢筋混凝土梁桥 悬臂梁桥	梁式桥 钢筋混凝土梁桥 连续梁桥	梁式桥 钢梁桥 简支钢梁	梁式桥 钢梁桥 连续钢梁	梁式桥 组合梁桥 预弯混凝土梁	梁式桥 组合梁桥 组合梁	梁式桥 组合梁桥 钢管混凝土桁架梁
中桥	下各分离桥	63.92	20				√	√							
	K46+107.5通道桥	44.04	13				√	√							
	K46+710通道桥	53.04	16				√	√							
	K46+838通道桥	31.04	16				√	√							
	李村分离桥	57.04	13				√	√							
	K46+866通道桥	44.04	13				√	√							
	蒋仙殿桥	44.04	13				√	√							
	K49+730通道桥	83.56	20				√	√							
	K49+990通道桥	53.04	16				√	√							
	新塘分离桥右	67.92	20				√	√							
	K82+950天桥	44.7	44.7				√	√							
	新塘水库桥	49.44	16				√	√							
	K87+541小桥	24.04	10				√	√							
	石壁桥	53.04	16				√	√							
	K89+200天桥	44.7	44.7				√	√							
	仙居互通A匝道桥	32.04	20				√	√							
	K90+560桥	38.04	20				√	√							
	上童桥	38.04	20				√	√							
	K62+045通道桥	27.04	13				√	√							
	长塘分离	38.04	20				√	√							
	水口山桥	64.42	20				√	√							
	K67+732通道桥	26.04	20				√	√							
	白塔互通主线2号桥	76.54	20				√	√							
	白塔互通主线3号桥	27.04	13				√	√							
	白塔互通D匝道桥	24.04	13				√	√							
	K71+524.5通道桥	35.04	10				√	√							
	K71+765.4通道桥	43.04	10				√	√							
	K72+476.5通道桥	35.04	10				√	√							

续上表

规模	名称	桥长(m)	主跨长度(m)	桥底净高(m)	跨越障碍物			梁式桥							
								钢筋混凝土梁桥			钢梁桥		组合梁桥		
					河流	沟谷	道路、铁路	简支梁桥	悬臂梁桥	连续梁桥	简支钢梁	连续钢梁	预弯混凝土梁	组合梁	钢管混凝土桁架梁
中桥	K73+524.3通道桥	22.04	10				√	√							
	K74+540通道桥	20.04	10				√	√							
	茧站分离	44.04	13				√	√							
	K76+540.3通道桥	31.14	13				√	√							
	前陈分离	51.44	13				√	√							
	嶓滩服务区主线桥	44.04	13				√	√							
	K79+490通道桥	20.04	10				√	√							
	K80+463通道桥	22.54	13				√	√							
	朱姆溪桥	53.04	16		√			√							
	K81+475.6通道桥	26.04	20				√	√							
	K83+086通道桥	50.54	13				√	√							
	K83+658通道桥	31.44	10				√	√							
	横溪互通2号桥	64.32	20				√	√							
	横溪互通3号桥	71.24	17.8				√	√							
	横溪互通5号桥	82.52	20				√			√					
	横溪互通6号桥	82.52	20				√			√					
	横溪互通7号桥	53.04	16	√			√								
	横溪互通8号桥	65.06	20				√	√							
	车行天桥	45	20				√	√							
	浣溪3号桥	27.04	13				√	√							
	通道桥	44.04	13				√	√							
	壶镇互通二号桥	84.92	20				√							√	
	西安亭桥	44.04	13				√	√							
	芦西1号桥	84.92	20				√	√							
	芦西2号桥	35.04	10				√	√							
	芦西3号桥(左)	53.04	16				√	√							
	通道桥	35.04	10				√	√							
	通道桥	53.04	16		√	√		√							

续上表

规模	名称	桥长(m)	主跨长度(m)	桥底净高(m)	跨越障碍物			梁式桥						
								钢筋混凝土梁桥			钢梁桥		组合梁桥		
					河流	沟谷	道路、铁路	简支梁桥	悬臂梁桥	连续梁桥	简支钢梁	连续钢梁	预弯混凝土梁	组合梁	钢管混凝土桁架梁
中桥	通道桥	30.04	16				√	√							
	通道桥	24.04	10				√	√							
	汽车通道桥	34.04	10				√	√							
	通道桥	35.04	10				√	√							
	K118+055通道桥	24.04	10				√	√							
	K118+257通道桥	24.04	10				√	√							
	舟山服务区主线1号桥	35.04	10				√	√							
	舟山服务区主线2号桥	65.04	20				√	√							
	舟山服务区主线3号桥	45.04	10				√	√							
	舟山服务区主线4号桥	25.04	20				√	√							
	舟山服务区上周桥(左)	25.04	20				√	√							
	舟山服务区上周桥(右)	25.04	20				√	√							
	舟山服务区A匝道桥	25.04	20				√	√							
	舟山服务区B匝道桥	45.04	10				√	√							
	K120+605通道桥(左)	24.04	10				√	√							
	K120+611通道桥(右)	24.04	10				√	√							
	K122+710通道桥(左)	95.04	30				√								√	

续上表

规模	名称	桥长(m)	主跨长度(m)	桥底净高(m)	跨越障碍物			梁式桥						
								钢筋混凝土梁桥			钢梁桥		组合梁桥	
					河流	沟谷	道路、铁路	简支梁桥	悬臂梁桥	连续梁桥	简支钢梁	连续钢梁	预弯混凝土梁	组合梁	钢管混凝土桁架梁
中桥	K122+722通道桥(右)	95.04	30				√							√	
	K123+996通道桥(左)	24.04	10				√	√							
	K124+002通道桥(右)	24.04	10				√	√							
	前仓互通主线桥(左)	65.04	20				√	√							
	前仓互通主线桥(右)	65.04	20				√	√							
	前仓互通主线1号桥	35.04	30				√							√	
	前仓枢纽主线2号桥	85.04	20				√							√	
	前仓枢纽主线3号桥	44.04	13				√								
	前仓枢纽A匝道桥	25.04	20				√								
	前仓枢纽C匝道桥	85.04	20				√							√	
	K0+456.5通道桥	20.04	5.96				√	√							
	K61+265.5通道桥	20.04	5.96				√	√							
	K61+447通道桥	22.04	7.96				√	√							
	K61+702通道桥	22.04	7.96				√	√							
	K62+503通道桥	30.04	16				√								
	金丽温主线拼宽桥(金台方向第1座桥,金丽温桩号K2551+830)	20.04	5.96				√	√							
	金丽温主线拼宽桥,台金方向第3座、金台方向第2座,金丽温桩号K2552+030	20.04	5.96		√		√	√							

续上表

规模	名称	桥长(m)	主跨长度(m)	桥底净高(m)	跨越障碍物			梁式桥							
								钢筋混凝土梁桥			钢梁桥		组合梁桥		
					河流	沟谷	道路铁路	简支梁桥	悬臂梁桥	连续梁桥	简支钢梁	连续钢梁	预弯混凝土梁	组合梁	钢管混凝土桁架梁
小桥	章安互通匝道主线桥	16	16				√	√							
	K43+276.5 通道桥	15	13				√	√							
	K45+059 通道桥	15	17				√	√							
	横溪互通 9 号桥	18.02	13				√	√							

S28 台金高速公路隧道汇总表　　　　表 7-32-3

规模	名称	隧道全长(m)	隧道净宽(m)	隧道分类						备注
				按地质条件划分		按所在区域划分			
				土质隧道	石质隧道	山岭隧道	水底隧道	城市隧道	
特长隧道	雪岭隧道(左)	3788	10		√	√			
	雪岭隧道(右)	3765	10		√	√			
	苍岭隧道(左)	7605	10.75		√	√			
	苍岭隧道(右)	7536	10.75		√	√			
长隧道	毛丼山隧道(左)	1118	10.75		√	√			
	毛丼山隧道(右)	1118	10.75		√	√			
	九曲岭隧道(左)	2270	10.75		√	√			
	九曲岭隧道(右)	2270	10.75		√	√			
	长石隧道(左)	1596	10		√	√			
	长石隧道(右)	1620	10		√	√			
	麒龙岭隧道(左)	1052	10.75		√	√			
	麒龙岭隧道(右)	1055	10.75		√	√			
	湾山隧道(左)	1215	10.75		√	√			
	湾山隧道(右)	1200	10.75		√	√			
	石龙隧道(左)	1005	10.75		√	√			
	石龙隧道(右)	1020	10.75		√	√			
	法莲隧道(左)	1802	10.75		√	√			
	法莲隧道(右)	1780	10.75		√	√			
中隧道	寺前张隧道(左)	545	10.75		√	√			
	寺前张隧道(右)	545	10.75		√	√			

续上表

规模	名 称	隧道全长(m)	隧道净宽(m)	隧道分类					备注
				按地质条件划分		按所在区域划分			
				土质隧道	石质隧道	山岭隧道	水底隧道	城市隧道	
中隧道	大水坑隧道(左)	736.66	10.75		√	√			
	大水坑隧道(右)	705	10.75		√	√			
	朝川隧道(左)	721	10.75		√	√			
	朝川隧道(右)	700	10.75		√	√			
短隧道	水洋枢纽A匝道隧道	392	10		√	√			
	凤凰山隧道(左)	165	10.75		√	√			
	凤凰山隧道(右)	187	10.75		√	√			
	石仓隧道(左)	395	10.75		√	√			
	石仓隧道(右)	395	10.75		√	√			
	镇头隧道(左)	210	10.75		√	√			
	镇头隧道(右)	210	10.75		√	√			
	苍岭坑1号隧道(左)	365	10.75		√	√			
	苍岭坑1号隧道(右)	365	10.75		√	√			
	苍岭坑2号隧道(左)	462	10.75		√	√			
	苍岭坑2号隧道(右)	456	10.75		√	√			
	大庙坑隧道(左)	215	10.75		√	√			
	大庙坑隧道(右)	215	10.75		√	√			
	浣溪隧道(左)	333	10.75		√	√			
	浣溪隧道(右)	333	10.75		√	√			
	清源隧道(左)	141	10.75		√	√			
	清源隧道(右)	123.2	10.75		√	√			

S28台金公路路面信息汇总表　　表7-32-4

路面形式	起讫里程	长度(m)	水泥混凝土路面	沥青路面
柔性路面	K05+275~K157+807(新建)	152532m		沥青混凝土路面

2．前期决策情况

台金高速公路是《浙江省公路水运交通建设规划》的重要组成部分。随着浙江省经济的迅速发展,对公路运输要求更加紧迫,根据浙江交通厅"九五"期间编制的《浙江省公路建设规划(1996—2010)》到2010年基本实现"两纵、两横、五连"公路网骨架的建设目标,浙江省交通厅在2002年启动台金高速公路的建设工作。

3．参建单位主要情况

(1)勘察设计单位

浙江省交通规划设计研究院。

（2）施工单位

路桥华南工程有限公司、浙江省大成公司、中铁十六局、浙江省交通工程建设集团有限公司、顺吉集团有限公司、东盟营造工程有限公司、江苏润扬交通工程集团有限公司、浙江天华建设集团有限公司、上海电科智能系统股份有限公司、杭州萧山金鹰交通设施有限公司、浙江交通设施有限公司、中铁三局集团第二工程有限公司、中铁一局集团有限公司、中国建设第七工程局、沈阳高等级公路建设总公司、中铁十八局集团第二工程有限公司、杭州交通工程集团有限公司、浙江省宏途交通建设有限公司、广西壮族自治区公路桥梁工程总公司、中铁十四局集团第一工程有限公司、陕西明泰工程建设有限责任公司、浙江省交通工程集团三公司、中鑫建设集团有限公司、杭州建工集团有限公司、浙江八达建设集团有限公司、浙江浙大中控信息技术有限公司、清华紫光股份有限公司、亿阳集团股份有限公司、宁波市园林工程公司、宁波贻园环境建设工程有限公司、江苏华夏交通工程集团有限公司、北京深化科交通工程有限公司、中铁五局集团第三工程有限责任公司、长沙市公路桥梁建设有限责任公司、甘肃省公路工程总公司、中铁十五局集团公司、中铁十二局集团第三工程有限公司、浙江省宏途交通建设有限公司、中铁二局第四工程有限公司、山东中宏路桥建设有限公司、浙江东阳建工集团有限公司、浙江宝业建设集团有限公司、浙江丰惠建设集团有限公司、成龙建设集团有限公司、浙江省机电设计研究院有限公司、中国磁记录设备公司、浙江红欣园林艺术有限公司、宁波市花园园林建设有限公司、辽宁交通工程公司、台州市路马交通安全设施有限公司、铁道部第十九工程局第二工程处、浙江省腾达市政集团股份有限公司、铁道部第十三工程局、铁道部第十四工程局、铁道部第十二工程局第四工程处、铁道部第十五工程局、铁道部隧道工程第一工程处、浙江省建工集团有限责任公司、浙江省三门县交通工程公司、宁夏公路工程局、中国人民武装警察部队交警第一总队、铁道部大桥工程局、深圳市市政工程总公司、东盟营造工程有限公司、重庆交科公路勘察设计院、设计省机电设计研究院、浙江浙大中控自动化有限公司组成的联营体、北京云星宇交通工程有限公司、玉环县绿色工程有限公司、萧山凌飞环境绿化有限公司、杭州市园林工程公司、温岭市第二建筑工程有限公司、台州市第六建筑工程有限公司、浙江方远建设股份有限公司、临海市第一建筑工程公司、台州宏业集团有限公司、五洋建设集团有限公司。

（3）监理单位

浙江公路水运工程监理有限公司、台州市公路水运工程监理咨询有限公司、浙江大学建设监理有限公司、重庆中宇工程咨询监理有限责任公司、陕西公路交通工程监理咨询有限公司、宁波交通工程咨询监理有限公司、江西省公路工程监理公司、温州交通工程监理有限公司、北京泰克华成技术信息咨询有限公司、台州市公路水运工程监理咨询有限公司、江苏华宁交通工程咨询监理公司、海南海通公路工程咨询监理有限公司、金华市公正交通监理咨询有限公司、浙江天正工程监理有限公司、浙江中润建设监理、杭州诚信投资建设管理有限公司、台州公路水运工程监理咨询有限公司、北京中通公路桥梁工程咨询发展有限公司、同济大学工程建设监理、北京中通公路桥梁工程咨询发展有限公司、浙江江南工程建设监理有限公司、北京中通公路桥梁工程咨询发展有限公司、浙江盛华工程建设监理有限公司。

(二)建设情况

1. 项目审批

2002年,交通运输部以交规划发〔2002〕280号文批复台金高速公路台州至仙居段可行性研究报告。

2003年,交通运输部以交规划发〔2003〕327号文批复台金高速公路仙居至缙云段可行性研究报告。

2. 资金筹措

台州至仙居公路资金来源:浙江省交通投资集团有限公司、台州市路达投资有限公司、缙云县交通发展有限公司、永康市高速公路投资开发有限公司共同出资组建浙江台金高速公路有限公司,负责筹措建设资金。

台(州)缙(云)公路仙居至缙云段资金来源:浙江省交通投资集团有限公司、台州市路达投资有限公司、缙云县交通发展有限公司、永康市高速公路投资开发有限公司共同出资组建浙江台金高速公路有限公司,负责筹措建设资金。

台缙高速公路东延段资金来源:台金高速公路有限公司出资35%,其余资金通过银行贷款解决。

3. 征地拆迁

征地拆迁见表7-32-5。

S28 台金高速公路征地拆迁统计表　　　　　表7-32-5

项　目	征地拆迁安置起止时间	征用土地(亩)	拆迁房屋(m²)	支付补偿费用(万元)	备注
台金高速公路西段	2003.12~2008.12	6607.1925	53481.34	8679.7279	新建
台金高速公路东段	2003.7~2006.12	5724.543	86065.69	5410.048	新建
台金高速公路东延段	2007.5~	2934.33	未竣工验收,资料不齐	未竣工验收,资料不齐	新建

(三)复杂技术工程

1. 苍岭隧道

苍岭隧道地层岩性复杂,隧道区围岩为侏罗系火山碎屑岩和侵入岩以及白垩系陆相碎屑岩夹火山碎屑岩为主,岩质坚硬,断裂构造发育,节理裂隙走向以北东向、北西向、近东西向为主,以剪节理,陡倾角为主。不良地质主要有厚层崩坡积体、断裂破碎带,新闻稿中部有岩爆。围岩类别以Ⅳ、Ⅴ类围岩为主。整个隧道按照新奥法原理配备设备,按无轨运输组织施工。二类围岩段利用长管棚注浆预支护,三类围岩采用超短台阶法施工,Ⅳ、Ⅴ类围岩段采用全断面开挖,紧急停车带地段适当控制进尺。汽车通道、人行通道采用全断面开挖,软弱破碎围岩地段以监控量测为主要手段遵循"管超前、严注浆、短开挖、弱爆破、早成环、勤量测、紧衬砌"的施工原则。岩爆地段按照"先预测、短进尺,小药量,光面爆破,预释能,紧支护"的原则指导施工,左右洞开挖掌子面错开30~50m,以策安全。其中,高地应力岩爆地段施工方法及措施如下:

(1)根据该隧道岩爆强烈程度,施工过程中采用声发射法监测预报岩爆。

(2)搜集隧道所在地区的地应力和地应力场资料,或直接进行地应力测量,确定所在地区是否处于高地应力地区。

(3)依据隧道的埋深,隧道轴向与区域地应力场主压力轴的关系,确定有无发生岩爆的可能。

(4)依据隧道穿过岩层的岩性,确定哪些岩属于脆性围岩,判断可能发生岩爆的岩性及其在隧道中的位置。

(5)依据围岩干燥程度和岩体的完整程度,确定岩爆发生的具体地点。岩爆治理措施:

①喷洒高压水降低岩体强度。爆破后立即向工作面及导坑周边约15m范围内岩石进行喷洒高压水,以适当改变岩石物理力学性质,降低岩石的脆性,达到减弱岩爆列度的目的。同时在岩爆严重地段,应合理调整工序,爆破后2h内不准人员进掌子面,避开危险期。

②提高光爆效果,缩短开挖进尺,力保开挖面圆顺,避免局部应力集中。坚硬完整的岩石在开挖后,无应力释放降低区,断面圆顺就不易产生应力集中区,否则就会加剧岩爆的烈度。并缩短开挖进尺,减少扰动。隧道设计锚杆有 $\phi 25 \times 5$ 端头涨壳式中空注浆锚杆。

③加强锚、喷、网联合措施,支护围岩,按设计采用 $\phi 25 \times 5$ 端头涨壳式中空注浆锚杆,轻微岩爆区段纵横间距1m,中等岩爆区段纵横间距0.5m,呈梅花形布置,锚杆垂直于岩面。锚杆尾部作成丁字形,挂铁筋网,喷射混凝土。轻微岩爆地段,采用素喷混凝土,中

等以上烈度岩爆,得到设计批准后,采用喷射钢纤维混凝土,岩爆较严重地段,除上述措施外,增设钢拱架,形成锚喷网钢架联合支护,以提高结构的整体支护能力,达到有效治理岩爆的目的。

2. 灵江大桥

甬台温高速公路灵江特大桥全长1687m,单孔最大跨径为122m。灵江大桥跨越通航河道——灵江,通航等级为Ⅳ级。此桥施工难点为水中基础以及主桥箱梁等。以主桥9号墩施工方案为例列举施工工艺:9号墩栈桥位置在9~10号墩间上游侧,栈桥中线距离桥梁中心线25m。

(1)先由10号墩下河下填筑路堤。

(2)再用KH180吊机配合中-160振动打桩机插打$\phi 55cm$钢管桩,组成栈桥跨度为14~16m的钢管桩基础。

(3)其上拼装拆装梁,组成栈桥,栈桥桥面宽8m。

(4)在9号墩栈桥上,设置KH180履带吊机一台,负责9号墩的施工。

(5)施工栈桥向水中拼装至距9号墩8~10m处停下,以便留出9号墩平台般锚锭设备位置。

(6)施工平台先在岸边400t铁驳上组拼成型。

(7)由拖船将其浮运到墩位,将临时定位船上锚绳过到平台船上临时定位,解除拖轮依托,将平台精确定位。

(8)然后用30t水上吊船吊插号$\phi 55cm$钢管桩,用BI-1振动打桩机施打至设计高程。

(9)$\phi 55cm$钢管桩插打好8根以后,将平台提升,并按设计高程固定于$\phi 55cm$钢管桩上,解除锚绳,将400t铁驳退出平台。

(10)平台支撑牢靠后,以平台作导向,用30t吊船和中-160振动打桩机插打$\phi 2.2m$钢护筒,同时焊连好支撑。

(11)钢护筒插打就位后,用30t吊船将Kp-3000型旋转钻机吊到平台上进行钻孔桩施工,并把施工栈桥按设计要求拼装至9号墩旁。

(四)科技创新

1. 温拌沥青混合料技术在长大公路隧道沥青路面铺装中的应用研究

本项目依托台金高速公路苍岭隧道建设工程,就降黏型温拌添加剂Sasobit和乳化型温拌添加剂Evotherm对沥青的影响进行了研究,提出了两种温拌沥青混合料的配合比设计关键指标,并对两种温拌沥青混合料路用性能、有害气体的排放量和相同级配的普通热拌沥青混合料进行了对比分析,对温拌沥青路面抗柴油污染的性能进行了评价,提出了温拌沥青混合料相应的配合比设计和施工指南。首次系统地开展了温拌沥青混合料Super-pAvE设计方法的研究,并由此提出了温拌沥青混合料设计中的关键控制参数、原材料技术标准和施工工艺,并首次在特长隧道(7.55km)中应用研究,路用性能优良。首次对温拌沥青路面抗柴油污染性能进行了针对性的研究,评价了柴油污染对沥青路面路用性能的影响。

2. 苍岭特长公路隧道施工及运营期结构安全一体化监控技术研究

通过本课题的研究,形成了一整套完备的针对苍岭特长公路隧道施工及营运期间的监控体系及安全评价系统,研发了具有完全知识产权的实用隧道结构和长期安全性智能评价与预警软件,实现了对长大隧道的监测数据的采集、传输及分析的整套新技术,完成了对整个苍岭隧道运营期间结构安全性状况的预测、诊断,并提出最优化的维修加固措施。

(五)运营养护管理

1. 服务设施

服务设施见表7-32-6。

S28 台金高速公路(椒江枢纽至永康石柱段)服务场区一览表　　　表7-32-6

服务区名称	位　置	占地面积(m^2)
临海服务区	K62+100	66700
仙居服务区	K107+500	66667
永康服务区	K148+900	126540

2. 收费设施

收费设施见表7-32-7。

S28 台金高速公路(椒江枢纽至永康石柱段)收费设施一览表　　　表7-32-7

站点名称	车道数	收费方式	站点名称	车道数	收费方式
杜桥	3+2	人工+ETC收费	下各	4+2	人工+ETC收费
章安	7+2	人工+ETC收费	仙居	7+2	人工+ETC收费
涌泉	4+2	人工+ETC收费	白塔	4+2	人工+ETC收费
沿江	4+2	人工+ETC收费	横溪	5+2	人工+ETC收费
临海市区	7+2	人工+ETC收费	壶镇	4+2	人工+ETC收费
临海西	4+2	人工+ETC收费	前仓	4+2	人工+ETC收费
白水洋	4+2	人工+ETC收费			

3. 交通流量

台金高速公路自2006年至2015年，交通量从1597辆小客车/日，增长至9656辆小客车/日，交通量增长幅度较大，具体见表7-32-8。

S28台金高速公路（椒江枢纽至永康石柱段）
交通流量发展状况表（单位：pcu/d） 表7-32-8

年份	全程加权平均值	临海城南至水洋枢纽	临海城西至临海城南	临海白水洋至临海城西	仙居下各至临海白水洋	仙居城关至仙居下各	白塔至仙居城关	白塔至白塔枢纽	横溪于白塔枢纽	壶镇至横溪	前仓至壶镇	前仓至前仓枢纽	杜桥至章安	章安至涌泉	涌泉至沿江	沿江至水洋枢纽
2006	1597	1497	1677	1903	1780	1272										
2007	3114	3539	3105	3833	3429	2059										
2008	3556	4583	3194	3217	3038	2115	1691	1455	1455	0	431	831				
2009	4401	6681	5234	5120	4951	4077	3992	3799	3799	3693	3573	3660				
2010	5323	7626	6024	6066	5921	5050	5467	5426	4667	4502	4297	4308				
2011	6590	9350	7139	7559	7486	6592	8454	9014	6764	5371	5129	5048	3115	6328	6328	6603
2012	7713	13197	8178	8607	8486	7453	8873	9002	6306	5937	6131	6055	4348	8339	8339	9154
2013	8024	12857	8923	9621	9328	8206	9753	9820	6909	6510	6201	6608	2980	7240	7240	8827
2014	8856	14215	9789	10460	10275	9003	10905	10992	7850	7260	6863	7284	3883	7122	7122	10102
2015	9656	15105	10459	11302	11084	9672	11894	11903	8391	7558	7388	7998	4932	8610	9558	12151

第三十三节　S30之江大桥（杭州绕城杭州南枢纽至滨江浦沿段）

之江大桥（即钱江七桥）是杭新景高速公路的延伸线，编号为S30，起于杭州绕城杭州南枢纽，终于滨江浦沿，全长5km，2013年1月建成通车。

S30之江大桥建成后，从富阳、桐庐、千岛湖等地进入杭州，都可从之江大桥进入滨江区，并通过滨江区当地路网从钱江四桥、三桥、二桥进出杭州主城区，从而缓解之江路的交通压力，完善杭州西南部的路网，对改善杭州西南转塘镇和滨江区之间的行车来往尤其显著，将成为滨江区联系主城区的便捷快速通道。路网位置示意图如图7-33-1所示，建设项目信息如表7-33-1所示。

第七章
高速公路建设项目

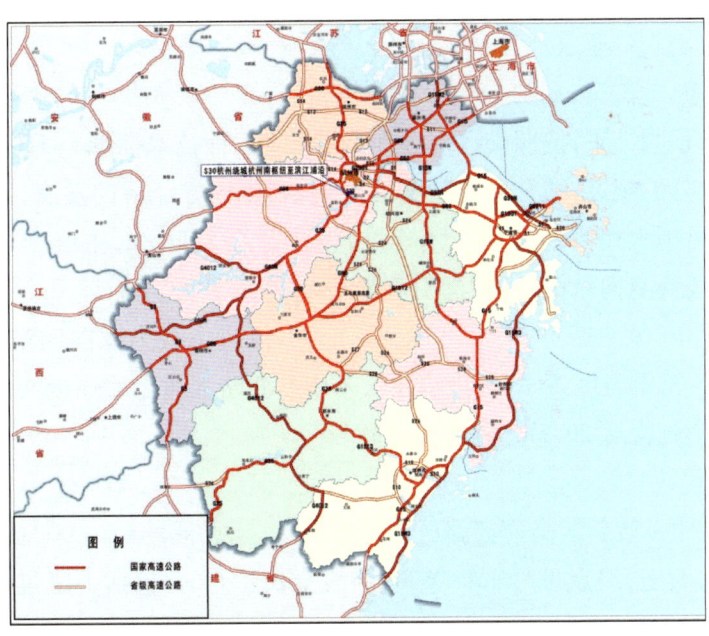

图7-33-1 S30之江大桥(杭州绕城杭州南枢纽至滨江浦沿段)路网位置示意图

S30之江大桥高速公路建设项目信息采集表　　　　表7-33-1

省高	项目名称	规模(km)			建设性质(新、改扩建)	设计速度(km/h)	永久占地(亩)	投资情况(亿元)			资金来源	建设时间(开工～通车)	备注
		合计	八车道及以上	六车道	四车道				估算	概算	决算			
S30	杭新景高速公路延伸线(之江大桥)工程	4.60		4.6		新	80	637	30	26.02		自筹	2010.4～2013.1	

S30之江大桥(杭州绕城杭州南枢纽至滨江浦沿段)(建设期2008—2013年)

(一)项目概况

1.基本情况

(1)功能定位

杭新景高速公路延伸线(之江大桥)西端分别与建成的杭新景高速公路、国道G320、之浦路及绕城高速公路相接,东端连接彩虹大道,并与城市南北向快速通道沟通,既作为杭州市城市主骨架道路网"一环三纵五横"中一横的组成部分,又构成了杭州市城市对外交通联系的重要出入口通道。

(2)技术标准

根据交通量预测结果,按照交通部颁布的《公路工程技术标准》(JTG B01—2003)中关于公路等级划分的规定,结合全省路网的规划,考虑地方经济的发展,以及本公路的地位和作用,本项目拟采用高速公路技术标准,设计速度80km/h,主线分合流采用分岔设计,分合流前主线为双向六车道(即浦沿高架桥范围),桥梁宽度32.0m,两岸江堤之间桥梁两侧各增加3.0m宽人行道,桥梁宽度38.0m;分流后主线为双向四车道(即麦岭沙互通主线桥范围),桥梁宽度24.5m;主线在江东岸新浦路互通之后顺接城市快速路彩虹大道,路基宽度同彩虹大道29.5m(隧道宽度)。

(3)建设规模

本项目起点顺接杭新景高速公路杭州南收费站,起点桩号K0+000;终点接杭州市滨江区规划的彩虹大道,终点桩号K4+600,路线全长4.6km,包括1座过江桥梁3896m,2处互通、1处收费站。

(4)主要控制点

起点杭新景高速公路、终点彩虹大道、320国道、之浦路、滨文路、浦沿路。

(5)地形地貌

项目位于杭州市西南面,桥位处钱塘江江面宽1.7km,西岸为冲刷岸,主航道靠近西岸杭州一侧,东岸为淤积岸,河床较浅。桥址区两岸均属第四纪河流相沉积冲积的粉土砂土平原,地形平坦开阔。

(6)投资规模

本工程估算总投资为30亿元,概算投资26.02亿元,平均每公里造价5.65亿元。

(7)开工及通车、竣工时间

2008年12月开工建设,2014年8月交工通车。详见表7-33-2、表7-33-3。

2.前期决策情况

浙江省交通规划设计研究院接到委托后,随即组成了项目研究组。通过对项目影响区国民经济的现状、发展战略、公路网现状及远景规划、现有公路交通流量的发展趋势以及项目所在地域的水文、地质情况的调查、勘察和研究,综合考虑了城市规划、航道规划以及工程技术上的可行性、合理性、经济性等诸因素,选择多个桥梁过江方案,并对各种方案进行了充分的比选论证。

S30 之江大桥桥梁汇总表 表 7-33-2

规模	名称	桥长(m)	主跨长度(m)	桥底净高(m)	跨越障碍物			梁式桥						
								钢筋混凝土梁桥			钢梁桥		组合梁桥	
					河流	沟谷	道路、铁路	简支梁桥	悬臂梁桥	连续梁桥	简支钢梁	连续钢梁	预弯混凝土梁	组合梁	钢管混凝土桁架梁
特大桥	之浦路互通主线桥	1272	75	>5			√			√					
	之江大桥主通航孔桥	467	246	>5	√										
	东侧非通航孔桥	1066	86	>5	√				√						
大桥	西侧非通航孔桥	180	60	>5	√					√					
	新浦路互通主线桥	764	45	>5			√			√					
	320 国道主线桥	604	70	>5			√			√					
	320 国道左线桥	582	75	>5			√			√					
	320 国道右线桥	583	75	>5			√			√					
	320 国道左辅道 1 号桥	120	30	>5	√					√					
	320 国道左辅道 2 号桥	141	20	>5			√			√					
	320 国道右辅道 1 号桥	128	32	>5	√					√					
	320 国道右辅道 2 号桥	121	20	>5			√			√					
	新浦路互通左匝道桥	277	30	>5			√			√					
	新浦路互通右匝道桥	246	25	>5			√			√					

S30 之江大桥路面形式汇总表 表 7-33-3

路面形式	起讫里程	长度(m)	水泥混凝土路面	沥青路面
柔性路面	K0+000～K4+600	4600		沥青混凝土路面

报告编制过程中,得到杭州市交通局、建委、规划局、杭州市综合交通研究中心及杭州市城市基础设施开发总公司的大力协助和支持,使工程可行性研究报告于 2008 年 8 月顺利完成。

3. 参建单位主要情况

(1)勘察设计单位

浙江省交通规划设计研究院。

(2)施工单位

中交第二公路工程局有限公司、浙江省交通工程建设集团有限公司、杭州公路交通设施工程有限公司、镇江蓝舶工程科技有限公司、浙江昆仑建设集团股份有限公司、横店集团浙江得邦公共照明有限公司、江苏智运科技发展有限公司、杭州爱立特园林景观建筑工程有限公司、交通运输部公路科学研究所。

(3)监理单位

北京路桥通国际工程咨询有限公司。

(二)建设情况

1. 资金筹措

2009年,浙江省发展改革委员会以浙发改函〔2009〕279号文件批复《浙江省发展和改革委员会关于杭新景高速公路延伸线(之江大桥)工程项目核准批复的函》。

2010年,浙江省发展改革委员会以浙发改设计〔2009〕161号文件批复《关于杭新景高速公路延伸线(之江大桥)工程初步设计批复的函》。

2. 资金筹措

本项目概算总投资27.69亿元,本项目业主资本金7.98亿元,向银行申请贷款约14.81亿元。

3. 合同段划分

合同段划分见表7-33-4。

S30之江大桥标段划分情况表 表7-33-4

标段号	标段所在地	工程内容及长度	施工单位
土建1	杭州之江区	K0+000~K2+777段桥梁、路基工程	中交第二公路工程局有限公司
土建2	杭州滨江区	K2+777~K4+600段桥梁、路基工程	浙江省交通工程建设集团有限公司
路面标	杭州之江、滨江区	全线路面工程	浙江省交通工程建设集团有限公司
交安标	杭州之江、滨江区	全线交安工程	杭州公路交通设施工程有限公司
涂装标	杭州之江、滨江区	桥梁混凝土涂装工程	镇江蓝舶工程科技有限公司
房建标	杭州之江、滨江区	全线房建工程	浙江昆仑建设集团股份有限公司
照明标	杭州之江、滨江区	全线照明工程	横店集团浙江得邦公共照明有限公司
机电标	杭州之江、滨江区	全线机电工程	江苏智运科技发展有限公司
绿化标	杭州之江、滨江区	全线绿化工程	杭州爱立特园林景观建筑工程有限公司
健康监测	杭州之江、滨江区	健康监测工程	交通运输部公路科学研究所

4.征地拆迁

征地拆迁见表7-33-5。

S30之江大桥征地拆迁统计表　　　　表7-33-5

项　目	征地拆迁安置起止时间	征用土地（亩）	拆迁房屋（m²）	支付补偿费用（元）	备注
一期	2010.3～2012.5	637.127	78940	664810295	

（三）复杂技术工程

之江大桥全长1724m，主桥上部结构采用预应力混凝土等截面(60+60+60)m+变截面连续梁桥(60+11×86+60)m+钢箱梁双塔空间双索面斜拉桥(116+246+116)m，主桥长478m，主桥宽度40.4m，按高速公路双向六车道标准建设，主梁为钢箱梁，整体采用半飘浮体系，主桥索塔为曲线形"门"字塔，外轮廓为椭圆曲线，索塔采用全钢结构，主梁在索塔和交叉墩处设置纵向滑动支座，设计速度80km/h。

之江大桥设计及结构分析相对较复杂，国内可借鉴的资料不多。之江大桥主桥是目前国内已建的跨度最大、钢拱塔最高、桥面最宽的钢拱塔斜拉桥。通过现有国外的资料查询，也未见有如此规模、跨度和建设难度的此类桥梁结构。其主要结构与技术特点如下：

(1)在拱形钢索塔斜拉桥中，其246m的跨度是此类桥型中最大的，结构体系和力学性能比较复杂。

(2)拱形钢索塔外轮廓为椭圆曲线，索塔采用全钢结构形式索塔，塔高90.5m，在此类桥型中拱塔是最高的。拱形钢索塔斜拉桥虽已在国内有工程应用，但桥梁跨度和建设规模较小，钢拱塔的设计和施工缺乏相应的技术标准。

(3)拱形索塔空间索面斜拉桥，拉索角度变化范围较大。

(4)闭合流线型钢箱梁宽度为41.36m，在此类桥型中居于首位。

(5)钢桥面铺装为ERS钢桥面铺装(即树脂沥青组合体系钢桥面铺装)，国内缺乏技术标准和规程。

(6)钢索塔节段连接方式采用栓焊结合方案，钢索塔与承台的钢—混凝土连接构造采用螺栓锚固方式，高强螺栓布置形式以及承压箱构造需优化并经模型试验验证其可靠性。

(7)承压板板底压浆工艺需通过模型试验进行验证。

(8)钢索塔断面切角形式、加劲肋布置以及焊接工艺的要求和几何精度的控制标准等需进行多次试验研究。

(四)科技创新

主要科技成果如下所示:

1.斜拉桥拱形钢塔钢混结合段关键技术研究

提出预应力螺杆"三点定位技术",通过底部锚固框架、中间定位梁和顶部锚固框架精确定位预应力螺杆空间位置,该项技术成功应用于之江大桥索塔结合段关键部件精确定位,现场实测螺杆空间最大偏移量在3mm以内。通过对预应力螺杆在混凝土塔座中的传力机理分析,提出预应力粗螺杆张拉锚固改进施工工艺,有效降低螺杆预应力锚头瞬间损失,现场实测螺杆预应力瞬间损失由第一次张拉的46%降低至终拉时的12%左右。在承压板板底压浆工艺比例模型试验和足尺模型试验研究基础上,总结凝练出一套安全可靠的索塔钢—混凝土结合段承压板底压浆工艺及过程质量监控方案,编制《索塔结合段承压板底连续压浆工艺技术指南》,并将其应用于之江大桥实体工程,有效保障了之江大桥承压板底压浆施工和压浆效果。基于图像识别方法,提出压浆层表面接触率准确定量评价方法,用于之江大桥承压板底压浆效果评价,保障了承压板与压浆层之间接触率在90%以上。基于超声界面折射和反射原理,提出采用底波反射法无损检测钢板与砂浆界面黏结质量,为承压板底压浆效果评价提供一种新的思路,使之江大桥承压板底效果无损检测成为可能。基于现场实测数据,采用数值仿真手段对之江大桥索塔结合段在施工以及运营阶段最不利荷载工况下的受力性能进行分析,计算结构最大应力均小于材料设计强度,验证了索塔结合段的受力安全性。结合数值分析结果,揭示承压锚固型索塔结合段整体传力机理,提出承压锚固型索塔结合段在轴力、弯矩、压弯耦合以及扭—剪耦合作用下的传力模式及应力检算方法,为同类型结合段的设计提供简化计算方法。依托之江大桥索塔结合段混凝土抗裂性分析及试验研究,提出索塔结合段混凝土抗裂优化控制建议和效果评价方法,应用于大桥施工,降低混凝土塔座表面拉应力至混凝土抗拉强度以下,保障了塔座大体积混凝土施工质量。

2.基于寿命周期的桥梁结构健康监测、诊断与智能决策养护管理技术研究

分析了拱形钢塔斜拉桥各关键施工阶段主要构件的状态,提出了各施工过程特征数据的提取方法,以及相关数据的优化方法。统筹施工与运营两种状态需求的结构监测技术从系统硬件、软件、传输方式以及数据格式等方面实现施工监控与运营监测的融合,以及以系统硬件、软件、传输方式以及数据格式等指标为基础建立的统筹施工与运营两种状态需求的结构监测指标体系。基于寿命周期的之江大桥运营安全评估技术考虑了桥梁结构全寿命周期的性能退化,通过健康监测数据的概率统计分析定时修正系

统阈值,提出基于动态阈值的桥梁健康状态自诊断方法;针对台风、地震、船撞、车辆超载等极端异常情况对桥梁造成的损伤,提出了面向桥梁特殊事件的监测评估方法。基于生命过程的桥梁养护策略与智能养护决策方法对之江大桥的结构检查、寿命管理、预防性养护、养护决策支持等方面进行了分析,提出了桥梁结构检查与维修策略、预防性养护策略、养护决策支持和安全监测策略,并结合数据库技术、多媒体技术以及网络基础实现桥梁的智能化决策养护。

3. 基于泛在网的之江大桥关键隐蔽工程状态感知与可视化监测技术的研究

针对斜拉桥索锚结合部拉索应力及其腐蚀状态监测问题,研究改进了电阻式腐蚀监测技术,开发了考虑拉索应力影响的拉索腐蚀自感知监测软硬件系统,研制的传感器实用寿命与拉索基本相当;提出了在斜拉桥索锚结合部钢套管开孔安装透明观察窗,实现了索锚结合部的可视化;利用互联网通信技术实现了泛在网监测。依据腐蚀电阻监测结果,提出了之江大桥基于拉索腐蚀状态的换索判别准则。提出焊缝下部U肋钢板位置测点应力换算为焊缝应力状态的方法,解决了焊缝位置应力难以测试的难题,并利用互联网通信技术及自动分析软件开发实现了泛在网自感知监测。以铁磁性材料具有磁弹性基本原理为基础,研制磁通量测试传感器及测试装置,提出参数影响修正方法排除了磁弹性测试技术受环境温度等影响,提出了基于数据拟合算法的钢束沿程应力监测技术,并利用互联网通信技术及软件开发实现了泛在网监测及监测可视化。以应变测量技术为基础,攻克收缩应变的精确测试及徐变应变分离技术,提出埋入式结构收缩徐变自动实测分离技术与装备,开发数据控制与徐变辨识技术自动分离混凝土的收缩与徐变应变增量,实现了预应力混凝土箱梁收缩徐变的自辨识监测。研究超声波在金属体内对金属应力状态变化的敏感性关系,提出温度及边界条件等影响因素修正方法,开发了基于超声原理的竖向预应力钢筋预应力检测技术;利用预应力钢束有效预应力、箱梁收缩徐变、管道摩阻实测结果,对体内预应力钢束短期及中长期预应力状态进行计算修正,提出了体内钢束有效预应力修正计算方法。依据混凝土箱梁预应力及收缩徐变实测结果,建立多跨连续混凝土箱梁中长期挠度计算预测模型,并提出预应力混凝土箱梁预防长期下挠的措施建议。

4. 之江大桥钢桥面铺装设计与施工技术研究

课题结合和集成已有的ERS树脂沥青铺装体系的研究成果,以浙江杭州之江大桥实体工程为依托,结合大桥前期设计采取的ERS树脂沥青钢桥面铺装体系,对目前我国已应用实施的钢桥面铺装进行深入调查研究,针对当地的气候与之江大桥的交通和设计特点,通过ERS钢桥面铺装技术中材料组成设计和施工工艺的系统研究,通过加速加载试验进行设计验证,完成ERS理论分析的突破和实践经验的重组,以期延长之江大桥使用寿命,为树脂沥青组合体系钢桥面铺装技术应用提供成套技术和实践依据。

5. 拱形钢塔斜拉桥结构行为特性与适宜构造研究

本子课题研究在国内外拱形钢塔斜拉桥设计技术总结和使用现状调研的基础上,通过理论分析、数值仿真和模型试验相结合的技术手段,针对此类桥型的特点,对结构体系、静动力行为特性、特征结构适宜构造、空间拉索风雨振与抑振措施和空间索力作用下交异性钢桥面板的疲劳性能等方面展开深入研究;其次,对研究成果进一步提升,形成行业共性技术,编制设计指南,指导此类桥型的设计。

第三十四节　S27 东永高速公路(诸永马宅枢纽至金丽温永康枢纽段)

东阳至永康高速公路,简称东永高速,编号为 S27,起自诸永高速马宅枢纽,经东阳、永康市,止于金丽温高速永康枢纽,全长 45km。

本项目实施对于完善路网结构、缓解地方交通压力、促进地区经济发展具有重要意义。路网位置示意图如图 7-34-1 所示,建设项目信息如表 7-34-1 所示。

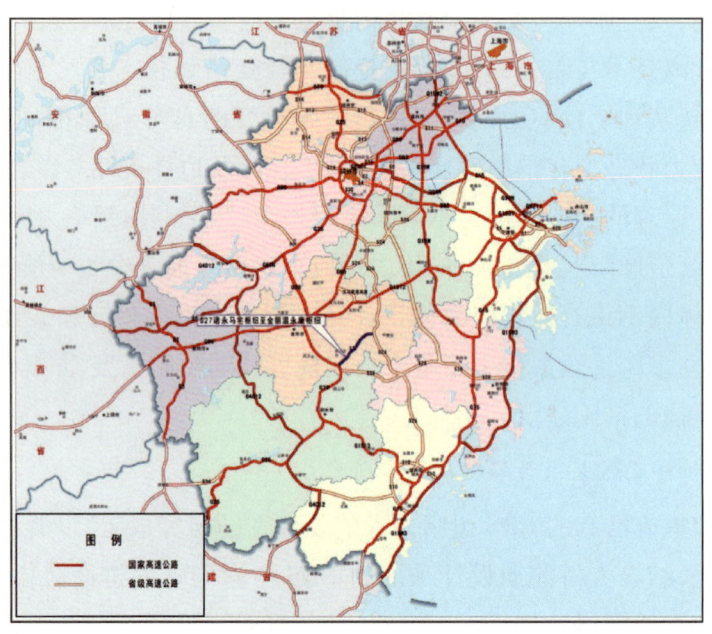

图 7-34-1　S27 东永高速公路(诸永马宅枢纽至金丽温永康枢纽段)位置示意图

S27 东永高速公路建设项目信息采集表 表 7-34-1

省高	项目名称	规模（km）				建设性质（新、改扩建）	设计速度（km/h）	永久占地（亩）	投资情况（亿元）				建设时间（开工~通车）
		合计	八车道及以上	六车道	四车道				估算	概算	决算	资金来源	
S27	东永高速公路	44.66			44.66	新	100		27.70			本项目以地方自筹和银行贷款的方式筹措资金。最终审计总投资约29亿元，其中项目资本金比例约11亿元	2009.12~2015.7

S27 东永高速公路（诸永马宅枢纽至金丽温永康枢纽段）（建设期 2009~2015 年）

（一）项目概况

1. 基本情况

（1）功能定位

东永高速公路起自诸永高速公路马宅枢纽，经东阳、永康市，止于金丽温高速公路新店枢纽，是《浙江省公路交通"十一五"规划》中要求"十一五"期间建成通车的地方高速公路之一，是《金华市公路、水路交通建设规划》"八高"中的一高，是《东阳市公路、水路交通建设规划》骨架路网"六联"中的一联，是《永康市公路、水路交通建设规划》骨架路网"五纵"中的一纵，是将来东阳至永康两个发达地区之间最主要的连接公路。

（2）技术标准

根据交通量预测结果，按照交通部颁布的《公路工程技术标准》（JTG B01—2003）中关于公路等级划分的规定，结合全省路网的规划，考虑地方经济的发展，以及本公路的地位和作用，本项目拟采用高速公路技术标准，设计速度100km/h，路基宽26m。

（3）建设规模

本项目起自诸永高速公路马宅枢纽，终于金丽温高速公路新店枢纽，东阳至永康高速公路工程全长44.663km。其中：东阳段13.864km、永康段30.799km。全线共设置枢纽互通2处，一般互通4处，大桥10座，中、小桥12座，跨等级公路分离式立交9座，短隧道3座，服务区1处，养护管理中心1处。另设置4处互通连接线。

（4）主要控制点

诸永高速公路、千祥镇、南下线、龙山大道、方岩大道、开发区大道、金温铁路、330国道、金丽温高速公路等。

(5)投资规模

项目估算总投资 27.699 亿元。

(6)开工及通车、竣工时间

2009 年 12 月开工建设,2015 年 7 月交工通车。详见表 7-34-2～表 7-34-4。

S27 东永高速公路桥梁汇总表　　　　　　表 7-34-2

规模	名称	桥长(m)	主跨长度(m)	桥底净高(m)	跨越障碍物			梁式桥						
								钢筋混凝土梁桥			钢梁桥		组合梁桥		
					河流	沟谷	道路铁路	简支梁桥	悬臂梁桥	连续梁桥	简支钢梁	连续钢梁	预弯混凝土梁	组合梁	钢管混凝土桁架梁
大桥	马宅枢纽 B 匝道 1 号桥	168.48	40	2.2			✓						✓		
	马宅枢纽 C 匝道桥	251	35	2.2			✓						✓		
	下瑶大桥	254.1	30	4	✓								✓		
	后鲁 1 号桥	112	25	5			✓	✓							
	楼塘大桥	430.1	30	4.5	✓								✓		
	平畴大桥	140	30	3.5	✓								✓		
	大溪桥	106	25	2.7	✓			✓							
	西溪互通 A 匝道桥	150	25	3	✓			✓							
	金川 1 号桥	135	30	4.5	✓								✓		
	胡库高架桥	755.92	25	5			✓	✓							
	方岩大道分离桥	536.28	30	5			✓						✓		
	石四线分离桥	105.44	20	4.5			✓	✓							
	黄泥塪大桥	157.4	25	4.5	✓			✓							
	魁山水库大桥	181	25	4.5	✓			✓							
	磨山 2 号桥	134.7	25	4.5	✓			✓							
	阳龙 1 号桥	280.1	30	4.5	✓								✓		
	塘里大桥	126.6	30	4.5	✓								✓		
	石柱公铁立交桥	730.52	30	7.96			✓						✓		
	石柱公铁立交桥	673.52	30	7.96			✓						✓		
	新店枢纽 A 匝道 2 号桥	237.94	35	5			✓						✓		
	新店枢纽 C 匝道 2 号桥	177.04	35	5			✓						✓		

S27 东永高速公路隧道汇总表　　　　表 7-34-3

规模	名　称	隧道全长(m)	隧道净宽(m)	隧道分类					备注
				按地质条件划分		按所在区域划分			
				土质隧道	石质隧道	山岭隧道	水底隧道	城市隧道	
短隧道	毛山隧道	190			√	√			
	后鲁隧道	190			√	√			
	下瑶隧道	220			√	√			

S27 东永高速公路路面信息汇总表　　　　表 7-34-4

路面形式	起讫里程	长度(m)	水泥混凝土路面	沥青路面
柔性路面	K0+000~K44.699	44699		沥青混凝土路面

2. 前期决策情况

东永高速公路是《浙江省公路水运交通建设规划》的重要组成部分。随着浙江省经济的迅速发展，对公路运输要求更加紧迫，根据浙江交通厅"九五"期间编制的《浙江省公路建设规划(1996—2010)》到 2010 年基本实现"两纵、两横、五连"公路网骨架的建设目标，浙江省交通厅在 2002 年启动东永高速公路的建设工作。

3. 参建单位主要情况

(1)勘察设计单位

浙江省交通规划设计院。

(2)施工单位

浙江省交通工程建设集团有限公司、江苏润扬交通工程集团有限公司、浙江天一交通集团有限公司、杭州市交通集团有限公司、路港集团有限公司、浙江鼎盛佳通建设有限公司、浙江八咏公路工程有限公司、东阳市顺丰交通设施有限公司、杭州市公路交通设施工程有限公司、杭州市京安交通工程设施有限公司、浙江华厦建设集团有限公司、浙江勤业建工集团有限公司、浙江环宇建设集团有限公司、浙江衢州九合环境建设有限公司、浙江中瓯园林建设有限公司、浙江伟达园林工程有限公司、浙江高速信息工程技术有限公司、东阳顺风交通设施有限公司。

(3)监理单位

浙江浙中建设工程管理有限公司、浙江方正建设监理咨询有限公司、浙江通衢交通建设监理咨询有限公司、浙江义达工程监理咨询有限公司。

(二)建设情况

1. 项目审批

2009 年 6 月 5 日，浙江省发展与改革委员会以《省发改委关于东永高速公路工程可行性研究报告批复的函》(浙发函〔2009〕168号)批复本项目工程可行性研究。

2. 资金筹措

本项目以地方自筹和银行贷款的方式筹措资金。最终审计总投资约29亿元,其中项目资本金比例约11亿元。

3. 合同段划分

合同段划分见表7-34-5。

S27东永高速公路标段划分情况表 表7-34-5

标 段 号	标段所在地	工程内容及长度	施工单位
K0+000～K6+200	东阳	土石方、桥涵	浙江省交通工程建设集团有限公司
K6+200～K13+844	东阳	土石方、桥涵	江苏润扬交通工程集团有限公司
K13+844～K23+500	永康	土石方、桥涵	浙江天一建设集团有限公司
23+500～K34+500	永康	土石方、桥涵	杭州市交通工程集团有限公司
K34+500～K44+699.72	永康	土石方、桥涵	路港集团有限公司
K0+000～K23+500	东阳、永康	水稳层、沥青混凝土	浙江鼎盛交通建设有限公司
K23+500～K44+698.72	永康	水稳层、沥青混凝土	浙江八咏公路工程有限公司

4. 征地拆迁

征地拆迁见表7-34-6。

S27东永高速公路征地拆迁情况统计表 表7-34-6

项 目	征地拆迁安置起止时间	征用土地(亩)	拆迁房屋(m^2)	支付补偿费用(元)	备注
东永高速公路 (诸永驻枢纽至 金丽温永康枢纽段)	2009年	5364.75	87547	4.17亿元	

(三)运营养护管理

1. 服务设施

服务设施见表7-34-7。

S27东永高速公路服务场区一览表 表7-34-7

服务区名称	位 置	占地面积
方岩服务区	K22.12	$44567m^2$

2. 收费设施

收费设施见表7-34-8。

S27 东永高速公路收费设施一览表　　　　　　　　　表 7-34-8

站点名称	车道数	收费方式
千祥收费站	6	现金、CPU、储值卡
西溪收费站	7	现金、CPU、储值卡
方岩收费站	7	现金、CPU、储值卡
永康东收费站	8	现金、CPU、储值卡

第三十五节　S36［龙泉枢纽至浙闽省界（花桥）段、义乌苏溪至义乌廿三里段］

S36 依次由以下两段组成：龙浦高速公路［龙泉枢纽至浙闽省界（花桥）段］、义乌疏港高速公路（义乌苏溪至义乌廿三里段）。其中龙浦高速公路段全长 23km，2016 年 9 月建成通车；义乌疏港高速公路段尚未建成。

S36 龙浦高速公路段横向与国高网长深线（丽龙庆）和京台线（黄衢南）高速公路相连，是国高网在浙闽间的重要连络线，形成一条连接江西、福建、浙江三省通往长三角和海西经济区的快速通道。路网位置示意图如图 7-35-1 所示，建设项目信息如表 7-35-1 所示。

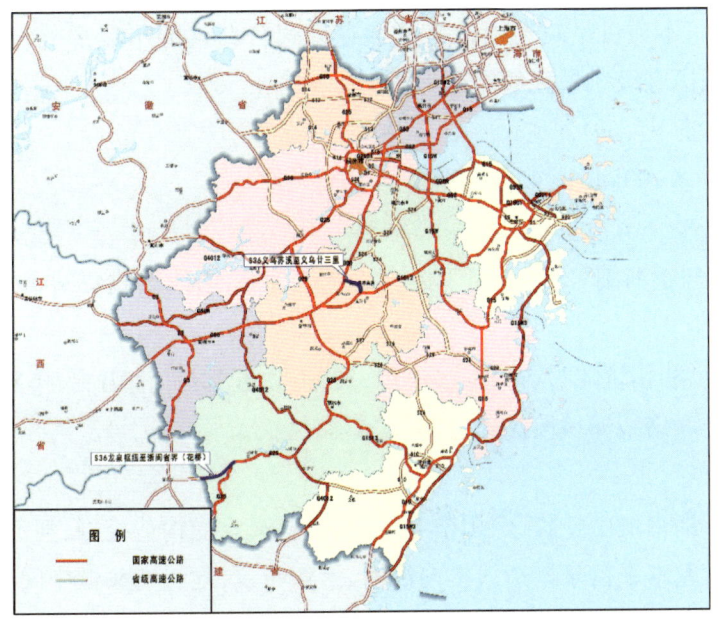

图 7-35-1　S36 龙浦高速公路［龙泉枢纽至浙闽省界（花桥）段］路网位置示意图

S36 龙浦高速公路[龙泉枢纽至浙闽省界(花桥)段]建设项目信息采集表　　表 7-35-1

省高	项目名称	规模（km）			建设性质（新、改扩建）	设计速度（km/h）	永久占地（亩）	投资情况（亿元）				建设时间（开工~通车）
		合计	八车道及以上	六车道	四车道				估算	概算	决算	资金来源	
S36	龙浦高速公路[龙泉枢纽至浙闽省界(花桥)段]	23.19			23.19	新建	100	2176		29.56		省交通投资集团出资90%，龙泉市政府出资10%	2013.5~2016.9

S36 龙浦高速公路[龙泉枢纽至浙闽省界(花桥)段]（建设期2013—2016年）

（一）项目概况

1. 基本情况

（1）功能定位

龙浦高速公路是浙江省高速公路网规划"两纵两横十八连三绕三通道"丽龙庆高速公路的武夷山支线，也是丽水市公路水路交通建设规划中"二纵二横"之一横"丽龙庆高速公路"的支线。本项目是贯通浙江省际通道高速公路网的组成部分，也是浙西南旅游线与福建武夷山国家级风景区的交通干线。

（2）技术标准

全线设计速度100km/h，双向四车道。

（3）建设规模

S36龙泉枢纽至浙闽省界(花桥)段全长23.192km，沿线设收费站3处。

（4）主要控制点

龙庆高速公路、拓坑岭、八都镇、樟溪岭、黄渡村、五都垟、油山头、排头村、53省道、福建省浦城至建宁联络线浦城段高速公路。

（5）地形地貌

本路段位于浙南低山丘陵区，山峦起伏，沟谷狭窄。受构造控制，河流、山脉走向多呈北北东向。路线基本平行于构造线方向沿河、沿沟布设，地势两头低中间高，两侧高，中间低。沿线地貌类型可分为侵蚀剥蚀低山丘陵区、山间河谷冲洪积平原区和山麓沟谷堆积斜地等类型。

（6）投资规模

本工程概算总投资 29.56 亿元，平均每公里造价为 1.27 亿元。

（7）开工及通车、竣工时间

2013 年 5 月开工建设，2016 年 9 月交工通车。详见表 7-35-2 ~ 表 7-35-4。

S36 龙浦高速公路[龙泉枢纽至浙闽省界（花桥）段]桥梁汇总表　　表 7-35-2

规模	名称	桥长(m)	主跨长度(m)	桥底净高(m)	跨越障碍物			钢筋混凝土梁桥			钢梁桥		组合梁桥		
					河流	沟谷	道路、铁路	简支梁桥	悬臂梁桥	连续梁桥	简支钢梁	连续钢梁	预弯混凝土梁	组合梁	钢管混凝土桁架梁
大桥	A 匝道桥 1 号桥	247	25	22	√	√		√							
	A 匝道桥 2 号桥	373	25	27		√		√							
	B 匝道桥	198	25	22.5	√	√		√							
	C 匝道桥	168	20	18.3		√		√							
	D 匝道桥	139	25	21		√		√							
	白马畈 1 号桥左线	630	25	16.5		√		√							
	白马畈 1 号桥右线	133	25	16		√		√							
	白马畈 2 号桥	208	25	14.6		√		√							
	东音 1 号桥	248	30	21.7		√				√					
	东音 2 号桥	188	30	18.5		√				√					
	东音口桥	398	30	25.7		√				√					
	小窑 2 号桥	313	25/30	9.9		√				√					
	文昌星分离	105	25	10.4		√				√					
	樟溪 1 号桥（左）	155	30	18	√					√					
	樟溪 1 号桥（右）	122	30	19.5	√					√					
	樟溪 2 号桥（左）	458	30	29		√				√					
	樟溪 2 号桥（右）	428	30	29		√				√					
	樟溪 3 号桥（左）	155	30	11.2	√					√					
	樟溪 3 号桥（右）	215	30	11.9	√					√					
	樟溪 4 号桥（左）	545	30	5.5	√					√					
	樟溪 4 号桥（右）	395	30	7.6	√					√					
	八都互通 A 匝道桥	228	20	11.2	√			√							
	八都互通 C 匝道桥	224	20	15.8		√		√							
	八都互通 D 匝道桥	129	25	17.8		√				√					

续上表

规模	名称	桥长(m)	主跨长度(m)	桥底净高(m)	跨越障碍物			梁式桥					
								钢筋混凝土梁桥			钢梁桥		组合梁桥		
					河流	沟谷	道路、铁路	简支梁桥	悬臂梁桥	连续梁桥	简支钢梁	连续钢梁	预弯混凝土梁	组合梁	钢管混凝土桁架梁
大桥	五都垟互通主线桥	538	530	27.4	√		√			√					
	黄渡桥右线	285	280	38.8	√		√			√					
	黄渡桥左线	318	310	38.8	√		√			√					
	排头桥	305	25	13.6		√		√							
	花桥分离桥	313	30.5	8.6			√			√					
中桥	1座														

S36龙浦高速公路[龙泉枢纽至浙闽省界(花桥)段]隧道汇总表　　表7-35-3

规模	名称	隧道全长(m)	隧道净宽(m)	隧道分类				
				按地质条件划分		按所在区域划分		
				土质隧道	石质隧道	山岭隧道	水底隧道	城市隧道
长隧道	柘坑隧道左洞	2246	10.75		√	√		
	柘坑隧道右洞	2258	10.75		√	√		
	樟溪岭隧道左洞	2260	10.75		√	√		
	樟溪岭隧道右洞	2260	10.75		√	√		
	油山头隧道左洞	2824	10.75		√	√		
	油山头隧道右洞	2800	10.75		√	√		
短隧道	东音隧道左洞	247	10.75		√	√		
	东音隧道右洞	257	10.75		√	√		
	官山儿隧道(连拱)	275	10.75		√	√		
	排头隧道左洞	280	10.75		√	√		
	排头隧道右洞	267	10.75		√	√		
	花桥隧道左洞	65	10.75		√	√		
	花桥隧道右洞	65	10.75		√	√		

S36龙泉枢纽至浙闽省界(花桥)段路面信息汇总表　　表7-35-4

路面形式	起讫里程	长度(m)	水泥混凝土路面	沥青路面
刚性路面	五都垟互通(K16+625~K16+765)	140	钢筋纤维混凝土路面	
	八都互通(AK0+601~AK0+711)	110	钢筋纤维混凝土路面	
柔性路面	主线路面(K0+000~K23+192.096)	23192.096		沥青混凝土路面

2. 前期决策情况

龙浦高速公路是《浙江省公路水运交通建设规划》的重要组成部分,也是丽水市公路水路交通建设规划中"二纵二横"之一横"丽龙庆高速公路"的支线。随着浙江省经济的迅速发展,对公路运输要求更加紧迫,根据浙江交通厅"九五"期间编制的《浙江省公路建设规划(1996—2010)》到2010年基本实现"两纵、两横、五连"公路网骨架的建设目标,浙江省交通厅在2010年启动龙泉至浦城(浙闽界)高速公路的建设工作。

3. 参建单位主要情况

(1)勘察设计单位

浙江省交通规划设计研究院、中国公路工程咨询集团有限公司。

(2)施工单位

中交第四公路工程局有限公司、江苏省交通工程集团有限公司、中铁十局集团第二工程有限公司、浙江省交通工程建设集团有限公司、台州市路马交通安全设施有限公司、中元建设集团股份有限公司、宁波市花园园林建设有限公司、浙江浙大中控信息技术有限公司、浙江高速信息工程技术有限公司。

(3)监理单位

浙江通衢交通建设监理咨询有限公司、大学土工程管理有限公司、浙江省机电设计研究院有限公司。

(二)建设情况

1. 项目审批

2010年,浙江省发展和改革委员会以浙发改函〔2010〕418号文件批复《浙江省发改委关于龙泉至浦城(浙闽界)高速公路工程项目建议书批复的函》。

2012年,浙江省发展和改革委员会以浙发改〔2012〕74号文件批复《浙江省发改委关于龙泉至浦城(浙闽界)高速公路工程可行性研究报告批复的函》。

2. 资金筹措

浙江省交通投资集团出资90%即26.604亿元,龙泉市政府出资10%即2.956亿元。

3. 合同段划分

合同段划分见表7-35-5。

S36 龙浦高速公路[龙泉枢纽至浙闽省界(花桥)段标段]划分情况表　　表 7-35-5

标 段 号	标段所在地	工程内容及长度	施工单位
LP01	龙泉	土建,长 5.65km	中交第四公路工程局有限公司
LP02	龙泉	土建,长 7.47km	江苏省交通工程集团有限公司
LP03	龙泉	土建,长 5.58km	中铁十局集团第二工程有限公司
LP04	龙泉	土建,长 4.496km	浙江省交通工程建设集团有限公司
JA1	龙泉	交安设施,长 23.196km	台州市路马交通安全设施有限公司
FJ1	龙泉	房建	中元建设集团股份有限公司
LH1	龙泉	绿化,长 23.196km	宁波市花园园林建设有限公司
JD1	龙泉	机电,长 22.324km	浙江浙大中控信息技术有限公司
JD2	龙泉	机电,长 21.317km	浙江高速信息工程技术有限公司

4. 征地拆迁

征地拆迁情况见表 7-35-6。

S36 龙浦高速公路[龙泉枢纽至浙闽省界(花桥)段]征地拆迁情况统计表　　表 7-35-6

项　　目	征地拆迁安置起止时间	征用土地(亩)	拆迁房屋(m^2)	支付补偿费用(元)	备注
龙浦高速公路[龙原枢纽至浙闽界省界(花桥)段]	2013.1~2015.5	2176	47938	224254063	

(三)科技创新

主要科技成果有公路安全缺陷快速识别技术应用研究。

课题研究以设计阶段的龙泉至浦城(浙闽界)高速公路、在建的 31 省道绍大线北延工程绍兴市区段和运营阶段的金丽温高速公路公路丽水段为依托工程,通过 EICAD 软件将道路 CAD 数据采集并输出到 ADAMS 软件中,并调整路面摩擦系数建立了道路的数字化公路模型。利用 MATLAB/Simulink 建立包含驾驶员预瞄环节和滞后环节的简化预瞄优化神经网络驾驶员模型,完成对雨雪天气路面附着系数的变化,构建公路—车辆—驾驶人—交通环境(RVDES)系统建模仿真方法。并结合基于相关规范的安全评价方法、基于事故统计的安全评价方法、基于六分力测量仪的道路安全实验法,对运营阶段的金丽温高速公路丽水段进行了安全评价,验证 RVDES 系统的科学性和可靠性。将研究成果应用于设计阶段的龙浦高速公路和在建的 31 省道北延工程绍兴市区段两条典型道路,分别对不同阶段路线设计方案进行了安全评价分析;实现了在道路设计、建设施工和运营使用等不同阶段,可开展公路行车安全评价的虚拟试验。

(四)运营养护管理

收费设施见表7-35-7。

S36龙浦高速公路[龙泉枢纽至浙闽省界(花桥)段]收费设施一览表　　表7-35-7

站点名称	车道数	收费方式
八都	3+3	2条ETC收费,其余是人工收费
上垟	2+3	2条ETC收费,其余是人工收费
浙闽主线站	3+7	4条ETC收费,其余是人工收费

附录一
浙江高速公路建设实录专访

第一篇 第一步,一大步
——浙江第一条高速公路杭甬高速诞生记

1992年,从杭州市区到萧山开车需要多长时间?答案是8个小时。

这并不是一个玩笑,而是真实情况。20世纪90年代初,改革开放的春风拂过,作为全国的经济大省,浙江在全国的经济版图上交出了不错的答卷:连续几年整体经济实力位列全国各省市前几位;杭州、宁波两市更是在全国同级城市的地区生产总值排名中位居前列;其他不少县市亦位列全国的"百强县"。

然而,与高速发展的经济并不相称的是,浙江在交通方面的发展却显得捉襟见肘:尽管在"七五"期间,浙江新建的公路里程超过5000km,但和全国其他交通状况横向比较中,浙江的排名落在20位左右。杭州至宁波间公路交通,尤显滞后。据统计,1992年,两地间每日来往的车流量,已在设计通行能力的3倍以上,而实际行车速度,却在35km/h以下。

经济的发展和生活水平的提高,呼唤着大交通,呼唤着属于浙江的高速公路。

大堵车时代的浙江,亟需高速公路

"什么是大堵车?我从杭州市开车到萧山,10公里的路程,开了8个小时!这就是当时每天在浙江上演的大堵车!"作为当年杭甬高速公路建设的"掌舵人"和见证人,耄耋之年的邵尧定,仍是声音坚定,语速飞快,"当时104国道在浙江境内的街道化程度已经达到一半左右,汽车、摩托车、拖拉机,还有牲畜车都挤在双车道的公路上,车速怎么快得起来。"

除了大堵车,还有一个问题掣肘着浙江经济。由于当时中国大部分铁矿石是从澳大利亚进口,而万吨大轮从大洋洲而来,进入北仑港这个深水良港后,却因为运输速度的问题而慢下了运往全国各地的脚步,这对于浙江乃至全国经济的腾飞,无异于束住了双翼。

怎么办?从国际上来看,当时不少国家早已有了"全封闭、全立交"的高速公路,这种高速公路能保证行车顺畅,不受阻碍。国内不少交通人第一次接触到这样的公路时,也都眼前一亮。"当时遇到交通大拥堵的时候,很自然地想到了建高速公路。"邵尧定回忆说。

1992年,在如今看来十分正常的"全封闭、全立交"高速公路,在当时的环境下,很少有人能想象出这么一条公路长什么样?到底能派上什么用场?当邵尧定提出要造一条浙江的高速公路时,反对的声音不少,有的说,浙江地少人多不应该建;有的说,浙江汽车车况差,速度跑不快,不需要建……然而,关于大堵车之争早已进行到白热化的阶段。《浙江日报》连续发表文章,专门讨论了"大堵车该怎么办?如何解决?"的问题,在社会上引起了极大的反响和共鸣。

为了让社会大众了解建高速公路的好处,邵尧定带领着一帮交通专家开始了调研。通过高速公路与普通公路的大量数据对比,高速公路"提高车速、节约用地、节省投资"等好处越来越被大家接受。在多次汇报和讨论会之后,上级领导和其他部门逐渐认同,建造浙江第一条高速公路的意见终于统一。

"无米之炊"需做好饭,开源节流从无到有

在确定了要建造浙江第一条高速公路之后,又有一个争议出现了:是建设沪杭高速公路接轨上海呢,还是建设杭甬高速公路解决省内问题呢?

专家组成员在这个问题上卯上劲儿了。接轨上海,能让浙江经济腾飞,但省内的堵车问题严重,已经刻不容缓。"当然先救自家的火!先把省内的问题解决掉。"对于这个争议,时任浙江省交通厅厅长的邵尧定和专家组成员进行多方讨论,最终一锤定音。杭甬高速公路的建设,也被提上了议程。然而,另一个棘手的问题成了"杭甬高速公路"上马最大的拦路虎:没资金,连工程启动都难。

俗话说"巧妇难为无米之炊",更何况在那个年代。杭甬高速公路最初总概算是23亿多元,1993年以后物价上涨,上调到35亿多元。这么大的投入,在浙江交通史上是绝无仅有的。而省财政又无力投入,全省公路养路费每年才收几个亿,只能维持现有公路的保养维修。

资金短缺,"杭甬高速公路"的建设又一次遇到难关。幸而,浙江的交通人向来"激流勇进"。为了解决这一难题,一套全新的"开源节流"方案被提出。如何开源?一方面在省政府和交通部的重视和支持下,浙江省第一次得到了世界银行(下文简称"世行")2亿美元优惠贷款,"用外国人的钱造自己的公路";另一方面,依靠省政府在1988年、1992年开征了公路客运、货运附加费,专款用于高等级公路建设,使杭甬高速公路有了足够的资金保证。

如何节流?浙江省交通厅的专家们经过多方讨论,终于拍板,开始了浙江首创的在高速公路建设中使用的"八统四包"的管理模式,即"统一对上(省、部)、统一对外(世行)、统一标准、统一设计、统一招标、统一监理、统一管理、统一协调",以县为单位,"包质量、

包工期、包投资、包征迁"。实行"节约分成（主要用于当地公路建设）、超支自负"的责任考核制度。这样做既依靠了当地征迁工作的优势，又加强了各县的责任心，从而既保证了工程质量又节约了工程投资。

"摸着石头"建设，自力更生共克时艰

"浙江到，汽车跳"，以往的交通人，总以这句话来形容浙江的公路状况。公路桥头跳车是很大的质量问题，也是浙江公路最难解决的问题。它的客观原因是软土地基，浙江省沿海软土地基可以说是世界有名，埋深厚、分布广。而杭甬高速公路途经的地区，由此形成的需做特殊处理的软土地基竟达92km，约占总里程的63%。

在杭甬高速公路的建设过程中，难题不断，主要是"三缺一跳"，即缺少资金、资质、经验，软土地基的不均匀沉降造成的桥头跳车。"当时我们缺资金，更缺技术、缺人才、缺管理。"邵尧定回忆说，困难重重的情形下，建设团队共克时艰，摸索前行。"自力更生，艰苦奋斗"这八个字，似乎成了当时每个建设者心中的标杆。

杭甬高速公路如此高比例的软土地基，这在我国的公路建设史上尚无先例。而在如此规模的软土地基上建造高等级公路，在当时亦属世界性难题，这就给设计、施工及管理提出了极为苛刻的要求。

怎么办？只能摸索着干！软土地基问题，从技术上讲这个问题是可以解决的，对于深度达20m以内的软土层，可采用加载预压排水法固结，然而这种方式却被邵尧定和专家组成员们否定了。"这需有较长的施工期作保证，当时造高速公路本就为了缓解堵车，但这么做对缓解堵车不利，不如不做。"此外，还有一种方式可以解决软土问题，针对深度在20m以上的软土层，可用打桩或架桥代替路堤的办法，但这样将增加造价。而杭甬高速公路软土地基路段长度约占总里程的一半以上，如采用打桩或以桥代路的办法，当时财力也较难承受。"经综合比较，只能减少必要的预压时间，采用边通车边加铺的办法。当然，这是在当时特殊条件下不得已而为之的办法。"如今，回望这条杭甬高速公路，路基高度均在地表2m以上，从侧面远望，宛如一道不见首尾的堤坝或城墙，为此经过严格选择而填筑成路基的石方达千万立方米。

开放门户引进外援，积累经验从无到有

除软土问题外，缺乏建设经验也是杭甬高速公路建设过程中的一大难题。为解决这一问题，当时的浙江交通人积极开放门户，争取外援，引进辽宁、黑龙江设计院，河北、沈阳等施工队和丹麦等外国监理。跟着学，干中学，终于以最快的速度培养起了本省的骨干企业和技术人才。"我们建设杭甬高速公路，从来都没有模仿对象，都是首创！"说起那段岁月，邵尧定满是自豪。

缺建设经验,主要是缺工程管理经验。由于省内首次向世行贷款建设高速公路,必须要实行"菲迪克"条款,而这个条款如何实施,却无人知晓。"当时有两个问题摆在我们面前,一是如何使用世行贷款。从贷款合同的谈判、国内转贷、用款计划的制订到中期支付表式、流程的熟悉,对我们来说都是首创;二是如何按照世行的'菲迪克'条款,制定本工程的监理规程、实施细则,如何进行工程国际招标等。"邵尧定回忆说,"解决这些问题,我们都靠摸索。省交通厅曾先后派遣两位主管工程的副厅长去尼泊尔和孟加拉国参加他国的公路工程投标,从实践中得到锻炼,为杭甬高速公路的国际招标积累了经验。"

当然,在"菲迪克"条款的实行中,也少不了外界的各种帮助。世界银行的代表诺甘比先生,可谓是见证了杭甬高速公路的筹备和建设的全过程。1994年春,他来到杭甬高速公路第四标段检查路基施工,见到有粒径超过规格的大石块时,连声大呼"NO!NO!"而到1995年,他再次来检查施工路面时,毫不掩饰自己的感情:"这几个星期,我在中国走了五个省,检查了5条公路,这里是最好的!"

高速公路的第一步,浙江交通的一大步

经过一系列的前期准备工作,1992年,浙江省第一条高速公路——杭甬高速公路,终于在众人的期盼中动工了。

"杭甬高速公路的建设中,人手不够、加班加点是常事。"邵尧定说,"基本上每个人都用上了,三过家门也不为过。"全长145km的杭甬高速公路,全路建设的大小桥梁有249座,其中长度超500m的特大桥就有6座,这其中难度可见一斑。"由于技术问题,当时出现过工人受伤的事件,每每出事,我也坐不住,心里真的悲痛!"回忆起当时的情形,邵尧定不无动情,"当然,生气的时候也有。有一次我去检查公路建设,发现竟然有建设队将废料填在公路地基上,我当时就把他们叫停重做了!这种情况,是绝对不允许的。"

重重的困难下,最让人欣慰的是沿线百姓的拥护。"大堵车让很多人都不堪忍受,一听到要建设杭甬高速公路,沿线百姓可以说是欢呼雀跃的。"邵尧定说,"我们规定施工队不能拿百姓一针一线,但天气热的时候,沿线居民会送来西瓜、开水,慰问施工队伍,这西瓜甜到人心里!"

从无到有,从有到优,1992年到1996年,激流勇进的浙江人和来自全国各地的建设队伍,在4年的风风雨雨中克服了地质、水文、气候、材料、技术、设备等造成的被动局面,终于如期、按质建成了双向四车道高速公路。

1996年,杭甬高速公路全线通车。北仑港,这个深水良港,由于杭甬高速公路的建成,再也不受瓶颈制约,可以张开大口舒畅地吐纳了。随后,上三、杭金衢、甬台温等一大批高速公路也纷纷上马、建成,高速公路里程至今已接近4000km。浙江进入了快捷的"高速"时代,拉近了城市与城市之间的时间距离。

"对于浙江的高速公路事业,杭甬高速公路的建成仅仅是第一步,但却是一大步。"邵尧定这样评价杭甬高速公路。

这第一步,迈得何其艰难,又何其坚定,何其正确!

第二篇 决战"4小时公路交通圈"
——这是最难的时代,也是最好的时代

在历史的纵深,总是有一些特别的节点,比如1995年,当我们逆着时光的车轮回望,1995年在浙江交通史上是一个多么奇妙的转折。

这一年浙江地区生产总值3525亿元,是上一个5年计划末期的近4倍,经济建设的迅猛发展让交通建设显得尤为滞后;这一年,全省第一段真正意义上的高速公路,杭甬高速杭州到余姚牟山段80多公里建成通车;这一年,从工厂起家、当过多年地市一把手的郭学焕调任省交通厅厅长,在他职业生涯的最后8年,为一件事殚精竭虑:组织实施"三八双千工程",打造浙江"4小时公路交通圈"!

"三八双千",浙江交通"南海蓝图"

改革开放以来,特别是邓小平南巡讲话以后,浙江经济显示出强大活力,与一日千里的经济增速相比,交通的发展就远远滞后了:"浙江到,汽车跳",成为当时浙江公路的一张"名片";杭州市区到近邻的萧山能堵上17个小时;到浙江投资的外商,下飞机后的第一件事儿,就是打听目的地的车程……走不动,走不了!浙江经济蓄势腾飞,交通却成了最大掣肘。

早在20世纪90年代初,浙江交通部门就已意识到交通问题,厅里甚至在全省排出160多个堵车点,一个个排除,并且开始谋划实施高速公路建设,1992年钱江二桥至萧山连接线8.3km高速公路建成,1993年杭甬高速公路开建,但还是未能追上经济增长的步伐。

遇到问题,解决问题,这种再自然不过的方法,但其放在1995年的浙江交通已经行不通了。一个堵点消除,可能前后两个堵点又将涌现,浙江经济社会发展的新形势,对浙江交通人提出了新要求、新任务。"我做了多年的市政府工作,更加明白全局的观念。当时浙江交通的情况就需要我们站在全局的高度,在规划的指导下,大刀阔斧地推进、成条成网地建设。"面对眼前一摊棘手的难题,刚刚走马上任的浙江省交通厅厅长郭学焕立刻明白过来,未来浙江的交通蓝图应当如何规划。在他的努力下,省交通厅很快形成共识:抓重点,通干线,先缓解,后适应,组织实施"三八双千工程"。

所谓"三八双千工程"就是,从1996年开始,用3年时间,改造拓宽杭州至各市(地)的国、省道主干线1000km,达到二级加宽以上标准,先缓解交通拥堵问题;从1996年开始,用8年时间,建成1000km高速公路,使杭州到各市(地)都有一条高速公路,基本适应经济的飞速发展。这一计划的"浓缩版"即按照成网成条建设的战略,在一个阶段里,首先打通全省"主动脉"。

这种从规划开始,大开大阖的做法,可以说是颠覆性的,但在当时却没有遇到想像中的阻力:一方面,随着经济发展,社会各界的思想已经统一,若要富,先修路,大路大富;另一方面,各级政府修路的积极性也都很高,交通已摆到重要位置。1995年年底,省政府举行省长办公会议,郭学焕代表省厅向省长办公会作汇报,重点汇报了坚持"四自"方针,组织实施"三八双千工程"一事,得到省长万学远、分管副省长张启楣等领导一致支持,并在坚持"四自"方针,坚持先缓解、后适应,坚持主干线建设为主几个方针上做了着重强调。

根据会议精神,省交通厅迅速组织力量对我省1993年制定的《公路水运建设发展规划》进行了调整,主要是增加了"三八双千工程"内容。

"1998年夏天,'三八双千工程'正在紧张实施,我在正在建设的高速公路服务区里给时任浙江省委书记张德江、省长柴松岳汇报工作。"提起那段日子,年逾古稀的郭学焕仍是激情满怀,"张德江书记当时说,要为这个报告出个题目,这就是至今仍叫每一个交通人热血沸腾的口号:'建设大交通、促进大发展'!"根据这一精神,2000年年底,省交通厅第二次修改《规划》。

"三八双千工程"等于是给浙江公路交通建设画了一道圈,绘制了一张大路网、大发展的追梦蓝图。

"狠"抓重点,有舍有得打赢硬仗

"把浙江交通比喻成一个巨人,如果一个巨人生病,要每个细微的点都治到是不可能的,也是不现实的。"郭学焕说,"最重要的是抓重点,突出问题重点治理。把每个重点问题都不折不扣落实了,这'病'自然也就治好了。"

如何抓重点?浙江交通提出了"两个凡是":凡是跟"三八双千工程"有关的工作,优先保障;凡是跟"三八双千工程"无关的工作,相对后推。

但全省那么大,急难险重那么多,抓重点,知易行难。1995年下半年,洞头人就跑到厅里,说想做连岛工程,郭学焕说:"你们有这个想法,很好,我支持,但厅里现在拿不出钱,因为厅里现在要勒紧裤带抓'三八双千工程'"。事实上,他内心也在交战,"1995年,杭州到温州要21个小时,厅工会的蒋豫生出差回来就跟我说:'我到温州去啊,一天一夜都在车上,晚上就在车上睡觉,早上起来,一块钱买一杯水洗脸'",提起这事儿,近二十年过去,郭学焕还是很感慨,"所以你说连岛工程重要不重要,但厅里没有钱,我不能跟他说我们研究研究，不好研究的事，我不能打太极，不然他还要来找你，人家过来一趟容易吗？"

抓重点，集中力量打"歼灭战"，是在短时间内打通主干道的必由之路；也只有抓重点，才能在有舍有得后兼顾其余。两年后，郭学焕到玉环开交通企业改革会，洞头的县委书记、后来的温州交通局局长陈南风，又跑到玉环来，请省厅支持他们，这时候洞头人已经自己凑钱造了两座桥，第三座桥他们希望厅里支持 100 万元。这时候，因为集中力量抓"缓解"，全省好多主干道路已经打通，厅里有力量支持了，所以郭学焕说，"行，厅里支持你们，你们的精神很感人，11 万人口，砸锅卖铁，造了两座桥，但具体多少钱，我们要回去测算一下。"结果回来一算，是 800 万元，当年就拨付 800 万元，第二年又拨付 3000 万元。两年前，一分钱都不能给的项目，两年后，一下子投入 3800 万元。这样的事例，在"两个凡是"的落实过程中，并非个例，正因为抓住了重点，把握了缓急，才保证了整体进度；但回过头来看，那几年浙江交通的港口、码头、两个文明、场站建设，一个也没落下！

坚持成条成网建设，是"三八双千工程"的核心。何为成条建设？郭学焕举了个例子："当时杭金衢高速公路建设时，就有人提出 03 省道刚完成二期拓宽，可否先建半幅？这当然不可行！不要说先建半幅，以后半幅建设时再征地、再协调，难度何其之大，高速公路建设本来就应该适当超前，不然几年后一定会出现新的不适应！"一条路的建设是一个整体，只要有一个路段未按质按量完成，便成了"卡脖子"，整条路还是不能畅通。事实证明，杭金衢建成不过几年，车流量就大到要扩建了，当年郭学焕的坚持，没错。如果只修半条公路，这后果可想而知。

成网建设，更是在当时遇到了不少掣肘。"成网建设对当前的经济效益不明显，很多人想要放一放，但这是'鼠目寸光'的想法！"郭学焕一针见血，"甬台温高速公路方案讨论时，也遇到过宁海冠庄县要不要同时建设的问题，有人认为这里已有一级公路了，这段路车流量近期也不会很大，可暂不建设。这说法乍一听也有道理，不过专家研究后还是认为应当全线建设，因为甬台温是一条完整的高速公路，更是一个路网内的主干线，现在看来也是正确的。"

工程质量，是工程的生命

百年大计，质量为本，在高歌猛进的浙江交通建设中，有一个永恒的话题——质量。

1996 年"三八双千工程"启动伊始，省交通厅就先后成立了厅工程质量监督站和浙江公路水运咨询监理公司，以建立"企业自监、社会监理、政府监督"的三级质量保证体系，从制度和体系上确保工程质量，其中企业自检是第一道防火墙，咨询公司就是和质监站分别行使社会监理和政府监督功能；同时，实行质量通报制度，对不诚信、质量差的单位上"黑名单"，1996 年全省第一批被通报的单位就达 13 家，被通报单位一年内接不到项目……

也是从这一年开始,浙江交通开展质量管理年活动,全面整顿企业队伍、规范企业操作、严格规章制度、共创优质工程。在这一点上,当时的《浙江交通报》在舆论引导上功不可没,让郭学焕至今记忆犹新的是宁波清场报道和《质量百人谈》专栏。当时宁海有家施工企业,因为严重的质量问题被清场,交通报记者得知情况后,第一时间赶赴采访,并刊登报道,接着又深度追踪。"那天,报社采编部主任赵建把清样拿给我,标题很醒目——《它,是怎样被逐出宁海的?》,问我怎么样,我说,'发'!"

报道出来,一石激起千层浪,不但施工企业炸开了锅,分管副省长张启楣还特别批示,清场是"逐之有理,逐之合法,工程管理就是要严,不严就不能提高工程质量,不严就不能整顿建设市场。"这家公司的老总,更是痛心疾首,宁可出1000万元改善质量,也不要发生这样的事情,以此事为由,《浙江交通报》还开辟专栏"质量百人谈",由100个人来谈如何抓质量,后又集结成书,书名就是《质量百人谈》,扉页上就是张启楣的批示。

"三八双千工程"中的质量管理,有许多概念可能也是创新性的,比如"合理工期,合理造价",以及"廉政建设三个不"等。

造价不是越低越好,赶工期,更是零容忍。杭金衢高速公路衢州到江西的63km,江西那边做得比浙江快,2001年下半年,江西代表团由省委书记带队访问浙江,希望浙江段能同期完工,也就是2002年年底通车。当柴省长询问省交通厅行不行时,省厅就明确拒绝了:"因为我们的工期要2003年年底才能通车,还有一年时间,我们不赶工期,但是江西省过来的通道,我们会及时做好,他们沿着320国道走一段后,到衢州西可再上高速公路。"

"廉政建设三个不",即施工单位不介绍、经营活动不参与、线路审批不干预。在具体实施时,则通过在招标过程中的三个重要环节设置"三个随机抽取"实现,这样既杜绝了因招投标过程中的腐败导致的质量问题,也保护了干部,这一做法曾得到张德江书记批示:"省交通厅建章立制、规范行为,用制度有效地遏制了交通工程中的腐败现象,推动廉政建设,成效显著,经验很好,应当肯定和鼓励。"被《浙江日报》、浙江电视台等多家媒体报道,并被交通部作为"浙江经验"推广。

筹集资金,"四自工程"雪中送炭

"三八双千工程"是一场史无前例的硬仗,实施过程中困难重重,但最大的困难还是资金。巧妇难为无米之炊,"三八工程项目多,资金缺口大,单靠交通自身的规费收入投入远远不够。在经济迅猛发展、交通建设严重滞后的当时,四自工程无疑成为"救命稻草"。

采用贷款建设、收费还贷的办法,筹集资金,加快公路建设,广东是全国第一个吃螃蟹的,浙江紧随其后,出台了"四自工程"政策,在当时也算一个创新。所谓"四自工程"即自行筹资、自行建设、自行收费、自行还贷,吸纳多方面的资金投入到公路建设中去,形成全社会办交通的局面。从1993年2月第一批"四自工程"25个项目开始,到2002年,共批准11批,223个项目,总投资738亿元,其中公路222个项目上,改建公路里程5763km。

这批项目如果单靠规费收入,也许要20年才能完成。如果打造"畅通浙江",需要再过20年,浙江经济社会发展所受到的交通制约将无法想像。20年后,随着政府公益功能的日益突出,四自公路的局限也开始显现,但是回到当时,它是必由之选,是希望之光。

20世纪90年代初,省交通厅竭尽一切力量、一切可能,千方百计筹措奖金,加快浙江交通基础设施建设,包括扩大开放、积极引外资,比如引进世行贷款、日本协力基金贷款等用于建设沪杭甬、杭金衢高速公路和杭嘉湖内河航道改造。1996年浙江省政府还决定组建浙江省高速公路投资有限公司,独家发起沪杭甬高速公路股份有限公司在香港H股上市,一次性募集36亿元人民币,随着我国"入世",境外资本和民间资本被不断引进。

在筹措资金的过程中,交通部成为省交通厅的"背靠大山"。作为全国交通的主管部门,交通部制定了全国公路水运发展规划,并确定"五纵七横三条路"的主骨架网络,我省沪杭、杭甬、杭宁、甬台温等高速公路,都被列为全国规划"五纵七横主干线",每年给予立项和资金补助。有一年,已是年底了,部财务司长还亲自打电话到厅里,说考虑到浙江实际,部里决定拨付当年尚未用出的2.5亿元到杭金衢和甬台温高速公路,并要求月底前落实到这两个项目,省交通厅如获至宝,于当日将这笔资金准确转到指定项目,并返回落实情况。

1997年,上三高速公路建设启动在即,资金却迟迟无法到位,上三线不属于国家主干线,部里也不能安排资金,而这一年已列入交通部计划,并被安排了1亿资金的杭金衢高速公路却因国家计委还未批准,暂时无法启动,省厅于是考虑能否先借用这笔资金以解上三线燃眉之急,时任厅长郭学焕为此专程赴京,时任交通部副部长、年轻的胡希捷同志热情地接待了他,熟悉基层的胡副部长非常理解交通部门实际,不久交通部正式批准,这笔资金先借用到上三线,促成了上三线的如期启动,更为幸运的是,第二年上三线也被列入交通部资金安排的笼子,先后安排资金4.5亿元,杭金衢开建后,也并未抽回用于上三线的资金。

在北京亚运村的一幢高楼里,有一扇浙江交通的窗口,这些资金的及时获得,多亏了它背后的默默支持。1997年7月,浙江省人民政府驻北京办事处交通联络处几经周折后,挂牌成立,联络处的首要工作就是加快省厅与部里文件的流转、审批、衔接。经过不懈努力,联络处同志很快就与交通部、国家计委等有关部(委)建立正常的工作渠道。时值我省交通建设的高潮,杭金衢、甬台温、金丽温……多个高速公路项目都在组织实施,每一个项目从立项、工可到开工报告文件等环节,都需报部里审批。因为往来公文繁多,如何及时办理报批,至关重要。远在北京的联络处,就成了省厅办事机构的延伸,厅里公文一上去，联络处同志就积极跟踪催批。争取项目，就是争取资金，在"三八双千工程"实施期间，交通部补助到我省项目的资金，每年高达 10 多亿元。这对于"等米下锅"的"三八双千工程"建设无疑是一次次"雪中送炭"。

丰碑落成，惠民实事永载史册

规划、设计、资金、质量、征迁……一道道漫漫雄关，无不艰难险阻。单从征地来说，诸暨牌头镇牌轩下村，1992 年以每亩 4.92 元的价格买来的优良品种黑李苗，种在 40 亩山地上，全村的经济来源都指着它，丰收在望时，高速公路正好穿过这里，村民们统一思想，不惜一切代价服从高速公路建设，村支书带领村民上山，一刀一刀砍掉这些摇钱树，每一刀都砍得好心痛；衢县石梁镇柘川村和柯城区蒋家村，是我省有名的"一品红"柑橘主要生产基地，因高速公路修建，30 多余户村民二话没说，雇人突击，冒着大雨挖橘让地……"三八双千工程"凝聚了每一个浙江人民的情感与记忆、奋斗与牺牲。

1995 年年底杭甬高速公路 80km 通车，1996 年年底到宁波 145km 通车，1998 年年底沪杭高速公路通车，到 2002 年年底，全省累计建成高速公路 1307km，2002 当年，多条高速公路同时通车，杭金衢全线通车、金华到丽水通车、杭宁线通车、乍嘉苏全线通车……浙江累计建成高速公路 546km，这个记录空前绝后。

让我们把时间退回到 1998 年。1998 年换届省人代会上准备政府工作报告时，柴松岳省长要求把浙江公路交通建设用一句"小时圈"来表达，杭州到最远的市（地）温州高速公路里程 360km，行驶约 4 小时，"4 小时公路交通圈"被写进政府工作报告，成为该届政府的重点工作，原定 2003 年年底建成的"三八双千工程"，也需提前一年收官。

2002 年 12 月 28 日，这个目标终于实现！

这一天，浙江省实现"4 小时公路交通圈"暨杭金衢、金丽高速公路通车典礼在金华到丽水高速公路金华出口广场召开，时任省委书记、代省长习近平宣布浙江胜利实现"4 小时公路交通圈"，这也昭示着"三八双千"工程提前一年完成。典礼没有安排领导剪彩，而是请辛苦战斗在设计、施工、监理第一线的同志们剪彩。2007 年 5 月 21 日《浙江日报》头版头条的醒目位置，刊登着由《浙江日报》《钱江晚报》等联合举办的 20 件"群众最满意的实事"评选揭晓报道，"'4 小时交通圈'拉近你我的距离"作为第 5 件群众最满意的实事榜上有名。

"4 小时公路交通圈"，像一座丰碑矗立在浙江的大地上，它是一个划时代的标志，彻底改变了浙江人民出行的面貌。而交通背后的人流、物流、经济流、信息流、文化流……正以不可估量的作用潜移默化又突飞猛进地影响着浙江经济社会的进程和格局，1993—2002 年，浙江交通的十年走得并不顺畅，但却步履坚定。

正如有人总结的那样：这是最难的十年，也是最好的十年！

第三篇　科技兴交添双翼　天道酬勤梦成真
——浙江交通"科技兴交"风雨实录

浙江，自古以来的鱼米之乡。物产丰饶的浙江省，也一直是中国版图上的经济大省。然而，由于浙江三分平原七分山地的地理特征，浙江的交通建设一直有着诸多难题：山区桥隧难连；平原软土难填。

20年前，在公路交通都尚未发达的年代，有一句老话刺激了不少交通人的心："浙江到，汽车跳"。行车开入浙江，很明显地会感觉路况变差，软土问题在那个年代还尚无对策；20年后的今天，浙江交通在中国交通史上落下了壮美的一笔：杭州湾跨海大桥"一桥飞架南北，天堑变通途"；金丽温高速公路"桥隧俱乐部"形成四小时公路圈；舟山连岛工程"百岛连接如履平地"……

这些近乎奇迹的工程，在不久以前尚被称作"天方夜谭"；如今，有着科技作为双翼，浙江交通早已腾飞。而这十几年来，把握浙江交通科技命脉的人，非卞钧镕莫属。

自2004年担任浙江省交通厅总工程师以来，卞钧镕经历了浙江交通"科技兴交"的大潮，更是其中当之无愧的赶潮人。

平整路面治通病，科技保障行坦途

"浙江到，汽车跳。"

这六个字，一直是浙江交通人心头的一根刺。因为浙江并没有广阔的平原，也没有很好的地基条件，深厚的软土和连片的山脉，让公路建设尤为艰难。特别是雨水丰饶、台风肆虐、夏季高温、冬季冻雨等气候条件，都成为公路建成以后的几大隐形杀手。

"一般来说，公路特别是高速公路建成后，在5到10年里基本上不会有特别大的病害；但在浙江，这个时间可能缩短到两年。"提起这一点，卞钧镕总工无疑是心痛的，这么多人力物力投入进去修筑的公路、桥梁，说坏就坏了，不明就里的老百姓还会指责辛苦施工的交通部门，"这些都是不可抗力形成的。浙江夏季多雨，新修的公路路面被雨水一淋，暴晒之后自然寿命变短；浙江经济发达，重型卡车较多，对路面损害也大；众所周知的软土问题，也是浙江公路的一大拦路虎。"

高速公路投入运营后质量一旦出了问题，之后需要投入的人力物力就更为庞大，且绵绵无期。"从源头上根治，从源头上阻断病害！"卞钧镕深知科技在高速公路前期设计中的重要性，一直强调，解决高速公路路面通病问题，必须从源头抓起。

为此,著名的高速公路沥青路面"五八工程"应运而生。2006年,浙江出台了《关于全面提高我省高速公路沥青路面质量的实施意见》,提出"十一五"期间,即从2006年起,全省新建高速公路沥青路面要达到"一年明显改善,三年全面提高,确保五年、力争八年不大修"的目标,将提升路面工程质量,有效解决高速公路沥青路面早期破损等质量问题,作为提高我省公路工程整体质量的一个"突破口"、一个"亮点"。

"沥青公路路面整治,是当时我省交通工程质量的一个突破,也必须突破。"卞钧镕深知这个项目的重要性,身为浙江省交通厅总工程师的他,带领着科研团队,攻克艰难,写就了《高等级公路沥青路面设计、施工与养护技术》一书。该书以浙江省高速公路沥青路面"五八"工程为背景,结合省内几十条沥青路面短期和较长期性能跟踪观测结果,对涉及沥青路面设计、施工、养护技术的48个科研项目所取得的成功经验和失败教训予以总结,并据此针对不同路用条件逐一提出技术推荐建议。该书成为如今不少沥青路面一线设计、施工人员的必备参考书之一。

此外,在全省范围内,浙江交通还兴起了浩浩荡荡的工程质量监督检查运动。据浙江省交通厅工程质量监督局文件数据显示,在"五八工程"期间,浙江交通每年对沥青路面原材料抽检达1000多批次;共召开5次全省性的路面质量管理现场会,提高了沥青路面的施工质量。在这一时期,浙江省共新增高速公路通车里程1517km,高速公路通车总里程达到3383km,"五八工程"实施以来,通车的高速公路沥青路面裂缝等早期病害和路面平整度、舒适性也有了明显改善。

如今,行车在浙江的高速公路之上,跳车的问题恐怕已成为回忆。而这些平坦通途的开端,正是由那次轰轰烈烈的"五八工程"为始。此后,浙江交通工程的质与量开始齐飞,内在质量和外在美观也有了更多一重保障。

标杆工程立示范,科技为翼圆美梦

"科技为梦想添翼",这句话用在浙江交通史上最贴切不过。回顾浙江交通近20年来的重大工程,没有一个能和科技割裂;也正是有了"科技兴交"的保障,这些往年的"天方夜谭",才得以变为现实。

科技和梦想的完美结合,最好的示范非杭州湾跨海大桥莫属。站在天下闻名的中国杭州湾出海口,遥见一道彩虹长卧东海万顷碧波,这就是当今世界上最长的跨海大桥——杭州湾跨海大桥。

杭州湾跨海大桥是习近平总书记在浙江工作期间亲自推动建设的,大桥于2003年奠基,2008年通车。5年时间里,大桥的建设者们不负使命,努力创新,取得了250多项技术革新成果,形成了9大核心技术,创造了多项世界第一,其中有5项成果填补了世界建桥史上的空白。

"杭州湾跨海大桥的施工地形之复杂,建设难度之大,在全国及世界建桥史上都十分罕见。尤其是杭州湾特殊的喇叭口地理构造,潮汐落差大,水文地质条件复杂,更给施工带来前所未有的挑战。"时任浙江省交通厅总工程师的卞钧霈,如今提起这一项人类的壮举,仍会激动不已,"当时,我们想了很多办法,也联系了很多专家。真正是一步一个脚印从无到有填补了空白。"

"杭州湾跨海大桥70m长的箱梁,体量达830m³混凝土,单片梁重达2180t,竖起来相当于一幢20多层的高楼。"这种大型混凝土箱梁早期开裂是世界性的难题,而大桥的建设者们开拓思维,首创了50m、70m整孔预制大箱梁和大型平板车梁上运梁的工艺,解决了这一世界性的难题。

杭州湾跨海大桥所需要的钢管桩总量5474根,最长的一根达到近90m,高度超过30层楼;直径1.6m的钢管桩比平常吃饭的圆桌还大,重量超过70t,为世界之最;而且必须整体加工一次成型。为了制作这些庞然大物,承包厂商在多次研究试验后,采用整桩螺旋焊卷工艺解决了这一难题。工人们把22mm厚的钢板卷成直径1.6m、长约90m的巨大管子。每根管子要进行内外两次弧焊,需耗时40min。埋入海底的钢桩还要解决防腐蚀问题,国外的通常做法是加厚管壁。工程技术人员经过无数次的研究、实践,最后采用三层熔结环氧粉末涂装防腐技术,直接节约资金4.5亿元。

诸如此类的问题,在杭州湾大桥的建设中不胜枚举,而大桥的建设者们正是凭借着超凡的毅力和超常的创新力,一一克服了这些问题。"一桥飞架南北,天堑变通途",正是在科技的保障下,这一笔奇迹,就这样被书写在了浙江交通的历史上。

除了杭州湾跨海大桥,卞钧霈在任浙江省交通厅总工程师期间,浙江交通的重大示范工程也如雨后春笋一般勃发:

舟山连岛工程——我国第一座真正意义上的跨海大桥,其中西堠门大桥主桥为两跨连续钢箱梁悬索桥,主跨1650m,是世界上跨径最大的钢箱梁悬索桥,还是世界上首座双箱分体式钢箱梁悬索桥。金塘大桥主通航孔全长1210m,为主跨620m的五跨双塔双索面钢箱梁斜拉桥,是世界上在复杂外海环境中建造的最大跨径斜拉桥。

嘉绍大桥——世界上最长、最宽的多塔斜拉桥,主桥长2680m,分出5个主通航道,总宽达55.6m(含布索区),索塔数量、主桥长度规模位居世界第一。水中区引桥大量采用大直径钻孔桩(直径为3.8m,深达110m以上),单桩混凝土灌注量超过1300m³,为目前世界上直径最大的单桩。

钱江隧道工程——全长4.45 km,采用外径15.43m的盾构法技术施工,双管六车道,为世界上最大直径的盾构法施工隧道之一。

凡此种种,无不彰显着科技的魅力;也无不凝聚着浙江交通人的心血和汗水。

天道酬勤硕果累，励志精进益求精

天道酬勤。在浙江交通人的不懈努力和不断创新下，这些年浙江交通的成果历历可见。

仅以省厅质监站（省厅质监局、省厅造价站）为例，据统计，2003—2014年，共申报开展了60项科研项目，总投资达2630余万元，有20项研发成果达到国内先进以上水平，其中4项达到国际领先水平；"防撞护栏钢立柱埋置深度无损检测技术研究和设备研制""高速公路路面三个指标的现场自动化测试评价方法"分获省科技进步二、三等奖；"高速公路深长隧道监控量测关键技术研究"获中国公路学会科技进步二等奖；"7m管节的后张法大直径管桩制作和质量检验研究""激光式自动弯沉仪的研制与应用""浙江省交通试验检测动态管理技术研究"等项目获中国公路学会科学技术三等奖。

此外，浙江省交通厅工程质量监督局还编制出台了《交通建设工程工程量清单计价规范第3部分航道工程》《洛杉矶磨耗试验机校准规范》等10项地方标准，并在实际工作中广泛采用。"高速公路路面三个指标的现场自动化测试评价方法："公路建设工程造价动态管理系统研究开发""浙江省交通试验检测动态管理系统""预应力张拉设备拉力及位移监控仪的研制"等9项课题，被列入浙江省交通新技术推广指南。

科技为翼，助交通腾飞。"这些成果，不是单单某个人或某个团队的成果，而是属于千千万万的浙江交通人。"如今，从浙江交通的一线走下，作为那个时代的见证者和亲历者，卞钧需对如今浙江交通的科技发展有着更多的展望："新的时代要求科技的新发展，信息化建设必将逐渐成为之后交通工程质量监督科学化工作抓手。"

信息化、数据化、智能化……关于浙江交通这些科技发展，就交给后来人吧，未来定有着无限可能！

第四篇 质监二十年 交通三大步
——浙江交通质监系统"长成记"

"品行立身，品质监路"。进入浙江省交通运输厅工程质量监督局大厅的人，只需微一抬头，就能看到这八个大字。有人说，这是悬在质监人头上的一把尺子；更有人说，这是浙江交通质监系统发展近20年的精神内涵。

"四小时公路圈""六大工程"以及"五大建设"，1996年至今近20年的时光，浙江交通迈出了这巨人的三大步；少有人看到，在巨人的肩膀上，浙江交通质监系统，实现了自身"从无到有、从小到大、从弱到强"的蜕变。

1996年,浙江交通质监系统在一片混沌中"呱呱坠地";如今,近20年的"所有工程重特大质量安全责任性事故为零"的成绩,无疑是最完满的答卷。这一切,和一个人有着密不可分的联系——他曾经历了"鏖战金丽"的峥嵘岁月;他是开天辟地组建浙江质监系统的元老之一;他见证了连接天堑的百亿大桥诞生……他是翟三扣,一位笑称写了"半个屋子交通研究材料"的老交通人。

他说,浙江交通的发展,特别是高速公路的发展,呼唤着浙江交通质监系统的建立和完善,质监系统的发展为全省交通的大发展大繁荣奠定了基础。

初创:方兴未艾时的开天辟地

2002年12月28日,时任浙江省委书记的习近平在"杭金衢,金丽温高速公路通车典礼"上宣布:浙江省"4小时公路交通圈"正式实现!

"我们开拓了一段新的高速公路建设史!"那一刻,作为金丽温高速公路建设的指挥者、建设者、责任者,翟三扣感慨万千:"四年了,一千五百多个日日夜夜,既艰难曲折,又轰轰烈烈,着实不容易啊!"

建设"4小时公路交通圈",被看做是浙江交通20年来的第一次大跨越。金丽温高速公路的通车,使得杭州到温州的驾车时间缩短在4小时之内,也意味着以杭州为圆心的浙江公路交通圈,被牢牢控制在这四个钟头以内。自此,浙江省交通建设工程量和质开始飞速发展,而这次浙江交通的跨越,也呼唤着一个完善的质监系统的诞生。

"当时,浙江交通工程纷纷上马,但质监系统并不完善。根据现实情况,必须有一个专门的质量监督机构才能保证浙江交通各个工程的顺利开展。"翟三扣说。据数据统计,单单"十五"期间,全省高速公路项目就有49个,各种工程项目多达318个,于是,在时代的呼唤下,浙江省交通厅工程质量监督局酝酿而生。

浙江交通质监系统初初成立,摆在交通质监人面前的是前无古人的压力:如何从无到有建立一个系统?如何保证浙江交通在这个系统的监督下高速发展?如何厘清错综复杂的关系局面?……

"首先,就是厘清关系,落实责任。"作为浙江交通质监系统的领路人,翟三扣对"责任"二字永远看得重如泰山。"责任分清了,落实到每一个个体身上,才能调动各方的积极性。"在这样的思路指导下,短短几年时间,浙江省交通质监系统就先后明确了省市县三级质量监督机构的组织体系和质量监督体系,制定和出台了一系列规章制度。在当时的时代背景下,质监局根据工程的现实情况,陆续出台了《浙江省公路水运工程设计监督管理办法》《浙江省交通工程质量事故处理暂行规定》等十余个文件和办法。在这些规章制度的指引下,初初诞生的浙江交通质监人几乎全员出动,主动扛起了肩上的责任和重担。

"摸着石头过河,最重要的是结合当时的实际情况,这就需要跑到工地里去实地考察。"那段时间,翟三扣还是金丽温高速公路总指挥,对高速公路的建设质量也看得最重。"有人说,金丽温高速公路是用炸药炸出来的。这不假啊,开山辟路,哪件事儿没干过!"据统计,113km长的高速公路,共使用了3400t炸药,导火索长达245万m,雷管225万枚。建设高峰时,工地上同时有几百个施工点,上万名工人施工,"一旦有质量安全不到位的,很容易出现重大事故!"因此,几年的建设过程中,他层层明确安全生产责任制,强化了各级工作人员的安全责任意识。完备的质量监督体系,交出的答卷也让人满意——这样的施工强度和密度,全线工程施工中没有发生一起因炸药引发的重大责任事故,实在难能可贵。

如今,开车驶过金丽温高速公路,我们仍会被这条公路的壮美和险峻折服。这条被称为"桥隧俱乐部"的公路,仅在金丽温高速公路金丽段长达113km的主线上,有桥梁111座,大小隧道28座,这在十几年前,建设难度可以想象。"组织安排我担任金丽温高速公路的总指挥,我是签下过保证书的!"回忆起那段峥嵘岁月,饶是如今,翟三扣也有些激情,"也是明确责任,强化监督,才让这个艰难的工程被一点点攻克!"

完善:热火朝天中的科技为先

如果说1996年到2002年,是浙江交通方兴未艾的时期,那么,其后的那几年,是浙江交通工程建设的井喷时期。这个时期,浙江交通工程建设涌现了一大批如今仍是脍炙人口的精品工程。这其中,最有名的便是被誉为"一桥飞架南北,天堑变通途"的杭州湾跨海大桥。

"这个时期,浙江交通工程建设有了新要求。工程建设的监督管理,已经从实体工程质量发展到涵盖外观质量、安全监督、环境保护等各个方面。"翟三扣说,"面对新技术、新工艺、新设备,如何充分发挥质量监督的积极性和针对性、创造性,又是一次新的挑战。"

翟三扣说的新挑战,在这一时期,最好的代表就是杭州湾跨海大桥。"当时建设时期,国外的探索频道专门来拍了纪录片,全程跟踪我们建设,可以说是世界瞩目。"提起这个工程,翟三扣不无自豪,"当时大桥的建设,一根横梁就重达2400t,如何把这些横梁准确无误地架到海上,是一个艰难的问题。"

采用整孔工场预制、大型机械运架、墩顶现浇混凝土……为了克服新时期的新问题,翟三扣带领着技术部门探索出了一套全新的质量监督管理办法和技术,而这些有效保证了混凝土的耐久性,使得这个全世界瞩目的大工程如期按质地完成。"50m的横梁,1600t,我们就直接通过机械架上去,采用的全是新技术。也正是因为新技术的引进,这次这么大一个工程,全程无死亡事故,创造了桥梁建设安全管理的新典范。"而这个工程,也为日后创造了百亿元产值,这都是后话了……

"浙江到,汽车跳",是往年浙江公路的一块心病。翟三扣介绍说,高速公路一旦落成通车,有一个使用周期,一般是5~10年不等,但在浙江的一些路段,这个时间可能会缩短至2年,"这是因为浙江的软土层很广泛,也深厚,高速公路建成以后很有可能出现问题。如何提高科技,从源头上解决这一难题,也是我们质监人当时需要克服的一大问题。"桥头跳车、沥青路面早期病害、桥梁伸缩缝破损……面对种种科技难关,以翟三扣为首的质监人组成了一个个课题小组,有针对性地开展了课题攻关。"十年混凝土路面抗滑性能研究""新拌混凝土质量快速测定办法""桥梁Y沉管粉喷桩""软基处理现状分析"……这些课题攻关和创新,都有浙江质监的影子。"为了解决这些问题、这些年我参与的课题,写的材料,都能放满半个房间了。"翟三扣笑称。不过,也正是因为浙江质监人的不懈努力和艰难攻关,确保了高速公路路面早期病害等一系列质量通病得到缓解。

"井无压力不出油,人无压力轻飘飘,有难题就克服,最怕的是找不到问题。当时,我就给他们下压力,创精品工程。申苏浙皖高速公路就是当时的一个典型。"对待工程质量,翟三扣一向严格。也是在这样的高标准、严要求下,申苏浙皖高速公路的建设,成为了当时的一个奇迹——3个月内落成,创造了高速公路路面筑基、主动喷护养护、标准化工地等一系列行业新标准、新工艺。将这些工艺推广到各个高速公路建设工程上,也真正解决了高速公路施工质量均匀性、基础性、耐久性三个方面问题。"那一时期涌现了一大批高速公路创精品工程的典范:宁波高速公路、杭州绕城东线、舟山连岛工程……每一个都是精品啊!"翟三扣如数家珍。

除了在工程技术攻关方面的努力外,当时浙江省交通厅工程质量监督局还做了一件大事,动了大刀子。浙江交通工程建设正在热火朝天地进行,可是刚刚建立的一个质量监督的体系,却出现了不完善的地方。当时,技术监理、检测行业履约能力普遍低下,企业发展动力不足,队伍不够专业化等一系列问题,困扰着翟三扣,如何整顿监理、检测两大市场,也成了当务之急。

"要整顿市场,必须铁腕政策。"2007年,浙江省交通运输厅工程质量监督局在全省组织了为期三年的公路水运工程试验检测专项治理活动,先后有9家监理单位、23家驻地办和36名监理人员、25家试验检测机构、13家工地试验室和42名检测人员,分别执行了取消等级、降低资质、通报批评、处罚警告等处理。"只有优秀的、有活力的队伍,才能带动行业的发展,所以当时的整治是很有必要的。此外,一系列文件的发布,也让监理、检测市场更为规范了。"翟三扣说。

发展:精神建设里的品质坚持

"品行立身,品质监路"这8个大字,被写在浙江省交通运输厅工程质量监督局最显眼的地方。这是浙江省交通运输厅工程质量监督局对全社会的许诺,也被当成了浙江质监的精神内核。如今,经历了初创时期的开天辟地和发展时期的热火朝天,浙江质监更多的是向内寻找,发展质监文化。

"文化是一个行业的内核,也是凝聚力的根源。"翟三扣说,"质监行业从业人员大多十多年风餐露宿,在外监理、检测,更需要文化为核心的支持。"也正是如此,在"十二五"期间,浙江省交通运输厅工程质量监督局率先在全国交通质监系统启动和全面开展质监文化建设。如今,全省市两级质监机构80%都建成了文明单位,省质监局还被评为全国模范职工之家,并获得"五一"劳动奖。

当然,除了文化建设以外,新时期的浙江质监也更注重法制建设。2012年4月27日,浙江省颁布了全国首部质监安全管理方面的省级规章《浙江省交通建设工程质量和安全生产管理办法》,同时出台了《浙江省交通建设工程质量监督实施细则》《浙江省交通建设安全管理制度实施细则》等一批配套规定,构建了我省交通建设工程质量安全管理制度体系。

"那些工程,就像是我的孩子一样。每次走过,总有不一样的感情。"回望这近20年与浙江质监、浙江高速结下的缘分,他不无不舍:"做质监人、做交通人的确辛苦,但我们为子孙后代造福了,也是一种贡献吧!"

"时代发展,总会有新要求,与时俱进不断开拓,才是长远发展之道。"如今,翟三扣已经从浙江质监的一线退下,用他的话说是"让年轻人多去创造吧!"

第五篇 时代的呼唤
——浙江省高速公路发展回眸见证

说起浙江的高速公路发展,有一个人,她最清楚不过。从1992年杭州钱江二桥及连接线7km高速公路建成,实现浙江高速公路零的突破,到1996年全长145km的杭甬高速公路通车,再到2000年上三线、甬台温等5条高速公路建成……20多年过去,浙江的每一条高速公路讲起来她都如数家珍,从设计到管理,她都一一参与,她就是省公路管理局调研员汪银华。

盛夏的七月,在文晖路的省公路学会办公室,我们如约见到了她。同以往采访不同的是,她没有拿任何准备材料,坐下便侃侃而谈开来。时间一下拉回到了1990年。

高速公路设计零的开始,光设计图纸就有六卡车

改革的春风呼唤着浙江交通的发展,浙江的第一条高速公路杭甬高速公路应运而生。1990年,省委省政府决定成立沪杭甬高速公路建设指挥部,着手筹建沪杭甬高速公路。当时,全国仅上海、辽宁、山东已建成沪嘉(定)高速公路、沈大高速公路和济青高速公路外,其余各省还都处于起步阶段。对于浙江而言,一场未知的挑战就这样压在了交通人的肩上。

从规划、设计到施工等,都是边学边干,思想认识也是边干边统一。"最开始是谈判,同世界银行每天在香格里拉饭店谈判。"汪银华回忆道,"当时是非常时期,世界银行答应贷款之前,要充分了解工程的造价、施工、设计、管理等方方面面。贷款谈下来后,世界银行派来美国路易斯伯爵公司,在工可阶段给了我们支持,在设计阶段委托芬兰国家道路局,他们组织了技术专家常驻在杭州,指导、咨询、审查我们的设计方案。"

那是1991年的盛夏,从未搞过高速公路设计的浙江省交通设计院,承担了第一条高速公路的设计工作。汪银华时任设计一室的主任。

为了赶进度,也就在这个夏天,设计者们被集中到省交通干校的大教室里。那个时候没有电脑,设计图纸全靠人工画,每一张图,每一根线条,每一个符号,设计人员都要一笔一笔地用手工画出来,然后用剪刀一处处剪下来,贴好,再去复印,就跟打印出来的一样。"在教室里画图。后勤保障要做好,当时设计院有个赵主任,后勤要他保障。厅长问他:'你怎么样',赵主任回答:'我们尽量去做'。厅长问:'你有没有决心',跟部队一样的。'你到底有没有决心。'赵主任就说'有'。上战场一样。"讲到这里,汪银华站了起来,好像一下子回到了那个拼命的年代。说干就干,一时间大教室成了一个大"战场"。

正值盛夏,室内温度有时高达近40℃,没有空调,只靠几台电风扇消汗。那个时候风扇线很细,经常刚开始干活电灯就灭了,风扇停了,常常汗流浃背,男子汉们都光着膀子大干。

就是在这样的条件下,4个月后,任务出色完成了。电视台曾经做过一个采访,问杭甬高速公路的图纸有多少?汪银华在现场算的,大概有多少册,一册大概有多少厚,从初步设计到施工图出了多少版,一套图纸要求几套。她现在还记得,光图纸就有6卡车。

"4小时交通圈"催生高速公路快速发展,管理体制不断改革

1998年3月,当"三八双千工程"在浙江公路战线热火朝天组织实施的时候,省政府工作报告明确提出,本届政府在5年中要累计建成1000km高速公路,形成省会杭州至各地市之间的"4小时公路交通圈"。这就意味着,"三八双千工程"原定2003年年底建成1000km高速公路的目标要提前一年实现。由此,浙江开始了高速公路大建设时期。

继1996年杭甬高速公路全线通车,1997年杭州绕城公路西段建成通车,1998年年底沪杭高速公路全线建成通车后,2000年12月上三线建成通车,2001年、2002年杭宁、甬台温等高速公路的部分路段建成通车。

2002年,是我省历史上高速公路建成通车最多的一年,杭州绕城公路东段、北段建成;杭金衢高速公路、金丽温高速公路金丽段、杭宁高速公路浙江段、乍嘉苏高速公路浙江段全线建成;甬台温高速公路至温州段全线贯通。

2002年12月28日,省委省政府在金华举行浙江实现"4小时公路交通圈"暨杭金衢、金丽高速公路通车典礼,时任省委书记、代省长习近平正式宣布全省实现"4小时公路交通圈"。

这五年,全省共建成1307km高速公路。汪银华也一路从设计院的室主任、主任,到省交通厅建管处,负责工程的建设管理。

"随着全省高速公路主骨架网络的组建,公路建设管理体制也在摸索中进行着改革。"她介绍道。"在建设沪杭甬高速公路时,我省高速公路建设体制是由省里设立指挥部统一负责建设。后来在实践中不断总结经验,发展为条块结合,以块为主,对于省管理的项目,实行'七统五包'的建设体制,即除在规划、标准、招标、营运管理和对上、对外关系等由省里统一负责外,筹资、征迁、工期、质量、管理费使用等由地方负责。在组织形式上,还采取业主委托指挥部建设或业主自己组织建设等方式,比较灵活,符合实际。还有一些总体规划内的项目,由地方自己负责组织实施,省交通厅按照行业管理的要求进行监督指导。"

通过这样的形式,几年下来培养了一大批建设管理人才,哪个市建设高速公路都有人才,技术管理水平也得到了快速提高,对于地方公路建设起到了很大的指导推动作用。

典型高速示范引领,标化工地全面推行

经过1992年至1998年的起步阶段,1998年至2003年的快速发展阶段,高速公路建设管理力度逐步加大,地方支持保障力度逐步加强,各级交通主管部门狠抓工程质量和现场管理,交通工程建设实现了量与质的共同提升。

2003年后,浙江省高速公路建设重戏连台、高潮迭起。杭州湾跨海大桥及南北接线、杭新景、杭徽、甬金、两龙、申苏浙皖、申嘉湖、台缙、宁波绕城西段、沪杭甬拓宽工程等项目相继建成。作为精品工程建设的重要内容,浙江标准化工地建设日渐强化,逐步进入制度化的发展层次,标准化管理规定呼之欲出。

建章立制,固本培元。2008年年底,《浙江省高速公路建设工程标准化工地管理规定》得以出台。新出台的管理规定,是浙江省历年来公路施工管理经验的集大成者,提出了当前和今后一个时期,全省公路建设工地规范化、标准化、程序化的基本管理原则,明确了各分项工程建设及项目经理部驻地建设、预制场地和施工便道建设等十个方面的要求,为高速公路标准化工地建设奠定了制度基础。此后,浙江新建、改建和扩建的高速公路,都以新规定为蓝本,严格实行标化工地建设。

我省将标化工地经费,列入了招投标工程量清单一百章内容,为施工标准化建设提供了坚实的经济后盾,并以制度形式固定下来。

2009年,浙江省交通运输厅出台标准化工地建设的考核评比和奖惩办法,施工标准化活动的触角延伸到公路建设领域的每个角落。各县市、建设指挥部的标准化工地建设,与诚信体系建设融为一体,一并纳入考核体系。

2011年3月,交通运输部印发《高速公路施工标准化活动实施方案》,自2011年起,在全国高速公路建设中开展施工标准化活动。根据交通运输部方案,浙江省结合实际,制定了《浙江省深化高速公路施工标准化活动实施方案》,健全组织机构,深化工作内容,制定活动细则。

浙江高速公路近乎苛刻的施工标准化建设,催生了一批巧夺天工的典范工程:气势如虹的杭州湾跨海大桥、立式挂篮的钱江通道南接线、劈波斩浪的嘉绍大桥……这些令浙江公路人鼓与呼的项目精品,如坚若磐石的百年丰碑,巍然屹立在飞驰千里的高速公路沿线。

回望建设历程,不辜负领导和百姓的嘱托

采访接近尾声,问起汪银华在高速公路建设中印象最深的事是什么?有什么难忘的故事?她想了想说,"杭甬高速。除了大家都熟知的软土地基建设难度外,部分路段临近通车时,还发生过一些小插曲。"

那是1995年的夏天,杭甬高速公路杭州至上虞牟山段通车在即,时任省政府副省长张启楣在一次检查工地后,发现绍兴段金白山有一处200m左右的山体防护问题还未解决。当年该处采取劈山开挖施工,原打算将劈山开挖得到的石料用作路基、路面填料。由于形成的山体边坡高约90m,且陡,如何防止山体碎石下落,确保通车安全,成了当时一大难题。省领导明确表示,如果安全不能百分之百保证,宁可不开通。时间紧迫,怎样在最短时间内解决这个棘手的问题?省交通厅紧急召开技术论证会,时任省交通设计院室主任的汪银华想到了"土工格栅"。这个计划也进行了抛面的技术分析,模拟石头掉下来,根据重量的大小,然后来定"土工格栅"的强度。会上经过大家认真的讨论分析,最后确定使用该方案。汪银华赶紧联系绍兴的一家塑料厂进行定制。由于当时的"土工格栅"通常是黑色的,考虑到和周边环境的和谐统一,大胆改为绿色。后来这一防护方案如期实施完成,保证了年底杭甬高速公路杭州至上虞段率先通车目标的实现。

她记忆中的另一幕是有关游埠人民。游埠镇位于金华兰溪市西南郊,当初建设杭金衢高速公路的时候,原本按规划在游埠是没有互通的。有一次国家发改委召开项目审查会,参会人员规定到县级为止,镇级不在参会范围。可在会议进行中时,有一个代表站起来发言说:"我是混进来开会的。"这到底是怎么回事?时任游埠镇的书记范金松一次次报名希望参会都没有被通过。他实在没办法只好去找了市发改委,以市发改委的名字参加。"他说自己是代表多少万民众来发言,希望你们一定在这个地方开个口子。游埠人民会永远感谢你们,讲得情深意切,非常感动。"说到这里,汪银华哽咽了下,"后来统一组织去测量时,老百姓就站在地里面,希望你的路从他的地里穿过去,他认为对高速公路建设有贡献了。这是百姓对高速公路的期盼,对高速公路的渴望!"

时代呼唤交通先行,浙江渴望高速发展。如今,延绵千里的高速公路像一根根绸带,在青山绿水间萦绕起舞。一个个具有浙江特色的高速品牌,如同镶嵌在绸带上的图腾,装点了浙江的大美河山。

第六篇　唱响一曲衢通四省的赞歌
——浙西高速公路发展历程

衢州,位于浙江省西部,钱塘江上游,东接长三角,南连珠三角。翻开衢州地图,你可以看到一张密如蛛网的公路网覆盖在三衢大地的青山绿水之间。特别是高速公路,就像几条巨龙纵横在衢州大地,雄壮的身姿,优美的曲线,处处昭示着她的前世今生……

从无到有,奏响一曲"高速时代"新歌

20世纪80年代以来,在我国改革开放和经济体制改革的推动下,我国经济发展速度保持较快增长,经济总量不断增大。1985年衢州市恢复建市后,经济社会也取得较快发展。"九五"期间,衢州市生产总值翻了一番,1996年完成了产业结构第一次大的调整,由一、二、三型向二、一、三型转变,总体向着良好的方向发展。

在经济社会取得跨越发展的同时,衢州的交通事业也取得了显著发展,尤其是"八五""九五"期间,衢州的干线公路有了很大发展和完善,缓解了交通的紧张状况。到2000年年底,衢州市通车公路里程2923.56km,其中一级公路65.29km,二级公路461.31km,三级公路368km,四级公路1534km。按行政等级划分,国道324.8km,省道232.8km,其余为县乡公路。

尽管交通事业取得了显著发展,但全市公路主骨架并未形成。在第一条高速公路杭金衢高速公路衢州段通车之前,衢州市只有205、320两条国道计324km,五条省道计232km,其余公路均为县乡公路。现代化交通重要标志的高速公路没有不说,就连高等级公路的占比也很低,路网密度更是低至令人脸红。据统计,当时衢州路网密度仅为百公里33.44km,远低于百公里41.22km的全省平均水平。并且由于衢州地形为中部盆地、平原,两侧和西部为绵延数千里山脉的地形特点,公路主要集中分布在沿衢江和浙赣铁路的中轴线地带,区域内的干线公路网根本没有成网成形。

但此时,衢州社会经济发展对交通运输的需求突飞猛进。"八五""九五"期间,衢州市交通运输货运量则以30%的速度猛增,其中"八五"期间货运量增速更是达到40%。在这突飞猛进的货运量中,公路运输占货运量的比重达到了95%以上。随着人民生活水平普遍提高,消费结构和出行行为的变化,不仅公路货运量增长迅猛,民用汽车保有量同期也保持高达20%~30%的年增长速度,衢州和全省一样,逐步进入"汽车时代"。在此背景下,国民经济发展和人民生活水平提高,同公路基础设施总量不足、等级不高的矛盾,以及公路建设能力的有限性同社会需求不断增长的矛盾已经日益突出。

面对公路交通量大幅度增长的态势,特别是面对我国加入WTO后的新形势,衢州市建设现代化交通的目标更趋迫切。高速公路具有的行车速度快、通行能力大、运输成本低、行车安全舒适等特点,十分有利于集约利用土地资源、降低能源消耗、减少环境污染、提高交通安全性。大力发展高速公路十分切合耕地少、山地多的衢州实际。建设一条贯通东西、连接长三角的高速公路成为衢州人民的美好愿望。1993年,我国提出了《"五纵七横"国道主干线系统规划》,杭金衢高速公路有幸成为其中"一横",建设杭金衢高速公路有了国家层面的支持依据,衢州人民的"高速梦"依稀可见。同时,我省也十分重视建设高速公路事业。在省委省政府和省交通运输厅等相关部门的大力支持下,衢州市第一条高速公路——杭金衢高速公路衢州段项目开始落地实施。1995年6月,衢州市成立了杭金衢高速公路衢州段工程建设领导小组,各项前期准备工作开始开展。1998年2月11日,项目获国家批准立项,实现较大突破。4月29日,省交通厅下达衢州翁梅至常山窑上高速公路建设项目前期工作计划。8月8日,工程可行性研究报告经国家发展计划委员会批准,市高速公路建设指挥部成立,项目开始建设的脚步越来越近。

杭金衢高速公路衢州段全长101km,途经龙游、衢江、柯城、常山四县区。一期工程为龙游西畈至衢州翁梅,长48km。设有大桥、特大桥10座(总长2506m),互通式立交三座,分离式立交11座,涵洞187道,服务区2处。二期工程衢州西至常山窑上,长53km。采用双向四车道,设计行车速度为100km/h。设有大桥、特大桥8座(2782m),互通三处,服务区1处。

当时,衢州段项目是衢州当时历史上投资最大的项目。项目全线概算总投资85.17亿元,利用日本政府贷款20亿元人民币(杭金衢高速公路是中日政府科技合作项目),交通部资金9亿元,省高等级公路建设投资公司资金19亿元,国债1.25亿元,本市沿线政府出资10.5亿元,其他贷款24.7亿元。项目开始实施后,作为浙西内陆欠发达地区,面对10.5亿元的资本金,资金问题成为了当时最主要难题。面对衢州第一个高速公路项目,衢州全市上下迎难而上,咬紧牙关,勒紧裤带,千方百计筹集项目建设资金,积极克服了资金难题。

在项目建设上,面对毫无建设经验的实际,衢州市、县各级党政领导也高度重视、十分关心,都把项目作为当地政府的主要工作来抓,千方百计进行沟通协调。在工程组织实施中,各级主要领导和分管领导兼任工程指挥部的总指挥和副指挥,政策处理、宣传发动和组织实施等工作自始至终亲抓亲管,为工程的顺利实施提供了强有力的行政保障。各级党政主要领导不仅帮助协调解决问题,还经常主动下工地、到现场了解建设情况,指导解决实际问题。全市各地群众建设交通、发展交通的积极性都很高,在政策处理中积极发扬舍小家顾大家的牺牲精神,积极配合征地、拆迁等工作。市、县(市、区)有关部门坚持以大局为重,给予积极配合和大力支持,使影响项目实施的各个问题、难题都得以顺利解决。据统计,杭金衢高速公路征地拆迁涉及全市 29 个乡镇,167 个行政村,共征地 754.7hm^2,拆迁房屋 75165m^2,迁移各类杆线 1338 根、铁塔 26 座、光缆 7 处。1999 年 9 月,杭金衢高速一期工程开工建设,2002 年 12 月 18 日建成通车,并在交通部全国重大项目质量检查的 10 个优良工程中排名第一。2000 年 12 月月底,二期工程开工建设,2003 年 9 月 22 日建成通车,并实现全线通车。杭金衢高速公路的全线贯通,标志着衢州市实现了高速公路"零"突破的历史性跨越,衢州顺利与全省"4 小时公路交通圈"接轨,奏响了一曲迈进"高速时代"的新歌。

大道通衢,奏响一曲"县县通高速时代"凯歌

2003 年,为落实省委省委"八八战略",省交通厅调整修编了《浙江省公路水路交通建设规划》。省交通厅在修编规划过程中对我省高速公路发展的布局和规模进行了深入调查研究和分析论证。通过广泛调查研究,在征求交通部、相邻省交通厅和省内有关部门、各市县意见的基础上,按照"加密、成网、贯通"的原则,重点突出"接轨上海、拓展沿海、挺进腹地、贯通省外",规划提出我省高速公路总规模为 5000km。围绕贯彻落实省委、省政府作出的浙江省提前基本实现现代化的战略部署,省交通厅还对欠发达地区高速公路进行了明确规划,如诸永、龙丽、丽龙、龙丽温等高速公路,以此服务于统筹城乡发展、提前基本实现现代化的战略目标。

在省委省政府的正确领导和省交通厅等相关部门的鼎力支持下,衢州市委市政府进一步抓住机遇,乘势而上,积极制定了高速公路的发展目标,衢州高速公路建设事业进入了快速发展的"黄金时代"。2006 年,衢州市五届人大二次会议通过的"十一五"规划纲要对今后 5 年衢州交通发展提出了更高标准的奋斗目标:五年实现交通总投资 128 亿元,建设四省边际交通枢纽城市,推进高速公路网络化,建设两纵两横高速公路骨架(两纵:黄衢南高速公路、杭新景高速公路龙游支线和龙丽高速公路,两横:杭金衢高速公路、杭新景高速公路),实现县县通高速,形成连接省内、贯通省外的高速公路网络,构筑衢州市到毗邻地区"两小时省际交通圈"。并把目标进行了具体分解:到2007年,高速公路里程达到242km,到2010年,高速公路里程达到315km。

之后,衢州市围绕"县县通高速"、建成两纵两横"井"字形高速公路骨架网络的目标,一鼓作气,乘势推进,高速公路取得突飞猛进发展。2006年12月26日,杭新景高速公路龙游支线龙游段建成通车,使衢州通向东部长三角地区多了一条快速通道;同年12月31日,龙丽高速公路龙游段建成通车,大大便捷了浙西地区与浙西南地区的交通联系;2008年年底,黄衢南高速公路衢南段建成通车,2011年1月28日,衢黄段也建成通车,衢州段实现全线贯通,使浙皖闽三省有了一条便捷的省际快速通道,衢州南下福建东南沿海与北上安徽的时间均缩短了约2个小时。同时,黄衢南高速公路衢州段的全线通车,使衢州两纵两横"井"字形高速公路骨架形成了一横两纵型格局,也标志着衢州圆满实现了县县通高速公路的目标。整个"十一五"时期,全市新增高速公路达到141.6km,高速公路通车里程达到244.305km。

九年一剑,铸就一张互通互联的"井"字高速公路网

2011年12月15日,这是衢州高速公路大建设大发展时代值得纪念的日子。这一天,杭新景高速公路建德至开化段项目终于实现开工。杭新景的开工建设,就像一划点睛之笔,使衢州人民为之奋斗十几年的两纵两横"井"字形高速公路网落上圆满的一"横"。

这一横,是巩固衢州四省边际交通枢纽地位的一横。虽然衢州市境内有杭金衢高速公路、320国道等东西向干线,但衢州北部地区,包括连接省内东部、赣北地区的交通条件仍然较差,尤其是交通量不断增长和公路街道化现象日益严重。杭新景衢州段在衢州境内与杭金衢高速公路及G320趋于平行,它弥补了衢州北部公路等级低、基础设施薄弱的弱点。以开化为例,目前开车从开化到杭州,有330多公里路,要3个多小时车程,而杭新景高速公路一通车,开化到杭州只需2个小时,路程缩短至220km。这对于正在建设国家东部公园的山区县开化县而言,无疑是个巨大的利好。

这一横,衢州人民期盼了很久,等待了很久,也努力了很久。2003年,杭新景高速公路开始谋划前期工作,到2011年12月开工,前后共历经九年时间。九年间,杭新景高速公路前期工作,得到国家交通部、国家发改委、国家国土资源部和省发改委、省交通厅等有关部门和地方党委、政府的高度重视。九年间,各级党委政府和机关部门的领导换了一届又一届,尽管面孔换了,但那颗"要致富、先修路"、为民谋福祉的心未变,那份沉甸甸的使命感和责任感依旧在传递、在接力。九年间,尽管时间漫长、困难重重,但人大代表、政协委员的呼吁声依旧回响不绝,各兄弟部门携手共克难题的紧密合作之心依然如故,衢州交通人正己尽责、为民开路的意志历久弥坚。

在上下各级各有关部门的合力推动下,杭新景高速公路前期得到了扎扎实实地推进:

2003年2月15日,浙江省交通厅与江西省交通厅就路线基本走向和接点位置进行了协商,确定了白沙关附近为两省边界的路线接点。

2004年7月,省交通厅委托省交通设计研究院进行建德至开化段项目预工可报告编制工作。2005年10月完成项目的预工可报告编制。

2006年12月29日,国家发改委批复杭新景高速公路建德寿昌至开化白沙关段项目建议书。

2007年4月27日至29日,省交通厅、省发改委联合主持召开了工可报告预审查会议,并通过了工可报告的预审查。

2008年年底,该项目的地质灾害评估、矿产压覆、水土保持方案、环境影响评估分别获省国土资源厅、国家水利部、国家环保部批复。

2009年10月,浙江省交通投资集团公司、衢州人民政府、常山县人民政府、开化县人民政府在衢州签订了出资框架协议书。12月初,中国农业银行出具了70亿正式贷款承诺函。

2010年10月,项目"工可"获国家发改委批复。同年12月,杭新景高速公路建德寿昌至开化白沙关段工程初步设计通过交通部评审。

杭新景高速公路工程是浙江省交通规划"两纵两横十八连三绕三通道"中的重要一连,也是《国家重点公路建设规划》中"宁波—樟木"横线的一段。

衢州段工程概算总投资105.21亿元。经衢江区上方镇、太真乡,柯城区七里乡,常山县新桥乡、球川镇,开化县林山乡、城关镇、池淮镇、杨林镇。全线设计速度100km/h,桥梁总长24198m,隧道35.5座。设渊底枢纽互通1处,上方、太真、七里、新桥、林山、开化、池淮、杨林一般互通式立交8处。

杭新景高速公路的建设,使衢州的高速公路实现互通互联,形成了完整的"井"字形高速公路骨架网。就衢州而言,成为长三角经济区、海西经济区和中部经济圈3个经济集群交集的衢州,将进一步凸显交通枢纽优势和区位优势,衢州的四省边际交通枢纽城市形象、四省边际中心城市形象进一步突出,衢州辐射东西南北的区位优势更为明显,衢州将由地理意义和名义上的"四省通衢",变成实实在在、名副其实的"四省通衢"城市。

生态至上,谱写一曲绿色先行的山歌

逢山开路,遇水架桥。这是人们对交通建设行为最为传统的认识。作为全省经济发展相对落后的衢州,在衢州大力建设高速公路的历程中,衢州没有片面追求交通项目建设成本效益,树立了超前的环保意识,坚持从全省生态环境较为良好的实际出发,摒弃传统

的交通建设项目理念,把"既要金山银山,又要绿水青山"的理念贯穿到了项目设计、建设管理和工程实施各个阶段的全过程中。

在江山市石门镇安基村,有一片100多亩的成片田地格外引人注目。"这是当年衢南高速公路建路时施工单位给我们村里'造'出来的田。"村民王国明指着这成片的田地,略带自豪地告诉笔者:"当年,我们村因建衢南高速公路被征地80亩,施工单位却给村里造了这片100多亩的新田。"对此,老王很是难以理解。原来,在高速公路建设中,施工单位为减少取土和弃土的数量,常常舍近求远,集中到几处取土,虽然离建设工地远一些,增加了运费,但容易造田复耕;有些地方难免要征用耕地,建设方就将地表的沃土保存下来,等重新造田时在新址处填上,比较完美地将取弃土方与土地整理有机结合起来。这种施工方式,不但实现了尽量少占土地资源的目标,更是创造了新增良田的奇迹。仅黄衢南高速公路一期衢南段工程就新增良田590多亩,每公里减少占地2400m^2。2009年,这一山区高速公路的建设管理经验,受到了交通运输部质监总站站长李彦武高度称赞,他认为"为全国高速公路项目建设树立了典范,值得全面推广"。

在开化县何田乡晴村的村口,挺立着一棵径粗需三四人合抱的大樟树,树枝叶繁茂,生气盎然。但根据最初的高速公路设计方案,公路路基正好经过这棵古树。为保护这颗古树,交通设计部门对高速路设计进行了两处改动,终于顺利避开了大樟树,保护下了这颗古树。"多亏了交通部门,要不是他们千方百计地保护,我们村的这颗古树,今天就看不见了。"村民很感激地说。黄衢南高速公路开化段全长51.59km,途经7个乡镇34个行政村。最初,根据国家发改委对该工程可行性报告的批复,高速公路将经过钱江源国家森林公园,对森林的植被和沿途的100多颗古树名木将造成较大破坏,这100多颗古树中近1/3属县里挂牌保护、树龄超百年的古树名木。根据开化县特殊的生态环境优势,"既要路通民富,又要保护古树名木"成为了交通和当地的共同目标。为此,交通设计部门对高速公路设计进行了多处改动,对经过的每一座山都单独进行了环保设计,这样的设计竟然达到100处之多。新线路最终避开了钱江源国家森林公园,100多棵古树名木和成千上万亩公益林得到了完整保留,但线路总里程比原方案却多了3km,而造价更是提高了近2亿元。如今,在开化县建设全国首个国家东部公园的战略里,这片被交通部门保护下来的古树名木,成为了这个东部公园里的一张张金名片。

类似于开化段建设过程中出现的动人故事,在黄衢南高速公路江山段建设过程中也不断"上演"。在与福建交界的廿八都镇浔里村一带,项目部为了0.8亩田的用水,专门投资4000多元埋设40m长的水泥管;保护自然水系,全线路基改桥5处,增加投入3000多万元;在江山市清漾村村口,施工单位专门投入了60多万元,将原来设计的路基修改为加筋挡土墙,使一棵有着千年树龄的苦槠树得以保留在原址上;在衢南段"江郎山段"路线方案中,原来公路距离江郎山只有200m距离,为避免破坏景区生态,线路最终移至离景区 2km 之外。

造田、绿化、水保,施工单位一系列举措近乎苛刻、不计成本的环保理念,使现代高速公路与原始树林天然浑成,融为了一体。驱车在浙西衢州的高速公路上,高架桥下钱江源头,水清如许,公路两边山如眉黛,草木郁然,沿途国家东部公园、三衢石林、江郎山风景区美不胜收,高速公路着实成为了一道美丽的风景线。

附录二
浙江高速公路发展大事记

1988 年

4 月,杭甬(杭州—宁波)高速公路跨越钱塘江公路大桥——钱江二桥开工建设。高速公路建设首次在浙江大地上破土动工,拉开了浙江省高速公路建设的序幕。

1989 年

1 月,浙江省交通设计院开始测设浙江第一条高速公路的第一段——钱塘江第二大桥接线工程,翻开了浙江公路测设史上新的一页。

1990 年

1 月,浙江省人民政府决定,建立浙江省沪杭甬高速公路建设领导小组,下设指挥部,隶属省政府领导。

1991 年

1 月,杭甬高速公路(杭州市彭埠—宁波市大朱家)的杭州彭埠至萧山钱江农场段 7km 建成,实现了浙江省高速公路零的突破,结束了浙江省没有高速公路的历史。

12 月 21 日,全国人大常委会委员长万里专程前来杭州参加钱江二桥建成庆典并为大桥通车剪彩。

1992 年

4 月 1 日,杭州彭埠大桥(又名钱江二桥)正式通车。大桥位于钱塘江下游 13km 处的杭州市江干区四堡附近,跨钱塘江世界级强涌潮区,为中国自行设计、自行施工的铁、公平行分离式两用桥,其中公路桥是当时国内最长的公路连续梁桥。该桥于 1987 年 11 月 20 日动工,1988 年 4 月 21 日举行开工典礼,1989 年 10 月 29 日合龙,1991 年 12 月 20 日建成,次日举行建成典礼。

9 月 25 日,杭甬高速公路正式开工建设。中共浙江省委、浙江省人民政府在杭州举行了隆重的开工典礼。

12 月 1 日,浙江省人民政府印发《关于加快交通基础设施建设的通知》,提出公路建设"自行贷款、自行建设、自行收费、自行还贷"的"四自"方针。"四自"方针的出台,标志着浙江省交通基础设施建设开始形成"国家投资、地方筹资、社会融资、引进外资"的投资格局。

1993 年

是年,杭州钱塘江二桥获得"鲁班奖"。

1994 年

12月8日,时为全国最长的公路桥——温州大桥(属的台温高速公路)开工建设。

1995 年

是年,杭甬高速公路杭州萧山至上虞边墩段通车。

9月18日,国家"八五"期间交通部最大陆岛公路工程——宁波象山县蜊门港跨海大桥竣工,并被评为优良工程。该桥全长220m,桥面宽9.70m,主跨150m,为国内第一座预应力组合桁架单拱型跨海大桥。此工程为我省未来高速公路跨海桥梁建设积累大量实际经验。

11月8日,浙江省第一座水底公路隧道——甬江隧道历时8年多,建成通车。隧道长1018.84m,加上接线,总长为3837.40m。这是国内第一座在软土地基、大潮涌、大回淤海口江底采用沉管法施工的单管双车道隧道。它标志着中国在软土基础上,特别是海口河道上修建水底隧道技术达到世界先进水平,并为全国沉管法隧道的发展开创先例。此工程为我省未来高速公路水底隧道建设积累大量实际经验。

1996 年

2月,全省交通工作会议确定按"抓重点、通干线、先缓解、后适应"的目标,调整公路建设规划,实施"三八双千工程",即从1996年开始,用3年时间,全线拓宽104、320、329、330、03等主要国省道干线公路约1000km,形成杭州向各市(地)辐射的一级或二级加宽公路网;同时,用8年左右时间,建成沪杭甬、甬台温、杭金衢、杭宁、上三和金丽温等高速公路约1000km,形成杭州向各市(地)辐射的高速公路网。

6月5日,浙江省人民政府决定,将浙江省沪杭甬高速公路建设指挥部更名为浙江省高速公路建设指挥部,并组建浙江省高等级公路投资有限公司。

7月8日,浙江省高等级公路投资有限公司成立。

9月1日,浙江省人民政府颁发《浙江省"四自"工程管理暂行办法》。

9月26日,浙江省交通厅制定《浙江省交通建设工程质量监督实施细则》,为浙江省公路水运工程质量监督工作提供依据。

11月12日,浙江省人民政府颁布《浙江省公路路政管理办法》。该《办法》根据浙江省公路管理工作实际,对全省路政管理机构、管理职责等进行了全面的规范,是浙江省第一个公路路政管理的政府规章。

12月6日,浙江省第一条高速公路——杭甬高速公路,全线建成通车。杭甬高速公路西起杭州彭埠,东至宁波大朱家,全长145km,双向四车道,沿线途经萧山、绍兴、上虞、余姚、鄞县。它的通车,标志着浙江省公路运输开始进入高速公路运输的新阶段。

1997年

2月25日,杭州西兴大桥(又名钱江三桥)通过验收,正式交付使用。

5月15日,浙江省首家在境外上市的地方企业——浙江沪杭甬高速公路股份有限公司H股在香港联合交易所正式挂牌上市交易。首次募集资金折合人民币36.85亿元,创浙江省一次性引进外资数额最多的记录。

1998年

1月12日,浙江省代省长柴松岳在浙江省第九届人民代表大会第一次会议上所做的政府工作报告中提出,今后5年要加强公路建设,重点是高等级公路建设,建成1000km的高等级公路,形成省会杭州至各市(地)间的"4小时公路交通圈",将原来规划在2003年建成的目标提前到2002年实现。

5月26日,时为全国最长的公路大桥——温州大桥建成通车。该桥桥长6977m,加上接线,总长17.10km。

11月13日,浙江省人民政府发出《关于调整我省高速公路管理体制的批复》,决定撤销浙江省高速公路建设指挥部,其职能移交给浙江省交通厅公路管理局及浙江省高等级公路投资有限公司;原浙江省交通厅公路管理局改称为浙江省公路管理局,并升格为浙江省交通厅管理的副厅级事业单位,统一负责全省公路(含高速公路)的建设、养护、路政和收费等管理工作。

12月4日,浙江省高速公路路政管理机构建立,其授牌仪式暨新闻发布会在杭州举行。

12月21日,中共浙江省委书记张德江在中共浙江省第十次代表大会所作的报告中提出:建设大交通,促进大发展。抓紧高等级公路、国际机场、铁路、港口、航运等重点工程建设,形成海陆空一体,贯通全省、联结省外、通向世界的交通网络。"为浙江省现代化大交通确立了战略方向。

12月29日,沪杭高速公路全线建成通车。

1999年

6月12日,浙江省高速公路最大的立交工程——甬台温高速公路温州段南白象立交桥工程开工。工程占地1000亩。

9月26日,舟山大陆连岛一期工程首个项目——全长792m的岑港大桥正式开工。

12月,位于台州、温州交界处的甬台温高速公路温岭大溪岭至乐清湖雾岭隧道(左洞长4114m,右洞长4116m)建成。

2000年

5月5日,浙江沪杭甬高速公路股份有限公司股票继在香港上市后,又在伦敦交易所成功上市,成为浙江省第一家在该交易所实施股票上市的企业。

5月21日,浙江省迄今规模最大的互通式公路立交桥——甬台温高速公路宁波潘火立交桥荣获国家工程建设质量银质奖。

10月9日,浙江省首座双连拱整体式隧道——同(江)三(亚)线宁波段宁海岕岫岭隧道工程建成通车。

12月26日,上三高速公路全线通车。

12月,浙江省交通规划设计研究院与交通部重庆公路科学研究所、浙江省台州高速公路建设指挥部合作进行的国家主干线同江至三亚线浙境段大溪岭——湖雾岭隧道营运照明与通风关键技术研究项目通过浙江省科技厅组织的技术鉴定。其研究成果达到国内领先水平。

2001年

7月2日,浙江省人民政府发文,决定组建浙江省交通投资集团有限公司,实行国有资产授权经营。

7月25日,浙江省开始组建高速公路路政管理大队。根据"条块结合,属地管理"和"机构精简,人员精干,工作高效"的原则,在各市公路处(局)增挂"市公路路政管理支队"牌子。公路路政管理支队下设一个高速公路路政管理大队。高速公路路政管理大队原则上按"一路一中队"要求,下设若干中队。高速公路路政大队的组建有利于进一步加强和规范高速公路路政管理工作,对保障公路安全畅通,切实维护高速公路经营者的合法权益有重要作用。

8月26日,浙江省交通规划设计研究院与浙江省高速公路指挥部、沪杭高速公路嘉兴市指挥部、交通部第二公路工程局合作承担的交通部"九五"行业联合科技攻关计划项目——"水泥搅拌桩加固沪杭高速公路(嘉兴段)桥头软土地基试验研究",在杭州通过交通部科教司组织并委托浙江省交通厅主持的技术鉴定。

12月25日,浙江省高速公路联网收费系统经过近两年的建设,顺利完工并投入运行。浙江省在全国率先实现了全省域高速公路联网收费。

2002年

4月7日,浙江省交通规划设计研究院与浙江省高速公路指挥部等联合开展的EPS

轻质路堤在高速公路的应用试验研究,通过浙江省交通厅主持的技术鉴定。研究成果达到国内领先水平,具有很高的推广应用价值。

4月19日,浙江省交通厅发布浙江省交通厅质监站编制的《浙江省高速公路机电工程质量检验评定标准》。浙江省交通厅质监站"瞬态瑞利波检测公路复合地基加固质量技术研究与应用"课题通过鉴定。其成果达到国内领先水平。

11月28日,杭宁(杭州—南京)高速公路浙江段全线建成通车。

12月25日,浙江省人民政府决定对在高速公路建设过程中,涌现出来的开拓进取、无私奉献的先进集体和个人进行表彰,授予15个单位"浙江省高速公路建设先进集体"、148名同志"浙江省高速公路建设先进个人"荣誉称号。其中授予15名同志"高速公路建设功勋奖"荣誉称号并记一等功,52名同志记二等功,81名同志记三等功。

12月26日,杭州市城市东扩跨世纪大桥——杭州下沙大桥建成通车。

12月28日,杭金衢高速公路一期工程(萧山红垦—衢州翁梅段236.50km)、金丽高速公路(金华—丽水)正式通车。当日,实现4小时公路交通圈暨杭金衢、金丽高速公路通车典礼在金华市隆重举行。

12月31日,中共浙江省委宣传部、浙江省交通厅、浙江广播电视集团联合录制的"'高速时代'———庆祝浙江省实现'4小时公路交通圈'暨2003年元旦文艺晚会"节目在浙江电视台卫视频道播出。

2003年

3月9日,浙江省交通规划设计研究院与杭金衢高速公路建设指挥部、河海大学、杭金衢高速公路总监办等合作完成的浙江省交通科技发展专项资金计划项目《杭衢高速公路真空联合堆载预压处理桥头软基试验研究》,该课题研究成果总体上达到国内领先水平。

3月,浙江省6项交通科技成果入选交通部科技教育司组织编写的《2000—2002年交通科技成果选编》一书,在全国交通系统加以推广。该选编共收录全国交通系统科技成果中的佼佼者195项。浙江省入选的六项成果分别是:《国家主干线同江至三亚线浙境段大溪岭—湖雾岭隧道营运照明与通风关键技术研究》《EPS轻质路堤在高速公路的应用》《预应力混凝土连续箱梁桥裂缝分析与防治》《水泥搅拌桩加固沪杭高速公路(嘉兴段)桥头软土地基试验研究》《内河航道护岸结构优化试验研究》《内河挂桨船改造研究》。

7月8日,杭千(杭州—千岛湖)高速公路建设融资取得重大突破,通过以"路权"引"股权"的方式吸引上海资金共同投资建设。当日,杭州—千岛湖高速公路合资建设协议在杭州正式签订。根据协议,上海工业投资(集团)有限公司、上海泽丰投资管理有限公司各出资26%,浙江省交通投资集团公司出资20%,杭州交通投资有限公司出资28%。

7月17日,申苏浙皖高速公路湖州段工程软土地基处理采用国内外首创的软基处理新工艺——Y形沉管灌注桩,通过浙江省科技厅的高新技术成果认定。Y形沉管灌注桩应用于高速公路工程软土地基处理,为有效解决"桥头跳车"这一高速公路质量通病提供了新的方法和新的工艺。两院院士、中国工程院副院长潘家铮教授为此发来贺信,给予祝贺和鼓励。

8月10日,杭金衢高速公路衢州市建设指挥部和衢州市交通设计院、长安大学、龙游县交通局共同完成的浙江省交通厅科技计划项目"隧道施工监控与优化研究",通过技术鉴定。

8月21日,同(江)三(亚)线宁波大碶—奉化西坞段高速公路获"国家环境保护百佳工程"称号,成为浙江省第一个获此荣誉称号的交通工程项目。

9月6日,浙江省金丽温高速公路建设指挥部与西南交通大学、贵州省桥梁工程总公司合作开展的连拱公路隧道综合修建技术研究,取得丰硕研究成果。

9月22日,杭金衢高速公路二期工程(衢州翁梅—常山窑上段53km)建成通车。至此,杭金衢高速公路全线建成通车。

12月8日,杭州湾跨海大桥建设工程全面开工。

12月28日,杭州机场路与杭甬、杭金衢互通立交改造工程竣工通车。杭州绕城高速公路全线贯通。杭州绕城高速公路是国道主干线上海—云南瑞丽及浙江省公路网络主骨架的重要组成部分,与沪杭、杭甬、杭宁、杭金衢、杭千、杭徽、杭浦、杭绍甬、杭长、申嘉湖杭等10条高速公路和104、320两条国道以及01、02、03等三条省道相连接,是杭州交通贯通全省、连接全国的公路主枢纽。这条绕城高速公路全长13km,是目前全国已建里程最长的绕城公路。

12月30日,甬台温(宁波—台州—温州)高速公路全线建成通车。

2004年

1月6日,杭州湾大桥工程指挥部和武汉港湾工程设计研究院共同完成的"杭州湾大桥海水拌制泥浆及其对钻孔桩耐久性影响研究"课题,得到了由九位国内著名专家组成的鉴定委员会的充分肯定。

7月2日,浙江省交通厅在湖州召开"浙江省高速公路创精品工程施工质量现场会"。会议组织到会代表参观了申苏浙皖高速公路(浙江段)标准化路基填筑、镜面小箱梁施工工艺、自动喷淋养护系统、自动监控系统和标准化工地建设等现场,并就全省高速公路"创精品工程,树浙江品牌"做出具体部署。

8月21日,浙江省金丽温高速公路建设指挥部、浙江大学防灾工程研究所、中铁隧道集团二处有限公司合作完成的"破碎岩质边坡锚固技术研究"项目,通过科技成果鉴定。

9月12日,浙江省交通厅质监站"高速公路路面三个指标的自动化测试评价方法"课题通过鉴定。

10月16日,杭州复兴大桥(又名钱江四桥)通车。该桥全长1376m,是世界上唯一双层钢管混凝土系杆拱拱桥。

12月31日,杭州绕城高速公路权益以82亿元的价格,从杭州绕城高速公路发展有限公司和杭州绕城高速西线发展有限公司成功转让给杭州国益路桥经营管理有限公司和杭州国业路桥经营管理有限公司。这是杭州市迄今为止最大的基础设施转让项目。

12月,乍嘉苏高速公路(浙江段)工程,先后获得浙江省"钱江杯"优秀设计一等奖、建设部第十一届优秀工程设计铜质奖、中国建筑工程的最高奖项———鲁班奖。是年,杭宁高速公路浙江段工程在建设过程中,运用诸多新技术:省内首次在高速公路上运用"真空预压加固软土地基的试验研究"和全国首创在高速公路软土上进行"现浇混凝土薄壁筒桩加固桥头软基试验研究""素混凝土桩加固软土地基的试验研究",荣获2004年度国家优质工程银奖。

2005年

1月8日,浙江省交通厅质检站"瑞利波检测高速公路复合地基强度"课题通过鉴定。其成果达到国内领先水平。

4月12日,浙江省人民政府发文表彰全省五大"百亿工程"建设优秀单位、先进集体、先进个人。台州市台金高速公路建设指挥部被评为"五大百亿"工程考核优秀单位,受到通报表彰。

5月12日,浙江省唯一实施双向检测的高速公路固定超限检测站——杭州绕城高速公路袁浦超限运输检测站北侧(萧山往杭州方向)正式启用。

7月7日,浙江省人民政府颁布《浙江省高速公路运行管理办法》,自2005年9月1日起正式实施。

12月23日,金丽温(金华—丽水—温州)高速公路全线建成通车。金丽温高速公路的贯通,使其与甬台温、沪杭甬、杭金衢形成了浙江省第一个高速公路大环网,实现了各主要城市之间高速公路多道对接,充分体现高速公路的成网效应,大大改善浙中、浙西南欠发达地区的投资环境。

12月28日,甬金(宁波—金华)高速公路全线建成通车。

12月,黄衢南(黄山—衢州—南平)高速公路浙江段开工建设。它北起皖浙交界开化县西坑口,南至浙闽省界沙排,全长161km。

是年,杭州绕城公路东段下沙大桥工程,是浙江省最早采用50m跨径先简支后连续的预应力混凝土T梁结构的桥梁工程。这一工程在荣获2004年国家优质工程银质奖后,又荣获2005年浙江省建设工程钱江杯优秀设计一等奖。

是年,浙江省高速公路联网运行监控系统建成运行。它形成了一个自高速公路各路段到省中心分层架构的综合服务平台,实现了全省域高速公路网的统一监控,快速、连续、准确掌握路网运行信息,进一步提升了整个路网的运行效率和综合服务能力。

2006年

1月1日,舟山大陆连岛工程一期工程(岑港、响礁门、桃夭门三座大桥及相关接线),历经6年建设,建成通车。

4月12日,浙江省机构编制委员会发文同意:成立浙江省高速公路运行监控中心。浙江省公路管理局高速公路收费结算中心增挂浙江省高速公路运行监控中心牌子。

5月19日,浙江省交通厅发出《浙江省交通厅关于对全省在建高速公路施工企业开展信用评价试点工作的通知》,正式启动交通施工企业信用评价工作。

8月1日,舟山连岛工程西堠门大桥,利用直升飞机对大桥先导索牵引过海获得成功。这在国家桥梁建设史上为首次采用,也是国家桥梁建设史上首次在封航条件下实施的直升飞机先导索架设。

10月30日,申苏浙皖高速公路浙江段全线建成通车。申苏浙皖高速公路浙江段是浙江省通往安徽省的第一条高速公路,为本省新增了一条出省通道。至此,浙江省通往周边邻近的四省一市都有了一条或一条以上的高速公路。

11月22日,浙江省首支经审批的高速公路运政大队———台州市公路运管稽征稽查支队高速公路大队在黄岩浦西正式挂牌成立。新成立的高速公路运政大队为台州市公路运管稽征处稽查支队内设机构,下设甬台温高速公路中队和台金高速公路中队。运政大队与交警、路政等部门共同协作,通过联合执法工作,提升执法力度和执法效果。

11月27日,台缙高速公路西段控制性工程苍岭隧道贯通。

12月19日,浙江省公路管理局科研课题"公路隧道围岩稳定与支护工程应用研究"通过项目鉴定,研究成果总体达到国际领先水平。

12月25日,杭新景高速公路杭州至千岛湖段全线通车。这条高速公路也是浙江首条真正意义上跨省市合资共建的高速公路。是日,杭徽高速公路浙江段全线建成通车。

是年,浙江省公路管理局与浙江广电集团交通之声签订浙江高速公路联网运行服务信息发布合作协议,通过交通之声电台,及时向社会播报高速公路联网路网运行信息(包括施工作业、特殊气象、突发事件等),为社会公众出行提供服务。

是年,"深厚软基高速公路拓宽工程关键技术研究"课题通过了交通部科技成果鉴定。该成果总体上达到了国际先进水平,在深厚软基高速公路拓宽工程理论研究的若干方面居国际领先地位。

2007 年

12月25日，两龙（龙丽、丽龙）高速公路全线建成通车。

是月，至是年底，浙江省公路高级、次高级路面铺装率达到89%，居全国首位。

2008 年

1月28日，杭浦（杭州—上海浦东）高速公路浙境段建成通车。它的建成通车，使杭州通往上海又多了一条便捷的通道。

是日，申嘉湖高速公路浙境段建成通车。它的建成通车，进一步完善浙北高速公路网络，促进杭嘉湖地区接轨大上海、融入长三角经济圈。

5月1日，由中国自行设计、自行投资、自行建造、自行管理，世界上当时最长的跨海大桥——杭州湾跨海大桥建成通车。中共中央政治局常委、中央书记处书记、国家副主席习近平和中共中央政治局委员、国务院副总理张德江分别为大桥通车发来贺信。它的建成通车，是我国跨海大桥建设史上的一个重要里程碑。

7月8日，《浙江省高速公路运行管理办法》（修订案）经浙江省人民政府第九次常务会议审议通过，以浙政令246号颁布。

12月14日，嘉绍大桥暨南北接线工程在上虞沥海滩涂举行开工典礼。这是继杭州湾跨海大桥以后，杭州湾的第二通道。

是日，京台高速公路衢南段（浙江衢州至福建南平，长度为331.66km）建成通车。京台高速公路的浙江段均在衢州，北连安徽黄山，南接福建南平，也称黄衢南高速公路，全长405.41km。

12月30日，象山港公路大桥及接线工程开工建设。

是年，舟山大陆连岛工程的"跨海特大跨径钢箱梁悬索桥关键技术研究及工程示范"被列入国家科技支撑计划，并获得若干优秀成果。海洋环境混凝土桥桥面铺装结构与铺装技术、西堠门大桥北边跨钢箱梁架设技术、金塘大桥60m预制箱梁蒸汽养护自动化控制技术等均达到国际先进水平。

2009 年

1月1日，台金高速公路苍岭特长隧道开通，标志着浙江省高速公路网的重要干线台金高速公路全线贯通。

1月7日，《浙江省高速公路计重收费实施意见》经省政府同意印发，明确力争在2009年7月、确保在2009年10月前全省已建成投入运行的高速公路均实行计重收费。

5月8日，省交通运输厅制定《浙江省公路桥梁养护与管理办法》。

10月15日，全省高速公路二义性路径识别系统投入运行，全省高速公路车辆通行费实行精确拆分,即按照车辆实际行驶路径拆分通行费,为全国率先。

12月1日,申嘉湖杭高速公路全线贯通。

12月25日23时58分,我国最大的陆岛联络工程——舟山跨海大桥实行试通车。大桥通车仪式于下午在金塘大桥互通区举行。国家副主席习近平、国务院副总理张德江、全国政协副主席董建华、交通运输部等发来贺信、贺电。省委书记赵洪祝、省长吕祖善、交通运输部副部长冯正霖等出席通车仪式。舟山跨海大桥全长约50km,其中西堠门大桥主跨1650m,是世界上跨径最大的钢箱梁悬索桥、首座分体式钢箱梁悬索桥。

12月26日,钱江隧道盾构始发暨钱江大道开工典礼在钱江隧道南岸工作井现场举行。省交通运输厅厅长郭剑彪等出席。钱江隧道全长4450m,江中段长3200m,采用外径15.43m的盾构法技术施工,双管六车道,为世界最大直径的盾构法隧道之一,最大埋深约38m,估算总投资35.60亿元。

2010 年

1月1日,《浙江省收费公路管理办法》自2010年1月1日起施行。

1月18日,国家高速公路网长(春)深(圳)线龙泉至庆元高速公路开工。副省长王建满、省交通运输厅厅长郭剑彪等参加开工仪式。

1月19日,省政府同意省交通运输厅与省物价局牵头制定的《浙江省高速公路联网收费运行管理若干规定(试行)》,并由省政府办公厅转发。

4月16日,全省高速公路计重收费、不停车收费系统开通试运行。

7月22日,诸永高速公路全线正式通车。

12月11日,全省高速公路二义性路径识别系统第二阶段和不停车收费第一阶段工程顺利通过交工验收。

12月31日,宁波绕城高速公路东段镇海段通车,舟山大陆连岛高速公路正式连入全省高速公路网。

2011 年

1月10日,省委常委、宁波市委书记王辉忠视察象山港大桥。

1月27日,黄衢南高速公路全线贯通暨衢州至黄山高速公路(浙江段)通车庆典仪式举行。

3月8日,我省国家高速公路网命名和编号调整工作得到交通运输部通报表扬。

3月16日,国家发改委批复浙江省三门湾大桥及接线工程项目建议书。

3月16日,2011年全省高速公路管养工作会议暨迎"国检"模拟检查情况通报会在杭州召开。省交通运输厅相关处室,省公路管理局,各市交通局(委)、公路处(局),省交通集团公司,以及各高速公路经营单位有关人员、迎"国检"模拟检查各检查片组全体成员等参加会议。省交通运输厅副厅长徐纪平到会指导并讲话。省交通集团公司副总经理王国伟出席会议并作表态发言。会议由省公路管理局副局长钱立高主持。

3月16日,省交通运输厅厅长郭剑彪一行在金华市委常委、常务副市长劳红武的陪同下,到东阳市视察东永高速公路建设。

3月18日,杭州湾大桥工程指挥部获全国"'十一五'时期社会主义劳动竞赛先进集体"荣誉称号。

4月11日,高速公路嘉绍通道北接线顺利贯通。

4月26日,杭州湾跨海大桥获"百年百项杰出土木工程"殊荣。

5月25日,省交通运输厅副厅长王德宝到绍兴调研规划中的杭绍台高速公路甘霖枢纽互通。

6月3日,2010年度高速公路文明公路创建(复评)验收反馈会召开。

6月18日,省委书记赵洪祝,省委常委、副省长葛慧君,省委常委、杭州市委书记黄坤明,杭州市委副书记、市长邵占维,省交通运输厅厅长郭剑彪及省军区领导一行视察杭新景高速公路千岛湖支线淡竹路段的水毁塌陷现场抢险工作。

6月20日至21日,王建满副省长检查指导衢州交通抗灾救灾工作和杭新景高速公路千岛湖支线水毁抢险工作。省政府办公厅副主任谢济建,省交通运输厅副厅长徐纪平、李良福等陪同。

7月5日,省委副书记夏宝龙视察宁波象山港大桥建设情况。省委副秘书长林云举,宁波市委副书记、市长刘奇,市委副书记陈新,市交通委副主任、市高指指挥吕忠达及象山县有关领导陪同。

7月11日,省政府在嘉兴桐乡召开全省高速公路服务区文明创建工作现场会。省文明办、公安厅、财政厅、交通运输厅、商务厅、卫生厅、工商局、质监局、安监局、旅游局、物价局、食品药品监督局、交通集团公司等13家省级相关单位,各市政府分管领导、交通局(委)、文明办、公路处(局)负责人,各高速公路业主、服务区负责人约180余人参加会议。王建满副省长莅会指导并作重要讲话。

7月17日,杭州湾跨海大桥以我国桥梁工程质量鉴定最高分通过竣工验收。

7月20日,王建满副省长考察嘉绍大桥工程建设情况。省政府副秘书长谢济建,省交通运输厅副厅长徐纪平,绍兴市副市长、嘉绍大桥建设指挥部总指挥杨文孝等陪同。

8月8日,王建满副省长在省政府副秘书长谢济建,省交通运输厅副厅长李良福等陪同下视察宁波象山港大桥建设情况。

8月11日,全省高速公路服务区文明创建现场会在桐乡市召开。副省长王建满出席会议并作重要讲话。省交通运输厅厅长郭剑彪、副厅长李良福,省文明办、省财政厅及各市政府、交通局(委)、高速公路服务区等相关部门负责人出席会议。会议由省政府副秘书长谢济建主持。

9月10日,副省长、温州市委书记陈德荣主持召开市委专题会议,研究推进全市高速公路建设。

9月18日,杭长高速公路第五合同段东苕溪大桥主线桥顺利合龙。

10月9日,台金高速公路东延段正式建成通车。

10月10日,杭新景高速公路开化段工程施工图通过审查。

11月7日,杭州湾跨海大桥等200项优质工程荣获2010—2011年度我国建设工程质量最高荣誉——鲁班奖。

12月12日,甬台温高速公路复线乐清湾大桥正式开工建设。

12月15日,杭新景高速公路举行开工典礼。王建满副省长出席并宣布开工。

12月20日,浙江最高桥塔——象山港大桥主塔顺利封顶。

2012年

1月11日,黄衢南高速公路衢南段通过竣工验收,工程质量优良。

1月16日,省政府副秘书长孟刚前往G25长深高速长兴超限运输检测站视察春运工作。

1月18日,杭新景高速公路富阳互通正式通车。

1月20日,厅党组书记、厅长郭剑彪和副厅长郑黎明率厅机关相关处室负责人赴之江大桥建设工地看望和慰问春节期间坚守在一线的交通建设者和工作人员。

2月14日,杭州湾跨海大桥自主创新采用的"强潮海域跨海大桥建设关键技术"获得了国家科学技术进步二等奖。

2月16日,三门湾大桥及接线工程可行性研究报告通过国家发改委、交通运输部咨询评估。

2月22日,国内最长最宽的多塔斜拉桥——嘉绍跨江大桥主塔成功结顶。

2月26日,象山港大桥南主塔钢箱梁SA1、SJ1两组斜拉索安装成功,标志着大桥斜拉索安装工程全面展开。

3月14日,王建满副省长调研杭州、嘉兴交通重大项目建设推进情况,实地视察杭长高速公路杭州段紫荆港枢纽互通、嘉绍通道北接线工程建设现场。

3月15日,象山港大桥北主塔钢箱梁桥面吊机安装完成,标志着大桥第二阶段钢箱梁吊装工程全面展开。

4月5日,沪昆(杭金衢)高速公路新岭隧道段拓宽工程初步设计经省发改委批复。

4月16日,杭绍台高速公路项目建议书获省发改委批复。

4月24日,全省公路养护管理工作会议暨高速公路沿线环境综合整治推进会在萧山召开；丽水市云景高速公路全线暨西周岭隧道贯通仪式在云和县西周岭隧道口举行。

4月28日，省交通运输厅、省发改委、省财政厅、省物价局、省审计厅、省住房和城乡建设厅、省监察厅、省纠风办等8部门联合发文，撤销29个收费公路项目、30个收费站点，另11个高速公路收费站取消合并收取普通公路车辆通行费。

5月10日，绍兴市市长钱建民视察嘉绍大桥建设工作。

5月11~14日，交通运输部督查组对钱江隧道与嘉绍大桥工程开展质量安全综合督查。

5月15日，全省高速公路实施按实际行驶路径收费。

5月22日，王建满副省长督查高速公路及国省道沿线环境综合治理工作。

5月30日，象山港大桥接线10座隧道贯通。

6月19日，王建满副省长对我省高速公路不停车收费工作作出批示："今年以来，交通系统认真贯彻落实夏省长的重要指示，不停车收费工作取得明显成效，高速公路网通行效率和服务能力显著提高。望继续抓好用户增长，提高用户率。相关问题的解决，请济建同志协调。"部规划司和部规划院调研我省环境监测网建设工作；丽水市市委书记卢子跃调研瓯江综合开发。

6月20日，省政府扩大交通有效投资暨重点项目现场推进会在诸暨召开；温州绕城高速公路西南线初步设计获省发改委批复。

7月2日，杭长高速公路二期湖州（安吉）段基本完成交工检测任务。

7月11日，郭剑彪厅长一行赴江苏对接长三角高速公路联网不停车收费工作；象山港大桥顺利合龙；国务院正式批复宁波—舟山港域口岸扩大开放。

7月12日，龙丽温高速公路开始专题招标。

7月17日，甬台温高速公路复线温州段拟引入30亿保险资金。

7月24日，王建满副省长视察龙庆龙浦高速公路工程；省委常委、温州市委书记陈德荣调研昆鳌通道工程。

7月24日至27日，我省举办首次高速公路建设单位专业化管理培训班。

7月30日，省委常委、宁波市委书记王辉忠慰问象山港大桥建设者。

8月1日，长三角区域高速公路联网不停车收费开通仪式在杭举行。

8月2日，长三角区域高速公路联网不停车收费全面开通仪式在浙江杭州举行。

8月7日，杭州市和黄山市对接千黄高速公路建设。

8月20日，杭金衢高速公路杭州至金华段改扩建工程"工可"获国家发改委批复。

9月30日，重大节假日小客车免费通行首日，王建满副省长坐镇省高速公路监控中心现场指挥疏导交通。

10月1日，夏宝龙省长和王建满副省长对"双节"小客车免费通行和交通部门保畅通工作作出重要指示。

10月5日,我省实施重大节假日免收小型客车通行费协调小组召开会议对后期工作再部署再落实再强化。

10月8日,赵洪祝书记、夏宝龙省长和王建满副省长充分肯定并高度评价我省公路免费通行工作:赵洪祝书记批示"今年'双节'长假期间,高速公路车流量猛增,交通安全管理任务繁重,压力很大,全省交通、公安等部门精心组织,全力以赴,采取有效措施,发扬拼搏精神,实现了公路免费通行工作的圆满完成。尤其是与去年同期相比,我省道路事故起数、死亡人数大幅下降,这一点难能可贵,值得充分肯定。谨向假日期间坚守岗位、辛勤工作的同志们表示感谢和问候!"夏宝龙省长批示"建满同志:请向相关同志表示慰问和感谢!"王建满副省长批示"我省国庆长假公路免费通行工作实现了'四不三保'目标,交通、公安、监察、新闻媒体等部门和业主单位做了扎实有效工作,向同志们深表谢意!望注意总结经验,研究问题,完善措施,把节假日公路运输工作做得更好。"

10月10日,郭剑彪厅长率队赴宁波、台州、温州市开展沿海高速公路前期工作和重大项目督查服务工作。

11月13~14日,全省公路边"三化"工作暨高速公路服务区文明创建工作现场会在宁波、嵊州两地顺利召开。

11月21日,省国税局局长周广仁来省厅调研"营改增"工作;杭州金华两地交通局联合推进临金高速公路前期工作。

11月29~30日,杭宁高速公路浙江段改扩建工程工可通过预评审。

12月13日,省政府副秘书长谢济建调研之江大桥工程;湖州市ETC车道建设省内率先实现全覆盖。

12月18日,龙浦高速公路龙泉段正式开工。

12月20~22日,杭金衢高速公路杭州(红垦)至金华改扩建工程初步设计通过交通部现场审查。

12月24日,省政协副主席陈艳华一行实地视察杭金衢高速公路拓宽新岭隧道段工程;"浙江省智慧交通发展策略研究"通过专家评审。

12月24~25日,省厅召开临金高速公路建德至金华段工可报告预评审会。

12月26日,S14杭长高速公路二期(杭州至安城段)建成通车。

12月27~28日,全省高速公路边"三化"工作座谈会在杭州召开。

12月28日,象山港跨海大桥正式建成通车。

2013年

1月8日,钱江通道及接线工程过江隧道段实现双线贯通。

浙 江

1月14日至15日,《申嘉湖高速公路湖州鹿山至安吉安城段预可行性研究报告》评审会在安吉召开。

1月18日,省厅召开春节前保障农民工工资支付工作会议;杭新景高速公路延伸线项目——杭州市之江大桥正式建成通车。

2月3日,嘉绍大桥钢箱梁吊装完成,实现全桥贯通。

2月5日,副省长、舟山市委书记孙景淼检查舟山跨海大桥春运工作。

2月17日至18日,2013年春节期间旅客运输安全、恶劣气候应对和小客车免费通行三项工作都取得明显成效,省委书记夏宝龙、省长李强和王建满顾问分别作出批示。夏宝龙书记批示:"在天气恶劣和假期小客车免费的双重压力之下,我省春运工作仍实现运行平稳、安全有序,交通事故和伤亡人数均比去年同期大幅下降的目标,可喜可贺,可敬可佩。我代表省委省政府向春节期间所有奋战在春运工作第一线的同志们表示衷心的感谢和亲切的慰问。望再接再厉,为我省治理交通拥堵,保安全、保畅通作出更大的贡献"。李强省长批示:"春节长假期间,省综合交通应急指挥部各成员单位按照省委、省政府'保畅通、保安全'的总要求,各司其职、多方联动、高效运转,积极应对恶劣天气和小客车免费通行流量大的影响,全省综合交通平稳有序,成绩显著,应充分肯定。当前正值春运客流返程高峰,据气象预报,18日开始又有一次低温雨雪天气,希望你们再接再厉、毫不松懈,扎实做好各项工作,确保全面实现'平安春运'"。王建满顾问批示:"春节七天,全省综合交通运行实现'安全、平稳、有序'的目标,倾注了全省高速公路干警、交通运输业干部职工的心血,同志们付出了艰辛的努力,成绩来之不易!向同志们表示衷心感谢!"

2月20日,台州湾沿海高速公路工程获国家发改委审批。

2月25日,杭新景高速公路建德寿昌至开化白沙关建德段工程正式开工建设。

2月27日,杭绍台高速公路工程可行性报告评审会在绍兴举行。

2月28日,甬台温复线台州湾大桥、乐清湾大桥及接线工程可行性研究报告通过交通运输部批复。

3月29日,省温州绕城高速公路西南线获国开行80亿元项目贷款。

4月3日,甬台温高速公路复线温州南塘至黄华段工程项目初步设计获省发改委批复,工程前期工作取得重大进展。

4月10日,云景高速公路正式建成通车。

4月22日,杭州(红垦)至金华高速公路改扩建工程初步设计获交通运输部批复。

5月3日,省委副书记、省长李强专程赴省交通运输厅调研全省交通运输工作,省政府顾问王建满、秘书长李卫宁等陪同;省委常委、温州市委书记陈德荣主持召开会议,专题研究高速公路"上盖物业"设计方案。

5月9日,王建满顾问一行赴诸暨视察杭金衢高速公路新岭隧道拓宽工程推进情况。

5月13日,金华市政府召开全市高速公路沿线环境综合整治工作会议。

5月15日,全省高速公路服务区文明创建工作座谈会在杭州召开。

5月20日,全省高速公路不停车收费工作会议在杭州召开;省交通运输厅团工委举办了"我的交通梦"主题演讲比赛。

5月21日至24日,台州湾、乐清湾大桥及接线工程初步设计现场审查会在台州召开。

5月23日,龙丽温高速公路温州段规划选址专家论证会在瑞安召开。

5月28日至29日,台金高速公路东延段二期工程工可报告审查会在台州临海召开。

6月9日,金华市召开杭金衢高速公路拓宽改造工作推进会。

6月19日,绍诸高速公路上虞互通至九六丘连接线正式竣工通车。

6月20日,郭剑彪厅长赴诸暨市督查杭金衢高速公路新岭隧道拓宽工程推进情况。

6月25日,龙庆云景高速公路建设总结表彰大会在丽水召开;长春至深圳国家高速公路龙泉至庆元(浙闽界)段正式通车;总投资6.98亿元的省重点建设项目——329国道改建(北仑段大榭叉口改造)工程正式开工;嘉绍大桥通车前最后一次专家组会议——嘉绍大桥部省技术专家组第四次会议在绍兴召开。

6月28日,全省高速公路军车使用ETC工作座谈会在杭州召开;宁波穿山疏港高速公路(穿山至好思房公路)正式通车运行。

7月3日,杭金衢高速公路改扩建工程动员会在杭州召开。省政府党组副书记、顾问王建满,省交通运输厅党组书记、厅长郭剑彪出席会议并作重要讲话。

7月9日,省委副书记、省长李强赴嘉绍大桥Z6工地等现场视察嘉绍大桥工程建设情况及通车前准备工作,并亲切慰问高温期间坚守一线的建设者,厅党组书记、厅长郭剑彪陪同视察。浙闽赣皖四省边际区域交通一体化规划座谈会在浙江衢州召开。

7月11日,杭金衢高速公路改扩建工程交通组织动员会在杭州召开。

7月18日,省高速公路交通规划中跨杭州湾的第二条通道——嘉绍大桥正式建成,并于7月19日零点正式通车。省政府党组副书记、省政府顾问王建满,省交通运输厅党组书记、厅长郭剑彪出席通车仪式。省政协副主席陈艳华到诸暨视察杭金衢高速拓宽工程推进情况。嘉兴市委书记鲁俊、代市长肖培生率检查组赴海宁督查公路边"三化"及"三改一拆"工作。

8月12日,省政府在杭州召开中交集团与浙江省重点工程项目推进会,涉及甬台温高速公路复线台州段,杭州绕城高速公路西复线等6个交通重大项目,总投资约1300亿元。中交集团副总裁陈奋健、省政府王建满顾问出席会议。

8月13日,交通运输部正式批复乐清湾大桥及接线工程初步设计;全省生态运输建设工作会议在杭州召开;绍兴市委书记钱建民专题督查"四边三化"和"双清"工作。

9月5日,全省高速公路安全管理工作联席会议在杭州召开。

10月31日,省政府党组副书记、省政府顾问王建满赴台州调研三门湾、台州湾、乐清湾大桥及接线工程(沿海高速公路)项目推进情况。

10月20日,厅党组书记、厅长郭剑彪督查诸永高速公路温州延伸线等在建重点交通工程。

10月26日,省委常委、杭州市委书记龚正赴机场高速公路改建等重点工程现场,督查协调项目推进工作。

12月3日至7日,省发改委与省交通运输厅联合在宁波组织召开三门湾大桥及接线工程初步设计预审会。

2014年

1月23日,受交通运输部综合规划司委托,交通运输部规划研究院在北京主持召开《杭宁高速公路(浙江段)改扩建工程环境影响报告书》技术评审会。

2月28日,三门湾大桥及接线工程通过由交通运输部组织的初步设计现场审查。

3月28日至30日,中交公路规划设计院有限公司受交通运输部的委托,在湖州主持召开了杭宁高速公路(浙江段)改扩建工程项目申请报告评估现场调研会议。省发改委、省交通运输厅、省公路局、省港航局,杭州市交通运输局,湖州市政府,湖州市有关部门及浙江杭宁高速公路有限责任公司等单位的代表参加了会议。王德宝副厅长出席会议并讲话。

4月1日至3日,交通运输部委托交通运输部规划研究院在北京组织召开《千岛湖至黄山高速公路淳安段工程(G4012溧阳至宁德高速公路淳安段)环境影响报告书》技术评审预审会,交通运输部规划司康连锁处长、交通运输部规划研究院张小文总工程师、浙江省交通运输厅、浙江省环保厅、杭州市环保局、淳安县政府、淳安县交通运输局等单位以及特邀专家参加会议。

4月8日,省政协副主席陈艳华一行督查杭金衢高速公路改扩建工程推进情况,副厅长、省公路局局长李良福陪同。

4月16日,继杭州湾跨海大桥、嘉绍大桥通车之后,被誉为"跨杭州湾三大通道"的收官之作、浙江首条水底高速公路——钱江通道正式开通试运营。

4月22日,省国土资源厅党组书记、厅长陈铁雄考察乐清湾大桥工程。

5月15日,省政府党组副书记、省政府顾问王建满督查萧山机场高速公路改建工程现场。省政府办公厅、省公安厅、省交通运输厅和杭州市政府等分管领导陪同督查。

7月31日,全省高速公路沿线广告牌整治现场会在金华召开。省政府办公厅、省公安厅、省国土资源厅、省环保厅、省住房和城乡建设厅、省工商局、省政府法制办等省级单位负责人,各市政府分管领导、"三改一拆"办、交通运输局、公路局负责人以及各高速公路业主单位主要负责人共90余人参加会议。省政府党组副书记、省政府顾问王建满,省交通运输厅厅长郭剑彪参加会议并作重要讲话,会议由省政府副秘书长谢济建主持。

8月8日,厅党组书记、厅长郭剑彪率厅建管处、省公路局有关负责人,对杭金衢高速公路改扩建工程新岭隧道段开挖掘进、二次衬砌施工、边仰坡防护及施工安全措施等工作进行实地督查,详细了解项目土地交付、工程进度、质量安全控制及施工安排等情况。

8月12日,厅党组书记、厅长郭剑彪对交通旅游导报上的"二十高工服务百项工程"报道《省公路管理局组织专家"问诊"东永高速公路 制约工程的问题集中在5标》作出重要批示:"抓重点工程建设就要这样的钉子精神,发现一个问题解决一个,不实现目标决不罢休。"

8月21日,为期两天的浙江省三门湾大桥及接线工程主体土建施工图设计审查会顺利结束,至此,2014年高速公路10大计划开工项目全部完成前期审查。

9月8日,省委书记、省人大常委会主任夏宝龙,省政府党组副书记、省政府顾问王建满分别对省交通运输厅上报的《金华高速公路沿线1148块违法广告全部拆除》专报信息作出重要批示。夏宝龙书记批示:"要认真总结和推广金华的经验,全省可借鉴"。王建满顾问批示:"好,全省高速公路沿线违法广告整治已形成强力推进之势,要认真借鉴金华市的做法,坚持依法也讲方法打好攻坚仗。"

11月12日至13日,交通运输部在舟山组织召开了舟山大陆连岛工程金塘大桥、西堠门大桥项目的竣工验收会议。交通运输部副部长冯正霖、总工程师周海涛、公路局局长李彦武,省政府顾问王建满、副秘书长谢济建,省交通运输厅厅长郭剑彪、副厅长汤飞帆,舟山市市长周江勇、舟山新区党工委副书记马国华等,以及省发改委、交通运输厅等省级有关单位和各参建单位代表参加会议。

11月26日,绍诸高速公路诸暨延伸线工程举行开工仪式。

12月17日,三门湾大桥及接线工程(宁波段)正式开工。该工程是浙江省规划公路网主骨架"两纵两横十八连三绕三通道"中的"一连"——浙江省沿海高速公路(甬台温高速公路复线)的重要组成部分。

12月21日,按照交通运输部安排,北京、天津、河北、山东、山西、上海、江苏、浙江、安徽、福建、江西、辽宁、陕西、湖南14个省市高速公路ETC全国联网系统完成切换及测试工作,正式启动试运行。

是年,杭州湾跨海大桥获得"改革开放35年百项经典工程奖"。

2015年

2月10日至11日,国家发改委、交通运输部专家对G25高速公路建德至金华段(临金)工程终点的三个方案:直接对接金华东枢纽、接入金华东枢纽东约1.3km形成复合互通、接入杭金衢K305+100形成半定向枢纽,进行了现场踏勘和讨论。

3月14日,金丽温高速公路娄桥互通于零时正式通车。

3月30日,省交通投资集团出台《关于加强集团公司高速公路生态工程建设的指导意见》,注重生态建设打造绿色环保之路。

4月3日,省交通运输厅厅长郭剑彪一行赴永康督查指导东永高速公路通车筹备工作。

4月16日,杭州绕城高速公路东线新建下沙南互通工程开工。

5月11日,省政协副主席王建满、陈艳华率省公路管理局、省交通实业公司、省交通投资集团、浙江卫视等有关单位督查湖州市高速公路服务区。

5月20日,台州沿海高速公路乐清湾大桥及接线工程温岭段开工建设。

5月29日,省交通运输厅厅长郭剑彪一行在金华市督查杭金衢高速公路拓宽封闭施工交通组织准备工作。

6月30日,杭绍金台高速公路绍兴、金华段建设工程开工典礼在诸绍高速鉴湖服务区隆重举行。

7月1日,省交通投资集团与四川省交通投资集团公司签署战略合作协议,正式建立战略合作伙伴关系。集团董事长高兴夫、副总经理詹小张,四川交投集团董事长朱以庄、总经理郑勇出席签约仪式。

7月6日,上午10时,我省首条由地方政府投资兴建的东(阳)永(康)高速公路,在永康东收费站举行建成通车典礼。

8月20日,省交通投资集团组织新华社浙江分社、中国交通报浙江记者站、浙江日报、浙江卫视、浙江在线、钱江晚报、新蓝网、FM交通之声等16家新闻媒体,开展"走进杭金衢高速公路"大型媒体采访活动。

9月6日,浙江省三门湾大桥及接线工程台州段启动施工。

9月12日,浙江省内首个高速公路隧道斜井——杭新景高速公路(衢州段)控制性工程特长隧道西岙岭隧道斜井实现双井贯通。

9月14日,杭绍台高速公路临海段工程开工建设。

9月23日,江东大桥西接线工程通过交工验收。

9月25日,副省长孙景淼在金华考察调研杭金衢高速改扩建工程项目。省政府副秘书长谢济建,省交通运输厅厅长郭剑彪,省公安厅副厅长毛善恩,省交通投资集团董事长高兴夫,金华市委常委、常务副市长金中梁,金华市交通运输局局长邱建中等陪同考察调研。

10月15日,杭新景、龙浦高速两个建设项目获交通运输部批复列入2015年度交通运

附录二
浙江高速公路发展大事记

输部绿色公路主题项目,共获得交通运输部专项补助资金共1924万元。

10月27日,袁家军副省长一行实地考察了乐清湾大桥及接线工程。

11月,舟山大陆连岛工程西堠门大桥获得菲迪克年度杰出项目奖、中国建设工程鲁班奖、中国土木工程詹天佑奖。

11月2日,根据交通运输部统一安排,由宁夏自治区交通运输厅、山西省交通运输厅组成的交通运输部"十二五"干线公路养护管理检查组于10月28日至11月2日对我省"十二五"干线公路养护管理工作情况进行了检查。检查组通过听取汇报、查看现场、翻阅资料、问询交流等方式,行程4000余公里,对浙江省本级及杭州、宁波、湖州、衢州和甬台温宁波、杭宁、杭金衢、杭州绕城四个高速公路公司进行了全面检查;期间共检查了22条国省道、4个高速公路经营单位、省级及地市路网管理和应急处置中心、34个基层站点单位、20余处路网改造及养护施工现场。在11月2日召开的浙江省"十二五"干线公路养护管理检查意见反馈会上,检查组副组长宁夏公路管理局副局长赵铭代表检查组对我省"十二五"干线公路养护管理规范化管理检查情况做了反馈,对我省干线公路养护管理工作予以高度评价。省交通运输厅党组成员、省公路管理局局长洪秀敏,厅机关有关处室负责人,省交通集团公司副总经理姜扬剑,省公路管理局领导班子全体成员,局机关各处室主要负责人参加了意见反馈会。

11月5日,舟山连岛工程西堠门大桥成功入选中国建设工程鲁班奖。

11月6日,杭新景高速公路衢江段西岙岭隧道右线实现全面贯通。

11月27日,全省公路突发事件应急演练在台金高速公路苍岭隧道举行。

11月30日,商合杭铁路浙江段和申嘉湖高速公路西延工程等重大项目集中开(竣)工仪式在安吉举行。

12月1日,浙江省副省长孙景淼调研杭绍台高速公路施工项目,实地查看杭绍台高速公路先行动工段工程建设情况。

12月8日,浙江省副省长孙景淼先后考察了乐清湾港区A区一期码头、甬台温高速公路复线工程南塘至黄华段工程等。

12月8日,浙江省政协主席乔传秀到杭绍台高速公路项目调研指导工作。

12月15日,省交通投资集团"智慧高速"项目在第二届世界互联网大会"互联网之光"博览会正式亮相。

12月16日,杭绍台高速公路工程台州段初步设计通过省发改委批复。

12月18日,杭绍台高速公路台州段完成投资人招投标,成为台州首个通过政府采购完成的PPP项目。

12月19日,杭长高速公路延伸线(吉鸿路)开通运营。

12月29日,台金高速公路东延段二期工程正式开工建设。

12月30日,省交通投资集团与省公安厅联合召开打击与防范偷逃高速公路通行费案情媒体通气会。新华社、中新社、浙江日报、浙江卫视、浙江在线、浙江发布等23家媒体参加通气会。